이 엠 바운즈 기도전집

이 엠 바운즈 기도전집

E. M. 바운즈 지음 | 김원주 옮김

『기도의 능력』 포함 8권의 기도서 완역 합본

The complete works of
E. M. Bounds on prayer

차례

제1권 기도의 능력

1. 기도의 사람이 필요하다 ················· 17
2. 우리의 풍족함은 하나님께 있다 ················· 22
3. 문자는 죽이는 것이다 ················· 25
4. 피해야 할 경향들 ················· 29
5. 기도, 가장 중요한 일 ················· 32
6. 목회 성공의 비결은 기도이다 ················· 36
7. 기도에 많은 시간을 쏟아야 한다 ················· 39
8. 모범적인 기도의 사람들 ················· 42
9. 하루를 기도로 시작하라 ················· 45
10. 기도와 경건의 일치 ················· 47
11. 경건의 모범 ················· 51
12. 마음의 준비가 필요하다 ················· 55
13. 은혜는 머리에서 나오지 않고 마음에서 나온다 ················· 59
14. 거룩한 열정이 필요하다 ················· 61
15. 거룩한 열정, 진정한 복음 설교의 표지 ················· 64
16. 많이 기도하는 것이 거룩한 열정을 얻는 조건이다 ················· 68
17. 기도는 영적 지도력의 표지이다 ················· 72
18. 설교자에게는 기도하는 교인이 필요하다 ················· 76
19. 기도에서 큰 결과를 얻으려면 신중함이 필요하다 ················· 80
20. 기도하는 목회자가 기도하는 교인을 낳는다 ················· 84

제2권 기도의 목적

1. 기도가 근본이다 ······ 89
2. 기도는 하나님의 뜻을 바꿀 수 있다 ······ 94
3. 기도에는 조건이 있다 ······ 100
4. 기도에 대한 태도 ······ 107
5. 기도를 대신할 수 있는 것은 없다 ······ 117
6. 참된 기도의 특징 ······ 122
7. 항상 기도하라 ······ 129
8. 사람들은 기도하도록 부름 받았다 ······ 137
9. 진정한 기도의 가능성 ······ 150
10. 기도의 장애물들 ······ 157
11. 기도는 하나님의 자원 창고를 연다 ······ 169
12. 기도는 부흥운동을 뒷받침한다 ······ 184
13. 그리스도께서 우리에게 기도하라고 명령하셨다 ······ 192

제3권 기도와 기도하는 성도들

1. 구약의 기도하는 성도들(1) ······ 199
2. 구약의 기도하는 성도들(2) ······ 204
3. 기도의 사람, 아브라함 ······ 210
4. 위대한 중보자, 모세 ······ 213
5. 기도하는 선지자, 엘리야 ······ 220
6. 기도하는 왕, 히스기야 ······ 229
7. 기도하는 개혁자, 에스라 ······ 238
8. 기도하는 건축자, 느헤미야 ······ 242
9. 기도하는 아이, 사무엘 ······ 247
10. 기도하는 포로, 다니엘 ······ 253
11. 기도를 믿는 죄인들 ······ 258

12. 기도의 선생, 바울 ·· 265
13. 바울과 그의 기도(1) ···································· 275
14. 바울과 그의 기도(2) ···································· 282
15. 바울과 그의 기도 요청(1) ···························· 290
16. 바울과 그의 기도 요청(2) ···························· 296

제4권 기도의 가능성

1. 기도의 사역 ··· 307
2. 기도와 약속(1) ·· 310
3. 기도와 약속(2) ·· 316
4. 기도의 가능성(1) ··· 324
5. 기도의 가능성(2) ··· 332
6. 기도의 가능성(3) ··· 337
7. 기도의 범위 ··· 343
8. 기도의 사실들과 역사(1) ······························ 349
9. 기도의 사실들과 역사(2) ······························ 355
10. 기도의 응답(1) ·· 361
11. 기도의 응답(2) ·· 368
12. 기도의 응답(3) ·· 373
13. 기도의 기적 ··· 379
14. 기도를 통한 하나님의 기사 ························· 388
15. 기도와 하나님의 섭리(1) ···························· 400
16. 기도와 하나님의 섭리(2) ···························· 410

제5권 기도의 진실

1. 기도는 신성하고 고귀한 특권이다 ················ 419
2. 기도는 사람의 빈곤을 하나님의 부요로 채운다 ········· 426

3. 기도는 지상의 예배에서 지극히 중요한 핵심이다 ······ 433
4. 하나님은 모든 일을 기도에 따라 행하신다 ······ 438
5. 거룩한 기도의 교사이신 예수 그리스도(1) ······ 447
6. 거룩한 기도의 교사이신 예수 그리스도(2) ······ 455
7. 기도의 모범이신 예수 그리스도 ······ 465
8. 우리 주님의 생애에서 일어난 기도의 사건들(1) ······ 473
9. 우리 주님의 생애에서 일어난 기도의 사건들(2) ······ 478
10. 우리 주님의 모범 기도 ······ 485
11. 대제사장으로서 드린 주님의 기도 ······ 488
12. 겟세마네의 기도 ······ 496
13. 성령과 기도 ······ 503
14. 우리의 기도를 돕는 분이신 성령 ······ 510
15. 두 위로자와 두 변호자 ······ 518
16. 기도와 성령 시대 ······ 522

제6권 기도의 본질적인 요소들

1. 기도는 전인(全人)이 필요하다 ······ 529
2. 기도와 겸손 ······ 536
3. 기도와 경건 ······ 543
4. 기도와 찬양과 감사 ······ 549
5. 기도와 고난(1) ······ 557
6. 기도와 고난(2) ······ 568
7. 기도와 하나님의 일하심 ······ 574
8. 기도와 헌신 ······ 583
9. 기도와 신앙의 명확한 기준 ······ 592
10. 긍휼히 여기는 기도 ······ 598
11. 연합 기도 ······ 606
12. 기도의 보편성 ······ 614

13. 기도와 선교 ········· 621

제7권 기도의 필요성

1. 기도와 믿음(1) ········· 635
2. 기도와 믿음(2) ········· 642
3. 기도와 신뢰 ········· 651
4. 기도와 소원 ········· 659
5. 기도와 열정 ········· 668
6. 기도와 끈질김(1) ········· 673
7. 기도와 끈질김(2) ········· 679
8. 기도와 성품과 행동 ········· 684
9. 기도와 순종(1) ········· 691
10. 기도와 순종(2) ········· 700
11. 기도와 경계 ········· 704
12. 기도와 하나님의 말씀(1) ········· 712
13. 기도와 하나님의 말씀(2) ········· 720
14. 기도와 하나님의 집 ········· 726

제8권 기도의 무기

1. 하나님께서는 기도가 필수적이라고 말씀하신다 ········· 733
2. 기도는 하나님께서 일하시도록 한다 ········· 741
3. 기도의 사람이 필요하다 ········· 754
4. 하나님은 기도하는 사람을 필요로 하신다 ········· 761
5. 기도하지 않는 그리스도인들 ········· 767
6. 기도하는 사람들이 귀하다 ········· 774
7. 사역과 기도 ········· 780
8. 강단에 기도가 없다 ········· 792

9. 설교자를 위한 기도 준비 ·· 802
10. "우리를 위하여 기도하라"는 설교자의 외침 ··············· 812
11. 기도에 대한 현대의 모범들(1) ···································· 821
12. 기도에 대한 현대의 모범들(2) ···································· 834

서론

에드워드 맥켄드리 바운즈(Edward McKendree Bounds)는 1835년 8월 15일 미주리 주 북동부 지역에서 태어났다. 그의 부친은 미주리 주 셸비 카운티(Shelby County)를 조직하는 일을 도왔고, 군청 소재지인 셸비빌(Shelbyville)의 최초의 지주였다. 바운즈는 교실이 하나뿐인 셸비빌의 학교에 출석하였고 읽기와 쓰기를 이내 배웠다. 부친이 군 서기로 일하였기 때문에 바운즈의 가정은 법원이 개정되면 법정으로 사용되었다. 이 때문에 바운즈가 법률을 공부하게 되었고 19살이 되기도 전에 변호사 시험에 합격하게 되었던 것 같다. 바운즈는 24살 때까지 변호사로 일하다가 다소 갑작스럽게 설교자의 소명을 느끼고 소명에 응하였다. 그는 성경을 열심히 읽었고 존 웨슬리의 설교를 좋아하였으며 몬티첼로라는 인근 마을의 조그만 교회에서 설교를 시작하였다.

이 기간에 미주리 주 사람들은 노예제도와 아메리카 합중국의 보존에 대한 의견 차이로 분열되었다. 바운즈는 최근에 조직된(남 북 감리교회의 대립으로부터 생긴) 남감리교회의 목사였기 때문에 1861년 미주리 주 브런즈윅에서 북부 연합군에게 체포되었고 남부 동맹지지자로 고발당하였다. 바운즈는 다른 비전투요원들과 함께 일년 반 동안 세인트 루이스에 있는 연방 교도소에 수감되었다. 그 다음에 멤피스로 이송되어 북부 연합과 남부 동맹 사이의 포로 교환 때 석방되었다. 곧바로 남부동맹 군목으로 서약을 하고 제3 미주리 자원 보병 연대와 미주리 제5 보병 연대(이 두 부대는 애틀란타 전투 후에 합병되었다)에서 복무하였다.

바운즈는 남북 전쟁 기간 중 가장 치열했던 한 전투가 프랭클린 전투

(남부군이 마지막으로 감행한 대 공격)에서 일어나기 직전에 존 벨 후드(John Bell Hood) 장군 휘하에서 군인들을 위로하고 함께 기도하였다. 후드 장군이 내쉬빌에서 두번째 패배를 겪은 뒤 바운즈는 아메리카 합중국에 대한 충성 맹세를 하고 나서 풀려난 남부군 포로들 가운데 섞여 있었다. 바운즈는 전쟁터에서 돌아와 남부 프랭클린 감리교회를 목회하였다.

후에 바운즈는 앨라배마, 셀마에 있는 교회로 부임하였다. 거기서 바운즈는 조지아 주 워싱턴 출신인 엠마 엘리자베스 바넷를 만났다. 1874년에 세인트 루이스로 자리를 옮겼고 1876년에 엠마와 결혼하였다. 두 사람 사이에 두 딸 셀레스테와 코네일, 아들 에드워드가 태어났다. 엠마는 결혼한 지 8년만에 죽었다. 엠마가 죽은 지 거의 2년이 지나서 바운즈는 엠마의 사촌인 해리엣 엘리자베스 바넷와 재혼하였다. 이 두 사람 사이에서 세 아들, 새뮤얼, 찰스, 오스본과 세 딸, 엘리자베스, 매리, 에미가 태어났다. 한 해에 두 아이가 죽었는데, 에드워드가 8살에, 찰스가 첫돌 직후에 죽었다.

세인트 루이스에 있는 동안 바운즈는 감리교 지역 잡지인 「세인트 루이스 옹호자」(*St. Louis Advocate*)의 부편집장직을 맡았다. 19개월 동안 이 직위를 맡고 있다가 내쉬빌로 이사가서 남감리교회 교단 전체를 위한 주간지인 「기독교 옹호자」(*Christian Advocate*)의 부편집장이 되었다.

1894년 바운즈는 내쉬빌에서 목사 임직을 끝냈다. 그는 가족을 데리고 조지아 주 워싱턴으로 이사가 바넷 가에서 살았다. 여기서 바운즈는 마지막 19년의 여생을 보내면서 도고와 집필, 순회 부흥사역의 일을 했다. 바운즈는 언제나 매일 아침 하나님과 홀로 지내기 위해 4시에 일어났고 보통 7시까지 기도하였다. 바운즈가 1813년에 죽었을 때는 그의 책들 가운데 「설교자와 기도」(*Preacher and Prayer*), 「부활」(*Resurrection*), 두 권밖에 출판되지 않았다. 호머 하지(Homer W. Hodge)는 바운즈의 친구인 클로드 칠턴(Claude L. Chilton)의 도움을 받아 바운즈가 쓴 나머지 9권을 출판하는 일을 맡았다.

클로드 칠턴은 바운즈가 쓴 기도에 관한 이 걸작의 진수를 이같이 표현했다.

　　이 책들은 일생 다함이 없이
　　영적 물을 퍼올리는 샘일세.
　　이 책들은 새벽 어둠 속에서
　　경험으로 준비하여 한낮의 열기로 빚고
　　성도의 강력한 필치로 놀랍게 다듬은
　　감추어진 보물일세.
　　이 책들은 바운즈가 죽어서도
　　여전히 말하는
　　살아있는 목소리일세.

제 1 권

기도의 능력

Power Through Prayer

1912년 간행

1

기도의 사람이 필요하다

 우리는 교회를 성장시키고 복음을 좀더 효과적으로 전하기 위한 새로운 방법, 새로운 계획, 새로운 조직을 짜내느라 늘 긴장하고 있다. 오늘날의 이런 풍조를 따르다 보면 사람을 보지 못하고 계획이나 조직에 사람이 묻히게 되는 경향이 있다. 하나님의 계획에서는 사람이 중요하다. 즉 하나님은 다른 어떤 것보다 사람을 훨씬 더 중요하게 쓰신다. 사람이 곧 하나님의 방법인 것이다. 교회는 더 나은 방법을 찾고 있지만 하나님은 더 나은 사람을 찾으신다.
 "하나님께로서 보내심을 받은 사람이 났으니 이름은 요한이라."
 그리스도를 알리고 그리스도를 위하여 길을 준비하려는 하나님의 뜻은 요한이라는 사람을 통해서 이루어지게 되어 있었다.
 "한 아기가 우리에게 났으니 한 아들을 우리에게 주신 바 되었다."
 이 세상의 구원이 요람에 누워 있는 그 아기에게서 나온다는 말씀이다. 바울이 세상에 복음을 뿌린 사람들의 개인적인 성품을 거론하는데 이는 그들의 성공 비밀이 어디에 있는지를 지적하는 것이다. 복음의 영광이 얼마나 잘 드러나느냐 그리고 복음이 얼마나 효과있게 전파되느냐는 복음을 선포하는 사람에게 달려 있다. "여호와의 눈은 온 땅을 두루 감찰하사 전심으로 자기에게 향하는 자를 위하여 능력을 베푸시나니"라고 하실 때 하나님은 사람이 필요하다는 것과, 세상에 능력을 베푸실 때에 그 통로로서 사람을 쓰신다는 점을 말씀하시는 것이다. 오늘날 같은 기계화 시대에는 지극히 중요하고 절박한 이 진리를 잊기가 쉽다. 이 진리를 잊는 것은 하늘에서 해를 치워버리는 것만큼이나 하나님의 활동에 유해하다. 해를 치워 보라. 그러면 어둠과 혼돈과 죽음이 일어날 것이다.

오늘날 교회에 필요한 것은 더 나은 기계를 더 많이 도입하는 것이 아니고 새로운 조직을 더 많이 구성하는 것도, 새로운 방법을 더 많이 강구하는 것도 아니다. 성령께서는 방법을 통해 일하시지 않고 사람을 통해서 일하신다. 성령은 기계에 임하시는 게 아니라 사람에게 임하신다. 계획에 기름을 부으시는 게 아니라 사람에게, 곧 사람의 기도에 기름을 부으신다.

한 유명한 역사가는 말하기를, 개인의 성품에서 빚어진 사건들이 여러 나라의 혁명에 끼친 영향은 탁월한 역사가나 민주주의 정치가들이 생각하는 것보다 더 크다고 했다. 이 진리는 그리스도의 복음에도 그대로 적용된다. 세계를 기독교화하고 민족과 개인을 변화시키는 것은 그리스도의 제자들의 성품과 행실이다. 이 사실은 특히 복음을 전하는 설교자들에게 적용된다.

복음의 운명뿐 아니라 성격도 전적으로 설교자에 달려 있다. 설교자는 하나님의 메시지를 사람에게 전하거나 아니면 망쳐 놓는다. 설교자는 하나님의 기름을 흘려 보내는데 사용되는 송유관이다. 따라서 이 송유관은 금으로 만들어야 할 뿐 아니라 속이 시원하게 뚫려 있고 갈라지지 않아 기름이 가득 차서 한 방울도 새지 않고 막힘 없이 흘러갈 수 있도록 해야 한다.

설교자는 사람이 만들지만 사람은 하나님이 만드셔야 한다. 메시지를 전하는 사람이 메시지보다 낫고 설교자가 설교보다 나아야 한다. 설교자가 설교를 전하기 때문이다. 어머니 가슴에서 나오는 젖이 어머니의 생명이나 마찬가지이듯이 설교자가 하는 말은 모두 그 설교자의 됨됨이에 따라 내용과 맛이 결정된다. 보배가 질그릇에 담겨 있으면 질그릇의 맛이 보배에 스며들기도 하고 색이 바랠 수도 있다. 설교 뒤에는 사람이 있다. 사람의 전인격이 거기 있다. 설교는 한 시간 동안 해내는 공연이 아니라 생명이 흘러나오는 것이다. 설교 한 편을 준비하는데는 25년의 세월이 걸린다. 사람을 만드는데 그만한 시간이 걸리기 때문이다. 참된 설교는 생명이 있다.

설교가 성숙해진다면 그것은 그 사람이 성장하기 때문이다. 설교가 힘이 있으면 그 사람이 힘이 있기 때문이다. 설교가 거룩하면 그 사람이 거룩하기 때문이다. 설교에 거룩한 열정이 가득하면 그 사람이 거룩한 열정으로 가득하기 때문이다.

바울은 "나의 복음"이라는 말을 사용했다. 이렇게 말하고서 바울이 이상한 행동으로 복음의 품위를 떨어뜨리거나 이기적인 목적으로 사용해서 복음을 왜곡한 적은 없었다. 바울은 복음을 자신의 위탁물로 마음과 피에 받아들여 자신의 특성에 따라 완성하고 불타는 영혼과 정열로써 복음을 불타오르게 하고 능력있게 했다는 점에서 나의 복음이라고 말한 것이다. 바울의 설교는 어떤 것이었는가? 그리고 지금 바울의 설교는 어디에 있는가? 영감의 바다 여기저기에 바울 설교의 뼈대와 단편들이 떠 있다! 설교보다 더 위대한 바울이라는 인물은 교회의 틀을 빚어 가는 가운데 형태와 특징과 형상을 온전히 갖추고서 영원히 산다. 설교는 한낱 목소리일 뿐이다. 목소리는 말없이 죽고, 설교 본문은 잊혀지며, 설교는 기억에서 차츰 희미해진다. 그러나 설교자는 여전히 살아 있다.

설교가 설교자보다 더 생명력이 있을 수는 없다. 죽은 사람은 죽은 설교를 하고, 죽은 설교는 듣는 사람을 죽인다. 모든 것이 설교자의 영적 성품에 달려 있다. 유대 시대에 대제사장은 관 앞에 붙이는 정금패에 보석으로 "여호와께 성결"이라고 새겨 넣었다. 따라서 그리스도의 사역에 종사하는 모든 설교자는 바로 이 거룩한 표어를 본받아 거룩해야 한다. 그리스도인 사역자들이 성품이나 목표의 거룩함에서 유대인 제사장보다 못하다면 말할 수 없는 수치이다.

조나단 에드워즈(Jonathan Edwards)는 이렇게 말했다. "나는 그동안 더욱더 거룩해지고 그리스도를 더욱 닮기를 열심히 추구해 왔습니다. 나는 거룩한 천국을 소망하였습니다." 그리스도의 복음은 대중의 물결에 흔들리지 않는다. 복음에는 자기 선전 기능이 없다. 복음은 복음을 맡아 가지고 있는 사람이 움직일 때 움직인다. 설교자는 복음을 구현해야 한다. 복음의 거룩하고 아주 독특한 특징이 설교자의 생활에서 구체적으로 드러나야 한다. 설교자에게는 사랑의 강권하는 힘이 있어야 한다. 설교자는 자기 부정을 뼈속까지 온몸으로 체득해야 한다. 사람들 가운데서 겸손으로 옷입고 온유함으로 지내며 뱀처럼 지혜로우면서 비둘기처럼 순결한 사람이 되어야 한다. 고상하고 당당하며 독립심이 강한 왕 같은 기상을 지니면서도 어린아이처럼 부드럽고 단순한 종의 자세를 가져야 한다. 설교자는 자기를 비우는 믿음과 열심을 가지고 구원 사역에 전념해야 한다. 사람들을 굳게 붙들어 하나님을 위하는 세대로 일으키는 설교자는 마음이 따뜻하면서 담대하고 동정심이 있으면서 두려움이 없는 순교자가 되어야 한다. 설교자가 소심한 기회주의자이거나 어떻게 해서든 좋은 자리를 차지하려고 하는 사람이라면, 혹은 사람을 기쁘게 하거나 두려워하는 사람이라면, 하나님이나 하나님의 말씀을 굳게 붙들지 않는 사람이라면, 자신의 어떤 상태나 세상의 어떤 상황에 부딪히면 자기 부정이 깨어지는 사람이라면 교회나 세상을 굳게 붙들어 하나님을 위해 일어서도록 할 수 없을 것이다.

  설교자는 누구보다도 먼저 자신에게 아주 날카롭고 강한 설교를 해야 한다. 아주 까다롭고 정교하며 힘들고 철저한 노력을 자신에게 기울여야 한다. 그리스도께서 열두 제자를 훈련하신 일은 위대하고 힘들며 지속적인 사역이었다. 설교자는 설교를 작성하는 사람이 아니라 사람을 만들고 성도를 기르는 사람이다. 따라서 자신이 먼저 사람이 되고 성도가 된 사람만이 이 일을 하기에 잘 훈련받은 것이다. 하나님께서 필요로 하는 사람은 재능이나 학식이나 설교에 뛰어난 사람이 아니라 거룩함과 믿음과 사랑과 충절에 뛰어난 사람, 하나님이 보시기에 위대한 사람, 곧 강단에서 거룩한 설교를 하고 언제나 그 설교대로 거룩하게 사는 사람이다. 이런 사람이 하나님을 위하는 세대를 일으킬 수 있다.

  초대 그리스도인들은 이 원칙에 따라 양육되었다. 이들은 정신이 튼튼한 사람들이었고, 담대하고 충직하며 군사 같고 하늘나라 모범을 따르는 성도다운 설교자들이었다. 이 당시 사람들에게 설교한다는 것은 자기를 부인하며 자기를 십자가에 못박는 진지하고 고통스런 순교의 일이었다. 이들은 말씀을 전하되 자기 세대에 영향을 미칠 뿐만 아니라 하나님을 위하는 다음 세대가 일어나도록 전했다. 설교자는 기도하는 사람이어야 한다. 기도는 설교자의 가장 강력한 무기이다. 기도는 그 자체가 막강한 힘으로서 모든 것에 생명과 힘을 불어넣는다.

참된 설교는 골방에서 만들어진다. 사람, 곧 하나님의 사람도 골방에서 만들어진다. 하나님의 사람이 지닌 생명과 깊은 신념은 하나님과의 은밀한 교제에서 생겨났다. 하나님의 사람들이 지극히 중요한 메시지를 받을 때나 지극히 감미로운 메시지를 받을 때는 모두 하나님과 홀로 있을 때였다. 기도가 사람을 만들고 기도가 설교자를 만들며 기도가 목사를 만들어 낸다. 오늘날의 강단은 기도가 약하다. 학식을 자랑하는 마음은 겸손히 의지하는 기도의 정신에 어긋난다. 기도가 강단에서 늘상 행해지는 예배 의식의 형식적인 공연이 되는 경우가 너무도 많다. 오늘날의 강단에서는 기도가 바울의 생애나 사역에서처럼 강력한 힘이 되지 않는다. 생활이나 사역에서 기도를 강력한 힘으로 삼고 있지 않는 설교자는 누구나 하나님의 사역에서 연약한 도구이며 이 세상에 하나님의 목적을 실현하는데 무기력할 뿐이다.

2

우리의 풍족함은 하나님께 있다

아무리 귀한 은혜라도 조금만 왜곡하면 쓰디쓴 열매를 맺을 수가 있다. 태양이 생명을 주지만 일사병은 죽음을 부른다. 설교는 생명을 주기 위한 것이지만 사람을 죽일 수도 있다. 설교자는 열쇠를 쥐고서 문을 열 수도 있고 잠글 수도 있다. 설교는 영적 생명을 심고 기르기 위해 하나님이 정하신 위대한 제도이다. 제대로 실행하면 그 혜택은 이루 헤아릴 수 없이 많다. 잘못 실행할 경우에 그 결과로 오는 피해는 그 어떤 악보다 크다. 목자를 방심하도록 만들거나 목초지를 못쓰게 만들면 양떼를 흩어버리기란 쉬운 일이다. 파수꾼을 졸게 하거나 물과 음식에 독을 타면 요새를 함락시키기는 식은 죽 먹기다. 설교자가 그처럼 놀라운 특권을 부여받고 무거운 책임을 많이 질 뿐만 아니라 그처럼 큰 악에 노출될 수도 있음을 생각할 때 마귀가 설교자와 설교를 불순하게 만드는 일에 큰 영향력을 발휘하지 않는다면 그것은 마귀의 간악함을 비웃으며 마귀의 성품과 명성을 모욕하는 일일 것이다. 이 모든 사실을 생각할 때 "누가 이것을 감당하리요" 하고 외친 바울의 말은 결코 틀린 것이 아니다.

바울은 이렇게 말하고 있다. "우리의 만족은 오직 하나님께로서 났느니라 저가 또 우리로 새 언약의 일꾼 되기에 만족케 하셨으니 의문으로 하지 아니하고 오직 영으로 함이니 의문은 죽이는 것이요 영은 살리는 것임이니라." 참된 사역은 하나님께서 손대시고 하나님께서 가능케 하시며 하나님께서 일으키신다. 하나님의 영이 설교자에게 능력을 기름 붓듯 부으시면 성령의 열매가 설교자의 마음 속에 열린다. 하나님의 영이 임하시면 사람과 말에 활력이 생긴다. 이런 사람의 설교는 샘물이 생명을 주듯이 생명을 주며, 부활이 생명을 주듯 생명을 준다. 또한 여름이 타오르는 생명을 주듯 불타는 생명을 주며, 가을이 열매 맺는 생명을 주듯 결실의 생명을 준다. 생명을 주는 설교자는 항상 마음으로 하나님을 갈망하는 하나님의 사람이다. 영혼으로 언제나 하나님을 열심히 따르며 오로지 하나님만을 쳐다보며 하나님의 영의 능력으로 육신과 세상을 십자가에 못박고 생명의 강물이 넘쳐흐르듯 풍성한 생명의 사역을 하는 사람이다.

사람을 죽이는 설교는 성령의 감동이 없는 설교다. 그런 설교의 능력은 하나님에게서 오지 않는다. 그런 설교는 하나님보다 못한 것에서 힘과 자극을 받아 왔다. 이런 설교자나 설교에서는 성령이 뚜렷이 나타나지 않는다. 사람을 죽이는 설교도 여러 가지 힘을 내뿜고 일으킬 수 있지만 그런 힘은 영적 힘이 아니다. 영적 힘과 비슷해 보이지만 그림자이며 위조에 불과할 뿐이다. 그런 힘도 생명을 갖고 있는 것처럼 보이지만 생명의 모습만 갖추고 있을 뿐이다.

죽이는 설교는 문자에 지나지 않는다. 엄격히 말해서 설교가 문자인 것은 사실이지만 죽이는 설교는 메마른 문자이며 속이 텅 빈 쓸모 없는 껍질이다. 문자가 생명의 씨앗을 간직하고 있을 수 있지만 씨앗을 싹 틔우는 봄의 생명력은 없다. 그것은 겨울철 흙바닥처럼 단단하고 겨울철 공기처럼 쌀쌀해서 겨울철 씨앗을 녹이거나 싹을 틔우지 못한다. 이 같은 의문의 설교도 진리를 간직하고 있다. 하지만 신성한 진리라도 생명을 주는 에너지가 없을 수 있다. 진리는 성령으로부터 활력을 공급받아야 하고 하나님으로부터 모든 힘을 지원 받아야 한다. 하나님의 영으로부터 생기를 공급받지 않으면 진리는 오류와 마찬가지로, 아니 그 이상으로 사람을 죽인다. 그 진리가 혼합물이 없는 순수한 것일 수 있지만 성령이 없으면 그 그림자와 기운은 치명적이며 그 진리는 오류이고 그 빛은 어두움이다.

문자적인 설교는 감동이 없으며 아름다움도, 성령의 기름부음도 없다. 그 설교에도 눈물이 날 수 있지만 하나님을 감동시키지 못하는 눈물이다. 눈 덮인 빙산에 부는 한 줄기 여름 바람에 불과하고 피상적이며 감상적인 이야기에 지나지 않는다. 문자적인 설교에도 감정과 열심이 있을 수 있지만 배우의 감정이요 변호사의 열심에 지나지 않는다. 설교자가 타오르는 열정으로 말할 수 있고 성경 주해를 감동적으로 말하고 머리 속으로 짜낸 설교를 간절한 심정으로 전달할 수 있다. 그러나 교수도 그같이 할 수 있고 사도의 열정을 흉내낼 수 있다. 지력과 정신력으로도 그런 위치에 오를 수 있고, 성령의 사역을 가장할 수 있다. 이런 힘들을 빌리면 문자도 계시를 받은 본문처럼 타오르며 빛을 발할 수 있다. 그러나 그 불꽃과 광채는 진주를 뿌려놓은 밭처럼 생명의 열매는 맺지 못할 것이다. 말 뒤에, 설교 뒤에, 행사 뒤에, 태도 이면에, 행동 뒤에는 치명적인 요소가 있다.

가장 큰 장애는 바로 설교자 자신에게 있다. 설교자는 생명을 일으키는 강력한 힘을 스스로 갖고 있지 못하다. 정통 신앙이나 정직함, 순수함 혹은 열심에는 문제가 없을 수 있다. 그러나 그 사람, 정확히 말해서 그 속사람이 내밀한 곳에서 하나님께 완전히 굴복하지 않았을 때 그 내적 생명은 하나님의 메시지 곧 하나님의 능력을 전달하는 통로가 되지 못한다. 어쨌든 그 사람의 지성소를 하나님이 통치하시는 게 아니라 그 사람의 자아가 통치하기 때문이다. 어딘가에서 자신도 전연 의식하지 못하는 사이에 영적 절연체가 속사람을 가두는 바람에 거룩한 흐름이 막혀 버린 것이다. 속사람이 자신의 철저한 영적 파산과 철저한 무능력을 느껴 보지 못한 것이다. 하나님의 능력과 불길이 들어와 채우고 정결케 하고 능력을 줄 때까지 자신의 절망과 무능력에 대해 이루 말할 수 없는 탄식과 함께 부르짖는 법을 배우지 못한 것이다. 하나님을 위해 신성하게 보존해야 할 성전이 유해한 자만심과 자기 능력으로 인해 훼손되고 더럽혀진 것이다. 생명을 주는 설교는 설교자가 많은 대가를 치른 뒤에야 나온다. 곧 자아에 대해 죽고 세상에 대해 십자가에 못박히고 영혼이 크나큰 진통을 겪은 뒤에야 온다. 십자가에 못박힌 설교만이 생명을 줄 수 있다. 십자가에 못박힌 설교는 십자가에 못박힌 사람에게서만 나올 수 있다.

3

문자는 죽이는 것이다

　교리적으로 흠잡을 데 없는 정통 신앙을 말하는 설교도 영혼을 죽일 수 있고 사실 그런 경우가 많다. 우리는 정통 신앙을 사랑한다. 또 정통 신앙은 좋은 것이다. 최상의 것이며 하나님 말씀을 명쾌하게 가르친다. 그것은 진리가 오류와 싸워 얻은 전리품이며, 터무니없는 이교 신앙이나 불신앙의 파괴적인 홍수를 막기 위해 신앙이 쌓아올린 제방이다. 수정처럼 단단하고 투명하며 전투적인 정통 신앙이 모양이 좋고 이름도 그럴듯하며 학식이 풍부할지라도 의문, 곧 영혼을 죽이는 문자에 지나지 않을 수 있다. 죽은 정통 신앙만큼 시들어빠진 것은 없다. 너무도 철저히 죽어버려서 생각할 수도 연구할 수도 기도할 수도 없을 정도다.

　죽이는 설교에도 통찰력이 있을 수 있고 원리를 깨치게 하는 바도 있을 수 있으며 학적이고 아주 인상적일 수가 있다. 문법과 어원적인 설명이 풍부할 수 있고 문자를 잘 장식하여 완벽한 형태로 만들 수 있다. 플라톤과 키케로가 계몽적인 글을 쓸 수 있듯이 사람들의 정신을 일깨우는 말을 할 수 있으며 변호사가 연구하여 신념을 세우고 자신의 소송을 변호하듯이 성경을 연구할 수 있다. 그럴지라도 문자적인 설교는 죽이는 서리와 같을 뿐이다. 문자적인 설교가 웅변적일 수 있고 시와 미사여구로 꾸밀 수 있으며 간간이 기도를 곁들이고 감동의 양념을 치고 비범한 재능으로 사람을 깨우칠 수 있다.

　그럴지라도 그것은 육중하고 세련되며 호사스럽게 장식하고 값비싼 아름다운 꽃으로 꾸몄을 뿐 시체를 넣어둔 관에 지나지 않는다. 학식이 없고 사고나 감정의 신선함도 풍기지 않으며 대체로 무미건조하거나 특별한 점에서도 활기가 없고 문체도 엉망이고 단정치 못하며 골똘히 연구한 흔적도 없으며 사상이나 표현이나 기도의 자취도 없이 죽이는 설교를 할 수가 있다. 이런 설교가 얼마나 광범위하고 심각한 황폐를 일으키는지! 얼마나 철저한 영적 죽음을 가져오는지!

이 문자적인 설교는 사물의 거죽과 그림자만 다룰 뿐 사물 자체를 다루지 않는다. 사물의 내부를 꿰뚫지 못한다. 하나님 말씀 속에 감춰어 있는 생명을 꿰뚫어 보는 깊은 통찰력이 없고 그 생명을 단단히 붙잡지도 못한다. 겉보기에 그 설교는 진실하다. 그러나 그 겉은 부수고 깨트려서 알맹이를 꺼내야 하는 껍데기이다. 문자는 유행에 맞게 아주 매력적으로 보이도록 옷 입힐 수 있다. 그러나 그 매력은 사람을 하나님께로 이끄는 매력이 아니고 그 유행도 하늘을 향하도록 하는 유행이 아니다. 이런 실패의 원인은 설교자에게 있다.

하나님께서는 설교자를 그렇게 만들지 않으셨다. 그 사람은 토기장이 손에 있는 진흙처럼 하나님의 손에 있어 본 적이 없다. 그 사람은 설교를 준비하고 생각하고 손질하고 설교의 매력적이고 인상적인 힘을 생각하는데 바빴을지언정 하나님의 깊은 것들을 찾고 연구하고 헤아리고 경험한 적은 없다. 그 사람은 "높고 거룩한 보좌" 앞에 서 본 적이 없으며 천사들의 노랫소리를 들어보지도, 그 광경을 보지도 못했고, 하나님의 두렵고 떨리는 거룩함을 느껴 보지 못했으며, 자신의 연약과 죄책을 느끼고서 처절한 절망 가운데 부르짖어 본 적도 없는 사람이다. 자기 생활을 쇄신한 적도 마음에 감동을 받거나 마음을 깨끗이 청소한 적도 없고 하나님의 제단에 타오르는 숯불로 마음이 불타오른 적도 없는 사람이다.

목회를 통해 사람들을 자기에게 이끌고, 교회로, 형식과 예식으로 끌어들일 수는 있으나 하나님께로는 이끌지 못하며, 거룩하고 달콤한 하나님과의 대화를 하도록 이끌지도 못한다. 예배당 건물은 멋지게 꾸몄지만 교회를 깨우치지 못했으며 교회를 즐겁게 만들기는 했으나 거룩하게 하지는 못했다. 이들의 설교를 들으면 생명은 억압을 받고 여름철에도 냉기가 감돌며 땅은 바싹 말라버린다. 우리 하나님의 도성은 죽은 자의 도성이 되고 교회는 전투태세를 갖춘 군대가 아니라 무덤이 되어버린다. 찬양과 기도가 막히고 예배는 활기가 없다. 설교자와 설교가 사람들을 거룩함에 이르도록 하는 게 아니라 죄를 짓도록 돕고, 사람들을 이끌고 하늘로 가는 게 아니라 지옥으로 가고 있다.

죽이는 설교는 기도가 없는 설교다. 기도가 없으면 설교자는 생명을 주기는 커녕 죽음을 가져온다. 기도가 약한 설교자는 생명을 주는 힘이 약하다. 기도를 자기 성품의 뚜렷한 특징으로 삼지 않은 사람의 설교는 생명을 주는 특별한 능력이 없었다. 직업적인 기도는 지금도 있고 앞으로도 있을 것이다. 직업적인 기도는 설교가 사람을 죽이는 일을 하도록 돕는다. 직업적인 기도는 설교와 기도를 냉랭하게 만들고 죽이기까지 한다. 교인들의 신앙이 철저하지 못하거나 교인들의 기도 생활이 나태하고 불손한 것은 대부분 강단의 기도가 직업적인 탓이다.

강단의 기도가 길고 무슨 소린지 종잡을 수 없으며 메마르고 공허한 경우가 많다. 신앙적 열정과 마음이 없는 기도는 예배의 모든 은혜를 앗아가는 서릿발과 같다. 그것은 죽음을 가져오는 기도이다. 죽음을 가져오는 기도 아래서는 경건의 모든 자취가 사라지고 만다. 죽은 기도일수록 기도 시간이 길다. 짧고 살아 있으며 성령에 따른 진심어린 기도가 먼저 있어야 강단에서 직접적이고 구체적이며 열정적이고 간단하며 감동적인 기도가 나오는 법이다. 하나님께서 생각하시는 대로 기도하는 법을 가르치는 학교가 있다면 어떤 신학교보다도 참된 경건과 참된 예배, 참된 설교를 가르치는데 유익할 것이다.

잠깐 멈춰 서서 생각해 보라! 지금 나는 어디에 있는가? 무엇을 하고 있는가? 죽이는 설교를 하고 있는가? 죽이는 기도를 하고 있는가? 하나님께 기도하라! 크신 하나님, 온 세상을 지으신 분, 만민의 심판자이신 하나님께 기도하라! 참으로 경외하는 심정으로! 참으로 단순하게! 참으로 진지하게! 마음 속으로 얼마나 간절히 진리를 사모해야 하는지! 참으로 우리의 본 모습이 어떠해야 하는지! 얼마나 진심으로 기도해야 하는지!

하나님께 기도하는 것은 인간에게 지극히 고귀한 활동이며 지극히 고상한 노력이고 지극히 참된 것이다! 영원히 저주받을 죽이는 설교와 기도를 버리고 참된 것, 지극히 강한 것 곧 믿음의 기도, 생명을 일으키는 설교를 해야 하지 않겠는가? 하늘과 땅에 영향을 미칠 지극히 강력한 힘을 가져오고 하나님의 다함없는 보고를 열어 궁핍하고 가난한 사람들에게 베풀어 주는 일을 해야 하지 않겠는가?

4

피해야 할 경향들

　목회에는 극단적인 경향이 두 가지 있다. 한 가지는 사람들과 접촉하는 것을 일체 금하는 것이다. 수도사, 은둔자가 이 극단을 보여 주는 실례였다. 이들은 하나님과 더 가까이 지내기 위해 사람들에게서 물러났다. 물론 이들은 실패하였다. 우리가 하나님과 교제하는 것은 비할 데 없이 귀한 그 혜택을 사람들에게 끼칠 때에만 유용하다. 이 시대는 설교자나 교인을 제쳐 둔 채 하나님께 열중한다. 우리가 바라는 것은 그 길이 아니다. 사람들은 서재에 처박혀 있고, 학생이 되고 책벌레가 되고 성경광이 되고 설교 제작자가 되고 문학과 사상과 설교에 통달하게 된다. 그러나 사람들과 하나님은 어디에 있는가? 우리 마음 밖에 우리 가슴 밖에 있다. 위대한 사상가이며 연구가인 설교자는 무엇보다도 위대한 기도자가 되어야 한다. 그렇지 않으면 하나님 보시기에 지극히 작은 설교자보다 못한 크나큰 배교자가 되고 냉정한 직업인이 될 것이다.

　또 한 가지 경향은 목회를 철저하게 인기 위주로 하는 것이다. 이 사람은 더 이상 하나님의 사람이 아니라 사람들을 보고 일하는 장사꾼이다. 그의 직무는 사람들을 위하는 것이기 때문에 기도하지 않는다. 그는 사람들을 감동시키고 흥미를 일으키며 종교심을 불러일으키고 교회 사역에 관심을 갖게 만들기만 하면 만족한다. 하나님과의 개인적인 관계는 이 사람의 사역에서는 그리 중요한 요소가 아니다. 그의 계획에서 기도가 차지하는 비중은 작거나 아예 없다. 이런 목회가 가져오는 재앙과 폐해는 세상의 계산으로는 헤아릴 수 없다. 설교자가 하나님께 기도할 때 그는 사람들에게 참된 선을 끼치고 있는 것이고 참된 열매를 맺고 있는 것이며 하나님과 사람에게 이 세상에서와 영원에서 참된 충성을 바치고 있는 것이다.

설교자가 많이 기도하지 않고서는 하나님께로부터 받은 거룩하고 고귀한 소명을 감당할 수 없다. 설교자가 목회 사역의 의무에 충실하기만 하면 자신을 단정하고 건강하게 세울 수 있다고 생각한다면, 그것은 크나큰 오해이다. 예술이면서 의무이고 일이면서 즐거움이기도 한, 끊임없는 부담거리인 설교 준비도 기도를 게을리 하면 마음을 분주하게 만들고 완고하게 하며 하나님에게서 멀어지게 만들 뿐이다.

기도는 설교자의 마음을 새롭게 하고 하나님의 뜻을 따르게 하고 사람들과 생각을 일치하게 만들며 목회가 냉랭한 직업주의에 빠지지 않게 하고 평범한 목회 일과가 열매를 맺게 만들며 하나님께서 주시는 재능과 능력으로 모든 일을 원활히 해갈 수 있게 한다.

스펄전은 이렇게 말한다. "물론 설교자는 다른 무엇보다도 기도의 사람으로 구별된다. 설교자는 평범한 신자로서 기도한다. 그렇지 않다면 그 사람은 위선자이다. 일반 신자보다 더 많이 기도한다. 그렇게 하지 않는다면 그는 맡은 직무를 감당할 만한 자격이 없는 사람이다. 목회자로서 당신이 그렇게 많이 기도하지 않는 사람이라면 불쌍한 사람이다. 여러분이 경건 생활에 게으르다면 당신뿐 아니라 당신 교인들도 불쌍한 사람들이며 언젠가는 당신이 부끄러워하고 당황하게 될 날이 올 것이다. 도서관과 서재를 아무리 훌륭하게 갖추고 있을지라도 기도의 골방에 비하면 헛간이나 다름 없다. 우리가 장막에서 금식하며 기도하던 때가 실로 귀중한 날이었다. 그때만큼 하늘 문이 활짝 열린 때가 없었으며 그때만큼 우리 마음이 하늘의 영광에 가까이 다가간 때가 없었다."

기도로써 목회를 하려면 기도하는 분위기를 풍기기 위해 조금씩 기도하는 것으로는 되지 않는다. 기도가 몸에 배어 있어야 하며 기도가 곧 피와 살이 되어 있어야 한다. 기도는 한 구석에 처박아 두어도 괜찮은 사소한 의무가 아니다. 기도는 일이나 다른 일상사에 시간을 다 뺏기고 남은 쪼가리 시간에 조금씩 하는 것이 아니다. 기도는 생활 가운데 가장 귀한 시간에 온 마음과 힘을 바쳐서 해야 하는 일이다. 연구하느라 혹은 목회 활동에 바쁜 나머지 기도를 하지 못하게 되어서는 안 된다. 기도가 먼저요 연구와 목회 활동은 다음이다. 연구나 목회 활동이나 모두 기도로 새 힘을 얻게 되고 효과 있게 된다. 목회에 영향을 주는 기도가 삶에 색깔을 입혀야 한다. 성품에 색깔과 성향을 입히는 기도는 소란하고 유쾌한 오락이 아니다. 기도는 그리스도께서 "심한 통곡과 눈물"로 기도하셨듯이 마음과 생활에 강하게 침투해야 한다. 바울이 그랬던 것처럼 온 영혼을 쏟아 부어 간절히 드려야 한다. 야고보가 말하는 "간구하는" 기도처럼 마음 속에서 일어나는 불같고 힘 같아야 한다. 하나님 앞에서 금향로에 담아 향을 피울 때 영적으로 심한 진통과 변혁을 일으키는 그런 기도이어야 한다.

기도는 우리가 어머니 품에서 지낼 때 익혀야 했던 사소한 습관이 아니다. 저녁 식사를 위해 점잖게 드리는 짤막한 식기도도 아니다. 기도란 아주 진지한 시간에 진지하게 수행해야 하는 일이다. 기도는 오랜 식사시간이나 잘 차려진 잔칫상보다 더 많은 시간과 욕구를 필요로 한다. 설교를 중요시 하듯 기도 또한 중요하게 생각해야 한다. 기도의 성격에 따라 설교의 성격이 정해질 것이다. 가벼운 기도에서는 가벼운 설교가 나올 것이다. 기도에 따라 설교가 힘차게 되기도 하고 거룩해지기도 하며 우스꽝스러워지기도 한다. 선한 열매를 많이 맺은 목회에는 언제든지 진지한 기도가 있었다.

설교자는 무엇보다도 기도의 사람이 되어야 한다. 설교자의 마음은 기도학교를 졸업해야 한다. 기도 학교에서만 마음이 설교하는 법을 배울 수 있기 때문이다. 학식으로 기도의 태만을 벌충할 수는 없다. 아무리 열심이 있고 부지런하며 힘들여 연구하고 은사가 많다고 해도 기도의 부족을 채우지는 못할 것이다.

하나님을 대신해서 사람들에게 말하는 것이 중요한 일이지만 사람을 대신해서 하나님께 말씀 드리는 일은 훨씬 더 중요한 일이다. 사람을 대신해서 하나님께 잘 말씀 드리는 법을 배우지 못한 사람은 결코 하나님을 대신해서 사람들에게 이야기하는 일을 잘 하지 못할 것이고 제대로 성공을 거두지도 못할 것이다. 그뿐 아니라 기도 없는 강단의 말씀은 사람을 죽일 뿐이다.

5

기도, 가장 중요한 일

　기도는 설교자의 생활이나 서재나 강단, 어디에서든 깊은 인상을 주는 뚜렷한 힘으로서 모든 것에 스며들어야 하고 모든 것을 물들이는 요소가 되어야 한다. 기도가 부차적인 역할을 해서도 안 되고 단순한 겉치레가 되어서도 안 된다. 설교자에게 기도를 주신 것은 "기도로 밤새우며" 주님과 함께 지내도록 하기 위함이다. 자기를 부인하는 기도로써 스스로를 훈련해야 하는 설교자는 "새벽 오히려 미명에 일어나 나가 한적한 곳으로 가사 거기서 기도하신" 주님을 바라보아야 한다.
　설교자의 서재는 골방이 되어야 하고 벧엘이 되어야 하며 제단이 되고 이상이 되고 사닥다리가 되어야 한다. 그래서 모든 생각이 사람에게로 내려가기 전에 먼저 하늘로 올라갈 수 있도록 해야 한다. 그래서 하나님께서 서재에 계셨던 탓으로 설교의 면면에 하늘의 향취가 나고 진지해질 수 있도록 해야 한다.
　아무리 장치가 뛰어나고 완벽하며 잘 닦아놓은 엔진이라도 불이 지펴지지 않으면 돌아가지 않듯이 설교도 영적인 결과에 관한 한 기도로 불을 지피고 증기를 만들지 않는 한 멈추어 있을 뿐이다. 설교가 짜임새 있고 세련되며 힘이 있다 하더라도 강력한 기도의 힘이 설교 전면에 흐르지 않으면 그런 것은 하찮은 잡동사니에 지나지 않는다. 설교자는 기도로써 설교에 하나님을 모셔들여야 한다. 말로 사람들을 하나님께 이끌 수 있으려면 먼저 기도로 하나님이 사람들에게 나아가시도록 해야 한다. 설교자가 사람을 얻을 수 있으려면 먼저 하나님을 뵙고 말씀을 들었어야 한다. 설교자에게 있어서 하나님께로 나아가는 열린 길은 사람들에게로 나아가는 열린 길을 아주 확실하게 보장해 준다.

늘상 하듯이 습관적으로 하거나 직업적으로 하는 기도는 죽고 썩은 것이라는 말은 거듭 강조할 필요가 있다. 그런 것은 우리가 바라는 기도가 전혀 아니다. 지금 내가 강조하고 있는 것은 참된 기도이다. 설교자의 전 존재에 불을 지피는 기도, 그리스도와 생명으로 하나되고 성령 충만한데서 나오는 기도이다. 깊고 넘치는 애정어린 동정의 샘에서 나오며 인간의 영원한 선에 대한 영구한 갈망에서 나오는 기도이며, 하나님의 영광을 위한 타오르는 열정에서 나오는 기도이다. 설교자의 임무가 어렵고 까다로우므로 하나님의 강력한 도움이 반드시 필요하다는 철저한 확신에서 나오는 기도이다. 이같이 엄숙하고 의미심장한 신념들에 근거한 기도만이 참된 기도이다. 이런 기도로 뒷받침이 된 설교만이 사람들 마음에 영생의 씨앗을 뿌리고 사람들이 하늘을 향하도록 변화시키는 설교이다.

인기 있는 설교, 듣기 좋은 설교, 매력 있는 설교, 지적이고 문학적이고 재기 번뜩이는 설교가 있다. 기도를 별로 하지 않거나 전혀 하지 않고도 이처럼 모양을 잘 갖춘 설교를 할 수 있다. 그러나 하나님의 목적을 확실히 붙잡고 있는 설교는 처음부터 끝까지 기도로 일관하며 기도의 힘과 영으로 전하며 설교자의 기도로 예배가 끝난 오랜 후에도 교인들의 마음에서 싹이 트고 생생하게 보존되는 설교이다.

자기 설교가 영적으로 빈곤한 것에 대해 여러 가지로 핑계를 댈 수 있지만 진짜 이유는 성령의 능력을 힘입어 하나님의 임재를 간절히 기도하지 않는 데 있을 것이다. 설교를 기가 막히게 하는데도 그 효과는 잠시 뿐이고 하나님과 사탄 사이에, 천국과 지옥 사이에 치열한 전쟁이 벌어지고 있는 영혼에까지는 침투하지 못하는 설교자가 수없이 많다. 이렇게 되는 것은 이들의 설교가 전투에서 힘있게 싸우게 하고 영적으로 승리하도록 기도로 달구어지지 않기 때문이다.

하나님께 큰 결실을 거두어들이는 설교자는 사람들에게 호소하려고 하기에 앞서 하나님께 간절히 호소한 사람들이다. 골방에서 하나님께 강한 영향력을 발휘하는 사람이 강단에서 사람들에게도 강한 영향력을 발휘하는 법이다.

  설교자도 사람인지라 강한 인간 풍조에 접하고 휩쓸리는 경우가 종종 있다. 기도는 영적인 일이다. 인간 본성은 힘든 영적 일을 좋아하지 않는다. 인간 본성은 순풍을 받으며 편안히 천국으로 항해해 가기를 바란다. 기도는 자신을 낮추는 일이다. 기도는 자신의 지력과 자존심을 버리고 허영을 십자가에 못박으며 자신의 영적 파산을 인정하는 것인데, 이 모든 것이 혈과 육으로서는 감당하기 힘든 짐이다. 이런 것들을 지니 차라리 기도하지 않는 것이 더 쉽다.

  그래서 우리는 오늘날, 모든 시대에 걸쳐 큰 악 가운데 한 가지를 범한다. 그것은 곧 기도를 잘 하지 않거나 아예 하지 않는 것이다. 이 두 가지 악에서 기도를 조금 하는 것이 아예 하지 않는 것보다 더 악할 것이다. 기도를 조금 하는 것은 일종의 위장이요, 양심을 무마하려는 처사요, 익살극이며 기만이기 때문이다.

  우리가 기도를 대수롭지 않게 생각한다는 사실이 기도에 별로 시간을 들이지 않는 데서 명백히 나타난다. 보통 설교자가 기도에 할애하는 시간은 하루 전체 시간에 비하면 얼마 되지 않는다. 설교자가 기도한다는 것이 고작 잠자리에 들기 전이나 잠자리에서 기도하거나 아침에 옷을 입기 전에, 혹은 식탁에서 잠깐 머리 숙이고 마는 것이 전부인 경우가 종종 있다. 성경 안팎의 거룩한 사람들이 기도에 쏟은 시간과 정열에 비하면 이런 기도는 얼마나 허약하고 공허하며 하찮은가! 모든 시대에 참된 하나님의 사람들의 습관에 비하면 시시하고 유치한 우리 기도는 얼마나 보잘것 없고 비천한가!

  기도를 지극히 중요한 일로 여기고 그 중요성에 대한 높은 평가에 따라 그만한 시간을 기도에 들이는 사람에게 하나님께서는 천국의 열쇠를 맡기며 그 사람은 그 열쇠를 가지고 이 세상에서 영적인 일을 놀랍게 이룬다. 위대한 기도는 위대한 하나님의 지도자들의 표시며 보증이고 이들의 노고에 덧씌워 주실 설득력의 보장이다.

  설교자는 설교뿐 아니라 기도하는 임무도 맡았다. 그 두 가지를 다 잘

하지 않는다면 사명을 제대로 수행할 수 없다. 설교자가 사람의 방언과 천사의 말로 설교할 수가 있다. 그러나 하늘의 도움을 끌어들이는 믿음으로 기도하지 못한다면 그의 설교는 "소리나는 구리와 울리는 꽹과리"에 지나지 않아 하나님께서 영혼을 구원하는데 영구한 도구로 쓰이지 못할 것이다.

6

목회 성공의 비결은 기도이다

 진정으로 성공한 목회에서는 언제든지 기도가 지배적인 뚜렷한 힘으로 있었다고 할 수 있다. 즉 설교자의 생활이나 그 사역의 깊은 영성에서 기도가 지배적인 힘으로 나타날 때 목회가 성공한다고 말할 수 있을 것이다. 기도하지 않고서도 매우 사려 깊은 목회를 할 수 있다. 기도 없이도 설교자가 명성과 인기를 얻을 수 있다. 기도라는 윤활유를 조금만 쓰거나 아예 쓰지 않고서도 설교자의 생활이나 사역이 잘 돌아갈 수가 있다. 그러나 기도가 지배적인 뚜렷한 힘이 되지 않고서는 설교자나 교인들에게 거룩함을 일으키는 영적 목회는 할 수 없다.
 기도하는 설교자만이 실로 하나님께서 일하시도록 만든다. 설교자가 설교하기만 하면 하나님께서는 당연히 혹은 일반 원리에 따라 설교를 거드시는 게 아니다. 기도와 절박한 부르짖음을 듣고서 오시는 것이다. 전심으로 하나님을 구할 때 하나님을 만난다는 사실은 회개자에게 해당되듯이 설교자에게도 진정으로 해당된다. 사람들의 공감을 불러일으키는 목회는 기도하는 목회이다. 기도는 설교자를 하나님과 하나 되게 하듯이 본래 사람과 하나 되게 한다. 설교자의 고귀한 직무와 책임을 감당할 수 있는 목회는 기도하는 목회뿐이다. 학력이나 학식, 책, 신학, 설교가 설교자를 만들어 내지 못한다. 오직 기도만이 그 일을 한다. 설교자의 설교 임무는 기도로써 오순절의 성령 강림이 이루어지기 전에는 허탕을 칠 뿐이다. 기도하는 사역자는 인기에 연연하지 않고 단순히 교회 일이나 세상사, 매력적인

6. 목회 성공의 비결은 기도이다

설교에 매이지 않는 사람이며 교회 조직가나 일반 조직가의 위치를 벗어나 좀더 강력한 영역, 곧 영적인 영역으로 들어간 사람이다. 거룩함은 목회자의 활동에서 나오는 산물이다. 변화된 마음과 생활이 사역의 진실, 곧 사역의 진실됨과 본질적인 성격을 아름답게 장식한다. 하나님이 그와 함께 계시기 때문이다. 그는 세상의 원칙이나 피상적인 원칙에 근거해서 목회를 계획하지 않는다. 그 사람은 하나님의 사실들을 깊이 간직하고 그 사실들에 정통한 사람이다. 설교자는 자기 교인들에 관해 하나님과 오래도록 깊은 이야기를 나누고 영으로 힘겹게 씨름한 결과로 하나님의 사실들에 정통하게 된다. 이들에게 있어 직업인의 냉랭함은 이미 오래 전에 뜨거운 기도 속에 녹아버렸다.

많은 경우에 목회가 신통치 않고 또 생기가 없는 것은 기도를 하지 않는 탓이다. 어떤 목회든 기도를 많이 하지 않고서는 성공할 수 없다. 목회에서는 기도가 근본이 되어야 하고 영구히 지속되며 갈수록 더 기도에 힘써야 하고 본문이든 설교든 기도의 결과로 나와야 한다. 서재를 기도로 감싸야 하고 모든 의무에 기도가 스며들게 하며 온 영혼은 기도의 영으로 가득 채워야 한다.

하나님의 택한 백성 가운데 한 사람은 임종시에 "기도를 조금밖에 하지 못해서 유감스럽다"는 후회의 말을 했는데, 이것은 설교자로서는 슬픈 후회의 말이다. 작고한 테이트(Tait) 대주교는 "더 위대하고 더 깊고 더 진실한 기도의 생활을 하고 싶다"는 말을 하였다. 어쩌면 우리도 그렇게 말할지 모르며 우리 모두도 이 말을 유언으로 남길지 모른다.

진정한 하나님의 설교자들은 중요한 한 가지 특징으로 다른 사람들과 구별되었다. 즉 그들은 기도의 사람이었다. 종종 여러 가지 다른 점이 있지만 언제나 한 가지 공통점이 있었다. 이들은 출발점이 다르고 각기 다른 길을 통해 여행할지라도 결국 한 점에서 만났다. 기도의 면에서 하나로 모였다. 이들에게 하나님은 끌어당기는 중심점이고 기도는 하나님께 이르는 길이었다. 이들은 기도를 이따금씩 하거나 정기적으로 혹은 이따금 조금 하지 않고 기도가 영혼에 침투하여 성품을 이루기까지 기도하였다. 기도가 교회의 역사가 되도록, 시대의 풍조에 영향을 미치도록 기도하였다. 이들은 기도에 많은 시간을 보냈는데, 시간을 정해 놓았거나 계획을 세워놓았기 때문이 아니라 기도가 중요하고 매력 있는 일이라서 좀처럼 그만둘 수 없었기 때문이다.

이들에게 기도는 바울이 그랬듯이 영혼의 간절한 노력이며 야고보가 그랬듯이 씨름하여 이기는 것이며, 그리스도께서 그러셨듯이 "심한 통곡과 눈물"이었다. 이들은 "모든 기도와 간구로 하되 무시로 성령 안에서 기도하고 깨어 구하기를 항상 힘썼다." "역사하는 힘이 많은" 기도는 하나님의 힘센 군사들에게 가장 강력한 무기였다. 엘리야에 관한 말씀은 자기 세대 사람들을 하나님께로 이끈 모든 선지자와 설교자에게도 해당되는 말씀이며, 또한 그들이 경이로운 일을 행할 때 사용했던 도구가 무엇이었는지를 보여 준다. 엘리야는 "우리와 성정이 같은 사람이로되 저가 비오지 않기를 간절히 기도한즉 삼 년 육 개월 동안 땅에 비가 아니 오고 다시 기도한즉 하늘이 비를 주고 땅이 열매를 내었다."

7

기도에 많은 시간을 쏟아야 한다

　본래 개인 기도가 대부분 짧을 수밖에 없고 공기도도 짧고 집약적이야 한다. 그러나 이처럼 짧을지라도 열정적인 기도를 드릴 수 있고 그것대로 그만한 가치가 있지만 하나님과 개인적으로 이야기하는 데 있어서 시간은 결코 빼놓을 수 없는 중요한 요소이다. 역사하는 힘이 많은 모든 기도의 비결은 하나님과 많은 시간을 보내는 것이다. 기도에 강한 힘이 들어 있다고 느낀다면 그것은 하나님과 오랜 시간을 보낸 직접적인 결과이다. 기도가 짧을지라도 요점을 말하고 응답을 잘 받는다면 그 이전에 오랜 시간 드린 기도 덕분이다. 오랜 시간 지속적으로 힘겹게 몸부림치면서 하나님을 설득하지 못한 사람은 역사하는 힘이 많은 기도를 드릴 수 없다. 야곱이 밤새워 씨름하지 않았다면 믿음의 승리를 얻지 못했을 것이다. 잠깐 잠깐 방문해서는 하나님과 친숙해질 수 없다. 하나님께서는 어쩌다 한번 오거나 서둘러 왔다가 가는 사람에게는 선물을 주시지 않는다.
　하나님을 알고 하나님께 영향력을 행사할 수 있는 비결은 하나님과 단 둘이서 오랜 시간을 보내는 것이다. 하나님은 하나님을 알고서 나오는 끈질긴 믿음에 손을 드신다. 하나님께서는 자기 소원을 아뢰는 자들에게 지극히 풍성한 선물을 주시고, 끈질긴 기도를 간절히 할 뿐 아니라 쉬지 않고 하는 것을 인해서 그런 선물을 맛보게 하신다. 다른 일뿐 아니라 이 일에서도 우리의 모범이 되시는 그리스도께서는 기도로 온 밤을 새우신 적이 여러 번 있었다. 주님은 늘상 많은 시간을 기도하셨다. 늘상 기도하러 가는 곳이 있으셨다. 오랜 시간의 기도 생활이 주님의 생애와 성품을 이룬다. 바울은 밤낮으로 기도하였다. 다니엘은 기도를 매우 중요하게 생각해서 하루에 세 번 기도하는 시간을 가졌다. 다윗이 아침과 낮과 밤에 드린 기도는 많은 경우에 틀림없이 매우 길었을 것이다. 이 성경의 성도들이 기도에 정확히 얼마만큼 시간을 들였는지 알 수 없지만 기도에 많은 시간을 보냈고 때로는 오랜 시간 기도하는 것이 습관이었다는 사실은 짐작해볼 수 있다.

아무도 기도의 가치를 시간으로 잴 수 있다고 생각해서는 안 될 것이다. 지금 내가 말하고자 하는 바는 하나님과 단 둘이서 오랜 시간을 보낼 필요가 있음을 인상 깊게 강조하는 것이다. 그래서 믿음으로 이런 특징을 보이지 않았다면 그 신앙은 연약하고 피상적이라고 보아야 할 것이다.

성품 가운데서 그리스도의 형상을 아주 충만하게 드러내고 그리스도를 위해 세상에 아주 강력한 영향을 끼친 사람들은 하나님과 아주 오랜 시간 함께 지내는 것이 삶의 뚜렷한 특징으로 보였다. 찰스 시므온(Charles Simeon)은 새벽 4시부터 아침 8시까지 네 시간을 하나님께 바쳤다. 웨슬리는 매일 2시간을 기도하였다. 웨슬리는 새벽 4시에 기도를 시작하였다. 웨슬리를 잘 알고 있는 사람이 그에 대해 이렇게 썼다. "웨슬리는 기도를 다른 어떤 일보다도 중요하게 생각하였다. 웨슬리가 얼굴에 거의 광채가 나는 것처럼 평온한 얼굴을 하고서 골방에서 나오는 것을 보았다."

존 플레처(John Flectcher)는 "자기 방의 벽을 기도의 숨결로 얼룩지게 했다." 때로는 온 밤을 새워 기도하였으며 항시 아주 간절히 기도하였다. 플레처의 일생은 기도의 생애였다. "내 가슴을 들어 하나님께 닿게 하지 않고서는 자리에서 일어나지 않겠다"고 플레처는 말했다. 플레처는 친구를 만나면 늘 이런 식으로 인사말을 하였다. "우리 만났으니 기도할까?" 루터는 이렇게 말했다. "매일 아침 두 시간 기도하지 못하면 그 날은 마귀가 승리한다. 나는 일이 너무 많아 매일 세 시간씩 기도하지 않고서는 배겨날 수 없다." "기도를 잘 한 사람은 연구도 잘 한 것이다"는 것이 루터의 표어였다.

대주교 레이턴(Leighton)은 너무 많은 시간을 하나님과만 지내서 늘상 묵상하고 있는 것처럼 보였다. 레이턴의 전기 작가는 말하기를 "기도와 찬양은 대주교의 일이자 즐거움이었다"고 했다. 켄(Ken) 주교는 하나님과 아주 많은 시간을 보내고 있어서 그의 영혼이 하나님께 흠뻑 빠져 있다는 말을 들었다. 매일 아침 시계가 3시를 알리기도 전에 그는 벌써 하나님과 함께 있었다. 애즈버리(Asbury) 주교는 이렇게 말했다. "나는 할 수 있는 한 자주 새벽 4시에 일어나 두 시간 동안 기도와 묵상으로 지내려고 한다."

경건의 향기가 아직도 짙게 풍기는 새뮤얼 러더퍼드(Samuel Rutherford)는 기도 속에서 하나님을 만나기 위해 새벽 3시에 일어났다. 조셉 얼라인(Joseph Alleine)은 8시까지 기도하기 위해서 4시에 일어났다. 자기가 일어나기도 전에 신문 배달부의 일하는 소리를 들으면 "아, 부끄러운지고! 내 주께서 저 사람의 정성보다 못한 대접을 받으시다니!" 하고 외치곤 하였다. 이 일을 잘 배운 사람은 마음대로 눈에 띄는 대로 하늘의 다함이 없는 은행을 이용할 수 있을 것이다.

스코틀랜드 설교자 가운데 지극히 거룩하고 탁월한 재능을 지닌 한 사람은 이렇게 말한다. "나는 하나님과 교제하는 일에 가장 귀중한 시간을 내야 한다. 그것은 내게 가장 고귀하고 결실이 풍성한 일이므로 구석에 쳐박아 두어서는 안 된다. 아침 6시부터 8시까지는 아무 방해를 받지 않는 시간이므로 그 시간을 이용해야 한다. 차를 마시고 난 다음은 내게 더할 수 없이 좋은 시간이므로 그 시간을 엄숙히 하나님께 바쳐야 한다. 잠자리에 들기 전에 기도하는 오래된 이 좋은 습관을 그만 두어서는 안 되고 기도 중에 잠들지 않도록 조심해야 한다. 밤에 자다가 깨면 일어나서 기도해야 한다. 아침 식사 후에 짧은 시간에는 중보 기도를 드려야 한다."

다음은 로버트 맥체인(Robert McCheyne)의 기도 계획이다. 기억할 만한 이 감리교도의 기도 습관은 우리를 부끄럽게 한다. "아침 4시부터 5시까지 개인기도, 오후 5시부터 6시까지 개인기도.

8

모범적인 기도의 사람들

윌슨(Wilson) 주교는 이렇게 말한다. "마틴(H. Martyn)의 일기에서 무엇보다도 기도의 정신, 기도에 바친 시간, 기도의 열정을 보고서 나는 충격을 받았다."

페이슨(Payson)은 자주 그리고 하도 오랫동안 무릎 꿇고 기도하는 바람에 단단한 마루에 홈이 패였을 정도였다. 페이슨의 전기 작가는 이렇게 쓰고 있다.

상황이 어떠하든 간에 끊임없이 기도하는 생활이야말로 그의 생애의 가장 두드러진 사실이며 그에 못지 않게 탁월하고자 하는 모든 사람들이 해야 할 바가 무엇인지 가르쳐 준다. 그가 계속해서 거둔 두드러진 성공은 그의 열렬하고 끈기있는 기도 덕분인 것이 틀림없다.

그리스도를 더없이 소중하게 여기는 마르퀴스 디렌티(Marquis DeRenty)는 자기 사환에게 30분이 지나면 기도실에 와서 불러달라고 시켰다. 시간이 되어 사환이 기도실 틈으로 마르케스의 얼굴을 보았다. 그 얼굴에 거룩함이 가득 서려 있어서 주인을 방해하고 싶지 않았다. 마르퀴스의 입은 움직이고 있었지만 소리는 전혀 나지 않았다. 1시간 반이 지나기를 기다렸다가 주인의 이름을 불렀다. 마르케스는 일어서 나오더니 그리스도와 말씀을 나누기에 30분은 너무 짧은 시간이라고 말했다.

브레이너드(Brainerd)는 이렇게 말했다. "나는 오두막집에 혼자 있는 게 좋다. 그곳에서는 오랜 시간 기도할 수가 있다."

감리교 역사에서 윌리엄 브램웰(William Bramwell)은 뛰어난 거룩함과 설교의 놀라운 성공 그리고 놀라운 기도 응답으로 유명한 사람이다. 브램웰은 어떤 때는 몇 시간씩 기도하곤 했다. 항시 기도하며 살다시피 하였다. 자신의 목회지를 순회할 때에도 불꽃같은 태도로 설교하였다. 기도할 때 그 불길이 타올랐다. 은퇴하고 나서는 한 번 기도할 때 몇 시간씩 보내는 경우가 종종 있었다.

앤드류(Andrew) 주교는 매일 기도와 묵상에 무려 5시간이나 보냈다.

헨리 하블록(Henry Havelock) 경은 언제나 매일 처음 2시간을 주님과 단 둘이 지내는 데 보냈다. 야영지를 저녁 6시에 철수하면 새벽 4시에 일어나곤 하였다.

얼 캐린즈(Earl Carins)는 매일 6시에 일어나 1시간 30분 동안 성경 공부와 기도를 하고 나서 7시 45분에 가정 예배를 인도하였다.

저드슨(Judson) 박사가 응답 받는 기도를 잘 드린 비결은 기도에 많은 시간을 쏟은 사실에 있다. 이 점에 대해 저드슨 박사는 이렇게 말한다. "할 수 있는 대로 일을 잘 조정해서 매일 여유 있게 두세 시간을 낼 수 있도록 하라. 단순히 경건 연습만을 위해서가 아니라 은밀히 하나님께 기도하고 하나님과 교제하기 위해서 그렇게 하라. 이따금씩 어떤 날은 일과 회사에서 손을 떼고 한적한 곳에 가서 영혼을 들어 하나님께 바치도록 하라. 한밤중에 일어나 밤의 고요와 어둠 가운데서 이 신성한 일에 시간을 냄으로써 하루를 시작하라. 동트기 시작하는 시간에도 이 신성한 일을 하라. 오전 9시, 12시, 오후 3시, 6시, 밤 9시에도 그같이 하라. 굳게 결심하고 밀고 나가라. 이 기도 생활을 유지하기 위해서 실제로 희생할 수 있는 것들은 모두 희생하도록 하라. 시간이 짧다는 것을 생각하고, 일과 회사에 휘둘려 당신의 하나님을 빼앗기지 않도록 하라."

사람들은 이것을 실행할 수 없는 광신적인 지침이라고 말한다. 저드슨 박사는 그리스도를 위하여 한 국가에 깊은 인상을 심어주었고, 파괴되지 않는 화강암으로 미얀마의 심장부에 하나님 나라의 기초를 놓았다. 저드슨 박사는 그리스도를 위하여 세상에 강력한 인상을 심어 놓은 몇 안 되는 성공한 사람이었다. 그보다 재능이 많고 자질이 뛰어나고 학식도 높은 사람이 많지만 그만큼 강력한 인상을 심어 주지는 못했다. 많은 사람들의 종교 활동이 모래밭에 찍힌 발자국 같다면 저드슨은 다이아몬드에 자신의 사역을 새겨놓은 셈이다. 그의 사역이 그만큼 깊이와 내구성을 갖는 비결은 그가 기도에 많은 시간을 쏟았다는 사실에 있다. 저드슨은 빨갛게 달구어진 쇠를 기도로써 계속해서 식지 않게 했고 하나님께서는 능력으로써 거기에 내구력을 갖추어 주셨다. 기도의 사람이 되지 않고서는 아무도 하나님을 위하여 큰 일을 지속적으로 이룰 수 없다. 또 기도에 많은 시간을 들이지 않고서는 아무도 기도의 사람이 될 수 없다.

기도는 그냥 아무 생각 없이 무덤덤하게 습관적으로 하는 것이란 말이 옳은가? 무덤덤하고 짧고 피상적인 말만 되풀이하도록 훈련받는 하찮은 일이 기도인가? "흔히 사람들이 생각하듯 기도란 긴장이 풀어진 몽롱한 상태에서 짧게는 수분간이나 길게는 한두 시간 동안 나른하게 진행되는 감정의 연극이라는 얘기가 옳은 말인가?" 캐논 리돈(Canon Liddon)은 계속해서 이렇게 말한다.

    진실로 기도한 사람들의 얘기를 들어보자. 때로 이들은 족장 야곱이 보이지 않는 어떤 권세자와 함께 씨름한 것을 기도라고 말하는데, 그 씨름은 밤늦은 시간까지 혹은 새벽까지 격렬하게 지속될 수가 있다. 때로 이들은 바울과 함께 드리는 공동의 도고를 공동으로 수행하는 싸움이라고 부른다. 기도할 때 이들은 예수님의 겟세마네 동산의 그 위대한 도고를 바라보았다. 그분이 복종과 희생의 고뇌로 땅에 흘린 핏방울을 바라본 것이다. 끈질김이야말로 효력 있는 기도의 핵심이다. 끈질김이란 꿈꾸는 듯한 상태를 말하는 게 아니라 한결같은 수고를 뜻한다. 천국이 침노를 당하고 침노하는 자가 물리력으로 천국을 취하는 것은 특별히 기도를 통해서 이루어진다. 작고한 해밀턴(Hamilton) 주교는 이렇게 말했다. "기도란 우리가 지극히 흥미롭고도 매우 필요한 주제들을 대할 때 생기는 열심을 가지고서 준비해야 하는 것이며, 인내로 견뎌야 하는 일로 생각하고 시작하지 않는 사람은 누구든 기도에서 큰 유익을 보지 못할 것이다."

9

하루를 기도로 시작하라

　이 세상에서 하나님을 위해 아주 큰 일을 했던 사람들은 새벽부터 무릎을 꿇었다. 하나님을 구하기보다는 다른 일을 하느라 이른 아침 시간의 기회와 신선함을 낭비하는 사람은 나머지 시간에 하나님을 구하는 일에 별 진전을 보지 못할 것이다. 아침에 일어났을 때 하나님이 우리 생각과 활동에서 제일 먼저 오지 않는다면 그날 나머지 시간에는 하나님이 맨 마지막 순서를 차지할 것이다.
　이같이 일찍 일어나 기도하는 것 이면에는 하나님을 구하도록 우리를 몰아치는 간절한 열망이 있다. 활기 없는 아침은 활기 없는 마음의 표시이다. 아침에 하나님을 구하는 일을 내켜 하지 않는 마음은 하나님께 대한 흥미를 잃어버린 것이다. 다윗의 마음은 하나님을 구하는 일에 열렬하였다. 다윗은 하나님을 갈망하고 목말라 했다. 그래서 동트기 전 일찍부터 하나님을 찾았다. 침대에 누워 잔다고 해서 그의 영혼에 하나님을 찾는 간절함이 사라지는 것은 아니었다. 그리스도께서는 하나님과의 친교를 갈망하셨다. 그래서 새벽 미명부터 일어나 산으로 가 기도하셨다. 제자들은 일어나 자신들의 나태함을 부끄러워 할 때 어디 가야 예수님을 찾을 수 있을지 알았다. 하나님을 위해 이 세상에 강력한 인상을 남겼던 사람들을 잘 조사해 보면 그들이 일찍부터 하나님을 구한 것을 알 수 있을 것이다.
　하나님께 대한 열망이 있어도 잠을 떨쳐버릴 수 없는 정도라면 연약한 것이며, 그런 열망으로서는 잠을 충분히 자고 난 후에도 하나님을 위해서 하는 일이 별로 없을 것이다. 하나님께 대한 열망이 하루 시작부터 마귀와 세상에 아주 멀리 뒤처지면 결코 따라잡지 못할 것이다.

　단순히 일찍 일어나기만 하면 전선에 나가 하나님 군대의 총사령관이 될 수 있는 것이 아니다. 방종한 모든 사슬을 흔들어 깨트릴 수 있는 열렬한 갈망이 있어야 한다. 그러나 일찍 일어나면 그런 갈망이 표출되고 증가되며 힘을 얻게 한다. 그냥 잠자리에 누워 잠을 즐겼다면 그 갈망은 사그러지고 말았을 것이다. 이런 갈망이 있었기에 이들은 일찍 일어나 하나님을 위하여 긴장하고 지냈고, 이같이 주의하고 소명에 따라 행동함으로 믿음으로 하나님을 굳게 붙잡을 수 있었고, 마음으로 달콤하기 그지없는 하나님께 대한 계시를 충만히 받을 수 있었으며, 이같이 믿음에 힘을 얻고 충만한 계시를 받음으로 뛰어난 성도가 되었고, 이들의 성도됨의 영광이 우리에게까지 전해져서 우리는 이들이 이룩해 놓은 것들을 즐긴다. 그러나 사람들은 마음껏 즐길 줄만 알지 생산할 줄은 모른다. 사람들은 성인의 무덤을 만들고 묘비명은 세우면서 그들의 모범은 어떻게 해서든지 따르려고 하지 않는다.

　사람들에게는 하나님을 구하되 아침 일찍 구하는 설교자가 필요하다. 아침 이슬 같은 신선한 활동을 하나님께 바치고 그 대가로 신선하고 충만한 능력을 받아 비록 그날 하루가 아주 덥고 수고로울지라도 사람들에게 아침 이슬처럼 기쁨과 힘의 원천이 될 수 있는 설교자가 필요하다. 하나님을 구하는 일에 나태한 것은 결코 좌시할 수 없는 죄이다. 이 세상 자녀들은 우리 그리스도인들보다 훨씬 더 지혜롭다. 저들은 아침 일찍부터 밤늦게까지 부지런히 일한다. 우리는 하나님을 구하는 일에 저들처럼 열렬하지도 부지런하지도 않다. 열심히 하나님을 찾지 않는 사람은 하나님을 만나지 못하며 이른 아침에 하나님을 찾지 않는 사람은 결코 하나님을 열심히 구하지 않는다.

10

기도와 경건의 일치

성도들에게 이보다 더 큰 필요가 없었고 하나님께 헌신한 거룩한 설교자들에게 이보다 더 긴급히 요청되는 것은 지금도 없다. 세계는 급변하고 있다. 사탄은 지금도 세상을 장악하고 지배하며 세상의 모든 움직임을 이용해 자기의 목적을 달성하려고 애쓴다. 종교는 최선의 노력을 기울여야 하며 지극히 매력적이고 온전한 모범을 보여야 한다. 오늘날의 성도들은 지극히 고상한 이상과 지극히 큰 가능성에 고무 받되 성령을 통해서 받아야 한다.

바울은 에베소 교인들이 성도됨의 넓이와 길이와 높이와 깊이를 깨달아 "하나님의 모든 충만하신 것으로 충만하게" 되도록 기도하였다. 에바브라는 골로새 교인들이 "하나님의 모든 뜻 가운데서 완전하고 확신 있게 서도록" 갖은 수고를 다하고 뜨거운 기도를 간절히 드렸다. 사도 시대에는 하나님의 백성 모두와 각 사람이 "하나님의 아들을 믿는 것과 아는 일에 하나가 되어 온전한 사람을 이루어 그리스도의 장성한 분량이 충만한 데까지 이르도록" 어디서든 전력을 기울였다.

난쟁이라고 해서 특혜가 주어지지 않고 갓난아이로 오래 지낸다고 격려를 해 주지도 않는다. 아이는 자라야 했고 믿은 지 오래된 사람은 연약하지 말고 나이에 맞게 열매를 맺어야 하고 살찌고 번성해야 했다. 종교에서 가장 신성한 것은 거룩한 남녀이다.

돈이 아무리 많고 자질이 아무리 뛰어나며 교양이 아무리 높다고 해도 그것으로 하나님의 일을 진척시킬 수는 없다. 영혼을 힘있게 하는 거룩함, 사랑으로 불타오르며 더 큰 믿음, 더 많은 기도, 더 뜨거운 열심, 더 깊은 헌신을 갈망하는 전인격, 바로 이것이 능력의 비결이다. 우리에게는 이런 것이 필요하며 이런 것을 구비해야 한다. 사람들은 이같이 하나님으로 불타오르는 헌신의 화신이 되어야 한다. 이런 것이 없으므로 하나님의 진군이 멈췄고 하나님의 대의가 힘을 잃었으며 하나님의 명예가 손상되었다. 아무리 뛰어나고 타고난 천재성이라도 아무리 박식하고 세련된 교육이라도, 지위나 위엄, 위치, 명예, 높은 성직이라도 그런 것으로는 하나님의 이 전차를 움직일 수 없다. 밀턴 같은 천재도 움직이지 못한다. 황제 같은 권력을 쥔 레오(교황) 같은 사람도 실패한다.

하지만 브레이너드의 영으로는 하나님의 전차를 움직일 수 있다. 브레이너드의 영혼은 하나님을 위하여 불타고 있었고 다른 영혼들을 위하여 불타고 있었다. 세상적이고 이기적인 어떤 것도 이같이 강력하게 밀어붙이고 모든 것을 태워버리는 힘과 불꽃은 사그러뜨리지 못했다.

기도는 경건의 수로이자 원천이다. 경건의 영은 곧 기도의 영이다. 기도와 경건은 영혼과 몸이 하나이듯이, 생명과 심장이 연합되어 있듯이 연합되어 있다. 경건이 없이 참된 기도가 없으며 기도 없이 경건이 있을 수 없다. 설교자는 지극히 거룩한 경건으로 자신을 하나님께 드려야 한다. 설교자는 직업인이 아니며 목회는 직업이 아니다. 목회는 신성한 제도이며 신성한 소명이다. 설교자는 하나님께 헌신한 사람이다. 설교자의 목표와 열망과 큰 뜻은 하나님을 위한 것이며 하나님께 대한 것이다. 따라서 이런 사람에게 기도는 음식이 생명에 필수적인 것이듯 필수적이다.

설교자는 다른 무엇보다도 자신을 하나님께 바쳐야 한다. 설교자의 이 같은 헌신은 목회 사역의 표지이자 신임장이다. 설교자의 헌신은 분명하고 최종적이며 틀림없어야 한다. 설교자의 경건은 일반적이고 피상적이어서는 안 된다. 설교자가 은혜에서 뛰어나지 않으면 모든 것에서 뛰어나지 못한다. 설교자가 생활과 성품과 행동으로 설교하지 못하면 다른 무엇으로도 설교할 수 없다. 설교자의 경건이 가벼우면, 그의 설교가 음악처럼 부드럽고 감미로우며 아볼로처럼 타고난 재능이 있을지라도 그 무게는 깃털처럼

10. 기도와 경건의 일치

가볍고 아침 구름이나 땅의 이슬처럼 허망하고 덧없을 것이다. 설교자의 성품과 행동에서 하나님에 대한 헌신을 대신할 수 있는 것은 없다. 교회에 대한 헌신, 사상에 대한 헌신, 조직에 대한 헌신, 정통신앙에 대한 헌신이 영감의 원천이 되고 소명의 의지가 될 때, 그것은 무가치하고 사람을 오도하는 헛된 것이다.

설교자에게는 바로 하나님이 활동의 주요 동기가 되어야 하고 모든 수고의 원천이자 영광이 되어야 한다. 예수 그리스도의 이름과 명예, 그리스도의 대의의 진척이 가장 중요한 동기가 되어야 한다. 설교자는 오직 예수 그리스도의 이름에서 영감을 얻어야 하고 그리스도를 영화롭게 하는 것만이 그 야망이 되어야 하고 수고는 오직 그리스도를 위해서만 바쳐야 한다. 그렇게 하면 기도가 설교자의 계몽의 원천이 되고 지속적인 진보의 수단이 되며 성공의 표준이 될 것이다. 설교자가 소중히 여길 수 있는 영속적인 목표와 유일한 야망은 하나님을 모시고 사는 것이다.

하나님의 대의를 위하여 간절히 기도해야 할 필요성이 오늘날만큼 절실한 때는 없었다. 깊고 간절한 기도를 드리는 시대나 사람이 아니고서는 어떤 시대나 사람도 복음의 능력을 보여 주지 못할 것이다. 기도하지 않는 세대는 하나님의 능력을 제대로 보여 주지 못할 것이다. 기도하지 않는 마음은 이같이 높은 고지를 결코 오르지 못할 것이다. 지금 시대가 이전 시대보다 나을 수는 있다. 그러나 진보하는 문명의 힘으로 시대가 개선되는 것과, 기도의 힘으로 거룩함과 그리스도를 닮음이 증가하여 시대가 개선되는 것 사이에는 하늘과 땅만큼의 차이가 있다.

유대인들의 형편은 예수께서 세상에 오시기 전보다 오신 후가 훨씬 더 나았다. 그때는 바리새 종교의 황금시대였다. 종교적 전성기를 누리던 때에 그들은 그리스도를 십자가에 못박았다. 이때만큼 기도가 성행했던 때가 없었으며 이때만큼 기도가 적었던 때도 없었다. 이때만큼 제사가 많았던 때가 없으며 이때만큼 제사가 적었던 때도 없었다. 이때만큼 우상숭배가 적었던 때가 없었으며 이때만큼 우상숭배가 횡행하던 때도 없었다. 이때만큼 성전 예배가 흔했던 때가 없었으며 이때만큼 하나님에 대한 예배가 적었던 때도 없었다. 이때만큼 말뿐인 예배가 성행했던 때가 없었으며 이때만큼 마음의 예배가 적었던 때가 없었다! 입으로는 하나님을 섬겼고 마음과 손으로는 하나님의 아들을 십자가에 못박았던 것이다. 이때만큼 교회 다니는 사람이 많았던 때가 없었으며 이때만큼 성도가 적었던 때가 없었다.

  사람을 성도로 만드는 것은 기도의 힘이다. 거룩한 성품은 참 기도의 능력으로 빚어진다. 참된 성도일수록 그만큼 기도를 더 많이 한다. 기도를 많이 할수록 그만큼 진실한 성도가 되는 것이다.

11

경건의 모범

하나님께는 이같이 헌신한 기도의 설교자들, 곧 생활에서 기도가 강력하고 지배적이고 뚜렷한 힘을 발휘하였던 사람들이 많이 있었고 지금도 많이 있다. 세상이 이들의 능력을 보았고 하나님께서 이들의 능력을 느꼈고 영예롭게 하셨으며, 하나님의 대의가 이들의 기도로 강력하고 신속하게 진척되었으며 거룩함이 그들의 성품에서 하나님의 광채를 발하며 빛났다.

그 활동과 이름이 역사에 기록된 데이비드 브레이너드 같은 사람이야말로 하나님께서 찾으시던 사람이었다. 브레이너드는 보통 사람이 아니었다. 똑똑하고 천부적인 재능이 있는 동료들, 곧 누가나 맡고 싶어하는 강단을 맡을 만하고, 아주 세련되고 교양 있는 사람들 가운데서 일하기에 적격인 사람들 가운데서 단연 돋보이는 사람이었다. 그 세련되고 교양있는 사람들은 브레이너드를 목회자로 모시려고 안달하였다.

에드워즈는 브레이너드에 대해 이렇게 증언한다. 브레이너드는 "재능이 뛰어난 젊은이였고, 사람과 사물에 대해 탁월한 식견이 있었으며 보기 드문 화술을 지녔고 신학에 능통했다. 사실 그 사람은 아주 젊으면서도 매우 거룩하였는데 특히 실천적인 신앙의 문제에서 그러했다. 참 종교의 성격과 본질에 대해 그 나이에 그만큼 분명하고 정확하게 알고 있는 사람을 본 적이 없다. 그의 기도하는 태도는 매우 독특하여서 그에 필적할 만한 사람이 있을지 모르겠다. 브레이너드는 학식이 상당하였고 설교에 탁월한 은사를 보였다."

세상 전기에서 데이비드 브레이너드에 대한 기록만큼 장엄하게 쓰인 것은 없다. 이런 사람의 생애와 활동만큼 기독교의 진실성을 신성하게 증거한 이야기는 없다. 미국의 야만지역에서 홀로, 그것도 치명적인 질병을 안고 영혼을 돌보는 일에 훈련도 받지 않은 채 밤낮으로 씨름하며 마음과 손에 하나님 말씀을 들고서 영혼에 거룩한 불길을 담고 기도하며 영혼을 하나님께 쏟아 부을 시간과 장소만을 갖고서 서투른 통역자만을 앞세우고 오랜 시간 인디언을 만난 브레이너드는 하나님께 대한 예배를 확립하였고 사람들로 그 예배의 은혜로운 모든 결과를 맛보게 해 주었다. 인디언들은 무지하고 비천한 이교신앙의 포로로 있던 데서 순수하고 경건하며 지성적인 그리스도인들로 크게 변하였다. 모든 악을 개혁하고 기독교의 모든 외적 의무들을 받아들여 실행하였으며 신앙의 내적 은혜로 아름다움과 힘을 점점 더 강력하게 드러내 보였다. 이런 결과를 가져 온 비결은 외적 조건이나 우연한 사건에 있은 게 아니고 브레이너드 자신에게, 바로 브레이너드라는 사람에게 있었다.

　브레이너드는 하나님의 사람이었다. 처음도 끝도 항시 하나님을 위해 살았다. 하나님께서는 그를 통하여 막힘 없이 흐르실 수 있으셨다. 전능한 은혜가 브레이너드의 마음 상태 때문에 막히지 않았다. 하나님께서 아주 충만히 그리고 강력하게 통과하실 수 있도록 전 수로가 넓혀지고 깨끗이 청소되었다. 그래서 하나님께서 전능하신 능력으로 희망이 없는 야만적인 황무지를 꽃이 피고 열매 맺는 정원으로 바꾸어 놓으셨다. 하나님께서 함께 일할 바른 사람만 구하실 수 있다면 하시기 어려운 일이란 전혀 없다.

　브레이너드는 거룩한 기도의 생활을 하였다. 브레이너드의 일기는 금식, 명상, 은거에 대한 기록만으로 가득하다. 브레이너드는 매일 몇 시간씩을 개인 기도에 보냈다. "집에 돌아와 묵상과 기도, 금식에 전념하면 내 영혼은 금욕과 자기 부인, 겸손, 세상의 모든 것들과의 결별을 갈망한다. 세상에서 할 일은 아무것도 없다. 다만 세상에서 하나님을 위하여 살려고 정직하게 애쓸 뿐이다. 나는 단 한 순간도 세상이 주는 것을 위해 살고 싶지 않다." 브레이너드의 말이다. 브레이너드는 이 고상한 규칙을 좇아 기도하였다:

11. 경건의 모범 53

하나님과의 친교에서 오는 즐거움과 하나님 사랑의 강권하는 힘을 다소라도 느끼고, 그 사랑의 힘이 참으로 놀랍게 내 영혼을 사로잡고 하나님께 중심을 둔 모든 소원과 사랑을 일으킨다는 것을 얼마간이라도 깨달고서, 나는 오늘 전적으로 금식하고 기도하면서 하나님께서 복음 전파라는 이 크나큰 일에 대해 지도하고 복 주시기를 구하며 주께서 내게로 돌이키시어 그 얼굴 빛을 비추시기를 구했다. 오전에는 활기와 힘이 도무지 없었다. 오후가 가까워지자 하나님께서 내게 힘을 주시어 출석하지 않은 친구들을 위해 간절히 중보 기도를 올릴 수 있었고 밤에는 하나님께서 기도 중에 놀랍게도 내게 찾아오셨다. 내 영혼이 전에 없이 심한 고뇌를 겪었다.

어떤 속박도 느끼지 못했다. 보배로운 하나님의 은혜가 내게 쏟아졌기 때문이다. 결석한 친구들을 위해서, 사람들의 집회를 위해서, 가난한 영혼들을 위해서, 멀리 여러 곳에 있는 많은 하나님의 자녀들을 위해서 애써 기도하였다. 해가 뜬 지 조금 후부터 어둑어둑해질 때까지 몸부림을 치며 기도하느라 온몸이 땀으로 흠뻑 젖었지만 아무 일도 하지 않은 것 같았다. 오 내 사랑하는 구주께서는 불쌍한 영혼들을 위해 땀을 흘리셨다! 그 불쌍한 영혼들을 더 측은히 여기기를 바랐다. 그러면서도 여전히 나는 하나님의 사랑과 은혜를 의식하는 가운데 달콤함을 느꼈고 내 마음을 하나님께 고정시키고서 흐뭇한 기분으로 잠자리에 들었다.

그의 생활과 목회 사역에 놀라운 능력을 가져다 준 것은 바로 기도였다. 강력한 기도의 사람은 영적 힘이 있는 사람이다. 기도는 결코 소멸되지 않는다. 브레이너드의 일생은 기도의 삶이었다. 브레이너드는 밤낮으로 기도하였다. 홀로 말을 타고 숲을 지나가면서 기도하였다. 볏 짚단으로 만든 잠자리에서도 기도하였다. 인적이 드문 빽빽한 숲에 혼자 들어가 기도하였다. 시간 시간마다 날마다 기도하였고, 새벽과 한밤중에도 기도하고 금식하며 온 영혼을 쏟아 부어 도고하며 하나님과 교제를 나누었다. 브레이너드는 기도 중에 하나님께 열심히 말하였고 하나님께서도 그에게 열렬히 말씀하셨다. 이로 인해 브레이너드는 죽었지만 여전히 말하고 활동하고 있으며 세상 끝날까지 그러할 것이며, 그 영광의 날에 나타날 영광스런 자들 가운데 브레이너드가 단연 첫째가 될 것이다.

  조나단 에드워즈는 브레이너드에 대해 이렇게 말한다. "그의 삶을 보면 목회 사역에서 성공할 수 있는 바른 길을 알 수 있다. 브레이너드는 군인이 전투에서 승리를 추구하듯 또는 경주하는 사람이 상을 타기 위해 달리듯 성공을 추구하였다. 그리스도와 영혼에 대한 사랑에 고무 받은 그가 어떻게 애썼겠는가? 항시 열정적으로 일했다. 말과 교리로 뿐만 아니라 공적으로 사적으로 뿐 아니라 또한 밤낮 기도로 은밀한 가운데 하나님과 씨름하며 이루 말로 다할 수 없는 탄식과 고통 가운데 진통하기를 하나님께서 보내어 전하는 복음을 듣게 하신 사람들의 마음에 그리스도께서 계시게 하기까지 하였다. 진정 야곱의 후손답게 브레이너드는 온밤을 지새우고 동이 틀 때까지 씨름하였다."

12

마음의 준비가 필요하다

　다양한 힘을 지닌 기도는 설교자가 진리를 자유롭고 온전하게 말할 수 있도록 돕는다. 교인들은 설교자를 위해 기도해야 한다. 설교자는 기도로 만들어지기 때문이다. 또한 설교자의 입을 위해 기도해야 한다. 설교자의 입은 기도로 열리고 기도로 채워져야 하기 때문이다. 기도로, 그것도 많은 기도로 거룩한 입이 만들어지는 것이다. 또한 많은 기도로 용감한 입이 생겨나는 것이다. 교회, 세상, 하나님, 천국이 세상에 전파된 것은 많은 경우에 바울의 입 덕분이다. 또 바울의 입이 그처럼 큰 능력을 지녔던 것은 기도 덕분이다.
　기도가 설교자에게 아주 많은 면에서 또 많은 점에서, 모든 길에서 얼마나 다양하고 무한히 가치 있고 유익한지! 그 중 한 가지 큰 가치는 기도가 기도하는 사람의 마음을 돕는다는 사실이다.
　기도는 설교자가 마음으로 설교하도록 만든다. 기도는 설교자의 마음이 설교에 스며들게 하고 설교가 설교자의 마음에 들어가도록 한다.
　마음이 설교자를 만든다. 위대한 마음의 소유자가 위대한 설교자이다. 악한 마음을 가진 사람도 어느 정도 선한 일을 할 수는 있지만 극히 드물다. 삯군과 나그네도 어떤 점에서 양을 도울 수 있지만 양의 복을 빌고 목자의 의무를 다할 사람은 선한 목자의 마음을 가진 선한 목자이다.
　사람들은 설교 준비를 강조하다 보니 정작 준비해야 할 중요한 것, 곧 마음은 잊어버렸다. 준비된 마음이 준비된 설교보다 훨씬 낫다. 준비된 마음에서 준비된 설교가 나올 것이다.

  그 동안 설교 준비의 기술과 예에 대한 책이 얼마나 많이 쓰였든지 사람들이 이 발판이 곧 건물이라는 생각에 사로잡힐 정도가 되었다. 젊은 설교자들은 설교를 기계적이고 지성적인 산물로 여기고 그 형태와 특성, 아름다움을 배우는데 온 힘을 쏟았다. 설교자들은 이런 생각 때문에 교인들에게 나쁜 취미를 심어 주었고 은혜보다는 재능을, 경건보다는 능변을, 계시보다는 수사를, 거룩함보다는 명성과 영민함을 바라게 만들었다. 이런 생각 때문에 우리는 진정한 설교의 개념을 잃어버렸고 설교의 능력도, 마음을 찌르는 죄에 대한 가책도, 풍부한 경험과 고상한 그리스도인의 성품도 잃었고 언제나 참된 설교에서 나오는 양심과 생활을 주장하는 권위도 잃고 말았다.

  그렇다고 해서 내가 지금 설교자들이 연구에 지나치게 몰두한다고 말하려는 것이 아니다. 설교자들 가운데 전혀 연구하지 않는 사람들도 있다. 설교자들 가운데는 바르게 연구해서 하나님의 인정받은 일꾼으로 나타나려고 하지 않는 사람이 많다. 그러나 우리에게 크게 부족한 점은 머리의 문화에 있는 게 아니라 마음의 문화에 있다. 슬픈 사실이지만 우리의 뚜렷한 결점은 지식의 부족이 아니라 거룩함의 부족이다. 우리가 너무 많은 것을 알고 있다는 것이 아니라 하나님과 그 말씀에 대해 묵상하지 않고 깨어서 금식하고 기도하는데 충분한 시간을 들이지 않는다는 것이다. 우리 설교에는 마음이 큰 장애거리이다. 거룩한 진리로 충만한 하나님의 말씀이 우리 마음 속에 들어와 더 이상 전달되지 못하고 만다. 그 말씀들이 사로잡히고 중간에서 잘리며 무기력하게 되고 마는 것이다.

  칭찬과 지위를 갈망하는 야심찬 사람이 명성을 구하지 않고 스스로 종의 형체를 입은 분의 복음을 전할 수 있을까? 교만하고 허영심이 많으며 이기주의적인 사람이 온유하고 겸손하신 이의 복음을 전할 수 있을까? 성미가 까다롭고 불같으며 이기적이고 완고하며 세속적인 사람이 오래 참음과 자기 부인과 온유함에 대한 교훈이 가득하고 적의를 버리고 세상에 대해 십자가에 못박혀야 할 것을 단호하게 요구하는 도를 전파할 수 있을까? 돈만 알고 냉정하고 마지못해 일하는 공무원 같은 사람이 양들을 위해 목숨을 내놓을 것을 요구하는 복음을 전할 수 있을까? 돈 받을 궁리만 하는 탐욕스런 사람이 삯을 받을 수 없을 때에도 복음을 전할 수 있을까? 그리스도와 바울의 정신으로 웨슬리처럼 다음과 같이 말할 수 있을까? "나는 돈을 분토처럼 여기고 발로 밟는다. 내가 아니라 내 안에 있는 하나님의 은혜로 나는 돈을 길거리의 쓰레기처럼 여긴다. 돈을 바라지도 추구하지도 않는다."

하나님의 계시는 인간의 천재적 자질이나 빛나고 힘있는 인간의 문화, 탁월한 인간의 사고, 하나님의 계시를 장식하고 실행할 인간 두뇌의 힘으로부터 빛을 받을 필요가 없다. 하나님의 계시는 오직 어린아이의 마음에서 나오는 단순함, 유순함, 겸손함과 믿음을 필요로 할 뿐이다.

바울이 사도들 가운데서도 뛰어날 수 있었던 것은 바로 자신의 지력과 천재적 재능을 신성한 영적 힘에 복종시켰기 때문이다. 웨슬리가 많은 능력을 발휘하고 자신의 수고를 인간 역사에 깊이 아로새길 수 있었던 것도 바로 이 때문이었다. 로욜라(Loyola)가 가톨릭의 쇠퇴하는 세력을 저지할 수 있는 힘을 얻은 것도 바로 그 때문이었다.

우리에게 무엇보다 필요한 것은 마음을 준비하는 일이다. 루터는 그 사실을 다음과 같은 격언으로 표현하였다. "기도를 잘 한 사람은 연구를 잘 한 것이다." 지금 나는 사람들이 생각하는 일을 해서도 안 되고 지성을 사용해서도 안 된다고 이야기하는 것이 아니다. 다만 마음을 잘 개발하는 사람이 지성도 가장 잘 사용하리라는 것이다. 설교자는 연구하는 사람이 되어서는 안 된다고 말하고 있는 것도 아니다. 설교자는 무엇보다도 성경을 많이 연구해야 하지만 부지런히 마음을 준비하는 사람이 성경을 가장 잘 연구하는 법이다.

설교자가 사람을 알아서는 안 된다는 말이 아니다. 다만 자기 마음의 깊이와 복잡함을 헤아려 본 사람이 인간 본성을 더 깊이 통찰하게 되리라는 것이다. 설교의 통로가 머리이긴 하지만 설교의 원천은 마음인 것이다. 그 통로를 넓히고 깊게 팔 수 있지만 샘의 정결과 깊이를 잘 살피지 않는다면 통로가 막히거나 더러워질 것이다.

보통 수준의 지능을 가진 사람은 거의 모두가 복음을 전할 만한 의식을 지니고 있다. 그러나 복음을 전할 만한 은혜를 지닌 사람은 그리 많지 않다. 마음과 씨름하며 이겨낸 사람, 스스로의 마음에 겸손과 신앙, 진리, 자비, 동정, 용기를 가르친 사람, 이와 같이 씩씩한 지성을 통해 훈련받고 복음의 능력을 한껏 갖춘 사람이 마음의 풍부한 보물을 청중들의 양심에 쏟아 부을 수 있다. 그런 사람이 여호와 보시기에 가장 진실되고 가장 성공적인 설교자가 될 것이다.

13

은혜는 머리에서 나오지 않고 마음에서 나온다

마음이야말로 세상의 구주이다. 머리로써는 세상을 구원하지 못한다. 복음은 마음을 통해 흘러나간다. 힘 중에 가장 강력한 것은 마음의 힘이다. 위대한 마음에서 위대한 성품이 생기며 위대한 마음에서 거룩한 성품이 빚어진다. 하나님은 사랑이시다. 사랑보다 위대한 것은 없으며 하나님보다 크신 분은 없다. 마음이 천국을 만든다. 천국은 사랑이다. 천국보다 높고 아름다운 곳은 없다. 하나님의 위대한 설교자가 되게 하는 것은 머리가 아니라 마음이다. 신앙에서는 무엇보다 마음이 중요하다. 강단에서는 마음이 말을 하도록 해야 한다. 교인들은 마음으로 들어야 한다. 사실 우리는 마음으로 하나님을 섬긴다. 머리만의 경배가 천국에서는 통하지 않는다.

현대 설교에서 가장 흔하게 일어나고 있는 심각한 잘못 한 가지는 설교에서 기도보다 생각을 강조하고 마음보다 머리를 강조한다는 사실이다. 위대한 마음에서 위대한 설교가 나오며 위대한 마음이 위대한 설교자를 만드는 것이다. 마음을 넓게 하고 가꾸는 신학교는 복음을 받아들이는 황금의 마음이다. 목사는 마음으로 사람들을 끌어들이고 다스린다. 사람들이 목사의 재능에 감탄하고 목사의 능력을 자랑하며 때로 설교에 감동을 받을 수 있지만 목사의 능력의 요새는 그의 마음이다.

선한 목자는 양들을 위해 자기 목숨을 내어놓는다. 머리로서는 결코 순교자가 되지 못한다. 생명을 바쳐 사랑과 충성을 할 수 있게 만드는 것은 바로 마음이다. 성실한 목사가 되려면 큰 용기가 필요하다. 그러나 마음만이 그런 용기를 가져다 줄 수 있다. 재능과 자질이 출중할 수 있는데, 마음의 재능과 자질일 때 그렇다.

 마음을 준비하는 것보다 머리를 채우는 것이 쉽다. 마음의 설교를 준비하는 것보다 머리의 설교를 준비하는 것이 쉽다. 하나님의 아들을 하늘에서 이끌어 내린 것은 바로 마음이었다. 사람을 하늘로 이끌어 올릴 것도 바로 마음이다. 세상의 재난을 동정하고 세상의 고통에 입맞추고 세상의 비참함을 딱하게 여기고 그 고통을 더는데 필요한 것은 바로 마음의 사람이다. 그리스도는 무엇보다도 마음의 사람이었기 때문에 누구보다도 슬픔의 사람이셨다.

 "마음을 다오." 하나님께서 사람에게 요구하시는 말씀이다. "마음을 주시오." 사람이 사람에게 바라는 것이다.

 직업적인 목회는 마음이 없는 사역이다. 목회에서 사례비가 차지하는 역할이 클 때 마음은 특별한 역할을 하지 못한다. 설교를 직업으로 삼게 되면 설교에 별로 마음을 쏟지 않게 된다. 설교의 전면에 자기를 내세우는 사람이 마음은 맨 뒷자리에 놓는다. 연구에 마음을 쏟지 않는 사람은 하나님을 위한 추수를 거두지 못할 것이다. 골방은 마음의 서재이다. 우리는 도서관에서 설교하는 법과 설교할 내용에 대해 배우는 것보다 골방에서 더 많은 것을 배울 수 있다. "예수께서 우셨다"는 말씀만큼 성경에서 짧으면서도 위대한 구절은 없다. 위대한 설교를 전파하시는 게 아니라 나가서 울며 씨를 뿌리신 분이 그리스도이시고 기쁨으로 다시 돌아와 추수단을 묶으실 분이 그리스도이시다.

 기도는 판단력을 일깨우고 지혜를 주며 마음을 넓게 하고 힘있게 한다. 골방이야말로 설교자에게는 더없이 훌륭한 교사요 학교이다. 기도할 때 생각이 반짝이고 명료해질 뿐만 아니라 싹트기도 한다. 서재에서 여러 시간 연구하는 것보다 한 시간 기도할 때, 정말 제대로 기도할 때 더 많은 것을 배울 수 있다. 다른 어디에서도 찾을 수 없는 책이 골방에 있기 때문이다. 다른 어떤 곳에서도 들을 수 없는 계시를 골방에서는 들을 수가 있기 때문이다.

14

거룩한 열정이 필요하다

웨슬리의 추종자는 아니었지만 웨슬리와 매우 친했고 웨슬리 운동을 영적으로 많이 지지했던 웨슬리 시대의 기독교 철학자 알렉산더 녹스(Alexander Knox)는 이렇게 쓰고 있다:

이상하고도 유감스러운 사실은 감리교도와 감리교 목사들을 제외하고는 영국에서 들을 만한 설교를 하는 이가 많지 않다는 것이다. 일반적으로 성직자들은 설교라는 기술을 완전히 잃어버렸다. 도덕 세계의 대법칙들에는 바르게 선포된 종교적 진리와 인간 지성의 가장 깊은 느낌 사이에는 화학에서 볼 수 있는 친화력 같은 비밀한 지식이 있다고 생각한다. 진리가 온당하게 나타날 때 우리의 지성이 반응할 것이다. 우리 속에서 마음이 뜨겁지 아니하더냐? 이 같은 열렬한 감정이 설교자에게는 반드시 필요하다. 그 동안 관찰해온 바에 따르면 이 거룩한 열정은 교구 교회에서보다 감리교 비밀집회에서 더 잘 볼 수 있는 것 같다고 말하지 않을 수 없다. 감리교 교회들에는 이것이, 오직 이것만이 가득 차 있는 데 비해 일반 교회들에는 희박한 것 같다. 정말로 나는 광신자가 아니다. 나는 아주 진지하고 성실한 교인이다. 이제 나는 2년 전 이 나라에 왔을 때 설교자들 가운데 단 한 사람도 감리교도라고 하는 내 위대한 스승들처럼 가르치는 것을 보지 못했다. 이제 다른 어떤 곳에서는 조금이라도 마음에서 우러나오는 가르침을 들을 생각을 단념하였다. 감리교 설교자들, 이런 표현이 언제나 옳다고 인정하지는 못하지만 어쨌든, 이들은 이같이 순수하고 참된 종교를 아주 확신에 넘쳐서 전파한다. 지난 주일에는 참으로 즐거웠다. 그날 설교자가 진리의 말씀을 전하되 순수하게 전하는 것을 볼 수 있었다. 능란한 화술은 없었다. 정직한 사람은 결코 그런 것을 꿈꾸지 않는다. 그러나 그보다 훨씬 많은 어떤 것이 있었다. 생명력 있는 진리를 충심으로 전달해 주는 것이었다. 그 설교자가 다른 사람들에게 선포한 내용을 들을 때 그 사람 자신이 그렇게 살았다는 것을 느끼지 않을 수 없었기 때문에 자신있게 말한다.

이 같은 거룩한 열정이 설교의 기술이다. 이런 열정이 없는 설교자는 설교 기술 역시 없었다. 이 열정을 잃은 설교자는 설교 기술을 잃었다. 설교 준비의 기술이든 웅변술, 명쾌한 사고 기술, 청중을 즐겁게 하는 기술 등 설교자가 다른 어떤 기술을 갖고 있을지라도 이 열정이 없으면 신성한 설교의 기술을 잃은 것이다. 이 같은 열정이 하나님의 진리를 강력하게 만들고 흥미있게 하며 사람들을 끌어들이고 매료시키며 교화하고 죄를 깨닫게 하며 구원한다.

이 같은 열정이 하나님의 계시된 진리에 활력을 불어넣으며 그 진리가 살아 있고 생명을 주게 만든다. 하나님의 진리라도 이런 열정이 없이 전파될 때에는 가볍고 생명이 없으며 영혼을 죽인다. 진리가 풍부히 담겨 있고 사고가 깊고 웅변술이 탁월하고 논리가 예리하며 매우 진지할지라도 거룩한 이 열정이 없으면 그 설교는 생명이 아니라 죽음을 가져올 것이다. 그래서 스펄전은 이렇게 말한 바 있다:

나는 우리가 얼마나 오랫동안 머리를 싸매고 골치를 앓아야 열정적인 설교가 어떤 것인지를 명쾌하게 말할 수 있을지 모르겠다. 그러나 설교하는 사람은 자기에게 이 열정이 있는지 알며, 그 열정이 없을 경우에는 듣는 사람들이 이내 눈치챈다. 기근이 든 사마리아가 열정이 없는 설교의 표본이다. 좋은 음식으로 살찐 고기로 잔치를 베풀고 있는 예루살렘은 열정으로 풍부해진 설교를 나타낼 수 있다. 아침 이슬이 풀 잎사귀마다 맺혀 있는 아침의 신선함은 누구나 알고 있다. 그러나 누가 그것을 묘사할 수 있겠으며 하물며 저절로 그 신선함을 일으킬 수 있겠는가? 그런 것이

14. 거룩한 열정이 필요하다 63

영적 기름부음의 신비이다. 우리는 그것이 무엇이라는 것을 알고 있지만 다른 사람들에게 말할 수는 없다. 흉내를 내는 것은 쉽지만 어리석은 일이다. 거룩한 열정은 임의로 만들어 낼 수 있는 게 아니다. 가짜로 만들어 낸 것은 가치 없는 게 아니라 그 이상으로 나쁜 것이다. 하지만 거룩한 열정은 그 자체로 무한히 가치가 있고, 신자들을 깨우치고 죄인들을 그리스도께 데려오고자 한다면 무엇보다도 필요한 것이다.

15

거룩한 열정, 진정한 복음 설교의 표지

거룩한 열정(기름 바름, unction)은 정의하기도 묘사하기도 어려운 것인데, 옛날의 유명한 한 스코틀랜드 설교자는 이 열정을 다음과 같이 설명하고 있다. "설교에는 때때로 주제나 표현 때문에 생기는 것도 아니고 어디서부터 나오는지 설명할 수는 없지만 부드러운 힘을 가지고 사람의 마음과 애정을 꿰뚫으며 주님으로부터 직접 나오는 것이 있는데, 그런 것을 얻을 길이 있다면 그것은 설교자의 천상적인 자질을 통하는 방법뿐일 것이다."

사람들은 그것을 거룩한 열정이라 부른다. 하나님의 말씀이 "살았고 운동력이 있어 좌우에 날선 어떤 검보다 예리하여 혼과 영과 및 관절과 골수를 찔러 쪼개기까지 하며 또 마음과 생각을 감찰하도록" 만드는 것이 바로 이 열정이다. 설교자의 말에 그런 힘과 예리함, 능력을 부여하는 것이 바로 이 열정이며 죽어있는 회중에게 그런 충격과 자극을 일으키는 것이 바로 이 열정이다.

동일한 진리들을 엄격하게 그리고 기름처럼 더할 수 없이 매끄럽게 사람들이 말해왔으나 거기에는 생명의 아무런 표지도 맥박도 없었고 무덤처럼 죽은 자처럼 모든 것이 고요할 뿐이었다. 그러나 바로 그런 설교자라도 이 거룩한 열정의 세례를 받고 하나님의 영감이 그에게 임하면 하나님 말씀의 문자가 이같이 신비한 능력으로 옷 입고 불붙었다. 그러면 생명의 약동이 시작된다. 사람들은 이 생명을 받아들이든지 거부하든지 한다. 이 설정은 침투하여 양심을 정죄하고 마음을 깨트린다.

이 거룩한 열정이야말로 진정한 복음 설교와, 진리를 전하는 기타 모든 방법을 가르고 구분짓는 특징이며, 이것이 있는 설교자와 없는 설교자 사이에 깊은 영적 틈을 만들어 낸다. 거룩한 열정은 계시된 진리를 지지하며 그 진리에 하나님의 모든 에너지가 스며들게 한다. 이 열정은 하나님이 설교자의 말과 설교 속에 살아 계시게 한다. 힘있고 강력하게 기도하며 끊임없이 기도할 때 설교자에게 이 같은 열정이 생기는 것이다. 이 열정은 설교자에게 영감을 주고 지성을 맑게 하며 통찰력과 이해력을 주며 능력을 준다. 또 그 열정으로 말미암아 마음에서 부드러움과 정결함과 힘이 흘러 나오게 된다. 마음이 넓어지고 자유로우며 생각이 충만하고 말이 바르고 단순해지는 것이 이 열정의 열매들이다.

사람들은 흔히 간절한 마음을 이 열정으로 잘못 생각한다. 이 거룩한 열정을 지닌 사람은 영적인 일에 진지할 것이다. 그러나 열정이 조금이라도 없으면 굉장한 열심만 있을 것이다.

열심과 열정이 어떤 점에서는 비슷하게 보인다. 사람들은 열심을 열정이라고 별 생각 없이 쉽게 바꾸거나 오해할 수가 있다. 열심과 열정을 분별하려면 영적인 눈과 영적인 분별력이 필요하다.

열심 있는 사람이 성실하고 진지하며 열렬하며 끈기가 있을 수 있다. 선의를 가지고 일에 덤벼들고 끈기를 가지고 일을 추구하며 열렬하게 그 일을 주장하며 힘을 쏟는다. 그러나 이 모든 요소가 인간의 차원을 넘어서서 생기는 것이 아니다. 그 요소들 속에는 **사람**이 들어 있다. 즉 의지와 마음과 두뇌와 재능, 계획하고 일하고 말하는 그 모든 것을 지닌 전인간이 들어 있는 것이다. 사람은 마음을 사로잡고 있는 목적에 몰두한다. 그리고 그 목적을 이루려고 추구한다. 거기에는 하나님이 전혀 없을 수 있다. 인간이 너무 많이 자리를 차지하고 있어서 하나님이 있을 자리가 거의 없는 것이다. 이 사람은 세상적인 방법을 따라 좋아하고 접촉하며 움직이고 순전히 사람의 힘으로만, 즉 세상의 손으로 만든 제단과 세상의 불꽃을 지핀 불을 가지고 간절한 심정으로 추진하는 목적을 옹호하여 하늘에 호소할 수가 있다. 자신의 공상이나 목적에 맞게 성경을 해석하고 "자신의 해석에 대해 열렬히 웅변을 토하는" 유명한 설교자에 대해서도 이렇게 말할 수 있을 것이다. 그래서 사람들은 자기 계획이나 운동에 점점 더 엄청난 열심을 보이게 된다. 열심은 이기심이 자극되어 나타난 것일 수도 있다.

열정이란 어떤 것인가? 설교에서 열정이란 쉽게 정의할 수 없는 것이지만 설교를 설교답게 만드는 것이다. 설교와 일반 연설을 구별짓고 가르게 만드는 것이다. 열정은 설교에서 신성한 것이다. 거룩한 열정은 날카로움이 필요한 사람들에게는 설교를 날카롭게 한다. 이 열정은 원기를 회복할 필요가 있는 사람들에게는 이슬처럼 젖어든다. 열정은 잘 묘사하자면 이렇다.

> 하늘의 담금질 받아 날카롭기 그지없는
> 양날 가진 검이니
> 한 번 번쩍일 때마다
> 그 상처는 두 배였네
> 죄에는 죽음을 내렸고
> 죄를 슬퍼하는 자에게는 생명을 주었네
> 다툼을 일으키고 또 다툼을 잠재웠으니
> 마음 속에 전쟁을 일으키고 또 평화를 주었네

이 거룩한 열정은 서재에서 나오지 않고 골방에서 생긴다. 그것은 기도의 응답으로 하늘에서 증류되어 내려온다. 열정은 성령의 지극히 달콤한 증기이다. 열정은 스며들고 흠뻑 적시며 부드럽게 하고 침투하며 자르고 달랜다. 열정은 하나님의 말씀을 때로는 다이나마이트처럼 때로는 소금처럼 때로는 설탕처럼 전하게 만든다. 열정은 하나님의 말씀을 위로자로 고발자로 계시자로 검사관으로 만든다. 그런가 하면 듣는 사람을 범죄자로 혹은 성도로 만들며 어린아이처럼 울게도 하고 거인처럼 당당하게 살도록 만든다. 또 듣는 사람의 마음을 열며 봄에 새순 돋듯이 부드럽지만 단호하게 사람의 돈주머니를 열게 만든다. 이 거룩한 열정은 천부적인 재능이 아니다. 이 열정은 배움의 전당에서 터득할 수 있는 게 아니다. 어떤 웅변과 수사로도 이 열정을 얻을 수 없다. 어떤 산업으로도 차지할 수 없으며 아무리 높은 성직자도 수여할 수 없다. 이 열정은 하나님의 선물이다. 하나님께서 친히 보내신 사자에게 찍어준 도장이다. 열정은 오랜 시간을 눈물로 씨름하며 이 기름부음 받는 영예를 진실되고 용감하게 구하는 사람들에게 내리는 하늘의 기사작위이다.

  열심은 유익하고 인상적이다. 천부적 자질 또한 타고나며 위대한 것이다. 생각은 불타오르고 영감을 준다. 그러나 열정은 열심이나 천부적 자질 혹은 생각보다 더 거룩한 자질과 더 강력한 에너지를 받아 죄의 사슬을 끊고 하나님에게서 멀어져 타락한 마음을 하나님께로 돌리며 교회의 갈라진 틈을 메우고 교회가 옛날대로 순결과 능력을 다시 갖추도록 만든다. 이 거룩한 열정 말고는 이렇게 할 수 있는 것은 없다.

16

많이 기도하는 것이
거룩한 열정을 얻는 조건이다

　기독교에서 거룩한 열정이란 하나님의 일을 위해 따로 세워 그 일을 할 수 있는 자격을 구비시키기 위해 성령께서 기름 부으시는 것을 말한다. 이 거룩한 열정은 하나님께서 능력을 주시는 것으로서 설교자는 이 능력으로써 영혼을 구원하는 독특한 설교의 목적을 성취할 수가 있다. 이 열정이 없으면 참된 영적 결과는 전혀 이룰 수 없다. 또한 그런 설교의 결과와 힘은 일반 연설보다 하등 나을 게 없다. 열정이 없을지라도 연설은 설교만큼 설득력이 있다.
　이 같은 거룩한 열정은 설교자가 하나님 말씀을 전할 때 복음에서 흘러나오는 영적인 결과들을 일으킨다. 멋진 인상을 줄 수 있지만 그것은 설교의 목적에는 훨씬 못 미치는 것이다. 이 같은 열정을 흉내낼 수도 있다. 서로 비슷하게 보이는 것들이 많고 그 효과가 엇비슷한 것도 많다. 그러나 이런 것은 열정의 결과와 성격에는 전혀 맞지 않다. 감상적인 혹은 감정에 호소하는 설교로 일어나는 열정이나 부드러움이 거룩한 열정의 움직임과 비슷해 보일 수 있지만 그런 것에는 폐부를 찌르는 힘은 없다. 이같이 피상적이고 감상적인 움직임에는 마음을 치료하는 향유가 없다. 그런 것은 철저하지도 않고 죄를 밝히거나 죄를 치유하지도 못한다.
　이 거룩한 열정은 참된 복음 전파와 진리를 전달하는 다른 방법을 구별 짓는 크나큰 특징이다. 거룩한 열정은 계시된 진리를 지지하고 해석하는데 하나님의 모든 힘으로써 하도록 돕는다. 거룩한 열정은 하나님을 밝게 비추고 지성을 넓고 풍부하게 하며 능력을 주어 그 말씀을 깨닫게 한다. 거룩한 열정은 설교자의 마음을 준비시키고 그처럼 고귀한 결과를 얻는데 필요한 부드럽고 순결하고 힘있고 밝은 마음 상태를 가져다준다. 또 설교자에게 사상과 영혼의 자유와 확대를 준다. 즉 다른 어떤 것으로 얻을 수 없는 말의 자유로움과 충만함, 올바름을 가져다준다.

설교자에게 이런 열정이 없다면 복음은 다른 어떤 종교 이설보다 잘 전파되지 못한다. 이 사실은 이 열정이 거룩하다는 것을 보여주는 증거이다. 설교자의 열정은 복음 속에 하나님이 계시게 한다. 열정이 없으면 하나님이 없게 되고, 그렇게 되면 복음은 사람들이 자신의 교리를 실행하고 전파하기 위해 독창력과 관심과 재능으로써 고안해 낼 수 있는 낮고 만족스럽지 못한 설득력에 맡겨지고 만다.

설교자는 다른 어떤 점에서보다 바로 이 점에서 더 많이 실패한다. 그들은 무엇보다 중요한 바로 이 점에서 실수하고 만다. 설교자에게 학식이 있을 수 있고 재기와 능변이 있을 수 있으며 사람을 즐겁게 하고 매력이 있을 수 있으며 선풍적이면서도 별로 불쾌하지 않은 방법으로 군중의 인기를 얻을 수 있고 탁월한 지력으로 깊은 인상을 주며 모든 자원을 동원해 진리를 강력히 주장할 수도 있다. 그러나 이 거룩한 열정이 없으면 이 모든 것이 다 지중해 바다의 성마른 강풍에 불과할 것이다. 물보라와 거품이 일고 파도가 하얗게 일어날 수 있다. 그러나 바위는 꿈쩍도 않고 아무런 인상을 받지 않은 채 무덤덤하게 그대로 있을 것이다. 인간의 마음에서 그 완고함을 전혀 쓸어내지 못하며 대양의 끊임없이 흐르는 조류로 바위를 쓸어낼 수는 있어도 인간의 힘으로 죄를 쓸어 없앨 수는 없다.

이 열정은 헌신케 하는 힘이다. 따라서 이 열정이 있느냐 없느냐 하는 것은 그러한 헌신이 있는지 계속해서 시험하는 것이다. 설교자가 하나님과 자기 소명에 확실히 헌신케 만드는 것은 바로 이 같은 거룩한 기름부음이다. 다른 힘과 동기로 설교자가 목회에 임할 수 있지만 이 열정만이 진정으로 헌신케 한다. 성령의 능력으로 하나님의 일에 임하도록 만드는 것은 하나님께서 합법적인 것으로 인정하시는 이 헌신뿐이다.

이 열정, 곧 하늘의 기름부음인 거룩한 열정은 강단에 필요한 것이며 설교자가 반드시 갖추어야 하는 것이다. 하나님께서 친히 손으로 강단에 칠하는 이 거룩한 하늘의 기름은 틀림없이 전인격을, 곧 사람의 마음과 머리와 영을 부드럽게 하고 그로 하여금 세상적이고 세속적이며 이기적인 동기와 목표를 버리고 순수하고 하나님을 닮은 것에만 자신을 바치도록 만들 것이다.

설교자에게 이 같은 열정이 있을 때 그는 많은 회중들에게 혼란과 충돌을 일으킨다. 그 동안 똑같은 진리를 엄격한 말로 전하였을 때는 아무런 파동도 일어나지 않았고 어떠한 고통이나 진동도 느끼지 못했다. 모든 것이 무덤처럼 조용하다. 그런데 다른 설교자가 온 것이다. 그에게는 이 신비한 영향력이 머물러 있다. 그에게서는 하나님의 말씀이 성령으로 불타올랐고 사람들은 강력한 진동을 느꼈다. 양심에 스며들어 양심을 흔들어 깨우며 마음을 깨트리는 것이 바로 이 열정이다. 열정이 없는 설교는 모든 것을 어렵고 무미건조하며 신랄하고 죽은 것으로 만든다.

이 열정은 한낱 기억에 지나지 않거나 과거의 일이 아니다. 열정은 현재 실현되고 있는 사실이다. 열정은 설교에 나타날 뿐만 아니라 설교자 자신이 경험하는 것이다. 이 열정은 설교자가 그리스도의 능력으로써 진리를 선포하도록 할 뿐 아니라 거룩한 주님의 형상을 닮게 하기도 한다. 이 열정이 없으면 목회에서 그 밖의 모든 요소는 허약하고 헛된 것이 되며, 열정이 있으면 그 밖의 허약하고 헛된 모든 요소가 없는 것을 벌충할 만큼 이것은 목회에서 강력한 힘이다.

이 열정은 남에게 넘겨받을 수 있는 선물이 아니다. 열정은 조건부 선물이며 처음에 얻을 때와 똑같은 과정에 의해 지속되며 더욱 증가된다. 즉 하나님께 대한 끊임없는 기도, 하나님을 찾는 간절한 열망을 통해서 열정이 지속되고 증가되며, 열정을 귀하게 생각하고 지칠 줄 모르는 열심으로 열정을 구하며 열정이 없다면 그 밖의 모든 것을 손실과 실패로 간주할 때 지속되고 증가된다.

그러면 이 열정은 어디에서 어떻게 오는가? 기도의 응답으로 하나님께로부터 직접 온다. 이 거룩한 기름으로 가득 찰 수 있는 마음은 오직 기도

16. 많이 기도하는 것이 거룩한 열정을 얻는 조건이다

하는 마음뿐이다. 이 거룩한 열정으로 기름 부음 받을 수 있는 입술은 오직 기도하는 입술뿐이다.

거룩한 열정으로 설교할 수 있는 대가는 기도하는 것, 그것도 많이 기도하는 것이다. 이 열정을 유지하는 유일한 조건은 기도하는 것, 많이 기도하는 것뿐이다. 끊임없이 기도하지 않고서는 설교자에게 이 열정은 오지 않는다. 인내로 기도하지 않으면 이 열정은 잘 간수하지 못한 만나처럼 벌레가 들끓게 된다.

17

기도는 영적 지도력의 표지이다

　사도들은 자신의 목회에서 기도가 필요하다는 것과 그 가치가 어떤 것인지 알았다. 이들은 사도라는 높은 직무를 맡았다고 해서 기도할 필요가 없게 되는 것이 아니라 더욱 절박하게 느껴서 기도에 전념해야 한다는 것을 알았다. 그래서 사도들은 다른 중요한 일에 시간을 다 뺏겨 마땅히 해야 하는 대로 기도를 하지 못하게 될까 매우 주의했다. 가난한 자를 섬기는 것과 같은 어렵고 마음을 다 써야 하는 일은 평신도에 맡김으로 "기도하는 것과 말씀 전하는 것을 전무할" 수 있도록 했다. 기도를 먼저 언급했고, 기도에 대한 자신들의 입장을 매우 강조했다. 즉 "기도를 전무하리라." 다시 말해서 기도를 업으로 삼고 기도에 몰두하며 기도에 열심과 절박함과 인내와 시간을 바친다는 것이다.

　사도들이 이 신성시하는 기도의 사역에 얼마나 거룩하게 전념하였는가! 사도 바울은 "밤낮으로 기도하였다"고 말한다. "우리가 기도하는 일을 전무하리라"는 것은 사도들의 일치된 신앙 견해이다. 신약의 설교자들이 하나님 백성을 위한 기도에 얼마나 전념하였는지! 이들이 하나님께서 교회에 계시도록 하기 위해 얼마나 열심히 기도했는지! 거룩한 사도들은 자기들이 말씀을 충실히 전함으로써 고귀하고 엄숙한 자신들의 의무를 다 이행했다고 생각지 않고 간절하고 끈기 있는 기도를 통해 설교하였다. 사도들에게 있어 기도는 설교처럼 고생스럽고 힘들지만 반드시 해야 하는 것이다. 사도들은 신자들이 높은 수준의 신앙과 거룩함에 이르도록 밤낮으로 기도하였다. 또 신자들이 이 높은 영적 태도를 유지하도록 더욱 간절히 기도하였다. 그리스도의 학교에서 교인들을 위한 중보 기도라는 고귀하고 신성한 기술을 배운 적이 없는 사람은 설교학으로 철저히 무장하고 설교 준비와 전파에 타고난 재능을 가졌다고 할지라도 결코 이 설교의 기술을 배우지 못할 것이다.

사도나 지도적인 위치에 있는 성도의 기도는 사도가 아닌 사람들을 성도로 만드는 일에 큰 역할을 한다. 사도 시대 이후의 교회 지도자들이 사도들만큼 교인들을 위한 기도에 세심하고 열심이었다면 세속화와 배교라는 슬프고 어두운 시대가 교회의 역사를 훼손하지 않았을 것이고 교회의 영광을 가리거나 전진을 가로막지 않았을 것이다. 사도를 본받은 기도는 사도와 같은 성도를 일으키고 교회에 순결하고 능력있는 사도 시대와 같은 때가 지속되게 한다.

영혼의 고귀함, 동기의 순수성과 고상함, 비이기적임, 자기 희생, 철저한 수고, 열심, 거룩한 기지 등은 사람들을 위한 도고자가 되는 데 필수적인 요소들이다!

설교자는 자기 교인을 위한 기도에 전념해야 하는데, 그저 그들이 구원받도록만이 아니라 온전히 구원받도록 하기 위해서 기도해야 한다. 사도들은 성도들이 온전해지도록 하기 위해 기도에 전념했는데, 성도들이 하나님의 일을 조금 맛보도록 하기 위해서가 아니라 성도들이 "하나님의 충만하심으로 충만해질 수 있도록" 하기 위해 그렇게 하였다. 바울은 이 목적을 이루는데 자신의 사도적 설교를 의지하지 않았다. 그는 "이 일을 위하여 우리 주 예수 그리스도의 아버지께 무릎을 꿇었다."

바울의 개종자들이 성도의 길을 따라 멀리 나아가게 만든 것은 바울의 설교라기보다는 바울의 기도 덕분이었다. 에바브라는 골로새 교인들을 위해 설교로보다는 기도로 더 많은 수고를 했다. 항상 그들을 위해 열심히 기도하여 그들이 "하나님의 모든 뜻 가운데서 완전하고 확신 있게 서도록" 하였다.

설교자들은 무엇보다도 하나님께서 세우신 지도자들이다. 이들은 첫째로 교회의 상태에 대해 책임을 지고 있다. 교회의 성격을 형성하며 교회 생활의 분위기와 방향을 제시하는 일을 한다.

보물이 질그릇 안에 있으면 보물에 질그릇 냄새가 난다. 하나님의 교회는 지도자들을 일으키거나 지도자들에 의해 세워진다. 교회가 지도자를 세우든 지도자가 교회를 세우든 간에 교회가 어떠하냐 하는 것은 지도자에게 달려 있다. 지도자들이 영적이면 교회도 영적이고 지도자들이 세속적이면 교회도 그러할 것이고 지도자가 복합적이면 교회도 그럴 것이다. 이스라엘 왕의 성격에 따라 이스라엘의 경건이 결정되었다. 교회가 교회 지도자의 신앙에 반대하여 일어서거나 그 수준을 뛰어넘는 일이란 좀처럼 없는 법이다. 강한 영적 지도자가 선두에 서서 거룩한 힘으로 사람들을 이끌고 있다면 하나님께서 그 교회에 은혜를 베풀고 계신다는 표지이다.

연약하거나 세속적인 지도자가 지나가면 허약과 재난이 뒤따른다. 하나님께서 어린아이들을 왕으로 세우고 아기들로 통치하게 하시자 이스라엘은 나라꼴이 형편없이 되어버렸다. 아이들이 하나님의 이스라엘을 핍박하고 여인들이 통치할 때 선지자들은 나라의 상태를 결코 행복하게 예언하지 않는다. 영적 지도자들이 나타나 활동하던 시대는 교회가 영적으로 크게 번성하는 때이다.

기도는 강한 영적 지도력이 있음을 뚜렷하게 보여 주는 특징이다. 강력한 기도를 드리는 사람들은 힘있는 사람이며 세상사를 이끌어가는 사람이다. 이 사람들이 하나님과 함께함으로써 갖는 힘에는 정복하는 능력이 있다.

골방에서 하나님으로부터 새로운 메시지를 받지 못하는 사람이 어떻게 설교할 수 있겠는가? 설교자가 믿음을 불러일으키고 눈을 깨끗이 씻어 밝게 보며 하나님과 밀담을 나누어 마음을 따뜻하게 데우지 않고서 어떻게 설교할 수 있겠는가? 이 같은 골방의 불꽃에 접촉해 보지 못한 강단의 설교는 가엾기 짝이 없다. 그런 입술은 언제나 메마르고 열정이 없을 것이며, 그런 입술로부터는 하나님의 진리가 강력하게 흘러나오지 못할 것이다. 종교의 진짜 중요한 일에 관한 한, 골방의 기도가 없는 설교는 언제나 아무런 열매를 맺지 못할 것이다.

기도 없이도 대중 앞에서 재미있고 학구적인 설교를 할 수 있다. 그러나

이 같은 설교와 거룩한 손으로 울며 기도하는 심정으로 하나님의 귀한 씨를 뿌리는 것과는 천양지 차이가 있다.

기도하지 않는 목회자는 하나님의 모든 진리와 하나님의 교회를 죽이는 장의사이다. 그가 아무리 화려한 관과 아름다운 꽃으로 장식할 수 있다 할지라도 매력적인 장식에도 불구하고 그것은 여전히 장례식일 뿐이다. 기도하지 않는 그리스도인은 하나님의 진리를 결코 배우지 못할 것이다. 기도 없는 사역은 결코 하나님의 진리를 가르칠 수 없을 것이다. 영광스런 천년왕국의 시대는 기도하지 않는 교회 때문에 사라지고 말았다. 우리 주님의 오심은 기도하지 않는 교회 때문에 무한히 연기되었다. 지옥은 기도하지 않는 교회의 죽어버린 봉사를 보고서 그 무시무시한 동굴을 죄인들로 가득 채웠다.

가장 크고 가장 중요한 헌물은 기도의 헌물이다. 20세기 설교자들이 기도의 교훈을 잘 배우고 기도의 능력을 온전히 사용한다면 금세기가 끝나기 전에 천년왕국이 임할 것이다. "쉬지 말고 기도하라"는 말씀은 20세기 설교자들에게 들려주는 비상 나팔인 것이다. 20세기 설교자들이 골방에서 본문을 정하고 생각을 다듬고 말을 정리하며 설교를 준비한다면 다음 세기에는 새 하늘과 새 땅을 보게 될 것이다. 옛죄로 얼룩지고 이 시대의 죄로 어두워진 하늘과 땅이 기도 사역의 능력으로 사라지게 될 것이다.

18

설교자에게는 기도하는 교인들이 필요하다

어찌된 셈인지 신자들 사이에서 기도 생활이 그치거나 소홀히 여겨지게 되었는데 특별히 설교자들에게서 그렇게 되었다. 때로 우리는 사람들이 기도를 우선시 하고 목회 사역을 가볍게 여긴다는 비난을 듣는데, 목회 사역에서 기도 생활을 효율적으로 하지 못하는 사람들이 공공연히 그런 비난을 한다. 어쩌면 기도 생활이 학식과 자기 능력을 앞세우는 사람들의 교만을 거슬리게 할 지도 모른다. 그러나 그런 것들을 앞세우느라 목회상의 직무를 태만히 하는 경우에는 거슬리게 하는 것이 마땅하다.

기도가 설교자에게는 단순히 직업상 의무나 특전만이 아니라 반드시 필요하다. 공기가 폐에 반드시 필요하듯 기도 또한 설교자에게 반드시 필요한 것이다. 기도 생활이 설교자에게는 절대적으로 필요하다. 그런가 하면 설교자를 위해서 기도하는 것 또한 절대적으로 필요한 일이다. 이 두 명제는 하나로 연결되어 있기 때문에 결코 나누어 생각해서는 안 된다. 즉 설교자는 기도해야 한다. 또한 설교자를 위해서 기도해야 한다. 설교자가 두려운 책임을 감당하고 크나큰 과업에서 진정 위대한 성공을 거두려면 설교자가 할 수 있는 한 모든 기도를 바쳐야 하고, 할 수 있는 한 모든 교인들의 도고를 받을 수 있어야 한다. 참된 설교자는 스스로 아주 열렬하게 영혼을 수양하고 기도하는 것 다음으로는 하나님의 백성들이 자기를 위해 기도해 주기를 몹시 바란다.

거룩한 사람일수록 기도를 더욱 높이 평가한다. 또한 하나님께서 기도하는 사람들을 돌보시며 하나님께서 계시를 보여 주는 정도는 그 사람이 간절하고 끈질기게 하나님께 기도하는 정도에 달려 있음을 더욱더 분명히 보게 된다. 기도하지 않는 마음은 결코 구원에 이르지 못한다. 성령께서는 기도하지 않는 사람의 영에는 거주하시지 않는다. 기도하지 않는 사람은 설교로 깨우칠 수 없다. 그리스도께서 기도하지 않는 그리스도인은 전혀 아는 체 하시지 않는다. 기도하지 않는 설교자는 복음을 전할 수 없다. 은사, 재능, 교육, 웅변, 하나님의 소명, 그 어떤 것을 내세울지라도 기도의 필요성을 감소시킬 수 없고, 오히려 이런 것들은 설교자에게 기도할 필요성과 교인들로부터 도고를 받아야 할 필요성을 강조할 뿐이다. 자기가 맡은 과업의 성격과 책임, 어려움을 알면 알수록 참된 설교자는 기도의 필요성을 더욱더 느끼며 그 자신이 더욱 기도해야 할 뿐만 아니라 다른 사람들로부터 기도의 도움을 받아야 할 필요성도 더욱더 느낄 것이다.

바울이 그 사실에 대한 좋은 실례를 보여 준다. 누구든 개인적인 힘으로 즉 지력이나 교양, 개인의 장점, 하나님으로부터 받은 사도적 사명, 하나님의 각별한 부르심을 앞세워 복음을 전할 수 있다면 바울이 바로 그런 사람이었다. 설교자는 기도에 전념해야 하는데, 바울이야말로 그 점에 탁월한 모범을 보인 사람이다. 진정한 사도이며 설교자는 그 사역이 온전히 성공하기 위해 다른 선한 사람들의 도고를 받아야 하는데, 바울에게서 그 현저한 예를 볼 수 있다. 바울은 모든 하나님의 성도들에게 도움을 구하고 바라며 간절히 호소한다. 다른 데서와 마찬가지로 영적인 영역에서도 하나로 결합할 때 힘이 생긴다는 것을 바울은 알았다. 믿음과 소원과 기도를 집중하고 하나로 모으면 영적 힘이 커져서 저항할 수 없는 압도적인 능력이 된다는 것을 알고 있었다. 물방울처럼 한 사람 한 사람의 기도를 모으면 저항할 수 없는 대양을 이루는 것이다. 그래서 영적 원동력이 어떤 것인지를 아주 명확하게 잘 알고 있는 바울은 흩어져 있는 하나님 백성들의 기도를 모아 자기 사역에 집중시킴으로써 대양처럼 감동적이고 영원하며 저항할 수 없는 사역을 펼치고자 하였다.

바울이 다른 어떤 사도보다도 교회와 세상에 큰 수고와 결과와 인상을 남길 수 있었던 이유는 다른 누구보다도 기도를 자신과 자신의 사역에 집중시킬 수 있었던 점에 있지 않았을까? 로마에 있는 신자들에게 바울을 이렇게 편지를 써 보냈다. "형제들아 내가 우리 주 예수 그리스도로 말미암고 성령의 사랑으로 말미암아 너희를 권하노니 기도에 나와 힘을 같이 하여 나를 위하여 하나님께 빌라." 에베소 교인들에게는 이렇게 말한다. "모든 기도와 간구로 하되 무시로 성령 안에서 기도하고 이를 위하여 깨어 구하기를 항상 힘쓰며 여러 성도들을 위하여 구하고 또 나를 위하여 구할 것은 내게 말씀을 주사 나로 입을 벌려 복음의 비밀을 담대히 알리게 하옵소서 할 것이라." 골로새 교인들에게는 이 점을 강조한다. "또한 우리를 위하여 기도하되 하나님이 전도할 문을 우리에게 열어 주사 그리스도의 비밀을 말하게 하시기를 구하라 내가 이것을 인하여 매임을 당하였노라 그리하면 내가 마땅히 할 말로써 이 비밀을 나타내리라." 데살로니가 교인들에게는 이렇듯 단호하게 말한다. "형제들아 우리를 위하여 기도하라." 고린도 교회에게는 자기를 도우라고 요청한다. "너희도 우리를 위하여 간구함으로 도우라." 이것은 고린도 교인들이 마땅히 해야 할 일 중의 한 가지였다. 그들은 기도로 돕는 일에 힘써야 했다.

바울은 데살로니가 교회에 마지막으로 덧붙여 당부하면서 기도의 중요성과 필요성에 대해 이같이 말한다. "종말로 형제들아 너희는 우리를 위하여 기도하기를 주의 말씀이 너희 가운데서와 같이 달음질하여 영광스럽게 되고 또한 우리를 무리하고 악한 사람들에게서 건지옵소서 하라." 빌립보 교인들에게는 바울 자신이 당하는 모든 시련과 반대는 자기를 위한 그들의 기도 덕분에 오히려 복음을 널리 전하는데 도움이 될 수 있다는 감동적인 말을 한다. 빌레몬이 바울을 위하여 거처를 마련해야 했는데, 그것은 빌레몬의 기도로 바울이 그에게 손님으로 가게 되었기 때문이다.

이 문제에 대한 바울의 태도에서 그의 겸손을 볼 수 있고 또한 복음을 전하는 영적 힘에 대한 그의 깊은 통찰을 볼 수 있다. 그뿐 아니라 바울이 성도들의 기도에 전적으로 의지하여 자신의 사역을 성공으로 이끌었다면 오늘날 우리의 사역에서 성도들의 기도가 중심을 차지해야 할 필요성은 두말할 나위가 있겠는가!

바울은 자신이 이렇게 간절히 기도해 주기를 부탁한다고 해서 자신의

18. 설교자에게는 기도하는 교인들이 필요하다

품위가 떨어지고 영향력이 줄어들거나 자신의 경건이 떨어진다고 생각지 않았다. 설사 그렇게 된다 한들 무슨 상관이 있겠는가? 품위를 잃고 영향력이 사라지며 명성이 손상되어도 좋다. 그들로부터 기도의 도움을 받을 수 있다면 그렇게 되어도 상관없다고 생각했다. 비록 바울이 사도로 부름을 받고 사명을 받았으며 사도들 가운데서 가장 많은 일을 했을지라도 그리스도인들의 기도가 없었다면 사도로서 과업을 수행하는 준비가 불완전했을 것이다. 바울은 도처에 편지를 보내어 자기를 위해 기도해 달라고 부탁하였다. 당신은 당신 교회의 목사를 위해서 기도하는가? 은밀히 그를 위해서 기도하는가? 공기도 때에 드린 기도를 개인적으로 계속해서 드리지 않는다면 별 가치가 없다. 기도하는 사람들은 아론과 훌이 모세를 위해 하였듯이 설교자를 위해서 기도해야 한다. 그들은 손을 들고 주변을 아주 시끄럽게 만들고 있는 문제를 해결한다.

사도들이 바라는 바는 교회가 기도에 전념하는 것이었다. 사도들은 즐거이 주는 은혜를 무시하지 않았다. 영적 생활에서 종교 활동과 사역이 차지하는 위치를 모르지 않았다. 그러나 사도 직무의 중요성과 긴박성을 생각할 때 종교 활동이나 사역 중 어느 것도 필요성과 중요성에서 기도에는 미치지 못한다. 사도가 기도의 중요성과 필요성을 강조할 때 지극히 신성하고 긴급한 요청을 하였고 열렬히 권고하며 각성시켰다.

"도처에 있는 성도들로 기도하게 하라"는 것이 사도들이 애쓰는 취지이며 사도적 사명 수행의 성공을 가리는 기본 방침이다. 예수 그리스도께서는 공생애 사역을 수행하실 때 그렇게 하려고 애쓰셨다. 예수께서는 곡식이 무르익은 들판이 일꾼이 부족해서 썩어 가는 것을 보고 몹시 안타까우셔서 기도를 잠시 멈추고 기도의 의무를 민감하게 깨닫지 못하고 있는 제자들을 일깨우시며 이렇게 명령하셨다. "그러므로 추수하는 주인에게 청하여 추수할 일꾼들을 보내어 주소서 하라." "항상 기도하고 낙망치 말아야 될 것을 저희에게 비유로 하여 가라사대."

19

기도에서 큰 결과를 얻으려면
신중함이 필요하다

　우리의 경건을 시간으로 잴 수 없지만 시간이 필수적인 요소인 것은 틀림없다. 하나님과 교통하는 일에는 기다리며 인내하는 능력이 반드시 필요하다. 어디서든 성급한 태도는 하나님과 친교를 나누는 것과 같은 큰 일에서는 너무도 부적당하고 유해하다. 짧은 기도 시간은 깊은 경건에 독과 같다. 서두르는 기도에는 결코 평온함이나 이해력, 힘이 따르지 않는다. 짧은 기도 시간은 영적 활력을 고갈시키고 영적 진보를 방해하며 영적 기초를 약화시키고 영적 생명의 뿌리와 꽃을 시들게 한다. 짧은 기도는 영적 퇴보의 원인이며 피상적인 경건의 확실한 표시이다. 또한 경건의 씨앗을 속이고 시들게 하고 썩게 하며 토양을 못쓰게 만들어 버린다.
　사실 성경에 나오는 기도는 말로 한 것이든 글로 한 것이든 짧지만 성경의 기도하는 사람들은 그 기도를 말하기까지는 하나님과 함께 있으면서 오랜 시간을 달콤하고 거룩한 씨름을 벌였던 것이다. 이들은 말은 몇 마디 하지 않았지만 오랜 기다림으로써 승리하였다. 모세가 기록하고 있는 기도는 짧지만 사실 그는 40일을 밤낮으로 금식과 간절한 부르짖음으로 하나님께 기도하였다.
　엘리야의 기도가 몇 마디 안 되는 간단한 문장으로 압축될 수 있지만, 틀림없이 엘리야는 오랜 시간 기도하면서 맹렬히 씨름하며 하나님과 고귀한 대화를 나눈 뒤에야 아합에게 확신에 차서 담대하게 "내 말이 없으면 수년 동안 우로가 있지 아니하리라"고 말할 수 있었을 것이다. 바울의 기도의 말이 간단하고 짧지만 바울은 "밤낮으로 간절히 기도하였다." "주기도문"은 어린아이도 따라 외울 수 있는 거룩한 개요이지만 그리스도 예수께서 땅에 계실 때는 일을 하시기 전에 온 밤을 새워 기도하신 적이 많았다. 예수께서는 이같이 밤이 맞도록 드린 오랜 기도로 당신의 사역을 이루고 완성하실 수 있었고 그 성품에 하나님의 충만하심과 영광을 나타낼 수 있었다.

영적 사역은 고되기 때문에 사람들은 그 일을 하기 싫어한다. 참된 기도를 드리려면 진지하게 시간과 주의를 쏟아야 하는데, 육신은 이를 즐거워하지 않는다. 적당히 기도해도 넘어갈 수 있는 일에 값비싼 대가를 치르려고 할 사람은 거의 없다. 사람들이 빈약한 기도에 습관이 들면 짧게 기도하는 것을 좋게 생각하고, 짧은 기도를 점잖게 꾸미며 양심을 무마시키는 데까지 가는데, 이것은 아주 치명적인 아편과 같다. 기도를 소홀히 생각하다 보면 그 위험을 깨닫지 못하여 마침내는 경건의 기초가 무너져 버릴 수가 있다. 서둘러 끝내는 기도에서는 연약한 믿음, 희미한 죄의식, 의심스런 경건만 나올 뿐이다. 하나님과 함께 있는 시간이 적다는 것은 하나님을 위해 하는 일이 별로 없다는 뜻이다. 기도를 짧게 끝내 버릇하면 신앙 인격이 깊어지지 못하고 인색하며 욕심 많고 단정치 못하게 된다.

하나님이 사람의 영혼에 온전히 흘러들어 가려면 충분한 시간이 필요하다. 짧은 기도는 하나님께서 충만히 흘러들어가는 관을 잘라버리고 만다. 하나님의 충만한 계시를 받으려면 은밀한 곳에서 보내는 시간이 필요하다. 짧은 시간에 서둘러 기도를 끝내면 그림이 망쳐지고 만다.

"설교 준비하는데 바빠 개인적으로 경건 서적을 읽지 못하고 기도도 짧게 하는 바람에 하나님과 자신의 영혼 사이가 아주 서먹서먹해졌다"고 헨리 마틴(Henry Martyn)은 후회하였다. 마틴은 자신이 **공적** 목회 사역에 너무 많은 시간을 쏟고 하나님과 갖는 **개인적인** 교제에 시간을 너무 내지 않았다고 판단하였다. 시간을 따로 내어 금식하고 진지하게 기도해야 할 필요성을 아주 절실하게 느낀 것이다. 그 결과로 그는 이렇게 적고 있다. "오늘 아침 두 시간 동안 기도할 수 있도록 도움을 받았다."

왕들의 친구였던 윌버포스(Said William Wilberforce)는 이렇게 말했다. "개인 기도에 더 많은 시간을 내야겠다. 나는 그 동안 공무에 너무 치중하여 사느라 나를 위한 시간을 갖지 못했다. 개인기도 시간이 짧아지면 영혼이 굶주려 죽는다. 영혼이 마르고 파리해진다. 그 동안 너무 늦게 자고 늦게 일어났다." 의정 활동의 실패에 대해 그는 이렇게 쓰고 있다. "내 슬픔과 수치를 말하겠다. 이 모든 것이 그 동안 개인 기도의 시간을 줄여 온 데서 발생했을 것이다. 그래서 하나님은 내가 넘어지도록 내버려두셨다." 좀더 일찍 일어나 홀로 기도하는 것이 그의 실패를 고치는 처방이었다.

기도에 더 많은 시간을 내고 기도하기 위해서 좀더 일찍 일어나면 놀랍게도 그 동안 스러져버린 영적 생명이 되살아나고 활기를 되찾게 될 것이다. 거룩한 생활을 하는 사람에게서는 기도에 더 많은 시간을 내고 기도를 위해 좀더 일찍 일어나는 태도가 분명히 나타날 것이다. 개인기도 시간이 그렇게 짧지 않고 서둘러 끝내지 않는다면 거룩한 생활이 그렇게 드문 일이거나 어려운 일이 아닐 것이다. 우리가 골방에 머무는 시간이 길어지고 더 뜨거워진다면 친절하면서도 침착한 향기를 지닌 그리스도인의 성품이 그리 이질적이거나 바랄 수 없는 유산이 되지 않을 것이다.

골방에서 오랜 시간 잔치를 벌이면 우리 생활은 자양과 기름짐을 얻게 될 것이다. 골방에서 하나님과 함께 지내는 능력에 따라 골방 밖에서 하나님과 함께 지내는 능력이 좌우된다. 서둘러 골방에 들어갔다 나오는 것은 사람을 속이고 의무를 게을리 하는 행위이다. 사람들은 그런 잠깐 동안의 기도에 속을 뿐만 아니라 여러 가지 면에서 실패자가 되고 풍부한 유산을 받지도 못한다. 골방에 오래 지체하는 사람은 길을 인도 받고 승리한다. 사람들은 골방에서 가르침을 받는다. 그래서 지극히 위대한 승리를 오랜 기다림의 결과로, 다시 말해 애써 일하는 것도 계획을 세우는 것도 다 그치고 오직 기다림으로써 얻는 경우가 많다. 조용히 참고 기다림으로 면류관을 얻는 것이다. 예수 그리스도께서는 "하나님께서 그 밤낮 부르짖는 택하신 자들의 원한을 풀어 주지 아니하시겠느냐"고 말씀하시면서 우리가 오래 참고 기다릴 것을 바라신다.

기도는 우리가 할 수 있는 일 중 가장 위대한 일이다. 그리고 기도를 잘 하려면 조용해야 하고 시간이 있어야 하며 기도할 마음을 가져야 한다. 그렇지 않으면 기도는 아주 간단히 해치우는 지극히 하찮은 일이 되어버린다. 참된 기도에는 더할 수 없이 큰 선한 결과가 따른다. 빈약한 기도에는 지극히 적은 결과만 나올 뿐이다. 참된 기도는 아무리 많이 해도 지나치는 법이 없다. 거짓 기도는 아무리 적게 해도 괜찮은 법이 없다. 우리는 기도의 가치를 다시 배우고 기도 학교에 새로 들어가야 한다. 기도만큼 배우는 데 많은 시간이 걸리는 것은 없다. 이 놀라운 기술을 배우려 한다면 여기 저기에서 쪼가리 시간을 들여서는 안 된다. 꼬마 성도들이 노래하듯 "예수와 잠깐 이야기"해서는 안 된다. 우리는 하나님을 위하여 기도를 위하여 가장 좋은 시간을 내야 하고 그 시간을 굳게 붙들어야 한다. 그렇지 않으면 참된 기도가 되지 못할 것이다.

그러나 오늘날은 기도의 시대가 아니다. 기도하는 사람이 별로 없다. 설교자와 사제들이 기도를 비방하고 있다. 요즘처럼 서두르고 소란스런 산업 시대에는 사람들이 시간 내어 기도하려고 하지 않는다. 정기적으로 혹은 국가적인 행사 때에 프로그램의 일부로 "기도를 읽는" 설교자들이 있다. "스스로 분발하여 하나님을 굳게 붙잡는 사람"이 어디 있는가? 야곱이 기도하였듯이 유력한 중보 기도를 올리는 도고의 대가가 되기까지 기도하는 사람이 누구인가? 갇혀 있던 자연의 세력이 풀려나고 기근으로 황폐해진 땅이 하나님의 동산처럼 피어나도록 만든 엘리야처럼 기도하는 사람이 누군가? 예수 그리스도께서 산 위에서 "밤이 맞도록 하나님께 기도하였듯이" 기도한 사람이 있는가?

사도들은 "기도하는 것을 전무하였다." 이것은 사람들이, 심지어는 설교자들조차도 그렇게 하기가 매우 어려운 일이다. 평신도들 가운데 돈은 내면서 — 이 중에는 돈을 꽤 많이 내는 사람도 있는데 — 기도에는 "몰두하려고" 하지 않는 사람들이 있다. 기도 없이 내는 돈은 재난거리에 불과하다. 부흥의 필요성과 하나님 나라 확장에 대해 기막히게 설교하는 설교자는 많다. 그러나 기도하며 전하는 설교자는 많지 않다. 기도 없는 설교와 조직은 헛된 것을 넘어서 악하기까지 하다. 오늘날 기도는 시대에 뒤떨어진 일이며 거의 잊혀진 기술이다. 이 시대의 최고의 은인이라면 설교자와 교회로 하여금 다시 기도하도록 만드는 사람일 것이다.

20

기도하는 목회자가 기도하는 교인을 낳는다

오순절 전에는 사도들이 기도의 중요성을 어렴풋이 알 수 있었을 뿐이다. 그러나 오순절날 성령 강림과 충만으로 기도가 그리스도의 복음에서 반드시 필요한 당당한 위치를 차지하게 되었다. 이제 모든 성도에게 기도하라는 요구는 성령께서 아주 큰 목소리로 엄격하게 외치는 소리이다. 성도의 경건은 기도로 이루어지고 정련되며 온전해진다. 성도들이 아침 일찍 그리고 저녁 늦게 오랫동안 기도하지 않을 때 복음은 천천히 머뭇거리며 나아간다.

오늘날 성도들에게 기도하는 법을 가르치고 기도하게 할 수 있는 그리스도를 닮은 지도자들이 어디 있는가? 우리가 지금 기도하지 않는 성도들을 기르고 있음을 알고 있는가? 하나님의 백성들이 기도하게 만들 수 있는 사도 같은 지도자들이 어디 있는가? 그런 사람들이 있으면 전면에 나서서 일을 하도록 하라. 그렇게 할 수만 있다면 그것은 지극히 위대한 일이 될 것이다. 교육 시설이 늘어나고 돈의 세력이 무섭게 증가하고 있는데 지금보다 기도를 더 많이 하고 더 낮게 하여 성화(聖化)되지 않는다면 그런 것이 신앙에 무시무시한 재앙이 되고 말 것이다. 더 많이 기도하는 일은 자연스럽게 일어나지 않는다. 모금 운동을 한다고 해서 기도를 더 많이 하도록 만들 수 없다. 주의하지 않으면 오히려 장애만 될 뿐이다. 기도하는 지도자들이 아주 특별히 노력하지 않고서는 아무것도 소용이 없을 것이다.

기도가 지극히 중요하고 교회의 심장이며 생명이 된다는 사실을 확립하는데 지도자들이 앞장서서 사도적인 노력을 기울여야 한다. 기도하는 지도자들만 기도하는 제자들을 일으킬 수 있다. 기도하는 사도들에게서 기도하는 성도들이 나올 것이다. 기도하는 목회자가 기도하는 교인을 낳는다. 우리에게는 성도들이 기도하는 일에 전념하도록 만들 사람이 절실하다. 우리는 기도하는 성도들의 세대가 아니다. 기도하지 않는 성도들이란 성도의 열정도 아름다움도 능력도 모르는 거지 같은 무리들이나 다름없다. 누가 이 문제를 해결하겠는가? 교회로 하여금 기도하게 만들 수 있다면 그 사람이야말로 가장 위대한 개혁자이며 가장 위대한 사도일 것이다.

우리가 아주 냉정하게 판단할 때, 오늘날 뿐 아니라 모든 시대에서 교회에 매우 필요한 것은 그처럼 당당한 믿음과 더럽혀지지 않은 거룩함, 뚜렷한 영적 활기, 불타는 열심을 지닌 사람들이라고 생각하며, 이들의 기도와 믿음, 생활, 목회 사역은 아주 철저하고 적극적이어서 개인 생활과 교회 역사에 신기원을 이룩할 영적 혁명을 일으킬 것이라고 본다.

그러나 지금 나는 소설 같은 것으로 선풍적인 인기를 구하는 사람이나 즐거운 오락으로 사람의 마음을 사로잡는 사람을 얘기하는 게 아니다. 하나님의 말씀을 전함으로, 성령의 능력으로 사물을 일깨우고 혁명을 일으키는 사람, 사태의 모든 흐름을 뒤바꾸는 혁명을 일으키는 사람을 말하는 것이다.

이런 문제에서는 천부적인 능력이나 교육의 이점이 중요한 요소가 되지 않는다. 믿음의 분량과 기도의 능력, 철저한 헌신의 능력, 겸손의 능력, 하나님의 영광을 위하여 철저히 자아를 버리는 것, 하나님의 충만하심을 언제나 끊임없이 갈망하는 것, 바로 이런 것들이 중요하다. 교회로 하여금 하나님을 위하여 불타오르도록 만들되 소란스럽고 허세를 부려가며 하는 것이 아니라 모든 것을 녹여 하나님께 향하도록 만드는, 조용하면서도 뜨거운 열정으로 하는 사람이 중요한 것이다.

하나님께서는 마음에 합당한 사람을 만나시면 큰 일을 행하실 수 있다. 사람이 하나님의 인도를 받아나갈 수 있다면 큰 일을 행할 수 있다. 오늘날 같은 때는 세상을 뒤집어엎은 그 정신을 충만히 받는 것이 매우 유용할 것이다. 하나님을 위해 세상을 각성시킬 수 있는 사람, 영적 혁명을 통해 사물의 모든 면을 바꿀 수 있는 사람이 모든 교회에 필요하다.

교회 역사에는 언제나 이런 사람이 있었다. 이들이 교회의 역사를 장식하는 사람이다. 하나님의 교회의 신성성을 보여 주는 영구한 기적으로 서 있는 이들이다. 그들의 모범과 역사는 다함이 없는 영감이요 복이다. 이런 사람들의 수를 늘이고 힘을 강하게 만드는 것이 바로 우리의 기도이다.

영적인 문제에서 한 번 이루어졌던 일은 다시 할 수 있고 더 낫게 할 수 있다. 이것은 그리스도의 생각이었다. "진실로 진실로 너희에게 이르노니 나를 믿는 자는 나의 하는 일을 저도 할 것이요 또한 이보다 더 큰 것도 하리니 이는 내가 아버지께로 감이니라." 하나님을 위하여 큰 일을 할 수 있는 가능성이 과거로 끝나버리지 않았고 해야 할 필요성이 사라진 것도 아니다. 능력과 은혜의 기적은 과거로 끝났다고 믿는 교회는 타락한 교회다.

하나님은 선택된 사람을 원하신다. 곧 철저하게 십자가에 못박힘으로, 자아와 세상에 대해 회복할 희망이나 바람을 조금도 갖지 못할 정도로 완전히 죽어버려 자아와 세상에서 벗어난 사람, 이 같은 파산과 십자가에 못박힘으로 말미암아 완전히 하나님께로 마음을 돌린 사람을 원하신다.

그러므로 간절히 기도하여 기도에 대한 하나님의 약속이 풍성히 이루어지도록 하자.

제 2 권

기도의 목적

Purpose in Prayer

1920년 간행

1
기도가 근본이다

사람들이 기도를 많이 하면 할수록 세상은 그만큼 더 나아질 것이고 도처에서 악에 대항하는 힘은 그만큼 더 강력해질 것이다. 기도는 어떤 면에서 소독제와 예방약의 역할을 한다. 기도는 공기를 정화하여 악이 전염되는 것을 막는다. 기도란 돌발적으로 생겼다 금방 사라지는 것이 아니다. 울부짖어도 아무도 듣지 않고 주의를 기울이지 않은 채 침묵 가운데 스러져 버리는 목소리가 아니다. 그것은 하나님의 귀에 들어가는 목소리이다. 하나님께서 거룩한 탄원에 귀를 열어놓고 계시며 하나님의 마음이 거룩한 것을 민감하게 느끼시는 한, 기도는 살아있다.

하나님은 기도로써 이 세상 역사를 지어 가신다. 기도는 죽어 사라지는 법이 없다. 기도를 드린 입술이 죽음으로 굳게 다물어질 수 있고, 기도를 품었던 심장이 박동을 멈춰버릴 수 있지만 기도는 여전히 하나님 앞에 살아 있으며 하나님께서 기도에 마음을 쓰고 계시므로 기도는 기도를 한 사람보다 더 오래 산다. 기도는 한 세대, 한 시대, 한 세상을 초월하여 오래 산다.

따라서 가장 훌륭한 기도를 가장 많이 한 사람이 가장 불멸의 생을 사는 것이다. 이런 이들이 하나님의 영웅이고 성도이며, 하나님의 종이고 대리인들이다. 사람들은 지난날 다른 사람들의 기도 덕분에 지금 더 잘 기도할 수가 있고, 과거의 기도 덕분에 더 거룩하게 살 수 있는 것이다. 그러므로 합당하고 훌륭한 기도를 많이 한 사람은 앞으로 태어날 세대에게 가장 진실하고 훌륭한 봉사를 한 셈이다. 성도들의 기도는 장차 태어날 세대를 강하게 만들어 비참한 죄와 악의 물결에 대항할 수 있게 해 준다. 향로에서 기도의 향기가 전혀 피어오르지 않는 자의 자녀들에게는 화가 있을 것이다. 이들은 그 부모가 너무 바빴거나 믿음이 부족하여 기도하지 못한 탓으로 수많은 위험과 이루 말로 다할 수 없는 결과만을 불행한 유산으로 받기 때문이다. 아버지, 어머니에게서 풍성한 기도를 유산으로 물려받은 자들은 복이 있다.

하나님의 성도들이 드리는 기도는 그리스도께서 지상에서 위대한 과업을 수행하실 때 사용하시는 하늘나라의 자원창고이다. 지상에 나타나는 위대한 고투와 큰 격동은 이런 기도들의 결과이다. 기도가 많이 드려지고 더 효과적이 됨에 따라 세상이 변화되고 변혁이 일어나며 천사들은 좀더 힘있고 빠른 날개로 움직이고 하나님의 뜻이 이루어진다.

사실 하나님의 대의가 엄청난 성공을 거두는 일들은 기도로써 시작되고 이루어진다. 하나님의 교회가 강한 믿음과 기도라는 훌륭한 유산을 물려받을 때 하나님의 권능의 날, 힘있게 활동하는 천사들의 날이 도래할 것이다. 하나님이 승리하는 날은 성도들이 힘을 다하여 지극히 강력한 기도를 드리는 때이다. 지상에 있는 하나님의 성전이 기도하는 집이 될 때 하늘에 있는 하나님의 성전은 계획을 세우고 일하느라 분주해지고 또 강력해진다. 그러면 지상에 있는 하나님의 군대는 승리하여 정복의 전리품을 나누고 원수들은 도처에서 패배한다.

하나님의 뜻이 세워지고 번성하는 것은 바로 기도에 달려있다. 세상에서 하나님의 대의가 서게 된 것은 바로 기도 때문이다. "내게 구하라"는 것이 하나님이 그 뜻을 진척시키고 승리로 이끄시는 데 내건 유일한 조건이다

우리는 기도해야 한다. 하나님의 뜻이 이루어지기 위해 기도해야 한다. 기도는 하나님께서 이 세상에서 능력을 한껏 발휘하시도록 만들어 드린다. 기도를 많이 하는 사람에게 하나님은 실제로 권능을 행사하시는 분이며 기도를 많이 하는 교회에게 하나님은 영광스런 능력으로 활동하시는 분이다. 시편 2편은 하나님의 뜻이 그리스도를 통해 성취됨을 묘사한 거룩한 글이다. 하나님의 부차적인 모든 계획들은 예수 그리스도께서 왕이 되시는

일을 위해 봉사해 왔다. 하나님은 당신의 아들이 왕이 됨을 선언하신다. 열방들은 하나님의 뜻을 몹시 싫어하며 격분하고 있다. 이에 대해 하나님은 그들의 힘없는 증오를 비웃으신다. 주께서 웃으실 것이다. 주께서 그들을 비웃으실 것이다. "내가 나의 왕을 내 거룩한 산 시온에 세웠다." 이 하나님의 포고는 변치 않고 영원히 이루어졌다.

> 내가 영을 전하노라
> 여호와께서 내게 이르시되
> "너는 내 아들이라
> 오늘날 내가 너를 낳았도다
> 내게 구하라 내가 열방을 유업으로 주리니
> 네 소유가 땅끝까지 이르리로다
> 네가 철장으로 저희를 깨뜨림이여
> 질그릇같이 부수리라" 하시도다

"내게 구하라"는 것이 그 조건이다. 다시 말해서 자발적으로 나서며 순종하는 기도의 사람들이 되어야 한다는 것이다. "사람들이 저를 위하여 항상 기도하리로다." 이러한 보편적이고 단순한 약속 아래 옛 사람들은 하나님을 위해 최선을 다했다. 그들은 기도했고 하나님은 응답하셨으며 하나님의 뜻은 그들 기도의 불꽃으로 이 세상에 계속해서 살아 있었다.

기도는 하나님의 아들의 나라를 움직이는 데 필요한 변치 않는 유일한 조건이 되었다. "구하라 그러면 너희에게 주실 것이요, 찾으라 그러면 찾을 것이요 문을 두드리라 그러면 너희에게 열릴 것이니 구하는 이마다 얻을 것이요 찾는 이가 찾을 것이요 두드리는 이에게 열릴 것이니라." 그리스도의 나라에서 강한 자는 문을 가장 잘 두드리는 사람이다. 그리스도 나라에서 성공하는 비결은 기도하는 능력이다. 기도의 위력을 잘 활용하는 사람이 그리스도의 나라에서 가장 강한 사람이며 거룩한 사람이다. 우리가 배울 수 있는 가장 중요한 수업은 기도하는 법이다.

기도야말로 경건한 생활, 거룩한 사역에 가장 기본적인 일이다. 기도에 숙련된 사람은 하나님을 위해 많은 일을 한다. 예수 그리스도께서 바로 이 원칙에 따라 사역하셨다.

　　세속적인 일에서나 영적인 일에서나 우리는 하나님께 자신을 드려야 하며 하나님이 우리를 고통을 통해서 인도하시든 위안을 통하여 인도하시든 하나님의 뜻을 실천하는 데서 만족을 찾아야 한다. 왜냐하면 어떻게 인도하시든 하나님께 헌신한 사람들에게는 마찬가지이기 때문이다. 기도는 바로 하나님의 임재를 느끼는 것이다.　　　　　　　　　　— 로렌스 수사

　　항상 당신의 은밀한 의무에 유의하도록 하라. 무슨 일을 하든지 그 의무를 지켜나가라. 그 의무를 소홀히 하고서는 영혼이 살찔 수 없다. 배교는 대부분 골방 문을 닫아두는 데서 시작된다. 하나님과 은밀한 교제를 많이 하라. 그것은 그리스도인들의 삶을 풍요하게 하는 신비한 교제이다.
　　홀로 기도하라. 기도로 아침을 열고 기도로 밤을 마무리하라. 죄에 대항하여 싸우는 최선의 길은 무릎 꿇고 기도하며 싸우는 것이다.
　　　　　　　　　　　　　　　　　　　　　　　　　— 헨리 필립

　　이 우주에서 크신 하나님을 이기는 유일한 능력은 믿음의 기도뿐이다. 기도야말로 최고의 치료책이다.　　　　　　　　　　　　— 로버트 홀

　　홀로 진지하게 간절히 한 시간 동안 기도하는 것이나, 어떤 정욕과 미묘한 내면적 죄와 갈등을 겪다가 이겨내는 일은 그런 것 없이 학교에서 일년 동안 배우는 것보다 우리에게 더 많은 사고력을 키워 주며 잠재적인 재능을 좀더 효과적으로 일깨우고 심사숙고하는 사고 습관을 길러준다.　　　　　　　　　　　　　　　　　　　　　　　— 콜리지

　　사람은 밤낮으로 열심히 기도하면서도 잘못 생각할 수 있다. 그러나 기도하지 않는 사람은 누구든지 자신의 성실성을 확신 있게 보여 주지 못한다. 기도란 믿음을 행동으로 옮기는 것이다. 즉 의지와 지성이 결합되어 지적인 행동으로 나타나는 것이다. 기도는 전인격으로 드리는 것이다. 그렇지 못하면 기도는 단순한 기원이나 입술 운동, 겉만 그럴싸한 실

속 없는 껍데기거나 중얼거림에 지나지 않는다. 만약 하나님께서 내게 다시 건강을 주신다면 나는 오로지 성경만을 연구하기로 결심했다. 문학이란 단단히 단속하지 않으면 영성에 해롭다. ― 리처드 세실

2

기도는 하나님의 뜻을 바꿀 수 있다

하나님이 행하시려는 일을 저지하거나 변화시키며 하나님이 진노를 거두시게 한 데서 기도의 가능성과 필요, 기도의 능력과 결과들을 명백히 볼 수 있다. 아비멜렉은 하나님께 벌을 받았다.

아브라함이 하나님께 기도하매 하나님이 아비멜렉과 그 아내와 여종을 치료하사 생산케 하셨으니 여호와께서 이왕에 아브라함의 아내 사라의 연고로 아비멜렉의 집 모든 태를 닫히셨음이더라.

욥의 변변치 못한 위로자들은 잘못 판단하여 욥과 논쟁하는 가운데 하나님의 진노를 샀다. "내 종 욥이 너희를 위해 기도할 것인즉 내가 그를 기쁘게 받으리니"라고 하나님은 말씀하셨다.

그리고 하나님은 욥이 친구들을 위해 기도하자 욥을 곤경에서 풀어주셨다. 요나는 "여호와께서 대풍을 바다 위에 내리시매 바다 가운데 폭풍이 대작"했을 때 심한 곤경에 처했다. 뱃사람들이 제비를 뽑자 "제비가 요나에게 당하였다." 사람들이 요나를 바다에 던졌으나 "여호와께서 이미 큰 물고기를 예비하사 요나를 삼키게 하였으므로 …… 요나가 물고기 뱃속에서 그 하나님 여호와께 기도하여 가로되 …… 여호와께서 그 물고기에게 명하시매 요나를 육지에 토하였다." 불순종했던 선지자 요나가 소리 높여 기도 드리자 하나님께서 들으시고 구해 주셨다.

바로는 기도의 가능성과 능력을 굳게 믿은 사람이었다. 하나님의 혹독한 재앙으로 정신을 차리기 힘들었을 때 그는 모세에게 자기를 위해 하나님께 도고해달라고 호소했다. 그는 재앙이 거듭 애굽에 몰아치자 네 번이나 괴로워하며 모세에게 "여호와께 구하여" 달라고 부르짖었다. 네 번 급박하게 모세에게 간청을 했고 그때마다 모세가 기도를 하자 마음이 완고한 바로 왕과 그의 심판 받은 땅에 내린 저주가 거두어졌다.

금송아지를 만들어 숭배한 이스라엘 민족의 신성 모독과 우상 숭배는 끔찍한 죄였다. 하나님께서는 몹시 진노하여 죄를 범한 이 민족을 멸망시키겠다고 선언하셨다. 여호와께서는 아론에게도 몹시 화를 내며 모세에게 말씀하셨다. "그런즉 나대로 하게 하라 내가 그들에게 진노하여 그들을 진멸하리라." 그러나 모세는 기도하고 또 기도했다. 밤낮을 쉬지 않고 40일을 기도했다. 그는 이때 치른 기도의 고투를 이같이 기록한다.

내가 전과 같이 사십 주야를 여호와 앞에 엎드려서 떡도 먹지 아니하고 물도 마시지 아니 하였노니 이는 너희가 여호와의 목전에 악을 행하여 그를 격노케 하여 크게 죄를 얻었음이라 여호와께서 심히 분노하사 너희를 멸하려 하셨으므로 내가 두려워하였노라 그러나 여호와께서 그 때에도 내 말을 들으셨고 여호와께서 또 아론에게 진노하사 그를 멸하려 하셨으므로 내가 그 때에도 아론을 위하여 기도하여.

"사십일이 지나면 니느웨가 무너지리라." 하나님은 이 크고 사악한 도시를 쳐버리실 계획이었다. 그러나 니느웨 백성이 굵은 베옷을 입고 재에 앉아 "힘써 여호와께" 부르짖었더니 "하나님이 뜻을 돌이키사 그들에게 내리라 말씀하신 재앙을 내리지 아니하셨다."

히스기야에게 하나님은 "너는 집을 처치하라 네가 죽고 살지 못하리라"는 전갈을 보내셨다. 히스기야는 얼굴을 벽으로 돌리고 여호와께 기도하였다.

"여호와여 구하오니 내가 진실과 전심으로 주 앞에 행하며 주의 보시기에 선하게 행한 것을 기억하옵소서" 하고 심히 통곡하였다. 여호와께서 이사야에게 이르셨다. "너는 돌아가서 내 백성의 주권자 히스기야에게 이르기를 왕의 조상 다윗의 하나님 여호와의 말씀이 내가 네 기도를 들었고 네 눈물을 보았노라. 네가 너를 낫게 하리니 …… 내가 네 날을 십오 년을 더할 것이며."

이 사람들은 기도하는 법과 기도에서 승리하는 법을 알았다. 기도에 대한 이들의 믿음은 바람이 부는데 따라 혹은 자신의 감정이나 환경에 따라 변하는 유동적인 것이 아니었다. 하나님께서 들으시고 응답하시는 일이나 항상 그 자녀들의 소리에 귀 기울이시는 일, 사람들의 청한 것을 기꺼이 들어주시는 일은 엄연히 있었던 사실이었다. 그래서 이 사람들은 믿음과 기도에 강했다.

저희가 믿음으로 나라들을 이기기도 하며 의를 행하기도 하며 약속을 받기도 하며 사자들의 입을 막기도 하며 불의 세력을 멸하기도 하며 칼날을 피하기도 하며 연약한 가운데서 강하게 되기도 하며 전쟁에 용맹되어 이방사람들의 진을 물리치기도 하며.

지금처럼 당시에도 기도할 줄 아는 사람들에게는 모든 것이 가능했다. 기도는 정녕 한없는 보물 창고의 문열어 주었고 하나님의 손은 그것을 전혀 제지하지 않았다. 기도는 기도하는 자들을 특전의 세계로 인도했고 천상의 힘과 부로 유한한 인간을 도와주었다. 하나님께 다가가는 비밀을 터득한 자들은 얼마나 풍요롭고 아름다운 힘을 가졌던지! 그 비밀로 인해 모세는 나라를 구했고 에스라는 교회를 구했다.

그런데 이상하게도 하나님의 백성들이 증거해 보였던 여러 기적들을 눈여겨보면 기도하는 데 있어서 꼭 나태해지는 때가 찾아온다. 원수들의 가슴을 허다히 두려움과 공포로 떨게 만들고 하나님을 꼭 잡았던 강한 손이 풀어지고 마는 것이다. 뒤로 물러가고 배교한 사람들은 그전에 이미 기도하기를 그친 사람들이다. 물론 이들도 어느 땐가는 진실하게 기도한 적이 있었다. 기도가 그치자 순수하게 하나님께로 나아가는 대신 바리새파적인 차갑고 생명력 없는 기도가 자리를 차지했고, 그러한 형식적인 기도 때문에 전체 예배가 진정한 목적을 잃고 허울뿐인 서투른 흉내내기가 되어버렸다. 기도는 영광스런 제도였다. 모세, 에스라, 다니엘과 엘리야, 한나와 사무엘은 이 제도를 영광스럽게 실행하였다. 그러나 그런 사람은 많지 않고 단명한 것 같다. 이들 기도하는 사람들은 극소수이고 역사상 이따금씩만 등장할 뿐이다. 그들을 뒤이어 남아있는 자들이 없고 그들의 헌신을 본받아 하나님께 자신을 드리는 자들도, 선택받은 백성의 역할을 고수하는 자들도 없었다.

"내게 구하라"는 하나님의 명령, 곧 신성한 부르심이 쓸모 없게 되었다. 사람들은 하나님께 간절히 부르짖고 열매를 맺기보다는 이방 신들에게 얼굴을 돌이키고 결코 받을 수도 없는 응답을 기다리며 공허하게 외쳐댔다. 그리하여 그들은 영원한 세계와의 연결이 끊어지자 하나님을 믿지 않는 비참한 상태에 떨어졌고 삶은 목표를 잃었다. 그들은 한때 좋아하고 즐겨했던 기도라는 제도를 잊어버렸고 이제는 기도하는 법도 모르게 되었다.

성경의 다른 장들을 밝게 비추는 업적들과는 얼마나 대조적인가. 엘리야와 엘리사가 받았던 기도 응답의 능력은 무덤에까지 이르렀다. 두 선지자에게서는 죽은 아이가 살아났고 기근이 사라졌다. "의인의 간구는 역사하는 힘이 많으니라." "엘리야는 우리와 성정이 같은 사람이로되 저가 비오지 않기를 간절히 기도한즉 삼년 육 개월 동안 땅에 비가 아니 오고 다시 기도한즉 하늘이 비를 주고 땅이 열매를 내었느니라." 요나는 거대한 물고기 뱃속에 갇혔을 때 기도했고, 강력한 기도의 힘 덕분에 폭풍과 바다 괴물들로부터 구출되어 뭍으로 나왔다.

기이한 섭리 가운데서 시행되는 기도라는 영광스런 제도가 끼치는 은혜의 범위는 얼마나 광범위한지! 사람들은 굉장하게 기도했다. 그런데 그런 기도에도 불구하고 왜 사람들은 시대가 시들고 죽어 가는 것을 막지 못했을까? 그것은 그들이 기도에 생명력을 불어넣는 열정의 불길을 잃어버렸기 때문이 아닐까? 향을 피우기 위해서는 수많은 노력과 고통, 의욕이 필요하다. 기도는 굼벵이들이 하는 일이 아니다. 기도에서 나오는 향기 짙은 은혜들이 노고와 땀으로 섞이고 정련되며 잘 혼합되고 나면 그 향기를 피워 하나님의 보좌로 올라가게 하기 위해서는 불이 필요하다. 불이 타오르면서 향기에 영혼과 생명을 창조해 낸다. 불이 없으면 기도에는 영혼이 없으며 그런 기도는 향기가 사라진 방향제처럼 부패하고 벌레만 들끓을 뿐이다.

즉흥적이거나 간헐적인 기도에는 결코 이 신성한 불이 붙지 않는다. 그렇게 기도하는 사람에게는 복을 받기 전에는 결코 하나님을 놓아드리지 않겠다는 각오로 하나님께 매달리는 신실성이 결여되어 있기 때문이다. "쉬지 말고 기도하라"고 위대한 사도가 충고했다. 기도를 건물의 돌들이 서로 붙어있게 만드는 몰타르처럼 만드는 것은 습관이다.

경건한 신자인 고든 박사(A. J. Gordon)는 이렇게 말했다. "당신이 기도를 한 후에는 기도 이상의 것을 할 수 있다. 그러나 기도하기 전까지는 기도 이상의 것을 할 수 없다." 훌륭한 그리스도인의 업적에 대한 이야기는 모두 응답 받은 기도의 역사이다.

또 알렉산더 화이트(Alexander Whyte)는 이같이 말했다. "하나님께서 이 세상 사람에게 주시는 재능 가운데 가장 위대하고 훌륭한 것은 기도의 재능이며, 세상이 끝나는 날 하나님께서 사람들과 회계하러 오실 때 그들이 하나님께 돌려드릴 수 있는 가장 좋은 이자는 기도 생활이다. 또한 하나님의 종들 가운데 주의 돈을 환전업자에게 가장 잘 맡긴 사람은, 이 세상에서 사는 동안 일찍 일어나 늦게까지 일하며 늘 좀더 나은 기도의 법을 찾아내어 그에 따라 기도하고 항상 좀더 은밀하고 견고하며 영적으로 결실을 많이 맺는 기도의 습관을 형성하여 마침내 말 그대로 '쉬지 않고 기도하며' 끊임없이 기도하는 가운데 새로운 활동과 성취, 풍요로움을 이루어나가는 사람이다."

마틴 루터가 한 번은 다음날 계획이 무엇이냐는 질문을 받았을 때 이같이 대답했다. "아침 일찍부터 밤늦게까지 일하고 또 일하는 것입니다. 사실 나는 할 일이 너무 많아서 일어나자마자 세 시간을 기도해야 합니다." 크롬웰도 역시 무릎을 꿇고 오래 기도해야 한다고 믿었다. 그가 한 번은 유명한 사람들의 동상을 보고 친구에게 말했다. "내 동상은 무릎을 꿇고 있는 모습으로 만들게나. 나한테는 그게 자랑스럽거든."

온 마음이 기도의 열정으로 사로잡혀 있을 때에만 생명을 주는 불꽃이 내려온다. 간절한 사람만이 하나님의 귀에 대고 기도할 수 있기 때문이다.

3

기도에는 조건이 있다

　기도를 더 많이, 더 잘 하는 것이 모든 문제의 해결책이다. 기도에 좀더 많은 시간을 할애하고 하나님을 만나는 일, 즉 그리스도를 통해 하나님과 교제하는 일을 더욱 원하고 더욱 준비하는 것이 비결이다. 이렇게 하는 것은 바로 모든 일을 기도 안으로 끌어들이는 것이다. 하나님과 아들의 관계는 영원히 아버지와 아들의 관계이다. 즉 구하고 주는 관계, 다시 말해서 성자는 항상 구하고 성부는 항상 주는 관계인 것이다.

　　　내게 구하라 내가 열방을 유업으로 주리니
　　　네 소유가 땅끝까지 이르리로다
　　　네가 철장으로 저희를 깨뜨림이여
　　　질그릇 같이 부수리라.

　예수께서는 항상 그의 백성들을 통하여 기도하시게 되어 있다. "사람들이 저를 위하여 항상 기도하리로다." "이는 내 집은 만민의 기도하는 집이라 일컬음이 될 것임이라." 우리는 기도할 준비를 해야 하고 그리스도를 닮아갈 준비, 즉 그리스도처럼 기도할 준비를 해야 한다.
　사람이 기도로 하나님께 가까이 가면 모든 문이 열리며 빈궁함이 변하여 부요가 된다. 사람은 기도로써 모든 것을 얻는다. 부귀와 영광, 이 모든 것이 그리스도의 것이다. 계시의 빛이 더 밝아지고 선지자들이 회복의 섭리를 이해함에 따라 하나님의 말씀이 더 풍성해진다. "이스라엘의 거룩하신 자 곧 이스라엘을 지으신 여호와께서 가라사대 장래 일을 내게 물으라 또 내 아들들의 일과 내 손이 한 일에 대하여 내게 부탁하라. 내가 땅을 만들고 그 위에 사람을 창조하였으며 내가 친수로 하늘을 펴고 그 만상을 명하였노라."

사람은 하나님의 지상 나라에 필요한 것들을 이런 모든 권세와 능력을 가지신 하나님께 부탁할 수 있는 권한을 받았다. 하늘은 가지고 있는 모든 것을 바쳐 궁극적이고 최종적인 영광스런 하나님의 목적을 수행하게 되어 있다. 그런데 인간에게 이 지혜로운 축복을 주는 일을 시행하는데 왜 그렇게 오랜 시간이 걸리는 것일까? 왜 그렇게 죄악이 오랫동안 지배하는가? 왜 맹세한 언약들이 그 은혜로운 결말에 이르는데 그렇게 오랜 시간이 필요한 것일까? 죄악이 지배하고 사탄이 통치하며 수많은 사람들이 탄식으로 세월을 보내며 끊임없이 눈물을 흘린다.

모든 것이 왜 그럴까? 우리가 악이 사라지도록 기도하지 않았기 때문이다. 마땅히 해야 하는 대로 기도하지 않았기 때문이다. 우리가 기도의 조건을 충족시키지 않은 것이다.

내게 **구하라**. 하나님께 구하라는 것이다. 우리는 기도에 의지하지 않았다. 기도를 유일한 조건으로 삼지 않았다. 그 동안 가장 근본적인 기도의 조건을 어겨온 것이다. 우리는 올바르게 기도하지 않았다. 전혀 기도하지도 않았다. 하나님은 기꺼이 주시려고 하나 우리는 구하기를 더디 한다. 성자 하나님은 그의 성도들을 통해 늘 기도하고 계시고 성부 하나님은 늘 응답하고 계신다.

내게 **구하라**. 이 초대에는 응답의 보증이 담겨 있다. 승리를 외치는 소리가 거기 있으므로 들을 수 있는 자는 들을 것이다. 성부께서는 권세와 능력을 쥐고 계시다. 그 조건은 참으로 쉽다. 그런데도 우리는 그 조건을 이행하는데 얼마나 오랫동안 꾸물거리고 있는가? 많은 나라들이 굴레에 매여 있다. 아직은 땅끝까지 그리스도의 소유가 되지 않았다. 지구는 신음을 하고 있다. 세상은 아직도 속박되어 있으며 사탄과 악이 힘을 휘두르고 있다.

아버지께서는 "내게 구하라"시며 당신 자신이 주는 자의 태도를 취하신다. 그리고 아버지께 기도할 권리를 받은 자들이 하나님께 드리는 탄원은 모든 활동에 생기를 불어넣는다. 복음은 하나님의 영감을 받은 것이다. 이 복음의 영감 이면에는 기도가 있다. '내게 구하라"는 것이 모든 활동의 배후에 놓여 있다. 성부 하나님이 맹세한 언약은 왕으로 세움을 받으신 그리스도처럼 굳게 서 있다. "내게 구하라. 내가 열방을 유업으로 주리니 네 소유가 땅끝까지 이르리로다." "사람들이 저를 위하여 항상 기도하리로다."

거룩한 자들의 기도는 향로처럼 끊임없이 짙은 향기를 하나님께 피운다. 하나님께서는 여러 가지 방법으로 당신은 부요하시고 우리는 빈궁하다는 사실을 단언하시며 이같이 말씀하신다. "나는 만물의 창조주요 부와 영광도 내 것이니 너는 내게 구하라."

우리는 하나님의 도움으로 모든 일을 할 수 있고 그분께 구함으로써 그분의 도움을 온전히 받을 수 있다. 복음의 성공 여부와 힘은 우리의 기도하는 능력에 달려 있다. 하나님의 섭리는 인간의 기도하는 능력에 달려 있다. 우리는 하나님께서 가지신 모든 것을 가질 수 있다. "너는 내게 구하라." 이 말씀은 상상의 산물이 아니고 할 일 없이 꾸는 꿈도 아니며 공허한 환상도 아니다. 교회의 삶은 지극히 고귀한 삶이다. 교회의 임무는 기도하는 것이다. 따라서 교회의 기도하는 삶이야말로 지극히 고귀한 삶이며 지극히 향기롭고 더할 나위 없이 분명한 의무이다.

요한계시록은 중대한 임무 혹은 성스러운 봉사로서 기도에 대해서는 별로 이야기하지 않지만 기도의 집합적인 힘과 에너지에 대해서는 거듭 이야기한다. 그것은 늘 살아있고 늘 기도하게 하는 기도의 힘이다. 그것은 기도를 드린 입술이 죽음으로 조용히 다물어질지라도, 살아있는 교회가 과거의 모든 기도의 힘을 물려받는 믿음의 에너지를 영원히 보존하는 한, 살아 있는 강력한 에너지로 작용하는 모든 성도의 기도이다.

침례교 철학자인 존 포스터(John Foster)가 한 다음의 말에는 하나님에 대한 지극히 순수한 철학과 단순한 진리가 담겨 있다. 하나님은 기도 외에는 어떤 조건도 요구하지 않으신다. "기도를 좀더 많이, 좀더 잘 하면 하나님의 뜻을 가장 확실하고 완전하게 승리로 이끌 수 있을 것이다. 힘없고 형식적이며 굼뜬 기도는 멸망과 죽음을 가져올 뿐이다. 교회의 '마지막 보루'는 골방에 있다. 교회의 풍성한 보고가 바로 거기에 있다."
 포스터는 이어서 다음과 같이 말한다.

 "확신하건대, 어떤 중대한 일을 할 때 하나님께 의탁하는 것을 엄연한 사실처럼 분명하게 인식하는 사람은 기도하지 않을 수 없을 것이며 친한 친구들에게도 거의 매 시간 기도하라고 열심히 권할 것이다. 마치 뱃사람이 바람도 없는데 닻을 올려 저쪽 해안까지 도착하리라 기대할 수 없는 것처럼 기도 없이는 어떤 훌륭한 성공도 기대하지 못할 것이다. 지금까지 나는 어떤 비상한 조짐도 없는데 종교 활동에서 이례 없는 성공을 기대하는 것은 비현실적인 환상이라는 우려를 표명해 왔다. 그리고 이 시기에 그 조짐이라는 것은 바로 단호한 기도 정신일 것이다. 마지막 있는 힘까지 모두 쓴다면 그 사람은 작은 활동 영역에서라도 훨씬 유능한 일꾼이 될 것이다. 또한 그리스도의 제자들 전부 혹은 다수가 간절하고 단단한 각오로 협력하여 함께 끈기있게 간구하는 노력으로 하늘이 결단코 응답을 억제하지 않도록 한다면 그것이 이 세상의 개혁이 가까워졌다는 조짐이 될 것이다.

 하나님의 사람인 에드워드 페이슨(Edward Payson)은 포스터의 이 같은 말에 대해 "열두 사도이래 그같이 해 온 선교사들은 거의 없을 것이다. 처음으로 그렇게 하는 사람은 놀라운 결과를 일으킬 것이다. 그 사람에게는 내 말도 천사의 말도 아무 필요가 없을 것이다"고 이야기한다.

 내가 기독교 목사로 활동하면서 얻은 중요한 한 가지 결론은 종교란 우리가 생각하고 느끼는 데 있어서 하나님이 실제로 이 우주를 채우고 계신 자리를 하나님께 드리는 데에 본질이 있다는 것이다. 우리는 이 우주에서 하나님이 모든 것의 모든 것이 되심을 알고 있다. 내가 깨달은 바로는 그분이 한결같이 우리에게 우리의 모든 것이 되신다면, 또 "내 영혼아, 잠잠히 하나님만 바라라"는 시편 기자의 권고를 따른다면, 그만큼 우리는 완전을 향하여 나아간 것이다. 하나님을 기다리는 것은 비교적 쉽다. 그러나 '오로지' 그분만을 기다린다는 것, 즉 우리의 힘과 행복, 유용성에 관한 한 마치 모든 생물과 피조물들이 없어지고 이 우주에서 우리와 하나님과만 존재한다고 느끼는 것은 매우 도달하기 힘든 일인 것 같다. 적어도 나로서는 그 경지에서 한참 멀리 있다. 이 경지에 도달한다면 다른 모든 것들이 쉽게 느껴질 것이다. 왜냐하면 우리는 정말로 기도하는 자들이 될 것이기 때문이며, 솔로몬이 돈이 그렇다고 말하듯이 우리는 기도가 모든 것에 응답한다고 말할 수 있기 때문이다.

존 포스터도 죽음이 가까웠을 때 이렇게 말했다. "나는 그처럼 진실하게, 또 그처럼 충실하게 자주 기도하지 못했다. 그 동안 조용히 생각할 때면 '쉬지 말고 기도하라'는 말씀이 늘상 떠올랐었고, 지금은 그것이 틀림없이 내가 의식이 있는 마지막 순간까지 계속해야할 과제임을 믿는다. 아, 왜 그 긴 반세기 동안 나태하고 생기 없이 지내면서 기도하지 않았던가!"

그런데 우리가 기도에 대해 취하는 태도는 이런 식이다. 기도의 중요성, 그 지극한 중요성은 의식하면서도 시간을 그냥 아무 생각 없이 흘려 보내고는 죽을 때 이르러서야 회복할 수 없는 손실을 깨닫고 한탄만 하는 것이다.

우리 주님 나라의 번영이 기도에 달려 있다는 사실을 조용히 돌아볼 때 우리가 그 거룩한 일에 너무도 시간을 들이지 않는다는 것을 생각하면 슬프다. 모든 일은 기도에 달려 있다. 그러나 우리는 그 사실을 무시해버림으로써 우리 자신이 영적으로 피해를 입을 뿐만이 아니라 우리 주님이 지상에서 행하시는 일을 지연시키고 손상시킨다. 선과 악의 세력이 서로 이 세상을 차지하려고 겨루고 있다. 혹 정의의 군대가 승리하는데 힘을 보태려고 하거나 또 할 수 있다 할지라도 우리의 입술이 골방에서 늘 멀리 떨어져 있음으로 우리는 무척이나 관심 있는 체하는 바로 그 하나님의 대의를 위태롭게 만든다.

기도는 아버지께서 독생자를 이 세상에 내어 주겠다는 약속을 하실 때 내거신 가장 중요한 단 한 가지 조건이다. 그리스도는 당신의 백성들을 통해 기도하신다. 하나님의 백성들 전체가 합심해서 절박하게 끊임없이 기도를 했더라면 벌써 오래 전에 세상은 그리스도의 나라가 되었을 것이다. 그 일이 지연되는 것은 만성적인 장애물 때문이 아니라 그 백성이 구하지 않기 때문이다. 우리는 기도하기보다는 그 외의 일을 더 많이 한다. 우리가 내는 헌금이 우리가 베푸는 자선만큼이나 적은데도 우리가 바치는 기도에 비하면 오히려 많을 정도이다. 아마 일반 신자들 가운데 50명이 기도에 협력한다고 할 경우에, 오로지 하나님과만 골방에 틀어 박혀 이방 세계의 구원을 위해 씨름할 사람은 그 중에서 신앙심 깊고 열렬한 영혼 한 사람뿐일 것이다. 상투적이거나 공식행사에서 드리는 공기도는 이 경우에 전혀 고려하지 않았다. 사람들은 기도의 필요성보다는 다른 일을 더 강조한다.

사람들이 기도에 대해서 조리있게 말하기는 하지만 세상을 믿음으로 붙잡지는 않는다. 우리는 하나님을 움직이고 하나님의 모든 영향력을 동원하여 우리를 돕게 하는 방식으로 기도하고 있지 않다. 세상을 마귀의 지배와 피해로부터 구출하려면 진실한 기도가 더 많이 필요하다.

우리는 엘리야가 했던 것처럼 기도하지 않는다. 존 포스터는 모든 문제의 실제적인 핵심을 이같이 지적한다. "하나님의 교회가 그리스도께서 약속하셨던 것은 무엇이든 그것을 선포하는 책임과 의무 그리고 올바른 믿음을 각성하게 될 때 혁명이 일어날 것이다."

그러나 기도한다고 해서 다 기도가 되는 것은 아니다. 하나님의 뜻을 추진하는 힘, 정복하는 힘은 바로 하나님이시다. "나를 부르라 내가 응답하겠고 네가 알지 못하는 크고 기이한 일을 보이리라"는 말씀은 기도하라는 하나님의 권유이다. 기도는 하나님께서 당신의 일에 전념하시게 한다. "장래 일을 내게 물으라 또 내 아들들의 일과 내 손으로 한 일에 대하여 내게 부탁하라"는 말씀은 하나님이 기도에 대해 발행하시는 하나님의 백지 수표이다.

믿음은 무릎을 꿇고 손을 들어 하나님을 붙잡을 때만이 절대적인 힘을 발휘하며 하나님의 역량을 최대한 끌어낸다. 왜냐하면 오직 기도하는 믿음만이 하나님이 가지신 것은 '무엇이든지 모두' 얻어 낼 수 있기 때문이다. 그 훌륭한 모범을 보여 준 것이 수로보니게의 여인과 끈질긴 과부, 한 밤중에 찾아온 친구였다. 절망의 순간에도 불요불굴의 기도는 모든 여건을 뛰어넘어 실패를 승리와 영광으로 변화시킬 수 있다는 것을 그들은 보여 주었다. 영적 경험의 최고 정점인 그리스도와의 하나됨은 무엇보다도 영광 스러운 일이다. 즉 무엇이든지 원하는 대로 구하면 그것이 우리에게 이루 어진다는 점에서 매우 영광스럽다. 그리스도의 이름으로 하는 기도는 하나님께 영광의 왕관을 씌워드린다. 왜냐하면 그것은 아들을 통해 하나님이 영광 받으시게 하며 아들에게는 사람들이 구하는 것은 "무엇이든지" 주신다는 보증을 하기 때문이다.

  신약에는 구약의 훌륭한 기도가 전면에 나와 우리의 기도를 자극하고 고무하는데, 거기에는 역동적인 힘이 담긴 선언이 나온다. "의인의 간구는 역사하는 힘이 많으니라. 엘리야는 우리와 성정이 같은 사람이로되 저가 비오지 않기를 간절히 기도한즉 삼년 육 개월 동안 땅에 비가 아니 오고 다시 기도한즉 하늘이 비를 주고 땅이 열매를 내었느니라."

  우리의 성과가 부족하고 빈약한 원인을 사도 야고보는 다음과 같이 밝힌다. "너희가 얻지 못함은 구하지 아니함이요 구하여도 받지 못함은 정욕으로 쓰려고 잘못 구함이니라."

  이것은 전체 진리를 한 마디로 압축한 것이다.

4

기도에 대한 태도

　스펄전은 천성적으로 웃기도 잘하고 기도도 잘하는 사람처럼 웃다가도 곧 자연스럽게 기도하곤 했다고 한다. 그에게는 기도하는 일이 자유스러웠고 무엇에 얽매이지 않았다. 그의 삶은 따로따로 분리되어 있지 않았다. 즉 그의 삶은, 각각 철저히 차단되어 일체 서로 오갈 수 없는 칸막이 방들 같이 되어 있지 않았다. 스펄전은 늘 하늘에 계신 아버지와 교제하며 살았다. 항상 하나님과 접촉하고 있어서 그에게는 기도하는 것이 마치 숨쉬는 것처럼 자연스러웠다.
　스펄전은 소년 시절 휴일 하루를 친구들과 파란 하늘 아래 찬란한 햇빛 속에서 신나게 뛰어놀고 나서 친구들에게 "정말 신나게 놀았다. 하나님께 감사하자" 하고 말했다. 기도는 마치 일상적인 이야기처럼 그의 입술에서 자연스럽게 흘러나왔고 어떤 일을 하다가도 곧 하나님의 보좌로 나아가는 데 전혀 어색함이 없었다.
　이것이 하나님의 자녀가 가져야 할 기도에 대한 태도이다. 하나님과의 일정한 교제 시간이 있고 또 그런 시간이 꼭 있어야 하는데, 그때 우리는 모든 것과 단절되어 하나님의 어전으로 나아가 그분과 이야기한다. 그런 시간을 통해서 지상과 천상을 연결하는 금띠를 엮어 가는 아름다운 기도의 습관이 생기는 것이다. 그 같은 일정한 시간이 없이는 기도의 습관이 결코 형성될 수 없으며, 또 영적인 삶에 자양분을 줄 수도 없다. 그런 방법을 통해 영혼은 새로운 분위기, 즉 하나님께 마음을 열고 마치 친구하고 이야기하듯 하나님과 이야기하는 것이 쉬워지는 천상의 분위기 속으로 들어가는 것이다.

그러므로 삶의 어떠한 환경에서든 기도는 가장 자연스럽게 영혼을 쏟아내는 것이며 하나님과의 교제와 그분의 인도를 바라며 거침없이 하나님께로 향하는 것이다. 슬플 때나 기쁠 때나, 패배했을 때나 승리했을 때나, 건강할 때나 병약할 때나, 실패했을 때나 성공했을 때나 언제든지 마치 어린아이가 어머니에게는 필요한 것을 모두 채워 주는 동정심이 있다고 굳게 믿고 어머니 품으로 달려가듯이 하나님을 만나기 위해 마음으로 달려가는 것이다.

아담 클라크 박사는 자서전에서 웨슬리씨가 배로 영국으로 돌아가고 있었을 때 역풍으로 시간이 상당히 지연되었던 때를 기록하고 있다. 웨슬리는 책을 읽고 있었는데 갑판에 뭔가 일이 생긴 것 같아 사람들에게 물어보니 역풍이 불고 있다는 것이었다. 그러자 그는 "그러면 기도합시다" 하고 말했다.

클라크 박사가 기도한 후 웨슬리는 단순히 소망을 아뢰는 것이 아니라 자신의 믿음을 봉헌하는 것 같은 열렬한 탄원을 했다. 그는 "전능하시고 영원하신 하나님, 당신은 어느 곳에서나 주관하시며 만물은 당신의 뜻을 섬기나이다. 당신은 당신 손으로 바람을 움켜쥐시고 홍수도 잔잔케 하시며 영원히 왕으로 군림하시나이다. 이 바람과 파도에 명하시어 당신께 복종케 하사 우리가 갈 항구로 빠르고 안전하게 우리를 데려가게 하소서" 하고 기도했다.

모든 사람이 그 탄원에 힘이 있음을 느꼈다. 웨슬리는 꿇었던 무릎을 펴고 일어나 아무 말 없이 다시 책을 집어들고 읽었다. 클라크 박사가 갑판으로 올라가 보니 놀랍게도 배가 다시 제대로 항해하고 있었다. 배는 그 후 줄곧 순항하여 항구에 안전하게 도착했다. 바람이 갑자기 순조로워졌을 때도 웨슬리는 아무런 반응을 보이지 않았다. 그만큼 그는 자신의 기도가 응답 받으리라는 것을 온전히 믿었기 때문에 기도가 이루어진 것을 당연한 일로 여겼던 것이다.

그것은 목표가 있는 기도였다. 하나님께서 자기에게 귀를 기울이고 계시다는 것, 그리고 그분은 자신의 탄원을 들어줄 능력이 있으실 뿐 아니라 기꺼이 들으실 마음도 있다는 것을 아는 자가 드리는 단호하고 직접적인 발언이었다.

휘틀(Whittle) 육군 소령은 기도의 기적에 대한 서문에서 브리스톨의 조지 뮐러에 대한 이야기를 한다.

> 우리 일행이 퀘백에서 리버풀로 가는 날 아침 운송 회사 안에서 뮐러씨를 만났다. 부속선이 손님들을 태우고 배로 가기 30분전에 뮐러는 직원에게 뉴욕에서 갑판의자 하나가 도착했는지 물었다. 그러자 의자는 아직 도착하지 않았으며 배가 떠나는 시간 내에 도착하기는 힘들 것이라는 답변이 있었다. 그 때 나는 방금 산 의자를 들고 있었는데, 뮐러씨에게 근처에 있는 가게를 말해주며 하나 사오는 것이 나을 것이라고 했다. 그러자 그는 다음과 같이 대답했다. "아니오, 하늘에 계신 우리 아버지께서 그 의자를 보내주실 겁니다. 그건 내 아내가 쓰던 것이지요. 열흘 전에 한 형제에게 편지를 썼고 그가 지난 주에 의자를 이리로 보내주기로 약속했다오. 그 사람은 내가 기대한 만큼 일을 신속하게 처리하지 못했지만 난 하늘에 계신 아버지께서 그 의자를 꼭 보내주시리라 믿소. 내 아내는 배멀미를 몹시 해서 특별히 그 의자를 원했는데 어제 여기에 도착하지 않은 것을 알고 우리는 하나님께 그 의자를 보내주실 것을 특별히 기도했습니다. 우리는 그분이 그렇게 해 주실 것을 믿을 거요."
>
> 2달러면 살 수 있을 것을, 이 고귀한 하나님의 사람이 자기 부인이 의자도 없이 여행을 하게 될 위험을 무릅쓰고 태연하게 갑판으로 걸어갔을 때, 고백컨대, 나는 뮐러씨가 믿음의 원칙을 너무 완고하게 밀고 나가느라 현명하지 못한 행동을 하는 것이 아닌가 염려스러웠다. 나는 뮐러씨가 간 후 운송회사 사무실에서 십분 더 있었다. 내가 막 부두로 출발하는데, 우마차 한 떼가 거리로 들어 왔고, 방금 뉴욕에서 도착한 짐의 맨 꼭대기에 뮐러 부인의 의자가 있었다. 의자는 곧 부속선으로 실려보내졌고 막 배가 떠나려고 할 때 '내 손을 거쳐' 뮐러씨에게 전해졌다(주님은 나에게 교훈을 주셨다). 뮐러씨는 의자를 받으며 친절함에 진심으로 감사하며 행복하고 만족스러워하는 어린아이의 표정을 지었고 경건하게 모자를 벗

어 그 위에 손을 얹고서 하늘에 계신 아버지께 감사를 드렸다.

멜란히톤과 서신을 주고받던 이들 중의 한 사람이 루터의 기도에 대해 다음과 같이 썼다.

나는 이처럼 괴롭고 혼란한 시대에 그처럼 보기 드문 쾌활함과 일관성, 믿음 그리고 희망을 지닌 사람에 대해서는 아무리 칭찬해도 부족할 것 같다. 그는 늘 하나님의 말씀을 부지런히 연구함으로써 이러한 은혜로운 감정을 키워간다. 하루도 그의 가장 소중한 시간 중 최소한 세 시간을 기도하지 않고 보내는 날은 없다. 한 번은 우연히 그가 기도하고 있는 것을 들은 적이 있다.

은혜로우신 하나님! 그의 말 속에 얼마나 깊은 영혼과 믿음이 담겨 있던지! 그는 하나님의 존전에 있는 듯 경건하게, 그러나 마치 아버지나 친구에게 말하듯 단호하게 소망과 확신에 차서 탄원한다. 그는 말했다. "저는 주께서 우리의 아버지이시며 하나님이심을 압니다. 그러니 주께서는 주님 자녀를 박해하는 자들을 없애주실 것을 믿습니다. 왜냐하면 만약 주께서 그 일에 실패하신다면 우리와 연결되어 있는 주님의 뜻이 위태로워질 것이기 때문입니다. 그 일은 전적으로 주님 자신의 일입니다. 우리는 주님이 원하시므로 그 일에 참여해왔습니다. 그러니 주께서 우리의 방패가 되어 주실 것입니다."

조금 떨어진 곳에서 루터가 이렇게 기도하고 있는 것을 듣는 동안 그가 하나님께 마치 친구처럼, 그러나 아주 위엄 있고 진지하게 이야기하며, 마치 그의 탄원이 받아들여질 것을 확신하는 듯 기도 중에 시편에 있는 약속들을 강력히 요구하는 것을 들었을 때 내 속에서 불처럼 뜨거운 것이 타오르는 것 같았다.

영국의 유명한 감리교 설교가이며 열정과 기도가 뛰어난 윌리엄 브롬웰에 대하여 한 특무상사는 다음과 같이 이야기한다.

1811년 7월 우리 연대는 당시에 장기화되고 있는 피비린내 나는 전쟁터인 스페인으로 출정 명령을 받았다. 내 마음은 사랑하는 아내와 힘없는 네 아이들을 낯선 땅에 보호받지도 못하고 생활도 어려운 상태로 남겨두고 떠나야 한다는 생각에 몹시 괴로웠다. 브롬웰씨는 내 형편에 진지하게 관심을 보였고 동정심 많은 그의 영혼은 가냘픈 내 아내의 괴로워하는 모습에 깊이 공감하는 듯 했다. 그는 밤낮으로 우리를 위해 자비하신 하나님께 기도했다. 우리가 행군하기 전날 저녁을 아내와 나는 브롬웰씨와 함께 한 친구의 집에서 보냈는데, 그는 매우 수심에 잠긴 얼굴로 앉아 있었고 내내 영적인 투쟁을 하고 있는 듯 했다.

저녁식사 후 그는 갑자기 가슴 속에서 손을 꺼내 내 무릎 위에 얹고 말했다. "릴레이 형제님, 내가 하려는 말을 잘 들어요. 당신은 스페인으로 가지 않게 됩니다. 기억하세요. 당신은 안 갑니다. 내가 당신을 위해 하나님과 내내 씨름했고, 내 하나님 아버지께서 자신을 낮추사 내가 주님을 붙잡도록 허락하실 때면 나는 응답을 받기 전에 절대로 그분이 쉽게 가시도록 하지 않기 때문입니다. 그러니까 다음에 나는 당신한테서 당신이 그냥 부대에 있게 되었다는 소식을 듣게 될 겁니다." 그리고 이 일은 그가 말한 대로 이루어졌다. 다음 날 스페인으로 가라던 명령은 취소되었다.

이 사람들은 어떤 목적을 가지고 기도했다. 그들에게는 하나님이 접근할 수 없는 영역에 멀리 떨어져 계시는 것이 아니라 바로 옆에서 자녀들이 부르는 소리에 늘 귀 기울이고 계신 것이다. 이들과 하나님 사이에는 벽이 없다. 인간과 그 창조주 사이에 이런 표현을 써도 된다면 그들은 말하자면 너무도 친한 사이이다. 어떤 구름도 아버지를 깊이 신뢰하는 아이에게 아버지의 얼굴을 가리지 못했고, 그 아이는 하나님의 얼굴을 올려다보며 가슴 속의 소망을 모두 내 보일 수 있었다.

바로 그것이 하나님께서 결코 듣지 못하시는 법이 없는 기도이다. 그런 기도는 당신의 마음과 일치하는 가슴에서 나온다는 것, 즉 하늘의 계획에 온전히 순종하는 자로부터 나온다는 것을 하나님은 아신다. 그래서 그분은 기도하는 자녀에게 귀를 기울이시고 그의 기도가 들렸고 응답되었다는 확신을 주신다.

우리 모두 단호하고 확고한 목표를 가지고 하나님 전에 다가갔을 때 그런 경험을 해 본 적이 있지 않은가? 영혼의 고통을 겪을 때 우리는 이 세상이 주는 억압을 피해 하늘나라의 대기실로 피해왔다. 절망의 물결이 파멸하려는 듯 위협하고 어느 곳에도 피할 길이 보이지 않을 때 우리는 옛 사도들처럼 주님의 권능에 의지하며 멸망하지 않도록 구해달라고 외쳤다. 그러면 눈 깜짝할 사이에 일이 이루어졌다. 파도는 잠잠해졌고 윙윙대던 강풍은 그분의 명령으로 잦아들었다. 하나님의 임재 의식을 온몸으로 느끼며 기도가 응답 받았고 안전하게 구출되었음을 확신했을 때 영혼의 고통은 차분한 평화로 바뀌었다.

"나는 내 문제와 어려움을 주님께 이야기하고 그분이 대답해 주시기를 기다린다. 그리고 아주 암담했던 일이 기도하는 가운데 수정처럼 맑아지는 것은 정말 멋진 일이다. 나는 그리스도인들이 하나님을 충분히 기다리지 않기 때문에 기도 응답을 받는데 자주 실패한다고 생각한다. 그들은 잠시 멈춰서 몇 마디 하고는 다시 일어나 기도한 내용은 다 잊어버리고 나서 하나님이 그들에게 응답하실 것을 막연히 기대한다. 나는 그런 기도를 보면 항상 이웃집 초인종을 누르고는 냅다 멀리 달아나 버리는 꼬마가 생각난다."

우리가 기도하는 습관을 갖게 되면 새로운 분위기에 들어가게 된다. "당신은 천국에 갈 거라고 생각하십니까?" 누군가가 경건한 한 스코틀랜드인에게 물었다. 그러자 그 스코틀랜드인은 "왜요? 나는 이미 거기서 살고 있는데요"라고 예상 밖의 멋진 답변을 하였다. 그것은 위대한 진리를 명쾌하게 단언한 것이었다. 왜냐하면 천국에 가는 도중에 있더라도 자신이 전해야 할 비밀을 들을 수 있을 만큼 충분히 가까이서 하나님과 함께 걸어가는 그리스도인에게는 천국은 이미 시작된 것이기 때문이다.

이러한 자세는 파크스 캐드먼(Dr. Parkes Cadman) 박사가 전하는 호레이스 부쉬넬(Horace Bushnell)의 이야기에서도 아름답게 나타난다. 부쉬넬은 불치의 병으로 고생을 하고 있었다. 어느 날 저녁 조셉 트위겔 목사가 그를 방문해서 두 사람은 별빛 아래 함께 앉아 있었다. 부쉬넬이 말했다. "우리 중 한 사람이 기도하면 좋겠습니다." 트위겔은 부쉬넬에게 청했고 부쉬넬은 기도를 시작했다. 얼굴을 땅에 대고 어찌나 진지하게 마음을 쏟아놓기 시작했는지. 그 때 일을 회상하며 트위겔은 말했다. "나는 하나님을 만지게 될까봐 어둠 속으로 손을 뻗기가 두려웠다."

하나님을 그 정도로 가까이 모시는 것은 바로 지성소에 들어가는 것, 즉 천국 공기의 향기를 들이마시는 것이며 아름다운 에덴 동산을 거니는 것이다. 그것은 새뮤얼 러더퍼드의 경험이었으며 또 같은 문을 지나는 사람은 누구나 겪는 체험이다. 이 하나님의 성도가 한 번은 양심수로 감옥에 갇혀 있을 때, 그는 보기 드물게 깊은 하나님과의 교제를 즐겼으며 예수님이 그의 감방에 들어오시자 "모든 돌들이 루비처럼 반짝였다"고 일기장에 기록했다.

다른 여러 사람들도 기도가 무엇보다도 그들에게 중요한 의미를 지닌 생활 습관이 되고 난 후에는 아름다운 교제를 갖게 되었다고 한결같이 증거해왔다. 데이비드 리빙스턴(David Livingstone)은 기도의 왕국에서 살았고 기도의 은혜로운 영향력을 알았다. 매번 생일 때마다 기도문을 쓰는 것이 습관이었는데 마지막 생일 다음날 그의 기도는 이러했다. "오, 하나님, 저는 충분히 당신을 진지하게 사랑하지 못했으며 깊게도 성실하게도 사랑하지 못했습니다. 기도하오니 이 해가 끝나기 전에 저의 임무를 완수할 수 있게 허락하소서." 바로 그 이듬해 새해 첫 날, 처마 끝에서 빗방울이 떨어지고 있을 때 그의 충실한 추종자들이 일라라의 오두막 안을 들여다보니 그들의 스승은 기도하는 자세로 침대 옆에서 무릎을 꿇고 죽어 있었다.

스톤월 잭슨(Stonewall Jackson)은 기도하는 사람이었다. 그는 말했다.

나는 기도 습관이 너무나 배어있어서 물 한 잔을 마시는 데도 꼭 하나님의 축복을 빌었고 편지를 봉하기 전에 반드시 기도를 했으며 편지를 우편함에서 가져올 때도 반드시 하늘을 향해 짤막하게나마 내 생각을 전했고, 강의실에 들어오고 나가는 학생들을 위해 일분간 반드시 청원을 하고 새 강의를 시작했다.

몽골의 개척 선교사였던 제임스 길모어(James Gilmour)는 기도의 사람이었다. 그는 글을 쓸 때 압지를 결코 사용하지 않는 습관을 가졌었다. 그는 한 페이지가 다 끝날 때면 반드시 잉크가 마를 때까지 기다리며 기도하는 것을 철칙으로 삼았다.

이런 식으로 그들의 전 인격은 하나님께 푹 젖었으며 그럼으로써 그들은 다른 이들에게 그분의 아름다움과 은총의 증거자가 되었다. 하나님과 함께 기도의 거리를 거닐면 우리는 그분의 모습을 닮게 되고 우리도 모르는 사이에 다른 이들에게 그분의 아름다움과 은혜로우심을 증거하게 되는 것이다. 제임스 교수는 그의 유명한 작품 「종교적 체험의 다양성」(Varieties of Religious Experience)에서 49세 된 어떤 남자의 이야기를 하는데, 그 남자는 다음과 같이 말했다.

하나님은 내게 어떤 생각이나 물건 혹은 사람보다도 더 현실적이다. 나는 그분의 임재를 확실하게 느낀다. 내 몸과 마음에 새겨진 그분의 법과 조화를 이루며 살면 살수록 그만큼 더 확실하게 느낀다.

나는 햇빛 속에서나 빗속에서나 늘 그분을 느낀다. 그때의 내 느낌은 감미롭고 평화롭다고 말할 수 있을 것이다. 나는 기도와 찬양을 할 때 친구에게 말하듯이 한다. 그래서 우리의 교제는 즐겁다. 그는 늘 응답을 해주시며, 종종 너무나 분명하게 말씀을 해주셔서 마치 내 귀에 그 억양이 그대로 남아있는 것 같은 때도 있으나 일반적으로는 강한 정신적 감동으로 응답하신다. 대부분 성경 구절로 그분에 대한 새로운 시각과 그분의 나에 대한 사랑, 그리고 나의 안전에 대한 배려 등을 밝혀 주신다. 그분은 나의 것이고 나는 그분의 것이라는 사실은 결코 나를 떠나지 않는다. 그것은 불변의 기쁨이다. 그것이 없으면 삶은 공허하며 사막이고 물도 없고 인적도 없는 황무지이다.

토머스 브라운(Thomas Browne) 경의 증언도 마찬가지로 주목할 만하다. 그는 1605년 노리치에서 살았던 사람으로 사랑 받는 의사였고 널리 읽힌 명저 「렐리기오 메디치」(Religio Medici)의 저자였다. 영국은 당시 국내적으로나 정치적으로 격동과 불안을 겪고 있었지만 그는 기도에서 위안

4. 기도에 대한 태도

과 힘을 찾았다. 그가 죽은 후 그의 개인 서류 중에서 발견된 한 일지에 그는 다음과 같이 적고 있다.

나는 더 많이 기도하고 항상 기도하며 조용한 곳이면 어디서든 집에서나 대로에서나 거리에서나 기도하기로 결심했다. 그래서 내가 하나님을 잊지 않았다는 것을 증거하지 못할 거리나 통로는 이 도시에 하나도 없게 하기로 결심했다.

그는 덧붙여 말한다.

나는 지나가다 교회라도 보이면 하나님께서 그곳에서 영적으로 찬미받으시고 영혼들이 그곳에서 구원받도록 기도하기로 결심한다. 매일 내 환자들과 또한 다른 의사의 환자들을 위해 기도할 것과 어느 집에나 들어갈 때 "하나님의 평화가 이 곳에 함께 하시기를"이란 말을 할 것을 결심하고 설교를 들은 후에는 하나님의 진리와 그 진리를 전달하는 이를 위해 복을 빌고, 또한 아름다운 사람을 보면 그런 피조물을 지으신 하나님을 찬양하며, 하나님께서 그녀를 내적인 아름다움으로 채워주셔서 외모와 내면이 일치하게 되도록 그 영혼을 위해 기도하고, 불구자를 보면 하나님께서 그에게 영혼의 온전함을 주시고 머지 않아 부활의 아름다움을 주실 것을 기도하기로 결심한다.

기도의 정신을 얼마나 잘 보여 주는 예인가! 그러한 태도는 끊임없이 기도함을 상징하며 그치지 않는 청원, 중단되지 않는 교제, 쉼 없는 중보기도의 습관을 보여준다. 또 그 기도의 제목들은 얼마나 훌륭한가! 길가다 마주치는 사람을 위해 기도하며 어떤 집이나 교회에 들어갈 때 그 가족이나 교인들을 위해 기도하는 사람이 우리 가운데 몇이나 될까?

우리가 경솔하고 무관심하다는 것은 우리 중에는 단지 이기심으로 기도를 하는 사람이 너무 많다는 사실로 알 수 있다. 다시 말해서 우리는 자신을 위해 기도하고 그 외에는 어느 것을 위해서도 기도하지 않는다.

우리는 이러한 태도에서 벗어나기를 기도할 필요가 있다.

이 우주에서 크신 하나님을 이기는 유일한 능력은 믿음의 기도뿐이다.
기도야말로 최고의 치료책이다. — 로버트 홀

5

기도를 대신 할 수 있는 것은 없다

우리는 그리스도께서 하신 것처럼 기도하고 있는가? 우리는 그분 안에 거하고 있는가? 우리의 탄원과 영혼에 그분의 탄원과 영혼이 넘쳐흐르는가? 사랑이 영혼을 다스리는가? 다시 말해 그리스도의 온전한 사랑이 우리를 지배하고 있는가?

이런 질문은 요즘 같은 시대에 고려해야 할 적절한 물음이다. 우리가 기도보다 다른 일을 더 많이 하고 있는 것이 아닌가 정말 걱정 된다. 이 시대는 기도하는 시대가 아니다. 이 시대는 위대한 활동과 운동의 시대이기는 하지만 보이는 것과 물질적인 것에 너무 치중하고 보이지 않는 것과 영적인 것은 무시하는 경향이 있다. 기도가 모든 힘 중 가장 강력한 힘이다. 그것은 기도가 하나님을 영광스럽게 하며 하나님께서 적극적으로 도우시게 만들기 때문이다.

기도를 대신할 수 있는 것은 없으며 기도에 버금 갈 만한 것도 없다. 기도는 홀로 위대한 영적 힘으로 서 있으며, 이 힘은 확실히 즉각적이고 활동적이다. 기도 없이 지낼 수 있는 세대는 없고, 위대한 운동을 진척시키려면 결코 기도를 중단해서는 안 된다. 다시 말해서 기도는 끊임없이 구체적으로 항상, 어디서든지 무슨 일에나 드려져야 한다. 우리는 옛 세대가 드렸던 기도만 의지해서는 우리의 영적 과업을 지속할 수 없다. 기도의 효과를 믿는 사람은 많지만 실제로 기도하는 사람은 많지 않다. 기도는 가장 쉬우면서도 또한 가장 어려운 것이며, 가장 단순하면서도 가장 숭고한 일이다.

또한 가장 약하나 가장 힘이 있는 것이다. 기도는 인간이 도저히 이룰 수 없는 결과를 가져다주며, 오로지 하나님의 전능하심만이 그 한계를 제한한다.

기도의 힘을 희미하게나마 알고 있는 그리스도인들도 얼마 되지 않으며 그 힘을 조금이라도 체험한 사람들은 더욱 적다. 교회는 하나님께서 자기 손에 맡겨준 힘을 거의 깨닫지 못하고 있는 것 같다. 하나님의 지혜와 힘의 무한한 원천을 사용할 수 있는 이 영적 백지 수표가 사용되는 일은 극히 드물며, 하나님께 영광을 돌릴 만큼 완벽하게 사용되는 일은 거의 없다. 이 수표가 얼마나 형편없이 사용되며 그로 인해 사람들이 얼마나 은혜를 적게 받는지, 정말 놀랄 정도이다. 기도는 우리의 가장 믿을 만한 무기이건만, 우리는 너무도 다룰 줄 모르고 사용하기를 아주 꺼려한다. 우리는 이방인들을 위해 다른 모든 일을 다 하면서, 하나님께서 우리에게 바라시는 것, 즉 우리에게 유일하게 선을 가져다주며 모든 일을 효과적으로 만들어 주는 일인 기도는 하지 않는다.

기도 학교를 졸업하는 일이란 신앙생활의 전과정을 완성하는 것이다. 거룩한 생활의 첫번째 단계와 마지막 단계는 바로 기도이다. 기도는 긴급구조 기술이다. 기도에 장애가 되는 것은 또한 거룩한 생활에도 장애가 된다. 기도의 조건은 바로 의와 거룩함과 구원의 조건이다. 기도하는 일에 서툰 장인은 구원 사업에서도 솜씨가 신통치 않다.

기도란 배워서 익히는 일이다. 우리는 도제가 되어야 하며 그 일에 시간을 바쳐야 한다. 기도하는 데에 숙련공이 되려면 끊임없이 관심을 갖고 많이 생각하고 연습하며 애써야 한다. 다른 모든 일에서도 그렇듯이 기도도 연습을 통해서 완벽하게 익힐 수 있다. 힘써 일하는 손과 가슴만이 이 하늘의 일에 명장들을 만들어낸다.

하나님과 교제하면 은혜와 축복이 넘치는데, 슬프게도 우리는 기도를 많이 하지 않음을 고백할 수밖에 없다. 모임을 기도로 시작하는 사람이 지극히 적다. 가정에서 기도하는 사람들은 더 적으며, 골방에서 규칙적으로 기도하는 습관이 있는 사람은 더욱 더 드물다. 기도 모임은 가뭄에 콩나듯 드물다. 기도 모임이나 그 비슷한 것조차 없는 교회들도 많다. 도시 교회들에 기도회라는 것이 있는데 사실은 기도 모임이 아니다. 설교나 강의가 주된 특징을 이루며 기도는 이름만 붙여 놓았을 뿐이다.

우리 국민은 근본적으로 기도하는 국민이 아니다. 그 점은 그들의 생활을 보면 명백하다.

기도와 거룩한 생활은 하나이다. 이 둘은 서로에게 작용한다. 둘 중 어느 것도 독자적으로 존재하지 않는다. 하나가 없으면 다른 하나도 없다. 수도사들은 기도를 미신으로 전락시켰고 거룩한 생활을 허례와 형식으로 바꾸어 버렸다. 우리는 자칫하면 기도와 거룩한 삶을 교회 일과 끊임없는 화려한 활동으로 바꾸어 버릴 수가 있다. 거룩한 생활이 골방에 존재하는 것은 아니지만 골방이 없으면 거룩한 생활은 있을 수 없다. 혹 기도실만 만들어 놓고 거룩한 생활을 하지 않는다면 그 방에 하나님께서 임재하시지 않을 것이다.

성도들이 어디에서나 기도하게 하는 것, 이것은 목회자가 노력해야 할 일이며 목회에 성공하는 근본 비결이다. 예수께서는 공생애 시절에 이 일을 이루려고 애쓰셨다. 예수 그리스도는 곡식이 무르익은 들판에 추수할 일꾼이 없음을 안타깝게 여기시어 기도를 멈추고 제자들에게 기도의 의무를 깨우쳐 주려고 하셨다. 주님은 제자들에게 "하나님께 추수할 일꾼을 보내주시라고 기도하라"고 이르시며 끝으로 비유를 들어 사람이 항상 기도해야 할 것을 말씀하셨다.

오순절 전에 사도들은 이러한 기도의 중요성을 어렴풋이 밖에 알 수 없었다. 그러나 오순절에 성령이 내려오시어 기도의 위상을 그리스도 복음 안에서 생동적이고 가장 중요한 것으로 올려놓았다. 모든 성도에게 기도하라고 부르심은 성령의 지극히 크고 엄한 명령이다. 성도들의 경건함은 기도로 형성되고 다듬어지며 완성된다. 성도들이 아침 일찍, 또 저녁 늦게 오랜 시간 기도하지 않으면 복음은 느리고 힘없이 전진할 수밖에 없다.

현대의 성도들에게 기도하는 법을 가르치고 기도하게 만들 수 있는 그리스도를 닮은 지도자들은 어디에 있는가? 우리가 기도하지 않는 성도들을 길러 내고 있다는 사실을 알고 있는가? 하나님의 백성이 기도하도록 만들 수 있는 사도 같은 지도자들은 어디에 있는가? 그 백성들이 앞장서서 일하게 만드는 것은 무엇보다 위대한 일일 것이다. 만일 우리가 지금보다 더 많이 더 잘 기도하지 않는다면, 교육적인 편리한 시설들과 금전적 힘의 엄청난 증가가 오히려 종교에 직접적인 타격이 될 것이다.

　기도를 더 많이 하는 일은 저절로 이루어지지 않는다. 20세기나 21세기를 위한 사회 운동은 조심하지 않으면 우리의 기도를 방해할 뿐 도움이 되지 않을 것이다. 기도하며 지도하는 일에 특별히 노력을 기울이는 것만이 유용하다. 기도하는 지도자에게만 기도하는 추종자들이 따른다. 기도하는 목회자만이 기도하는 신도들을 낳을 것이다. 우리에게는 성도들로 기도하게 할 수 있는 사람이 절실히 필요하다. 지금은 기도하지 않는 성도들의 세대이다. 기도하지 않는 성도들이란 걸인 같은 성도들이며, 이들에게는 성도로서 열정도 아름다움도 힘도 없다. 누가 이 떨어져 나온 가지를 제자리에 다시 붙여 놓을 것인가? 교회가 기도하게 만드는 사람이야말로 개혁자들과 사도들 가운데 가장 위대한 자가 될 것이다.

　옛날 거룩한 사람들은 기도로써 사태를 바꾸고 사람들의 성품과 나라를 변화시켰다. 우리들도 그 같은 성취를 이룰 수 있다. 다만 우리에게는 그 일에 사용할 힘이 없을 뿐이다. 기도는 바로 믿음의 표현이다.

　기도로 이루어진 권능의 일들을 말하자면 시간이 모자랄 것이다. 거룩한 사람들은 기도로써 이 같은 일들을 행하였다.

　　　나라들을 이기기도 하며, 의를 행하기도 하며, 약속을 받기도 하며, 사자들의 입을 막기도 하며, 불의 세력을 멸하기도 하며 칼끝을 피하기도 하며, 연약한 가운데서 강하게 되기도 하며 전쟁에 용맹 되어 이방사람들의 진을 물리치기도 하며 여인들은 자기의 죽은 자를 부활로 받기도 하였다.

　기도는 하나님을 영광되게 하며 자신은 작게 만든다. 기도란 인간의 약함, 무지함, 부족함을 인정하고 탄원하는 것이며, 하늘은 이 탄원을 무시하지 않는다. 하나님은 우리에게 기도시키시는 것을 좋아하신다.

　기도는 일에 장애가 되지 않고 활동을 마비시키지도 않는다. 기도는 힘차게 일한다. 기도 자체가 가장 위대한 일이다. 기도는 활동을 일으키고 욕망과 노력을 일깨운다. 기도는 마취제가 아니라 강장제이며, 잠을 자게 토닥거리지 않고 다시 활동하도록 재촉한다. 게으른 자는 기도하지 않고 하려고도 하지 않으며 할 줄도 모른다. 기도에는 에너지가 필요하기 때문이다. 바울은 기도를 분투하는 것, 즉 고투라고 했다. 야곱에게 기도는 씨름이었고, 수로보니게 여인에게는 엄청난 힘이 필요한 고도의 영적 투쟁이었다.

골방은 게으르고 무가치한 그리스도인의 은신처가 아니다. 그곳은 아기들만 가는 유아방이 아니다. 골방은 교회의 전쟁터이며 성채이다. 영웅적이고 초자연적 투쟁이 벌어지는 현장이다. 골방은 그리스도인과 교회를 위한 자원 공급 기지이다. 그곳과 단절되면 후퇴와 재난만이 있을 뿐이다. 일을 위한 에너지, 극기의 힘, 두려움으로부터 벗어나는 일, 모든 영적 성과와 은혜들이 기도로써 향상된다. 그리스도인들 간에 힘과 경험, 거룩함이 다른 것은 그들의 기도에 저마다 차이가 있기 때문이다.

이따금씩 짧고 힘없는 기도만을 드리면 항상 낮은 영적 상태에서 지낼 수밖에 없다. 우리는 많이 기도해야 하며 힘과 인내를 다해 기도에 전념해야 한다. 뛰어난 그리스도인들은 기도하는 데 탁월했다. 심원한 하나님의 일들은 다른 어떤 곳에서도 배울 수 없다. 하나님을 위한 위대한 일은 위대한 기도로써 이루어진다. 기도를 많이 하고 연구도 많이 하며 많이 사랑하고 많이 일하는 자가 하나님과 인류를 위해 많은 일을 한다. 복음의 효력, 활기찬 믿음, 성숙하고 탁월한 영적 은혜는 기도의 결과로 온다.

6

참된 기도의 특징

　그리스도는 끈질기게 구하는 것을 참된 기도의 두드러진 특징으로 삼으신다. 우리는 기도를 그냥 하기만 할 것이 아니라, 아주 절박하고 열심히 하고 또 해야 한다. 기도를 해야 할 뿐 아니라 거듭거듭 반복해서 해야 한다. 기도에 싫증을 내서는 안 된다. 우리는 구하는 것에 매우 진지하고 깊은 관심을 가져야 한다. 왜냐하면 예수 그리스도께서 기도의 비밀과 그 응답이 기도의 절박성에 달려있다고 명백히 말씀하셨기 때문이다. 우리는 하나님께 원하는 것을 고집스럽게 청해야 한다.
　더없이 애절하고 단순한 한 비유에서 우리 주님은 사람들은 기도를 해야 할 뿐 아니라 온 마음으로 해야 하며 불굴의 힘과 용감한 마음으로 강력히 청해야 한다고 가르치셨다.

　　항상 기도하고 낙망치 말아야 될 것을 저희에게 비유로 하여 가라사대 어떤 도시에 하나님을 두려워 아니하고 사람을 무시하는 한 재판관이 있는데 그 도시에 한 과부가 있어 자주 그에게 가서 내 원수에 대한 나의 원한을 풀어 주소서 하되 그가 얼마동안 듣지 아니하다가 후에 속으로 생각하되 내가 하나님을 두려워 아니하고 사람을 무시하나 이 과부가 나를 번거롭게 하니 내가 그 원한을 풀어주리라 그렇지 않으면 늘 와서 나를 괴롭게 하리라 하였느니라 주께서 또 가라사대 불의한 재판관의 말한 것을 들으라 하물며 하나님께서 그 밤낮 부르짖는 택하신 자들의 원한을 풀어 주지 아니하시겠느냐 저희에게 오래 참으시겠느냐 내가 너희에게

이르노니 속히 그 원한을 풀어 주시리라 그러나 인자가 올 때에 세상에서 믿음을 보겠느냐 하시니라

이 불쌍한 여인의 경우는 아주 절망적이었으나 끈질기게 간청함으로써 절망에서 희망을 가져왔고, 성공이나 성공의 조건조차 없는 곳에서 성공을 이루어냈다. 다른 모든 것이 실패로 돌아간 곳에서도 지치지 않는 불요불굴의 끈질긴 간청이 그 목적을 이룰 수 있음을 이보다 더 뚜렷하게 보여줄 수 있는 예는 없을 것이다. 이 비유의 서두에서 "항상 기도하고 낙망치 말아야 될 것을 저희에게 비유로 하여 가라사대"라고 했다. 예수님은 사람들이 기도하다가 곧 지쳐버릴 것을 아시고 우리를 격려하려고 이러한 끈질긴 간청의 놀라운 힘을 보여주신다.

약하고 힘없는 과부는 무력함이 의인화된 것이다. 불의한 재판관을 움직일 만한 희망과 영향력이 전혀 없는데도 그 여자는 오로지 공격적이고 지치지 않는 끈질긴 간청으로 자신의 일을 승리로 이끈다. 기도에 있어 끈질긴 간청이 필요하다는 것과 그런 기도가 힘이 있고 매우 중요하다는 사실을 이보다 더 깊고 인상적으로 나타낼 수 있을까? 끈질긴 간청은 모든 장애물을 극복하거나 제거하며, 피할 수 없는 방해물 앞에서도 모든 저항 세력을 물리치고 목적을 달성한다. 우리는 기도 없이는 아무것도 할 수 없다. 모든 일은 끈질기게 기도함으로써 이루어질 수 있다. 바로 그것이 예수 그리스도의 가르침이다.

예수께서 드신 또 한 가지 비유도 같은 진리를 강조한다. 어느 남자가 한밤중에 빵을 꾸려고 친구를 찾아간다. 그는 그들의 우정에 호소하고 몹시 곤란하고 불가피한 상황을 설명하며 강력히 청했으나 모두 실패로 돌아간다. 그는 빵을 얻지 못하지만 계속 머물며 간청하고, 기다려서 마침내 얻는다. 어떤 탄원과 설득력도 소용이 없었지만 순전히 끈질기게 조른 것이 성공을 가져왔다.

수로보니게 여인의 경우는 실제 상황이다. 그녀는 예수께로 가려다 예수께서 아무도 만나지 않겠다고 하셔서 저지를 당한다. 그녀는 예수님을 뵙는 것을 거절당한다. 그리고서 예수님 앞에서 무시당하고 침묵과 냉담으로

쌀쌀한 취급을 당한다. 그녀는 간청하며 다가가지만 예수께서는 그녀의 아이를 위해 오지 않았고, 그녀는 자기의 전도와 능력에서 제외되었다는 단호하고 무정한 말로 거절당한다. 그녀는 개라고 불리는 굴욕까지 당한다. 그러나 그녀는 이 모든 것을 받아들이고 극복하며, 겸손하지만 결코 굴하지 않는 끈질김으로 모든 것을 이긴다. 하나님의 아들은 그녀의 불굴의 끈기에 놀라고 기뻐하시며 감동을 받아 이같이 말씀하신다. "여자야 네 믿음이 크도다 네 소원대로 되리라." 예수께서 위대한 믿음의 끈질긴 간구에 항복하신 것이다. "하나님께서 그 밤낮 부르짖는 택하신 자들의 원한을 풀어 주지 아니하시겠느냐?"

예수 그리스도는 끈질기게 간구하는 능력을 기도의 한 요소이자 주요 조건으로 삼으신다. 수로보니게 여인의 기도는 끈질김이 지닌 비할 데 없는 능력을 보여 주었고, 고린도나 올림피아에서 있었던 어떤 논쟁보다 활력과 인내, 수준 높은 요소들이 더 많고 보다 생생한 논쟁의 힘을 보여 주었다.

끈질긴 간구에 대한 교훈은 산상수훈에서 처음으로 주셨다. "구하라 그러면 너희에게 주실 것이요 찾으라 그러면 찾을 것이요 문을 두드리라 그러면 너희에게 열릴 것이니." 이 말씀은 발전의 단계들을 보여 준다. "구하는 이마다 얻을 것이요 찾는 이가 찾을 것이요 두드리는 이에게 열릴 것이니라."

기도는 계속적으로 드리지 않으면 응답 받지 못한다. 끈질긴 간구는 긴장을 풀지 않고 단단히 계속 붙들고서 조르며 기다리는 능력이다. 끈질긴 기도는 부차적인 일이 아니라 주된 일이고, 연기가 아니라 열정이며, 필요한 것이 아니라 필수적인 것이다.

크나큰 성공을 거두는 고귀한 기도는 하나님과 씨름하는 것과 같은 태도를 취한다. 그것은 믿음의 시합이고 시련이며 승리이다. 그것은 적에게서 얻는 승리가 아니라 우리의 믿음을 시험하여 더 굳세게 하시고 우리의 힘을 시험하여 더 강하게 만드시는 분으로부터 얻는 승리이다. 끈질긴 기도를 지치지 않고 오래 하는 것만큼 영혼에 지속적으로 생기와 활력을 주는 것은 없다. 이 기도는 영혼에 새로운 경험, 신기원, 새로운 일정표를 만들어 주며 신앙에 새 생명과 절도 있는 훈육을 준다. 최고의 영적 선은 지극히 고귀한 영적 노력을 최고의 형태로 표출하는 대가로 얻는다는 사실을 성경은 끊임없이 주장하고 그 예를 보여 준다. 성경에서는 힘없는 욕구나 마지못한 노력, 게으른 태도 등을 부추기지도 용납하지도 않는다. 모든 것이 정력적이고 절박하며 열렬해야 한다. 불붙는 욕구, 열정적이고 지치지 않는 집요함이 하늘을 기쁘게 한다. 하나님께서는 그의 자녀들이 흔들리지 않는 성실함과 끈기있는 대담성을 가지고 노력하기를 바라신다. 하늘은 열의 없는 기도를 듣거나 응답하기에 너무나 바쁜 곳이다.

전 인격을 바쳐 기도해야 한다. 존 녹스처럼 우리는 "제게 스코틀랜드를 주십시오. 아니면 저는 죽습니다"라고 말하고 느껴야 한다. 우리가 하나님을 경험하고 계시를 받는 것은 값비싼 희생과 투쟁과 기도의 대가이다. 야곱이 밤새워 씨름하며 기도한 것은 야곱의 생애에 잊을 수 없는 새 시대를 열었고 하나님이 그를 구해주시게 했고 에서의 태도와 행동에 변화를 일으켰으며, 야곱의 성격을 변화시켰고 그의 생명을 구하고 그의 삶에 영향을 끼쳤고 한 나라의 관습을 형성하였다.

우리가 끈질기게 기도하는 시간들은 마치 다이아몬드의 흔적처럼 우리의 가장 단단한 곳에 새겨져 우리의 성품에 지울 수 없는 표시를 남긴다. 그 시기는 우리 인생에서 빛나는 시기이다! 그것은 우리가 돌아보는 영원한 기념비석이다.

거듭 말하지만 끈질김이 기도의 조건이다. 우리는 그 일을 공허하게 되풀이하는 것이 아니라 절박한 심정으로 되풀이해야 한다. 반복하는 것은 몇 번이나 기도하는가 세기 위함이 아니라 기도의 응답을 얻기 위함이다. 기도에 우리의 마음과 영혼이 들어 있기 때문에 우리는 기도를 멈출 수 없다. 우리는 "모든 인내를 다하여" 기도한다. 우리는 기도로 살아가기 때문에 기도에 매달린다. 우리는 우리의 탄원이 받아들여지든지 아니면 죽어야 하기 때문에 간곡히 탄원한다. 그리스도는 우리가 기도할 때 끈질겨야 할 필요를 강조하시려고 아주 의미심장한 비유 두 가지를 들려주신다. 어쩌면 아브라함은 기도할 수 있는 특권을 끝까지 밀고 나가지 않아 소돔을 잃었는지도 모른다. 요아스는 우리가 알고 있는 대로 땅을 계속 치기를 멈추어서 실패하였다.

　인내는 사람에게 뿐 아니라 하나님께도 중요하다. 엘리야가 처음 한 번 간구하고 말았더라면 하늘은 엘리야의 힘없는 기도에 비를 내리지 않았을 것이다. 야곱이 잠잘 시간이 되어 기도를 그쳤더라면 다음 날 에서를 만났을 때 목숨을 부지하지 못했을 것이다. 수로보니게 여인이 예수님으로부터 냉담과 굴욕, 퇴짜를 맞아서 믿음이 약해졌거나 투쟁하는 도중에 포기해버렸다면 슬픔에 찌들은 그녀의 가정이 딸이 나음으로 밝아지지 못했을 것이다.

　그리스도께서 기도에 대해 우리에게 주시는 표어는 기도하고 낙망치 말아야 한다는 것이다. 이 표어는 우리의 기도를 평가하는 시금석이다. 시련이 심하면 심할수록 기다림은 더 길어지고 그만큼 결과는 더욱 영광스러워진다.

　끈질김의 유익과 필요성을 구약의 성도들이 가르쳐 준다. 기도하는 사람들은 소망과 믿음과 기도에서 강하다. 이들은 기다리는 법도 간청하는 법도 알며 하나님을 섬기며 하나님께 진지하게 다가가는 법도 안다.

　아브라함은 소돔과 고모라를 위해 간절히 기도하는 데서 끈질긴 도고의 본보기를 보여 주었다. 이미 앞에서 말했듯이 아브라함이 간구하기를 그치지 않았다면 하나님께서 기도를 들어주시기를 그치지 않았을 것이다. "아브라함은 하나님께서 허락하시기를 그만 두기 전에 구하기를 그만 두었다." 모세는 40일을 밤낮으로 금식하고 기도하며 이스라엘을 위해 도고하였을 때 끈질긴 기도의 능력을 가르쳐 주었다. 모세는 끈질김으로 기도의 응답을 받았다.

　예수께서는 간청하고 기다리는 구약의 이 원칙을 교훈과 본보기로써 예증하시고 온전케 하셨다. 아버지로부터 직접 사명을 받아 오셨고, 그 사명을 따라 아버지의 뜻을 행하는 것을 생명이요 법으로 여기시는 하나님의 독생자께서 기도의 법칙을 따랐다는 것이 참으로 기이하고, 예수께서 받으신 복이 기도로 생성되고 얻으셨다는 것 역시 기이한 일이다. 그런데 더욱 더 기이한 사실은 예수께서 하나님으로부터 지극히 풍성한 응답을 받은 것이 끈질긴 기도를 통해서였다는 것이다. 예수께서 끈질기게 기도하시지 않았다면 역사에 어떤 변화도 일어나지 않았을 것이고, 어떤 기적도 예수님의 생애를 거룩하게 만들지 못했을 것이다. 예수께서는 밤새워 기도하심으로써 하루 종일 사역에 열정과 능력을 채우셨다. 생명을 바치는 끈질긴 기도로 죽음을 승리로 이끄셨다. 예수께서는 십자가에서 그처럼 장엄하게 순종을 보여 주시기 전에 끈질긴 기도의 고투 가운데서 하나님의 뜻에 순종하는 높은 교훈을 배우셨다.

스펄전은 이같이 말했다.

"우리가 좋아하든 싫어하든 구하는 것이 하나님 나라의 규칙이다." "구하라 그러면 받으리니." 이것은 어느 누구의 경우에서도 바뀔 수 없는 규칙이다. 우리 주 예수 그리스도는 하나님 권속의 맏아들이시지만 하나님께서는 이 예수께 대해서도 이 규칙을 완화해 주지 않으셨다. 우리는 이 본문을 기억해야 한다. 여호와께서 당신의 아들에게 이같이 말씀하신다. "내게 구하라 내가 열방을 유업으로 주리니 네 소유가 땅 끝까지 이르리로다." 왕이시자 거룩한 하나님의 아들인 그리스도께서 얻기 위해 구해야 한다는 이 규칙에서 면제될 수 없다면 여러분과 나는 이 규칙이 우리에게 유리하게 완화되기를 더더욱 기대할 수 없다.

무엇 때문에 그렇게 기대해야 하는가? 어떤 이유에서 우리에게 기도를 면제해달라고 요청할 수 있는가? 어떤 근거로 우리에게서 그 특권을 박탈하고 탄원의 필요성에서 벗어나게 해달라고 주장할 수 있는가? 나로서는 어떤 이유도 근거도 댈 수 없다. 여러분은 댈 수 있는가? 하나님께서는 엘리야에게 은혜를 베풀어 이스라엘에게 비를 내리시려고 하셨다. 그러나 엘리야는 비오기를 기도해야 한다. 하나님의 택하신 백성이 번영하게 되어 있을지라도 사무엘은 그 일을 위해 기도해야 한다. 유대인들이 구원받게 되어 있을지라도 다니엘은 그 일을 위해 중보 기도를 드려야 한다. 하나님께서 바울에게 은혜를 베푸시려고 하고 이방 민족들이 그로 말미암아 개심할지라도 바울은 기도해야 한다. 바울은 쉬임 없이 기도하였다. 그의 서신을 보면 바울이 기도하지 않고서는 어떤 것도 받을 기대를 하지 않았다는 것을 알 수 있다. 여러분이 모든 것을 기도로 받을 수 있고 기도하지 않고서는 어떤 것도 얻을 수 없다면 여러분이 기도가 얼마나 절대적으로 필요한 것인지 알기를 바라며 많이 기도하기를 바란다."

  우리의 기도가 많은 경우에 응답 받지 못하는 것은 끈질김이 없기 때문인 것이 너무도 분명하다. 끈질기지 않은 기도는 인내의 불과 힘이 없는 기도이다. 끈질김은 참된 기도의 본질이다. 기도할 때 항시 끈질김을 발휘하지는 않을지라도 예비 병력처럼 항시 간직하고 있어야 한다. 예수께서는 인내가 기도의 필수 요소라고 가르치셨다. 사람은 하나님의 발 앞에 엎드릴 때 진지해야 한다.
  우리는 힘을 내어 기도를 시작해야 할 때 지쳐서 기도를 그만두는 경우가 너무도 많다. 우리는 아주 굳게 붙잡아야 하는 바로 그 시점에서 손을 놓아버린다. 우리의 기도가 약한 것은 기도에 저항할 수 없는 굳건한 의지가 들어 있지 않기 때문이다.
  하나님은 끈질긴 탄원자를 사랑하여 응답을 주신다. 그 사람이 자기의 탄원을 허락 받기 전에는 결코 놓지 않는 끈질김을 보이지 않았다면 응답을 받지 못했을 것이다.

7

항상 기도하라

"항상 기도하고 낙망치 말아야 된다." 이것은 늘 사람들에게 기도의 절박성과 중요함을 인상 깊게 가르치려고 하셨고 뿐만 아니라 친히 본을 보이신 주께서 하신 말씀이다. 그런데 슬프게도 사람들은 그 본을 닮는데 너무도 더뎠다.

항상이란 그 자체가 명확한 말이다. 기도는 그날의 바쁜 일과가 시작되기 전이나 일을 끝내고 지친 때에 억지로 수행해야 하는 의미 없는 기능이나 의무가 아니다. 우리가 바쁜 아침 시간이나 그날 일로 지쳐서 몸이 쉬고 싶을 때 잠깐 무릎 꿇고 기도한다면 우리 주님의 명령을 제대로 순종하고 있는 것이 아니다. 하나님은 언제나 우리가 부르면 들으실 만한 거리에 계신다. 이것은 사실이다. 하나님은 언제나 자녀들의 부르짖는 소리에 귀를 기울이고 계신다. 그러나 우리가 기도의 수단을 잘 사용하지 않는다면, 혹은 급히 지나가듯 한두 마디 하는 것으로써는 하나님을 알 수 없다.

친밀해지려면 발전이 필요하다. 순전히 개인적인 부탁에 지나지 않는 도고를 생각 없이 간단히 한두 마디 하는 것으로써는 하나님을 아는 특권을 가졌음에도 하나님을 알 수 없다. 그렇게 해서는 우리가 하늘의 왕과 대화를 나눌 수 없다. "기도의 목표는 하나님이 들으시는 것이다." 이 목표는 하나님께 마음을 쏟고 하나님께서 우리에게 말씀하여 주시기를 계속해서 인내하며 하나님을 기다림으로써 달성할 수 있다. 그렇게 할 때에야 비로소 우리는 하나님을 알기를 기대할 수 있고, 하나님을 알면 알수록 우리는 하나님 앞에서 더 많은 시간을 보낼 것이며, 하나님 앞에 있는 것이 언제나 기쁨이고 그 기쁨이 더해 가는 것을 깨닫게 될 것이다.

항상 기도해야 한다고 해서 일상 생활의 의무들을 소홀히 해야 된다는 것을 의미하지 않는다. 그 말뜻은 기도실에서 조용히 하나님과 친교를 나누는 영혼은 의식적으로 하나님과 교제하는 데서 결코 벗어나지 않는다는 것이며, 마음은 언제나 하나님에게 가서 사랑의 친교를 나눈다는 말이며, 마음이 관여하고 있는 일에서 풀려나는 순간 새가 둥지로 돌아가듯 자연스럽게 하나님께로 돌아간다는 말이다.

기도를 이렇게 생각한다면, 다시 말해 기도를 끊임없는 교제로, 즉 부단히 왕을 알현하는 것으로 본다면 참으로 아름다운 기도의 개념을 갖는 것이다. 그러면 우리가 한때 지녔을 수도 있는 기도에 대한 두려움은 흔적도 없이 사라진다. 더 이상 기도를 반드시 수행해야 하는 의무로 간주하지 않고 즐겨야 할 특권으로, 언제나 새로운 아름다움을 계시하는 귀한 기쁨으로 보게 된다.

그래서 아침에 눈을 뜨면 우리 생각은 곧바로 하늘로 올라간다. 많은 그리스도인들에게 아침 시간은 하루 중 가장 귀한 시간이다. 그날 일정의 큰 방침을 정해주는 거룩한 교제를 가질 수 있는 기회가 되기 때문이다. 아침에 하나님과 단 둘이서 시간을 보내는 것만큼 새로운 한 날에 그치지 않는 영광과 경이를 가져오는 데 더 나은 시작이 있을 수 있겠는가? 무디는 다른 장소를 사용할 수 없을 때는 석탄 창고에서 아침 당직 시간을 보내며 마음을 하나님께 쏟고 귀한 성경에서 참으로 "진수성찬"을 맛보았다고 한다.

조지 뮐러는 조용한 아침 시간에 기도를 드리고 성경공부 시간도 가졌다. 한때는 아침에 옷을 입고서 기도를 드렸다. 그 다음에 그 방식에 변화가 생겼다. 그 변화에 대해 뮐러는 이렇게 말했다.

내가 해야 할 가장 중요한 일은 하나님 말씀을 읽고 묵상하는 것이라고 생각하였다. 그렇게 할 때 내 마음이 위로와 격려를 받고 경고와 책망과 가르침을 받을 수 있으며, 하나님 말씀을 묵상하는 동안 그 말씀으로 인해 내 마음이 하나님과의 친교를 경험할 수가 있다. 그래서 나는 이른 아침 시간에 신약 성경을 읽기 시작했다. 주께서 당신의 귀한 말씀에 복 주시기를 간단히 구한 다음 첫번째로 한 일은 말하자면 그 말씀에서 복을 얻기 위해 한 절 한 절 살피며 하나님 말씀을 묵상하기 시작하였다. 말씀을 전하는 공적 사역을 위해서가 아니고 내가 묵상한 것에 대해 설교하기 위해서도 아니고 내 영혼의 양식을 얻기 위해서였다. 그 결과 나는 거의 변함없이 불과 몇 분 지나지 않아 내 영혼은 죄를 고백하거나 감사하였고 혹은 도고를 드리거나 탄원을 하였다. 그래서 기도에 몰두하지 않고 묵상을 하였으나 묵상하기가 무섭게 기도를 하게 되었다.

하나님 말씀을 공부하는 것과 기도는 함께 간다. 한 가지를 충실하게 시행하면 자연히 다른 것도 따라서 하게 되는 것을 본다.

그러나 우리는 **항상** 기도하지는 않는다. 바로 그것이 우리 대부분이 안고 있는 문제이다. 우리는 지금보다 더 많이 그리고 더 오래 기도할 필요가 있다.

재능 있고 성도다운 로버트 머리 맥체인(Robert Murray McCheyne)은 사람들로부터 "아들로 보나 형제로 보나 친구 혹은 목사로 보나 진정한 그리스도인의 모습을 생활 속에서 구체적으로 보인 사람들 가운데 가장 흠 없고 매력적으로 본을 보인 사람이라"는 말을 들었다. 맥체인은 무릎 꿇고 많은 시간을 보낸다는 것이 무엇인지를 알았고 사람들에게 거룩한 도고의 기쁨과 가치를 강조하는 일에 지칠 줄 모르는 사람이었다. 그는 이같이 말했다. "하나님의 자녀는 기도해야 한다. 밤낮으로 하나님께 부르짖어야 한다. 하나님께서는 여러분이 낮에 바쁜 시간이나 밤에 외로이 보초를 서고 있는 동안에 부르짖는 기도를 일일이 다 들으신다." 맥체인은 교회에 있을 때는 설교나 권고를 통해서, 없을 때는 편지로든 모든 방법을 동원해서 지극히 중요한 기도의 의무, 곧 쉬임 없이 끈질긴 기도를 드려야 할 것을 강조하였다.

그는 일기에 이렇게 쓰고 있다.

아침에 머리를 준비하고 나서 마음을 준비하였다. 이것은 그동안 내가 흔히 저지른 실수였다. 언제나 이 습관이 나쁘다고, 특별히 기도에 있어서 나쁘다고 생각하였다. 주님, 이 버릇을 고쳐 주십시오.

성지 순례를 하는 길에 그는 이렇게 썼다.

"우리가 안전하게 지내는 것은 대부분이 우리 교인들의 기도 덕분이라고 생각한다. 세상의 구조를 가리고 있는 장막을 거두어낸다면 세상에서 아주 많은 일들이 하나님 자녀의 기도에 대한 응답으로 이루어졌다는 사실을 알게 될 것이다.

목사 안수식에서 그는 설교자에게 다음과 같이 말했다.

"기도하는 일과 말씀을 가르치는 일에 전념하십시오. 여러분이 기도하지 않는다면 하나님은 제게 그렇게 하셨듯이 여러분에게 기도를 가르치시기 위해 목회 사역에서 물리치실 것입니다. 루터의 격언을 기억합시다. 기도를 잘 했다면 공부를 잘 한 것이다." 설교 본문이든 사상이든 말이든 하나님에게서 얻도록 하십시오. 대제사장처럼 양떼의 이름을 가슴에 지니고 다니십시오. 회개하지 않은 자들을 위해서 씨름하십시오. 루터는 자신의 마지막 세 시간을 기도에 썼습니다. 존 웰치는 하루에 일곱 여덟 시간을 기도했습니다.

맥체인은 잘 때 격자무늬 담요를 준비해 놓곤 했는데, 밤중에 일어나서 기도할 때 몸에 두르기 위해서였다. 때로 그의 아내는 그가 바닥에 엎드려 울고 있는 것을 보곤 하였다. 아내가 불평하면 맥체인은 "오, 여보. 내가 책임져야 할 영혼이 삼천 명이나 되는데 그 사람들을 어떻게 해야 좋을지 모르겠단 말이오" 하고 말했다. 그는 교인들에게 이같이 권하고 요구하였다. "여러분의 목사를 위해서 기도하십시오. 목사가 건강을 유지하여 세월을 아낄 수 있도록 목사의 몸을 위해 기도하십시오. 목사의 영혼을 위하여 기도하십시오. 그래서 목사가 겸손하고 거룩해서 불타오르는 밝은 빛이 되도록 기도하십시오. 목사의 사역을 위해 기도하십시오. 목회가 풍성한 은혜를 받고 목사가 기름부음을 받아 좋은 소식을 전할 수 있도록 기도하십시오. 혼자 기도할 때는 언제든지 하나님 앞에서 목사를 위해 기도하고 가정 기도를 드릴 때는 언제든지 가슴에 여러분의 목사를 품고 하나님께 나아가십시오."

그의 전기작가는 이같이 말한다. "맥체인이 한 번도 중단한 적이 없는 일이 두 가지 있는데, 개인의 거룩함을 높이는 일과 영혼을 구원하려는 간절한 노력이 그것이다. 이 두 가지는 기도 사역에서 떼어놓을 수 없는 일들이다. 개인의 거룩함을 바라고 노력하는 일이 실패하면 기도가 실패한다. 기도 사역에 능숙하지 않은 사람은 아무도 영혼을 구원하지 못한다." "목사가 할 일은 지나간 죄를 고백하고 인도와 은혜와 마음의 결의를 구하는 진지한 기도를 드리면서 자신과 가족 등에 신앙과 생활의 개혁을 시작하는 것이다"고 이 거룩한 사람은 말한다. 그는 '은밀한 기도의 개혁'이라는 제목 아래 자신에게서부터 개혁을 시작하며 다음과 같이 결심한다.

나는 기도에서 고백, 경배, 감사, 탄원, 도고의 부분을 빼지 않겠다. 고백을 빼먹는 두려운 경향이 있는데, 이것은 하나님과 하나님의 율법을 낮게 생각하고 마음과 나의 과거 죄를 가볍게 보는 데서 생기는 것이다. 이러한 태도를 물리치겠다. 내가 말씀드리고 있는 분이 누구인지 잊어버리고 그의 두려우신 이름과 성품을 생각지 못하고 조심성 없이 여호와 앞에 나아갈 때 경배를 빼먹는 경향이 늘 있다. 하나님의 영광을 잘 보지 못하고 그의 행하신 기사에 크게 감탄하지 못할 때 천성적으로 나는 감사를 생략하는 경향이 있는데, 감사는 특별히 더 명령받은 일이다. 마음이 다른 사람의 구원에 무감각해졌을 때 도고를 생략하게 된다. 그러나 무엇보다 도고는 마음에 이스라엘의 이름을 간직하고 계신 위대한 보혜사의 영이다.

나는 누구든지 보기 전에 기도하겠다. 종종 늦잠을 자거나 아침 일찍 사람을 만나고 가정 기도를 드리고 오전 방문객을 맞이할 때는 11시나 12시가 되어서야 개인 기도를 할 수가 있다. 이것은 아주 형편없는 방식이고 비성경적이다. 그리스도께서는 아침 일찍 일어나 한적한 곳으로 가셨다. "아침 일찍 주를 찾으리니 주께서 이른 아침에 내 소리를 들으시리이다." 막달라 마리아는 아직 어두울 때에 무덤에 갔다. 가정 기도에 능력과 즐거움이 많이 사라졌다. 그래서 내게 도움을 얻고자 온 사람들에게 도움을 줄 수가 없다. 양심은 죄책감을 느끼고 영혼은 양육을 받지 못하고 등잔은 손질이 되지 않았다.

하나님과 함께 시작하고 하나님의 얼굴을 먼저 보고, 내 영혼이 사람들에게 가까이 가기 전에 하나님께 가까이 가는 것이 훨씬 더 낫다고 느낀다. '내가 깰 때에 주와 함께 있으리이다." 너무 늦잠을 잤거나 아침 일찍 여행을 하거나 어찌되었든 내 시간이 얼마 없는 경우에는 기도를 아예 포기해 버리는 것보다 서둘러 옷을 입고 잠깐 동안이라도 하나님과 단 둘이 지내는 것이 최상의 방법이다. 그러나 대체로는 다른 어떤 일을 하기 전에 적어도 한 시간은 하나님과 단 둘이 지내는 것이 가장 좋다. 하루 중 가장 좋은 시간을 하나님과 친교를 나누는데 보내겠다. 밤중에 깨었을 때는 다윗과 웰치처럼 일어나 기도하겠다.

맥체인은 **항상** 기도해야 한다는 것을 믿었다. 그래서 비록 짧은 생애였지만 풍성한 열매를 맺은 그의 삶은 우리가 주님과 만나는 은밀한 장소에 자주 그리고 오랫동안 찾아가는 데서 오는 능력을 생생하게 보여 준다.

오늘날은 맥체인의 특징을 지닌 사람들이 필요하다. 기도하는 사람들, 곧 시간과 주의력을 요구하는 이 크나큰 직무에 몰두할 줄 아는 사람들이 필요하다. 도고라는 거룩한 직무에 온 마음을 쏟을 수 있고 끝까지 기도할 수 있는 사람들이 필요하다. 하나님께서는 당신의 대의를 사람들에게 맡기시고 자신도 사람들에게 맡기신다. 그래서 기도하는 사람들은 하나님의 대리인이며 하나님의 일을 하고 하나님의 계획을 수행하는 것이다.

우리가 하나님 나라 시민이라면 기도해야 한다. 기도하지 않는 것은 국외로 추방당하는 것인데, 더욱 나쁜 것은 하나님 나라에서 추방당하는 것이다. 그것은 법률을 무시하는 큰 죄이며 헌법을 위반하는 행위이다. 생활에서 기도를 부차적인 것으로 격하시키는 그리스도인은 한때 아무리 영적 열심을 지녔을지라도 곧 그 열심을 잃어버리고, 기도를 중요하게 생각지 않는 교회는 활기찬 경건을 유지할 수 없고 복음을 진전시킬 힘을 갖지 못한다. 기도, 곧 쉬임 없는 절박하고 열렬한 기도 없이는 복음은 존속할 수 없고 싸울 수도 정복할 수도 없다.

적게 기도하는 것은 타락한 시대와 타락한 교회의 특징이다. 강단이나 회중석에서 기도가 적을 때는 언제든지 머지 않아 피할 수 없는 영적 파산이 임한다.

하나님의 대의가 상업 시대나 교양 있는 시대, 교육의 시대, 돈의 시대를 맞이하는 법이 없다. 그러나 전성기를 누리는 한 시대가 있는데, 그것은 기도하는 시대이다. 시대를 이끄는 지도자들이 기도의 사람들이라면, 기도가 예배에 끊임없이 향기를 피워 올리는 향처럼 예배의 주요소라면 하나님의 대의는 승리를 거둘 것이다.

더 잘 기도하고 더 많이 기도하는 것, 바로 이것이 우리에게 필요한 일이다. 우리에게는 기도하는 더 거룩한 사람이 필요할 뿐만 아니라 더 많이 필요하다. 크나큰 슬픔과 시험에 직면해서 지극히 위대한 기도를 토해낸 한나와 같은 사람이 필요하다. 교회가 타락하고 배교한 곳에서는 어디서든 교회의 적이 승리를 거두었다. 한나는 기도에 전념하였고 슬픔 가운데 기도에 더욱 힘을 썼다. 한나는 자신의 기도로 인해 위대한 부흥이 일어나는 것을 보았다. 나라 전체가 압박을 받고 있을 때 선지자이자 제사장인 사무엘이 태어나 새로운 제사장의 계통을 세웠다. 한나의 기도가 하나님을 위하여 일어서는 새 생명을 잉태시킨 것이다. 나라 전체에서 신앙이 부흥하고 번성하였다. 하나님께서는 "내게 구하라"는 약속을 지켜 기도를 듣고 응답하시어 거룩한 기쁨의 새 날을 보내고 당신의 백성을 소생시키셨다.

오늘날 뿐 아니라 어느 시대든 교회에 가장 크게 필요한 것은 그와 같이 당당한 믿음을 지니고 더럽혀지지 않은 거룩함과, 강력한 영적 활력, 불타오르는 열심을 지닌 사람들이다. 이런 사람들이 강력한 기도를 통해 영적 혁명을 일으킬 것이다.

이 문제에서는 타고난 능력과 교육적인 장점이 주요 요인들이 아니다. 그보다는 믿음의 역량, 기도하는 능력, 철저한 헌신의 힘, 자기 부인의 능력, 하나님의 영광 안에서 자아를 철저히 잊음, 언제나 지칠 줄 모르고 하나님의 충만하심을 간절히 바라고 추구하는 것들이 주요 요인들이다. 이같이 기도하는 사람들이 교회가 하나님을 향하여 불타오르도록 할 수 있다. 시끄럽고 화려한 방식으로가 아니라 조용하지만 뜨거운 열기로 불타오르게 하여 모든 것을 녹여 하나님을 향하여 움직이도록 할 수 있다.

다시 중요한 점으로 돌아가 이야기할 때, 은밀한 기도가 사람이 하나님과 맺고 있는 관계를 알 수 있는 시금석이고 계기이며 보존하는 표시이다. 기도실은 하나님께 대한 우리 헌신의 성실성을 재는 기준이며 또한 경건의 척도이다. 자기 부인, 곧 기도실에 있기 위해 치르는 희생, 하나님을 만나는 거룩한 장소를 찾는 횟수, 기도실에 오래 머물러 있고 떠나기를 싫어하는 일 등이 우리가 하나님과 단 둘이 교제하는 데 부여하는 가치들이며 하늘의 사랑을 만나는 성령의 시간을 위해 치르는 대가이다.

기도실은 하나님과 우리와의 관계를 유지시켜 준다. 기도실은 풀어진 천의 가장자리를 감춰 주고 흘러내리고 헝클어진 옷을 감싸 올린다. 힘없는 허리마다 허리띠로 묶어 준다. 비상용 큰 닻도 기도실이 우리를 하나님께 붙들어 매주는 것만큼 확실하고 안전하게 배를 묶어두지 못한다. 사탄이 우리가 하나님을 쥐고 있는 손을 떼어놓거나 하늘에 이르는 길을 폐쇄하려면 먼저 기도실을 붙잡고 있는 우리 손을 떼어놓거나 기도실로 가는 우리 길을 막아야 한다.

> 기도하기를 두려워하지 말라 기도는 옳은 일이니
> 희망을 가지고 기도할 수 있거든 그렇게 기도하되 항상 기도하라
> 희망이 희미해지거나 희망이 더디 이루어져 지칠지라도
> 빛이 없으면 어둠 속에서라도 기도하라
> 이루어주시기를 감히 기도하지 못하는 소원이 있다면
> 그 소원을 버릴 수 있게 해달라고 기도하라

8

사람들은 기도하도록 부름 받았다

바울 시대에 사람들이 기도하기를 그만 두었는지는 확실하게 단언할 수 없다. 이제는 사람들이 대체로 기도하기를 그만 두는 것 같다. 사람들이 너무 바빠 기도할 시간이 없다. 시간이나 힘이나 모든 능력이 돈과 사업과 세상사에 조공으로 바쳐진다. 위대한 기도를 드리는 일에 전념하는 사람은 거의 없다. 기도라는 위대한 일이 대부분의 사람들에게는 빈약하고 시들어 가며 황급히 해치우는 사소한 일이다.

사도 바울은 정지하라고 외치며 사람들에게 기도하라고 요구한다. 사람들을 기도하도록 시키는 것은 교회나 국가, 정치, 사업, 가정에 있는 큰 악들에 대해 바울이 내놓는 틀림없는 해결책이다. 사람들을 기도하도록 만들면 정치가 깨끗해지고 사업이 더욱 번영하며 교회가 더욱 거룩해지며 가정은 더욱 즐거워질 것이다.

"그러므로 네가 그리스도 예수 안에 있는 은혜 속에서 강하고 또 네가 많은 증인 앞에서 내게 들은 바를 충성된 사람들에게 부탁하라 저희가 또 다른 사람들을 가르칠 수 있으리라 네가 그리스도 예수의 좋은 군사로 나와 함께 고난을 받을지니 …… 나의 복음과 같이 다윗의 씨로 죽은 자 가운데서 다시 살으신 예수 그리스도를 기억하라"(딤전 2:1-3, 8).

기도하는 여자들과 아이들은 하나님께 무한히 소중하다. 그러나 그들의 기도를 기도하는 남자들이 보충하지 않는다면 기도의 능력이 크게 손실될 것이다. 즉 기도의 가치에 큰 틈이 벌어지고 가치가 크게 하락할 것이며 복음의 에너지가 크게 마비될 것이다. 예수 그리스도께서는 사람들에게 비유를 들어 가르치시기를 사람은 항상 기도하고 낙망치 말아야 한다고 말씀하셨다. 다른 모든 일에 강한 사람들은 기도에도 강해야 하고 결코 낙심하거나 연약해지거나 의기소침해져서는 안 된다. 다른 일들에서 용감하고 끈질기며 유능한 사람들은 기도에서도 용기를 내고 낙망치 말아야 하며 굳세야 한다.

사람들은 기도해야 한다. **사람은 누구나** 기도해야 한다. 힘과 지혜에서 여자들과 다른 남자들이 기도해야 한다. 남자들이 기도해야 한다는 절대적이고 구체적인 명령이 있다. 그리고 어떠한 일이 있어도 남자들이 기도해야 할 절대적인 필연성이 있다. 만물의 첫째인 남자가 기도에서도 첫째가 되어야 하기 때문이다.

남자들이 남자들을 위해 기도해야 한다. 이 지시는 구체적으로 분류되었다. 바로 그 지시 아래 남자들은 여자들에 관한 구체적인 지침을 얻는다. 기도와 그 중요성, 기도의 폭넓음, 기도의 습관에 있어서 남자들은 여자들과는 대조적이고 구별되게 다루어진다. 남자들은 명확하게 기도하도록 명령을 받고 진지하게 그 의무를 위탁받고 따뜻하게 권고받는다. 그것은 아마도 남자들이 기도하기를 싫어하고 기도에 무관심하였기 때문일 것이다. 또 남자들은 기도를 하찮은 일로 생각하여 기도에 시간을 내지 않고, 기도를 가치 있거나 의미 있게 생각하지 않았기 때문인지도 모른다. 그러나 하나님께서는 모든 남자들이 기도하기를 바라신다. 그래서 대 사도이신 예수께서는 이 주제를 중요하게 생각하시고 그 중요성을 강조하신다.

기도는 지극히 중요하다. 기도는 하나님의 일을 진척시키는 강력한 대행자이다. 기도하는 마음과 기도하는 손만이 하나님의 일을 할 수 있다. 다른 모든 것이 실패하는 경우에도 기도는 성공한다. 그 동안 기도는 다른 모든 희망이 사라진 곳에서 대 승리를 거두었고 놀라운 승리와 함께 하나님의 성도들을 구원하였다. 기도할 줄 아는 남자들은 하나님께서 세상에 줄 수 있는 혜택 가운데 가장 큰 혜택이다. 또 땅이 하늘에 바칠 수 있는 선물 가운데 가장 풍성한 것이다. 기도라는 이 무기를 사용할 줄 아는 남자들은 하나님의 최고 정예 군사이며 최고의 강력한 지도자이다.

기도하는 사람들은 하나님께서 택하신 지도자들이다. 하나님께서 백성을 지도하고 은혜를 베풀기 위하여 최전방으로 인도하시는 지도자들과 세상적이고 이기적이며 거룩하지 못한 선택에 의해 지도자의 위치를 차지한 사람들 사이의 차이점은 이것이다. 즉 하나님의 지도자들은 걸출한 기도의 사람들이라는 것이다. 이 차이점으로 인해서 그들의 소명이 순수하고 신성하다는 것이 입증되며 그들이 하나님에 의해 따로 세움을 받았다는 것이 증명된다. 이들이 아무리 다른 장점이나 재능을 가졌을지라도 기도의 재능과 은혜는 다른 무엇보다 뛰어나다. 이 지도자들이 다른 어떤 공통점을 갖거나 다른 점이 있을지라도 이 기도의 재능에 있어서는 똑같다.

  하나님께서 택하신 지도자들이 기도하지 않는다면 어떤 사람이 되겠는가? 모세에게서 기도의 능력을 제거해 보라. 이 기도의 능력은 이방인들도 모세를 높이 보게 만들었던 재능이다. 따라서 그 재능을 제거하면 머리에서 왕관을 벗기는 것이 되며 모세의 믿음의 식량과 불은 사라지게 된다. 엘리야에게 기도가 없었다면 엘리야는 하나님의 사신의 명부에 이름이 기록되거나 한 자리를 차지 못했을 것이고, 그의 생애는 무미건조하고 비겁한 삶이 되었을 것이고, 그의 삶에 정력과 도전과 불이 없었을 것이다. 엘리야의 기도가 없었다면 요단강이 엘리야가 치는 옷자락에 굴복하여 갈라지는 일이 없었을 것이고 엄한 죽음의 사자가 불병거와 불말을 주어 엘리야를 명예롭게 하는 일은 없었을 것이다. 하나님께서 아나니아의 두려움을 잠재우고 바울의 상태와 진실됨을 납득시키는 데 사용했던 논거는 "저가 기도하는 중이다"는 말씀이다. 이 말씀은 바울의 역사를 개략적으로 서술하고 바울의 생애와 사역의 비결이 무엇인지 보여 주는 표현이다.

  바울, 루터, 웨슬리 — 하나님의 택하신 이 사람들에게 기도라는 두드러지고 지배적인 요소가 없다면 어떤 사람이 되겠는가? 이들은 기도에 능하였기 때문에 하나님을 위하는 지도자들이었다. 이들이 사상이 뛰어나고 자원이 풍부하고 교양이 깊고 타고난 재질이 있어서 지도자인 것이 아니다. 이들은 하나님의 능력을 마음대로 사용할 수 있는 기도의 능력 때문에 지도자가 되었던 것이다. 기도하는 사람들이란 단지 기도문을 외는 사람이 아니며 습관적으로 기도하는 사람도 아니다. 기도하는 사람들이란 강력한 힘으로, 즉 하늘을 움직이게 하고 세상에 말로 다할 수 없는 선한 보물을 쏟아 붓게 하는 힘으로 역사하는 기도를 드리는 사람들을 말한다.
　기도하는 사람들은 교회의 모든 계획과 조직에 영향을 미치고, 교회의 신선한 피를 굳어지게 하고 있는 물질주의에서 교회를 보호하는 안전장치이다. 교회가 전처럼 순수한 영적 힘들에 전적으로 의지하지 않는다는 암시가 치명적인 독처럼 은밀하게 퍼지고 있다. 이제는 시대가 바뀌고 상황이 변해서 교회가 영적 곤경과 의존성에 벗어나 기도가 아닌 다른 힘들을 의지하여 절정에 오를 수 있게 되었다고 믿는 것이다. 이러한 함정에 유혹을 받아 교회가 세상을 끌어안았고 교회의 지도자들이 현혹되었으며 교회의 기초가 약화되고 교회의 아름다움과 힘이 많이 꺾이고 말았다. 기도하는 사람들은 이 같은 물질주의적인 경향에서 교회를 구출하는 사람들이다. 이들은 교회에 본래의 영적 힘을 쏟아 부으며 교회를 물질주의의 모래톱에서 이륙하게 하고 영적 능력의 깊은 바다 속으로 끌어들인다. 기도하는 사람들은 하나님께서 늘 교회 안에 충만히 계시도록 하고 교회를 인도하시며 능력 있고 신뢰할 만한 교훈으로 교회를 훈련하시도록 한다.
　온 땅에 걸쳐 있는 하나님의 포도원에서 일하는 일꾼들의 숫자와 능률은 기도하는 사람들에게 좌우된다. 이 기도하는 사람들의 힘은 하나님께서 정하신 과정을 통해 헌신한 일꾼들의 숫자와 성공을 증가시킨다. 기도는 일꾼들이 성공할 수 있도록 문을 활짝 열어주며 성공할 수 있는 거룩한 자질을 형성시켜 주고 거룩한 담대함과 굳은 결의와 결실을 준다. 기도하는 사람들은 영적 노력을 기울여야 하는 모든 영역에 필요한 존재들이다. 하나님의 교회에는 높은 자리든 낮은 자리든 관계없이 긴박한 기도 없이 차지해도 좋은 자리는 없다. 그리스도인이 있는 곳 가운데 항상 기도하고 낙망치 않아야 할 믿음을 온전히 발휘하지 않아도 될 곳은 없다. 기도하는 사람들은 하나님의 전에서 뿐만 아니라 사업계에서도 필요하다. 이들은 이 세상의 처세술에 따라 장사하지 않고 성경의 교훈과 천국 생활의 격언에 따라 장사할 수가 있다.
　기도하는 사람들은 교회에서 영향력과 명예와 권세를 쥐고 있는 자리에 특별히 더 필요하다. 교회의 사상이나 활동, 교회 생활에서 지적 위치에 있는 사람들은 기도에 탁월한 능력을 지닌 사람들이어야 한다. 손의 수고와 기술을 거룩하게 하고 머리의 노고와 지혜를 신성하게 하는 것은 기도하는 마음이다. 기도는 하나님의 뜻을 따라 일을 하도록 만들고 하나님의 말씀을 따라 생각하도록 만든다. 하나님의 교회에서 큰 일이든 적은 일이든 지도자가 지니는 엄숙한 책임에 대해서는 그 주위를 철저하게 기도로 울타리 쳐야 한다. 그래서 교회의 지도자와 세상 사이에 넘어갈 수 없는 심연을 만들어야 하고, 그 책임은 기도로 고양되고 정화되어서 어떤 구름이나 밤도 하나님의 광휘를 더럽히지 못하게 하고 끊임없이 하나님을 보는 시야를 흐리게 하지도 못하게 해야 한다.

교회의 지도자들 가운데는 사업이나 재력, 영향력, 사상, 계획, 학자적 업적, 달변의 재능에서, 매력 있고 눈에 띄는 활동에서 탁월한 사람이 될 수 있다면 그것으로 충분하고, 많은 기도로 얻을 수 있는 좀더 고귀한 영적 능력이 없는 것을 그것들이 보충할 수 있을 것으로 생각하는 사람이 많은 것 같다. 하나님께 영광을 돌리고 교회가 하나님을 위하도록 감독하며 교회가 하나님께서 주신 본래의 사명에 전적으로 일치하도록 하는 중요한 일에서 이런 것들은 참으로 헛되고 보잘것 없다.

기도하는 사람들은 과거에 하나님을 위해 많은 일을 하였다. 이들은 하나님께 승리를 가져다 드리고 적에게는 패배를 안겨다 주었다. 바로 적의 진영에 하나님 나라를 세운 인물들이다. 오늘날 성공할 수 있는 다른 조건은 없다. 20세기에 기도의 필연성이나 힘을 중지시킬 대체 법령은 없다. 즉 기도의 은혜로운 목적을 달성할 수 있는 다른 대체물이 없다는 것이다. 기도하는 손만이 하나님을 위해 무언가 세울 수 있다. 기도하는 손이야말로 세상에서 강력하게 일하는 하나님의 손이며 하나님의 최고의 건축자이다. 기도하는 손이 다른 모든 것은 없어도 단순한 마음으로 씨름하고 이기는 믿음이 있다면 강력한 손이며 하나님을 위하여 일하는 가장 강력한 손이 될 수 있다. 교회 지도자들이 다른 모든 재능은 갖추고 있을지라도 가장 위대한 이 재능이 없으면 머리를 깎인 채 자물쇠에 채인 삼손과 같고 거룩한 임재와 영광이 없고 제단에 거룩한 불꽃이 사그러진 성전과 같다.

이 세속적인 태도에 빠지지 않고 그것을 막을 수 있는 방법은 강렬하고 근본적인 영성뿐이다. 구원하는 이 고귀한 영성을 하나님 아래서 갖추고 또한 유지할 수 있는 희망은 지극히 순수하고 적극적인 지도자에게서만 찾을 수 있다. 즉 교회가 승리를 이끌어낼 수단인 기도의 은밀한 능력을 알고 교회의 상징과 전통과 능력을 충실히 지킬 양심과 확신과 용기가 있는 지도자에게서만 희망을 볼 수 있다. 우리에게는 이같이 기도하는 지도자가 필요하고 그런 지도자가 있어야 한다. 그래서 그런 지도자는 거룩함의 온전함과 아름다움으로 믿음의 힘과 고결함으로, 기도의 힘과 압박으로, 본보기의 권위와 흠 없음으로 열심의 불꽃과 감화력으로, 독특하고 장엄하며 세속적이지 않은 경건으로 하나님께 영향을 끼치고 하나님 나라의 형상을 따라 교회를 형성할 수 있다.

그런 지도자들은 참으로 강력하다. 이들의 불꽃이 어떻게 교회를 일깨우는지! 이들이 어떻게 오순절 성령 강림의 힘으로 교회를 분발시키는지! 이들이 어떻게 믿음의 투쟁과 승리로 전투 태세를 갖추고 승리를 가져오는지! 이들이 어떻게 기도의 깊은 감명과 끈질김으로 교회를 형성하는지! 이들이 어떻게 거룩한 불길과 감화력을 교회에 심어주는지! 이들이 어떻게 위대한 영적 혁명으로 교회의 행진을 이끌어 가는지! 부활을 외치는 이들의 설교로 말미암아 어떻게 교회가 죽은 자들 가운데서 일어나는지! 봄의 목소리에 꽃이 피듯이 그들의 철야 기도로 거룩함이 생겨난다. 그들이 밟는 황무지는 하나님의 동산처럼 꽃이 핀다. 하나님의 대의는 낮은 지위에서 높은 지위에 이르기까지 모든 공적 지위에서 그같은 지도자들을 요구한다. 이런 지도자들이 없을 때 하나님을 위하는 우리의 노력이 얼마나 힘없고 목적이 없거나 세속적이며 또 혼란하거나 헛된지!

이들의 재능은 교권을 차지하는데서 발휘되지 않는다. 이들은 하나님의 선물이다. 이들의 존재와 활동, 이들의 수와 능력은 하나님께서 은혜를 보이신다는 표시이다. 이런 지도자들이 없다는 사실은 하나님께서 그 시대를 싫어하신다는 확실한 표지이며 하나님께서 물러나셨다는 전조이다. 하나님의 교회로 만군의 주님 앞에 무릎 꿇도록 하자. 그래서 하나님께서 이미 우리에게 있는 지도자들에게는 능력을 더하게 하시고 새로운 사람들을 지도자로 세워 우리의 모든 전선에서 사람들을 이끌고 나가도록 하자.

세상은 여러 면에서 여러 방식으로 교회에 들어온다. 세상은 교회로 스며들고 흘러들어 오며 최전방에서는 요란한 모습이나 부드러운 모습, 즉 환심을 사는 모습으로 변장하고 들어오며, 교회 꼭대기로 들어오는가 하면 맨 밑바닥으로도 들어오며 갖가지 방식으로 모습을 감추고 스며든다.

우리는 지금 기도하는 사람들과 거룩한 사람들을 찾고 있다. 이들은 교회에 있음으로 교회가 하나님께 지극히 거룩한 향을 피워 올리는 향로와 같이 되게 하는 사람들이다. 이들은 모든 일에서 언제나 하나님을 중요하게 생각한다. 의식과 형식, 조직은 별로 중요하게 여기지 않는다. 이런 것은 사람의 거룩함으로 뒷받침되지 않는다면 하나님 보시기에 역겹기 때문이다. "분향은 나의 가증히 여기는 바요 월삭과 안식일과 대회로 모이는 것도 그러하니 성회와 아울러 악을 행하는 것을 내가 견디지 못하겠노라."

왜 하나님께서는 스스로 정하신 규례에 대해 그처럼 강력하게 반대의 말씀을 하시는가? 개인의 정결이 없었기 때문이다. 부정한 사람이 하나님의 제도들을 오염시키고 더럽혔기 때문이다. 하나님께서는 다른 모든 것의 가치를 에누리할 만큼 사람을 아주 중요하게 보신다. 사람들은 하나님께 영광스런 성전을 지어드리고 온갖 선물로 하나님을 기쁘시게 하려고 노력하고 전념하였다. 그러나 하나님께서는 고귀한 어조로 이 오만한 예배자들을 비난하시고 이들의 훌륭한 선물을 거절하셨다.

> 하늘은 나의 보좌요 땅은 나의 발등상이니 너희가 나를 위하여 무슨 집을 지을꼬 나의 안식할 처소가 어디랴 나 여호와가 말하노라 나의 손이 이 모든 것을 지어서 다 이루었느니라 소를 잡아 드리는 것은 살인함과 다름이 없고 어린양으로 제사 드리는 것은 개의 목을 꺾음과 다름이 없으며 드리는 예물은 돼지의 피와 다름이 없고 분향하는 것은 우상을 찬송함과 다름이 없이 하는 그들은 자기의 길을 택하며 그들의 마음은 가증한 것을 기뻐한즉

하나님께서는 값은 비싸지만 신성을 더럽히는 이 제물들을 싫어하여 돌이키시며 이렇게 선언하신다. "무릇 마음이 가난하고 심령에 통회하며 나의 말을 인하여 떠는 자 그 사람은 내가 권고하려니와."

하나님께서 사람에게서 개인의 정결함을 중요하게 보신다는 이 진리는 매우 중요하다. 많은 규례가 생기고 예배 형식들이 증가할 때는 이 진리가 훼손된다. 교회의 의식이 증가하면 사람과 사람의 영적 성격은 그 가치가 하락한다. 예배의 단순성은 종교 미학이나 종교 형식의 화려함에 사라진다.

교회가 사람들을 그 사람의 가진 것으로 평가하기 시작하면 하나님께서 개인에 대해 관심을 갖는 것은 그 사람의 정결함뿐이라는 이 진리를 보지 못한다. 교회가 어떻든 사람의 재산과 사회적 지위, 그의 소유물을 눈여겨 보면 영적 가치들을 아주 하찮게 보게 되고 회개의 눈물과 무거운 죄책은 아예 보지 못한다. 부정한 자들이 교회에 들어옴으로 인해 세상의 뇌물이 교회의 진주 문을 열고 더럽혔다.

교회가 교인수를 늘리는데 욕심을 부리면 하나님께서 개인의 정결을 찾고 계신다는 이 진리를 잊어버리고 만다. 감리교의 창시자들은 "우리의 목표는 숫자가 아니라 개인의 정결함이다"고 말하였다. 교회의 통계수치를 과시하는 것은 영적 종교에 전혀 맞지 않는 태도이다. 숫자를 중요하게 보는 태도는 개인의 정결함을 추구하는데 방해가 된다. 양적으로 증가하면 대체로 질적으로 하락하게 된다. 부피가 커지면 소중함은 줄어드는 법이다.

교회의 조직과 기계화를 추구하는 시대는 고결하고 강력한 개인의 경건이 두드러지게 나타나는 시대가 아니다. 기계를 돌리는데는 기술자가 필요하고 조직을 운영하는데는 일반인들이 필요하지 성도가 필요하지 않는 것이다. 지극히 단순한 조직은 힘뿐 아니라 정결도 촉진할 수가 있다. 그러나 그 좁은 한계를 넘어서면 조직이 개인을 삼키고 개인의 순결에는 관심을 갖지 않는다. 추진, 활동, 열광, 조직을 위하는 열심이 영적 성품을 대신하는 악한 대체물로 온다. 거룩함이나 튼튼한 문화와 완만한 성장과 같은 모든 영적 장점들은 시대의 진보와 급격한 발달을 따라가기에는 너무 더디고 값비싸다고 생각하여 버려진다. 믿음과 기도와 하나님을 섬김으로써만 얻을 수 있는 결과들을 기계와 새로운 조직, 영적 결점으로 얻을 수 있을 것처럼 헛되이 기대한다.

8. 사람들은 기도하도록 부름 받았다

하나님이 주의하여 보시는 것은 사람과 그의 영적 성품이다. 거룩한 사람들이 옛날 방식보다 손쉬운 교회의 설비에 의해 더 즉각적으로 더 낫게 생겨날 수 있다면 우리는 기꺼이 새롭고 개량된 모든 특허에 투자할 것이다. 그러나 우리는 그렇게 될 것이라고 믿지 않는다. 우리는 옛날 방식을 고수한다. 거룩한 선지자들이 밟았던 방식, 곧 거룩함에 이르는 왕도를 고수한다.

이에 대한 본보기로 윌리엄 윌버포스(William Wilberforce)의 경우를 들 수 있을 것이다. 영국 의회 의원으로서 사회적 지위가 높고, 유명한 정치가인 피트(Pitt)의 친구인 윌버포스는 하나님께 그의 높은 사회적 지위를 버리거나 의원직을 그만 두라는 요구를 받지 않았다. 그는 예수 그리스도께서 세우신 모범을 따라 그의 생애를 기도하는데 전적으로 바치도록 부름 받았다. 그의 전기를 읽어보면 하나님과 단 둘이 지내는 조용한 시간을 요구한데 따른 생활의 거룩함과 경건함에 깊은 인상을 받는다. 윌버포스는 편지로 자신의 회심을 피트와 그밖의 친구들에게 알렸다.

신앙 생활을 막 시작하면서 그는 이렇게 기록하고 있다.

> 내가 하루 동안 은밀한 기도의 시간을 갖는 주요 이유는 이런 것들이다. 첫째, 공적 업무가 매우 중요하므로 하나님의 불만을 사는 일이 없도록 간절히 탄원해야 되기 때문이다. 둘째, 내 생활 형편이 매우 힘들기 때문이다. 생활 가운데서 어떻게 행동해야 할 지를 모르겠다. 그래서 때로 하나님의 인도를 특별히 더 구해야 한다. 셋째, 어려운 공적 상황에서 나는 하나님의 은혜로 도움을 받아왔다. 나는 안전하게 집을 나가고 들어왔으며 그 동안 친절한 대우를 받아왔다. 현재 내가 하고 있는 일이 하나님이 내게서 성령을 물리치지 않으셨다는 증거가 되기를 또한 겸손히 바라곤 하였다. 나는 많은 자비를 받았다.

생일을 맞이해서 윌버포스는 다시 한 번 자신의 상황과 일을 회상하며 이렇게 쓰고 있다.

> 겪어 보니 책도 다른 것 못지 않게 내 마음을 하나님에게서 멀어지게

한다. 그동안 나는 내 자신을 위해 연구하는 계획을 세워왔다. 그러나 이한 가지 사실만은 기억해야겠다. 많은 기도와 묵상, 성경 읽기를 하지 않고서는 내 마음이 영적으로 유지될 수 없고 그런 것들이 연구와 모순된다면 먼저 하나님의 의를 구해야 한다는 것이다.

영적 진보를 위해서는 모든 것을 포기하려고 했다. 윌버포스는 이렇게 말한다.

나는 성경을 충분히 연구하지 못했을까봐 걱정이다. 여름 휴가 때는 기도와 경건 서적 읽기, 묵상 말고도 하루에 한두 시간씩 반드시 성경을 읽어야겠다. 내가 하나님을 섬긴다면 하나님께서 나를 더 성공시키실 것이다. 선한 사람들의 경험을 모두 살펴보면 끊임없이 기도하고 늘 주의하지 않으면 그 영혼 속에 있는 하나님의 생명이 시든다. 도드리지(Doddridge)가 아침과 저녁으로 가진 경건의 시간은 중요한 문제였다. 가디너 대령은 출근하기 전에 항시 몇 시간씩 기도하였다. 본넬(Bonnell)은 주로 아침과 저녁에 개인적인 기도시간을 가졌고 옷을 입거나 벗을 때는 시편을 암송하며 마음을 들어 하늘의 것을 생각하였다. 나는 이 수단들이 효과를 발휘할 수 있도록 하나님께 구하였다. 내가 경건의 시간을 너무 성급히 치르는 것이 아닌가, 성경을 충분히 읽지 않는 것이 아닌가 하는 두려움이 있다. 은혜 안에서 자라야겠다. 하나님을 더욱 더 사랑해야 한다. 신성한 것들의 능력을 더욱더 느껴야겠다. 내가 학식이 많으냐 적으냐는 중요한 문제가 아니다. 유용하다고 생각하는 일을 하느냐 하지 않느냐 하는 것도 별로 중요하지 않다. 그러나 내 영혼이 미지근하지 않도록 하는 일은 주의해야겠다.

새해를 시작하면서 성찬을 받고 새로운 서원을 약속하였다. 그는 이렇게 썼다.

하나님을 더욱 알고 더욱 사랑하기를 힘쓰겠다. 하나님께서 구하는 자들에게 성령을 주시고 성령께서는 마음 속에 하나님의 사랑을 두루 뿌리실 것이기 때문에 틀림없이 나는 그렇게 할 수 있다. 그러므로 기도하고 기도하자. 열심을 내어 계속해서 주님을 알도록 하자. 조심과 겸손과 기도가 없으면 거룩한 것을 깨닫는 의식은 틀림없이 사라지고 만다.

그는 자기가 말한 미래를 준비하는데 개인 기도와 신약 성경을 정독하는 것만큼 효과 있는 것이 없다는 것을 알았다. 그래서 그는 또 이렇게 말한다.

최근에는 개인기도 시간을 거의 갖지 못했다는 것을 인정하지 않을 수 없다. 골방에서 신통치 않게 지내면 다른 모든 것에서도 신통치 않다고 한 도드리지의 말이 옳다는 것을 슬프지만 확인할 수밖에 없다. 나는 이 점을 고쳐야 한다. 오웬이 말하는 대로 내가 죄짓고 회개하는 습관에 익숙해질까 두렵다.…주님, 저를 도와주십시오. 개인기도 시간이 짧아지면 영혼은 굶어죽는다. 영혼이 마르고 파리해진다. 이래서는 안 된다. 나는 시간을 더 많이 만회해야 한다. 내가 개인기도에 시간을 충분히 할애하지 않으면 영혼이 참으로 파리해진다는 것을 안다. 그래서 깨어서 기도하도록 조심해야겠다.

또 언젠가는 이렇게 썼다.

오래 전에 아무개의 규칙이라고 들었던 것을 해보아야겠다. 탁월한 의자 천갈이공이었던 그 사람은 본드 스트리트에서 집으로 돌아와 제일 먼저 한 일은 골방에 들어가는 것이었다고 한다. 나는 밤늦은 시간까지 잠자리에 들지 않았기 때문에 겨우 30분 정도 서둘러 내 시간을 가졌다. 확실히 훌륭한 사람들의 경험을 모두 보면 개인기도 시간을 적절하게 갖지 못하면 영혼이 야위어간다는 주장이 옳다는 것을 알 수 있다.

그는 아들에게 이렇게 썼다.

네가 아침 기도를 소홀히 하거나 짧게 하거나 서둘러 끝내는 시험에 들지 않기를 간절히 바란다. 무엇보다도 골방에서 하나님 뵙는 일을 소홀히 하지 않도록 주의하라. 그것만큼 신앙 생활과 능력에 치명적인 것은 없다. 좀더 한적한 곳에서 좀더 이른 시간에 기도하도록 하라. 적어도 하루에 세 번은 기도해야 한다. 내가 하나님과 좀더 친밀한 교제를 쌓을 수 있다면 훨씬 더 낫게 하나님을 섬길 수 있을 것이다.

윌버포스는 거룩한 생활의 비결을 알았다. 그런데 바로 그 점에서 우리 대부분은 실패하지 않는가? 우리는 다른 일들에 너무 바쁘고, 심지어는 선한 일을 행하고 주님의 일을 수행하는데 너무 몰두한 나머지 하나님과 함께하는 이 조용한 기도의 시간을 소홀히 한다. 그 사실을 깨닫지 못하면 우리 영혼은 메마르고 허약해진다.

스펄전은 이같이 말한다.

하루 밤만이라도 홀로 기도로 지새우면 우리는 새사람이 될 수 있고 우리 영혼은 가난했다가도 풍부해지며 두려워 떨다가도 기뻐 뛸 것이다. 우리는 야곱의 생애에서 그 예를 본다. 전에는 거의 모든 면에서 부당하게 흥정하고 계산하는 교활한 장사꾼이었지만 하룻밤 기도한 뒤로 야곱은 찬탈자에서 힘있는 군주로 바뀌었고 하늘의 위엄을 입었다. 그날 밤 후로 야곱은 성경에서 천상의 귀족으로 생활한다. 세속에 매여 사는 피곤한 세월 가운데서 적어도 이따금씩은 우리 영혼을 풍성하게 해주는 하늘과의 거래로 하루 밤을 새울 수 있지 않을까? 우리에게 그 같은 거룩한 야망이 전혀 없다면 어떻게 되겠는가? 우리는 하나님의 사랑의 열망에서 나오는 소리를 듣지 못하는가? 사람들은 부와 과학을 위해서는 기꺼이 따뜻한 방구석을 차고 일어날 것이다. 그런데 우리는 하나님의 사랑과 영혼의 선을 위해 이제 다시 한 번 자리를 털고 일어날 수 없겠는가? 우리의 열심과 감사와 성실은 어디로 갔는가? 내가 이같이 내 자신과 여러분을 힐책하고 있는 것이 부끄럽다. 자주 얍복강가에 머물며 야곱과 함께 소리 높여 부르짖자. 야곱이 천사를 붙잡고 매달렸듯이 이같이 말하며 기도하자.

당신과 함께 온 밤을 지새우며
날이 샐 때까지 당신과 씨름하겠나이다

확실히 형제들이여, 우리가 온 종일을 어리석은 일에 바쳤을지라도 하늘의 지혜를 구할 수 있는 여지는 있다. 우리가 밤이면 밤마다 바람피우고 방탕하고 춤추며 세상의 환락을 추구하던 때가 있었다. 그때는 피곤하지도 않았다. 그때는 해가 너무 빨리 뜬다고 나무라며 더욱 미친 듯한 환락을 즐기고 더욱 깊은 죄를 즐기도록 시간이 잠시 동안 천천히 흘러가기를 바랐다. 오, 왜 우리는 하늘의 일들에는 싫증을 내야 하는가? 왜 우리는 주와 함께 밤을 지새도록 요구받으면 피곤해지는가? 예수께서는 그대를 게으른 마음이라고 부르신다! 일어나 하늘의 친구께서 자신을 나타내시는 곳으로 가서 그분을 만나라.

우리가 주님의 본을 받아 성부 하나님과 친교를 나누는 일에 더 많은 시간을 할애하지 않고서는 주님을 더욱더 닮아갈 것이라고 전혀 기대할 수 없다. 진정한 기도의 부흥이 영적 혁명을 일으킬 것이다.

9

진정한 기도의 가능성

게으른 성도는 기도하지 않는다고 단언할 수 있을 것이다. 그런데 게으른 성도가 있을 수 있는가? 기도하지 않는 성도가 있을 수 있는가? 맥빠진 기도가 성도의 면류관과 하나님 나라를 훼방하지 않는가? 비겁한 군사가 있을 수 있는가? 성도 같은 위선자가 있을 수 있는가? 고결한 악이 있을 수 있는가? 이처럼 불가능한 일들이 가능하다면 기도하지 않는 성도도 있을 수 있을 것이다.

기도하는 일이 힘들지는 않을지라도 재미없는 일인 것은 사실이다. 점잖고 세련된 말로 기도하는 것이 힘든 일은 아니다. 그러나 진정으로 기도하는 것, 곧 지옥이 큰 타격을 받기까지 기도하고, 곤경의 굳은 문이 열리기까지, 장애의 산이 제거되기까지, 안개가 사라지고 구름이 걷힐 때까지, 구름 없는 날의 햇빛이 밝게 빛날 때까지 기도하는 것은 어려운 일이다. 그러나 그것은 하나님의 일이며 사람이 할 수 있는 최상의 노동이다. 기도할 때만큼 손과 머리와 가슴의 수고가 잘 쓰이는 때는 없다. 들리는 소리도 없는데 하나님께서 응답하실 때까지 기다리며 조르고 기도하는 것은 어려운 일이다. 기도의 응답을 받는 기쁨은 사내아이를 출산했을 때 갖는 산모의 기쁨이며, 속박의 사슬이 산산이 부서지고 이제 막 새 생활과 자유를 맞이한 노예의 기쁨이다.

기도로 성취된 일을 내려다볼 수 있다면 우리가 진정으로 기도해야 할 일을 바리새인의 가식과 거짓으로 바꾸었을 때 무엇을 잃었는지를 알 수 있다. 또한 그리스도처럼 간절한 기도에 전념할 거룩한 사람들이 얼마나 절박하게 필요한지도 알게 될 것이다.

기도가 쉬운 일은 아니다. 기도하려면 기도의 모든 조건들이 갖추어져 있어야 한다. 이 조건들을 갖출 수는 있지만 기도하지 않은 채 이 조건들을 한 순간에 붙들 수는 없다. 이런 조건들이 신실하고 거룩한 사람에게는 언제나 갖추어져 있을 수 있지만 경박하고 부주의하며 게으른 영혼에게는 있을 수 없으며 그 조건을 충족시킬 수도 없다. 기도는 홀로 서 있지 않다. 기도는 독립된 공연이 아니다. 기도는 뜨거운 경건의 모든 의무와 긴밀하게 연결되어 있다. 기도는 원기 왕성하고 당당한 믿음의 요소들을 갖춘 성품에서 나오는 행위이다. 기도는 하나님을 명예롭게 하고 하나님의 존재를 인정하며 하나님의 능력을 높이고 하나님의 섭리를 받들고 하나님의 도움을 확보한다.

냉소적인 합리주의의 생각을 지닌 사람들은 경건은 기도밖에 하는 일이 없다고 하며 반대의 목소리를 높인다. 그러나 기도를 잘 하는 것이야말로 모든 일을 잘 하는 것이다. 경건은 기도밖에 하는 일이 없다는 말이 사실이라면 경건은 전혀 아무것도 하지 않는 것이다. 기도 외에 아무것도 하지 않는다면 제대로 기도하지 않는 것이다. 왜냐하면 기도에 앞서 갖추어야 하는 조건과 기도와 동시에 일어나는 조건, 그리고 기도 후의 조건들이 갖추어질 때에야 비로소 활동하는 실천적 경건의 활기찬 모든 힘들이 발휘되기 때문이다.

기도의 가능성은 하나님의 약속과 함께 움직인다. 기도는 하나님의 약속이 실행되도록 출구를 열고 약속이 시행되는 길에 놓인 방해물을 제거하며 약속이 작용하여 은혜로운 목적을 이루게 한다. 이 외에도 기도는 믿음을 좋아하고 약속을 얻으며 약속이 크게 실행되도록 하고 더 큰 결과를 가져다준다. 하나님의 약속이 아브라함과 그의 후손에게 주어졌고, 잉태하지 못하는 많은 여자들에게 주어졌다. 사소한 많은 장애물들이 그 약속들이 실행되는 것을 방해하였다. 그러나 기도가 그 모든 장애물을 제거하였고 약속들에게 대로를 닦아주어 약속이 더욱 손쉽고 신속하게 실현되도록 해주었다. 그래서 기도로 말미암아 약속들이 밝게 빛나고 온전히 실행되었다.

 기도의 가능성은 기도가 스스로 하나님의 목적과 손을 잡을 때 얻을 수 있다. 하나님의 목적과 사람의 기도가 만나는 것은 설득력과 전능한 힘이 결합하는 것이다. 이뿐 아니라 기도의 가능성은 기도가 하나님의 뜻을 바꾼다는 사실에서도 볼 수 있다. 하나님께 인도를 구하기도 하고 다른 길을 요구하기도 하는 것이 바로 기도의 본질적인 성격이다. 기도는 부인하는 행위가 아니라 긍정하는 힘이다. 기도는 결코 하나님의 뜻에 반대하지 않고 하나님의 뜻과 갈등을 일으키지도 않는다. 그러나 기도가 하나님의 뜻을 바꾸는 일을 하려고 한다는 것은 분명한 사실이다.

 그리스도께서는 "아버지께서 주신 잔을 내가 마시지 아니하겠느냐"고 말씀하셨다. 그러나 그 밤에 또한 "할 만 하시거든 이 잔을 내게서 지나가게 하옵소서"라고 기도하셨다. 바울은 육체의 가시에 대한 하나님의 뜻이 바뀌시기를 구하였다. 하나님의 뜻은 이스라엘을 멸망시키는 것으로 정해졌었다. 그러나 모세의 기도가 하나님의 뜻을 바꾸고 이스라엘을 구원하였다. 사사 시대에 이스라엘 사람들은 배교하였고 심하게 압박을 받았다. 그들이 회개하며 하나님께 부르짖자 하나님께서 이같이 말씀하셨다. "너희가 나를 버리고 다른 신들을 섬기니 그러므로 내가 다시는 너희를 구원치 아니하리라." 그러나 이스라엘 사람들이 스스로 겸비하여 이방신들을 버리자 여호와께서 "이스라엘의 곤고를 인하여 마음에 근심하시고" 입다를 보내어 그들을 구원하셨다.

 하나님께서 이사야를 보내어 히스기야에게 이같이 말씀하셨다. "너는 네 집에 유언하라 네가 죽고 살지 못하리라." 히스기야가 기도하자 하나님께서는 다시 이사야를 보내어 이같이 말씀하셨다. "내가 네 기도를 들었고 네 눈물을 보았노라 내가 네 수한에 십 오 년을 더하리라." "사십 일이 지나면 니느웨가 무너지리라"는 것이 요나가 전한 하나님의 메시지였다. 그러나 니느웨가 하나님께 힘써 부르짖자 "하나님이 그들에게 내리리라 말씀하신 재앙을 내리지 아니하셨다."

 기도의 가능성은 기도가 도달하는 다양한 상태와 기도가 확보하는 다양한 결과들에서 볼 수 있다. 엘리야가 죽은 아이를 위해 기도하자 아이의 생명이 돌아왔다. 엘리사도 같은 일을 하였다. 그리스도께서 나사로의 무덤 앞에서 기도하시자 나사로가 나왔다. 베드로는 죽은 도르가 옆에서 무릎 꿇고 기도하자 도르가가 눈을 뜨고 앉았다. 애통하고 있는 친구들에게 도르가를 살려 보낸 것이다. 바울은 보블리오를 위해 기도하여 병을 고쳤다. 야곱의 기도는 에서의 살인적인 미움을 지극히 애정어린 형제애로 바꾸었다. 요셉은 라헬이 기도로 얻은 자식이었다. 이삭이 리브가를 위해 기도하자 하나님께서 리브가에게 야곱과 에서를 주셨다. 한나의 기도로 이스라엘이 사무엘을 얻었다. 아이를 낳지 못하고 나이도 많은 엘리사벳은 사가랴의 기도에 대한 응답으로 세례 요한을 얻었다. 엘리사의 기도는 구한 대로 이스라엘에게 기근을 가져오기도 하고 추수기를 가져오기도 하였다. 엘리사의 기도는 하나님의 영이 예루살렘 온 성에 깊은 죄의식을 일깨워 예루살렘이 하나님께 회개의 눈물을 흘리게 했다. 이사야의 기도는 해 그림자가 아하스의 일영표에서 십 도나 뒤로 물러가게 만들었다.

히스기야의 기도에 대한 응답으로 천사가 하루 밤에 산헤립 군대 18만 5천명을 도륙했다. 다니엘의 기도는 다니엘의 눈을 열어 예언의 이상을 보도록 하였고 강대한 왕국의 국사를 처리할 수 있도록 도왔고 천사를 보내어 사자의 입을 막게 하였다. 그 사자가 고넬료에게 보냄을 받았고 복음이 그를 통하여 이방 세계로 퍼져나갔는데, 이는 그의 "기도와 구제가 하나님 앞에 상달하였기" 때문이다.

"내가 무슨 말을 더하리요. 기드온, 바락, 삼손, 입다와 다윗과 사무엘과 및 선지자들의 일을 말하려면 내게 시간이 부족하리로다." 또 바울과 베드로, 요한과 사도들, 거룩한 성도의 무리들, 개혁자들, 순교자들, 곧 기도로 "나라들을 이기기도 하며 의를 행하기도 하며 약속을 받기도 하며 사자들의 입을 막기도 하고 불의 세력을 멸하기도 하며 칼날을 피하기도 하며 연약한 가운데서 강하게 되기도 하며 전쟁에 용맹이 되어 이방 사람들의 진을 물리치기도 한" 사람들에 대해 말하려면 시간이 부족하다.

기도는 아주 강력한 힘으로 하나님을 문제에 끌어들인다. 하나님께서는 "내 아들에 관하여 장차 될 일을 내게 구하라. 내 손의 행사에 관하여 너는 내게 말하라"고 말씀하신다. 우리는 하나님 말씀에서 "항상 기도하라" "범사에 기도하라" "쉬지 말고 기도하라" "어디서든지 항상 기도하라"고 명령받는다. 이 약속은 그 명령이 포괄적인 것만큼 광대하다. "너희가 기도할 때 무엇이든지 믿고 구하는 것은 다 받으리라." "무엇이든지 구하는 것은." "무엇이든지 내게 구하면" 내가 시행하리라. "무엇이든지 원하는 대로 구하라 그리하면 이루리라." "너희가 무엇이든지 아버지께 구하는 것을 내 이름으로 주시리라."

여기서 말하는 "무엇이든지"라는 말에 포함되지 않는 것이 있다면 그런 일은 기도에서 제외될 수 있을 것이다. 언어로는 기도의 광범위한 영역을 이보다 더 넓게 나타낼 수 없고 모든 세세한 내용을 이보다 더 충분히 담을 수 없다. 이러한 표현들은 기도의 바른 조건들을 충족시키는 사람들에게 이루어지는 하나님의 약속 아래에서 기도의 광범위한 가능성을 보여 주는 예들일 뿐이다.

물론 이 구절들은 기도의 영향력이 미치는 광범위한 영역에 대해 단지 전반적인 개요를 제시할 뿐이다. 기도의 효과는 이 영역들 너머까지 미치며 말이나 생각으로 다다를 수 없는 영역에서도 선을 확보한다. 바울은 기도에 온갖 언어와 생각을 다 써서 말하였지만 여전히 구해야 할 필요들이 있고 이르러야 할 선의 영역들이 있음을 알고서 "우리 가운데서 역사하시는 능력대로 우리의 온갖 구하는 것이나 생각하는 것에 더 넘치도록 능히 하실 이에게"라는 총괄적인 탄원의 말로써 헤아릴 수 없고 찾아내지 못한 영역들을 포함시킨다. 그 약속은 이것이다. "너는 내게 부르짖으라 내가 네게 응답하겠고 네가 알지 못하는 크고 비밀한 일을 네게 보이리라."

야고보는 이렇게 선언한다. "의인의 간구는 역사하는 힘이 많으니라." 야고보는 그 사실을 말로 많이 이야기할 수 없어서 구약 기도의 능력을 들어 그 사실을 예증하고, 그로 인해 신약 성도들을 분발시켜 기도의 열정과 영향력에서 구약의 거룩한 성도들을 본받고 기도의 능력을 더욱 높이고 더욱 능가하도록 한다. 엘리야는 우리와 같은 성정을 지닌 사람이었지만 비가 오지 않기를 간절히 기도하였더니 삼년 육 개월 동안 비가 오지 않았다고 야고보는 말한다. 그리고 엘리야가 다시 기도하였더니 하늘이 비를 내리고 땅이 소산을 내었다.

요한계시록을 보면 하나님의 낮은 피조계와 하나님의 섭리적인 통치, 교회, 천사들의 세계가 지상의 성도들이 하늘과 땅의 다양한 일들을 위해 드리는 기도를 실행할 태도를 갖추고 있다. 천사가 기도로 붙은 불을 취하여 땅에 던지자 "뇌성과 음성과 번개와 지진이 났다." 기도는 이같은 모든 놀람과 소동과 고통을 일으키는 힘이다. 하나님께서는 아들과 아들의 교회에 "내게 구하라 내가 열방을 유업으로 주리니 네 소유가 땅 끝까지 이르리로다"고 말씀하신다.

하나님을 위하여 능한 일을 행한 사람들은 언제나 기도에 능하였고 기도의 가능성을 잘 알고 있었고 이 가능성들 가운데 대부분을 성취하였다. 모든 것의 첫째이시고 능한 자 중의 능한 자이신 하나님의 아들께서 전능하고 멀리 미치는 기도의 가능성을 우리에게 보여 주셨다. 바울이 하나님께 강력했던 것은 이 강력한 기도의 영적 힘을 사용할 줄 알았고 그 밖의 힘들을 얻을 수 있는 방법을 알았기 때문이다.

자지 않고 경배하는 열렬한 천사들은 기도를 나타내는 비유이다. 기도는 열정적이고 헌신적이며 지칠 줄 모른다. 기도를 가로막는 장애물들이 있는데, 순수하고 뜨거운 불길만이 그 장애물들을 극복할 수 있다. 기도에는 지극히 강력하고 뜨거운 열정만이 견딜 수 있는 노고와 정력의 소비와 인내가 있다. 기도의 말이 더딜 수는 있지만 냉랭할 수는 없다. 기도의 말은 몇 마디밖에 안 될 수 있지만 그 대신 불같이 뜨겁다. 기도의 느낌이 격렬하지는 않을 수 있지만 그 열기로 하얗게 빛난다. 하나님에게 영향을 미치는 것은 효과적인 뜨거운 기도이다.

하나님의 집은 기도하는 집이다. 하나님의 일은 기도의 일이다. 하나님의 집을 영광스럽게 하고 하나님의 일이 지속되도록 만드는 것은 바로 하나님의 집을 위하는 열심과 하나님의 일을 위하는 열심이다.

성도들의 기도실이 닫혀있거나 이따금씩 혹은 냉랭한 태도로 성도가 기도실을 찾아가게 되면 교회의 지도자들은 세속적이고 육신적이며 물질주의적이 된다. 영적 성격이 타락하고 목회는 침체되고 약화된다.

기도가 실패하면 세상이 이긴다. 기도가 약해지면 교회가 거룩한 특징과 거룩한 능력을 잃는다. 교회가 오만한 교회중심주의에 빠지면 세상은 교회의 명백한 무능을 비웃는다.

10

기도의 장애물들

왜 우리는 기도하지 않는가? 기도를 막는 장애물들은 어떤 것인가? 이것은 이상한 질문도 하찮은 질문도 아니다. 이 질문은 우리 기도의 전반적인 문제를 다룰 뿐만 아니라 우리 종교의 전체 문제를 다루는 것이기도 하다. 기도가 방해를 받으면 종교는 쇠퇴할 수밖에 없다. 기도를 방해하는 것은 신앙을 훼방한다. 너무 바빠서 기도할 수 없는 사람은 너무 바빠서 거룩한 생활을 할 수 없는 것이다.

다른 의무들이 절박해지고 거기에 열중하면 기도는 밀려나게 된다. 두려운 이 영적 재난에 검시를 할 수 있다면 검시관은 죽은 기도들에 대해 대부분 질식사라는 평결을 내릴 것이다. 이런 식으로 기도를 막는 일은 아주 자연스럽고 쉬우며 전혀 악의 없어 보이기 때문에 전혀 눈치채지 못하게 일어난다. 사탄은 다른 어떤 방법을 쓰기보다 기도실로 가는 길에 풀이 자라게 만드는 방법을 썼다. 기도실의 문이 닫혀 있다는 것은 신앙상 폐업을 했다는 의미이며, 혹은 더욱 나쁜 것으로 양도증서를 작성하여 기도실을 사탄에게 넘겨버렸고 하나님의 이름이 아닌 다른 어떤 이름으로 신앙 생활을 영위하며 하나님의 영광이 아니라 다른 어떤 사람의 영광을 위해 신앙 생활을 하고 있다는 것을 뜻한다. 종교의 사업에서는 기도라는 커다란 자본을 가지고 종교를 영위함으로써만 하나님의 영광을 확보할 수가 있다. 사도들은 이 사실을 알았기 때문에 구제가 신성한 직무이긴 하지만 거기에 전념해서는 안 되고 "기도하는 것과 말씀 전하는 것을 전무하리라"고 선언하였던 것이다. 기도가 그들에게 제일 중요한 일이며, 말씀 사역은 기도할 때 그 효능과 생명력을 얻는다고 말한 것이다.

　기도가 마땅히 해야 할 일들에서 밀려나는 식으로 기도가 방해받는 과정은 단순하고 점진적인 단계를 거쳐 이루어진다. 처음에는 기도를 급하게 해치운다. 그러면 모든 신앙 활동에 치명적인 불안과 동요가 끼어 든다. 그 다음에는 기도 시간이 짧아지고 기도에 대한 흥미를 잃는다. 그 다음에는 기도가 일과 중 한쪽 구석으로 밀려나고 짬짬이 시간이 날 때만 기도하게 된다. 기도의 가치를 낮게 생각한다. 기도의 중요성을 잃어버리는 것이다. 기도를 더 이상 존중하지 않고 기도에서 유익을 얻지도 못한다. 이렇게 되면 기도가 정당한 평가에서 떠나고 마음에서 떠나며 습관과 생활에서 떠난 것이다. 그러면 기도하기를 그치고 더 이상 영적 생활을 하지 않게 된다.

　기도 외에는 세속적인 생각과 사업, 근심의 파괴적인 홍수를 막을 방도가 없다. 그리스도께서 우리에게 깨어 기도하라고 명령하셨을 때 바로 이 점을 염두에 두신 것이다. 기도 외에는 복음의 앞길을 뚫고 갈 부대가 없다. 바울은 바로 이 사실을 알았기 때문에 "주야로 심히 간구함은 너희 얼굴을 보고 너희 믿음의 부족함을 온전케 하려 함이라"고 말했다. 많은 기도 없이는 높은 은혜의 상태에 이를 수 없고 위대한 기도 없이는 그같이 높은 고지에 머물러 있을 수 없다. 에바브라가 "너희를 위하여 애써 기도하여 너희로 하나님의 모든 뜻 가운데서 완전하고 확신 있게 서기를 구하였을" 때 그는 이 사실을 알았던 것이다.

　우리의 기도가 방해받지 않도록 하는 길은 기도의 위대한 가치를 제대로 평가하는 것밖에 없다. 다니엘이 했던 것처럼 기도를 평가해야 한다. 다니엘은 "조서에 어인이 찍힌 것을 알고도 자기 집에 돌아가서는 그 방의 예루살렘으로 향하여 열린 창에서 전에 행하던 대로 하루 세 번씩 무릎을 꿇고 기도하며 그 하나님께 감사하였다." 다니엘처럼 기도를 지위나 명예, 안락, 부, 생명보다 귀하게 생각하자. 다니엘처럼 기도를 습관으로 정하자. "전에 행하던 대로"라는 말에서 위기의 시간에 굳은 의지와 충절을 보여주고 장애물을 제거하고 반대하는 상황을 극복하는 모습을 볼 수 있다.

사탄의 지극히 간교한 한 가지 책략은 좋은 것으로 최상의 것을 무너뜨리는 방법이다. 사업이나 그 밖의 일이나 모두 선한 것이다. 그러나 우리가 이런 것들에 너무 몰두하다 보면 그것이 가장 선한 것을 밀어낸다. 기도는 하나님을 위하는 성채를 마련한다. 그래서 사탄이 어떤 수단을 쓰든지 기도를 약화시킬 수 있다면 그만큼 승리자가 되고 기도가 시들해지면 성을 빼앗을 수 있다. 우리는 신실한 파수꾼이 보초를 서듯이 잠자지 않고 기도를 지켜야 한다. 기도를, 반쯤 굶어죽게 생긴 힘없는 아기처럼 유지해서는 안 된다. 기도가 장사의 힘을 지니고 있도록 해야 한다. 기도실에 들어갈 때 우리는 하루 중 가장 신선한 힘을 가지고 들어가야 하고 가장 조용한 시간에 무엇에 매이지 않고 강요받는 일도 없고 서두르는 일도 없이 들어가야 한다. 우리가 "전에 행하던 대로 하루 세 번씩 무릎을 꿇고 기도하며 하나님께 감사하는" 것이야말로 신앙의 핵심이고 진수이며 사람을 다니엘처럼 "마음이 민첩하고" "하늘의 은총을 크게 받은 사람"으로 만든다.

위대한 기도에는 전인이 관여하듯이 강력한 기도의 위대함은 영적 훈련 없이는 실현되지 않는다. 바로 이 점 때문에 기도가 어려운 일이다. 혹독하고 고된 이 영적 노력 앞에서 영적 게으름이나 유약함은 부끄러움을 당하는 것이다.

기도의 단순성과 기도의 어린아이 같은 요소들이 참된 기도에 이르는 요인들이다. 지성은 마음에 방해가 된다. 어린아이의 영만이 기도의 영이다. 사람을 어린아이로 돌아가게 만드는 것은 축제일만이 아니다. 사람은 노래나 시, 기억 속에서 자신이 다시 아이가 되기를 바랄 수 있다. 그러나 기도할 때는 정말로 다시 어린아이가 되어야 한다. 어머니의 무릎에 있는 것처럼 꾸밈없고 즐거우며 강렬하고 솔직하며 신뢰하는 태도를 지녀야 한다. 전혀 의심이 없고 성내는 일도 없이 나아가야 한다. 강렬히 불타오르기 때문에 울부짖음으로 표현할 수밖에 없는 욕구가 있어야 한다. 이처럼 어린아이와 같은 기도의 영을 지닌다는 것이 쉬운 일이 아니다.

기도가 그냥 골방에서 한 시간을 보내는 것에 불과하다면 어려운 일이 생기면 그 한 시간도 방해를 받을 것이다. 그러나 기도는 골방에서 보내는 시간을 위해 생활 전체를 준비하는 것이다. 가정 일이나 직장 일이나, 살면서 겪는 즐겁고 고통스런 모든 일을 골방의 그 거룩한 분위기로 대한다는 것은 참으로 어려운 일이다! 거룩한 생활이란 기도를 위해 준비하는 삶에 지나지 않는다. 거룩한 생활을 한다는 것이 어려운 만큼 기도하는 것도 어려운 일이다. 이 점에서 우리는 골방 주위를 막고 있는 벽을 발견하게 된다. 사람이 거룩한 기도를 좋아하지 않는 것은 거룩한 생활을 좋아하지 않고 거룩한 삶을 살려고 하지 않기 때문이다. 몽고메리(Montgomery)는 기도의 장엄함과 단순함을 이야기하면서 참된 기도의 어려움을 말한다.

> 기도는 지극히 단순한 말이어서
> 갓난아이라도 해 볼 수 있고
> 기도는 지극히 장엄한 말이어서
> 높이 계시는 존엄에까지 도달할 수 있다.

이것은 훌륭한 시일 뿐만 아니라 기도의 고상함과 단순성을 보여 주는 심오한 진리이기도 하다. 천사같이 고귀한 기도의 말을 하게 되기에는 크나큰 어려움이 있다. 어린아이의 말처럼 단순해지는 것도 또한 못지 않게 어려운 일이다.

구약에서는 기도를 씨름이라고 하였다. 투쟁과 기술, 굽히지 않는 철저한 노력이 필요한 일이다. 신약에는 힘쓰다, 간절히 애쓰다, 열렬하다, 효과적이다, 고뇌라는 표현이 나오는데, 모두 격렬한 노력을 기울이고 어려움을 극복한다는 것을 표시한다. 우리는 여러 찬송에서 이같이 노래한다.

> 속죄소로 나아가는 길에
> 온갖 방해물을 만나니

기도로 은혜로운 결과들을 얻는 것은 대체로 우리 영혼이 하나님과 고귀한 친교를 나누는 것을 가로막는 장애물을 제거하는 일에 쏟는 노력에 비례한다는 것을 우리는 또한 배웠다.

그리스도께서는 사람이 항상 기도하고 낙망치 말아야 할 것을 가르치기 위해 한 가지 비유를 말씀하셨다. 끈질긴 과부의 비유는 기도의 어려움과, 그 어려움을 극복하는 법, 씩씩한 기도에 따라오는 행복한 결과들을 가르쳐 준다. 갖가지 어려운 문제는 언제나 골방으로 가는 길을 방해할 것이다.

> 아무리 힘없는 성도라도 무릎 꿇는 것을
> 보면 사탄은 떤다.

용감한 믿음은 곤경을 극복할 때 더욱 강해지고 더욱 순수해진다. 이러한 곤경은 믿음의 눈을 흐리게 하여 기도에서 씨름하여 이긴 사람이 탈 영광스런 상을 보지 못하게 한다. 우리는 기도의 싸움에서 낙망해서는 안 된다. 우리는 이 고귀하고 거룩한 일에 전념하고 가는 길에 만나는 어려움을 물리치며 그렇게 해서 천사의 행복보다 더 나은 결과를 맛보아야 한다. 루터는 이같이 말했다. "기도를 잘 했다면 연구를 잘 한 것이다." 그것만이 아니라 기도를 잘 한 것은 싸움을 잘 한 것이다. 기도를 잘했다면 생활을 잘 한 것이고 기도를 잘 한다면 바르게 죽을 수 있다.

기도는 귀한 은사다. 아무나 쉽게 얻을 수 있는 은사가 아니다. 기도는 타고난 재능에서 나오는 열매가 아니다. 기도는 믿음과 거룩함과 깊은 영적 성품의 소산물이다. 사람은 사랑을 배우듯이 기도를 배운다. 온전한 단순성, 온전한 겸손, 온전한 믿음, 이것이 기도의 주요 요소들이다. 이러한 미덕에서 초보자들은 기도에 능숙한 사람들이 아니다. 훈련받지 않은 손으로는 기도를 붙잡을 수 없다. 하늘에 있는 최고의 기술학교를 졸업한 사람들만 가장 훌륭한 기도의 건반을 두드리고 가장 아름답고 고귀한 기도의 음을 낼 수 있다. 좋은 재료와 좋은 마무리가 필요하다. 뛰어난 장인이 필요하다. 날품팔이 장인으로서는 기도의 일을 수행할 수 없기 때문이다.

기도의 영이 우리의 정신과 행동을 지배해야 한다. 기도실의 영이 우리 생활을 지배해야 한다. 그렇지 않으면 기도실에서 보내는 시간이 따분하고 활기가 없을 것이다. 항상 영으로 기도하고 항상 기도의 영으로 행동해야 한다. 이렇게 할 때 우리의 기도가 강해진다. 매 순간의 영이 기도실의 친교에 힘을 나누어주는 영이다. 기도실에 승리를 가져다주거나 패배를 가져오는 것은 우리가 기도실에서 나와서 생활할 때의 모습이다. 세상의 영이 기도실 밖에 있을 때의 시간에 우세하게 나타나면 세상의 영이 기도실에 있는 시간도 지배할 것이다. 그러면 기도실에서 시간을 보내는 것이 헛되고 우스꽝스런 일이 될 것이다.

  기도실에서 하나님을 만나려면 기도실에서 나왔을 때 하나님을 위해 살아야 한다. 기도실에서 하나님의 복을 얻으려면 기도하는 생활로써 하나님을 찬양해야 한다. 하나님께서 개인적으로 드리는 우리 목소리에 귀를 기울이시게 하려면 공개된 활동에서 하나님의 목소리에 귀를 기울여야 한다. 골방에서 하나님의 임재를 경험하려면 골방에서 나왔을 때 우리 마음을 하나님께 드려야 한다. 골방에 하나님을 모시려면 골방에서 나왔을 때 하나님께 우리를 드려야 한다. 하나님을 위하여 사는 것 외에는 하나님께서 들으시도록 기도할 길은 없다. 골방은 단지 고해소에 불과한 곳이 아니다. 골방은 거룩한 친교와 고상하고 즐거운 대화와 강력한 도고의 시간을 보내는 곳이다.

  생활을 더 잘 한다면 기도를 더 잘 하게 될 것이다. 하나님께 더 순종하며 하나님을 더 기쁘시게 하는 생활을 한다면 하나님으로부터 더 많이 얻을 것이다. 옛날 빚과 체납된 세금을 처리하는 데 많은 시간과 힘을 쓸 필요가 없다면 도고라는 거룩한 일에 더 많은 힘과 시간을 쏟을 수 있을 것이다. 우리의 영적 부채가 우리의 영적 자산을 초과할 정도로 너무 크면 기도실에서 보내는 시간은 우리와 다른 사람들을 위해 위대한 영적 부를 쌓는 시간이 되기보다 파산 선고를 받는 시간이 될 것이다. 그러면 우리의 기도실은 "내부수리중"이라는 팻말을 걸어놓은 것과 흡사하게 된다.

  요한은 초대 그리스도인들의 기도에 대해 이같이 말했다. "무엇이든지 구하는 바를 그에게 받나니 이는 우리가 그의 계명들을 지키고 그 앞에서 기뻐하시는 것을 행함이라." 우리는 그들이 강력한 기도로 참으로 광대한 기도의 근거를 확보하였고 무한한 선물을 받았다는 사실을 유의해야 한다. "무엇이든지"라는 말은 강력한 기도의 범위와 수용력이 참으로 포괄적이라는 것을 표시하며, 기도할 수 있고 기도의 응답을 받을 수 있는 이유들을 분명히 암시하는 말이기도 하다. 여기서 순종은 단순히 순종하는 것을 가리키는 것이 아니라 하나님을 기쁘시게 하는 일들을 하는 것을 뜻한다. 초대 그리스도인들은 생활에서 보이는 철저한 순종과 하나님께 대한 애정 어린 충절로 튼튼해진 골방으로 갔다. 이들의 삶은 진실하고 순종하는 것만이 아니었다. 이들은 하나님을 기쁘시게 할 것을 찾고 행하면서 순종 이상의 것을 생각하였다. 이런 사람들은 단지 용서받기 위해서가 아니라 하나님께 인정을 받고 만나기 위해서도 빠른 발걸음과 기쁜 얼굴로 골방에 달려와 하나님을 만날 수 있다.

우리가 죄인으로 하나님께 가느냐 아니면 아이로 가느냐에 따라 많은 차이가 난다. 또한 용서받기 위해 가느냐 아니면 인정받기 위해 가느냐, 과거의 빚을 청산하기 위해 가느냐 아니면 하나님께서 감싸 안아주시기를 바래서 가느냐, 징계를 면하기 위해서 가느냐 은총을 구하기 위해서 가느냐에 따라 많은 차이가 생긴다. 우리의 기도가 강해지려면 거룩한 생활로 보강되어야 한다. 그리스도께서 우리의 도고를 영예롭게 해주시기를 바라려면 먼저 생활로 그리스도의 이름을 영예롭게 해야 한다. 믿음의 생활이 믿음의 기도를 온전케 한다.

우리의 생활은 기도에 색깔을 입혀줄 뿐만 아니라 기도의 실질도 제공한다. 좋지 않은 생활은 좋지 않은 기도를 만든다. 우리가 힘없이 기도하는 것은 힘없이 살기 때문이다. 기도의 물줄기가 생활의 샘보다 더 높이 흐를 수는 없다. 골방의 힘은 생활의 지류들이 합류하는 데서 나오는 힘으로 이루어진다. 생활이 힘이 없으면 기도실이 힘이 없는 법이다. 하나님을 위해 힘있게 살지 못했을 때는 하나님께 강력하게 말할 수 없는 것이다. 생활이 하나님께 거룩하지 못했다면 골방이 하나님께 거룩할 수 없다. 하나님의 말씀은 행위가 기도를 가치있게 만든다고 강조한다. "네가 부를 때에는 나 여호와가 응답하겠고 네가 부르짖을 때에는 말하기를 내가 여기 있다 하리라 만일 네가 너희 중에서 멍에와 손가락질과 허망한 말을 제하여 버리고."

남자들은 "분노와 다툼이 없이 거룩한 손을 들어" 기도해야 한다. 우리가 하나님을 만나려면 여기 잠시 머무는 시간을 두려움으로 지내야 한다. 기도와 행위를 따로 분리할 수 없다. "무엇이든지 구하는 바를 그에게 받나니 이는 우리가 그의 계명들을 지키고 그 앞에서 기뻐하시는 것을 행함이라." "구하여도 받지 못함은 정욕으로 쓰려고 잘못 구함이니라." "깨어 기도하라"는 그리스도의 명령은 우리가 늘 깨어서 우리 생활을 조심함으로써 얻는 모든 힘을 가지고 골방에 갈 수 있도록 행동을 다루고 경계하는 말씀이다.

우리 기독교는 아주 흔히 그리고 너무 슬프게도 행위에서 실패한다. 아름다운 이론들이 추한 생활 때문에 망쳐진다. 경건에서 가장 인상적인 점일 뿐 아니라 가장 어려운 점은 경건하게 사는 것이다. 우리의 기도는 우리의 신앙이 나쁜 생활로 인해 고통을 겪는 만큼 고통을 겪는다. 초대 교회 시대에는 설교자들이 생활로써 설교하든가 아니면 전혀 설교하지 않도록 명령을 받았다. 그와 같이 어느 시대의 그리스도인이든 생활로써 기도하든가 아니면 전혀 기도하지 않도록 해야 한다. 물론 회개의 기도는 하나님께서 받으실 만하다. 그러나 회개란 그릇된 행동을 그치고 바른 행동을 배우는 것을 의미한다. 행동에 변화를 일으키지 않는 회개는 허위이다. 순결한 행동을 가져오지 않는 회개는 기만이다. 기도가 행동을 고치지 못한다면 기도의 전체 직무와 덕을 놓친 것이다. 당연히 우리는 기도하기를 그만두든가 악한 행동을 그쳐야 한다. 냉랭하고 맥빠진 기도는 나쁜 행동과 함께 있을 수 있다. 그러나 냉랭하고 맥빠진 기도는 하나님께서 기도로 보시지 않는다. 기도가 생활을 변화시킬 때 기도의 능력이 증가한다. 생활이 더욱 순결하고 경건해지면 더욱 기도하는 생활을 하게 될 것이다.

유감스러운 것은 우리의 기도가 대상도 없고 목표도 없는 경우가 많다는 사실이다. 그리스도 안에 거하지 않는 사람들이 얼마나 많은 기도를 드리는지. 이들은 절박한 기도를 드리기도 하고 감정이 실린 듣기 좋은 기도를 드리기도 하며 기분 좋은 기도도 드리지만 그리스도에게 접붙인 생명의 지지를 받지는 못한다. 사람들에게 인기 있는 기도가 있다! 이런 기도 가운데 성화되지 못한 마음과 부정한 입술에서 나오는 기도가 얼마나 많은지!

강한 감정의 자극을 받거나 절박한 비상시기를 만나거나 군중들의 아우성 혹은 커다란 위기에 봉착하면 기도가 활기를 띨 수 있다. 그러나 거기에 기도의 조건은 갖추어져 있지 않다. 사람들은 서둘러 하나님께 달려나가 하나님을 우리의 대의와 연결시키거나 우리의 열정으로 하나님의 마음을 불타오르게 하거나 우리가 처한 위험으로 하나님을 움직이게 하려고 한다. 무엇을 위해서든 기도할 수 있다. 그러나 깨끗한 손을 들고 해야 하며 하나님의 뜻에 절대적으로 복종하며 그리스도 안에 거하면서 기도해야 한다. 기도하는 훈련을 받지 않은 입술과 마음으로 드리는 기도, 생활이 예수 그리스도와 조화를 이루지 못하는 기도, 기도의 형태와 동작은 취하지만 진정한 기도의 심정이 없는 기도는 기도다운 기도가 아니고 결코 하나님께서 응답하시도록 만들지도 못한다. 이런 기도를 두고 야고보는 말한다. "너희가 얻지 못함은 구하지 아니함이요 구하여도 받지 못함은 정욕으로 쓰려고 잘못 구함이라."

기도에 두 가지 큰 악이 있는데, 구하지 않는 것과 잘못 구하는 것이다. 아마도 이중에 더 큰 악은 잘못 구하는 것일 것이다. 왜냐하면 거기에는 의무를 행하려고 하는 듯이 보이며, 그 동안 기도하지 않다가 기도하는 체 하는 태도가 있기 때문이다. 이것은 거짓이고 속임이며 사기이다. 사람들이 기도를 많이 하지만 대부분은 최선의 기도가 아니다. 바리새인들이 기도를 많이 하였지만 이들은 허영심에 자극을 받아 기도하였다. 이들의 기도는 위선의 상징이었다. 이들은 이 위선으로 인해 하나님의 전을 강도의 소굴로 만들었다. 이들의 기도는 의식(儀式)적이었다. 다시 말해 기계적이고 피상적이며 형식적이었다. 아름다운 언어를 사용하고 감정이 풍부하며 잘 짜여 있고 듣기에 좋지만 참된 기도의 요소는 전혀 없는 기도였다.

기도의 조건은 잘 정돈되어 있고 분명하다. 즉 그리스도 안에 거하는 것과 그리스도의 이름으로 기도하는 것이다. 기도의 무한한 가능성을 붙잡으려면 무엇보다 첫째로 할 일은 기도답지 않은 기도를 그만두는 것이다. 기도답지 않은 기도가 말과 형식에서는 아름다운 경우가 많다. 이런 기도는 화려하고 값비싼 모양의 기도의 옷을 걸치고 있지만 기도의 정신은 없다. 우리는 습관적인 의식이나 단순히 프로그램의 한 순서를 채우는 그런 기도를 하기가 아주 쉽다.

사람들이 기도하는 시늉만 할 때 정말로 기도한다면! 이처럼 아름다운 말과 우아한 형식을 지닌 기도 이면에 거룩하게 불타오르는 마음이 있다면! 일어서서 완벽한 기도의 말을 구사하지만 하나님 앞에 공허한 말을 하고 있는 사람들에게 언제나 마음이 바로 서 있다면! 무릎 꿇고 하나님께 기도하지만 사람들 듣기 좋은 기도를 할 때 언제나 경외하는 태도로 마음이 무릎을 꿇고 있다면!

기도는 하나님께 다가가는 것이고 하나님을 기쁘시게 하는 일이며 하나님께 구하는 일이라는 확신만큼 기도의 생명을 유지하고 기도의 활력과 즐거움, 기도의 진지함과 가치를 간직할 수 있는 것은 없을 것이다. 그러한 확신을 지니고 있을 때는 기도에 진실함이 있고, 기도의 태도와 자리, 분위기에 경외하는 심정이 있을 것이다. 믿음이 끌어당기고 불을 붙이며 문을 열 것이다. 이같이 고귀하고 진지한 영혼의 거처에는 형식에 얽매이는 것과 활기 없는 태도가 발을 붙일 수 없다.

기도답지 않은 기도는 참된 기도의 본질적인 요소가 없다. 그런 기도는 갈망에서 나오지 않은 기도로서 열심과 믿음이 결여되어 있다. 갈망은 기도의 수레에 짐을 지우고, 믿음은 기도의 수레바퀴를 굴린다. 기도답지 않는 기도는 필요 의식이 없기 때문에 짐이 없고, 이상이 없고 힘도 믿음의 불길도 없기 때문에 열심이 없다. 기도에 대한 강력한 압박도 없고 "당신이 내게 축복하지 아니하면 가게 하지 아니하겠나이다" 하고 필사적으로 하나님을 붙드는 일도 없다. 철저한 자기포기도 없고 "이제 그들의 죄를 사하시옵소서 그렇지 않사오면 원컨대 주의 기록하신 책에서 내 이름을 지워버려 주옵소서" 혹은 "내게 스코틀랜드를 주십시오 아니면 나는 죽습니다" 하고 외치는 필사적이고 악착같은 뜨거운 탄원에 몰두하는 일도 없다.

기도답지 않은 기도는 당면한 문제에 아무것도 걸지 못하는데, 이유는 걸 것이 아무것도 없기 때문이다. 이런 기도는 사실 빈손으로 오는데, 그 손은 비어있을 뿐만 아니라 활기도 없다. 이 손은 빈손으로 십자가를 붙든다는 교훈을 배운 적이 없다. 이 손들에게 이 교훈은 형식도 없고 아름다운 모습도 없어 보인다.

기도답지 않은 기도에는 마음이 빠져 있다. 기도에 마음이 없으면 기도의 진실을 잃게 되고 따라서 그 기도는 공허하고 부적당한 그릇이 된다. 기도에는 마음과 영혼과 생명이 있어야 한다. 하늘이 우리의 부르짖음의 힘을 느껴야 하고 우리의 고통스럽고 궁핍한 상태에 깊이 공감해야 한다. 하나님께 부르짖지 않고는 해결할 수 없는 우리를 압박하는 궁핍이 기도의 목소리를 내게 해야 한다.

기도답지 못한 기도는 불성실하다. 그 기도는 마음에 정직함이 없다. 우리는 마음으로 정말로 원하지 않는 것을 말로는 원한다고 한다. 우리는 마음으로 갈망하지도 않고 정말로 관심이 있지도 않는 것을 형식적으로만 관심 있는 체한다. 지금은 천국에 가 있는 유명한 설교자의 이야기를 들은 적이 있다. 그 설교자가 이제 막 기도를 끝낸 회중에게 통명스런 어조로 꾸짖듯이 묻고 말하였다. "여러분은 무엇을 위해 기도했습니까? 하나님께서 여러분을 잡고 흔들면서 여러분이 무엇을 기도했는지 물으며, 여러분이 생명을 구하기 위해서는 여러분의 입술에서 방금 나와 사라져버린 기도가 어떤 것인지 말해야 한다면 여러분은 말할 수 없을 것입니다."

기도답지 않은 기도는 언제나 그렇다. 그런 기도는 기억하는 것도 없고 마음도 없다. 단순한 형식이고 잡다한 덩어리이며, 무미건조한 혼합물이고, 단순히 소리내고 채우기 위해 모아놓은 혼합물로 마음도 없고 목표도 없는 것이 바로 기도답지 않은 기도이다. 무미건조한 일과요 따분하고 지루한 일이며 재미없고 힘겨운 일이 바로 이러한 기도답지 않은 기도이다.

그러나 기도답지 않은 기도는 힘겨운 일이나 따분한 일과보다 훨씬 더 나쁘다. 그런 기도는 기도와 생활을 분리시킨다. 말로는 세상을 반대하지만 그 마음과 생활로는 세상 속으로 달려간다. 그런 기도는 겸손을 구하지만 교만을 키우며, 자기부인을 위해 기도하지만 육신을 즐겁게 한다. 참된 기도만큼 은혜로운 결과들을 얻는 것은 없다. 그래서 기도답지 않은 기도를 하는 것보다는 아예 기도하지 않는 것이 낫다. 왜냐하면 기도답지 않은 기도는 죄를 짓는 것일 뿐이고 죄 가운데 가장 악한 죄는 무릎 꿇고 짓는 죄이기 때문이다.

기도의 습관이 좋은 것이지만 단지 습관 때문에 기도하는 것은 아주 나쁜 습관이다. 이러한 기도는 하나님의 명령대로 조건을 갖춘 기도가 아니고 하나님의 능력에 힘입어 드린 기도도 아니다. 이런 기도는 낭비이고 왜곡이며 기만일 뿐만 아니라 불신앙을 낳는 원천이기도 하다. 기도로 아무 결과를 얻지 못하는 것보다는 아예 기도하지 않는 것이 낫다. 사람들은 기도로 얻는 엄청난 결과들에 대해 듣는다. 즉 기도에 대한 하나님의 말씀에는 비길 데 없는 선이 약속되어 있음을 듣는다. 그런데 세상일에는 민첩하면서도 믿음은 적은 소심한 기도는 약속된 결과와 실현된 결과 사이에서 크나큰 모순을 경험한다. 그렇게 되면 결국에는 그처럼 약속은 크지만 결과는 너무도 형편없는 진리와 그 가치를 의심하게 된다. 신앙과 하나님이 명예를 잃으면 의심과 불신앙은 그같이 많이 구하나 얻지 못함으로 인해 더욱 강해진다.

이와 대조적으로 기도다운 기도는 참으로 강력한 힘이다. 진정한 기도는 하나님과 사람을 돕는다. 하나님의 나라는 그러한 기도로 진척된다. 지극히 큰 선이 기도를 통해 사람에게 이른다. 기도는 하나님이 하실 수 있는 일은 무엇이든 한다. 유감스러운 점은 우리가 이 사실을 마땅히 믿어야 하는 대로 믿지 않고 그 사실을 시험하지 않는다는 것이다.

오늘날 교회에 가장 필요한 것은 물질적이거나 외적인 것이 아니라 영적인 것이다. 기도 없는 사역은 결코 하나님 나라를 가져오지 못할 것이다. 우리는 규칙적으로 기도하지 않는다. 우리는 기도실에 들어가 문을 닫고 기도하는 일을 좀처럼 하지 않는다. 하나님 나라의 숱한 일들이 우리에게 빨리 다가오므로 우리는 기도해야 한다. 기도 없이 주는 것으로는 세상을 결코 복음화시키지 못할 것이다. — A. J 고든

11

기도는 하나님의 자원 창고를 연다

앞 장에서 기도는 하나님이 하실 수 있는 것은 무엇이든 할 수 있다는 말로 끝을 맺었다. 그것은 엄청난 진술이지만 역사와 경험에서 나온 말이다. 그리스도 안에 있다는 것은 그리스도의 거룩한 뜻에 순종하여 살고 있음을 의미하는데, 그처럼 우리가 그리스도 안에 거하고 있고 그리스도의 이름으로 하나님께 가까이 간다면 우리 앞에는 하나님의 보물 창고에 있는 무한한 자원이 놓여 있다.

진정으로 기도하는 사람은 기도하지 않는 사람이 받지 못하는 많은 것을 하나님으로부터 얻는다. 진정한 모든 기도의 목적은 밥을 달라고 우는 아이가 결국 밥을 받듯이 기도한 것을 얻는 것이다. 이런 견해를 갖게 되면 기도를 종교적인 연출로 보는 생각을 깨끗이 씻어버리게 된다. 기도는 어떤 역할을 하거나 종교적인 시늉을 하는 것이 아니다. 기도는 공무상의 일이 아니고 형식적인 일도 의례적인 일도 아니다. 기도는 직접적이고 마음에서 우러나오는 강렬할 것이다. 기도는 되풀이해야 하고 잘 하면 유익이 되는 종교적인 일이 아니다. 기도는 곤경에 처한 힘없는 아이가 아버지의 동정심에 호소하고 아버지 손의 관대함과 능력을 바라고 부르짖는 것이다. 그 응답은 아이의 부르짖음에 아버지의 마음이 감동을 받고 아버지의 손이 움직일 수 있는 만큼 확실히 오게 되어 있다.

구하는 목적은 받는 것이다. 찾는 목적은 발견하는 것이다. 문을 두드리는 목적은 주의를 일깨워 안으로 들어가는 것이다. 기도하고 의심하지 않으면 응답 받으리라, 즉 의심하지 않으면 기도의 목적을 달성하리라는 이 것을 그리스도께서는 거듭 주장하셨다. 우회적인 어떤 길을 통해서가 아니라 구한 바로 그것을 받음으로써 기도가 응답된다는 말이다.

기도의 가치는 기도한 횟수나 기도 시간에 있지 않다. 그 가치는 우리가 하나님과의 관계로 인해 우리의 바라는 바를 하나님께 털어놓고 우리의 요구를 하나님께 알릴 수 있는 특권이 있고 하나님께서는 우리의 탄원을 허락하심으로써 우리의 짐을 덜어주신다는 위대한 진리에 있다. 아이는 부모가 자기의 요구를 늘상 들어주기 때문에 구하는 것이다. 하나님의 자녀인 우리는 어떤 것이 몹시 필요하면 하나님께 가서 그것을 구한다. 우리가 스스로 자신의 기도에 응답해야 한다는 거의 이단적인 진술은 성경에서 전혀 찾아볼 수 없고 하나님의 자녀라면 결코 그렇게 생각하지도 않는다. 기도는 하나님이 응답하신다. 진정한 그리스도인이라면 스스로 분발하기 위해 기도하지 않는다. 다만 기도는 스스로 분발해서 하나님을 붙잡는 것이다. 믿음의 열기는 기도의 걸음을 막고 그 기도가 하나님께 아무런 영향을 미치지 못한다고 속삭여 기도의 열정을 식게 하는 그럴듯한 회의론을 전혀 알지 못한다.

D. L. 무디는 부모가 죽고 다른 가정으로 입양된 작은 어떤 여자 아이에 대한 이야기를 종종 하였다. 첫날 밤 그 아이는 자기가 전에 하던 대로 기도할 수 있느냐고 물었다. 그러자 그 가정 식구들이 "그럼, 그렇게 해도 괜찮아!" 하고 말했다. 그래서 아이는 무릎을 꿇고 자기 어머니가 가르쳐 준 대로 기도하였다. 기도를 끝내면서 아이는 짤막한 기도를 덧붙였다. "하나님, 이 가정의 식구들이 부모님이 그러셨던 것처럼 제게 친절하게 해 주시옵소서."

아이는 잠시 멈추었다가 응답을 기다리는 듯이 하늘을 쳐다보고는 이렇게 말했다. "물론 하나님께서는 그렇게 해 주실 것입니다." 그 작은아이의 신앙이 어쩌면 그렇게 단순하고 아름다운지! 그 아이는 하나님께서 응답해 주실 것을 기대하였다. 그래서 그 아이는 자신의 요구를 하나님께 말씀드렸다. 바로 그것이 하나님께서 우리에게 가까이 오라고 초청하실 때 우리가 지녀야 할 정신이다.

이 일과 대조되는 이야기로서 요크셔 지방의 좀 묘한 지도자인 다니엘 쿼름(Daniel Quorm)에 대한 이야기가 있다. 쿼름은 한 친구를 방문하고 있었다. 어느 날 오전에 그는 친구를 방문하여 이같이 말했다. "자네가 그처럼 큰 실망을 겪어서 안됐네."

친구가 말했다. "뭐라고? 아니야. 나 실망한 일 없네."

다니엘이 말했다. "아니, 있어. 자네 오늘 특별한 어떤 것을 기대하고 있었어."

친구가 물었다. "무슨 소리야?"

"자네가 오늘 하루 종일 즐겁고 편안하게 지낼 수 있기를 기도했지 않나. 그런데 일이 되어 가는 걸 보니, 자네 크게 실망한 것 같아."

그 친구가 대답했다. "아, 난 또 무슨 특별한 얘기를 하는 줄 알았네."

기도는 작용하는 힘이 강력하다. 하나님께서는 자기를 신뢰하고 굳게 믿는 사람들을 결코 실망시키지 않는다. 사람들이 오랫동안 응답을 기다릴 수 있고, 살아서 그 응답을 보지 못할 수도 있다. 그러나 믿음의 기도는 결코 그 목표를 잃지 않는다.

윌버 채프맨(J. Wilbur Chapman) 박사는 이렇게 말한다. "신시내티에 있는 내 한 친구는 설교를 끝내고 돌아와 의자에 앉았는데, 그때 한 가지를 더 호소해야 할 것 같은 느낌이 들었다.

예배당 맨 뒤쪽에서 한 남학생이 손을 들었다. 내 친구는 강단을 내려와 학생에게 가서 "네 얘기 좀 해봐라" 하고 말했다. 아이가 말했다. "저는 뉴욕에 살구요. 못된 놈입니다. 저는 아버지 이름에 먹칠을 했고 어머니 마음을 짓밟았습니다. 저는 달아나면서 부모님에게 내가 그리스도인이 되거나 아니면 사람들이 죽은 나를 집으로 데려오기 전까지는 절대로 돌아오지 않겠다고 말했습니다."

일주일 후에 까만 테두리를 한 봉투 속에 답장이 왔는데 이런 내용이었다. "아들아, 네가 예수 그리스도를 영접했다는 소식을 들었을 때 하늘이 어두워졌다. 네 아버지가 돌아가셨다." 그 편지는 이어서 다음 얘기를 전하고 있었다. "아버지는 마지막 숨을 쉴 때까지 방탕한 자식을 위해 기도하고 나서 이렇게 결론지으셨단다. '너는 오늘밤 그리스도인이 된다.

네 애비가 너를 그냥 보내지 않을 게다.'"

열네 살 난 한 아이가 아버지에게 한 가지 심부름을 받았다. 그런데 공교롭게도 마침 그때 남자아이들이 지나가다가 그 애를 꼬여 데리고 갔다. 그 바람에 그 일을 하지 못했다. 그런데 아버지가 그날 밤 와서 아이에게 말했다. "프랭크야, 네게 시킨 일 했니?" "예, 아버지" 하고 프랭크는 말했다. 프랭크는 거짓말을 했다. 아버지는 그 사실을 알았으나 아무 말도 하지 않았다. 그 때문에 마음이 괴로웠지만 프랭크는 평상시대로 잠자리에 들었다. 다음날 아침 어머니가 아이에게 말했다. "아버지는 어젯밤 한 잠도 못 주무셨다."

"왜요?" 하고 프랭크가 물었다.

"너를 위해서 기도하시느라고 밤을 꼬박 새셨어" 하고 어머니가 말했다. 이 말이 화살처럼 아들 가슴에 박혔다. 아들은 깊은 죄책감을 느꼈고 하나님과 바른 관계를 맺기까지는 마음이 편치 않았다. 오랜 후에 그 소년이 원(Warne) 주교가 되었을 때 그리스도를 위해 살겠다는 결심은 그 날밤 아버지의 기도로부터 왔다고 말했다. 그는 아버지가 홀로 밤을 새워 슬퍼하며 아들을 위해 기도하는 것을 알았고, 거기에 마음이 녹아 내린 것이다. "아버지의 그 기도에 대해서는 죽을 때까지 다 감사할 수 없다"고 원 주교는 말했다.

하나님께 많이 쓰임을 받은 한 복음전도자는 교인이 20여명쯤 되는 교회에서 일련의 모임을 시작한 것에 대해 다음과 같이 기록하였다. 그 교회 교인들은 냉랭하고 전혀 활기가 없고 서로간에 불화가 심하였다. 두세 명의 여교인들이 작은 기도 모임을 끌어가고 있었다. "저는 설교하였고 8시에 모임을 끝냈습니다" 하고 그 전도자는 말했다. 말하는 사람도 기도하는 사람도 없었다. 다음날 저녁에야 한 사람이 말했을 뿐이다.

"다음 날 아침 저는 말을 타고 10킬로미터 떨어진 어떤 목사님 서재에 가서 무릎 꿇고 기도하였습니다. 저는 돌아와서 그 작은 교회에 말했습니다. '여러분이 제게 숙식을 제공할 수 있다면 하나님께서 하늘의 창문을 여실 때까지 머무르겠습니다. 하나님께서는 기도하면 복을 주시겠다고 약속하셨습니다. 분명히 복을 주실 것입니다.'"

"열흘이 못되어 열망하는 영혼들이 아주 많이 생겼다. 그들 가운데 150 여명을 한 번에 만난 적도 있었다. 수백 명이 개심하였다고 생각한다. 하나님을 믿는 일은 안전하다."

한 어머니가 작고한 존 고프(John B. Gough)에게 자기 아들을 방문하여 그리스도께 인도해 달라고 부탁하였다. 고프가 만나보니 그 젊은이의 마음 속은 회의주의적인 개념들로 가득 차서 어떤 주장도 먹혀들지 않았다. 마침내 그 젊은이에게 딱 한 번만 빛을 얻기 위해 기도하자고 말했다. 그 청년이 대답하였다. "어떤 인격적인 존재가 되었든 사물이 되었든 내가 바라보고 기도할만한 완벽한 존재가 있다고 생각지 않습니다." "자네 어머니의 사랑은 어떻게 생각하나?" 하고 고프가 물었다.

"그것은 완벽하지 않은가? 자네 어머니는 곁에 있으면서 언제든지 자네를 받아들이며 심지어 자네 아버지가 자네를 쫓아낼 때에도 자네를 돌보지 않았는가?" 그 젊은이는 가슴이 뭉클해져서 말했다. "예, 그렇군요." "그러면 사랑에게 기도하게. 그러면 사랑이 자네를 도울 걸세. 약속하겠나?" 그는 약속하였다.

그날 밤 그 청년은 자기 방에서 조용히 기도하였다. 무릎을 꿇고 눈을 감고 한 동안 애쓰다가 이같이 말했다. "오, 사랑이시여." 그 순간 번갯불이 번쩍이는 것처럼 오래 전에 들은 성경 말씀이 생각났다. "하나님은 사랑이시라." 그래서 그는 더듬거리며 말했다. "오, 하나님이시여." 그러자 하나님의 진리가 섬광처럼 또 한 번 비쳤다. 한 목소리가 울렸다. "하나님이 세상을 이처럼 사랑하사 독생자를 주셨으니." 그 즉시 그는 이렇게 외쳤다. "오, 그리스도시여, 지극히 거룩한 사랑이 성육신하신 주여, 제게 빛과 진리를 비쳐주옵소서." 그것으로 모든 것이 끝났다. 그는 지극히 온전한 평안의 빛 가운데 있었다. 이 이야기를 전하는 사람은 그가 아래층으로 달려가 어머니에게 자기가 구원을 받았다고 얘기했다는 말을 덧붙인다. 그 젊은이는 오늘날 예수 그리스도를 탁월하게 전하는 목사가 되었다.

일본 하코다테에 물 기근이 다가오고 있었다. 감리교 감독교회 여자 고등학교의 디커슨(Dickerson) 양은 날마다 물 공급량이 점점 줄어드는 것을 보고 가을이 되어 뉴욕에 있는 이사회에 도움을 호소하였다. 수중에는 돈이 없었고 아무것도 하지 못하였다. 디커슨 양은 지하수를 파는 비용을 알아보았으나 너무 비싸서 공사를 할 수 없었다. 12월 31일 밤, 물이 거의 바닥났을 때 교사들과 나이든 학생들이 모여서 물을 공급해 주시기를 기도하였다. 물론 그 기도가 어떻게 응답될지는 전혀 몰랐다. 며칠 후에 뉴욕 사무소에서 한 편지를 받았다. 편지에는 이 같은 내용이 적혀 있었다. "1월 1일, 필라델피아. 새해 아침 6시. 다른 식구들이 다 잠들어 있을 때 저는 누군가, 어디에선가 돈을 필요로 하는데 주께서 제게 그 돈을 보내기를 바라신다는 이상한 느낌을 갖고 깨어났습니다." 지하수를 파고 학교 건물에 물을 공급할 배관 공사를 하는데 드는 꼭 그만큼의 비용이 동봉되어 있었다.

"저는 하나님께서 사도 시대처럼 이교도들 가운데서 기사를 행하는 강력한 능력으로 손을 뻗어 치료하시는 것을 보았습니다" 하고 언젠가 유명한 한 목사가 내게 말했다.

나는 인도 케자움(Kedgaum)의 라마바이(Ramabai) 구원 선교회에서 2천 명의 굶주린 고아 소녀들에게 설교하고 있었다. 바울을 물었던 것과 같은 치명적인 독을 지닌 뱀떼들이 담을 둘러친 마당을 갑자기 습격하였다. 라마바이는 '사탄이 뱀을 보냈다'고 말했고 예쁘고 신실한 그리스도인 여자아이들 가운데 여러 명이 뱀에 물렸고 그 중 두 아이는 두 번이나 물렸다. 나는 그 소녀들 가운데 꽃과 같은 네 명의 아이가 경련을 일으키며 거의 의식을 잃은 채 죽음의 고통을 겪는 것을 보았다.

라마바이는 절대적으로 순종하는 믿음으로 성경을 믿는 사람이다. 거기에는 우리 선교사들이 세 명 있었다. 그녀가 말했다. "성경이 말하는 대로 합시다. 선교사님들께서 야고보서 5:14-18의 말씀을 따라 이 아이들을 고쳐 주시는 일을 해 주셨으면 좋겠습니다." 그녀는 소녀들이 경련을 일으키며 누워있는 기숙사로 우리를 안내하였다. 우리는 소녀들의 머리에 손을 얹고 기도하고 주님의 이름으로 소녀들에게 기름을 발랐다. 기름을 바르자마자 네 소녀가 각각 일어나 앉더니 밝은 얼굴로 찬양하였다. 이방인들 가운데 일어난 기적이 주님의 말씀을 강력하게 확증하였고 하나님을 힘있게 선포하였다.

몇 년 전 중국 내륙 선교회의 한 선교기지에서 일어난 놀라운 은혜의 역사에 대한 기록이 아주 많은 사람의 이목을 끌었다. 개심자의 숫자나 영적 성격이 다른 선교기지들의 결과보다 훨씬 앞섰는데, 다른 선교기지들에서도 열매를 더 많이 맺은 그 기지만큼 선교사들이 헌신적으로 일했었다.

이처럼 풍성하게 영혼을 수확한 사건은 허드슨 테일러가 영국을 방문해서 그 비밀을 알 때까지는 신비한 기적이었다. 허드슨 테일러가 연설을 끝내자 한 신사가 앞으로 나와 그에게 인사하였다. 그와 이야기를 하는 중에 테일러씨는 그 신사가 그 중국 내륙 선교기지에 관해 정확히 알고 있는 사실에 깜짝 놀랐다. 테일러가 물었다. "그런데 어떻게 해서 선생님은 그 선교기지의 일을 그처럼 소상하게 알고 있습니까?" 그 신사가 대답했다. "아, 거기 있는 선교사와 나는 옛날 대학 동창입니다. 수년 동안 우리는 편지 왕래를 했지요. 그 친구가 제게 전도대상자와 개심자 이름을 보냈습니다. 그리고 저는 기도드릴 때 그 명단을 가지고 하나님께 갔습니다."

마침내 그 비밀을 발견하였다! 고국에 기도하는 사람이 있었던 것이다. 이방인들 가운데 특정 경우를 위해 매일 분명하게 기도하는 사람이 있었던 것이다. 바로 그런 사람이 진정한 중보 선교사이다.

온 세상이 알 듯이 허드슨 테일러 자신이 기도할 줄 알고 그 기도가 풍성한 응답을 받은 사람이었다. 그의 전기에서 하워드 테일러(Howard Taylor)는 응답된 그의 기도가 전기 곳곳에서 빛난다고 말했다. 1853년, 불과 스물 한 살의 나이에 처음 중국으로 가는 길에 그는 믿음에 큰 격려가 된 기도의 분명한 응답을 받았다.

댐피어(Dampier) 해협을 막 지났지만 아직도 섬이 보이지 않았다. 대체로 일몰 후에는 미풍이 불기 시작하여 새벽까지 계속되곤 하였다. 미풍이 아주 유용하게 쓰였지만, 낮 동안에 사람들이 돛을 펼쳐놓아 종종 배가 뒤로 떠내려가는 바람에 밤새 얻었던 이익을 고스란히 잃곤 하였다.

이 일은 우리가 뉴기니 북쪽 근처에서 위험에 처해 있을 때 일어났다. 토요일 밤 우리는 육지에서 30마일 떨어진 지점까지 이르렀다. 주일날 아침에 갑판에서 예배를 드리고 있었는데, 선장이 근심 어린 얼굴로 자주 배의 측면을 살피는 것을 보게 되었다. 예배가 끝났을 때 나는 그에게서 이유를 들었다. 시속 4노트의 해류가 배를 암초 쪽으로 밀고 가고 있는데, 이미 암초에 너무 가까이 이르러서 오늘 오후를 무사히 넘기기 어려울 것 같다는 것이었다. 식사 후에 긴 보트를 띄우고 모든 손을 동원하여 노력했지만 뱃머리를 해변에서 돌려놓지 못했다.

"자, 우리는 할 수 있는 일은 다했습니다. 이제는 결과만 기다릴 수밖에 없습니다." 선장이 말했다.

한 생각이 떠올라 내가 말했다. "아닙니다. 아직 하지 않은 일이 한 가지 있습니다."

"그게 뭡니까?" 선장이 물었다.

"갑판 위에 있는 우리 네 사람은 그리스도인입니다. 우리 각자는 선실로 내려가 합심해서 주님께 지금 즉시 미풍을 보내달라고 기도하겠습니다. 하나님께서는 지금 즉시 일몰 때처럼 미풍을 보내 주실 것입니다."

선장은 이 제안을 받아들였다. 나는 나머지 두 사람에게 가서 말했고, 선장과 함께 기도한 후, 우리 네 사람은 선실로 가서 하나님을 찾아뵈었다. 나는 짧은 시간이지만 간절한 기도를 드렸고, 그 다음에는 우리 요구가 허락받았다는 확신이 강하게 들어서 계속 기도하고 앉아 있을 수 없었다. 곧바로 다시 갑판으로 올라왔다. 1등 항해사가 항해를 맡고 있었다. 나는 그에게 건너가서 돛이 쓸데없이 삭구의 반대쪽으로 펄럭이는 것을 줄이기 위해 당겨 올린 배돛귀나 주범의 구석을 내려보라고 하였다.

"그게 무슨 도움이 됩니까?" 하고 그가 퉁명스럽게 대꾸했다.

나는 그에게 우리가 하나님께 바람을 보내달라고 기도했으니 곧 바람이 불 것이고, 우리는 지금쯤 암초에 너무 가까이 와 있어서 잠시도 지체할 수 없다고 말했다.

그는 욕설을 뱉으며 경멸하는 표정으로 바람 소리를 듣느니 보는 게 낫다고 말했다.

그러나 그가 이야기하는 동안 나는 그의 눈이 로얄마스터의 돛을 살피는 것을 보았다. 그리고 분명히 맨꼭대기 돛의 한 쪽이 미풍에 흔들리기 시작하는 것이 보였다.

"바람이 오는 거 보이지 않으세요? 로얄마스터 돛을 보세요" 하고 나는 소리쳤다.
 "안돼요. 어쩌다 한 번 부는 거에요" 하고 그는 대꾸했다.
 "어쩌다 한 번 부는 것이든 아니든 한 번 큰 돛대의 돛을 내려보고 좋게 생각해 봐요" 하고 나는 외쳤다.
 이번에는 그는 재빨리 내 말대로 하였다. 조금 있다가 갑판에서 급한 발걸음 소리가 들리자 선장이 무슨 문제가 있나 알아보려고 선실에서 나왔다. 정말로 미풍이 불기 시작한 것이다! 불과 몇 분 후에 우리는 시속 6, 7노트 속도로 바다를 헤쳐나가고 가고 있었다. …… 때로 바람이 멈추긴 했지만 마침내 팔라우 제도를 통과할 때까지는 바람이 멈추지 않았다.
 이렇게 하나님께서는 중국 해안에 도착하기 전에 필요한 것은 무엇이든지 기도로 당신께 가져오면 주 예수의 이름을 명예롭게 하고 위기에 처할 때마다 필요한 도움을 주시리라는 것을 믿도록 격려하셨다.

꽤 오래 전에("믿음의 생활"에는 1912년 4월 3일로 기록되어 있다) 고든 씨(S. D. Gordon)는 기도가 진실되다는 사실을 실생활에서 예증하기 위해 자기 나라의 어떤 사람의 이야기를 아주 독특하게 전했다. 그것은 단순한 이야기가 아니다.
 고든 씨는 이렇게 말했다.

이 사람은 뉴잉글랜드 가문 출신인데, 좀더 과거로 거슬러 올라가자면 영국 가문 출신이었다. 체격이 굉장히 크고 예리한 지성을 지니고 있고 대학 교육을 받은 사람이었다. 그는 서쪽으로 이주하여 살았고, 우리 주 의회에서 유명한 선거구를 대표하였고 하원에서 활동하였다. 그는 그곳에서 유명한 지도자였다. 그는 기독교 가정에서 자랐지만 회의주의자였고 그래서 기독교에 반대하는 강연을 하곤 했다. 자기는 강연을 통해 자기가 생각한 대로 신이 없다는 것을 명확하게 증거하는 것이 재미있다고 말하였다. 전형적인 불신앙인의 태도였다.
 어느 날 그는 내게 이런 이야기를 하였다. 그가 하원에 앉아 있었다고 한다. 대통령 선거 때였는데, 파티 분위가 한참 고조되고 있었다. 누구든지 그 자리에 있었다면 그런 곳에서는 사람이 영적인 일들에 대해서는 결코 생각할 수 없었을 것이었다. 그는 이렇게 말했다. "나는 사람들이 빽빽이 들어찬 의회의 내 자리에 앉아 열띤 분위기를 느끼고 있었다. 그때 그 존재를 성공적으로 부인할 수 있다고 생각한 그 하나님이 바로 내 위에 계시면서 나를 내려다 보고 있으며 나와 내가 행하는 방식에 화를 내고 계신다는 느낌이 들었다. 그래서 내 자신에게 말했다. '이거 우습기 짝이 없군. 그 동안 너무 무리하게 일했는가 보군. 가서 제대로 식사하고 충분히 산책하면서 생각을 털어 버리면 이 느낌이 사라질 거야.'" 그는 잘 차려진 식사를 하고 산책을 하고 나서 자기 자리로 돌아왔다. 그렇지만 하나님이 거기 계시며 자기에게 화를 내고 계시다는 인상은 떨쳐버릴 수가 없었다. 그는 날마다 산책을 했지만 그 느낌을 결코 털어 버릴 수가 없었다. 그래서 그는 자기 선거구로 돌아와 그곳의 문제들을 처리했다고 그는 말했다.

그는 자기 주의 주지사가 될 야심이 있었고 그가 속한 정당은 그 주에서 유력하였다. 그래서 상황을 판단해 보면 그는 중서부에 있는 아주 유력한 주에서 주지사가 될 수 있었다. "나는 집으로 가서 할 수 있는 대로 그 문제를 해결하려고 생각하고 준비했다. 그러나 나는 집에 어렵사리 도착했고 식구들과 인사를 나누었다. 그때 열렬한 그리스도인이었던 아내가 몇 사람이서 내가 그리스도인이 되도록 작은 기도 약속을 했다고 말했다. 그는 자기가 지금까지 겪었던 이야기를 아내에게 말하고 싶지 않았다. 그래서 별 관심이 없다는 듯이 지나가는 투로 물었다. "언제 시작했소? 당신들이 기도하기로 했다는 거 말이오." 그의 아내가 날짜를 댔다. 그러자 그는 재빨리 머리를 회전시켰고 돌이켜 생각해 보니 그 이상한 느낌이 처음으로 그에게 왔던 바로 그날이라는 것을 알았다."

그는 이렇게 말했다. "나는 너무나 놀랐습니다. 나는 정직해야겠다고 생각했어요. 나는 솔직히 하나님을 믿지 않았어요. 내 생각이 옳다고 생각했습니다. 그러나 아내가 말한 것이 사실이라면, 변호사가 자기 소송에서 증거를 엄밀히 조사하듯이 한다면 그것은 기도에는 정녕 무언가가 있다는 확실한 증거일 것입니다. 나는 지독히 떨렸고 정직하고 싶었지만 어떻게 해야 할 줄을 몰랐습니다. 바로 그날 밤 나는 작은 감리교 예배당에 갔어요. 누군가가 내게 제대로 말해주었다면 그날 밤 나는 그리스도를 틀림없이 영접했을 겁니다."

11. 기도는 하나님의 자원 창고를 연다 *179*

　다음날 밤 그는 다시 그 예배당에 갔고 제단 앞에 가서 무릎 꿇고 자기의 강한 의지를 하나님의 뜻에 굴복시켰다고 말했다. 그리고 나서 이렇게 그는 말했다. "내가 설교해야 한다는 것을 알았습니다." 그는 지금도 서부 지역에서 설교하고 있다. 이것은 이야기의 반만 한 것이다. 나는 그의 아내하고도 이야기하였다. 이 전체 이야기에서 교훈을 얻기 위해 나는 반반씩 나뉜 이야기를 한데 모으고 싶었기 때문이다.
　다음은 그의 아내가 이야기해 준 내용이다. 그녀는 한때 그리스도인이었다. 용어가 좀 혼동스러울텐데, 그녀는 이름만 그리스도인이었다는 뜻이다. 그런데 주 예수께 자신의 인생을 완전히 드리게 된 때가 왔다. 그녀의 말이다. "한번은 내 남편이 그리스도인이 되도록 해야겠다는 아주 강렬한 마음이 생겼어요. 우리는 제 남편이 그리스도인이 될 때까지 매일 그를 위해 기도하자는 작은 약속을 했어요. 그날 밤 나는 잠자리에 들기 전에 침대 곁에서 무릎 꿇고 남편을 위해 기도하였어요. 아주 열심히 기도하고 있는데 어떤 목소리가 들렸습니다. '네 남편이 개심할 경우에 올 결과들을 기꺼이 받아들이겠는가?' 세미한 목소리였지만 너무나 뚜렷해서 무서웠습니다. 한 번도 그런 경험이 없었기 때문이었습니다.
　그리고 계속해서 더 열심히 기도하자 다시 조용한 그 목소리가 들려왔습니다. '너는 그 결과를 기꺼이 받아들이겠는가?' 나는 다시 한 번 놀라고 무서운 생각이 들었습니다. 그러나 나는 계속 기도하면서 이게 도대체 무슨 일인가 하고 생각하였습니다. 그러자 세번째로 다시 그 목소리가 더할 수 없이 조용하게 들려왔습니다. '너는 그 결과를 기꺼이 받아들이겠는가?'"
　이어서 그녀는 아주 진지하게 이렇게 말했다고 했다. "'오, 하나님, 제 남편이 당신을 알고 참된 그리스도인이 되기만 한다면 당신께서 선하다고 생각하시는 그 어떤 것도 기꺼이 받겠습니다.' 그 기도가 입에서 나오자마자 즉시로 내 마음에 놀라운 평안이, 도저히 설명할 수 없는 평안이, 즉 '지각에 뛰어난 평강'이 그 순간 찾아들었고, 남편이 그리스도를 영접할 것이라는 확신이 한번도 떠나지 않았습니다."
　그날은 기도의 약속을 한 밤이었고 그 남편이 처음으로 이상한 느낌을 받은 밤이었다. 그러나 그 이후로 내내 그녀는 그 결과가 올 것이라는 굳은 확신을 가지고 기도하였다. 그 결과는 어떤 것이었는가? 그 결과는 아무도 하찮은 것이라고 생각하지 않을 그런 것이었다. 그녀는 아주 유명한 정치가의 아내였다. 남편이 속한 주의 제일 높은 공무원이 될 수 있는 사람의 아내였다. 그녀는 공식적으로는 그 주의 퍼스트 레이디로서 그 사회적 지위에 수반될 모든 영예를 누릴 수 있는 사람이었다. 이제 그녀는 감리교 설교자의 아내로서 2, 3년에 한 번씩 집을 옮기고 이곳저곳으로 다니며 과거와는 전혀 다른 지위와 전혀 다른 수입에 의존해 살고 있다. 그러나 그녀만큼 마음에 하나님의 놀라운 평안을 간직하고 얼굴에 하나님의 빛을 간직한 여자는 본 적이 없다.

이 사건에 대해 고든 씨는 이렇게 평한다. "이제 여러분은 그 기도를 통해서 하나님의 목적에 어떤 변화가 일어나지 않았다는 것을 알 수 있다. 그 기도는 하나님의 목적을 이루어냈다. 기도가 목적을 바꾸지 않았다. 그러나 그 여인의 복종은 하나님께서 이루시고자 했던 뜻이 이루어질 수 있는 기회를 제공하였다. 우리가 하나님께 우리를 드리고 하나님의 뜻을 배운다면, 모든 힘을 기울여 하나님의 뜻을 알고 거기에 복종한다면 우리는 기도하기 시작할 것이고 기도의 놀라운 능력을 막을 수 있는 것은 아무것도 없다. 아주 순박해서 하나님을 만나고 하나님께 전 생애의 지배권을 드리며 하나님의 뜻을 배우고, 예수께서 열중하셨듯이 도고라는 거룩한 일에 열중할 남자들이 더 많이 나왔으면 좋겠다."

하나님을 잘 알고 기도하는 법을 아는 사람에게는 기도 응답만큼 분명한 것은 없다. 이들은 하나님의 마음이며 뜻이라고 알고 있는 것에 맞게 구하기 때문에 자기 기도가 응답 받으리라는 것을 확실히 안다. 감리교 감독교회(Methodist Episcopal church) 유럽 주교인 윌리엄 버트(William Burt) 박사는 몇 년 전 비엔나에 있는 교단의 남자 고등학교를 방문했을 때 한 해가 끝나지 않았는데 학교 기금이 벌써 바닥이 난 것을 발견하였다. 그는 미국에 있는 친구들에게 특별히 호소해볼까 망설였다. 그는 선생들과 상의했다. 이들은 하나님께서 자신들의 요구를 허락해 주실 것이라고 믿고 그 문제를 하나님께 가져가 간절하게 계속해서 기도하였다.

열흘 후에 버트 주교는 로마에 있을 때 뉴욕에 있는 한 친구로부터 편지를 받았다. 편지에는 다음과 같이 적혀 있었다. "오늘 저녁(그 날짜는 바로 선생들이 기도하고 있었던 날이었다) 브로드웨이에 있는 내 사무실로 가고 있는데 어떤 목소리가 나에게 자네가 비엔나에 있는 교단 학교 기금 때문에 곤란을 겪고 있다고 말하는 것 같았네. 그 일에 쓸 돈을 아주 즐거운 마음으로 동봉해서 보내네." 그 돈은 꼭 필요한 만큼의 액수였다. 비엔나와 뉴욕 사이에 아무도 연락을 취한 일이 없었다. 선생님들이 기도하고 있는 동안에 하나님께서 응답하신 것이다.

오래 전에 한 유명한 설교가가 어린아이들에게 설교하면서 이야기한 사건이 영국의 종교 잡지에 실렸다. 그는 그 이야기가 사실이라고 확언하였다. 한 여자아이가 시골 오두막집에 병이 들어 누워있었다. 아이의 여동생은 의사가 집을 나가면서 "기적 말고는 이 애를 살릴 수 없습니다"고 말하는 것을 들었다. 그 어린 여동생은 자기 저금통으로 달려가서 그 속에 들어있는 몇 개 되지 않는 동전을 꺼내어 지극히 순진한 마음으로 시골 마을의 가게마다 다니며 "기적 좀 주세요" 하고 구했다. 들리는 가게마다 아이는 실망을 하고 돌아섰다. 동네 약사마저도 "애야, 여기서는 기적을 팔지 않는다"고 말하였다.

그런데 그 약국 밖에서 두 사람이 지나가면서 그 아이의 애원하는 소리를 들었다. 그 중 한 사람은 영국 병원에서 온 유명한 의사였는데 아이에게 무엇을 사고 싶은지 얘기해 보라고 하였다. 아이의 원하는 것을 알고는 그 사람은 급히 아이와 함께 오두막집으로 가서 병든 여자아이를 진찰하고 나서 아이 어머니에게 말했다. "정말로 아이를 살릴 수 있는 것은 기적 밖에 없군요. 당장 기적을 일으켜야겠군요." 그 사람은 의료도구를 꺼내어 수술을 했다. 환자는 목숨을 건졌다.

무디는 다음의 예화를 들어 기도의 능력을 설명한다.

에딘버러에 있을 때 한 친구가 내게 어떤 사람을 가리키며 이야기했다. "그 사람은 에딘버러 이교도 클럽 회장이네." 나는 가서 그 사람 곁에 앉아서 이렇게 말했다. "실례합니다. 이 모임에서 선생님을 만나게 되어 기쁩니다. 선생께서는 자신의 행복에 대해 관심이 있습니까?"

"나는 내세를 믿지 않습니다."

"자, 잠깐 무릎 꿇고 제가 선생님을 위해 기도할 수 있게 해 주시겠습니까?"

"싫습니다. 저는 기도를 믿지 않아요."

나는 그가 앉아 있었지만 그 곁에 무릎을 꿇고 기도하였다. 그는 내 행동을 보고 몹시 놀랐다. 1년 후에 다시 그를 만났다. 그 사람의 손을 잡고 물었다. "하나님께서 아직 제 기도에 응답하지 않으셨습니까?"

"하나님은 없습니다. 당신이 기도에 응답하는 존재가 있다고 믿는다면 내게 한 번 시험해 보시오."

"그렇군요. 지금 아주 많은 사람들이 선생을 위해 기도하고 있습니다. 하나님의 때가 이르면 선생께서 구원받으실 거라고 믿습니다."

얼마 후에 에딘버러에 있는 유명한 법정 변호사에게서 편지를 받았는데, 그 이교도 친구가 그리스도께 왔고 그 클럽의 회원 17명도 그를 본받아 그리스도께 왔다고 소식을 전했다.

나는 하나님께서 어떤 방식으로 그 기도에 응답하셨는지 모르지만 응답하시리라는 것을 알고 있었다. 그러니 우리는 담대하게 하나님께 나아가도록 하자.

로버트 루이스 스티븐슨(Robert Louis Stevenson)은 바다에서 폭풍을 만난 생생한 이야기를 전한다. 파도가 배를 덮치자 선실에 있는 승객들은 몹시 놀랐다. 마침내 승객 중 한 사람이 선장의 지시를 듣지 않고 갑판을 기어 항해사에게 갔다. 두렵지도 않은 듯이 항해사는 돌아가고 있는 배의 타륜에 매달려 심하게 요동치고 있었다. 항해사는 공포에 질려 있는 사람을 보고는 안심시키는 미소를 지어 보였다. 그 승객은 내려가서 이런 말로써 다른 사람들을 안심시켰다. "항해사의 얼굴을 보았는데 웃고 있었어요. 모든 게 잘 될 겁니다."

바로 이것이 우리가 기도의 문을 지나 하나님 아버지의 어전으로 나가는 길을 발견할 때 갖는 느낌이다. 하나님의 얼굴을 보면 모든 것이 잘 되리라는 것을 안다. 하나님께서 모든 사건을 지배하시고 "바람과 바다도 저에게 복종하기" 때문이다. 하나님과 교제를 나누며 살 때 우리는 확신을 갖고 하나님 앞에 나아가 우리 믿음의 칭의를 받고 경험하리라는 확신을 가지고 구할 수 있다.

12

기도는 부흥운동을 뒷받침한다

부흥운동의 역사는 종교의 역사라는 말이 있다. 부흥운동의 역사를 연구하는 사람치고 부흥운동이 인류의 운명에 끼친 강력한 영향에 깊은 인상을 받지 않을 사람은 없다. 지상에서 이루어지는 하나님 나라의 진행을 돌아보려면, 교회가 시대의 냉담한 분위기에 무력해져서 다시 한 번 교회의 의무와 책임의식을 깨우쳐야 할 필요가 있는 바로 그때에 영적 생활과 활동의 새로운 시대를 일으키고 몹시 메마른 땅에 내리는 상쾌한 소나기처럼 왔으며 사막을 장미꽃처럼 꽃피운 부흥운동들을 다시 조사해보아야 한다.

린지(Lindsay) 학장은 「초기 교회와 사역」(*The Church and the Ministry in the Early Centuries*)에서 이렇게 쓰고 있다. "한 가지 관점에서 볼 때 적지 않게 중요한 사실은 교회의 역사가 한 시기의 신앙부흥운동에서 다음 부흥운동으로 흘러간다는 것이며 우리가 옛날 가톨릭 교회나 중세 교회에서 각성 운동을 보든 혹은 현대 교회에서 보든 간에 이 운동들은 언제나 특별한 은사를 지닌 사람들 곧 가장 깊은 그리스도인 생활의 비밀을 보고 선언하는 능력을 받은 사람들의 활동이었고, 그들의 일한 결과는 언제나 그들이 바라보고 이야기했던 세대의 영적 감수성에 비례하였다."

처음부터 하나님께서는 뚜렷하게 부흥운동들을 통해 일해 오셨으므로 부흥운동이 하나님의 계획의 일환이라는 사실을 부인할 수 없다. 우리 주님의 왕국은 대체로 특별한 시기 동안에 일어난 회심의 역사로 말미암아 은혜롭고 급속하게 성취되어 왔다. 따라서 하나님이 다른 시기에 일하실 때 사용한 수단들이 우리 시대에 비슷한 결과를 일으키기 위해 사용될 것이라고 추론할 수 있다. 한 작가는 그 주제에 대해 이렇게 말한다.

복음의 일반적인 사역으로 인해 죄인들이 잇따라 조용히 회심하는 일을 그리스도의 사역자들과 제자들은 언제나 만족스럽고 감사하게 생각해야 한다. 그러나 정기적으로 수천 명이 동시에 회심하는 일이 나타나기를 또한 바라야 한다. 그러한 일은 배척당하고 십자가에 못박히신 바로 그 예수를 하나님이 주와 그리스도로 삼으셨다는 명백하고 인상적인 증거를 제공할 수 있기 때문이다. 또 그리스도께서 거룩한 중보자가 되심으로 인해 우주의 지배권을 상징하는 왕의 홀을 쥐셨고, "자기 원수들로 자기 발등상이 되게 하실 때까지" 통치하시리라는 것을 증거할 수 있기 때문이다. 그러므로 그리스도께서 오순절날에 더할 나위 없는 결정적 증거로서 자신의 메시야 되심과 대권을 나타내 보이셨고 그럼으로써 무심한 세상 사람들의 잠자는 영혼을 일깨우고 회심하지 않은 자들이 귀를 기울이게 하며 하나님을 잊고 사는 반역의 무리들이 그처럼 애지중지하는 세상적인 영광과 위세와 부와 권력과 행복의 빛나는 꿈들을 무섭게 공격하신 일을 때때로 되풀이하시리라고 기대하는 것은 합당한 일이다. 그처럼 성령을 부어주심은 그리스도께서 자신을 죄를 위한 화목제물로 단번에 드리신 일의 완전함과 용납됨을 명백히 보여주는 증거일 뿐만 아니라 예수께서 "구원에 이르게 하기 위하여 죄와 상관없이 두 번째 나타나" 의로 세상을 심판하시리라는 것을 확실히 보여주는 예언적 "징조"가 되기도 한다.

그와 같은 부흥운동들이 적절한 수단을 제대로 사용하면 계속될 수 있다고 기대해야 한다는 것은 물질적인 것이 영적인 것을 제치고 찬양되며 윤리적 기준이 가장 고귀한 기준으로 간주되는 오늘날에는 적지 않게 강조할 필요가 있는 사실이다. 부흥운동이 기적이 아니라는 사실을 찰스 피니(Charles G. Finny)가 강력하게 가르쳐 보여 주었다. 그는 말하기를, 부흥운동의 선례들을 보면 기적이 있을 수도 있고 없을 수도 있다고 하였다. 사도들은 단지 자신의 메시지에 사람들의 이목을 끌고 메시지의 신적 권위를 확립하기 위한 수단으로써 기적을 활용하였다. "그러나 기적이 곧 부흥운동은 아니었다. 기적과 기적에 뒤따른 부흥운동은 전혀 별개의 일이었다. 사도 시대의 부흥운동은 기적과 연관이 있었으나 부흥운동이 곧 기적은 아니었다." 부흥운동은 모두 하나님에 의해 이루어지지만 다른 일들과 마찬가지로 부흥운동에서도 하나님은 사람의 조력을 요청하고 요구하시며, 최선의 결과는 신적인 요소와 인간적인 요소가 협력할 때 나온다. 달리 말해서, 익숙한 표현을 쓰자면 하나님 홀로 세상을 구원하실 수 있으시지만 하나님께서는 세상을 홀로 구원하시기로 정하지 않으셨다는 것이다. 하나님과 사람이 그 일을 위해 손을 맞잡고, 언제나 하나님께서는 사람의 소원과 노력에 비례하여 반응하신다는 것이다.

이러한 협력이 필요하다면, 하나님의 동역자로서 우리가 이행해야 할 의무는 어떤 것인가? 첫째로 그리고 특별히 강조하고 싶은 것으로서 무엇보다 중요한 점은 우리가 기도에 전념에 해야 한다는 사실이다. 윌버 채프맨(Willbur Chapman) 박사는 이러한 사실을 상기시킨다. "부흥운동은 기도로 일어난다. 웨슬리가 기도했을 때 영국이 부흥하였고 녹스가 기도하였을 때 스코틀랜드가 새로워졌다. 타니브룩(Tannybrook)의 주일학교 선생들이 기도하였을 때 일년에 11,000명의 젊은이들이 교회에 들어왔다. 언제나 온 밤을 새우는 기도가 있은 다음에 온 종일 영혼을 구원하는 일이 이어졌다."

1872년 시카고에 있는 무디의 교회가 불타버렸을 때 무디는 영국으로 건너갔다. 설교하기 위해서가 아니라 교회의 새건물을 짓고 있는 동안 다른 사람들이 설교하는 것을 듣기 위해서였다. 어느 주일 아침 그는 설득을 당해 런던의 한 교회에서 설교하게 되었다. 그런데 어찌된 셈인지 영적 분위기가 갖추어져 있지 않았다. 후에 무디는 일생 동안 그때처럼 설교하기 힘들었던 적은 없었다고 고백하였다. 모든 것이 완전히 죽어있었다. 그는 헛되이 설교하면서 스스로에게 말했다. "참으로 어리석게도 내가 설교 승낙을 했구나! 설교를 들으러 온 내가 지금 설교를 하고 있다니!"

그때 그는 밤에 다시 설교해야 한다는 무서운 생각이 들었다. 그리고 순전히 그렇게 약속했다는 사실 때문에 그는 그 약속을 지킬 수 있었을 뿐이었다. 그러나 무디가 밤에 강단에 서서 빽빽이 들어찬 회중을 보았을 때 새로운 분위기를 느낄 수 있었다. "보이지 않는 세계의 능력이 청중에 임한 것 같았다." 설교를 끝맺어가면서 그는 사람들에게 믿음의 초대를 할 용기가 생겼다. 설교를 끝맺으면서 그는 이렇게 말했다. "오늘밤 예수 그리스도를 영접하고 싶은 분이 있으면 그 자리에서 일어서 주십시오." 즉시 500여명 가량이 일어섰다. 무언가 잘못되었다고 생각하고 무디는 사람들을 자리에 앉으라고 했다. 결코 오해가 있지 않도록 하기 위해 좀더 분명하고 어려운 용어를 사용하여 다시 믿음의 초대를 하였다. 다시 그만한 숫자가 일어섰다. 여전히 무언가 틀림없이 잘못되었다고 생각하고 무디는 두 번째로 사람들을 자리에 앉게 하고서 정말로 그리스도를 영접하고 싶은 사람은 목회준비실로 오라고 하였다. 정확히 500명이 초청 받은 대로 목회준비실에 들어왔다. 그것이 그 교회와 인근 교회에서 일어난 부흥 운동의 시작이었다. 이 부흥운동 때문에 무디는 며칠 후에 하나님의 놀라운 사역을 돕기 위해 더블린에서 돌아왔다.

그러나 그 후의 이야기를 해야 한다. 그렇지 않으면 이 사건을 언급하는 우리의 목적이 소용이 없을 것이다. 무디가 아침 예배에 설교를 할 때 회중 가운데 병든 여동생을 데리고 온 여자가 있었다. 집으로 돌아가는 길에 그 여자가 병든 동생에게 오늘 설교한 사람이 시카고에서 온 무디씨라고 이야기해 주었다. 그 말을 듣고 동생은 얼굴이 하얘지더니 이렇게 말했다. "뭐라고, 시카고에서 온 무디씨라고! 오래 전에 미국 신문에서 그분에 관한 기사를 읽었어. 그리고 하나님께 그분을 런던에 보내 주시고 우리 교회에 보내 주시라고 지금까지 기도해왔어. 오늘 아침 그분이 설교할 것을 알았다면 아침을 먹지 않았을 텐데. 아침 시간을 꼬박 기도했을 건데. 자, 언니, 나가서 방문을 잠그고 식사를 일체 주지 마. 누가 오든 방에 들여보내지 말아 줘. 오후 시간 내내, 그리고 저녁 시간을 기도하며 보낼 거야." 그리고 무디가 아침 예배 때 냉동창고와 같았던 강단에 섰을 때 누워만 있던 그 성도가 무디를 하나님 앞에서 붙잡아 세웠고 기도에 응답하기를 기뻐하시는 하나님께서 강력한 힘으로 성령을 부어주셨다.

무디를 위하여 기도한 당신의 자녀의 기도에 응답하여 부흥운동을 일으키신 하나님께서는 오늘날도 당신 백성들의 신실한 믿음의 기도를 기꺼이 들으시고 응답하신다. 하나님의 조건이 충족되는 곳은 어디에서든 틀림없이 부흥은 일어난다. 미국 코넬 대학의 토머스 니콜슨(Thomas Nicholson) 교수는 하나님의 사역에서 기도가 차지하는 위치라는 오래된 교훈을 새롭게 일깨워 준 첫번째 순회 목회 여행의 경험을 말했다.

수년 동안 순회 목회를 하였지만 부흥은 일어나지 않았다. 상황은 영적으로 희망이 없었다. 4주 이상 이 목사는 이 집 저 집을 방문하고 가게를 들리고 외딴 곳을 찾아가 신실하게 설교하고 할 수 있는 일은 모두 하였다. 다섯번째 주 월요일 밤에 교인들은 대부분 집에 있었지만 교회에는 몇 사람 밖에 없었다.

모임을 끝내고 목사는 집으로 가면서 낙담이 되었지만 절망하지는 않았다. 그는 그날 밤을 기도로 보내겠다고 결심하였다. 그는 문을 잠그고 성경과 찬송가를 펴고서 주님에 대해 좀더 부지런히 살피기 시작하였다. 물론 그 동안에도 모일 때는 간절한 기도 시간을 가졌었다. 그날 밤의 열망과 기도로 진행한 신실한 공부를 하나님만이 아신다. 새벽이 가까워지면서 그 동안 결심하고 진행해온 하나님이 계획을 틀림없이 축복하실 것이라는 확신과 큰 평안이 찾아왔다. 그리고 주께서 주시는 것이라고 확신한 본문을 하나 선택하였다. 침대에 쓰러져 두 시간 가량을 자고 나서 목사는 서둘러 아침 식사를 끝내고 9마일을 걸어 순회 목회의 맨 끝 지역에 있는 병든 사람들을 방문하였다. 하루 종일 그 확신은 점점 더 커졌다.

밤이 가까워지자 비가 퍼붓기 시작했고 땅은 질척거렸다. 우리가 집에 도착했을 때는 비에 흠뻑 젖었고 저녁도 먹지 못한데다 조금 늦은 시간이었는데, 교회에는 전혀 불이 피워있지 않고 등도 켜 있지 않았으며 예배드리는 표시가 전혀 없었다. 문지기가 비 때문에 예배를 드리지 못할 것이라고 생각했던 것이다. 우리는 순서를 바꿔서 종을 울리고 전쟁을 준비하였다. 회중이라곤 고작 청년 세 사람뿐이었다. 그러나 "충만한 확신"

을 가지고서 목사는 전날 밤 꼬박 기도하며 생각했던 메시지를 마치 그 집에 회중이 가득 찬 것처럼 열정적으로 전하고 청년들 각각에게 돌아가며 개인적으로 호소하였다. 모임을 마치기 전에 그 중 두 명이 굴복하고 신앙을 고백하였다.

목사는 피곤했지만 기분좋게 쉴 수 있었다. 다음 날 아침 평상시보다 조금 늦게 일어난 그는 그 청년들 중 한 명이 온 마을의 가게마다 돌아다니며 자신이 구원받은 놀라운 이야기를 전하며 사람들에게 구원받으라고 권하고 있다는 것을 알게 되었다. 밤마다 회심의 역사가 일어났고 두 주일이 못되어 우리는 144명이 45분 동안 믿음을 고백하는 것을 들을 수 있었다. 그 순회 전도 여행에서 그 겨울에 세 번에 걸쳐 부흥의 불길이 타올랐고, 가족들이 잇따라 교회에 들어와 교인수가 세 배 이상으로 불었다.

그때 모임에서 나온 개종자 중 한 사람은 현재 미시간 총회에서 성공적으로 활동하는 목사이며, 또 한 사람은 아주 탁월한 목사의 아내가 되었고, 세번째 청년은 수년 동안 목회를 하고 나서 다른 교단으로 가 거기서도 오늘까지 신실하게 일하고 있다. 아마도 그들 중 어느 누구도 목사의 그날 밤 기도에 대해서는 전혀 몰랐을 것이다. 그러나 그 목사는 하나님께서 이렇게 기도하지 않는 사람을 위해서는 하시지 않는 일을 기도하는 사람을 위해 하신다는 것을 굳게 믿는다. 그리고 "이 세상이 상상도 하지 못하는 일이 기도로 이루어진다"는 것을 확신한다.

진정한 부흥운동은 모두 기도로 일어났다. 하나님의 백성들이 신앙 상태에 깊은 관심을 갖고 밤낮으로 엎드려 간절히 탄원하면 틀림없이 복이 임할 것이다.

이것은 모든 시대를 통해 동일하게 적용되는 진리이다. 기록이 남아있는 부흥운동은 모두가 기도로 충만하였다. 1630년 스코틀랜드 쇼츠(Shotts)에서 일어난 놀라운 부흥운동의 예를 생각해 보자. 당시 박해를 받고 있던 목회자들 가운데 여러 명이 엄숙한 대주교구 회의에 참가할 것이라는 사실이 널리 알려지게 되자 엄청난 수의 경건한 사람들이 이때 전국 각지에서 모여들었다. 그때의 예배를 위해 준비하면서 **여러 날 동안 합심하여 기**

도하였다. 저녁에는 물러가 쉬지 않고 무리들이 작은 그룹들로 나뉘어 기도와 찬송으로 밤을 새웠다. 월요일에는 통상적인 경우와 다르게 감사예배를 드렸는데, 큰 절기가 되었다. 오랫동안 기도를 드린 후에 위그타운 백작부인의 예배당 목사인 존 리빙스턴이라는 사람이 젊고 목사 안수를 받지 않았지만 사람들의 요청에 따라 설교하게 되었다. 그는 밤을 새워 기도하였지만 집회 시간이 다가오자 그처럼 나이 많고 경험 많은 성도들에게 설교를 전해야 한다는 생각에 기가 질렸고 그래서 실제로 맡은 일을 하지 않으려고 도망갔다.

그러나 쇼츠의 스코틀랜드 교회가 시야에서 멀어지고 있는 순간 마음 속에서 "내가 이스라엘에게 광야가 되었느냐 흑암한 땅이 되었느냐"라는 말씀이 강하게 다가와 다시 설교하러 돌아가지 않을 수 없었다. 그는 에스겔 36:25,26을 본문으로 두 시간 가량을 강한 능력으로 설교하였다. 이같이 기도로 준비된 상황에서 한 번 설교를 듣고 500여명이 회심하였다. "그것은 클라이즈데일을 통해 씨를 뿌리는 것이었다. 그래서 그 지방의 아주 유명한 그리스도인들 가운데 많은 사람들이 그 날을 자신의 회심일로 정하였거나 자신들의 믿음을 더욱 굳게 확신한 날로 기억하였다."

리차드 백스터(Richard Baxter)에 대해 사람들은 이같이 말했다. "백스터는 그의 서재 벽을 온통 기도의 숨결로 얼룩지게 하였다. 그는 이같이 성령의 기름부음을 받은 후에 키더민스터에 생수의 강을 흘려보냈다." 화이트필드는 언젠가 이렇게 기도한 적이 있다. "오, 주님이시여, 제게 영혼을 주시든가 아니면 제 영혼을 거두어가소서." 그처럼 골방에서 오래 기도한 후에 "그는 한 번 마귀의 시장에 가서 단 하루만에 그 사자의 발에서 1000여명의 영혼을 데리고 왔다."

찰스 피니는 이렇게 말한다. "일찍이 나는 열네 차례 겨울을 연속해서 부흥집회를 가졌던 한 목사를 알고 있었다. 나는 그의 교인 중 한 사람이 기도회에서 일어서서 다음과 같이 고백하는 것을 보기 전까지는 그 일을 어떻게 이해해야 할 줄 몰랐다. 그 교인은 이렇게 말했다. '형제 여러분, 오래 전부터 저는 매주 토요일 밤이면 한 밤중이 지날 때까지 성령께서 우리 가운데 강림하기를 기도하는 습관이 있었습니다. 그런데, 형제 여러분

(그는 울기 시작했다). 저는 지난 두세 주 동안 그 기도를 게을리 했다는 것을 고백합니다.' 그 비밀이 밝혀졌다. 그 목사에게는 기도하는 교회가 있었던 것이다."

우리는 부흥운동에서 기도가 차지하는 위치를 보여주고, 하나님의 영이 강력하게 역사한 운동마다 기도실에서 시작되었음을 증거하는 예들을 계속해서 들 수 있다. 이 모든 예에서 알 수 있는 교훈은 하나님과 함께 일하는 사역자로서 우리는 우리 자신이 오늘날 우리 주변에 득세하고 있는 상태에 대해 적지 않게 책임이 있다고 생각해야 한다는 사실이다. 우리는 교회의 냉랭한 분위기에 대해 걱정하고 있는가? 회심자가 나오지 않는 것에 대해 마음 아파하는가? 우리 영혼이 한밤중에 하나님께 가서 성령을 부어주시기를 간구하는가?

그렇지 않다면 우리 자신도 어느 정도 비난을 받아야 한다. 우리가 우리 역할을 한다면 하나님께서도 당신의 역할을 하실 것이다. 우리 주위에는 죄로 망한 세상이 있고, 우리 위에는 구원하시려고 하고 하실 수 있는 하나님이 계신다. 하늘과 땅 사이에 다리를 놓는 것은 우리의 할 일이다. 기도야말로 바로 그 일을 할 수 있는 강력한 수단이다.

그래서 옛부터 들려오던 목소리가 끈질기게 우리를 따라온다. "기도하자, 형제여, 기도하자."

13

그리스도께서 우리에게 기도하라고 명령하셨다

우리 주께서 기도의 문제에서 보이신 본을 그의 제자들은 그대로 따라야 할 것이다. 그리스도께서는 많이 기도하셨고 기도에 대해 많이 가르치셨다. 주님의 가르침뿐 아니라 주님의 생애와 사역 역시 기도의 본질과 필요성을 보여 주는 실례이다. 그리스도께서는 기도에 부응하는 삶을 사시고 노력하셨다. 그러나 기도에 있어 끈질겨야 할 필요성은 그리스도께서 기도에 관해 가르치면서 강조한 점이었다. 사람이 기도해야 할 뿐만 아니라 기도에 끈기가 있어야 할 것 또한 가르치셨다.

주께서는 기도할 때 힘을 내고 열심을 내야 할 것을 명령으로 가르치기도 하시고 표상을 써서 가르치기도 하셨다. 주께서는 우리 노력에 단계적인 변화를 일으키면서 절정에 이르게 하신다. 우리는 구해야 하지만, 구할 뿐만 아니라 찾아야 하고 찾는 것에서 나아가 온 힘을 다해 두드려야 한다. 탄원하는 영혼은 하나님의 침묵을 만나면 더욱 분발해야 한다. 다니엘 같은 사람은 하나님의 침묵을 만나면 주저앉거나 당황하지 않고 잠재력을 일으켜 다시 한 번 지극히 뜨거운 열심을 일으킨다.

신앙의 주요 의무들을 말씀하시는 산상수훈에서 예수께서는 일반 기도와 구체적인 개인 기도를 중요하게 말씀하실 뿐만 아니라 따로 한 곳을 할애하여 끈질긴 기도를 강조하여 설명하신다. 기도에 낙심하지 않도록 하기 위해 주께서는 하나님이 아버지로서 기꺼이 기도에 응답하려고 하신다는 사실, 곧 하나님의 능력과 선하심과 온전하심이 우리의 연약함과 악함보다 뛰어나듯이 하나님께서 우리 기도에 응답하려고 하시는 마음은 우리가 우리 자식에게 필요한 좋은 것을 주려고 하는 것보다 더 크다는 사실을 기본 원리로 제시하신다. 그리스도께서는 더 확신을 갖고 기도하도록 격려하시기 위해 기도에 응답하시겠다는 사실을 아주 분명하고 확신 있게 강조하신다. "구하라 그러면 너희에게 주실 것이요 찾으라 그러면 찾을 것이요 문을 두드리라 그러면 너희에게 열릴 것이니." 그 확신을 두 배로 갖도록 주께서는 이 말씀을 덧붙이신다. "구하는 이마다 얻을 것이요 찾는 이가 찾을 것이요 두드리는 이에게 열릴 것이니라."

왜 주님은 아버지께서 자기 자녀들의 기도에 사랑으로 즉각 응답하려고 하신다는 사실을 우리에게 털어놓으시는가? 왜 주님께서는 기도가 응답될 것이라는 사실을 그처럼 강조하시는가? 왜 여섯 번씩이나 긍정적인 주장을 되풀이하시는가? 왜 그리스도께서는 기도가 분명히 응답된다는 사실에 관해 두 번에 걸쳐서 굳은 약속과 강조, 반복을 되풀이하시는가? 기도 응답이 늦어지는 경우가 많이 있어서 끈질기게 계속 요청할 필요가 있고, 또 하나님께서 기꺼이 응답하실 것이라는 아주 굳건한 확신이 우리 믿음에 없으면 응답이 지체될 경우 믿음이 무너질 수 있을 것을 아셨기 때문이다. 또 주님께서는 우리의 영적 태만이 복종이라는 가면을 쓰고 들어올 수 있고, 그러면 우리가 구하는 것을 주시는 것이 하나님의 뜻이 아니라고 말하면서 기도하기를 그치고 뜻을 이루지 못하게 되는 것을 아셨다.

하나님께서는 기도에 응답하기를 원하신다는 사실을 아주 명료하고 분명하게 밝히신 다음 그리스도께서는 끈질기게 기도하라고 권하신다. 그래서 기도가 응답되지 않을 때는 언제든지 우리의 요청하는 바를 중지할 것이 아니라 오히려 더 강력하고 힘있게 구해야 한다고 하신다. 구하는 것을 못한다면 구하는 것에서 나아가 찾는 굳건한 태도와 정신으로 들어가도록 해야 한다. 찾음으로써도 답을 얻지 못한다면 찾는데서 나아가 더욱더 힘있고 소란스럽게 문을 두드리도록 해야 한다. 우리는 응답을 받을 때까지 인내해야 한다. 우리의 믿음이 쓰러지지 않으면 실패는 없다.

기도에서 우리에게 위대한 모범을 보이신 주님께서는 첫번째 조건으로서 사랑을 말씀하신다. 곧 미움, 보복, 악의와 같은 것들을 마음에서 깨끗이 씻어낸 사랑을 이야기하신다. 사랑이야말로 기도의 최고의 조건이다. 생활은 사랑에 고무받아 이루어진다. 고린도전서 13장은 사랑의 법칙일 뿐 아니라 기도의 법칙이기도 하다. 사랑의 법이 곧 기도의 법이므로 고린도전서의 이 장을 숙달하면 기도의 가장 중요하고 충분한 조건을 익히는 것이다.

그리스도께서는 또한 우리에게 그리스도의 이름으로 아버지 하나님께 나아가라고 가르치셨다. 그리스도의 이름은 우리의 입장권이다. 우리의 탄원을 알릴 때 우리는 바로 그리스도의 이름으로 알려야 한다. "내가 진실로 진실로 너희에게 이르노니 나를 믿는 자는 나의 하는 것을 저도 할 것이요 또한 이보다 큰 것도 하리니 이는 내가 아버지께로 감이니라. 너희가 내 이름으로 무엇을 구하든지 내가 시행하리니 이는 아버지로 하여금 아들을 인하여 영광을 얻으시게 하려 함이라."

"무엇을 구하든지"라는 말씀은 참으로 넓고 광범위한 표현이다. 그리스도의 이름이 지닌 능력에는 한계가 없다. "너희가 무엇을 구하든지." 이 말씀은 하나님의 선언이다. 이 말씀은 기도하는 모든 자녀에게 무한한 자원과 가능성의 전망을 열어놓는다.

그 사실은 우리의 유산이다. 우리가 그 조건을 지키면 그리스도께서 가지신 모든 것이 우리의 것이 될 수 있다. 그 유일한 비결이 기도이다. 하나님의 뜻을 계시하고 은혜와 능력을 갖추어 주는 곳이 기도실이다. 우리가 그곳에서 하나님을 만나면 우리는 승리할 뿐만 아니라 우리 주님을 더욱 닮게 되고 사람들에게 그리스도를 생생하게 보여주는 증거가 된다.

기도가 없으면 그리스도인의 삶은 즐거움과 아름다움을 잃고 냉랭해지고 형식적이 되며 활기가 사라진다. 하나님께서 자기 백성을 만나고 함께 걷고 이야기하시는 은밀한 곳에 뿌리를 박고 있으면 그리스도인의 생활은 더욱더 하나님의 능력을 증거하게 되어 모든 사람이 그 생활의 영향력을 느끼고 그 사랑의 따뜻함에 감동받을 것이다. 이와 같이 우리의 주요 하나님이신 그리스도를 닮으면 우리는 하나님의 영광과 사람들의 구원에 쓰임을 받을 것이다.

13. 그리스도께서 우리에게 기도하라고 명령하셨다 *195*

그리고 바로 그것이 모든 참된 기도의 목적이요 모든 진정한 봉사의 목적이다.

제3권

기도와 기도하는 성도들

Prayer and Praying Men

1921년 간행

1
구약의 기도하는 성도들 (1)

구약의 역사는 기도하는 성도들의 이야기로 가득 차 있다. 일찍이 구약 시대의 이스라엘 지도자들은 기도하는 습관으로 유명했다. 기도는 그들 삶의 두드러진 한 특징이다.

먼저, 하늘의 해와 달도 기도에 굴복했던 여호수아 10장의 사건을 주목해 보자. 이스라엘과 그 적군들 사이에 싸움이 오랫동안 지속되고 있었고, 해는 서둘러 기울고 있었다. 여호와의 군대가 승리를 확보하기 위해서는 시간이 좀더 필요하다는 사실을 알았을 때 견고한 하나님의 사람 여호수아는 기도로써 이 위기를 타개하였다. 하나님의 백성들이 놀라운 승리의 열매를 풍성히 거두기에는 해가 너무나 빨리 떨어지고 있었다. 상황의 급박함을 안 여호수아는 이스라엘 백성들이 보는 앞에서 이렇게 외쳤다. "태양아, 너는 기브온 위에 머무르라. 달아, 너도 아얄론 골짜기에 그리할지어다." 기도하는 하나님의 사람의 명령에 해와 달은 멈춰 섰고 마침내 여호와의 백성들은 여호와의 원수들에게 복수하였다.

야곱은 밤을 새워 기도하기 전에는 엄격한 기준으로 볼 때 의인은 아니었다. 그러나 야곱은 기도의 사람이었고 기도에 응답하시는 하나님을 믿었다. 그래서 우리는 야곱이 어려운 일을 만나면 즉시 기도로 하나님께 나아가는 모습을 본다. 야곱은 에서를 두려워하여 고향을 떠나 친척 라반의 집으로 피하는 길이었다. 밤이 되어 한 곳에 자리를 잡아 모닥불을 피워놓고 기운을 회복하려고 잠을 청했다. 잠이 들자 야곱은 하늘까지 닿은 사다리를 하나님의 천사가 오르락내리락하는 신비로운 꿈을 꾸었다. 그가 잠에서 깨어 이렇게 외친 것은 자연스러운 일이었다. "여호와께서 과연 여기 계시거늘 내가 알지 못하였도다."

바로 그때 야곱은 전능하신 하나님과 확실한 언약을 맺었고 기도로 여호와께 이렇게 서원하였다. "하나님이 나와 함께 계시사 내가 가는 이 길에서 나를 지키시고 먹을 양식과 입을 옷을 주사 나로 평안히 아비 집으로 돌아가게 하시오면 여호와께서 나의 하나님이 되실 것이요 내가 기둥으로 세운 이 돌이 하나님의 전이 될 것이요 하나님께서 내게 주신 모든 것에서 십분 일을 내가 반드시 하나님께 드리겠나이다."

전적으로 하나님을 의지하고 다른 어떤 것보다 하나님의 도우심을 소망한다는 깊은 의미에서 야곱은 하나님의 보호와 축복과 인도를 구하는 기도의 조건으로 엄숙한 서원을 드렸다.

라반의 집에 머문 지 20년이란 세월이 흘러 야곱은 라반의 두 딸과 결혼하였고 하나님께서는 야곱에게 자녀들을 주셨다. 번성하여 부유하게 되었을 때 마침내 야곱은 그 곳을 떠나 그가 자란 고향으로 돌아가기로 결심하였다. 집에 가까워질수록 야곱은 형 에서와 상봉해야 한다는 것에 부담을 느꼈다. 오랜 세월이 흘렀지만 에서는 노여운 마음이 없어지지 않았다. 그러나 하나님께서는 야곱에게 말씀하셨다. "너의 친척, 너의 아비 집으로 돌아가라. 내가 너와 함께 하리라." 이처럼 다급한 상황에서 야곱은 확실한 하나님의 약속의 말씀과 오래 전에 드렸던 서원이 생각났고 다시 밤을 새워 기도하였다. 우리의 마음을 끄는 대목은 바로 야곱이 밤을 새워 천사와 씨름하여 결국 승리를 얻어내는 별나고도 이해할 수 없는 사건이다. "당신이 내게 축복하지 아니하면 가게 하지 아니하겠나이다." 바로 그 때 그 자리에서 간절하고 집요하며 끈질긴 기도에 대한 응답으로 야곱은 풍성한 축복을 받았으며 이름을 바꾸게 되었다. 그러나 이보다 훨씬 더 놀라운 일은 하나님께서 야곱의 소망보다 앞서 행하셔서 놀랍게도 에서의 노여운 마음을 없애신 것이다. 이제 보라! 다음날 야곱이 에서를 만났을 때 에서의 분노는 완전히 사라지고 없었고, 에서는 자신에게 죄를 지은 동생에게 우애를 보이는데 조금도 망설이지 않았다. 기도가 아닌 그 무엇으로도 에서의 마음에 일어난 그 놀라운 변화를 명쾌하게 설명할 수는 없다.
 이스라엘의 위대한 중보자요 하나님의 사람이었던 사무엘은 그의 어머니의 기도로 생겨난 인물이었다. 한나는 끈질긴 기도가 어떤 것인지, 또 그로 인한 유익이 무엇인지를 보여주는 기억에 남을 만한 본이 되는 인물이다. 한나는 아들이 없었고 사내 아이 갖기를 간절히 소원했다. 한나의 소원은 온 영혼에 사무쳤다. 그래서 한나는 하나님의 제사장 엘리가 있는 여호와의 집에 올라갔으며 간절한 마음이 너무나 사무쳐서, 기도하는 동안 마치 제정신을 잃고 술에 단단히 취한 사람처럼 보였다. 한나의 소원은 너무도 간절하여 또박또박 기도할 수가 없었다. "한나는 여호와 앞에 기도로 영혼을 토로하였다." 극복하기 어려운 선천적인 불행이 앞에 놓여있었지만 한나는 본문 말씀과 같이 "오래 기도"하였고, 마침내 하나님께서 주신 기쁜 마음과 환한 얼굴에는 그의 기도가 응답되었음이 나타났다. 의식 있는 믿음으로 한나는 사무엘을 낳았고 한 민족이 믿음으로 말미암아 회복되었던 것이다.
 사무엘은 한나가 드린 서원 기도의 응답으로 태어났다. 하나님께서 기도에 응답하시는 조건으로 맺은 거룩한 서원은 이 기도하는 여인과 그가 받은 응답에 관한 사건을 연구할 때 빼놓을 수 없다. 야고보서 5:15의 "믿음의 기도는 병든 자를 구원하리니"라는 말씀은 곧 서원하는 기도를 암시한다. 그러므로 가장 귀한 믿음으로 드리는 기도는 희생과 헌신을 온전히 낳는 기도이다. 따라서 자기 자신과 가진 모든 것을 결코 깨지지 않을 확실하고 지혜로운 서원으로, 또 하늘에 대한 꺼지지 않을 불타는 소망으로 하나님께 온전히 드리는 자기 헌신의 태도는 기도하는데 도움이 될 것이다. 삼손의 경우는 그가 가진 신앙의 특성을 살펴볼 때 어느 정도 역설적인 데가 있다. 그러나 지극히 중대한 잘못에 빠져있으면서도 삼손은 기도에 응답하시는 하나님을 알았고 하나님과 대화하는 방법을 알았다.
 이스라엘 백성이 아무리 멀리서 하나님을 불러도 하나님은 찾아 오셨고 아무리 깊은 곳에서 부르짖어도 하나님은 응답하셨으며 어떤 속박의 쇠사슬에 묶여서 하나님을 찾아도 하나님은 그 속박을 풀어주셨다. 이스라엘 백성이 항상 배우면서도 항상 망각하는 교훈이 있었다. 기도는 언제나 구원을 가져다주며 하나님께서는 자기 백성을 위한 일에 능치 못함이 없다는 것이었다. 각기 다른 시대를 살면서 한결같이 나름대로의 곤경을 만나는 하나님의 사람들을 우리는 본다. 그러나 그들이 당하는 고난은 위대한 승리의 선구자와 같은 역할을 하는 때가 자주 있다. 무슨 일로 고난을 당하든지, 또 어떤 고난을 만나든지 기도로 극복하지 못할 정도로 큰 곤경은 없다. 삼손의 엄청난 힘은 그를 구원하지 못할 뿐 아니라 그가 처한 곤경에서 구하지도 못한다. 성경이 어떻게 말하는지 살펴보자.

    삼손이 레히에 이르매 블레셋 사람이 그에게로 마주 나가며 소리지르는 동시에 여호와의 신의 권능이 삼손에게 임하매 그 팔 위의 줄이 불탄 삼과 같아서 그 결박되었던 손에서 떨어진지라.
    삼손이 나귀의 새 턱뼈를 보고 손을 내밀어 취하고 그것으로 일천 명을 죽이고
    가로되, "나귀의 턱뼈로 한 더미 두 더미를 쌓았음이여 나귀의 턱뼈로 내가 일천 명을 죽였도다."
    말을 마치고 턱뼈를 그 손에서 내어 던지고 그곳을 라맛 레히라 이름하였더라.
    삼손이 심히 목마르므로 여호와께 부르짖어 가로되, "주께서 종의 손으로 이 큰 구원을 베푸셨사오나 내가 이제 목말라 죽어서 할례 받지 못한 자의 손에 빠지겠나이다."
    하나님이 레히에 한 우묵한 곳을 터치시니 물이 거기서 솟아 나오는지라 삼손이 그것을 마시고 정신이 회복되어 소생하니.

구약의 이 신비로운 인물의 이야기에서 우리는 그 당시 사람들이 큰 역경에 빠졌을 때 어떻게 기도를 통해 무의식적으로 하나님을 바라보았는지를 보여주는 다른 사건을 만난다. 그들의 삶이 아무리 부정직했어도, 하나님을 아무리 멀리 떠났어도, 그리고 고난이 왔을 때 아무리 크게 범죄했어도 그들은 언제나 하나님께서 구원하시기를 구했으며, 대개 그들이 회개했을 때 하나님은 그 부르짖음을 들으시고 기도에 응답하셨다. 이 일은 삼손이 죽음을 맞이할 때 일어나며 그가 어떻게 삶을 마쳤는지 보여준다.

사사기 16장에 기록된 말씀을 살펴보자. 삼손은 이방 여인인 들릴라와 사랑에 빠졌고 들릴라는 블레셋과 공모하여 끝없이 솟아나는 삼손의 힘의 근원이 무엇인지 알아내려고 노력했다. 잇달아 세 번을 실패한 들릴라는 집요함과 여자다운 기교로 마침내 삼손을 설득하여 그 놀라운 비밀을 자기에게 누설하게 만들었다. 삼손은 전혀 의심하지 않고 자신이 가진 힘의 근원이 한 번도 삭도를 대지 않은 그의 머리카락에 있다는 사실을 들릴라에게 누설하고 말았다. 들릴라는 삼손의 머리카락을 잘라 삼손이 가진 육체적인 힘을 빼앗아갔다. 들릴라는 블레셋 사람들을 불러들였고 그들은 와서 삼손의 두 눈을 빼고 온갖 방법으로 고문하였다.

블레셋 사람들은 그들의 우상 신인 다곤에게 큰 제물을 바치기 위해 한 자리에 모인 자리에서 삼손에게 자기들을 위해 재주를 부리게 했다. 다음은 삼손이 자신과 하나님의 원수인 블레셋 사람들 앞에 조롱거리로 서 있는 모습에 관한 말씀이다.

> 삼손이 자기 손을 붙든 소년에게 이르되, "나로 이 집을 버틴 기둥을 찾아서 그것을 의지하게 하라" 하니라.
> 그 집에는 남녀가 가득하니 블레셋 모든 방백도 거기 있고 지붕에 있는 남녀도 삼천 명 가량이라. 다 삼손의 재주 부리는 것을 보더라.
> 삼손이 여호와께 부르짖어 가로되, "주 여호와여 구하옵나니 나를 생각하옵소서. 하나님이여 구하옵나니 이번만 나로 강하게 하사 블레셋 사람이 나의 두 눈을 뺀 원수를 단번에 갚게 하옵소서"하고
> 집을 버틴 두 가운데 기둥을 하나는 왼손으로, 하나는 오른손으로 껴 의지하고
> 가로되 "블레셋 사람과 함께 죽기를 원하노라"하고 힘을 다하여 몸을 굽히매 그 집이 곧 무너져 그 안에 있는 모든 방백과 온 백성에게 덮이니 삼손이 죽을 때에 죽인 자가 살았을 때에 죽인 자보다 더욱 많았더라.

2

구약의 기도하는 성도들 (2)

물고기 뱃속에서 기도한 사람 요나는 구약의 기도하는 훌륭한 성도의 예를 보여주는 또 다른 인물이다. 하나님의 선지자였던 요나는 하나님의 낯을 피해 선교해야 할 땅에서 도망친 사람이었다. 요나는 사악한 니느웨 사람들에게 경고의 말씀을 전하고 그들을 향해 외칠 사명을 받아 니느웨로 떠났다. 그것은 "그 악독이 내 앞에 상달하였음이니라"고 하나님께서 말씀하셨기 때문이었다.

그러나 요나는 두려움이나 혹은 다른 이유로 하나님께 순종하기를 거부하고 하나님의 낯을 피해 배를 타고 다시스로 도망을 갔다. 요나는 말씀을 외치도록 사명을 주셔서 자신을 보내신 그 하나님께서 니느웨가 아닌 다시스로 가는 배를 타고 있는 자신을 보고 계신다는 평범한 사실을 간과했던 것 같다.

배가 다시스로 항해하는 동안 폭풍이 일어났고 사람들은 하나님의 노여움을 가라앉혀서 배와 그 안의 모든 물건을 잃는 것을 막기 위해 요나를 바다로 던질 결정을 내렸다. 그러나 하나님께서는 처음부터 요나와 함께 계셨듯이 그곳에도 함께 계셨다. 하나님은 요나를 붙잡아 그가 사명을 버리고 도망하는 것을 좌절시키고 그를 구원하여 하나님의 뜻을 이루게 하시기 위해 큰 물고기를 예비하셔서 요나를 삼키게 하셨다.

물고기 뱃속에 머무는 동안 요나는 큰 고난을 겪으면서 이상한 경험을 하였다. 요나는 하나님을 불렀고 하나님은 그의 기도를 들으셨으며 물고기에게 명하여 요나를 육지에 토하게 하셨다. 어떤 힘이 이처럼 무서운 곳에서 그를 구원할 수 있었겠는가? 요나는 "스올의 뱃속에" 절망스럽게 버려졌으며 저주를 받아 멸망할 운명이었다. 그러나 요나는 거기서 기도한다. 기도가 아니라면 무슨 일을 할 수 있겠는가? 다음은 요나가 평소에 어려운 일을 당했을 때 늘 하던 일을 그대로 보여주는 말씀이다.

"내가 받는 고난을 인하여 여호와께 불러 아뢰었삽더니 주께서 내게 대답하셨고 내가 스올의 뱃속에서 부르짖었삽더니 주께서 나의 음성을 들으셨나이다."
여호와께서 물고기에게 명하시매 요나를 육지에 토하니라.

다른 사람들과 같이 요나는 기도를 서원과 연결시킨다. 요나는 기도를 하며 이렇게 말하기 때문이다. "나는 감사하는 목소리로 주께 제사를 드리며 나의 서원을 주께 갚겠나이다. 구원은 여호와께로서 말미암나이다."
기도는 요나를 "스올의 뱃속에서" 구원해 낸 강력한 힘이었다. 기도는, 강력한 기도는 최후를 보장해 주었다. 기도는 하나님의 마음을 움직여서 불충한 요나를 구원하였다. 사명을 저버리고 도망한 죄악에도 불구하고 하나님은 그의 기도를 거절할 수 없었다. 응답될 수 없는 기도란 없다. 하나님께 불가능한 일이란 없기 때문이다.
물고기 뱃속에서 요나가 드린 응답된 기도는 죽음에서 살아나신 예수 그리스도의 부활에서 나타난 기적적인 능력에 대한 구약의 상징이 되었다. 우리 주님께서는 요나의 기도와 부활이라는 사건이 사실이었음을 확증하신다.
하나님의 능력 있는 구원을 보여주는 이런 사건들보다 더 명쾌한 일은 있을 수 없다. 기도는 오직 하나님과 관계한다는 것보다 더 분명한 사실은 없다. 기도는 하나님께서 들으시고 응답하신다는 위대한 사실에서 볼 때, 그 자체로서 가치와 중요성이 있음은 더할 나위 없이 명백하다. 구약의 성도들은 이 사실을 굳게 믿었다. 이것은 그들의 삶을 통해 끊임없이, 그리고 뚜렷하게 드러나는 사실이다. 그들은 본질적으로 기도의 사람이었다.

우리에게는 기도라는 기술을 가르칠 학교가 얼마나 절실히 필요한가! 오늘날은 모든 기술 중에 가장 단순하지만 모든 능력 중에 가장 강력한 이 기도가 그 어느 때보다 무시되고 타락할 위기에 놓여 있다. 어머니의 기도하는 무릎에서부터 멀리가면 갈수록 진정한 기도의 기술로부터 멀어진다. 우리가 받는 모든 고등교육과 선생들은 기도의 능력을 믿지 않게 만든다. 구약시대를 산 사람들은 기도를 잘했다. 그것은 그들이 단순한 사람들이었고 단순한 시대에 살았기 때문이다. 그들은 순수하였고 순수한 시대를 살았으며 순수한 믿음을 가졌다.

기도하는 습관으로 유명한 구약의 성도들을 나열하자면 누구보다도 기도의 사람이었던 다윗을 절대로 빼놓을 수 없다. "저녁과 아침과 정오에 내가 근심하여 탄식하리니"라고 다윗이 말한 것을 보면 그에게 기도는 습관이었다. 이스라엘의 가장 감미로운 시인에게 기도는 전혀 낯선 일이 아니었다. 다윗은 하나님께로 가는 방법을 알았으며 그 길을 자주 찾았다. "오라! 우리가 굽혀 경배하며 우리를 지으신 여호와 앞에 무릎을 꿇자"라는 다윗의 외침이 그토록 분명하고 감동적인 것은 결코 이상한 일이 아니다. 다윗은 하나님을 기도를 들어줄 수 있는 신으로 알았다. 그래서 그는 이렇게 고백했다. "기도를 들으시는 주여! 모든 육체가 주께 나아오리이다."

다윗이 중대한 죄를 지음으로 여호와의 원수들이 훼방할 거리를 얻게 한 일로 하나님께서 밧세바를 통해 낳은 아이를 쳐서 앓게 하셨을 때 다윗이 이레 동안 아이의 생명을 위해 기도에만 몰두한 것은 놀랄 만한 일이 아니다. 가족에게 닥친 이 다급한 상황에서 다윗의 기도하는 습관은 나타났고, 우리는 아이를 살리기 위해 금식하며 기도하는 그의 모습을 본다. 하나님께서 다윗의 기도를 거절하신 사실 때문에 다윗의 기도하는 습관을 의심할 수는 없다. 구한 것을 받지는 못했지만 하나님을 믿는 그의 믿음은 전혀 흔들리지 않았다. 하나님께서는 그 사내아이의 생명을 구해주지 않았지만 후에 다윗에게 솔로몬이라는 다른 아들을 주셨다. 그래서 하나님은 다윗이 살려달라고 기도했던 아이보다 그 후에 난 아들이 다윗에게 훨씬 더 큰 복이 되도록 하셨다.

이 기도의 때와 깊이 연관해서 보면, 우리는 나단이 하나님의 명령을 받아 간음과 살인이라는 다윗의 두 가지 중대한 죄를 다윗에게 폭로하였을 때 그가 드린 참회의 기도를 간과해서는 안 된다. 그 즉시 다윗은 자기의 죄악을 시인하고 "내가 여호와께 죄를 범하였노라"고 나단에게 말한다. 다윗의 자백과 깊은 수치심, 그리고 참회가 대부분을 차지하는 시편 51편을 읽으면 우리는 그가 자신이 지은 죄에 대하여 크게 슬퍼하고 비탄에 잠기며 진정으로 회개하는 것을 충분히 알 수 있다.

다윗은 죄를 용서하시는 하나님을 발견할 곳을 알았고 다시 사하심을 받았으며, 간절하고 진실된 참회의 기도를 통해 다시 회복된 구원의 기쁨을 누렸다. 이렇게 할 때 모든 죄인들은 하나님의 은혜에 이르고 용서를 받으며, 새로워진 자신을 발견하는 것이다.

기도의 책인 시편 말씀을 읽으면 그 말씀들은 하나같이 마치 기도를 두 눈으로 똑똑히 보는 것 같다.

구약시대에 기도한 유명한 사람들의 목록에서 솔로몬도 빼 놓을 수 없는 인물이다. 구약의 기도하는 성인들은 어떤 죄를 범해도 기도를 들으시는 하나님을 잊지 않았고 그치지 않고 기도의 하나님을 구했다. 지혜로운 사람 솔로몬이 나중에는 하나님을 떠났지만, 그래서 자신의 영광이 구름에 가리웠지만 우리는 통치 초기에 기도하는 그의 모습을 발견한다.

솔로몬은 제사를 드리기 위해 기브온으로 갔다. 이는 기도가 항상 제사와 밀접한 관계가 있었음을 보여준다. 솔로몬이 그곳에 머물 때 여호와께서 밤에 꿈속에 나타나 이렇게 말씀하셨다. "내가 네게 무엇을 줄꼬 너는 구하라." 솔로문의 대답을 보면 그의 인격을 형성하게 한 것이 무엇인지 알 수 있다. 솔로몬이 구한 것은 무엇인가?

　　나의 하나님 여호와여 주께서 종으로 종의 아비 다윗을 대신하여 왕이
　　되게 하셨사오나 종은 작은아이라 출입할 줄을 알지 못하고
　　주의 빼신 백성 가운데 있나이다. 저희는 큰 백성이라 수효가 많아서
　　셀 수도 없고 기록할 수도 없사오니
　　누가 주의 이 많은 백성을 재판할 수 있사오리이까. 지혜로운 마음을

종에게 주사 주의 백성을 재판하여 선악을 분별하게 하옵소서.

다음 말씀은 이와 같은 기도의 결과로 기록된 말씀임이 분명하다.

솔로몬이 이것을 구하매 그 말씀이 주의 마음에 맞은지라.
이에 하나님이 저에게 이르시되, "네가 이것을 구하도다. 자기를 위하여 수도 구하지 아니하며 부도 구하지 아니하며 자기의 원수의 생명 멸하기도 구하지 아니하고 오직 송사를 듣고 분별하는 지혜를 구하였은즉,
내가 네 말대로 하여 네게 지혜롭고 총명한 마음을 주노니 너의 전에도 너와 같은 자가 없었거니와 너의 후에도 너와 같은 자가 일어남이 없으리라.
내가 또 너의 구하지 아니한 부와 영광도 네게 주노니 네 평생에 열왕 중에 너와 같은 자가 없을 것이라."

이것은 얼마나 훌륭한 기도였는가! 이 얼마나 자기를 낮춘 기도이며 얼마나 소박한 기도인가! "종은 작은아이라." 솔로몬은 필요한 것을 얼마나 구체적으로 구하였는가! 그래서 솔로몬은 구했던 것보다 얼마나 더 많이 받았는지 보라!

성전을 바칠 때 드린 놀라운 기도를 보라. 아마도 이 기도는 성경에서 가장 장황하게 기록된 기도일 것이다. 얼마나 함축적이고 뚜렷하며 철저한 기도인가! 솔로몬은 기도가 아니고서는 그 어떤 방법으로도 하나님의 집의 기초를 세울 수 없었다. 그래서 하나님은 전에도 그랬듯이 솔로몬의 기도를 들으셨다. "솔로몬이 기도를 마치매 불이 하늘에서부터 내려와서 그 번제물과 제물들을 사르고 여호와의 영광이 그 전에 가득하니." 그것으로 하나님은 솔로몬이 드린 하나님의 전을 받으셨다는 것과 기도의 왕 솔로몬의 기도를 들으신 것을 증명하셨다.

살펴보면 볼수록 기도하는 습관을 가진 구약시대의 성도들의 목록은 점점 더 길어진다. 하도 많아서 그 끝을 찾아 볼 수도 없다. 그러나 위대한 복음의 선지자 이사야와 눈물의 선지자 예레미야의 이름을 빼서는 안 된다. 그러나 그 외에도 다른 이름들이 많이 있을 것이다. 이들만으로도 구약

의 기도하는 사람들을 연구하는데 충분하다. 구약성경을 읽을 때는 기도에 대한 주제를 마음에 두고 자세히 읽어 보라. 그러면 그 옛날 성도들의 마음과 삶에 기도가 얼마나 큰 비중을 차지했는지 발견할 수 있을 것이다.

3

기도의 사람, 아브라함

하나님의 벗이었던 아브라함은 기도의 능력을 전적으로 믿은 성도들의 실례를 뚜렷이 보여주는 한 인물이다. 아브라함은 결코 그림자처럼 어렴풋한 인물이 아니었다. 아브라함이 보여준 선명하기도 하고 어렴풋하기도 한 족장 체제를 통해 우리는 기도가 태고 적부터 있었다는 사실을 발견할 뿐만 아니라 기도가 얼마나 가치 있는지를 배운다. 사실 기도의 역사는 이 땅의 첫 세대로 거슬러 올라간다. 우리는 가장 단순하면서도 가장 복합적인 하나님의 은혜의 통치에 있어 기도의 힘이 얼마나 절대적으로 요구되었는지 본다.

아브라함의 성품을 연구할 때 우리가 발견하는 사실이 하나 있다. 미지의 땅으로 떠나라는 하나님의 부르심을 받은 아브라함은 모든 식솔들을 데리고 여정을 떠나다가 도중에 어느 곳에 머물든지 단 하룻밤을 묵더라도 언제나 단을 쌓았고, "여호와의 이름을 불렀다"는 사실이다. 또 믿음과 기도의 사람 아브라함은 처음으로 가족의 제단을 쌓은 사람 중의 하나였다. 그 제단 주위에 가족을 모두 불러모으고 경배와 찬양과 기도의 제사를 드렸다. 아브라함이 쌓은 이런 제단들은 무엇보다도 가족들을 한자리에 모으고 드린 제단으로, 은밀하게 드린 제사와 구별된다는 점에서 의미가 있다.

하나님의 계시가 더 충만하고 완전해짐에 따라 아브라함의 기도는 깊이를 더해 갔으며, 이것은 곧 "아브라함은 얼굴을 땅에 대고 하나님은 아브라함에게 말씀하시는" 영적인 시기 중에 하나였다. 노년에 아들을 주시고 그 약속의 아들을 위해 예비하신 놀라운 일들을 약속하시는 전능하신 하나님의 뜻과 계시에 놀라움을 금치 못한 채 하나님을 대면하고 있는 "믿음의 조상" 아브라함의 모습을 발견하기도 한다.

이스마엘의 운명조차도 아브라함의 기도로 결정되었다. "이스마엘이나 하나님 앞에 살기를 원하나이다!"

조카인 롯이 살고 있던 죄악의 성 소돔이 하나님의 뜻으로 멸망할 운명에 처했을 때 그 성을 위해 거듭 중보하면서 하나님 앞에 서 있는 아브라함의 모습은 얼마나 장엄한가! 멸망할 소돔의 운명은 아브라함이 기도하는 동안 잠시 연기되었고, 기도의 능력을 굳게 믿고 기도하는 방법을 알았던 사람의 끈질기고 겸손한 기도로 거의 구원받을 뻔하였다. 아브라함은 소돔을 구하는데 기도가 아닌 그 어떤 수단도 의지하지 않았다. 아마도 소돔이 결국 멸망할 운명에서 벗어나지 못한 이유는 아브라함이 그 성의 영적인 상황을 낙천적으로 보았기 때문이었는지도 모른다. 소돔의 파멸은 막을 수 있었을지도 모른다. 아브라함이 한 번 더 하나님께 애원했더라면, 또 롯을 위해 그 성에 의인이 단 한 명이라도 있으면 멸망시키지 않으시기를 구했다면 하나님께서 아브라함의 기도에 마음을 두셨을지도 모른다.

아브라함의 전 생애에 있어 어떻게 그가 기도의 사람이었으며 하나님의 능력을 가졌는지를 보여주는 한 가지 사건을 더 주목하라. 아브라함은 남쪽으로 이동하여 그랄이라는 곳에 체류하였다. 그랄 왕 아비멜렉이 자신을 죽이고 아내 사라를 사사로이 취할 것을 두려워하여 아브라함은 사라가 그의 누이라고 말하여 아비멜렉을 속였다. 하나님은 꿈에 아비멜렉에게 나타나 사라가 아브라함의 누이가 아니라 아내라고 말하고 사라를 가까이 하지 말라고 경고하셨다. 그때 하나님은 아비멜렉에게 말씀하셨다. "이제 그 사람의 아내를 돌려보내라. 그는 선지자라. 그가 너를 위하여 기도하리니 네가 살려니와." 그리고 이 사건의 결론은 이렇게 기록되었다. "아브라함이 하나님께 기도하매 하나님이 아비멜렉과 그 아내와 여종을 치료하사 생산케 하셨으니 여호와께서 이왕에 아브라함의 아내 사라의 연고로 아비멜렉의 집 모든 태를 닫히셨음이더라."

이 사건은 무섭고 혹독한 시험의 마지막에 와 있는 욥의 경우와 어느 정도 일맥상통한다. 욥의 마음을 헤아리지 못할 뿐만 아니라 하나님께서 그의 종에게 행하시는 일도 이해하지 못하는 친구들은 욥이 자기가 받는 곤경 때문에 하나님께 범죄한다고 정죄했다. 하나님은 이렇게 말하는 욥의 친구들에게 말씀하셨다. "내 종 욥이 너희를 위하여 기도할 것인즉 내가 그를 기쁘게 받으리니 … 욥이 그 벗들을 위하여 빌매 여호와께서 욥의 곤경을 돌이키시고."

전능하신 하나님은 그의 종 욥이 기도의 사람이라는 것을 아셨다. 그리고 친구들을 욥에게 보내셔서 욥이 하나님의 계획과 뜻을 이루기 위해 기도하게 하실 수 있었다.

아브라함이 기도로 하나님 앞에 서는 것은 그의 습관이었다. 아브라함의 생애는 기도로 충만했고 아브라함의 통치는 기도로 거룩하게 되었다. 순례 기간에 어느 곳에서 머물든지 기도는 아브라함과 떼어놓을 수 없는 동반자였기 때문이다. 희생의 제단에는 언제나 기도의 제단이 함께 있었다. 아브라함이 아침 일찍 일어나 찾아간 곳은 이전에 그가 기도로 하나님 앞에 섰던 곳이었다.

4

위대한 중보자, 모세

　기도는 하나님의 뜻과 일체가 되고 그 뜻을 확실히 이룬다. 기도로 하나님의 진노를 가라앉히지 않고 약속을 확증하지 않아서 하나님의 깊고 인자한 뜻이 사람들의 죄로 인해 풍성하고 유익한 결과를 얻지 못한 때가 얼마나 많았는가! 이스라엘 민족이 금송아지를 만들어 하나님을 배신했을 때 사십 일을 밤낮으로 드린 모세의 간절하고도 끈덕진 중재의 기도가 없었더라면 이스라엘이라는 한 민족은 마땅히 멸망과 종말을 맞았을 것이다!

　놀라운 기도로 인해 형성된 모세의 성품이 끼치는 영향 역시 놀라웠다. 율법을 받으면서 하나님과 친밀하고도 당당하게 대화하였지만, 그래도 사십 일을 하나님께 기도하는 지칠 줄 모르는 기도의 습관과 같은 그의 성격이 변하지는 않았다. 모세의 얼굴에 눈부신 광채가 난 것은 바로 모세가 오랫동안 간절히 기도하고 난 후 산을 내려왔을 때였다. 전심으로 기도하는 기간이 있어야 우리의 인격과 행동이 성숙하고 천국의 광채를 드러낸다. 밤을 새워 드린 야곱의 기도는 장자권을 도적질했던 그의 성품을 많이 변화시켜 하나님과 사람들에게 영향력을 가진 왕, 이스라엘이 되었다.

　목적과 결과에 있어 모세의 사명보다 더 웅대한 사명은 없었다. 모세가 받은 사명보다 책임이 크고 중요하고 힘든 것도 없었다. 모세의 사명을 통해 우리는 숭고한 사역에 대해 배우고 기도에 대해 배운다. 모세의 사명은 공급과 후원의 매개체일 뿐만 아니라 오랜 고난에서 해방시켜주는 동정의 힘으로 작용하기도 한다. 기도는 하나님의 노여움을 억제하는 매개체로 작용하여 하나님의 은혜로 심판을 피하게 해준다.

모세와 그의 사명은 기도가 낳은 산물이었다. 그래서 성경은 이렇게 기록하고 있다. "야곱이 애굽에 들어간 후 너희 열조가 여호와께 부르짖으매 여호와께서 모세와 아론을 보내사 그 두 사람으로 너희 열조를 애굽에서 인도하여 내어 이곳에 거하게 하셨으나." 이것은 이스라엘 백성들을 애굽의 노예 생활에서부터 구원하기 위한 위대한 출애굽의 기원을 말한다.

하나님의 위대한 활동은 근원과 능력이 있었으며 사람들의 기도로 구체화되었다. 기도는 직접 하나님께 나아가는 것이 되어야 한다. 기도를 통해 다른 목적이나 부차적이고 우발적인 것들을 얻기도 하지만 거의 대부분 기도는 곧장 하나님을 향해야 한다. 하나님은 그의 뜻을 명하시기를 기뻐하시고 그의 성도들이 드리는 기도의 기초 위에서 일하신다. 기도는 하나님을 크게 감동시킨다. 하나님께서 주신 사명이라 할지라도 모세가 많이 기도하지 않고는 하나님의 위대한 일을 행할 수 없다. 자신의 향로를 기도의 향기로 가득 채우지 않으면 하나님의 백성들을 다스리고 하나님의 거룩한 계획을 이룰 수 없다. 기도의 불과 향기가 하나님을 향하여 타오르며 향기를 내지 않고서는 하나님의 일은 이루어질 수 없다.

모세의 기도는 진노로 인한 하나님의 무서운 재앙을 종종 피하게 하였다. 진노하시는 하나님께서 내린 무서운 재앙에서 바로를 구하기 위해 모세는 네 번을 간절히 기도했다. 지긋지긋한 개구리 떼가 온 땅에 올라왔을 때 바로는 모세에게 "여호와께 구하라"고 하며 그 어느 때보다 간절히 청했다. 모세는 하나님께 간구하였고 하나님은 모세의 기도를 들으셨다. "모세와 아론이 바로를 떠나 나가서 바로에게 내리신 개구리에 대하여 모세가 여호와께 간구하매, 여호와께서 모세의 말대로 하시니." 파리 떼로 인해 무서운 전염병이 온 땅을 덮었을 때 바로는 또 한 번 모세에게 간청했다. "너희는 나를 위해 기도하라." 모세는 바로를 떠나 하나님께 기도하였고 하나님께서는 다시 모세가 기도한 대로 행하셨다. 분노한 뇌성과 우박이 맹렬하게 내리자 어쩔 수 없이 이 악한 왕은 "여호와께 구하라"고 전과 같이 모세에게 간청했다. 모세는 그 성에서 나가 혼자 전능하신 하나님께 나아갔다. "모세가 바로를 떠나 성에서 나가서 여호와를 향하여 손을 펴매 뇌성과 우박이 그치고 비가 땅에 내리지 아니하니라."

모세는 율법의 사람이었으나 그의 기도는 강력한 힘을 나타냈다. 좀더 영적인 차원에서 본다면 "내 집은 기도하는 집이니라"는 말씀은 모세에게 해당하는 말씀이었을 수도 있다.

기도는 하나님과 관계하는 것이라는 기도의 기초 원리를 모세는 그대로 받아들인다. 아브라함에게서 우리는 이 원리를 분명하고도 뚜렷하게 보았다. 이 원리는 모세에게 있어 더욱 분명해지고 확고해진다. 모세는 기도가 하나님을 감동시킨다는 사실을 증명하였다. 기도는 하나님을 감동하여 하나님의 행하심에 영향을 미친다는 것을, 심지어 하나님의 역사가 바뀌고 역전되더라도 하나님은 기도를 들으시고 응답하신다는 사실을 증명하였다. 그 어떤 율법보다 강력하고 변하지 않는 율법은 이것이다. "너는 내게 부르짖으라. 내가 네게 응답하리라."

모세는 하나님과 가까이 살았고 누구보다 자유롭고 제한 없이, 그리고 담대하게 하나님께 나아갔다. 그러나 이것으로 기도의 필요성이 줄어든 것이 아니었다. 오히려 기도의 필요성은 더욱 분명하고 강해졌다. 하나님과 친밀하게 교제하면 기도에 대한 흥미와 묘미와 능력이 생기고 더 자주 기도하게 된다. 하나님을 가장 잘 아는 사람은 가장 풍성하고 능력 있는 기도를 하는 사람이다. 하나님을 잘 알지 못하고 하나님께 마음을 열지 못하며 무덤덤할 때 기도는 더욱 드문 일이 되고 기도에는 능력이 없어진다.

기도로 해결할 수 없어서 뒤로 물러난 극단적인 상황이 모세에게 있었다. 그러나 기도할 때 하나님을 당황하게 만들 정도로 극단적인 상황은 없다. 모세가 받은 사명은 거룩한 사명이었다. 그것은 하나님께서 명하고 지시하고 계획하신 사명이었다. 하나님에게서 나온 사명일수록 그 사명을 이루는데 있어 더욱 뚜렷하고 확실하게 기도할 수 있다. 백성들을 대하는 모세의 기도 습관은 기도에 있어 용기와 고집의 필요성을 잘 설명해 준다. 모세는 하나님 백성들의 구원을 위해 사십 일을 밤낮으로 기도에 매달렸다. 오랜 기도를 동반한 백성들을 향한 모세의 사랑은 너무나 지극하여 몸이 쇠약해지는 것도 몰랐으며 식욕도 없어졌다. 놀랍게도 한 의인의 기도가 하나님의 마음에 얼마나 기이하게 영향을 미치는지가 모세에게 외치신 하나님의 말씀에서 분명하게 나타난다. "그런즉 나대로 하게 하라. 내가 그들에게 진노하여 그들을 진멸하고 너로 큰 나라가 되게 하리라." 이처럼 하나님을 감동시키는 것이 있다는 사실은 우리를 무척 놀라게 하며 두렵게 한다. 그렇게 기도하는 사람은 얼마나 당당하고 담대하며 헌신된 사람인가!

하나님의 말씀에서 이 사실을 살펴보자.

모세가 여호와께로 다시 나아가 여짜오되, "슬프도소이다. 이 백성이 자기들을 위하여 금신을 만들었사오니 큰 죄를 범하였나이다!

그러나 합의하시면 이제 그들의 죄를 사하시옵소서. 그렇지 않사오면 원컨대 주의 기록하신 책에서 내 이름을 지워 버려주옵소서."

여호와께서 모세에게 이르시되, "누구든지 내게 범죄하면 그는 내가 내 책에서 지워버리리라.

이제 가서 내가 네게 말한 곳으로 백성을 인도하라. 내 사자가 네 앞서 가리라. 그러나 내가 보응할 날에는 그들의 죄를 보응하리라."

고라의 반역은 반란을 일으킨 사람들에게 부화뇌동하는 이스라엘 백성들을 향해 하나님께서 진노의 불을 내뿜으신 사건이었다. 모세는 아론과 함께 하나님께 범죄한 사람들을 위해 중보하며 다시 한 번 하나님 앞에 나아온다. 그런데 이것은 그처럼 중대한 때에 모세는 구원을 위해 나아가야 할 대상이 누구인지 알고 하나님께서 분노를 가라앉히고 이스라엘을 구원하시도록 간절히 기도할 용기를 얻었다는 사실을 확실히 보여준다. 다음은 이 사건에 대하여 기록된 말씀이다.

여호와께서 모세와 아론에게 일러 가라사대,

"너희는 이 회중에게서 떠나라. 내가 순식간에 그들을 멸하려 하노라."

그 두 사람이 엎드려 가로되, "하나님이여 모든 육체의 생명의 하나님이여, 한 사람이 범죄하였거늘 온 회중에게 진노하시나이까?"

모세의 누이 미리암이 아론에게 동정심을 느끼고 모세에게 행하였던 거만하고 교만하고 반역적인 일로 인해 모세의 기도와 마음은 오히려 가장 고상하고 따뜻한 빛을 발하게 되었다. 하나님께서는 미리암의 범죄에 대해 문둥병으로 치셨다. 그러나 모세는 하나님께 중한 죄를 지은 자기 누이를 위해 동정심을 가지고 간절하게 기도했다. 모세의 기도는 미리암을 무서운 불치병에서부터 구원하였다.

이 말씀은 아주 흥미롭다.

여호와께서 그들을 향하여 진노하시고 떠나시매 구름이 장막 위에서 떠나갔고 미리암은 문둥병이 들려 눈과 같더라. 아론이 미리암을 본즉 문둥병이 들었는지라.

아론이 이에 모세에게 이르되, "슬프다 내 주여, 우리가 우매한 일을 하여 죄를 얻었으나 청컨대 그 허물을 우리에게 돌리지 마소서.

그로 살이 반이나 썩고 죽어서 모태에서 나온 자같이 되게 마옵소서."

모세가 여호와께 부르짖어 가로되, "하나님이여 원컨대 그를 고쳐 주옵소서."

여호와께서 모세에게 이르시되, "그의 아비가 그의 얼굴에 침을 뱉었을지라도 그가 칠 일간 부끄러워하지 않겠느냐? 그런즉 그를 진밖에 칠 일을 가두고 그 후에 들어오게 할지니라."

이스라엘 백성들의 불평과 불만은 기도의 능력이 완전히 드러나는데 필요한 조건을 제공하였다. 그들의 불평불만은 중보기도의 특징을 인상 깊게 보여주며, 동시에 사람들을 위해 하나님 앞에서 기도하는 중보자로서 모세의 위대한 신분을 분명히 드러낸다. 마라에 이르러 샘물이 쓰자 백성들은 모세와 하나님께 투덜댔다.

성경은 이것을 다음과 같이 기록하고 있다.

마라에 이르렀더니 그 곳 물이 써서 마시지 못하겠으므로 그 이름을 마라라 하였더라.

백성이 모세를 대하여 원망하여 가로되, "우리가 무엇을 마실까!" 하매 모세가 여호와께 부르짖었더니 여호와께서 그에게 한 나무를 지시하시니 그가 물에 던지매 물이 달아졌더라. 거기서 여호와께서 그들을 위하여 법도와 율례를 정하시고 그들을 시험하실 새.

기도로 얼마나 많은 이 땅의 쓴 물이 달게 되었는지는 오직 영원한 하나님의 말씀만이 밝힐 것이다.

다베라에 이르러 백성들이 또 불평하자 하나님께서는 그들에게 진노하셨다. 그때 모세는 다시 정면에 나서서 그들을 위해 기도하는 역할을 감당하였다. 이 사건을 성경은 간략하게 기록하고 있다.

백성이 여호와의 들으시기에 악한 말로 원망하매 여호와께서 들으시고 진노하사 여호와의 불로 그들 중에 붙어서 진 끝을 사르게 하시매,
백성이 모세에게 부르짖으므로 모세가 여호와께 기도하니 불이 꺼졌더라.

모세는 기도한 것을 받았다. 모세의 기도는 구체적이었고 하나님의 응답역시 구체적이었다. 모세가 기도하면 전능하신 하나님께서는 한결같이 들으시고 언제나 응답하셨다. 그의 기도가 그대로 응답되지 못한 때가 한 번있었다. 가나안에 들어가기를 기도했던 것이 그것이다. 응답을 받았으나 기도한 대로 온 것이 아니었다. 하나님은 모세에게 약속의 땅을 보여주셨지만 요단강을 넘어 그 약속의 땅으로 가도록 허락하지는 않으셨다. 이것은 육체의 가시를 없애 주시도록 세 번 구한 바울의 기도와 비슷하였다. 바울의 가시는 없어지지 않았다. 그러나 그 가시를 축복으로 변화시키시는 하나님의 은혜를 받았다.

시편 90편이 "다윗의 시"라고 알려진 시편에 섞여있다는 이유로 그 저자를 다윗으로 생각하면 안 된다. 90편 말씀은 모세의 시라는데 일반적으로 의견을 같이 한다. 이 말씀은 하나님의 율법을 사람들에게 주는 사람이 드리는 기도의 실례를 한 가지 보여준다. 이것은 연구할 가치가 있는 기도문이다. 이 말씀은 오랫동안 성도의 죽음에 대한 애가로 사용되었기 때문

에 우리에게 거룩한 말씀이다. 잠든 성도들의 무덤을 축복하는 말씀이다. 그러나 우리가 이 말씀에 익숙하기 때문에 그 완전한 의미를 잃어버릴 수도 있다. 이 말씀을 죽은 사람이 아닌 산 사람에 대한 말씀으로서, 어떻게 살고 어떻게 기도하며 어떻게 죽을 것인가를 가르치는 말씀으로 해석하는 사람이 있다면 그는 지혜로운 사람일 것이다. "우리에게 우리 날 계수함을 가르치사 지혜의 마음을 얻게 하소서. 우리 손의 행사를 우리에게 견고케 하소서. 우리 손의 행사를 견고케 하소서."

5

기도하는 선지자, 엘리야

엘리야는 분명히 선지자 중의 선지자이다. 면류관과 보좌와 홀이 그의 것이다. 그의 옷은 눈부시게 빛난다. 엘리야는 겉으로 보기에 불 같은 성격과 기도하는 심성을 가진 초인으로서 존경의 대상이 되는 듯하지만 신약성경은 엘리야를 우리와 성정이 같은 사람이라고 말한다. 성경은 엘리야가 드린 놀라운 기도의 결과 때문에 그를 인간의 범주에서 제외시키지 않고 그를 가리켜 우리가 닮아야 할 본보기이며 우리를 고무할 자극제와 같은 사람이라고 말한다. 엘리야와 같이 기도하고 엘리야와 같이 응답 받는 것은 이 시대에 절실히 필요한 일이다.

우리가 엘리야를 알기 전에 그는 기도에 관한 교훈을 배웠고 그 거룩한 기도 학교를 졸업했다. 엘리야는 산이나 광야 같은 은밀한 장소에서 단 둘이 하나님과 함께 있었던 사람이었으며 아합의 타락시키는 우상숭배에 맞서는 중보자였다. 그의 기도는 능히 하나님을 설득시켰다. 그의 기도에 대한 응답은 얼마나 확실하고 보증된 것이었는가!

엘리야는 하나님께 우상 신에게 복수할 것에 대해 의논하였다. 엘리야는 그 시대의 화신이었다. 당시는 복수의 시대였다. 중보자는 사랑의 상징인 감람나무 가지와 잎사귀로 옷입지 않고 정의와 진노의 상징인 불로 옷입었다. 엘리야는 얼마나 불현듯 아합 앞에 나타나는가! 엘리야는 놀라 움츠린 왕에게 확신과 거룩한 담대함으로 "비오지 않기를 간절히 기도하며" 받은 매우 중대한 메시지를 선포한다. 그리고 하나님은 그의 기도를 거절하지 않으셨다. "나의 섬기는 이스라엘 하나님 여호와의 사심을 가리켜 맹세하노니 내 말이 없으면 수년동안 우로가 있지 아니하리라."

엘리야의 기도의 비밀과 그의 품성은 "나의 섬기는"이라는 말씀에서 발견된다. 여기서 우리는 천사 가브리엘이 제사장 사가랴에게 노년에 아들이 태어날 일을 알릴 때 한 말을 떠올리게 된다. "나는 하나님 앞에 섰는 가브리엘이라." 그러나 천사장 가브리엘도 헌신과 용기, 그리고 하나님께 순종하는 마음과 하나님의 영광을 갈망하는데 있어 엘리야보다 앞서지 못했다. 엘리야의 기도에는 얼마나 놀라운 능력이 있는가! "삼 년 육 개월 동안 땅에 비가 아니 오고." 자연의 세력에 명령할 수 있는 힘은 얼마나 전능한 힘인가! "우로가 있지 아니하니라."

감히 이것을 주장을 하고 이런 능력을 장담하는 이 사람은 도대체 누구인가? 만약 그의 주장이 거짓이라면 그는 광신자나 미치광이에 불과하다. 그의 주장이 사실로 드러난다면 그는 인자하고 전능하신 하나님의 팔을 붙든 것이며 하나님께서 허락하여 하나님의 자리를 대신한 것이다. 저주받은 타는 듯한 땅, 그리고 비도 이슬도 없는 메마른 날과 밤들은 그가 한 말이 사실임을 입증하며, 구름을 저지하여 복된 비의 방문을 막은 이 사람의 냉혹함과 능력, 단호한 결의와 열정을 증명한다. 이 사람의 이름은 엘리야이며 이 사건은 "나의 하나님은 여호와시라"는 그의 이름이 참됨을 증명한다.

엘리야의 기도는 만물의 흐름을 멈추게 하는 능력을 가지고 있다. 이 문제에 있어 엘리야는 하나님을 대신하는 자리에 선다. 우리 주님의 형제인 침착하고 진실하며 실제적인 야고보는 그의 서신서를 통해 우리에게 이렇게 말한다. "엘리야를 통해 기도가 할 수 있는 능력이 무엇인지 보라! 엘리야처럼 기도하라. 의로운 사람은 기도의 능력을 마음껏 펼쳐라. 성도들도 죄인들, 천사들과 마귀들도 기도의 강력한 잠재력을 보고 느끼라. 한 의인의 기도가 얼마나 큰 능력과 영향력을 발휘하고 하나님의 마음을 움직이는지 보라."

엘리야의 기도는 거짓이 아니었다. 조금도 연기가 아니었으며 생명력 없고 영혼이 깃들지 않은 형식적인 기도가 아니었다. 엘리야는 완전히 기도에 몰두해 있었다. 그의 모든 육체와 정신은 불타는 힘과 함께 기도에 빠져 있었다. 그에게 하나님은 정말로 전능하신 하나님이었다. 하나님의 이름을 확실하게 알리기 위해, 하나님의 존재를 입증하기 위해, 하나님의 이름을 더럽히고 하나님의 법을 어기는데 대해 복수하기 위해, 그리고 하나님의 종이 진실됨을 증명하기 위해 기도는 완전한 능력을 가진 하나님을 세상에 드러내는 수단이었다.

야고보서 5:17에서, 엘리야가 "간절히 기도하였다"라는 말씀을 개정판에서는 "기도 중에 기도하였다" 혹은 "기도로 기도하였다"라고 표현한다. 다시 말하면, 엘리야는 온 힘을 모아 기도하였다.

엘리야의 기도는 강하고 집요하였으며 힘으로 저항할 수 없었다. 힘없는 기도는 결과를 보장하지 못하며 하나님께 영광을 돌리지 못할 뿐 아니라 사람에게도 유익을 가져다주지 못한다.

엘리야는 멀리 그릿 시냇가에 숨어서 하나님 곁에, 그리고 하나님과 함께 있는 동안 기도에 있어 새롭고 한 차원 높은 교훈을 배웠다. 아합 왕이 온 땅을 다니며 엘리야를 찾고 있을 때 그는 하나님과 교제하고 있었던 것은 의심의 여지가 없다. 얼마 후에 엘리야는 사르밧으로 가라는 지시를 받았는데, 그곳은 하나님께서 한 과부에게 명하여 엘리야를 먹이도록 하신 곳이다. 엘리야는 자신뿐만 아니라 그 과부를 위해서 사르밧으로 갔다. 엘리야가 그곳으로 간 일은 엘리야에게 유익을 가져다주고 과부에게는 선한 일의 징조를 보여주었다. 그 과부는 엘리야에게 필요한 것을 공급하였고 엘리야는 과부에게 필요한 것을 공급해 주었다. 과부가 엘리야에게 호의를 베푼 것보다 엘리야의 기도는 과부를 위해서 더 많은 것을 하였다. 과부에게는 힘든 시련과 슬픔이 또한 기다리고 있었던 것이다. 그 여인이 과부라는 사실과 그의 가난이 그가 당한 고난의 삶과 슬픔을 말해준다. 엘리야는 그 과부를 가난에서 구제하고 슬픔을 덜어주기 위해 그곳에 있었다.

성경은 이 대목을 다음과 같이 흥미롭게 기록하고 있다.

> 이 일 후에 그 집 주모되는 여인의 아들이 병들어 증세가 심히 위중하다가 숨이 끊어진지라

여인이 엘리야에게 이르되, "하나님의 사람이여, 당신이 나로 더불어 무슨 상관이 있기로 내 죄를 생각나게 하고 또 내 아들을 죽게 하려고 내게 오셨나이까?"

엘리야가 저에게, "그 아들을 달라" 하여 그를 그 여인의 품에서 취하여 안고 자기의 거처하는 다락에 올라가서 자기 침상에 뉘이고

여호와께 부르짖어 가로되, "나의 하나님 여호와여, 주께서 또 내가 우거하는 집 과부에게 재앙을 내리사 그 아들로 죽게 하셨나이까?" 하고

그 아이 위에 몸을 세 번 펴서 엎드리고 여호와께 부르짖어 가로되, "나의 하나님 여호와여, 원컨대 이 아이의 혼으로 그 몸에 돌아오게 하옵소서" 하니

여호와께서 엘리야의 소리를 들으시므로 그 아이의 혼이 몸으로 돌아오고 살아난지라.

엘리야가 그 아이를 안고 다락에서 방으로 내려가서 그 어미에게 주며 이르되, "보라. 네 아들이 살았느니라."

여인이 엘리야에게 이르되, "내가 이제야 당신은 하나님의 사람이시요 당신의 입에 있는 여호와의 말씀이 진실한 줄 아노라" 하니라.

엘리야의 기도는 이전에 결코 접근하지 못했던 영역으로 접어든다. 무섭고도 신비로우며 강력한 죽음이라는 세계는 이제 기도의 존재와 요구에 의해 침입을 받는다. 예수 그리스도께서는 엘리야가 과부를 찾아간 큰 이유가 대부분 과부를 위한 것이었다고 말씀하신다. 엘리야가 함께 있으면서 기도함으로 그 여인은 굶주리지 않았고 아들을 죽음으로부터 살릴 수 있었다. 하나밖에 없는 아들을 잃는 일보다 더 큰 슬픔은 확실히 없다. 엘리야는 얼마나 큰 확신을 가지고 그 상황에 직면하는가! 엘리야의 행동에는 주저함이 하나도 보이지 않고 그의 믿음에는 머뭇거림이 전혀 없다. 엘리야는 죽은 아이를 들고 자기의 다락방으로 가서 홀로 하나님 앞에 그 문제를 내려놓는다. 그 방에서 하나님은 엘리야를 만나신다. 이 싸움에는 오직 하나님께서 홀로 함께 하신다. 친구들이나 구경꾼들이 보기에 그 싸움은 너무나 격렬하고 너무나 거룩하다. 엘리야는 하나님께 기도하고 하나님께서는 그 문제에 함께 하신다. 아이의 생명은 하나님께서 취하셨고 하나

님은 죽음의 세계를 통치하신다. 삶과 죽음의 문제가 하나님의 손 안에 놓여있다. 엘리야는 하나님께서 아이의 영혼을 취하셨다고 믿었고 하나님께서 또한 그 영혼을 회복시킬 수 있다고 믿었다. 하나님은 엘리야의 기도에 응답하셨다. 기도의 응답은 하나님께 받은 엘리야의 사명과 하나님의 말씀이 참되다는 증거였다. 그리고 죽었다가 살아난 아이는 이 사실을 확실히 보여주는 증거였다. "내가 이제야 당신은 하나님의 사람이시요 당신의 입에 있는 여호와의 말씀이 진실한 줄 아노라." 기도의 응답은 하나님께서 계시는 것과 하나님의 말씀이 진리라는 사실을 증명하는 것이다.

이방신을 섬기는 왕 앞에서, 그리고 타락한 민족과 우상을 받드는 선지자들의 목전에서 받은 갈멜산에서의 영원히 기억될 엘리야의 싸움은 믿음과 기도를 보여주는 장엄한 사건이다. 시합에서 바알의 선지자들은 패하였다. 그들의 미친 듯한 울부짖음에도 하늘에서는 불이 내려오지 않는다. 엘리야는 평온한 심정으로 응답의 확신을 가지고 이스라엘 백성들에게 자기를 좇으라고 말한다. 엘리야는 다 무너진 하나님의 제단, 희생과 기도의 제단을 고치고 각을 뜬 황소를 제단 위에 가지런히 올려놓는다. 그 다음, 그는 속임수라고 비난받을 지도 모를 일에 대비하여 예방책을 마련한다. 제단을 온통 물로 가득 채운 것이다. 그리고 엘리야는 지극히 명확하고 단순하며 가장 정직한 한 가지 기도의 모델을 보여준다. 그 기도는 간결함과 큰 믿음으로 유명하다.

성경의 기록을 살펴보자.

저녁 소제 드릴 때에 이르러 선지자 엘리야가 나아가서 말하되, "아브라함과 이삭과 이스라엘의 하나님 여호와여, 주께서 이스라엘 중에서 하나님이 되심과 내가 주의 종이 됨과 내가 주의 말씀대로 이 모든 일을 행하는 것을 오늘날 알게 하옵소서

"여호와여 내게 응답하옵소서. 내게 응답하옵소서. 이 백성으로 주 여호와는 하나님이신 것과 주는 저희의 마음으로 돌이키게 하시는 것을 알게 하옵소서" 하매

이에 여호와의 불이 내려서 번제물과 나무와 돌과 흙을 태우고 또 도랑의 물을 핥은지라

모든 백성이 보고 엎드려 말하되, "여호와 그는 하나님이시로다. 여호와 그는 하나님이시로다" 하니

엘리야는 전에도 하나님께 직접 나아갔다. 진정한 기도는 언제나 하나님께 직접 나아가는 것이다. 엘리야의 그 기도는 하나님께서 정말로 존재한다는 것과, 하나님께로부터 직접 받은 응답은 의문을 잠재운다는 사실을 확실히 보여주었다. 그 응답은 또한 엘리야가 가진 거룩한 사명의 증명서이며 하나님께서 사람들에게 응답하신다는 증거이다. 우리가 엘리야의 기도에 대해서 보다 많이 안다면 놀라운 일들이 우리에게 일어나는 것을 이상하게 여기지 않을 것이다. 하나님은 그리 낯선 분이 아니고 아주 멀리 계신 분도 아니며 매우 연약한 분도 아니다. 우리가 만사에 활력이 없고 무기력한 것은 우리 기도가 활력이 없고 무기력하기 때문이다.

하나님은 엘리야에게 말씀하셨다. "너는 가서 아합에게 보이라. 내가 비를 지면에 내리리라." 엘리야는 즉시 하나님의 명령을 행동으로 옮겨 아합에게 나아갔다. 엘리야는 그 일을 아합과 이스라엘과 바알에게 공포하였다. 온 백성의 마음이 하나님께로 돌아왔다. 날은 황혼 속으로 저물어가고 있었다. 비는 오지 않았다. 그러나 엘리야는 기도의 팔을 거두면서 약속이 이루어지지 않았다고 말하지 않고 그의 약속을 다시 강조하고 실천했다.

이 사건과 그 결과를 성경은 이렇게 기록한다.

> 엘리야가 아합에게 이르되, "올라가서 먹고 마시소서. 큰 비의 소리가 있나이다."
>
> 아합이 먹고 마시러 올라가니라. 엘리야가 갈멜산 꼭대기로 올라가서 땅에 꿇어 엎드려 그 얼굴을 무릎 사이에 넣고
>
> 그 사환에게 이르되, "올라가 바다 편을 바라보라." 저가 올라가 바라보고 고하되, "아무것도 없나이다." 가로되, "일곱 번까지 다시 가라."
>
> 일곱 번째 이르러서는 저가 고하되, "바다에서 사람의 손만한 작은 구름이 일어나나이다." 가로되, "올라가 아합에게 고하기를 비에 막히지 아니하도록 마차를 갖추고 내려가소서 하라" 하니라
>
> 조금 후에 구름과 바람이 일어나서 하늘이 캄캄하여지며 큰 비가 내리

는지라. 아합이 마차를 타고 이스르엘로 가니
여호와의 능력이 엘리야에게 임하매.

그것은 야고보서의 기록과 같았다. "다시 기도한 즉 하늘이 비를 주고 땅이 열매를 내었느니라."

엘리야의 끈질기고 간절한 기도와 하나님의 약속이 결국 비를 내린 것이다. 기도는 하나님의 약속이 은혜롭게 이루어지도록 한다. 하나님의 약속이 가장 풍성하고 은혜로운 결과를 낳는데는 끈덕지고 참을성 있는 기도가 있어야 한다. 엘리야의 경우에서 보는 기도는 응답을 갈망하며 기다리고 경계를 늦추지 않는 기도였다. 엘리야는 손바닥만한 작은 구름에서 응답을 발견하였다. 비가 내리기 전에도 마음 속으로 응답을 확신하였다. 엘리야의 기도는 얼마나 우리의 무기력한 기도를 부끄럽게 만드는가! 엘리야의 기도는 문제를 해결하였다. 하나님의 존재와 역사하시는 진리를 입증하였고 무디고 게으른 양심에 확신을 심어주었으며 하나님은 백성들 가운데 여전히 하나님으로 계심을 증명하였다. 엘리야의 기도는 온 백성을 하나님께로 돌아가게 하였고 구름에게 움직이도록 명령하고 비가 내리도록 지시하였다. 하늘로부터 불을 불러 하나님의 존재를 입증하였고 하나님의 원수를 멸망시켰다.

이스라엘 원로 선지자 엘리야는 기도할 때 불로 옷을 입었다. 그 머리에는 금면류관을 썼고 그의 향로에는 기도의 불꽃과 기도의 선율과 기도의 향으로 가득 차 향기를 발했다. 이 사건에서 엘리야는 얼마나 놀라운 능력을 입었는가? 이 열정적인 주의 선지자가 마차를 타고 승천하는 모습을 엘리사가 보고 이렇게 울부짖은 것은 놀라운 일이 아니었다. "내 아버지여! 내 아버지여! 이스라엘의 병거와 그 마병이여!" 그러나 병거와 마병은 이 기도하는 엘리야가 그랬던 것처럼 이스라엘을 위해 많은 능력을 행할 수 없었다. 기도는 전능한 능력이며 기도는 온 땅에 이르고 하늘에 미친다.

이 시대에 불 같은 믿음을 가지고 엘리야의 기도의 향을 피울 수 있는 기도의 사람은 어디에 있는가? 오늘날 교회는 기도함으로 엘리야의 기도의 능력과 불꽃과 향기를 더할 수 있는 통치자가 필요하다.

엘리야는 기도가 아니고는 아무 일도 시작할 수 없었다. 기도에 능력이 있었기 때문에 하나님께서는 전능하심으로 그와 함께 하셨다.

엘리야는 바알의 선지자들과의 대결에서 기도로 참신을 가리자고 분명하고도 명확하게 제안한다. 하나님은 살아 계신가? 성경은 하나님께로부터 온 계시의 말씀인가? 이런 의문이 오늘날 얼마나 많이 제기되고 있는가? 또 우리는 이런 의문들을 해결해야 할 때가 얼마나 많은가? 기도에 호소하는 것이 이런 의문을 해결하는 유일한 방법이다. 문제는 어디에 있는가? 하나님께 있는 것이 아니라 우리의 기도에 있다. 하나님께서 기도에 응답하시는 것은 곧 하나님의 존재가 증명되는 것이다. 의문을 해결하는데는 엘리야의 믿음과 기도가 있어야 한다. 오늘날 교회에 엘리야와 같은 사람들은 어디에 있는가? 엘리야처럼 기도할 수 있고 엘리야와 같은 열정을 가진 사람들은 어디에 있는가? 열정을 가진 사람들은 무수히 많다. 그러나 엘리야와 같은 기도의 열정을 가진 사람은 어디에 있는가? 엘리야는 얼마나 냉정하고 분명한 확신을 가지고 내기를 하고 제단을 쌓는지 주목하라. 그 사건에서 엘리야의 기도는 얼마나 냉정하고 핵심을 찌르는가!

이런 기도는 신약성경에서 제시하는 원칙이나 훈계의 범위를 벗어난다. 그러나 바로 이런 엘리야의 기도는 본받아야 할 하나의 모델이며, 기도가 무엇이며 의로운 사람이 의로운 방법으로 드린 기도가 행할 수 있는 능력이 무엇인가를 보여주는 하나의 실례로 다가온다. 엘리야와 같이 기도하는 사람들이 더 많다면 우리도 분명 엘리야와 같은 결과를 얻을 수 있을 것이다.

엘리야는 진정으로 기도하였고 진실하고 진지하게 기도했다. 오늘날 기도답지 않고 껍데기만 있고 모양만 있으며 말에 지나지 않는 기도가 얼마나 많은가! 마땅히 기도가 아니라고 해야 할 기도가 많다. 세상은 이와 같은 기도로 가득 차 있다. 그것은 아무것도 아니며 아무 소용이 없는 기도이다. 실제로 어떤 응답이나 결과도 기대할 수 없다.

진정한 기도가 갖추어야 할 필수 요소란 바로 성경적이고 생명력 넘치는 개인적인 신앙이 갖추어야 하는 요소들이다. 이것은 진정한 신앙 생활의 요소들이다. 이런 요소들 중에 으뜸가는 것은 섬기고 또 섬기는 것이다.

그러므로 우리는 기도하면서 기도해야 한다. 진리와 진실, 이것은 기도의 핵심이고 기도의 본질이고 기도의 모든 것이며 기도의 심장이다. 우리가 꾸밈없고 진실하게, 또 정직하게 기도하지 않으면 기도 응답의 가능성이란 없다. 기도답지 않은 기도, 이것은 얼마나 일반적이고 널리 퍼져있으며 얼마나 기만적이고 헛된 것인가!

6

기도하는 왕, 히스기야

　히스기야 왕과 선지자 이사야에 의해 이루어진 위대한 종교개혁은 각 단계마다 기도로 충만하였다. 유다의 왕 히스기야는 천국에 있는 흰옷을 입고 금면류관을 쓴 하나님의 성도들 중에서 기도했던 조상의 실례를 보여줄 것이다. 히스기야는 재능과 힘과 지혜와 믿음이 있었다. 그는 정치가요 장군이었으며 시인인 동시에 종교개혁자였다. 히스기야는 우리가 생각할 수 있는 힘과 재능 때문이 아니라 그와 연관된 각 상황에서 나타나는 그의 신앙심 때문에 다른 사람들과 구별되어 특별한 감동을 가져다준다. 히스기야 이전의 모든 왕들과 당시 상황을 고려할 때, "히스기야가 그 조상 다윗의 모든 행위와 같이 여호와 보시기에 정직히 행하여"라는 보기 드문 말씀은 우리에게 크고 짜릿한 기쁨을 안겨준다.

　히스기야는 어디서 출생하였는가? 어떤 환경에서 어린 시절을 보냈는가? 그의 부모들은 누구였으며 그들의 신앙의 특징은 무엇인가? 세상적이고 영적이지 못하여 이방신에 흠뻑 빠진 모습이 히스기야의 아버지와 조부와 증조부의 통치 시대에서 두드러지는 특징이다. 히스기야가 자라난 왕가의 환경은 하나님께 대한 경건과 믿음을 갖기에는 유리하지 않았다. 그러나 유리한 것이 하나 있었다. 유다의 왕좌에 올랐을 때 선지자 이사야를 친구와 조언자로 둔 것은 행운이었다. 통치자가 하나님을 두려워하는 사람을 조언자와 동반자로 삼는 일은 얼마나 선한 일인가!

　히스기야가 하나님께 얼마나 거리낌없고 영향력 있게 기도했는지는 참석하기에 적합하지 못한 사람들이 많았던 유월절 행사에서 볼 수 있다. 사람들은 죄사함을 위해 필요한 성소의 규례대로 준비를 하지 못하고 예루살렘으로 올라왔다. 그러나 그들도 다른 사람들과 함께 유월절 음식을 나누어 먹도록 하는 일은 소중한 의미가 있었다.

히스기야의 특별한 기도와 그 결과에 대한 짤막한 기록은 다음과 같다.

> 회중에 많은 사람이 성결케 하지 못한 고로 레위 사람들이 모든 부정한 사람을 위하여 유월절 양을 잡아 저희로 여호와 앞에서 성결케 하였으나,
>
> 에브라임과 므낫세와 잇사갈과 스불론의 많은 무리는 자기를 깨끗케 하지 아니하고 유월절 양을 먹어 기록한 규례를 어긴지라. 히스기야가 위하여 기도하여 가로되, "선하신 여호와여 사하옵소서.
>
> 결심하고 하나님 곧 그 열조의 하나님 여호와를 구하는 아무 사람이든지 비록 성소의 결례대로 스스로 깨끗케 못하였을지라도 사하옵소서" 하였더니
>
> 여호와께서 히스기야의 기도를 들으시고 백성을 고치셨더라.

주님은 히스기야의 기도를 들으셨다. 그리고 하나님을 두려워하는 왕의 이 기도의 응답으로 유월절에 관한 가장 신성한 율법을 어긴 죄까지 용서받았다. 율법은 기도에게 그 권위를 양보해야 한다.

히스기야의 믿음과 기도의 능력과 솔직함과 기초는 그가 군사들에게 한 말에서 발견할 수 있다. 히스기야의 말은 감동적이며 앗수르 왕 산혜립의 모든 군대보다도 힘있고 능력이 있다.

> 너희는 마음을 강하게 하며 담대히 하고 앗수르 왕과 그 좇는 온 무리로 인하여 두려워 말며 놀라지 말라. 우리와 함께 하는 자가 저와 함께 하는 자보다 크니
>
> 저와 함께 하는 자는 육신의 팔이요, 우리와 함께 하는 자는 우리의 하나님 여호와시라. 반드시 우리를 도우시고 우리를 대신하여 싸우시리라 하매 백성이 유다 왕 히스기야의 말로 인하여 안심하니라.

6. 기도하는 왕, 히스기야 231

하나님의 강력한 원수들에게 대항하는 히스기야의 방패는 기도였다. 히스기야의 군대가 힘이 없었을 때 그의 원수들은 히스기야의 기도로 인해 기가 죽고 멸망하였다. 왕이 기도하는 사람이었을 때 하나님의 백성들은 언제나 안전했다.

히스기야가 통치하던 때에 하나님의 백성에게 치명적이고 중대한 일이 하나 생겼다. 그것은 하나님을 향한 히스기야의 믿음을 시험해야 할 사건이었고 기도의 왕권이 백성을 구원하는지 시험할 기회를 준 사건이었다. 유다는 앗수르에게 심한 압력을 받았고 인간적으로 볼 때 앗수르에게 패하여 포로가 될 것이 임박해 보였다. 앗수르 왕은 유다 백성에게 하나님의 이름을 더럽히고 모독하며 히스기야 왕을 욕하라는 협박을 하였고 공공연히 욕설을 퍼붓고 하나님을 모독하였다. 이에 주저하지 않고 히스기야가 즉각적으로 한 일을 주목해 보자.

  히스기야 왕이 듣고 그 옷을 찢고 굵은 베를 입고 여호와의 전에 들어가서.

히스기야가 가장 먼저 생각한 것은 "기도의 집"으로 가서 하나님께 나아가야 한다는 것이었다. 하나님은 그의 생각 속에 있었고 기도는 가장 먼저 해야 할 일이었다. 그래서 히스기야는 이사야에게 사자를 보내 기도해 줄 것을 요청하였다. 그와 같은 급박한 상황에서 하나님을 생각하지 않을 수 없었다. 하나님을 모독하고 그의 백성을 욕하는 원수들에게서 구원해 달라고 애원해야 했다.

바로 이 중대한 시점에서 히스기야를 포위하고 있으면서 즉각 예루살렘을 공격하려던 앗수르 왕은 마음을 돌린다. 그러나 앗수르 왕은 히스기야의 명예를 손상하고 하나님을 모독하는 편지를 보낸다.

두번째로 이방 왕에게 포위되어 모독을 받는 히스기야는 하나님의 집, 곧 "기도의 집"으로 간다. 하나님의 집이 아닌 어느 곳으로 가야 하겠는가? 그리고 이스라엘의 하나님이 아닌 그 누구에게 간청해야 하겠는가?

히스기야가 사자의 손에서 편지를 받아보고 여호와의 전에 올라가서 그 편지를 여호와 앞에 펴놓고

그 앞에서 기도하여 가로되, "그룹들의 위에 계신 이스라엘 하나님 여호와여, 주는 천하 만국에 홀로 하나님이시라. 주께서 천지를 조성하셨나이다.

우리 하나님 여호와여, 원컨대 이제 우리를 그 손에서 구원하옵소서. 그리하시면 천하 만국이 주 여호와는 홀로 하나님이신 줄 알리이다" 하니라.

그리고 이 하나님을 두려워하는 왕의 기도에 대한 신속한 응답과 그로 인한 놀라운 결과를 주목하라. 우선, 이사야는 왕에게 두려워할 필요가 조금도 없다는 강한 확신을 심어주었다. 하나님께서 히스기야의 기도를 들으셨고 위대한 구원을 허락하실 것이라고 말했다.

다음으로, 하나님의 천사가 속히 날아와서 185,000명의 앗수르 군사들을 죽였다. 왕은 의롭게 되었고 하나님은 영광을 받으셨으며 하나님의 백성들은 구원을 받았다.

기도하는 왕과 기도하는 선지자의 연합된 기도는 구원을 가져오고 하나님의 원수들을 멸망시키는데 강력한 힘을 발휘하였다. 군사들은 아무 저항도 받지 않고 마음대로 공격하였다. 전능한 힘과 복수심으로 무장을 한 빠른 천사들이 그들의 연합군이었기 때문이다.

히스기야는 우상을 무너뜨리고 왕국을 개혁하면서 기도로 통치하였다. 적과 부딪혔을 때 그가 사용한 주된 무기는 기도였다. 이제 그는 예정되고 선포된 하나님의 뜻에 부딪친 상황에서 자신의 기도의 능력을 시험하기에 이른다. 히스기야의 기도는 과연 이 새로운 싸움터에서 효력을 발휘할 것인가? 말씀을 살펴보자. 히스기야는 중한 병에 걸렸고 하나님은 히스기야의 친한 친구이자 지혜로운 조언자요 선지자인 이사야를 보내어 그에게 죽음이 다가오는 것을 알리고 마지막으로 떠날 모든 준비를 하라고 이른다. 성경의 기록은 다음과 같다.

그 때에 히스기야가 병들어 죽게 되매 아모스의 아들 선지자 이사야가

6. 기도하는 왕, 히스기야 233

저에게 나아와서 이르되, "여호와의 말씀이 너는 집을 처치하라. 네가 죽고 살지 못하리라 하셨나이다."

히스기야가 죽을 것이라는 하나님의 뜻은 하나님께로부터 직접 왔다. 그 무엇이 그 거룩한 하나님의 뜻을 보류시키거나 번복할 수 있겠는가? 히스기야가 하나님의 뜻을 그렇게 직접적이고 명확하게 받아 그처럼 극복하기 어려운 상황에 직면한 적은 한 번도 없었다. 기도가 하나님의 뜻하신 바를 바꿀 수 있는가? 기도가 죽음이 정해진 사람을 사망의 문턱에서 건져낼 수 있는가? 기도가 불치병에 걸린 사람을 구할 수 있는가? 이제 이런 것들은 히스기야의 믿음이 극복해야 할 의문들이었다.

그러나 그의 믿음은 한시라도 머뭇거리지 않는 듯이 보인다. 하나님의 선지자가 전해온 갑작스럽고도 분명한 소식에 히스기야의 믿음은 잠시도 흔들리지 않는다. 불신앙과 의심으로 가득찬 현대인이라면 품었을 만한 그런 의문들은 그의 마음에 전혀 일어나지 않았다. 히스기야는 즉시 기도에 자신을 던진다. 죽음을 선포한 하나님께 지체하지 않고 묻는다. 하나님이 아닌 그 누구에게 나아갈 수 있겠는가? 하나님께서는 원하시면 그 뜻을 바꾸실 수 있는 분이 아닌가?

이처럼 급박하고 궁지에 몰린 상황에서 히스기야가 한 일을 주목하고 그로 인한 은혜스러운 결과를 살펴보라.

> 히스기야가 낯을 벽으로 향하고 여호와께 기도하여 가로되,
> "여호와여 구하오니 내가 진실과 전심으로 주 앞에 행하며 주의 보시기에 선하게 행한 것을 기억하옵소서"하고 심히 통곡하더라.

히스기야의 기도는 병에서 낫기 위해 드린 독선적인 기도가 아니었다. 후에 그리스도께서 그러셨듯이 히스기야는 자신의 충성심을 받아 달라고 간구한 것이다.

"아버지여, 내가 아버지를 이 세상에서 영화롭게 하였사오니." 히스기야는 주님을 상기시켜주는 인물이며 모든 면에서 합당한 그의 성실함과 충

성심과 그가 한 일은 우리 주님을 생각나게 한다. 히스기야의 기도는 "여호와여, 나를 판단하소서. 내가 나의 완전함에 행하였사오며"라고 한 시편 26:1의 다윗의 기도와 완벽한 조화를 이룬다. 이것은 히스기야의 기도를 시험하는 것도 아니며 믿음으로 병을 고치는 것도 아니다. 오직 하나님께서 주시는 시험인 것이다. 병이 낫는다면 그것은 하나님께서 치유하시는 것이어야 한다.

히스기야가 기도를 채 끝내기도 전에 하나님은 히스기야를 위한 다른 말씀을 이사야에게 주셨고 이사야는 막 집으로 가려던 참이었다. 이번에는 더 기쁘고 힘이 되는 말씀이었다. 능력 있는 기도의 힘은 하나님의 마음을 감동시켰고 하나님의 선포하신 말씀을 바꾸었으며 히스기야에 대한 하나님의 뜻을 역전시켰다. 기도가 무엇을 이룰 수 없겠는가? 기도하는 사람이 기도를 통해 이루지 못할 일이 무엇이겠는가?

> 이사야가 성읍 가운데까지도 이르기 전에 여호와의 말씀이 저에게 임하여 가라사대,
> "너는 돌아가서 내 백성의 주권자 히스기야에게 이르기를 왕의 조상 다윗의 하나님 여호와의 말씀이, 내가 네 기도를 들었고 네 눈물을 보았노라. 내가 너를 낫게 하리니 네가 삼일만에 여호와의 전에 올라가겠고,
> 내가 네 날을 십 오 년을 더할 것이며 내가 너와 이 성을 앗수르 왕의 손에서 구원하고 내가 나를 위하고 또 내 종 다윗을 위하므로 이 성을 보호하리라 하셨다 하라"하셨더라.

그 기도는 하나님께 도달했다. 하나님께서는 다시 생각하고 마음을 돌리셔야 했다. 물론 이사야는 히스기야의 죽음에 관한 하나님의 말씀을 전했을 때보다 더 가벼운 마음으로 집에 돌아왔다. 이 병든 왕이 기도한 대상은 바로 하나님이었으며 하나님께서 선포하신 말씀을 철회할 것을 구했다. 그때 하나님께서는 은혜를 베푸셔서 그 기도를 들어주셨다. 하나님께서는 마음을 바꾸시는 때가 있다. 그 권리가 하나님께는 있다. 하나님께서 그 마음을 바꾸시는 데는 큰 이유가 있다. 하나님의 종 히스기야는 하나님께서

그 마음을 바꾸시기를 바라고 있다. 히스기야는 충실한 종이었고 하나님을 위해 많은 일을 행하였다. 정직과 완전함, 그리고 선함은 히스기야가 평생 동안 행한 것이었고 삶의 방식이었다. 하나님의 종 히스기야의 눈물과 기도는 하나님께서 그의 생명을 취하시겠다는 말씀을 실행하는 것을 가로막고 있다. 기도와 눈물은 하나님께 강한 영향력을 미친다. 하나님이 보시기에 기도와 눈물은 약속보다 훨씬 더 중요하며 하나님의 뜻보다 훨씬 더 값지다. "내가 네 기도를 들었고 네 눈물을 보았노라. 내가 너를 낫게 하리니."

병은 기도 앞에서 힘을 잃는다. 건강은 기도의 응답으로 온다. 하나님께서는 히스기야가 구한 것보다 더 주셨다. 히스기야는 낫기만을 구했으나 하나님께서는 생명을 주셨을 뿐만 아니라 원수에게서 보호하시고 지켜주실 것을 약속하셨다.

그러나 이사야는 이 기도하는 왕이 살아난 것과는 전혀 무관했다. 거기에는 기도 이상의 무엇이 있었다. 이사야의 기도는 변화되어 치료하는 기술이 되었던 것이다. "이사야가 가로되, 무화과 반죽을 가져오라 하매 무리가 가져다가 그 종처에 놓으니 나으니라."

하나님은 기도에 응답하실 때 처방을 사용하시는 경우가 종종 있다. 치료의 여러 가지 수단을 다 초월하고 수단을 의지하지 않으려면 모든 수단을 전부 거부하는 것보다 더 큰 믿음이 필요할 때가 많다. 여기에 아주 간단한 처방이 하나 있었다. 그 처방이 치명적인 병을 치료하기 위한 것이 아니라, 믿음을 돕거나 혹은 시험하는 수단이었다는 것을 누구나 알았을 것이다. 그러나 여전히 기도를 더 많이 드려야 했다. 이사야와 히스기야는 많이 기도하지 않고는 아무것도 할 수 없었다.

히스기야가 이사야에게 이르되, "여호와께서 나를 낫게 하시고 삼 일 만에 여호와의 전에 올라가게 하실 무슨 징조가 있나이까?"

이사야가 가로되, "여호와의 하신 말씀을 응하게 하실 일에 대하여 여호와께로서 왕에게 한 징조가 임하리이다. 해 그림자가 십도를 나아 갈 것이니이까? 혹 십도를 물러갈 것이니이까?"

히스기야가 대답하되, "그림자가 십도를 나아가기는 쉬우니 그리할 것이 아니라 십도가 물러갈 것이니이다."
 선지자 이사야가 여호와께 간구하매 아하스의 일영표 위에 나아갔던 해 그림자로 십도를 물러가게 하셨더라.

 히스기야는 이 특별한 일을 경험한다. 그리고 기도의 응답을 감사로 장식한다. 거기에는 감미로운 향기와 비파의 선율이 있다.
 네 가지 사실을 늘 기억하자. 즉 하나님은 기도를 들으시고 기도에 귀를 기울이며 기도에 응답하시며 기도로 인해 구원하신다는 것이다. 이 네 가지는 아무리 강조해도 지나치지 않는다. 기도는 하나님의 성도들을 가두어 두었던 모든 빗장을 부수고 모든 쇠사슬을 끊으며 모든 감옥을 열고 모든 고난의 문을 활짝 연다.
 히스기야에게 생명은 달콤한 것이었으며 그는 살기를 소원했다. 그러나 무엇으로 하나님의 뜻을 굽힐 수 있는가? 기도의 힘 말고는 아무것도 없다. 히스기야의 마음은 죽음에 대한 압박으로 녹아 내렸으며 그 물이 흘러 그의 기도에 힘과 규모를 더해 주었다. 그는 하나님과 강력히 씨름하며 애원하였고 강하게 주장하며 간구하였다. 마침내 하나님은 히스기야가 기도하는 소리를 들었고 그의 눈물을 보았으며 마음을 바꾸셨다. 히스기야는 살아나서 하나님을 찬양했고 능력있는 기도를 보여준 본보기가 되었다.
 히스기야처럼 사도 바울도 혼이 깃들이지 않은 점잖은 기도에 만족하지 못했다. 바울은 마치 씨름하듯이 기도하며 그의 성도들에게 그 힘들고 고통스러운 싸움에 함께 참여하라고 권한다. "형제들아, 내가 우리 주 예수 그리스도로 말미암고 성령의 사랑으로 말미암아 너희를 권하노니 너희 기도에 나와 힘을 같이하여 나를 위하여 하나님께 빌어." 그의 마음은 너무나 간절한 나머지 점잖게, 또 손에 장갑을 낀 채로 기도할 수 없었다. 바울은 고통 가운데 기도하였고 그의 성도들이 동역자가 되어 그 영혼의 투쟁과 씨름에 함께 하기를 바랐다. 에바브라는 골로새 성도들을 위해 바울과 같이 간구하고 있었다. "에바브라가 너희에게 문안하니 저가 항상 너희를 위하여 애써 기도하여 너희로 하나님의 모든 뜻 가운데서 완전하고 확신

있게 서기를 구하나니." 어떤 목적이 서면 그것을 위해서는 항상 필사의 노력을 바칠 가치가 있다. 초기 사도시대 교회의 지도자들이 보여 준 이와 같은 기도는 그들이 순수함을 지키는 비결이었고 교회가 능력을 얻는 원천이었다. 그리고 그런 기도가 바로 히스기야가 드린 기도였다.

간절한 소원의 불꽃 가운데서 견디고 싸움과 저항의 가장 쓰라린 고통을 이긴 기도가 있었다. 우리의 영적 갈망은 우리 삶을 강력한 기도의 싸움에 내 맡길 만큼 간절하지 않다. 일터를 포기하고 세상적인 것을 좇아가기를 포기하며 날이 밝기 전에 일어나 기도실과 한적한 곳으로 가 하나님께 나갈 만큼 진지하지 못하다. 우리의 영적인 갈망은 반대하는 모든 세력을 물리치고 마귀의 턱에서 승리를 이끌어낼 만큼 열정적이지 못하다. 우리는 기도의 방법과 기도의 능력, 그리고 기도의 복과 기도의 무한함을 보여줄 목회자들을 원하고 그런 성도들을 원한다.

이사야는 자신의 마음을 감동하여 하나님을 붙잡도록 만드는 사람이 아무도 없음을 슬퍼한다. 하나님께 드리는 기도는 많았으나 그것은 너무나 태평하고 냉랭한 기도였고 자아 도취적인 기도였다. 하나님을 향하여 영혼을 움직이는 강력한 힘도, 하나님께 나아가 그를 붙잡고 영적인 목적을 위해 하나님의 보배들을 캐내게 하는 신성한 힘도 없었다. 능력 없는 기도는 고난을 극복하는 힘이 없으며 뚜렷이 보이는 결과를 얻을 힘도, 완벽하고 위대한 승리를 얻을 힘도 없다.

7

기도하는 개혁자, 에스라

제사장이자 하나님의 위대한 개혁자 중의 한 사람인 에스라는 구약을 통해 기도하는 사람으로, 또 고난을 극복하고 선한 일을 이루는데 기도라는 방법을 사용하는 사람으로 우리 앞에 다가온다. 에스라는 바벨론 왕의 특별한 보호를 받으며 바벨론에서 돌아왔는데, 바벨론 왕은 이상하게도 에스라에게 마음이 감동하여 여러 가지로 에스라에게 호의를 베풀었다. 에스라는 예루살렘으로 돌아왔으나 며칠 안 되어 방백들이 그에게 절망적인 소식을 전했다. 이스라엘 백성들이 그 땅의 백성들을 떠나지 않고 이방 민족을 따라 가증한 일을 행하고 있다는 소식이었다. 더욱 나쁜 소식은 이스라엘의 방백들과 두목들이 그 죄의 선봉에 섰다는 것이었다.

교회가 세상과 거의 연합하여 소망을 잃은 것을 알았을 때 에스라가 직면한 상황은 비극적이었다. 하나님은 어느 시대든 교회가 세상으로부터 분리되기를 요구하신다. 그 분리는 너무나 엄격해서 세상을 대적하라고까지 하신다. 그 목적을 이루기 위해 하나님께서는 이스라엘을 약속의 땅에 거하게 하셨고 산과 사막과 바다를 통해 이방 민족으로부터 차단하셨으며, 즉시 이스라엘 백성에게 이방 민족과 혼인하지 말며 사회적으로나 경제적으로 어떤 관계나 거래도 맺지 말라고 명령하셨다.

그러나 에스라는 바벨론에서 돌아왔을 때 예루살렘에 있는 교회가 이 규례를 어겨 무력하게 되었으며 희망을 잃고 철저히 굴복된 모습을 발견한다. 이스라엘은 이방 민족과 서로 혼사를 맺어 가정적으로 사회적으로 그리고 경제적으로 아주 밀접하고도 끊을 수 없는 동맹을 맺었다. 여기에는 제사장이며 레위인이며 방백들이며 백성들 할 것 없이 모든 사람이 연루되어 있었다. 하나님의 법을 어긴 모습은 백성들의 가정에서 일터에서 그리고 신앙 생활에서 나타났다. 이제 이스라엘은 어떤 운명에 처해 있는가? 이 상황에서 할 수 있는 일은 무엇인가? 이것이 하나님의 사람 이스라엘의 지도자가 직면한 중요한 문제였다.

모든 것이 교회의 회복에 반대하는 듯이 보였다. 에스라는 백성들에게 전할 수 없었다. 온 도성이 극도로 흥분하고 그를 성밖으로 쫓아 낼 것이기 때문이었다. 무슨 힘으로 백성들이 하나님과의 관계를 회복하게 만들어 이방 백성과 경제적인 계약 관계를 끊고 부부가 이혼하며 인맥과 우애를 서로 끊게 할 수 있겠는가?

에스라에 대하여 우리가 주목할 첫번째 일은 그가 상황을 간파하고 그 심각성을 깨달았다는 것이다. 에스라는 교회에서 아무 죄도 찾지 못하는 눈먼 낙천주의자가 아니었다. 이사야의 입을 통해 이전에 하나님께서는 폐부를 찌르는 질문을 하셨다. "소경이 누구냐, 내 종이 아니냐?" 그러나 이 말씀은 에스라에게 적용할 수 있는 말씀이 아니었다. 에스라는 상황을 축소하지도 않았고 백성들의 죄를 은폐하거나 그들의 극악 무도한 죄를 최소화하려 들지 않았다. 에스라가 보기에 백성들의 죄는 최악의 상태를 달리고 있었다. 그 시대의 죄악뿐만 아니라 교회의 죄를 보는 눈을 가진 지도자가 시온에 있다는 것은 매우 귀중한 일이다. 백성들의 세계를 보는데 있어 눈멀지 않고 교회의 사정을 기꺼이 보려고 하며 눈을 열어 현실 그대로 보기를 꺼리지 않는 에스라를 닮은 지도자, 그가 바로 현대 교회가 절실히 필요로 하는 사람이다.

교회와 예루살렘 사회에 만연한 그 무서운 죄악을 보고 에스라가 슬픔에 빠진 것은 지극히 자연스러운 일이었다. 비극적인 상황에 그는 너무나 비통하여 옷을 찢고 머리를 풀어헤치고 좌절하여 재 가운데 주저앉았다. 이 모든 것은 그 심각한 상황에 에스라의 영혼이 얼마나 낙심했는지를 말해 주는 증거다. 그리고 에스라의 심정은 걱정과 염려와 고뇌로 가득 차 기도에 전념했으며 백성들의 죄를 고백하고 하나님 손에서 속죄하는 은혜를 간구했다. 이런 때에 기도를 들으시고 기꺼이 용서하시며 기대치 못한 일을 이룰 수 있는 하나님 말고 그 누구에게 가야 하겠는가?

에스라는 백성들의 사악한 행위에 형언할 수 없을 정도로 크게 놀라 금식과 기도를 드리기 시작했다. 기도와 금식은 항상 역사를 이룬다. 에스라는 무너진 마음으로 기도한다. 그가 할 수 있는 것이라곤 아무것도 없기 때문이다. 온 도성이 연합하여 기도하는 가운데 에스라는 무거운 짐을 진 채 땅에 엎드려 울면서 하나님께 기도한다.

기도는 하나님의 마음을 누그러뜨리는 유일한 방법이다. 에스라는 하나님을 위한 위대한 일에서 위대한 원동력이 되었고 놀라운 결과를 이루었다. 기도의 모든 역사와 원리와 결과는 에스라 10:1, 단 한 구절에 요약되어 나타난다.

> 에스라가 하나님의 전 앞에 엎드려 울며 기도하여 죄를 자복할 때에 많은 백성이 심히 통곡하매 이스라엘 중에서 백성의 남녀와 어린아이의 큰 무리가 그 앞에 모인지라.

에스라의 기도는 능력 있고 단순하고 굴하지 않는 기도였다. 열정적이고 능력 있는 기도는 그 목적을 달성하였다. 에스라의 기도는 하나님을 위한 위대한 역사라는 열매를 맺었다. 그것은 능력 있는 기도였다. 기도와 하나님이 아닌 다른 어떤 방법으로도 전혀 가망이 없었던 일을 전능하신 하나님께서 행하시도록 마음을 움직였기 때문이다. 그러나 하나님께는 불가능한 일이 전혀 없기 때문에 기도로 불가능한 일은 하나도 없다.

다시 말하지만, 기도는 오직 하나님께만 나아가는 것이며 하나님께 나아갈 때 비로소 열매를 맺는 것임을 알아야 한다. 에스라의 기도가 자신에게 어떤 영향을 미쳤던 간에 그 결과를 가져온 것은 무엇보다 그의 기도가 하나님의 마음을 감동시켰기 때문이며 그 일을 행할 마음을 에스라에게 불러일으켰기 때문이다.

에스라의 기도에는 위대하고 대대적인 회개가 뒤따랐으며 이스라엘에는 놀라운 개혁이 일어났다. 에스라의 눈물과 기도는 이 위대한 일을 이루는

데 직접적으로 관계한 요인이었다. 부흥이 너무나 크게 일어나서 그 진의라도 증명하듯이 이스라엘의 지도자들이 에스라에게 나아와 이렇게 말한 대목이 눈에 띈다.

우리가 우리 하나님께 범죄하여 이 땅 이방 여자를 취하여 아내를 삼았으나 이스라엘에게 오히려 소망이 있나니,
곧 내 주의 교훈을 좇으며 우리 하나님의 명령을 떨며 준행하는 자의 의논을 좇아 이 모든 아내와 그 소생을 다 내어 보내기로 우리 하나님과 언약을 세우고 율법대로 행할 것이라.
이는 당신의 주장할 일이니 일어나소서 우리가 도우리니 힘써 행하소서.

8

기도하는 건축자, 느헤미야

구약의 기도하는 성도들을 낱낱이 열거하자면 그 신성한 명단 가운데 건축자였던 느헤미야를 빼놓을 수 없다. 느헤미야는 이제까지 살펴본 사람들과 어깨를 견줄 만큼 뛰어난 인물이다. 포로 시대 이후 예루살렘을 재건하는 이야기에서 느헤미야는 중요한 부분을 차지하며, 그 기간을 통해 기도가 그의 삶에서 두드러지게 나타난다. 느헤미야는 바벨론의 포로 신분이었지만 왕의 궁전에서 술 관원으로 요직을 맡고 있었다. 왕이 한 히브리인 포로를 거두어 왕의 생명을 맡는 그 같은 요직에 앉힌 것을 보면 느헤미야에게 큰 공적이 있었음이 틀림없다. 느헤미야는 왕이 마시는 포도주를 관리하는 책임을 맡고 있었기 때문이다.

느헤미야가 바벨론에서 왕의 궁전에 있던 어느 날 그의 형제들이 예루살렘에서 왔다. 당연히 느헤미야는 예루살렘 백성들의 소식과 그 도시에 관한 이야기를 듣고 싶어했다. 성벽은 훼파되고 성문은 불탔으며 포로가 되던 당시부터 그곳에 남아있던 자들은 심한 학대와 멸시를 받고 있다는 슬픈 소식이 느헤미야에게 전해졌다.

성경의 한 구절만 보아도 그 슬픈 소식이 이 하나님의 사람에게 어떤 영향을 미쳤는지 알 수 있다.

내가 이 말을 듣고 앉아서 울고 수일 동안 슬퍼하며 하늘의 하나님 앞에 금식하며 기도하여.

8. 기도하는 건축자, 느헤미야

살고 있는 곳에서 멀리 떨어진 고국 땅에 마음을 두고 온 한 남자가 여기 있었다. 그는 이스라엘을 사랑했고 시온이 평안하기를 바랐고 하나님께 진실했다. 예루살렘에 남은 동포들에 관한 소식으로 큰 슬픔에 잠긴 느헤미야는 울고 또 울었다. 오늘날은 시대의 죄악과 가증한 것에 눈물을 흘릴 수 있는 마음이 곧은 사람들이 얼마나 드문가! 황폐한 시온을 보고서 깊은 관심을 보이며 교회의 평안을 염려하여 우는 사람들이 어찌 이다지도 없는가! 종교의 부패와 부흥 세력의 쇠퇴, 그리고 무서운 교회의 세속화 경향에 슬퍼하고 눈물 흘리는 사람이 얼마나 있을지! 소위 낙천주의가 너무나 팽배하여 지도자들은 시온의 성벽이 무너져 내리는 것과 오늘날의 그리스도인들이 영적으로 병들어 가는 것을 보는 눈이 없으며, 그로 인해 슬퍼하고 애통하는 가슴이 없다.

그러나 느헤미야는 시온의 탄식자였다. 그리고 이런 마음의 상태를 가지고 말할 수 없는 슬픔에 잠겨 기도하는 다른 성도들이 했던 일을 한다. 하나님께 나아가서 그 슬픔을 기도로 아뢰는 것이었다. 그의 기도는 느헤미야 1장에 기록되었고 우리가 본받아야 할 기도의 본보기가 되고 있다. 느헤미야는 하나님을 경배함으로 기도를 시작하여 민족의 죄를 자백하고 하나님의 약속에 호소하며 이전에 베푸신 은혜를 말하고 용서하는 은혜를 내리시기를 간구한다.

얼마후 느헤미야는 왕 앞에 불려 갔을 때 왕에게 자신이 예루살렘을 방문하여 그곳의 비참한 상황을 해결할 수 있게 해 달라고 간청한다. 이것은 예레미야가 앞날을 내다보는 안목으로 사전에 계획했던 일임이 분명하다. 그런데 우리는 그가 아주 특별한 것을 위해 기도하는 것을 본다. "주여 구하오니 오늘날 종으로 형통하여 이 사람 앞에서 은혜를 입게 하옵소서." 그리고 부연이라도 하듯이 이렇게 말한다. "이는 그 때에 내가 왕의 술 관원이 되었었느니라."

왕이 보기에 예레미야가 자기 백성을 위해 기도하는 것은 별로 문제가 없어 보였다. 그러나 포로로 있는 느헤미야의 고국과 그 백성들이 당한 슬픈 상황에 아무런 동정도 하지 않을 법한, 그리고 그 일에 아무런 관심도 없었던 한 이방 나라의 왕이 그렇게 큰 감동을 받아 자신의 충실한 술 관원을 내주는 일을 허락하고 몇 달 동안이나 떠나있게 할 수 있었겠는가? 그러나 느헤미야는 하나님께서 이방 민족의 통치자의 마음까지도 움직이고 감동시켜 기도하는 종의 요구를 들어주도록 할 수 있었음을 믿었다.

느헤미야는 왕 앞에 불려왔고, 그때 하나님께서는 수척한 느헤미야의 안색까지도 아닥사스다 왕의 허락을 얻어내는 결정적인 도구로 사용하셨다. 수척한 느헤미야의 안색은 왕이 그 이유를 묻는 발단이 되었고, 결국 왕은 느헤미야가 예루살렘으로 돌아가는 것을 허락했을 뿐만 아니라 오가는 여정과 예루살렘 재건이 성공하는데 필요한 모든 것들을 제공해 주었다.

느헤미야는 처음 그 일에 대해 기도드릴 때 그 문제를 접어두지 않았고 왕과 이야기할 때도 그 중요한 문제를 말하였다. "내가 곧 하늘의 하나님께 묵도하고"라는 말씀은 마치 왕이 느헤미야에게 그의 간청이 무엇인지, 또 얼마나 오랫동안 떠나 있을지를 묻는 상황이 느헤미야가 바로 그 자리에서 하나님께 말씀을 드리고 있는 듯한 인상을 준다.

뜨겁고 끈질긴 느헤미야의 기도는 효과를 나타냈다. 하나님은 이방 통치자의 마음까지도 감동시킬 수 있으며 그분의 자유로운 섭리를 뒤집지 않고, 또 그분의 뜻을 강요하지 않고 기도의 응답으로 행하실 수 있다. 그것은 에스더가 부르지도 않은 왕에게 나갈 때 백성들에게 자신을 위해 금식하고 기도하라고 요청한 일과 비슷한 경우였다. 결국 하나님의 영이 그 위험한 상황에서 왕의 마음을 감동하셔서 왕은 에스더에게 마음이 기울었고 에스더에게 왕의 권위를 베풀었다.

느헤미야가 좋은 성과를 거두었을 때도 기도는 그치지 않았다. 예루살렘의 성벽을 쌓아 올릴 때 느헤미야는 산발랏과 도비야의 거센 반발에 부딪쳤다. 그들은 성벽을 재건하는 백성들의 노고에 조소를 보냈다. 하나님의 대의를 위한 그 일을 방해하는 이 같은 욕설과 강한 반대에도 전혀 굴하지 않고 느헤미야는 자신이 맡은 일을 추진했다. 그러나 느헤미야는 그가 행하는 모든 일과 기도를 조화시킨다. "우리 하나님이여 들으시옵소서. 우리가 업신여김을 당하나이다. 원컨대 저희의 욕하는 것으로 자기의 머리에 돌리사 노략거리가 되어 이방에 사로잡히게 하시고." 그리고 계속해서 말한다. "그래도 우리가 우리 하나님께 기도하며."

8. 기도하는 건축자, 느헤미야

우리는 느헤미야가 진행하던 선하고 귀한 역사에 대한 기록을 통해 처음부터 끝까지 기도가 그 역사의 전면에 두드러지게 나타나는 것을 발견한다. 성벽이 완공되었을 때도 느헤미야와 하나님의 백성들의 원수들은 다시 느헤미야의 일을 반대하였다. 그러나 느헤미야는 다시 기도하고 그가 드린 중요한 기도를 직접 기록한다. "이제 내 손을 힘있게 하옵소서."

그러나 그 후에도 산발랏과 도비야가 느헤미야를 위협하고 방해하기 위해 선지자를 매수하였을 때 느헤미야가 이 새로운 공격에 대비하는 모습을 보게 된다. 느헤미야는 다시 하나님께 기도로 나아간다. "내 하나님이여, 도비야와 산발랏과 여선지 노아댜와 그 남은 선지자들, 무릇 나를 두렵게 하고자 한 자의 소위를 기억하옵소서." 하나님께서는 충실한 건축자의 기도에 응답하셨고 그 사악한 이스라엘의 반대자들의 음모와 계략을 물리치셨다.

놀랍게도 성전을 관리하는 레위인들이 자기들의 몫을 받지 못하여 뿔뿔이 흩어졌고, 결과적으로 하나님의 전이 버려진 것을 느헤미야는 알았다. 그는 하나님의 전이 성전의 의식을 모두 행하도록 십일조가 정당하게 들어오는지 조사하는 일에 착수했고 십일조 관리인을 임명하여 그 직무에 정성을 쏟게 하였다. 그러나 기도를 게을리 해서는 안 될 일이었다. 이번에도 우리는 그의 기도가 기록된 것을 본다. "내 하나님이여, 이 일을 인하여 나를 기억하옵소서. 내 하나님의 전과 그 모든 직무를 위하여 나의 행한 선한 일을 도말하지 마옵소서."

우리는 이 기도가 주님이 계시던 당시 바리새인들이 남에게 보이기 위해 성전으로 올라가서 기도하고 하나님 앞에 자신의 의를 과시한 것과 같은 자기 도취적인 기도였다고 생각해서는 안 된다. 느헤미야의 그 기도는 자기가 충실하고 마음이 정직하다는 것을 하나님께 상기시킨 히스기야의 모습을 닮은 기도였다.

느헤미야는 다시 한 번 백성들 가운데서 죄를 발견한다. 하나님의 전이 문을 닫게 만든 죄를 제거하자마자 느헤미야는 안식일을 어기는 죄를 발견한다. 그리고 여기서 느헤미야는 백성들을 훈계하고 관대한 방법으로 그들을 바로잡으려고 애쓰며, 뿐만 아니라 백성들이 안식일에 사고 파는 일을 그치지 않으면 자신의 권위를 행사하기로 작정한다. 그러나 그는 자신이 맡은 부분을 기도로 마무리해야 했다. 그 일로 드린 기도를 그는 이렇게 기록한다. "나의 하나님이여 나를 위하여 이 일도 기억하옵시고 주의 큰 은혜대로 나를 아끼시옵소서."

개혁자인 느헤미야는 마지막으로 백성들 중에 중대한 죄를 발견한다. 백성들은 아스돗과 암몬과 모압 여인을 취하여 아내를 삼았던 것이다. 백성들과 논쟁을 벌이며 느헤미야는 그들이 그 악한 행위에서 돌아서게 하였다. 이 사건을 기록한 말씀의 마지막에는 기도가 있다. "내 하나님이여, 저희가 제사장의 직분을 더럽히고 제사장의 직분과 레위 사람에 대한 언약을 어기었사오니 저희를 기억하옵소서."

이방인들을 떠나게 하여 백성들을 깨끗하게 한 후 느헤미야는 제사장과 레위인을 반열로 세워 그 일을 감시하게 하였다. 그리고 다음과 같은 짧은 기도로 느헤미야서의 기록을 모두 마무리한다. "내 하나님이여 나를 기억하사 복을 주옵소서."

기도의 사람을 지도자로 가진 교회는 복 있는 교회다. 기도를 교회의 주춧돌로 삼고 벽을 기도라는 벽돌로 차근차근 쌓아 올릴 지도자들을 얻기 위해 교회를 곧게 세우려고 애쓰는 성도들은 행복한 사람이다. 기도는 교회를 세우며 예배하는 집을 곧게 세운다. 기도는 하나님의 역사를 이루고 있는 사람들의 반대자들을 물리친다. 기도는 교회와 연관이 없는 사람들의 마음까지 감화시키며 그들을 감동시켜 교회 일에 협조하게 만든다. 기도는 하나님의 뜻에 관계된 모든 일을 능력 있게 이룬다. 그리고 이 세상에서 하나님을 향하여 두 손을 모으고 일하는 사람들을 돕고 힘을 준다.

9

기도하는 아이, 사무엘

　사무엘이 이 세상에 태어나고 생명을 갖게 된 것은 직접적인 기도 응답의 결과였다. 그는 아들을 갈망하는 소원으로 가득 찬 기도하는 어머니에게서 태어났다. 기도하는 환경 속에 태어났으며 이 세상에서의 첫 삶을 기도하는 법을 아는 여인과 직접적인 관계를 맺으며 보냈다. 사무엘의 어머니가 드린 기도는 하나님께서 아들을 주시면 "그를 여호와께 드리고"라는 거룩한 서원으로 성취된 기도였다. 실제로 이 기도하는 어머니는 서원대로 성전의 제사장에게 아들을 직접 데려가 "기도하는 집"의 영향을 받으며 자라게 하였다. 사무엘이 자라서 기도하는 사람이 된 것은 조금도 이상한 일이 아니다. 그렇게 태어나고 어려서부터 그런 환경에서 자라지 않았더라면 기대하지 못할 수도 있다. 그런 환경은 언제나 아이들에게 깊은 인상을 심어주고 인격을 형성시키며 운명을 결정하는 경우가 많다.
　사무엘은 하나님께서 말씀하실 때 쉽게 들을 수 있는 곳에 있었고 그를 찾으시는 하나님의 부르심에 주의를 기울일 수밖에 없는 분위기에서 생활하였다. 하늘에서 세번째 음성이 들릴 때 어린 사무엘이 하나님의 목소리임을 알고 곧장 이렇게 대답한 것은 아주 자연스러운 일이었다. "말씀하옵소서. 주의 종이 듣겠나이다." 거기에는 천진난만함에서, 그리고 복종하는 자발적인 마음과 기도하는 마음에서 나온 즉각적인 응답이 있었다.
　사무엘이 만약 다른 어머니에게서 났고 다른 환경에 처해 있었더라면, 또 어린 시절을 다른 영향권에서 보냈더라면, 사무엘이 하나님의 일로 부르고 계시는 하나님의 음성을 그렇게 쉽게 듣고 생명을 주신 하나님께 어린 삶을 그처럼 선뜻 드릴 수 있었을지 그 누가 상상이나 하겠는가? 하나님의 교회로부터 분리된 세상적인 환경에서 세상적인 마음을 가진 어머니가 있는 세상적인 집이었다면 사무엘과 같은 인격이 형성되었겠는가?

사무엘과 같은 기도하는 사람을 만들기 위해서는 어려서부터 어떤 매개체가 있어야 하고 영향력이 작용해야 한다. 자녀를 어려서부터 하나님의 일로 부르심을 받게 하고 세상으로부터 떠나 하나님께 나아가게 하기를 원하는가? 자녀를 어릴 적에 성령의 부르심을 받는 자리에 두기를 원하는가? 자녀를 기도의 영향권 아래서 자라게 하라. 하나님의 사람의 영향을 받는 자리 가까이에, 또 직접적인 영향을 받는 곳에 두고, "기도의 집"이라 부르는 하나님의 집과 밀접한 관계를 갖도록 하라.

사무엘은 어릴 적부터 하나님을 알았다. 그 결과 어른이 되어서도 하나님을 알았다. 그는 어린 시절에 하나님을 인정하였고 순종하였으며 기도했다. 그것은 성인이 되어서도 하나님을 인정하고 순종하며 기도하는 결과를 낳았다. 더 많은 아이들이 기도하는 어머니에게서 태어나고 "기도의 집"과 직접적인 관계를 맺으며 자란다면, 더 많은 아이들이 그들에게 말씀하시는 성령님의 음성을 들을 것이며 믿음의 삶으로 부르는 그 거룩한 부르심에 더 빨리 대답할 것이다. 오늘의 교회에는 기도하는 사람들이 있는가? 우리에게는 기도하는 사람들을 낳을 기도하는 어머니들이 있어야 한다. 그들의 삶을 기도로 단장할 기도하는 집이 있어야 하며, 그들의 마음을 감동시키고 기도하는 삶을 위한 기초를 놓을 기도하는 환경이 있어야 한다. 기도하는 사무엘과 같은 사람들은 기도하는 한나와 같은 사람에게서 나온다. 기도하는 목회자들은 "기도의 집"에서 나온다. 기도하는 지도자들은 기도하는 집에서 나온다.

이스라엘은 여러 해 동안 블레셋의 속박을 받았고 그때 모세의 법궤는 아비나답의 집에 보관되어 있었는데, 그의 아들 엘르아살은 그 거룩한 하나님의 궤를 지키는 일을 맡고 있었다. 백성들은 우상에 빠져있었고 사무엘은 이스라엘 민족의 신앙적인 상태에 대해 염려하고 있었다. 하나님의 궤는 성전에 없었고 백성들은 우상에게 경배하였으며 비통하게도 하나님을 떠나갔다. 사무엘은 백성들에게 이방신을 제하여 버리라고 요구할 때 하나님께서 이스라엘을 블레셋의 손에서 건져내실 것을 약속하며 그들의 마음을 하나님께로 향하고 다시 하나님만 섬기라고 권유하였다. 명확한 메시지가 언제나 그렇듯이 사무엘의 메시지는 깊은 감동을 일으켰고 풍성한 결실을 맺었다. 그것은 무엇보다 사무엘이 그 시대를 대표하는 설교자였기 때문이다. "이에 이스라엘 자손이 바알들과 아스다롯을 제하고 여호와만 섬기니라."

그러나 그것으로 충분하지 않았다. 백성들에게는 기도가 있어야 했고 개혁이 뒤따라야 했다. 그래서 기도에 대한 신념대로 사무엘은 백성들에게 말한다. "온 이스라엘은 미스바로 모이라. 내가 너희를 위하여 여호와께 기도하리라." 사악한 이스라엘 백성들을 위해 번제를 드려 기도하는 동안 블레셋 사람들이 이스라엘을 치러 올라왔다. 그러나 그 위험한 순간에 하나님께서 개입하셔서 큰 우레를 내려 이스라엘의 적을 혼란하게 하셨다. "그들이 이스라엘 앞에 패한지라."

다행스럽게도 이스라엘 민족에게는 기도할 줄 아는 사람이 있었다. 그는 기도해야 할 곳과 기도의 소중함을 아는 사람이었다. 또 그들에게는 하나님을 귀를 가지고 하나님의 마음을 감동시킨 지도자가 있었다.

그러나 사무엘의 기도는 거기서 그치지 않았다. 그는 해마다 벧엘과 길갈과 미스바로 순회하며 평생동안 이스라엘을 다스렸으며 그 일이 끝나면 살고 있던 라마의 집으로 돌아왔다. "또 거기 여호와를 위하여 단을 쌓았더라." 그것은 제사를 드리는 단이었을 뿐 아니라 기도의 단이기도 했다. 그 단은 사무엘이 살고 있는 곳의 사람들을 위한 지역 교회의 형태를 가진 제단이었다. 그러나 그것은 가족의 제단이었다는 사실을 간과해서는 안된다. 그 단은 속죄제를 드리는 제단이었지만 동시에 그의 가족이 예배와 찬양과 기도를 드리기 위해 모이는 제단이었다. 거기에 전능하신 하나님을 인정하는 집이 있었다. 믿음의 집의 모습을 보여주는 집이 있었고, 세상적이고 우상을 숭배하는 모든 집과 구별되게 아버지와 어머니가 하나님의 이름을 부르는 집이 있었다.

믿음이 없고 하나님을 부인하는 이 세대가 너무나 절실히 필요로 하는 믿음의 집의 한 본보기가 여기에 있다. 날마다 감사가 하늘로 올라가고 아침저녁으로 기도가 올라가는 예배와 기도의 단이 있는 집은 복된 집이다.

사무엘은 기도하는 제사장이요 기도하는 지도자였으며 기도하는 선생이자 기도하는 지도자였다. 뿐만 아니라 그는 기도하는 아버지였다. 가족의 신앙에 관한 상황을 아는 사람이라면 지금 시대에 절실히 요구하는 것은 믿음의 가정이요 기도하는 아버지와 어머니라는 사실을 아주 잘 안다. 우리는 신앙이 붕괴되는 곳에, 공동체의 신앙 생활이 가장 먼저 부패하기 시작하는 곳에 살고 있다. 먼저 하나님의 교회로 가서 기도하는 사람들을 얻어야 할 시대에 살고 있다. 부흥이 시작되어야 할 곳은 바로 가정이다.

이스라엘 민족의 역사에 위기가 찾아왔다. 백성들은 그들의 왕국과 왕을 세울 기쁨에 도취되어 있었으며 언제나 그들의 왕으로 계시던 하나님을 이제는 왕으로 모시지 않을 채비를 하고 있었다. 그래서 백성들은 사무엘을 찾아와 득의 양양하게 말했다. "열방과 같이 우리에게 왕을 세워 우리를 다스리게 하소서." 그 일은 여호와 하나님의 이름과 하나님의 영광과 하나님의 기쁨을 지키려고 애쓰는 하나님의 사람 사무엘을 불쾌하게 만들었다. 어떻게 불쾌하지 않을 수 있었겠는가? 사무엘을 세운 방식을 따라 이스라엘 왕을 세운다면 어떻게 하나님께서 불쾌하지 않으시겠는가? 이 일로 인해 사무엘의 슬픔은 영혼까지 사무쳤다. 그러나 바로 그때 하나님은 사무엘을 찾아오셔서 그 일에 대하여 확신을 주셨다. "백성이 네게 한 말을 다 들으라. 그들이 너를 버림이 아니요 나를 버려 자기들의 왕이 되지 못하게 함이니라."

그때 사무엘은 습관을 따라 기도하였다. "사무엘이 여호와께 기도하매." 사무엘은 백성들과 관계된 것이라면 무슨 일이든지 기도할 의무가 있는 사람처럼 보였다. 하물며 이제 왕국의 형태에 완전한 개혁이 일어나서 하나님께서 백성들의 통치자의 자리에서 물러나고 왕이 세워질 시점에 사무엘은 얼마나 기도를 많이 드려야 하겠는가? 우리는 나라의 일을 위해서 기도해야 한다. 기도하는 사람들은 정부가 직면한 문제를 기도로 하나님께 내려놓을 필요가 있다. 법을 만들고 심판하고 집행하는 사람들은 자신들을 위해 기도해줄 이스라엘의 지도자 같은 사람들이 필요하다. 국가의 문제를 위해 더 많이 기도한다면 착오가 얼마나 많이 줄어들겠는가?

그러나 백성의 요구대로 왕을 세우게 한 것이 이 사건의 마지막이 될 수 없었다. 하나님은 왕을 세워 달라는 백성들의 요구에 대해 확실하고 분명한 분노를 나타냄으로써 비록 그들의 요구는 들어주셨지만 백성들이 한 일이 얼마나 사악한 일이었는지 알게 하시지 않을 수 없었다. 백성들은 하나님께서 여전히 살아계시며 그들과 그들의 왕에게, 그리고 국사에 여전히 관계해야 한다는 사실을 알아야 했다. 그래서 사무엘의 기도는 하나님의 뜻을 이루기 위해 다시 한 번 효력을 발휘해야 했다.

사무엘은 백성들에게 가만히 서서 여호와께서 그들의 목전에서 행하시는 일을 보라고 말하였다. 사무엘이 하나님께 기도하자 하나님은 무서운 천둥과 비를 보내어 응답하셨고 이로 인해 백성들은 공포에 사로잡혔으며 왕을 구한 악한 죄를 깨닫게 되었다. 백성들은 너무도 두려운 나머지 급히 사무엘에게 자기들을 위하여 하나님께 기도하여 멸망할지도 모를 자기들을 구해 달라고 했다. 사무엘은 다시 기도했고 하나님은 기도를 들으시고 응답하셨으며 천둥과 비가 그쳤다.

사무엘의 기도하는 삶에서 주목할 만한 가치가 있는 사건이 하나 더 있다. 사울왕은 아말렉을 그 소유와 함께 뿌리부터 가지에 이르기까지 진멸하라는 하나님의 명령을 받았다. 그러나 사울은 하나님의 지시와 반대로 아각 왕과 그의 가장 좋은 양과 소를 남겨두었고 백성들이 바란다는 이유를 내세워 그 일을 정당화했다.

그때 하나님은 사무엘에게 다음과 같은 말씀을 하셨다.

> 내가 사울을 세워 왕 삼은 것을 후회하노니 그가 돌이켜서 나를 좇지 아니하며 내 명령을 이루지 아니하였음이니라 하신지라. 사무엘이 근심하여 온 밤을 여호와께 부르짖으니라.

그처럼 갑작스런 선포의 말씀은 이스라엘 민족을 사랑하고 하나님께 진실했으며 그 무엇보다 시온의 번영을 소망했던 사무엘과 같은 사람의 영혼에 슬픔을 가져다주기에 충분하였다. 교회의 타락에, 또 시대의 죄악 앞에 슬퍼하는 영혼은 언제나 기도의 무릎을 꿇는다. 당연히 사무엘은 그 문제를 하나님께로 가져갔다. 바로 기도해야 할 때였다. 그 사건은 사무엘에게 너무나 중대해서 기도로 하나님께 철저히 아뢰지 않을 수 없었다. 사무엘의 영혼은 너무나 괴로워 그 문제를 놓고 밤새도록 기도했다. 외면하거나 대수롭지 않게 여기기에는, 그리고 하나님께 가져가지 않고 지나가 버리기에는 사무엘에게 그 문제는 너무도 위험한 사건이었다. 그것은 이스라엘에게 미래의 행복을 보장할 수 없는 일이기 때문이었다.

10

기도하는 포로, 다니엘

　다니엘이 바벨론에 머물 때, 삼십 일 동안을 어느 신이나 사람에게든지 아무것도 구하지 말라는 왕의 금령을 받은 일은 그의 삶에서 중대한 경험이었다. 그 금령을 어기면 사자굴에 던져지게 되어 있었다. 성경의 기록을 보면 다니엘은 이 금령에 조금도 마음쓰지 않았음을 알 수 있다. "다니엘이 이 조서에 어인이 찍힌 것을 알고도 자기 집에 돌아가서는 그 방의 예루살렘으로 향하여 열린 창에서 전에 행하던 대로 하루 세 번씩 무릎을 꿇고 기도하며 그 하나님께 감사하였더라." 이것은 하나님의 사람 다니엘의 규칙적인 습관이었다는 사실을 잊지 말자. "전에 행하던 대로 하루 세 번씩 무릎을 꿇고 기도하며."
　무슨 일이 일어났는가? 예상한 대로였다. 하나님은 천사를 다니엘이 갇힌 사자굴에 보내어 사자들의 입을 막으시고 다니엘의 머리카락 하나도 상하지 않게 하심으로 놀랍게도 다니엘은 죽음에서 구원을 받았다. 구약의 성도들이 그랬듯이, 구원은 오늘날도 기도의 길을 걸어가는 하나님의 성도들에게 항상 찾아온다.
　다니엘은 하나님의 집과 예배하는 생활로부터 멀리 떠나 타국에 있는 동안 자신이 섬기는 하나님을 잊지 않았으며 그가 있는 곳에서 신앙의 많은 특권을 박탈당하지 않았다. 다니엘은 가장 불리한 환경에서 단호하게 신앙을 지켰던 청년의 뛰어난 본보기이다. 다니엘은 결정적으로 우리가 신앙적인 환경에 있지 못하더라도 분명히 하나님의 종으로 살 수 있다는 것을 증명했다. 그는 하나님을 경외할 줄 모르는 이방인들 가운데서 살았다. 성전에서 드리는 예배도 없었고 안식일도 없었으며 읽을 하나님 말씀도 없었다. 그러나 여전히 그에게는 빼앗기지 않을 좋은 방법이 하나 있었다. 은밀한 기도가 그것이었다.

다니엘은 왕의 음식과 포도주를 먹는 문제에 대해 한시라도 고민하거나 타협하지 않고 일체 입에 대지 않을 것을 작정하여, 하나님을 모르는 그 나라에서 무엇보다 먼저 하나님을 두려워하고 믿음을 지키고 어떤 희생이라도 치르는 청년의 뚜렷한 본보기로서 나타났다. 그러나 다니엘은 평탄한 길을 갈 운명이 아니었다. 변덕스러운 폭군인데다 사리를 분별하지 못하는 느부갓네살왕은 다니엘을 시험하기에 이르렀고 다니엘은 자신의 기도의 효력을 증명해야 했다.

느부갓네살왕은 이상한 꿈을 꾸었는데 그 꿈의 자세한 내용은 기억할 수 없었지만 꿈을 꾼 사건은 심중에 그대로 남아 있었다. 꿈으로 너무나 번민한 왕은 해몽하는 사람의 힘으로는 불가능한 일, 곧 그 꿈을 기억해 내는 일을 위해 박수와 술객과 점쟁이들을 모두 불러 들였다. 그 두 부류의 무리, 즉 다니엘과 그의 세 친구 사드락, 메삭, 아벳느고와 그 점쟁이들 사이에는 어떤 공통점도 없었지만 느부갓네살은 이들을 다같이 해몽가로 생각했다. 왕이 꾼 꿈이 무엇인지 말하면 풀이를 할 수 있지만 왕이 무슨 꿈을 꾸었는지 알아내는 일은 불가능하다는 말을 전해들은 느부갓네살은 몹시 화가 나서 그들을 모두 죽이라고 명령했다. 이 같은 사형 선고는 다니엘과 그의 세 친구에게도 같이 내려졌다.

그러자 다니엘이 행동을 개시하였다. 꿈을 알아내겠다는 다니엘의 말에 성급하게 내려진 사형 선고는 보류되었고 다니엘은 즉시 그의 세 친구들을 불러 조언을 구하고 하나님께서 그 꿈과 풀이를 자신에게 보여주시기를 기도하는데 친구들이 합심해 줄 것을 부탁했다. 그 연합된 기도의 응답을 성경은 이렇게 기록한다. "이에 이 은밀한 것이 밤에 이상으로 다니엘에게 나타나 보이매 다니엘이 하늘에 계신 하나님을 찬송하니라." 이 네 명이 드린 기도의 결과로 다니엘은 왕에게 꿈을 밝히고 그 뜻을 풀었으며 결국 왕은 다니엘의 하나님을 인정하고 다니엘과 세 친구를 높은 자리에 앉혔다. 이 모든 것은 결정적인 순간에 기도하는 한 사람이 있었기 때문에 가능했다. 큰 혼란과 어려움에 처한 국가의 통치자를 도와 기도할 수 있고 국가와 교회의 지도자들을 위해 기도에 의지할 수 있는 사람들이 있는 민족은 복된 민족이다.

그 후 몇 년이 지나 계속 타국에 있을 때도 다니엘은 여전히 조상들이 섬기던 하나님을 잊지 않았고 "양과 수염소의 이상"이라는 유명한 환상을 받았다. 다니엘은 그 신비로운 환상을 이해하지 못했지만 그것이 장차 이스라엘 민족과 백성들에게 깊은 의미를 가진 하나님께로부터 온 환상이라는 것을 알았다. 그래서 다니엘은 신앙의 습관을 따라 그 일에 대해 기도했다.

> 나 다니엘이 이 이상을 보고 그 뜻을 알고자 할 때에 사람 모양 같은 것이 내 앞에 섰고 내가 들은 즉 사람의 목소리가 있어 외쳐 이르되, "가브리엘아, 이 이상을 이 사람에게 깨닫게 하라"하더니.

그래서 가브리엘은 다니엘이 그 신비한 이상의 뜻을 완전히 깨닫게 해 주었다. 그러나 그것은 다니엘이 드린 기도의 응답으로 온 것이었다. 이렇듯 영문도 모를 의문들에 대한 해답이 기도실에서 오는 때가 종종 있다. 다른 때와 마찬가지로 하나님은 천사를 사용하셔서 기도 응답에 관한 정보를 전달하신다. 천사는 기도에 깊이 관여한다. 기도하는 사람들과 하늘의 천사들은 서로 밀접한 관계가 있다.

그후 몇 년이 지나 다니엘은 하나님 말씀을 연구하던 중 자기 백성들의 70년 포로 생활이 마칠 때라는 사실을 발견하고 이렇게 기도한다.

> 내가 금식하며 베옷을 입고 재를 무릅쓰고 주 하나님께 기도하며 간구하기를 결심하고.

그때 다니엘이 드린 기도가 구약 성경에 나온다. 그 기도는 완전한 의미를 가진 간결한 기도였으며 간절한 기도였고 솔직한 고백과 요구를 담은 본받을 만한 기도였다.
 전에 나타났던 천사장 가브리엘이 이 기도하는 하나님의 사람에게 직접적인 관심을 가진 듯이 다시 나타난 것은 다니엘이 기도를 드리고 있을 때였다. "가브리엘이 빨리 날아서 저녁 제사를 드릴 때 즈음에 내게 이르더니 내게 가르치며 내게 말하여 가로되." 그리고 다니엘이 고대하던 소중한 소식을 일러주었다.
 하나님의 천사들은 기도할 때 우리가 생각하는 것보다 훨씬 더 가까이 와 있다. 다니엘의 경우처럼 기도가 현재와 미래에 하나님의 백성들의 번영과 관계가 있을 때, 하나님은 기도를 들으시고 응답하시는 이 복된 일에 영광스러운 하늘의 천사들을 사용하신다.
 바벨론에 포로로 잡혀있는 다니엘은 기도의 삶에서 또 다른 사건이 일어난다. 다니엘은 다른 계시를 보았다. 그러나 그 일이 이루어질 시점은 아직도 멀기만 한 것 같았다. "그때에 나 다니엘이 세 이레 동안을 슬퍼하며 세 이레가 차기까지 좋은 떡을 먹지 아니하며 고기와 포도주를 입에 넣지 아니하며 또 기름을 바르지 아니하니라."
 다니엘이 매우 이상한 경험을 한 것은 바로 그때였다. 그는 천사를 통해 훨씬 더 신비로운 환상을 보았다. 이 일에 대한 성경의 기록을 읽어볼 가치가 있다.

 한 손이 있어 나를 어루만지기로 내가 떨더니 그가 내 무릎과 손바닥이 땅에 닿게 일으키고 내게 이르되, "은총을 크게 받은 사람 다니엘아, 내가 네게 이르는 말을 깨닫고 일어서라. 내가 네게 보내심을 받았느니라." 그가 내게 이 말을 한 후에 내가 떨며 일어서매 그가 이르되, "다니엘아 두려워하지 말라. 네가 깨달으려 하여 네 하나님 앞에 스스로 겸비케 하기로 결심하던 첫 날부터 네 말이 들으신 바 되었으므로 내가 네 말로 인하여 왔느니라. 그런데 바사국 군이 이십 일일 동안 나를 막았으므로 내가 거기 바사국 왕들과 함께 머물러 있더니 군장 중 하나 미가엘이 와서 나를 도와주므로"

 이 모든 기도 응답의 수단은 이해하기가 어렵다. 그러나 하늘의 천사들은 우리의 기도에 깊은 관심을 가지며 기도의 응답을 전하기 위해 보내심을 받는다는 것을 믿게 하는 일은 많이 있다. 더 나아가, 우리가 드리는 기도의 응답을 방해하기 위해 일하는 눈에 보이지 않는 세력이나 영들이 있다는 것도 매우 분명한 사실이다. 이 위대한 천사를 방해한 바사국의 왕들이 누구였는지는 밝혀지지 않았지만 우리를 둘러싼 보이지 않는 세계에서 기도의 응답을 전하기 위해 보내진 영들과 이런 선한 영들을 쳐부수려는 마귀와 악한 영들 사이에 분명히 싸움이 있다는 것은 여기서 충분히 드러난다.

뿐만 아니라 본문 말씀은 기도의 응답이 늦어지는 이유를 어느 정도 암시한다. 다니엘은 "세 이레 동안"을 슬퍼하며 기도했으며 하나님께서 보내신 천사는 "이십 일일 동안"을 "바사국 군"에게 저지를 당했던 것이다.

기도하는 다니엘이 선한 영과 악한 영 사이에 사람의 눈으로 보지 못하는 무서운 싸움이 일어나고 있던 세 이레 동안을 용기와 꿋꿋함을 잃지 않고 기도로 견디겠다고 결심한 것은 잘한 일이었다. 하나님께서 우리의 기도를 듣지 않는 것처럼 보이고 응답이 빨리 오지 않을 때 기도를 포기하지 않는다면 그것은 잘하는 일일 것이다. 기도는 시간이 걸리며 기도의 응답을 얻는데도 시간이 걸린다. 기도응답이 늦어지는 것은 거절당한 것이 아니다. 즉각적인 응답을 받지 못하는 것은 하나님께서 기도를 듣지 않으신다는 것을 말하는 것이 결코 아니다. 성공적으로 기도하려면 용기와 끈기가 있어야 할 뿐 아니라 오랫동안 참고 기다려야 한다. "너는 여호와를 바랄지어다. 강하고 담대하며 여호와를 바랄지어다."

11

기도를 믿는 죄인들

　기도의 효력을 믿는 죄인들에 관한 주제로 구약성경을 연구할 때 발견하는 특별한 모습 중에 하나는 의롭지 못하고 타락한 사람들이 기도를 믿은 일과 그 당시 기도하는 사람들이 기도에 강한 확신을 가진 일이다. 기도를 믿은 죄인들은 특정한 사람들을 기도하는 사람으로, 그리고 하나님을 믿고 하나님께 기도하는 사람으로 알았다. 그들은 이런 사람들이 하나님께서 진노를 돌이키시도록 하고 하나님의 마음을 움직여 악한 일에서 구원하시도록 한다는 것을 인정했다.

　화를 당했을 때, 하나님의 진노로 위협을 받았을 때, 그리고 심지어 자신들의 죄악으로 인해 나쁜 일이 찾아왔을 때도 그들은 기도하는 사람들에게 호소하여 하나님께서 자신들을 향한 진노를 돌이키시도록 기도하게 함으로써 기도의 효력을 믿는 모습을 보여준 때가 많이 있었다. 자신들을 구원하는 거룩한 힘으로서 기도의 가치를 인정하며 기도하는 사람들에게 자신들을 위해 하나님께 중재해 주도록 요청했다.

　그 당시 사람들이 하나님을 떠나 중대한 죄에 빠져있으면서도, 기도에 응답하시는 하나님의 존재에 관한 한 무신론자나 이교도가 되지 않았다는 것은 이상할 정도로 역설적이다. 악한 사람들도 하나님이 계시다는 것과 기도는 죄에 대한 용서를 보장하고 자신들을 하나님의 진노에서 구원하는 능력이 있음을 확실히 믿었다. 이것은 세상의 죄인들이 기도의 힘을 믿고 그리스도인에게 자신들을 위해 기도할 것을 구할 때 죄인들에 대한 교회의 영향력을 보여준다는 점에서 어느 정도 가치가 있는 일이다. 병석에서 죽어가고 있는 한 죄인이 기도하는 사람을 불러 자신을 위해 기도할 것을 부탁하는 것은 흥미롭고도 중요한 일이다. 회개하는 죄인이 자신의 죄를 깨닫고 하나님의 진노를 느끼며 교회로 찾아와 이렇게 말한다는 사실은 큰 의미를 가지고 있다. "기도의 사람들이여, 나를 위해 기도해 주시오."

교회가 멸망할 자신들의 영혼을 위해 기도해 달라고 요청하는 구원받지 못한 사람들을 위해 기도하는 것이 얼마나 중요한지 온전히 깨닫는 일이 드물며 그 중요성을 인정하고 온전히 받아들이는 일은 더더욱 드물다. 교회가 하나님의 마음을 온전히 안다면, 그리고 깨어 있어 구원받지 못한 영혼의 위태함을 진정으로 느낀다면, 그리고 교회가 성장하고 있다면, 우리는 더 많은 죄인들이 교회로 찾아와서 기도하는 사람들에게 "내 영혼을 위해 기도해 주시오"라고 부르짖는 모습을 볼 수 있을 것이다.

소위 '죄인을 위한 기도'는 많이 있을 것이다. 그러나 그것은 차갑고 형식적이며 의례적인 기도로 아무 효력을 나타내지 못하고 하나님께 절대 이르지 못하며 아무 일도 이루지 못한다. 죄인들이 기도하는 하나님의 백성들을 찾을 때 비로소 부흥은 시작된다.

그런 역사가 일어난 구약 시대를 살펴볼 때 우리는 몇 가지 뚜렷한 사실을 발견한다.

첫째, 하나님을 대적한 죄인들이 가진 성향이다. 그들은 불행이 다가올 때 도움과 피난처를 얻기 위해 거의 무의식적으로 기도하는 사람에게 찾아와 자신들의 평안과 구원을 위해 기도를 호소하는 성향이 있었다. 그들은 "우리를 위해 기도하소서" 하고 울부짖었다.

둘째, 기도하는 사람들은 기꺼이 그들의 호소를 받아들여 그들을 위해 하나님께 기도했다는 것이다. 더 나아가 우리는 기도하는 사람들은 언제나 기도하는 마음을 가지고 있었으며 언제라도 하나님께 기도할 준비를 하고 있었다는 사실에 감동을 받는다. 이들의 영혼은 항상 기도로 활력을 찾았다.

셋째, 우리는 이 기도의 사람들이 기도할 때마다 하나님을 감동시킨 놀라운 사실에 주목한다. 다른 사람들을 위한 그들의 기도에 하나님은 거의 언제나 신속히 반응하고 들어주셨다. 이렇듯 중보 기도는 일찍이 널리 퍼져 있었다. 오늘날 하나님의 진노를 돌리고 죽어 가는 생명을 살리며 구원을 얻기 위한 매개체로서 기도의 가치를 생각할 때, 현대 교회가 이 시대 죄인들의 불신앙에 대한 책임과 얼마나 동떨어져 있는지는 깊이 생각해 볼 가치가 있는 질문이다. 죄인들이 교회로 찾아오는 것을 무시하며 기도해 달라는 호소에 무관심한 교회는 과연 이 시대에 시온의 탄식하는 소중한 사람들이 거의 없는 현실에 책임을 얼마나 느끼고 있는가?

죄인들이 기도의 힘을 믿고 하나님의 사람에게 중보해 줄 것을 호소하는 모습을 보여주는 첫번째 예는 하나님께서 독한 뱀을 이스라엘 백성에게 보내신 사건에서 나타난다. 이스라엘은 호르산에서 출발하여 홍해의 길을 따라 에돔 땅을 돌아서 지나가려고 하였다. 그때 백성들이 하나님과 모세에 대하여 다음과 같이 원망하였다.

"어찌하여 우리를 애굽에서 인도하여 올려서 이 광야에서 죽게 하는고, 이 곳에는 식물도 없고 물도 없도다. 우리 마음이 이 박한 식물을 싫어하노라"하매 여호와께서 불뱀들을 백성 중에 보내어 백성을 물게 하시므로 이스라엘 백성 중에 죽은 자가 많은지라. 백성이 모세에게 이르러 가로되, "우리가 여호와와 당신을 향하여 원망하므로 범죄하였사오니 여호와께 기도하여 이 뱀들을 우리에게서 떠나게 하소서." 모세가 백성을 위하여 기도하매.

백성들은 하나님을 멀리 떠났고 하나님께서 그들을 대하시는 것에 대해 불평하여 중죄를 지었지만 기도에 대한 믿음을 잃지는 않았다. 그리고 기도로 하나님의 마음을 감동시키고 기도를 통해 재앙을 막고 그들을 구원할 수 있는 한 지도자가 이스라엘에 있다는 사실도 잊지 않았다.

이스라엘 왕국이 분열되었을 때 열 지파의 첫번째 왕이 된 여로보암에 관한 이야기는 이 주제에 걸맞는 또 다른 사건이다. 이 사건은 여로보암이 하나님을 떠났다는 나쁜 평판 때문에 아주 널리 알려진 사건이었는데, 그 일 후에 이스라엘 역사에는 "느밧의 아들 여로보암의 죄"라는 표현이 자주 사용되었다. 그리고 여로보암의 이야기는 그의 죄가 하나님 보시기에 중대하였지만 그가 기도의 효력에 대한 믿음은 잃지 않았다는 사실을 보여준다. 그 이야기에서 보면 여로보암은 감히 대제사장의 역할을 대신하여 분향을 하려고 단 옆에 섰다. 그때 하나님의 사람이 유대에서 와서 그 단을 향해 외치고 선포하였다. "단이 갈라지며 그 위에 있는 재가 쏟아지리라." 이 말에 왕은 레위인의 법을 거역하여 하나님의 제사장의 자리를 취한 자신을 공개적으로 책망하려고 한 하나님의 사람에게 화를 냈다. 그래서 왕은 하나님의 사람과 그와 함께한 다른 사람들을 한꺼번에 잡아서 해치려는 노골적인 의도로 그에게 손을 뻗으며 이렇게 말했다. "저를 잡으라."

하나님은 그 즉시 왕에게 문둥병을 내려 뻗은 팔을 거두지 못하게 하셨고, 그와 동시에 단이 갈라졌다. 마치 하늘에서 번개가 떨어지듯이 자신의 죄로 인해 찾아온 갑작스런 징벌에 소스라치게 놀란 왕은 두려움에 사로잡혀 하나님의 사람에게 큰 소리로 외쳤다. "너는 나를 위하여 네 하나님 여호와께 은혜를 구하여 내 손으로 다시 성하게 기도하라." 그리고 성경은 그 결과를 이렇게 기록하고 있다. "하나님의 사람이 여호와께 은혜를 구하니 왕의 손이 다시 성하여 전과 같이 되니라."

여기서 우리는 하나님의 사람이 가진 기도의 습관과 기도의 현실성이라는 두 가지 문제를 만나지만 우리가 살펴보고자 하는 것은 그 어느 것도 아님을 명심하자. 그것보다는 우리는 여기서 중대한 죄를 짓고 하나님을 떠난 이스라엘의 통치자가 하나님의 진노가 임할 때 즉시 기도하는 사람에게 자신을 대신해서 하나님께 중재할 것을 요구하는 모습을 발견한다. 이것은 단지 한 죄인이 하나님의 사람이 드리는 기도의 효능을 믿는다는 것을 보여준 또 다른 경우에 불과하다. 그리스도인이 사는 땅에서 교회가 기도의 능력을 잃을 뿐만 아니라 죄인들이 교회의 영향을 조금도 받지 못하여 기도의 효력을 믿지 않고 기도하는 사람들의 기도에 거의 관심을 기울이지 않는 때는 참으로 암울한 시기이다.

이 일 후에 곧 다른 일이 일어난다. 여로보암 왕의 아들이 병으로 누워 죽게 된 것이다. 이 악하고 냉담한 왕은 그의 아내를 하나님의 선지자 아히야에게 급히 보내 병으로 아들이 어떻게 될 것인지를 물어보게 한다. 여로보암의 아내는 자신이 누구인지를 알리지 않을 생각으로 앞을 거의 보지 못하는 늙은 선지자를 속이려고 했다. 그러나 아히야는 앞을 잘 보지 못하는 중에도 선지자의 통찰력으로 그가 오자마자 누구인지를 금방 알아냈다. 아히야는 여로보암의 아내에게 왕국에 관한 아주 중대한 일을 많이 이야기하고 남편 여로보암이 하나님의 계명을 지키지 않고 우상에게 빠진 것을 책망한 후 이렇게 말했다. "너는 일어나 네 집으로 가라. 네 발이 성에 들어갈 때에 그 아이가 죽을지라."

곤경에 처한 한 아버지가 아들을 구하기 위하여 기도하는 선지자에게 호소하는 것은 얼마나 당연한 일인가? 첫번째 사건에서 언급한 대로 여로보암은 죄로 눈이 어두워져 자신을 위해 중보하는 하나님의 사람을 곁에 두는 일이 참으로 가치 있음을 모른 것이 아니었다. 여로보암이 죄에 빠진 사건은 이로울 것이 하나도 없는 사건이었지만, 구약시대의 죄인들은 직접 기도하는 사람들이 아니었어도 기도하는 사람들의 기도가 가진 효력을 굳게 믿었다는 사실만큼은 증명하였다.

이스라엘의 후손들이 바벨론에서 포로생활을 막 시작할 당시의 인물인 요하난을 예로 들어보자. 요하난과 예레미야는 소수의 무리들과 함께 고국에 남아 있었는데 이스마엘이 그 땅의 총독으로 세움을 받은 그다랴를 반역하여 그를 살해하였다. 요하난은 이스라엘 백성을 그 땅에서 몰아내려고 한 이스마엘에게서 백성들을 구하고 구원하였다. 그러나 요하난은 애굽으로 내려가고자 하였는데 그것은 하나님의 계획에 반대되는 일이었다. 이 특별한 시기에 요하난은 온 백성들을 불러 모으고 예레미야를 찾아가서 간절히 청했다.

> 당신은 우리의 간구를 들으시고 이 남아 있는 모든 자를 위하여 당신의 하나님 여호와께 기도하소서. 당신의 하나님 여호와께서 우리의 마땅히 갈 길과 할 일을 보이시기를 원하나이다.

기도의 간청을 받은 선한 사람들이 다 그랬듯이 예레미야는 그들을 위해 올바른 방법으로 중보하였고 열흘이 지나 응답이 왔으며, 요하난은 하나님께서 백성들에게 행하실 일을 예레미야를 통해 전해 들었다. 그것은 애굽으로 내려가지 말고 예루살렘에 남으라는 말씀이었다. 그러나 백성들과 요하난은 예레미야를 배반하고 하나님께서 기도의 응답을 통해 명하신 일을 거역하였다. 그러나 그것은 백성들이 기도와 기도하는 사람들을 믿지 않음을 증명하는 것은 아니었다.

구약시대의 죄인들은 기도의 효력을 믿었다는 우리의 주장이 사실임을 보여주고, 그래서 당시에는 기도를 위대한 일로 생각했음을 간접적으로 증명하는 사건으로 우리가 주목할 사례가 하나 더 있다. 그것은 죄인들까지도 행동을 통해 기도의 효력과 필요성을 인정한 것으로 볼 때 기도는 중요한 위치를 차지하였고 기도의 중요성은 일반적으로 인식되고 있었음이 틀림없기 때문이다. 그 당시의 죄인들이 심지어 다른 누군가의 기도를 통해서까지 기도의 가치를 증명하고 그들에게 기도가 필요하다는 사실을 나타낸 것이 확실하다면, 오늘을 사는 성도들도 기도의 필요를 절실히 느껴야 하고 기도의 효력과 장점을 굳게 믿어야 할 것이다. 그리고 구약시대의 사람들이 그처럼 기도의 사람들이었고 기도하는 사람이라는 덕망을 가진 것이 분명하다면 바로 오늘을 사는 그리스도인들 역시 기도하는 사람이라는 명성을 두루 얻도록 기도에 힘을 쏟아야 마땅할 것이다.

시드기야는 하나님의 백성들이 포로로 잡히던 때의 유다 왕이었다. 시드기야는 예루살렘이 바벨론 왕에게 포위 당했을 때 나라를 통치하고 있었다. 바로 그때 시드기야가 두 명을 선택하여 예레미야에게 보내어 이렇게 말했다.

> 바벨론 왕 느부갓네살이 우리를 치니 청컨대 너는 우리를 위하여 여호와께 간구하라. 여호와께서 혹시 그 모든 기사로 우리를 도와 행하시면 그가 우리를 떠나리라.

하나님은 기도의 응답으로 예레미야에게 장차 할 일과 일어날 일을 말씀하셨으나 요하난의 경우와 마찬가지로 시드기야는 허위임을 드러내며 하나님께서 예레미야를 통해 지시하신 것을 하지 않았다. 그 일은 결과적으로 시드기야가 하나님의 마음을 알아내는 수단으로서 기도에 대한 믿음을 잃지 않았고 기도하는 사람의 기도가 가진 효력을 믿는 마음에도 아무런 변화가 없었음을 입증하였다.

하나님의 사람들이 기도하는 습관으로 유명했을 뿐 아니라 하나님을 떠나 부정한 마음이 드러난 사람들까지도 기도의 사람들에게 자신들을 대신해 중보할 것을 호소함으로써 기도의 가치를 입증했던 구약의 역사에서는 기도가 중요한 위치를 차지했음은 틀림없는 사실이다. 이것은 구약의 역사에서 너무나 유명하여 구약성경을 꼼꼼히 읽는 사람이라면 이 사실을 발견하고 주목하지 않을 수 없다.

12

기도의 선생, 바울

바울은 자신의 서신을 받고 말씀을 듣는 사람들에게 기도의 절박함에 대해 얼마나 다급하고 열렬하며 집요하고 간절하게 말하고 있는가! 바울은 디모데에게 말한다. "내가 첫째로 권하노니 모든 사람을 위하여 간구와 기도와 도고와 감사를 하되." 바울은 이것이 교회를 위한 으뜸가는 말씀과 진리가 되어야 한다고 생각했다. 그 무엇보다도 그리스도의 교회는 기도하는 집이 되어야 했으며 사람들을 위해, 모든 사람들을 위해 기도해야 했다. 이런 취지에서 바울은 빌립보 성도들에게 이같이 권면했다. "아무 것도 염려하지 말고 오직 모든 일에 기도와 간구로, 너희 구할 것을 감사함으로 하나님께 아뢰라." 교회는 어떤 것도 염려해서는 안 된다. 모든 일에 대해 기도해야 한다. 기도하기에 너무나 사소한 일이라고는 없었다. 하나님께서 해결하지 못하실 정도로 어려운 일이란 없었다.

바울은 데살로니가 성도들에게 편지를 쓸 때 기도를 가장 중요하고 본질적인 말씀으로 강조한다. "항상 기뻐하라. 쉬지 말고 기도하라. 범사에 감사하라. 이는 그리스도 예수 안에서 너희를 향하신 하나님의 뜻이니라." 교회는 쉬지 않고 기도해야 한다. 교회에서 기도가 그쳐서는 절대 안 된다. 이것이 하나님께서 이 땅에 있는 그의 교회를 향하신 뜻이었다.

바울은 자신이 기도에 힘쓸 뿐만 아니라 기도의 절대적인 중요성을 말하면서 쉬지 않고 열심히 기도를 권면하였다. 그는 당시의 교회에게 기도할 것을 끈질기게 권했을 뿐만 아니라 끈질긴 기도를 할 것을 권했다. "기도를 항상 힘쓰고 기도에 감사함으로 깨어 있으라"는 말씀은 바울이 기도에 대하여 가진 지론 중에서도 핵심이었다. "모든 기도와 간구로 하되"라는 말씀은 이 중요한 것을 사람들에게 간청하는 방법이었다. 바울은 그의 마음과 소망을 간곡히 호소한다. "그러므로 분노와 다툼이 없이 기도하기를 원하노라." 바울은 자신이 그렇게 기도했기 때문에 그가 사역하는 사람들에게도 그렇게 기도할 것을 권유할 수 있었다.

바울은 하나님이 정한 지도자였으며 만민이 인정하고 받아들이는 지도자였다. 그는 사역에서 많은 능력을 가지고 있었다. 너무나 확실하고 철저했던 그의 회심은 강력한 힘이 되었고 공격과 방어용 무기를 보관하는 완벽한 탄약고와 같은 것이었다. 사도로의 부르심은 확실하고 분명하며 설득력 있었다. 그러나 그런 것들이 그의 사역에 가장 풍성한 결과를 가져다준 거룩한 힘이 되지는 못했다. 바울이 가는 길은 그 어떤 힘보다 기도의 힘으로 더욱 구체화되었으며 그의 사역은 기도로 더욱 능력을 얻어 성공하였다.

그렇게 본다면 바울이 설교와 서신을 통해 기도를 그처럼 강조하지 않을 수 없었던 것은 결코 놀라운 일이 아니다. 우리는 바울이 기도 외에 다른 어떤 것을 강조하는 것을 생각할 수 없을 것이다. 바울의 삶에서 가장 큰 능력을 행사한 것이 기도였기 때문에 가르칠 때도 역시 기도를 그만한 위치에 두는 것이 당연하다고 생각했다. 바울이 보인 기도의 본은 그가 기도에 대해 가르칠 때 힘을 더하여 주었다. 바울은 행동과 가르침이 일치하였다. 이 두 가지에 불일치라고는 전혀 없었다.

바울은 기도에 있어 으뜸가는 사람이었듯이 사도 중에서도 으뜸이었다. 바울이 사도 중에 으뜸이었다면 그것은 기도를 통해 이룬 결과였다. 따라서 바울은 기도의 선생이 될 가장 좋은 자격을 갖추었다. 그의 기도는 다른 사람에게 기도가 무엇인지, 기도가 무엇을 할 수 있는지를 가르칠 자격을 주었다. 그리고 이런 이유로 바울은 사람들에게 기도를 게을리 해서는 안 된다고 권면할 자격을 충분히 갖추고 있는 사람이었다. 너무나 많은 일이 기도에 달려있었다.

이런 근거로 바울은 기도에 으뜸가는 사람이었다. 바울은 그 누구보다도 거룩한 기도의 중심에 있었기 때문에 사도 중에 사도가 되었다. 바울이 천국에서 받은 가장 고귀한 면류관은 순교의 면류관이었다. 그러나 그의 머리에 순교의 면류관을 씌워준 것은 바로 기도였다.

기도하는 것을 가르치고자 하는 사람은 먼저 스스로 기도에 힘써야 한다. 기도를 권면하는 사람은 자신이 먼저 기도의 길을 걸어야 한다. 설교자는 자신이 기도를 드리는 것만큼 설교를 듣는 사람들에게 기도하기를 권면하게 될 것이다. 더 나아가 기도하는 것만큼 기도에 대해 설교할 자격이 주어질 것이다. 이런 일련의 논리가 옳다고 할 때, 오늘날 기도에 관한 설교를 찾아보기 힘든 것은 설교자들이 기도하는 사람들이 아니기 때문이라고 결론 내리는 것이 옳지 않겠는가?

우리는 기도를 대하는 바울의 태도에서 나타난 하나님의 섭리에서 기도의 절대적인 필요성과 기도응답의 가능성 문제를 온전히 제기할 수 있을 것이다. 개인이 가진 능력만으로, 강한 의지만으로, 굳은 신념만으로, 개인적인 훈련과 은사만으로, 하나님의 부르심과 능력주심만으로, 그리고 이 모든 것을 합한다 해도, 기도가 없다면 하나님의 교회를 이끌어갈 수 있겠는가? 만약 그렇다면 논리상 기도는 필요 없을 것이다. 하나님의 고귀한 뜻에 대한 깊은 신앙심과 흔들리지 않는 헌신이나 예수 그리스도에 대한 뜨거운 충성심이, 혹은 이 두 가지 모두가 헌신된 기도 없이 존재할 수 있겠는가! 또 이런 것들로 인해 교회가 기도의 필요성을 무시할 수 있겠는가! 그렇다면 바울은 그 점에서 누구에게도 뒤지지 않았다. 그러나 위대하며 은사와 재능을 겸비한 헌신된 사람이었던 바울은 쉬지 않고 기도해야 한다고 느끼고 기도의 당위성과 필요성을 긴급하고도 절박하게 깨달았기 때문에, 또 교회가 쉬지 않고 기도해야 함을 외치고 강권해야 한다고 생각했기 때문에, 같이 사도 된 형제들과 함께 모든 사람들의 능력 있는 기도의 지원을 받아야 했다.

교회가 기도할 것을 위해 바울이 기도하고 명령하며 강권한 사실은 세상에서 가장 위대한 힘으로서, 그리고 복음이 자라고 퍼져나가며 개인의 신앙이 성장하기 위해 필수적이고 빼앗길 수 없는 요소로서 기도의 절대적 필요성을 말해 준 가장 확실한 증거이다. 바울이 보기에 실제로 많은 기도가 없이는 교회 성공이란 있을 수 없었고 기도가 없는 신앙이란 있을 수 없었다. 향기로운 내음이 향로에서 피어오르듯이 중심에서 기도의 물이 솟아 나와 흐르는 교회, 그리고 인격과 삶과 습관으로부터 기도의 불꽃이 마치 그윽한 향기와도 같이 감동적이고 품위 있고 자연스럽게 타오르는 지도자, 이 사람은 하나님을 위한 지도자였다.

거룩한 목적과 기도의 특징을 설명하는 주석가로서 바울은 언제 어디서나 또 무엇을 위해서나 기도하기를 계속할 것과 쉬지 않고 기도할 것을 말했다.

디모데는 바울이 총애하는 사람이었다. 그들은 서로 사랑했으며 서로가 가진 많은 유사성 때문에 관계는 더욱 친밀해졌다. 바울은 디모데에게서 자신의 영적인 후계자의 자격이 될 만한 요소들을 발견하였다. 적어도 그것은 교회를 바로 세우고 부흥시키는데 없어서는 안될 위대한 영적 원리와 힘이었으며 또 그것들의 보고였다. 바울은 그런 근본적이고 극히 중요한 진리를 디모데에게 심어주고 뿌리를 내리게 하였다. 바울은 기초적이고 극히 중요한 그 진리를 맡길 사람으로 디모데를 생각했고 그 진리를 충실하게 지켜 더럽히지 않고 장래에 물려 줄 인물로 보았다. 그래서 바울은 디모데전서 2:1에 기록된 대로 온 세대를 위해 그가 가진 기도라는 재산을 디모데에게 물려준다.

더 나가기 전에 그 말씀은 바울이 오류에 빠지지 않도록 지켜주시고 그가 가르친 진리를 생각나게 하신 성령님의 직접적인 감동하심으로 쓴 서신이라는 사실을 주목하자. 성령님의 절대적인 영감을 확실히 믿는데 있어서는 우리에게 타협이란 조금도 없다. 그리고 바울이 쓴 글도 그런 거룩한 말씀의 일부분이기 때문에 그의 서신이 성경, 즉 하나님 말씀의 일부분이라는 것을 확실히 믿는다. 이것은 사실이기 때문에 바울이 주장한 기도의 원리는 성령님의 원리이다. 바울의 서신들은 하나님의 권위의 영감을 받은 진정한 하나님의 말씀이다. 그러므로 바울이 가르치는 기도는 전능하신 하나님께서 그의 교회들로 하여금 받아들이고 믿고 실천하도록 하시는 원리이다.

따라서 디모데에게 쓴 바울의 서신은 거룩한 감동을 받은 말씀이다. 이 거룩한 말씀은 단지 암시만 하는 말씀이 아니며 기도에 관한 개괄적인 요점을 보여주는 것만이 아니라 훨씬 그 이상이다. 이 말씀은 기도에 대하여, 곧 우리가 어떻게 기도해야 하는지, 직장인들이 어떻게 기도해야 하는지에 대하여 너무나 교훈적이다. 또 기도하지 않으면 안 되는 이유에 관하여 너무나 설득력이 있어서 힘있게 그리고 끊임없이 강조할 필요가 있는 말씀이다.

다음은 바울이 디모데에게 기도에 대하여 쓴 말씀이다.

> 그러므로 내가 첫째로 권하노니 모든 사람을 위하여 간구와 기도와 도고와 감사를 하되 임금들과 높은 지위에 있는 모든 사람을 위하여 하라. 이는 우리가 모든 경건과 단정한 중에 고요하고 평안한 생활을 하려 함이니라. 이것이 우리 구주 하나님 앞에 선하고 받으실 만한 것이니 하나님은 모든 사람이 구원을 받으며 진리를 아는데 이르기를 원하시느니라. 하나님은 한 분이시요 또 하나님과 사람 사이에 중보도 한 분이시니 곧 사람이신 그리스도 예수라. 그가 모든 사람을 위하여 자기를 속전으로 주셨으니 기약이 이르면 증거할 것이라. 그러므로 각처에서 남자들이 분노와 다툼이 없이 거룩한 손을 들어 기도하기를 원하노라.

이 기도의 단원에서 우리는 바울의 서신을 통해 모든 세대의 모든 그리스도인이 가질 유산과 관습이 무엇인지 밝혔다. 그것은 기도라는 위대한 일에 있어 하나의 안내서이다. 그것을 통해 우리는 기도의 능력과 다양성을 본다. 시대적인 관점에서 볼 때 모든 본분 중에 가장 먼저가 기도였다. 기도는 모든 일 중에 으뜸이어야 한다. 중요성과 능력으로 볼 때 기도는 너무나 고되고 필수적인 일이어서 많은 영적 가치 중에 첫번째로 꼽힌다. 기도하지 않는 사람은 아무것도 아니다. 그는 전혀 무가치한 사람이다. 기도하지 않는 사람은 그리스도와 하나님과 천국에 관한 한 아무것도 모르는 사람이다. 기도는 단지 중요한 일들의 범주에 속하는 것에 그치지 않는다. 바울은 온 마음으로 기도를 최고 중에 최고로 여기고 가장 선두에 둔다. "내가 첫째로 권하노니."

바울의 가르침은 기도는 이 땅에서 가장 중요한 일이라는 것이다. 최고의 자리는 기도에 내주고 다른 모든 것은 물러나야 한다. 기도를 최고의 자리에 두고 그 자리를 지켜라. 싸움은 곧 기도의 자리를 빼앗는 것이다. 패배와 승리가 이것으로 좌우된다. 기도를 두번째 자리에 두면 그 싸움은 패한다. 그렇게 되면 기도는 속박을 받고 무너지게 되어있다. 기도를 첫번째 자리에 두면 하나님이 첫째가 되고 승리는 보장된다. 기도는 삶에서 주도권을 잡아야 한다. 그렇지 않으면 주도권을 포기해야 한다. 어느 쪽이 되어야 하겠는가?

바울의 말에 따르면, "간구와 기도와 도고와 감사"와 같은 기도의 모든 요소와 모습을 통해 우리가 기도할 때 사람을 위해서 해야 한다. 우리는 어떤 것을 얻기 위해, 또 모든 것을 위해 기도하며 모든 일시적인 유익과 모든 영적인 유익과 은혜를 위해 기도한다. 그러나 이런 방향에서 바울은 가장 고상한 기도의 결과와 목적을 향해 나아간다. 기도로 사람이 영향을 받아야 한다는 것이다. 사람의 덕과 인격과 행동과 운명은 모두 기도의 영향을 받는다. 이런 관점에서 볼 때 기도는 가장 빠른 길로 행하며 가장 고상한 목적을 추구하는 것이다. 우리는 사람을 감동시키는 물질과 은총과 은혜 주심, 그리고 사람을 감동시키는 일들을 인지하며 이런 것들과 조화를 이룬다. 그러나 여기서 기도의 목적은 사람이 되어야 한다. 이 사실은 기도의 폭을 넓히며 기도를 품위 있게 만든다. 어떤 조건을 통해서든지 기도로 굳게 붙잡을 대상은 바로 사람이 되어야 한다.

바울의 가르침은 기도는 근본적으로 내적인 본성을 가진 것이라는 의미를 갖는다. 우리 안에 있는 성령께서 기도한다. 그러므로 바울의 말을 주목하라. "그러므로 각처에서 분노 없이 기도하기를 원하노라." "분노"는 수액을 분비시키는 나무나 열매의 자연적인 내부 활동을 상징하는 말이다. 자연의 수액은 따뜻하게 되어 활동하고 봄의 온기로 솟아난다. 사람은 그 안에 마치 수액이 솟아나는 것과 같은 자연 그대로의 기질이 있다. 온기와 열과 모든 단계의 열정과 욕구는 화를 낼 때 저절로 생긴다. 이런 것들을 경계하고 억제하라. 이와 같은 본성적인 감정이 그 안에서 솟아날 때, 또 그것이 자라고 자리를 잡고 있을 때 사람은 기도할 수 없다. 기도는 그런 감정이 없어야 가능하다. "분노 없이." 더 고상하고 선하고 귀한 생각이 기도를 높은 수준으로 끌어올릴 수 있다. "분노"는 기도를 힘없게 만들며 기도를 방해하고 억제한다.

"없이"라는 말의 의미는 사용하지 않고, 관계없이, 떠나서, 떨어져서 등의 뜻이다. 본성적이고 새롭게 되지 못한 마음에는 기도하는 요소가 없다. 그와 같은 마음의 분노와 모든 타고난 기질은 기도를 죽이고 파괴한다. 기도의 본성은 자연의 본성보다 더 심오하다. 우리는 타고난 기질을 가지고 기도할 수 없다. 심지어 가장 온유하고 선한 성격으로도 기도할 수 없다.

기도는 성품을 시험하는 정직한 수단이다. 상황에 대한 충실함과 관계에 대한 정직함은 우리의 기도를 통해서 나타나는 때가 자주 있다. 기도를 낳는 상황이 있다. 그런 상황은 기도의 싹을 틔우고 기도를 완성하는 토양이다. 기도하는 것이 매우 적절해 보이는 환경이 있다. 기도하지 않는 것은 무감각해 보이고 부자연스러워 보이는 환경이 있다. 우리가 의지할 데 없고 평안이 없을 때, 혹은 만족이 없을 때 우리의 삶에 거센 폭풍이 몰아치는 것은 기도를 할 자연스러운, 그리고 기도하라는 하나님의 섭리가 담긴 상황이다.

과부로 사는 것은 말할 수 없이 큰 고통이다. 그 고통은 믿지 않는 사람뿐 아니라 신앙을 가진 여인들에게도 찾아온다. 신앙을 가진 순수한 과부가 있다. 그들은 칭찬을 받아야 하며 그들의 슬픔은 거룩하다. 그들의 신앙심은 향기를 발하고 상한 마음으로 인해 더욱 빛난다. 그런 과부들에 대해 바울은 이렇게 말한다.

> 참 과부로서 의로운 자는 하나님께 소망을 두어 주야로 항상 간구와 기도를 하거니와 일락을 좋아하는 이는 살았으나 죽었느니라.

여기서 두 부류의 여자들 사이에는 뚜렷한 대조가 있다. 한 부류의 여자들은 밤낮으로 기도와 간구에 전념한다. 다른 부류는 쾌락을 즐기며 사는 영적으로 죽은 여자들이다. 그래서 바울은 참 과부를 기도에 열심인 사람들이라 말한다. 믿음과 의로움에서 나온 참 과부의 기도는 강한 힘을 발휘한다. 그 기도는 주야로 쉬지 않고 하나님께로 올라간다. 과부의 마음은 기도할 때, 간절하며 지치지 않고 기도할 때, 하나님께 강력한 호소가 된다.

바울의 두드러지는 권면 중에 우리가 연구할 가치가 있는 것은 "기도에 항상 힘쓰며"라는 말씀으로 개정판 성경은 "기도에 굳게 힘쓰며"로 표현하는데, 이것은 바울이 기도를 설명하는 말이다. 이 말의 의미는 기도에 머무르고, 기도에 남고, 기도에 흔들리지 말며 충실하고, 기도에 강하게 집착하고, 힘을 다해 끝까지 기도를 고수하고, 정열적이고 헌신적이며 끊임없이 기도에 힘쓰고, 기도에 부단한 관심을 가진다는 뜻이다.

기도는 일이다. 부지런함과 열정과 수고를 동반해야 하는 평생의 일이다.

그리스도인이 할 두드러진 일은 기도이다. 기도는 그리스도인에게 가장 매력 있고 가장 거룩하며 가장 유익한 일이다. 기도는 그토록 고귀하고 품위 있고 중요한 일이기 때문에 "쉬지 말고" 기도해야 한다. 다시 말하면, 쉬어도 안 되며 멈춰서도 안 되고 부지런히, 그리고 중단 없이 해야 한다. 기도하기 위해 우리는 온 힘을 다해야 한다. 기도는 모든 영역을 포함해야 한다. 그리고 어디서나 기도해야 하고 어느 때나 기도해야 한다. 기도는 언제 어디서나 모든 것을 감싸야 한다.

에베소서 3장에 나오는 놀라운 기도에서 바울은 신앙의 경륜이 넓어지도록 기도하고 있다. 그 말씀에서 바울은 하나님 앞에 무릎을 꿇고 에베소 성도들이 신앙의 경륜에 있어서 과거 조상들이 가졌던 최고의 단계보다 더 멀리 뻗어나가도록 해주실 것을 위해 예수 그리스도의 이름으로 구하고 있다. "하나님의 모든 충만하신 것으로"라는 신앙의 경륜은 너무나 위대하고 영광스러워서 현대를 살아가는 성도들은 측량할 수 없을 정도로 높고 깊은 그 위엄을 바라볼 때 현기증을 일으킬 정도다. 바울은 우리가 "온갖 구하는 것이나 생각하는 것에 더 넘치도록 능히 하실 이에게" 나아가도록 한다. 이것은 바울이 기도에 대하여 가르치는 하나의 실례이다.

빌립보 교회에 편지를 쓰면서 바울은 다음과 같이 그 상황을 자세히 말하고 그 상황을 변화시키는 기도의 능력을 보여준다.

어떤 이들은 투기와 분쟁으로, 어떤 이들은 착한 뜻으로 그리스도를 전파하나니 이들은 내가 복음을 변명하기 위하여 세우심을 받은 줄 알고 사랑으로 하나 저들은 나의 매임에 괴로움을 더하게 할 줄로 생각하여 순전치 못하게 다툼으로 그리스도를 전파하느니라. 그러면 무엇이뇨? 외모로 하나 참으로 하나 무슨 방도로 하든지 전파되는 것은 그리스도니 이로써 내가 기뻐하고 또한 기뻐하리라. 이것이 너희 간구와 예수 그리스도의 성령의 도우심으로 내 구원에 이르게 할 줄 아는 고로 나의 간절한 기대와 소망을 따라 아무 일에든지 부끄럽지 아니하고 오직 전과 같이 이제도 온전히 담대하여 살든지 죽든지 내 몸에서 그리스도가 존귀히 되게 하려 하나니.

바울은 담대함을 지켜야 했으며 빌립보 성도들의 기도를 통해 실패와 부끄러움을 이겨야 했다. 그리고 그리스도는 바울이 살든지 죽든지 그를 통해 영광을 받으셔야 했다.

고린도서와 에베소서, 그리고 빌립보서에서 인용하는 모든 말씀에서 개정판 성경은 "간구"라는 기도의 가장 강렬한 모양을 제시하는 것을 주목해야 한다. 바울이 성도들에게 요구하는 것은 강렬하고 개인적이며 정열적이고 굴복하지 않는 기도이다. 그리고 성도들은 기도에 각별한 힘과 관심과 시간과 마음을 쏟아 기도가 가장 좋은 열매를 맺게 해야 한다.

바울이 골로새 성도들에게 주는 기도에 관한 일반적인 권면의 말씀은 그가 개인적으로 호소할 정도로 구체적이고 명확하게 나타난다.

> 기도를 항상 힘쓰고 기도에 감사함으로 깨어 있으라. 또한 우리를 위하여 기도하되 하나님이 전도할 문을 우리에게 열어주사 그리스도의 비밀을 말하게 하시기를 구하라 내가 이것을 인하여 매임을 당하였노라. 그리하면 내가 마땅히 할 말로써 이 비밀을 나타내리라.

바울은 히브리인들에게 보낸 서신의 저자로 인정을 받고 있다. 우리는 히브리서를 예수님의 기도의 특징을 보여주는 말씀으로 여긴다. 그것은 진정한 기도가 갖추어야 하는 요소에 관해 설명하는 교훈적이고 근거가 있는 말씀이다. 예수님의 기도는 얼마나 깊은 의미를 담고 있는가! 이전에 기도한 사람과 같지는 않았지만 어떻게 기도할지를 가르치기 위해 기도하신 예수님의 기도는 얼마나 마음을 감동시키는 고상한 기도였는가! "그는 육체에 계실 때에 자기를 죽음에서 능히 구원하실 이에게 심한 통곡과 눈물로 간구와 소원을 올렸고 그의 경외하심을 인하여 들으심을 얻었느니라." 예수 그리스도의 기도는 그에게 강한 능력을 가져다주었다. 예수님의 기도는 그가 드린 희생이었다. 곧 인류의 죄를 위해 십자가에서 자신을 주기 전에 드리신 희생이었다. 기도로 드리는 희생은 자기 희생의 선구자요 자기 희생의 서약이다. 우리가 십자가에서 죽을 수 있으려면 먼저 골방에서 죽어야 한다.

13

바울과 그의 기도 (1)

　바울의 기도와 기도에 관한 그의 명령을 둘 다 연구하는 사람은 그의 기도가 얼마나 포괄적이고 전반적이며 상세하고 다양한 영역을 다루는지 알게 될 것이다. 웨슬리(John Wesley), 브레이너드(Brainerd), 루터 (Martin Luther), 그리고 영적 세계에서 그들의 거룩한 후계자였던 모든 사람들은 크고 작은 모든 일들을 하나님께 기도로 말하고 세속적이고 신앙적인 모든 것과 자연적이고 영적인 모든 것을 기도로 하나님께 맡긴 것으로 인해 광신자라고도, 또 미신을 좇는 사람이라고도 비난받지 않았다는 사실을 알게 될 것이다. 이 모든 것에서 그들은 오직 사도 바울의 본과 권위를 따르고 있었다.

　바울이 기도로 하나님을 찾은 것처럼 하나님을 찾는 것, 바울처럼 하나님과 교제하는 것, 바울처럼 예수 그리스도께 간구하는 것, 바울처럼 기도로 성령님을 구하는 것, 쉬지 않고 이것을 하는 것, 언제나 달음질하는 자가 되는 것, 바울이 기도로 얻은 것처럼 그리스도를 얻는 것, 이 모든 것이 하나님의 성도를 만들고 사도와 지도자를 만든다. 이런 것들은 하나님을 위한 삶을 보장해 주고 하나님을 위한 삶에 몰두하게 하며 삶을 풍성하게 하고 삶에 힘을 불어넣어 준다. 잘된 기도라면 우리의 삶을 가득 채우고 삶을 흡수할 것이다. 이런 기도는 바울의 시대를 오게 하고 바울의 은사를 보장해 준다. 바울의 시대도 좋고 바울의 은사는 더 좋지만 바울의 기도는 가장 좋은 것이다. 그것은 바울의 기도가 바울의 시대를 오게 하고 바울의 은사를 보장해 주기 때문이다. 바울의 기도는 많은 것을 희생하게 한다. 자아에 대하여, 육체에 대하여, 그리고 세상에 대하여 죽는 것이다. 바울의 기도는 희생을 치를 충분한 가치가 있다. 아무것도 희생하지 않는 기도는 아무것도 얻지 못한다. 그것은 기껏해야 거지의 구걸에 지나지 않는다.

바울이 기도의 가치를 높이 평가하고 그 가치를 강력히 주장하는 것은 바울이 기도의 사람이었다는 사실에서 나타난다. 교회에서 바울의 높은 지위는 위엄을 자랑하기 위함도 아니고 즐기며 호사하기 위한 것도 아니었다. 하나의 형식적인 자리도 아니었으며 몹시 고되고 힘든 자리도 아니었다. 바울은 뛰어난 기도의 사람이었기 때문이었다. 바울은 그리스도를 위한 위대한 사역을 엄한 기도의 도장에서 시작했다. 하나님께서 바울이 회심했음을 아나니아에게 납득시키기 위해 하신 확실하고 놀라운 말씀은 이것이었다. "저가 기도하는 중이다." 바울은 사흘 동안을 아무것도 보지 못하고 식음을 전폐하였지만 기도의 교훈을 잘 배웠다.

바울은 금식과 기도의 힘으로 위대한 제1차 전도여행을 떠났고 바나바와 함께 금식과 기도를 통해 각 교회를 세웠다. 빌립보에서 바울은 "기도처"에서 사역을 시작했다. 그들이 "기도하는 곳"에 갔을 때 점하는 귀신이 젊은 여자에게서 쫓겨 나갔다. 또 바울과 실라가 감옥에 갇혔을 때는 한밤중에 하나님께 기도와 찬송을 드렸다.

바울에게 기도는 하나의 습관과 일과 삶이 되었다. 말 그대로 그는 기도에 전념했다. 그러므로 바울에게 기도는 거져 외양이나 겉치레, 허식이나 장식물이 아니었다. 기도는 본질과 뼈대와 골수와 그의 신앙생활의 본질을 형성했다. 바울의 회심은 놀라운 은혜였으며 능력이었다. 그가 받은 사도의 직권은 완전하고 품위 있었다. 그러나 바울은 그를 둘러싼 훌륭한 환경과 그의 회심의 놀라운 결과를 통해 자신의 사역을 증명하려는 헛된 생각을 하지 않았다. 하나님의 권위로 승인 받고 공인 받은 사도의 직권으로도, 자신이 받은 가장 고상한 은사와 사도의 부요함으로도 하지 않고 기도로, 씨름하고 번민하는 끊임없는 기도로, 그리고 성령님의 기도를 통해 자신의 사역을 증명하려 했다. 그래서 바울은 순교자의 원리를 가지고 사역하였고 그의 사역과 삶과 죽음을 순교자의 영광으로 장식하였다.

13. 바울과 그의 기도(1)

바울은 매우 두드러진, 그리고 특별히 약속 받은 영적 특성을 가지고 있었는데 그것은 바로 기도에 대한 영적 특성이었다. 기도에 관해 바울이 가진 깊은 확신이 있었다. 기도는 엄숙할 뿐 아니라 위대한 사명이라는 것이었다. 기도는 최고의 특권이며 강력한 힘이고, 기도는 신앙심을 평가하며 믿음을 더욱 강하게 한다고 확신했다. 기도는 그리스도인의 성공에 필요하고 이 땅위에 하나님의 나라를 이루는데 있어 매우 중요한 요소라는 것과 하나님은, 또 천국에서는 우리가 기도하기를 바란다고 확신했다.

죄를 거룩함으로 이기고 지옥을 천국으로 이기며 마귀를 그리스도로 이기는 위대한 승리를 얻으려면 어쨌든 우리는 기도해야 한다. 바울은 하나님을 아는 사람은 기도할 것이며 하나님을 위해 사는 사람은 많이 기도할 것이며 기도하지 않는 사람은 하나님을 위해 살 수 없다는 것을 당연한 일로 생각한다. 그래서 바울은 많이 기도했다. 그는 기도하는 습관에 젖어 있었다. 기도에 익숙했으며 그래서 기도의 습관이 생겼다. 기도를 너무나 중요하게 생각하여 기도의 가치를 충분히 알았고 더욱 기도하는 습관을 들였다. 바울은 하나님을 사랑했기 때문에 기도하는 습관 속에 살았으며 그의 마음속에 있는 하나님께 대한 사랑은 언제나 일정한 기도의 습관을 통해 표출된다. 바울은 더욱 더 큰 은혜가 필요하다고 생각했다. 그런데 그 은혜는 오직 기도라는 길을 따라서만 오며 더욱 풍성한 은혜는 오직 기도가 더욱 풍성할 때에 찾아온다.

바울은 기도의 습관을 가지고 있었지만 단지 습관의 힘으로만 기도한 것이 아니었다. 인간은 습관의 지배를 받는 존재이기 때문에 항상 어떤 일을 아무 생각 없이 단지 하나의 일과로서 형식적으로 할 위험이 있다. 바울의 습관은 일정했고 마음에서 우러난 것이었다. 로마의 교인들에게 바울은 이렇게 쓴다. "하나님이 나의 증인이 되시거니와 항상 내 기도에 쉬지 않고 너희를 말하며." 노래로 드린 바울 기도에도 감옥문이 열리고 지진이 일어났다. 바울과 실라가 드린 류의 기도에 모든 것은 열린다. 모든 것은 기도로 열린다. 설교를 못하도록 바울의 입을 막을 수는 있었으나 기도하는 입을 막을 수는 없었다. 그리고 복음의 길은 바울의 설교뿐 아니라 바울의 기도를 통해서 열릴 수 있었다. 사도들은 감옥에 있어도 상관없었다.

그러나 사도들이 감옥에 갇혀서 풍성한 기도를 드릴 때 하나님의 말씀은 갇히지 않고 자유로워 마치 산등성이에 부는 산들바람처럼 활동하였다.

그처럼 고통스럽고 절망적인 상황에서 찬양과 기도를 통해 즐겁고 아름답게 표현된 예수 안에서 누리는 그들의 기쁨은 얼마나 충만한가! 기도는 만물이 하나님의 임재로 밝게 빛나게 만드는 하나님과의 완전한 교제로 그들을 인도하였고, 그들은 "그 이름을 위하여 능욕 받는 일에 합당한 자로 여기심을 기뻐하고 여러 가지 시험을 만날 때 온전히 기쁘게 여기며" 살 수 있었다. 기도는 모든 것을 향기롭게 하고 모든 것을 정결케 한다. 기도하는 성도는 고난 당하는 성도일 것이다. 그는 고난 당하며 기도하여 향기를 발하는 성도일 것이다. 기도하는 성도는 찬양하는 성도일 것이다. 찬양은 곡조가 붙은 기도에 불과하다.

바울이 예루살렘으로 가던 중 에베소에서 잠시 머물며 그곳 장로들에게 특별한 권면을 했을 때 일어난 일이 사도행전에 기록되어 있다.

　　　이 말을 한 후 무릎을 꿇고 저희 모든 사람과 함께 기도하니 다 크게 울며 바울의 목을 안고 입을 맞추고.

"무릎을 꿇고 기도하니." 이 말씀을 주목하라. 무릎을 꿇고 기도하는 것은 간절하고 겸손하게 기도하는 사람의 마음가짐으로, 바울이 좋아하는 기도의 태도였다. 그런 기도의 자세에는 전능하신 하나님 앞에서 겸손함과 뜨거움이 있었다. 무릎을 꿇고 기도하는 것은 하나님 앞에 선 사람의 자세이며 구주 앞에 선 죄인과 은혜를 베푸는 자 앞에 선 애원자가 가져야 할 마땅한 자세이다. 에베소 장로들에게 준 거룩하고 살아있는 권면의 말씀을 기도로 확증한 것은 그 말씀을 효력 있고 유익하게, 그리고 영원히 남도록 만든 일이었다.

바울의 신앙은 아나니아의 집에 머물며 기도로 씨름한 사흘 동안의 고투의 기간을 통해서 태어났고 거기서 그는 영원한 천국문에 이르기까지 쇠하지 않은 거룩한 동기를 얻었다. 그 영적인 역사와 신앙의 경륜은 쉬지 않는 기도의 일직선상에서 시작되었고 바울을 영적으로 가장 높은 자리에 앉게 하였고 가장 풍성한 영적 열매를 낳게 하였다. 바울은 무엇보다 기도하는 환경에서 살았다. 그의 첫번째 전도여행은 기도로 계획되었다. 바울을 이방전도의 현장으로 부른 것도 기도와 금식이었다. 그리고 그의 기도와 금식으로 안디옥 교회는 감동을 받아 바울과 바나바를 첫 전도여행에 파송하게 되었다. 여기에 관한 성경의 기록을 살펴보자.

안디옥 교회에 선지자들과 교사들이 있으니 곧 바나바와 니게르라 하는 시므온과 구레네 사람 루기오와 분봉왕 헤롯의 젖동생 마나엔과 및 사울이라. 주를 섬겨 금식할 때에 성령이 가라사대, "내가 불러 시키는 일을 위하여 바나바와 사울을 따로 세우라" 하시니 이에 금식하며 기도하고 두 사람에게 안수하여 보내니라.

여기에 모든 선교사 파송의 본보기와 성공적인 선교의 조짐이 있다. 기도하는 교회가 하나님의 지도자에게 순종하도록 감독하시는 성령의 역사가 있었다. 그리고 그와 같은 상황은 두 명의 하나님의 사람의 선교에서 가장 풍성한 결과를 가져다주었다. 바울이 가서 두드러지게 활동한 교회 가운데 기도하지 않은 교회는 없었다고 확실히 말할 수 있을 것이다. 바울은 기도하는 분위기 속에서 살았고 기도하는 환경에서 수고하고 고난을 받았다. 기도는 바울에게 바로 신앙의 핵심이요 생명이었으며 뼈대요 골수였고 복음의 원동력이요 복음이 정복되는 징조였다. 그런 정신이 끝없이 자기부인의 필요성을 심어주면서, 금식의 모습으로, 또 기도를 실천함으로 교회를 굳게 세우게 하였다는 사실을 우리는 모르지 않는다. 바울의 이와 같은 사역을 보여주는 말씀이 여기 있다.

제자들의 마음을 굳게 하여 이 믿음에 거하라 권하고, 또 우리가 하나님 나라에 들어가려면 많은 환난을 겪어야 할 것이라 하고, 각 교회에서 장로들을 택하여 금식 기도하며 저희를 그 믿은 바 주께 부탁하고.

하늘의 뜻에 순종하여 바울은 유럽에 도착하여 빌립보에 이른다. 빌립보에는 회당이 없었고 유대인이 있기는 해도 몇 안되었다. 그러나 몇 명의 경건한 여인들이 기도로 모이는 장소가 있고 바울은 성령에 이끌리고 감화되어 "기도처"로 간다. 그리고 바울이 처음으로 유럽에 복음의 뿌리를 내리는 것은 바로 그 작은 기도모임이다. 바울은 그곳에서 기도 모임을 주관한다. 그 기도 모임에서 제일 먼저 회심한 사람은 루디아였다. 그들의 모임은 부흥했고 그 모임을 기도하는 모임이라 불렀다.

바울이 귀신 들린 여종에게서 점하는 귀신을 쫓아내는 기적을 행한 것은 부흥하고 있는 그 기도 모임에 가는 도중이었다. 귀신들린 여종은 욕심많은 몇 사람들의 수입원이었고 바울은 그 일로 관원의 상관들의 명령으로 채찍을 맞고 투옥되었다. 빌립보로 가라는 하나님의 명령은 결국 간수와 그의 온 가족의 구원을 가져왔다. 기도하는 사도들에게서 낙심은 틈을 타지 못한다. 소수에 불과하였지만 기도하는 여인들이 사도들의 사역에 충분한 힘이 된 것이다.

이 마지막 사건에서 우리는 한밤을 맞이하는 바울의 모습을 그려본다. 바울은 캄캄하고 무서운 깊은 감옥에 갇혀 있었다. 벌써 그는 심하게 문초를 당하여 옷은 피로 물들였고 몸에는 핏덩이가 묻어 있었다. 발은 착고로 채웠고 신경이란 신경은 열이 나고 부어 올라 극도로 민감하고 고통스러웠다. 그러나 우리는 그처럼 불행하고 고통스러운 상황에서 바울이 자신이 좋아하는 것을 추구하는 것을 발견한다. 바울은 동료인 실라와 함께 기쁘고 의기양양하여 기도하고 있다.

　　밤중쯤 되어 바울과 실라가 기도하고 하나님을 찬미하매 죄수들이 듣더라. 이에 홀연히 큰 지진이 나서 옥터가 움직이고 문이 곧 다 열리며 모든 사람의 매인 것이 다 벗어진지라. 간수가 자다가 깨어 옥문들이 열린 것을 보고 죄수들이 도망한 줄 생각하고 검을 빼어 자결하려 하거늘 바울이 크게 소리질러 가로되, "네 몸을 상하지 말라. 우리가 다 여기 있노라" 하니.

그처럼 아름답고 효력이 있는 기도는 없었다. 바울은 그처럼 낙심하고 절망적인 상황에서도 기쁘게 기도할 수 있을 정도로 기도에 정통한 사람이었고 기도를 좋아하는 사람이었으며 놀라울 정도로 기도에 몸을 내 던지는 사람이었다. 바울에게 기도는 얼마나 강력한 방패였는가! 얼마나 아름다운 노래였는가! 천사들은 분명히 가장 고상하고 감미로운 그들의 가락을 멈추고 그 기도하는 사람들이 하늘로 보내는 노래를 들었을 것이다. 지진은 바울이 드린 기도의 강력한 힘으로 만들어진 길을 따라 찾아왔다. 쇠사슬이 풀리고 착고가 벗겨졌을 때 바울은 밖으로 나가지 않았다. 기도를 통해 바울은 그가 풀려나는 것보다 더 귀한 목적을 그 밤에 하나님께서 가지고 계심을 알았다.

  바울의 기도와 지진의 공포는 그 감옥에 구원을 가져올 수 있었고 죄로 인한 속박과 죄의 감옥에 자유를 가져올 수 있었는데 그것은 바울의 몸이 해방되었을 때 이미 예상된 일이었다. 하나님의 전능하신 섭리는 바울이 갇힌 옥문을 열었고 쇠사슬을 끊어 바울이 아닌 간수에게 자유를 주었다. 하나님께서 섭리를 통해 옥문을 여시는 것은 우리가 제 힘을 의지하여 나가지 않고 하나님의 뜻을 기다리고 머물 수 있는 능력이 있는지를 시험하기 위한 것인 때가 종종 있다. 하나님의 섭리는 바울이 머물 수 있는지를 시험하였다.

14

바울과 그의 기도 (2)

바울이 기도했다는 분명한 언급은 없지만 놀라운 일이 일어난 사건이 두 가지 있다. 그러나 당시 상황과 결과를 볼 때, 또 널리 알려진 열렬한 바울의 기도 습관으로 미루어 볼 때 두 가지 사건을 모두 해결한 열쇠는 기도라는 것이 자명하다. 첫번째 사건은 바울이 빌립보를 떠나 드로아로 항해하여 일주일을 머물 때 일어난다. 첫날 제자들이 떡을 떼기 위해 한자리에 모였을 때 바울은 그들에게 강론하였고 다음날 아침에 떠날 생각으로 밤이 늦도록 계속하였다.

그 자리에는 유두고라는 청년이 졸음을 이기지 못하고 창문에 걸터앉아 있었는데 바울의 강론이 길어지자 그 청년은 높은 창문 밖으로 떨어졌고 일으켜 보니 죽어있었다. 바울은 청년이 떨어진 곳으로 내려가 그를 안은 채 사람들에게 청년의 생명이 아직 있으므로 소란을 피우지 말라고 말했다. 바울은 강론하던 방으로 올라와 날이 새기까지 제자들에게 이야기하였다. 그리고 청년은 살아났으며 그 결과 사람들은 큰 위로를 받았다.

구체적인 언급이 없는 그 일에 대해 자연스럽게 내릴 수 있는 결론은 바울은 청년을 안았을 때 기도했음이 틀림없다는 것과 그의 기도는 청년이 즉시 살아난 것으로 응답되었다는 것이다.

두번째 사건은 죄수의 신분인 바울을 로마로 이송하던 배가 오랫동안 끌어온 무시무시한 폭풍 가운데서 전복되었을 때 일어났다. 배에 탄 사람들은 큰 풍랑으로 몹시 동요되었고 바람과 비에 에워싸여 싸울 때 해와 별도 보이지 않았다. 살아나리라는 희망조차 다 사라졌다. 그러나 오랜 금식 후에 바울은 갑판 위에 서서 특별히 선원들에게 말했다.

"여러분이여, 내 말을 듣고 그레데에서 떠나지 아니하여 이 타격과 손상을 면하였더면 좋을 뻔하였느니라. 내가 너희를 권하노니 이제는 안심하라. 너희 중 생명에는 아무 손상이 없겠고 오직 배뿐이리라. 나의 속한 바 곧 나의 섬기는 하나님의 사자가 어제 밤에 내 곁에 서서 말하되, 바울아 두려워 말라. 네가 가이사 앞에 서야 하겠고 또 하나님께서 너와 함께 행선하는 자를 다 네게 주셨다 하였으니 그러므로 여러분이여 안심하라. 나는 내게 말씀하신 그대로 되리라고 하나님을 믿노라."

이 명확한 말씀의 뜻을 굳이 해석하려고 할 필요는 없다. 천사가 나타나 구원에 대한 위로와 확신의 말씀을 주었을 때 바울은 기도하고 있었음에 틀림없다. 기도의 습관과 기도에 대한 강한 신념으로 분명 바울은 무릎을 꿇었을 것이다. 그런 긴박한 상황은 바울로 하여금 결정적인 순간에 기도하도록 마음을 움직였다.

배가 난파한 후 바울이 멜리데라는 섬에 있을 때 다시 기도하는 모습을 본다. 바울은 매우 중한 병에 걸린 사람을 위해 기도하고 있는 것이다. 바울이 모닥불을 피우던 도중 독사가 나와서 그의 손을 물었다. 그러자 즉시 섬의 원주민들은 바울이 어떤 죄를 저질러 징벌을 받는 것이라고 단정지었다. 그러나 그들은 바울이 죽지 않은 것을 곧 알았고 생각을 바꾸어 바울이 하나님의 사람이라고 확신했다. 그 시각에 같은 지역에 심한 열병과 이질에 걸린 보블리오의 아버지가 있었는데 그는 최후를 맞고 있는 것처럼 보였다. 바울은 그에게 가서 손을 얹어 분명한 확신을 가지고 하나님께 기도하였다. 병은 즉시 물러갔고 그 사람은 나음을 받았다. 섬의 원주민들은 이 놀라운 사건을 보고 다른 사람들을 바울에게 데리고 왔으며 그들은 같은 방법으로, 즉 바울의 기도로 고침을 받았다.

예루살렘으로 가는 도중에 에베소에 머물 당시로 돌아가면 우리는 바울이 에베소를 떠나 두로를 잠시 방문하는 것을 발견한다. 에베소를 떠나기 전에 바울은 그곳의 모든 성도들과 함께 기도했었다. 그러나 바울은 에베소 성도들에게 남긴 자신의 메시지가 아무리 힘있고 적절하고 진지했어도 마음이 놓이지 않았다. 하나님을 인정하고 하나님께 기도하고 구해야 했다. 최선을 다한 후에도 바울은 하나님께서 선을 행하는 자신을 당연히 축복하실 것이라고 생각하지 않고 하나님을 찾았다. 하나님은 어떤 일이든 당연히 그래야 하는 식으로 행하지 않으신다. 하나님께 간절히 구하고 하나님을 찾으며 기도로 하나님께서 당면한 일에 관여하시도록 만들어야 한다.

에베소를 방문한 후 바울은 두로에 도착하여 몇 날을 머물렀다. 두로에서 바울은 몇 명의 제자를 찾았는데 그들은 성령의 감동하심으로 바울에게 예루살렘으로 가지 말 것을 간곡히 부탁했다. 그러나 바울은 원래 목적을 고집하여 예루살렘으로 들어간다. 성경은 이렇게 말한다.

> 이 여러 날을 지난 후 우리가 떠나갈 새 저희가 다 그 처자와 함께 성문 밖까지 전송하거늘 우리가 바닷가에서 무릎을 꿇어 기도하고.

그 해변의 광경은 얼마나 멋진가! 남편들과 아내들, 심지어 자녀들까지 온 가족이 함께 등장하여 하늘을 향해 기도하는 사랑과 헌신의 모습이 담긴 한 폭의 그림이 여기 있다. 자녀들에게 얼마나 깊은 인상을 심어주었겠는가! 배는 떠날 채비가 끝났지만, 그들의 사랑을 굳게 하고 아내들과 자녀들을 거룩하게 하며 이 세상에서 마지막이 될 그들의 이별을 축복해야 할 기도는 끝나지 않았다. 그 광경은 아름답다. 바울의 머리와 가슴에, 그리고 그의 인격과 신앙심에 영광이 내리는 것이 보이며, 바울이 붙잡고 있는 일에 성도들이 따뜻한 사랑을 보내는 모습이 들어있다.

바울이 기도로 모든 것을 거룩하게 하는 깊은 습관은 분명히 드러난다. "우리가 바닷가에서 무릎을 꿇어 기도하고." 바닷가 모래밭에 바울이 무릎을 꿇고 앉아 남자와 여자들, 그리고 자녀들을 위해 간절히 하나님께 복을 비는 모습. 바다는 이렇듯 장엄한 풍경을 본 적이 없고 이처럼 사랑스러운 광경을 목격한 적이 없다.

바울은 예루살렘에서 법정에 소환되어 사람들 앞에서 자신을 변호할 때 그가 드렸던 두 가지 기도의 사례를 말한다. 하나는 그가 땅에 엎드러져 예수님을 만난 확신을 가진 후 다메섹에 있는 한 유대인의 집에 있을 때 드린 기도였다. 거기서 바울은 사흘을 있었으며 눈이 멀어 앞을 못보고 있을 때 아나니아가 하나님께 보내심을 받고 와서 그에게 안수하였다. 바울은 그 사흘 동안 기도하였다. 다음은 아나니아가 바울에게 말한 성경의 기록이다.

　　　이제는 왜 주저하느뇨? 일어나 주의 이름을 불러 세례를 받고 너의 죄를 씻으라 하더라.

　주님께서는 "저가 기도하는 중이다"라고 하시며 겁에 질린 아나니아에게 용기를 주어 바울에게 가서 말씀을 전하라고 하셨다. 그리고 우리는 이 이야기에서 아나니아의 권면으로 힘을 얻은 바울의 기도를 발견한다. 기도는 죄를 용서받는 것보다 먼저 일어나는 일이다. 기도는 하나님을 찾는 사람들에게 어울리는 일이다. 기도는 하나님께 간절하고 진지하게 간구하는 사람의 소유물이다. 죄를 용서받아 하나님을 영접하는 것은 언제나 간절한 기도의 끝에 온다. 참된 믿음을 구하는 사람에게 성실함이 있는지 증명해 주는 것은 그 사람에 대해서 "저가 기도하는 중이다"라고 말할 수 있는 것이다.
　바울이 자신의 변명을 통해 말하는 두번째 이야기는 우리를 그의 전 신앙적인 삶을 형성하였던 기도의 뜨거운 열정으로 인도하며, 흥미롭고 황홀한 기도의 세계에서 어떻게 환상을 보았는지, 그리고 어떻게 힘든 삶을 인도할 말씀을 받았는지 보여준다. 여기서도 역시 우리는 바울이 주님 앞에 서서 주님과 이야기했던 익숙한 말씀을 본다.

　　　후에 내가 예루살렘으로 돌아와서 성전에서 기도할 때에 비몽사몽간에 보매 주께서 내게 말씀하시되, "속히 예루살렘에서 나가라. 저희는 네가 내게 대하여 증거하는 말을 듣지 아니하리라" 하시거늘
　　　내가 말하기를, "주여, 내가 주 믿는 사람들을 가두고 또 각 회당에서 때리고 또 주의 증인 스데반의 피를 흘릴 적에 내가 곁에 서서 찬성하고

그 죽이는 사람들의 옷을 지킨 줄 저희도 아나이다." 나더러 또 이르시되, "떠나가라. 내가 너를 멀리 이방인에게로 보내리라" 하셨느니라.

기도는 항상 하나님께서 우리에게 지시하실 말씀을 천국에서 가져온다. 우리가 더욱 간절히 기도하면 우리 삶에서 본분을 감당하는데 있어 실수를 덜 할 것이다. 우리를 향한 하나님의 뜻은 기도의 응답으로 나타난다. 더 많이 기도하고 더 잘 기도하고 더 향기롭게 기도한다면 더욱 분명하고 뚜렷한 비전을 받을 것이며 하나님과의 교제는 가장 친밀하고 자유롭고 거리낌없어질 것이다.

바울의 기도를 일일이 나열하고 분류하기란 어렵다. 그것은 매우 포괄적이고 광범위하며 세심한 주의를 기울여야 하는 일로서 쉽지 않은 작업이다. 바울은 설교에서 기도에 대하여 많은 것을 가르친다. 특별히 바울은 교회에게 기도의 책임과 필요를 강조한다. 그러나 바울 자신에게, 또 우리에게 더욱 유익했던 것은 바울은 스스로 많이 기도하였고 기도에 관한 자신의 가르침을 경험을 통해 설명하였다는 것이다. 바울은 설교한 것을 실천하였다. 그 당시 사람들에게 권면했던 기도에 관한 말씀을 실천하는 시험을 하였다.

로마의 교회를 향해 바울은 진지하게 자신이 가진 기도의 습관을 분명하고도 구체적으로 역설하였다. 바울은 로마의 성도들에게 이렇게 썼다.

> 내가 그의 아들의 복음 안에서 내 심령으로 섬기는 하나님이 나의 증인이 되시거니와 항상 내 기도에 쉬지 않고 너희를 말하며.

바울은 자신을 위해서만 기도한 것이 아니었다. 남들을 위해서도 항상 기도하였다. 그는 뛰어난 중보자였다. 사람들에게 중보기도를 드리라고 권면했던 것처럼 바울은 자신이 아닌 남들을 위해서 중보기도를 드렸다.

바울은 로마의 성도들에게 보내는 유명한 서신을 기도를 드리듯이 시작한다. 그리고 그 서신을 다음과 같은 엄숙한 말씀으로 끝맺는다. "형제들아, 내가 우리 주 예수 그리스도로 말미암고 성령의 사랑으로 말미암아 너희를 권하노니 너희 기도에 나와 힘을 같이하여 나를 위하여 하나님께 빌어."

그러나 이것이 전부는 아니다. 그 서신의 중심부에서 바울은 이렇게 명령한다. "기도에 항상 힘쓰며." 다시 말하면, 끊임없이 기도에 마음을 쏟으라는 것이다. 기도를 평생의 일로 생각하라. 기도에 전념하라. 바울이 행했던 것처럼 그대로 행하라. 그것은 바울이 자신이 주장하고 사람들에게 권면했던 기도의 원리를 보여주는 확실한 본보기였기 때문이다.

데살로니가에 보내는 서신에서 참으로 포괄적이고 놀라운 기도를 말한다! 그 교회에 보내는 첫번째 서신에서 바울은 이렇게 말한다.

> 우리가 너희 무리를 인하여 항상 하나님께 감사하고 기도할 때에 너희를 말함은 너희의 믿음의 역사와 사랑의 수고와 우리 주 예수 그리스도에 대한 소망의 인내를 우리 하나님 아버지 앞에서 쉬지 않고 기억함이니

바울의 글을 모두 인용하려는 것은 아니지만 참된 성도들이 있는 교회에게 쓴 그의 말은 읽을 만한 가치가 있다.

> 주야로 심히 간구함은 너희 얼굴을 보고 너희 믿음의 부족함을 온전케 하려 함이라. 하나님 우리 아버지와 우리 주 예수는 우리 길을 너희에게로 직행하게 하옵시며 또 주께서 우리가 너희를 사랑함과 같이 너희도 피차간과 모든 사람에 대한 사랑이 더욱 많아 넘치게 하사 너희 마음을 굳게 하시고 우리 주 예수께서 그의 모든 성도와 함께 강림하실 때에 하나님 우리 아버지 앞에서 거룩함에 흠이 없게 하시기를 원하노라.

그리고 데살로니가 성도들을 위한 이런 기도는 이 서신의 끝을 맺으며 드린 마지막 기도와 일맥상통한다. 거기서 바울은 성도들의 온전한 거룩함을 위해 유명한 기도를 남기고 있다.

> 평강의 하나님이 친히 너희로 온전히 거룩하게 하시고 또 너희 온 영

과 혼과 몸이 우리 주 예수 그리스도 강림하실 때에 흠 없게 보전되기를 원하노라.

초대교회의 성도들을 위해 바울은 어떻게 기도를 드렸던가! 성도들은 바울의 마음과 가슴 속에 있었고 바울은 쉬지 않고 그들을 위해 "주야로 심히 간구"하였다. 신앙의 겉모습만 남은 이 시대에, 그리고 기도를 잃어버린 이 때에 수많은 설교자들이 있다 한들 과연 누가 바울이 당시에 목회했던 사람들을 위해 기도했던 것처럼 자신들의 교회를 위해 기도에 전념하겠는가! 이 시대에는 기도하는 사람들이 필요하다. 마찬가지로 이 세대에는 기도하는 설교자가 필요하다.

에베소서 3장에 나오는 유명한 기도의 결론을 내리며 바울은 이렇게 선포하였다. "우리 가운데서 역사하시는 능력대로 우리의 온갖 구하는 것이나 생각하는 것에 더 넘치도록 능히 하실 이에게." 이제 바울은 매우 간절하게 기도하면서 그의 기도가 하나님의 능력을 일으키기 위해 넘치도록 기도한다고 선포한다. 그의 기도가 하나님의 능력을 제한하지도 않고 고갈시키지도 않을 것이며 그의 교회를 축복하고 넘치도록 부요하게 하기 위해 하나님의 모든 능력을 얻을 것이라고 선포한다.

바울과 그의 동료들은 어느 곳에 있는 성도들을 위해서도 기도했다. 이것은 다시 설명할 필요가 있다. 자신이 한 번도 만나보지 못한 로마의 성도들을 위해 기도하는 일의 중요성을 바울은 그들에게 얼마나 진지하게 일깨워주고 있는가! "내가 그의 아들의 복음 안에서 내 심령으로 섬기는 하나님이 나의 증인이 되시거니와 항상 내 기도에 쉬지 않고 너희를 말하며." 교회를 향하여 바울은 이렇게 말한다. "너희를 위하여 기도할 때마다."

다시 우리는 같은 맥락에서 바울이 또렷하고 분명하게 말하는 것을 듣는다. "간구할 때마다 너희 무리를 위하여 기쁨으로 항상 간구함은." 바울은 다시 이렇게 쓴다. "너희를 위하여 기도하기를 그치지 아니하고 구하노니." 또 이런 말씀도 나온다. "이러므로 우리도 항상 너희를 위하여 기도함은." 또 성경은 이렇게 기록한다. "너희를 인하여 감사하기를 마지아니하고 내가 기도할 때에 너희를 말하노라." 그리고 바울은 이렇게 말한다. "나의 밤낮 간구하는 가운데 쉬지 않고 너를 생각하여."

"주야로 심히 간구한다"는 바울의 선포는 이 기도하는 사도가 드리는 간절한 기도의 특성을 함축하는 말씀이다. 그것은 결국 바울이 기도를 얼마나 가치 있게 평가하고 그의 사역에서 얼마나 중요하게 생각했는지를 보여주며, 더 나아가 다른 어떤 것으로도 확보할 수 없는 복을 기도로 하나님께 구할 때 그것은 얼마나 수고하고 애써야 하는 일이었는지를 보여준다.

바울의 기도가 이타적이라는 사실은 로마의 성도들에게 보내는 서신에서 드러난다. "어떠하든지 이제 하나님의 뜻 안에서 너희에게로 나아갈 좋은 길 얻기를 구하노라. 내가 너희 보기를 심히 원하는 것은 무슨 신령한 은사를 너희에게 나눠주어 너희를 견고케 하려 함이니." 로마 방문의 목적은 자기 만족을 채우는 것도, 여행을 즐기는 것도, 다른 어떤 것도 아니었다. 로마 성도들의 마음이 "견고케" 되고 사랑 안에서 흠이 없게 하기 위해 "신령한 은사를 나눠주는" 하나님의 수단이 되기 위함이었다. 바울이 로마를 방문한 것은 로마의 성도들이 받지 못한 영적 은사를 나눠주어 믿음과 사랑 안에서, 또 그리스도인의 삶과 인격을 형성하는 모든 일에서 뿌리가 박히고 터가 굳어지기까지 그들을 견고하게 세우기 위함이었다.

15

바울과 그의 기도 요청 (1)

바울은 그가 사역한 사람들에게 자신을 위한 기도를 많이 부탁하는 것으로 기도의 가능성 문제를 정면에 부각시킨다. 바울은 스스로 많이 기도했고 그리스도인들에게 기도하는 일의 본질적인 의미를 일깨워 주기 위해 힘껏 노력했다. 바울은 기도의 필요를 너무나 절실하게 느껴서 혼자 기도하는 버릇이 들었다. 이 사실을 스스로 깨달은 바울은 가치를 따질 수 없을 정도로 귀한 그 일을 다른 사람들에게도 권면하였다. 중보기도, 즉 남을 위한 기도를 바울은 높이 평가한다. 그러므로 바울이 서신을 띄우는 곳의 교회를 위해 기도하는 일에 자신을 던지는 것을 볼 때 그것은 전혀 이상한 일이 아니다.

예수 그리스도께 온전히 헌신함으로, 이 땅에 하나님의 나라가 이루어지기를 온전히 바라며, 예수님을 온전히 사랑하는 열정으로, 바울은 교회들에게 열심히 기도할 것을 권면하고 쉬지 말고 기도하며 언제든지 기도하고 무엇에든지 기도하며 기도를 일삼으라고 권면한다. 그 다음 바울은 자신의 힘겨운 사명을 이루고 괴로운 시험들을 이기며 막중한 책임을 감당하는 것은 기도에 달렸다는 것을 깨닫고 편지를 받는 사람들에게 특별히 자신을 위해 기도해 달라고 부탁한다.

사도 중에 사도였던 바울은 기도가 필요했다. 그는 다른 사람들의 기도가 필요했다. 성도들에게 실제로 기도를 부탁함으로써 그 필요성을 인정한 것을 보면 이를 알 수 있다. 사도의 직으로 부르심을 받았다고 기도의 필요를 초월한 것은 아니었다. 오히려 기도에 의존한다는 것을 깨닫고 또 인정하였다. 바울은 선한 모든 사람들에게 기도를 간절히 부탁했고 그들의 기도를 감사하게 생각했다. 자신을 위해 기도해 달라고 간청하는 것을 부끄럽게 생각하지 않았고 각처에 있는 믿음의 형제들에게 자신을 위한 기도를 요청하는 것을 창피한 일로 여기지도 않았다.

히브리의 성도들에게 편지를 보내면서 바울은 자신을 위한 기도를 요청하는 이유를 두 가지에 바탕을 두고 이야기한다. 그의 정직함과 히브리인들을 방문하고자 하는 그의 열망이다. 바울이 정직하지 못하다면 그들에게 기도를 요청할 수 없을 것이다. 바울을 위해 기도하는 것, 그것은 바울이 그들을 방문하는 일을 촉진하는 강한 힘으로 작용할 수 있다. 히브리 성도들은 바울의 방문이 이루어지도록 기도로 비밀스러운 하나님의 마음을 움직였을 것이며 또 바울의 방문에 필요한 부수적인 일들을 준비했을 것이다. 기도할 때 하나님께서는 우리가 그의 뜻 안에서 소망하는 것을 서둘러 행하신다.

바울이 성도들에게 자주 요청한 것은 "나를 위해 기도하라"는 것이었다. 어떤 일을 부탁할 때 우리는 그 빈도를 가지고, 또 그 부탁이 특별하고 다급한 지의 여부를 가지고 그 일의 가치를 판단할 수 있다. 이렇게 본다면 바울에게 있어 성도들의 기도는 그가 가진 가장 큰 재산 중에 하나였다. "나를 위해 기도하라"는 요청을 다급하게 또 반복해서 함으로 결국 바울은 기도를 위대한 가치가 있는 은혜의 수단으로 생각한다는 것을 보여주었다. 바울에게는 기도의 필요성보다 더 긴급한 것은 없었다. 믿는 사람들의 기도보다 높게 평가한 가치도, 또 높게 평가할 가치도 없었다.

바울은 기도를 자기 사역에 있어서 위대한 요소라고 말한다. 바울이 가장 능력 있고 멀리 미치는 힘이라고 생각하는 것은 기도이다. 하나님의 사람들에게 기도를 구할 때 바울은 그들의 기도를 갈망하고 소중하게 간직한다. 기도에 대한 영혼의 간절함은 이런 기도의 요청에서 나타난다. 로마인들에게 쓰는 편지에서 바울이 기도를 간청하는 것을 보라.

형제들아 내가 우리 주 예수 그리스도로 말미암고 성령의 사랑으로 말미암아 너희를 권하노니 너희 기도에 나와 힘을 같이하여 나를 위하여 하나님께 빌어.

바울을 위한 사람들의 기도는 그들이 바울을 도왔기 때문에 값진 것이었다. 크게 돕는 사람은 기도하는 사람이다. 우리가 부족할 때 진정한 기도만큼 도움이 되는 것은 없다. 기도는 필요를 채워주고 우리를 곤경에서 구해준다. 바울의 믿음은 많은 시험을 받았다. 그러나 하나님께서 구원하심으로 많은 도움을 받았으며 많은 힘을 얻었다. 그래서 바울은 고린도 교회에게 이렇게 쓴다. "너희도 우리를 위하여 간구함으로 도우라." 하나님께서는 다른 사람들의 기도를 통해 그의 사랑하시는 성도들에게 얼마나 놀라운 일을 행하셨는가! 성도들은 다른 어떤 방법보다 뜨겁게 기도함으로써 성도들을 더욱 많이 도울 수 있다.

시기와 질투를 당하고 거짓 성도들로 인해 위험에 처해 있는 바울은 빌립보 교회에게 이렇게 쓴다.

이것이 너희 간구와 예수 그리스도의 성령의 도우심으로 내 구원에 이르게 할 줄 아는 고로 나의 간절한 기대와 소망을 따라 아무 일에든지 부끄럽지 아니하고 오직 전과 같이 이제도 온전히 담대하여 살든지 죽든지 내 몸에서 그리스도가 존귀히 되게 하려 하나니.

빌립보 성도들의 기도로 바울은 부끄러움이 사라지고 거룩한 담대함을 얻었으며 삶과 죽음도 영광스러운 것이 되었다.

바울은 그의 사역에서 강력한 힘을 많이 가지고 있었다. 바울이 체험한 놀라운 회심은 그에게 큰 힘이었고 그가 힘있게 사역을 시작하고 강한 추진력을 얻는 하나의 장점이었다. 그러나 바울은 획기적인 사건이 된 회심의 힘만 믿고 사역을 하지 않았다. 바울이 사도의 직으로 부르심을 받은 것은 분명하고도 명쾌한 일이었으며 모든 사람들에게 설득력이 있었다. 그러나 바울은 그 사실에만 매달리지 않았다. 그것은 그의 사역에서 더 풍성한 결과를 얻기 위해서였다. 바울이 걸어간 길이 누구보다 더욱 뚜렷하게 남고 그의 사역이 누구보다 능력있고 성공적이었던 것은 다른 어떤 것보다 기도의 힘이었다.

바울은 믿지 않는 사람들에게 해를 당하지 않도록 자기를 위해서 기도해 줄 것을 로마의 성도들에게 요청한다. 기도는 악의와 음모를 가진 사람들로부터 지켜주는 방패이며 보호물이다. 기도는 그들의 마음을 감동시킬 수 있다. 그것은 하나님께서 그들의 마음을 감동시킬 수 있기 때문이다. 바울에게는 대적하는 믿지 않는 적이 있었다. 뿐만 아니라, 바울이 행하는 봉사는 어떤 것이라도 의심을 품고 잘 수용하지 않을 정도로 그에게 편견을 가진 그리스도인들도 많았다. 이것은 특히 예루살렘에서 심했다. 그래서 불같이 타오르는 고질적인 편견이라는 강하고 괴멸적인 세력을 제거하기 위해 기도해야 했으며, 그것도 강력하게 기도해야 했다.

로마의 성도들로서는 바울의 안전을 위해 기도해야 했다. 또 하나님의 뜻 안에서 순조로운 여행으로 바울이 빠르고 안전하게 그들에게 도착하여 서로를 축복하고 피차에 활력을 불어넣어 주도록 기도해야 했다.

이와 같은 바울의 기도 부탁은 다양한 형태로 나타나며 매우 포괄적이다. 로마의 교회에게 부탁한 바울의 기도는 참으로 많은 것을 포함하고 있다! 바울의 기도요청은 그것을 받는 교회가 온 세상에 충만하듯이 전세계를 향하고 있다. 바울은 말 그대로 열정과 간절함으로 "예수 그리스도를 위해 그와 힘을 같이하여 그를 위하여 기도해 줄 것을" 그들에게 간청하고 호소한다. 바울은 선교를 방해하고 그를 궁지에 몰아넣을지도 모를 악하고 교활한 사람들에게서 벗어나기 위해 성도들에게 기도하기를 요구하며, 더 나아가 가난한 성도들을 위한 그의 봉사가 성도들에게 인정을 받기 위해, 그리고 궁극적으로는 성도들이 새 힘을 얻을 수 있는 기쁨을 가지고 그들에게 돌아갈 수 있도록 기도를 부탁한다.

기도를 부탁하는 바울의 마음은 얼마나 간절함으로 충만한지! 그의 호소는 얼마나 다정하고 사랑이 넘치는지! "주 예수 그리스도를 위해", 또 성령님을 향한 우리의 사랑과 우리를 향한 성령님의 사랑을 위해, 즉 거룩한 형제의 사랑을 위해 가장 고상하고 진실한 기도를 부탁하는 그의 동기는 얼마나 감동적이고 숭고한 것인가! 이와 같은 고상한 동기를 가지고 바울은 자신을 위해 기도할 것과 "힘을 같이하여" 서로 기도해 줄 것을 강권한다. 바울은 치열한 기도의 싸움을 하고 있다. 그 싸움에는 가장 중대한 문제들이 포함되어 있고 위험에 처해 있다. 바울은 이런 싸움의 한가운데 있는 것이다. 바울은 그 싸움에 전념하고 있다. 그리스도가 그 안에 있기 때문이다. 바울은 도움을, 오직 기도를 통해서만 오는 도움을 필요로 한다. 그래서 바울은 성도들에게 그를 위해, 또 그와 함께 기도해 줄 것을 호소한다.

기도로 적은 완전히 물러간다. 기도로 편견은 선한 사람들의 마음에서 사라진다. 예루살렘으로 향하는 그의 행로에는 어려움이 사라지고 그의 선교는 성공이 보장될 것이며 하나님의 뜻과 성도들의 선한 뜻은 이루어질 것이다. 이 모든 놀라운 결과는 놀라운 기도로 얻을 것이다. 능력 있는 기도로 얻는 결과는 아름답고 온 세상에 영향을 준다. 만약 사도의 후계자들이 모두 바울처럼 기도했다면 모든 세대의 모든 그리스도인들이 기도의 강력한 씨름장에서 사도와 같은 사람들이 힘을 합쳤다면 하나님의 교회의 역사는 참으로 놀랍고 거룩해졌을 것이다! 또한 교회는 전무후무한 성공을 거두었을 것이다! 이미 오래 전에 천년 왕국의 영광이 세상을 밝히고 축복했을 것이다.

바울의 기도 부탁에서 우리는 그가 기도의 능력을 멀리까지 미친다고 평가하는 것을 본다. 이것은 기도에 신비한 마력이 있어서도 아니며 기도는 영험한 힘이 있어서도 아니다. 기도는 하나님의 마음을 감동시켜서 구하는 일을 하나님께서 행하시도록 하기 때문이다. 기도는 신비하고 힘센 마력을 가지고 있지 않다. 그러나 기도는 전능하신 하나님 마음을 움직여서 구하는 것을 얻게 해 주기 때문에 가장 능력 있는 것이다. 바울이 말하고 깨달은 대로라면 모든 기도에 있어 전례가 될 근거는 "너희 기도에 나와 힘을 같이하여 나를 위하여 하나님께 빌어"라는 말씀이다. 이것은 바울의 영혼이 직면하고 있는 격렬한 싸움과 씨름과 백병전의 성질을 띠고 있다. 긴장이 너무나 팽팽하여 영혼의 모든 힘을 고갈시키며 싸움은 불확실하게 전개된다. 바울은 이 같은 기도의 싸움에서 분투하는 가운데 지원과 거룩한 도움을 필요로 한다. 바울은 싸움의 한가운데 있으며 능력의 검을 휘두를 것이다. 그러나 그는 다른 사람들에게 도움을 간청한다. 바로 지금 그들의 기도가 필요한 것이다. 그는 열정적으로 기도해 줄 지원자를 필요로 한다.

기도를 "씨름"이라고 부르는 것은 부적당한 말이 아니다. 그것은 기도가 가장 격렬한 싸움이기 때문이다. 기도하려면 가장 큰 방해거리와 가장 끈질긴 적을 만난다. 강력한 악의 세력은 기도실 주변으로 밀려온다. 중무장을 한 강한 적들은 기도를 드리는 기도실 주위를 배회한다. 바울이 드리는 이 기도는 연약하고 생기 없는 행위가 아니다. 이 기도하는 일에 바울은 "어린아이의 일을 버렸다." 평범함과 무기력함은 물러갔다. 바울은 이 기도를 능력 있게 드려야 했다. 능력 있는 기도가 아니면 아예 기도하지 않는다. 기도의 강한 일격에 마귀는 비틀거려야 한다. 그렇지 않다면 바울은 일격을 가하지도 않는다. 여기에는 더없이 큰 은혜와 지극히 용맹스러운 분투가 필수적이다.

바울이 드리는 기도에는 힘이 필요하다. 큰 용기가 필요하다. 우리의 존경하는 바울은 소심한 사람은 아무것도 얻지 못하고 겁쟁이는 아무 쓸모가 없다고 생각한다. 원수들을 정면으로 맞서 무찔러야 하며 싸움터는 승리의 개가를 올려야 한다. 지칠 줄 모르는 불굴의 용기와 그리스도의 용사들의 가장 뛰어난 자질을 가졌다 해도 기도가 필요하다. 그것은 영적인 싸움이 점점 거세질 때 뜨겁게, 그리고 끊임없이 기도해 달라고 울려 퍼지는 나팔소리이며 지도자의 간절한 호소이다.

16

바울과 그의 기도 요청 (2)

바울이 에베소 교회에게 부탁한 기도는 에베소서 6장 뒷부분에 나온다.

모든 기도와 간구로 하되 무시로 성령 안에서 기도하고 이를 위하여 깨어 구하기를 항상 힘쓰며 여러 성도를 위하여 구하고, 또 나를 위하여 구할 것은 내게 말씀을 주사 나로 입을 벌려 복음의 비밀을 담대히 알리게 하옵소서 할 것이니 이 일을 위하여 내가 쇠사슬에 매인 사신이 된 것은 나로 이 일에 당연히 할 말을 담대히 하게 하려 하심이니라.

에베소 교회를 위해 바울은 수고하였고 밤낮으로 깨어 많은 눈물로 겸손하게 기도하였다. 적에게 포위되어 있는 그리스도의 용사의 모습을 생생하게 보이고 있었기 때문에 그는 특별히 자신을 위한 기도를 부탁했던 것이다.

바울은 에베소 교회의 성도들에게 기도의 필요성과 특징, 그리고 특별한 유익을 포괄적으로 말하였다. 기도는 절박해야 했고 시간과 장소를 모두 초월해야 했다. 뜨겁게 간구해야 했고 성령님께 빌어야 했으며 밤을 새워 끈기 있게 기도해야 하고 모든 성도들이 함께 참여해야 했다.

기도를 부탁하려는 의도는 바울의 마음 중심에 자리잡고 있었기 때문에 그는 힘있게, 영향력을 가지고, 직접적으로, 그리고 담대하게 말할 수 있었다. 바울은 자신이 가진 여러 은사에 매달리지 않고 기도의 응답으로 오는 것을 의지하였다. 그는 소심하고 무기력하며 감동이 없는 웅변가나 우물쭈물하는 말더듬이가 되는 것을 두려워했다. 그래서 자신이 용기를 가지고 명확하게 말씀을 전할 뿐 아니라 거리낌없고 온전하게 전할 수 있도록 에베소의 성도들에게 기도를 부탁하였다.

바울은 에베소의 성도들이 자신의 담대함을 위해 기도해 주기를 바랐다. 말씀을 전하는 사람에게 담대함보다 더 중요한 자질은 없을 것이다. 결과가 아닌 자유와 온전함을 먼저 생각하는 적극적인 자질은 위기에 대처해 나가고 현재의 위험에 맞서며 사명을 다 이루기 때문이다. 담대함은 말씀을 전하는 사도에게, 또 사도로서 말씀을 전하는 일에 있어 뛰어난 자질이었다. 사도들은 담대한 사람들이었으며 담대한 설교가였다. 사도들에 의해 나타난 원리를 보여주는 성경 말씀은 대부분 그들이 받은 고난에 관한 기록이다. 그 말씀은 사도들의 믿음에 갈채를 보내는 말씀이다.

설교자를 속박하는 굴레는 많다. 설교자가 가진 친절함은 그를 약하게 만든다. 사람들을 사랑하고 친밀하게 대해야 하기 때문에 속박에 빠지는 경향이 있다. 사람들과의 개인적인 교제와 그들에 대한 의무와 사랑, 이 모든 것은 그의 자유를 구속하고 강단의 자유를 제한하기 쉽다. 강단에 서야 할 때 담대하게 전하기 위해 끊임없이 담대함을 구하는 것은 얼마나 필요한 일인가!

구약의 선지자들은 사람의 표정에 두려움을 갖지 말라는 명령을 받았다. 찌푸린 얼굴 앞에서 태연하게 그들은 하나님의 진리의 말씀을 변명하지 않고, 두려워하지 않고, 망설이지 않고, 타협하지도 않고 그대로 선포해야만 했다. 확신과 정직에서 나오는 다정함과 자유함, 두려움이 없는 열정적인 믿음, 그리고 무엇보다 성령님의 완전한 능력, 이 모두가 담대함을 가져다주는 요소이다. 오늘날 복음을 전하는 사람들은 이런 담대함을 얼마나 갈망하고 간절히 찾아야 하겠는가!

온유와 겸손은 설교자에게 가장 중요한 고상한 미덕이다. 그러나 이런 자질은 담대함에 전혀 방해가 되지 않는다. 담대함은 격한 말로 설교할 자유를 말하는 것이 아니다. 꾸짖음이나 무분별함도 아니다. 그것은 사랑으로 진리를 말한다. 담대함은 무례함이 아니다. 무례함은 담대함의 가치를 떨어뜨린다. 담대함은 아기를 품에 안은 어머니처럼 온화하지만 적수 앞에 서 있는 사자만큼이나 두려움을 모른다. 두려움이 유순하고 순진한 형태로 나타난 소심함이나 두려움이 악한 형태로 나타난 비겁함은 참된 사역에서는 자리잡을 곳이 없다. 겸손하지만 거룩한 담대함은 지극히 중요한 미덕이다.

사도들의 가르침에 용기를 불어넣고 사도들이 더욱 담대하게 외치도록 그들의 입술에 용기를 심어주는 감춰진 신비한 능력은 무엇인가? 대답은 오직 하나다. 기도가 그 일을 할 수 있다는 것이다.

죄에 영향을 미치고 죄를 지배하여 바로 그 죄의 결과가 선으로 변하게 할 수 있는 힘은 무엇인가? 우리는 다시 한 번 바울이 자신을 위해 기도해 줄 것을 부탁하는 말에서 그 해답을 본다.

> 그가 이같이 큰 사망에서 우리를 건지셨고 또 건지시리라. 또한 이후에라도 건지시기를 그를 의지하여 바라노라. 너희도 우리를 위하여 간구함으로 도우라. 그러면 무엇이뇨? 외모로 하나 참으로 하나 무슨 방도로 하든지 전파되는 것은 그리스도니 이로써 내가 기뻐하고 또한 기뻐하리라.

우리는 기도로 하나님의 약속이 어떻게 개인에게 이루어지고 현실화되는지 알 수 있다. "하나님을 사랑하는 자들에게는 모든 것이 합력하여 선을 이루느니라." 여기에 보석처럼 귀한 약속이 있다. 바울은 하나님을 사랑했다. 그러나 그는 하나님의 약속을 당연히 이루어질 일로 생각하여 그 복된 결과가 저절로 이루어지도록 방치하지 않았다. 그래서 바울은 앞에서 살펴본 것처럼 고린도의 성도들에게 편지를 썼다. "나는 어려움에 처해 있으나 구원하실 하나님을 신뢰하노라. 너희도 우리를 위하여 간구함으로 도우라." 기도로 그를 돕는 것이 하나님께서 약속을 능력 있고 풍성하게 이루시는 것을 돕는 일이라고 말하는 것이다.

바울은 "여러 성도를 위하여 간구하라"고 기도 요청을 하지만 특히 자신이 사도의 담대함을 갖도록 기도할 것을 요청한다. 하나님께 부름을 받은 진정한 모든 설교자들이 그렇듯이 바울은 사도의 용기를 얼마나 필요로 하는가! 기도는 사도가 가는 길에 문을 열어야 할 뿐 아니라 동시에 사도의 메시지를 담대하고 진실되게 전하도록 사도의 입술을 열어야 했다. 바울이 골로새 교회에게 하는 말을 들어보자.

> 또한 우리를 위하여 기도하되 하나님이 전도할 문을 우리에게 열어 주사 그리스도의 비밀을 말하게 하시기를 구하라. 내가 이것을 인하여 매임을 당하였노라. 그리하면 내가 마땅히 할 말로써 이 비밀을 나타내리라.

이 말씀은 오늘날의 설교자들이 성도들에게 부탁하기에 얼마나 적절한 말인가! 바울이 자신을 위해 부탁한 것은 오늘날의 설교자들에게 얼마나 절실히 필요한 말인가!

에베소의 성도들에게 한 부탁에서 나타난 것처럼, 바울은 "전도의 문"이 열려서 성령의 자유케 함을 따라 복음을 전할 수 있기를 원하며, 그 일로 너무 마음쓰지 않고 전하는 일에 방해받지 않기를 원한다. 더 나아가, 바울은 설교자가 다 그렇듯이 복음을 "마땅히 할 말로써" 당황하지 않고 표현력을 가지고 가장 명확하게 나타낼 수 있는 능력을 원한다. 자기를 위해 기도하는 사람들에게 목회하는 설교자는 행복한 사람이다! 그리고 책임이 무거운 일에 직면하여 명확하고 힘있고 효과적으로 설교하기 위해서는 성도들의 기도가 얼마나 필요한지 깨달을 때, 성도들에게 자기를 위해 기도할 것을 부탁할 수 있는 설교자는 더 행복한 사람이다!

기도는 십자가와 시련들과 반대를 바꾸어 복이 되게 하고, 그 모든 것이 합력하여 선을 이루게 한다. 바울은 이렇게 말한다. "이것이 너희 간구로 내 구원에 이르게 할 줄 아는 고로." 오늘날 목회자들의 삶에서도 십자가와 시련과 반대는 결국 은혜로운 복으로 바뀌기 때문에 바울은 "너희도 우리를 위하여 간구함으로 도우라"고 말한다. 성도들의 기도는 사도의 사역에 큰 도움이 되었고 사도들을 큰 환난에서 구해 주었다. 그러므로 오늘날도 담대하고 두려움이 없는 목회자가 하는 충실한 사역에서 그런 기도는 같은 효력을 발휘할 것이다. 목회자의 기도가 유익한 만큼 목회자를 위한 기도도 유익하다. 언제나 진실한 목회자의 삶과 사역을 결정하는 두 가지 요소가 있다. 첫째는 목회자가 그의 성도들을 위해 쉬지 않고, 뜨겁게, 그리고 지속적으로 기도하는 것이며, 두번째는 성도들이 그들의 목회자를 위해 기도하는 것이다. 이런 상태에 있는 목회자들은 행복한 목회자이다. 그렇게 하여 사랑을 받는 성도들도 행복한 사람들이다.

바울은 데살로니가 교회에 다음과 같은 명확하고 분명하며 강권하는 말씀을 보낸다.

종말로 형제들아, 너희는 우리를 위하여 기도하기를 주의 말씀이 너희 가운데서와 같이 달음질하여 영광스럽게 되고, 또한 우리를 무리하고 악한 사람들에게서 건지옵소서 하라.

바울은 여기서 운동장을 생각하고 있다. 거기에는 선수들이 목표를 향해 힘을 다해 달음박질하고 있다. 성공에 이르는 길에는 장애물이 놓여있으나 선수들은 최후의 승리를 얻고 상을 받기 위해 그 장애물을 제거해야 한다. 이 선수는 바울이 말하는 것처럼 "하나님의 말씀"이다. 이 말씀은 인격을 부여받는다. 그런데 말씀이 달음박질하는 것을 방해하는 만만치 않은 장애물이 있다. 말씀이라는 선수는 "달음질"하여야 한다. 경주로를 가로막고 있는 모든 것과 달음질을 막는 것은 어떤 것이라도 치워버려야 한다. "달음질하여 영광스럽게 되는" 하나님의 말씀이 나아가는 길에 놓인 그런 장애물은 목회자 자신에게서, 그가 목회 하는 교회 안에서, 그리고 그의 주위에 있는 죄인들에게서 발견된다.

하나님의 말씀은 달음박질하여 방해를 받지 않고 죄인들의 마음에 도달하여 그들이 죄를 깨닫게 될 때 영광을 얻는다. 또 마음에 떨어진 하나님의 말씀이 요구하는 것을 깊이 생각하여 죄를 용서하는 하나님의 은혜를 구하며 자신들을 위해 기도하려는 권유를 받아들일 때 영광을 얻는다. 하나님의 말씀은 성도들이 그것으로 신앙의 경륜을 배우고, 말씀에 대한 잘못된 생각과 그로 인한 실수를 바로잡을 때, 그리고 성도들이 더 귀한 것으로 이끌려 가고 거룩한 삶 가운데서 더 깊은 신앙의 경륜을 쌓기 위해 기도할 때 영광을 받는다.

조심하라. 하나님의 말씀이 영광을 받는 것은 설교자가 하나님의 말씀으로 인해 놀라운 성공을 거두어 영광을 받을 때가 아니다. 사람들이 훌륭한 설교와 놀라운 웅변력과 뛰어난 은사 때문에 설교자를 과도하게 칭찬하고 떠받들 때가 아니다. 설교자는 가장 먼저 기도의 대상이 되는 사람이지만 그는 이 모든 영광의 과정에서 눈에 띄지 않는 곳에 있다.

기도가 이 모든 것을 해야 한다. 그래서 바울은 "우리를 위해 기도하라"고 권면하고 간청하며 강권한다. 그러나 바울 개인의 그리스도인으로서 삶과 신앙의 경륜에서 볼 때 이것으로도 충분하지 않았다. 이 모든 것이 더 많은 기도를 요구했다. 바울의 그 부탁은 순전히 자신을 위한 것이었다. 주의 일을 맡은 자신을 위한 기도부탁이었으며 복음 전도자의 사역을 위한 기도 부탁이었다. 말씀을 전할 때 그의 혀는 힘을 잃지 않아야 했고 그의 입은 닫히지 않아야 했고 그의 마음은 자유로워야 했다. 기도가 그의 신앙 생활에서 도움이 되어야 했던 것은 기도는 "자신의 구원을 이루는데" 도움이 되었기 때문이 아니라 바른 삶으로 하나님의 말씀에 능력을 실어주고 그가 전하는 하나님의 말씀을 방해하는 사람이 되지 않아야 했기 때문이었다.

그리고 바울은 자신이 전하는 것을 헛되게 만들 훼방거리를 자기 안에 두지 않기를 바라기 때문에 하나님의 말씀이 결승점인 사람들의 마음을 향해 달려나갈 때 성도들이 말씀을 가로막거나 붙잡지 않도록 하기 위해 그가 사역하는 교회에서 모든 장애물이 제거되기를 바란다. 나아가 바울은 구원받지 않은 사람들 안에 있는 장애물도 제거하여 그가 전한 하나님의 말씀이 그들의 마음에 도달하고 그들이 구원받음으로 하나님의 말씀이 영광을 얻기를 소망한다.

이 모든 것을 염두에 두고 바울은 데살로니가 성도들에게 "우리를 위해 기도하라"는 간절한 메시지를 보낸다. 참된 그리스도인들의 기도는 하나님 말씀의 역사를 크게 도울 것이기 때문이다.

이런 것을 볼 수 있는 눈을 가진 설교자와 목회의 성공이 주로 자기를 위해 기도하는 사람들의 기도에 달려있음을 깨닫는 설교자는 지혜로운 사람이다. 설교자를 마음에 두고 그가 전한 말씀을 중심에 간직하면서 "주의 말씀이 달음질하여 영광스럽게 되도록" 설교자를 위해 기도하는 교회가 지금 얼마나 절실히 필요한가!

이 기도 요청에서 주목할 만한 가치가 있는 것이 하나 더 있다. 즉, "우리를 무리하고 악한 사람들에게서 건지옵소서 하라"는 말씀이다. 이와 같은 사람들은 하나님의 말씀이 가는 길을 방해한다. 그들로 인해 괴로움을 당하여 그들에게서 벗어나야 하는 설교자가 적지 않다. 기도는 "무리하고 악한 사람들"에게서 벗어나도록 도와준다. 바울은 그런 부류의 사람들에게 시달렸고, 바로 그 이유 때문에 그들에게서 벗어나도록 기도해 줄 것을 부탁했다.

요약하자면, 바울은 하나님의 말씀이 흥왕하고 자유함을 얻고 확장되는 것은 성도들의 기도에 달려있다고 생각하며 기도하지 않으면 말씀의 영향력과 영광이 제한을 받는다고 생각한다. 바울은 주장하기를, 자신이 안전하고 뿐만 아니라 무리하고 악한 사람들에게서 벗어나는 것은 어떤 점에서 성도들의 기도에 달렸다고 말한다. 이처럼 기도하는 사람들은 바울이 말씀전하는 것을 크게 도왔고, 그와 동시에 잔인한 목적을 가진 악하고 무리한 사람들에게서 그를 지켜주었다.

히브리서 13:18에서 바울은 히브리의 성도들에게 마음을 열고 자신을 위해 기도할 것을 요구한다.

> 우리를 위하여 기도하라. 우리가 모든 일에 선하게 행하려 하므로 우리에게 선한 양심이 있는 줄을 확신하노니.

이 기도의 요청에서는 바울의 선한 양심과 마음의 정직함이 드러나는데 이것이 그가 가진 그리스도인의 성품에서 가장 근본 바탕이 되는 진리이다. 바울은 자기 안에서 어떤 책망거리도 발견하지 못한다. "우리를 위하여 기도하라." 바울은 성도들이 자신을 위해 기도하면 그의 안에 선한 양심이 있다는 것과 그가 모든 기도의 결과를 정직하게 실행하고 정직하게 경영한다는 것을 알게되리라고 말한다.

바울이 기도를 요청한 것은 성도들을 감동시켜 더욱 간절하게 기도하게 하고 기도에 더욱 힘을 쏟게 하며 기도의 절박함을 더욱 느끼게 하려는 의도가 있었다. 기도는 바울의 방문에 영향력을 미쳐야 했다. 즉 바울의 방문을 앞당기고 그 방문으로 더욱 유익한 결과를 얻게 해야 했다.

바울은 빌레몬에게 아주 따뜻하고 허물없는 서신을 보낸다. 바울은 빌레몬을 만나기를 간절히 바라고 얼마 후에 방문할 것을 약속한다. 바울은 빌레몬이 기도하고 있다는 것을 당연한 일로 생각한다. 그것은 그가 전한 말씀으로 빌레몬이 회심했을 때 바울이 기도의 교훈을 가르쳤다고 생각했기 때문이다. 또한 기도로 빌레몬을 방문하는 길이 열리고 방해물이 사라져 은혜 가운데 상봉하게 될 것이라고 확신한다. 그래서 바울은 빌레몬에게 자기를 위한 거처를 마련할 것을 요청하며 이렇게 덧붙인다. "너희 기도로 내가 너희에게 나아가게 하여 주시기를 바라노라." 바울은 자신의 방문이 믿음의 형제들이 기도하느냐에 따라 방해를 받을 수도, 그리고 앞당겨질 수도 있다고 생각했다.

제 4 권

기도의 가능성

The Possibilities of Prayer

1923년 간행

1

기도의 사역

기도의 사역은 하나님의 모든 성도들의 독특한 특징이었다. 기도 사역이야말로 성도들이 능력을 발휘하는 비결이었다. 이들이 보인 활동의 에너지와 열정은 골방에서 나왔다. 사람들이 외부로터 도움을 받아야 할 필요성이 너무도 절실하고, 본래 사람은 항상 정당하고 진실되며 이해심 깊게 판단하지 못하며 황금률을 행할 수도 없기 때문에 그리스도께서는 사람으로 하여금 하나님의 뜻을 따라 이 모든 일을 할 수 있게 하는 기도를 하라고 명하신다. 사랑의 율법을 느끼고 사랑의 율법에 따라 말하고 모든 일을 사랑의 율법과 조화를 이루어 할 수 있는 능력은 기도로써 얻는다.

하나님은 우리를 도우실 수 있다. 하나님은 아버지이시다. 우리는 "공의를 행하며 인자를 사랑하며 겸손히 하나님과 함께 행할" 수 있도록 하나님께서 마련하신 좋은 것들이 필요하다. 형제애를 가지고 지혜롭고 고귀하게 행하며 진실되고 자비롭게 판단하려면 하나님의 도움이 필요하다. 이 모든 것을 하나님의 뜻대로 행할 수 있게 하는 하나님의 도움은 기도로 얻을 수 있다. "구하라 그러면 너희에게 주실 것이요 찾으라 그러면 찾을 것이요 문을 두드리라 그러면 너희에게 열릴 것이니."

로마서 12장에는 그리스도인의 미덕과 의무, 하나님께 온전히 자신을 드린 결과 등이 기록되어 있다. 거기 보면 "소망 중에 즐거워하며 환난 중에 참으며"라는 말씀이 "기도에 항상 힘쓰며"라는 말씀 앞에 나오며 그 뒤에 "성도들의 쓸 것을 공급하며 손대접하기를 힘쓰라"는 말씀이 나온다.

이렇게 함으로써 바울은 마치 이같이 값지고 귀중한 덕과 매우 친절하고 밝고 너그러우며 비이기적인 의무들의 중심과 원천이 바로 기도하는 능력에 있는 것으로 말한다.

오순절날 성령께서 풍성하고 영광스런 모든 복과 함께 임하시도록 만든 제자들의 기도에 대해서도 같은 말이 사용되었다. 골로새서에서 바울은 기도의 봉사를 이야기하면서 다시 한 번 그 말을 사용한다. "기도를 항상 힘쓰고 기도에 감사함으로 깨어 있으라." 이 말의 배경과 어근이 의미하는 바는 머물러 서서 확고하게 견디며 굳게 붙잡고서 끊임없이 주의를 기울인다는 것이다.

사도행전 6장에서는 이 말이 "우리는 기도하는 것을 전무하리라"는 말로 번역된다. 이 말의 의미에는 항구성, 용기, 쇠퇴하지 않는 인내력이 함축되어 있다. 그것은 어떤 일에 현저하게 주의를 기울이고 깊은 관심을 보임으로써 그 일이 두드러지고 지배적이 된다는 뜻이다.

이것은 "항상 힘쓰라"는 말씀에 요구되는 전제이다. 기도는 그치지 않고 쉬지 않고 간절히 계속되어야 하고 기도의 소원이나 영이나 행동에 어떤 저지도 있어서는 안 되며 기도의 태도에는 언제나 영과 생명이 있어야 한다. 항시 무릎을 꿇고 있을 수 없으며 언제나 입술을 벌려 기도할 수는 없지만 영으로는 언제나 기도를 드릴 수 있다.

다른 일을 하기 위해서 기도하는 생활이나 기도의 영을 조정해서는 안 된다. 기도의 영이 모든 시간과 경우를 지배하고 조정해야 한다. 우리는 우리의 경건과 골방의 시간을 신성하게 만드는 바로 이 영을 가지고서 모든 활동과 일에 임해야 한다. "그치지 않고 쉬지 않고 간절히"라는 말은 풍부함, 에너지, 끊임없이 솟구치는 힘과 최대한의 노력을 가리키는 것으로, 다함이 없이 항상 가득히 솟아오르는 샘물과 같은 것이다. 기도를 이와 같이 알고 있는 하나님의 사람은 언제 어느 때든지 건드리면 기도가 막힘이 없이 흘러나온다.

그러나 성령께서 우리에게 주시는 이 모든 혜택과 결과는 기도에서부터 시작된다. 그저 잠깐 드리는 형식적인 기도에는 성령께서 임하시지 않는다. 억제할 수 없는 갈망으로 불타오르고 간절한 필요를 느끼며, 하나님께서 우리를 위해 비축해 두신 최상의 복을 얻기까지는 결코 시들지 않을 단호한 결심으로 구하는 기도에 성령께서 임하신다. 그 이름이 영원히 찬송 받고 경배 받으실 우리의 대제사장이신 그리스도 예수께서는 은혜로운 위로자요 신실한 안내자요 타고난 교사요 두려움 모르는 변호자요 경건한 친구이며 전능한 중보자이셨다. "또 다른 보혜사"이신 성령께서는 첫번째 그리스도께서 지니신 자애로우심과 친절하심, 충만하심, 능력 있으심을 그대로 가지고서 이 복스런 친교와 권위와 도움의 관계 속으로 들어오신다.

첫번째 그리스도께서는 기도의 그리스도이셨는가? 하나님께 심한 통곡과 눈물로 기도와 간구를 올리셨는가? 홀로 조용히 어두운 곳을 찾아가셔서 하늘 외에는 아무도 듣지 못하고 보지 못하는 가운데 사람을 위하여 하나님과 씨름하며 간절히 기도하셨는가? 그리스도께서는 하나님 우편 보좌에 오르시어 거기서 우리를 위해 항상 기도하고 계시는가?

그렇다면 또 다른 그리스도시요 기도하는 그리스도이신 또 다른 보혜사 성령께서 예수 그리스도를 얼마나 진실되게 나타내시는지! 또 다른 그리스도이신 이 보혜사께서는 산간 황무지에 자리 잡거나 밤늦도록 계시는 것이 아니라 실의에 빠진 어둠 속 같은 사람의 마음에 계시면서 마음을 일으켜 싸우게 하고 기도의 필요와 형태를 가르치신다. 진리의 영이신 이 거룩한 보혜사께서 어떻게 인간 마음에 엄청난 필요의 짐을 지우고 인간의 입술로는 말로 다할 수 없는 신음 소리를 내도록 만드시는지!

성령께서는 참으로 강력한 기도의 그리스도이시다! 성령께서는 우리 마음 속에서 천상에서 오는 거룩한 욕망의 불꽃 이외의 모든 불꽃은 어찌 그리도 잘 끄시는지! 성령께서는 당신이 하시듯 우리가 뜻과 머리와 마음으로 또 입으로 기도할 때까지 모든 아집을 어찌 그리 조용히 잠재우시는지! "하나님의 뜻을 따라 성도를 위해 간구하라."

2

기도와 약속 (1)

약속이 없는 기도는 근거가 없고 괴상하다. 기도 없는 약속은 미덥지 못하고 소리가 없고 그림자 같으며 비인간적이다. 약속이 있기 때문에 기도가 굳건하고 저항할 수 없는 것이 된다. 사도 베드로는 하나님께서 우리에게 "보배롭고 지극히 큰 약속"을 주셨다고 선언한다. 이 약속이 "보배롭고 지극히 크기" 때문에 우리는 "믿음을 더하고" 덕을 공급해야 한다. 이 약속들이 통용되고 우리에게 유익을 끼치려면 그와 같이 믿음과 덕을 더해야 한다. 이 약속들을 중요하게 만들고 보배롭고 실제적인 것으로 만드는 것이 바로 기도이다. 아주 풍성하게 약속된 하나님의 은혜는 기도 드릴 때 활동하고 효력을 낸다고 바울 사도는 거침없이 말했다. "너희도 우리를 위하여 간구함으로 도우라."

하나님의 약속이 "보배롭고 지극히 크다"는 말씀은 기도할 때 우리가 갖는 기대의 근거로서 약속의 큰 가치와 폭넓은 범위를 명확히 보여 준다. 약속들이 아무리 크고 보배로울지라도 약속의 실현과 가능성, 그 실현 조건은 기도에 기초를 두고 있다. 이 약속들은 믿는 성도들과 온 교회에 참으로 영광스런 것이다! 밝고 꽃피고 결실하는 구름 한 점 없는 찬란한 정오의 햇빛 같은 미래가 우리에게 비치는 것은 바로 이와 같은 하나님의 약속 때문이다! 하지만 이런 약속이라도 기도하지 않는 사람의 마음에는 희망이나 열매를 결코 가져다주지 않았다.

기도가 영적 에너지라는 사실이 기도의 폭넓고 강력한 활동에서 잘 입증되는데, 기도는 하나님의 약속들이 실현되도록 준비하며 실제로 실현되도록 한다.

하나님의 약속들은 생명과 경건에 속한 모든 것, 곧 영과 육에, 세상과 영원에 관련된 모든 것에 대한 약속이다. 이 약속들로 말미암아 현재 우리가 복을 받고 있으며 이 약속들의 혜택은 광대하고 영원한 미래까지 효력을 미친다. 우리는 기도로써 이 약속들을 붙잡고 실현시킨다. 하나님의 약속들은 기도의 손으로 딸 수 있는 하나님의 황금 열매이며 기도로 뿌리고 경작할 수 있는 하나님의 썩지 아니하는 씨앗이다.

기도와 약속은 상호의존적이다. 약속은 기도를 불러일으키고 기도에 활력을 주며 기도는 약속을 찾아내고 약속이 실현되도록 하고 약속이 제자리를 찾도록 한다. 약속은 흠뻑 쏟아지는 복된 비와 같다. 그런가 하면 기도는 마치 비를 전달하고 보존하며 어떤 곳으로 향하게 하는 수도관과 같아서 이 약속들을 특정 지역, 특정 개인에게로 흘려보내고 복을 주며 사람의 원기를 회복하고 풍성하게 만든다. 기도는 약속을 굳게 붙잡고 이끌어 놀라운 결과를 내도록 하며 장애물을 제거하고 대로를 만들어 약속이 영광스럽게 실현되게 한다.

하나님의 많은 약속은 "보배롭고 지극히 크지만" 아주 구체적이고 명확하며 개인적이다. 하나님께서 아브라함에게 하신 약속은 참으로 단순 명료했다.

> 여호와의 사자가 하늘에서부터 두번째 아브라함을 불러 가라사대 여호와께서 이르시기를 내가 나를 가리켜 맹세하노니 네가 이같이 행하여 네 아들 네 독자를 아끼지 아니하였은즉 내가 네게 큰 복을 주고 네 씨로 크게 성하여 하늘의 별과 같고 바닷가의 모래와 같게 하리니 네 씨가 그 대적의 문을 얻으리라 또 네 씨로 말미암아 천하 만민이 복을 얻으리니 이는 네가 나의 말을 준행하였음이니라 하셨다 하니라.

그런데 이 약속을 받게 되어 있는 리브가에게는 자식이 없었다. 아이를 갖지 못하는 리브가의 자궁은 하나님의 약속이 실현되는데 커다란 장애물이 된다. 그러나 시간이 지나자 리브가에게 아이가 태어났다.
　이삭은 기도의 사람이 되어 기도를 통해 그 약속이 실현되도록 만든다. 그래서 다음과 같은 말씀이 나온다.

　　　이삭이 그 아내가 잉태하지 못하므로 그를 위하여 여호와께 간구하매 여호와께서 그 간구를 들으셨으므로 그 아내 리브가가 잉태하였더니.

　이삭의 기도로 하나님의 약속이 실현될 길이 열렸으며 약속이 놀랍게 성취되고 약속이 효력을 발휘하여 놀라운 결과를 내었다.
　하나님께서는 야곱에게 말씀하시면서 분명한 약속을 하셨다.

　　　여호와께서 야곱에게 이르시되 네 조상의 땅 네 족속에게로 돌아가라 내가 너와 함께 있으리라.

　야곱은 이 약속을 믿고 즉시 길을 떠난다. 그러나 에서는 옛날의 복수심이 다시 피어오르고 오랜 세월로 죽일 마음이 사그러들기는 커녕 오히려 때를 기다리며 더욱 굳어진 채로 야곱을 맞으려고 한다. 야곱은 밤이 되기 전에 먼저 조용한 가운데 곧바로 하나님의 약속을 의지하며 기도한다. 그리고 나서 조용하고 어둡고 외로운 밤이 깊어지자 야곱은 밤새 내내 힘겨운 기도의 씨름을 한다.

　　　야곱은 홀로 남았더니 어떤 사람이 날이 새도록 야곱과 씨름하다가

　이 문제에는 하나님이 연루되었고 하나님의 약속이 걸려 있으며 많은 것이 관련되어 있다. 에서의 기질과 행동, 성품이 관련되어 있다. 참으로 중요한 때이다. 많은 것이 이 때에 달려 있다. 야곱은 자기 사정을 아뢰며 몸부림치고 씨름하며 자신의 탄원을 밀어붙인다. 더할 나위 없이 끈덕진 태도이다. 그리고 마침내 승리를 얻었다. 야곱의 이름과 성품이 바뀌었고 야곱은 전혀 새로운 사람이 된다. 무엇보다도 야곱 자신이 구원을 받았다.

생명과 영혼에 복을 받았다. 그러나 아직 성취되지 않은 것이 있다. 에서는 마음에 급격한 변화를 겪는다. 마음으로 동생을 몹시 미워하고 복수심을 품고 동생을 죽일 생각으로 왔던 에서가 이상하고 놀랍게 감동을 받아 변해서 동생에 대한 태도가 완전히 바뀌게 된다. 그래서 두 형제가 만날 때는 사랑이 두려움과 미움을 대신하고 서로 뒤질세라 진정한 형제애를 보인다.

하나님의 약속이 이루어진 것이다. 그러나 온 밤을 새워 끈질기게 기도하는 일이 있고 나서 이루어졌다. 그 약속을 분명히 밝히고 결과를 내도록 하기 위해 야곱의 편에서는 힘겹게 씨름하는 무서운 밤을 치렀다. 기도가 놀라운 일을 일으켰다. 따라서 이러한 기도는 오늘날도 그와 같은 결과를 일으킬 것이다. 그처럼 놀라운 결과를 만들어 낸 것은 바로 하나님의 약속이었고 야곱의 기도였다.

"너는 가서 아합에게 보이라 내가 비를 지면에 내리리라"는 말씀은 혹독한 기근이 땅에 저주를 퍼부은 후에 하나님의 종 엘리야에게 내린 하나님의 명령이며 약속이었다. 엘리야가 영웅적인 믿음과 불굴의 용기를 보인 시대에는 영광스런 결과들이 많이 일어났다. 이스라엘에게 중대한 문제가 성공을 거두었다. 이를테면 하늘에서 불이 떨어졌고 이스라엘이 고침을 받았고 바알 선지자들이 죽임을 당했다. 그러나 여전히 비는 내리지 않았다. 하나님께서 약속하신 단 한 가지를 아직 받지 못한 것이다. 시대가 쇠퇴하고 있었고 하나님의 엄위에 눌려 두려움에 사로잡힌 군중은 힘이 없었지만 여전히 보이지 않는 손에 부축을 받고 있었다.

엘리야는 마지막 남은 문제를 해결하고 최후의 승리를 거두기 위해 이스라엘에게서 시선을 거두고 하나님께로 향하였고 바알에게서 돌이켜 유일한 도움의 원천을 바라보았다. 선지자는 간절한 기도를 일곱 번에 걸쳐 드렸다. 일곱번째 기도가 끝나기 전에 엘리야의 기도가 응답 받았고 하나님의 약속이 최종적으로 성취되어 갔다. 엘리야의 불같고 단호한 기도가 하나님의 약속에 당당한 결과를 가져왔고, 그리하여 비가 폭포수처럼 쏟아져 내렸다.

여호와여 주의 약속은 항시 확실하니이다
주의 집에 안연히 거할 자들은
거룩함이 뛰어나야 하리라

우리의 기도는 너무 짧고 허약해서 목적을 완수할 수가 없고 하나님의 약속을 이루어달라고 강력하게 요청하지도 못한다. 놀라운 목적을 실행하려면 놀라운 기도가 필요하다. 기적을 이루는 약속이 실현되려면 기적을 이루는 기도가 필요하다. 거룩한 기도만이 거룩한 약속이 작용하도록 만들 수 있고 하나님의 목적을 실행할 수가 있다. 하나님의 백성에게 하나님의 약속은 참으로 위대하고 참으로 장엄하며 참으로 숭고한 것이다! 하나님의 목적은 참으로 영원하다! 하나님의 약속이 "지극히 크고 보배로운데" 왜 우리의 경험은 그처럼 곤궁하고 우리의 삶은 그처럼 비천한가? 하나님의 영원한 목적이 왜 그처럼 더디게 진행하는가? 왜 그렇게 성취되는 바가 하찮은가? 그것은 우리가 하나님의 약속을 우리 것으로 쓰지 못하기 때문이고, 하나님의 약속을 믿지 못하기 때문이고, 믿음으로 기도하지 않기 때문이다. "너희가 얻지 못함은 구하지 아니함이요. 구하여도 받지 못함은 잘못 구하기 때문이다."

기도는 하나님의 목적과 약속을 근거로 드리는 것이다. 기도는 하나님께 복종하는 것이다. 기도는 결코 하나님의 뜻에 반대하는 불충성의 한숨을 쉬지 않는다. 기도하는 중에 이루 말할 수 없는 고뇌의 비통함과 끔찍한 공포에 대해서는 이같이 외칠 수 있다. "만일 할만 하시거든 이 잔을 내게서 지나가게 하옵소서." 하지만 이 기도도 지극히 기꺼운 마음으로 지극히 신속한 복종으로 다시 채워진다. "그러나 나의 원대로 마옵시고 아버지의 원대로 하옵소서."

그러나 보통 때 드리는 기도는 하나님 말씀의 약속에 근거를 두고 성령의 조명과 적용을 받아 하나님의 뜻에 의식적으로 순종하는 것이다. 하나님의 말씀이 기도의 확실한 기초라는 사실만큼 분명한 것은 없다. 우리는 하나님의 말씀을 믿는 만큼 기도한다. 기도는 하나님께서 그리스도 예수 안에서 계시하신 그 약속에 구체적으로 근거를 두고 드리는 것이다. 기도의 탄원을 드릴 다른 기초란 없다. 그 밖의 것은 모두가 덧없고 불안정하며 변하기 쉽다. 믿음의 기초가 되고 기도의 견고한 터가 되는 것은 우리의 감정이 아니고 우리의 공로도 우리의 수고도 아니고 바로 하나님의 약속이다.

> 정녕 내 영혼의 닻을 내릴 수 있는
> 땅을 찾았네.
> 예수의 당하신 고난이니 내 죄를 위함일세
> 세상의 기초가 무너지기 전에 정녕 찾았네

이 명제는 거꾸로 해도 진리가 된다. 다시 말해서 하나님의 약속은 기도에 사용되고 기도로 말미암아 실현되게 되어 있다. 이 약속들이 우리 속에 간직되어 있고 우리는 이 약속들을 사용하며 기도할 때 믿음의 팔로 붙잡는다. 기도로 말미암아 약속이 효과를 발휘하게 하고 약속을 붙잡으며 약속이 사용되도록 한다는 사실을 유의해야 한다. 약속이 실제로 현재 사용되도록 하는 것은 기도를 통해서이다. 기도로 말미암아 하나님의 약속들이 열매 맺는 땅에 씨로 뿌려지는 것이다. 하나님의 약속은 비처럼 모든 사람에게 두루 주어진다. 기도는 그 약속들을 개인이 사용할 수 있도록 구체화하고 촉진시키며 찾아낸다. 기도는 하나님의 보배롭고 지극히 큰 약속들이 결실하는 커다란 과수원에 믿음으로 들어가서 아주 잘 익은 풍성한 열매를 머리와 마음으로 따는 것이다. 하나님의 약속은 전기처럼 불꽃을 튀기고 찬란한 빛을 발할 수 있지만, 역동적이고 생명을 주는 이 흐름이 기도로 연결되어 사람을 감동시키고 복을 주는 강력한 힘이 되기 전에는 아무 소용이 없다.

3

기도와 약속 (2)

큰 약속들은 기도가 진행되어감에 따라 성취된다. 약속은 기도를 불러일으키고, 기도를 통해 충만하게 실현되며 잘 익은 열매를 맺는다.

에스겔서 36장에 정결케 하시겠다는 장엄한 약속이 나오는데, 이 약속은 신약에 와서 지극히 풍성하고 충만하게 실현된다. 바로 이 약속이 얼마나 기도를 섬기는지를 실증해 준다.

> 맑은 물로 너희에게 뿌려서 너희로 정결케 하되 곧 너희 모든 더러운 것에서와 모든 우상을 섬김에서 너희를 정결케 할 것이며 또 새 영을 너희 속에 두고 새 마음을 너희에게 주되 너희 육신에서 굳은 마음을 제하고 부드러운 마음을 줄 것이며 또 내 신을 너희 속에 두어 너희로 내 율례를 행하게 하리니 너희가 내 규례를 지켜 행할지라 내가 너희 열조에게 준 땅에 너희가 거하여 내 백성이 되고 나는 너희 하나님이 되리라

이 약속, 이 일에 대해 하나님께서는 이같이 명확히 말씀하신다

> 내가 이스라엘 집에 찾은 바 되리니, 내가 그들을 위하여 이 일을 행하리라.

이 풍성한 것들을 위하여 좀더 진실되게 기도한 사람들은 이 보배롭고

지극히 큰 약속들을 그만큼 더 풍성하게 경험하였다. 약속은 실현되는 모든 과정에서 뿐 아니라 시초와 최종의 결과에서도 전적으로 기도에 의존하고 있기 때문이다.

　　새롭고 온전한 마음을 주시어
　　의심과 두려움과 슬픔에서 자유롭게 하소서
　　그리스도 안에 있었던 마음을 나누어주시어
　　내 영으로 당신을 붙잡게 하소서

　　오, 이 돌 같은 마음을 제하소서
　　돌 같은 마음으로는 당신의 능력을 얻지 못하고 얻을 수 없으니
　　내 속에 더 이상 머물지 못하게 하소서
　　오, 이 돌 같은 마음을 제하소서

　기도하는 가운데 통회하면서 사랑과 정결이 가득한 온전한 심정의 은혜를 구해 본 적이 없는 사람에게서는 새로운 심령이 신성한 생명의 맥박으로 고동친 적이 없다. 성령께서 오셔서 내주하시기를 간절히 기도해 본 적이 없는 사람의 마음에는 하나님께서 결코 성령을 보내시지 않았다. 기도하지 않는 영혼은 정결한 심령을 가까이 하지 않는다. 기도와 정결한 심령은 함께 간다. 정결한 심령은 기도의 뒤를 좇으며, 기도는 예수 그리스도의 피로 깨끗해진 심령에서 자연스럽고 자발적으로 흘러나온다.

　바로 이런 맥락에서 하나님의 약속은 언제나 개인적이고 특정하다는 점을 유의해야 한다. 하나님의 약속은 일반적이지 않으며 한계가 명확지 않거나 모호하지 않다. 하나님의 약속은 군중이나 여러 계층의 사회 집단에게 주신 것이 아니라 개인에게 주신 것이다. 하나님의 약속은 사람 개인 개인과 관계가 있다. 신자마다 이 하나님의 약속을 자기에 대한 약속으로 주장할 수 있다. 하나님은 각 사람을 개인적으로 대하신다. 성도는 누구나 이 약속들을 시험해 볼 수 있다. "여호와가 이르노라 나를 시험하여 보라." 하나님의 약속을 일반화할 필요가 없으며 모호하게 생각해서도 안 된다. 기도하는 성도는 하나님의 약속에 손을 대고 자기에 대한 약속이라고 주

장할 권리가 있다. 하나님께서 특별히 자기에게 하신 약속이라고, 현재와 미래에 그에게 필요한 모든 것을 채워 주기 위해 세우신 약속이라고 주장할 수가 있는 것이다.

환난이 나를 치고
위험이 두렵게 할지라도
친구들이 모두 패하고
적들이 다 연합할지라도

한 가지가 나를 안심케 하니
무슨 일이 일어날지라도
약속이 나를 안심시키고
주께서 대비하시리라

예레미야는 일찍이 이스라엘이 포로로 잡혀갈 것과 포로 생활이 끝날 것에 대해 이야기하면서 전능하신 하나님의 말씀을 이같이 전한다. "바벨론에서 칠십년이 차면 내가 너희를 권고하고 나의 선한 말을 너희에게 실행하여 너희를 이곳으로 돌아오게 하리라."

그러나 이 확고부동한 하나님의 약속에는 약속과 기도를 연결해 주는 이 같은 말씀이 붙어 있었다. "너희는 내게 부르짖으며 와서 내게 기도하면 내가 너희를 들을 것이요 너희가 전심으로 나를 찾고 찾으면 나를 만나리라." 이 말씀을 보면 약속이 성취되는 것은 기도에 달렸다는 것을 아주 명확히 알 수 있다.

다니엘서에는 이런 말씀이 나온다.

나 다니엘이 서책으로 말미암아 여호와의 말씀이 선지자 예레미야에게 임하여 고하신 그 년수를 깨달았나니 곧 예루살렘의 황무함이 칠십년만에 마치리라 하신 것이니라 내가 금식하며 베옷을 입고 재를 무릅쓰고 주 하나님께 기도하며 간구하기를 결심하고.

그래서 다니엘은 포로기가 끝나가는 때에 그 약속이 성취되고 포로생활이 끝나도록 하기 위해 힘을 다하여 강력한 기도를 드린다. 바벨론 포로생활의 사슬을 끊고 이스라엘을 자유롭게 하여 하나님의 백성이 고국으로 돌아가게 만든 것은 바로 예레미야를 통한 하나님의 약속과 다니엘의 기도 덕분이었다. 약속과 기도가 함께 나아가 하나님의 목적을 수행하고 하나님의 계획을 실행한 것이다.

하나님은 오실 메시야에게 선구자가 있으리라고 선지자들을 통해서 약속하셨다. 이스라엘의 얼마나 많은 가정과 여성들이 이 큰 영예가 자기에게 오기를 간절히 바랐던가! 어쩌면 스가랴와 엘리사벳도 이 커다란 존귀와 복을 얻기를 기도했을지 모른다. 적어도 우리는 천사가 스가랴에게 이 위대한 인물이 올 것을 알리면서 "너의 간구함이 들린지라"고 말했다는 사실을 알고 있다. 그렇다면 선지자들이 말한 하나님의 말씀과 늙은 제사장과 그 아내의 기도가 세례 요한을 죽어버린 자궁에 태어나게 하고 스가랴와 엘리사벳의 아이 없는 가정에 출생시킨 것이다.

바울이 예루살렘에서 체포되어 아그립바 왕 앞에서 변호할 때 언급한 그의 사도적 사명에 깊이 새겨진 하나님의 약속은 이런 것이었다. "이스라엘과 이방인들에게서 내가 너를 구원하여 저희에게 보내어." 바울은 이 약속이 어떻게 실효를 거두게 하였는가? 이 약속이 어떻게 실현되도록 하였는가? 그 답이 여기 있다. 유대인과 이방인들 때문에 괴로움을 당하고 그들에게 혹독하게 압박을 당하면서 바울은 로마에 있는 형제들에게 편지하여 기도해 줄 것을 간절히 요청한다.

> 형제들아 내가 우리 주 예수 그리스도로 말미암고 성령의 사랑으로 말미암아 너희를 권하노니 너희 기도에 나와 힘을 같이하여 나를 위하여 하나님께 빌어 나로 유대에 순종치 아니하는 자들에게서 구원을 받게 하고.

로마에 있는 형제들이 바울과 함께 기도하는 것이 바울의 구출과 안전을 보장하게 되어 있었고 바울의 사도로서 받은 약속을 유효하게 만들고 충만히 실현하게 되어 있었다.

모든 것이 하나님의 말씀과 기도로 거룩해지고 실현되게 되어 있다. 하나님의 깊고 넓은 약속의 강은 우리가 기도로 그 약속들을 이용하지 않는다면 치명적인 영향력이 되거나 심연 속으로 사라질 것이고, 기도로써 이용한다면 약속의 강의 충만하고 생명을 주는 물을 우리 마음에 담을 것이다. 제자들에게 성령을 주시겠다는 약속은 정말 "아버지의 약속"이었지만 계속해서 며칠 동안 끈질기게 기도한 후에야 실현되었다. 그 약속은 너무도 분명하여서 제자들은 위로부터 능력을 받을 것이었다.

그러나 성령의 능력을 받는 조건으로 제자들은 "위로부터 능력을 입히울 때까지 이 성에 유하라"는 지시를 받았다. 그 약속이 성취되는 것은 "유하라"는 조건에 달렸다. "능력을 입히운다"는 이 약속이 기도로 말미암아 확실해졌다. 기도가 그 약속이 영광스런 결과를 내도록 보증한 것이다. 그래서 그 다음에 이런 말씀이 나온다. "제자들이 여자들과 더불어 마음을 같이 하여 전혀 기도에 힘쓰니라." 성령이 제자들 위에 임하여 저희가 "다 성령의 충만함을 받은" 것은 저희가 그 약속이 확실함을 믿고 기도하고 있을 때라는 것은 의미심장한 사실이다. 약속과 기도가 함께 손을 잡고 간 것이다.

예수 그리스도는 제자들에게 크고 분명한 이 약속을 하신 후에 하늘에 오르사 아버지 우편 존귀와 권능의 자리에 앉으셨다. 그렇지만 예수께서 성령을 보내겠다고 하신 약속은 하나님 우편에 오르시는 것만으로는 성취되지 않았고, 약속하신 것만으로나 선지자 요엘이 지극히 기뻐하며 성령이 오시는 밝은 날을 예언하였다는 사실만으로는 성취되지 않았다. 성령께서 오시는 것이 단순히 이 세상에서 하나님의 대의가 이루어지기를 바라는 소망만이 아니었다. 강력하고 설득력 있는 이 모든 이유들이 성령 강림의 직접적인 동인은 아니었다.

그 해답은 제자들의 태도에서 볼 수 있다. 그 답변은 제자들이 여자들과 함께 다락방에서 칠일 동안 계속해서 간절히 기도했다는 사실에 있다. 그 유명한 오순절날 사건을 일으킨 것은 바로 기도였다. 그때 오순절 사건이 일어났듯이 그것은 지금도 일어날 수 있다. 그때와 같은 기도를 드린다면 오늘날에도 기도는 오순절 사건을 일으킬 수 있다. 그 약속의 효력과 힘은 아직도 살아있기 때문이다. "아버지의 약속"은 오늘날의 제자들에게도 여전히 효력이 있기 때문이다.
  거의 두 주 동안 마음을 합하여 지속적으로 간절히 드린 강력한 기도로 인해 성령께서 오순절날의 영광과 권능으로 교회와 세상에 오셨다. 마음을 합하여 지속적으로 간절하게 드리는 강력한 기도는 오늘날에도 그와 같은 일을 일으킨다.

       주 하나님 성령이시여
       받으실 만한 이 시간에
       오순절날 그리하셨듯이
       권능으로 내려오시옵소서

       우리가 한 마음으로
       정한 곳에 모여
       우리 하나님께서 약속하신
       온갖 은혜의 성령을 기다리나이다.

  하나님의 이 약속들은 세상의 어떤 죄인들에게나 똑같이 확실하고 견고하며, 진정으로 회개하는 자의 간절한 부르짖음에 의해 실현되고 성취된다는 사실을 간과해서는 안 된다. 신자들에게 하신 약속들이 신자들의 기도에 대한 응답으로 실현되는 것과 꼭같이 구원받지 못한 사람들에 대한 하나님의 약속들도 그들이 회개하고 하나님을 찾으면 통회하는 죄인들의 기도에 대한 응답으로 실현된다. 다소의 사울이 유다의 집에서 어둠과 고통 가운데 지내면서 기도할 때 기초가 되었던 것은 용서와 평강에 대한 약속이었다. 유다 집에 있을 때 하나님께서 아나니아의 두려움을 진정시키기 위해 이같이 말씀하셨다. "저가 기도하는 중이다."
  자비와 풍성한 용서에 대한 약속은 이사야가 하나님을 찾고 구하는 것과 밀접하게 연결되어 있다.

    너희는 여호와를 만날 만한 때에 찾으라 가까이 계실 때에 그를 부르라 악인은 그 길을, 불의한 자는 그 생각을 버리고 여호와께로 돌아오라 그리하면 그가 긍휼히 여기시리라 우리 하나님께로 나아오라 그가 널리 용서하시리라.

기도하는 죄인이 긍휼을 얻는 것은 죄인을 용서하실 수 있는 권세가 있으신 분이 내신 용서의 약속에 근거하여 기도하기 때문이다. 회개하며 하나님을 찾는 자가 자비를 얻는 것은 회개하며 믿음으로 하나님을 찾는 모든 자에게 자비를 베푸시겠다는 명확한 약속이 있기 때문이다. 풍성한 용서는 죄인에게 하신 하나님의 약속에 의해 베풀어지는 것이다.

믿는 자에게는 구원이 약속되어 있지만 믿는 죄인은 어김없이 기도하는 죄인이다. 하나님께서는 기도 없이 신앙을 고백하는 사람에게 아무런 약속을 하지 않으시듯이 기도하지 않는 죄인에게도 용서를 약속하지 않으신다. "저가 기도하는 중이다"는 말씀은 성실함에 대한 절대 확실한 표시이며 그 죄인이 하나님을 바르게 찾고 있다는 증거일 뿐만 아니라 풍성한 용서를 받으리라는 확실한 증거이기도 하다. 죄인이 하나님의 약속에 따라 기도하고 있다면 그 사람은 하나님 나라에 가까이 있는 것이다. 방탕한 자식이 돌아오고 있음을 가장 잘 보여주는 증거는 아들이 자기 죄를 고백하고 아버지 집에서 지극히 비천한 자리라도 얻기를 구하기 시작한다는 사실이다.

불쌍한 죄인이 희망을 가질 수 있게 하는 것은 자비와 용서와 용납에 대한 약속이다. 이 약속 때문에 죄인이 기도할 수 있는 것이다. 이 약속 때문에 죄인이 곤경에 처해서 이렇게 부르짖는다. "다윗의 자손 예수여 불쌍히 여기소서."

> 당신의 약속만이 내 청원의 유일한 구실이오니
> 그 약속을 의지하여 내 감히 가까이 가나이다
> 당신께서 무거운 짐진 영혼을 오라 부르시오니
> 오, 주여 바로 내가 그러한 자입니다.

성도에게 주신 약속은 얼마나 광대한지! 타락으로 파멸하고 심령이 굶주린 불쌍한 영혼에게 얼마나 위대한 약속을 주셨는지! 기도는 그 모든 약속을 다 품을 만큼 팔이 크다. 이 하나님의 약속들이 영혼들에게 얼마나 큰 위로가 되는지! 우리의 믿음을 둘 그 기초가 얼마나 든든한지! 우리가 기도하도록 얼마나 부추기는지! 기도할 때 우리 탄원의 구실이 되는 그 기초가 얼마나 확고한지!

여호와께서 내게 선을 약속하셨으니
주의 말씀이 내게 소망이 되나이다
주는 내 방패와 분깃이 되리니
내 평생에 그러하리이다.

4

기도의 가능성 (1)

　기도의 가능성은 참으로 광대하다! 기도의 힘이 미치는 범위는 또 얼마나 넓은지! 하나님께서 정해 주신 이 은혜의 수단으로 얼마나 위대한 일을 이룰 수 있는지! 기도는 전능하신 하나님께 손을 뻗쳐 하나님께서 기도가 없으면 하지 않으실 일을 하시게 한다. 기도가 없다면 결코 될 수 없는 일이 일어나게 한다. 기도의 이야기는 위대한 성취의 역사이다. 기도는 전능하신 하나님께서 사람의 손에 쥐어 준 놀라운 능력이다. 이 능력을 사용하면 위대한 목적을 수행하고 놀라운 결과를 이룰 수 있다. 기도는 모든 것에 손을 뻗쳐 하나님께서 그 자녀들에게 약속하신 크고 작은 모든 것을 받아들인다. 기도가 안고 있는 단 한 가지 제한은 하나님의 약속이며 그 약속을 이루시는 하나님의 능력이다. "네 입을 넓게 열라 내가 채우리라."

　기도의 성취에 대한 기록은 믿음을 북돋우고 성도들의 기대를 높이며, 기도하고 그 진가를 알아보려고 하는 모든 사람을 고무시킨다. 기도는 시험해 보지 않은 이론에 불과한 것이 아니다. 기도는 사람들이 머리로 궁리해 내고 머리로만 실행하는 특이한 계획이 아니다. 한 번도 시험해 보지 않은 발명품이 아니다. 기도는 하나님께서 도덕적으로 통치하시는 가운데 만든 장치로서 사람들의 유익을 위하고 당신의 대의를 땅 위에 진척시키며 당신의 은혜로운 구속과 섭리의 목적을 실행하기 위해 계획하신 것이다. 기도는 자신의 힘을 스스로 입증한다. 기도의 효력은 기도하는 사람들이 입증할 수 있다. 기도는 기도한 내용이 성취되는 것말고 다른 어떤 증거가 필요하지 않다. 누구든지 자기 뜻을 이루려고 하면 이 원칙을 알아야 한다. 누구든지 기도의 효력을 알려면 기도가 어떤 일을 하는지 알려면 기도해야 한다. 스스로 기도하여 기도를 시험해 보아야 한다.

기도의 폭이 얼마나 넓은지! 또한 높이는 얼마나 높은지! 기도는 하나님을 위하고 또 사람을 위하여 불타오르는 영혼이 숨을 쉬는 것이다. 기도는 복음이 가는 데까지 가며 복음만큼 넓고 동정심이 많으며 신앙이 깊다.

세상에서 아직까지 그리스도께 오지 않은 채 멀리 떨어져 있는 모든 지방들이 얼마만큼 기도해야 깨우침을 받고 감동을 받아 하나님과 그 아들 예수 그리스도에게로 나아오겠는가? 과거에 믿는다고 하는 그리스도의 제자들이 마땅히 해야 하는 만큼 기도했더라면 수세기 동안 그 지방들이 여전히 죽음과 죄악과 무지에 속박되어 있지 않았을 것이다.

슬프게도, 사람들의 불신앙 때문에 기도를 통해 역사하는 하나님의 능력이 얼마나 제한을 받아 왔는지! 그리스도의 제자들이 기도하지 않음으로 인해 기도의 능력이 얼마나 많은 제한을 받아왔는지! 교회가 기도를 게을리 하는 바람에 복음에 얼마나 많은 울타리를 쳐놓고 사람들이 들어갈 수 있는 문을 막아 놓았던지!

기도의 가능성은 복음이 들어갈 수 있는 문을 열어 놓는다. "또한 우리를 위하여 기도하되 하나님이 전도할 문을 우리에게 열어 주사 그리스도의 비밀을 말하게 하시기를 구하라." 기도가 사도들에게 말할 문을 열어 주었다. 다시 말해 사도들에게 복음을 전할 기회를 만들어 주고 전할 길을 열어 준 것이다. 기도로 하나님께 호소한 것은 하나님께서 기도를 듣고 움직이셨기 때문이다. 하나님이 기도를 듣고서 당신의 일을 새롭고 확대된 방식으로 행할 마음이 생기신 것이다. 기도의 가능성은 복음에 큰 능력을 주고 복음을 전할 문을 열어 줄 뿐만 아니라 재능에도 큰 능력을 주고 문을 열어 주기도 한다. 기도로 말미암아 복음이 빨리 가고 아주 신속하게 움직이게 된다. 기도의 강력한 힘을 빌어 전하는 복음은 느리지 않고 굼뜨거나 무미건조하지도 않다. 복음은 하나님의 능력을 힘입고 하나님의 광채를 발하며 천사의 신속함으로 움직인다.

"형제들아 우리를 위하여 기도하여 주의 말씀이 달음질하고 영광스럽게 하도록 하라"고 바울은 요청한다. 바울은 말씀의 전파에 영향을 미치는 기도의 가능성을 믿었다. 복음이 너무 느리게 움직이고 머뭇거리며 게으르고 힘없이 움직이는 경우가 허다하다. 이 복음이 달리기 경주하는 사람처럼 신속하게 가도록 만들 수 있는 것이 무엇일까? 이 복음이 하나님의 광채와 영광으로 빛나게 하고 하나님과 그리스도의 뜻에 합당하도록 전진하게 할 수 있는 것이 무엇인가? 답은 바로 가까이에 있다. 기도하되 더 많이 기도하고 더 잘 기도하는 것이다. 이 은혜의 수단이야말로 복음이 더 빨리 달려 가게 하고 찬란한 하나님의 광채가 빛나게 만들 것이다.

기도의 가능성은 모든 것에 다 미친다. 인간의 가장 고귀한 행복에 관한 것은 무엇이든 그리고 세상 사람들에 관한 하나님의 계획과 목적과 관련 있는 것은 무엇이든 기도 제목이 된다. "무엇을 구하든지"라는 말에는 우리와 삶과 하나님에 자녀에 관한 모든 것이 포함된다. "무엇을 구하든지"에서 제외되는 것이 있다면 무엇이든 기도에서도 제외된다. 그러면 우리는 제외하는 그 선, 혹은 "무엇을 구하든지"라는 말을 제한할 그 선을 어디에 다 그을 것인가? 그것이 무엇인지 규정해 보고 "무엇을 구하든지"에 들지 않는 것을 찾아 보고 이야기해 보라. "무엇을 구하든지"라는 말이 모든 것을 포함하지 않는다면 거기에 "어떤 것이든"이라는 말을 집어 넣으라. "너희가 내 이름으로 어떤 것이든 구하라 그리하면 이루리라."

우리가 기도의 가능성을 배우고 기도에 응답하시겠다고 우리에게 하신 하나님의 광범위한 약속을 믿음으로 받아들였더라면 은혜와 영육간의 복과 이 세상과 내생을 위한 유익을 얼마나 풍성히 누렸겠는가! 우리가 크나큰 기대를 가지고 기도하는 법을 배웠더라면 우리 시대에 얼마나 큰복을 가져왔겠으며 하나님의 뜻을 얼마나 많이 진척시켰겠는가! 누가 이 세대에 일어나서 이 교훈을 교회에 가르치겠는가? 그것은 어린아이라도 알수 있는 단순한 교훈이다. 그러나 그 교훈을 잘 배워서 기도에 적용해서 시험해 본 사람이 누구겠는가? 이 사실은 모든 사람에게 비할 데 없이 유익을 끼치는 큰 교훈이다. 기도의 가능성은 이루 말할 수 없이 크지만 이 가능성을 실현하고 거기에 부응하는 기도의 교훈을 배운 사람이 누군가?

우리 주께서는 요한복음 15장의 강화에서 주님 자신과의 사귐을 기도와 연결하시는 듯하며, 제자들을 택하신 일은 제자들이 기도를 통해 열매를 많이 맺게 하시려는 의도였던 것 같았다.

너희가 나의 명하는 대로 행하면 곧 나의 친구라. 너희가 나를 택한 것이 아니요 내가 너희를 택하여 세웠나니 이는 너희로 가서 과실을 맺게 하고 또 너희 과실이 항상 있게 하여 내 이름으로 아버지께 무엇을 구하든지 다 받게 하려 함이니라.

여기서도 "무엇을 구하든지"라는 말이 정확하게 규정되지 않고 한계도 명시되지 않은 채 나오면서 우리가 기도의 가능성을 믿고 기도할 권리와 기도할 것들을 다루고 있다.

예수께서 선언하신 말씀이 또 있다.

내가 진실로 진실로 너희에게 이르노니 너희가 무엇이든지 아버지께 구하는 것을 내 이름으로 주시리라 지금까지는 너희가 내 이름으로 아무것도 구하지 아니하였으나 구하라 그리하면 받으리니 너희 기쁨이 충만하리라

우리 주님께서 기도의 범위가 큰 것에 대해 아주 명백하게 교훈하신 말씀이 여기 있다. 이 말씀에서 우리는 주께서 큰 것을 구하라고 명확하게 권고하시는 음성을 들으며 또 "진실로 진실로"라는 말씀을 거듭하심으로써 엄숙하고 위엄있게 그 사실을 선언하셨음을 본다. 우리 주께서 제자들과 마지막으로 나누신 아주 중요한 대화에서 왜 이같이 믿기 어려운 긴박한 말씀을 하셨는가? 그것은 우리 주께서 제자들로 새 시대를 준비하도록 하기 위함인데, 새 시대에서는 기도가 놀라운 결과를 낼 것이며 복음을 보존하고 복음이 전진하도록 하는 주요 대리인이 될 것이었다.

우리 주님께서 제자들에게 말씀하시면서 열매를 맺어야 할 사람들을 택하시겠다는 말씀에서 기도와 열매 맺는 이 문제는 우리가 선택할 수 있는 하찮은 일이거나 다른 문제에 비해 부차적인 일이 아니라 바로 이 기도의 일을 위해 우리를 택하셨다고 분명히 가르치실 만큼 중요한 사안이다. 우

리 주께서 특별히 기도를 마음에 두셨으며 당신의 거룩하신 뜻을 따라 우리를 택하셨고 우리에게 기도하는 이 한 가지 일을 하라고 하시며 기도하되 지식을 따라 잘 하기를 바라신다. 이에 앞서 예수께서 우리를 친구로 삼아 친밀하게 여기시며 또한 자유롭고 전적으로 자기를 신뢰하도록 하였다고 말씀하신 것을 보면 그 사실을 알 수 있다. 우리를 제자로 택하시고 당신과 사귀도록 하신 주목적은 우리로 기도의 열매를 더 잘 맺도록 하기 위함이었다.

우리가 지금 참된 기도의 가능성에 유의하고 있는 중이라는 사실을 잊지 않도록 하자. "어떤 것이든"이란 범위와 경계를 표시하는 말이다. 그 범위가 얼마나 멀리까지 미치는지 우리는 모른다. 그것이 얼마나 넓게 퍼질지 마음으로 다 헤아릴 수 없다. 그 범위에 들어가지 않는 것이 있을까? 예수께서 기도가 끝없이 광대하고 한없이 후함을 강조하고자 하시지 않는다면 모든 것을 포함하는 무한을 표시하는 이 단어를 거듭 쓰실 이유가 있겠는가? 기도로써 우리의 빈곤을 벗고 풍성해지며 한없는 유산을 얻도록 하시기 위함이 아니라면 왜 예수께서 사람들에게 기도하라고 강권하시겠는가?

우리는 전능하신 하나님께서 기도에 응답하신다고 절대적인 확신으로 단언한다. 기도의 크나큰 가능성과 간절히 기도해야 할 필요성은 하나님께서 기도를 듣고 응답하신다는 엄청난 사실에 있다. 그리고 하나님께서는 모든 기도를 들으시고 응답하신다. 어떤 기도든지 기도의 참된 조건이 충족될 때는 모두 들으시고 응답하신다. 기도의 참된 조건이 충족되지 않는다면 기도는 아무것도 아니다. 그런 기도는 말의 반복일 뿐이고 언어의 공연이며 헛된 의식에 불과하다. 아무 쓸모없는 운동이다. 그러나 옳은 것을 구하였다면 그 기도에는 엄청난 가능성이 있다. 그런 기도는 아주 넓은 범위까지 영향을 미친다. 그렇다면 기도가 전능하신 하나님께 손을 대 크고 놀라운 일을 하시도록 할 수 있다는 것은 옳은 말이다.

기도의 혜택과 가능성, 필요성은 그 성격상 주관적일 뿐만 아니라 객관적이기도 하다. 기도는 명확한 목표를 겨냥한다. 기도는 직접적인 어떤 의도를 고려한다. 기도는 항상 어떤 구체적인 것을 생각한다. 기도를 통해 주관적인 어떤 혜택을 받을 수 있지만 이것은 어디까지나 부차적이고 우연한 산물이다. 기도는 언제나 어떤 목표를 직접적으로 겨냥하고 바라는 목적을 성취하려고 애쓴다. 기도는 우리가 바라고 하나님께서 주겠다고 약속하셨지만 우리에게 아직 없는 어떤 것을 구하고 찾고 그 문을 두드리는 것이다.

기도는 하나님께 직접 말하는 행위다. "모든 일에 너희 구할 것을 하나님께 아뢰라." 기도는 복을 얻으며 하나님의 들으심을 얻기 때문에 사람을 더 낫게 한다. 기도는 하나님을 감동시켜 사람을 위해 어떤 일을 하도록 함으로써 사람의 형편을 개선한다. 기도는 하나님께 영향을 미침으로써 사람에게 영향을 미친다. 기도는 하나님께서 사람을 움직이도록 함으로써 사람을 움직인다. 기도는 하나님께서 사람을 감화하시도록 함으로써 사람을 감화한다. 기도는 세상을 움직이게 하는 손을 움직인다.

> 기도는 하늘 높이 솟아올라
> 예수로 말미암아 보좌로 나아가는 권능이라
> 세상을 움직이는 손을 움직이게 하고
> 구원을 가져오는 권능이라

기도의 무한한 가능성이 이루진 적은 좀처럼 없다. 하나님께서 기도하는 자의 손에 당신 자신을 전적으로 맡기실 때 하나님의 약속은 바르게 기도하는 자들에게는 참으로 커서 우리가 감당하기 어려울 정도이며 놀라서 어찌할 줄 모를 정도이다. 하나님께서 "모든 일" "어떤 것이든" "무엇을 구하든" 다 응답하고 행하고 주시겠다는 약속은 너무 크고 엄청나서 우리는 놀라 물러서고 정말 그러실까 하고 의심하기도 한다. 우리는 "믿음이 없어 하나님의 약속을 의심한다." 사실 기도에 대한 하나님의 응답은 우리의 믿음 없음 때문에 조금씩 줄어들어 왔고 하나님의 능력과 후함과 자원에 대해 빈약하게 알고 있는 정도밖에 이루어지지 않았다. 하나님께서 모든 약속 가운데 말씀하시는 것을 언제나 마음에 명심하고 한 순간도 의심하지 않도록 하자. 하나님의 약속은 하나님께서 친히 말씀하신 것이다. 하나님의 약속에는 하나님의 진실성이 걸려 있다. 따라서 하나님의 약속을 의심하는 것은 하나님의 진실성을 의심하는 것이다. 하나님께서는 당신의 말씀에 불성실할 수가 없으시다. "영생의 소망을 인함이라 이 영생은 거짓이 없으신 하나님이 영원한 때 전부터 약속하신 것인데." 하나님의 약속은 정직한 자들을 위한 것이다. 하나님께서는 기도하는 모든 자에게 당신이 행하시겠다고 말씀하시는 바를 행하실 뜻을 가지고 계신다. "약속하신 이는 미쁘시니."

불행하게도 우리는 그동안 기도에 전념하지 못했다. 우리는 이스라엘의 거룩하신 자를 제한하였다. 기도의 능력은 성령께서 주시는 은혜와 힘으로 얻을 수 있지만 그렇게 하려면 불요불굴의 고귀한 성품이 매우 필요하다. 사람들이 이같은 "기도의 근거와 탄원의 조건"을 갖추고서 기도하는 일은 드물다. "의인의 간구는 역사하는 힘이 많으니라"는 말씀은 엘리야 시대뿐 아니라 오늘날에도 진리이다. 기도의 역사하는 힘이 얼마나 클지 누가 다 알 수 있겠는가?

기도의 가능성은 곧 믿음의 가능성이다. 기도와 믿음은 쌍둥이이다. 한 마음이 두 가지에 모두 생기를 불어넣는다. 믿음은 언제나 기도를 한다. 기도는 언제나 믿는다. 믿음은 자신을 말로 나타낼 수 있는 혀가 있어야 한다. 기도가 바로 믿음의 혀다. 믿음은 받는 일을 한다. 기도는 받기 위해 뻗치는 믿음의 손이다. 기도는 일어나서 높이 날아야 한다. 믿음은 기도에 하늘 높이 솟구칠 수 있는 날개를 달아 준다. 기도는 하나님의 들으심을 얻어야 한다. 믿음은 문을 열고 하나님께 가까이 다가가 들으심을 얻도록 한다. 기도는 구하는 일을 한다. 믿음은 구한 것들에 손을 뻗친다.

하나님의 전능하신 능력은 무엇이든지 할 수 있는 믿음과 기도의 기초가 된다. "믿는 자에게는 능치 못할 일이 없고" 기도하는 자는 "무엇을 구하든지" 다 받는다. 하나님의 정하심과 죽음은 히스기야의 믿음과 기도에 금방 굴복한다. 하나님의 약속과 사람의 기도가 믿음으로 하나가 될 때에는 "능치 못할 일이 없다." 끈질긴 기도는 저항할 수 없을 만큼 강력한 것이어서 가능성이 없고 약속이 불리한 때에도 약속을 얻거나 뜻을 이룬다. 사실, 신약의 약속에는 하늘과 땅에 있는 모든 것이 포함된다. 하나님께서는 당신이 소유하고 계시는 모든 것을 약속을 통해서 사람의 손에 넘겨주신다. 사람은 기도와 믿음으로써 이 한량없는 유산을 받는다.

  기도는 중요치 않거나 사소한 일이 아니다. 달콤하지만 특권은 별로 없는 것이 아니다. 기도는 아주 멀리까지 영향을 미치는 크나큰 특권이다. 기도에 실패하는 것은 기도를 소홀히 하는 당사자를 훨씬 넘어서까지 그 손실이 미친다. 기도는 그리스도인 생활의 에피소드에 불과한 것이 아니다. 오히려 그리스도인의 전 생활이 기도를 준비하는 것이며 기도의 결과로 이루어지는 것이다. 그 조건에서 기도는 신앙의 총체이다. 믿음은 기도의 수로일 뿐이다. 믿음은 기도에 날개와 신속함을 달아 준다. 기도는 거룩함이 숨을 쉴 수 있게 하는 폐이다. 기도는 영적 생명의 언어일 뿐만 아니라 영적 생명의 정수이자 성품이다.

     사방으로 적이 에워쌀지라도
     움츠리지 않는 믿음을
     세상의 어떤 재난을 당해도
     떨지 않을 믿음을

     주여, 그 같은 믿음을 주소서
     그리하시면 무슨 일이 닥쳐도
     우리의 영원한 본향의 신성한 복을
     때때로 맛보리이다.

5

기도의 가능성 (2)

지금까지 말한 데서 잘 나타났듯이 기도의 가능성에 대해 전반적으로 대충 검토한 후에는 이 큰 주제에 대한 구체적인 사항들 곧 성경의 사실과 원칙들을 살펴보는 것이 중요하다. 하나님의 계시로 밝혀진 기도의 가능성들로는 어떤 것이 있는가? 기도의 필요성과 그 존재는 사람과 공존한다. 명백하고 충만한 계시에 따를 것 같으면 자연도 기도로 울부짖는다. 그러므로 사람이 있으므로 기도가 있다. 하나님이 계시므로 기도가 있다. 기도는 사람에게 본능적인 것이다. 사람의 필요와 갈망, 사람 존재 자체로부터 나오는 것이다.

성전을 봉헌할 때 드린 솔로몬의 기도는 영감 받은 지혜와 경건에서 나온 것으로 기도의 광범위함과 상세함, 풍성한 가능성, 절박한 필요성을 명료하고 확실하게 보여 준다. 솔로몬의 기도는 참으로 상세하고 함축적이다! 그 기도에는 국가의 복과 개인의 복이 들어있고 세상에서 받는 선과 영적인 선도 들어있다. 개인의 죄, 국가적 재난, 죄악, 질병, 포로, 기근, 전쟁, 역병, 피부병, 가뭄, 곤충, 농작물 피해, 적이 그 기도에 들어있다. 기도에는 온갖 질병과 사람의 고통, 죄책과 죄악, 즉 모든 것이 들어있고, 모든 것이 기도의 제목이 된다.

이 모든 악에 대해 기도가 유일한 보편적 치료책이다. 순결한 기도는 모든 악을 고치고 모든 질병을 치료하며 아무리 무섭고 불행하며 두렵고 절망스러운 상황일지라도 해결한다. 하나님께 드리는 순전한 기도는 비참한 상황을 누그러뜨린다. 이는 다른 아무도 할 수 없을지라도 하나님은 해결하실 수 있기 때문이다. 하나님이 해결하실 수 없을 만큼 어려운 일이란 아무것도 없다. 하나님이 맡으실 수 없을 만큼 절망적인 일이란 없다. 전능하신 하나님께서 고치시면 치료할 수 없는 질병은 없다. 하나님을 단념시키거나 무시할 수 있는 절망적인 상황이란 없다.

전능하신 하나님께서 솔로몬의 이 기도를 들으셨고, 당신의 백성들이 진실한 기도를 드린다면 아무리 어렵고 어찌할 수 없는 상황일지라도 그 일을 맡아 구원하고 고치시겠다고 약속하셨다. 사람들이 마음으로 기도하되 온 힘을 기울여 참된 기도를 드린다면 하나님께서 언제나 구원하고 응답하며 복을 내리실 것이다.

다음은 솔로몬이 장엄하고 광대하며 모든 것을 포함하는 기도를 마친 후 하나님께서 솔로몬에게 말씀하신 내용이다.

> 밤에 여호와께서 솔로몬에게 나타나사 이르시되 내가 이미 네 기도를 듣고 이곳을 택하여 내게 제사하는 전을 삼았으니 혹 내가 하늘을 닫고 비를 내리지 아니하거나 혹 메뚜기로 소산을 먹게 하거나 혹 염병으로 내 백성 가운데 유행하게 할 때에 내 이름으로 일컫는 내 백성이 그 악한 길에서 떠나 스스로 겸비하고 기도하여 내 얼굴을 구하면 내가 하늘에서 듣고 그 죄를 사하고 그 땅을 고칠지라 이곳에서 하는 기도에 내가 눈을 들고 귀를 기울이리니 이는 내가 이미 이 전을 택하고 거룩하게 하여 내 이름으로 여기 영영히 있게 하였음이라

하나님께서는 하나님의 백성이 참된 기도를 드리면 어떤 상황에서든 구원하시겠다고 한다. 아무리 절망적인 상황도 아무리 심한 곤경도, 아주 멀리 있는 상황도 참된 기도가 응답되는 것을 방해할 수 없다. 기도의 가능성은 하나님의 무한히 신실하심과 전능하신 능력에 연결되어 있다. 하나님께서 응답하실 수 없을 만큼 어려운 일이란 없다. 우리가 구하면 받을 것이라고 하나님은 약속하신다. 믿음과 기도로 나아가면 하나님은 아무것도 물리치지 않으신다.

그 일이 내 생각을 뛰어 넘사오나
내 주께서는 신실하시오며
불신앙으로 내가 비틀거리지 아니하리니
하나님께서 약속하셨나이다

믿음, 굳건한 믿음 곧 믿음은 약속을 보나니
그 약속만을 보고
모든 불가능을 비웃으며
소리치기를 "그대로 되리라" 하리라

하나님의 말씀은 여러 곳에서 기도의 가능성과 멀리까지 영향을 미치는 성격을 잘 보여 준다. 하나님께서 얼마나 애절하게 부르시는지! "환난 날에 나를 부르라 내가 너를 구원하겠고 네가 나를 영화롭게 하리라." 우리의 원기를 회복시키는 그 말씀을 다시 한 번 읽어보자. "그가 내게 부르짖으면 내가 응답하겠고 환난 중에 내가 함께 하리니 내가 그를 구원하고 영화롭게 하리라."

환난의 경우도 참으로 다양하다! 곤경의 범위는 얼마나 무한한지! 곤경의 상황은 얼마나 보편적이고 무서운지! 환난의 물결은 얼마나 절망스럽게 만드는지! 그러나 기도의 범위도 환난만큼 크고 고통만큼 보편적이며 슬픔만큼 무한하다. 기도는 사람에게 닥치는 이 모든 악에서 구원할 수가 있다. 기도로 닦아주지 못할 눈물은 없다. 기도로 달래고 기운을 북돋아 줄 수 없을 절망적인 심정이란 없다. 기도로 쫓아버릴 수 없을 절망이란 없다. "너는 내게 부르짖으라 내가 네게 응답하겠고 네가 알지 못하는 크고 비밀한 일을 네게 보이리라." 이 하나님의 말씀은 얼마나 광대하며 그 약속은 얼마나 크고 믿음에 얼마나 큰 격려가 되는가! 이 말씀은 참으로 성도들의 믿음에 주의를 촉구한다. 기도는 언제나 하나님께서 우리를 구원하고 도우시며 당신의 권능에 대해 놀라운 계시를 보여 주시게 한다. 하나님께 능치 못할 일이 있겠는가? 있으면 얘기해 보라. "주께는 능치 못한 일이 없느니라." 그리고 하나님 안에서 모든 일이 가능하듯 기도 안에서도 가능하다.

이스라엘 사사 시대에 사무엘은 기도의 가능성과 필요성을 잘 예증한다. 사무엘 자신이 기도가 무엇인지를 알았던 어머니의 큰 믿음과 기도의 덕을 톡톡히 본 사람이었다. 사무엘의 어머니 한나는 아이가 없었지만 성품과 경건이 특출한 인물이었다. 아이가 없는 것이 바로 근심과 약함과 슬픔의 원인이었다. 한나는 하나님께 도움을 구하여 기도하며 하나님 앞에 영혼을 쏟아 놓았다. 한나는 계속해서 기도했는데, 거의 정신을 잃을 정도로 간절히 구하는 바람에 늙은 엘리에게는 취한 사람처럼 보일 정도로 기도에 전념했다. 한나는 아주 구체적으로 기도하였다. 아이를 원하였던 것이다. 남자아이를 얻기 위해 한나는 기도하였다.

그리고 하나님께서도 응답하시는 일에 구체적이셨다. 남자아이를 한나에게 주셨고, 실로 그 아이는 대장부가 되었다. 그는 탁월한 중보자였는데, 특별히 하나님 백성의 역사에서 그러하였다. 그의 일생과 성품을 한 마디로 요약한 말씀이 있다. "사무엘이 이스라엘을 위하여 여호와께 부르짖으매 여호와께서 응답하셨더라." 그때의 승리는 완전하였고 그곳 에벤에셀은 기도의 가능성과 필요성을 기념하는 곳이었다. 또 한 번은 다른 때에 사무엘이 여호와께 아뢰자 밀 추수 때에 때아닌 우레가 울고 비가 내렸다. 기도하는 법을 알았고 기도할 때는 언제든지 하나님께서 그 기도를 존중하여 주신 이 능한 중보자에 대한 진술이 있다. "사무엘이 밤새 여호와께 부르짖으매."

또 한 번은 여호와의 백성에게 이야기하면서 이같이 말한다. "나는 너희를 위하여 기도하기를 쉬는 죄를 여호와 앞에 결단코 범치 아니하고."

이 중요한 경우들에서 이스라엘의 이 유명한 통치자가 기도하는 것을 습관으로 삼았고 그것이 그의 통치의 아주 두드러진 특징이었음을 알 수 있다. 기도하는 것이 사무엘에게는 생소한 일이 아니었다. 그는 기도에 익숙하였다. 늘상 기도하였고 하나님께 이르는 길을 알고 있었고 하나님께 응답을 받았다. 사무엘과 그의 기도를 통해서 하나님의 대의가 낮고 침체된 상태에서 건짐을 받았고 민족의 대 부흥운동이 시작되었다. 이 부흥운동의 결실로 다윗과 같은 인물이 나왔던 것이다.

사무엘은 기도에서 하나님께 큰 영향력을 행사한 사람으로 우뚝 서 있는 구약의 유명한 인물 중 하나이다. 하나님께서는 사무엘이 구하는 것은 어떤 것이든 거절하지 못하셨다. 사무엘의 기도는 언제나 하나님께 영향을 끼쳤고 사무엘이 기도하지 않았더라면 이루어지지 않았을 일을 하시도록 하나님을 움직였다. 사무엘은 기도의 가능성을 보여 주는 뚜렷한 예로 서 있다. 사무엘은 기도의 성취를 결정적으로 보여 준다.

야곱은 대대로 기도의 당당한 위력과 승리하는 힘을 보여 주는 본보기이다. 하나님께서 그의 맞상대로 오셨다. 하나님께서는 마치 철천지 원수라도 붙잡고 있는 양 야곱을 꼭 움켜잡고 흔들었다. 속이는 자이고 약삭빠르고 파렴치한 장사꾼인 야곱은 하나님을 볼 눈이 없었다. 비뚤어진 원칙과 교묘한 술책과 죄 때문에 그의 영적 눈이 먼 것이다.

이 절박한 순간에는 하나님께 이르고 하나님을 알며 하나님을 설득하는 일이 필요하였다. 야곱은 홀로 밤새 치열한 싸움을 벌였고 그 싸움에서 밀치고 밀리는 것뿐 아니라 싸움의 문제가 바뀌고 운명이 바뀌었다. 이 싸움에는 약함 가운데 강함이 있었고 자기 절망의 능력과 인내의 힘과 겸손의 고양과 항복의 승리가 있었다.

야곱은 에서의 불 같은 미움이 누그러질 때까지 기도하고 울며 끈질기게 매달렸다. 그래서 에서의 미움이 사랑으로 바뀌었다. 그보다 더 큰 기적은 에서보다는 야곱에게 일어났다. 그의 이름, 그의 성품, 그의 운명이 밤새워 드린 기도로 바뀐 것이다. 그날 밤 기도의 싸움의 결과에 대한 기록이 여기 있다. "네가 하나님과 사람으로 더불어 겨루어 이기었음이니라." "하나님과 힘을 겨루되 천사와 힘을 겨루어 이기고."

끈질긴 기도가 얼마나 힘이 있는지! 밤새 기도하며 싸울 때 끈질김으로 얼마나 큰 결과를 얻었는지! 하나님은 영향을 받으시고 태도를 바꾸셨으며 두 사람은 그 성품과 운명이 변화하였다.

6
기도의 가능성 (3)

　기도의 가능성은 이 세상일에서 그 결과들을 볼 수 있다. 기도의 범위는 그것이 사람의 몸이든 마음이든 혹 영혼이든 사람에 관한 모든 것에 미친다. 기도는 인생의 아무리 작은 일들도 다 포함한다. 기도는 몸과 음식과 의복과 일과 재정에 필요한 것들을 포함한다. 사실 영혼의 영원한 유익에 관계된 것뿐 아니라 이 세상 생활에 필요한 모든 것을 다 포함한다. 기도는 세상의 큰 일에서 뿐만 아니라 생활상 하찮은 일이라고 할 수 있는 것들에서 특별히 더 성취된다. 사람들의 이야기하는 방식대로 하자면 기도는 큰 일들 뿐만 아니라 작은 일들도 일어나게 한다.
　세상일들은 영적 일보다 낮은 차원의 문제지만 우리에게는 중요한 것이다. 세속적인 일이 우리 생활에서는 큰 부분을 차지한다. 여기서 주로 우리의 근심과 걱정이 생겨난다. 그런 일은 우리 신앙과 관계가 깊다. 우리는 몸을 가지고 있으므로 부족한 것이 있고 고통과 무능과 한계를 지니고 있다. 우리 몸에 관계된 것은 반드시 우리 마음에도 영향을 미친다. 이런 일은 기도할 내용이고 기도는 세속적인 모든 일을 다 포함하며 우리 존재의 이런 영역에서는 기도의 성취가 크다.
　세속적인 문제들은 우리의 건강과 행복과 관계가 깊다. 이런 것들이 우리의 관계를 형성한다. 우리의 정직을 시험하는 시금석이며 정의와 의의 영역에 속하는 문제들이다. 세속적인 문제에 대해 기도하지 않는 것은 우리 생활의 가장 큰 영역에서 하나님을 내어쫓는 것이다. 바울이 빌립보 4

장에서 가르친 것과 다르게 모든 문제에 기도하지 않는 사람은 진정한 의미에서 기도의 본질과 가치를 배우지 못한 사람이다. 기도에서 사업과 시간을 제외하는 것은 기도에서 신앙과 영원을 제외하는 것이다. 세상 문제에 대해 기도하지 않는 사람은 영적 문제에 대해 확신을 가지고 기도하지 못한다.

기도로 하나님께서 일용할 양식을 위해 애쓰시게 하지 않는 사람은 천국을 위해 하나님께서 애쓰시게 하지 못할 것이다. 몸에 필요한 것들을 기도로 구하여 공급받지 못하는 사람은 영혼에 필요한 것을 구하지 못하고 공급받지도 못한다. 몸이나 영혼이나 모두 하나님께 의존해 있으며 기도는 의존해 있는 그 사실을 소리쳐 표현하는 것에 지나지 않는다.

수로보니게 여인은 낮은 일을 위해 기도하였다. 사실 구약은 기도라는 신성한 제도를 통해 하나님께서 자기 백성을 대하시는 일을 기록한 것에 불과하다. 아브라함은 소돔이 멸망당하지 않기를 기도하였다. 아브라함의 종은 이삭의 아내를 정하는 일에 하나님께서 인도해 주시기를 기도하였고 응답을 받았다. 한나는 기도하여 사무엘을 응답으로 받았다. 엘리야가 기도하자 3년 동안 비가 내리지 않았다. 또 기도하자 구름이 비를 내렸다. 히스기야는 기도로 죽을 병에서 구원을 받았다. 야곱은 기도로 에서의 복수에서 구원받았다. 옛 성경은 영적인 복뿐 아니라 세속적인 복을 위해 드린 기도의 역사이다.

신약에서도 그 원칙이 예증되고 강화되는 것을 본다. 신약에서 세속적인 영역에서나 영적인 영역에서 모든 선한 것은 무엇이든 기도의 제목이 된다. 우리 주님께서는 모든 나라, 모든 시대, 모든 환경에 있는 인류를 위한 보편적인 기도에서 "저희에게 일용할 양식을 주옵시고"라는 간구를 넣으신다. 이 간구에는 꼭 필요한 세상의 모든 선한 것이 포함된다.

산상수훈에서 우리 주님은 한 단락을 할애하여 음식과 의복의 문제를 이야기하셨다. 거기에서 주님은 그런 것들에 대해 지나치게 염려하거나 불안해 하지 말라고 주의를 주고 계시면서 또한 육신에 필요한 모든 것을 구하여 받는 믿음을 가지라고 격려하신다. 이 가르침은 기도에 대한 교훈과 밀접한 관계가 있다. 음식과 의복의 문제를 기도 제목으로 가르치셨다.

단 한 번도 그런 것들이 크신 하나님께서는 주목하지 않으시는 것이라든지 기도와 같이 영적인 일에 끌어들이기에는 너무 물질적이고 세속적이라고 암시한 적이 없다.

수로보니게 여인은 딸이 낫기를 기도하였다. 베드로는 도르가가 살아나기를 위해 기도하였다. 바울은 로마로 가는 길에 파선으로 말미암아 섬에 오르게 되었을 때 보블리오의 부친을 위해 기도하였고 하나님께서 열병으로 앓고 있는 그 사람을 고쳐 주셨다. 바울은 로마에 있는 그리스도인들이 자기가 악한 사람들에게서 구원받도록 자기와 함께 힘써 기도해 줄 것을 청했다.

베드로가 헤롯에게 잡혀 감옥에 있을 때 교회는 베드로가 감옥에서 구출되기를 열심히 기도했고 하나님께서 이 초대 교인들의 기도를 영예롭게 하셨다. 요한은 가이오가 "그의 영혼이 잘 됨같이 범사에 잘되고 강건하기를" 기도하였다.

야고보서 5장에서 야고보는 이같이 말한다. "너희 중에 고난당하는 자가 있느냐 저는 기도할 것이요 너희 중에 병든 자가 있느냐 저는 교회의 장로들을 청할 것이요 그들은 주의 이름으로 기도할지니라."

바울은 빌립보서 4장에서 이같이 말한다. "아무것도 염려하지 말고 오직 모든 일에 기도와 간구로 너희 구할 것을 감사함으로 하나님께 아뢰라." 이 말씀은 온갖 염려, 곧 사업상의 염려, 가정이나 신체, 영혼에 대한 염려에 대해 하신 것이다. 모든 것을 기도로 하나님께 가져와 속죄소에서 우리에게 근심과 염려와 불안을 일으키는 모든 것을 부려버리라는 말씀이다.

이 말씀은 바울이 특별히 세속적인 문제에 대해 하신 말씀과 밀접한 관계가 있다. "내가 주 안에서 크게 기뻐함은 너희가 나를 생각하던 것이 이제 다시 싹이 남이니 너희가 또한 이를 위하여 생각은 하였으나 기회가 없었느니라 내가 궁핍하므로 말하는 것이 아니라 어떠한 형편에든지 내가 자족하기를 배웠노니."

바울은 영적으로 필요한 것뿐 아니라 세상적으로 필요한 것도 다 포함하는 이 말씀으로 빌립보서를 끝낸다.

나의 하나님이 그리스도 예수 안에서 영광 가운데 그 풍성한 대로 너
희 모든 쓸 것을 채우시리라

육신의 문제와 사업상의 일과 관계가 있는 모든 일을 다 기도할 수 있
다고 하는 이 교리를 믿지 못하면 세상일에 대해 지나친 근심과 쓸데없는
염려가 생겨 마음이 괴로워지는 법이다. 기도가 그런 모든 염려에서 건져
준다는 것을 믿기만 한다면 우리가 얼마나 많은 쓸데없는 근심에서 구원
을 받을 것이며 기도하는 가운데 우리의 모든 염려를 "우리를 위해 염려
하시는" 하나님께 던져버리는 행복의 기술을 배울 수 있겠는가! 하나님께
서는 우리의 행복과 위로를 망치는 지극히 하찮은 일에까지도 관심을 갖
고 계신다는 것을 믿지 못하면 이스라엘의 거룩하신 자가 일하실 수 없게
만들며 삶에서 참된 행복과 만족을 누리지 못하게 된다.

예수께서 아직 변화산상에 계시는 동안 제자들이 어떤 아버지가 데려온
간질병 걸린 아들에게서 귀신을 쫓아내지 못한 사건에서 우리는 믿음과
기도와 금식의 결합에 대한 교훈과 특별한 기회의 가능성과 의무에 도달
하지 못하는 실패에 대한 교훈을 암시적으로 받을 수 있다. 제자들은 그
아이에게서 귀신을 쫓아냈어야 했다. 제자들은 바로 그 일을 하기 위해 보
냄을 받았고 주님께 능력을 받았기 때문에 그 일에 능숙하다. 그런데도 완
전히 실패하고 말았다. 그리스도께서는 제자들이 그 일을 하지 못한 것에
대해 신랄하게 책망하셨다. 제자들은 바로 그 일을 하도록 보냄을 받았기
때문이다.

이 일은 우리 주님께서 제자들을 보내실 때 명백히 말씀하신 것이다. 아
이를 고치지 못해 제자들은 부끄럽고 혼동스러웠으며 주님과 주님의 대의
를 불명예스럽게 했다. 이들로 인해 주님의 평판이 나빠졌으며 제자들이
외치고 다닌 주님의 대의가 심각하게 손상되었다. 제자들이 귀신을 쫓아내
지 못한 것은 순전히 그 일을 기도와 금식으로 하지 않았기 때문이었다.
기도하지 않음으로 믿음의 능력이 파손된 것이다. 그 일에 실패한 것은 제
자들이 강권적인 강한 믿음의 힘을 갖지 못했기 때문이다.

약속은 명백하다. 약속은 우리 믿음의 기초이자 기도할 때 우리가 딛고

서 있는 근거가 되기 때문에 아무리 많이 언급해도 지나치지 않다. "너희가 기도할 때 무엇이든지 믿고 구하는 것은 다 받으리라." "무엇이든지"라는 말씀의 내용을 다 열거하려면 목록을 얼마만큼이나 작성해야 하겠는가? 기도와 믿음의 가능성을 열거하자면 끝이 없을 것이며 이루 다 헤아릴 수 없을 것이다.

히브리서 11장에서 신성한 작가는 믿음의 본보기들을 일일이 열거하고 믿음의 놀라운 업적들을 늘어놓는 일에 지쳐서 우리가 거의 듣지 못한 옛적 성도들이 보여 준 기도와 믿음으로 이룬 업적들을 이야기한다. 작가는 이같이 말한다.

> 내가 무슨 말을 더 하리요 기드온, 바락, 삼손, 입다와 다윗과 사무엘과 및 선지자들의 일을 말하려면 내게 시간이 부족하리로다. 저희가 믿음으로 나라들을 이기기도 하며 의를 행하기도 하며 약속을 받기도 하며 사자들의 입을 막기도 하며 불의 세력을 멸하기도 하며 칼날을 피하기도 하며 연약한 가운데서 강하게 되기도 하며 전쟁에 용맹 되어 이방 사람들의 진을 물리치기도 하며 여자들은 자기의 죽은 자를 부활로 받기도 하며 또 어떤 이들은 더 좋은 부활을 얻고자 하여 악형을 받되 구차히 면하지 아니하였으며.

참으로 빛나는 전범이 아닐 수 없다! 정말 놀라운 업적이지만 군대의 힘으로 이룬 것이 아니며 사람의 초인간적인 힘이나 마술로 이룬 것이 아니라 모두가 순전히 믿음과 기도에 특출한 사람들이 이룬 것이다! 이것은 믿음의 무한한 범위를 보여 주는 기록임과 동시에 기도에 대한 빛나는 기록이다. 그 둘은 하나이기 때문이다. 기도가 승리의 무기로 사용되지 않는 곳에서, 기도가 승리의 면류관의 보석으로 장식되지 않는 곳에서는 믿음이 승리를 거두지 못했고 면류관을 얻지 못했다. "믿는 자에게는 능치 못한 일이 없다면" 기도하는 자에게는 모든 것이 가능하다.

> 저를 의지하라 결코 실패함이 없으리라
> 네 부족과 소원을 모두 아뢰라

두려워 말라 저의 공로로 반드시 이기리니
오직 믿음으로 구하라 그러면 이루리라

7

기도의 범위

　기도의 가능성은 하나님의 능력에 대한 믿음으로 측정된다. 믿음은 하나님께서 일하실 때 쓰시는 유일한 조건이다. 믿음은 하나님을 전적으로 의존하는 것이다. 믿음은 기도에 인격을 부여한다. 약한 믿음은 언제나 약한 기도를 낳았다. 강력한 믿음은 강력한 기도를 일으킨다. 한 가지 비유를 끝내고나서 예수께서는 "항상 기도하고 낙망치 말아야 될 것을 저희에게 비유로" 말씀하셨다. 이 비유에서 예수께서는 힘있는 기도를 할 필요성을 강조하시면서 이같은 질문을 하신다. "인자가 올 때에 세상에서 믿음을 보겠느냐?"

　한 아버지가 간질병 걸린 아이를 처음에 제자들에게 데려왔으나 고치지 못하자 주 예수 그리스도께 데려와서 흔들리는 믿음과 큰 슬픔에서 아주 애절하게 부르짖었다. "무엇을 하실 수 있거든 우리를 불쌍히 여기사 도와주옵소서." 그러자 예수께서 말씀하셨다. "할 수 있거든이 무슨 말이냐 믿는 자에게는 능치 못할 일이 없느니라." 아이가 낫는 것은 아이를 고치실 수 있는 그리스도의 능력을 믿느냐에 달려 있었다. 고치실 수 있는 능력은 본래부터 영구히 그리스도 안에 있었지만 그 일을 행하는 것은 믿음의 능력에 달려 있었다. 큰 믿음이 있으면 그리스도께서 큰 일을 하시도록 할 수 있다.

　우리는 하나님의 능력을 믿는 생생한 믿음이 필요하다. 우리는 하나님을 울타리에 가두어 놓고 있어서 하나님의 능력에 대한 믿음이 별로 없다. 우리가 하나님의 능력의 발휘를 제한해 버려서 작은 하나님을 모시고 있고 작은 하나님에 대한 작은 믿음을 갖고 산다.

하나님의 능력을 제한하고 하나님께서 활동하실 수 없게 만드는 조건은 불신앙밖에 없다. 하나님은 사람을 제한하는 조건들로 인해서는 행동에 제한을 받지 않고 제지당하지도 않으신다.

사람의 행동에 영향을 미치는 시간이나 장소, 거리, 능력 그밖에 이름 붙일 수 있는 어떤 것도 하나님께는 아무 상관이 없다. 사람이 하나님을 바라보고 진실한 기도로 부르짖는다면 그 사람이 처해 있는 환경이 아무리 비참하다고 할지라도 그 상황에서 벗어날 수 있는 대책이 전혀 없는 경우일지라도 하나님께서는 기도를 듣고 구원하실 수 있다.

하나님께서 자기 백성들에게 하실 수 있는 당신의 능력을 믿도록 그처럼 가르치셔야 한다는 것이 이상하기 짝이 없다! 하나님께서 아브라함과 사라에게 이삭을 낳게 해 주겠다고 약속하셨다. 그때 아브라함의 나이는 거의 100세에 가까웠고 사라는 신체적 결함으로 아이를 낳을 수 없었고 아이를 낳을 수 없는 시기로 이미 들어섰다. 사라는 자기가 아이를 낳는다는 것은 너무 터무니없는 일이라고 생각하여 웃었다. 그래서 하나님께서 물으셨다. "사라가 왜 웃느냐? 여호와께 능치 못한 일이 있겠느냐?" 하나님께서는 하나님의 이 늙은 백성들에게 약속을 문자 그대로 이루어 주셨다.

모세는 이스라엘을 애굽의 속박에서 해방하시려는 하나님의 뜻을 맡기를 주저하였다. 자신은 말을 잘 못하였기 때문이었다. 그러자 당장 하나님께서는 다음의 물음으로 모세의 말을 가로막으신다.

> 모세가 여호와께 고하되 주여 나는 본래 말에 능치 못한 자라 주께서 주의 종에게 명하신 후에도 그러하니 나는 입이 뻣뻣하고 혀가 둔한 자니이다. 여호와께서 그에게 이르시되 누가 사람의 입을 지었느뇨 누가 벙어리나 귀머거리나 눈 밝은 자나 소경이 되게 하였느뇨 나 여호와가 아니뇨 이제 가라 내가 네 입과 함께 있어서 할 말을 가르치리라.

하나님께서 이스라엘 자녀들에게 한달 내내 고기를 먹이시겠다고 말씀하시자 모세는 하나님께서 그렇게 하실 수 있을지 의심하였다. 그러자 여호와께서 모세에게 이같이 말씀하셨다. "여호와의 손이 짧아졌느냐 네가 이제 내 말이 네게 응하는 여부를 보리라."

너무 어려워 여호와께서 하실 수 없는 일이란 없다. 바울도 그같이 선언하였다. "우리의 온갖 구하는 것이나 생각하는 것에 더 넘치도록 능히 하실 이에게." 기도는 하나님을 믿는 것이며 구하는 것을 행하실 수 있는 하나님의 능력을 믿는 것이다. 기도의 가능성은 구하는 것을 행하실 수 있는 하나님의 능력의 척도가 된다.

"온갖 것"이나 "무엇이든" 혹은 "어떤 것이든" 모두 하나님의 능력으로 해결된다. "무엇이든지 구하라"고 하시는 것은 하나님께서 내가 바라고 하나님께서 약속하신 것은 어떤 것이든 다 시행하실 수 있는 능력이 있으시기 때문이다. 하나님은 그 능력에서 사람이 구하는 능력을 훨씬 초월한다. 사람의 생각이나 상상, 소원, 필요 등 그 어떤 것으로도 일을 행하실 수 있는 하나님의 능력을 다 측량하지 못한다.

적법한 기도는 바로 하나님을 의지하고서 나가는 것이다. 기도는 하나님의 약속에 대한 믿음뿐만 아니라 바로 하나님 자신과 하나님의 능력에 대한 믿음에서 나오는 것이다. 기도는 단순히 약속에 의지해서만 드리는 게 아니라 "약속을 얻기도 하고" 약속을 일으키기도 한다.

엘리야는 하나님께서 비를 보내시겠다는 약속을 받았지만 하나님께서 불을 내리시겠다는 약속은 받지 못하였다. 그러나 믿음과 기도로 비뿐 아니라 불도 내리게 했다. 그러나 불이 먼저 왔다.

다니엘은 하나님께서 느부갓네살의 꿈을 자기에게 보이시겠다는 구체적인 약속을 받지 못하였지만 다니엘과 친구들이 합심하여 기도하였더니 하나님께서 다니엘에게 왕의 꿈과 해석을 보이셨고 그로 인해 다니엘과 친구들이 목숨을 건졌다.

히스기야는 하나님께서 자기 생명을 위협하는 치명적인 병을 고쳐 주시겠다는 약속을 받지 못하였다. 오히려 히스기야가 정녕 죽으리라는 여호와의 말씀이 선지자의 입을 통해 왔다. 그러나 히스기야는 믿음으로 전능하신 하나님의 이 작정을 거스려 기도하였고 하나님의 말씀을 취소시키는데 성공하여 생명을 연장하였다.

하나님께서 선지자의 입을 통해 말씀하실 때 그 점을 놀랍게 이야기하신다. "이스라엘의 거룩하신 자 곧 이스라엘을 지으신 여호와께서 가라사대 장래 일을 내게 물으라 또 아들들의 일과 내 손으로 한 일에 대하여 내게 부탁하라." 자신을 기도하는 백성들의 손에 맡기시겠다는 이 큰 약속에서 하나님은 자신의 위대한 창조의 능력에 호소하신다. "내가 땅을 만들고 그 위에 사람을 창조하였으며 내가 친수로 하늘을 펴고 그 만상을 명하였노라."

사람과 사람이 사는 세상을 지으시고 만물을 끊임없이 유지하시는 하나님의 엄위와 능력은 언제나 우리 앞에 하나님께 대한 우리 믿음의 기초요 기도의 확신과 요구의 기초로 서 있다. 그 다음에 하나님은 당신께서 친히 하신 일에서 우리의 시선을 거두게 하시고 당신 자신에게로 우리 마음을 돌리신다. 하나님의 무한한 영광과 능력이 우리 앞에 펼쳐진다. "너희는 이전 일을 기억하지 말며 옛적 일을 생각하지 말라." 하나님께서 "새 일"을 행하겠다고, 같은 일을 되풀이하지 않겠다고 선언하신다. 지금까지 하신 어떤 일이나 일하는 방식을 따르지 않으시겠다고, 우리가 믿음을 가지고 기도하면 우리의 기도를 듣고 우리를 위해 일하시며 하나님께서 행하신 이전 일은 마음에 기억지 아니하리라고 선포하시는 것이다. 사람이 마땅히 기도해야 할 대로 기도한다면 옛적의 놀라운 일보다 더 큰 일이 일어날 것이다. 복음이 지금까지와는 전혀 다르게 쉽고 능력 있게 전진할 것이다. 사방의 문이 열려 복음으로 나갈 것이고 하나님의 말씀이 전에 없이 정복하는 힘을 얻어 나갈 것이다.

그리스도인들이 마땅히 해야 할 대로 강한 믿음을 가지고 진지하게 열심히 기도한다면 하나님께서 도처에서 불러 능력을 주신 사람들이 불타는 마음으로 나가 온 세계에 복음을 전할 것이다. 그러면 여호와의 말씀이 여태까지와는 다르게 달음질하고 영광을 받을 것이다.

하나님께 감화를 받은 사람들, 하나님의 영을 받은 사람들, 하나님께 사명을 받은 사람들이 온 나라 도처에서 그리스도와 구원과 천국을 위하는 신성한 불길이 마음에 타오를 것이며, 곧 모든 사람들이 구원의 복음을 듣고 예수 그리스도를 자신의 구주로 영접할 기회를 갖게 될 것이다. 하나님 말씀 가운데 기도와 믿음에 직접적인 도전이 되는 광대한 진술을 또 한 가지 보자.

자기 아들을 아끼지 아니하시고 우리 모든 사람을 위하여 내어주신 이가 어찌 그 아들과 함께 모든 것을 우리에게 은사로 주지 아니하시겠느뇨

이 말씀에서 그 넓이와 깊이와 높이가 참으로 광대하고 무한한 기도와 믿음에 대한 기초가 보이지 않는가! 우리에게 모든 것을 주시겠다는 이 약속은 하나님께서 우리의 구속을 위해 당신의 하나밖에 없는 아들을 기꺼이 내어주셨다는 사실을 상기시킴으로써 뒷받침된다. 하나님께서 당신의 아들을 주신 것은 믿고 기도하는 자에게 모든 것을 기꺼이 주시겠다는 확언이자 보증이다.

이같이 구하라고 하시는 하나님의 말씀에서 우리는 참으로 큰 확신을 발견하게 된다. 아무리 큰 것도 구할 수 있다는 참으로 거룩한 담대함을 여기서 발견할 수 있다! 이 말씀에 의지할 때 어떤 말로도 우리가 큰 것을 구하는 기도를 제지하지 못할 것이다. 크고 더 크고 지극히 큰 일을 구하는 것이 하나님의 은혜를 드러내고 하나님의 영광을 더욱 높인다. 따라서 힘없는 기도는 구하는 자를 가난하게 하고 지극히 선한 것을 주시려는 하나님의 뜻을 제지하고 하나님의 영광을 가린다.

하늘에서 하나님 우편에 앉아 계신 우리 주 예수 그리스도의 중보 기도는 참으로 우러러볼 만하고 장엄하며 당당하다! 주님의 중보 기도의 혜택은 우리의 중보 기도를 통해 우리에게 흘러온다. 우리의 중보 기도는 감화력과 필요성에 의해 하나님 우편에서 행하시는 그리스도의 크신 사역의 영감과 크심을 붙잡아야 한다. 우리의 일을 위해 우리의 생활을 위해 기도하되 끊임없이 기도해야 한다.

우리가 중보 기도를 하지 않으면 주님의 중보 기도가 결실을 맺는데 영

향을 받는다. 우리의 게으르고 열정이 없으며 연약하고 무관심한 기도는 그리스도의 기도의 효과를 손상시키고 방해한다.

8

기도의 사실들과 역사 (1)

 기도의 가능성은 기도의 사실과 역사에 의해 확립된다. 사실이란 엄연히 존재하는 것이며 진실한 것이다. 이론은 사색에 불과한 것일 수 있다. 견해란 완전히 틀릴 수가 있다. 그러나 사실은 받아들여야 하는 것이다. 사실을 무시할 수는 없다. 사실에서 볼 때 기도의 가능성은 어떠한가? 기도의 역사는 어떤가? 기도의 역사는 우리에게 무엇을 보여 주는가? 기도에는, 하나님의 말씀에 쓰여 있고 하나님의 성도들의 경험과 삶에 기록되어 있는 역사가 있다. 역사란 본보기를 통해 가르치는 진리이다. 우리가 역사를 왜곡함으로써 진리를 놓칠 수 있으나 역사의 사실들은 진리이다.

> 여호와께서 상수리 수풀 근처에서 아브라함에게 말씀하셨다.
> 여호와께서 쟁기를 잡고 있는 엘리사를 불러내셨다.
> 다윗을 여호와께서 양우리에서 취하여 내셨다.
> 지금은 너의 날 은총의 때이다.

 하나님은 사실들을 통해 진리를 계시하신다. 종교 역사의 사실들을 통해 자신을 계시하신다. 또한 성경 역사의 사실과 예들을 통해 당신의 뜻을 우리에게 가르치신다. 하나님의 사실들, 하나님의 말씀, 하나님의 역사, 이 모든 것이 완전하게 조화를 이루며 그 모든 것 속에 하나님의 많은 것을 담고 있다. 하나님은 기도를 통해 세상을 다스려오셨고 하나님께서 정하신 그 거룩한 수단을 통해 지금도 다스리고 계신다.

기도의 가능성은 개인에게만 해당되는 것이 아니라 시와 국가에게도 해당된다. 온갖 계층과 온갖 사람들이 기도의 가능성을 누릴 수 있다. 모세의 기도는 하나님께서 이스라엘에게 진노하시고 이스라엘을 멸망시키고 당신의 목적을 수행하시겠다고 선언하신 하나님과 아직도 생존해 있는 히브리 민족 사이에서 드린 것이었다. 소돔은 그 속에 열 명의 의인이 없어서 구원을 받지 못했지만 롯이 소돔을 태워버린 불과 유황을 피해 도망하면서 작은 성읍 소알을 위해 기도하였기 때문에 그 성읍은 건짐을 받았다. 니느웨는 그 왕과 백성들이 자신들의 악행을 회개하고 기도와 금식에 전념하였기 때문에 멸망을 면했다.

바울은 에베소서 3장에 나오는 뛰어난 기도에서 기도의 한없는 가능성을 높이고 기도를 들어주실 수 있으신 하나님의 능력을 찬양한다. 아주 광대한 것을 간구하며 깊디 깊은 종교적 경험을 진술하는 기억할 만한 그 기도를 마무리지으면서 바울은 하나님은 "우리의 온갖 구하는 것이나 생각하는 것에 더 넘치도록 능히 하실 수 있으시다"고 선언한다. 바울은 기도를 크고 작은 모든 것을 포함하는 총괄적인 것으로 말한다. 기도가 다루지 못할 시간이나 장소는 없다. 하늘과 땅에 있는 모든 것, 이 세상과 영원에 걸쳐 있는 모든 것, 이 모든 것을 기도 안으로 끌어들일 수가 있다. 기도의 제목으로 삼을 수 없을 만큼 너무 큰 일도 없고 너무 작은 일도 없다. 기도는 인생의 지극히 작은 일에도 손을 뻗치고 우리가 생각하는 지극히 큰 일도 받아들인다.

> 고통에 시달리고 죄에 억눌릴지라도
> 염려로 마음이 산란하고 두려움에 놀랄지라도
> 죄책으로 낙담하고 범죄함으로 괴로워할지라도
> 그 어느 때라도 여전히 바라보고 기도하라

우리는 기도를 지나친 근심의 치료책으로 이야기하고 있는 빌립보서 4장에 나오는 바울의 말에서 지극히 중요하고 원대하며 평안하고 반드시 필요한 실제적인 기도의 가능성 중의 한 가지를 보게 된다.

아무것도 염려하지 말고 오직 모든 일에 기도와 간구로 너희 구할 것을 감사함으로 하나님께 아뢰라 그리하면 모든 지각에 뛰어난 하나님의 평강이 그리스도 예수 안에서 너희 마음과 생각을 지키시리라

"염려"는 사람들 사이에 전염되는 악이다. 염려는 세상 안 미치는 곳이 없다. 타락한 상황에서 염려는 사람들의 몫이다. 지나친 염려에 사로잡히는 이 경향은 죄의 자연스런 결과이다. 염려는 아무 때 아무 데서든지 온갖 형태로 나타난다. 가정의 염려가 있는데, 기도 말고는 여기서 피할 길이 없다. 사업상의 염려, 가난의 염려, 부로 인한 염려가 있다. 이 세상은 염려하는 세상이요 우리는 염려하는 인종이다. 따라서 "아무것도 염려하지 말라"고 하는 바울의 주의는 잘 이야기한 것이다. 이것은 하나님의 명령이다. 우리가 염려를 이기고 지나친 근심에서 벗어나 살 수 있도록 하기 위해 "모든 일에 기도와 간구로 구할 것을 하나님께 아뢰라"는 것이다. 이것은 모든 염려와 근심, 내적인 모든 초조함에 대해 하나님께서 내리신 처방이다.

염려하다는 말뜻은 마음이 여러 갈래로 나뉘고 산란하며 불안하고 어지럽고 성가시다는 것이다. 예수께서는 산상수훈에서 바로 이 점에 대해 경고하셨다. 제자들에게 몸에 필요한 것들에 관해 "내일 일을 위하여 염려하지 말라"고 열심히 가르치셨다. 음식과 의복에 대해 불안과 불필요한 염려로부터 벗어나 평온한 마음을 갖게 되는 참된 비결을 제자들에게 가르치려고 애쓰셨던 것이다. 내일의 염려를 생각하지 말라는 말씀이다. 예수께서는 시편 37:3의 "여호와를 의뢰하여 선을 행하라 땅에 거하여 그의 성실로 식물을 삼을지어다"는 말씀에 나타나 있는 바로 그 교훈을 가르치신 것이다. 내일의 염려, 장차 있을 악, 몸에 필요한 물질적인 것들을 염려하지 말라고 경고하는 가운데 우리 주님은 어린아이처럼 절대적으로 하나님을 신뢰하라는 중요한 교훈을 가르치고 계셨다. "너의 길을 여호와께 맡기라 저를 의지하면 저가 이루시고."

날마다 그 약속이 살아있고
날마다 그 날을 위한 힘이 필요하니
쓸데없는 두려움은 던져버리고
오늘의 만나를 주워라.

바울의 주의시키는 말씀은 매우 구체적이다. "아무것도 염려하지 말라." 한 가지 일에 대해서 염려하지 말라는 것이 아니다. 어떤 일, 어떤 상황, 어떤 우연한 사건에 대해서든 염려하지 말라는 말씀이다. 마음을 어지럽히고 불안을 일으키는 어떤 것에 대해서도 염려하지 말라는 것이다. 모든 염려와 근심, 초조, 불안을 훌훌 털어버리라는 것이다. 염려는 마음의 조화와 힘과 평온을 나누고 흩뜨리며 당황하게 하고 깨트린다. 염려는 약한 믿음에는 치명적이고 강한 믿음도 약화시킨다. 따라서 이런 염려에 빠지지 않게 보호하고 염려를 치료할 비결, 곧 기도를 배우는 것이 얼마나 필요한 일이겠는가!

바울이 여기서 말하고 있는 그런 마음 상태를 치료할 수 있는 기도에는 참으로 무한한 가능성이 있지 않은가! 모든 것에 대한 기도는 모든 산란한 마음을 진정시키고 온갖 염려를 잠재우며 염려에 사로잡힌 생활과 염려로 어찌할 줄 모르는 마음에서 모든 염려를 제거할 수 있다. 구체적인 기도는 불안과 염려와 걱정과 같은 악을 완전히 고칠 수 있는 치료제이다. 모든 일에 있어서 기도만이 음울한 염려를 쫓아버리고 쓸데없는 마음의 짐을 제거하고 우리로서 어찌해 볼 도리가 없는 일에 대해 걱정하는 이 끈질긴 죄에서 우리를 구원할 수 있다. 기도만이 우리 마음과 영혼에 "지각에 뛰어난 평강"을 가져다주며 고된 염려에서 벗어나 평안히 지낼 수 있게 해 준다.

초조해 하는 그리스도인들이 쓸데없는 마음의 짐을 얼마나 많이 지고 다니는지! 염려에 시달리며 불안하게 지내는 삶의 폭풍과 격랑에서 벗어나 온전한 평안에 잠겨 사는 행복한 그리스도인 생활의 참된 비결을 알고 있는 사람이 어찌 그리도 적은지! 기도는 인간 생활의 독약과도 같은 염려에서 우리를 구출할 수 있다. 바울은 고린도 전서에서 "너희가 염려 없기를 원하노라"고 쓰고 있는데, 이것이 하나님의 뜻이다. 기도가 바로 그렇게 만들 수 있다. 베드로는 그것을 이런 식으로 표현한다. "너희 염려를 다 주께 맡겨 버리라 이는 저가 너희를 권고하심이라." 그런가 하면 시편기자는 이렇게 말한다. "분을 그치고 노를 버리라 행악에 치우칠 뿐이라." 마음의 모든 염려에서 벗어나 마음을 편히 하고 지나친 걱정에서 벗어나고 모든 지각에 뛰어난 하나님의 평강을 즐기는 마음은 참으로 복이 있다!

하나님의 약속과 뜻을 담고 있고 "아무것도 염려하지 말라"는 말씀 바로 앞에 나오는 하나님의 명령은 이와 같다.

> 주 안에서 항상 기뻐하라 내가 다시 말하노니 기뻐하라 너희 관용을 모든 사람에게 알게 하라 주께서 가까우시니라

온갖 염려로 가득 차 있고 규칙적으로 시험이 찾아들고 우리를 시험하려고 하는 것이 수없이 많은 세상에서 어떻게 항상 기뻐할 수가 있다는 말인가? 우리는 이 적나라하고 노골적인 명령을 보고 받아들이며 하나님 말씀으로 존중한다. 그러나 기쁨은 오지 않는다. 어떻게 우리의 중용과 온유함과 관용을 세상에 두루 그리고 항상 나타낼 수 있을까? 우리는 친절하고 관용하려고 마음먹는다. 주께서 가까우심을 생각한다. 그럴지라도 우리는 여전히 성급하고 매몰차고 인색하다. "아무것도 염려하지 말라"는 하나님의 명령을 듣지만 여전히 우리는 걱정하고 염려에 시달리고 염려에 먹히고 염려에 괴롭힘을 당한다.

어떻게 해야 우리는 그처럼 달콤하고 큰 약속이 되며 보기에 아름다운 하나님의 말씀을 수행할 수 있을까? 또 어찌 이 말씀은 그처럼 실현되지 못하는가? 어떻게 하면 진실하고 정직하며 공의롭고 순수하게 되는 풍성한 유전을 소유할 수 있으며 아름다운 것을 얻을 수 있는가? 그 비결은 틀림없고 그 처방은 보편적이며 그 치료법은 확실하다. 그것은 이 장에서 우리가 자주 언급했던 바울의 말에서 찾을 수 있다. "아무것도 염려하지 말고 오직 모든 일에 기도와 간구로 너희 구할 것을 하나님께 아뢰라."

날마다 신자가 기쁘게 믿음으로 살며 즐겁고 근심 없이 평화로이 사는

것이 바로 하나님의 뜻이다. 데살로니가 교인들에게 편지하면서 바울은 이같이 말한다. "항상 기뻐하라 쉬지 말고 기도하라 범사에 감사하라 이는 그리스도 예수 안에서 너희를 향하신 하나님의 뜻이라." 우리가 모든 염려와 지나친 불안에서 온전히 구원받는 것이 하나님의 뜻일 뿐만 아니라 또한 하나님께서는 우리가 마음의 평강을 얻을 수 있도록 기도를 수단으로 정하셨다.

바울은 기도의 태도에 있어서 선행 조건을 말하는데, 그것은 "주 안에서 항상 기뻐하라"는 것이다. 다시 말해 주 안에서 언제나 기뻐하며 주님으로 인해 즐거워하라는 말씀이다. 그리고 그같이 행복할 수 있도록 "아무것도 염려하지 말라"는 것이다. 이같이 기뻐하는 것이 기도에 이르는 출입구이며 또한 오솔길이다. 이같이 주 안에서 기뻐함의 밝음과 부력이 곧 기도의 힘이자 담대함이며 기도의 응답을 가져오는 도구이다. "온건함"은 기도의 무지개가 된다. 온건함이란 온유함, 공정함, 관대함, 합리적임을 의미한다. 참으로 귀한 요소들이며 아름다운 색채들이다! 이것은 강인하면서 아름다운 성품을 형성하고 넓고 긍정적인 평판을 가져오는 요소이자 색채이다. 기뻐하며 관대할 줄 아는 긍정적인 평판의 정신이야말로 기도하기에 참으로 적합하며 마음이 산란하거나 염려로 불안하지 않은 영이다.

9

기도의 사실들과 역사 (2)

바울이 우리에게 가라고 지시하는 곳은 바로 골방이다. 힘들고 괴로운 모든 염려를 치료할 수 있는 틀림없는 비결은 기도이다. 주께서 가까이 계시는 곳은 기도의 골방이다. 그곳에 가면 언제나 주님을 뵐 수 있고 그곳에서는 주님이 가까이 계시면서 복을 내리고 구원하고 도우신다. 주님의 임재와 권능이 다른 어느 곳보다 더 충만히 실현되는 곳이 바로 기도의 골방이다.

바울은 기도와 간구, 참된 기도의 보충으로서 감사 등 다양한 용어를 사용한다. 영혼은 이런 모든 영적 운동에 전념해야 한다. 불화와 내적 고뇌를 일으키는 지나친 불안에서 자유로우려면, 모든 지각에 뛰어난 하나님의 평강의 풍성한 열매를 맛보려면 냉랭한 심정으로 기도 드려서는 안 되며 기도의 본질을 약화시키거나 기도의 힘을 줄여서도 안 된다. 기도하는 사람은 영적 속성이 풍부한 간절한 심령을 지녀야 한다.

"모든 일에 너희 구할 것을 하나님께 아뢰라"고 바울은 말한다. 기도로 처리할 수 없을 만큼 큰 것도 기도로 구하지 못할 만큼 큰 일도 없다. 골방의 은밀한 회의에서 다루기에 너무 작은 것은 없고 마지막 심판 때 다루기에 너무 하찮은 것은 없다. 염려는 온갖 것에서 오므로 기도 또한 온갖 것을 위해 드려야 한다. 기도하기에 마땅치 않을 만큼 작은 것이란 없듯이 하나님께서 작게 보시는 것은 없다. 하나님은 우리 머리카락까지 세시는 분으로 너무 높고 고귀한 데 계셔서 하찮은 참새가 땅에 떨어지는 것쯤은 보지 못하는 일이 없으신 분이시고 너무 위대하고 존귀하셔서 자기 자녀의 행복과 필요와 안전에 관한 것에 일일이 관심을 보이지 않는 분이 아니시다. 기도는 사람들이 일상의 자잘한 일이라고 부르기 좋아하는 것들로 하나님을 끌어들인다. 사람들의 삶은 이같은 작은 문제들로 이루어져 있다. 그런데 하찮은 시작에서 중대한 결론이 나오는 경우가 어찌 그리 많은가?

> 주여, 너무 하찮은 슬픔이라서
> 기도 가운데 당신께 가져올 수 없는 것이란 없으며
> 너무 가벼운 근심이라서
> 당신의 동정심을 일으킬 수 없는 것이란 없나이다
>
> 아무리 은밀한 한숨이라도
> 당신의 신성한 귀를 벗어나지 못하고
> 어떤 십자가도 주여 당신의 그림자 밑에서는
> 빛으로 자라나이다

　기도로 가져오는 모든 것은 전능하신 하나님의 주의를 끌기 때문에 우리는 우리에게 영향을 미치는 것은 무엇이든 하나님의 관심을 불러일으킨다고 확신한다. 기도에 대한 이 지침은 참으로 포괄적이다! "모든 일에 기도로." 세속적인 일과 영적인 일 사이에 아무런 구별이 없다. 그 둘을 구별하는 것은 믿음과 지혜와 태도에 어긋난다. 하나님께서는 자연과 은총의 영역에서 모든 것을 다스리신다. 사람은 영적인 일에 의해서 뿐 아니라 세속적인 일에 의해서도 시간과 영원에 걸쳐 영향을 받는다. 구원받은 사실은 기도에서 뿐 아니라 사업에서도 나타난다. 사업이 잘 되고 못되고는 그 사람의 근면성에 달려있는 것과 똑같이 기도에도 달려 있다.
　경건에 중요한 장애가 되는 것과 마귀의 지극히 간교하고 치명적인 시험이 사업상의 일에서 발생하며 세속적인 문제들과 함께 있다. 지극히 무겁고 아주 혼란스러우며 몹시 놀라게 만드는 염려가 세속적인 문제들에 있다. 그래서 우리에게 닥치는 모든 일에, 우리에게 일어나기를 바라거나 바라지 않는 모든 일에서 기도해야 한다. 기도는 모든 일에 복을 내리며 모든 것을 가져오고 모든 것을 구원하며 모든 일을 예방한다. 장소와 시간뿐 아니라 모든 일을 기도로 정해야 한다. 기도는 우리에게 영향을 미치는 모든 것에 영향을 끼칠 수 있는 가능성을 지니고 있다. 기도의 거대한 가능성이 여기에 있다.

삶의 쓰디쓴 부분들이 기도로 얼마나 많이 달콤하게 변하는가! 허약한 자들이 기도로 얼마나 강해지는가! 질병은 기도의 강건함 앞에서 도망친다. 의심과 걱정과 두려움이 기도 앞에서 물러난다. 지혜, 지식, 거룩함, 천국은 기도의 명령을 받아 움직인다. 기도를 벗어날 수 있는 것은 아무것도 없다. 기도는 우리 주 예수 그리스도의 준비하심에서 모든 것을 얻을 수 있는 권한이 있다. 바울도 "모든 일에 기도로"라는 말로써 인간의 관심사, 상태, 사건의 전 부문과 전 분야를 다 포함시킨다.

기도할 때는 간구와 감사를 드려야 한다. 유용한 것은 예배의 품위나 의식의 화려함, 예배의 장엄함 혹은 성례전의 순전함이 아니다. 기도에서 유익을 주는 것은 하나님 앞에서 영혼의 거룩한 겸손이 아니고 이루 형언할 수 없는 경외도 아니고 간구의 강도, 즉 바라고 구하는 것을 영혼이 알고 하나님께 열렬한 간청을 드리는 것이다.

기도에는 광휘와 감사와 감사의 말이 있어야 한다. 이것은 단순히 찬양의 시가 아니라 깊은 데서 우러나오는 감사의 말이고 감사의 산문이다. 진심어린 감사가 있어야 한다. 즉 과거를 생각하고 과거의 일에서 하나님을 보고 진지한 감사의 말로 그것을 인정해야 한다. 깊이 감추어져 있는 것을 말로 표현해야 한다. 입술로 영혼의 음악을 노래해야 한다. 마음이 하나님으로 열광하고 하나님의 임재로 빛을 받고 인생이 하나님의 오른손으로 인도를 받는다면 하나님께 감사할 것이 분명코 있을 것이다. 지나간 일에서 하나님을 인정하고 그의 선하심을 인하여 하나님을 높이고 그 선하심을 영예롭게 하신 하나님을 영예롭게 하는 것이 바로 그런 감사이다.

"너희 구할 것을 하나님께 아뢰라." "구할 것"을 마땅히 하나님께 아뢰어야 한다. 침묵은 기도가 아니다. 기도는 우리에게 없는 것이나 바라는 것, 기도의 응답으로 주시겠다고 하나님께서 약속하신 것을 하나님께 구하는 것이다. 기도는 실제로 말로 구하는 것이다. 기도할 때는 말을 한다. 기도할 때는 말을 강하게도 하고 진실되게 하기도 한다. 기도할 때 바라는 바를 말로 표현한다. 기도하는 사람은 탄원하는 사람이다. 그 사람은 주장과 약속과 필요를 인해서 기도를 한다.

때로는 기도할 때 큰 소리로 말한다. 그래서 시편 기자는 이렇게 말했다. "저녁과 아침과 한낮에 기도하리니 큰 소리로 부르짖으리이다." 기도하는 사람은 자기에게 없는 것을 갖기 원한다. 그는 하나님께 있는 것으로 기도로써 얻을 수 있는 것을 원한다. 기도하는 자는 가난하고 당황하고 압박을 당하고 있으며 혼동 가운데 있는 사람이다. 그는 간구와 기도와 감사하는 가운데 하나님 앞에 선다. 이러한 것들은 태도요 향기며 설비이자 이 세상에서의 양식이며 그 영혼이 하나님의 법정에 출두하는 것이다.

"구할 것"이란 자기 자신을 위하여 구하는 것이다. 곤경에 처해 있는 사람이 구하는 것이다. 그 사람은 무엇인가를 필요로 하는데 절실하게 필요로 한다. 그 동안 다른 어떤 도움도 소용이 없었다. 그것은 그 동안 행해지지 않은 것을 주시기를 바란다는 의미이다. 이때의 구함이란 주시는 자를 바라는 것이다. 즉 단순히 주시는 자의 선물을 바라는 것이 아니라 바로 주시는 자를 구하는 것이다. 기도하는 사람은 구할 것을 하나님께 아뢰야 한다. 하나님께 알려드려야 한다. 바로 이때 염려가 날아가버리고 불안이 사라지며 걱정이 떠나고 영혼이 편안해 진다. 이때 모든 지각에 뛰어난 "하나님의 평강"이 마음에 슬며시 찾아든다.

> 평강이로다! 의심하는 마음에 내 하나님의 평강이로다
> 나를 사람으로 지으신 이가 두려워 말라 하시네
> 주께서 나를 내 이름으로 부르셨고
> 주께서 영원히 가까이 계시며 보호하시네
> 일찍이 주의 피로 나를 속죄하셨고
> 지금도 당신의 백성을 사랑하고 돌보시네

야고보서 5장에는 기도와 기도의 가능성에 대해 놀라운 묘사가 또 한

번 나온다. 기도는 질병과 건강, 죄와 사죄, 비와 가뭄에 관여한다. 여기에는 기도에 대한 야고보의 교훈이 나와 있다.

  너희 중에 고난당하는 자가 있느냐 저는 기도할 것이요 즐거워하는 자가 있느냐 저는 찬송할지니라 너희 중에 병든 자가 있느냐 저는 교회의 장로들을 청할 것이요 그들은 주의 이름으로 기름을 바르며 위하여 기도할지니라 믿음의 기도는 병든 자를 구원하리니 주께서 저를 일으키시리라 혹시 죄를 범하였을지라도 사하심을 얻으리라 이러므로 너희 죄를 서로 고하며 병 낫기를 위하여 서로 기도하라 의인의 간구는 역사하는 힘이 많으니라 엘리야는 우리와 성정이 같은 사람이로되 저가 비오지 않기를 간절히 기도한즉 삼 년 육 개월 동안 땅에 비가 아니 오고 다시 기도한즉 하늘이 비를 주고 땅이 열매를 내었느니라

 자신의 필요를 위해 드리는 기도가 있고 다른 사람들을 위한 중보 기도가 있다. 신체적 어려움을 위한 기도가 있으며 영적 필요를 위한 기도, 비 오지 않기를 구하는 기도가 있고 비오기를 구하는 기도가 있다. 그런가 하면 세속적인 문제를 위한 기도가 있고 영적인 일을 위한 기도가 있다. 기도의 범위는 참으로 광대하다! 이 말씀들에서 보는 기도의 가능성은 놀랍기만 하다!

 온갖 고난과 억압에 대한 치료책이 여기 있고 병에 대한 치료책이 있으며 가뭄의 때에 비를 오게 하는 방법이 여기 있다. 사죄를 받는 길이 여기 있다. 한 번의 기도가 자연의 세력을 마비시키고 구름과 비와 이슬을 그치게 하며 뜨거운 열풍처럼 논과 밭을 메마르게 한다. 기도는 메마르고 황폐한 땅에 구름과 비와 비옥함을 가져온다.

 "의인의 간구는 역사하는 힘이 많으니라"는 말씀은 기도를 강력한 힘으로 이야기하는 것이다. 여기서 두 낱말이 사용되었는데, 한 가지는 작동하는 힘, 즉 효력 있는 힘을 뜻하고 다른 한 가지는 기본 재산으로서 능력을 뜻한다. 기도는 능력이자 힘이다. 다시 말해 하나님께 영향을 미치는 능력이자 힘이다. 기도는 사람에게 도움이 되는 유익을 끼치는 점에서 매우 유익하고 광범위하며 놀라웁다. 기도는 하나님께 영향을 미친다. 하나님께서

사람을 위해 하실 수 있는 능력은 기도의 가능성의 척도가 된다.

그대는 왕에게 오되
크나큰 간구를 가지고 오라
왕의 은혜와 능력은 심히 커서
아무리 큰 간구도 다 들어주실 수 있으시니.

10

기도의 응답 (1)

　기도를 메마르고 죽은 영역에서 생명과 능력을 지닌 것으로 끌어올리는 것이 바로 기도의 응답이다. 일이 발생하게 하고 일의 자연적인 추세를 바꾸고 모든 것을 하나님의 뜻에 따라 배열하는 것이 바로 기도에 대한 응답이다. 광신의 영역에서 끌어내고 이상주의자가 되거나 공상주의자가 되는 데서 구출해 내는 것이 바로 기도의 응답이다. 기도를 하나님과 사람에게 영향을 끼치는 힘으로 만들고 현실적이며 신성한 것으로 만드는 것이 바로 기도 응답이다. 응답되지 않는 기도는 불신앙을 교정시키며 하나님과 사람에 대한 방해와 기만, 무례함을 고치는 훈련학교이다.
　기도의 응답이야말로 우리가 바르게 기도했음을 보여 주는 유일한 보증이다. 기도에 얼마나 놀라운 능력이 있는지! 기도는 이 세상에서 이루 다 헤아릴 수 없이 많은 기적을 일으킨다! 기도가 기도하는 자에게 가져다 주는 유익 또한 이루 다 헤아릴 수 없이 많다! 그런데 수백 만의 사람들이 드리는 평범한 기도는 왜 응답을 구걸하고 다니는가?
　응답을 받지 못하는 수백만의 기도를 단순히 하나님의 뜻의 신비라는 말로써 해결할 수 없다. 우리는 하나님의 주권적 능력에 놀아나는 노리개가 아니다. 하나님께서 기도에 응답하시겠다는 놀라운 약속을 "주시는 체 하는" 놀이를 하고 계신 것이 아니다. 이에 대한 전체 설명은 우리의 잘못 드리는 기도에서 볼 수 있다. "우리가 구하여도 받지 못함은 잘못 구함이니라." 응답받지 못하는 기도를 모두 바다에 쏟아버린다면 바다를 거의 채우고 말 것이다. 하나님의 자녀인 당신은 기도할 수 있는가? 당신의 기도는 응답받는가? 받지 못한다면 왜 받지 못하는가? 응답을 받는다면 당신이 제대로 기도하고 있다는 증거다.

성경적 관점에서 볼 때 기도의 효능은 순전히 기도의 응답에 있다. "기도는 우주를 움직이는 손을 움직인다"는 격언에서 기도의 은혜가 잘 표현된 셈이다. 기도에 대해 명백한 응답을 받는 것은 우리의 소원을 만족시키는데 중요할 뿐만 아니라 우리가 그리스도 안에 거하고 있음을 보여 주는 증거가 되기도 한다. 기도의 응답은 더욱더 중요해진다. 단순히 기도하는 행위만으로는 우리가 하나님과 맺고 있는 관계를 보여 주는 시금석이 되지 못한다. 기도하는 행위는 현실 속에서 의미없는 연기에 불과할 수가 있다. 습관적인 일과가 될 수도 있다. 그러나 기도하고 명백한 응답을 받되 어쩌다 한두 번 받는 것이 아니라 매일 응답을 받는다는 사실은 우리가 예수 그리스도와 맺고 있는 생명의 관계를 보여 주는 확실한 시금석이며 은혜로운 특징이다.

이 관계에 대해 우리 주께서 하신 말씀을 보자.

> 너희가 내 안에 거하고 내 말이 너희 안에 거하면 무엇이든지 원하는 대로 구하라 그리하면 이루리라.

기도의 응답은 하나님께나 사람에게나 기도에 있어서 가장 중요한 부분이다. 직접적이고 확실한 기도의 응답은 하나님께서 계심을 증거하는 사실이다. 기도의 응답은 하나님께서 살아계시며 지적인 존재인 하나님이 계셔서 자기 피조물에게 관심을 갖고서 피조물들이 기도로 자기에게 가까이 와서 구할 때 들으신다는 것을 증거한다. 기도와 기도의 응답만큼 하나님의 존재를 확실하고 실질적으로 보여 주는 증거는 없다. 그래서 엘리야는 이같이 간구하였다. "여호와여 내게 응답하소서 내게 응답하옵소서 이 백성으로 주 여호와는 하나님이신 것을 알게 하옵소서."

기도의 응답은 기도에서 하나님을 영화롭게 하는 부분이다. 응답 받지 못하는 기도는 기도하는 자를 어둠과 의심과 당황 가운데 남겨 두고 믿지 않는 자에게 아무런 확신도 가져다주지 못하는 말 못하는 신탁과 같다. 기도에 효력을 가져다주는 것은 기도하는 행위가 아니고 기도하는 태도도 아니다. 하나님 앞에서의 비굴한 굴복이 아니고 열렬하거나 조용한 하나님께 대한 호소도 아니며 더없이 아름다운 시적인 기도문도 아니다. 기도를 효력 있게 만드는 것은 기막히게 논리정연한 주장이나 웅변적인 기도가 아니다. 이런 것 중 어느 하나도 혹은 모든 것을 합쳐도 그것이 하나님을 영화롭게 하지 못한다. 하나님의 이름을 영화롭게 하는 것은 기도의 응답이다.

엘리야는 갈멜산에서 아무런 응답이 없어 하나님을 전혀 영화롭게 하지 못하였다면 오늘날까지 영혼을 불태우며 전심전력으로 기도했을지도 모른다. 베드로는 응답이 없어 하나님께는 영광이 돌아가지 못하고 사람에게 선이 임하지 못하고 오히려 의심과 낙담과 당황스러움만을 겪었다면 무릎 꿇고 죽을 때까지 도르가의 시신을 안고 있었을 것이다.

기도의 응답은 우리가 하나님과 바른 관계에 있음을 보여 주는 설득력 있는 증거이다. 예수께서는 나사로의 무덤에서 이같이 말씀하셨다.

> 아버지여 내 말을 들으신 것을 감사하나이다 항상 내 말을 들으시는 줄을 내가 알았나이다 그러나 이 말씀을 하옵는 것은 둘러선 무리를 위함이니 곧 아버지께서 나를 보내신 것을 저희로 믿게 하려 함이니이다.

이 기도에 대한 응답은 예수께서 하나님께로부터 사명을 받았음을 증거하는 것이었다. 이는 엘리야의 기도가 응답된 것이 엘리야가 살려 낸 아이의 어미를 위한 것이었던 것과 같다. 아이의 어미가 이같이 말하였기 때문이다. "내가 이제야 당신은 하나님의 사람이신 줄 아노라." 엘리야는 하나님께 최고의 은총을 받은 사람으로서 언제든지 전능하신 하나님께 다가갔고 가장 많이 응답을 받았다.

기도는 변치 않는 법, 단순히 법 이상의 것인 인격적인 하나님의 뜻과 약속, 임재에 의해 하나님께 올라간다. 그 기도는 하나님의 모든 약속과 진리, 능력, 사랑에 의해 응답되어 땅으로 돌아온다.

기도 응답에 관심을 갖지 않는 것은 기도하지 않는 것이다. 기도의 세계에 얼마나 많은 낭비가 있는지! 사람들이 응답이 없고 응답을 갈망하지도 않고 기대하지도 않으면서 얼마나 많은 기도를 드려왔는지! 우리는 그 동안 하나님은 직접적이거나 객관적으로 응답하시지 않고 간접적으로 그리고 주관적으로 응답하신다고 자위하는 거짓 구실을 대면서 거짓된 신앙을 키워왔으며 우리의 손실과 기도에 대한 무능력을 부끄러워하며 숨겨 왔다. 우리는 그 과정과 결과를 전혀 알 수 없는 마술 같은 것에 의해 점점 더 나아지고 있다고 스스로를 설득해 왔다. 하나님께서 우리의 기도에 직접적으로 응답하시지 않았다는 것을 알면서도 우리는 하나님께서 영묘한 어떤 방식으로 그리고 알 수 없는 어떤 결과들을 통해서 우리에게 더 나은 것을 주신다는 기만적인 감언으로써 자위해 왔다. 혹은 우리가 기도한 것을 우리에게 주시는 것이 하나님의 뜻이 아니라고 말하면서 자신의 영적 게으름을 무마하고 키워왔다. 신앙은 하나님의 기도하는 사람들에게 기도에 응답하시는 것이 하나님의 뜻임을 가르쳐 준다. 하나님은 참된 자기 자녀가 제대로 드리는 기도는 어떤 것이든 모두 응답하신다.

> 기도는 먹구름을 물러가게 하고
> 기도는 야곱의 사다리를 올라가며
> 믿음과 사랑을 일으키며
> 천상으로부터 모든 복을 가져온다

성경에서는 항시 기도의 응답을 이같이 강조한다. 하나님으로부터 오는 모든 것은 기도의 응답으로 받는다. 하나님 자신과 하나님의 임재, 선물, 은혜 — 이 모든 것을 기도로 얻는다. 하나님께서 사람과 이야기하실 때 쓰는 매체는 바로 기도이다. 기도에서 가장 실제적인 것, 즉 기도의 가장 본질적인 목적은 기도로써 얻는 응답이다. 기도할 때 자꾸 말을 되풀이하거나 염주 구슬을 세거나 마치 기도의 횟수에 무슨 덕이 있는 것처럼 기도할 때 중언부언하는 것은 무익한 기만이고 헛된 일이며 소용없는 일이다. 기도는 무엇보다도 응답 받는 것을 기대한다. 이것이 기도의 목적이다.

이것 말고 다른 목적은 없다.

물론 기도에는 하나님과의 대화가 있다. 성령을 통해 우리 하나님과 갖는 즐거운 교제가 있다. 기도할 때 우리는 하나님을 달콤하고 풍성하며 강하게 즐긴다. 영혼에 내리는 성령의 은혜는 기도로 공급받고 살아있게 되며 이 같은 영적 운동을 통해 성장하게 된다. 기도를 통해 얻는 이 같은 혜택 중 어느 하나나 모든 것이 기도의 본질적인 목적은 아니다. 모든 선과 은혜가 우리 영혼과 육신에 흘러들어 오도록 하나님께서 정하신 수로가 곧 기도이다.

기도는 하나님께서 주시려고 하는 복을 전달하는 매체로 정해진 것이다.

기도는 세속적인 선이든 영적인 선이든 모든 선을 얻는데 사용하는 도구로 하나님께서 정하신 것이다. 기도 자체가 목적이 아니다. 기도는 거기에 의지하기 위해 행하는 어떤 것이 아니며 우리가 행하고서 그것에 대해 스스로 축하하는 어떤 것이 아니다. 기도는 목적을 이루는 수단이다. 우리에게 어떤 것을 보답으로 가져다주며, 그것이 없으면 기도가 가치가 없는 것을 우리가 행하는 것이다. 기도는 언제나 응답 받는 것을 목적으로 한다.

우리는 기도에 응답을 받음으로써 부요하고 강하며 거룩해진다. 우리에게 혜택을 가져다주는 것은 단순히 기도의 행위나 태도, 혹은 기도의 말이 아니라 하늘로부터 직접 오는 응답이다. 기도에 대한 진정한 응답은 우리에게 진정한 선을 가져다준다. 이것은 단순히 자신이나 이기적인 목적을 위한 기도가 아니다. 기도의 조건이 이행될 때는 이기적인 성품이 발붙일 수가 없다.

인간 본성이 풍요로워지는 것은 바로 이같은 기도 응답을 통해서이다. 기도의 응답은 우리로 끊임없이 의식적으로 하나님과 친교를 나누게 하고 감사를 일깨우며 더 깊게 하며 찬양의 노래와 영감을 불러일으킨다. 기도의 응답은 하나님께서 우리 기도 속에 들어오셨다는 표시이다. 기도는 하늘과의 거래이며 보이지 않는 분과의 관계를 형성하고 실현하는 것이다. 우리는 하나님의 복을 받고자 기도를 드린다. 하나님께서는 속죄의 피로써 우리 기도를 받으시고 당신을 주시며 당신의 임재와 은혜를 보답으로 주신다.

거룩한 정서는 모두가 기도의 응답에 감동을 받는다. 기도의 응답을 통해서 거룩한 모든 원칙이 성숙하며 믿음과 사랑, 소망은 기도 응답을 통해 풍성해진다. 참된 기도는 모두 다 이같은 응답을 본다. 기도에서 응답은 기도의 목적과 소원만큼이나 중요하다. 그래서 응답에 대한 기대와 실현은 기도를 끈질기게 만들고 실현시킨다. 기도가 있게 하고 기도를 시작하게 만드는 것은 바로 응답의 사실이다. 기도의 응답을 바라지 않는 것은 기도에서 소원과 목적과 핵심을 제거하는 것이다. 그것은 기도를 죽은 것으로 만들고 벙어리 인형에게나 어울리는 것이다. 기도를 성경적으로 만들고 소원이 실현되도록 하며 기도에 피와 살을 입히는 추구와 관심으로 만들며, 주고받으며 구하고 응답하는 부자 관계가 넘쳐흐르며 모든 참 생명으로 고동치는 기도가 되게 만드는 것이 바로 응답이다.

하나님은 선한 모든 것을 쥐고 계신다. 그 선은 그리스도의 모든 속죄의 공로를 인해 그의 이름으로 구할 때 우리 주 예수 그리스도를 통해 우리에게 온다. 이에 대한 단 한 가지 명령은 "구하라 찾으라 두드리라"는 것이다. 이 명령에 대한 약속도 유일한 것으로서 그에 상응하는 결과가 따른다. "너희에게 주실 것이요 찾을 것이요 너희에게 열릴 것이니."

하나님은 기도를 들으시고 응답하는 일에 매우 열심이시다. 하나님의 모든 속성과 전 존재가 그 위대한 사실에 집중되어 있다. 이 때문에 하나님께서 그 본성상 지극히 자비로우시고 선하시며 매력 있으신 분으로 돋보인다. "기도를 들으시는 주여 모든 육체가 주께 나아오리이다."

      오 주여 주의 자비는 신실하오니
      움직일 수 없는 반석과 같나이다
      수천 가지 약속이 선포하나이다
      주의 끊임없는 사랑을.

하나님의 말씀이 기도의 응답을 보증할 뿐만 아니라 하나님의 모든 속성 또한 그 점을 보증한다. 하나님의 진실성은 기도 응답의 약속에 걸려 있다. 하나님의 지혜와 진실되심, 선하심이 관련되어 있는 문제다. 하나님은 곤궁할 때 자기를 부르는 자들의 기도에 응답하시겠다는 그 위대한 목적에 당신의 무한하고 확고한 의를 걸고 맹세하신다. 하나님께서 죄를 용서하시고 죄의 오염에서 깨끗이 씻으시겠다는 중요한 약속을 신실하게 지키심으로 하나님의 의가 활동하기 시작하고 굳게 선다는 것은 중요한 사실이다.

> 만일 우리가 우리 죄를 자백하면 저는 미쁘시고 의로우사 우리 죄를 사하시며 모든 불의에서 우리를 깨끗케 하실 것이요

하나님께서 왕으로서 모든 권위를 가지고 사람과 맺으시는 관계가 아버지로서 깊은 애정으로 맺으시는 관계와 하나가 되어 기도의 응답을 확보한다.

우리 주 예수 그리스도께서는 기도 응답에 온 마음을 쏟으신다. "너희가 내 이름으로 무엇을 구하든지 내가 시행하리니 이는 아버지로 하여금 아들을 인하여 영광을 얻으시게 하려 함이라." 기도의 응답이 아버지 하나님을 영화롭게 한다면 기도 응답은 참으로 보증된 것이 아닌가! 그리스도께서는 언제 어디서나 아버지께 영광을 드리는 기도에 응답하시는데 열심이시므로 당신의 이름으로 드리는 기도를 거절하거나 간과하시지 않는다. 우리 주 예수 그리스도께서는 우리 믿음을 살찌우는 말씀을 또 한 번 하신다. "내 이름으로 무엇이든 내게 구하면 내가 시행하리라." 그리고 다시 한 번 이같이 말씀하신다. "무엇이든 원하는 대로 구하라 그리하면 이루리라."

> 내 영혼아 와서 네 구할 바를 준비하라
> 예수께서 기도 응답하기를 기뻐하시어
> 친히 그대에게 기도하기를 명하셨으니
> 그대에게 아니라고 말씀하시지 아니하실 것이라.

11

기도의 응답 (2)

하나님은 우리 기도에 대해 말씀으로써 언질을 주셨다. 하나님의 말씀이야말로 기도의 기초이자 영감이며 핵심이다. 예수 그리스도께서는 하나님 말씀의 실례로 계시며 실현에서 뿐 아니라 약속에서도 말씀의 무한한 선으로 계신다. 예수께서는 어떤 것도 절반만 주시지 않는다. 예수께서 우리 전부를 가지실 때 우리도 예수님의 전부를 가질 수 있다. 하나님의 약속의 말씀은 매우 광범위하고 전지하므로 오히려 우리의 이해를 둔화시키고 기도를 마비시켜온 것 같다. 우리가 크신 약속의 말씀을 살펴볼 때, "무엇이든" "어떤 것이든" "무엇을 구하든" "모든 일에"와 같이 약속에서 인간의 모든 용어를 거의 다 동원하시는 데서 이 점이 나타난다. 너무도 크신 약속이 자주 반복되므로 우리는 어리둥절해지고 그 말씀에 감동을 받아 구하고 시험하고 받기보다는 아주 놀란 채 빈 손과 빈 가슴으로 떠나고 마는 것 같다.

기도에 관한 우리 주님의 가르침 가운데서 또 한 군데를 인용해 보자. 예수께서는 아주 엄숙히 다음과 같은 사실을 선포하신다.

> 그날에는 너희가 아무것도 내게 묻지 아니하리라 내가 진실로 진실로 너희에게 이르노니 너희가 무엇이든지 아버지께 구하는 것을 내 이름으로 주시리라 지금까지는 너희가 내 이름으로 아무것도 구하지 아니하였으나 구하라 그리하면 받으리니 너희 기쁨이 충만하리라

이 구절에서 예수께서는 두 번에 걸쳐 응답하시겠다고 선언하시며 아버지를 들어 "아버지께 구하는 것을 주시리라"고 맹세하며 인상적이며 아주 암시적으로 강조하며 이같이 선언하신다. "구하라 그리하면 받으리라." 예수께서는 기도를 부추기는 요소로서 그리고 기도에 반드시 따라오는 결과로서 응답을 이처럼 강하게 그리고 거듭거듭 선언하셨다. 그래서 사도들도 기도가 응답 받으리라는 사실을 그처럼 철저히 그리고 확고하게 주장하였고, 기도하도록 권하고 명하는 일을 자신들의 큰 의무로 삼았다. 사도들은 우리 주께서 규정하신 기도의 법칙이라는 진리에 대해 그처럼 확고한 태도를 가지고 있었다. 사도들은 기도의 법칙을 주께서 정하셨으므로 바르게 드리는 모든 기도에는 반드시 응답이 따르게 되어 있다고 확언하는 것이다. 성부 하나님과 성자 예수 그리스도, 두 분께서 말씀의 모든 진실성과 성품의 모든 신실성을 걸고서 기도에 응답하겠다고 약속하신다.

이런 모든 말씀은 전능하신 하나님으로 하여금 기도에 응답하겠다고 맹세시킬 뿐만 아니라 그 응답이 구체적이고 우리가 구한 바로 그것을 주실 것이라고 우리에게 확신시킨다.

우리 주님의 변함없는 가르침은 우리가 구하는 것을 받고 찾는 것을 얻으며 두드리는 곳에 문이 열린다는 것이었다. 이 가르침은 하늘에 계신 우리 아버지께서 우리에게 내리신 명령에 따르는 것이며 우리의 구하는 것을 주시겠다는 말씀을 따르는 것이었다. 하나님께서는 응답하지 않음으로써 우리를 실망시키지 않을 것이고 우리가 구하지 않은 어떤 것을 주시거나 우리가 찾지 않은 다른 것을 찾게 하시거나 두드리지 않은 곳에 문이 잘못 열리게 함으로써 우리의 요구를 거절하시지 않을 것이다. 우리가 빵을 구하면 하나님께서는 빵을 주실 것이다. 달걀을 구하면 달걀을 주시고 생선을 구하면 생선을 주실 것이다. 빵과 같은 것이 아니라 바로 빵을 주실 것이다. 생선 같은 것이 아니라 바로 생선을 주실 것이다. 기도의 응답으로 우리에게 악한 것을 주시는 것이 아니라 선한 것을 주실 것이다.

세상의 부모들이 본성상 악할지라도 자녀들이 구하는 것을 주며 부르짖을 때 듣는다. 기도를 권하는 말씀을 하면서 주님은 우리 육신의 아버지에게서 하늘에 계신 아버지에게로, 악한 것에서 선한 것으로 그 다음에는 지극히 선한 것으로 옮겨가며, 약한 자에게서 전능하신 자에게로 옮겨간다. 전능하신 우리 천부께서는 아버지로서, 능력 있으신 분으로서, 기꺼이 주시려 하는 분으로서, 가장 좋은 것보다 훨씬 더 좋으신 분으로서, 유능한 육신의 아버지보다 훨씬 더 능력 있는 분으로서 최상의 모습을 스스로 지니고 계신다. "얼마나 더 좋으신" 분이신지 누가 다 말할 수 있겠는가? 우리 육신의 아버지보다 훨씬 더 좋으신 하나님 아버지께서 필요한 모든 것을 공급하시며 선한 모든 것을 주시고 우리에게 능력을 주시어 온갖 어려운 의무를 수행하고 온갖 법을 이행할 수 있게 하며 우리 육신으로는 하기 어려운 일일지라도 성령의 은혜롭고 다함이 없는 도움을 온전히 받아 쉽게 할 수 있게 만드신다.

여기서 우리는 필요성에 대한 암시 이상의 것이 상징적으로 나타나는 것을 보는데, 기도에 있어서 인내뿐만 아니라 영적 힘을 갈수록 더 열심히 사용하는 진보적인 단계를 보게 된다. 또한 단순히 구하는 데에서 시작하여 찾는 확고한 태도로 나아가 단호하고 정력적인 기도의 노력으로 귀착되는 데서 정도가 점점 더 상승하는 것을 볼 수 있다.

하나님께서는 우리에게 항상 기도하고 어디서나 기도하며 모든 일에 기도하라고 명령하셨듯이 항상 응답하시고 어디서나 모든 일에 응답하신다.

하나님께서는 기도를 응답하시겠다고 명백히 그리고 친히 언약하셨다. 우리가 기도의 조건을 이행한다면 응답은 오게 되어 있다. 자연 법칙조차도 기도 응답의 약속만큼 변함없고 확고하지 못하다. 자연의 법령은 실패할 수 있을지 모르나 은혜의 법령은 결코 실패하지 않는다. 기도 응답을 방해할 수 있거나 방해할 제한도 없고 불리한 조건이나 약함, 무능도 없다. 우리의 기도를 들으시고 하나님께서 우리를 위해 일을 하실 때는 어떤 것에도 제한을 받지 아니하시고, 당신 안에 어떤 규정이나 특별한 경우의 특별한 상황 때문에 일에 방해를 받으시는 법이 없다. 우리가 진정으로 기도하면 하나님께서는 모든 일을 지배하시고 모든 상황을 초월하여 일하신다.

하나님께서는 "내게 부르짖으라 내가 응답하겠다"라고 명백히 말씀하신다. 하나님께서 그 약속을 성취하시는 길에는 어떠한 제한도 울타리도 장애도 있을 수 없다. 하나님의 말씀이 걸려 있고 하나님의 말씀이 연관되어 있기 때문이다. 하나님은 기도에 응답하겠다고 엄숙히 약속하신다. 따라서 사람은 응답에 대한 기대감으로 응답을 기다리며 감히 응답해 주시라고 요구할 수 있다. 거짓말을 하실 수 없으신 하나님께서는 응답하시지 않을 수 없다. 하나님은 진실하게 기도하는 자의 기도에 응답하실 의무를 자발적으로 짊어지셨다.

> 하나님께 네 모든 필요를
> 간절한 기도로 아뢰라
> 항상 기도하고 기도하며 낙망치 말라
> 기도하되 쉬임 없이 기도하라.
>
> 오로지 친교 가운데서
> 하나님께 믿음으로 가까이 나아가고
> 하나님의 궁정에 나아가 보좌 앞에서 탄원하되
> 기도의 온 힘을 쏟아 간청하라.

구약 시대 선지자들과 하나님의 사람들은 하나님께서 자기들에게 하신 약속을 이행하실 것을 절대적으로 확신하는 믿음에 흔들림이 없었다. 이들은 하나님 말씀의 보장을 믿었고 기도 응답에 대한 하나님의 신실성이나 혹은 기도에 응답하시려는 의지나 능력, 그 어떤 것에 대해서도 전혀 의심하지 않았다. 그런 만큼 그들의 역사는, 계속해서 구하고 하나님으로부터 받는 일이 특징을 이루었다.

이 점은 지상 교회에도 해당된다. 교회는 자신의 주요 선생이신 예수께서 그처럼 여러 번에 걸쳐 확언했던 교리, 즉 기도에 분명히 응답하시겠다는 그 사실을 전혀 의심 없이 받아들였다. 기도 응답의 확실성은 하나님 말씀이 참된 만큼이나 확고하다. 성령 시대의 도래는 믿음을 실천하는 제자들에 의해 이루어졌다. 예수께서 제자들에게 "너희는 위로부터 능력을 입히울 때까지 이 성에 유하라"고 말씀하셨을 때 제자들은 자기들이 그 명령에 순종하면 분명코 하나님의 능력을 받으리라는 확실한 약속으로 알고 그 말씀을 받았다. 그래서 제자들이 다락방에 머물며 열흘 간 기도하자 약속이 성취되었다. 예수께서 말씀하신 그대로 응답이 온 것이다.

베드로와 요한이 성전 미문에 앉아 있던 앉은뱅이를 고쳤다고 해서 체포되었을 때 두 사람은 예루살렘 치리자들에게 위협을 받은 후 풀려났다. "사도들이 놓이매 그 동류에게 갔다." 이들은 세상 사람들에게 가지 않고 친한 사람들 곧 마음이 같은 사람들에게 갔다. 이들은 여전히 기도와 기도의 능력을 믿고서 기도에 전념하였다. 이 기도가 사도행전 4장에 기록되어 있다. 이들은 하나님께 어떤 사실을 아뢰었다. "빌기를 다하매 모인 곳이 진동하더니 무리가 다 성령이 충만하여 담대히 하나님 말씀을 전하니라."

여기서 이들은 이 특별한 때를 위해 다시 한 번 성령 충만함을 입었다. 그들의 믿음과 기도에 대해 응답이 주어진 것이다. 성령 충만을 받으면 언제나 담대해진다. 여호와의 원수들에게 위협을 받을 때 두려움의 치료책은 성령 충만을 받는 것이다. 성령 충만은 담대히 하나님의 말씀을 전할 수 있는 힘을 준다. 또한 용기를 주고 두려움을 물리쳐버린다.

12

기도의 응답 (3)

　우리는 기도 응답의 사실을 전면에 내세운다. 하나님께서 정녕코 기도를 들으시고 응답하신다는 사실이 낮춰지거나 접혀지지 않도록 높이 들어 펼쳐 보인다. 하나님은 그 동안 언제나 기도를 들으시고 응답해 오셨다. 또 영구히 들으시고 응답하실 것이다. 하나님은 어제나 오늘이나 영원토록 동일하시고 늘 찬양받으시며 경배받으실 분이다. 아멘. 하나님은 변치 않으신다. 그 동안 언제나 응답하셨듯이 앞으로도 계속해서 늘 응답하실 것이다.
　기도에 응답하신다는 것이 하나님의 보편적인 규칙이다. 기도 응답은 하나님의 변할 수 없고 폐지할 수 없는 법이다. 하나님의 변함없고 분명하며 신성한 약속이다. 성경에서 하나님이 기도 응답을 거절하신 몇 번의 경우는 일반 법칙에 대한 예외적인 경우로서 시사하는 바가 많으며 그 경우가 매우 적고 예외적이며 중요하다는 사실로 인해 놀랄 만한 일이다.
　기도의 가능성은 하나님께서 진심으로 기도하는 진실된 모든 영혼의 기도에 응답하신다는 무한히 넓고 깊이를 이루 다 헤아릴 수 없으며 그 충만함이 무궁무진한 이 위대한 진리에서 볼 수 있다.
　하나님은 이렇게 말씀하시지 않는다. "내게 부르짖으라 그러면 거절당하는 법을 받아들이는 행복한 기술을 배우게 될 것이다. 구하라 그러면 아무것도 얻지 못함으로써 달콤한 인내를 배우게 될 것이다." 하나님의 말씀은 이와 전혀 다르다. 하나님께서 분명하고 명료하며 적극적으로 말씀하신다.

"구하라 그러면 너희에게 주실 것이요."
  구약에서도 이 같은 경우를 많이 볼 수 있다.

  야베스가 이스라엘 하나님께 아뢰어 가로되 원컨대 주께서 내게 복에 복을 더하사 나의 지경을 넓히시고 주의 손으로 나를 도우사 나로 환난을 벗어나 근심이 없게 하옵소서 하였더니 하나님이 그 구하는 것을 허락하셨더라

  하나님께서는 야베스가 청하였던 것을 쾌히 허락하셨다.
  아이가 없어 정신적으로 고통을 겪고 있던 한나는 사내 아이를 바라며 기도의 집에 자주 가서 기도하였다. 한나가 받았던 직접적인 응답을 이같이 기록하고 있다. "이 아이를 위하여 내가 기도하였더니 여호와께서 나의 구하여 기도한 바를 허락하신지라."
  하나님의 약속과 뜻은 구하는 것을 주시겠다는 사실과 바로 연결된다. 기도의 응답은 성경에서 우리에게 기도하도록 권하고 이러한 영적 활동 안에서 우리를 소생시키기 위해 끊임없이 제시하는 동기이다. 다음과 같이 분명하고 강력한 구절을 한번 보자.

  너는 내게 부르짖으라 내가 네게 응답하겠고. 구하라 그러면 너희에게 주실 것이요 찾으라 그러면 찾을 것이요 문을 두드리라 그러면 너희에게 열릴 것이니.

  이것이 바로 예수 그리스도께서 말씀하신 기도의 법칙이다. 예수께서는 "구하라 그러면 무언가 받을 것이다"고 말씀하시지 않는다. 또 "구하라 그러면 너희는 훈련을 받아 경건하게 될 것이라"고 말씀하시지도 않는다. 너희가 구하면, 구하는 바로 그것을 너희에게 줄 것이라고 말씀하신다. 예수께서는 "문을 두드리라 그러면 어떤 문이든지 열릴 것이라"고 말씀하시지 않고 네가 두드리고 있는 바로 그 문이 열릴 것이라고 하신다. 이 말씀을 두 배로 확실히 하기 위해 예수 그리스도께서는 응답의 약속을 두 번에

걸쳐 되풀이하여 말씀하신다. "구하는 이마다 얻을 것이요 찾는 이가 찾을 것이요 두드리는 이에게 열릴 것이니라."

기도의 응답은 사랑이 솟아나는 원천이 되며 기도하도록 부추기는 직접적인 계기가 된다. "여호와께서 내 음성과 간구를 들으시므로 내가 저를 사랑하는도다 그 귀를 내게 기울이셨으므로 내가 평생에 기도하리이다."

아버지께서 주신다는 확실성이 아버지로서의 관계와 능력과 선함에 의해 보증된다. 불의하고 연약하며 능력이나 선함에 제한이 있는 세상의 부모도 자식이 구하고 찾으면 준다. 부모의 마음은 먹을 것을 달라고 우는 아이의 소리에 즉시 응답한다. 아이의 굶주림을 보면 아버지의 마음이 움직인다. 그와 같이 하늘에 계신 우리 아버지께서도 세상의 부모들이 그러듯이 우리의 기도를 들으시고 즉시 그리고 강하게 마음이 움직이신다. "너희가 악할지라도 좋은 것을 자식에게 줄줄 알거든 하물며 하늘에 계신 너희 아버지께서 구하는 자에게 좋은 것으로 주시지 않겠느냐?" "하물며" 즉 선함과 애정과 능력에 있어서 사람보다 훨씬 뛰어나신 하나님께서 그만큼 더 하시지 않겠는가 라는 말이다.

구하는 것이 구체적인 만큼 응답도 구체적이다. 아이가 이것을 구하는데 부모는 저것을 주지 않는다. 빵을 달라고 우는데 돌을 주지 않는다. 계란을 달라고 하는데 전갈을 주는 법이 없고 생선을 달라고 하는데 뱀을 받는 경우는 없다. 그리스도께서는 구체적으로 구하라고 하신다. 예수께서는 구체적인 기도에 대해 구체적으로 응답하신다.

다른 어떤 것이 아니라 기도한 바로 그것을 주신다는 것이 그리스도의 기도 법칙의 기본이다. 장님 된 눈을 고쳐 달라고 기도하는데 예수께서는 들리지 않는 귀를 고쳐 주시지 않는다. 구한 바로 그것을 예수께서는 주신다. 이에 대한 예외적인 경우들도 이 기도의 대법칙을 확증해 준다. 빵을 구하는 자는 돌을 받지 않고 빵을 얻는다. 생선을 구하면 생선을 받지 뱀을 받지 않는다. 빵을 달라고 울부짖는 아이의 소리만큼 간절하고 영향력 있는 소리는 없다. 배가 고프고 식욕을 느끼며 먹을 것이 필요하면 아이는 울게 된다. 우리의 기도는 먹을 것을 달라고 우는 배고픈 아이처럼 열렬해야 하고 가난해야 하며 배고파야 한다. 우리의 기도는 그리스도의 기도 법칙과 하나님의 부성에 대한 가르침에 맞게 단순하고 꾸밈없고 직접적이고 구체적이어야 한다.

기도 법칙의 실례와 시행을 기도에 대한 구체적인 응답에서 볼 수 있다. 겟세마네의 기도만이 이에 대한 유일한 예외적인 경우이다. 지옥과 같은 어두움에 둘러싸인 무시무시한 시간에 예수 그리스도께서 드린 기도는 이 말씀을 조건으로 내걸었다. "만일 할 만 하시거든 이 잔을 내게서 지나가게 하옵소서." 그러나 기꺼이 하나님의 제사로서 희생을 감수하려는 기도의 정신과 생명은 주님의 그 말씀을 넘어섰다. "그러나 나의 원대로 마옵시고 아버지의 원대로 하옵소서." 이 기도는 응답을 받았다. 천사가 내려와 힘을 돋구었고 이 온유한 수난자는 말없이 쓴 잔을 마셨다.

성경에는 우리 주님께서 겟세마네 동산에서 드리신 기도 외에 응답 받지 못한 두 기도의 경우를 기록하고 있다. 첫번째는 자기 아이의 생명을 위해 드린 다윗의 기도인데, 선한 이유를 가지고 전능하신 하나님께 드렸으나 응답을 받지 못했다. 두번째의 경우는 육체의 가시를 제거해 달라고 구했으나 거절당한 바울의 기도였다. 그러나 우리는 하나님 말씀에 기록된 대로 선지자와 제사장과 사도와 성도의 역사에서 예증되듯이 이 두 기도는 하나님의 법칙에 예외되는 주목할 만한 경우였음에 틀림없다고 믿지 않을 수 없다. 거기에는 계시되지는 않았지만 하나님께서 기도하는 자가 구체적으로 구한 바로 그것을 주심으로써 기도에 응답하시는 그 변치 않는 확정된 법칙을 바꾸시게 된 이유가 틀림없이 있었을 것이다.

우리 주님께서는 수로보니게 여인의 믿음을 시험하고 성숙시키기 위해 응답받지 못한 기도의 학교에 그 여인을 붙잡아 두지 않으셨고 그 여인의 남편을 치료하거나 구원하는 식으로 기도에 응답하지도 않으셨다. 그 여인이 딸이 낫기를 구하자 그리스도께서 그 딸을 고쳐 주셨다. 수로보니게 여인은 주 예수 그리스도께 구한 바로 그것을 받았다. 우리 주께서 그 여인의 믿음을 훈련하고 완성시키신 것은 바로 응답 받은 기도의 학교에서였고 또 그 여인의 기도에 대해 구체적인 응답을 주심으로써 였다. 그 여인은 한 가지 일, 곧 자기 딸이 낫기를 기도하였고 우리 주님의 응답도 그 딸에 초점을 맞추어 이루어졌다.

우리는 하나님의 크고 귀한 약속들을 너무 조심스럽게 다루며 또 아예 무시하는 경우도 너무 많다. 그 약속은 믿음으로 하나님께 구할 때 딛고 설 기초이다. 이 약속이야말로 기도의 유일한 기초이다. 우리가 하나님의 능력을 제한하는데, 사람의 기준을 가지고 기도를 응답하시는 하나님의 능력과 의지를 잰다. 우리는 이스라엘의 거룩한 자를 제한한다. 야고보서 5장에서 주신 약속들은 고통받는 인류에게 얼마나 충만한 자비이며 치료책인가! 이 약속들은 기도할 때 하나님께 얼마나 개인적으로 그리고 직접적으로 영향을 미치는가! 이 약속들은 우리 믿음에 직접적인 자극이 된다. 이 약속들은 우리가 하나님께 어떤 것을 구하든지 큰 기대를 할 수 있도록 격려한다. 기도는 직접적으로 하나님께 영향을 미친다. 기도는 우리가 구하는 것이 개인적인 것이든 다른 사람을 위한 것이든 세속적인 것이든 영적인 것이든 세상적인 것이든 천상의 것이든 우리를 위해 큰 일을 하도록 하나님을 붙잡고 권유하는 것이다.

 기도에 대한 성경의 약속과 실제로 기도로부터 얻는 것 사이의 간격은 이루 말로 다할 수 없이 크다. 그 간격이 너무 커서 많은 경우 불신앙의 원인이 되기도 한다. 그 차이로 인해서 기도할 때 커다란 도덕적 세력으로서 불신앙이 생기며 기도의 능력에 대해 실제로 의심이 일어난다. 기독교는 오늘날 무엇보다도 기도로 하나님을 시험하고 하나님의 약속들을 증거할 수 있는 사람들을 필요로 한다. 세상을 위한 이 행복한 날이 시작되면 이 땅에 밝은 서광이 비칠 것이고 세상에 천국의 여명이 밝아올 것이다. 오늘날 교회에 필요한 사람들은 바로 그런 사람들이다. 이 시대에 필요한 사람은 교육받은 사람이 아니다. 더 많은 돈이 필요한 것이 아니다. 더 많은 설비, 더 많은 조직, 더 많은 교회법이 필요한 것이 아니라 기도할 줄 알고 기도로 하나님을 붙잡아 세상으로 모시고 와서 세상일에 손을 대고 교회와 교회의 모든 부분에 생명과 능력을 넣으시도록 할 수 있는 사람이 필요한 것이다.

 교회와 세상은 기도와 응답 사이의 이 큰 간격을 메울 수 있는 성도가 절실히 필요하다. 믿음이 담대하고 광범위해서 하나님을 시험할 수 있는 성도가 필요한 것이다. 말라기 시대에 "만군의 여호와가 이르노라 나를 시험하여 보라"는 말씀이 울려 퍼졌듯이 그 소리가 지금 하늘로부터 나와 오늘날 교회 사람들에게 울려 퍼지고 있다. 하나님은 자기 백성들이 기도로 당신을 시험해 주기를 기다리신다. 자신의 약속의 확실성을 증명하기 위해 기도에 응답하시는 것이 하나님께는 최고의 기쁨이다. 이것이 이루어지기 전까지는 하나님께나 사람에게 가치 있는 어떤 것도 성취되지 못할 것이다.

우리의 복음은 기적과 같은 것이다. 복음은 기적적인 차원에서 계획되었다. 따라서 초자연적인 존재만이 복음을 유지할 수가 있다. 우리의 거룩한 신앙에서 초자연적인 존재를 제거하면 우리 종교의 생명과 능력도 사라지고 한낱 도덕 법전으로 전락하고 만다. 기적적인 것은 하나님의 능력이다. 기도에는 바로 이 힘이 있다. 기도는 이 하나님의 능력을 사람들 수준으로 끌어내려 작용하게 한다. 기도는 세상일에 초자연적인 요소를 끌어들인다. 제대로 전파될 때 우리 복음은 하나님의 능력이 된다. 교회가 전능하신 하나님을 시험할 수 있고 또 시험하려는 뜻이 있는 사람이 이때처럼 절실하게 필요한 적은 없었다. 교회에 하나님의 초자연적 능력을 생각나게 하는 기념물과 기도의 응답을 떠올리게 하며 약속의 성취를 보여 주는 기념물들을 도처에서 높이 들어올릴 수 있는 사람이 이때처럼 절실하게 필요한 적이 없었다. 이런 사람들이 있다면 복음의 진척을 위한 현대의 어떤 전략이나 계획보다도 영혼의 적, 하나님의 원수이며 교회의 적들을 잠잠케 만드는 데 더 많은 일을 할 것이다. 기도하는 사람들이 높이 세운 그런 기념물들은 하나님의 적들로 입을 다물게 만들고 연약한 성도들을 굳게 하며 힘있는 성도들에게는 말할 수 없는 기쁨을 채워 줄 것이다.

불신앙을 일으키는 가장 심각한 원인이 되며 기도를 헐뜯고 방해하며 하나님의 존재와 영광을 가장 효과적으로 가리는 것은 응답 받지 못하는 기도이다. 전혀 응답 받지 못하고 하나님께 아무런 영광을 돌리지 못하며 사람에게 아무 이익을 끼치지 못하는 죽은 기도를 드리는 것보다는 아예 기도하지 않는 것이 더 낫다. 이같이 응답 받지 못하는 기도만큼 마음을 완고하게 만들고 보이지 않는 영원한 분을 보지 못하게 만드는 것은 없다.

13

기도의 기적

　우리 주 예수 그리스도의 지상 생애는 그분의 영원하신 생애 가운데 막 간극에 불과한 것이 아니다. 지상에 계셨을 때 주님의 신분과 활동은 비정상적이거나 색다른 것이 아니라 독특한 것이었다. 또한 그것은 현재 주께서 하늘에서 취하고 계신 신분과 하시는 활동의 상징이자 실례이다. 예수 그리스도는 "어제나 오늘이나 영원토록 동일하시다." 이 말씀은 주님의 영원한 통일성과 불변성을 말하는 신성한 진술이다. 주님의 지상 생애는 주로 기도를 들으시고 응답하시는 것으로 이루어졌다. 하늘에서도 주께서는 바로 그와 같은 신성한 일에 전념하신다. 사실 구약 말씀은 하나님께서 기도를 들으시고 응답하신 일에 대한 기록이다. 성경 전체가 참으로 중요한 이 주제를 다루고 있다.

　그리스도께서 행하신 기적들이 좋은 실례이다. 그것은 살아있는 그림들이다. 그리스도의 기적들이 우리에게 말을 한다. 그 기적에는 우리를 붙잡는 손이 있다. 이 기적들은 우리에게 소중한 많은 교훈들을 가르친다. 다양한 기적들이 우리의 원기를 회복시킨다. 이 기적들은 우리에게 예수 그리스도의 비할 데 없는 능력을 보여 주며 동시에 고통받고 있는 인류에 대한 그리스도의 놀라운 동정심을 일깨워 준다. 또한 이 기적들은 그리스도께서 당신의 활동을 무한히 다양하게 행하실 수 있는 능력을 보여 준다. 하나님께서 사람을 대하시는 방법은 천편일률적이지 않다. 하나님은 당신의 은혜를 베푸시는 일에 융통성이 없거나 상투적인 방법으로 행하시지 않는다. 하나님의 활동하심은 무한히 다양하시다. 하나님의 경영 또한 한 없이 다양하시다. 하나님께서는 당신의 피조물을 한 가지 형태로만 짓지 않으셨다. 바로 그와 같이 우리 주께서도 활동하시는 일에 어떤 일정한 형태에 제한을 받거나 방해받지 않으신다. 예수께서는 독립적으로 활동하신다. 예수께서는 당신의 일을 당신의 방식대로 행하신다. 예수께서는 당신 나름의 방식을 취하시는데, 그 방식은 무한히 다양하다.

우리 주께서 행하신 기적들을 생각해 보면 숱한 기적이 아무 조건 없이 행해졌음을 발견하게 된다. 적어도 하나님의 기록이 보여 주고 있는 한 그 기적들에는 어떤 조건도 따르지 않았다. 기적을 베풀어달라는 어떤 간청도 받지 않았지만 예수님 자신의 뜻에 따라 하나님을 영화롭게 하고 예수님의 영광과 능력을 나타내기 위해 이 같은 기적들을 행하셨다. 예수께서 행하신 기사 가운데 많은 경우는 동정심이 움직이고 예수님의 권능의 요청뿐 아니라 고통과 궁핍의 요청에 따라 행해졌다. 그러나 많은 경우에 기도에 대한 응답으로 예수께서 기적을 행하셨다. 어떤 경우는 고통을 당하고 있는 사람의 개인적인 기도에 대한 응답으로 행하셨고 또 어떤 경우에는 고통을 당하고 있는 자의 친구들의 기도에 대한 응답으로 행하셨다.

기도에 대한 응답으로 행해진 이러한 기적들은 기도를 사용하는 일에 대해 가르치는 바가 매우 크다. 이같이 어떤 조건에 따라 행해진 기적들에서 믿음이 으뜸이고 기도는 믿음의 대리인이다. 그리스도께서 권능을 행하시는 기초가 되는 조건으로서 혹은 권능이 시행되는 통로로서 믿음의 중요성을 깨우쳐 주는 예를 예수께서 나사렛을 방문하신 사건에서 찾아 볼 수 있다. 다음은 그에 대한 기록이다.

거기서는 아무 권능도 행하실 수 없어 다만 소수의 병인에게 안수하여 고치실 뿐이었고 저희의 믿지 않음을 이상히 여기셨더라

나사렛 사람들이 우리 주님께 죽은 자를 일으키고 눈먼 자의 눈을 뜨게 하며 문둥병을 고쳐달라고 기도했을지 모르나 모두 헛되었다. 기도하는 모습이 아무리 열렬할지라도 믿음이 없으면 하나님의 권능이 행사되지 못하

게 하며 그리스도의 팔을 마비시키고 모든 생명의 표지를 죽게 만든다. 불신앙은 전능하신 하나님께서 크신 일을 행하시는 것을 심각하게 방해한다. 예수님의 이 나사렛 방문에 대해 마태는 이같이 기록하고 있다. "저희의 믿지 않음을 인하여 거기서 많은 능력을 행치 아니하시니라." 믿음 없음은 전능하신 하나님께서 사람들 가운데서 일하시는 손을 묶어 놓는다. 그러므로 그리스도께 기도할 때는 반드시 믿음에 기초하고 믿음이 뒷받침되어야 하며 믿음으로 해야 한다.

우리 주님의 지상 사역에서 행하신 기적 가운데 기적인 나사로를 살리신 사건은 그 기적을 행하실 때 기도가 따른 것으로 유명하였다. 그것은 실로 기도의 문제로 엘리야와 바알 선지자 사이의 논쟁을 본딴 것이었다. 그것은 도움을 구하는 기도가 아니었다. 그것은 감사와 강한 확신에서 나오는 기도였다.

예수께서 눈을 들어 우러러보시고 가라사대 아버지여 내 말을 들으신 것을 감사하나이다. 항상 내 말을 들으시는 줄을 내가 알았나이다. 그러나 이 말씀을 하옵는 것은 둘러선 무리를 위함이니 곧 아버지께서 나를 보내신 것을 저희로 믿게 하려 함이니이다.

이것은 주로 그 자리에 있었던 사람들의 유익을 위한 기도였다. 즉 하나님께서 항상 예수님의 기도를 들으셨으므로 예수님과 함께 계심을 사람들이 알도록 하기 위함이고, 하나님께 대한 믿음이 사람들 마음 속에서 빛나도록 하기 위한 기도였다.

응답 받는 기도는 때로 강한 확신과 믿음을 일으키는 힘이 된다. 응답 받지 못하는 기도는 분위기를 냉랭하게 만들고 믿음의 땅을 얼게 한다. 그리스도인들이 기도하는 법을 알아 기도 응답을 받되 분명하고 즉각적이며 증명할 수 있는 응답을 하나님께 받는다면 믿음이 더 널리 전파되고 더 보편적이 되며 더 깊어지고 세상에서 훨씬 더 강력한 힘이 될 것이다.

예수께서 백부장의 하인을 고치신 사건은 믿음과 중보 기도의 참으로 소중한 교훈을 우리에게 가르쳐 준다! 이 로마 장교의 단순하고 힘있는 믿음이 주목할 만하다. 그는 예수께서 직접 자기 집에서 가서 자기의 청하는 바를 허락하실 필요가 없다고 믿었다. "다만 말씀으로만 하옵소서 그러면 내 하인이 낫겠삽나이다." 예수께서는 다음과 같이 말씀하심으로써 이 사람의 믿음을 높이 평가하신다. "내가 진실로 너희에게 이르노니 이스라엘 중 아무에게서도 이만한 믿음을 만나보지 못하였노라." 이 사람의 기도는 그의 굳센 믿음이 표현된 것이며 그런 믿음이 즉각 응답을 가져왔다.

귀신 들린 딸을 위해 주께 가서 딸의 고통을 자기 문제로 여기고 "주여 저를 도우소서" 하고 부르짖은 수로보니게 여인에게서 일어난 기도의 기적에서 그와 같은 매우 귀중한 교훈을 얻는다. 이 여인의 기도에는 끝까지 붙잡고 놓지 않으며 자신의 요구를 계속해서 밀고 나가며 예수께서 그냥 지나치시거나 요구를 거절하는 것을 용납지 않는 끈질김이 있었다. 이 기도는 중보 기도와 그 혜택을 뚜렷하게 보여주었다. 우리 주께서는 처음 한 동안은 이 여인을 물리치는 것 같았지만 결국 용납하고 그녀의 굳센 믿음을 인정하셨다. "여자야 네 믿음이 크도다 네 소원대로 되리라." 다른 사람들을 위한 기도와 그로 인한 크나큰 혜택을 보여 주는 큰 교훈이 아닐 수 없다!

고통 당하고 있는 사람들 스스로가 중보 기도를 드린 경우들을 언급할 수도 있다. 그것은 고통받고 있는 사람들의 부르짖음에 대한 우리 주의 응답으로 놀라운 일을 일으키신 것을 보여 주는 예들이다. 복음서를 읽다 보면 페이지마다 기도의 응답으로 우리 주께서 행하신 기적에 대한 기록들이 반짝이며 하나님께서 정해 주신 이 은혜의 수단을 사용한 데 따른 놀라운 일들이 펼쳐진다.

구약으로 눈을 돌려볼지라도 기도의 기적에 대한 예를 보는데 어려움이 없다. 구약의 성도들은 하나님께서 큰 일을 행하시도록 움직이게 하는 기도의 능력을 잘 알고 있었다. 전능하신 하나님께서 기도하는 자의 호소를 들었을 때는 자연법도 하나님의 하시는 일을 방해하지 못하였다. 바로로 하여금 이스라엘 백성을 보내어 하나님을 섬기도록 연이은 재앙이 애굽을 덮치게 할 때 드렸던 모세의 기도는 참으로 놀랍다! 이 재앙들이 연속적으로 닥치자 바로는 모세에게 간청하였다. "너희 하나님 여호와께 구하여 이 죽음만을 내게서 떠나게 하라." 재앙 자체가 기적이었는데, 기도를 드리자 전능하신 하나님께서 재앙을 보내실 때만큼 신속하게 재앙을 거두셨다. 애굽에 이 파멸의 사자를 보낸 바로 그 손이 이 재앙을 거두어 달라는 하나님의 종 모세의 기도에 의해 움직였다. 기도의 응답으로 재앙이 물러간 것은 처음에 재앙을 보낼 때와 마찬가지로 뚜렷하게 하나님의 능력을 보여 주었다. 또한 그것은 재앙 자체만큼이나 하나님의 존재와 능력을 보여 주는데 큰 일을 하였다. 이런 것은 기도의 기적이었다.

구약 시대 내내 우리는 기도의 기적들을 본다. 하나님의 기도하는 종들은 기도가 놀라운 결과를 일으키며 초자연적인 분을 세상일에 관여하게 한다는 것을 조금도 의심하지 않았다. 기도와 기적이 함께 갔다. 이 둘은 동무였다. 기도는 원인이었고 기적은 결과였다. 기도로 말미암아 기적이 존재하였다. 기적은 하나님께서 기도를 들으신다는 증거였다. 기적은 하늘에 계신 하나님께서 세상일에 관여하시고 사람을 돕기 위해 개입하고 필요한 경우에는 기도의 응답으로 당신의 뜻을 이루시기 위해 초자연적으로 역사하신다는 것을 입증하는 거룩한 증거였다.

초대 교회 시절로 오면서 우리는 기도의 기적에 대해 똑같은 신성한 기록을 보게 된다. 도르가가 죽었다는 슬픈 소식이 베드로에게 들렸고 욥바로 사람을 보내어 그를 찾았다. 즉시 베드로는 그곳으로 왔다. 베드로는 모든 사람을 도르가의 방에서 내 보내고 무릎을 꿇고 기도한 후 믿음으로 "다비다야 일어나라"고 말했다. 그러자 도르가가 눈을 뜨고 일어나 앉았다. 베드로가 무릎을 꿇고 기도하자 그런 일이 일어났다. 베드로가 일을 일으키고 도르가가 세상에서 더 일을 하도록 구원하였다.

바울이 감시 아래 로마로 호송되어 가는 그 유명한 여행에서 어떤 섬에 좌초되었다. 그 섬의 수장이 보블리오라는 사람이었는데, 그의 부친이 열병과 이질에 걸려 심하게 앓고 있었다. 바울이 손을 그 노인에게 얹고 그를 위해 기도하자 하나님께서 그 병자를 구원하여 고치셨다. 기도로 인해 바라던 바가 이루어진 것이다. 하나님께서는 자연법을 한동안 중지시키거나 한쪽으로 제쳐두고서 자기 종의 이 같은 기도에 응답하셨다. 이교도들 가운데서 이루어진 이같은 기도의 응답으로 그 사람들은 초자연적인 권능이 자기들 가운데 역사하였다고 확신하였다. 사실 그들은 자기들 가운데 초자연적인 존재가 왔다고 생각하였을 것이다.

헤롯은 야고보를 칼로 죽이고 나서 베드로를 투옥시켰다. 어린 교회는 매우 염려했지만 용기를 잃지 않았으며 지나치게 초조해 하거나 걱정하지도 않았다. 교회는 이런 문제 앞에서 자기들의 도움이 어디서 오는지 배워 알고 있었다. 이미 기도 학교에서 훈련받은 바 있었다. 하나님께서는 과거에 당신의 종들을 위하여 간섭하셨고 당신의 대의가 위태로울 때 간섭하신 적이 있으셨다. "교회는 그를 위하여 간절히 하나님께 빌더라." 천사가 구출하기 위하여 신속히 달려와 초자연적인 놀라운 방법으로 베드로를 구출하고 옥문은 그대로 잠궈 놓았다. 하나님의 백성이 기도로 하나님께 부르짖을 때는 쇠사슬과 옥문과 악한 왕이 전능하신 하나님을 방해할 수 없다. 하나님께서 약속을 이행하고 당신의 계획을 진행시키기 위해서는 필요하면 기적을 일으키실 것이다. 하나님의 말씀은 이런 순서를 따라서 "기도의 기적"이라고 부를 수 있는 사건들로써 기도의 가능성을 예증하고 확대하며 확증한다.

하나님께서는 우리의 곤경을 얼마나 신속히 해결하시는지? 하나님은 삼손으로 하여금 보잘것 없는 도구인 나귀의 턱뼈로 천명을 무찔러 큰 구원을 세울 수 있게 하여 놀라운 일을 행하셨다. 직후에 삼손이 몹시 갈증을 느꼈지만 전혀 물을 구할 수 없었다. 삼손은 목말라 죽을 것만 같았다. 과거에 하나님께서는 삼손을 블레셋의 손에서 구원하셨다. 그렇다면 이 갈증에서도 구원하실 수 있지 않을까? "삼손이 여호와께 부르짖으매 …… 하나님이 턱뼈의 우묵한 곳을(한글개역에서는 단지 '우묵한 곳'으로만 번역되어 있음 - 역자주) 터치시니 물이 거기서 솟아나오는지라 삼손이 그것을 마시고 정신이 회복되어 소생하니." 하나님께서는 나귀 턱뼈로 삼손에게 승리를 주실 수 있으셨던 것과 똑같이 턱뼈에서 물을 내실 수 있으셨다. 하나님께서는 당신의 적들에게는 죽음을 가져다주었던 것을 자기 종에게는 생명을 주는 것으로 바꾸실 수 있으셨다. 하나님께서는 당신의 원수들을 멸망시키기 위해 기적을 행하시기보다는 차라리 당신의 종들을 구원하기 위해 기도의 응답으로 기적을 일으키실 수 있고 또 일으키고자 하신다. 어떻든 하나님께서는 기도의 응답으로 두 가지 일을 하신다.

모든 자연의 세력은 하나님의 통제 아래 있다. 하나님께서는 세상을 창조하시어 법칙 아래 두시고 당신의 지적 피조물의 행복과 상관없이 그 자체의 운명에 따라 돌아가도록 내버려두지 않으셨다. 자연의 법칙들은 하나님께서 자연의 만물을 다스리고 통제하시는 데 사용하시는 하나님의 법칙일 뿐이다. 자연은 하나님의 종일 뿐이다. 하나님은 자연 위에 계시는 분이지 자연의 종이 아니시다. 이것이 사실이므로, 하나님은 자연 법칙의 작용을 정지시키실 수 있고 또 하실 의향이 있으시며 전능하신 손으로 그 법칙들을 묶어 두실 수 있으시며 구속의 과정에서 당신의 더 높은 뜻을 성취하시기 위해 잠깐 동안 옆으로 제쳐 두실 수도 있다. 자연 위에 계시는 하나님께서 기도의 응답으로 자연을 당신의 종으로 삼으시어 자연으로 당신의 계획과 뜻을 이루도록 하실 때, 그것은 자연의 법칙을 위반하는 것이 아니다.

여호수아가 주 하나님의 힘과 권능을 의지하여 해와 달에게 그대로 머물러 있어서 이스라엘 대적에 대해 철저한 승리를 얻도록 시간을 내라고 명했을 때의 장면이야말로 구약에 나오는 놀라운 기도의 기적을 단적으로 보여 주는 예이다. 자연과 은혜의 하나님께서 기도에 응답하시기 위해 그리고 당신의 대의를 펴시기 위해 잠깐 동안 자연법에 간섭하시는 일을 믿을 수 없는 일로 생각해야 할 이유가 어디 있겠는가? 하나님이 손발을 묶어 두고 계시겠는가? 하나님은 자연의 법칙으로 자신을 철저히 둘러싸고 있어서 기도의 법칙을 운영할 수 없으시겠는가? 자연의 법칙이 기도의 법칙보다 우월한가? 결코 그렇지 않다. 우리 주는 자연의 하나님이실 뿐만 아니라 기도의 하나님이시기도 하다. 하나님께서 기도와 자연을 모두 지으시고 다스리시고 시행하신다. 자연이 하나님의 종인 것과 똑같이 기도도 하나님의 종이다.

하나님의 경영에 있어서 기도의 힘은 다른 어떤 힘에 못지 않게 강하며 모든 자연의 세력과 그 밖의 어떤 세력도 기도의 힘 앞에서는 길을 비켜야 한다. 해와 달과 별은 기도의 응답으로 하나님의 통제를 받아 움직인다. 비와 햇볕, 가뭄 모두 하나님의 뜻에 복종한다. "불과 우박과 눈과 안개와 그 말씀을 좇는 광풍이며." 질병과 건강도 하나님이 다스리신다. 하늘과 땅에 있는 모든 것들이 하늘과 땅을 지으셨고 만물을 당신의 뜻에 따라 통치하시는 하나님의 통제에 절대적으로 복종한다.

기도는 여전히 사람들 가운데서 기적을 일으키며 큰 일이 일어나게 한다. 이 사실은 야고보가 편지를 쓸 때처럼 지금도 마찬가지이다. "의인의 간구는 역사하는 힘이 많으니라." 세상을 모아 놓고 영원의 기록들을 읽어주면 이 세상에서 얼마나 많은 일이 기도로 이루어졌는지가 드러날 것이다. 기도가 그 동안 이루었고 또 현재 이루고 있는 모든 것에 비할 때 눈으로 볼 수 있는 기도의 결실은 미미하기 짝이 없다. 심판날이 되면 하나님께서 성도들의 기도로 이 세상에서 이루어진 일들을 밝히실 것이다. 현재는 당연한 것으로 여겼던 많은 사건들이 그때가 되면 주의 기도하는 종들 때문에 일어났던 것임이 드러날 것이다.

영국 브리스톨에서 펼쳐진 조지 뮐러의 사역은 19세기의 기적이었다. 심판날에는 그 책이 펼쳐져서 그가 기도로 행한 모든 일이 밝히 드러날 것이다. 이 경건한 사람은 수백 명의 부모 없는 아이들을 돌봤던 고아원의 운영비를 어느 누구에게도 구걸한 적이 없었다. 그의 습관은 언제나 꼭 필요한 만큼을 하나님께 구하였고 그에게 임한 응답은 마치 사도 시대와 같이 놀라운 것이었다. 뮐러는 모든 것을 기도로 구하였고 필요한 모든 것을 하나님께서 분명히 공급하실 것을 믿었다. 기록을 보면 뮐러나 그의 고아원 아이들이 선한 것에서는 어떤 것도 부족함이 없었다고 한다.

그리스도와 고난받는 인류를 위하여 그처럼 많은 일을 한 거룩한 사람에 대해 그의 무덤 앞에서 사람들은 이같이 말하였다.

그는 병원의 담을 올리는 것을 위해 기도하였고 간호원들의 마음을 위해 기도하였다. 선교 센터 건립을 위해 기도하였고 선교사들이 믿음을 갖기를 기도하였다. 그는 기도로 부자의 마음을 열었고 아주 먼 곳에 있는 손으로부터 금을 얻어내었다.

루터가 언젠가 이런 말을 했다고 한다. "그리스도인의 직업은 기도이다."

분명 중요한 이유로 설교자의 직업은 기도가 되어야 한다. 많은 설교자들이 이 기도라는 직업을 전혀 알지 못하고 이 직업에서 성공하지 못할까 큰 걱정이다. 이 직업에서 장인이 되기 위해서는 기도라는 이 직업에서 엄격한 도제살이를 거쳐야 한다. 이 기도의 직업에서 일하고 있는 장인이 거의 없다는 것이 사실일 뿐만 아니라 많은 사람이 기도에 대해 도제로서 배운 적이 없다는 것 또한 사실이다. 이런 사람들에 의해서는 어떠한 기이한 일도 이루어지지 않는다. 하나님과 초자연적인 일이라는 것이 그들의 프로그램에는 빠져 있다.

많은 사람들이 기도라는 직업을 배운 적이 없고 그래서 그 일에 힘쓰지 않기 때문에 이 직업을 이해하지 못한다. 우리는 기도로써 많은 기적을 일으킬 수 있다. 그렇게 하지 못할 이유가 어디 있는가? 하나님의 팔이 짧아져 구원하실 수 없겠는가? 하나님의 귀가 둔해서 들으실 수가 없는가? 불의가 가득하고 사람들의 사랑이 식어졌기 때문에 기도가 힘을 잃었는가? 하나님께서 과거와 달라지셨는가? 이런 모든 의문을 우리는 강하게 부정한다. 하나님께서는 옛적에 하셨던 것과 같이 오늘날도 쉽게 기도에 의해 기적을 일으키실 수 있다. "나 여호와는 변역지 아니하나" "여호와께 능치 못한 일이 있겠느냐?"

기도를 들으시고 기적을 행하시는 하나님은 무엇보다도 당신 자신에 대해 가장 큰 기적을 행하실 것이다. 이는 우리가 그리스도인의 기도의 직업을 충분히 이해하고 날마다 이 직업에 종사하고 그렇게 함으로써 우리 자신에게 커다란 영적 부를 이루게 하기 위해서이다.

14

기도를 통한 하나님의 기사

　이 세상에서 하나님과 마귀, 선과 악, 천국과 지옥 사이에서 벌어지는 무서운 전투에서 기도는 사탄을 물리치고 죄를 정복하며 지옥을 물리치는 강력한 힘이다. 이 무서운 전투에서는 오직 기도하는 지도자들만이 가치가 있다. 기도하는 사람들만이 전선에 배치되어야 한다. 이들만이 모든 악의 세력과 싸워 이길 수 있는 사람들이다.
　모든 성도의 기도는 모든 어둠의 세력에 대항하는 영구한 힘이다. 이 기도는 세상을 정복하고 육신과 마귀를 정복하는 강력한 에너지이며 하나님의 활동의 운명을 결정짓고 악을 이기고 마귀와 그의 모든 활동에 대해 승리를 얻게 하는 강력한 에너지인 것이다. 하나님께서 벌이시는 운동의 성격과 에너지가 기도에 있다. 승리는 기도 끝에 오게 되어 있다.
　하나님께서 권능으로 행하시는 기이한 일들은 오직 기도로써만 계속 살아있고 실제로 이루어지며 계속 반복될 수 있다. 하나님께서 오늘날은 옛적만큼 이 세상에서 분명한 모습으로 나타나시지 않고 전능한 모습으로도 나타나시지 않는데, 이것은 기적이 이제는 사라졌거나 하나님께서 일하시기를 그쳤기 때문이 아니다. 다만 기도가 단순함과 장엄함과 권능을 잃었기 때문이다. 하나님은 지금도 살아계시며 하나님께서 살아계셔 활동하시는 동안에는 여전히 기적도 살아 있다. 기적은 하나님의 일하는 방식이기 때문이다.
　하나님을 믿는 신앙이 하나님의 능력에 대한 의심으로 흔들리거나 두려움으로 위축되면 기도가 자라지 못하고 시들며 돌처럼 굳어진다. 하나님을 아득히 멀리 계시는 분으로 보는 믿음을 가지고 있을 때는 기도가 아무런 기적을 일으키지 못하며 구원의 기이한 일을 전혀 일으키지 못한다. 하나님을 아주 가까이서 똑똑히 보는 믿음을 가지고 있을 때는 기도가 기이한 일의 역사를 지어낸다.

하나님에 대해서 생각하라. 하나님을 소중히 여겨 하나님께서 믿음의 지평을 넓히고 채우시도록 하라. 그러면 기도가 기이한 일들의 역사를 물려받을 것이다. 하나님의 뜻이 기도로 바뀌며 하나님의 복수가 기도로 그치며 하나님의 형벌이 기도로 면제되는 것을 기억해 보면 기도의 기이한 힘을 볼 수 있다. 사람을 대하는 하나님의 모든 처사는 기도에 영향을 받는다. 갈수록 더욱 사용해야 하는 힘이 있는데, 바로 기도의 힘이다. 기도는 인생의 모든 일이 복종하지 않을 수 없는 힘이다.

"쉬지 말고 기도하라", 모든 일에 기도하라, 항상 기도하라. 지속성을 요구하는 이 명령들은 기도의 끊임없는 에너지와 기도의 다함이 없는 가능성, 기도의 절박한 필요성을 표현하는 말이다. 기도는 모든 일을 할 수 있다. 기도는 모든 일을 해야 한다.

> 기도는 갓난아이도 할 수 있는
> 지극히 단순한 말이요
> 기도는 하늘에 계신 존귀하신 자에게 이르는
> 지극히 장엄한 말이다

기도는 하나님께 무언가를 구하는 것인데, 그 무언가란 하나님께서 약속하신 것이다. 기도는 우리에게 필요한 것을 얻게 하고 하나님께서 세상에서 행하시려고 하는 일을 성취하도록 하기 위해 하나님께서 정해 주신 수단이다.

> 기도는 하나님께서 주시려고 하는 복을
> 전달해 주도록 정해 두신 것이다
> 그리스도인들은 아무리 오래 살지라도 기도해야 하며

사는 동안에 기도하기를 배운다

　기도는 우리에게 필요하고 하나님만이 주실 수 있고 기도만이 우리에게 전달해 줄 수 있는 복을 가져다준다.
　기도의 가능성은 바로 기도의 성격 자체에서 가장 충분히 볼 수 있다. 기도는 단순한 의식이 아니다. 즉 일종의 연기처럼 우리가 거치는 예식이 아니다. 기도는 필요해서 얻고 싶은 것을 구하기 위해 하나님께 가는 것이다. 기도는 하나님께서 우리가 구하면 행하시겠다고 약속하신 것을 우리에게 행해 주시기를 하나님께 구하는 것일 뿐이다. 응답은 기도의 한 부분으로서 하나님께서 맡으시는 부분이다. 하나님께서 자기 백성이 구하는 것을 행하신다는 사실은 구하는 일이 기도인 것만큼 기도에서 필수적인 부분이다. 구하는 것은 사람의 일이고 주는 것은 하나님의 일이다. 기도는 우리에게 속해 있고 주는 일은 하나님께 속해 있다.
　사람은 청원을 드리고 하나님은 응답을 주신다. 청원과 응답이 기도를 구성한다. 하나님은 응답하시는 일에 있어서 사람이 구하는 일보다 더 열심히 응답하려고 준비하고 계시며 더욱 원하시며 더욱 열심이시다. 기도의 가능성은 큰 일을 구하는 사람의 능력과 큰 일을 주시는 하나님의 능력에 있다.
　기도에 있어서 하나님이 내거시는 유일한 조건과 제한은 기도하는 사람의 성격에서 찾을 수 있다. 우리의 믿음과 기도의 정도가 곧 하나님의 주시는 정도이다. 우리 주께서 "네 믿음대로 될지어다" 하고 말씀하셨듯이 기도에서도 그대로 적용되어 "네 구하는 대로 될지어다." 하나님은 기도에 따라 응답의 정도를 정하신다. 하나님이 기도에 응답하시는 정도에 있어서는 기도의 법칙에 제한을 받으신다. 기도의 정도대로 응답의 정도가 정해진다는 말이다.
　개인의 기도에 기도를 정당화하는 특징들이 있다면 기도의 가능성에는 제한이 없다. 기도의 가능성에 대해서는 "무엇을 구하든지"라는 말로 선포된다. 기도의 성격이나 종류, 영역이나 조건에는 제한이 없다. 기도하는 사람은 무엇이든지 구할 수 있고 모든 것을 구할 수 있으며 하나님께서는 무엇이든지 그리고 모든 것을 주실 것이다. 우리가 구하는 일에 하나님을 제한한다면 하나님께서 주시는 일에 제한을 받으실 것이다.

하나님은 앞을 내다보면서 마지막 날에는 기이한 일에 대한 놀라움이 하도 커서 살아 있는 것과 죽은 것을 막론하고 모든 것이 하나님의 권능에 놀랄 것이라고 선언하신다.

보라 내가 새 하늘과 새 땅을 창조하나니 이전 것은 기억되거나 마음에 생각나지 아니할 것이라 너희는 나의 창조하는 것을 인하여 영원히 기뻐하며 즐거워할지니라 보라 내가 예루살렘으로 즐거움을 창조하며 그 백성으로 기쁨을 삼고.

그러나 하나님이 크신 일을 행하시는 이 날, 기이한 일을 창조하시는 장엄한 하나님의 능력이 나타나는 이 날은 장엄한 기도의 날이 될 것이다.

그들이 부르기 전에 내가 응답하겠고 그들이 말을 마치기 전에 내가 들을 것이며.

이 점은 언제나 그랬다. 하나님께서 놀라운 기적을 행하시는 시기는 기적을 일으키는 놀라운 기도의 때였다. 하나님에 대한 예배에서 가장 중요한 일은 기도이다. 예배의 가장 중요한 봉사이자 구별된 특징은 기도이다.

내가 그를 나의 성산으로 인도하여 기도하는 내 집에서 그들을 기쁘게 할 것이며 그들의 번제와 희생은 나의 단에서 기꺼이 받게 되리니 이는 내 집은 만민의 기도하는 집이라 일컬음이 될 것임이라.

이 말씀은 유대인 예배시에 행해진 지극히 화려한 의식과 예식의 행렬 아래에서는 참이었다. 희생과 번제와 속죄하는 피, 이 모든 것에는 기도가 스며들게 되어 있었다. 하나님의 전을 가득 채운 번제의 연기와 향기는 기도의 불꽃이 되게 되어 있었고 하나님의 모든 백성은 기름부음 받은 제사장이 되어 기도의 제단에서 섬기도록 되어 있었다.

그래서 모든 일을 강력한 기도와 함께 행하도록 되어 있었는데, 이는 강력한 기도는 강력한 믿음의 열매이자 영감이었기 때문이다. 그렇다면 이것은 더욱 단순한 복음의 예배를 드리고 있는 지금에는 모든 면에서 훨씬 더 맞는 말씀이다.

자연의 과정, 행성들의 움직임, 구름이 기도의 영향력에 굴복하였고, 하나님께서도 기도의 강력한 힘을 받아 해와 절기의 순서를 바꾸고 저지하기도 하셨다. 여호수아가 아모리 사람의 군대와 싸움을 벌이면서 이스라엘 군대에게 완전한 승리를 가져다 줄 수 있기 위해 기도라는 이 거룩한 수단을 사용해서 해와 달이 그대로 머물러 있도록 한 그 유명한 사건을 생각하면 알 수 있을 것이다.

우리가 하나님의 말씀을 믿는다면 기도가 하나님께 영향을 미치되 크게 영향을 끼치며, 기도가 효력이 있되 크게 효력이 있음을 믿어야 한다. 하나님께 기이한 일이 있기 때문에 기도에 기이한 일이 있다. 기도에는 부적과 같은 영향력이 없다. 기도는 단순히 물신과 같은 것이 아니다. 기도에는 소위 말하는 마술과 같은 능력이 없다. 기도는 하나님의 뜻에 맞는 것에 대해 그리스도의 이름으로 우리의 요청을 하나님께 알리는 일일뿐이다. 모든 것을 아시고 모든 것을 통제하시며 모든 일을 행하실 수 있는 아버지에게 우리의 원하는 바를 말씀드리는 것일 뿐이다. 기도는 하나님의 지혜를 무한히 신뢰하는 것이다. 기도는 자원의 고갈을 모르는 분에게 소리치는 필요의 목소리이다. 기도는 하늘에 계신 아버지의 말씀을 어린아이 같은 확신을 가지고 의지하는 무력함이다. 기도는 전능하신 하나님의 무한한 지혜와 능력과 부를 온전히 신뢰하는 마음을 말로 표현하는 것에 지나지 않는다.

이같이 은혜로운 시대의 참으로 얼마나 많은 은혜로운 결과들이 기도로 말미암아 세상에 임하게 되는지를 우리는 하나님의 말씀에서 배운다. 하나님의 마음은 이같이 자기 백성에게 복 주실 것을 예상하고 기쁨에 겨워하시는 것 같다. 선지자 요엘의 입을 통해 하나님께서는 이같이 말씀하신다.

땅이여 두려워 말고 기뻐하며 즐거워할지어다 여호와께서 큰 일을 행하셨음이로다 들짐승들아 두려워 말지어다 들의 풀이 싹이 나며 나무가 열매를 맺으며 무화과나무와 포도나무가 다 힘을 내는도다 시온의 자녀들아 너희는 너희 하나님 여호와로 인하여 기뻐하며 즐거워할지어다 그가 너희를 위하여 비를 내리시되 이른 비를 너희에게 적당하게 주시리니 이른 비와 늦은 비가 전과 같을 것이라 마당에는 밀이 가득하고 독에는 새 포도주와 기름이 넘치리로다 내가 전에 너희에게 보낸 큰 군대 곧 메뚜기와 늣과 황충과 팟종이의 먹은 햇수대로 너희에게 갚아주리니 너희는 먹되 풍족히 먹고 너희를 기이히 대접한 너희 하나님 여호와의 이름을 찬송할 것이라 내 백성이 영영히 수치를 당치 아니하리로다 그런즉 내가 이스라엘 가운데 있어 너희 하나님 여호와가 되고 다른 이가 없는 줄을 너희가 알 것이라 내 백성이 영영히 수치를 당치 아니하리로다.

하나님께서 자기 백성에게 주시겠다고 하시는 이것들은 참으로 놀라운 것들이다! 이것들은 하나님께서 그들에게 주시겠다고 약속하시는 현세의 놀라운 복들이다. 이 복들을 연구해 보면 생각하는 사람들을 깜짝 놀라게 만들다시피한다. 하지만 하나님께서는 당신의 큰복을 현세적인 것들에만 국한시키시지 않는다. 요엘 선지자는 시대를 훑어 내려가면서 오순절을 예언하고 성령을 부어주시는 일에 관하여 지극히 크고 귀한 약속을 말한다. 바로 그 오순절의 기쁜 날에 베드로가 바로 이 말을 인용하고 있다.

그 후에 내가 내 신을 만민에게 부어 주리니 너희의 자녀들이 장래 일을 말할 것이며 너희의 늙은이는 꿈을 꾸며 너희 젊은이는 이상을 볼 것이며 그 때에 내가 내 신으로 남종과 여종에게 부어 줄 것이며 내가 이적을 하늘과 땅에 베풀리니 곧 피와 불과 연기 기둥이라 여호와의 크고 두려운 날이 이르기 전에 해가 어두워지고 달이 피빛같이 변하려니와 누구든지 여호와의 이름을 부르는 자는 구원을 얻으리니 이는 나 여호와의 말대로 시온산과 예루살렘에서 피할 자가 있을 것임이요 남은 자 중에 나 여호와의 부름을 받을 자가 있을 것임이니라

그러나 이러한 놀라운 복을 백성들에게 주권적인 능력으로 주시거나 무

조건 주시지 않을 것이다. 하나님의 백성들은 그처럼 영화로운 결과를 받기에 앞서 어떤 일을 해야 한다. 그처럼 큰복을 받는 조건으로서 금식과 기도가 중요한 역할을 해야 한다. 요엘 선지자의 입을 통해 하나님께서는 이같이 말씀하신다.

    여호와의 말씀에 너희는 이제라도 금식하며 울며 애통하고 마음을 다하여 내게로 돌아오라 하셨나니 너희는 옷을 찢지 말고 마음을 찢고 너희 하나님 여호와께로 돌아올지어다 그는 은혜로우시고 자비로우시며 노하기를 더디하시며 인애가 크시사 뜻을 돌이켜 재앙을 내리지 아니 하시나니 주께서 혹시 마음과 뜻을 돌이키시고 그 뒤에 복을 끼치사 너희 하나님 여호와께 소제와 전제를 드리게 하지 아니 하실지 누가 알겠느냐 너희는 시온에서 나팔을 불어 거룩한 금식일을 정하고 성회를 선고하고 백성을 모아 그 회를 거룩케 하고 장로들을 모으며 소아와 젖 먹는 자를 모으며 신랑을 그 방에서 나오게 하며 신부도 그 골방에서 나오게 하고 여호와께 수종 드는 제사장들은 낭실과 단 사이에서 울며 이르기를 여호와여 주의 백성을 긍휼히 여기소서 주의 기업으로 욕되게 하여 열국들로 그들을 관할하지 못하게 하옵소서 어찌하여 이방인으로 그들의 하나님이 어디 있느뇨 말하게 하겠나이까 할지어다 그 때에 여호와께서 자기 땅을 위하여 중심이 뜨거우시며 그 백성을 긍휼히 여기실 것이라 여호와께서 그들에게 응답하여 이르시기를 내가 너희에게 곡식과 새 포도주와 기름을 주리니 너희가 이로 인하여 흡족하리라 내가 다시는 너희로 열국 중에서 욕을 당하지 않게 할 것이며.

기도는 하나님의 임재가 가는 데까지 간다. 기도는 하나님이 어디에든 계시므로 어디에든 미친다. 시편 139편을 읽어보자.

    내가 하늘에 올라갈지라도 거기 계시며 음부에 내 자리를 펼지라도 거기 계시니이다 내가 새벽 날개를 치며 바다 끝에 가서 거할지라도 곧 거기서도 주의 손이 나를 인도하시며 주의 오른손이 나를 붙드시이다.

이 말씀이 기도의 하나님에 대해 말하는 것과 똑같이 기도에 대해서도 그대로 적용될 수 있을 것이다. 이 시에서 죽음의 신비한 면들이 기도로써 측정되었고 죽음의 희생자들이 기도의 능력으로 되살아났다. 이는 하나님께서 죽음을 지배하고 계시며 기도는 통치하시는 하나님께 도달하기 때문이다. 엘리야나 엘리사나 모두 기도로써 죽음의 영역에 쳐들어갔고 하나님의 능력을 기도의 능력으로 주장하고 세웠다. 베드로는 기도로써 성도 도르가의 생명을 되살리어 어린 교회에 주었다. 바울은 밤늦게 설교할 때에 창문에서 떨어진 유두고 위에 엎드려 그를 안았을 때 틀림없이 기도의 능력을 발휘했을 것이다.

우리 주께서는 여러 차례에 걸쳐 "무엇을 구하든지"라는 말을 하심으로써 기도의 광범위한 가능성과 무한한 성격을 분명하게 선언하셨다. 기도의 조건들은 그 자신과의 연합으로 고양된다. 응답 받는 기도를 드리는 것이 하나님을 영화롭게 한다는 사실은 훌륭한 수많은 일꾼들이 세상에서 하나님의 일을 진척시키는데 보장받아야 할 조건이었다. 선한 모든 것을 주신다는 사실이 선한 것을 구하는 것의 조건이 된다. 하나님의 자녀들에게 성령을 주신다는 것을 근거로 하나님의 자녀들이 구하는 것이다. 세상에서 하나님의 뜻은 기도로써만 확보될 수 있다. 일용할 양식은 기도로 얻으며 기도로써 거룩해 진다. 경외와 사죄, 악한 자로부터 구원받고 시험에 들지 않는 것은 모두 기도하는 손에 달렸다.

그리스도께서 산상수훈에서 신앙의 기본 원칙으로 놓으시는 첫번째의 주옥 같은 기초는 이것이다. "심령이 가난한 자는 복이 있나니 천국이 저희 것임이요." 기도가 필요에 대한 내적 인식을 따르며 심각한 빈곤을 경험하고 있는 심령의 발언이듯이 "심령이 가난한" 자는 기도할 수 있고 또 기도하는 위치에 있다는 것은 분명한 사실이다.

기도는 세상에서 무서운 힘이다. 기도와 기도의 놀라운 가능성을 이같이 생각해 보라. 하나님의 대의가 세상에서 움직이지 않고 가만히 있다. 일하지 못해 안달하는 힘센 한 천사가 하늘에서 하나님 보좌 근처에서 기다리며 세상의 일을 진척시키고 이 세상에서 하나님의 대의가 진행하도록 자극을 주기 위해 모든 시대에 걸쳐 하나님의 성도들 가운데 기도하는 자들을 다 모으고 하나님 앞으로 데려간다. 이는 마치 아론이 성소에 들어갈 때 하나님의 직접적인 임재 앞에 두려워서 귀한 향기로 자신을 감싸곤 하였던 것과 같다. 그 천사는 공기 전체에 거룩한 기도의 제사가 스며들게 하고 나서 기도의 불을 취하여 땅에 던진다.

놀랄 만한 그 결과를 주목해 보라. "뇌성과 음성과 번개와 지진이 나더라." 세상을 이처럼 진동시킨 무서운 힘은 무엇인가? 그 답은 하나님 보좌 근처에서 기도를 맡고 있는 그 천사가 풀어놓은 "성도들의 기도"였다는 것이다. 이 강력한 힘은 세상에서 가장 강력한 다이나마이트의 힘과도 같은 기도이다.

전능하신 하나님께서 당신의 진실한 선지자가 드리는 기도에 대한 응답으로 일으키신 기도의 경이를 보여 주는 또 한 가지 사실을 들어보자. 하나님의 백성인 민족이 머리와 마음과 생활에서 철저하게 하나님을 배신하였다. 하나님의 사람이 배교한 왕에게 그 나라에 아주 많은 것을 의미하는 무서운 메시지를 들고 갔다. "내 말이 없으면 수년 동안 우로가 있지 아니하리라."

구름을 가만히 있게 하고 비를 봉하며 이슬을 억제할 수 있는 이 강력한 힘이 어디로부터 나오는 것인가? 그처럼 권위를 가지고 말하는 이 사람은 누구인가? 세상에서 이 같은 일을 할 수 있는 힘이 존재하는가? 유일한 그 힘은 기도이며, 하나님의 기도하는 선지자가 휘두르는 힘이다. 기도로 하나님께 영향력을 행사하고 하나님을 이기며 자연의 세력에 대해 감히 그와 같은 권위를 주장하는 사람이 바로 그다. 엘리야라고 하는 이 사람은 그처럼 무서운 힘을 능숙하게 사용할 줄 알았다. "저가 비오지 않기를 간절히 기도한즉 삼 년 육 개월 동안 땅에 비가 아니 오고."

기도의 힘은 강력하다. 기도의 열매는 놀랄 만하다. 기도의 사람은 놀라운 일을 일으킨다. 기도를 통해 전능한 손이 일으킨 경이로운 일들은 많다. 기도로 이루어진 일들의 증거를 보면 아마도 우리는 깜짝 놀랄 것이다. 그 증거들은 우리의 믿음을 자극한다. 또한 우리가 기도할 때 우리의 기대를 북돋운다.

이같이 대충만 살펴보아도 우리는 기도의 큰 가능성과 절박한 필요성을 알 수 있다. 하나님께서 진실되게 기도하는 사람들 손에 어떻게 자신을 맡기시는지를 우리는 안다. 기도를 들으시고 응답하시는 하나님께서 위대하시므로 기도의 경이 또한 위대하다. 위대하신 하나님께서 기도하는 자들에게 하신 풍성한 약속이 위대하기 때문에 기도의 경이들 또한 위대하다.

우리는 그 동안 기도의 광범위한 가능성과 절대적인 필요성을 보았고, 앞서 말한 구체적이고 상세한 말들은 이 주제를 우리 마음에 좀더 분명하고 진실되며 강하게 심기 위해 필요한 것들임도 보았다. 교회는 그 어느 때보다 더 교회에 맡겨진 일을 수행함에 있어 기도가 지극히 중요하다는 사실을 깊이 확신할 필요가 있다. 교회가 주이시며 선생이신 예수께서 맡겨 책임지게 하신 어렵고 까다로운 일을 수행할 수 있으려면 더 많이 기도하고 더 잘 기도해야 한다.

기도하지 않는 교회에는 패배가 기다리고 있을 뿐이다. 더 많이 기도하는 교회에는 반드시 성공이 따를 것이다. 교회에 있는 초자연적인 요소는 오직 기도로만 오며, 그 요소가 없으면 교회는 실패할 수밖에 없다. 바쁘고 떠들썩한 이 시대에 하나님이 부르신 교회는 기도에 더 많은 시간을 드려야 한다.

피상적인 종교가 판을 치는 생각 없고 어리석은 이 시대는 기도에 대해 더 많이 생각해야 한다. 교회가 주의 힘을 입어 전진하고 하나님께서 교회의 유산으로 약속하신 기사들을 행하려고 하면 기도에 더 마음과 영혼을 쏟아 부어야 한다.

> 살아계신 하나님의 영이시여
> 당신의 풍성한 은혜 가운데서
> 인류의 발이 딛고 서 있는 어느 곳이든지
> 배교한 우리 인간에게 내려오소서
>
> 불의 혀와 사랑의 마음을 주시어
> 화해의 말씀을 전하게 하시고
> 위로부터 능력과 열정을 주소서

즐거운 소리가 들리는 어느 곳에든지

이 시는 존 웨슬리의 생애에서 영적 능력을 현저히 보여 주는 한두 가지 예를 보여 주기 위한 것일지도 모른다. 이 유명한 인물은 친구들을 모으고 밤새워 기도하거나 하나님의 강력한 능력이 그들에게 임할 때까지 기도하였다고 한다.

1738년 12월 31일 철야 예배 때 찰스 웨슬리와 존 웨슬리가 화이트필드와 함께 밤새도록 앉아서 찬송하고 기도하였다. 그때의 상황을 이같이 설명하고 있다.

> 새벽 3시쯤 우리가 기도를 계속하고 있을 때 하나님의 능력이 강력하게 우리에게 임하였다. 그러자 많은 사람이 지극히 기뻐서 소리쳤고 또 많은 사람들이 땅에 엎드렸다. 우리는 장엄한 하나님의 임재에 두려움을 느끼고 놀라다가 정신을 조금 차리자마자 한 목소리로 이같이 찬양하기 시작하였다.
> "하나님을 찬양하라! 하나님은 주이시다!"

웨슬리 씨는 또 한 번의 경우에 대해 이같이 설명한다.

> 한 밤중이 지나서 우리 가운데 100여명 되는 사람들이 함께 노래하고 기뻐하며 하나님을 찬송하면서 집으로 걸어갔다.

이 경건한 성도는 이와 같은 말을 자주 기록하고 있다. "우리는 아침까지 말씀을 전하고 기도하고 찬양하는 일을 계속하였다."

한 번은 웨슬리가 홀로 하나님과 밤새워 씨름하는 모습이 그것을 보고 자신의 영적 상태를 생생하게 자각하게 된 한 가톨릭 사제에게 크나큰 영향을 주었다고 한다.

하나님께서 성경 시대에 기도를 통하여 기이한 일을 행하시는 가운데 자주 당신의 권능을 보여 주셨듯이 현대에도 당신을 증거하지 않으신 채 지나는 법이 없으시다. 오순절 성령 강림이 있기 전에 그랬듯이 오늘날도 기도는 끈기 있는 지속적인 기도의 응답으로 사람들에게 성령이 임하시게 한다. 기도의 경이는 그치지 않았다.

15

기도와 하나님의 섭리 (1)

　기도와 하나님의 섭리는 밀접하게 연결되어 있다. 이 둘은 서로 친한 관계이다. 아마 이 둘을 떼어놓을 수는 없을 것이다. 이처럼 이 둘은 긴밀하게 연결되어 있어서 하나를 부정하면 다른 하나를 폐지하게 될 것이다. 기도는 섭리를 가정하며 섭리는 기도의 결과이고 또한 기도의 일부이다. 기도에 대한 응답은 모두가 사람의 일에 하나님의 섭리가 개입한 것일 뿐이다. 섭리는 특별히 기도하는 사람과 관계가 있다. 기도, 섭리, 성령은 서로가 협력하며 서로 완벽한 조화를 이루는 삼위일체적 요소이다. 기도는 기도하는 상대를 위하여 하나님께서 개입하시도록 성령을 통하여 요청하는 것일 뿐이다.
　섭리라고 하는 것은 세상과 세상의 일을 하나님께서 감독하시는 것이다. 섭리는 전능하신 하나님께서 생물체이든 무생물체이든 혹은 지적 동물이든 아니든 모든 피조물에 대해 베푸시는 은혜로운 준비를 함축한다. 일단 하나님께서 창조주이시고 만인의 보존자이심을 인정하면 논리적으로 하나님은 당신이 창조하셨고 현재 존재하도록 보존하시는 모든 것을 직접적으로 감독하신다는 결론에 이를 수밖에 없다. 사실, 창조와 보존은 감독하는 섭리를 전제한다. 하나님의 섭리라고 부르는 것은 전능하신 하나님께서 최선의 이익을 위하여 세상을 다스리시고 사람의 선을 위해 모든 것을 감독하시는 것을 말한다.
　사람들은 "특별 섭리"와 구별하여 "일반 섭리"를 말한다. 특별 섭리로 이루어지지 않는 일반 섭리란 없다. 하나님 편에서의 일반 섭리는 각 개인, 모든 피조물 하나하나에 대해 시행되는 특별하고 개별적인 섭리를 전제로 한다.

하나님은 모든 곳에서 만물이 사람의 최상의 선을 위하도록 지켜보고 감독하며 살피고 다스리시며 당신의 계획을 진척시키고 창조와 구속의 일에서 당신이 뜻하시는 바를 실행하고 계신다. 하나님은 부재하는 분이 아니시다. 하나님은 세상과 그 안에 있는 만물을 창조하시고서 소위 자연 법칙이라고 하는 것에 넘겨 준 채 세상에 대해서나 당신의 법의 작용에 대해 전혀 관심을 갖지 않고서 우주의 은밀한 곳에 물러나 계시지 않는다. 하나님께서 직접 세상에 손을 대고 계시므로 세상이 하나님의 통제를 벗어나서 운행되지 않는다. 세상의 거민과 세상일이 전능하신 하나님으로부터 독립하여 운행되고 있지 않다.

섭리는 어떤 것이든 모두가 특별 섭리이다. 기도와 이 같은 섭리는 함께 일한다. 하나님의 손은 모든 것에 다 미친다. 하나님의 눈길을 벗어나거나 하나님의 눈길이 미치지 못하는 것은 없다. 세상에서 발생하는 모든 것이 다 하나님이 명령하여 생기는 것은 아니다. 사람은 여전히 자유로운 존재이다. 그러나 사람이 자유롭게 활동하고 마귀가 나라 곳곳에서 움직이고 있지만 하나님께서 사람의 선을 위하고 당신의 영광을 위하여 세상사를 감독하고 다스리시며 사람의 분노를 일으켜서라도 당신을 찬송하게 하신다는 것을 생각할 때 전능하신 하나님의 지혜가 드러난다.

온전히 지혜로우시고 공의로우신 하나님의 감독 하에서는 어떤 것이든 우연히 일어나는 법이란 없다. 하나님께서 도덕계나 자연계에서 통치하고 계시므로 우발적으로 발생하는 일이란 없다. 하나님은 질서의 하나님이시고 법의 하나님이시다. 그러나 당신께서 구속하신 지적인 피조물을 위하여 감독하시는 하나님이시다. 어떤 일도 하나님께서 아시지 못하는 가운데 일어날 수는 없는 일이다.

하나님은 두루 살피사
우리의 일어서고 누움을 보시며

우리의 공중 앞에 행하는 일과 은밀히 행하는 일을 보시고
우리 가슴의 비밀한 것을 보시나이다

예수께서는 이 문제를 다음과 같은 말씀으로써 해결하신다. "참새 두 마리가 한 앗사리온에 팔리는 것이 아니냐 그러나 너희 아버지께서 허락지 아니하시면 그 하나라도 땅에 떨어지지 아니하리라 너희에게는 머리털까지 다 세신 바 되었나니 두려워하지 말라 너희는 많은 참새보다 귀하니라."

이 세상에서 하나님을 제외시킬 수 없다. 기도의 교리는 하나님을 곧바로 이 세상으로 모셔들이고 세상 모든 일에 직접 개입하시게 만든다.

인생의 섭리에서 하나님을 배제하는 것은 기도와 기도의 능력을 정면으로 부정하는 일이다. 어떤 일도 하나님의 승인 없이 이 세상에서 일어날 수 없다. 그러나 하나님께서 모든 일을 찬성하신다거나 일어나는 모든 일에 책임이 있으시다는 의미에서 그런 것은 아니다. 하나님께서는 죄의 장본인이 아니시다.

마치 하나님께서 통치하시지 못하고 미처 주의하지 못하며 관심을 갖지 못하는 일이 있기라도 한 것처럼 사람들은 때로 "하나님께서 모든 것 안에 계시느냐"는 질문을 한다. 하나님께서 모든 일을 주관하시지 않는다면 그리스도인이 빌립보 교인들에 대한 바울의 지시를 따라 기도하는 일이 어떻게 되겠는가?

아무것도 염려하지 말고 오직 모든 일에 기도와 간구로 너희 구할 것을 감사함으로 하나님께 아뢰라

하나님께서 관여하시지 않는 어떤 일을 위하여 기도해야 하는 일이 있겠는가? 하나님께서 모든 것 안에 계시지 않는다는 교리를 따른다면 "범사에 구할 것을 하나님께 아뢸" 우리는 하나님의 영역 밖에 있는 것이 된다.

그러면 우리는 모든 시대 모든 나라에 있는 하나님의 모든 성도들에게

위로가 되는 큰 약속, 곧 기도에 관한 것이며 특별한 섭리 가운데 받아들이는 이 약속에 대해서는 어떻게 할 것인가? "우리가 알거니와 하나님을 사랑하는 자 곧 그 뜻대로 부르심을 입은 자들에게는 모든 것이 합력하여 선을 이루느니라."

하나님께서 모든 일에 관여하시지 않는다면 "하나님을 사랑하는 자들에게는 합력하여 선을 이룸" "모든 것"이란 말에 대해서 우리는 무엇을 기대할 수 있겠는가? 하나님께서 모든 일을 관여하시지 않는다면 하나님의 섭리 가운데서 우리가 무엇을 기도에서 제외시켜야 할 것인가? 하나님께서 허락지 않으시면 어떤 것도 성도의 삶에 들어오지 못한다는 것을 성경이 확증하는 견고한 전제로 삼을 수 있다. 일이 일어나는 곳에는 언제든지 거기에 하나님이 계신다. 하나님은 멀리 떨어져 계시지 않는다. 참새를 주목하여 보시는 하나님께서는 당신의 성도들도 눈여겨보신다. 성도가 있는 곳에는 언제든지 편재하시는 하나님의 임재가 있다. "정녕 내가 너와 함께 하리라"는 것이 하나님께서 자기 모든 자녀에게 하시는 말씀이다.

"여호와의 사자가 주를 경외하는 자를 둘러 진치고 저희를 건지시는도다." 하나님이 허락지 않으시면 아무것도 하나님을 경외하는 자들을 건드릴 수 없다. 여호와 군대의 대장의 허락이 없으면 그 어떤 것도 그 진을 파할 수 없다. 칼이나 고통이나 고난이나 궁핍이나 죽음까지라도 전능하신 하나님의 허락이 없으면 이 하나님의 진에 들어올 수 없고, 허락하시는 때에라도 하나님께서는 당신의 성도들의 선을 도모하고 당신의 계획과 뜻을 수행하기 위한 계획 가운데서 그 진을 사용하시기도 한다.

> 내가 확신하노니 사망이나 생명이나 천사들이나 권세자들이나 현재 일이나 장래 일이나 능력이나 높음이나 깊음이나 다른 아무 피조물일지라도 우리를 우리 주 그리스도 예수 안에 있는 하나님의 사랑에서 끊을 수 없느니라.

고통스런 이 악한 일들이 하나님께서 허락하심으로 말미암아 올 수 있지만 하나님께서 그 현장에 계시며 하나님께서 그 모든 것에 손을 뻗치고 계시고 그 모든 것들이 합력하여 당신의 계획을 이루도록 하신다. 하나님께서는 이 모든 것이 하나님 백성의 선을 위하도록 다스리며 거기에서 영원한 선을 이끌어 내신다. 이런 일과 그밖에 수없이 많은 다른 일들도 전능하신 하나님께서 당신의 통치를 행하시는 가운데 당신의 자녀를 훈련하시는 과정에 포함된다.

하나님의 섭리는 기도의 영역이 뻗치는 데까지 미친다. 하나님의 섭리는 우리가 기도하는 모든 것에 관여한다. 너무 작아서 하나님 눈에 보이지 않는 것이란 없으며 너무 하찮아서 하나님의 눈길과 관심을 끌 수 없는 것이란 없다. 하나님의 섭리는 성도를 걸려 넘어지게 하는 것까지도 관계하신다.

저가 너를 위하여 그 사자들을 명하사 네 모든 길에 너를 지키게 하심이라 저희가 그 손으로 너를 붙들어 발이 돌에 부딪히지 않게 하리로다.

참새에 관한 주님의 말씀을 다시 한 번 읽어 보자. "참새 다섯이 앗사리온 둘에 팔리는 것이 아니냐 그러나 하나님 앞에는 그 하나라도 잊어버리시는 바 되지 아니 하는도다." 바울은 "하나님께서 어찌 소들을 위하여 염려하심이냐" 하고 날카롭게 묻는다. 이 말씀은 하나님께서 사람에 관한 지극히 작은 것이라도 염려하시고 지극히 하찮은 문제라도 관여하신다는 것을 나타낸다. 섭리의 하나님을 믿는 자는 자기에게 일어나는 모든 것에서 하나님의 손길을 볼 준비가 되어 있고 모든 것에 대해 기도할 수가 있다.

섭리의 하나님을 신뢰하고 모든 것을 기도 가운데로 가져가는 성도라도 하나님의 섭리의 신비한 면들을 다 설명할 수 있는 것은 아니지만 기도하는 사람은 모든 일에서 하나님을 인정하며 자기에게 닥치는 모든 일에서 하나님을 보며, 요한이 갈릴리 바다에서 베드로에게 말했듯이 "주시다" 하고 언제든지 말할 수 있다.

기도하는 성도는 하나님께서 자기를 다루시는 일을 해석하려 들거나 하나님의 섭리를 설명하려고 하지 않는다. 오히려 이들은 빛 가운데서 뿐만 아니라 어둠 가운데서도 하나님을 신뢰하는 법을 배웠고, "근심이 홍수처럼 밀려오고 슬픔이 폭풍처럼 쏟아지는" 때에도 하나님을 믿는 법을 배웠다.
"주께서 나를 도말하실지라도 나는 저를 의지할 것이라." 기도하는 성도는 예수께서 베드로에게 하신 "나의 하는 것을 이제는 알지 못하나 이후에는 알리라"는 말씀을 전적으로 의지한다. 기도하는 성도들만이 생활의 섭리 가운데서 하나님의 손을 볼 수 있다. "마음이 청결한 자는 복이 있나니 저희가 하나님을 볼 것임이요." 또 이 세상에서 이루어지는 하나님의 섭리에서, 그 말씀과 교회에서 하나님을 볼 것이다. 이들은 세상사에서 하나님을 배제하지 않는 사람들이며 하나님께서 자기들을 위해 세상 문제에 개입하신다는 것을 믿는 이들이다.
하나님의 섭리가 모든 사람들에게 이루어지지만 하나님께서는 특별히 당신의 백성들을 위해서 세상에 대한 통치를 감독하고 조정하신다.
기도는 하나님의 섭리가 시행되도록 한다. 기도는 하나님께서 당신 백성들의 선을 위해 세상사를 감독하고 지도하시는 일을 하게 만든다. 기도는 문이 닫혔거나 좁아졌을 때 길을 열어 준다.
섭리는 특별히 이 세상사에 더욱 관여한다. 하나님의 섭리가 지극히 밝게 빛나며 아주 명백하게 드러나는 것은 바로 이 세상에서이다. 섭리는 의식주 문제나 사업상 곤경에 관여하는 일을 하고, 묘하게 개입하여 위험에서 구출하는 일이나 위급한 상황에 처했을 때 결정적인 순간에 때마침 도움을 주는 일을 한다.
광야 유랑 시절에 이스라엘을 먹이신 일은 하나님께서 당신 백성의 세속적인 필요를 돌보시는 섭리를 보여 주는 뚜렷한 예이다. 하나님께서 당신의 백성을 다루신 일을 보면 그 오랜 순례의 길에서 어떻게 그 백성을 부양하셨는지 알 수 있다.

> 날마다 만나를 내리셨으니
> 이는 이 교훈을 잘 배우게 하려 함이었네!
> 지금도 끊임없는 자비로 저를 기르시니
> 주여, 저에게 일용할 양식을 주옵소서.

날마다 그 약속이 살아있고
날마다 그 날을 위한 힘이 필요하니
쓸데없는 두려움은 던져버리고
오늘의 만나를 주워라.

우리 주께서 산상수훈에서 "무엇을 먹을까 무엇을 마실까 몸을 위하여 무엇을 입을까 염려하지 말라"고 말씀하시는데, 이는 자기 백성을 입히고 먹이시는 이 섭리에 대한 교훈을 가르치고 계시는 것이다. 그리고나서 주님은 공중의 새를 먹이고 들의 백합화를 입히시는 것이 바로 하나님의 섭리라는 사실에 주의를 기울이게 하고서 하나님이 새와 꽃을 위해 이렇게 하신다면 자기 백성들은 더욱 돌보시지 않겠느냐고 물으신다.

이 모든 가르침은 결국 하나님 자녀들의 세속적 필요를 돌보는 하나님의 섭리를 어린아이처럼 절대적으로 신뢰할 필요가 있음을 이야기하는 데로 나간다. 그리고 이 모든 가르침은 우리 주께서 하신 말씀 가운데 기도에 관한 말씀과 밀접하게 연결되어 있으며, 따라서 이것은 하나님의 섭리를 기도와 기도의 약속과 밀접하게 연결시키고 있음을 특별히 주의해 보아야 한다.

엘리야의 경우에서 하나님의 섭리에 대한 인상적인 교훈을 보게 된다. 엘리야가 그릿 시냇가로 보냄을 받았는데, 그곳에서 하나님은 실제로 까마귀를 고용하여 당신의 선지자를 먹이셨다. 세상사에서 하나님을 배제할 수 없음이 명백히 나타나는 하나님의 개입을 여기서 볼 수 있다. 하나님께서는 자기 종에게 음식이 필요한 상황을 허락하시기 전에 공중의 새를 시켜 당신의 명령을 행하게 하고 자기 선지자를 돌보게 하신다.

이것으로 이야기가 다 끝나지 않았다. 시내가 마르자 하나님은 자기 종을 가난한 과부에게 보내셨다. 그 과부에게는 자기와 아들이 한 끼 먹을 밀가루와 기름만 있었을 뿐이었다. 그러나 과부는 마지막 남은 빵 한 조각을 선지자와 나누었다. 그 결과 어떤 일이 벌어졌는가? 하나님의 섭리가 개입하였다. 가뭄이 지속되는 동안 기름병에서 기름이 떨어진 적이 없으며 밀가루통에서 밀가루가 바닥난 적이 없었다.

구약 성경은 전능하신 하나님께서 당신 백성을 위해 베푸신 섭리에 대한 예들로 반짝이며 하나님의 지배하시는 섭리를 뚜렷하게 보여 준다. 사실 구약은 대체로 볼 때 한 특정한 민족을 다루며 그 민족의 모든 세속적 필요를 앞질러 처리하신 하나님의 섭리를 보여 주는 기사이며, 위급한 상황에서 그 민족을 보살피고 환난 가운데서 그들을 성결케 하신 섭리의 이야기이다.

하나님의 섭리를 잘 다루고 있는 뉴턴의 옛 찬송은 읽어볼 만한 가치가 있다.

> 고난이 닥치고 위험에 놀랄지라도
> 친구가 다 끊어지고 적들이 몰려올지라도
> 나를 지키는 한 가지가 있네, 어떤 일이 일어날지라도
> 우리를 안심시키는 약속이 있으니,
> 주께서 준비하시리라는 말씀일세
>
> 새는 곳간도 없고 창고가 없어도 먹이를 얻으니
> 새들을 보고 배우세, 우리의 양식을 위해 의지하는 법을
> 주께서 당신의 성도들에게 합당한 것을 결코 거절치 않으시리니
> 기록된 바 주께서 준비하시리라 하셨도다

사실, 옛 찬송들 가운데는 하나님의 섭리를 노래하는 정서가 깊이 배어 있는 것이 많다. 이 찬송시는 오늘날도 읽고 부를 만하다.

하나님은 지극히 고통스럽고 슬픈 인생의 사건들 속에도 계신다. 이런 모든 일들이 기도의 주제가 되는데, 이는 기도하는 사람의 생활에 닥치는 모든 것이 하나님의 섭리 가운데 있으며, 감독하시는 하나님의 손 아래에서 이루어지기 때문이다. 인생의 슬프고 고달픈 일에서는 하나님을 제외시키려고 하는 사람들이 있다. 이들은 말하기를, 하나님은 우리에게 슬픔을 가져다주는 어떤 일들과는 전혀 상관이 없다고 한다. 자녀의 죽음에는 하나님이 개입하시지 않는다고, 아이들은 자연적인 요인으로 죽고, 그것은 자연법칙의 작용일 뿐이라고 말한다.

그런데 자연 법칙은 하나님이 세상을 다스리실 때 사용하시는 하나님의 법이 아니고 무엇이겠는가? 그리고 대체 자연이란 게 무엇인가? 누가 자연을 만들었는가? 하나님께서 자연을 다스리고 자연을 통제하며 자연 속에 계시다는 사실을 알 필요가 얼마나 절실한지! 우리는 자연이나 자연 법칙이 그 법들을 만드신 전능하신 하나님의 종에 지나지 않는다는 것과, 하나님께서 그 법칙들 안에 계시며 법칙들은 하나님의 은혜로운 계획을 수행하는 하나님의 종일 뿐으로 당신의 목적을 수행하기 위해 제정하신 것임을 알 필요가 있다. 섭리의 하나님, 곧 그리스도인들이 기도 드리는 대상이시며 자기 자녀들의 선을 위해 개입하시는 그 하나님은 자연 위에 계시며 자연에 속한 모든 것을 완벽하고 절대적으로 통제하시는 분이시다. 자연 법칙 가운데 어떤 것도 하나님의 승인 없이 단 한 명의 자녀라도 그 목숨을 뺏어갈 수 없으며, 그같이 슬픈 사건이 단 한 가지라도 만물을 굽어보시는 하나님의 눈길을 피해서 일어날 수 없고 하나님의 임재 없이 발생할 수 없다.

다윗은 자식의 생명을 위해 금식하며 기도하였을 때 이 교리를 믿었던 것이다. 하나님께서 마땅히 죽어야 할 아이의 죽음에 전혀 관계하시지 않는다면 다윗이 무엇 때문에 아이의 생명을 살려달라고 금식하며 기도하겠는가?

게다가 "하나님께서는 소들을 위하여 염려하시고" 땅에 떨어지는 참새도 다 살펴보시는데 멸하지 않을 당신의 자녀가 이 세상을 떠나가는 일에 전혀 상관하지 않으실 수 있겠는가? 또한 자녀의 죽음이 설사 어떤 사람들이 주장하듯이 자연 법칙의 작용으로 발생하는 것이라 할지라도 그것은 아이의 부모에게 엄청난 고통이라는 사실을 기억해야 한다. 이 부모들이 그런 교리를 믿는다면 어떤 처지가 되겠는가? 아이의 죽음은 부모에게 말할 수 없이 큰 슬픔이 된다. 이들은 아이의 죽음에서 하나님의 손을 보지 못하는가? 이들은 자녀를 취해감에 있어서 하나님의 섭리도 없고 하나님의 감독도 없다고 생각하는가? 다윗은 자녀의 생명을 유지하는 일에 하나님께서 관여하신다는 사실과, 자기 아이를 죽음에서 건지는 일에 기도가 효력을 발휘할 수도 있다는 사실을 분명히 알고 기도하였고, 아이가 죽자 그것은 하나님께서 그렇게 정하셨기 때문이라는 것을 인정하였다. 이 모든 일에서 기도와 섭리가 조화를 이루며 작용했고, 다윗은 그 사실을 철저하게 이해하였다. 전능하신 하나님의 직접적인 허락 없이는 단 한 명의 자녀도 죽지 않으며, 그런 사건이 발생한다면 그것은 지혜롭고 선한 목적을 위해 섭리 가운데서 일어나는 것이다. 하나님께서는 그 아이와 아이의 부모, 관련된 모든 사람들에 대한 계획 가운데서 그 일을 일으키시는 것이다. 그리고 아이가 살든지 죽든지 그것은 기도의 제목이 된다.

> 세상사 하나하나에서
> 통치하시는 당신의 손을 어찌 그리 분명하게 볼 수 있는지요
> 하나하나가 내 영혼에 더없이 귀한 복이니
> 이는 당신께서 그 일을 허락하셨음이라.

16

기도와 하나님의 섭리 (2)

하나님께서 사람을 다루시는 일에는 두 가지 섭리가 있는데, 직접적 섭리와 허용적 섭리가 있다. 하나님께서 어떤 일은 명령하시고 어떤 일은 허용하신다. 그러나 하나님께서 자기 성도의 삶에 고통스런 일을 허락하는 경우에도 비록 그 고통이 사악한 마음에서 생기고 죄인의 행동일지라도 성도에게 고통이 닥치기 앞서 그것은 성도에게 하나님의 섭리가 된다. 달리 말하자면, 하나님께서 이 세상에서 허용하시는 일들이 있는데, 그 가운데는 아주 힘들고 고통스럽지만 하나님께는 전혀 책임이 없고 그 고통을 일으키는 사람들은 결코 용서받을 수 없는 일들이 많다.

그러나 그런 사건이나 일이 하나님의 성도에게는 언제나 하나님의 섭리가 된다. 그래서 성도는 이같이 슬프고 괴로운 일을 겪을 때마다 "이는 여호와시니 여호와께서 선한 대로 하올지라"고 말할 수 있다. 혹은 시편기자처럼 "내가 잠잠하고 입을 열지 아니하옴은 주께서 이를 행하신 연고니이다"라고 말할 수 있을 것이다.

이것이 욥이 당한 극심한 모든 고통에 대한 설명이었다. 물론 이 모든 고통이 사탄의 마음에서 생기고 사탄이 그 일들을 꾀하고 실행하였지만 그 모든 것이 하나님의 섭리 가운데서 욥에게 임한 것이다. 하나님은 사탄이 재산을 약탈하고 자녀들을 빼앗아 욥을 괴롭히도록 허용하신다. 그러나 욥은 이러한 일들을 맹목적인 우연에 돌리거나 사탄의 역사로 여기지 않고 "주신 자도 여호와시요 취하신 자도 여호와시니 여호와의 이름이 찬송

16. 기도와 하나님의 섭리(2) *411*

을 받을지니이다"고 말했다. 욥은 이 모든 일을 그가 경외하고 섬기고 의뢰하는 하나님에게서 오는 것으로 여겼다.

그리고 아내가 이 문제에서 하나님을 제외시키고 남편에게 악의에 차서 "하나님을 저주하고 죽으라"고 말했을 때도 욥의 말은 변함이 없었다. "그대의 말이 어리석은 여자 중에 하나의 말과 같도다. 하나님께 복을 받았은즉 재앙도 받지 아니하겠느뇨."

이 믿음의 사람에 대해 "이 모든 일에 욥이 입술로 범죄치 아니하니라"고 기록되어 있는데, 욥을 다루시는 일에 대해 그와 같은 관점에서 보면 놀라운 일이 아니다. 또 다른 곳에서도 "이 모든 일에 욥이 범죄하지 아니하고 하나님을 향하여 어리석게 원망하지 아니하니라"고 기록되어 있다. 하나님과 세상사에 대해서 이야기할 때 이 세상에서 행해지는 하나님의 섭리에 대해 제 마음대로 판단하여 말하는 것만큼 어리석고 악한 것은 없다. 욥의 모범을 따라서 고난과 궁핍이 아무리 극심할지라도 그 안에서 섭리하시는 하나님의 손을 보고 하나님을 인식하는 사람들이 많이 있으면 좋겠다.

이 모든 고통스런 경험의 결말은 우리가 익숙히 알고 있는 바울의 말을 예증한다. "우리가 아노니 하나님을 사랑하는 자에게는 모든 것이 합력하여 선을 이루느니라." 욥은 결국 전에 빼앗긴 것보다 더 많은 것으로 돌려 받는다. 욥은 엄청난 시련을 딛고 승리하였으며 오늘까지 하나님의 섭리 속에서 위대한 인내와 굳센 믿음을 보인 표본이 되었다. "너희가 욥의 인내를 들었거니와"라는 말씀이 지금까지 하나님의 계시를 타고 내려오고 있는 것이다. 하나님은 사단의 악한 행동을 당신의 계획 속으로 끌어들여 선을 이루신다. 하나님께서는 악을 지지하거나 묵인하지 않고 악을 활용하여 선을 이루신다.

우리는 요셉을 애굽으로 팔아 넘기고 늙은 아버지를 속인 형들과 요셉의 이야기에서도 하나님의 섭리에 대한 동일한 은혜스러운 진리가 증거되고 있음을 본다. 이 모든 일은 이들의 악한 마음에서 시작되었다. 그러나 그 일이 하나님의 계획과 목적에 이르자 요셉에게나 야곱의 후손들의 미래에 모두 하나님의 섭리가 되었다. 요셉이 애굽에 내려온 형들에게 자기를 밝히고, 그 모든 고통스러웠던 사건들이 모두 하나님의 의중에서 나온 것이며 야곱과 그 후손에 대한 하나님의 목적을 이루는 것임을 이야기하는 것을 들어 보라.

　　　당신들이 나를 이곳에 팔았으므로 근심하지 마소서 한탄하지 마소서 하나님이 생명을 구원시키려고 나를 당신들 앞서 보내셨나이다 하나님이 큰 구원으로 당신들의 생명을 보존하고 당신들의 후손을 두시려고 나를 앞서 보내셨나니 그런즉 이리로 나를 보낸 자는 당신들이 아니요 하나님이시라.

　쿠퍼의 잘 알려진 찬송 중 한 절이 이 점을 잘 밝혀 준다.

　　　　주 하나님 크신 능력 참 신기하도다
　　　　바다와 폭풍 가운데 주 운행하시네.

　유다가 주님을 배반한 사건에서도 똑같은 사실을 볼 수 있다. 물론 유다가 주님을 배반한 일은 악인의 사악한 행동이었지만 하나님께서 허락하시기 전에는 결코 그 일이 주님께 미치지 못했으며, 하나님은 유다의 악의를 세상을 구속하시는 계획 속으로 끌어들이셨다. 유다의 악행에서 선이 나왔다고 해서 유다가 용서받지는 못했다. 오히려 그 사실은 그 악의를 지배하여 인간의 구속이 이루어지도록 하신 하나님의 지혜와 위대함을 찬양케 할 뿐이다. 제2원인으로부터 발생하는 일들이 하나님께 예기치 못한 것이 아니고 하나님께서 통제하실 수 없는 것도 아니다. 어디로부터 오는 고통이든지 하나님의 손은 기도에 대한 응답으로 그 고통을 제지할 수 있고 "지극히 크고 영원한 영광의 중한 것을 우리에게 이루게" 할 수 있다.

　하나님의 섭리는 성도들에 앞서가 길을 열어 주고 어려움을 없애며 문제를 해결하고 결코 벗어날 수 없는 것 같은 상황에서도 구원을 이룬다. 하나님은 이스라엘의 택하신 지도자인 모세의 손을 통해 이스라엘을 애굽에서 이끌어내셨다. 이들이 홍해에 이르렀다. 앞에는 건널 길도 다리도 없는 바다가 있었고 옆에는 높은 산이 있었으며 뒤에는 바로의 군사들이 오고 있었다. 사면초가였고 희망이라곤 찾아 볼 길이 없었고 절망만 지배하는 듯이 보였다. 그러나 사람들이 간과한 길이 하나 있었다. 그것은 위로 난 길이었다. 기도와 믿음의 사람 모세가 그 자리에 있었다. 하나님의 섭리를 알았던 이 기도의 사람은 위엄있게 이스라엘 백성에게 이같이 말하였다.

두려워말고 잠잠하여 하나님의 구원을 보라.

그리고서 지팡이를 들고 하나님의 명령을 따라 손을 바다 위로 내밀었다. 그러자 바다가 갈라졌고, "이스라엘 자손을 명하여 앞으로 나가게 하라"는 명령이 내려졌다. 이스라엘은 마른땅이 된 바다 바닥을 밟고 건너갔다. 하나님께서 길을 여셨고, 도저히 해결할 수 없어 보였던 비상상황이 변하여 놀라운 구원이 일어났다. 하나님 백성의 길이 막혔을 때 하나님께서 개입하신 것은 이번만은 아니었다.

유대인의 전 역사는 하나님의 섭리를 보여 주는 이야기이다. 구약은 하나님의 지배적인 섭리의 교리를 인정하지 않고는 사실로 받아들일 수 없다. 성경은 전적으로 하나님의 계시이다. 성경은 사건들을 계시한다. 성경은 인간의 이성, 과학 혹은 철학으로 발견할 수 없는 하나님과 그의 인격, 세상과 세상 사람들을 다스리시는 하나님의 방법을 밝히 드러낸다. 성경은 하나님께서 인간에게 자신을 계시하시는 책이다. 이 사실은 하나님께서 당신의 피조물을 돌보시는 일이나 이 세상과 세상사를 감독하신다는 점을 생각할 때 더욱 맞는 말이다. 섭리의 교리를 반박하는 것은 하나님 말씀의 전체 계시를 믿지 않는 처사이다. 우리는 성경 어디에서든 인간사에 개입하시는 하나님의 손을 볼 수가 있다.

특별히 구약이 그렇지만 신약도 기도와 섭리를 보여 주는 이야기이다. 신약은 하나님께서 세상사에 직접 개입하신다는 사실을 믿고 기도하는 성도들을 다루시는 이야기이다. 또한 당신의 백성들을 위해 세상을 지휘하고 계획대로 사역을 진행시키며 창조와 구속의 목적을 이루어 가는 하나님의 방식을 이야기하는 책이다.

　기도하는 사람과 하나님의 섭리는 함께 간다. 이 사실은 성경의 기도하는 성도들을 보면 분명하게 알 수 있다. 이들이 모든 것에 대해 기도했던 것은 하나님께서 모든 것에 관여하시기 때문이었다. 그들은 모든 것에 관여하시는 하나님의 섭리를 믿었기 때문에 기도할 때 모든 것을 하나님께 가져갔다. 그들은 항존하시는 하나님을 믿었다. 이들이 믿은 하나님은 성도와 피조물을 자연이라는 폭군과, 지나가는 길에 있는 어떤 사람도 아랑곳하지 않고 나가는 맹목적이고 유연성 없는 자연 법칙에 꼼짝없이 당하도록 내버려 둔 채 은밀한 곳으로 숨어버리신 분이 아니었다. 그것이 하나님에 대한 바른 개념이라면 왜 그런 신에게 기도하겠는가? 그런 하나님이라면 너무 멀리 계셔서 그들이 기도하는 소리를 들으실 수 없고 그들에게 너무 무관심해서 땅에 있는 사람들 때문에 번거로워지는 일도 없다.

　기도하는 사람들은 절망과 궁핍의 시기에 도움을 청하면 하나님께서 즐거이 응답하시고, 특별한 섭리를 행하실 것이라는 분명한 믿음을 지니고 있었다.

　적어도 기도하는 사람들은 소위 "자연 법칙"이라는 것 때문에 괴로워하지 않았다. 하나님은 자연 위에 계시며 자연을 통제하시고 자연은 하나님의 종에 불과하다고 믿었기 때문이다. 자연 법칙은 하나님의 법일 뿐이다. 자연은 하나님의 손에서 나온 산물이기 때문이다. 자연 법칙은 잠시 중단될 수 있고 그럴지라도 악이 초래되지 않을 수도 있다. 지적인 사람이라면 누구나 사람이 중력의 법칙을 지배하고 정복하는 것을 매일같이 익숙하게 본다. 그렇다고 해서 누구도 자연 법칙이 어겨졌다고 놀라서 손을 들고 비명을 지르지 않는다. 하나님은 법과 질서의 하나님이시다. 그래서 자연의 모든 법칙이 섭리와 은혜에서 아무런 충돌이나 부조화 없이 완벽하게 조화를 이루며 함께 역사한다.

　하나님은 기도하는 사람이 없어도 혹은 기도와 상관없이 질병과 강우의 법칙을 잠시 중단시키거나 무시하신다. 그러나 기도에 대한 응답으로 그렇게 하시는 때도 많이 있다. 비오기를 구하거나 화창한 날씨를 구한다고 해서 그것이 하나님의 도덕적 통치를 벗어나는 것도 아니며 하나님께 스스로 만드신 법칙을 위반하시도록 구하는 것도 아니다. 그것은 다만 하나님께 당신의 법칙에 따라 당신의 방식대로 비를 내리거나 화창한 날씨를 주시도록 구하는 것일 뿐이다. 질병을 쫓아달라는 기도 또한 자연 법칙에 대립되는 요청이 아니다. 그것은 비를 통제하거나 질병을 다스리는 소위 자연 법칙처럼 전능하신 하나님께서 작용하도록 정하신 기도의 법칙이라는 법에 따라 드리는 기도인 것이다.

 기도의 법칙을 믿는 자는 바라는 청원을 드릴 수 있는 튼튼한 근거를 갖고 있는 것이다. 기도의 한 짝인 하나님의 섭리를 믿는 사람도 마찬가지로 흔들릴 필요가 없는 견고한 근거 위에 서 있는 것이다. 이 두 교리는 굳게 서서 영원히 흔들리지 않을 것이다.

> 아무 때든지, 곧 아플 때나 건강할 때나
> 가난할 때나 부할 때나
> 고국에 있든지 타국에 있든지, 바다에서든 육지에서든
> 당신의 날들이 필요로 하는 대로
> 당신의 힘이 항상 같기를 바라나이다

제5권

기도의 진실

The Reality of Prayer

1924년 간행

1

기도는 신성하고 고귀한 특권이다

　기도는 하나님께 가까이 가는 가장 크고 포괄적인 방법이다. 기도는 뛰어난 경건을 이룬다. 기도는 하나님과의 친교이며 교제이다. 기도는 하나님을 즐기고 활용하는 것이다. 탄원은 좀더 제한된 강력한 형태의 기도이며 개인적인 필요 의식이 수반되고 긴급한 필요를 절박하게 구하는 것이다. 탄원은 정말 필요로 하고 그 필요를 강하게 느끼는 것을 간청한다는 점에서 기도의 정수이다.
　도고는 기도가 확대된 형태로 자신에게서 다른 사람에게로 나아가는 폭넓고 온전한 태도이다. 본래 도고는 다른 사람을 위하여 기도하는 것에 중점이 있는 것이 아니라 기도의 자유로움과 담대함, 어린아이 같은 확신과 관련이 있다. 도고는 영혼이 주저함이 없이 하나님께 가까이 나가 무한히 요구할 수 있는 영향력을 온전히 신뢰하는 것이다.
　기도는 언제 어디서나 신뢰하는 태도로 하나님 아버지께 직접 나아가 요청하는 것이다. 모든 기도의 모범인 보편적이고 온전한 주님의 기도에서 기도는 "하늘에 계신 우리 아버지"에게 드리는 요청이다. 나사로의 무덤에서 예수님은 눈을 들어 하늘을 우러러보시며 "아버지여" 하고 불렀다. 예수께서는 대제사장으로서 기도하실 때 눈을 들어 하늘을 보시며 "아버지여" 하고 말하셨다. 예수님의 기도는 모두가 자식으로서 드리는 개인적이고 친숙한 기도였다. 예수님의 기도는 또한 강력하고 감동적이며 눈물어린 기도였다. 바울의 말을 들어보자.

그는 육체에 계실 때 자기를 죽음에서 능히 구원하실 이에게 심한 통곡과 눈물로 간구와 소원을 올렸고 그의 경외하심을 인하여 들으심을 얻었느니라(히 5:7)

다른 곳(약 1:5)에서는 "구하는 것"이 기도로 표현되는 것을 본다. "너희 중에 누구든지 지혜가 부족하거든 모든 사람에게 후히 주시고 꾸짖지 아니하시는 하나님께 구하라 그리하면 주시리라."
하나님께 구하고 하나님으로부터 받는 것, 곧 하나님께 직접 신청하고 하나님과 직접 사귐을 갖는 것, 이것이 기도이다.
요한일서 5:14에는 기도에 관해 이 같은 진술이 나온다.

그를 향하여 우리의 가진 바 담대한 것이 이것이니 그의 뜻대로 무엇을 구하면 들으심이라 우리가 무엇이든지 구하는 바를 들으시는 줄을 안 즉 우리가 그에게 구한 그것을 얻은 줄을 또한 아느니라.

빌립보서 4:6에서는 기도에 관해 이같이 말씀한다.

"아무것도 염려하지 말고 오직 모든 일에 기도와 간구로 너희 구할 것을 감사함으로 하나님께 아뢰라."

기도에 관한 하나님의 뜻은 무엇인가? 무엇보다 우리가 기도하는 것이 하나님의 뜻이다. "항상 기도하고 낙망치 말아야 될 것을 저희에게 비유로 하여 가라사대."
바울은 젊은 디모데에게 하나님의 백성이 해야 할 가장 중요한 일들에 관해 쓰면서 기도를 제일 먼저 할 일로 이야기한다. "그러므로 내가 첫째로 권하노니 모든 사람을 위하여 간구와 기도와 도고와 감사를 하되"(딤전 2:1).
이것과 관련해서 바울은 하나님의 뜻과 모든 사람의 구원을 위한 예수 그리스도의 구속과 중보는 모두 이 기도의 문제와 관계가 있다고 단언한

1. 기도는 신성하고 고귀한 특권이다

다. 이 일에서 바울은 하나님의 뜻과 그리스도의 도고에 따라 사도적 권위와 영혼의 열망으로 "각처에서 남자들이 기도하라"고 명령한다.

신약에서 기도가 얼마나 자주 언급되는지 유의해볼 필요가 있다. "기도에 항상 힘쓰며." "쉬지 말고 기도하라." "기도에 항상 힘쓰고 감사함으로 깨어 있으라." "너희는 정신을 차리고 근신하여 기도하라." 그리스도께서 낭랑한 목소리로 요구하시는 바는 "깨어 기도하라"는 것이다. 이 모든 말씀을 볼 때 사람이 기도해야 하는 것이 하나님의 뜻이 아니겠는가?

기도는 하나님의 뜻을 보완하고 협력하며 실행하는데 능률적이다. 하나님의 주권적인 통치는 범위와 능력에서 예수 그리스도의 구속과 나란히 간다. 그리스도께서는 영원하신 성령을 힘입어 하나님의 은혜로 말미암아 "모든 사람을 위하여 죽음을 맛보셨다." 우리는 영원하신 성령을 힘입어 하나님의 은혜로 말미암아 모든 사람을 위하여 **기도한다**.

그러나 내가 하나님의 뜻에 따라 기도하고 있다는 것을 어떻게 알 수 있는가? 진정으로 기도하려고 하는 것은 모두가 하나님의 뜻에 반응하는 것이다. 기도가 서툴고 선생에게서 배우지 않아 미숙할 수도 있다. 그러나 기도하는 것이 하나님의 뜻에 순종하는 것이므로 하나님께서 받으실 만하다. 내게 기도하라고 명령하시는 성령의 감화에 기꺼이 복종하려고 하면 기도의 세부적인 사항과 탄원들은 내가 기도하기를 바라시는 하나님의 뜻과 조화를 모두 이루게 된다.

기도는 사소한 일도 아니고 이기적이고 하찮은 일도 아니다. 기도는 한 사람의 하찮은 일에 관심을 갖는 것이 아니다. 아무리 하찮은 기도라도 하나님의 뜻을 만나면 넓어지게 된다. 그래서 하나님의 뜻은 모든 말에 관여하고 모든 관심사를 보존하며 사람의 지극히 큰 부와 하나님의 지극히 큰 선을 향상시키는 데까지 이른다. 하나님은 사람이 기도하는 것에 깊은 관심이 있고 그래서 기도에 응답하겠다고 약속하셨다. 하나님은 우리가 기도하면 일반적인 어떤 것을 주겠다고 약속하시지 않고 우리가 기도로 구하는 바로 그것을 주겠다고 약속하셨다.

예수께서 그 본질적 특성들을 가르치신 기도는 생활의 모든 면에 관여한다. 기도는 형제애를 신성하게 한다. 유대인들에게 제단은 기도의 상징이자 기도의 처소였다. 유대인들은 하나님을 예배하는 일에 제단을 바쳤다. 예수 그리스도께서는 기도의 제단을 취하여 형제애를 높이는데 쓰신다. 그리스도께서 이 제단을 얼마나 정결하게 하시고 확장하시는지! 그리스도께서 어떻게 기도를 단순한 공연의 영역에서 이끌어 내시고, 기도의 미덕이 단지 기도하는 행위에 있게 하지 않고 우리로 사람들을 위해 행동하도록 하는 정신에 있게 하시는지!

사람들을 위하는 우리의 정신이 기도의 생명이다. 우리는 사람들과 평화롭게 지내야 한다. 우리가 하나님과 평화롭게 지낼 수 있으려면 할 수 있는 한 먼저 사람들과 평화롭게 지내야 한다. 하나님과 화목하기 전에 먼저 사람과 화목해야 한다. 우리의 영과 말에 하나님을 모셔들이려면 먼저 사람을 받아들여야 한다. 형제와 연합하는 것이 하나님과 연합하는 것보다 먼저 할 일이다. "그러므로 예물을 드리다가 거기서 네 형제에게 원망 들을 만한 일이 있는 줄 생각나거든 먼저 가서 형제와 화목하고 그 후에 와서 예물을 드리라"(마 5:23).

기도하지 않는 것은 법을 지키지 않는 것이며 불화하는 것이고 무질서한 것이다. 하나님의 도덕적 통치에서 기도는 물질 세계에서 중력의 법칙이 작용하는 것만큼 강력하고 효과가 멀리까지 미친다. 기도는 중력이 물질의 영역과 생활에서 사물을 붙드는데 필요한 만큼 필요하다.

산상수훈에서 기도가 차지하는 비중을 보면 기도에 대한 그리스도의 평가를 알 수 있고, 그리스도의 교훈에서 기도가 차지하는 중요성을 알 수 있다. 산상수훈에서 주님은 중요한 많은 원리들을 한두 구절로 압축하여 논하신다. 산상수훈이 111절로 이루어져 있는데, 이 중 기도에 대한 직접적인 언급이 18절에 걸쳐 나오고 그밖에 간접적인 언급도 나온다.

기도는 모든 시대에 그리고 하나님의 모든 자녀에게 경건의 중요한 한 가지 원리였다. 그리스도께서 의무들을 새로 제정하는 일을 하시지는 않았지만 중요한 본래의 의무들을 재발견하고 고치고 영적으로 변화시키고 강화하는 일을 하셨다.

모세에게는 기도의 위대한 특징들이 뚜렷이 나타난다. 모세는 헛수고를 하지 않고 거짓 전투도 벌이지 않는다. 모세의 성실하고 분투노력한 생애에서 지극히 성실하게 노력한 일은 기도였다. 모세는 지극히 뜨거운 영혼으로 기도에 많이 힘썼다. 모세는 하나님과 친밀했지만 친밀하다고 해서 기도할 필요가 사라지지 않았다. 그 친밀함 때문에 오히려 기도의 본질과 필요성을 더욱 명확하게 보았을 뿐이고, 더 큰 기도의 의무들을 보고 더 큰 기도의 결과들을 발견하였을 뿐이다. 이스라엘이 겪은 위기 가운데, 민족의 존망 자체가 위태로웠던 때를 돌아보면서 모세는 이렇게 쓰고 있다. "내가 사십 주야를 여호와 앞에 엎드려서." 놀라운 기도였고 놀라운 결과였다! 모세는 놀라운 기도를 드릴 줄 알았고, 하나님께서는 놀라운 결과를 주실 줄 알았다.

성경 진술의 전체 취지는 기도가 하나님께 영향을 미치며 하나님으로부터 은총을 확보해낸다는 교리에 대한 우리의 믿음을 증진시키는 것이다. 우리가 기도하지 않는다면 하나님의 은총은 달리 확보할 수 없고 하나님께서도 주지 않을 것이다. 성경 교훈의 전체 규범은 하나님께서 기도를 들으시고 응답하신다는 위대한 진리를 예증하는 것이다. 하나님께서 당신의 책을 쓰신 중요한 한 가지 목적은 시간과 영원에서 우리에게 필요한 것을 하나님께 구하는 일의 크나큰 중요성과 무한한 가치, 절대적 필요성을 우리에게 잊혀지지 않도록 심어주는 것이다. 하나님께서는 온갖 이유를 들어 우리를 강권하시고 모든 중요성을 들어 우리를 압박하고 경고하신다. 하나님께서는 우리의 선을 위해 우리에게 넘겨주신 그의 독생자를 기도에 응답하시겠다는 보증으로 내세우시며, 세상 부모들도 자기 자녀에게 필요한 것을 줄 수 있고 주려고 하는데, 하나님은 우리 아버지이시므로 세상 부모보다 훨씬 더 우리에게 필요한 모든 것을 주실 수 있고 또 주시려고 한다고 가르치신다.

우리는 자신을 철저히 이해하고 또 기도라는 이 위대한 일을 철저히 알아야 한다. 우리가 할 수 있는 위대한 일이라곤 기도밖에 없다. 우리는 있는 힘껏 기도를 붙잡지 않으면 기도를 제대로 할 수 없다. 기도를 잘 할 수 있는 최상의 조건들을 갖추지 않고서는 기도를 잘 할 수 없다. 사탄이 훌륭한 기도로 많은 고통을 받으면 성도를 덫에 걸리게 하는 그의 교활하고 약삭빠른 계책이 제대로 실효를 거두지 못할 것이다.

우리는 찾을 수 있는 대로 모든 잠금 장치를 동원하여 우리 자신을 기도에 묶어놓아야 한다. 시간과 장소가 느슨하면 마귀에게 문을 열어놓게 된다. 아무리 사소한 일에서도 정확하고 신속하며 확고부동하고 신중하다면 악한 자에게 넘어가지 않고 꿋꿋하게 버틸 수 있다.

기도는 "사람들이 항상 저를 위하여 기도하리니"라는 말씀과 함께 하나님의 서약하신 바로 그 맹세대로 영원한 하나님의 기초석이 된다. 바로 이것이 하나님의 대의를 진척시키고 하나님의 대의가 강력하게 나아가도록 만드는 영원한 조건이다. 사람은 언제나 하나님의 대의를 위해 기도해야 한다. 하나님 대의의 힘과 아름다움과 전진을 위해 기도해야 한다. 하나님의 대의는 기도하는 능력 말고 다른 어디에서도 힘을 얻지 못한다. "이는 내 집은 만민의 기도하는 집이라 일컬음이 될 것임이라." 하나님의 대의는 기도에 기초를 두고 있고 기도라는 바로 그 동일한 수단에 의해 경영된다.

기도는 특권인데, 고귀하고 신성한 특권이다. 기도는 의무인데, 반드시 지켜야 하는 아주 구속력 있는 의무이다. 이 같은 의무이기 때문에 우리는 기도를 고수해야 한다. 그러나 기도는 단지 특권만이 아니고 의무만이 아니다. 기도는 수단이자 도구요 조건이다. 기도하지 않는 것은 고귀한 혹은 즐거운 특권을 행사하고 누리지 못하는 것만이 아니라 훨씬 더 큰 것을 잃는 것이다. 기도하지 않는 것은 단순히 의무를 위반하는 것이 아니라 훨씬 더 중요한 일을 이행하지 않는 것이다.

기도는 하나님의 도움을 얻도록 정해진 조건이다. 하나님의 도움은 하나님의 능력만큼이나 다양하고 무한하며, 또한 사람의 필요만큼이나 갖가지이며 다함이 없다. 기도는 하나님께서 사람에게 필요한 것을 공급하시는 수단이다. 기도는 하나님에게서 모든 선한 것이 사람에게 흘러가고 또한 사람에게서 사람에게로 흘러가게 하는 수로이다. 하나님은 그리스도인의 아버지이시다. 구하고 주는 것이 바로 그 관계에서 이루어진다.

사람은 기도라는 이 위대한 일에 좀더 직접적으로 관계하고 있는 존재이다. 기도에 사람의 이성을 끌어들이면 그 이성이 고상해진다. 기도의 직무와 일은 사람의 이성으로 할 수 있는 것 가운데 가장 신성한 일이다. 기도는 사람의 이성이 빛나도록 만든다. 최고의 지성인 하나님께서 기도의 가치를 인정하고 계신다. 가장 많이 그리고 가장 잘 기도하는 사람이 가장 현명하다. 기도는 경건의 학교일 뿐만 아니라 지혜의 학교이기도 하다.

기도는 만지고 감탄하고 바라보는 그림이 아니다. 기도는 아름다운 것도 그림물감도 아니고 모양이나 태도, 상상력 혹은 특수한 재능도 아니다. 이런 것들은 기도의 성격이나 기도의 행위에 속하지 않는다. 기도는 시도 음악도 아니다. 기도의 영감과 음률은 하늘에서 내려온다. 기도는 영에 속한 것이지만 때로 영을 취하기도 하고 고귀하고 거룩한 목적과 결의로 그 영을 자극하기도 한다.

2

기도는 사람의 빈곤을 하나님의 부요로 채운다

기도의 주관적 유익에 관한 좋은 글도 많고 그에 관한 이야기도 많다. 즉 기도가 하나님께 영향을 끼치지 않고 다만 우리에게 영향을 끼치고 기도하는 사람을 훈련하는 학교가 되는 것만으로도 그 결과를 충분히 확보할 수 있다는 것이다. 우리는 그런 교사들에게서 기도의 본분은 얻는 것이 아니라 훈련하는 것이라고 배운다. 이렇게 되면 기도가 단순한 연기가 되고 훈련 조교가 되며 인내와 평온한 마음과 의존을 배우는 학교가 될 뿐이다. 성경에서 거듭 명백히 가르치는 바는 기도는 하나님께 응답 받게 되어 있다는 것과 하나님께서 우리에게 아버지가 되시며, 아버지이신 하나님께서 우리가 필요한 것을 구할 때 주신다는 사실이다. 그러므로 최상의 기도는 응답을 받는 기도이다.

기도의 가능성과 필요성은 복음의 영원한 기초에 새겨져 있다. 성부 하나님과 성자 하나님 사이에 세워진 관계나 두 분 사이에 정해진 언약은 기도를 그 존재의 기초로 삼고 있고 복음의 진척과 성공의 조건으로 삼고 있다. 기도는 모든 적을 물리칠 수 있게 하고 모든 유산을 물려받을 수 있게 하는 조건이다.

이런 사실들은 매우 평범해 보일 수 있지만 자명한 진리들이다. 그러나 오늘날은 성경의 자명한 이치들을 강조하고 주장하며 반복하고 되풀이할 필요가 있는 시대이다. 오늘날의 분위기는 성경의 기초를 허물어뜨리는 영향력과 악습, 이론들로 가득 차 있다. 그래서 지극히 참된 진리들과 아주 자명한 이치들이 보이지 않는 음흉한 공격을 받아 쓰러지고 있다.
　이보다 더 중요한 사실은 오늘날은 행위를 과장되게 드러내는 경향이 있는데, 이 경향으로 인해 기도의 생명력이 약화되고 기도의 정신이 흐트러지고 있다. 기도할 때는 무릎꿇고 할 수도 있고 서서 할 수도 있다. 그런데 머리를 조아리면서 기도하지만 진지하고 진정한 기도는 드리지 않을 수 있다. 기도는 참된 일이다. 기도는 반드시 필요한 일이다. 기도는 예배의 심정을 지니고 있다. 기도하는 모습을 보이고 기도하는 분위기나 장엄한 모습을 보일지라도 진정한 기도가 없을 수 있다. 기도하는 태도나 몸짓, 기도하는 말은 많지만 기도가 없을 수 있다.
　누가 기도로 하나님께 가까이 나아갈 수 있는가? 누가 만물의 창조주이신 크신 하나님, 우리 주 예수의 아버지이신 하나님, 모든 선한 것을 쥐고 계시고 만사를 다 행하실 권세도 있고 능력도 있으신 분 앞에 나올 수 있는가? 사람이 이 크신 하나님께 가까이 가려면, 얼마나 겸손하고 얼마나 진실되며 그 손이 얼마나 깨끗하고 마음이 얼마나 순결해야 하겠는가!
　성경 곳곳에서 우리는 사람이 기도하는 것이 지극히 중요하고 절박한 일이라는 사실에 깊은 인상을 받는다. 기도는 학교에서 배우는 일이 아니라 마음으로 하는 일이다. 기도는 말하는 것보다는 느끼는 쪽에 가깝다. 기도하는 것이야말로 기도를 배우는 가장 좋은 학교이며, 기도의 기술과 성격을 규정하는 가장 좋은 사전은 바로 기도하는 것이다.
　거듭 반복하는 말이지만, 기도는 관습과 기억에 의해 고정된 단순한 습관이 아니며 반드시 완수해야 하는 어떤 것이나 그 가치가 그 실행의 세련됨이나 완전함에 달려 있는 것이 아니다. 기도는 책무를 덜고 양심을 달래기 위해 수행하는 의무가 아니다. 기도는, 여유있게 마음대로 사용할 수 있고 쓰지 않아도 큰 손실이 따르지 않는 단순한 특권이 아니다.
　기도는 하나님께 마땅히 드려야 하는 엄숙한 의식이다. 즉 경배이고 예배이며 어떤 것을 요청하기 위해 하나님께 가까이 나아가는 것이며, 소원을 아뢰는 일이며 모든 필요를 채워주고 모든 소원을 만족시키는 분에게 필요한 것을 말씀드리는 일이다. 아버지이신 하나님은 자기 자녀의 궁핍을 덜어주고 소원하는 바를 허락해 주시는 일을 지극히 큰 기쁨으로 여긴다.

기도는 자녀인 신자가 스쳐가는 바람이나 세상에게 요청하는 것이 아니라 아버지에게 요청하는 것이다. 기도는 자녀가 아버지의 도움을 바라고 팔을 뻗치는 것이다. 기도는 자녀가 아버지의 귀에, 아버지의 마음에, 아버지의 능력에 대고 외치는 부르짖음이다. 아버지는 그 부르짖음을 듣고 느끼며 해결해 주게 되어 있다. 기도는 아버지의 크고 큰 선을 구하는 것이다. 이 선은 기도하지 않고서는 오지 않는다.

기도는 구체적인 어떤 것을 바라며 하나님께 믿음으로 열렬히 부르짖는 것이다. 하나님의 법칙은 구하는 바로 그것을 줌으로써 기도에 응답하는 것이다. 자녀가 구한 것을 주시는 것과 더불어 다른 많은 선물과 은혜를 주실 수도 있다. 그 선물들이 힘과 평온함과 즐거움과 믿음을 함께 가져올 수 있다. 그러나 이런 것들도 하나님께서 기도를 들으시고 응답하시기 때문에 오는 것이다.

하나님은 기도에 응답하시되 우리가 바라는 바로 그것을 줌으로써 응답하시고, 우리가 바라는 것을 주지 않으시거나 다른 어떤 것을 주시는 일은 아주 드물고 예외적인 경우이지 기도의 법칙이 아니라고 확언한다면 우리는 사도들의 서신과 성경의 분명한 정신을 제대로 파악한 것이다. 자녀가 밥을 달라고 부르짖으면 하나님께서는 밥을 주신다.

계시는 철학적인 미묘한 문제들이나 언어상의 미묘한 문제들, 혹은 사소한 차이점들을 다루지 않는다. 계시는 관계를 밝히고 원칙을 선언하며 의무들을 강력히 주장한다. 듣는 사람이 정의를 내려야 하고 경험을 통해서 깨달아야 한다. 바울은 기도를 정의하기에는 무대에 너무 늦게 나타났다. 족장들과 선지자들이 이미 잘 규정해놓은 기도의 정의를 다시 사전적인 의미로 바꿀 필요는 없었다.

그리스도께서 친히 기도의 실례와 정의이시다. 예수께서는 사람이 전혀 기도하지 않았을 때 기도하셨다. 예수께서는 기도를 좀더 높은 기초 위에 올려놓으셨고 더 위대한 결과를 이끌어내셨으며 그 어떤 때보다 기도를 단순하게 만드셨다. 그리스도께서는 바울에게 친히 당신을 계시함으로써 기도하는 법을 가르치셨다. 그리스도께서 자신을 바울에게 계시하신 이 일은 바울에게 처음으로 기도하도록 부르신 일이고 기도 안에서 가르치신 첫번째 교훈이다. 사랑과 마찬가지로 기도는 너무도 영묘하고 신성한 것이어서 냉랭한 정의의 거친 팔로써는 붙잡을 수 없다. 기도는 단순히 말과 관념에 속한 것이 아니라 하늘과 마음에 속한 것이다.

기도는 인간의 하찮은 발명품이 아니다. 즉 가상의 불행을 해결하기 위해 상상으로 고안해낸 구제책이 아니라는 말이다. 기도는 활기 없고 따분한 치명적인 연기가 아니라 하나님께서 사람에게 힘을 불어넣는 행동이며, 활기 있고 또 활기를 주며, 즐겁고 또 즐거움을 주는 일이다. 기도는 살아있는 영혼이 하나님과 접촉하는 것이다. 기도할 때 하나님께서 허리를 굽혀 사람에게 입맞추시고 사람에게 복을 주시며 하나님께서 생각할 수 있는 모든 것에서 혹은 사람이 필요로 할 수 있는 모든 것에서 사람을 도우신다. 기도는 사람의 공허함을 하나님의 충만으로 가득 채운다. 기도는 사람의 궁핍을 하나님의 부요로 채우고 사람의 연약함을 하나님의 힘으로 물리친다. 기도는 사람의 왜소함을 하나님의 광대하심으로 쫓아버린다. 기도는 사람에게 지속적으로 발생하는 큰 필요를 하나님의 지속적이고 큰 풍성함으로 채우시려는 하나님의 계획이다.

사람이 요청 받고 있는 이 기도는 무엇인가? 그것은 단순한 형식도 어린아이의 놀이도 아니다. 기도는 진지하고 어려운 일이며, 사람이 할 수 있는 일 가운데 지극히 남자답고 강력하며 지극히 신성한 일이다. 기도는 사람을 세속적인 데서 끌어내어 신성한 것에 연결시킨다. 사람이 기도할 때만큼 하늘에 가까이 가고 하나님께 가까이 가는 때가 없으며 그때만큼 하나님을 닮고 예수 그리스도를 깊이 공감하고 그리스도의 진정한 동역자가 되는 때가 없다. 사랑, 박애, 거룩한 서약, 이 모든 것이 사람에게 유익하고 애정어린 것인데, 모두가 기도로 생기고 온전해진다.

기도는 의무의 문제일 뿐만 아니라 구원의 문제이기도 하다. 기도하지 않는 사람이 구원을 받는가? 기도의 은사, 기도의 경향, 기도의 습관은 구원의 요소 중 하나이며 구원의 특징 중 한 가지가 아닌가? 예수 그리스도를 닮았다고 하면서 기도는 잘 하지 않는 일이 있을 수 있는가? 성령을 모시고 있으면서 기도의 영은 갖지 않을 수가 있는가? 사람이 신생을 경험하면서도 기도하도록 거듭나지 않을 수가 있겠는가? 성령의 생활과 기도의 생활이 서로 대립하고 일치하지 않는가? 기도로 훈련받지 않은 마음에 형제애가 있을 수 있는가?

신약에는 기도가 두 가지 이름으로 나온다. 하나는 기도이고 다른 하나는 간구이다. 기도는 일반적인 기도를 표시한다. 간구는 좀더 강력하고 좀더 구체적인 형태의 기도를 말한다. 간구와 기도, 이 두 가지는 하나로 결합되어야 한다. 그러면 우리는 지극히 넓고 신선한 경건을 지닐 수 있고 개인적으로 아주 간절한 필요를 느끼며 간청을 드릴 수 있을 것이다.

에베소서 6장에 나오는 바울의 기도집을 보면 우리는 언제나 전투 중에 있으므로 항시 기도해야 하는 것을 알 수 있다. 우리는 간절한 청원으로 성령을 구해야 한다. 그리고 우리는 힘을 불어넣고 깨우치며 고귀하게 하시는 성령의 힘으로 간청해야 한다. 이처럼 강력하게 기도하고 힘있게 싸우기 위해서는 깨어있는 것이 필요하다. 다른 모든 전투의 영역에서처럼 응답 받는 기도에서도 인내가 필수적인 요소이다. 모든 성도들은 기도의 도움을 받아 승리하게 되어 있다. 사도의 용기와 능력과 성공은 각처에서 군사와 같은 성도들의 기도로 얻을 수 있다.

기도할 수 있는 사람은 깊고 참된 비전을 가진 사람들뿐이다. 요한계시록 4:6에 나오는 "생물"은 "앞뒤에 눈이 가득하고" "속에도 눈이 가득한" 것으로 묘사된다. 눈은 보기 위해 있는 것이다. 따라서 그 묘사에는 시력의 명료도, 명암도, 완전함이 들어 있다. 경계와 깊은 통찰, 즉 인지 능력이 들어 있다. 마음의 눈이 열리는 것은 기도를 통해서이다. 은혜의 신비를 분명하고 깊게 이해하는 것이 기도를 통해서 이루어진다. 이 "생물들"은 "안팎으로" 눈이 있었다. 이 생물들은 "눈이 가득하였다." 가장 고귀한 생명의 형태는 이성적이다. 다른 영역에서와 같이 무지는 영적인 영역에서도 창피스럽고 열등한 것이다. 기도는 하나님을 볼 수 있는 눈을 제공한다. 기도한다는 것은 하나님을 보는 것이다. 기도 생활은 안팎에 지식을 갖추고 있는 것이다. 밖으로 몹시 조심하고 안으로도 매우 조심하는 것이다. 속에 지식이 있지 않고서는 지적인 기도를 드릴 수 없다. 우리는 내적 상태와 필요를 다같이 느끼고 또 알아야 한다.

목회하려면 기도가 필요하다. 목회에는 생명, 곧 최고 형태의 생명이 필요하다. 기도는 최고의 지성이며 가장 심오한 지혜이고 가장 필요한 것이며 가장 즐거운 일이고 가장 효과 있으며 모든 소명 가운데 가장 강력한 것이다. 기도는 생명이다. 빛나고 황홀하며 영원한 생명이다. 메마른 기도나, 생기 없고 냉랭한 기도의 습관은 버려라! 열매 없는 일상적인 일과와 같은 기도, 의식 없는 공연과 같은 기도, 하찮은 장난과 같은 기도는 버려라! 이 중대한 일, 남자들에게 가장 중대한 사업인 기도의 일을 명백히 알도록 하자. 이 일을 능숙하게 하도록 하자. 기도라는 이 위대한 일에 정통하려고 하자. 이 고귀한 기도의 기술에 명장이 되도록 하자. 기도의 습관에서도 명장이 되도록 하고, 기도에 전념하고 기도의 풍성한 정취에 흠뻑 젖도록 하며, 기도의 거룩한 불길로 타올라 하늘과 땅이 모두 기도의 향기로 가득 차고 아직 태 속에 있는 민족들이 우리의 기도로 복을 받도록 하자. 하늘은 영광스런 거주자들로 좀더 충만해지고 더욱 빛날 것이며, 땅은 하늘의 결혼식 날을 위해 좀더 잘 준비될 것이고 지옥은 그 희생자들을 많이 뺏길 것이다. 그 이유는 우리가 기도하며 살아왔기 때문이다.

기도하기를 소홀히 하면 파멸을 초래하는 슬픈 일이 있을 뿐만 아니라 공기도나 의식적인 기도, 단순한 기도의 습관을 가지고 기도를 다했다고 보는 데서 오는 엄청난 낭비도 있다. 사람들은 어떤 사물에서 마음과 진실이 사라져버린 뒤에는 그 사물의 형태와 외양만 고수한다. 기도하는 것처럼 보이는 많은 사람들에게서 이 예를 볼 수 있다. 형식적인 기도에는 강한 지배력이 있고 맹목적인 추종자들이 따른다.

위선을 행한다는 엘리의 말에 대한 한나의 변호는 이것이었다. "여호와 앞에 나의 심정을 통한 것뿐이오니." 하나님께서 유대인들에게 하신 성실한 약속은 이것이었다.

> 너희는 내게 부르짖으며 와서 내게 기도하면 내가 너희를 들을 것이요 너희가 전심으로 나를 찾고 찾으면 나를 만나리라

오늘날 우리가 드리는 모든 기도는 "여호와 앞에 마음을 통하였다" "전심으로 찾는다"는 이 표준으로 판단하도록 하자. 그러면 오늘날의 기도 가

운데 단순한 형식에 불과하고 가치 없는 낭비에 불과한 기도가 얼마나 많겠는가. 야고보는 엘리야에 대해 "간절히 기도하였다"고 말한다. 바울이 디모데에게 기도에 관해 말한 교훈에는(딤전 2:1) 기도의 각기 다른 부문과 다양한 형식을 종합적으로 그리고 있는 묘사가 나온다. 기도가 간구와 기도와 도고라는 복수의 형태로 나온다. 이것은 기도에는 많은 면이 있고 다양성이 무한하며, 단순히 한 가지 형태만의 기도가 아니라 여러 가지 기도를 드릴 필요성을 보여 준다.

또 이 말씀은 기도에 기도를 더하고 간구에 간구를, 도고에 도고를 거듭함으로 이 기도들이 최고의 상태에서 결합된 힘이 우리 기도에 누적된 능력을 부여하게 된다는 것을 말한다. 무한한 최상의 상태, 무한한 다양성, 이것이야말로 기도를 재는 척도이다. "기도"라는 용어는 우리가 기도라고 부르는 그 행위, 그 의무, 그 영, 그 봉사를 나타내는 일반적이고 포괄적인 용어이다. 기도는 예배를 압축하여 표현한 말이다. 천상의 예배에서는 기도가 그처럼 뚜렷한 요소가 되지 않는다. 기도는 지상의 예배에서 뚜렷하고 지극히 중요한 정수이며 모든 것을 채색하는 요소이다. 반면에 천상의 예배에서는 찬양이 뚜렷하고 포괄적이며 모든 것을 채색하는 지극히 영감 어린 요소이다.

3

기도는 지상의 예배에서
지극히 중요한 핵심이다

　유대인의 율법과 선지서에서는 다소간 하나님을 아버지로 본다. 율법과 선지서에는 하나님이 아버지 되시고 우리가 그 자녀가 된다는 이 위대한 진리가 불완전하지만 위로가 될 만큼 이따금씩 나타났다. 그리스도께서는 깊고 튼튼한 기도의 기초를 기본 원칙과 함께 제시하신다. 기도의 법칙과 기도의 권한은 아들됨에 의지하고 있다. "우리 아버지"께서 우리를 하나님과 지극히 가까운 관계로 이끄시는 것이다. 기도는 하나님의 자녀가 가까이 나아가는 것이며 자녀가 탄원하는 것이며 자녀가 누리는 권한이다. 쳐다보는 것, 곧 눈을 들어 "하늘에 계신 우리 아버지"를 보는 것이 기도의 법이다. 우리 아버지의 집은 하늘에 있다. 기도에는 하늘의 시민권과 하늘에 대한 향수가 있다. 기도는 낮은 데서, 빈 데서, 지상의 필요에서 높은 데로, 충만한 데로, 하늘의 충족함을 향하여 부르짖는 호소이다. 기도는 어린아이의 갈망과 어린아이의 신뢰와 어린아이의 기대를 가지고 눈과 마음을 하늘로 향하는 것이다. 하나님의 이름을 신성하게 여기고 하나님의 이름을 조심스럽게 말하며, 하나님의 이름을 거룩하게 간직하는 이것도 기도에 속한다.
　이런 맥락에서 아이들에게 구원받기 위해서는 기도가 필요하다고 알려 주는 것이 필요한 일이라고 말할 수 있다. 그런데 안타까운 일은, 아이들에게 천국과 지옥이 있으며 지옥을 피하고 천국에 가려고 애써야 한다고 말하기만 하면 충분하다고 생각하는 것이다. 그러면 아이들은 구원에 이르는 가장 쉬운 길은 배우지 못한다. 천국에 이르는 유일한 길은 기도를 통하는 방법, 누구나 드릴 수 있는 마음의 기도를 통하는 방법뿐이다. 그것은 연구의 결실로 나타나는 추론의 기도가 아니고 기이한 대상들을 마음에 가득 채우지만 구원의 문제는 해결하지 못하는 상상의 기도가 아니라 아이가 하늘에 계시는 아버지께 드리는 단순하고 확신에 찬 기도이다.

영혼이 궁핍할 때 참된 기도를 하게 된다. "심령이 가난한 자는 복이 있나니 천국이 저희 것임이요." 여기서 "가난한 자"란 극빈자, 거지, 곧 다른 사람의 하사품에 의지해서 사는 사람, 구걸해서 사는 사람을 뜻한다. 그리스도의 백성들은 구함으로써 산다. "기도는 그리스도인에게 절대적으로 필요한 호흡이다." 기도는 그리스도인에게 풍족한 유산이며 매일같이 받는 연금이다.

그리스도께서는 기도의 본질과 필요성을 친히 모범으로써 예증하신다. 어디에서든지 그리스도께서는 이 세상에서 하나님의 사명을 맡은 자는 기도할 것이라고 단언하신다. 주님은 사람이 하나님께 헌신하면 할수록 그만큼 더 기도를 많이 기도한다는 원칙에 대해 뚜렷한 본을 보이신다. 사람이 거룩하면 할수록, 아버지와 아들의 영이 충만하면 할수록 그 사람은 그만큼 더 기도를 많이 하게 될 것이다. 거꾸로 기도를 많이 하면 할수록 그 사람이 아버지와 아들의 영을 더욱 받을 것이라는 것도 사실이다.

예수님의 생애에서 큰 사건이 있을 때마다 그리고 절정의 시기에 주께서 기도하시는 모습을 우리는 본다. 즉 공생애 시초에, 요단강에서 성령이 예수님 위에 내리셨을 때, 변화산상의 사건 전에, 그리고 겟세마네 동산에서 기도하시는 주님의 모습을 본다. 여기서 베드로의 말을 보는 것도 좋을 것이다. "너희에게 본을 끼쳐 그 자취를 따라오게 하셨느니라."

그리스도께서 행하신 이적 가운데서 중요한 기도의 원칙을 볼 수 있다. 그것은 기도 응답의 성격이 점진적이라는 사실이다. 하나님께서 기도에 대해 단번에 완전한 답변을 주시지 않고 점진적으로, 한 걸음 한 걸음 답변을 주신다는 것이다. 마가복음에는(8:22) 이 중요한 진리를 예증하는 경우가 나오는데, 많은 경우에 사람들은 이 진리를 간과한다.

3. 기도는 지상의 예배에서 지극히 중요한 핵심이다 435

벳새다에 이르매 사람들이 소경 하나를 데리고 예수께 나아와 손대시기를 구하거늘 예수께서 소경의 손을 붙드시고 마을 밖으로 데리고 나가사 눈에 침을 뱉으시며 그에게 안수하시고 무엇이 보이느냐 물으시니 우러러보며 가로되 사람들이 보이나이다 나무 같은 것들의 걸어가는 것을 보나이다 하거늘 이에 그 눈에 다시 안수하시매 저가 주목하여 보더니 나아서 만물을 밝히 보는지라.

때로 예수께서는 우리를 세상에서 따로 불러내시는데, 그렇게 하시므로 우리가 전적으로 예수께 몰두하고 예수께서는 우리에게 말씀하시고 우리를 대하실 수가 있다.

우리 주께서 세상에 계실 때 소경을 고치신 일이 세 번 있다. 그 예들은 하나님께서 기도에 응답하시는 성격을 보여 주고, 하나님께서 일하시는 방식에 있어서 무한한 다양성과 전능한 힘을 보여 준다.

첫번째의 경우에 그리스도께서 예루살렘에서 우연히 소경을 만나 진흙을 침으로 부드럽게 이겨 소경의 눈에 바르고 실로암 못가에 가서 씻으라고 명령하셨다. 소경의 행동이 끝나자, 즉 씻고 나자 바로 은혜로운 결과가 일어났다. 이 경우에는 아무도, 심지어 소경 자신도 고쳐달라고 요청하지 않았다.

두번째 경우에 소경을 데리고 온 사람들은 데리고 왔을 뿐 아니라 낫기를 간절히 기도하였다. 그 사람들은 마치 자기들의 믿음이 까다로운 수술의 짐을 덜어줄 것처럼 그리스도께 그저 그 소경을 만져만 주시기를 구했다. 그런데 예수께서는 소경의 손을 잡고 마을에서 나가 사람들 없는 데로 데리고 가셨다. 치료하시는 이 일을 홀로 은밀히 행하셨다. 예수께서는 소경의 눈에 침을 뱉고 손을 대셨다. 그 반응은 완벽하지 않았다. 빛이 보이기 시작하였고, 시력이 불완전하게 회복되었다. 처음의 은혜로운 교제는 그에게 혼란스런 시각만 주었을 뿐이지만 두번째 솜씨로 치료가 완벽해졌다. 그 사람이 그리스도께 전적으로 자기를 맡기고 이끄시는 대로 아무도 없는 곳에 단 둘이 간 데서 보인 순종하는 믿음은 시력을 점진적으로 회복한 사실과 온전한 치료의 사역을 마치기 위해 두번째 손을 대실 필요가 있었다는 사실처럼 이 치료 사건의 두드러진 특징이었다.

　세번째는 소경 바디매오의 경우였다. 바디매오가 큰 소리로 외치고 그리스도를 따르는 자들에게 질책을 받고 오히려 반대를 받자 더욱 용기를 내어 큰 소리로 외친 데서 믿음의 절박성이 나타났다.

　첫번째는 그리스도께 뜻하지 않게 일어난 경우이다. 두번째는 구체적인 의도를 가지고 그리스도께 온 경우다. 마지막의 경우는 많은 무리의 반대와 그리스도의 외견상 무관심에 봉착해서도 굴하지 않는 절박성을 가지고 그리스도께 온 예이다. 그런데 이 치료는 어떤 중재자의 개입 없이, 즉 손을 대는 일이나 부드럽게 혹은 엄하게 만지는 일도 없고, 침을 뱉거나 진흙을 바르는 일, 씻는 일도 없이 이루어졌다. 말씀 한 마디에 즉각 그의 시력이 완전히 회복된 것이다. 이 세 경우에서 각 사람이 모두 동일한 하나님의 능력을 경험했고, 똑같이 복된 결과를 받았지만 각자 믿음을 표현하는 방식이나 치료의 방식은 달랐다. 첫번째 경우에서 치료의 세부 내용과 과정, 곧 침을 뱉고 진흙을 눈에 바르고 실로암 못가에서 씻은 것을 신성을 보여주는 유일한 과정으로, 하나님의 일임을 보여주는 참된 신임장으로 제시한 것으로 생각해 보자. 이것은 진리에서 한참 멀리 떨어진 생각이며, 참으로 편협하고 오도하는 판단 기준이 될 것이다! 방법이 아니라 결과가 하나님의 일임을 증거하는 시금석이다.

　세 소경은 각각 이렇게 말할 수 있을 것이다. "내가 한 가지 아는 것은 내가 소경으로 있다가 지금 보는 그것이니이다." 그 결과는 알 수 있는 결과였다. 그들이 아는 일을 행하신 이는 그리스도였다. 믿음은 수단이지만 믿음을 발휘하는 방식은 다르고, 그리스도께서 일하는 방식도 달랐다. 그들 편에서 그들에게 은혜로운 결과를 가져 온 방법이 달랐고, 주님 편에서도 그 방법은 여러 면에서 현저하게 달랐다.

　기도의 한계는 무엇인가? 기도의 혜택과 가능성은 어디까지 미치는가? 하나님께서 사람과 사람의 세상을 대하시는 일에서 기도에 영향을 받지 않는 면은 무엇인가? 기도의 가능성은 세상적인 선과 영적인 선 모두에 미치는가? 이 질문에 대한 답변은 지극히 중요하다. 그 답변에 따라 우리 기도의 노력과 결과가 달라질 것이다. 그 답변은 기도의 가치를 높이든가 아니면 기도할 의욕을 크게 꺾을 것이다. 이 중요한 문제들에 대한 답변은 기도에 대한 바울의 말에서 충분히 다루어진다. "아무것도 염려하지 말고 오직 모든 일에 기도와 간구로 너희 구할 것을 감사함으로 하나님께 아뢰라"(빌 4:6).

4

하나님은 모든 일을 기도에 따라 행하신다

기도는 사람이 종사할 수 있는 하나님의 일이다. 기도는 하나님께 꼭 필요한 일로서, 사람만이 그 일을 할 수 있고 또 해야 한다. 하나님께 속한 사람들은 기도할 의무가 있다. 하나님의 사람들은 부자가 되지 못하거나 돈을 벌지 못할 수가 있다. 사업에서 큰 성공을 거두지 못할 수 있다. 하늘에 대한 성실과 하나님께 대한 충성에 관한 한, 이런 것들은 부차적이고 임시적이며 사소한 것에 지나지 않는다. 물질적인 성공이 하나님께는 중요하지 않다. 사람은 이런 것들이 있다고 해서 더 낫지도 더 못하지도 않는다. 이런 것들이 하늘의 평가에서 명성을 가져다주지도 않고 성품을 형성하는 것도 아니다.

그러나 기도하는 것, 진정으로 기도하는 것은 하나님께서 평가하실 때 자원의 원천이요 평판의 기초이며 성품을 형성하는 요소이다. 사람은 종교적일 수밖에 없듯이 기도할 수밖에 없다. 기도는 하나님께 충성하는 것이다. 기도하지 않는 것은 그리스도를 거절하고 하늘을 포기하는 것이다. 하늘에서 중요하게 생각하는 생활은 기도 생활밖에 없다.

하나님께서는 사람이 기도하는 것에 깊이 관여하신다. 사람은 기도함으로써 더 나아지고 세상도 기도로써 더 나아진다. 하나님은 기도를 통해 세상에 최선을 행하신다. 하나님의 가장 큰 영광과 사람의 가장 귀한 선은 기도로써 얻는다. 기도는 지극히 경건한 사람을 만들고 지극히 경건한 세상을 만든다.

4. 하나님은 모든 일을 기도에 따라 행하신다

　사람들이 간절하고 힘있는 기도로 하나님의 약속을 자기 것으로 삼고 그 약속에 활력을 불어넣지 않는 한, 하나님의 약속은 생명 없는 거대한 시체처럼 누워 썩고 먼지에 뒹굴 뿐이다.
　약속은 그 속에 생명의 배아를 간직하고 있지만 뿌려지지 않은 씨앗과 같아서 싹을 틔우고 재배하기 위해서는 기도라는 토양과 경작이 필요하다. 기도는 생명을 주는 하나님의 호흡이다. 하나님의 목적은 기도로 만들어진 길을 따라 영광스런 결과로 나아간다. 하나님의 목적은 언제나 그 높고 유익한 결과를 향해 나아가지만 그 진행은 쉬임 없는 기도로 표시된 길을 따라 이루어진다. 사람에게 있는 기도의 숨결은 하나님에게서 오는 것이다.
　하나님은 모든 일을 기도하는 사람과 더불어 하시듯이 또한 기도로 더불어 모든 일을 하신다. 기도하는 사람에게 있어 기도하는 시간은 하나님의 시간이기 때문에 신성하다. 그때는 영혼이 하나님께 가까이 가고 하나님을 만나는 순간이므로 신성하다. 기도하는 시간은 영혼이 가장 힘있게 하나님께 나아가는 때이고 하나님으로부터 지극히 충만한 계시를 받는 때이므로 그 어떤 시간보다 신성하다. 기도하는 시간은 하나님을 가장 많이 모시고 있는 시간이므로 사람은 하나님을 닮고 복을 받는다. 기도는 하나님을 가까이 오시게 한다. 기도할 줄 모르는 사람은 하나님을 모른다. 골방에서 하나님을 우러러본 적이 없는 사람은 하나님을 보지 못한 사람이다. 하나님을 보는 곳은 골방이다. 하나님께서 거하시는 처소는 은밀한 곳에 있다. "지존자의 은밀한 곳에 거하는 자는 전능하신 자의 그늘 아래 거하리로다."
　기도로써 자신의 지성을 넓게 하고 힘있게 하며 명료하게 하고 고양시키지 못한 사람은 하나님을 연구해 보지 못한 사람이다. 전능하신 하나님은 기도를 명하신다. 즉 기도를 듣고 자신의 길을 명하시며 기도를 기뻐하신다. 하나님께 기도는 유대인 성전의 유향과 같은 것이다. 그 향기는 모든 것에 스며들고 모든 것에 향기를 내며 모든 것을 상쾌하게 만든다.
　기도의 가능성은 그리스도를 통하여 하나님의 모든 목적을 이룬다. 하나님께서는 성자 하나님께 모든 선물을 주시는 일에 기도를 조건으로 삼으신다. 성부 하나님은 성자 하나님께서 온 세상의 구원을 위하는 엄청난 일을 위해 세상으로 가실 때 "내게 구하라 내가 열방을 유업으로 주리니 네 소유가 땅 끝까지 이르리로다"고 아들에게 말씀하셨다. 사람의 구원을 위한 기이하고 거룩한 운동을 이루는 수단과 결과와 성공의 조건으로 기도를 삼으셨던 것이다. 그 계획은 광대하고 깊고 신비하고 기이한 것이었다.

우리가 기도의 응답을 받는 것은 하나님의 약속 때문만이 아니라 하나님께서 아버지로서 우리와 맺고 계시는 관계 때문이기도 하다.

> 너는 기도할 때에 네 골방에 들어가 문을 닫고 은밀한 중에 계신 네 아버지께 기도하라 은밀한 중에 보시는 네 아버지께서 갚으시리라

또 이런 말씀이 있다.

> 너희가 악한 자라도 좋은 것으로 자식에게 줄 줄 알거든 하물며 하늘에 계신 너희 아버지께서 구하는 자에게 좋은 것으로 주시지 않겠느냐

하나님께서는 응답의 확신을 인해서만 아니라 약속의 후함과 주시는 자의 관대함을 인해서도 우리에게 기도하라고 격려하신다. 참으로 관대한 약속이다! "무엇이든지"라고 말씀하셨다. 우리가 조건이나 예외, 제한 없이 모든 것 하나하나를 다 포함하는 약속인 "무엇이든지"라는 말씀에 "어떤 것이든"이라는 말씀을 더한다면 이 말씀은 그 약속을 세세하고 구체적인 것에 이르기까지 확대하는 것이다. 하나님께서 우리에게 요구하시는 바는 "너는 내게 부르짖으라 내가 네게 응답하겠고 네가 알지 못하는 크고 비밀한 일을 네게 보이리라"는 것이다. 이 말씀은 솔로몬의 기도에 대한 응답처럼 구체적으로 기도드린 것을 포함할 뿐만 아니라 그보다 훨씬 더 가치 있고 훨씬 더 필요한 것들도 포함한다.

전능하신 하나님께서는 우리가 큰 것을 구하기를 주저할까봐, 즉 우리가 하나님의 능력을 잘못 생각할까봐 염려하시는 것 같다. 하나님께서는 "우리의 온갖 구하는 것이나 생각하는 것에 더 넘치도록 능히 하실" 수 있으

시다고 선언하신다. 하나님께서는 "장래 일을 내게 물으라 또 내 아들들의 일과 내 손으로 한 일에 대하여 내게 부탁하라"는 말씀으로 백지위임장을 우리에게 주어 우리를 거의 무능력하게 만들다시피 하신다. 하나님께서 얼마나 우리에게 기도하라고 재촉하고 명령하며 강권하시는지! 약속을 넘어서서 이렇게까지 말씀하신다. "내 아들을 보라! 내가 저를 너희에게 주었노니." "자기 아들을 아끼지 아니하시고 우리 모든 사람을 위하여 내어주신 이가 어찌 그 아들과 함께 모든 것을 우리에게 은사로 주지 아니하시겠느뇨?"

하나님께서 자기 아들 안에서 우리에게 모든 것을 주셨기 때문에 기도할 때 약속에 따라 우리에게 모든 것을 주셨다. 하나님의 아들을 주셨다니, 참으로 놀라운 선물이다! 하나님의 아들이 우리를 위해 확보해 두시지 못한 것은 하늘에도 없고 땅에도 없으며 현세에서도 영원에서도 없다. 하나님은 하나님의 아들 덕분으로 우리 것이 된 광대하고 비길 데 없는 유산을 기도를 통해 우리에게 주신다. 하나님은 우리에게 "은혜의 보좌 앞에 담대히 나아가라"고 명령하신다. 우리가 크게 구할 때 하나님은 영광을 받으시고 그리스도께서 영예를 얻으신다.

하나님의 약속에 충실하는 것은 하나님의 목적에도 충실하는 것이다. 하나님께서는 기도 없이는 아무것도 하시지 않는다고도 말할 수 있을 것이다. 하나님의 지극히 은혜로운 목적은 기도를 조건으로 이루어진다. 에스겔 36장에 나오는 하나님의 놀라운 약속에는 이러한 조건이 붙어 있다. "나 주 여호와가 말하노라 그래도 이스라엘 족속이 이와 같이 자기들에게 이루어 주기를 내게 구하여야 할지라."

시편 2편에서는 왕위에 오르는 그리스도에 대한 하나님의 목적이 앞에서 인용하였듯이 기도를 조건으로 선포된다. 그리스도께 열방을 유업으로 주겠다고 약속된 하나님의 뜻은 기도를 통해 성취되게 되어 있다. "내게 구하라." 우리는 참으로 슬프게도 그 뜻이 하나님의 목적이 약해서가 아니라 사람들의 기도가 약한 탓으로 잘 이루어지지 못한 것을 본다. 이 영광스런 결과들이 이루어지려면 하나님의 강력한 명령과 사람들의 강력한 기도가 필요하다.

시편 72편에서 우리는 기도의 강력한 잠재력을 하나님께서 그리스도의 정복을 밀고 나가시는데 쓰시는 힘으로 보는 통찰을 만나게 된다. "사람들이 저를 위하여 항상 기도하리로다." 이 진술을 보면 그리스도의 전진이 기도에 달려 있는 것을 알 수 있다.

그리스도께서 애타고 동정하는 심정으로 무르익은 인류의 들판을 바라보셨을 때 추수할 일꾼들이 아주 많이 필요한 것을 아시고 당신의 목적이 이루어지려면 더 많은 일꾼들이 필요하므로 제자들에게 이같이 명하셨다. "추수하는 주인에게 청하여 추수할 일꾼들을 보내어 주소서 하라."

에베소서 3장에서 바울은 에베소 신자들에게 하나님의 영원하신 목적을 생각나게 하고, 자기가 무릎을 꿇고서 그들이 "하나님의 모든 충만하신 것으로 충만해지도록" 기도한다는 것을 알게 한다.

욥기에서 하나님은 욥의 세 친구를 위한 당신의 뜻을 이루는데 기도를 조건으로 정하셨고, 욥에 관한 하나님의 뜻도 바로 기도라는 동일한 수단에 의해 이루어졌다.

요한계시록 8장에서 사람들의 구원을 시행하는 일에 있어서 성도들의 기도가 하나님의 계획과 맺고 있는 관계와, 그 기도의 필요성이 생생하고 풍부한 상징으로 표현되는데, 이 상징은 천사들이 성도의 기도를 다루는 것으로 묘사된다.

기도는 하나님의 약속들에 능률과 유용성을 제공한다. 하나님의 뜻이 강력하게 진행되는 것은 기도에 달려 있다. 하늘에 있는 교회의 대표들과 하나님 보좌 앞에 있는 모든 피조물의 대표들은 "향이 가득한 금대접을 가졌으니 이 향은 성도의 기도들이라."

앞에서 이미 언급했지만 다시 한 번 되풀이하자면, 기도는 약속뿐만 아니라 관계에도 기초를 두고 있다. 회개하고 돌아오는 죄인은 약속에 의지하여 기도한다. 하나님의 자녀는 자녀라는 관계에 의지하여 기도한다. 아버지가 가지고 있는 것은 현재와 장래의 쓰일 것으로 자식에게 속해 있는 것이다. 자녀는 구하고 아버지는 준다. 부자의 관계는 구하고 응답하며, 주고받는 관계이다. 자녀는 아버지를 의존하고 있으므로 아버지를 바라보아야 하고 아버지께 구해야 하며 아버지한테서 받아야 한다.

4. 하나님은 모든 일을 기도에 따라 행하신다   *443*

 우리는 세상의 부모들에게도 이처럼 구하고 주는 관계가 있으며, 구하고 주는 바로 그 행위를 통해서 부모와 자식의 관계가 견고해지고 유쾌해지며 깊어진다는 것을 안다. 부모는 순종하는 자식에게 주는 데서 기쁨과 만족을 찾고 자녀는 아버지의 사랑과 끊임없는 아버지의 허락에서 행복을 찾는다.
 기도는 하나님의 뜻보다 하나님 자신에게 더 강력한 영향을 끼친다. 하나님의 뜻이나 말씀이나 목적은 기도의 강력한 힘이 발생할 때는 모두 다시 검토된다. 기도가 하나님께 얼마나 강력하게 영향을 미치는지는 하나님께서 기도에 응답하시는 과정에서 당신의 확정하고 선포한 뜻이라도 즉각 철회하시는 데서 볼 수 있다. 예수 그리스도께서 열두 영 되는 천사들을 보내어 주님의 적을 당황하게 하고 파멸시키기를 기도하였다면 구원의 모든 계획은 이루어지지 못했을 것이다.
 요나가 니느웨 성에 가서 그 백성에게 "사십 일이 지나면 니느웨가 무너지리라"고 외친 후에 니느웨 백성들이 금식하고 기도하자 그 악한 성을 멸하려고 하셨던 하나님의 뜻이 바뀌었다.
 전능하신 하나님은 우리의 기도에 관심을 갖고 계신다. 하나님은 기도를 원하고 명령하며 격려하신다. 하늘에 계신 예수 그리스도께서는 항상 기도하신다. 기도는 그리스도의 법이며 그리스도의 생명이다. 성령께서는 우리에게 기도하는 법을 가르치신다. 또 우리를 위하여 "말할 수 없는 탄식으로" 기도하신다. 이 모든 말씀에서 기도에 대한 하나님의 깊은 관심을 읽을 수 있고, 기도가 이 세상에서 행하시는 하나님의 일에 절대적으로 필요하며 기도의 가능성이 참으로 멀리 미친다는 것이 아주 분명하게 드러난다. 기도는 사람들에 관한 하나님의 마음과 뜻에서 중심을 차지한다. "항상 기뻐하라 쉬지 말고 기도하라 범사에 감사하라 이는 그리스도 예수 안에서 너희를 향하신 하나님의 뜻이니라." 기도가 북극성이고 기뻐하는 것과 감사하는 것은 그 둘레를 도는 행성이다. 기도는 기쁨과 감사의 즐거운 흐름을 통해 충만하고 행복한 박동을 하나님께 보내드리는 심장이다.
 기도로 하나님의 이름이 거룩히 여김을 받는다. 기도로 하나님의 나라가 임한다. 기도로 하나님의 나라가 힘있게 세워지고 빛보다 빠른 속도로 전진하며 정복한다. 기도로 하나님의 뜻이 이루어지는데, 땅이 조화와 아름다움 가운데 하늘과 경쟁하기까지 철저히 이루어진다. 기도로 매일의 수고가 거룩해지고 풍성해지며 용서가 확보되고 사탄이 패배한다. 기도는 모든 면에서 하나님께 관여하고 사람에게 관여한다.

하나님께는 너무 선해서 기도 응답으로 주실 수 없는 것이 없다. 너무 무시무시해서 하나님이 기도 응답으로 행할 수 없는 복수란 없다. 그 불길이 너무 강렬해서 기도로 끌 수 없는 정의란 없다.

다소의 사울에 대한 하늘의 기록과 태도를 보자. "저가 기도하는 중이다"는 놀라운 상태가 알려지자 하늘의 태도가 바뀌고 그 기록이 지워졌다. 도망자 요나는 이같이 기도한다.

> 내가 스올의 뱃속에서 부르짖었삽더니 주께서 나의 음성을 들으셨나이다. 물이 나를 둘렀으되 영혼까지 하였사오며 깊음이 나를 에웠고 바다풀이 내 머리를 쌌나이다. 내가 산의 뿌리까지 내려갔사오며 땅이 그 빗장으로 나를 오래도록 막았사오나 나의 하나님 여호와 주께서 내 생명을 구덩이에서 건지셨나이다. 내 영혼이 내 속에서 피곤할 때에 내가 여호와를 생각하였삽더니 내 기도가 주께 이르렀사오며 주의 성전에 미쳤나이다. 여호와께서 그 물고기에게 명하시매 요나를 육지에 토하니라.

기도는 하나님의 모든 힘을 간직하고 있다. 기도는 하나님께 있는 것은 무엇이든 얻을 수 있다. 그래서 기도는 예수 그리스도의 이름으로 하나님께 있는 모든 것을 구하고 요구할 수 있다. 하나님께서 그리스도의 이름으로 구하는 기도에 주실 수 없을 만큼 좋고 큰 것은 없다.

우리가 하나님의 가족으로서 기도한다는 이것만큼 확실한 시금석은 없다. 하나님의 자녀들은 기도한다. 이들은 모든 일에 하나님을 의지한다. 모든 것을 하나님께 구한다. 아버지를 믿는 자녀의 믿음은 자녀가 아버지께 구하는 데서 나타난다. 사람들로 하여금 하나님이 계실 뿐만 아니라 하나님은 친히 사람들과 세상일에 관심을 갖고 계심을 확신시키는 것은 바로 기도 응답이다. 기도의 응답은 하나님을 가까이 느끼게 하고 사람들로 하

4. 하나님은 모든 일을 기도에 따라 행하신다 *445*

여금 하나님의 계심을 확신하게 만든다. 기도의 응답은 우리가 하나님과 관계가 있고 우리가 하나님의 대리인이라는 사실을 보여 주는 증명서이다. 하나님으로부터 기도의 응답을 받지 못하는 사람은 하나님을 대신할 수 없다.

기도의 가능성은 무한한 약속과 기도에 응답하시되 모든 기도, 그 어떤 기도에도 응답하시고 사람의 무한한 필요를 충분히 채우시는 하나님의 능력과 뜻에서 볼 수 있다. 사람만큼 궁핍한 존재도 없고 하나님만큼 온갖 필요를 채울 수 있고 그 모든 필요에 관심이 있는 존재도 없다.

설교가 모든 사람을 구원하시고자 하는 하나님의 뜻을 충분히 선포하고 이행한다고 하지만 성도들이 골방에서 이 장엄한 목적을 위해 씨름하면서 드리는 기도만큼 그 진리를 선포하지는 못한다. 하나님의 마음은 모든 사람을 구원하는 일에 몰두해 있다. 이 문제는 하나님께 중요하다. 하나님께서는 아들이신 그리스도의 죽음에서 이 사실을 형언할 수 없는 목소리로 선포하셨다. 그래서 세상에서 이 목적을 위해 이루어지는 움직임은 모두 하나님을 기쁘시게 한다. 그래서 하나님은 모든 사람의 구원을 위해 드리는 우리의 기도가 하나님 보시기에 매우 기쁜 일이라고 선언하신다.

하나님을 기쁘시게 하려는 숭고하고 고귀한 영감을 받으면 언제나 우리는 모든 사람을 위하여 기도하게 될 것이다. 하나님은 기도의 골방을 눈여겨보시므로, 우리가 관대한 마음으로 모든 사람을 위해 뜨겁게 기도하는 것보다 하나님을 기쁘시게 할 수 있는 일은 없다. 그것은 하나님의 뜻에 대한 우리의 헌신과 공감하는 충성의 구체적 표현이며 그에 대한 시금석이다.

디모데전서 2:1-3에서 사도 바울은 지극히 설득력 있는 사실들을 들어 기도해야 할 필요성을 강조한다. 사람이시자 하나님이신 예수 그리스도는 가장 고귀한 인간으로서 하나님과 사람 사이에 중보자로 계신다. 이 신인이신 예수 그리스도께서 모든 사람을 위하여 죽으셨다. 그리스도의 생활은 온통 모든 사람을 위한 도고에 지나지 않는다. 그리스도의 죽으심은 모든 사람을 위한 기도에 지나지 않는다. 세상에서 예수 그리스도는 사람들을 위해 탄원하는 것보다 더 높은 법이나 더 거룩한 일, 더 신성한 생활이 있다고 생각지 않으셨다. 하늘에서 사람들을 위해 도고하는 것보다 더 고귀한 생활이나 주제가 주님께는 없다. 세상에 계실 때 주님은 사람들을 위해 사시고 기도하고 죽으셨다. 주의 생활이나 죽으심, 하늘에 오르심, 이 모든 것이 사람들을 위한 탄원이다.

　주님의 제자들이 주께서 하셨던 것보다 더 고귀한 어떤 일을 할 수 있겠는가? 사람들을 위해 기도하는 것보다 고귀하고 명예롭고 거룩한 일이 있는가? 사람들의 불행과 죄와 위험을 하나님 앞에 가져가고, 그리스도와 함께 하는 것만한 일이 있겠는가? 사람들을 묶고 있는 속박과 사람들을 사로잡고 있는 지옥을 깨트리고 사람들을 불멸과 영원한 생명으로 들어올리는 것보다 귀하고 영광스러우며 신성한 일이 있겠는가?

5

거룩한 기도의 교사이신 예수 그리스도 (1)

예수 그리스도는 기도를 가르치는 거룩한 교사이시다. 구약 시대에는 많은 성도와 선지자가 기도의 능력과 본질을 예증하였는데, 오늘날의 성도와 기도를 가르치는 교사들은 기도의 영감과 생명을 잃었다. 신앙적으로 죽은 교사들과 피상적인 성직자들은 기도가 무엇인지 잊어버렸다. 이들은 공적인 자리에서 잔뜩 허식과 겉치레를 부려가며 장황하게 기도하지만 진정으로 기도하지는 못했다. 이들에게 기도는 거의 쓸모 없는 습관이나 다름없다. 기도의 말을 많이 하는 가운데 이들은 기도의 기술을 잃어버렸다.

주님의 공생애 기간 동안 제자들의 생활을 보면 그들은 기도를 많이 한 것 같지 않다. 제자들은 개인적으로 주님과 함께 지낸다는 사실에 심취해 있었다. 이들은 주님의 말씀에 매혹 당했고 주님의 기적에 놀라고 주님의 인격과 사명을 보고서 이기적인 생각에서 일어난 희망에 관심이 쏠려 있었고 즐거워했었다. 제자들은 주님의 성품을 피상적이고 세속적으로 보고서 주님과 주님의 사명에 속한 좀더 깊고 중요한 것들은 소홀히 하고 간과하였다. 제자들이 일상적인 의무들을 소홀히 하는 것이 생활에 현저히 나타났다. 이 점이 그들의 행동에 너무 분명하게 나타났으므로 한 번은 중요한 질문이 되었고 또 한 번은 심한 꾸지람을 듣는 계기가 되었다.

저희가 예수께 말하되 요한의 제자는 자주 금식하며 기도하고 바리새인의 제자들도 또한 그리하되 당신의 제자들은 먹고 마시나이다. 예수께서 저희에게 이르시되 혼인집 손님들이 신랑과 함께 있을 때에 너희가 그 손님으로 금식하게 할 수 있느뇨 그러나 그 날에 이르러 저희가 신랑을 빼앗기리니 그 날에는 금식할 것이니라.

예수 그리스도의 모범과 가르침에서 기도는 하나님의 인격과 하나님의 활동, 하나님의 아들과 전형적인 관계를 맺고 있다. 예수 그리스도는 본래 교훈으로나 모범으로나 다같이 기도의 선생이셨다. 우리는 예수님의 기도 생활을 다소 엿볼 수가 있는데, 예수님의 생활은 온통 기도로 가득 차 있었다. 주님의 생애의 한 단면만이 아니라 생애 전체를 요약하자면 무엇보다 기도의 생애이다! 신성한 기록은 이렇게 적고 있다. "그는 육체에 계실 때에 자기를 죽음에서 능히 구원하실 이에게 심한 통곡과 눈물로 간구와 소원을 올렸고." 그리스도는 탄원자 중의 탄원자였고 도고자 중의 도고자였다. 예수께서는 지극히 낮은 위치에서 하나님께 가까이 나아가 지극히 강력하게 탄원하고 기도하였다.

예수 그리스도께서는 제자들에게 기도하라고 강권함으로써 기도의 중요성을 가르치신다. 그러나 주님은 그 이상의 것을 우리에게 보여 주신다. 기도가 얼마나 강력하게 하나님의 뜻을 이루는지 보여 주신다. 예수 그리스도께서 하나님과 맺고 계시는 관계는 구하고 주는 관계, 즉 아들은 항시 구하고 아버지는 언제나 주시는 관계라는 사실을 우리는 항시 명심해야 한다. 하나님은 그리스도께서 기도할 때 그리스도의 대의가 정복하고 상속하며 확장하는 세력을 얻도록 하셨다는 사실을 잊어서는 안 된다.

내게 구하라 내가 열방을 유업으로 주리니 네 소유가 땅 끝까지 이르리로다.

이것은 성자께서 세상의 중보자로 왕위에 오르실 때와 은혜와 능력을 받는 사명을 받고 보냄을 받을 때 왕이 선포한 내용과 제시한 보편적 조건을 구체적으로 표현한 구절이다. 이 말씀에서 우리는 예수께서 기도가 자신의 소유와 유업을 받는 유일한 조건임을 얼마나 강조하려고 했겠는가를 아주 자연스럽게 배운다.

　기도에 대해 이같이 연구하다 보면 필연적으로 일련의 생각들이 서로 교차하고 같은 성경 본문이나 사건이 한 번 이상 언급하게 되는데, 이는 동일한 구절이 한 가지 이상의 진리를 가르칠 수 있기 때문이다. 이것은 기도의 지극히 광대함을 이야기할 때도 마찬가지이다. 예수 그리스도께서는 기도를 얼마나 포괄적인 것으로 생각하시는지! 기도는 범위나 일에 있어서 제한이 없다! 기도에 대한 약속들은 그 장엄함과 광대함과 보편성에서 거룩하다. 기도에 대한 약속들은 그 성격상 하나님과 관계가 있다. 그 영감이나 창조, 결과에 있어서 하나님과 관계를 갖는다. 하나님 외에 누가 이렇게 말할 수 있겠는가? "너희가 기도할 때에 무엇이든지 믿고 구하는 것은 다 받으리라." 하나님 외에 누가 "무엇이든지" 구하라고 명령할 수 있겠는가? 사람도 우연도 결과의 법칙도 모든 것을 주고 지도한다는 약속만큼 변화나 제한, 혹은 조건을 뛰어넘지 못했고, 그 속에 모든 것을 지도하고 가져올 수 있는 강력한 힘을 지니지도 못했다.

　예수께서는 기도의 필요성와 중요함을 강조하기 위해 모든 부문과 비유와 사건들을 쓰셨다. 예수께서 행하신 기적은 기도로 이룬 기적일 뿐이다. 주님의 기적에서는 거의 모두가 기도가 뚜렷이 나타나고 기도의 특징들이 거기서 예증된다. 수로보니게 여인은 기도의 능력과 기도의 끈질김이 가져오는 성공을 보여 주는 탁월한 예이다. 소경 바디매오의 경우는 동일 선상에서 몇 가지 요점을 제시해 준다. 야이로와 백부장의 경우는 기도의 단계들을 예증하고 인상 깊게 보여 준다. 바리새인과 세리에 대한 비유는 기도에서 지녀야 할 겸손을 강조하고, 기도의 놀라운 결과를 선포하며 잘못된 기도의 헛됨과 가치 없음을 보여 준다. 교회의 권징 시행이 실패하는 것과 그럴 경우 즉각적으로 형제애를 끊는 문제가 마태복음 18:19에 기록되어 있는데, 모두 합심하여 드리는 기도의 광범위한 결과를 보여 주기 위해 사용되고 있다.

　그것이 그리스도께서 말씀하고 계시는 합심하여 드리는 기도이다. 즉 의견이 일치된 두 사람, 마음이 성령으로 말미암아 완벽하게 조화를 이루도록 조율된 사람들을 말한다. 이 두 사람이 구하는 것은 무엇이든지 이루어질 것이다. 그리스도께서는 교회 내의 권징에 대해 말씀하고 계셨으며, 통일을 유지하기 위해서는 어떻게 해야 하는지, 형제들과의 교제를 유지하기 위해서는 범죄한 자를 바로잡거나 교회에서 축출하는 일을 해야 한다는 것을 말씀하고 계셨다. 그리스도의 형제됨을 충실히 지킨 사람들과 그 형제됨을 깨어지지 않도록 보존하는데 애쓰고 있는 사람들은 합심하여 통일된 기도로 하나님께 호소할 수 있을 것이다.

산상수훈에서 그리스도는 입헌적인 원칙을 제정하신다. 표상과 그림자는 물러나고 영적 생활의 법이 선포된다. 이 기독교 체제의 기본 법칙에서는 기도가 가장 중요한 위치는 아니라 할지라도 두드러진 위치를 차지한다. 기도는 그 활동과 구제의 영역이 폭넓고 아주 당당하며 포괄적일 뿐만 아니라 모든 의무에 보조적인 역할을 하기도 한다. 다른 사람들에 대해 친절하고 분별있게 판단해야 하는 일이나 중요한 금지 명령, 황금률, 이런 법들이 모두 기도할 때 지켜질 수가 있다.

그리스도께서는 기도를 법에 의해 규정된 약속들에 포함시키신다. 기도를 자연 법칙에 맡기시지 않는다. 필요를 느끼고 요구하고 공급하는 무력한 자의 자연적 본능에 의한 법이 있고 기분 좋고 고귀하고 매력적인 특권의 법이 있는데, 이런 법들이 행동의 동기로서 아무리 강력한 법이라고 할지라도 기도의 기초가 되지 않는다. 그리스도께서는 기도를 영적 법이라고 말씀하신다. 사람은 기도해야 한다. 기도하지 않는 것은 단순한 결핍이나 태만이 아니라 법, 곧 영적 생명의 법을 위반하는 것이며, 무질서와 파멸을 가져오는 죄이다. 기도는 전 세계에 미치고 영원까지 이르는 법이다.

산상수훈에서 중요한 말씀들이 많은 경우에 한 절이나 한 구절로 간단히 처리된다. 반면에 기도의 주제는 많은 지면을 차지한다. 그리스도께서는 거듭거듭 기도에 대해 말씀하신다. 기도의 가능성과 필요성의 기초를 아버지와 자녀의 관계, 곧 밥을 구하는 자녀와 자녀가 구하는 것을 주는 아버지의 관계에 둔다. 기도의 본질과 필요성에 대한 주님의 가르침은 주님의 생애에 기록된 대로 두드러진다. 예수께서는 사람들을 골방으로 보내신다. 기도는 허영이나 자만심으로 얼룩져서는 안 되는 거룩한 일이다. 기도는 은밀히 행해야 하는 것이다. 제자들은 자기를 드러내지 않고 살아야 한다. 하나님께서는 은밀한 곳에 계시므로 은밀한 가운데서 찾아야 하고 찾으면 거기에서 만날 수 있다. 기도에 대한 그리스도의 명령은 오만한 태도와 자신을 알리려는 태도를 피해야 한다는 것이다. 기도는 은밀한 가운데서 행해야 한다.

> 너는 기도할 때에 네 골방에 들어가 문을 닫고 은밀한 중에 계신 네 아버지께 기도하라 은밀한 중에 보시는 네 아버지께서 갚으시리라

팔복은 영적 성품을 풍부하게 하고 아름답게 꾸밀 뿐만 아니라 영적 성품을 형성하는 재료이기도 하다. 이 팔복 가운데 바로 첫번째 복은 단지 영적 성품을 꾸밀 뿐만 아니라 영적 성품을 구성하는 것으로서 기도를 영적 성품의 기초에 놓는다. "심령이 가난한 자는 복이 있나니." 가난하다는 말은 극빈자, 즉 구걸로 살아가는 사람을 뜻한다. 진정한 그리스도인은 또 다른 하사품으로 살아가는데 그 하사품은 구하여서 얻는다. 그렇다면 기도는 그리스도인 성품의 기초가 되며 그리스도인의 사업과 생명과 생활의 기초가 된다. 이것이 바로 그리스도께서 정하신 기도의 법이다. 기도는 그리스도인의 사후 생활을 채색하고 형성하는 첫 걸음이며 첫 호흡이다. 가난한 자들은 복이 있다. 그들은 기도할 수밖에 없기 때문이다.

> 기도는 그리스도인에게 생명의 호흡이요
> 그리스도인들에게 본향의 공기이며
> 죽음의 문 앞에서 말하는 그리스도인의 암호이다
> 그리스도인은 기도로써 천국에 들어간다.

그리스도께서는 기도에서 모든 자부심과 자만과 영적 가치를 제거하신다. 심령이 가난한 자는 기도하는 자이다. 영적 거지들이 하나님의 왕자들이며 하나님의 상속자들이다. 예수께서는 유대인 전통의 찌꺼기를 제거하고 기도의 규례에서 허식을 제거하신다.

> 옛 사람에게 말한 바 살인치 말라 누구든지 살인하면 심판을 받게 되

리라 하였다는 것을 너희가 들었으나 나는 너희에게 이르노니 형제에게 노하는 자마다 심판을 받게 되고 형제를 대하여 라가라 하는 자는 공회에 잡히게 되고 미련한 놈이라 하는 자는 지옥 불에 들어가리라. 그러므로 예물을 제단에 드리다가 거기서 네 형제에게 원망들을 만한 일이 있는 줄 생각나거든 예물을 제단 앞에 두고 먼저 가서 형제와 화목하고 그 후에 와서 예물을 드려라.

마음에 분한 심정을 품고 있으며 입으로는 단정치 못한 불경한 말을 하고, 화해하지 않는 마음과 이웃에 대한 부채를 해결하지 않은 채 기도하려고 하는 사람은 하지 않는 것보다 더 나쁜 일에 힘쓰고 기도의 법을 어기며 죄를 더하는 일을 하는 것이다.

그리스도의 기도의 법은 참으로 엄격하다! 기도는 마음에 호소하며 마음에 사랑을 올려놓으라고, 형제에 대한 사랑을 올려놓으라고 요구한다. 기도는 마음 속의 사랑으로 맛이 들어야 하고 사랑의 향기가 가득해야 한다. 기도의 법칙, 곧 기도를 일으키고 기도의 영감을 불러일으키는 것은 사랑이다.

기도해야 한다. 하나님께서는 우리가 기도하기를 원하시기 때문이다. 하나님은 기도를 명령하신다. 사람에게는 기도가 필요하므로 기도해야 한다. 어떤 것은 확실히 기도로 구해야 한다. 사람이 열심히 그리고 끈기 있게 기도하면 그 기도에서 어떤 것이 올 것이라고 하나님이 약속하시기 때문이다.

"구하라 그러면 너희에게 주실 것이요" 하고 가르치시고 나서 예수께서는 참된 기도를 하고 더 많이 기도하라고 권하신다. 예수께서는 "구하는 이마다 얻을 것이요"라는 말씀으로 그 사실을 이중의 확신으로 거듭 확언하신다. "구하는 이마다"라고 말씀하심으로써 예외가 없다고 주장하신다. "찾는 이가 찾을 것이요."

이 말씀에서 기도 응답의 사실이 다시 한 번 무한한 진실성과 함께 확인되고 날인된다. 그리고 나서 그 사실은 봉인될 뿐만 아니라 "두드리는 이에게 열릴 것이니라"는 하나님의 증명으로써 마무리되고 서명된다. 우리가 하나님과 우리의 관계에 의해서 얼마나 기도하도록 격려(장려)받는지 유의해야 한다.

너희가 악한 자라도 좋은 것으로 자식에게 줄 줄 알거든 하물며 하늘에 계신 너희 아버지께서 구하는 자에게 좋은 것으로 주시지 않겠느냐

기도가 이 세상에서 하나님의 일과 하나님의 규칙과 맺고 있는 관계에 대해서는 예수 그리스도께서 교훈과 생활을 통해 아주 충분하게 예증하신다. 모든 면과 모든 일에서 예수 그리스도가 가장 먼저이다. 교회를 다스리는 자들 가운데 그리스도가 단연 첫번째이다. 그리스도는 보좌를 갖고 계시다. 더없이 귀중한 금면류관은 그리스도의 것이다. 흰옷이 주님을 희고 아름답게 감싸고 있다. 기도 사역에서 주님은 거룩한 교사이실 뿐 아니라 거룩한 모범이기도 하시다. 주님의 모범은 풍성하고 기도에 대한 가르침은 풍부하다. 주께서 "항상 기도하고 낙망치 말아야 할 것"을 확언하시고 그 가르침을 설명하고 강조하시기 위해 불의한 재판관과 가난한 과부의 비유의 인상적인 비유를 드실 때 주님의 가르침은 참으로 단호하다. 그것은 기도의 필요성을 말씀하시는 비유이다. 사람이 항시 기도해야 한다는 것은 엄격하고 의무적인 말씀이다. 사람이 기도하는 일에 낙망치 않으려면 용기, 인내, 끈기가 필요하다. "하물며 하나님께서 그 밤낮 부르짖는 택하신 자들의 원한을 풀어 주지 아니하시겠느냐?"

이것은 주님의 분노가 실려있는 강력한 질문이자 단언이다. 사람은 주님의 가르침에 따라 기도해야 한다. 기도에 지치거나 피곤해지지 않아야 한다. 하나님의 신실한 성품은 많은 것이 참된 사람의 끈기 있는 기도로 이루어진다는 것에 대한 확실한 보증이다.

확실히 주님의 기도는 베드로에게 내린 계시와 베드로가 주님께 한 고백과 관계가 있었다. "주는 그리스도시요 살아 계신 하나님의 아들이시니이다." 기도는 우리 목회자들의 세계에 큰 영향을 미친다. 그리스도께서는 기도로써 제자들을 뽑으셨고 또 제자로 교육하셨다. 제자들은 주님의 기도에 깊은 인상을 받았다. 주님처럼 기도한 사람이 없었다. 주님의 기도는 그

동안 제자들이 거리에서, 회당에서, 성전에서 보고 들었던 냉랭하고 오만하며 자기 의를 내세우는 기도와 전혀 달랐다.

6

거룩한 기도의 교사이신 예수 그리스도 (2)

 기도는 예수께서 세상에 오셔서 가르치고 예증하려고 하셨던 위대한 진리 중 한 가지였다는 사실을 잊어서는 안 된다. 사람들에게 이 위대한 기도의 교훈을 가르치는 일은 그 일을 위해 하늘에서 땅으로 내려올 만한 일이었다. 사람들이 기도를 배우는 일은 매우 중요하면서도 어려운 교훈이었다. 사람들은 이 기도의 교훈을 배우는 것을 천성적으로 싫어하였다. 이것은 매우 낮은 교훈이었다. 하나님 외에 아무도 그 교훈을 가르칠 수 없다. 기도는 천대받는 거지 신세이지만 장엄하고 신성한 소명이다. 제자들은 어리석은 학생들이었지만 주께서 기도하시고 기도에 관해 말씀하시는 것을 들음으로써 기도할 마음을 갖게 되었다.
 그리스도께서는 제자들에게 기도의 일반적인 필요성뿐만 아니라 개인적이고 영적인 필요에서 갖는 기도의 중요성도 인상 깊게 가르치려고 하였다. 제자들이 기도를 좀더 깊고 철저하게 배울 필요를 느끼고 자신들이 이 일에 아주 소홀했다는 것을 느낀 때가 있었다. 주께서 정해진 시간과 장소에서 기도하고 계시는 모습을 보고 제자들은 기도의 필요성을 깊이 느끼고서 주께 "요한이 자기 제자들에게 기도를 가르친 것과 같이 우리에게도 가르쳐 주옵소서" 하고 구했다.
 제자들은 예수께서 기도하시는 목소리를 듣고서 자신들이 기도에 대해 무지하고 부족하다는 것을 절실히 느꼈다. 주님의 기도를 듣고서 누가 그 같은 무지와 부족을 느끼지 않을 수 있었겠는가? 기도라는 이 거룩한 기술을 가르칠 선생을 기다리지 않은 사람이 누가 있겠는가?

이 열두 제자가 기도에 있어서 자신들이 부족하다는 자각은 그들의 주요 선생이신 예수께서 기도하시는 소리를 들은 데서 생겼지만, 또한 세례 요한이 자기 제자들에게 기도를 가르쳤다는 사실을 안 데서도 부족하다는 진지한 의식이 일어났을 것이다. 제자들이 예수께서 기도하시는 것을 들었을 때(틀림없이 제자들은 예수께서 아주 놀랍도록 단순하고 능력 있게, 참으로 사람답게 그러면서도 참으로 하나님답게 기도하시는 것을 들어왔을 것이다), 예수님의 기도는 제자들에게 마음을 끄는 매력이 있었다. 주님의 기도하는 모습을 보고 들으면서 제자들은 기도에 대한 자신들의 무지와 부족을 아주 뼈저리게 느꼈다. 어느 누구라도 그 같은 무지와 부족을 느끼지 않았겠는가?

우리는 주께서 이 열두 제자에게만 기도를 가르쳤다고 서운하게 생각지 않는다. 제자들을 가르치는 가운데 우리도 가르치시기 때문이다. 그 교훈은 그리스도의 법에서 이미 배운 것이다. 그러나 제자들이 너무 둔하였기 때문에 기도라는 이 거룩한 기술을 그들에게 가르치려면 참고 여러 번 강조하고 되풀이할 필요가 있었다. 그리고 마찬가지로 우리도 둔하고 어리석어서 우리가 이 지극히 중요한 기도의 학교에서 중요한 어떤 과목이라도 하나 배우려면 따분한 일이지만 그리스도께서 인내를 갖고 몇 번이고 되풀이해서 가르치셔야 한다.

이 거룩한 기도의 교사께서 하나님은 틀림없이 확실히 그리고 반드시 기도에 응답하신다는 것과, 자녀는 구하고 조르는 것이 의무이고 아버지께서는 응답하시며 구하는 것을 주시지 않을 수 없다는 사실을 친히 명백하고 강력하게 펼쳐 보이신다. 그리스도께서 가르치신 것을 보면, 기도는 열매를 맺지 못하는 헛된 공연이 아니며 단순한 의식이나 형식이 아니라 응답을 바라는 요청이며 이득을 얻는 호소이고 하나님으로부터 큰 유익을 구하는 것이다. 기도는 우리가 구하는 것을 얻고, 우리가 찾는 것을 찾으며 우리가 두드리는 문이 열려 그리로 들어가게 해 주는 수업이다.

예수께서 변화산에서 내려오셨을 때 주목할 만한 일이 벌어졌다. 예수께서 내려와 보니 제자들이 원수들 앞에서 패배하여 수치를 당하고 어찌할 줄 모르고 있었다. 한 아버지가 귀신 들린 아이를 데려와 귀신을 내어쫓아 달라고 하였다. 제자들은 귀신을 내어쫓으려고 하였지만 실패하였다. 제자들이 전에 예수님께 권한을 위임받아 바로 그 일을 한 적이 있었는데 이번에는 보기좋게 실패하고 말았다.

> 집에 들어가시매 제자들이 조용히 묻자오되 우리는 어찌하여 능히 그 귀신을 쫓아내지 못하였나이까 이르시되 기도 외에 다른 것으로는 이런 유가 나갈 수 없느니라

이들의 믿음은 기도로 경작되지 않았다. 이들은 자신들의 일을 행하는 데 실패하기 전에 먼저 기도에 실패한 것이다. 기도에 실패했기 때문에 믿음에 실패한 것이다. 하나님의 일을 행하는 데 필요한 한 가지 일은 기도였던 것이다. 하나님께서 우리를 보내어 하라고 하시는 일은 기도 없이는 할 수가 없다.

기도에 대한 그리스도의 교훈에서 우리는 또 한 가지 적절한 말씀을 보게 된다. 그 말씀은 열매 없는 무화과나무를 저주하신 일과 관련이 있었다.

> 예수께서 대답하여 가라사대 내가 진실로 너희에게 이르노니 만일 너희가 믿음이 있고 의심치 아니하면 이 무화과나무에게 된 이런 일만 할 뿐 아니라 이 산더러 들려 바다에 던지우라 하여도 될 것이요 너희가 기도할 때에 무엇이든지 믿고 구하는 것은 다 받으리라.

이 구절에서 우리는 기도와 믿음을 보며, 기도와 믿음의 가능성과 능력이 결합되는 것을 본다. 무화과나무가 주 예수의 말씀으로 뿌리까지 말랐다. 예수께서 말씀하신 결과의 능력과 신속함에 제자들이 놀랐다. 예수께서는 그것이 놀랄 일이 아니며 하기 어려운 일도 아니라고 말씀하신다. "만일 너희가 믿음이 있으면." 믿음의 가능성은 이 작은 무화과나무에만 미치지 않고 기초에 바위가 있고 또한 바위투성이인 거대한 산이 뽑혀서 바다에 던지우는 일도 일어날 수 있다고 말씀하신다. 기도는 이 강력한 믿음의 능력을 움직이는 지렛대이다.

우리 주님께서 많은 무리를 보시고 그들이 마치 목자 없는 양처럼 쇠약하고 뿔뿔이 흩어져 있는 것을 아시고 마음에 깊은 동정심이 일어났을 때의 사건을 다시 한 번 언급하는 것이 좋을 것이다. 그때 예수께서 제자들에게 이같이 구하라고 명령하셨다. "추수하는 주인에게 청하여 추수할 일꾼들을 보내어 주소서 하라." 이 말씀은 하나님께서 원하시는 사람을 불러 사역하도록 하시는 일을 하고 기도에 대한 응답으로 성령께서 바로 이 일을 하신다는 것을 분명히 가르치고 있다.
   세상의 추수거리를 수확하여 하늘에 쌓는데 필요한 일꾼을 확보하기 위해서는 그때와 마찬가지로 지금도 기도가 필요하다. 하나님의 교회는 일찍이 지극히 중요하면서도 힘든 이 교훈을 배웠는가? 하나님만이 그 일꾼들을 택하여 세상에 보내실 수 있다. 일꾼을 선택하시는 이 일을 하나님께서 사람이나 교회, 교회 회의나 어떤 협회에 맡기시지 않는다. 그러나 하나님께서는 기도를 들으시고 마음이 움직여 사람들을 하나님의 사역으로 부르시는 이 위대한 일을 행하신다. 세상의 들판은 썩어가고 있다. 기도가 잠잠할 때 세상의 들판은 경작되지 않는다. 일꾼들은 거의 없다. 기도가 하나님과 함께 일하지 않았기 때문에 들판이 경작되지 않고 있는 것이다.
   기도의 약속과 기도의 가능성이 우리 주께서 기도에 대해 가르치신 더욱 고귀한 교훈에서 독특하게 나타난다. "너희가 내 안에 거하고 내 말이 너희 안에 거하면 무엇이든지 원하는 대로 구하라 그리하면 이루리라."
   여기서 우리는 기도의 조건으로서 생활의 확고한 태도를 본다. 그것은 단지 어떤 중대한 원칙이나 목적을 위하는 생활의 확고한 태도가 아니라 예수 그리스도와 함께 하는 태도이며 예수 그리스도와 연합하는 생활이다. 그리스도 안에 살고, 그 안에 거하며, 그리스도와 하나가 되고, 그리스도에게서 모든 생명을 이끌어내며 이끌어낸 모든 생명을 우리를 통해서 흘려보내는 것, 바로 이것이 기도의 태도이고 기도의 능력이다. 그리스도 안에 거하는 일은 우리 안에 거하는 그리스도의 말씀과 떨어져서 일어날 수 없다. 기도를 일으키고 기도를 지속시키려면 그리스도의 말씀이 우리 안에서 살아야 한다. 그리스도의 태도가 기도의 조건이다.
   구약의 성도들은 "주께서 주의 말씀을 모든 이름 위에 높게 하셨음이라"고 배웠다. 신약의 성도들은 말씀이신 그리스도의 입에서 나오는 말씀이 온전한 순종으로 얼마나 높아지는지 충분히 배워야 한다. 그리스도 아래에서 기도하는 사람들은 모세 아래에서 기도하는 사람들이 이미 배웠던 것, 곧 "사람이 떡으로만 살 것이 아니요 하나님의 입으로 나오는 모든 말씀으로 살 것이라"는 사실을 배워야 한다. 우리를 통해서 흘러나가는 그리스도의 생명과 우리 안에 살아있는 그리스도의 말씀, 바로 이것이 기도에 능력을 부여한다. 이것이 기도의 영을 발산하며, 기도의 몸과 피와 뼈를 만든다. 그때는 내 안에서, 나를 통해서 기도하시는 분이 그리스도이므로 "원하는 것은 무엇이든지" 하나님의 뜻이다. 내 뜻이 법이 되고 응답이 된다. 왜냐하면 그리스도께서 "무엇이든지 원하는 대로 구하라 그리하면 이루리라"고 말씀하셨기 때문이다.

우리 주께서는 우리의 기도 전면에 열매 맺는 일을 말씀하신다.

너희가 나를 택한 것이 아니요 내가 너희를 택하여 세웠나니 이는 너희로 가서 과실을 맺게 하고 또 너희 과실이 항상 있게 하여 내 이름으로 아버지께 무엇을 구하든지 다 받게 하려 함이니라.

열매가 없으면 기도할 수 없다. 열매를 맺는 능력이 있고 실제로 열매를 맺을 때에야 기도할 수 있다. 열매 맺는 것은 지나간 때를 말하는 것이 아니라 현재 열매를 맺고 있어야 하는 것이다. "너희 과실이 항상 있게 하여." 생활의 결과인 열매가 기도의 조건이다. 열매를 맺되 많이 맺을 만큼 활기찬 생활이 기도의 조건이자 원천이다.

그날에는 너희가 내게 아무것도 묻지 아니하리라 내가 진실로 진실로 너희에게 이르노니 너희가 무엇이든지 아버지께 구하는 것을 내 이름으로 주시리라 지금까지는 너희가 내 이름으로 아무것도 구하지 아니하였으나 구하라 그리하면 받으리니 너희 기쁨이 충만하리라. 그 날에는 너희가 내게 아무것도 묻지 아니하리라.

이것은 수수께끼를 풀거나 비밀을 계시하거나 묘한 질문을 하시는 말씀이 아니다. 기도하는 것, 그것도 크게 기도하는 이것이야말로 성령 시대에서 우리의 태도나 우리의 할 일이다. 참된 기도를 많이 하면 사람의 기쁨과 하나님의 영광이 증가한다는 것이다.

"너희가 무엇이든지 내 이름으로 구하면 주시리라"고 그리스도께서 말씀하시므로 아버지 하나님께서 주실 것이다. 성부와 성자께서 우리가 구하는 바로 그것을 주시겠다고 서약하셨다. 그러나 그 조건은 그리스도의 이름으로 구하는 것이다. 이 말은 그리스도의 이름이 부적과 같이 마술적인 어떤 힘을 발휘한다는 뜻이 아니다. 이 말은 주님의 이름이 아름다운 보석 세트처럼 기도에 가치를 부여해 줄 것이라는 의미도 아니다. 우리의 기도와 행동을 주님의 이름으로 마감하면 그런 일이 일어나리라는 것이 아니다. 다음과 같은 말씀은 참으로 두려운 사실이다.

> 그날에 많은 사람이 나더러 이르되 주여 주여 우리가 주의 이름으로 선지자 노릇 하며 주의 이름으로 귀신을 쫓아내며 주의 이름으로 많은 권능을 행치 아니하였나이까 하리니 그 때에 내가 저희에게 밝히 말하되 내가 너희를 도무지 알지 못하니 불법을 행하는 자들아 내게서 떠나가라 하리라.

그리스도의 이름으로 행했다고 주장하는 이 대단한 사역자들과 행위자들의 운명이 얼마나 허망한가!

그리스도의 이름은 단순한 감정이나 말이나 용어가 아니라 훨씬 더 이상의 것을 의미한다. 그리스도의 이름으로 구한다는 것은 그리스도를 대신해서 선다는 것이며 그리스도의 성품을 지니고, 그리스도께서 지지하시는 모든 것, 곧 의와 진리와 거룩함과 열심을 지지한다는 뜻이다. 그것은 그리스도께서 영과 뜻과 목적에서 하나이셨듯이 하나님과 하나가 된다는 것을 의미한다. 그것은 우리의 기도가 하나님의 아들을 통할 때에만 오로지 하나님의 영광을 위할 수 있다는 말이다. 그리스도의 이름으로 구한다는 것은 우리가 그리스도 안에 거하며, 그리스도께서 우리를 통하여 기도하시고 우리 안에서 사시며 우리로부터 빛나신다는 뜻이고, 우리가 하나님의 뜻에 따라 성령을 힘입어 기도한다는 의미이다.

겟세마네의 어둠 속에서 제자들이 무감각한 상태에 있을 때 그리스도께서 제자들에게 날카롭게 경고하시는 말씀을 듣게 된다. "시험에 들지 않게 깨어 있어 기도하라 마음에는 원이로되 육신이 약하도다." 그러한 경고의 말씀을 듣고 우리의 모든 능력을 각성시키는 일이 얼마나 필요한지! 단지 우리 삶의 중대한 위기에 대해서만이 아니라 모든 면에서 위험과 위난이 따르는 생활에서 언제나 기억해야 할 필요가 있는 경고이다.

그리스도께서 지상 사역을 마무리해 가실 때, 즉 더 위대하고 더 강력한 성령의 시대에 가까이 다가가실 때 기도에 대한 주님의 가르침은 좀더 매력적이고 고상한 형태를 취한다. 주께서 기도에 관계하시는 일이 더욱 친밀해졌고 더욱 절대적이 되었다. 주님이 우리 구원에 속하는 다른 모든 일에서 주가 되시듯 기도에서도 주가 되시며 시작과 끝이시며 처음과 마지막이 되신다. 그리스도의 이름은 전능하게 된다. 기이한 일들이 그리스도의 이름으로 기도할 수 있는 믿음에 의해 이루어지게 되어 있다. 그리스도의 본성처럼 그리스도의 이름은 모든 필요를 담당하고 모든 세계를 포용하며 모든 선한 것을 얻는다.

> 나는 아버지 안에 있고 아버지는 내 안에 계신 것을 네가 믿지 아니하느냐 내가 너희에게 이른 말이 스스로 하는 것이 아니라 아버지께서 내 안에 계셔 그의 일을 하시는 것이라 내가 아버지 안에 있고 아버지께서 내 안에 계심을 믿으라 그렇지 못하겠거든 행하는 그 일을 인하여 나를 믿으라 내가 진실로 진실로 너희에게 이르노니 나를 믿는 자는 나의 하는 일을 저도 할 것이요 또한 이보다 큰 것도 하리니 이는 내가 아버지께로 감이니라 너희가 내 이름으로 무엇을 구하든지 내가 시행하리니 이는 아버지로 하여금 아들을 인하여 영광을 얻으시게 하려 함이라. 내 이름으로 무엇이든지 내게 구하면 내가 시행하리라.

이 말씀에서 성부와 성자와 기도하는 자가 다 함께 연결된다. 모든 것이 그리스도 안에 있고, 모든 것이 그리스도의 이름으로 드리는 기도 안에 있다. "내 이름으로 무엇이든지 내게 구하면." 하나님의 거대한 창고를 여는 열쇠는 기도이다. 그리스도께서 하신 것보다 더 큰 일을 할 수 있는 능력은 참된 기도 안에서 진정으로 그리스도의 이름을 붙잡을 수 있는 믿음에 있다.

공생애 마지막 시기에 그리스도께서 제자들을 많은 악으로부터 보호할 예방책으로서 기도를 얼마나 강력히 주장하시는지 주목할 필요가 있다. 예수께서는 예루살렘 멸망이라는 현세적인 두려운 공포를 보시면서 제자들에게 이같이 기도하라고 명령하신다. "너희 도망하는 일이 겨울에 되지 않도록 기도하라."

이 세상에서 기도로 피할 수 있는 악이 얼마나 많은지! 이 세상의 두려운 재난들 가운데서 기도로 완전히 구원받을 수 없다할지라도 완화시킬 수 있는 일들이 얼마나 많은지! 우리가 이 세상에서 당할 수 있는 무절제와 마비시키는 영향력들을 보시면서 그리스도께서 우리에게 어떻게 기도하라고 명령하시는지 유의해 보자.

> 너희는 스스로 조심하라 그렇지 않으면 방탕함과 술취함과 생활의 염려로 마음이 둔하여지고 뜻밖에 그 날이 덫과 같이 너희에게 임하리라. 이 날은 온 지구상에 거하는 모든 사람에게 임하리라 이러므로 너희는 장차 올 이 모든 일을 능히 피하고 인자 앞에 서도록 항상 기도하며 깨어 있으라.

그리스도께서 심판하러 오실 때와 우리가 이 세상을 떠날 때를 확실히 알 수 없음을 보시고 이같이 말씀하신다.

> 그러나 그 날과 그 때는 아무도 모르나니 하늘에 있는 천사들도, 아들도 모르고 아버지만 아시느니라 주의하라 깨어 있으라 그 때가 언제인지 알지 못함이니라.

우리는 요한복음 14장부터 17장에 이르는 말씀에서 예수께서 마지막으로 열 두 제자와 대담하며 하신 말씀을 본다. 이 말씀은 진정으로 엄숙한 고별사이다. 제자들은 자기들의 주님이요 선생이신 그리스도의 친밀한 임재를 떠나 수고와 위험의 영역으로 들어가게 되었다. 제자들은 기도가 모든 일에 유익할 것이며, 기도의 용도와 무한한 가능성이 제자들의 손실을 채워줄 것이며, 기도로써 자기들이 예수 그리스도와 하나님 아버지의 모든 가능성을 사용할 수 있으리라는 것을 인상 깊게 배웠다.

그때는 예수 그리스도께 중대한 시기였다. 그리스도의 사역이 그리스도의 죽음과 부활에서 절정에 이르게 되어 있었다. 성령의 통제와 지도를 받아 그리스도의 영광을 드러내고 그리스도의 일을 수행하고 성공시키는 일이 제자들에게 위임되었다. 제자들에게 그때는 이상하고 당혹스러우며 잘 알 수 없는 슬픔을 느끼며 예수께서 자기들을 떠나시리라는 사실만을 잘 아는 때였다. 그 밖의 모든 것은 어둡고 잘 알 수가 없었다.

예수께서는 제자들에게 고별사를 하시고 고별기도를 해야 했다. 엄숙하고 극히 중요한 진리들을 그 시간에 전해야 했다. 주께서는 제자들에게 하늘에 대해 말씀하신다. 제자들은 강하지만 아직은 젊은 사람들로서 하늘의 사실과 사고와 소망이 없이는 설교자로서의 생활이나 사도로서의 생활의 의무들을 이행할 수 없었다. 제자들은 이 모든 사실들을 언제나 아주 즐겁고 활기있게 신선하며 밝게 전해야 했다. 예수께서는 제자들에게 그들이 영적으로 의식적으로 주님과 연결되어 있음에 관해서, 주께서 제자들 안에 거하심에 관해서 말씀하셨다. 그 거하심은 아주 밀접하고 지속적이어서 포도나무의 생명이 가지로 흘러들어가듯이 주님의 생명이 그들 속으로 흘러들어갈 것이라고 말씀하셨다.

제자들의 생활과 열매 맺는 일은 이 사실에 달려 있었다. 그 다음에 기도하는 일을 지극히 중요한 필수적인 힘 중의 하나로 제자들에게 강권하셨다. 기도는 신성한 모든 힘을 좌우하는 것이었다. 기도는 제자들이 사역에서 하나님의 생명과 능력을 확보하고 유지할 수 있는 수단이자 매개체였다.

예수께서는 제자들에게 기도에 관해 말씀하셨다. 제자들이 다같이 모이자 지극히 중요한 이 주제에 대해 많은 교훈을 가르치셨다. 예수께서는 이 엄숙한 시간을 기회로 삼아 가르치시는 일을 마무리짓는다. 제자들은 자기들이 하나님 안에서 무한하고 다함이 없는 선의 창고를 가지고 있고 수년 후에 바울이 빌립보 교인들에게 "나의 하나님이 그리스도 예수 안에서 영광 가운데 그 풍성한 대로 너희 모든 쓸 것을 채우시리라"고 말하였듯이 어느 때든지 무제한으로 모든 것을 끌어 쓸 수 있다는 사실을 깨달아야 했다.

7

기도의 모범이신 예수 그리스도

　예수 그리스도의 생애를 적고 있는 성경의 기록은 주님의 바쁜 활동과 주께서 하신 많은 말씀, 주님의 위대한 기사 가운데 몇 가지만 간단히 보여 줄 뿐이다. 그러나 이같이 짧은 기록에서도 우리는 주께서 기도에 관해 많은 말씀을 하신 것을 본다. 바쁘게 일하시고 생활의 심한 긴장과 노고로 지쳤지만 "새벽 오히려 미명에 예수께서 일어나 나가 한적한 곳을 가사 거기서 기도하셨다." 어두울 때 한적한 곳에서 하나님과 단 둘이 계셨다! 그리스도의 생활은 끊임없이 기도의 향기로 채워진 삶이었다. 주님의 생활이 얼마만큼 기도의 생활이었는지를 보면 주님을 닮는 것은 주님처럼 기도하는 것이며 주님처럼 사는 것이라고 결론 내릴 수밖에 없다. 그것은 예수께서 기도하셨듯이 기도하는 진지한 생활이다.
　우리는 예수 그리스도의 기도를 연대기적 순서에 따라 살펴 볼 수 없다. 기도라는 신성한 기술에서 어떤 단계를 거쳐 진보와 숙련을 보였는지 우리는 알지 못한다. 예수께서 요단강가에서 세례 요한으로부터 세례를 받으실 때 기도하고 계시는 모습을 우리는 본다. 그 다음에 주님의 공생애 3년을 지나 생의 드라마를 끝내갈 무렵 두려움과 고통과 수난과 수욕의 두려운 세례를 받으실 때도 예수께서 영으로 기도하시는 모습을 본다. 요단강에서의 세례뿐 아니라 십자가의 세례도 기도로 신성해진다. 마지막으로 기도의 호흡으로 숨을 내쉬면서 예수께서는 자신의 영혼을 하나님께 맡긴다. 우리는 예수님의 첫번째 행동에서 뿐 아니라 첫번째 말씀에서도 주님이 제자들에게 자신의 첫 교훈이자 제자들의 첫 의무로 기도하는 법을 가르치시는 것을 본다. 십자가의 그늘이 드리워지는 가운데 마지막으로 당신의 택한 제자들과 대담하는 절박하고 중요한 시간에 예수께서는 세상의 선생들에게 기도하는 법을 가르치며, 기도하는 사람들을 신성한 진리를 맡아 전하는 전달자로 삼는 지극히 중요한 일을 하신다.

주님의 생애 가운데 중요한 시기들은 기도로 발생하고 마무리져졌다. 예수께서 나사렛에서 목수로 수고하실 때 기도의 습관이 어떠했는지 우리로서는 알 길이 없다. 하나님께서 그 점에 대해서는 감추셨으므로 추측과 사색은 헛되고 사람을 오도할 뿐이다. 그것은 하나님께서 감추신 것을 주제넘게 파고드는 것이며, 하나님께서 당신의 계시를 가리기 위해 쳐두신 휘장을 들쳐 올리려고 하며 기록된 말씀보다 우리가 더 지혜로워지려고 하는 것이다.

우리는 유명한 자와 선지자, 설교자로 서신 그리스도를 본다. 그리스도는 하나님의 소명을 받고 고향 나사렛과 목수일을 떠나셨다. 이제 전환점에 서 계시는 것이다. 고향을 떠나 당신의 위대한 사역에 발을 들여놓으신 것이다. 요한의 세례와 성령의 세례는 그 일을 위해 주님을 준비시키는 예비적인 단계이다. 새 역사가 시작되는 이 과도기는 기도가 특징으로 나타난다.

> 백성이 다 세례를 받을새 예수도 세례를 받으시고 기도하실 때에 하늘이 열리며 성령이 형체로 비둘기같이 그의 위에 강림하시더니 하늘로서 소리가 나기를 너는 내 사랑하는 아들이라 내가 너를 기뻐하노라 하시니.

이때는 주님의 생애에서 지극히 중요한 시간으로 과거와 반대되는 것이 아니라 현저히 다른 시간이다. 성령이 주님께 충만히 내려 머물고 하늘이 열리며, 예수께서 당신의 독생자임을 인정하는 하나님의 증거의 목소리가 들리는 이 모든 것은 그때 예수께서 기도하신 것에서 직접적으로 발생한 것은 아니라고 할지라도 그에 대한 응답으로 나타난 결과들이다.

"예수께서 기도하고 계시므로" 우리도 기도하고 있어야 한다. 그리스도

7. 기도의 모범이신 예수 그리스도

께서 기도하시듯이 우리가 기도한다면 우리는 틀림없이 그리스도를 닮게 되고 그리스도께서 사셨던 것처럼 살게 될 것이다. 우리가 그리스도께서 기도하셨듯이 기도하고 그리스도께서 기도 응답을 받으셨듯이 우리도 기도 응답을 받는다면 틀림없이 우리는 그리스도의 성품과 그리스도의 생명과 그리스도의 영을 지니게 될 것이다. 그리스도께서 지금 하늘에서 하나님 우편에 앉아 계시면서 하시는 일도 기도이다. 확실히 우리가 그리스도의 백성이고 우리가 그리스도를 사랑하며 그리스도를 위해 살고 그리스도께 가까이 있다면 우리는 하늘에서나 땅에서나 모두 그리스도의 기도하는 생활에 감염될 것이다. 우리는 주님의 직업을 배우고 세상에서 주님의 사업을 경영해나갈 것이다.

예수 그리스도께서는 모든 사람을 사랑하셨고 모든 사람을 위해 죽음을 맛보셨으며 모든 사람을 위해 도고하신다. 그렇다면 우리는 예수 그리스도를 본받고 대표하며 그리스도의 일을 수행하는 사람들인가 스스로에게 물어보지 않을 수 없다. 그렇다면 우리는 그리스도께서 구속을 위해 애쓰셨듯이 기도에 힘써야 한다. 예수 그리스도의 구속의 피가 우리 기도를 거룩하게 하고 능력 있게 만든다. 예수 그리스도께서 세계적이고 넓고 인간적이셨듯이 우리 기도도 그래야 한다. 그리스도 백성의 도고는 그리스도의 일이 신속히 이루어지게 하며 구속하는 보혈이 은혜로운 목적을 이루게 하고 구속받은 모든 영혼에서 죄의 속박을 깨트리도록 돕는다. 우리는 그리스도께서 하셨듯이 눈물로 기도하고 동정하는 마음으로 기도해야 한다.

기도는 모든 것에 영향을 끼친다. 하나님께서는 기도하는 사람에게 복을 내리신다. 기도하는 사람은 하나님을 위하는 오랜 항해를 떠나게 되고 남을 부요롭게 하는 가운데 스스로 부요해지며 기도로 세상을 복 받게 하는 가운데 스스로 복 받는다. "모든 경건과 단정한 중에 고요하고 평안한 생활을 하는 것"이야말로 가장 큰 부이다.

그리스도의 기도는 진정 기도다운 기도였다. 아무도 그리스도처럼 기도하지 못했다. 그리스도에게 있어 기도는 모든 즐거운 것이 응축되어 있는 매력 있고 열중하게 하는 최고의 특권이었을 뿐 아니라 필수적이고 엄숙한 의무였다. 기도는 그리스도의 능력의 비결이었고, 그리스도 생활의 법이었으며 그리스도의 수고의 영감이었고 그리스도의 부와 기쁨과 친교와 힘의 원천이었다.

예수 그리스도에게 기도는 부차적인 것이 아니라 엄격히 지켜야 하는 것이었으며, 반드시 필요한 것이며 생명이었고 끊임없는 열망을 만족시키는 것이며 무거운 책임을 질 수 있도록 준비시키는 것이었다.

아버지 하나님과 힘있고 즐겁게 상담을 나누며 교제하고 밀담을 즐기는 것, 주님의 기도는 이런 것이었다. 현재의 고난과 미래의 영광, 그리스도 교회의 역사, 모든 시대와 역사 종국까지 이르는 당신의 제자들의 투쟁과 위험, 이 모든 것들을 위해 예수께서 기도하셨고 이 모든 것들이 주님의 기도에서 나왔다.

우리 주님의 생애에서 기도만큼 뚜렷한 일은 없다. 밤을 지새우는 기도의 고투와 친교 안에서 주님의 전투가 준비되고 승리를 얻었다. 주님은 기도로 하늘을 빌어 썼다. 모세와 엘리야, 변화산의 영광은 주께서 기도하시는 일을 시중들었다. 주님의 기적과 가르침은 바로 이 기도라는 원천에서 능력을 얻었다. 겟세마네의 기도는 갈보리 언덕을 평온과 영광으로 붉게 물들였다. 대제사장으로서 주님의 기도는 세상에서 주님의 교회의 역사를 만들고 주님의 교회의 승리를 촉진한다. 예수 그리스도께서 이 세상에 계시는 동안 보여 주신 기도 생활은 기도하라는 놀라운 영감이며 명령이다! 주님의 기도 생활은 기도의 가치와 본질과 필요성에 대해 더할 수 없이 탁월한 논평이다!

예수 그리스도, 성자의 시대는 기도의 시대이다. 기도에 대한 주님의 가르침과 생활을 요약하는 말은 "사람이 항상 기도하고 낙망치 말아야 한다"는 것이었다.

유대인들이 족장들의 이름으로 기도하고 하나님과 맺은 언약으로 자기들에게 허락된 특권을 호소하였지만 우리에게는 더 큰 특권이 있고 더 강력하고 더 포괄적이며 더 권위가 있고 더 거룩한 새 이름과 새 언약이 있다. 하나님의 아들이 신성에서나 영광에서, 능력에서 족장들보다 더 높이 들어올려졌으므로 우리의 기도도 넓이와 영광과 결과의 능력에서 유대인들의 기도를 능가한다.

7. 기도의 모범이신 예수 그리스도

예수 그리스도께서는 아버지이신 하나님께 기도하셨다. 예수 그리스도는 아버지의 따스하고 존경스런 범위 안에서 단순하고 직접적으로 하나님께 나아갔다. 두렵고 반발하는 두려움은 아이의 더할 수 없이 깊은 신뢰 속으로 사라졌다.

예수 그리스도께서는 자신의 생애와 활동과 가르침을 기도로 마무리지으신다. 주님에게서 다른 모든 영광은 점점 더 희미해져 갈 때에도 세례 받을 때와 변화산상에서 어떻게 그리스도의 아버지께서 기도에 응답하시는 영광을 주님께 입혀드리고 주님에 대한 하나님의 관계를 증거하시는지! 우리가 단 한 가지 영감과 목표만으로 채워진다면 기도가 전능의 힘을 발휘할 것이다! 즉 "아버지여, 아버지의 이름이 거룩히 여김을 받으시오며." 바로 이 영감과 목표가 모든 것을 유쾌하게 하고 빛나게 하며 정복하고 모든 것을 얻게 한다. "아버지여 아버지의 이름을 영광스럽게 하시오며." 우리의 길을 인도하는 이 별이 칠흑 같은 어둠을 밝히고 거센 폭풍우를 잠재우며 우리로 용감하고 진실되게 만들 것이다. 그것은 제왕의 원칙이다. 이 원칙은 제왕 같은 그리스도인을 만들 것이다.

예수께서 생활과 가르침을 통해 그처럼 명백하게 보이신 기도의 범위와 능력은 바로 하나님의 크신 목적들을 계시할 뿐이다. 하나님의 목적들은 성자 하나님의 인간성을 진실되고 충만하게 계시할 뿐만 아니라 성부 하나님을 계시하기도 한다.

그리스도께서는 어린아이로서 기도하셨다. 주님 속에는 아이의 영이 있었다. 나사로의 무덤에서 "예수께서 눈을 들어 우러러보시고 가라사대 '아버지여'" 하고 부르셨다. 우리는 또 예수께서 이런 식으로 기도를 시작하는 것을 듣는다. "이 때에 예수께서 성령으로 기뻐하사 가라사대 '아버지여, 감사하나이다.'" 또 다른 때에도 예수께서는 하나님을 아버지로 부르며 아버지께 무언가를 구하는 자녀의 태도를 취하신다. 얼마나 깊은 신뢰와 단순함과 자연스러움을 보여주는가! 아이의 영혼에는 아버지께 나아갈 때 자발적이고 자유롭고 온전한 마음이 얼마나 잘 갖추어져 있는지! 참으로 진실된 신뢰와 크나큰 확신과 애정어린 관심이 있다! 아버지 쪽에서는 얼마나 깊은 염려와 애정어린 동정이 있는지! 어떻게 아이의 존경심이 점점 더 깊어져 경외로 발전하는지! 아이의 마음에 얼마나 깊은 사랑의 순종과 감사의 심정이 자라는지! 참으로 신성한 교제와 고귀한 친밀감이 있다! 얼마나 신성하고 달콤한 감정이 생기는지! 이 모든 것이 하나님의 자녀가 하늘에 계신 아버지를 만나고 아버지가 자기 자녀를 만나는 기도 시간에 생긴다. 우리가 어린아이로서 구하려면 어린아이로 살아야 한다. 기도의 영은 아이의 영에서 생긴다.

아버지에 대한 이러한 관계에서 존재하는 깊은 경외심은 친밀하다는 구실 아래 함부로 구는 것뿐 아니라 가볍고 경박하며 주제넘게 구는 모든 태도를 영원히 배척한다. 엄숙과 장중함이 기도의 시간을 채운다. 하나님을 아버지라 부르고 하나님의 은혜롭고 유익한 사랑을 깨닫는 예배자는 소멸되지도 손상되지도 않고 오히려 하나님의 아버지로서의 사랑을 통해 더없이 강화되는 하나님의 영광스런 엄위를 기억하고 깨닫는다. 하나님의 엄위 앞에서 느끼는 존경과 경외심이 없이 하나님을 아버지라고 부른다면 하나님의 성품을 제대로 이해하지 못한 것이다. 또한 자녀로서의 태도도 부족한 것이다.

족장들과 선지자들은 하나님께서 하나님의 권속에 대해 갖는 부성의 교리를 어느 정도 알고 있었다. 이들은 그 사실을 "멀리서 보고 납득하며 환영하였으나" 충분히 알지는 못했다. "이는 하나님이 우리를 위하여 더 좋은 것을 예비하셨은즉 우리가 아니면 저희로 온전함을 이루지 못하게 하려 함이니라."

다소의 사울에 대해 소심한 아나니아가 당혹스러워하고 놀라는 것에 대해 하나님께서 하신 말씀은 "저가 기도하는 중이다"는 것이었다. 그리스도께 적용된 "저가 기도하는 중이다"는 말씀에는 훨씬 더 큰 놀라움과 신비와 경이가 있다. 주님은 만물의 조성자요 천사와 사람의 주이시며, 영원하신 하나님과 동등이시고 함께 영원하신 분이다. 주님은 "하나님의 영광의 광채시요 그 본체의 형상이시라." "아버지의 영광과 아버지의 보좌로부터 나오신 분이다." "저가 기도하는 중이다." 예수 그리스도께서 낮고 의존적인 기도하는 모습을 보인다는 것, 예수께서 탄원자 중의 탄원자이며 그리스도께서 지극히 부요한 유산과 기도하는 고귀한 특권을 누리신다는 것,

이것은 신비 중의 신비며 기이한 일 중의 기이한 일이다.

히브리서 5:7은 우리 주님의 기도 습관을 간략하지만 포괄적으로 진술한다. "그는 육체에 계실 때에 자기를 죽음에서 능히 구원하실 이에게 심한 통곡과 눈물로 간구와 소원을 올렸고 그의 경외하심을 인하여 들으심을 얻었느니라." 우리 주님의 기도에 대한 이 같은 묘사에서 위대한 영적 힘의 출처를 본다. 주께서는 "간구와 소원"의 기도를 드렸다. 그것은 형식적이고 시험적인 노력이 아니었다. 예수께서는 주님의 기도는 열정적이고 개인적이며 진실되었다. 주님은 하나님의 선을 바라는 탄원자이셨다. 예수께서는 큰 곤경에 처해 계셨으므로 눈물을 흘리면서 "심한 통곡"으로 부르짖지 않으면 안 되었다.

하나님의 아들은 심한 고통 가운데 씨름하셨다. 주님의 기도는 단순히 한 역할을 맡아 하는 것이 아니었다. 영혼을 쏟고 모든 능력을 발휘해서 드리는 기도였다. 여기서 잠시 멈춰 주님을 보고 열심히 기도하는 법을 배우자. 기도의 고뇌 속에서 승리하는 법을 배우도록 하자. 우리는 이 법을 잊어버리고 있는 것 같다. "경외하심"이라는 아름다운 말이 나오는데, 신약에서는 두 번밖에 나오지 않는 것으로 하나님을 두려워함을 뜻한다.

예수 그리스도는 언제나 일에 바쁘셨지만 아무리 바빠도 기도 시간을 빼먹지 않으셨다. 일 중에 가장 신성한 일이 주님의 마음을 채우고 손을 채우며 주님의 시간을 소비하고 주님의 신경을 소모시켰다. 그러나 주님에게서는 아무리 하나님의 일이라 할지라도 하나님의 기도를 몰아내지 못하였다. 사람들을 죄에서 고통에서 구원하는 일이 그리스도에게서조차 기도를 대신해서는 안 되고 지극히 거룩한 시간의 길이나 강도를 줄이게 해서도 안 되었다. 주님은 하루 종일을 하나님을 위해 일하였고 밤 시간은 하나님께 기도하는 일에 바치셨다. 낮에 일하기 위해서는 밤에 기도하는 것이 필요했다. 밤의 기도가 낮의 사역을 거룩하게 하고 성공하도록 만들었다. 너무 바빠서 기도하지 못하는 것은 신앙을 장사지내는 것과 다름없다.

그리스도께서 기도하셨다는 단순하면서도 중요하고 암시적인 사실이 진술되는 경우가 많다. 주님의 마음과 입에서 나온 말씀이 기록되는 경우들도 있다. 예수 그리스도는 탁월한 기도의 사람이셨다. 주님의 생애에서 중요한 사건들은 기도로 일어났고, 주님의 생애의 소소한 일들과 윤곽과 형태들이 모두 기도로 영감을 받고 채색되며 고취되었다. 예수님의 기도는 신성한 말씀이었다.

이 기도의 말씀을 통해 하나님께서 하나님께 말씀드리고, 그 말씀을 통해서 하나님이 계시되며 기도가 예증되고 실행된다. 여기 지극히 순결하고 지극히 강력한 기도가 있다. 하늘과 땅도 머리를 숙이고 귀를 한껏 열고 참 하나님이시요 참 사람이시며 그 어떤 사람과도 다르게 기도하신 지극히 신성한 탄원자이신 주님의 기도의 말씀을 들으려고 할 것이다. 우리 주님의 기도는 기도에 대한 우리의 영감이며 모범이다.

8

우리 주님의 생애에서 일어난 기도의 사건들 (1)

　그리스도께서 기도와 찬양에 대해 아주 인상적으로 칭송한 장엄한 말씀 중 한 가지를 마태와 누가가 기록하고 있는데, 언어상에 약간 대조적인 점이 있고 세부 내용과 주위 상황에 대한 기술에 약간 차이점이 있다. 그리스도께서는 자신의 사역의 보잘것 없는 결과를 돌아보며 하나님께서 보이신 엄청난 사랑과 자비에 대한 사람들의 미약한 반응에 대해 말씀하신다. 하나님에 대한 사람들의 무관심을 나무라시며, 사람들이 기회와 은총과 책임이 증가함에도 불구하고 보인 무관심의 두려운 파괴적인 결과를 이야기하고 계신다.

　이런 책망과 비난과 재난 가운데서 70명의 제자들이 돌아와 자신들의 임무의 결과를 보고한다. 제자들은 자신들의 성공에 몹시 흥분하였지만 자기 만족의 기미는 전혀 보이지 않았다. 예수께서는 제자들의 생기로 인해 기분전환이 되고 마음이 누그러지며 원기를 회복하였고 제자들의 기쁨에 다소 전염되고 제자들의 승리를 함께 누렸다. 예수께서는 기뻐하시고 감사하며 놀라운 간결성과 영감과 계시를 보인 기도를 드리셨다.

　그때에 예수께서 대답하여 가라사대 천지의 주재이신 아버지여 이것을 지혜롭고 슬기 있는 자들에게는 숨기시고 어린아이들에게는 나타내심을 감사하나이다. 옳소이다 이렇게 된 것이 아버지의 뜻이니이다. 내 아버지께서 모든 것을 내게 주셨으니 아버지 외에는 아들을 아는 자가 없고 아들과 또 아들의 소원대로 계시를 받는 자 외에는 아버지를 아는 자가 없느니라.

그리스도의 생명은 하나님의 형상 안에 있었다. 그리스도는 "그 본체의 형상"이셨다. 따라서 그리스도께 기도의 영이 있음은 하나님의 뜻을 행하기 위함이었다. 예수께서는 자기가 "아버지의 뜻을 행하러 왔고" 자신의 뜻을 행하러 오지 않았다고 끊임없이 주장하였다. 예수님의 생애 가운데 겟세마네에서 두려운 위기의 순간이 오고 짓누르는 죄와 슬픔이 그 순간의 깊은 어두움과 두려움과 공포와 함께 주님을 눌러 주님의 영과 체질이 압박당하고 거의 소멸될 뻔했을 때 예수께서 구원하여 주시기를 부르짖었지만 그것은 주님의 뜻이 아니었다. 그 부르짖음은 연약함과 죽음 가운데서 하나님께서 하나님의 방식대로 구원하여 주시기를 바라는 호소였을 뿐이었다. 구원이 올지라도 하나님의 뜻이 구원의 법이고 규칙이 되어야 했다.

따라서 기도로 그리스도를 따르는 자는 하나님의 뜻을 자신의 법이자 규칙이자 영감으로 삼아야 한다. 모든 기도에서 기도하는 것은 사람이다. 생명과 성품이 골방 안으로 흘러 들어간다. 거기에 상호작용과 상호 반응이 있다. 골방이 성품을 형성하는 것과 관계가 깊듯이 성품은 골방을 형성하는 것과 관계가 깊다. "의인의 간구는 역사하는 힘이 많으니라." 우리가 사귀어야 할 사람은 "주를 깨끗한 마음으로 부르는 자들"이다. 그리스도는 가장 거룩한 분이었기 때문에 기도하는 이들 가운데 가장 위대하신 분이었다. 주님의 성품은 기도하는 성품이었다. 주님의 영이 기도의 생명이고 능력이다. 말이 유창하기 짝이 없고 재기 번뜩이며 은사가 풍성하며 불 같은 열정을 지녔으면서도 그리스도의 영으로 가득하지 못한 사람은 최선의 기도자가 아니다.

하나님의 능력을 부여받고 하나님의 인격과 뜻을 계시받는 사람은 그 성품이 그리스도를 가장 닮은 사람이다. "이것을 지혜롭고 슬기 있는 자들에게 숨기셨다"고 하셨을 때, 지혜 있는 자들이란 스스로 지혜롭다고 생각하고 학문에 능하고 교양 있고 학식 있는 사람들, 곧 철학자들이나 서기관,

박사들, 랍비들을 가리킨다. "슬기 있는" 자들이란 사물을 종합 판단하고 통찰력을 갖고 이해하고 표현할 수 있는 사람들을 가리킨다. 자신과 자신의 뜻에 대한 하나님의 계시는 이성과 지력이나 큰 학식으로 찾을 수도 이해할 수도 없다. 위대한 사람들이나 위대한 지성인들이 지혜가 되지 못하고 그들의 교양과 두뇌가 하나님 계시의 수로도 수탁자도 되지 못한다. 구속과 섭리에 있어서 하나님의 방식은 사람이 궁리해낼 수 있는 것이 아니며 학식 있고 지혜 있는 자들만 알 수 있는 것도 아니다. 학식 있는 자들과 지혜 있는 자들은 자신의 학식과 지혜를 따르는 가운데서 슬프게도 언제나 하나님의 생각과 뜻은 놓치고 말았다.

하나님의 계시를 받고 하나님의 진리를 붙잡을 수 있는 조건은 마음을 준비하는 것이지 머리를 준비하는 것이 아니다. 계시를 받고 찾을 수 있는 능력은 어린아이의 능력과 같은 것인데, 여기서 아기라고 하는 것은 온순과 순진함, 단순성을 나타내는 말이다. 이런 것들이 하나님께서 사람들에게 자신을 계시하실 때 보는 조건들이다. 세상이 지혜로써는 하나님을 알 수 없다. 세상이 지혜로써는 하나님을 받지도 이해하지도 못한다. 이는 하나님께서 자신을 계시하실 때 사람의 머리에 하시지 않고 마음에 하시기 때문이다. 마음으로 하나님을 찾을 때에 비로소 하나님을 알 수 있고 느낄 수 있으며 하나님을 볼 수 있고 책 중의 책인 성경에서 하나님을 읽을 수 있다. 하나님은 생각으로 파악되지 않고 느낌으로 파악된다. 세상은 계시로써 하나님을 얻지 철학으로써 얻지 못한다. 사람에게 필요한 것은 이해, 곧 하나님을 파악하는 지적 능력이 아니라 적응성, 곧 감동을 받는 능력이다. 세상이 하나님을 알고 붙잡는 것은 냉철하고 강하며 엄격한 뛰어난 추론을 통해서가 아니라 넓고 부드러우며 순수한 마음을 통해서이다. 사람들에게 필요한 것은 하나님을 아는 빛이라기보다는 하나님을 느끼는 마음이다.

인간의 지혜와 뛰어난 선천적 재능, 학교 교육이 아무리 선하다고 할지라도 하나님의 계시된 진리를 저장할 수도 보존할 수도 없다. 지식이라는 나무는 언제나 계시를 철학으로 축소시키려고 하고 사람을 기준으로 하나님을 재려고 함으로써 신앙에 독약과 같은 요소로 작용해 왔다. 지식은 교만하여 하나님을 몰아내고 하나님의 진리의 자리에 사람을 집어넣는다. 다시 어린아기가 되어 젖뗀 아이처럼 아무런 불평이나 항의 없이 어머니 품속에서 잠잠히 있는 것만이 하나님을 알 수 있는 자리에 서는 것이다. 겉으로도 평온하고 영혼 깊숙한 곳에서도 평온할 때 하나님께서 영혼 속에서 자신의 뜻과 말씀과 자신을 계시하실 수 있다. 이것이 하나님께 대한 태도이고 이런 태도를 갖출 때 하나님께서 그 사람에게 자신을 계시하실 수 있으며, 이것이 바른 기도의 태도이다.

우리 주님은 입술로 가르치신 바를 생활에서 실천함으로써 기도의 교훈을 우리에게 가르치셨다. 단순하지만 의미심장하고 중요한 진술이 여기 있다. "무리를 보내신 후에 기도하러 따로 산에 올라가시다 저물매 거기 혼자 계시더니."

우리 주님은 무리를 먹이고 나서 떠나보내셨다.

고치고 가르치는 하나님의 일조차 기도할 시간과 장소와 기회를 얻기 위해서는 잠시 멈추어야 했다. 기도는 모든 수고 가운데 가장 신성하고 모든 사역 가운데 가장 중요하기 때문이다. 주님은 밝은 낮이지만 하나님과 함께 있기 위해 자기를 찾는 열성적인 무리를 떠나셨다. 무리는 주님께 무거운 짐을 지우며 지치게 한다. 제자들은 바다 위에서 요동하고 있지만 우리 주님께서 무릎 꿇고 은밀한 기도를 드리고 있는 산꼭대기, 곧 기도가 지배하는 곳은 평온함이 가득하였다. "그러므로 예수께서 저희가 와서 자기를 억지로 잡아 임금 삼으려는 줄을 아시고 다시 혼자 산으로 떠나가시니라."

주님께서 그 순간에는 하나님과 단둘이만 계셔야 했다. 그 시간에 시험이 있었기 때문이다. 무리들은 떡 다섯 덩어리와 물고기 두 마리로 잔치를 벌였다. 음식을 배불리 먹고 기분이 더할 수 없이 들뜨게 되자 무리들은 예수님을 기꺼이 왕으로 삼으려고 했다. 예수께서는 그 시험에서 도망하여 은밀히 기도를 드릴 수 있는 곳으로 가신다. 예수님께서 악을 이길 수 있게 하는 힘의 원천이 바로 기도에 있기 때문이다. 주님에게조차 은밀한 기도는 참으로 큰 피난처였다! 기도는 현혹시키는 세상의 현란한 왕관에서 피하여 달려갈 수 있는 참다운 피난처이다! 세상이 우리를 시험하고 유혹

8. 우리 주님의 생애에서 일어난 기도의 사건들(1)

하며 끌어당길 때 하나님과 단둘이 지내는 것이야말로 얼마나 안전한 일인지!

우리 주님의 기도는 가장 위대한 수단인 성령을 받음과 하늘이 열리고 증거하는 목소리를 듣는 일이 오직 기도로써 이루어졌다는 위대한 진리를 예언적이고 예증적으로 가르친다. 이 사실은 세례 요한에게 세례 받는 데서 암시된다. 예수께서는 세례 요한에게 세례 받을 때 기도하셨고, 세례 받자 곧 성령이 비둘기처럼 예수님 위에 내리셨다. 이 시간이 주님에게는 예언적이고 예증적인 이상의 의미를 지니고 있다. 이 중요한 시간은 하나님의 지극히 고귀한 목적을 위해 예수님을 거룩하게 하고 자격을 구비시키는 순간이었다. 기도는 우리에게와 같이 주님께도 반드시 필요한 일이며, 성결케 하고 자격을 구비시키는 지극히 충만한 능력을 얻는데 절대적인 불변의 조건이다. 성령께서는 바로 기도의 행위 안에서 가장 충만한 능력과 수단으로 예수께 임하셨다.

그와 같이 성령은 열렬하고 강력한 기도의 응답으로 충만하고 능력있게 우리에게 임하신다. 기도로써 하늘이 그리스도께 열렸고 하나님께 나아가는 길과 친교가 기도로 확립되고 확대되었다. 자유롭게 또 온전히 하나님께 나아감과 하나님과의 친밀한 교제를 우리는 기도의 유산으로 확보한다. 그리스도께서 하나님의 아들되심을 증거하는 목소리가 기도할 때 그리스도께 임했다. 우리가 하나님의 아들됨을 분명하고 확실하게 증거하는 것은 오직 기도로써 확보할 수 있다. 쉬지 않고 기도하는 자들만이 자신이 하나님의 아들임을 끊임없이 증거할 수 있다. 기도의 시내가 얕고 그치면 하나님의 아들됨의 증거는 약하고 알아들을 수 없게 된다.

9

우리 주님의 생애에서 일어난 기도의 사건들 (2)

그리스도의 놀라운 기도 시간에 대한 계시와 영감으로부터 마음이 무겁고 불안하며 지친 세상의 영혼들을 격려하는 은혜로운 선포가 자연스런 결론으로 울려 나오는 것을 우리는 본다. 그 은혜로운 선포는 무거운 짐을 진 영혼들의 귀에 들렸을 때 깊은 감동을 일으키고 이목을 끌며 사람들을 즐겁게 하고 사람들에게서 수고와 무거운 짐을 덜어준다.

수고하고 무거운 짐 진 자들아 다 내게로 오라 내가 너희를 쉬게 하리라. 나는 마음이 온유하고 겸손하니 나의 멍에를 메고 내게 배우라 그러면 너희 마음이 쉼을 얻으리니 이는 내 멍에는 쉽고 내 짐은 가벼움이니라.

니시로의 무덤에서 나사로를 다시 살려내는 준비 단계이자 조건으로서 우리 주님이 하늘에 계신 아버지를 부르시는 모습이 나온다. "아버지여 내 말을 들으신 것을 감사하나이다. 항상 내 말을 들으시는 줄을 내가 알았나이다." 그리스도께서 하늘을 우러러 보셨다. 이 사실이 얼마나 많은 것을 함축하고 있었는지! 하늘을 우러러보시는 그 모습에 얼마나 큰 신뢰와 호소가 담겨있는지! 예수님의 표정과 눈을 들어 하늘을 보심은 예수님의 전존재를 하늘을 향하도록 만들었고 세상을 잠시 멈추게 하고 이목과 도움을 이끌어냈다. 하나님의 아들이 이 무덤에서 우러러보셨을 때 모든 하늘이 주목하고 보증하며 움직였다. 그리스도처럼 하늘을 우러러보는 눈을 가진 그리스도인들이 있다면 하늘이 들어올려지고 하늘이 주목할 것이다! 우리가 눈을 들어 하늘을 우러러보고 지극한 겸손과 당당한 확신으로 "아버지여 내 말을 들으신 것을 감사하나이다"라고 말할 수 있으려면 그리스도처럼 믿음이 온전해야 하고 기도에 능숙해야 한다.

그리스도의 기도하시는 일에서 매우 감동적이고 아름다우며 교훈적인 사건을 다시 한 번 보게 되는데, 어머니 품 속에 있는 어린아이와 관계된 것으로서 역사적일 뿐 아니라 비유적인 사건이기도 하다.

> 사람들이 예수의 만져 주심을 바라고 어린아이들을 데리고 오매 제자들이 꾸짖거늘 예수께서 보시고 분히 여겨 이르시되 어린아이들의 내게 오는 것을 용납하고 금하지 말라. 하나님의 나라가 이런 자의 것이니라. 내가 진실로 너희에게 이르노니 누구든지 하나님의 나라를 어린아이와 같이 받들지 않는 자는 결단코 들어가지 못하리라 하시고 그 어린아이들을 안고 저희 위에 안수하시고 축복하시니라.

이때는 사람들의 어리석은 무지와 비영적인 견해 때문에 예수께서 분히 여기시고 불쾌하게 여기신 몇 번 안 되는 경우 중에 한 경우이다. 여기에는 중요한 원칙들이 연루되어 있었다. 기초들이 무너지고 있었고 세속적인 견해들이 제자들에게 작용하였다. 자기 아이들을 그리스도께 데리고 오는 사람들을 꾸짖는 제자들의 심정과 말은 매우 잘못된 것이었다. 예수께서 오셔서 예증하고 전파하려고 하시는 바로 그 원칙들을 제자들이 위반하고 있었던 것이다. 그리스도께서는 어린아이들을 받으셨다. 큰 자들은 작은 자가 되어야 한다. 나이든 자들은 어린 자들이 되어야 그리스도께서 그들을 받으실 것이다. 기도는 작은 자들을 돕는다. 요람은 기도로 감싸야 한다. 우리는 우리의 어린 것들을 위해 기도해야 한다. 예수께서 땅에 계시지 않고 하늘에 계시므로 이제 우리는 기도로써 아이들을 예수 그리스도에게 데려 가야 한다. 우리 아이들이 어릴지라도 이른 나이에 예수 그리스도께 데려가 복을 받도록 해야 한다. 주님의 복은 이 작은 자들을 주님께 데려가는 사람들의 기도에 대한 응답으로 그들에게 내린다. 부모들은 어린 자녀들을 간절하고 굴하지 않는 기도로 그리스도께 끈기 있게 데려 가야 한다. 아이들이 자발적으로 그리스도께 가는 것을 알기 전부터 부모는 기도 안에서 아이들을 하나님께 배알시키야 하며 아이들에게 하나님께서 복 주시기를 구하고 또한 아이들이 스스로 책임질 수 있는 나이가 되면 그리스도께 오도록 기르기 위해 필요한 지혜와 은혜와 하나님의 도움을 구해야 한다.

거룩한 손과 거룩한 기도는 어린 생명들을 보호하고 훈련하며 그들의 성품이 의와 하늘을 위하도록 형성하는 일에 깊은 관계가 있다. 이 거룩한 교사의 기도에는 공손함과 단순함, 친절함, 순박함, 겸손과 온유함이 얼마나 기도와 깊이 연결되어 있는지!

베드로가 예수께서 하나님의 아들이시라는 놀라운 믿음의 고백을 하였던 것은 예수께서 기도하고 계셨기 때문이다.

예수께서 따로 기도하실 때에 제자들이 주와 함께 있더니 물어 가라사대 무리가 나를 누구라고 하느냐 대답하여 가로되 세례 요한이라 하고 더러는 엘리야라 더러는 옛 선지자 중의 하나가 살아났다 하나이다 예수께서 이르시되 너희는 나를 누구라 하느냐 시몬 베드로가 대답하여 가로되 주는 그리스도시요 살아계신 하나님의 아들이시니이다 예수께서 대답하여 가라사대 바요나 시몬아 네가 복이 있도다 이를 네게 알게 한 이는 혈육이 아니요 하늘에 계신 내 아버지시니라 또 내가 네게 이르노니 너는 베드로라 내가 이 반석 위에 내 교회를 세우리니 음부의 권세가 이기지 못하리라. 내가 천국 열쇠를 네게 주리니 네가 땅에서 무엇이든지 매면 하늘에서도 매일 것이요 네가 땅에서 무엇이든지 풀면 하늘에서도 풀리리라.

우리 주께서 제자들에게 큰 약속들을 말씀하신 후에 제자들 각각에게 하나님 나라를 약속하셨고, 제자들이 천국에서 주님의 상에 참여하며 보좌에 앉아 이스라엘 열두 지파를 다스릴 것이며, 시몬 베드로에게 예수께서 베드로를 위하여 기도하였다고 말씀하시면서 경고의 말씀을 하셨다.

9. 우리 주님의 생애에서 일어난 기도의 사건들(2) 481

시몬아 시몬아 보라 사단이 밀 까부르듯 하려고 너희를 청구하였으나 그러나 내가 너를 위하여 네 믿음이 떨어지지 않기를 기도하였노니 너는 돌이킨 후에 네 형제를 굳게 하라.

하나님의 아들께서 친히 자기를 위하여 기도해 주시는 베드로는 복이 있는 자다! 그리스도께서 그처럼 염려하실 만큼 사탄에게 놀아난 베드로는 불행한 자다! 특정한 경우를 우리가 얼마나 간절하게 기도해야 하는지! 기도가 충분히 유익하려면 직접적인 기도가 되어야 한다. 베드로는 큰 위험을 겪게 되었기 때문에 다른 어떤 제자보다 그리스도의 기도가 필요하였다. 아주 충동적인 사람이나 위험에 처한 사람들을 위해서는 이름을 거명하며 기도해야 한다. 그들에 대한 우리의 사랑과 그들이 처한 위험은 자주 기도하도록 만들고 기도할 마음을 일으키며 강력하고 개인적으로 기도하도록 만든다.

우리는 그리스도께서 오천 명을 먹이신 후에 사람들이 자기를 왕으로 삼으려고 하였을 때 무리들에게서 도망하셔야만 한 것을 보았다. 그때는 기도가 도피 수단이었고 이 세상의 강한 유혹을 피할 수 있는 피난처였다. 예수께서는 그날 밤 기도로 힘과 평온함을 얻었고 바다 위로 걷는 놀라운 다른 기적을 행할 수 있는 능력을 다시 얻으셨다.

예수께서 무리들에게 먹이시기 전에 떡과 물고기도 기도로 거룩하게 되었다. "예수께서 하늘을 우러러 축사하시고." 우리는 기도로 우리의 매일의 양식을 거룩하게 하고 우리의 뿌린 씨를 증식시키도록 해야 한다.

예수께서는 말에 장애를 겪고 있는 벙어리의 혀를 만지실 때 하늘을 우러러보시며 탄식하셨다. 이 탄식은 예수께서 나사로의 무덤에서 심령으로 괴로워하셨던 것과 매우 비슷하였다. "예수께서 심령에 통분히 여기시고 민망히 여기사." 인간의 파멸에 대한 하나님 아들의 탄식과 신음이 여기 있었다. 죄와 지옥이 인간을 그처럼 지배하고 있고 비참과 파멸이 인간의 유산이라는 사실을 괴로워하며 탄식하셨던 것이다. 이것은 우리가 언제나 배워야 하는 교훈이다. 마음과 머리 속에 항상 간직해야 하는 사실이 여기 있고, 하나님의 자녀들이라면 어느 정도는 마음 깊숙이 항상 생각해야 하는 사실이 여기 있다. 성령의 처음 익은 열매를 받은 우리는 죄의 훼손과 파멸에 대해 마음 속으로 탄식하고 더 나은 날이 오기를 간절히 고대한다.

위대한 기도에서 모두 나타나고, 위대한 기도를 일으키며 기도의 위대함을 드러내는 것은 기도하는 그 사람이다. 기도와 기도하는 사람을 떼어놓을 수는 없다. 사람을 구성하는 요소들은 곧 그의 기도를 구성하는 요소들이다. 그 사람이 기도를 통해서 흘러나오는 것이다. 불 같은 엘리야만이 엘리야의 불 같은 기도를 드릴 수 있었다. 거룩한 사람만이 거룩한 기도를 드릴 수 있는 법이다. 거룩한 생활이 없이 거룩한 사람이 있을 수 없다. 사람의 됨됨이가 먼저이고 행동은 그 다음에 나온다. 사람 됨됨이가 그 사람의 하는 일에 존재와 힘과 영감을 부여한다. 우리 속에 뿌리 깊이 새겨져 있어 결코 지울 수 없는 성품이 우리가 하는 행동 모두에 색깔을 입힌다.

그러므로 그리스도의 기도를 그리스도의 성품과 따로 떼어놓아서는 안 된다. 그리스도께서 다른 사람들보다 더욱 생기 있고 더욱 자기를 부인하며 더욱 거룩하고 더욱 단순하며 직접적으로 기도하였다면 그것은 그런 요소들이 다른 사람들보다 그리스도의 성품에 더욱 많이 들어있었기 때문이다.

변화산 사건은 주님의 생애에서 또 다른 중요한 사건을 표시하며, 그것은 무엇보다도 기도의 사건이었다. 누가는 그 사건의 목적과 목표를 다음과 같이 설명한다.

> 이 말씀을 하신 후 팔 일쯤 되어 예수께서 베드로와 요한과 야고보를 데리시고 기도하러 산에 올라가사 기도하실 때에 용모가 변화되고 그 옷이 희어져 광채가 나더라. 문득 두 사람이 예수와 함께 말하니 이는 모세와 엘리야라 영광 중에 나타나서 장차 예수께서 예루살렘에서 별세하실 것을 말씀할새.

예수님의 핵심 그룹을 형성할 세 제자를 선택하는 일이 기도 가운데 이루어졌다. 이러한 핵심 그룹을 이룰 만한 영적 성향이나 재능을 가진 제자들이 거의 없었다. 은총을 받은 이 세 사람조차도 기도로 긴 밤을 새우는 긴장을 거의 견디지 못했다. 예수께서는 변화하시기 위해서가 아니라 기도하시기 위해 산에 오르셨다는 것을 우리는 안다. 주님의 용모가 변하고 그 의복이 하얗게 빛나게 된 것은 주께서 기도하셨을 때였다. 성품을 변화시키고 행동을 빛나게 만드는 것으로 기도만한 것이 없다. 무감각하고 따분해 하는 우리에게 하늘의 방문자를 불러들이고 세상의 산을 하늘의 영광으로 빛나게 만드는 것으로 기도만한 것이 없다. 베드로가 그곳을 거룩한 산이라고 부르는데, 기도로 거룩한 산이 된 것이다.

하나님의 목소리가 예수께서 하나님의 아들되심을 세 번에 걸쳐 증거하였는데, 세례 요한에게 세례를 받을 때와 변화산에 계실 때 성부 하나님의 인정하고 위로하며 증거하시는 목소리가 들렸다. 그 증거의 목소리가 들린 세번째 경우는 주님의 변화된 영광이 나타난 산에서도 아니고 단단히 준비하고 투쟁을 시작하거나 사역을 시작하셨을 때가 아니라 예수께서 두려운 종국을 향하여 서둘러 가고 계셨을 때였다. 그림자가 짙어지고 있으며 두려운 재난이 가까이 오고 알 수 없고 경험하지 못한 공포가 주님 앞에 있었다. 주님의 고귀하고 신비스런 강화에서 자신의 죽음이 가까이 오는 것을 생각하고 그 죽음에 대해 예언하시며 죽음 뒤에 올 영광에 대해 예언하실 때 어두운 그림자가 공포스런 일식처럼 다가오고 주께서는 고뇌의 기도를 드리는 가운데 이같이 절규하신다.

지금 내 마음이 민망하니 무슨 말을 하리요 아버지여 나를 구원하여 이때를 면하게 하여 주옵소서. 그러나 내가 이를 위하여 왔나이다. 아버지여 아버지의 이름을 영광스럽게 하옵소서 하니 이에 하늘에서 소리가 나서 가로되 내가 이미 영광스럽게 하였고 또 다시 영광스럽게 하리라 하신대 곁에 서서 들은 무리는 우레가 울었다고도 하며 또 어떤 이들은 천사가 저에게 말하였다고도 하니 예수께서 대답하여 가라사대 이 소리가 난 것은 나를 위한 것이 아니요 너희를 위한 것이니라.

그리스도께서는 이 괴로운 운명의 시간을 기도로 맞이하고 불을 밝히고 계시다는 사실을 주목해야 한다. 이같이 이른 시기부터 육신은 깊이 숙고한 목적을 이루는 일에서 물러나려고 하였다!

그리스도께서 십자가 위에서 원수들을 위하여 드리신 기도는 원수를 사랑하라고 가르치고 우리에게 범죄한 자들을 용서하고 자비를 베풀라고 가르치신 모든 것과 얼마나 전적으로 일치하는가! "아버지여 저희를 사하여 주옵소서 자기의 하는 것을 알지 못함이니이다." 그리스도께서는 자기를 죽이는 자들이 죽음의 고통을 겪고 있는 자기를 놀리고 야유하며 주님의 피로 그들의 손에 악취가 나고 있는 동안에 그들을 용서하고 그들을 위해 기도하셨다! 이 얼마나 놀라운 관용과 동정과 사랑인가!

십자가 위에서 드리신 또 다른 기도 내용을 한 번 보자. 주님의 기도는 얼마나 감동적이며 주께서 받으신 잔은 얼마나 고통스러운 것인지! 주께서 "나의 하나님 나의 하나님 어찌하여 나를 버리셨나이까?" 하고 외치시는 그 시간은 참으로 어둡고 적막하다! 이것은 주님의 마음을 둘로 찢고 그 고통과 고뇌가 더욱 격렬하며 유다의 입맞춤보다 더 마음을 찌르는 마지막 타격이다. 다른 모든 사실은 찾아서 이 슬픔의 책에 기록되었다.

그러나 하나님 아버지께서 얼굴을 돌리시고 하나님께 버림을 받은 그 시간, 죽어가는 하나님의 아들의 입에서 이 고통의 말이 나온 그 시간은 기록되지 않았다. 그렇지만 그리스도께서는 얼마나 진실하신지! 주께서 얼마나 어린아이 같으신지! 정말로 마지막에 이를 때 주께서 성부께 다시 한 번 말씀하시는 것이 들린다. "아버지여 내 영혼을 아버지 손에 부탁하나이다" 하고 이 말씀을 하신 후 운명하시다.

10

우리 주님의 모범 기도

예수께서는 흔히 "주기도문"이라고 알려진 모범 기도를 우리에게 가르쳐 주셨다. 이 모델에서 주님은 온전한 기도를 우리가 지켜야 하는 법으로 주시되 우리가 기도할 때 아는 대로 채워야 하고 확대해야 하는 법으로 주신다. 개요와 형식이 완벽하지만 여전히 개요일 뿐으로 빈 여백이 많고 거기에 우리의 필요와 확신을 채워 넣어야 하는 것이다.

그리스도는 우리 생활로써 표현해야 하는 말을 우리 입술에 말을 주신다. 말은 기도의 생명에 속하는 것이다. 말이 없는 기도는 인간의 영혼과 같다. 인간 영혼이 순수하고 고귀할지는 모르나 너무 영묘하고 이해할 수 없어서 세상의 갈등과 필요와 용도를 채우기에는 부적합하다. 우리는 영혼을 살과 피로 옷 입혀야 한다. 그래서 우리의 기도는 기도에 요점과 힘을 주고 거처와 이름을 주는 말로써 옷을 입은 것 같아야 한다.

제자들이 "주여, 우리에게 기도를 가르쳐 주옵소서" 하고 요청한 데서 나온 주기도문이 가르치는 교훈은 형태와 용어에 있어서 산상수훈의 기도 부분과 비슷하다. 산상수훈에서 가르치는 것도 "하늘에 계신 우리 아버지"께 기도하는 것과 동일한 큰 교훈이며 아주 끈질긴 기도이다. 기도에 대한 교훈에서 이 요소가 없다면 온전한 교훈이 아닐 것이다. 그것이 기도에서는 처음이자 마지막 교훈이다. 하나님의 아버지 되심이 우리의 모든 기도에 형태와 가치와 확신을 부여한다.

그리스도께서는 하나님의 이름이 거룩히 여김을 받게 하는 것이 기도에서 첫번째이자 가장 중요한 목적이라고 가르치신다. 하나님의 영광스런 나라가 영광스럽게 임하고 세워지기를 바라는 마음은 가치와 순서에 있어서 하나님의 이름을 거룩하게 하는 것 다음에 온다. 진정으로 하나님의 이름을 거룩하게 하는 사람은 하나님의 나라가 임하는 것을 환호할 것이며 하나님 나라가 임하고 세워지도록 하기 위해 애쓰고 기도할 것이다. 기도 학교에서 배우는 그리스도의 학생들은 하나님의 이름을 거룩하게 하고 하나님의 나라를 위해 일하고 하나님의 뜻이 하늘에서 이루어지듯이 땅에서도 온전하고 즐거이 이루어지도록 하기 위해 부지런히 배워야 한다.

기도는 지극히 고귀한 일에 관여하고 하나님의 지극히 큰 영광을 확보한다. 하나님의 이름과 하나님의 나라와 하나님의 뜻이 모두 기도 안에 있다. 기도가 없으면 하나님의 이름이 더럽혀지고 하나님의 나라가 실패하며 하나님의 뜻이 비난받고 반대를 받는다. 하나님의 뜻이 하늘에서 이루어진 것처럼 땅에서도 이루어질 수 있다. 하나님의 뜻이 땅에서 이루어지면 그로 인해 땅이 하늘처럼 바뀌게 된다. 끈질긴 기도는 하나님의 뜻이 하늘에서 이루어진 것처럼 땅에서도 이루어지게 하는 강력한 힘이다.

그리스도께서는 기도가 매일의 양식을 위해 애쓰는 우리의 매일의 수고를 거룩하게 하고 소망스럽고 즐겁게 만든다고 가르치신다. 죄를 사해주시기를 기도로써 구해야 하고, 우리가 사죄를 구하는 중요한 구실은 우리가 우리에게 죄 지은 자를 용서하였다는 것이다. 우리의 원수들을 위해 기도하고 축복하며 저주하지 않고 우리에게 어떤 죄를 짓든지 그 죄를 용서하는 한 거기에 그들에 대한 우리의 사랑이 들어있는 것이다.

우리는 "우리로 시험에 들시 말게 하옵소서" 하고 기도해야 한다. 그리고 우리가 그같이 기도하는 동안 시험하는 자와 시험을 경계하고 물리치며 기도로 이겨내야 한다.

예수께서는 이 모든 사실을 기도에 대한 이 법에서 규정하셨다. 그러나 이 성문법에 간단한 해설이나 확대, 표현을 덧붙이신다. 이 기도를 주께서 제자들에게 가르치시는데, 그것은 오늘날 어린 시절 어머니 무릎에서 배운 수많은 사람들에게 아주 익숙한 것이다. 이 기도문의 말씀은 아주 단순하고 쉬워서 아이들이 무릎 꿇고 기도할 때 거기에서 교훈과 교육과 위로를 받는다. 아주 열렬한 신비주의자도 주의깊은 사상가도 이 단순한 기도의 말씀에서 자기 나름의 언어를 발견한다. 이 기도문의 말이 아름답고 존경받는 말이지만 위로와 도움과 지식을 구하는 우리의 말이다.

예수께서는 기도에서 우리가 당신의 발자취를 따라오도록 길을 인도하셨다. 그리스도는 비길 데 없는 기도에서 우리를 인도하시는 비길 데 없는 지도자이시다! 주여 주께서 친히 기도하셨듯이 우리도 기도하도록 가르쳐 주옵소서!

예수께서 대제사장으로서 드리신 기도와 이 "주기도문"은 현저한 대조를 이룬다. 이 주기도문을 예수께서는 제자들에게 기도의 첫번째 요소들로 주셨다. 참으로 단순하고 어린아이의 말 같다! 어떤 사람도 탄원에 있어서 그처럼 단순하면서도 그 모든 요청에 있어서는 그처럼 포괄적인 기도를 생각해 본 적이 없다.

우리 주께서 가르치신 단순한 이 기도의 내용들이 얼마나 우리의 마음을 끄는지! 이 기도는 처음에 이 기도를 받은 사람들 뿐 아니라 우리도 위한 것이다. 이 기도는 아이들에게 기도의 초보를 가르치는 것이며 또한 최고 학부의 졸업생을 위한 것이기도 하다. 이것은 우리의 모든 필요와 우리의 모든 죄를 다루는 개인적인 기도이다. 또한 다른 사람들을 위해 드리는 최고의 기도이다. 학자가 모든 연구와 학문을 마친 뒤에라도 알파벳 없이 학문을 할 수 없듯이, 이 알파벳이 연구를 끝낸 이후에도 모든 것에 형태와 색깔과 표현을 부여하고 모든 것에 스며들며 모든 것에 기초가 되듯이 그리스도 안에서 배우는 자들도 주님의 기도 없이 지낼 수 없다. 그러나 그 사람은 이 주기도를 더 높은 기도, 곧 대제사장으로서 드린 기도 가운데 다른 사람들을 위한 도고의 기초로 삼을 수 있다.

주님의 기도는 우리가 어머니 무릎에서 배워 우리 것이 된 기도이며 즐거운 그리스도인 생활의 모든 단계에서 우리를 준비시키는 기도이다. 대제사장으로서 기도는 우리가 하나님 앞에서 왕 같은 제사장으로서 행하는 단계와 직무에서 우리에게 적용되는 기도이다. 여기에는 하나님과 하나됨, 깊은 영적 통일, 하나님께 대한 확고한 충성, 하나님을 영화롭게 하는 삶과 기도가 있다.

11

대제사장으로서 드린 주님의 기도

이제 우리는 요한복음 17장에 기록되어 있는 대제사장으로서 드린 우리 주님의 기도를 생각해 보게 되었다.

성부 하나님께 순종하심과 성부 하나님 안에 거하심, 이 사실은 성자에게 해당되는 사실이며, 도고라는 거룩한 그리스도의 사역에 함께 하는 동역자로서 우리에게도 해당된다. 예수께서 제자들을 위해 얼마나 친절하고 애절하며 열렬하게 기도하시는지! "내가 저희를 위하여 비옵나니 내가 비옵는 것은 세상을 위함이 아니요." 하나님의 백성들을 위하는 얼마나 모범된 기도인지! 하나님의 백성들이 곧 하나님의 대의이며 하나님의 교회이고 하나님의 나라이기 때문이다. 하나님의 백성들을 위해 기도해야 한다. 곧 하나님 백성들의 하나됨과 성화와 영화를 위해 기도해야 한다. 하나님 백성의 하나됨이라는 주제가 그리스도께 얼마나 절박한 주제였던지! 분리의 벽과 소외, 하나님의 가족에게서 떨어져 나간 사람들, 서로 싸우는 성직자들, 이런 분열을 보실 때 주님의 마음이 얼마나 찢어지는 듯하고 다시 또 피를 흘리고 고난을 받으시겠는가! 하나님 백성의 하나됨, 바로 이것은 주님의 그 놀라운 대제사장으로서 드린 기도의 중요한 요지이다. "우리가 하나가 된 것같이 저희도 하나가 되게 하려 함이니이다." 하나님 백성들이 영적으로 하나가 됨, 이것은 그리스도께서 당신의 교회에 물려주신 하나님의 영광스런 유산이다.

무엇보다, 이 기도에서 예수께서는 자신을 위해 기도하시는데, 겟세마네에서처럼 탄원자로서 약하게 기도하시는 것이 아니라 힘있게 기도하신다. 지금은 어두움과 지옥의 압박이 없으며, 두려운 시기로 넘어가기 전에 잠시 틈을 내어 예수께서는 자신이 영광을 받도록 그리고 자신이 높아지는 영광을 받음으로써 성부 하나님께 영광을 드리게 되기를 구하신다. 그리스도께서는 하나님께 대한 자신의 숭고한 충성과 정절을 공표하신다. 이 하나님께 대한 충절이야말로 도고의 본질적인 요소이다. 우리는 경건한 생활로써 기도한다. 하나님께 대한 확고한 충성이 하나님께 대한 유창한 탄원이 되며, 우리의 옹호하는 바를 얻을 수 있고 그에 대해 확신을 가질 수 있다. 이 기도는 보석으로 장식되어 있다. 그러나 그 벽은 견고하다. 참으로 심오하고 화강함처럼 견고한 진리들이다! 깊이를 알 수 없는 신비이다! 참으로 깊고 풍성한 경험이 있을 때에만 다음과 같은 진술을 할 수가 있다.

영생은 곧 유일하신 참 하나님과 그의 보내신 자 예수 그리스도를 아는 것이니이다. 내 것은 다 아버지의 것이요 아버지의 것은 내 것이온데 내가 저희로 말미암아 영광을 받았나이다. 내가 아버지의 이름을 저희에게 알게 하였고 또 알게 하리니 이는 나를 사랑하신 사랑이 저희 안에 있고 나도 저희 안에 있게 하려 함이니이다. 아버지여 창세 전에 내가 아버지와 함께 가졌던 영화로서 지금도 아버지와 함께 나를 영화롭게 하옵소서.

여기서 멈추고 한 번 물어보자. 우리에게 영생이 있는가? 우리는 하나님을 경험을 통해서 알고 분명히 의식하고 있는가? 우리는 정말로 하나님을 개인적으로 알고 있는가? 우리는 예수 그리스도를 한 인격체로, 인격적인 구주로 알고 있는가? 우리는 예수 그리스도를 마음으로 알고 또 잘 알고 있는가? 이것이, 이것만이 영생이다. 그리고 예수께서 우리 안에서 영광을 받으시는가? 개인적인 이 질문을 계속해 보자. 우리의 생활이 예수 그리스도의 신성을 증거하는가? 예수께서 우리로 인해 더 밝게 빛나시는가? 우리의 몸이 우중충해서 주님의 순수한 빛을 어둡게 하는가 아니면 투명해서 그 빛을 반사하는가? 다시 한 번 물어 보자. 우리는 하나님의 영광을 추구하는가? 그리스도께서 추구하셨던 영광을 추구하는가? "아버지와 함께 나를 영화롭게 하옵소서." 우리는 하나님의 소유와 하나님의 임재를 우리의 더없는 영광이요 최고의 선으로 평가하는가?

예수께서는 자신과 성부 하나님을 당신의 백성들에게 얼마나 단단히 묶으시는지! 성부 하나님과 거룩한 친교를 나누는 이 고귀한 시간에도 주님의 마음은 당신의 백성들에게 쏠려 있다.

세상 중에서 내게 주신 사람들에게 내가 아버지의 이름을 나타내었나이다 저희는 아버지의 것이었는데 내게 주셨으며 저희는 아버지의 말씀을 지키었나이다. 지금 저희는 아버지께서 내게 주신 것이 다 아버지께로서 온 것인 줄 알았나이다. 나는 아버지께서 내게 주신 말씀들을 저희에게 주었사오며 저희는 이것을 받고 내가 아버지께로부터 나온 줄을 참으로 아오며 아버지께서 나를 보내신 줄도 믿었사옵나이다. 내가 저희를 위하여 비옵나니 내가 비옵는 것은 세상을 위함이 아니요 내게 주신 자들을 위함이니이다. 저희는 아버지의 것이로소이다. 내 것은 다 아버지의 것이요 아버지의 것은 내 것이온데 내가 저희로 말미암아 영광을 받았나이다.

주님은 또한 이 제자들이 보존되기를 위해서도 기도하신다. 이들은 선택되고 뽑히고 소유되었을 뿐만 아니라 성부 하나님의 주의깊은 눈과 전능하신 손으로 지켜져야 했다.

나는 세상에 더 있지 아니하오나 저희는 세상에 있사옵고 나는 아버지께로 가옵나니 거룩하신 아버지여 내게 주신 아버지의 이름으로 저희를 보전하사 우리와 같이 저희도 하나가 되게 하소서.

그리스도께서는 이들을 성부 하나님이 지키시되 하나님의 이름의 능력으로 거룩하게 보존해 주시기를 기도한다. 그리스도께서는 당신의 백성들이 죄로부터, 모든 죄로부터 곧 구체적인 죄와 관념적인 죄로부터, 온갖 형태의 악한 죄로부터, 이 세상의 모든 죄로부터 보호되기를 기도하신다. 당신의 백성들이 하늘에 적합하고 하늘을 위해 준비될 뿐만 아니라 세상에도 적합하고 세상을 위해서도 준비되기를 곧 세상의 지극히 달콤한 특권과 지극히 엄격한 의무, 세상의 깊디깊은 슬픔과 지극히 풍성한 기쁨을 위해서 준비되고, 세상의 시련과 위로와 승리를 위해서도 적합하고 준비되기를 기도하신다. "내가 비옵는 것은 저희를 세상에서 데려가시기를 위함이 아니요 오직 악에 빠지지 않게 보전하시기를 위함이니이다."

예수께서는 당신의 백성들이 세상의 가장 큰 악 곧 죄에서 보전되기를 기도하신다. 그들이 죄책과 죄의 세력과 오염, 죄의 형벌에서 지켜지기를 구하신다. 영어 개역 성경에서는 그 말씀을 "오직 악한 자에게 빠지지 않게 보전하시기를 위함이니이다"라고 번역하고 있다. 마귀가 그 백성을 만지지도 못하고 찾지도 못하고 그들 속에 자리잡지 못하도록 그들을 마귀로부터 보전하시기를, 그들을 오직 하나님께서 소유하고 붙잡고 채우며 지키시기를 구한 것이다. "구원을 얻기 위하여 믿음으로 말미암아 하나님의 능력으로 보호하심을 얻기를" 구하시는 것이다.

그리스도께서는 우리를 당신의 아버지의 팔에, 품속에, 마음에 두신다. 그리스도께서는 하나님을 봉사하도록 우리를 부르시고 앞으로 나오게 하시고서 성부 하나님의 좀더 철저한 보호 아래, 성부의 그늘 아래, 성부의 날개 그늘 아래에 두신다. 성부 하나님의 지팡이와 막대기는 우리의 안전과 위로와 피난을 위한 것이고 우리의 힘과 지도를 위한 것이다.

이 제자들을 이 세상에서 데려가려 하시지 않았고 세상의 거대한 악으로부터 지키시려고 하였다. "이 악한 세대에서"에서 지키려 하신 것이다. 이 세상이 어떻게 사람의 자녀들을 유혹하고 현혹시키며 속이는지! 그리스도의 제자들은 이 세상에서 택함을 받았다. 즉 이 세상의 소란한 것과 세속적인 데서, 이 세상의 이익에 대한 게걸스런 탐욕에서, 돈을 바라고 돈을 사랑하며 돈을 위해 수고하는 데서 택하여 내신 것이다. 세상은 마치 먼지로 이루어진 것이 아니라 금으로 만들어진 것처럼, 무덤이 아니라 다이아몬드로 뒤덮인 것처럼 사람을 끌어당기고 붙잡는다.

"내가 세상에 속하지 아니함같이 저희도 세상에 속하지 아니 하였삽나이다." 이들은 죄와 사탄으로부터 보전되어야 했을 뿐만 아니라 그리스도께서 세속적인 오염과 얼룩과 부패로부터 깨끗하셨듯이 그들도 그로부터 보전되어야 했다. 그리스도에 대한 이들의 관계가 이들을 세상의 더럽히는 오염으로부터 자유롭게 해주기만 하는 것이 아니다. 이들이 그리스도를 닮은 생활을 하면 반드시 세상의 미움도 따를 것이다. 이 대의만큼 그 결과가 반드시 보편적으로 따르는 것은 없을 것이다. "세상이 저희를 미워하였사오니 이는 내가 세상에 속하지 아니함같이 저희도 세상에 속하지 아니함을 인함이니이다."

"내가 세상에 속하지 아니함같이 저희도 세상에 속하지 아니함을 인함이니이다"라는 선언이 얼마나 엄숙하고 장엄하게 반복되는지! 우리 주 그리스도께서 세상에 속하지 아니하셨다는 사실이 얼마나 명확하고 근본적이고 영원한 사실인지! 세상이 주님을 미워하였듯이 제자들을 미워하고 주님을 못박았듯이 제자들도 십자가에 못박을 것이다. 우리가 그리스도처럼 세상에 속하지 아니하였는가 묻는 것은 참으로 적절한 질문이다. 세상이 우리 주님을 미워하였듯이 우리를 미워하는가? 주님의 말씀이 우리에게 성취되는가?

> 세상이 너희를 미워하면 너희보다 먼저 나를 미워한 줄을 알라. 너희가 세상에 속하였으면 세상이 자기의 것을 사랑할 터이나 너희는 세상에 속한 자가 아니요 도리어 세상에서 나의 택함을 입은 자인고로 세상이 너희를 미워하느니라.

그리스도께서는 세상에 속하지 않은 그리스도의 온전한 초상화로서 자신을 우리 앞에 뚜렷이 보여 주신다. 여기에 우리의 변함없는 본보기가 있다. "내가 세상에 속하지 아니함같이 저희도 세상에 속하지 아니 하였삽나이다." 우리도 이 본보기를 따라 세상과 절교해야 한다.

하나님 백성들의 하나됨이라는 주제가 그리스도께는 깊은 관심사였다. 주께서 어떻게 성부께서 그 사실에 주목하도록 하시는지 유의하고, 제자들의 이같은 하나됨을 위해 어떻게 간구하시는지 보아야 한다.

나는 세상에 더 있지 아니하오나 저희는 세상에 있사옵고 나는 아버지께로 가옵나니 거룩하신 아버지여 내게 주신 아버지의 이름으로 저희를 보전하사 우리와 같이 저희도 하나가 되게 하옵소서.

그리스도께서는 시대가 지나면서 많은 무리가 당신의 표준에 따라 모일 것을 보시고서 다시 그 사실을 언급하신다.

아버지께서 내 안에 내가 아버지 안에 있는 것같이 저희도 다 하나가 되어 우리 안에 있게 하사 세상으로 아버지께서 나를 보내신 것을 믿게 하옵소서. 내게 주신 영광을 내가 저희에게 주었사오니 이는 우리가 하나가 된 것같이 저희도 하나가 되게 하려 함이니이다. 곧 내가 저희 안에, 아버지께서 내 안에 계셔 저희로 온전함을 이루어 하나가 되게 하려 함은 아버지께서 나를 보내신 것과 또 나를 사랑하시므로 내게 주신 나의 영광을 저희로 보게 하시기를 원하옵나이다.

주님의 마음이 얼마나 골똘하게 이 하나됨에 쏠려 있었는지 유의하라. 이 하나됨의 결여로 얼마나 부끄러운 역사와 피비린내 나는 연대기가 하나님의 교회에 씌어졌는지! 분리의 벽과 소외, 하나님의 가족에서 떨어져 나간 사람들, 서로 싸우는 사람들, 서로를 죽이는 내분과 형제끼리 죽이는 전쟁이 얼마나 많았는지! 그리스도께서는 어떻게 그리스도가 서로 나뉘고 미래의 이 모든 슬픈 일들로 그리스도께서 어떻게 다시 피를 흘리고 고난을 받을지 미리 내다보시고 아신다. 하나님 백성의 하나됨은 하나님 백성들에게 약속된 하나님의 영광스런 유산이다. 분열과 투쟁은 마귀가 교회에 물려주는 유산으로, 실패와 약함과 수치와 재난의 유산이다.

하나님 백성의 하나됨은 지상에서 행하시는 그리스도 사명의 신성성을 세상에 보여 주는 신임장이 될 것이었다. 아주 허심탄회하게 물어 보자. 우리는 그리스도께서 기도하셨듯이 이 하나됨을 위해 기도하고 있는가? 우리는 하나님의 뜻이 하나님 백성의 하나됨 속에서 발견될 때처럼 그 뜻의 평화와 번영과 영광과 힘과 신성함을 추구하고 있는가?

다시 한 번 앞으로 가서 우리 주께서 제자들이 갖기를 기도하시는 이 세상에 속하지 아니하는 태도의 본보기이자 대표자로서 어떻게 자신을 나타내 보이시는지 꼭 유의해 보아야 한다. 그리스도께서는 성부 하나님이 자기를 세상에 보내셨듯이 제자들을 세상으로 보내신다. 또 제자들이 세상에서 그리스도처럼 살고 아버지 하나님을 위하여 행하셨듯이 제자들도 행하기를 바라신다. 제자들을 온전히 하나님께 바치고 모든 죄로부터 정결케 될 수 있도록 제자들을 거룩케 하시기를 애쓰셨다. 제자들이 거룩한 생활을 하고 하나님을 위해 거룩한 사역에 힘쓰기를 바라셨다. 제자들이 살아서 하나님께 자신을 드리도록 그리스도께서 죽음에 자신을 바치셨다. 그리스도께서는 참된 성화를 위해 기도하셨다. 이 세상과 영원에 걸쳐 몸과 마음과 영혼을 다 포함하는 진정하고 온전하며 철저한 성화를 위해 기도하셨다. 그리스도께 있어 말씀은 바로 제자들의 진정한 성화와 관계가 깊었다.

저희를 진리로 거룩하게 하옵소서. 아버지의 말씀은 진리니이다. 또 저희를 위하여 내가 나를 거룩하게 하오니 이는 저희도 진리로 거룩함을 얻게 하려 함이니이다.

전적인 헌신이 그들의 성화의 표본이 되어야 했다. 그들의 성화를 위한 주님의 기도가 전적인 성화에 이르는 길이다. 기도가 곧 그 길인 것이다. 온전한 성화라는 고귀한 위치에 올라가는 모든 계단은 기도의 계단이다. 더욱더 영으로 기도하고 더욱더 사실로 기도하는 것이다. "쉬지 말고 기도하라"는 명령은 "평강의 하나님이 온전히 거룩하게 하리라"는 말씀의 전주곡이다. 또한 기도는 참으로 마음 속에 일어나는 이 풍성한 은혜의 이어지는 간주곡이고 송영이다.

너희 온 영과 혼과 몸이 우리 주 예수 그리스도 강림하실 때에 흠 없게 보전되기를 원하노라 너희를 부르시는 이는 미쁘시니 그가 또한 이루시리라.

11. 대제사장으로서 드린 주님의 기도

그리스도 우리 주께서 거룩하셨듯이 우리도 거룩해야 우리의 책임을 온전히 이행할 수 있고 우리의 고귀한 사명을 수행할 수 있을 것이다. 그리스도께서는 아버지 하나님이 그리스도를 세상에 보내셨듯이 우리를 세상에 보내신다. 그리스도께서는 우리가 세상에서 당신처럼 살고 당신께서 아버지 하나님을 영화롭게 하셨듯이 우리가 하나님 아버지를 영화롭게 하기를 바라신다.

그리스도께서는 우리가 하늘에서 당신과 함께 하기를 얼마나 바라시는지! "아버지여 내게 주신 자도 나 있는 곳에 나와 함께 있어 아버지께서 창세 전부터 나를 사랑하시므로 내게 주신 나의 영광을 저희로 보게 하시기를 원하옵나이다." 사랑에서 나온 이 간절한 그리스도의 바람에 대해 우리 게으른 마음은 어떻게 반응하는가? 그리스도께서 우리를 하늘에 두고자 하시는 만큼 우리는 하늘에 대해 열심을 보이는가? "내가 원하옵나이다"라는 그리스도의 말씀은 얼마나 평온하고 장엄하며 권위가 있는가!

그리스도께서는 누구도 흉내낼 수 없는 평온함과 확신과 숭고함을 가지고 당신의 생애를 끝내신다. "아버지께서 내게 하라고 주신 일을 내가 이루어 아버지를 이 세상에서 영화롭게 하였사오니."

세상의 어떤 기록에도 참된 평온함과 장엄함에서 여기에 견줄 만한 것은 없다. 우리도 이같이 그리스도께 다시없는 충성을 바치는 가운데 생을 마감할 수 있으면 좋겠다.

12

겟세마네의 기도

우리는 겟세마네에 이르렀다. 너무도 대조적이다! 그리스도께서 대제사장으로서 드리신 기도에는 우주적인 지배의 느낌이 강렬했고, 온 세상에 걸친 당신의 교회를 향한 무한한 동정심과 염려의 느낌이 강렬했다. 온전한 평온과 안정이 가득했다. 주께서는 당당하시고 순전하셨으며 격정이나 불안이 전혀 없으셨다. 다른 사람들을 위한 고귀한 도고자요 변호자로서 주께서 드리신 탄원은 왕이 내린 공정하고 권위 있는 칙령과 같다. 그런데 이제는 상황이 얼마나 달라졌는가! 겟세마네에서 그리스도께서는 다른 영역으로 들어가셨고 다른 사람이 된 것처럼 보인다. 그처럼 아름답고 평온하게 흐르고 전혀 혼란이 없이 깊고 강하게 흐르는 대제사장의 기도는 마치 한 점 더럽혀지지 않은 영광 가운데 모든 것을 환하게 비추고 힘을 불어넣으며 고귀하게 하고 복을 베푸는 정오의 태양과 같다. 겟세마네의 기도는 똑같은 태양이면서도 서쪽으로 지고 있는, 다시 말해 구름과 폭풍으로 뒤덮여 어둡고 사방이 암울과 어두움과 공포로 둘러싸인 폭풍의 바다 속으로 가라앉는 태양과 같다.

겟세마네의 기도는 모든 면에서 특별하다. 그리스도는 세상의 죄짐을 지고 계신다. 주님의 의기소침은 마지막 바닥까지 내려갔다. 세상에서 가장 쓴 잔, 주께서 받으셔야 하는 쓴 잔이 주님의 입술로 가까이 다가오고 있다. 더할 수 없는 약함과 더할 수 없는 슬픔과 더할 수 없는 고뇌가 이제 주님께 다가서고 있다. 주님의 몸은 심장의 피가 뚝뚝 떨어지는 것처럼 점점 약해지고 떨리는 맥박으로 쇠잔해지고 있다. 주님의 원수들은 여태까지는 승리를 해왔다. 지옥이 환희에 들떠 있고 악인들이 다같이 지옥의 축제를 벌이고 있다.

겟세마네는 사탄의 시간이고 사탄의 능력이며 사탄의 어둠이었다. 그것은 마지막 최후의 전투를 위해 사탄의 모든 세력이 하나로 모이는 시간이었다. 예수께서는 이같이 말씀하셨다. "이 세상 임금이 오겠음이라 그러나 저는 내게 관계할 것이 없으니." 세상을 누가 차지하느냐는 싸움이 주님 앞에 있다. 성령께서 그리스도를 광야의 혹독한 싸움과 엄한 시험으로 이끌어들이셨다. 주님의 비길 데 없는 역사를 통해 주님의 위로자요 인도자요 영감이었던 분이 이제는 주님을 떠나고 없는 것 같다. 예수께서 "고민하고 슬퍼하사" 이 큰 압박을 받으면서 이같이 외치는 소리를 듣게 된다. "내 마음이 심히 고민하여 죽게 되었으니." 의기소침과 갈등과 고뇌가 주님의 영혼의 중심에까지 파고 들어 주님을 거의 죽을 지경까지 몰고 갔다. 주께서는 "심히 놀라셨다."

놀라움과 두려움이 주님의 영혼을 쇠약하게 만든다. 주님의 영혼에 임한 지옥의 한밤중은 "심히 고민스러운" 때였다. 세상의 모든 죄, 곧 모든 사람 각각의 죄가 모든 얼룩과 죄책과 함께 흠 없는 주님의 영혼에 임한 그 시간은 심히 고민스러운 때였다.

주께서는 당신의 택한 친구들과 함께 있을 수가 없다. 그들은 이 두려운 시간의 깊은 곳과 요구에 들어갈 수 없다. 주께서 믿고 파수꾼으로 세운 자들은 잠이 들었다. 아버지 하나님의 얼굴은 감추어졌다. 아버지의 인정하시는 목소리는 전혀 들리지 않았다. 주님의 생애 가운데 어려운 시기마다 함께 하셨던 성령께서는 현장에서 떠나 물러가신 것 같다. 주님 홀로 그 잔을 마셔야 하고 주님 홀로 하나님의 진노가 쏟아지며 사탄의 권세와 어둠이 가득하고 사람의 시기와 잔혹과 복수가 넘치는 포도주틀을 밟아야 한다. 그 장면을 누가는 다음과 같이 잘 묘사하고 있다.

예수께서 나가사 습관을 좇아 감람산에 가시매 제자들도 좇았더니 그 곳에 이르러 저희에게 이르시되 시험에 들지 않기를 기도하라 하시고 저

희를 떠나 돌 던질 만큼 가서 무릎을 꿇고 기도하여 가라사대
　아버지여 만일 아버지의 뜻이어든 이 잔을 내게서 옮기시옵소서 그러나 내 원대로 마옵시고 아버지의 원대로 되기를 원하나이다 하시니 사자가 하늘로부터 예수께 나타나 힘을 돕더라 예수께서 힘쓰고 애써 더욱 간절히 기도하시니 땀이 땅에 떨어지매 핏방울 같이 되더라. 기도 후에 일어나 제자들에게 가서 슬픔을 인하여 잠든 것을 보시고 이르시되 어찌하여 자느냐 시험에 들지 않게 일어나 기도하라 하시니라.

　겟세마네의 고뇌에 찬 기도가 갈보리를 영광으로 마무리짓는다. 그리스도께서 십자가에서 드리신 기도는 약함과 힘이 결합되었고 깊은 고뇌와 비참이 결합되었으며 지극히 아름다운 평온과 지극히 거룩한 복종, 절대적인 확신이 따르고 있다.
　어떤 선지자나 제사장이나 왕이나 혹은 교회나 회당의 어떤 지도자도 예수 그리스도의 생애에서처럼 기도의 사역이 그처럼 놀랍게 능력과 향기와 다양함을 보인 사람은 없다. 주님의 기도 사역은 하나님의 영광으로 불타오르고 하나님의 뜻으로 태워지는 하나님의 지극히 상쾌한 향기이다.
　우리는 그리스도의 기도에 있어서 다른 어디에서도 보지 못하는 것을 이 겟세마네 기도에서 본다. "내 아버지여 만일 할만 하시거든 이 잔을 내게서 지나가게 하옵소서 그러나 나의 원대로 마옵시고 아버지의 원대로 하옵소서." 이 말씀은 주께서 그 동안 기도하시고 행동하신 전체 취지와 경향과는 전혀 다른 것이다. 대제사장으로서 드리신 기도와 얼마나 다른가! "아버지여, 내가 원하나이다"가 그리스도의 기도의 법이요 생명이다. 기도에 대한 주님의 마지막 지시에서 주님은 우리의 순종하려는 의지를 기도의 척도이자 조건으로 삼으신다. "너희가 내 안에 거하고 내 말이 너희 안에 거하면 무엇이든지 원하는 대로 구하라 그리하면 이루리라." 예수께서는 수로보니게 여인에게 "네 믿음이 크도다 네 소원대로 되리라"고 말씀하셨다.
　그러나 겟세마네에서 주님의 기도는 명백한 하나님의 뜻에 반대되는 것이었다. 그 압박이 주님께 너무 무거웠고, 그 잔이 너무 쓰며 그 짐이 너무

생소하고 지기에 힘들었다. 그래서 육신이 짐을 덜어 주시기를 소리친 것이다. 비탄에 잠긴 채 굴복하여 죽음으로 빠져 들어가면서 예수께서는 너무 무거워 질 수 없을 것 같은 짐을 덜어 주시기를 구하였다. 그러나 주께서 하나님의 뜻에 반역하여 기도한 것이 아니라 그 뜻에 순종하되 다만 하나님께서 계획을 바꾸고 목적을 바꾸어 주시기를 기도하신 것이다. 육신의 연약함에 눌리고 무시무시하고 몸서리쳐지는 악의와 힘을 지닌 지옥의 권세들에게 눌려 예수께서 오직 이 한 번만 하나님의 뜻에 반대되는 기도를 드리지 않을 수 없었던 것이다. 그렇지만 예수께서는 아주 조심스럽고 경건한 태도로 신중하게 그런 기도를 드리셨다. 하나님의 뜻에 분명하고 확고하게 순종하시면서 그같이 기도하셨다. 그러나 이것은 예외적인 경우였다.

예수 그리스도께서는 이 경우를 제외하고는 언제나 하나님의 뜻을 따라 기도하셨다. 그리스도는 하나님의 계획에 일치하셨고 하나님의 뜻에 일치하셨다. 하나님의 뜻을 따라 기도하는 것이 그리스도의 생명이자 법칙이었다. 그 점은 그리스도의 기도의 법칙에도 그대로 적용되었다. 하나님의 뜻에 맞게 사는 것이 단순히 하나님께 순종하여 사는 것보다 훨씬 더 고귀하고 더 거룩한 생활이다. 하나님의 뜻에 전적으로 일치하여 기도하는 것이 단순히 복종하는 것보다 훨씬 더 고귀하고 거룩하게 기도하는 것이다. 순종의 최상의 상태는 반역하지 않고 묵종하는 것인데, 그것도 좋은 일이다. 그러나 최상의 선은 아니다. 가장 강력한 기도는 긍정적이고 적극적이며 힘있게 토로하며 창의적이다. 그런 기도는 사물을 형성하고 바꾸며 일어나게 한다.

일치란 "하나님의 모든 뜻 안에 완벽하고 온전하게 서 있다"는 뜻이다. 하나님의 뜻 행하기를 기뻐하며 열심과 열정을 품고 달려가서 하나님의 계획을 수행하는 것이다. 하나님의 뜻에 따르는 것에는 순종과 인내, 사랑, 즐거운 순종이 따른다. 그러나 순종 자체로는 일치에 미치지 못하고 일치에 이르지 못한다. 우리는 순종하지만 하나님의 뜻에 일치하지 못할 수가 있다. 우리는 맞서 싸웠던 결과들을 받아들이고 심지어는 그것들에 굴복할 수도 있다.

일치란 결과나 과정에서 모두 하나님과 하나가 되는 것을 의미한다. 순종도 결국은 하나님과 하나가 될 수 있다. 일치는 시작과 끝에서 하나님과 하나가 된다. 예수께서는 하나님의 뜻에 절대적으로 온전히 따랐는데, 기도로써 그같이 따랐다. 이번은 견딜 수 없는 고통과 두려움과 지침으로 인해 어쩔 수 없이 하나님의 처리에서 뒤로 물러났던 단 한 번의 시기였다. 주님의 일치가 언제나 변함없고 온전하였듯이 주님의 순종은 철저하고 충성되었다. 일치야말로 진정한 순종이며 지극히 충성되고 지극히 즐거우며 지극히 온전한 것이다.

겟세마네에서 우리는 예수께서 홀로 무릎꿇고 드린 겸손한 간청의 교훈을 볼 수 있다. 예수께서 무거운 짐을 지고 엎드렸을 때 격심한 고뇌와 고통스런 두려움을 느끼며 머뭇거리고 움츠리며 짐을 덜어달라고 울부짖었지만 그런 가운데서도 하나님께 충심어린 순종을 바치고 어찌하든지 하나님의 영광을 위하겠다는 마음을 지니고 계셨다.

사탄은 우리 각자에 대해 자신의 시간과 어둠의 권세를 행사하고 쓴 잔과 어둠의 두려운 심정을 줄 수 있을 것이다.

우리는 모세가 약속의 땅에 들어가게 해달라고 하였던 것처럼, 바울이 자신의 몸에 있는 가시에 대해 기도한 것처럼, 다윗이 자신의 불운한 아이를 위해 기도했던 것처럼, 히스기야가 살려주시기를 구했던 것처럼 하나님의 뜻에 어긋난 기도를 드릴 수 있다. 우리는 타격이 너무 심하고 슬픔이 너무 격렬하며 고통이 너무 깊을 때는 하나님의 뜻에 어긋나게 기도하지 않을 수 없다. 우리는 다윗처럼 어둠의 시간 내내 엎드려 지낼 수 있다. 우리는 예수께서 그러셨던 것처럼 많은 시간을, 여러 날 밤을 어둠 가운데서 기도할 수도 있다. 그러나 그 모든 것은 순종의 기도가 되어야 한다.

겟세마네의 슬픔과 어둠과 비참함이 우리에게 감당할 수 없이 무겁게 임할 때 우리는 아버지께서 우리 입술에 내민 잔을 필요하다면 인내와 눈물로 순종하되 두려움이나 의심 없이 할 수 있는 대로 즐거이 순순히 받아들여야 한다. 낙담한 심정 가운데서도 "나의 원대로 마옵시고 아버지의 원대로 하옵소서" 하고 말해야 한다. 하나님의 방식을 우리로서는 다 알 수 없지만, 하나님의 아들에게 그러셨던 것처럼 그 잔의 쓰디쓴 찌꺼기에는 온전한 보석과 금이 들어 있다. 우리는 정련되기 위해서는 도가니 속에 들어갈 필요가 있다. 그리스도께서 겟세마네에서 온전해지셨는데, 그것은 기도로써 된 것이 아니라 고난으로써 되었다. "저희 구원의 주를 고난으로 말미암아 온전케 하심이 합당하도다." 고난이 진행되어 온전함의 열매를 맺어야 하기 때문이 잔이 그냥 지나갈 수는 없었다. 오랜 시간 지옥의 어둠과 권세를 견딤으로써, 이 세상 임금과 괴로운 전투를 많이 치르고 쓴 잔을 여러 번 마심으로써 우리는 온전해질 수가 있다. 아버지 하나님의 고통스런 처리의 가혹한 시련의 두렵고 엄중한 불길을 거두어 달라고 부르짖는 일도 기도에 대한 응답에서 나오는 온전한 묵종이 있고 하나님의 뜻에 대한 철저한 순종이 있으며 하나님의 영광을 위하는 전적인 헌신이 있다면 죄가 아니라 자연스런 일이다.

우리의 마음이 하나님께 충성되다면 하나님의 방식에 대해 탄원할 수 있고 고통스런 그 과정에서 구원해달라고 구할 수 있다. 그러나 가혹한 시련의 맹렬한 불과 괴로워하는 가운데 순종의 기도를 드리는 고통받는 희생자가 드리는 정상적인 기도가 아니고 지극히 위엄 있고 당당한 기도도 아니다. 우리는 가혹한 시련 속에서 부르짖을 수 있고 우리를 정결케 하고 온전케 하는 불길을 싫어하여 외칠 수 있다. 하나님께서 이런 우리의 부르짖음을 인정하고 들으시고 그에 대해 응답하시는데, 우리에게서 그 시련을 거두어 가시거나 그 불길의 맹렬함을 누그러뜨리지 않고 우리의 힘을 돋구는 천사를 보내는 이상의 일을 하심으로써 응답하신다. 그렇지만 철저히 순종하는 가운데 이렇게 부르짖는 것이 참으로 고귀하고 세계적이며 당당하고 영원까지 미치는 기도의 요구에 응하지는 못한다.

순종의 기도가 더 고귀하고 더 강력한 믿음의 기도를 대신하거나 그 가치를 떨어뜨리기 위해 사용되어서는 안 된다. 순종의 기도를 강조함으로써 끈질기고 힘있는 기도를 쇠퇴하게 해서는 안 된다. 순종의 기도를 강조하면 기도의 능률을 잃을 것이고 기도의 영광스런 결과들을 빼앗길 것이며, 활기 없고 감정적이며 나약한 기도를 하도록 부추기게 될 것이다.

우리는 언제나 순종에 대해 속기 쉬운 잘못된 생각으로 인해 우리에게 열렬하고 애쓰는 기도가 부족한 것을 변명하기가 쉽다. 우리는 기도를 시작해야 할 바로 그 시점에서 기도를 끝내는 경우가 많다. 우리는 하나님께서 우리가 진정으로 기도하기를 기다리고 기다리시는 그때 기도를 그친다. 우리는 기도의 장애를 만나면 그만두고 어려움을 만나면 지고 말면서 그것을 하나님의 뜻에 순종하는 것이라고 말한다. 믿음이 빈약하고 영적으로 게으르며 마지못해 기도하는 세계가 순종이라는 고상하고 경건한 이름으로 포장되어 있는 것이다. 하나님의 계획을 찾고 그것을 실행하는 것 외에는 다른 계획이 없는 것이 그리스도처럼 기도하는 일의 정수이며 영감이다. 이것은 순종의 조항에 넣을 수 있는 것보다 훨씬 큰 것이다. 예수께서는 단 한 번 하나님의 뜻을 바꾸어 주시기를 구했다. 그러나 주님의 그 밖의 모든 기도는 하나님의 계획과 목적에 철저히 따르는 기도였다. 우리가 그리스도 안에 있고 그리스도의 말씀이 우리 안에 있을 때 우리는 이 방식을 따라 기도한다. 그 다음에 우리가 원하는 것을 구하면 그대로 이루어진다. 이것이 우리의 기도 방식이고 이 방식은 일을 일으킨다. 그러면 우리의 뜻은 하나님의 뜻이 되고 하나님의 뜻이 우리의 뜻이 된다. 두 뜻이 하나가 되고 거기에는 불협화음이 전혀 없다.

"그를 향하여 우리의 가진 바 담대한 것이 이거이니 그의 뜻대로 무엇을 구하면 들으심이라." 우리가 무엇을 구하든지 하나님께서 들으신다는 것을 안다면 우리는 우리에게 하나님께 간구하였던 바가 있음을 안다. 그리고 그것은 사실이다. "무엇이든지 구하는 바를 그에게 받나니 이는 우리가 그의 계명들을 지키고 그 앞에서 기뻐하시는 것을 행함이라."

다음과 같은 우리 주님의 말씀을 보면 참으로 깊은 자제와 인내와 자기 부인, 하나님께 대한 의무에 대한 충성, 구약 성경에 대한 깊은 존경이 주께 있음을 알 수 있다.

너는 내가 내 아버지께 구하여 지금 열두 영 더 되는 천사를 보내시게 할 수 없는 줄로 아느냐 내가 만일 그렇게 하면 이런 일이 있으리라 한 성경이 어떻게 이루어지리요.

13

성령과 기도

　성령이 없다면 복음은 헛되고 부정적일 것이다. 성령의 은사는 예수 그리스도의 구속 사역에서 반드시 필요하였다. 예수께서 성령으로 기름 부음을 받기 전에는 세상에서 당신의 사역을 시작하지 않으셨듯이 그 동일한 성령께서는 하나님의 아들의 구속 사역을 진척시키고 효과 있게 하는데 반드시 필요하다. 예수께서 세례 받으실 때 성령의 기름 부음을 받으신 것이 주님의 공생애에서 획기적인 사건이었듯이 오순절날 성령께서 임하신 일도 그리스도 교회의 활동을 효과 있게 만드는 구속 사역에서 중대한 사건이었다.

　성령께서는 그리스도 시대의 밝은 등불이고 이 시대의 교사요 안내자일 뿐만 아니라 거룩한 협력자이시다.

　성령은 하나님의 새 시대에 있어 능력 있는 대행자이시다. 수로안내인이 배의 타륜 앞에 자리를 잡듯이, 성령께서는 사람들의 마음에 자리를 잡고서 마음의 모든 노력을 지도하고 그 노력에 능력을 부여하신다. 성령께서는 사람의 심령에 임재하시고 심령을 통제하심으로써 그 사람을 통해 온전한 복음을 수행하신다.

　예수 그리스도의 구속하시는 사역을 실행하는 일에 있어 성령은 절대적이고 반드시 필요한 유능한 대행자로서 구속 사역을 일반적이고 좀더 포괄적으로 적용시키거나 개인적으로 적용하는 세세한 일을 하신다.

　복음은 성령께서 일하시지 않으면 전파되지 못한다. 성령만이 이 왕의 일을 행하는 왕의 권한을 지니신 분이다. 지성으로도 학식으로도, 웅변이나 진실, 심지어는 계시된 진리로도 복음을 실행하는 일을 할 수 없다. 그리스도 생애의 놀라운 사실들도 성령의 기름 부음을 받지 못한 마음이 이야기할 때는 무미건조하고 아무 열매도 맺지 못할 것이며 "천치가 말하는 이야기처럼 시끄럽고 요란하지만 아무 의미가 없다." 천사의 지혜와 천사의 능변으로 전할지라도 복음이 구원의 능력을 발휘할 수 없다. 오직 성령의 불길을 받은 혀만이 사람을 구원하는 능력으로서 그리스도의 구원하는 능력을 증거할 수 있다.

성령께서 권능의 세례를 베푸시기 전에는 아무도 예루살렘으로부터 거리를 따라가며 죽어가고 있는 무리들에게 감히 그 메시지를 선포하거나 말하는 사람이 없었다. 요한은 주님의 품에 머리를 기대고 주님의 심장의 고동치는 소리를 들었고, 그 머리 속이 주님 생애의 놀라운 사건들로 가득하고 주님의 입술에서 나온 놀라운 말씀으로 가득한 사람이었지만 한 마디도 꺼내지 못했다. 요한은 이 모든 것이 더 풍성하고 부요한 것을 받을 때까지 기다려야 했다. 마리아는 성령의 권능을 받기 전까지는 그리스도를 양육했고 마음과 머리 속에 어머니로서 간직한 거룩한 기억들을 가득 담고 있었지만 요한의 집에서 그리스도의 생애를 넘어서 살 수 없었다.

성령의 오심은 기도에 달려 있다. 기도만이 이 삼위 하나님이 계시는 곳에 권한을 가지고 가서 요구할 수 있기 때문이다. 그리스도조차도 이 기도의 법칙에 순종하셨다. 그리스도께서는 "구하라 그러면 너희에게 주실 것이요 찾으라 그러면 찾을 것이요 문을 두드리라 그러면 너희에게 열릴 것이라"는 말씀이 기도의 법칙이셨고 현재도 법칙이며 앞으로도 그러실 것이다. 예수께서는 슬픔에 잠겨 있는 제자들에게 이같이 말씀하셨다. "내가 아버지께 구하겠으니 그가 또 다른 보혜사를 너희에게 주사." 성령을 구하는 이 기도의 법칙은 주님에게나 제자들에게나 똑같이 구속력이 있다. 하나님의 자녀들 가운데 "너희가 얻지 못함은 구하지 아니함이요"라는 말씀이 그대로 해당될 수 있는 사람들이 많다. 또 "너희가 저를 약하게 기도하므로 저를 적게 가지는도다"는 말씀이 적용될 수 있는 사람들이 있다.

성령께서는 온갖 은혜의 영이시다. 순결과 능력, 거룩함, 믿음, 사랑, 기쁨과 모든 은혜가 성령으로 말미암아 오기도 하고 온전해지기도 한다. 우리는 어떤 은혜 가운데 자랄 것인가? 모든 은혜 가운데서 온전해질 것인가? 우리는 기도로 성령을 구해야 한다.

우리는 성령을 구하라고 주장한다. 우리에게는 성령이 필요하고 우리는 분발하여 성령을 구해야 한다. 우리가 성령을 받는 정도는 성령을 구할 때 발휘하는 기도와 믿음의 열정에 의해 결정될 것이다. 우리가 하나님을 위해 일하고 하나님께 기도하고 하나님을 위해 살며 또 다른 사람들에게 영향을 미칠 수 있는 우리의 능력은 우리 안에 거하시며 우리를 통해 역사하시는 성령을 얼마만큼 받느냐에 따라 달라질 것이다.

그리스도께서는 모든 하나님의 자녀들을 위해 이 점에서 기도의 분명하고 명확한 법칙을 규정하신다. 세상이 죄를 깨닫게 하고 장차 올 의와 심판을 깨닫게 하며 세상이 하나님 보시기에 죄 있음을 느끼게 하려면 성령이 필요하다. 죄인들에게 유죄 판결을 내리는 이 영은 하나님 백성들의 기도의 응답으로 온다. 하나님의 자녀들은 성령을 더욱 필요로 하며, 성령의 생명과 더욱 풍성하고 넘치는 성령의 생명을 더욱 필요로 한다. 그러나 그 생명은 하나님의 자녀가 성령을 구하는 기도를 할 때 시작되고 계속해서 증가한다. "너희가 악한 자라도 자식에게 좋은 것으로 자식에게 줄 줄 알거든 하물며 하늘에 계신 너희 아버지께서 구하는 자에게 좋은 것으로 주시지 않겠느냐?" 이것은 약속으로 밝혀지고 부자의 관계로 즐겁게 수행할 수 있게 된 법이자 조건이다.

성령의 은사는 하나님 우편에 계시는 그리스도의 영광스런 어전에서 우리에게 흘러나오는 유익들 가운데 한 가지이다. 이러한 성령의 은사는 보좌에 오르신 그리스도의 다른 은사들과 함께 그 조건인 기도를 통해서 우리에게 확보된다. 성경은 일반적인 원칙과 명백하고 변함없는 암시에 의해서 뿐 아니라 명백한 진술을 통해서 성령의 은사가 기도와 관계가 있고 기도를 조건으로 주어진다고 가르친다. 하나님이 세상에 계시듯이 성령께서도 세상에 계신다. 성령께서 그리스도처럼 세상에 계신다는 사실 또한 진리이다. 하나님과 그리스도께서 우리 안에 그리고 세상 안에 계실 것에 대해 예언된 말씀에는 언제나 우리 안에 그리고 세상 안에 계실 성령에 대해서도 예언되었다. 성령께서는 오순절 전에도 세상에 계셨다. 그때는 성령을 구하고 찾는 정도만큼 성령께서 활동하셨다. 우리가 성령을 구하는 기도를 할 수 없다면 하나님으로부터 어떤 선한 것도 구하는 기도를 드릴 수 없다는 것이 사실이다. 바로 성령께서 하나님이 우리에게 주시는 선의 모든 총합이기 때문이다. 우리는 하나님을 추구하듯이 성령을 추구하며 그리스도를 추구하는 것과 똑같이 심한 통곡과 눈물로 성령을 추구하며 언제나 더욱더 큰 성령의 은사와 능력과 은혜를 구해야 하는 것이 사실이다. 모일 때마다 성령의 임재와 능력을 받는 것은 믿음으로 기도하는 것에 달려 있음이 사실이다.

그리스도께서는 기도를 조건으로 성령을 받을 수 있다는 교리를 정하시고 이 보편적인 법칙을 친히 실례로써 보여 주셨다. 예수께서 세례 받을 때 성령이 임하셨는데, 그때 예수께서는 기도하고 계셨다. 사도 시대의 교회가 이 위대한 진리를 행동으로 보여 준다.

오순절이 지난 지 며칠 후에 제자들은 열심히 기도하고 있었다. "빌기를 다하매 모인 곳이 진동하더니 무리가 다 성령이 충만하여." 이 사건은 성령이 임하고 다시 임하는 조건이 기도라는 사실을 부인하는 모든 이론을 무너뜨리고 오랜 시간 애써 기도한 결과로서 발생한 오순절 성령 강림 사건이 하나님의 지극히 귀하고 중요한 은사가 구하고 찾고 두드리는 일, 곧 기도, 열렬하고 끈질긴 기도를 조건으로 주어진다는 사실을 예증하고 확증한다.

동일한 이 진리는 빌립이 사마리아에서 일으킨 부흥운동에서 뚜렷이 나타난다. 사람들이 그리스도를 믿음으로 인해 기쁨이 충만하고 물세례를 받아 교회에 가입하였지만 베드로와 요한이 내려와 그들을 위해 기도하기 전까지는 성령을 받지 못했다.

바울의 기도하는 모습은 바울이 성령을 받을 수 있는 조건을 갖춘 상태에 있다는 사실을 아나니아에게 보여 주는 하나님의 증거였다.

성령은 기도에 있어 우리의 교사요 영감자요 계시자이다. 우리 기도의 능력은 하나님의 기뻐하심을 따라 우리 안에서 역사하시는 성령의 능력에 의해 좌우된다. 에베소서 3장에서 바울은 교회를 위하여 놀라운 기도를 드린 후에 자신이 하나님의 능력을 벗어나서 큰 일을 구한다고 사람들이 생각할지 모른다고 이해한 것 같다. 그래서 바울은 신자들을 위한 호소를 끝맺으면서 하나님께서는 "우리의 온갖 구하는 것이나 생각하는 것에 더 넘치도록 능히 하실" 수 있다고 말한다. 우리를 위해 행하시는 하나님의 능력은 우리 안에서 역사하시는 하나님의 능력에 달려 있다. 바울은 능력"대로"라고 말한다. 즉 "우리 가운데서 역사하시는 능력의 정도에 따라"라는 뜻이다. 밖으로 표출되는 기도의 능력은 우리 안에서 표출되는 하나님의 능력이었다. 우리 안에서 하나님의 활동하시는 바가 약하면 약한 기도를 하게 된다. 우리 안에서 하나님이 강력하게 활동하시면 강력한 기도를 하게 된다. 기도를 하지 못하는 것은 우리 속에서 성령께서 활동하시지 않기 때문이다. 어디서든지 연약한 기도를 하게 되는 원인은 성령의 강력한 역사가 없기 때문이다.

하나님께서 우리 기도에 응답하시고 우리 기도를 통해 일하실 수 있는 능력은 하나님께서 성령으로 말미암아 우리 속에 불어넣으실 수 있는 거룩한 힘에 따라 달라진다. 밖으로 표출되는 기도의 능력은 성령께서 우리 안에 계시는 정도에 따른다. 야고보서 5장에서 야고보는 바로 그런 취지로 말한다. "의인의 간구는 역사하는 힘이 많으니라." 마음 속에서 성령의 강력한 힘으로 일어난 기도는 엘리야의 기도가 그랬듯이 강력한 결과를 낸다.

우리는 효과적으로 그리고 강력하게 기도하려고 하는가? 그렇다면 성령께서 틀림없이 우리 안에서 효과적이고 강력하게 역사하신다. 바울은 보편적으로 적용되는 원칙을 진술한다. "이를 위하여 나도 내 속에서 능력으로 역사하시는 이의 역사를 따라 힘을 다하여 수고하노라." 그리스도를 위하여 하는 모든 수고 가운데 우리 속에서 역사하시는 성령을 따라 나지 않은 수고는 하찮고 헛되다. 그럴 때 우리의 기도와 활동은 연약하기 그지없고 결과가 없다. 성령께서 우리 속에서 역사하지 않았고 우리 속에서 당신의 영광스런 일을 일으킬 수 없기 때문이다. 강력한 결과를 얻는 기도를 하고자 하는가? 성령께서 당신 마음 속에서 강력하게 역사하시기를 구하라.

여기서 우리는 성령을 구하는 기도에 대한 첫 교훈을 본다. 성령을 구하는 기도가 오순절날에는 온전히 열매맺는 데까지 확되대었다. 요한복음 14:16에서 예수께서 아버지 하나님께 또 다른 보혜사, 곧 당신의 제자들과 함께 계시고 제자들 속에 계실 성령을 보내달라고 기도하실 때 그것은 성령께서 우리를 중생으로 하나님 자녀를 만드는 일에 당신의 일을 하시기를 바라는 기도가 아니라 우리가 하나님의 자녀라는 관계를 힘입어 주장할 수 있는 성령의 은혜와 능력을 충만히 주시기를 구하는 기도였다. 성령께서 우리를 하나님의 자녀로 만들고 하나님의 자녀인 우리와 함께 그리고 우리 속에 거하시는 역사는 그 동일하신 성령께서 우리와의 관계에서 취하시는 그 단계는 전혀 다른 것이다. 후자의 사역에서 성령의 은사와 활동은 더욱 크고, 성령의 임재, 곧 성령 자신은 그의 사역이나 은사보다 더 크다.

우리 안에서 행하시는 성령의 사역은 성령을 받도록 우리를 준비시키는 일을 한다. 성령의 은사는 성령의 임재에서 나오는 산물이다. 성령께서는 당신의 사역으로 우리를 그리스도 몸의 지체로 만드신다. 또 당신의 임재와 인격으로 계속해서 우리가 그 몸에 있게 하신다. 성령께서는 우리에게 은사를 주어 그 몸의 지체로서 갖는 직무를 수행할 수 있게 한다.

전체 교훈은 모든 기도의 중요한 목표인 성령을 구하는 일에서 정점을 이룬다. 산상수훈에서 우리는 아주 평이하고 명확한 약속을 본다. "너희가 악한 자라도 자식에게 좋은 것으로 줄 줄 알거든 하물며 하늘에 계신 너희 아버지께서 구하는 자에게 좋은 것으로 주시지 않겠느냐?" 누가복음에서는 "좋은 것"이 "성령"으로 바뀌어 기록되어 있다. 모든 좋은 것은 성령 안에 포함되며 성령은 모든 좋은 것의 총합이며 정점이다.

우리 안에 거하시는 위로자요 우리를 거룩하게 하시는 자요 우리를 능력있게 하시는 분이신 성령의 은사를 받는 일에 관한 사람들의 많은 가르침이 얼마나 복잡하고 혼동스러우며 뒤얽혀 있는가! 이에 반해 우리 주님의 지시는 얼마나 단순하고 직접적인가! 주께서는 **구하라**고 말씀하신다. 참으로 평이하고 직접적인 명령이다. 절박하게 구하고 낙망하지 말고 구해야 한다. 성령께서 오실 때까지 구하고 찾고 두드려야 한다. 여러분이 성령을 구하면 하늘에 계신 여러분의 아버지께서 성령을 반드시 보내실 것이다. 주 안에서 성령을 기다려야 한다. 그것은 아버지 하나님의 가장 큰 선물이요 아이들에게 가장 필요한 것인 성령을 어린아이처럼 기다리고 구하고 독촉하고 기도하는 것이다.

확신 있게 구하는 자들에게 아낌없이 주겠다고 약속된 성령을 어떻게 하면 받을 수 있는가? 기다리고 조르며, 지극히 평온한 마음으로, 두려움을 모르고 의심을 허락하지 않는 믿음의 뜨거운 열정을 가지고 인내해야 한다. 불신앙 때문에 약속을 믿지 못하고 흔들리지 않는 신앙, 지극히 어둡고 의기소침해지며 희망이라곤 없는 때에도 희망을 믿는 신앙, 소망으로 마음이 밝아지고 힘을 얻고 소망으로 구원받는 신앙의 열정으로 인내해야 한다.

기다리고 기도한다. 바로 이것이 절망의 모든 성문을 열고 하나님의 모든 보고를 여는 열쇠이다. 그것은 자녀가 모든 것에 대해 세상의 어떤 부모보다 더 큰 것으로 넉넉하게 즐거이 주시는 아버지께 구하는 단순함이다. 성령을 구하라. 성령을 찾으라. 성령을 위하여 두드리라. 성령은 자녀의 가장 큰 필요를 보시고 아버지 하나님께서 주시는 가장 큰 선물이다.

그리스도께서 말씀하신 구하라, 찾으라, 두드리라는 말에서 우리는 주장과 노력이 단계적으로 진보하는 것을 본다. 예수께서는 우리가 기도로 노력하고 점점 더 고귀하고 강력하게 인내하며 더 깊이 주장하고 노력한다면 반드시 그 응답을 받으리라는 사실을 더할 수 없이 강력하게 명령과 약속으로써 진술하시고 설명하신다. 구하고 찾고 두드리는 기도가 필요하고 원하는 것을 얻지 못하는 것보다 해가 동쪽에서 뜨지 않는 일이 쉬울 것이다.

기도에서 있어서 기개를 잃지 않고 끈질기며 낙망하지 않고 노력하는 것을 하나님은 받으신다. "두드리는 이에게 열릴 것이니라." "내가 너희에게 이르노니 구하라 그러면 너희에게 주실 것이요"라는 말씀에 기초를 두고 있는 이 선언만큼 우리에게 응답의 확신을 강하게 줄 수 있는 것은 없다.

14

우리의 기도를 돕는 분이신 성령

성령에 관한 신약의 계시들 가운데 한 가지는 성령께서 우리의 기도를 돕는 분이시라는 것이다. 그래서 우리 주님의 공생애에서 일어난 다음 사건에서 성령의 사역과 기도가 밀접한 관계가 있음을 보게 된다.

    이 때에 예수께서 성령으로 기뻐하사 가라사대 천지의 주재이신 아버지여 이것을 지혜롭고 슬기 있는 자들에게는 숨기시고 어린아이들에게는 나타내심을 감사하나이다. 옳소이다. 이렇게 된 것이 아버지의 뜻이니이다.

여기서 우리는 하나님께서 우리에게 어떤 분이신지를 알려 주는 계시를 본다. 어린아이의 마음으로만 아버지를 알 수 있고 어린아이의 심정만이 하나님을 계시할 수가 있나. 아버지 하나님께서 그 아들을 통해 우리에게 모든 것을 주실 때 오직 기도라는 방법을 사용하신다. 아버지 하나님께서 자신을 우리에게 주시는 것은 오직 기도를 통해서이다. 하나님께서 자신을 우리에게 주심은 다른 모든 것보다 더 중요한 것이다.

    영어 개역 성경은 그 구절을 "바로 그 시간에 예수께서 성령으로 기뻐하셨다"라고 번역하고 있다. 이 사실은 일반적으로 알려지지 않은, 안다고 해도 무시하는 중요한 진리, 곧 예수 그리스도께서는 삶 전반에 걸쳐 성령의 인도를 받으셨다는 것과 주님의 활동뿐 아니라 주님의 기쁨과 기도, 그 생활이 성령의 영감과 법과 인도를 받았다는 진리를 보여 준다.
로마서 8:26을 한 번 보자.

> 이와 같이 성령도 우리 연약함을 도우시나니 우리가 마땅히 빌 바를 알지 못하나

이 본문은 의미심장하고 지극히 중요해서 인용할 필요가 있다. 인내와 소망과 기다림이 기도할 때 우리를 돕는다. 그러나 우리를 돕는 것 가운데 가장 위대하고 가장 거룩한 존재는 성령이시다. 성령께서는 우리를 위해 사물을 붙드신다. 우리는 많은 일에 어둡고 혼동스러우며 무지하고 연약하다. 사실 하나님 나라 생활에 속한 모든 일에 그러하며, 특히 기도라는 단순한 일에 그렇다. 우리에게는 "해야 하는 일," 의무, 곧 기도할 필요가 있는데, 그것은 우리에게 절대적으로 반드시 필요한 영적 일이다. 그러나 우리는 그 의무를 느끼지 못하고 이행할 능력도 없다.

성령께서 우리의 연약함을 도우시고 무지한 우리에게 지혜를 주신다. 무지를 지혜로 바꾸시고 연약함을 강건함으로 바꾸신다. 성령께서 친히 이일을 하신다. 성령께서는 우리가 노력하고 애쓸 때 우리를 도우시고 붙드신다. 우리의 무지에 지혜를 더하시고 우리의 연약함에 힘을 더하신다. 우리를 위해 탄원하시고 우리 속에서 탄원하신다. 우리의 기도에 활기를 불어넣으시고 깨달음을 주시며 영감을 일으키신다. 성령께서는 우리 기도의 문제를 밝히고 향상시키시며 기도의 말과 느낌에 영감을 불어넣으신다. 우리 속에서 강력하게 역사하여 우리가 강력한 기도를 할 수 있게 하신다. 우리가 언제나 하나님의 뜻을 따라 기도할 수 있게 하신다.

요한일서 5:14에서 우리는 이 말씀을 본다.

> 그를 향하여 우리의 가진 바 담대한 것이 이것이니 그의 뜻대로 무엇을 구하면 들으심이라 우리가 무엇이든지 구하는 바를 들으시는 줄을 안즉 우리가 그에게 구한 그것을 얻은 줄을 또한 아느니라.

우리에게 담대함을 주고 그처럼 자유롭고 온전히 하나님께 나아갈 수 있게 해주는 것, 다시 말해 그같이 담대하고 자유롭게 하나님께 나아갈 수 있다는 사실과 그 기초는 우리가 "그의 뜻대로" 구한다는 것이다. 이 말씀은 단순한 복종을 말하는 것이 아니라 일치를 뜻한다. 뜻"대로"란 기준을 따라, 즉 일치, 동의를 뜻한다. 우리는 하나님의 뜻에 일치하게 기도하고 있기 때문에 담대하고 아주 자유롭게 하나님께 나아갈 수가 있다. 하나님께서 당신의 전반적인 뜻은 성경에 기록해 놓으셨지만 우리가 그 뜻을 행하도록 기도 안에서 이같이 특별한 활동을 하신다. 선지자가 말하듯이 하나님의 "일들은 하나님을 바라는 우리를 위하여 준비된" 것들이다. 그러면 우리는 어떻게 기도하는 가운데 하나님의 뜻을 알 수 있는가? 하나님께서 특별히 우리가 행하고 기도하기를 바라시는 것은 어떤 일인가? 성령께서는 그 사실들을 우리에게 영구히 계시하신다.

성령이 말할 수 없는 탄식으로 우리를 위하여 친히 간구하시느니라 마음을 감찰하시는 이가 성령의 생각을 아시나니 이는 성령이 하나님의 뜻대로 성도를 위하여 간구하심이니라.

이 말씀을 고린도전서 2:8-16의 바울의 말과 함께 생각해 보라.

이 지혜는 이 세대의 관원이 하나도 알지 못하였나니 만일 알았더면 영광의 주를 십자가에 못박지 아니하였으리라. 기록된 바 하나님이 자기를 사랑하는 자들을 위하여 예비하신 모든 것은 눈으로 보지 못하고 귀로도 듣지 못하고 사람의 마음으로도 생각지 못하였다 함과 같으니라. 오직 하나님이 성령으로 이것을 우리에게 보이셨으니 성령은 모든 것 곧 하나님의 깊은 것이라도 통달하시느니라. 사람의 사정을 사람의 속에 있는 영 외에는 누가 알리요 이와 같이 하나님의 사정도 하나님의 영 외에는 아무도 알지 못하느니라. 우리가 세상의 영을 받지 아니하고 오직 하나님께로 온 영을 받았으니 이는 우리로 하여금 하나님께서 우리에게 은혜로 주신 것들을 알게 하려 하심이라. 우리가 이것을 말하거니와 사람의 지혜로 가르친 말로 아니하고 오직 성령의 가르치신 것으로 하니 신령한 일은 신령한 것으로 분변하느니라. 육에 속한 사람은 하나님의 성령의 일을 받지 아니하나니 저희에게는 미련하게 보임이요 또 깨닫지도 못하나니 이런 일은 영적으로라야 분변함이니라. 신령한 자는 모든 것을 판단하나 자기는 아무에게도 판단을 받지 아니하느니라. 누가 주의 마음을 알아서 주를 가르치겠느냐 그러나 우리가 그리스도의 마음을 가졌느니라.

"성령으로 우리에게 보이셨다." 이 말씀을 유의해야 한다. 하나님께서는 성령이 그 안에 거하시는 마음, 성령의 생각을 아는 마음을 찾으신다. 우리 마음 속에 거하시는 성령께서는 하나님의 깊은 목적과 뜻을 살피시고 우리에게 그 목적과 뜻을 계시하여 하나님께서 우리에게 값없이 주시는 것들을 우리가 알도록 하신다. 우리의 마음 속에 성령께서 충만히 거하시면 우리가 성령의 깨닫게 하심과 보이시는 뜻에 반응하고 순종하여 하나님의 영께서 우리에게 하나님의 뜻이라고 보이신 것들을 거룩한 담대함을 가지고 자유롭게 구하게 되고 믿음으로 확신하게 된다. 그때 우리는 "그에게 구한 그것을 우리가 얻은 줄을 또한 아느니라."

세상 사람도 기도하지만 자기 뜻과 공상과 소망에 따라 기도한다. 그가 뜨거운 소망이 있고 깊은 탄식을 한다면 그 소망과 탄식은 자연적인 열망과 고민이지 성령에게서 나온 것이 아니다. 자연적인 욕구를 따라 기도하는 세상은 얼마나 이기적이고 자기중심적이며 스스로의 동기에 의해서 움직이는지! 성령께서 우리를 통해 기도하시거나 우리를 도와 "마땅히 해야 하는" 바른 기도를 드리도록 도우실 때는 하나님의 뜻에 맞게 우리의 기도를 손질하신다. 그러면 우리는 성령의 말할 수 없는 탄식을 느끼고 표현한다. 그때 우리는 그리스도의 마음을 갖고 그리스도께서 기도하시듯이 기도하게 된다 그리스도의 생각과 목적과 바라시는 바가 바로 우리의 생각과 목적과 바라는 바가 된다.

우리는 지금까지 가지고 있는 성경과 다른 새로운 성경을 보게 되는 것이 아니다. 현재 우리가 가지고 있는 그 성경이되 다만 성령께서 개인적으로 그 말씀을 적용하시는 것뿐이다. 이것은 새로운 본문이 아니라 성령께서 그 시간에 우리를 위해 특정 본문을 아름답게 꾸미는 것이다.

그것은 성령께서 빛과 지도와 가르침으로 말씀을 여시고 우리에게 능력을 주시어 하늘에서 하나님 우편에 계신 예수 그리스도의 위대하신 도고에 맞게 우리가 세상에서 중요한 도고의 직무를 행할 수 있게 하신다.

우리는 이 도고의 직무가 어떤 것이고 또 어떠해야 하는가에 대한 예를 성령에게서 보며 도고를 능하게 하시는 분이 성령이심을 알게 된다. 우리는 성령 안에서 간구하며 성령으로 기도하라는 명령을 받는다. 우리는 성령께서 "우리의 연약함을 도우신다"는 것과, 도고가 지극히 거룩하고 고귀한 기술이지만 우리가 마땅히 무엇을 기도해야 할지 모를지라도 성령께서 "말할 수 없는 탄식으로" 우리 속에서 도고하심으로써 이 하늘의 기술을 우리에게 가르치신다는 것을 배우게 된다.

성령의 이 도고가 얼마나 힘든 일인지! 성령께서는 세상의 죄와 세상의 재난, 세상의 상실을 참으로 깊게 느끼시며, 이 두려운 상태를 참으로 깊이 공감하신다는 사실을 우리는 성령께서 말할 수 없는 탄식으로 도고하신다는 사실에서 알 수 있다. 성령께서는 우리에게 이 지극히 거룩한 도고의 사역을 하도록 마음을 감동시키고 그 힘으로 우리에게 능력을 주어 압제받는 자들, 짐진 자들, 고통받는 피조물들을 위해 하나님께 탄식할 수 있도록 만드신다. 성령께서는 여러 가지 방식으로 우리를 도우신다.

성령으로 간구하는 성도들의 도고가 얼마나 강력하겠는가! 성령이 없는 기도는 얼마나 헛되고 기만적이며 얼마나 열매 없고 비능률적인가! 공기도가 의식에는 적합하고 아름답고 기품이 있을지 몰라도 하나님께서는 그 기도의 가치를 전혀 인정하시지 않을 수 있다.

성령께서 우리 속에서 지극히 힘있게 역사하시도록 하고 또한 성령께서 우리가 기도 가운데서 이같이 불굴의 고귀한 노력을 하도록 돕는 것은 우리의 낙망하지 않는 기도이다.

우리는 하나님에게서 오지 않은 영감에 의해, 또 하나님의 방식이 아닌 방식으로도 기도하고 또 기도할 수도 있다. 많은 기도가 전부는 아니라 하더라도 부분적으로 태도나 내용에서 있어서 판에 밖은 듯이 같다. 진심에서 우러난 열렬한 기도도 많이 있지만 그것은 자연적인 심정이고 육신의 열정이다. 많은 기도가 습관적으로 드려지고 형식적으로 드려지고 있다.

습관은 제2의 천성이고 습관은 지도되는 데 따라서 나쁠 수도 있고 좋을 수도 있다. 기도의 습관은 좋은 것이므로 일찍부터 단단히 형성시키는 것이 좋다. 그러나 그냥 습관적으로만 기도하는 것은 기도의 생명을 파괴하는 것이고 공허하고 허위적인 기도로 전락할 수도 있다. 습관이 기도의 강둑이 될 수 있지만, 거기에는 강하고 깊고 순수하고 수정같이 맑고 생명을 주는 물이 양 둑 사이로 흘러야 한다. 한나는 기도를 강화하였는데, 그것은 "여호와 앞에 그녀의 심정을 통한 것"이었다. 생명수가 가득 차서 강둑을 넘쳐흐른다면 기도의 습관을 그대로 통제하고 있을 수만은 없다.

기도에 있어서 우리의 거룩한 모범은 하나님의 아들이시다. 기도에서 우리를 도우시는 거룩하신 분은 성령이시다. 성령께서는 우리를 기도하도록 만드시고 기도할 때 우리를 도우신다. 성령께서 우리에게 임재하시고 영감을 주실 때에 하나님이 받으시는 기도를 시작하고 지속할 수 있다. 우리는 성경에서 "성령으로 기도하라"는 명령을 받는다. "모든 기도와 간구로 하되 무시로 성령 안에서 기도하라"는 명령을 받는다. "이와 같이 성령도 우리 연약함을 도우시나니 우리가 마땅히 빌 바를 알지 못하나 오직 성령이 말할 수 없는 탄식으로 우리를 위하여 친히 간구하시느니라"는 말씀을 생각할 때 위로를 받는다. "마음을 감찰하시는 이가 성령의 생각을 아시나니 이는 성령이 하나님의 뜻대로 성도를 위하여 간구하심이니라."

우리는 기도의 문제에 매우 무지하다. 그래서 성령께서 전혀 오류가 없고 지극히 지혜로운 교사로서 우리에게 이 거룩한 기술을 가르치기 위해 오셨다는 교훈을 우리의 마음과 지각에 심어주는 교사들이 그처럼 중요하다. 마음과 힘과 뜻과 생각을 다하여 기도하는 이것이야말로 그리스도인들이 지상에서 치르는 전투에서 가장 큰 업적을 이루게 한다. 바로 이것이 우리가 성령으로 말미암아 배워야 하고 성령의 능력을 힘입어 행할 수 있는 일이다. 아무도 성령의 도우심이 없이는 예수를 그리스도라 말할 수 없다면, 당연히 아무도 성령의 도우심이 없이는 기도할 수 없다. 지금은 돌아가신 내 어머니께서 내게 기도에 대해 달콤한 많은 교훈을 가르쳐 주셨다. 그러나 금실처럼 내 마음을 묶어놓은 많은 기도들, 어머니의 사랑이라는 선천적인 수로를 통해 흘러나오는 이런 기도들은 남자들의 전투와 같고 폭풍우치는 삶의 목적들을 이루지는 못한다. 이같이 어머니가 가르쳐 주는 기도는 기도의 기초에 불과하다. 좀더 고귀하고 성숙한 기도를 배우기 위해서는 성령을 모셔들여야 한다. 성령만이 기도 생활의 비결과 의무와 봉사를 알려 주실 수 있다.

성령으로 기도하려면 항시 성령을 모시고 있어야 한다. 성령께서는 세상의 교사처럼 우리를 가르치고 나서 가시지 않는다. 성령께서는 머물러 계시면서 우리에게 가르치신 교훈을 실천하도록 도우신다. 우리는 성령께서 가르치신 개념과 교훈으로 기도하지 않고 성령으로 기도한다. 성령은 선생이시자 교훈이시다. 우리가 그 교훈을 알 수 있는 것은 다만 성령께서 언제나 우리와 함께 계시면서 우리를 격려하시고 조명하시며 설명하시고 행하도록 도우시기 때문이다. 우리는 성령께서 우리에게 계시하시는 진리로 기도하지 않고 성령의 실재적인 임재에 의해 기도한다.

성령께서 우리 마음에 기도할 마음을 주시고 당신의 불길로 그 마음을 불태우신다. 우리는 성령의 말할 수 없는 탄식에 그저 우리의 입술과 목소리를 드릴 뿐이다. 성령께서 우리 기도를 붙잡아 당신의 도고로 힘을 불어넣고 거룩하게 하시는 것이다. 성령께서 우리를 위해 기도하시고 우리를 통해, 우리 속에서 기도하신다. 우리는 성령에 의해서 기도하고 성령으로 말미암아, 성령 안에서 기도한다. 성령께서 우리 속에 기도를 주시고 우리는 그 기도에 말과 마음을 드리는 것이다.

성령께서 우리의 기도를 도우시면 우리는 언제나 하나님의 뜻을 따라 기도한다. 성령께서는 오직 "하나님의 뜻대로" 우리를 통해 기도하신다. 우리 기도가 하나님의 뜻을 따르지 않으면 그 기도는 성령 앞에서 소멸되고 만다. 성령께서 그런 기도에는 지지도 도움도 주시지 않는다. 하나님의 뜻대로 하지 않는 기도는 성령의 지지도 도움도 받지 못해 성령께서 내주하시는 그 마음에서 곧 사라지고 만다.

우리는 유다가 말하듯이 "성령으로 기도해야" 한다. 바울이 말하듯이 "모든 기도와 간구로 하되 무시로 성령으로" 해야 한다. "성령도 우리 연약함을 도우시나니 우리가 마땅히 빌 바를 알지 못하나 오직 성령이 말할 수 없는 탄식으로 우리를 위하여 친히 간구하시느니라"는 말씀을 잊지 않아야 한다. 무엇보다, 우리의 모든 기도에는 그리스도의 피의 능력과 그의 도고의 힘과 보좌에 오르신 그리스도의 충만함을 담고 있는 그리스도의 이름이 있어야 한다. "내 이름으로 무엇을 구하든 내가 시행하리니."

15

두 위로자와 두 변호자

사람에게 두 분의 거룩한 위로자요 변호자요 조력자가 있다는 사실은 하나님이 복음 안에서 풍성하게 준비하셨음을 보여 주며 또한 하나님이 당신의 구원 사역을 효과 있게 하고 마침내는 성공을 거두시려는 확고한 목적이 있음을 보여 준다. 사람이 하나님 나라를 향한 순례 여행과 전투를 행하는 데는 여러 면에서 연약함과 필요가 나타난다. 이 두 분의 그리스도께서 많은 지혜로 그런 문제들을 해결하실 수 있다.

구원 계획을 수행하는 일에 두 도고자를 세우시는 하나님의 준비의 풍성함은 크고 작은 모든 일을 포함하는 무한한 기도의 약속에서도 그에 상응하는 준비를 볼 수 있다.

"너희가 기도할 때 무엇이든지 믿고 구하는 것은 다 받으리라." 모든 것을 우리는 그리스도 안에서 다 갖고 성령 안에서 다 받으며, 모든 것을 기도로 다 얻는다.

하나님의 계획과 목적에 있어서 우리가 이 두 그리스도, 곧 하늘에 오르사 보좌에 앉으시고 거기서 우리의 유익을 위해 도고하시는 분과 그리스도를 대표하는 분이시며 땅에서 더 나은 대리인으로 우리 안에서 역사하시고 우리를 위해 도고하시는 다른 그리스도 안에서 우리가 얼마나 많은 것을 갖는지!

첫번째 그리스도는 인격체이셨다. 다른 그리스도도 인격체이시지만 첫번째 그리스도처럼 육신의 모양을 입거나 인간의 연약함을 지니지는 않으셨다. 첫번째 그리스도는 일시적이고 지역적이셨다. 다른 그리스도는 지역에 제한을 받지 않으시고 일시적으로 계시는 것이 아니라 영원히 거주하시는 분이시다. 또한 감각적이고 물질적이며 육신적인 존재를 대하시지 않고 영혼의 신비한 중심 영역에 친히 들어가 황폐하고 어두운 영역을 해방시키고 에덴보다 더 아름답게 변화시키는 일을 하신다. 첫번째 그리스도께서는 자신의 제자들이 더 높은 영적 지식에 이르도록 하기 위해 그들을 떠나셨다. 사람이신 그리스도께서 떠나신 것은 영이신 그리스도께서 사람들에게 하나님의 더 깊은 비밀들을 훈련하고 교육하시기 위해서였다. 또 역사적이고 물질적인 모든 힘을 순수한 영적 힘으로 변화시키기 위해서였다. 첫번째 그리스도는 우리가 어떠한 존재가 되어야 하는지에 대한 그림을 우리에게 보여 주셨다. 또 다른 그리스도께서는 우리 마음에 빛깔이 바래지 않는 온전한 그 상을 비쳐 주셨다. 첫번째 그리스도는 다윗처럼 성전을 짓기 위한 재료들을 모으고 준비하셨다. 또 다른 그리스도께서는 이 재료들을 가지고 하나님의 영광스런 성전을 지으신다.

그 다음에, 기도의 가능성은 바로 거룩한 이 두 분 도고자의 가능성이다. 성령께서 말할 수 없는 탄식으로 우리를 위하여 간구하실 때, 즉 성령께서 우리를 도와 우리가 하나님의 뜻을 따라 기도하고, 성령의 절박하심에 의해 이런 기도를 드리도록 교육받고 요구도 받아 우리가 마땅히 기도해야 하는 바를 마땅한 태도로 기도할 때 기도 응답의 결과가 제한을 받겠는가? 우리가 하나님의 모든 충만하심으로 충만할 때, 우리가 하나님의 모든 뜻 안에서 온전하게 설 때 기도의 가능성은 얼마나 무한하겠는가?

모세의 도고가 이스라엘의 기이한 역사와 운명에 있어서 이스라엘의 존재와 안전을 그처럼 놀랍게 보전했다면 우리는 모세의 도고보다 훨씬 더 위대한 우리의 도고를 통해 얼마만한 것을 얻을 수 있겠는가? 하나님께 있는 모든 것은 기도를 통해 그리스도께 속하고, 그리스도께 있는 모든 것은 기도를 통해 우리에게 속한다.

하늘에서나 땅에서나 선하고 능력 있고 순수하며 영광스런 모든 영역을 다 지배하시는 이 두 분 그리스도가 우리에게 있다면, 그리고 지금 이 세상에서는 더 나은 그리스도가 우리에게 있다면, 제자들이 그랬던 것처럼 그리스도를 육신을 따라 알기를 원해서야 되겠는가? 전능하신 이 두 분 도고자의 강력한 사역에도 불구하고 우리에게 하늘의 열매가 전혀 없고, 모든 그리스도의 원칙을 지키는데 그처럼 힘이 없고, 그리스도를 닮는 생활이 그처럼 보잘것 없으며 그리스도를 닮은 형상이 그처럼 손상되어 있는 것은 왜 그런가? 우리가 현재 세상에 계시는 그리스도 곧 성령을 충만히 받았을 때에만 비로소 하늘에 계신 그리스도께서 지극히 아름답고 능력 있게 우리에게 오실 수 있으시다.

항상 기도하는 생활을 하고, 언제나 기도의 영으로 숨쉬며, 언제나 기도의 사실 속에서 지내며, 항상 성령으로 기도할 때, 하늘의 그리스도께서 더 분명한 모습과 더 깊은 사랑과 더욱 친밀한 교제에 의해 육신으로 계실 때 제자들에게 그랬던 것보다 더 이상으로 우리의 그리스도가 되실 것이다.

우리는 하늘에서 그리스도를 보고 알게 될 때 그리스도께서 세상에 계시지 않음으로 우리가 겪은 손실이 있다는 사실을 감추거나 줄이지 않을 것이다. 그러나 우리가 행하는 지상의 활동에서 그리고 무엇보다 우리 안에서 이루어지는 활동 안에서 우리는 성령의 사역으로 인해 그리스도를 친히 육신의 몸으로 볼 때 이루어질 수 있었을 것보다 더 그리스도와 아버지 하나님을 잘 알 것이고 두 분을 더 잘 활용할 수 있을 것이다. 그래서 성령으로 충만하며 순종하고 사랑하는 자에게 성부와 성자께서 "우리에게 와서 거처를 우리와 함께 하실 것이다." 성령께서 충만히 내주하시는 날에는 "내가 아버지 안에, 너희가 내 안에, 내가 너희 안에 있는 것을 너희가 알리라." 이같이 놀라운 하나됨과 조화는 또 다른 그리스도의 전능한 능력으로 이루어진다.

성령께서 사람을 감동시키면 천사장의 노래 가운데 사람이 공감하지 못하는 선율이 없으며, 하나님 마음 속의 박동에 대해서도 성령으로 충만한 마음이 큰 소리로 아멘 하고 즐거이 할렐루야를 외치며 반응하지 못할 것이 없다. 이보다 더한 것도, 또 다른 그리스도이신 성령으로 말미암아 "우리는 지식에 넘치는 그리스도의 사랑을 안다." 이뿐 아니라 하나님께서는 우리 가운데서 역사하시는 성령의 능력대로 우리의 온갖 구하는 것이나 생각하는 것에 더 넘치도록 능히 하실 수 있으시다.

또 다른 그리스도의 임재와 능력이 첫번째 그리스도를 잃은 것에 대해 제자들에게 더 많은 것으로 보상해줄 것이다. 첫번째 그리스도께서 떠나가심으로 제자들의 마음은 슬픔으로 가득 찼었다. 고아의 불행처럼 외로움과 비참함이 제자들의 마음을 휩쓸며 그들을 놀라고 당혹스럽게 만들었다. 그러나 그리스도께서는 제자들에게 성령께서 출산이 임박한 산모의 진통처럼 오실 것이고 남자아이가 태어난 말할 수 없는 기쁨으로 모든 것을 잊을 것이라는 말로써 제자들을 위로하셨다.

16

기도와 성령 시대

성령의 시대는 기도로 시작되었다. 사도행전 1:13 말씀을 읽어 보라. "들어가 저희 유하는 다락에 올라가니 베드로, 요한, 야고보, 안드레와 빌립, 도마와 바돌로매, 마태와 및 알패오의 아들 야고보, 셀롯 인 시몬, 야고보의 아들 유다가 다 거기 있어, 여자들과 예수의 모친 마리아와 예수의 아우들로 더불어 마음을 같이 하여 전혀 기도에 힘쓰니라."

예수께서 하늘로 오르신 후에 제자들이 취한 태도가 바로 이것이었다. 기도 모임이 성령의 시대가 오도록 만든 것이다. 이 성령 시대는 선지자들이 말할 수 없는 기쁨으로 내다본 사실이었다. 복음의 운명을 담당하고 있는 이 시대는 특별히 기도에 맡겨졌다.

사도들은 기도의 가치를 잘 알았고 그들의 시간과 힘을 소모시키고 그들이 "기도하는 것과 말씀전하는 것을 전무하지" 못하도록 만드는 지극히 신성한 직무들을 경계하였다. 이들은 기도를 첫째로 삼았다. 말씀이 "날음질하여 영광스럽게 되는 것"은 기도에 달려 있다. 기도하는 사도들이 설교하는 사도들이 된다. 기도가 말씀을 예리하게 만들고 전달되게 하고 무게를 실어 준다. 기도로 작성하고 기도에 흠뻑 젖은 설교는 무게 있는 설교이다. 설교에 깊은 사상이 있고 천재성으로 번뜩일 수 있지만 설교에 기도의 호흡과 생명이 없다면 그 설교는 하나님이 쓰시기에 하찮고 활기 없고 죽은 것이다.

추수하는 주인께서는 기도에 대한 응답으로 온전한 일꾼들을 충분히 보내신다. 예언적인 안목이 없더라도 교회가 기도의 힘을 최대로 사용했더라면 복음의 빛이 오래 전에 세상을 둘러쌌을 것이라고 말할 수 있다.

하나님의 복음이 성공하는데는 언제나 다른 무엇보다 기도가 필요했었다. 기도하는 교회는 다른 모든 것이 부족할지라도 강하다. 기도하는 마음만이 하나님 나라를 세울 것이다. 기도하는 손만이 구주의 머리에 왕관을 씌워드릴 것이다.

성령께서는 사람이 되신 인격적인 그리스도를 대신하고 대표하도록 거룩하게 임명된 분이시다. 그렇다면 성령께서는 우리에게 어떤 분이신가! 얼마나 우리가 성령으로 충만하고 성령 안에서 살며 성령으로 행하며 성령의 인도를 받아야 하겠는가! 얼마나 우리는 그 거룩한 불길을 보존하고 그 불길을 더욱 밝게 불태워야 하겠는가! 그 순결한 불길을 끄지 않기 위해서는 우리가 얼마나 조심해야겠는가! 우리가 성령의 사랑하는 예민한 본성을 슬프시게 하지 않기 위해서 얼마나 조심하고 친절하며 사랑해야 하겠는가! 성령의 거룩한 자극을 거부하지 않고 언제나 성령의 음성을 듣고 성령의 거룩한 뜻을 행하기 위해서는 우리가 얼마나 주의깊고 온순하고 순종해야 하겠는가! 계속해서 많이 기도하지 않고서는 이 모든 일을 어떻게 이룰 수 있겠는가?

끈질긴 과부가 큰 소송 사건에서 무력하고 절망적인 상황을 딛고 이겼는데, 끈질긴 기도로 이겼다. 우리에게는 보존하고 강화해야 할 이 위대한 보물이 있으나 또한 우리에게는 마음에 품고 도와야 할 거룩한 분이 계시다. 우리는 많이 기도할 때에야 비로소 우리의 의무를 이행할 수가 있다.

기도만이 성령께서 그 안에서 사시고 활동하실 수 있는 유일한 요소이다. 기도는 성령께서 기꺼이 우리 속에서 당신의 기쁜 일을 행할 수 있도록 붙들어 매는 황금 사슬이다.

모든 것이 우리가 이 두번째 그리스도를 모시되 그의 충만한 능력 가운데 모시는 것에 달려 있다. 오순절 사건은 제자들의 기도로 이루어졌다. 오순절 사건은 제자들이 계속해서 기도에 전념함으로 지속되었다. 지속적이고 끈기 있는 기도는 우리가 오순절 성령 강림을 얻기 위해 지불해야 할 대가이다. 기도의 사실과 기도의 영 안에 거하는 것만이 우리가 오순절의 능력과 순결 가운데 지내도록 만드는 유일한 보증이다.

성령께서 우리 안에서 그리고 우리를 위하여 여러 면으로 활동하신다는 사실에서 우리는 성령을 위하여 기도해야 할 필요성을 배울 뿐만 아니라 우리 기도에 대한 성령의 조건이 또 다른 태도, 곧 상호 의존의 태도, 다시 말해 작용과 반응의 태도를 취한다는 사실도 배울 수 있을 것이다. 우리가 기도하면 할수록 그만큼 더 성령께서 우리가 기도하도록 도우시고, 그만큼 더 많이 자신을 우리에게 주신다. 우리는 성령께서 우리에게 오기를 기도하고 조르고 기다려야 할 뿐만 아니라 성령을 충만히 받은 후에도 우리는 성령께서 자신을 우리에게 더욱 충만히 더욱 많이 주시도록 기도해야 한다. 우리는 끊임없이 더욱더 충만히 그리고 가장 크게 성령을 받기를 기도해야 한다. 바울이 성령 세례를 받은 에베소 교회를 위하여 "그의 성령으로 말미암아 너희 속사람을 능력으로 강건하게 하옵시며" 하고 기도하였듯이 우리도 기도해야 한다. 바울이 또한 이같이 기도한 사실도 기억해야 할 것이다.

> 믿음으로 말미암아 그리스도께서 너희 마음에 계시게 하옵시고 너희가 사랑 가운데서 뿌리가 박히고 터가 굳어져서 능히 모든 성도와 함께 지식에 넘치는 그리스도의 사랑을 알아 그 넓이와 길이와 높이와 깊이가 어떠함을 깨달아 하나님의 모든 충만하신 것으로 너희에게 충만하시기를 구하노라.

에베소 교인들을 위한 이 놀라운 기도에서 바울은 하나님께 애써 기도하면서 기도로써 이루 측량할 수 없는 깊이를 재려고 하고, 성령의 임재와 역사로써 죽을 수밖에 없는 영혼들을 구원하시려는 하나님의 계획의 무한한 목적과 유익을 측량하려고 하였다. 끈질긴 불굴의 기도만이 우리에게 성령을 가져올 수 있고, 거룩하고 은혜로운 이 결과들을 우리의 것으로 확보할 수가 있다. "에바브라가 항상 너희를 위하여 애써 기도하여 너희로 하나님의 모든 뜻 가운데서 완전하고 확신 있게 서기를 구하나니."

하나님의 말씀은 의식적으로 깨달은 강력한 종교를 성도들에게 마련하신다. 그것은 하나님께서 성도들의 기쁘고 빛나는 영혼 속에 한 거주자를 불러놓으셨고, 하늘의 음조를 지닌 생활이 하나님께서 친히 지으신 노래에 음조를 맞춘 종교이다.

그러면 이 말씀이 사실이 될 것이다. "나를 믿는 자는 그 배에서 생수의 강이 흘러나리라." 여기에 성령께서 우리 속에 거하시며 흘러나리라는 약속, 생명을 주며 열매를 맺고 저항할 수 없는 우리 속에 있는 하나님의 강이 끊임없이 흘러나리라는 것에 관한 약속이 있다.

나일강보다 더 신성하고, 아마존강보다 더 깊고 더 넓고 더 강력하게 흘러넘치는 이 강력한 강이 흐르는 것이 하나님께, 세상에, 교회에 얼마나 필요한 일인지! 그런데도 우리는 참으로 얕은 시내에 지나지 않고 우리의 시내는 얕게 흐를 뿐이다.

교회가 성령의 채우심과 흘러 넘침으로 도처에 성령의 능력의 기념비들을 세워서 사람들의 마음뿐 아니라 시선도 모을 수 있다면 좋을 텐데! 우리나 시대나 교회나 모두 하나님의 원수와 적과 복수자들을 잠잠케 하고 약한 성도들은 강하게 하며 강한 성도들은 승리의 환희를 줄 하나님의 강력한 능력의 기념비들을 필요로 한다.

이 중요한 약속에 대한 하나님의 약속들 가운데 몇 가지라도 조금 본다면 이 약속들을 실험하고 실행할 필요가 참으로 많다는 것을 알게 될 것이다. "사람이 하나님의 뜻을 행하려면 이 교훈이 하나님께로서 왔는지 내가 스스로 말함인지 알리라." 우리에게 인격적이고 살아있으며 말할 수 없는 기쁨과 영광이 충만한 종교가 얼마나 필요한지! 의식할 수 있는 종교가 필요한데, 성령께서 우리가 하나님의 자녀인 것을 증거하실 때 그 필요를 느끼게 된다. "내가 아는" 종교는 강력하고 살아 있는 적극적인 종교뿐이다. "한 가지 아는 것은 내가 소경으로 있다가 지금 보는 그것이니이다." 이 방종한 시대에 위에서 언급한 약속을 깊이 알고서 증거할 수 있는 사람들이 필요하다. 우리의 모든 교회들 가운데서 희미하고 잘 알 수 없으며 아주 의심스럽고 막연하며 불안정한 종교밖에 지니지 않고 있는 사람들이 얼마나 많은지 이루 헤아릴 수 없다.

오늘날, 현대 교회에는 첫째로, 신성하고 명백하며 행복한 종교적 경험을 제공하는 복음에서, 성령의 임재에서 나오는 고귀한 특권, 사죄의 분명한 확신을 주고 하나님의 가족에 입양되었음을 확신케 해 주는 복음에서 이 고귀한 특권을 보고 찾는 그리스도인들이 필요하다.

둘째로, 사죄의 신성한 은혜를 이같이 인식하고 난 다음에 오며, 또 거기에 덧붙는 필요로서 성령을 충만히 받아야 할 필요가 있다. 이 성령께서는 믿음으로 사람의 마음을 정결케 하시고 사랑으로 온전케 하며 세상을 이기게 하시고 안팎으로 일어나는 모든 죄를 이기는 신성한 내적 능력을 주시며, 담대히 복음을 증거할 수 있게 하시고 교회와 세상에서 참된 종교적 봉사를 할 수 있도록 자격을 구비시키는 일을 한다.

이 시대 교회에는 불가지론이 무섭게 득세하고 있다. 우리 교인들의 대다수가 영적 불가지론을 주장하는 이 학교에 있으면서 그것을 정말로 좋은 일이라고 생각하는 것이 큰 걱정이다. 하나님의 말씀은 흐릿한 종교와 막연한 종교적 경험에 대해서는 결코 격려하지 않는다. 하나님의 말씀은 우리에게 지식의 영역으로 들어오라고 명백히 부른다. 하나님의 말씀은 "내가 아노니"라는 말씀으로 종교의 꼭대기를 장식한다. 하나님의 말씀은 죄와 어둠과 내적 불안에서 우리를 데리고 놀라운 빛으로 들어간다. 이 빛에서 우리는 하나님과 인격적으로 맺고 있는 우리의 관계를 분명하고 충분하게 안다.

> 연약한 오감으로는 알 수 없고
> 이성의 희미한 광선으로는 볼 수 없는 것들이
> 강하고 당당한 확신으로
> 그것들이 하늘에서 왔음을 보이네.

이 주제에 대한 연구를 마치면서 여기서 두 가지 사실을 말할 수 있을 것이다. 첫째는, 지금까지 기술한 이 같은 성경적인 종교는 각 사람을 인격적으로 대하시는 성령의 직무를 통해서 직접 온다는 것이다. 둘째는, 모든 영적 생활과 종교적 경험을 주관하시는 성령은 열렬하고 단호하며 힘있는 기도로써 얻는다는 것이다.

제6권

기도의 본질적인 요소들

The Essentials of Prayer

1925년 간행

1
기도는 전인(全人)이 필요하다.

　기도는 전인(全人)과 관계한다. 기도는 인간의 전존재, 곧 지성과 영혼과 육체가 필요하다. 기도는 사람 전체가 필요하며, 사람 전체에게 영향을 미쳐서 은혜로운 결과를 낳는다. 인간의 모든 본성이 기도에 관여하기 때문에 사람에게 속하는 모든 것 역시 기도의 수혜자가 된다. 인간의 모든 것이 기도를 통해 유익을 얻는 것이다. 사람 전체가 기도로 자신을 하나님께 드려야 한다. 기도의 가장 풍성한 결과는 자신과 자신의 모든 것을, 그리고 자기에게 속한 모든 것을 하나님께 드리는 사람에게 찾아온다. 이것이 바로 온전한 헌신의 비밀이며 응답 받는 기도와 가장 풍성한 열매를 가져다 주는 기도의 조건이다.
　기도를 잘 드리고 지극히 큰 일을 성취하고 하나님의 마음을 감동시켜 위대한 일을 해낸 옛 성도들은 기도로 하나님께 온전히 나아간 사람들이었다. 하나님은 기도에 응답하실 때 그 사람 안에 있는 모든 것을 원하시고 또 필요로 하신다. 하나님은 사람에 관한 당신의 목적과 계획을 수행할 온전히 헌신된 사람이 필요하다. 하나님께서는 전인이 필요하다. 두 마음을 가진 사람은 필요가 없다. 우유부단한 사람은 쓰임 받을 수 없다. 하나님께도 조금 충성하고 세상과 자신에게도 충성을 바치는 사람은 합당한 기도를 드릴 수 없다.
　거룩함이란 곧 온전함이다. 그래서 하나님은 예배와 기도의 일을 이루기 위해 온전히 헌신되고 진실된 사람, 거룩한 사람을 원하신다. "평강의 하나님이 친히 너희로 온전히 거룩하게 하시고 또 너희 온 영과 혼과 몸이 우리 주 예수 그리스도 강림하실 때에 흠 없게 보전되기를 원하노라." 이런 사람이 하나님께서 이스라엘 백성의 지도자로 세우시기 원하시는 사람이며 이런 사람들에게서 기도하는 사람들이 생겨난다. 사람은 영과 혼과 몸으로 구성된 삼위적인 존재이다. 그러나 기도할 때 사람은 삼위적인 존재도 아니며 이중적인 존재도 아니라 하나가 된다. 기도할 때 사람은 신앙의 본질과 행위와 태도에 있어 하나가 된다. 생명과 경건함에 속하는 모든 것에서 영과 혼과 몸이 하나가 된다. 먼저 몸이 기도에 관여한다. 기도는 몸으로 그 태도가 나타나기 때문이다. 기도할 때 몸이 엎드리면 영혼도 엎드린다. 기도에서 몸의 태도는 매우 중요하다. 기도의 무릎을 꿇고 있을 때조차 마음이 거만하고 꼿꼿하며 냉담하고 이리저리 헤매고 있을 수 있을지라도 어떤 태도를 취하느냐는 중요한 의미를 갖는다.

다니엘은 하루에 세 번씩 기도의 무릎을 꿇었다. 솔로몬은 성전을 봉헌하며 기도의 무릎을 꿇었다. 우리 주님께서는 배반당하시기 바로 전에 겟세마네 동산에서 기도하실 때 땅에 엎드리셨다. 간절하고 신실한 기도가 있는 곳에서는 몸은 언제나 그 영혼의 상태에 가장 알맞은 형태를 취한다. 기도할 때 몸은 그처럼 영혼과 결합한다.

사람 전체로 기도해야 한다. 전인(全人), 곧 생명과 마음과 정신을 기도에 쏟아야 한다. 이것들 하나하나가 전부 기도에 관여한다. 의심과 두 마음을 품는 것과 마음의 분열, 이것은 모두 골방에 어울리지 않는다. 눈보다 희게 된 때묻지 않은 성품과 행위는 기도하는 시간에, 그리고 기도로 싸우는 동안에 강력한 힘이며 가장 아름다운 모습이다.

그런 기도 시간에 충성스런 지성이 의심 없고 흔들림 없는 신앙의 힘과 열정과 결합하여 상호작용을 해야 한다. 마음은 반드시 기도에 관여한다. 우선, 기도하려면 생각을 하게 된다. 지성이 우리에게 기도해야 한다고 가르친다. 신중하게 생각한 다음, 마음은 은혜의 보좌에 가까이 갈 준비를 한다. 골방 앞에 서서 생각하고 참된 기도를 위한 방법을 준비한다. 기도 시간에 무엇을 구할 것인지 생각한다. 참된 기도란 무엇을 구할 것인지를 그 시간에 찾아오는 영감에만 의존하지 않는다. 구체적인 어떤 것을 하나님께

1. 기도는 전인(全人)이 필요하다

구하는 것이 기도이므로 기도하기 전에 이런 생각을 한다. "이 시간에 무엇을 구할 것인가?" 헛되고 악하고 사소한 생각들은 모두 잊어버리고 마음을 오직 하나님께만 드리며 하나님을 생각하고 무엇이 필요한지 생각하며 과거에 받았던 것들을 생각한다. 어떤 면으로 보든지 전인이 관여하는 기도에서 결코 마음을 빼놓을 수 없다. 기도의 첫번째 단계는 바로 정신적인 것이다. "주여, 우리에게 기도를 가르쳐 주옵소서"라고 예수께 말할 때 제자들은 이 첫번째 단계를 밟은 것이다. 우리는 지성을 통해 무엇을 배우게 되므로 기도할 때 지성을 하나님께 온전히 드리면 기도의 교훈을 쉽게 잘 배울 수 있을 것이다.

바울은 기도의 본성을 사람 전체에게 확대한다. 마땅히 그래야 한다. 거룩한 동정심으로 온 인류를 품으려면, 즉 타락한 아담의 후손의 슬픔과 죄와 죽음을 품기 위해서는 온전한 사람이어야 한다. 인류를 구원하려는 하나님의 고상하고도 숭고한 뜻을 품고 행하기 위해서는 온전한 사람이어야 한다. 우리 주 예수 그리스도와 함께 하나님과 죄 많은 인간의 중보자 자리에 서려면 온전한 사람이어야 한다. 이것이 바로 바울이 디모데전서 2장의 기도의 교훈을 통해 우리에게 가르치는 바다.

기도하기 위해서는 존재의 모든 면에서 온전한 사람, 곧 전인이 필요하다는 사실을 바울의 이 가르침보다 더 명백하게 보여주는 곳은 없다. 마음을 혼란스럽게 하는 폭풍을 잠재우기까지, 마치 하나님이 거룩한 주문을 외운 듯이 풍랑을 가라앉히기까지 기도하려면 온전한 사람이 필요하다. 잔인한 폭군과 불의한 통치자가 다스리는 일에서 뿐만 아니라 그들의 본성과 삶이 변화되기까지, 혹은 그들의 압제가 끝나기까지 기도하려면 온전한 사람이 필요하다. 거만하고 교만하며 영적이지 못한 성직자가 변하여 온유하고 겸손하며 신앙적인 사람이 되기까지, 경건함과 위엄이 개인적인 삶뿐만 아니라 널리 교회와 국가와 가정과 직장을 다스리게 되기까지 기도하려면 전인이 필요하다.

기도는 인간의 일이다. 다시 말하면 기도는 참된 사람을 필요로 한다. 기도는 경건한 일이므로 기도하기 위해서는 경건한 사람이 되어야 한다. 그리고 온전히 기도에 전념하는 사람은 경건한 사람이다. 기도는 그 영향과 은혜로운 효력을 멀리까지 미친다. 그것은 하나님과 그의 계획, 그리고 그의 뜻에 관계하는 진지하고도 심오한 일이다. 따라서 기도하려면 온 마음을 드려야 한다. 마음과 지혜와 영을 절반만 드리는 태도는 이 중대하고 중요하고 거룩한 일에 적합하지 않다. 사람의 인격과 운명에 너무나 큰 영향을 주는 이 기도의 일에서는 온전한 마음과 온전한 지혜, 그리고 온전한 영이 있어야 한다. 무엇이 가장 크고 첫째 되는 계명인지를 묻는 서기관에게 예수께서는 이같이 대답하셨다.

주 곧 우리 하나님은 유일한 주시라. 네 마음을 다하고 목숨을 다하고 뜻을 다하고 힘을 다하여 주 너의 하나님을 사랑하라 하신 것이요.

한 마디로 말하면, 어디 한 구석 남겨 둔 것 없이 사람 전체가 하나님을 사랑해야 한다. 그러므로 하나님께서 사람들에게 요구하시는 수준의 기도를 드리려면 역시 전인이 필요하다. 인간의 모든 힘을 기도에 기울여야 한다. 하나님께서 인간에게 요구하시는 사랑을 드림에 있어 마음이 분열되는 것을 하나님은 용납하실 수 없으며, 기도할 때 마음이 나뉘는 사람을 참으실 수도 없다.

시편기자는 이 명백한 진리를 119편에서 다음과 같이 가르친다.

여호와의 증거를 지키고 전심으로 여호와를 구하는 자가 복이 있도다.

하나님의 계명을 지키는데는 마음이 온전한 사람이 필요하며 하나님을 찾는데도 그와 같은 사람이 필요하다. 이런 이들이 "복 있는" 사람들이다. 하나님께서 인정하시는 사람들은 이처럼 온전한 마음을 지닌 사람들이다.

시편 기자는 이 사실을 더욱 확신하며 자신이 행한 일에 대하여 이렇게 선포한다. "내가 전심으로 주를 찾았사오니 주의 계명에서 떠나지 말게 하소서."

한 걸음 더 나아가, 그는 지혜와 깨달음을 구하는 기도를 우리에게 말하면서 하나님의 법을 지키는 목적을 이렇게 말한다.

1. 기도는 전인(全人)이 필요하다

나로 깨닫게 하소서. 내가 주의 법을 준행하며 전심으로 지키리이다.

하나님의 계명을 즐거운 마음으로 온전히 순종하기 위해서는 하나님께 온전한 마음을 드려야 하는 것과 같이 능력 있는 기도를 드리기 위해서도 온전한 마음이 필요하다.

기도하는데는 온전한 사람이 필요하기 때문에 기도가 쉬운 일이 아니다. 기도는 그저 무릎꿇고 앉아 버릇처럼 몇 마디 외는 것이 아니다.

> 무릎꿇는 것으로 족하지 않고
> 몇 마디 기도의 말하는 것으로도 부족한 것은
> 마음과 입술이 하나가 되어야 함이니
> 다른 것은 기도가 아니기 때문이라.

기도는 결코 수월한 일도 시시한 일도 아니다. 아이들이 일찍 기도를 배워야 하지만 기도는 아이들의 일이 아니다. 기도는 인간의 본성에 좌우되는 일이 아니다. 기도는 인간의 도덕적이고 영적인 본성의 모든 힘을 필요로 한다. 이 사실을 생각할 때 히브리서 5:7에 기록된 우리 주님의 기도를 다소 이해할 수 있을 것이다.

> 그는 육체에 계실 때에 자기를 죽음에서 능히 구원하실 이에게 심한 통곡과 눈물로 간구와 소원을 올렸고 그의 경외하심을 인하여 들으심을 얻었느니라.

우리 주님의 이런 기도가 어떻게 존재의 모든 힘을 쏟아 부은 것인지 또 어떻게 본성의 각 부분을 사용한 것인지는 조금만 생각해보아도 쉽게 알 수 있을 것이다. 이것이 바로 영혼으로 하나님께 가까이 가는 기도이며 하나님을 이 땅으로 모셔 내리는 기도이다.

육체와 혼과 영은 기도로 말미암아 혜택을 누린다. 데이비드 브레이너드(David Brainerd)는 자신의 기도를 이렇게 기록한다.

하나님은 나를 기도하는 중에 번민하게 하셔서 그늘과 서늘한 곳에서 기도할 때도 땀을 흘리게 하셨다.

겟세마네동산에서 하나님의 아들은 기도로 번민하셨으며 기도에 온 힘을 기울이셨다.

그곳에 이르러 저희에게 이르시되 시험에 들지 않기를 기도하라 하시고 저희를 떠나 돌 던질 만큼 가서 무릎을 꿇고 기도하여 가라사대 아버지여 만일 아버지의 뜻이어든 이 잔을 내게서 옮기시옵소서. 그러나 내 원대로 마옵시고 아버지의 원대로 되기를 원하나이다 하시니 사자가 하늘로부터 예수께 나타나 힘을 돕더라. 예수께서 힘쓰고 애써 더욱 간절히 기도하시니 땀이 땅에 떨어지는 핏방울 같이 되더라(눅 22:40-44).

이것이 우리 주님께서 그의 모든 힘을 기울이시고 혼과 마음과 육체의 모든 힘을 쏟아서 드리신 기도였다. 이것은 전인이 필요한 기도였다.
바울도 이런 기도에 익숙했다. 로마에 있는 성도들에게 편지를 쓰면서 바울은 그들이 자기와 함께 기도해 줄 것을 부탁한다.

형제들아, 내가 우리 주 예수 그리스도로 말미암고 성령의 사랑으로 말미암아 너희를 권하노니 너희 기도에 나와 힘을 같이하여 나를 위하여 하나님께 빌어.

"나와 힘을 같이하여"라는 말은 바울의 기도가 어떠했는지를 말해준다. 그리고 그가 얼마나 기도에 몰두했는지를 보여준다. 이런 기도, 즉 "나와 힘을 같이하여"라고 하는 기도는 쉽고 사소한 부탁이 아니다. 그것은 큰 싸움이며 이기기 위한 분투이며 전투이다. 기도하는 그리스도인은 군사와 같이 생사를 가르는 전투를 한다. 그의 명예도 명성도, 그리고 영원한 생명도 모두 그 안에 있다. 이것은 마치 운동선수가 우승을 위해, 면류관을 위해 싸우고 달음박질하는 것과 같은 기도이다. 모든 것은 그가 싸움에 얼마나 힘을 쏟느냐에 달려있다. 그 싸움에는 힘과 열정과 순발력, 그리고 본성의 모든 힘이 달려 있다. 있는 힘을 최대한 발휘해야 한다. 소극적인 것, 무기력함, 나약함, 그리고 게으름은 거기에서 전혀 찾아볼 수 없다.

성공적으로 기도하기 위해 전인이 필요한 것과 마찬가지로, 그런 기도의 유익을 누리는 것도 바로 전인이다. 인간의 모든 복합적인 본성이 참된 기도를 형성하듯이 그 본성의 모든 부분은 기도의 응답으로 하나님께로부터 복을 받는다. 이런 기도는 우리에게 한결같은 마음을 가져다주고 우리가 주님의 것임을 전적으로 인정하게 하며 우리의 모든 소원들을 보장해 준다.

하나님은 전인으로서 기도할 때 반드시 전인이 복을 받도록 하신다. 특별히 몸을 위해 많이 기도하기 때문에 몸이 기도의 유익을 누린다. 기도의 응답으로 먹을 것과 입을 것과 건강과 활력이 주어진다. 기도를 통해 사고 작용이 맑아지고 생각이 올바르게 서며 지혜의 눈이 뜨이고 건전한 추리력이 생긴다. 하나님의 인도하심으로 마음이 움직이고 감동하여 우리는 지혜롭고 안전한 결정을 내리게 될 것이다. "온유한 자를 공의로 지도하심이여."

바로 이 점에서 크게 도움을 받은 설교자가 많다. 설교자는 성령의 감동하심이 찾아오면 마음이 뜨거워지고 생각이 열리고 말을 한다. 이 사실이 곧 과거에 교육을 제대로 받았던 사람들이 기도와 설교에서 그처럼 성령의 위대한 자유케 하심을 누릴 수 있었음을 설명해준다. 그들의 생각은 물 흐르듯이 흘렀고, 그들의 모든 지적 능력은 성령의 은혜로운 감화를 느꼈다.

물론, 영혼도 이와 같은 기도로 큰 유익을 누린다. 이 말을 증명할 수 있는 사람들은 수없이 많다. 그러므로 다시 말하지만, 전인이 참되고 능력 있는 뜨거운 기도에 몰두할 때 전인, 곧 몸과 혼과 영이 기도의 유익을 누린다.

2

기도와 겸손

겸손하다는 것은 자신을 낮게 평가하는 것이다. 드러나지 않으려고 스스로 삼가는 것이며 자기를 낮추는 것이다. 겸손은 사람들의 눈으로부터 자신을 감춘다. 명성을 구하지도 않고 높은 자리를 찾지도 않으며 드러나는 것을 좋아하지도 않는다. 겸손은 자기 안으로 물러나는 것이다. 자기를 낮추는 것은 겸손에 속한다. 겸손은 자기를 낮추기를 좋아하는 것이다. 결코 남들 앞에서 자신을 높이지 않을 뿐만 아니라 스스로도 높다고 생각하지 않는다. 겸허함은 가장 두드러지게 나타나는 겸손의 성품이다.

겸손에는 교만함이란 전혀 없으며 허영심과 같은 것과는 한참 거리가 멀다. 겸손은 자기 자랑을 모르며 오히려 남을 칭찬하는 성향을 가지고 있다. "서로 우애하고 존경하기를 서로 먼저하며." 겸손은 자기를 높이려 하지 않는다. 겸손은 가장 좋은 자리를 좋아하지도 않으며 높은 자리를 바라지도 않는다. 겸손은 가장 낮은 자리에 앉으려 하고 눈에 띄지 않는 그런 자리를 더 좋아한다. 겸손한 기도는 다음과 같이 드리는 기도이다.

> 천국과 지옥을 갈라놓은 깊은 바다를
> 세상이 건너와 침범치 못하게 하소서.
> 나를 겸손하게 하시고
> 세상이 나를 알지 못하게 하셔서
> 오직 하나님께만 상급과 사랑을 받게 하소서.

겸손은 자신을 바라보지 않고 하나님과 남을 바라본다. 겸손한 사람은 그 영혼이 가난하고 행위가 온유하며 마음이 겸허하다. "모든 겸손과 온유로 하고 오래 참음으로 사랑 가운데서 서로 용납하고."

바리새인과 세리의 비유는 겸손과 자기 자랑을 보여주는 짧은 말씀이다. 자기의 의로운 행위만을 보며 허영심으로 가득하고 자신에게 빠져버린 바리새인은 저만치 서 있는 불쌍한 세리를 깔보며 하나님 앞에서 자신의 선행을 늘어놓았다. 바리새인은 자신을 높이고 자기 자랑과 자기 중심에 빠져 의롭게 되지 못하고 하나님께 꾸중을 듣고 버림을 받아 돌아간다.

세리는 자기 안에 조금도 의로움이 없는 것을 알고 스스로를 책망하고 자기의 공로라고 생각되는 것을 모두 부인한다. 그리고 감히 하늘을 바라볼 생각조차 하지 못하고 비통한 표정으로 가슴을 치며 울부짖는다. "하나님이여 불쌍히 여기옵소서. 나는 죄인이로소이다."

너무나 정확하신 우리 주님은 이 두 사람, 즉 겸손이라고는 조금도 모르는 사람과 철저하게 겸허와 겸손의 마음을 가진 사람에 대한 이야기의 결론을 이렇게 내리신다.

> 내가 너희에게 이르노니 이 사람이 저보다 의롭다 하심을 받고 집에 내려갔느니라. 무릇 자기를 높이는 자는 낮아지고 자기를 낮추는 자는 높아지리라(눅 18:14).

하나님은 마음의 겸손을 매우 귀하게 여기신다. 겸손으로 옷 입는 것은 좋은 일이다. 성경은 이렇게 말한다. "하나님이 교만한 자를 대적하시되 겸손한 자들에게는 은혜를 주시느니라." 기도하는 영혼이 하나님께로 더욱 가까이 나아가도록 해 주는 것은 겸손한 마음이다. 기도에 날개를 달아주는 것은 겸허한 마음이다. 은혜의 보좌에 쉽게 나아가도록 하는 것은 자기를 낮추는 마음이다. 실제로 교만과 자존심과 자기 자랑의 마음은 기도의 문을 닫는다. 하나님께 나오는 자는 자아를 감추고 나아와야 한다. 허영심에 빠져서도 안 되며 자기 자랑이나 선행을 과대 평가하는 마음에 사로잡혀서도 안 된다.

겸손은 하늘의 법정에서 매우 값진 은혜로서 능력있는 기도를 할 수 있게 하고, 능력 있는 기도의 조건이 되는 그리스도인의 귀한 은혜이다. 다른 어떤 자격으로도 실패할 때, 겸손은 하나님께 나아가게 해 주는 조건이 된다. 겸손을 설명하고 겸손을 정의하는 것은 간단한 일이 아니다. 겸손은 귀하고 드러나지 않는 은혜이다. 겸손의 참 모습은 예수 그리스도에게서만 볼 수 있다. 우리의 기도가 더욱 하늘 높이 올라갈 수 있으려면 먼저 겸손하게 드리는 기도가 되어야 한다. 하늘에서 많은 영광을 얻을 수 있으려면 먼저 자신을 티끌과 같이 낮추는 기도가 되어야 한다. 우리 주님의 가르침에서 볼 때 겸손은 주님의 신앙에서 너무나 뚜렷하게 나타나고 주님의 성품에서 너무나 두드러지기 때문에 기도에 관한 주님의 가르침에서 겸손을 제외한다면 그것은 매우 어색한 일이며 주님의 성품에 어울리지 않고 주님의 신앙과 조화를 이루지도 않는 일일 것이다.

이런 맥락에서 볼 때 바리새인과 세리의 비유는 너무나 뚜렷한 말씀이기 때문에 다시 언급하지 않을 수 없다. 바리새인은 기도에 익숙한 것처럼 보였다. 분명 그때쯤 그는 기도하는 법을 알았어야 했다. 그러나 이 얼마나 슬픈 일인가! 다른 많은 사람들과 마찬가지로 그는 이 귀한 교훈을 배우지 못한 것 같다. 바리새인은 일터를 떠나 확고하고 한결같은 걸음으로 기도의 집으로 간다. 그는 기도하는 장소를 잘 선택하였다. 이처럼 겉으로만 기도하는 사람들이 마음에 떠올리는 거룩한 장소와 거룩한 시간, 그리고 거룩한 이름이 있다. 그러나 훈련과 습관을 통해 기도의 가르침을 받은 이런 신도는 기도하지 않는다. 말은 그의 입에서 나오지만 말이 기도는 아니다. 하나님은 그의 말을 들으시고 그를 책망하실 뿐이다. 형식적으로 기도하는 그의 입술에서는 죽음의 냉기가 나왔다. 곧 하나님의 죽음의 저주가 그의 기도하는 말에 임한 것이다. 교만이라는 독이 녹아서 그 시간에 드린 기도의 제물에 완전히 스며들었다. 그의 완전한 기도는 자기 자랑과 자기 만족과 자기 칭찬으로 가득 찼다. 그가 성전에 가서 무엇을 했든 그것은 예배가 아니었다.

그와 반대로, 깊은 죄책감에 사로잡혀 자신의 영혼이 얼마나 가난한지를 깨닫고 자기에게 의로움과 선함, 그리고 자신을 하나님께 드리기에는 자질이 너무도 부족한 것을 깨달은 세리는 자존심이 완전히 꺾이고 굴욕감과 절망에 사로잡혀 하나님 앞에 꿇어 엎드려 자신의 죄를 불쌍히 여겨 달라고 비통하게 울부짖는다. 죄의식과 전적으로 자신이 무가치함을 깨달음으로 영혼 깊숙이 겸손의 뿌리를 내렸고, 자아와 눈과 마음이 지극히 낮아졌다. 이것이 기도에 있어 교만과 대조되는 겸손의 모습이다. 여기서 우리는 기도에 있어 자기 의로움, 스스로 높임, 그리고 자기자랑이 전적으로 무가치하다는 사실과 한 영혼이 기도로 하나님 앞에 나아올 때 마음의 겸손함과 자기 비하와 자책이 위대한 가치와 아름다움을 지니고 있고 하나님께 칭찬과 상급을 받는다는 사실이 뚜렷이 대조되는 것을 본다.

스스로 내세울 의가 없고 스스로 자랑할 선이 없는 사람은 행복한 사람이다. 우리의 죄성과 무가치를 진실하게 깊이 느낄 때 겸손이 풍성하게 자라난다. 전적으로 죄의식을 느끼고 죄를 자백하며 모든 은혜를 신뢰할 때 만큼이나 겸손의 성품이 풍성하고 빠르게 자라며 눈부시게 빛나는 때도 없다. "내가 죄인 중에 괴수이나 예수께서 나를 위해 죽으셨도다." 이것이 기도의 토대, 곧 낮고 멀어 보이지만 실제로는 주 예수 그리스도의 보혈로 가까워진 겸손의 토대이다. 하나님은 낮은 곳에 거하신다. 하나님은 기도하는 영혼에게 있어 낮은 곳을 진정 높게 만드신다.

> 세상 사람들아!
> 너희는 스스로 그 덕과
> 의로운 행위를 자랑할지어다.
> 길잃고 헤매던 가련한 이 몸은
> 값없이 은혜로 구원받았도다.
> 세상 자랑 다 버리고
> 주께 드리는 내 모든 기도는 이것이니
> 내가 죄인 중에 괴수이나
> 예수께서 나를 위해 죽으셨도다.

겸손은 진실한 기도의 필수적인 조건이다. 겸손은 기도의 속성이 되어야 하고 특성이 되어야 한다. 태양이 빛을 발하듯이 기도하는 사람은 겸손한 품성을 나타내야 한다. 겸손이 없이는 기도는 시작도 없고 끝도 없으며 존재하지도 않는다. 배는 바다에 어울리듯이 기도는 겸손과 어울리고 또, 겸손은 기도와 어울린다.

겸손은 자아에서 이끌어 낸 추상적인 개념이 아니지만 자아에 대한 생각을 무시하지도 않는다. 겸손은 다양한 면을 지닌 한 가지 원칙이다. 겸손은 먼저 하나님과 하나님의 거룩하심을 바라보고, 그 다음에 자아와 사람의 악함을 바라봄으로써 생긴다. 겸손은 세상에 무명으로 남는 것과 침묵을 좋아한다. 갈채를 두려워하며 다른 사람들의 장점을 존중하고 그들의 과실을 너그러이 용서하며 상처를 기꺼이 감싸주며 멸시받는 것을 두려워하지 않고 천함과 과오를 자랑한다. 겸손에는 참된 고결함과 위대함이 있다. 겸손은 십자가의 측량할 수 없는 풍성함과 예수 그리스도의 낮아지심을 알고 존중한다. 겸손은 사람들이 칭찬하는 선행으로 얻는 영광을 두려워하고 좀더 은밀하고 하나님께서 상주시는 영광을 사랑한다. 겸손은 자신이 지닌 부족함으로, 그리고 그 부족함으로 생기는 굴욕을 통해서도 위로를 삼는다. 겸손은 오히려 세상의 모든 빛 앞에서 느끼는 어떤 양심의 가책도 좋아한다.

이제 다룰 부분은 세리의 기도에 온전하게 나타났지만 바리새인의 기도에는 전혀 찾아볼 수 없는 겸손의 분명한 은혜이다. 겸손의 은혜를 잘 묘사하려면 시간이 많이 필요하다.

겸손에는 바로 기도의 생명을 유지하는 효력이 있다. 교만한 마음은 기도할 수 없고 허영의 마음도 기도할 수 없다. 그러나 기도에 허영과 교만한 마음이 없다고 해서 그것이 겸손인 것은 절대 아니다. 겸손은 기도에 힘을 실어주는 긍정적인 자질이며 실질적인 힘이다. 기도에는 겸손 없이 하늘로 올라갈 수 있는 힘이 없다. 겸손은 우리 자신과 우리의 공적을 낮게 평가하는 마음에서 싹튼다. 바리새인은 기도의 훈련을 잘 받았고 기도에 익숙했지만 기도한 것이 아니었다. 그것은 그의 기도에 겸손이 없었기 때문이다. 세리는 사람들에게 저주받았고 교회로부터 인정받지 못했지만 기도하였다. 그는 겸손하게 기도했기 때문이다. 겸손으로 옷입는 것은 기도의 옷을 입는 것이다. 겸손은 바로 자신을 작게 생각하는 것이다. 그것은 우리가 **진정** 작은 자들이기 때문이다. 겸손은 우리의 무가치함을 깨닫는 것이다. 그것은 우리가 **진정** 아무것도 아니기 때문이다. 겸손은 자신을 죄인으로 생각하고 인정하는 것이다. 그것은 우리가 **진정** 죄인이기 때문이다. 철저히 무릎꿇는 것이 우리의 기도의 태도가 되어야 한다. 무릎을 꿇는다는 것은 겸손함을 보이는 것이기 때문이다.

자기 자랑과 이웃에 대한 지나친 경멸감이 바리새인에게 기도의 문을 닫은 반면, 겸손은 멸시와 욕을 받은 세리에게 기도의 문을 열어 주었다.

높은 위치에서 주의 일을 행하는 사람들의 행위에 대해 우리 주님께서 산상수훈 뒷부분에서 하신 무서운 말씀은 자기 자랑에 빠지고 기도를 그릇 판단하는 것을 경계하신 말씀이다.

그 날에 많은 사람이 나더러 이르되 주여 주여 우리가 주의 이름으로 선지자 노릇하며 주의 이름으로 귀신을 쫓아내며 주의 이름으로 많은 권능을 행치 아니하였나이까 하리니, 그 때에 내가 저희에게 밝히 말하되 내가 너희를 도무지 알지 못하니 불법을 행하는 자들아 내게서 떠나가라 하리라.

겸손은 그리스도를 닮는 신앙에 필요한 처음이자 마지막이 되는 자질이며 그리스도를 닮는 기도에 있어야 할 처음이자 마지막 자질이다. 겸손이 없이는 그리스도는 없다. 겸손이 없이는 기도도 없다. 기도를 잘 배우고자 한다면 겸손의 교훈을 잘 배워야 한다.

겸손은 우리에게 얼마나 품위 있고 없어서는 안될 태도인가! 겸손은 기도에서 힘겹지만 변함없이 요구되는 고된 태도 중의 하나이다. 재와 티끌을 머리에 뿌리고 굵은 베옷을 입고 금식하는 것은 구약시대 성도들이 겸손을 보이는 상징적인 행위였다. 굵은 베옷과 금식과 재는 다니엘로 하여금 하나님 앞에서 겸손하도록 만들었고 천사 가브리엘을 다니엘에게로 이끌었다. 천사들은 굵은 베옷을 입고 재를 무릅쓰는 사람들을 좋아한다.

하나님의 벗 아브라함이 소돔을 향한 하나님의 진노를 거두시게 하기 위해 기도하는 태도는 얼마나 겸손한가! "티끌과 같은 나라도." 하나님 앞에 나아오는 솔로몬은 얼마나 겸손한가! 하나님 앞에 자격 있다는 듯이 나아갈 때 솔로몬의 위엄은 땅에 떨어졌고 그의 광채와 권위는 사라졌다. "종은 작은아이라. 출입할 줄을 알지 못하고."

　행위에 대한 자랑은 기도에 시종일관 악 영향을 끼친다. 자신에 대한 그 같은 자랑은 아무리 유창한 말로 기도한다 하더라도 기도를 오염시킨다. 예수님 당시 사람들 대부분이 하나님께 받으시는 기도를 못 드린 것은 바로 이같은 겸손의 부재와 자기 칭찬, 그리고 자기 높임 때문이었다. 그리고 바로 이런 것들이 오늘날도 우리가 하나님께 받아들여지는 것을 막을 것이다.

　　　이제 나는 작아지리이다!
　　　나의 모습은 모두 없어지리이다!
　　　나는 아무것도 아니게 하시고
　　　내 주님께서 모든 것이 되시옵소서!

3

기도와 경건

경건은 종교적으로 중요한 의미를 지닌다. 경건의 핵심은 거룩한 목적에 헌신하는 것이다. 그러므로 진정한 의미의 경건은 예배와 관계가 있다. 경건은 참된 기도와 직접적으로 연결되어 있다. 경건은 하나님께 온전히 헌신한 사람에게서 볼 수 있는 특별한 마음의 상태이다. 경건은 존경과 경외와 하나님을 두려워하는 마음이다. 경건은 하나님 앞에서 기도와 예배를 통해 나타나는 마음의 상태이다. 경건은 경박함과 같은 것들과는 전혀 다르며 경솔과 소란과 허세와는 상반된다. 경건은 평온한 세계에 속하며 하나님 앞에서 잠잠한 것이다. 경건은 진지하며 사색하며 묵상하는 것이다.

경건은 내적인 삶과 기도생활에 속하지만 교회 예배에서도 나타난다. 경건은 바로 참된 예배 정신의 일부분이며 기도 정신의 특성을 이루는 부분이다.

경건은 생각과 감정을 하나님께 바친 경건한 사람에게 속한다. 그런 사람은 신앙에 온전히 몰두하며 하나님을 향한 강한 열정과 하나님 전을 향한 뜨거운 사랑을 소유하고 있다. 고넬료는 "경건하여 온 집으로 더불어 하나님을 경외하며 백성을 많이 구제하고 하나님께 항상 기도하는" 사람이었다. "경건한 사람들이 스데반을 장사하였다." "율법에 의하면 경건한 사람으로 아나니아라 하는 이가" 보내심을 받아 눈먼 바울에게 주님께서 행하실 것을 일러주었다. 경건한 사람들은 하나님의 계획을 전달하도록 선택받은 사자들이기 때문에 하나님은 그들을 놀랍게 사용하실 수 있다.

경건은 가장 합당한 기도에 유익하고, 기도는 경건한 마음을 불러일으킨다. 경건은 기도에 힘을 불어넣고 기도로 구하기에 이르도록 돕는다. 기도는 참된 경건의 분위기에서 자란다. 경건한 마음일 때 기도하기는 쉽다. 마음의 태도와 마음의 상태가 경건할 때 기도는 은혜의 보좌에 이르는데 능력을 발휘한다. 하나님은 경건의 정신이 있는 곳에 거하신다. 성령의 모든 은혜는 경건으로 조성된 환경에서 더욱 풍성해지고 커진다. 참으로 이런 은혜는 경건하지 않은 곳에서는 자라지 못한다. 경건한 정신이 없다는 것은 새롭게 된 마음에서 생겨나는 은혜가 죽은 상태를 의미한다. 참된 예배는 경건의 정신으로 형성된 분위기에서 조화를 이룬다. 기도는 경건에 유익을 주고 그와 동시에 경건은 기도에 반응하여 우리가 기도하도록 돕는다.

경건은 우리 마음을 기도로 이끌어들인다. 마음에 경건이 없을 때 입술로 기도하려고 노력하는 것은 쉬운 일이 아니다. 하나님께서 옛날 자기 백성 이스라엘에게 물으셨던 죄는 이스라엘이 입술로는 하나님을 경배하지만 마음으로는 하나님을 떠났다는 것이었다.

기도의 참된 본질은 경건의 정신이다. 경건이 없다면 기도는 텅 빈 모양에 지나지 않으며 헛된 말의 반복에 불과하다. 슬프게도 오늘날 교회에 이런 기도가 널리 퍼지고 있다. 지금은 분주하고 부산하고 활동적인 세대이다. 그리고 이 부산한 마음이 하나님의 교회를 침범하였다. 분주함으로 인한 신앙의 성취는 크다. 교회는 질서 있고 정확하게, 그리고 조직의 힘으로 신앙의 일을 행한다. 그러나 교회는 조직의 냉혹함으로 행할 때가 너무 많다. 끊임없이 반복되고 틀에 박힌 우리의 신앙 행위에는 단조로운 운동에 불과한 것이다. 우리는 기도하지만 정작 기도를 드리지 않는다. 우리는 노래하지만 깨닫고서 성령으로 더불어 노래하지는 못한다. 음악을 하지만 음악 안에 계시는, 혹은 음악 가까이 계시는 하나님을 찬양하지는 않는다. 습관적으로 교회에 가고 축도가 끝나면 더없이 기뻐하며 집으로 돌아온다. 우리는 익숙한 성경 말씀을 읽고, 말씀을 읽고 나면 큰 안도감을 느낀다. 마치 학생들이 배운 것을 외듯이 기계적으로 기도 드리지만 아멘이라고 말할 때 거리낌이라곤 전혀 갖지 않는다.

종교는 우리 마음을 제외한 모든 것에 영향을 끼친다. 종교는 우리의 손과 발을 움직이고 우리의 언어를 다스린다. 우리가 가진 돈에 손을 뻗치며 심지어 몸가짐에도 영향을 준다. 그러나 우리의 애정과 욕구와 열심을 다스리지 못하고 우리를 진지하고 뜨겁게, 그리고 하나님 앞에서 잠잠하고 경건하도록 만들지는 못한다. 사회적인 친근감 때문에 하나님의 전으로 이끌려 가기는 하지만 하나님을 향하는 마음이 생기지는 않는다. 교인이기 때문에 우리의 외적 행동은 그럭저럭 점잖고 세례식 때 드린 서약에 어느 정도 충실하지만 사실 마음은 그렇지 않다. 종교적으로 훌륭하게 행하고 있다는 자기만족에 취해있는 동안은 이 모든 외적인 행위에도 불구하고 우리의 마음은 차갑고 형식적이고 감동 없이 남아있을 뿐이다.

왜 우리의 경건에 이 모든 슬픈 결점이 있는가? 예수 그리스도를 믿는 신앙의 참 본질이 오늘날 왜 이렇게 왜곡되었는가? 왜 현대인의 신앙은 값진 보석이 들어있지 않는 텅 빈 보석 상자와 이다지도 흡사한가? 별로 깨끗하지도 청결하지도 않은 손으로 다루는 신앙은 그렇게 많은 반면, 마음으로 느끼고 삶으로 증거하는 신앙은 왜 그렇게 적은가?

현대의 신앙에서 크게 부족한 것은 경건의 영이다. 사람들은 강의나 연설을 듣는 기분으로 설교를 듣는다. 하나님의 전에 가기를 사람들이 흔히 모이는 극장이나 강의실, 혹은 토론회와 같은 장소에 가듯 한다. 목회자를 거룩하게 부르심을 받은 하나님의 사람으로 생각하지 않고 그저 정치가나 법률가, 혹은 평범한 연설가 정도로 생각한다. 참되고 진정한 경건의 영이 있다면 이 모든 것이 얼마나 철저히 아름답게 변화되겠는가! 우리는 거룩한 것을 다루기를 마치 세상의 속된 것을 다루듯이 한다. 이제는 거룩한 주의 만찬에 준비하는 마음 없이 참여하고, 또 참여하고 난 다음에도 묵상과 기도가 없는 종교 의식이 되고 있다. 거룩한 세례의식도 엄숙함을 많이 상실하였고 그 속에 특별한 것이라고는 전혀 없는 형식으로 전락하였다.

우리의 속됨을 제거할 뿐 아니라 진정한 기도를 드리기 위해서는 경건의 영이 있어야 한다. 주일에 드리는 예배뿐 아니라 월요일의 일터에도 경건의 정신을 불어넣어야 한다. 언제나 하나님의 임재하심을 기억하고 늘 하나님의 뜻을 행하며 항상 모든 것을 하나님의 영광을 위해 하려면 경건의 영이 필요하다.
 경건의 영은 모든 것에서 하나님을 생각한다. 경건의 영은 우리가 기도하고 교회에 갈 때 하나님을 생각할 뿐 아니라 삶의 모든 부분에서 하나님을 생각한다. "그런즉 너희가 먹든지 마시든지 무엇을 하든지 다 하나님의 영광을 위하여 하라." 경건의 영은 세상의 평범한 것들을 거룩하게 만들고 작은 것을 크게 만든다. 우리는 주일에 교회에 갈 마음을 일으켜준 이런 경건의 영으로 월요일에 일터로 나간다. 경건의 영은 주일을 안식일로 만들고 가게와 사무실을 하나님의 전으로 바꾸어 놓는다.
 경건의 영은 종교를 얄팍한 겉치레에서 끌어내어 우리 영혼의 생명과 본질로 옮겨 놓는다. 경건의 정신이 있을 때 신앙은 단지 행하기만 하는 것을 그치고 심장이 되어 그 풍성한 피를 모든 동맥으로 보내어 활기차고 찬란한 생명의 맥박이 고동치게 한다.
 경건의 영은 단지 향기만이 아니라 신앙이 자라도록 해주는 줄기와 가지이다. 경건의 영은 모든 종교적인 행위에 스며들어 맛을 내는 소금이다. 경건의 정신은 직분과 자기 부인과 희생을 달콤하게 만드는 설탕이다. 경건의 영은 신앙 행위의 무덤덤함을 바꾸어 주는 밝은 색소이다. 경건의 영은 경박함을 없애고 예배의 피상적인 형식을 모두 벗겨내고 진지하고 깊은 예배로 만들어 몸과 마음과 영혼을 하늘의 충만한 것으로 채운다. 매우 진지하게 자문해 보자. 가장 고상한 이 하늘의 천사, 이 거룩한 경건의 정신, 곧 가장 빛나고 아름다운 이 땅의 천사가 우리를 떠났는가? 경건의 천사가 떠났을 때 기도의 천사는 날개를 잃어 흉하고 보기 싫게 되었다.
 경건의 열정은 기도에 있다. 요한계시록 4:8은 이렇게 기록한다. "그들이 밤낮 쉬지 않고 이르기를 거룩하다, 거룩하다, 거룩하다, 주 하나님 곧 전능하신 이여, 전에도 계셨고 이제도 계시고 장차 오실 자라." 기쁨으로 가득한 그들에게 경건의 원동력과 중심이 되는 것은 하나님의 거룩하심이다. 그 하나님의 거룩하심이 그들의 마음을 사로잡고 경건을 불러일으킨다. 그들에게는, 그리고 그들이 드리는 하늘의 예배에는 미지근함도 지루함도 지치는 것도 없다. "그들이 밤낮 쉬지 않고 이르기를." 얼마나 놀라운 열정인가! 얼마나 강한 열정이며 끝없는 기쁨인가! 만약 기도의 사역이라

3. 기도와 경건

는 말이 적당한 말이라면 그것은 열정의 사역이며 지치지 않고 하나님과 그의 거룩하심을 간절히 갈망하는 사역이다.

경건의 영은 천국의 성도들에게 충만하고 천국에서 천사들이 드리는 예배의 특성을 이룬다. 천국에는 경건하지 못한 피조물이 없다. 하나님께서 거기 계시며, 하나님의 임재하심으로 존경과 경외와 두려움의 정신이 생긴다. 우리가 죽은 후에 거기에 참여하고자 한다면 천국에 이르기 전에 이 땅에서 경건의 정신을 먼저 배워야 한다.

이 말씀에 나오는 생물들의 지칠 줄 모르고 쉬임 없이 하나님을 추구하는 태도와 하나님의 거룩하심을 기뻐하는 경건함은 참된 기도와 그 열정을 보여주는 완벽한 상징이며 계시이다. 기도는 타올라야 한다. 기도의 열정은 불이 붙어야 한다. 열정이 없는 기도는 빛과 열을 내지 못하는 해와 같고 아름다움과 향기를 잃은 꽃과 같다. 하나님께 헌신한 영혼은 뜨거운 영혼이며 기도는 그 불꽃의 산물이다. 거룩함을 갈망하는 사람, 하나님과 천국을 사모하는 사람만이 진정한 기도를 드릴 수 있다.

활동하는 것은 능력이 아니다. 일하는 것은 열정이 아니다. 행하는 것은 경건이 아니다. 활동하는 것이 인식하지 못하는 영적 나약함의 증상일 때가 있다. 이것이 예배에서 참 경건의 자리를 차지할 때 신앙심에 상처를 줄 수 있다. 망아지는 어미 말보다 훨씬 더 활동적이다. 그러나 어미 말은 묵묵히, 허세를 부리지 않고 자랑도 하지 않고 열심히 마차를 끈다. 아이는 그 아버지보다 훨씬 더 활동적이다. 그러나 아버지는 가슴과 어깨에 가정에 대한 규율과 짐을 지고 있다. 열정은 믿음이 명하는 것처럼 산을 옮기지도 못하고 전지전능한 능력을 내지도 못할지라도 믿음보다 활동적이다.

활기차고 화려하지만 능력은 별로 없는 종교 활동이 여러 가지 원인으로 인해 생길 수 있다. 오늘날의 교회 생활은 많이 뛰고 많이 활동하고 여기저기로 많이 돌아다니는 생활이다. 그러나 슬픈 일이지만 이상하게도 참되고 진심에서 우러나는 경건의 정신은 부족하다. 참된 영적 삶이 있다면 심오한 색채를 지닌 활동이 거기서 일어날 것이다. 그러나 그것은 나약함이 아닌 능력으로부터 솟아나는 활동이다. 그것은 깊은 뿌리를 많이 내린 힘있는 활동이다.

종교는 성장하는 모습을 보여주어야 마땅하다. 성장할 때 거기서 많은 것을 볼 수 있을 것이고 명백히 드러날 것이다. 선한 일을 통해 풍성히 나타나는 거룩한 삶의 꽃과 열매가 보여야 한다. 그럴 수밖에 없다. 그러나 겉으로 보이는 성장은 보이지 않는 활기 있는 삶과 숨겨진 뿌리의 성장에 기초를 두어야 한다. 종교의 뿌리는 새롭게 된 겉모습 속으로 깊게 뿌리내려야 한다. 외적인 행위는 깊은 내적 바탕에 기초해야 한다. 거기에서 보이지 않는 내적 성장이 많아야 한다. 그렇지 않으면 삶은 무기력하고 덧없을 것이며 외적 성장은 힘없고 열매 없는 것이 될 것이다.

이사야서에는 다음 말씀이 기록되어 있다.

> 오직 여호와를 앙망하는 자는 새 힘을 얻으리니 독수리의 날개 치며 올라감 같을 것이요 달음박질하여도 곤비치 아니하겠고 걸어가도 피곤치 아니하리로다(40:31).

이 말씀이야말로 지극히 강력하고 다함이 없는, 그리고 지칠 줄 모르는 활동력의 모든 근원이 되는 말씀이다. 이 모든 것은 하나님을 앙망하는 결과로 얻는다.

활동 가운데는 훈련과 열정으로, 또 육체의 나약함의 결과로, 의지력으로, 오래가지 못하는 세력으로 생길 수 있는 것이 많다. 활동에 치우치다 보면 실속 있고 유용한 것을 희생해야 할 때가 종종 있지만 대체로 기도에 대해서는 완전히 소홀히 하게 된다. 하나님의 일에 너무 분주하여 하나님과 교제를 못하는 것과 하나님의 일을 위해 하나님께 기도 드리는 시간을 갖지 못하면서 교회 일에 분주한 것은 타락으로 가는 지름길이다. 그러는 가운데 영구히 존재할 자신의 영혼에 상처를 입히는 사람들이 많았다.

위대한 활동과 일에 대한 위대한 열정이 있고 또 많은 갈채를 받더라도 기도의 기품이 자라나고 성숙하지 않는다면 일과 활동은 맹목에 지나지 않을 것이다.

4

기도와 찬양과 감사

　기도와 찬양과 감사는 모두 함께 한다. 이들 사이에는 밀접한 관계가 있다. 찬양과 감사는 아주 흡사해서 이 둘을 구별하거나 따로 떼어서 정의하기가 어렵다. 성경은 이 세 가지를 서로 연결하고 있다. 감사와 찬양을 드려야 하는 이유는 많다. 시편 말씀은 찬양의 노래와 감사의 찬미로 가득 차 있는데 모든 것을 기도의 결과로 귀결시키고 있다. 감사는 고마운 마음을 담고 있다. 실제로 감사는 하나님께 받은 은혜를 내적으로 지각하는 고마운 마음의 표현일 뿐이다. 고마움은 저절로 솟아나는 내적인 감정인데 반해 감사는 그 고마움에 대한 자발적인 표현이다.
　감사는 말로 나타내는 긍정적이고 적극적인 표현이다. 감사는 가진 것 중에서 얼마를 하나님께 드리는 것이다. 감사는 진심을 표현하는 것이다. 고마움은 은밀하고 조용하고 소극적이고 수동적이어서 찬양과 감사로 표현될 때까지 그 존재가 드러나지 않는다. 고마움은 마음으로 느끼는 것이다. 그러나 감사는 그 내적인 느낌을 표현하는 것이다.
　감사란 그 말 자체가 의미하듯이 감사의 마음을 하나님께 드리는 것이다. 감사는 우리가 받은 복에 대한 느낌을 말로 하나님께 전하는 것이다. 고마움은 하나님의 선하심을 묵상하는데서 생겨난다. 그리고 하나님께서 우리에게 행하신 것을 진지하게 묵상함으로 자라난다. 고마움과 감사는 모두 하나님과 그의 자비하심으로 향하고, 또 그것과 관계한다. 마음은 의식적으로 하나님께 감사하고, 영혼은 마음으로 느끼는 그 고마움을 하나님께 말이나 행위로 표현한다.
 고마움은 하나님의 은혜와 자비를 묵상함으로 생겨난다. "여호와께서 우리를 위하여 대사를 행하셨으니 우리는 기쁘도다." 여기서 우리는 진지한 묵상의 진가를 본다. "나의 묵상을 가상히 여기시기를 바라나니." 찬양은 하나님께 받은 용서에 대한 고마움과 의식적인 의무감으로 생겨난다. 지난날 받은 용서를 생각할 때 우리의 마음 속에는 고마운 마음이 생겨난다.

>지난날 받은 용서와
>장차 행하실 선한 일 묵상하기를 즐겨하나니
>이로써 나의 모든 근심과 슬픔을
>내 사랑하는 주님께 맡기나이다.

 사랑은 고마움의 소산이다. 고마움을 느낄 때 사랑은 자라나며 그 다음에 하나님께 대한 찬양과 감사가 일어나기 시작한다. "여호와께서 내 음성과 내 간구를 들으시므로 내가 저를 사랑하는도다." 응답 받은 기도는 고마움을 일으키며 고마움은 기도하기를 그치지 않겠다고 고백하는 사랑을 낳는다. "그 귀를 내게 기울이셨으므로 내가 평생에 기도하리로다." 고마움과 사랑은 더 크고 많은 기도를 드릴 마음을 생기게 한다.
 바울은 로마의 교인들에게 자신들을 산 제사로서 온전히 하나님께 헌신하라고 호소하는데 그의 강권의 동기는 하나님의 자비하심이다.

>그러므로 형제들아, 내가 하나님의 모든 자비하심으로 너희를 권하노니 너희 몸을 하나님이 기뻐하시는 거룩한 산 제사로 드리라. 이는 너희의 드릴 영적 예배니라.

 하나님의 자비하심을 깊이 생각하면 고마움이 생길 뿐 아니라 우리가 가진 모든 것과 우리의 모습으로 하나님께 크게 헌신할 마음이 일어난다. 그러므로 기도와 드림과 헌신은 뗄 수 없도록 하나로 연결되어 있다.
 고마움과 감사는 오늘 일어나지만 언제나 지난날을 되돌아본다. 그러나 기도는 늘 앞을 내다본다. 감사는 이미 받은 것들을 다룬다. 기도는 소망하는 것, 간구하는 것, 그리고 기대하는 것을 다룬다. 간구한 것을 하나님께서 허락하실 때 기도는 고마움과 찬양으로 변한다.

고마움과 감사는 하나님께서 우리를 대하시는 것을 불평하는 모든 마음과 우리가 받은 것에 불만을 품는 모든 마음에 영원히 대항한다. 고마움과 불평은 결코 한 마음에 동시에 머물 수 없다. 감사하지 못하는 마음은 고마워하거나 찬양하는 마음과 절대로 공존할 수 없다. 그리고 참된 기도는 불평불만을 바로잡고 고마움과 감사의 마음을 만들어 낸다. 가진 것에 대한 불만족과 하나님의 섭리 안에서 우리에게 주어지는 것들에 대해 만족하지 못하는 성향은 고마움의 적이며 감사의 원수이다.

투덜거리는 사람들은 은혜를 모르는 사람이다. 감사하는 사람들은 감사를 멈추고서 불평을 늘어놓을 시간도 생각도 없다. 가나안을 향하는 이스라엘 민족들이 광야를 여행하는 동안 파멸한 것은 하나님과 모세에 대하여 불평하고 투덜대는 그들의 기질 때문이었다. 이 때문에 하나님은 몇 차례나 크게 노하셨고 그런 불평으로 인한 하나님의 진노를 막는데는 모세의 강력한 기도가 있어야 했다. 늘 그렇듯이 고마움을 잃은 마음에는 찬양과 감사를 드릴 마음의 여유도 생각도 없었다. 그러나 이런 이스라엘 백성들은 적군이 홍해에서 파멸을 당했으나 그들은 발에 물도 적시지 않고 홍해를 건너자 모세의 누이 미리암을 선두로 찬양의 노래를 불렀다. 이 이스라엘 백성들의 주된 죄는 하나님과 그의 자비하심을 망각하고 은혜를 모른 것이었다. 항상 그렇듯이 이로 인해 불평불만이 생겨났고 찬양이 없어졌다.

바울은 골로새 성도들에게 서신을 보내어 그리스도의 말씀이 그들의 마음에 풍성히 거하고 하나님의 평강이 그들의 마음을 주장하도록 권면하며 이렇게 말했다. "또한 너희는 감사하는 자가 되라." 그리고 덧붙이기를, "시와 찬미와 신령한 노래를 부르며 마음에 감사함으로 하나님을 찬양하라"고 했다.

더 나아가 바울은 골로새 교회의 성도들에게 쓰는 편지에서 기도와 감사를 하나로 연결하고 있다. "기도를 항상 힘쓰고 기도에 감사함으로 깨어 있으라."
 또한 데살로니가 교회에 보내는 편지에서 바울은 다시 한 번 기도와 감사를 결합시킨다. "항상 기뻐하라. 쉬지 말고 기도하라. 범사에 감사하라. 이는 그리스도 예수 안에서 너희를 향하신 하나님의 뜻이니라."

> 우리의 난 날부터 우리를 보존하신
> 하늘과 땅의 주님께 감사하는 것은
> 때마다 죽음과 공포에서 우리를 구원하시고
> 주님의 은혜로 우리에게 상을 베푸셨음이라.

 참된 기도가 있는 곳이면 어디든지 감사와 고마움이 곁에 굳게 서서 응답이 찾아올 때 거기에 반응할 채비를 하고 있다. 기도가 응답을 가져다주듯이 응답은 고마움과 찬양을 가져다준다. 기도가 하나님께서 일하시도록 만들 듯이 응답 받는 기도는 감사하는 마음을 일으킨다. 밤에는 낮이 뒤따르듯이 응답 받는 기도에는 감사가 뒤따른다.
 참된 기도와 감사는 온전한 헌신으로 인도하고 헌신은 더 많은 기도와 더 훌륭한 기도로 이끈다. 헌신된 삶은 기도하는 삶이며 동시에 감사하는 삶이다.
 찬양의 정신은 한때 초대 교회의 자랑이었다. 이 정신은 하나님께서 그 속에서 빛을 비추시고 말씀하신 영광의 구름처럼 초대 그리스도인들의 교회당에 머물러 있었다. 찬양의 정신은 성전을 고상한 향내와 불타는 향기로 가득 채웠다. 애석하게도 오늘날 분명한 사실은 주의깊게 관찰하는 사람이라면 이 찬양의 정신이 회중 가운데 부족하다는 것을 누구나 알 수 있다. 마찬가지로 이 정신은 복음을 전파하는데 강력한 능력이 되고 생명의 능력이 된다는 것 또한 분명한 사실이다. 오늘날 진실한 목회자라면 회중 가운데 찬양의 정신을 회복하는 것을 주요 관심사로 삼아야 한다. 교회의 정상적인 상태가 시편 65편에서 하나님께 드린 선포의 말씀에 나타난다. "하나님이여 찬송이 시온에서 주를 기다리오며 사람이 서원을 주께 이행하리이다."

찬양은 너무나 분명하고 명백하게 기도와 결부되어 있고 너무나 단단히 결합되어 있어서 서로 떼어놓을 수가 없다. 찬양이 최대의 소리를 내고 가장 달콤한 선율을 내는 것은 기도에 달려있다.

노래는 찬양의 한 가지 방법이다. 가장 고상한 방법은 아니지만 일반적이고 평범한 형태이다. 우리가 교회에서 드리는 찬양 예배는 찬양과 깊은 관계가 있다. 그것은 노래의 특성에 따라 찬양의 순수함이나 찬양을 평가하는 기준이 다르기 때문이다. 노래가 기도를 타락시키고 더럽히는 쪽으로 흐를 수 있다. 노래가 감사와 찬양 같은 것들을 몰아내는 방향으로 흐를 수 있다. 오늘날 교회에서 연주되는 현대의 노래 가운데는 하나님께 대한 진심에서 우러나오는 참된 찬양과 전혀 맞지 않는 것이 많다.

기도와 참된 찬양의 정신은 함께 간다. 이 두 가지가 이 시대 회중들이 부르는 경솔하고 부주의하며 경박한 노래로 인해 완전히 사라지는 경우가 많다. 진지한 생각이 부족하고 경건한 마음과 같은 것을 회피하는 노래가 많다. 그 노래의 선정성과 활기가 예배의 근본적인 모습을 모두 사라지게 할 뿐 아니라 영적인 것을 육적인 것으로 바꿔놓을 수도 있다.

감사하는 것이 기도의 생명이다. 감사하는 것은 기도의 향기요 선율이며시요 면류관이다. 바라던 응답을 가져오는 기도는 찬양과 감사를 낳는다. 그러므로 무엇이든 기도의 정신을 방해하고 손상시키는 것은 반드시 찬양의 정신을 해치고 흩뜨린다.

마음에는 노래로 하나님을 찬양하는 기도의 은혜가 있어야 한다. 영적인 노래는 음악적인 기호나 재능으로 만들어지지 않고 마음 속에서 하나님의 은혜로 만들어진다. 교회에서 참된 신앙이 소생하는 은혜만큼 더 찬양을 크게 돕는 것은 없다. 하나님의 임재를 의식할 때 노래가 나온다. 천국에서 천사들과 영광을 받은 성도들에게는 그들을 지휘할 음악적인 지휘자가 필요치 않을 뿐 아니라, 그들은 천국의 찬양과 경배의 송영을 노래하도록 돈을 주고 고용한 성가대를 좋아하지도 않는다. 그들은 악보와 음계를 배우기 위해 수업을 받을 필요가 없다. 그들의 노래는 가슴에서부터 자연스럽게 흘러나오기 때문이다.

하나님께서는 천사들과 의롭게 된 영혼들의 천국 집회에 친히 임재하신다. 하나님의 영광스러운 임재는 노래를 만들어내고 노래하는 것을 가르치며 찬양의 노래가 충만하도록 만든다. 이것은 땅에서도 마찬가지다. 회중 가운데 하나님께서 계시지 않으면 노래가 죽고, 노래에 생명이 없고 차가우며 형식적인 것이 되어버린다. 반면에 하나님의 임재는 노래와 감사를 낳는다. 하나님께서 우리 회중 가운데 임재하심을 의식할 때 찬양의 날이 돌아올 것이며 완전한 합창이 회복될 것이다.

은혜가 풍성한 곳에 노래가 풍성하다. 하나님께서 마음에 계실 때 천국이 존재하고 노래가 있으며 마음의 풍성함으로 인해 입술에 노래가 넘쳐난다. 이것은 성도들의 모임에서도 그렇듯이 믿는 사람들의 개인적인 삶에도 적용된다. 노래가 타락하는 것, 노래로 찬양하는 정신이 시들고 없어지는 것, 이것은 곧 마음 속의 은혜가 없어지고 사람들 안에 하나님의 임재하심이 없다는 것을 말한다.

모든 노래의 중요한 목적은 하나님께 들려드리기 위한 것이며 하나님의 마음을 얻고 그를 기쁘시게 하는 것이다. 노래의 목적은 "주님을" 위한 것이며 그의 영광과 명예를 위한 것이다. 분명히 노래의 목적은 돈으로 고용한 성가대의 영광을 위한 것이 아니고 노래하는 사람의 아름다운 음악적인 능력을 칭찬하는 것도 아니며 사람들을 교회로 인도하기 위함도 아니다. 그것은 하나님의 영광을 위한 것이며 회중들의 영혼을 위한 것이다. 이 얼마나 슬픈 일인가! 오늘날 교회 성가대에서 부르는 노래는 이런 정신에서 얼마나 멀리 떠나있는지!

오늘날 들려오는 많은 교회의 노래에 생명이 없고 능력이 없으며 기름부음이 없고 영이 없다는 것은 놀랄 만한 일이 아니다. 거룩함을 입은 마음과 거룩한 입술을 가진 사람이 아니라면 그 누구라 할지라도 하나님의 기도의 전에서 드리는 예배에서 찬양을 인도하는 것은 하나님을 모독하는 일이다. 이와 같은 교회의 많은 노래가 연주회의 명예를 살려 주고 단지 오락거리와 귀를 즐겁게 해 주는 것으로 만족을 줄지는 모르지만 찬양과 기도의 정신이 들어있는 참된 예배의 한 부분이라는 맥락에서 볼 때 그것은 기만이고 영적인 사람들에게는 짐이며 하나님께서 전혀 받으실 수 없는 일이다. "모든 사람들아, 여호와를 찬양하라"는 외침이 다시 울려 퍼져야 한다. 왜냐하면 "우리 하나님께 찬양함이 선함이여 찬송함이 아름답고 마땅하도다"라고 말씀하시기 때문이다.

찬양의 음악은 너무나 소망이 있고 즐거운 것이어서 거부할 수 없다. 그것은 찬양에는 영혼의 참된 음악이 있기 때문이다. 이 모든 것은 "찬양을 드리는 것"에 있다. 빌립보서에서는 기도를 "아뢰는 것"이라고 말한다. "너희 구할 것을 감사함으로 하나님께 아뢰라"는 말씀은 아뢰는 것에 중점을 두고 아뢰는 것을 강조함으로써 기도란 우리의 힘으로 이루어지는 것이 아니라 하나님께서 주시는 것을 구하는 것임을 가르치는 말씀이다. 그리고 이것은 하나님께 "너희 구할 것을 감사함으로 아뢰라"는 말씀처럼 하나님께 대한 감사와 밀접한 관계가 있다.

하나님께서는 기도에 대한 응답으로 우리에게 많은 것을 행하시지만 우리는 하나님께서 주시는 많은 은혜가 필요하고, 따라서 우리는 그 은혜를 위해 특별히 기도해야 한다. 우리가 특정한 것을 필요로 하므로 우리의 기도도 특정한 것을 구해야 한다. 우리는 특별하고 각별하게 기도해야 하며, 기도와 간구와 감사, 그리고 우리의 특별한 간구와 우리가 필요로 하는 것과 우리가 간절히 사모하는 것을 통해 하나님을 아는 지식에 이르러야 한다. 그리고 이 모든 것을 간구하며 하나님을 아는 지식과 함께 감사가 있어야 한다.

우리가 이 땅에서 부르심을 받은 일, 즉 하나님을 찬양하고 감사하는 일을 육체를 떠난 구속받은 성도들과 천국의 천사들이 함께 행한다는 것을 생각하는 것은 참으로 기쁜 일이다. 하나님께서 우리가 이 땅에서 행하기 원하시는 일에 우리가 영원히 참예할 것이라는 영광스러운 소망을 묵상하는 일은 더욱 기쁜 일이다. 찬양과 감사는 천국에서 우리가 받는 복된 일일 것이다. 우리는 이 기쁜 일에 결코 지치지 않을 것이다.

영국의 시인 조셉 애디슨(Joseph Addison)은 이 기쁜 소망을 시를 통해 이같이 표현한다.

> 내 삶의 순간마다
> 주님의 선하심을 따르고

죽어 광명한 세상에서
그 즐거운 일을 회복하겠네.

주님께 영원히 감사의 노래를
높이 올려드리리니
오! 영원은 너무 짧아
주님의 선하심을 다 노래할 수 없겠네.

5

기도와 고난 (1)

고난과 기도는 서로 밀접한 관계가 있다. 기도는 고난에 있어 큰 가치를 지닌다. 기도가 고난받는 사람들의 외침에 지나지 않을 때가 있는 반면에 고난은 사람들이 하나님께 기도로 나아가도록 할 때가 많다. 고난의 때에 기도는 큰 가치를 지닌다. 기도가 고난에서 구해주는 때도 있지만 그보다 고난을 견딜 힘을 주고 고난의 때에 위로를 가져다주며 고난의 한가운데서 인내를 만드는 때가 훨씬 더 많다. 고난의 시기에 진정한 힘의 근원을 알고 기도하기를 그치지 않는 사람은 지혜로운 사람이다.

고난은 이 땅을 살아가는 사람들이 직면한 현재 상태의 일부분이다. "여인에게서 난 사람은 사는 날이 적고 괴로움이 가득하며." 고난은 사람에게 흔히 찾아오는 것이다. 어느 세대나 예외가 없고 사는 지역이나 가진 지위에 관계없다. 잘살고 못사는 사람들과 배운 사람들과 무지한 사람들이 모두 이 슬프고 고통스러운 인간 타락의 유산을 함께 나누고 있는 것이다. "사람이 감당할 시험밖에는 너희에게 당한 것이 없나니." "환난의 날"이 모든 사람의 인생에 언젠가는 찾아온다. "곤고한 날은 이르고 아무 낙이 없다고 할 해가 가까워오고", 무거운 고난이 마음에 찾아든다.

인생에서 햇빛만을 기대하고 편안함과 즐거움과 젊음만을 바라보는 것은 인생을 바라보는 시각이 완전히 잘못된 것이며 무지의 극치를 보이는 것이다. 슬프게도 고난이 삶에 들이닥칠 때 실망하고 놀라는 사람들은 바로 이런 부류의 사람들이다. 이런 사람들은 하나님을 모르는 사람들이며 하나님께서 자기 백성을 훈계하심을 전혀 모르는 사람들이고 기도를 모르는 사람들이다.

인생에는 고난이 얼마나 끝이 없는가! 고난의 학교에서 인간은 얼마나 다양한 경험을 하는가! 같은 환경에서도 두 사람이 같은 고난을 겪는 일이 없다. 하나님은 두 자녀를 똑같은 방식으로 다루지 않으신다. 그리고 하나님께서 자기 자녀들을 다르게 다루시듯이 고난도 각기 다르게 찾아온다. 하나님은 같은 것을 되풀이하지 않으신다. 하나님은 틀에 박힌 듯이 행하지 않으신다. 하나님은 모든 자녀에게 다 같은 방법을 적용하지 않으신다. 고난은 자녀들에게 제각기 다르게 돌아간다. 하나님은 각 사람이 처한 독특한 상황에 따라 고난을 다르게 다루신다.

고난은 하나님의 뜻을 헛되지 않게 행하는 하나님의 종이다. 고난은 전능하신 하나님의 다스림 아래에 있으며 하나님께서 그 뜻을 이루시고 그의 성도들을 흠 없게 하시는데 사용하시는 가장 효과적인 도구 중 하나다. 인간에게 불쑥 찾아오는 모든 고난 가운데 하나님의 손길이 같이 계신다. 이것은 하나님께서 인생의 모든 심술궂은 경험들을 즉석에서 독단적으로 명령하신다는 뜻이 아니다. 하나님께서 자기 백성들의 삶에 찾아오는 모든 고통스럽고 괴로운 일들에 책임이 있다는 것도 아니다. 어떤 고난도 저절로 이 세상에 찾아오거나 성도나 죄인의 삶에 이르지 않는다. 모두 하나님의 허락하심으로 찾아오는 것이다. 그리고 고난은 하나님의 손 안에 존재하고 하나님의 손으로 그 고통스러운 일을 극복하여 그의 은혜로운 구원의 목적을 이루도록 되어있다.

모든 것은 하나님의 다스림 아래에 있다. 고난은 하나님 위에 있지도 않고 하나님의 다스림 밖에 있지도 않다. 고난은 하나님과 상관없이 생활에서 일어나는 사건이 아니다. 고난은 어디서 오든지, 또 어떻게 생기든지 하나님은 지혜로우셔서 고난에 책임이 없지만 그 고난을 다루시고 성도에게 가장 큰 복이 되도록 그의 계획과 뜻 속에서 역사하신다. 이것이 너무도 자주 인용되는 로마서의 은혜로운 말씀에 대한 설명인데, 지금껏 그 말씀의 깊은 의미를 이해하는 경우는 매우 드물다. "우리가 알거니와 하나님을 사랑하는 자 곧 그 뜻대로 부르심을 입은 자들에게는 모든 것이 합력하여 선을 이루느니라."

심지어 자연의 힘으로 생긴 재앙까지도 하나님의 뜻을 이루고 계획을 완성하는 하나님의 종이다. 하나님은 자기 백성을 바로잡고 훈련하기 위해 사용하신 "나의 큰 군대," 즉 메뚜기와 해충과 황충까지도 당신의 종이라고 말씀하신다.

고난은 하나님의 도덕적 통치에 있어서 훈련의 범주에 속한다. 이것은 시험의 삶에 속하는 것으로, 인간이 시험을 치르고 있는 것이다. 이것은 시련의 때다. 고난은 그 본질상 형벌이 아니다. 고난은 성경이 말하는 "징계"에 속한다. "주께서 그 사랑하시는 자를 징계하시고 그의 받으시는 아들마다 채찍질하심이니라." 엄밀히 말하자면 형벌은 이 세상에 속하는 것이 아니다. 죄에 대한 형벌은 다음 세상에서 일어날 것이다. 하나님께서 이 세상에서 사람들을 간섭하시는 것은 훈련의 본질에 속한다. 하나님의 간섭하심은 인간에 대한 계획 가운데서 인간을 바로잡는 과정이다. 고난이 생길 때 기도가 오는 것은 바로 이 때문이다. 기도는 생활 훈련이다.

고난은 그 자체가 죄스러운 것도 아니며 죄가 있다는 증거도 아니다. 선인이나 악인이나 다 같이 고난을 경험한다. 비가 정직한 사람과 정직하지 못한 사람에게 똑같이 내리듯이 가뭄도 의로운 사람과 악한 사람에게 다 같이 찾아온다. 고난은 하나님께서 분노하신다는 그 어떤 증거도 아니다. 성경의 수많은 이야기도 그런 생각을 반박한다. 욥의 이야기가 적절한 경우인데, 하나님께서 그의 깊은 신앙심을 명백하게 증언하신다. 그러나 하나님은 지혜롭고 유익한 목적을 위해 마귀로 하여금 그 누구보다도 더 그를 괴롭게 하도록 허락하신다. 고난은 그 자체가 성도와 하나님의 관계를 방해할 힘을 갖지 않는다. "누가 우리를 그리스도의 사랑에서 끊으리요? 환난이나 곤고나 핍박이나 기근이나 적신이나 위험이나 칼이랴?"

하나님의 훈련의 과정에서 사실상 같은 세 가지 말이 발견되는데 그것은 유혹과 시련과 고난이다. 그러나 여기에는 차이가 있다. 유혹은 사실 마귀로부터 오거나 인간의 육적인 본성에서 생기는 것으로 죄악에 이끌리는 것이다. 시련은 시험을 말한다. 시련은 우리를 점검하고 시험하며, 우리가 그 시험을 따르고 그 시험 안에서 하나님과 함께 행할 때 우리를 더욱 강하고 선하게 만든다. "내 형제들아, 너희가 여러 가지 시험을 만나거든 온전히 기쁘게 여기라. 이는 너희 믿음의 시련이 인내를 만들어 내는 줄 너희가 앎이라."

베드로도 이와 같은 맥락에서 말한다.

> 그러므로 너희가 이제 여러 가지 시험을 인하여 잠깐 근심하게 되지 않을 수 없었으나 오히려 크게 기뻐하도다. 너희 믿음의 시련이 불로 연단하여도 없어질 금보다 더 귀하여 예수 그리스도의 나타나실 때에 칭찬과 영광과 존귀를 얻게 하려함이라.

세번째로 고난은 말 그대로 고통스럽고 슬프고 아픈 삶의 모든 사건을 포함한다. 그러나 사실 유혹과 시련은 고난이 될 수 있다. 그러므로 인생의 모든 불행한 시간을 "환난 때"라는 제목 아래로 분류할 수 있을 것이다. 그리고 그런 고난의 날은 모든 사람이 받는 자신의 몫이다. 인내함으로 하나님께 복종하고 기도로 하나님을 인정하며 하나님과 함께 행하는 사람들에게 있어 고난은 어디에서 찾아오든지 하나님의 손 안에서 그의 은혜로운 일을 완성하는 하나님의 심부름꾼이 된다는 것을 충분히 알 수 있다.

고난은 우연히 일어나지도 않고 사람들이 말하는 불운으로 생기지도 않는다는 생각을 확고하게 해야 한다. "재앙은 티끌에서 일어나는 것이 아니요 고난은 흙에서 나는 것이 아니라. 인생은 고난을 위하여 났나니 불티가 위로 날음 같으니라." 고난은 본질적으로 하나님의 나라에 속하며 세상을 다스리는데 있어 매우 귀중한 하나님의 심부름꾼이다.

우리가 이 사실을 깨달을 때 성경에 기록된 많은 말씀들을 더 잘 이해할 수 있고 하나님께서 옛날 이스라엘 민족에게 행하신 일을 더 명확하게 깨달을 수 있다. 이스라엘 민족에 대한 하나님의 행하심 가운데서 우리는 하나님의 섭리의 역사로 불리는 것을 발견한다. 그리고 그 섭리는 항상 고난을 동반한다. 요셉의 고난과 그 다양한 면을 생각하지 않는다면 요셉과 그의 늙은 아버지 야곱의 이야기를 이해할 사람은 아무도 없다. 하나님께서 선지자 이사야를 통해 다음과 같이 말씀하시는 것은 고난을 염두에 두고 계시는 것이다.

너희는 정다이 예루살렘에 말하며 그것에게 외쳐 고하라. 그 복역의 때가 끝났고 그 죄악의 사함을 입었느니라

복음서에는 기도하는 주님의 성도들에 대한 확실한 위로의 말씀이 있다. 그리고 주님은 이 땅의 상처입고 애통하는 사람들에게 어떻게 이 위로의 말씀을 적용해야 하는지를 아시는 지혜로운 분이시다. 예수님은 슬픔에 빠진 제자들에게 말씀하셨다. "내가 너희를 고아와 같이 버려 두지 아니하고 너희에게로 오리라."

앞에서 말한 모든 것은 우리가 기도와 고난의 관계를 올바로 인식해야 한다는 것이다. 고난받을 때 기도는 어디에서부터 오는가! 시편기자는 이렇게 말한다. "환난 날에 나를 부르라. 내가 너를 건지리니 네가 나를 영화롭게 하리로다." 기도는 "환난 때"에 영혼이 해야 할 가장 합당한 일이다. 기도는 환난 날에 하나님을 인정하는 것이다. "이는 여호와시니 선하신 소견대로 하실 것이니라." 기도하는 사람들은 고난 중에 역사하시는 하나님의 손을 보고 고난에 대하여 기도한다. 고난이 찾아올 때만큼이나 우리의 무기력함을 진정으로 보여주는 때는 없다. 고난은 강한 사람을 약하게 만들고 우리의 연약함을 폭로하며 무력감을 가져다준다. "환난의 때"에 어떻게 하나님께 돌아가야 하는지를 아는 사람은 복 있는 사람이다. 만약 고난이 주님께로부터 온다면 우리가 해야할 가장 자연스러운 것은 그 고난을 하나님께 가져가고 은혜와 인내와 순종을 구하는 것이다. 고난 중에서 우리는 이렇게 물어야 한다. "여호와여, 내가 무엇을 하기를 원하시나이까?" 근심하고 상처받고 깨어진 영혼이 은혜의 보좌 앞에 겸손히 엎드려 하나님의 얼굴을 구하는 것은 얼마나 자연스럽고 합당한 일인가? 고난받는 영혼이 골방말고 달리 어느 곳에서 위로를 찾을 수 있겠는가?

고난이 늘 사람들을 하나님께로 인도하지 못하는 것은 얼마나 슬픈 일인가! 고난으로 인해 영혼이 얽매이고 마음에 슬픔이 찾아와도 그것이 어디에서 오는지, 어떻게 기도할지를 모르는 사람은 참으로 가엾다. 고난으

로 인해 기도의 무릎을 꿇는 사람은 얼마나 복된 사람인가!

> 시련은 늘 찾아오나
> 겸손한 믿음으로 그 모든 시련 위에
> 새겨진 사랑을 보니
> 이것이 나의 기쁨이로다.
>
> 시련은 약속을 더욱 감미롭게 하고
> 시련은 기도에 새 생명을 주노니
> 내 구주의 발 앞으로 나를 인도하시고
> 겸손하게 엎드려 그 앞에서 떠나지 않게 하소서.

고난받을 때 드리는 기도는 위로와 도움과 소망과 복을 낳으며 이런 것들은 고난을 없애지는 못하지만 성도들이 그 고난을 더 잘 견디고 하나님의 뜻에 복종하도록 만든다. 기도는 고난 가운데 역사하시는 하나님의 손을 볼 수 있게 눈을 열어준다. 기도는 하나님의 섭리를 해석하지 못한다. 그러나 기도는 하나님의 섭리를 정당화하고 그 섭리 안에서 하나님을 인정한다. 기도는 고난 가운데서 우리가 지혜로운 목적을 보게 해준다. 고난 가운데서 드리는 기도는 불신앙으로부터 우리를 멀어지게 하며 의심에서부터 지켜주고 고통스런 경험으로 생기는 모든 헛되고 어리석은 의문들로부터 우리를 보호해준다. 욥의 온갖 고난이 극심했을 때 받은 찬사를 놓치지 말자. "이 모든 일에 욥이 범죄하지 아니하고 하나님을 향하여 어리석게 원망하지 아니하니라."

하나님께 대한 믿음도 없고 인간에게 간섭하시는 하나님의 훈련의 과정을 전혀 알지도 못하며 자만과 무지에 빠져서 하나님을 향하여 어리석게 원망하고 "하나님을 저주할" 생각을 갖는 것은 얼마나 슬픈 일인가! 사람들이 고난의 때에 불평하고 투덜거리며 반항하는 것은 얼마나 어리석고 헛된 일인가! 광야에서 겪은 이스라엘 백성들의 이야기를 다시 읽어야 하지 않겠는가! 또 우리가 근심하고 걱정하면 사정이 달라지기라도 하듯이 고난으로 인해 속태우고 염려하는 것은 얼마나 무의미한 일인가! "또 너희 중에 누가 염려함으로 그 키를 한 자나 더할 수 있느냐?" 모든 것을 기도로 하나님께 맡기며 인생의 고난을 견디는 것이 얼마나 더 지혜롭고 나은 일인가?

기도하는 사람에게 고난은 지혜로운 목적이 있으며 기도하는 사람은 그 목적을 발견한다. 시편기자와 같이 자신이 받은 고난이 겉으로 불행해 보이는 복이었음을 깨닫는 사람은 행복하다. "고난 당한 것이 내게 유익이라. 이로 인하여 내가 주의 율례를 배우게 되었나이다. 여호와여 내가 알거니와 주의 판단은 의로우시고 주께서 나를 괴롭게 하심은 성실하심으로 말미암음이니이다."

> 오! 인생의 모진 운명을 이겨낼 자 누구리오.
> 주님의 사랑은 찬란한 날개를 저어
> 평안의 가지를 물고
> 하늘에서부터 어두움을 지나 왔나이다.
>
> 이제 주님께서 어루만지시는 슬픔이
> 기쁨의 광선보다 더 밝아지는 것은
> 낮에 볼 수 없는 빛의 세계를
> 어두움이 밝혀주기 때문이니이다.

물론 고난이 사실 생각으로 그칠 수도 있다는 것을 인정해야 할 것이다. 이것은 마음에만 존재하는 고난이다. 걱정만 하고 우리의 문 앞에 찾아오지 않는 고난이 있다. 지나간 고난도 있지만 그것으로 근심하는 것은 정말로 어리석은 일이다. 지금 당하는 고난만이 우리의 관심을 끌고 기도가 필요한 고난이다. "한 날 괴로움은 그 날에 족하니라." 자기 자신에서 비롯되는 고난이 있다. 우리는 그런 고난의 장본인이다. 부지불식간에 우리에게서 비롯되는 고난도 있고 우리의 무지로 인해 생기는 고난도 있으며 우리의 부주의 때문에 생기는 고난도 있다. 이 모든 사실을 쉽게 인정할 수 있으며, 또 그럴지라도 고난이 기도의 제목이 된다는 사실이 설득력을 잃지 않는다. 자기의 부주의로 넘어지고 깨어져 상처를 입고서 그 아버지에게 부르짖는 자식을 내쫓을 아버지가 어디 있겠는가? 그 사건의 책임이 자식에게 있을지라도 자식의 부르짖음은 아버지의 관심을 사지 않겠는가? "무엇이든지 기도하고 구하는 것"이라는 말은 비록 우리가 어떤 일에 대한 책임이 있더라도 삶의 모든 경우를 포괄하는 말이다.

고난의 근원이 인간에게 있는 것이 있다. 그런 고난은 부차적인 원인으로 생긴다. 그런 고난은 다른 사람에게서 비롯되고 우리가 고통을 받는다. 이 세상에서는 때때로 남들의 행위에 대한 결과를 죄 없는 사람이 받는다. 이것은 우리의 삶에서 흔히 일어나는 일 중에 하나다. 다른 사람의 손에 잠시라도 고통을 당해 본 적이 없는 사람이 있겠는가? 그러나 이런 것까지도 하나님의 섭리 가운데 오게 되어있고 선한 목적을 위해 우리 삶에 허락되며, 또 이것을 위해 기도해야 할 것이다. 사람들의 행위로 인해 생기는 우리의 상처와 손해와 상실을 기도로 하나님께 가져가야 하지 않을 이유가 어디에 있겠는가? 그런 것들은 기도의 범주에 들지 않는가? 그런 것들은 기도의 법칙에서 제외되는가? 전혀 그렇지 않다. 그리고 하나님은 기도의 응답을 통해 그런 모든 일을 다루실 수 있고 또 그렇게 하실 것이며, 그 일로 하여금 "지극히 크고 영원한 영광의 중한 것"을 우리에게 이루게 하실 것이다.

바울의 경우는 악하고 분별력 없는 사람들로 인해 생긴 고난이 거의 대부분이었다. 바울이 고린도후서 11:23-33에서 하는 말씀을 읽어 보라.

뿐만 아니라 고난의 근원이 직접적으로 마귀에게서 오는 경우도 있다. 욥이 당한 고난은 거의 대부분이 욥의 완전함을 무너뜨리고 그로 하여금 하나님을 어리석게 원망하고 저주하도록 하기 위한 마귀의 책략이 낳은 결과였다. 그러나 그런 고난들도 기도 속으로 끌어들여야 하지 않겠는가? 그런 고난들이 하나님의 연단하시는 과정에서 제외될 수 있겠는가? 욥은 그렇게 하지 않았다. 우리에게 친숙한 욥의 말을 들어보자. "주신 자도 여호와시요 취하신 자도 여호와시오니 여호와의 이름이 찬송을 받으실지니이다."

삶의 모든 일에서 하나님을 보는 것은 얼마나 큰 위안인가! 슬픔 가운데서 하나님의 손을 보는 것은 상하고 아픈 마음에 얼마나 큰 위로인가!

기도는 슬픔에 빠진 마음에 짐을 내려놓는데 있어 지극히 좋은 위로의 원천이 아닐 수 없다!

> 오! 슬픔에 빠진 자의 눈물을 닦으시는 주여,
> 이 세상에서 속고 상처받을 때
> 기도로 당신께 나갈 수 없다면
> 이 세상은 얼마나 암울한 곳입니까
>
> 인생의 겨울이 찾아와
> 즐거운 날에 곁에 있던 친구들이 떠나고
> 눈물밖에 남은 것이 없어
> 홀로 울고 있나이다.
>
> 그러나 주님은 깨어진 심령을 고치사
> 잘린 줄기에서 향기를 발하는 식물과 같이
> 아픔 가운데서 향기로움을 풍기게 하시리라.

 그러나 우리가 고난이 찾아오는 모든 근원을 자세히 관찰한다면 매우 귀중한 두 가지 진리를 얻어낼 수 있다. 첫째는 우리의 고난이 결국 주님께로부터 온다는 것이다. 고난은 주님의 허락하심이 있어야 온다. 주님은 모든 고난 가운데 계셔서 고난에 억눌리고 상처받는 우리에게 관심을 가지신다. 두번째로, 우리가 받는 고난은 그 원인이 무엇이든지, 즉 우리에게서 비롯되는 고난이든지, 혹은 사람에게서 오든지 마귀에게서 오든지, 그리고 심지어 하나님께로부터 오든지 간에 그 고난을 기도로 하나님께 가져갈 정당한 권리가 우리에게 있으며 받는 고난을 위해 기도하고 고난을 통해 최대의 영적 유익을 얻을 권리가 있다는 것이다.
 고난 중에 드리는 기도는 우리 마음을 하나님의 뜻에 온전히 굴복시키며 우리 뜻을 하나님의 뜻에 따르게 하고 우리가 가진 것에 대해 불평하지 않게 하며 반항하는 마음이나 주님을 비판하는 마음에 빠지지 않게 해준다. 기도는 고난을 거룩하게 하여 우리에게 가장 선한 것이 되도록 한다.

기도는 연단하시는 하나님의 손으로 온유해지도록 마음을 준비시킨다. 기도는 하나님께서 가장 선하고 영적이고 영원한 것을 주시는 곳으로 우리를 인도한다. 기도는 고난의 때에 하나님께서 우리와 함께, 또 우리 안에서 자유로이 일하실 수 있도록 한다. 기도는 고난에 관계된 모든 것을 제거하여 가장 아름답고 가장 크고 가장 위대한 선으로 우리를 이끈다. 기도는 하나님의 종인 고난으로 하여금 우리 안에서, 우리와 함께, 또 우리를 위해 그 사명을 이루게 한다.

하나님의 마음으로 볼 때 고난의 목적은 항상 선하다. 고난이 그 사명을 이루지 못한다면 그것은 기도하지 않기 때문이든지 믿음이 없기 때문이며 혹은 기도와 믿음이 모두 없기 때문이다. 하나님의 섭리에 있어 하나님과 조화를 이루는 것, 그것은 항상 고난을 복으로 만든다. 고난이 유익한지 해로운지를 결정하는 것은 언제나 고난을 받는 마음의 상태이다. 바로 우리가 고난을 받아들이고 대하는 것에 따라 그 고난은 복이 되기도 하고 저주가 되기도 한다. 고난은 우리의 마음을 겸손하게도 하고 교만하게도 한다. 고난은 우리를 기도로, 또 하나님께로 인도하기도 하지만 하나님으로부터 멀어지게도 하고 골방을 떠나게도 한다. 고난은 애굽의 바로의 마음을 더욱 완악하게 만들었고 결국 그에게 어떤 영향도 끼치지 못하였으며 그를 더욱 절망으로 이끌었으며 하나님으로부터 멀어지게 했다. 같은 태양이 초를 녹이기도 하고 진흙을 굳게 만들기도 한다. 하나의 태양이 얼음을 녹이기도 하고 땅에서 물기를 말리기도 한다.

고난의 모양은 이루 말할 수 없을 정도로 가지각색이듯이 고난과 관계하는 기도의 모습 또한 가지각색이다. 기도의 제복이 될 만한 것은 얼마나 많은가! 기도는 우리와 관계하는 모든 것과 우리가 관계하는 모든 사람들에게 해당되는 것이며, 또 항상 관계하는 것이다. 그러나 특별히 기도는 고난과 관계한다. "이 곤고한 자가 부르짖으매 여호와께서 들으시고 그 모든 환난에서 구원하셨도다." 고난의 날에 기도는 얼마나 큰 복이며 도움이며 위로인가! 고난의 때에 하나님께서 주시는 약속은 얼마나 놀라운가!

저가 나를 사랑한즉 내가 저를 건지리라. 저가 내 이름을 안즉 내가 저를 높이리라. 저가 내게 간구하리니 내가 응답하리라. 저희 환난 때에 내가 저와 함께 하여 저를 건지고 영화롭게 하리라.

> 고통으로 괴롭고 과실로 마음이 무거워도,
> 근심으로 혼란스럽고 두려움으로 놀라도,
> 죄로 낙심되고 죄악으로 괴로워도,
> 어느 때든지 깨어서 기도하라.

믿음이 있는 사람들에게, 그리고 기도하는 사람들에게 이사야의 입을 통해 주시는 하나님의 약속의 말씀은 얼마나 아름답고 고난에 얼마나 큰 유익을 끼치며 믿음에 얼마나 큰 힘을 주는가!

야곱아, 너를 창조하신 여호와께서 이제 말씀하시느니라. 이스라엘아, 너를 조성하신 자가 이제 말씀하시느니라. 너는 두려워 말라. 내가 너를 구속하였고 내가 너를 지명하여 불렀나니 너는 내 것이라. 네가 물 가운데로 지날 때에 내가 함께 할 것이라. 강을 건널 때에 물이 너를 침몰치 못할 것이며 네가 불 가운데로 행할 때에 타지도 아니할 것이요 불꽃이 너를 사르지도 못하리니, 대저 나는 여호와 네 하나님이요 이스라엘의 거룩한 자요 네 구원자임이라.

6

기도와 고난 (2)

신약성경에는 고난과 맥락을 같이하는 말이 세 개 나온다. 환난(Tribulation)과 고난(Suffering)과 시련(Affliction)이 그것으로 의미의 차이가 어느 정도 있기는 하지만 실제로는 모두 고난의 뜻을 내포하고 있다. 우리 주님께서는 제자들에게 이 세상에서 환난 당할 것을 염두에 두어야 한다는 것을 환기시키면서 환난은 이 세상에 속한 것이므로 피할 생각을 하지 말며 또 아름다운 꽃밭을 지나가듯이 이 세상을 살 수 없다고 가르치신다. 평범하면서도 명백한 이 교훈을 배우기란 얼마나 힘든 일인가! "세상에서는 너희가 환난을 당하나 담대하라. 내가 세상을 이기었노라." 용기를 주시는 말씀이다. 주님께서 세상을 이기시고 세상에서 환난을 이기셨으므로 제자들도 이길 것이다. 바울은 사역 전반에 걸쳐 주님과 같은 말씀을 가르쳤는데, 제자들에게 마음을 굳게 하여 믿음 안에 늘 거하라고 권하면서 이렇게 말했다. "우리가 하나님 나라에 들어가려면 많은 환난을 겪어야 할 것이라." 바울은 이 사실을 직접적인 경험을 통해 알았다. 그가 걸어간 길은 결코 평탄하고 쉬운 길이 아니었기 때문이다.

바울은 바로 삶에서 당하는 고뇌들을 마지막 날에 받을 하늘 영광과 비교하는 위로의 메시지에서 "고난"이라는 말을 사용하여 삶을 통해 받는 여러 가지 괴로움을 표현한다. 마지막 영광은 하나님의 섭리로 인하여 받는 고난을 끝까지 참는 모든 사람에게 상으로 주어질 것이다.

6. 기도와 고난(2)

생각건대 현재의 고난은 장차 우리에게 나타날 영광과 족히 비교할 수 없도다.

바울은 바로 이 세상을 사는 하나님의 백성들에게 찾아오는 시련을 말하면서 그 시련은 순종하고 참고 믿음을 지키는 모든 사람들이 장차 받을 영광의 중함과 비교할 때 가볍다고 생각하는 것이다.

우리의 잠시 받는 환난의 경한 것이 지극히 크고 영원한 영광의 중한 것을 우리에게 이루게 함이니.

그러나 지금 당하는 시련은 우리가 기도로 하나님과 합력할 때 비로소 우리에게 힘을 발휘할 수 있다. 하나님은 기도를 통해 일하시기 때문에 우리를 향한 하나님의 가장 선한 뜻을 이루실 수 있는 수단도 오직 기도이다. 하나님의 섭리는 그의 기도하는 사람들을 통해서 가장 큰 효력을 발휘한다. 기도하는 사람들은 고난을, 그리고 고난을 통한 은혜로운 목적을 선용할 줄 안다. 보좌 앞에 가장 낮게 꿇어 엎드린 사람에게 고난의 가장 큰 가치가 찾아온다.

바울은 환난 중에 참을 것을 권면하면서 환난이 찾아올 때 우리가 인내할 수 있는 것은 오직 기도를 통해서라고 말하며 고난을 기도와 직접적으로 연결시킨다. "소망 중에 즐거워하며 환난 중에 참으며 기도에 항상 힘쓰며." 여기서 바울은 환난과 기도를 서로 연결하여 둘 사이의 밀접한 관계를 보여주고 환난 중에 인내를 낳고 쌓는데 있어서 기도의 가치를 보여준다. 실제로 고난이 찾아올 때 본이 될 수 있는 인내는 즉각적이고 끊임없는 기도를 통해 얻는 인내밖에 없다. 인내를 배우고 실천하는 곳은 기도라는 학교이다.

기도는 환난을 견딜 뿐 아니라 기뻐할 수 있는 은혜의 상태로 우리를 인도한다. 로마서 5:3에서 바울은 의롭게 됨의 은혜로운 유익을 말하면서 이렇게 말한다.

다만 이뿐 아니라 우리가 환난 중에도 즐거워하나니 이는 환난은 인내를 인내는 연단을 연단은 소망을 이루는 줄 앎이로다. 소망이 부끄럽게 아니함은 우리에게 주신 성령으로 말미암아 하나님의 사랑이 우리 마음에 부은 바 됨이니

이 말씀에서 볼 때 고난에서부터 시작된 은혜의 고리가 얼마나 길게 연결되어 있는가! 신앙의 높은 경지로 올라가는 단계는 얼마나 연속적인가! 그리고 고통스런 환난에서 얻은 열매는 얼마나 풍성한가!

첫번째 서신에서 베드로가 편지를 받는 성도들을 위해 열렬히 기도하는 말에서도 위와 같은 의미를 볼 수 있다. 고난은 은혜의 가장 높은 상태와 밀접하게 연결되어 있음을 보여주고 우리가 그와 같이 높은 그리스도인의 자리에 이를 수 있는 것은 고난을 통해서라는 사실을 암시한다.

모든 은혜의 하나님 곧 그리스도 안에서 너희를 부르사 자기의 영원한 영광에 들어가게 하신 이가 잠깐 고난을 받은 너희를 친히 온전케 하시며 굳게 하시며 강하게 하시며 터를 견고케 하시리라.

하나님께서 그의 성도들을 깨끗하게 하시고 가장 고상한 곳으로 인도하시는 것은 고난의 불꽃을 통해서이다. 성도들의 믿음이 시험을 받고 그들의 인내심이 평가를 받으며 믿음과 인내가 그리스도인의 인격을 형성하는 귀중한 성품 가운데서 자라나는 곳은 고난의 용광로이다. 하나님께서 기도하는 믿음의 성도들에게 얼마나 가까이 가실 수 있는 지를 보여주시는 것은 성도들이 환난의 깊은 바다를 통과할 때이다.

우리가 환난을 지나가도록 부르심을 받을 때 기쁘게 생각하기 위해서는 오늘날 볼 수 있는 일반적인 수준보다 훨씬 높은 믿음과 신앙의 경지가 필요하다. 하나님께서 자기 백성을 간섭하시는 가장 궁극적인 목표는 그리스도인의 인격을 형성하시는 것이다. 하나님은 우리 안에 우리 주님 예수 그리스도의 귀중한 성품을 빚고 계신다. 하나님은 우리를 자신을 닮도록 만드시기 위해 애쓰신다. 하나님께서 우리 안에 만들기 원하시는 것은 그

렇게 많은 것이 아니다. 위대함을 원하시는 것도 아니다. 하나님께서 우리 안에 두기를 원하시는 것은 인내와 온유함과 하나님 뜻에 순종하는 마음, 그리고 모든 것을 하나님께 맡기는 기도의 마음이다. 하나님께서는 이런 것들을 통해 자기 형상을 만들고자 애쓰신다. 그런데 어떤 고난은 바로 이 일을 한다. 이것이 바로 고난의 목적이요 목표이기 때문이다. 이것이 고난이 하는 일이다. 이것이 바로 고난이 이루도록 부르심을 받은 일이다. 고난은 인생의 우연한 사건이 아니라 계획된 목적을 가지고 있을 것이다. 이것은 바로 고난 뒤에는 전지하신 설계자, 고난을 그의 종으로 삼아 가장 위대한 결과를 만드시는 자가 계시기 때문이다.

히브리서 기자는 연구할 가치가 있는 고난의 종류를 완벽하고 포괄적이며 분명하게 소개한다. 여기에는 고난의 다른 말인 "징계"가 나오는데, 그것은 아버지이신 하나님의 손에서 나오며 하나님께서는 세상의 슬프고 고통스러운 모든 사건의 한가운데 계심을 보여준다. 여기에 고난의 속성과 고난의 은혜로운 목적이 있는 것이다. 그것은 말 그대로 형벌이 아니라 하나님께서 이 세상에서 당신의 자녀들을 인도하실 때 그들을 바로세우고 훈련하기 위해 사용하시는 수단이다. 그 다음에는 우리가 하나님의 백성임을 증명해주는 사실이 나온다. 그것은 곧 징계를 받는 것이다. 징계의 궁극적인 목적은 "우리의 유익을 위하여 그의 거룩하심에 참예케 하시는" 것이다. 이것은 이 모든 연단의 과정이 우리를 하나님을 닮은 자로 만드시려는 목적으로 향한다는 것을 다른 말로 표현한 것이다. 하나님께서 보시기에 징계는 분노나 불쾌감의 증거가 아니라 그의 강한 사랑의 증거라는 사실 역시 얼마나 위로가 되는 말씀인가! 이 중요한 주제를 다루는 전체 본문을 살펴보자.

또 아들들에게 권하는 것같이 너희에게 권면하신 말씀을 잊었도다. 일렀으되, 내 아들아 주의 징계하심을 경히 여기지 말며 그에게 꾸지람을 받을 때에 낙심하지 말라. 주께서 그 사랑하시는 자를 징계하시고 그의 받으시는 아들마다 채찍질하심이니라 하였으니 너희가 참음은 징계를 받기 위함이라. 하나님이 아들과 같이 너희를 대우하시나니 어찌 아비가 징계하지 않는 아들이 있으리요. 징계는 다 받는 것이거늘 너희에게 없으면 사생자요 참 아들이 아니니라.

또 우리 육체의 아버지가 우리를 징계하여도 공경하였거늘 하물며 모든 영의 아버지께 더욱 복종하여 살려 하지 않겠느냐. 저희는 잠시 자기의 뜻대로 우리를 징계하였거니와 오직 하나님은 우리의 유익을 위하여 그의 거룩하심에 참예케 하시느니라. 무릇 징계가 당시에는 즐거워 보이지 않고 슬퍼 보이나 후에 그로 말미암아 연달한 자에게는 의의 평강한 열매를 맺나니.

기도의 범주는 넓고 모든 것을 포괄하는 것과 마찬가지로 고난 역시 그 목적과 의도가 무한하다. 우리의 주의를 끌고 분주한 삶의 소용돌이 가운데서 멈추어 서게 하며 우리의 무력감과 부족함, 그리고 죄 됨을 일깨워주기 위해 고난이 필요한 때가 있다. 므낫세 왕은 바벨론에게 사로잡혀 쇠사슬로 결박당한 채 이방 나라로 끌려가 큰 고난을 당한 후에야 죄를 깨닫고 하나님께로 돌아왔다. 그때야 비로소 므낫세는 자신을 낮추고 하나님의 이름을 불렀다.

탕자는 가진 것이 풍성했을 때는 아무에게도 구속받지 않았고 자족하는 삶을 살았다. 그러나 돈이 바닥나고 친구들이 떠나 궁핍한 생활이 시작되자 "스스로 돌이켜" 그의 입술로 기도하고 고백하면서 아버지의 집으로 돌아갈 결심을 했다. 하나님을 잊었던 많은 사람들이 고난을 통해 마음을 돌이키고 자신들이 가던 길을 돌아보며 하나님을 기억하고 기도하게 되었다. 이 같은 일을 이룰 때 고난은 사람들에게 복된 것이다!

바로 이런 이유로 욥은 다음과 같이 말한다.

볼지어다 하나님께 징계 받는 자에게는 복이 있나니 그런즉 너는 전능자의 경책을 업신여기지 말지니라. 하나님은 아프게 하시다가 싸매시며 상하게 하시다가 그 손으로 고치시나니, 여섯 가지 환난에서 너를 구원하시며 일곱 가지 환난이라도 그 재앙이 네게 미치지 않게 하시며.

한 가지 더 언급할 것이 있다. 세상은 고난을 달갑지 않게 생각하지만 고난은 소망의 수평선 위로 천국의 거대한 모습을 불쑥 드러낸다. 고난이 전혀 없는 세계가 있다. 그러나 고난의 길은 그 세계로 향해 나 있다. 그 곳에 있는 사람들은 환난을 통해서 거기에 이르렀다. 마치 태풍과도 같이 슬픔이 말끔히 씻겨나갈 때 우리의 소망을 담은 갈망하는 눈 앞에 펼쳐진 세상은 얼마나 아름다운가! 그 세계와 그 곳에 있는 사람들에 대하여 요한이 말하는 것을 들어보자.

>이 흰 옷 입은 자들이 누구며 또 어디서 왔느뇨 … 그가 나더러 이르되 이는 큰 환난에서 나오는 자들인데 어린양의 피에 그 옷을 씻어 희게 하였느니라 … 하나님께서 저희 눈에서 모든 눈물을 씻어 주실 것임이러라

>하늘 안식의 바다에
>지친 내 영혼을 담그겠네
>고난의 파도가 전혀 일지 않는 곳에
>평온한 가슴을 적시겠네.

오, 고난받고 모진 시련을 받아온 하나님의 자녀들이여, 쓰라린 경험으로 때로는 마음에 상처받고 피 흘려온 하나님의 자녀들이여, 힘을 내라! 하나님은 당신의 모든 고난 가운데 계시며, 당신이 오직 인내하고 순종하고 기도하기만 하면 모든 것이 "합력하여 선을 이루실 것을" 아신다.

7

기도와 하나님의 일하심

하나님은 친히 이 세상에서 위대한 일을 행하신다. 이 역사는 구원의 계획과 관계 있다. 그것은 구속과 섭리를 포함한다. 하나님은 자신과 인간들의 선을 위해 이 세상과 세상에 속한 인간들을 다스리신다. 그렇다면 이 세상에서 행하시는 하나님의 일은 무엇인가? 아니, 그보다 하나님께서 자신의 위대한 일을 통해서 이루시는 목적은 무엇인가? 타락한 아담의 후손들의 마음과 삶에는 거룩함이란 전혀 없다. 인간은 죄의 본성과 죄의 성향과 악한 기질과 죄의 욕망과 사악한 본성을 타고난 타락한 피조물이다. 인간은 본래 사악하며 악하게 태어났다. "악인은 나면서부터 곁길로 나아가 거짓을 말하는도다." 하나님의 온전한 계획은 타락한 인간을 바로잡아서 변화시키고 거룩하게 만드는 것이다. 하나님의 역사는 악한 사람들을 거룩한 사람으로 만드는 것이다. 이것이 곧 그리스도께서 이 땅에 오신 목적이다.

하나님의 아들이 나타나신 것은 마귀의 일을 멸하려 하심이니라.

하나님은 본성이 거룩하고 모든 행위가 거룩하신 분이시며 사람들이 자신을 닮기를 원하신다.

오직 너희를 부르신 거룩한 자처럼 너희도 모든 행실에 거룩한 자가 되라. 기록하였으되 내가 거룩하니 너희도 거룩할지어다 하셨느니라.

이것은 곧 그리스도를 닮는 것이며 예수 그리스도를 따르는 것이다. 이것은 그리스도인이 하는 모든 수고의 목표다. 그리고 진정으로 거듭난 영혼은 누구나 갖는 가장 간절하고 진심 어린 소원이다. 이것은 쉬지 않고 간절히 기도해야 할 제목이다. 그것은 우리가 거룩하게 지음 받았기 때문이다. 우리가 스스로를 거룩하게 만들어야 하는 것이 아니라 그리스도의 속죄의 귀한 피로 모든 죄에서 깨끗케 되어야 하며 성령의 직접적인 개입으로 거룩하게 되어야 하는 것이다. 거룩하게 **행하는** 것이 아니라 거룩하게 **되는** 것이다. 존재는 행위에 앞선다. 존재하는 것이 먼저이고 그 다음에 행하는 것이다. 먼저 거룩한 마음을 가진 다음에 거룩한 삶을 사는 것이다. 그리고 이 귀하고 고상한 목적을 위해 하나님은 우리 주님의 구속 사역과 성령의 개입을 통해 가장 풍성한 준비를 하셨다.

이 세상에서 행하시는 하나님의 일은 그의 백성에게 거룩함을 심고 자라게 하며 완전하게 만드는 것이다. 항상 이것을 명심하라. 그러나 이제 우리는 이런 의문을 가져야 한다. 이 하나님의 역사가 교회에서 진보를 보이고 있는가? 사람들이 거룩해지고 있는가? 오늘날의 교회가 사람들을 거룩하게 하는 일에 참여하고 있는가? 이것은 헛된 질문도 아니며 추상적인 질문도 아니다. 실제적이며 적절하며 매우 중요한 질문이다.

오늘날의 교회는 방대한 조직을 가지고 있다. 교회의 활동은 매우 활발하고 물질적인 재산도 그 어느 때에 뒤지지 않는다. 기독교라는 이름은 널리 퍼져있으며 잘 알려져 있다. 많은 돈이 주님의 금고로 들어오고 사용된다. 그러나 여기에 의문이 있다. 거룩의 역사가 이 모든 것들과 보조를 맞추어 진보하고 있는가? 성도들이 지닌 기도에 대한 부담감을 거룩한 것이라 생각하는가? 우리의 목회자들은 진정으로 거룩한 사람들인가? 그렇지 않다면 적어도 목회자들은 성장할 수 있도록 하나님의 말씀을 진정으로 갈망하는 의에 주리고 목마른 사람들인가? 그들은 진정으로 거룩한 사람이 되기를 구하는가? 교단에 지성있는 사람들이 절실히 필요하다는 것은 두말 할 필요가 없다. 그러나 그 이전에 가장 중요한 것은 죽어 가는 사람

앞에 서서 하나님의 구원을 선포할 거룩한 사람들이 필요하다는 사실이다.
　평신도와 마찬가지로 목회자들은 삶에서, 말에서 그리고 성품에서 거룩해야 한다. 그러나 이제 평신도보다 나을 게 없다. 목회자들은 모든 것에 하나님의 양떼에 본이 되어야 한다. 삶을 통하여 말할 뿐 아니라 또한 전도해야 한다. 교단에는 삶에서 흠이 없고 행동이 신중한 사람이 필요하며 "흠이 없고 순전하여 어그러지고 거스리는 세대 가운데서 하나님의 흠 없는 자녀로 세상에서 그들 가운데 빛들로 나타낼" 사람이 필요하다. 우리의 목회자들은 이런 사람들인가? 우리는 단지 의문을 던져볼 따름이다. 판단은 독자들이 알아서 할 일이다. 거룩케 하는 역사가 우리의 목회자들 가운데 진보를 보이고 있는가?
　다시 한 번 물어보자. 지도자의 자리에 있는 평신도들은 거룩함의 본을 보이는가? 그들은 마음에서부터, 그리고 삶에서부터 거룩함을 찾고 있는가? 기도하는 사람들이며 하나님의 거룩한 성품을 본받게 해달라고 기도하는 사람들인가? 그들은 일터에서 죄로 흠이 없는 사람들이며 그들이 얻는 재물은 부정으로 얼룩져 있지 않은가? 흔들리지 않는 정직함에 기초를 두며 곧은 마음으로 고상한 품위와 영향력을 미치는 사람들인가? 일터에서 성실함과 청렴 결백함이 그들의 신앙적인 활동과 교회생활과 일치하는가?
　다음으로, 하나님의 역사가 자기 백성들 가운데 진보를 나타내는지를 보여줄 수 있는 등불을 찾는 연구를 계속하는 가운데 한 걸음 더 나아가 여자들에 대하여 물어보자. 교회를 이끌고 있는 여자들은 이 세상 풍속에 대하여 죽고 이 세상과 구별되며 세상 교훈과 습관을 본받지 않는 자들인가? 그들은 행위에 있어 거룩하게 되어 젊은 여자들에게 말씀과 삶을 통하여 진실과 순종과 가정을 돌보는 일에 교훈을 가르치는가? 우리 가운데 있는 여자들은 기도하는 습관으로 이름난 사람들인가? 그리고 기도의 모범이 되는가?
　이 모든 것들은 얼마나 날카로운 질문인가? 그러나 이런 질문들이 주제넘고 어울리지 않는 질문이라고 감히 말할 사람이 있겠는가? 하나님의 역사가 사람들을 거룩하게 만들어야 한다면, 그리고 하나님께서 기도의 법을 통하여 이것을 행하실 충분한 준비를 하셨다면 어떻게 이같이 개인적이고 신랄한 질문을 제기하는 것이 주제넘고 소용없는 일이겠는가? 이런 질문들은 하나님의 역사와 진보, 그리고 완전함과 직접적인 관계가 있다. 병폐를 지적하는 질문들이다. 그리고 핵심을 찌르는 질문들이다.

우리는 결국 최후의 상황에 직면할지도 모른다. 사실을 보지 않으려고 눈을 돌리는 것은 전혀 유익이 되지 못한다. 교회가 이런 일을 하지 않는다면, 다시 말해 교회가 성도들을 마음과 생활의 거룩함으로 나가게 하지 않는다면 교회의 모든 일과 활동을 과시하는 것은 기만이며 함정일 뿐이다.

그러나 교회의 또 다른 부류의 사람들에 대하여 질문해보자. 이들은 미래 교회의 소망이다. 모든 사람들의 눈은 그들을 바라본다. 이 시대의 젊은 이들의 마음에는 진실함과 경외심이 자라고 있는가? 그리고 새롭게 된 심령에 뿌리를 내린 모든 은혜, 즉 거룩한 삶에 있어서 견실하고 변하지 않는 진보를 보이는 은혜가 자라나고 있는가? 만약 우리에게 거룩함이 자라지 않는다면 그것은 신앙의 행위를 하는 것도 아닐 뿐더러 신앙으로 사는 것도 아니다.

물질적인 풍요는 영적인 풍요로움이 무너지지 않았음을 말해주는 증표가 아니다. 물질적인 풍요는 영적인 풍요가 전혀 없어도 존재할 수 있다. 물질적인 풍요는 교회 지도자들의 눈을 쉽게 가릴 수 있어서 영적인 풍요를 물리치고 물질적인 풍요가 자리를 차지할 수 있다. 얼마나 경계해야 할 점인가! 물질적으로 풍요하다고 해서 거룩함이 자라는 것은 아니다. 개인뿐 아니라 교회적으로 볼 때 물질적으로 풍요로운 시절이 영적인 진보의 시절과 일치하는 경우는 거의 없다. 물질이 늘면 하나님에 대해 눈이 멀어지는 것은 아주 쉬운 일이다. 물질적인 풍요가 교회에 찾아올 때 사람을 의지하기 쉽고, 기도하는 일과 하나님 의지하기를 그치기 아주 쉽다.

하나님께서 역사하고 계심을 주장한다면, 또 우리에게 거룩함이 자라나고 있음을 주장한다면 쉽게 대답하기 어려운 당혹스런 질문이 몇 가지 생긴다. 만약 교회가 깊은 영성의 측면에서 진보하고 있다면, 다시 말해 우리가 기도하는 사람들이며 기도의 습관으로 이름난 사람들이라면, 또 오늘날 성도들이 거룩함에 주린 사람들이라면 이런 의문을 제기해 보자. 왜 오늘날 눈에 띄는 교회와 주요한 성직에 있는 사람들에게 임하시는 성령의 강한 역사를 보기가 그렇게 어려운가? 왜 깊은 영성으로 이름난 목회자의 삶에서 부흥이 일어나는 것을 보기가 그렇게 어렵고 교회 생활에서 부흥을 찾아보기가 그토록 어려운가? 주님의 손이 짧아서 구원할 수 없기 때문인가? 주님의 귀가 둔하여 들을 수 없기 때문인가? 소위 부흥이라는 것을 맞기 위해 명성 있고 감동을 주는 유명한 부흥강사라는 외부의 힘을 빌어야 하는 이유는 어디에 있는가? 이 사실은 대부분의 큰 교회와 저명한 지도자들에게도 해당된다. 목사가 그 일을 할 만큼 영적이지 못한 이유는 무엇인가? 하나님과의 교제를 통해 부흥집회를 이끌 수 없는 이유는 무엇이며 교회와 사회와 자신에게 성령의 놀라운 역사를 일으키지 못하는 이유는 무엇인가? 이런 상황에 대한 해법은 오직 하나밖에 있을 수 없다. 우리는 거룩함의 역사를 무시하고 다른 일에 힘을 쏟았다. 교회에서 우리의 마음이 물질에 먼저 잠식당하도록 내버려 두었다. 불행하게도 우리가 의도한 일이든지 아니든지 내적인 것을 외적인 것으로 대신했다. 보이는 것을 내세우고 보이지 않는 것을 외면하였다. 우리는 교회에서 영적인 문제보다 물질적인 문제에서 훨씬 앞서 있음은 자명한 사실이다.

그러나 이 슬픈 상황의 원인을 찾는 일은 그 이면으로 한참을 거슬러 올라가야 할 것이다. 기도의 타락이 주요 원인이다. 거룩함의 역사가 타락했기 때문에 기도의 타락이 찾아왔다. 기도와 거룩함은 조화를 이루기 때문에 하나의 타락은 곧 다른 것의 타락을 의미한다. 우리가 여기에 대한 변명을 할 수도 있고 지금의 상황을 정당화할 수 있을지 모른다. 그러나 너무나 분명한 사실은 오늘의 교회가 중점을 두는 일은 기도가 아니라는 점이다. 바로 이런 일이 일어났기 때문에 교회가 중점을 두는 일이 영혼 구속과 마음과 삶에서 거룩함에 뿌리를 내리고 있는 하나님의 위대한 사역에서 멀어졌다. 교회는 기도하는 사람들을 키우지 않고 있다. 그것은 교회가 위대한 거룩함의 역사에 깊게 관여하지 않기 때문이다.

한 번은 존 웨슬리(John Wesley)가 거룩함의 역사가 눈에 띄게 시들고 있음을 알았고 그 원인을 조사하기 시작했다. 웨슬리처럼 정직하고 영적이라면 우리도 그와 같이 하나님의 역사를 우리 속에 제한하도록 만드는 원인을 발견할 것이다. 한때 웨슬리가 동생 찰스에게 보내는 편지를 보면 그는 곧 바로 핵심을 파악하고 짤막하고 날카롭게 지적한 것을 알 수 있다. 다음은 그의 편지의 서두이다.

거룩함의 역사를 방해한 것이 무엇인가? 여기에 대해 생각해보고 싶다. 우리가 먼저 말할 자격은 없다. 우리가 주범이니까. 우리가 마음과 생활에서 좀더 거룩하다면, 하나님께 전적으로 헌신해 있다면 온 나라의 목회자들이 모두 담배를 지니고 다니면서 피우겠는가?
다음으로, 거룩함의 역사를 방해한 것은 상당수의 목회자들에게 있어 은사가 아니라 은혜가 부재한 탓이 아니겠는가? 목회자들은 그리스도의 온전한 마음을 갖고 있지 않다. 그리스도께서 그랬던 것처럼 충실하게 행하지 않는다. 그래서 주님의 손이 더디게 움직인다. 물론 주님의 손이 온전히 멈춘 것은 아니고 또 주님은 조용히 일하시지만, 목회자들이 자기를 보내신 자가 거룩한 것처럼 거룩하면 주의 손이 그처럼 더디게 일하지 않을 것이다.
세번째 장애 요인은 모든 사람들에게 은혜가 없는 점이 아니겠는가? 그렇기 때문에 사람들은 거의 기도하지 않고 일반적인 복을 간절히 구하지도 않는다. 또 그렇기 때문에 기도가 하나님께 능력을 발휘하지 못한다. 그들의 기도는 과거 그랬던 것처럼 하늘을 열고 닫지를 못한다.
여기에 덧붙일 것은 사람들의 마음이 세상 정신으로 충만하기 때문에 그들의 삶이 대부분 세상을 본받는다는 사실이다. 그들은 밝고 빛나는 등불이 되어야 하지만 타오르지도 않고 빛을 내지도 못한다. 따르겠다고 고백한 말씀을 지키지 않는다. 어떤 대화에서도 거룩함이라곤 찾아 볼 수 없다. 그들은 대부분 한때 적으나마 맛을 가졌으나 이제 그 맛조차 잃은 소금이라 할 수 있다. 무엇으로 온 나라에 맛을 내겠는가? 그들의 이웃이 그 어느 때보다 거룩하지 못한 것은 당연한 일이 아니겠는가?

웨슬리는 요점을 지적하고 있다. 그리고 핵심을 찌른다. 거룩함이 시들고 있는 원인을 밝혀낸다. 웨슬리는 거룩함이 쇠퇴하는 첫번째 이유가 자신과 찰스에게 있다고 솔직하게 고백한다. 책임 있는 자리에 서는 사람들은 지도자들이다. 그들이 무너질 때 교회가 무너진다. 그들은 교회에 색깔을 부여한다. 교회의 성격과 그 활동의 대부분을 결정한다. 이런 지도자들은 얼마나 거룩해야 하는가? 얼마나 큰 열정을 가져야 하는가? 그들에게서 기도하는 모습이 얼마나 많이 보여야 하는가! 하나님의 마음을 움직이는데 얼마나 큰 영향력을 미쳐야 하는가! 머리가 나약하면 몸 전체가 흔들리는 것이다.

목회자들이 두번째로 그의 목록에 올랐다. 대 목회자를 비롯하여 그 아래에 있는 목회자들이 거룩함에서 진보하지 않을 때 그 파장은 가장 아래까지 이를 것이다. 일반적으로 성도들은 목회자들의 모습을 그대로 닮는다. 목회자들이 기도하지 않으면 성도들은 그들의 발자국을 그대로 따른다. 목사가 거룩함의 활동에 대해 침묵하면 평신도 사이에 거룩함에 대한 굶주림도 목마름도 없을 것이다. 목사가 하나님께서 신앙의 경험을 통해 주시는 가장 귀하고 선한 것들을 얻는데 관심을 두지 않으면 성도들도 그런 목사를 닮을 것이다.

웨슬리의 말 중에 거듭 강조해야 할 말이 하나 있다. 은사가 없다기보다 은혜가 없다는 말이다. 이것은 대부분의 목사들에게 해당되는 말이다. 이 말은 격언으로 사용해도 될 것이다. 일반적으로 하나님의 역사가 일어나지 않는 것은 은사가 없어서라기보다는 은혜가 없기 때문이다. 이것은 그 이상을 의미한다. 은혜를 온전히 받으면 은사가 많아지기 때문이다. 빈약한 결과, 얕은 경험, 무기력한 신앙생활, 중심이 없고 능력이 없는 설교는 언제나 은혜가 부족한 데서 나온다. 그리고 은혜의 부족은 언제나 기도의 부족에서 생긴다. 큰 은혜는 큰 기도에서 나온다.

> 우리의 부르심의 영광스러운 소망은 무엇인가
> 마음의 거룩함이 아닌가?
> 거룩함을 위해 예수님을 바라보고
> 거룩함을 잠잠히 기다리네.
> 주님께서 깨끗케 하실 것을 기다리며

생명과 능력을 주실 것을 기다리네.
죄를 이길 수 있는 믿음을 주시길 기다리며
마음을 정결케 하시길 기다리네.

하나님은 이 세상에서 위대한 일을 이루실 때 인간을 통해 역사하신다. 하나님은 그의 교회를 통해 전체적으로 일하시며 그의 백성을 통해 개별적으로 일하신다. 하나님의 백성들은 능력 있는 종이 되기 위해 "귀히 쓰는 그릇이 되어 거룩하고 주인의 쓰심에 합당하며 모든 선한 일에 예비함이 되어야" 한다. 하나님은 거룩한 사람을 통해 가장 능력 있게 행하신다. 하나님의 일은 기도하는 사람의 손에서 진보를 보인다. 베드로는 말하기를 하나님 말씀에 이르지 못한 남편이 그 아내의 행위로 인해 구원을 받으라고 한다. "어그러지고 거스리는 세대 가운데서" 생명의 말씀을 굳게 붙잡을 수 있는 사람들은 "흠이 없고 순전하여 하나님의 흠 없는 자녀"이다.

세상은 성경의 시각에서 믿음을 판단하는 것이 아니라 그리스도인들이 어떻게 사느냐에 따라 판단한다. 그리스도인이란 죄인들이 읽는 성경이다. 그리스도인들은 모든 사람들이 읽는 서신서이다. "이러므로 그의 열매로 그들을 알리라." 그러므로 중점을 두어야 할 곳은 거룩한 삶이다. 그러나 유감스럽게도 오늘날의 교회는 다른 곳에 중점을 두고 있다. 교회의 일꾼을 뽑고 교회의 직원을 세우는데 있어서 거룩한 자질은 고려하지 않는다. 기도하는 습성은 하나님께서 그의 모든 역사와 계획을 이루실 때 고려하신 자질이지만, 우리는 교회의 일꾼을 세울 때 이 자질을 참작하지 않는 듯하다. 하나님은 거룩한 사람, 기도하는 습관으로 유명한 사람들을 찾으셨다. 기도하는 지도자들은 찾아보기 어렵다. 기도하는 모습을 교회의 직책에 필요한 가장 고상한 자질로 생각하지 않는다.

우리는 하나님께서 주관하시는 세상에서 이루어지는 위대한 활동 중에서 성취되는 것이 너무 적다고 의아하게 생각해서는 안 된다. 사실, 그처럼 연약하고 흠이 많은 인간을 통해 이루신 일이 많다는 것은 참으로 놀라운 일이 아닐 수 없다. "하나님께 거룩"이라는 말을 교회의 깃발에 다시 적어 넣어야 한다. 그 말이 현대를 사는 그리스도인의 귀에 다시 한 번 울려야 한다. "모든 사람으로 더불어 화평함과 거룩함을 좇으라. 이것이 없이는 아무도 주를 보지 못하리라."

이것이 하나님의 신앙에 대한 기준임을 강조하고 또 강조하자. 이 기준에 미치지 못하는 것은 그 어떤 것도 하나님의 요구를 만족시키지 못할 것이다. 오, 여기에는 얼마나 기만의 위험이 큰가! 사람은 의로움에 아주 가까이 접근하고도 잘못될 수가 있다! "십볼렛"이라는 말을 아주 정확하게 발음할 수 있으나 결국 그 시험에는 통과하지는 못하는 사람들이 있을 수 있다. 예수 그리스도께서는 이같이 말씀하신다. "그 날에 많은 사람이 나더러 이르되 주여 주여 하리니." 그러나 오히려 예수님은 그날에 그들을 향해 이렇게 선포할 것이라고 말씀하신다. "내가 너희를 도무지 알지 못하니 불법을 행하는 자들아 내게서 떠나가라."

사람들은 마음이 거룩하지 않고 행위가 의롭지 못해도 선한 일을 많이 행할 수 있다. 그들은 선한 일을 많이 행할 수 있지만 거룩이라고 불리는 영적 자질은 부족하다. 개인의 구원이라는 위대한 일을 한다는 명분 아래 스스로 기만에 빠지지 말라고 경계하는 바울의 말을 참으로 귀 기울여 들어야 할 것이다!

> 스스로 속이지 말라. 하나님은 만홀히 여김을 받지 아니하시나니 사람이 무엇으로 심든지 그대로 거두리라.

> 오, 예수님이여,
> 지혜와 깨닫는 마음을 주서서
> 죄에서 더욱 멀리 떠나게 하소서.
> 이 땅에서 당신을 영화롭게 하여
> 하늘 가는 길 찾는 법을
> 성령을 통해 알게 하소서.

8

기도와 헌신

　기도의 다양성을 연구할 때면 우리는 기도와 연관된 것이 너무나 많음에 놀란다. 인간의 삶에서 기도가 영향을 미치지 않는 면은 없으며 기도는 인간구원에 영향을 주는 모든 것과 관계가 있다. 기도와 헌신은 밀접한 관련이 있다. 기도는 헌신을 향해 차츰 나아가며 헌신을 좌우한다. 기도는 헌신보다 앞서며 헌신을 동반하며 헌신의 직접적인 결과로 나타난다. 헌신의 모습은 조금도 없으면서 헌신이라는 이름 아래 이루어지는 것이 많다. 오늘날 헌신은 불완전하고 피상적이고 겉치레가 많으며 헌신의 형식과 목적에 관한 한 가치가 없는 것이 많다. 슬프게도 널리 이름난 헌신은 그 안에 기도를 거의 찾아볼 수 없기 때문에 결점투성이다. 많은 기도를 통해 직접 얻는 열매가 아닌 헌신, 그리고 한 사람을 기도의 삶으로 인도하지 못하는 헌신은 생각할 가치도 없다. 기도는 헌신하는 삶에서 두드러지게 나타나는 특별한 모습이다.
　헌신은 단지 봉사의 삶이 아니다. 훨씬 그 이상의 것을 의미한다. 헌신은 무엇보다 개인 거룩의 삶이다. 마음에 영적 능력을 가져다주고 온전한 내적 삶에 생기를 불어넣는 것이다. 항상 하나님을 인정하는 삶이며 참된 기도에 전념하는 삶이다.
　온전한 헌신은 그리스도인의 삶의 가장 고상한 형태이다. 온전한 헌신은 경험과 삶과 봉사를 판단하기 위해 하나님께서 정하신 기준이다. 온전한 헌신은 믿는 사람이 바라고 나아가야 할 목표다. 온전한 헌신에 미치지 못하는 것에 대해서는 그 어떤 것도 믿는 자는 만족해서는 안 된다.
 믿는 자는 전적으로, 그리고 온전히 주님의 것이 될 때까지 결코 스스로에게 만족해서는 안 된다. 그의 기도는 차츰 자연스럽고도 자발적으로 이 한 가지 행위로 이끌린다.
 헌신은 자신을 그 어떤 조건도 없이 하나님께 즐거운 마음으로 드리는 것이며 단호히 드리는 제물이다. 우리의 모든 모습과 우리가 가진 모든 것, 그리고 우리가 가지려고 하는 모든 것과 앞으로 되려고 하는 모든 모습을 구별하여 먼저 하나님께 드리는 것이다. 헌신은 우리 자신을 교회에 드리거나 단지 교회 일에 많이 관여하는 정도의 수준이 아니다. 전능하신 하나님을 바라보는 것이며 모든 헌신의 목표를 하나님으로 삼는 것이다. 자신을 하나님께 구별하여 드리는 것, 즉 자신의 모습과 가진 것을 모두 거룩한 목적으로 드리는 것이다. 특별한 목적을 위해 헌신하는 경우도 있다. 그러나 그것은 진정한 의미에서 헌신이 아니다. 헌신은 거룩한 본성이 있다. 헌신은 거룩한 목적에 자신을 드리는 것이다. 거룩한 목적을 바라보고 신성하고 거룩하게 쓰임 받도록 자신을 기꺼이 하나님의 손에 맡기는 것이다.
 헌신은 단지 악한 일과 사악한 목적을 멀리하는 정도가 아니다. 오히려 자신을 세상적이고 세속적인 것으로부터 구별하는 것이며 거룩한 목적을 가진 하나님의 계획에 대립되는 것이라면 합당한 것이라도 멀리하는 것이다. 헌신은 하나님의 특별한 목적을 위해 우리가 가진 모든 것을 하나님께 바치는 것이다. 헌신은 모호한 것에서 떠나는 것이며 심지어 이 세상 것과 하나님의 말씀 사이에서 선택해야 하는 문제라면 합당한 것으로부터도 떠나는 것이다.
 하나님께서 만족하시고 받으시는 헌신은 인색함이나 다른 어떤 거리낌도 없이 온전하고 완전한 것이어야 한다. 그것은 구약 시대에 드린 번제가 몸의 일부분만 드릴 수 없었듯이 부분적인 헌신이란 있을 수 없다. 짐승의 전체를 제사로 드려야 했다. 짐승의 일부분을 따로 떼어 둔다면 그것은 제사를 심각하게 더럽히는 일이었다. 그러므로 반쪽 짜리 헌신, 즉 부분적으로 헌신하는 것은 결코 헌신하는 것이 아니며 하나님께서 받으신다는 보장을 전혀 받지 못한다. 헌신은 우리의 모든 본성을 포함하고 우리가 가진 모든 것과 우리의 모든 모습을 포함한다. 하나님의 최상의 목적을 위해 모든 것을 단호하고도 기꺼이 하나님의 손에 맡기는 것이다.

헌신은 거룩함의 전부가 아니다. 이 점에서 큰 실수를 하는 사람들이 많다. 헌신은 상대적으로 우리를 거룩하게 한다. 우리가 지금 하나님과 밀접한 관계에 있다는 의미로 볼 때에만 우리는 거룩하다. 이것은 곧 여태까지 하나님과 관계가 없었음을 의미한다. 헌신은 거룩의 인간적인 측면이다. 다시 말하지만 이런 의미로 볼 때, 즉 헌신이 거룩의 인간적인 측면이라는 의미로 볼 때만 헌신은 자기성결이다. 성결이나 거룩은 진정한 의미에서 볼 때 하나님께 속한 것이며, 우리 마음에 역사하셔서 마음을 정결케하고 그 안에 더 고상한 성령의 열매를 맺게 하시는 성령의 사역이다.

이런 특별한 구별은 레위기에 나오는 모세법을 통해 분명하게 밝혀지고 드러난다. 여기서 모세는 성결과 거룩의 인간적인 측면과 하나님적인 측면을 보여준다.

> 너희는 스스로 깨끗케 하여 거룩할지어다. 나는 너희 하나님 여호와니라. 너희는 내 규례를 지켜 행하라. 나는 너희를 거룩케 하는 여호와니라

이 말씀으로 보면 우리는 스스로를 성결케 해야 한다. 그리고 다음 말씀에서 우리를 성결케 하는 분은 하나님이라는 것을 알게 된다. 하나님은 우리를 그의 일에 헌신하게 하지 않고 우리 스스로를 성결케 하신다. 엄밀한 의미에서 우리는 스스로를 성결케 하는 것이 아니다. 여기에 성결의 양면성이 있고 항상 기억해야 할 구별됨이 있다.

믿는 자의 지혜롭고 자발적인 행위인 헌신은 기도의 직접적인 결과이다. 기도하지 않는 사람은 결코 온전한 헌신의 마음을 품지 못한다. 기도하지 않는 것과 헌신에서는 공통적인 면을 찾을 길이 없다. 기도의 삶은 자연스럽게 온전한 헌신을 향하여 나아간다. 기도의 삶은 다른 어떤 곳으로도 향하지 않는다. 실제로 기도의 삶은 자신을 하나님께 온전히 드리는 것에만 만족한다. 헌신은 우리에 대한 하나님의 완전한 소유권을 인정한다. 헌신

은 바울이 밝힌 진리의 말씀에 기꺼이 동의한다.

너희는 너희의 것이 아니라. 값으로 산 것이 되었으니 그런즉 너희 몸으로 하나님께 영광을 돌리라.

그리고 참된 기도는 그 길로 통한다. 참된 기도는 다른 어떤 목적지에 닿지 않는다. 이 목적지에 반드시 도착하게 되어 있다. 이것이 기도의 자연스러운 결과다. 그리고 이것이 기도가 이루어 내는 일이다. 기도는 헌신된 사람들을 만든다. 다른 어떤 부류도 만들 수 없다. 기도는 이 목적에 이른다. 그리고 바로 이 목표를 겨냥한다.

기도는 온전한 헌신에 이르게 하고 온전한 헌신을 낳듯이 온전히 헌신된 삶을 만든다. 기도의 삶과 헌신된 삶은 서로 친밀한 단짝이다. 허리가 붙어 있어 서로 떼어놓을 수 없는 시암 쌍둥이다. 기도는 헌신된 삶의 모든 부분에 관여한다. 헌신을 외치지만 기도하지 않는 삶은 모순이며 오류이고 허위이다.

헌신은 자신을 진정으로 기도의 삶으로 구별하는 것이다. 이것은 기도할 뿐 아니라 습관적으로 기도하고 더욱 능력 있게 기도하는 것을 말한다. 기도를 통해 가장 많은 것을 이루는 사람은 바로 헌신된 사람이다. 하나님은 자신에게 온전히 헌신한 사람의 기도를 듣지 않으실 수 없다. 자신의 모든 것이 하나님의 것이라고 선포하는 사람, 자신을 하나님과 하나님의 일에 전적으로 드린 사람, 이런 사람의 요구를 하나님은 외면하실 수 없다. 이 헌신한 사람의 행위는 그를 "기도하는 곳과 기도하는 시간"으로 인도한다. 기도로 하나님께 이르도록 하며 하나님을 붙잡을 수 있는 곳과 하나님의 마음을 움직일 수 있는 곳에 있게 한다. 헌신은 기도의 응답을 가져온다. 하나님은 헌신된 사람을 신뢰하실 수 있다. 하나님께 자신을 전적으로 드린 사람에게 하나님은 기도를 통해 약속을 주실 수 있다. 하나님께 모두 드리는 사람은 하나님께 모든 것을 얻을 것이다. 하나님께 모든 것을 드린 사람은 하나님께서 자기에게 주시는 것을 모두 요구할 수 있다.

기도는 온전한 헌신의 상태이기 때문에 자신을 철저히 하나님께 드린 사람의 습관이며 삶의 규정이기도 하다. 기도는 헌신된 삶에 어울린다. 그런 삶에서 기도는 낯설지 않다. 기도와 헌신 사이에는 특별한 공감대가 있다. 그 둘 모두가 하나님을 인정하는 것이며 하나님께 드리는 것이며 하나님께 목표와 목적을 두기 때문이다. 기도는 헌신된 삶의 한 부분이며 한 짝이다. 기도는 헌신과 영원히 떼어놓을 수 없는 친밀한 친구이다. 기도와 헌신은 함께 걷고 함께 대화한다.

오늘날 사람들은 헌신에 대하여 많이 말한다. 그리고 헌신이 무엇인지도 모르는 많은 사람들을 헌신된 사람이라 부른다. 현대의 헌신은 성경의 기준에 전혀 미치지 못한다. 참된 헌신이 없다. 참된 기도를 모르면서 기도에 대해 많이 말하듯이 오늘날 교회에는 참된 헌신의 모습이 없으면서 소위 헌신이라는 것을 많이 이야기한다. 교회에서는 피상적이고 형식적인 신자들의 칭찬과 갈채를 받는 것이 헌신으로 통한다. 그러나 이것은 과녁에서 멀리 벗어난 것이다. 여기저기로 분주하게 움직이고 야단법석을 떨며 여러 곳을 가며 많은 일들을 한다. 그리고 이런 풍조를 따라 분주한 사람들을 헌신된 사람들이라고 부른다. 이 모든 거짓 헌신의 근본적인 병폐는 거기에 기도가 없다는 것이며 그들의 헌신이 기도의 직접적인 결과가 전혀 아니라는 것이다. 사람들은 교회에서 훌륭하고 칭찬할 만한 일을 많이 하면서도 헌신된 삶에 대하여 완전한 이방인이 될 수 있다. 마치 기도하지 않고도 많은 일을 할 수 있는 것과 같다.

참된 헌신을 가름할 수 있는 방법이 있다. 기도의 삶이 그것이다. 기도하는 모습이 없으면, 기도가 앞서지 않으면 그 헌신은 거짓이며 속임수며 잘못 불리는 것이다. 기도하는 사람인가? 기준은 이것이다. 소위 헌신되었다고 말하는 모든 사람들에게 던져야 할 물음이다. 기도의 사람인가? 기도가 결여된 헌신은 생각할 가치조차 없다. 그렇다. 그리고 무엇보다 기도의 모습이 두드러지게 드러나지 않는 삶이라면 더 말할 것도 없다.

하나님은 헌신된 사람들을 원하신다. 헌신된 사람들은 기도할 수 있고 기도할 것이기 때문이다. 하나님께서 헌신된 사람을 사용하실 수 있는 것은 기도하는 사람을 사용하실 수 있기 때문이다. 기도하지 않는 사람은 하나님의 길을 막고 하나님의 일을 방해하며 그 뜻의 성공을 저지하는 것과 마찬가지로 헌신되지 않은 사람은 하나님께 쓸모 없는 사람이며 하나님의 은혜로운 계획을 이루고 그의 귀한 구속의 목적을 실행하는데 방해가 된다. 하나님은 헌신된 사람을 원하신다. 하나님은 기도하는 사람을 원하시기 때문이다. 한 사람에 있어 헌신과 기도는 공존한다. 기도는 헌신된 사람이 일하는데 사용하는 도구이다. 헌신된 사람은 기도의 효력을 발휘하는 청지기이다. 기도는 헌신된 사람이 헌신의 태도를 지키는데 도움을 주며 그가 하나님께 대해 늘 깨어있게 만들고 부르심을 받아 헌신한 일을 이루도록 돕는다. 헌신은 기도를 능력 있게 한다. 헌신은 기도를 통해 가장 많은 것을 얻게 해 준다.

> 우리의 주인 되신 하나님의 주권을 선포하고
> 온갖 감사의 노래를 올리며
> 저마다 사랑의 마음을 드리자.
>
> 우리를 값으로 사신 분은
> 마땅히 우리를 당신의 것이라 부르시니
> 믿는 자는 오직 그리스도를 위하여 살고
> 오직 그리스도를 위하여 죽으리라.

헌신의 근본 목적은 평범한 의미의 봉사가 아님을 강조해야 한다. 많은 사람들이 생각하는 봉사의 의미는 현대 교회의 많은 활동 중에 어느 한 부분에 관여하는 것에 지나지 않는다. 시간과 마음을 쏟을 만한 그런 활동들은 너무나 다양하다. 넘칠 정도로 많다. 그 중에는 유익한 일도 있고 별로 유익하지 못한 일도 있다. 오늘날의 교회는 조직, 기관, 위원회, 그리고 각종 단체로 가득 차 있어서 그 조직을 모두 운영할 힘이 없고 그 모든 외적인 활동을 하는데 필요한 활기를 불어넣을 힘이 부족하다. 헌신은 단지 이 같은 외적인 활동으로 힘을 소진하는 것보다 훨씬 더 고상하고 귀한 목적을 가지고 있다.

헌신은 올바른 섬김, 즉 영적인 섬김을 목표로 삼는다. 헌신은 하나님을 섬기기를 구한다. 그러나 그 영역은 오늘의 교회 지도자들이나 목회자들이 생각하는 것과는 완전히 다르다. 세례 요한의 아버지 스가랴가 누가복음 1:74의 놀라운 예언을 통해 말한 으뜸가는 섬김은 다음과 같았다.

> 우리로 원수의 손에서 건지심을 입고 종신토록 주의 앞에서 성결과 의로 두려움이 없이 섬기게 하리라.

여기서 우리는 "종신토록 주의 앞에서 성결과 의로 섬긴다"는 생각을 얻어낸다.

그리고 누가는 세례요한이 태어나기 전에 요한의 부모를 크게 칭송하면서 같은 종류의 섬김에 대해 말하였다.

> 이 두 사람이 하나님 앞에 의인이니 주의 모든 계명과 규례대로 흠이 없이 행하더라.

그리고 바울도 빌립보 교회에 보내는 서신의 서두에서 흠 없는 삶에 대해 역설하면서 같은 내용을 언급했다.

> 모든 일을 원망과 시비가 없이 하라. 이는 너희가 흠이 없고 순전하여 어그러지고 거스리는 세대 가운데서 하나님의 흠 없는 자녀로 세상에서 그들 가운데 빛들로 나타내며 생명의 말씀을 밝혀 나의 달음질도 헛되지 아니하고 수고도 헛되지 아니함으로 그리스도의 날에 나로 자랑할 것이 있게 하려 함이라.

우리는 오늘날 개인 사역자들이 이상할 정도로 간과해 버리는 진리를 언급하지 않을 수 없다. 그 진리란 바울 서신을 비롯한 다른 서신서를 볼 때 가장 으뜸으로 생각하는 것은 소위 교회 활동이 아니라 개인의 삶이라는 것이다. 그것은 선한 행위와 의로운 행동, 거룩한 삶과 경건한 말, 그리고 옳은 생각으로, 근본적으로 개인적인 신앙 생활에 속하는 것들이다. 어디를 보든지 이것을 강조하고 이것을 가장 전면에 내세우며 중요시하고 또 역설한다. 신앙은 무엇보다 개인이 바르게 사는 것을 강조한다. 신앙은 그 모습이 삶에서 나타난다. 그러므로 신앙은 그 실체와 고결함과 거룩함을 입증해야 한다.

> 우리가 고백하는 거룩한 복음을
> 우리의 입술과 삶으로 말하자.
> 우리의 일과 선행이 빛나게 하여
> 그 말씀이 온전히 거룩함을 입증하자
>
> 구세주가 우리 안에서 다스리고
> 하나님의 은혜가 죄의 능력을 정복할 때
> 구원자 하나님의 영광을
> 만방에 선포하리라.

헌신의 가장 위대한 목표는 마음과 삶의 거룩함이다. 그 목표는 하나님을 영화롭게 해야 한다. 그런데 이것은 모든 죄에서 깨끗함을 받은 마음으로부터 흘러나오는 거룩한 삶이 아니고는 어떤 방법으로도 불가능하다. 모든 그리스도인의 마음을 누르는 가장 무거운 짐이 바로 이것이다. 그리스도인은 이것을 항상 명심해야 하며 이런 삶과 마음으로 더욱 나아가야 한다. 깨어있어야 하며 기도해야 하고 은혜의 모든 수단을 사용하는데 부지런해야 한다. 진정으로, 그리고 온전히 헌신된 사람은 거룩한 삶을 산다. 그는 마음의 거룩을 추구한다. 그리고 그것으로 만족하지 않는다. 바로 이것을 위해 그는 하나님께 자신을 헌신한다. 거룩한 마음과 거룩한 삶을 위해 자신을 하나님께 전적으로 드린다.

거룩한 마음과 거룩한 삶은 철저하게 기도로 만들어지기 때문에 헌신과 기도는 개인의 신앙에서 밀접하게 결합하고 있다. 한 사람을 그처럼 주님께 헌신된 삶으로 인도하기 위해서는, 그리고 그런 삶을 지키기 위해서는 기도가 필요하다. 많이 기도하지 않고는 그런 거룩한 삶은 무너지고 말 것이다. 거룩한 사람은 기도하는 사람들이다. 거룩한 마음과 거룩한 삶은 기도에 이르게 한다. 헌신은 참된 기도에 이르게 한다.

기도하지 않는 사람은 거룩한 마음과 깨끗한 마음과 같은 것에 대해서는 이방인이다. 골방을 낯설게 생각하는 사람들은 헌신과 거룩에 대하여 전혀 관심이 없다. 거룩함은 은밀한 기도의 자리에서 성장한다. 기도하는 분위기는 거룩함이 생기고 자라는데 유리하게 작용한다. 골방에는 거룩함이 있다. 헌신은 한 사람을 마음의 거룩으로 인도하고 기도는 그 헌신이 완성될 때까지 굳게 견딘다.

헌신의 정신은 기도의 정신이다. 헌신의 법칙은 기도의 법칙이다. 두 가지 법은 조그마한 잡음이나 불화도 없이 완벽한 조화를 이룬다. 헌신은 참된 기도의 실제적 표현이다. 헌신된 사람은 기도하는 습관으로 알 수 있다. 그러므로 헌신은 자신을 기도로 나타낸다. 기도에 관심이 없는 사람은 헌신에 관심을 갖지 않는다. 기도는 헌신에 대한 관심을 만들고, 기도는 헌신이 기쁨의 이유가 되는 마음의 상태에 이르게 하여 마음의 기쁨과 만족과 행복을 가져온다. 헌신된 사람은 가장 행복한 사람이다. 하나님께 온전히 헌신된 사람과 하나님의 뜻 사이에는 마찰과 같은 것이 하나도 없다. 온전히 헌신된 사람의 뜻과 하나님, 그리고 하나님의 뜻은 서로 완벽한 조화를 이룬다. 그리고 온전히 헌신된 사람의 뜻과 하나님의 뜻은 완전히 일치하여 마음의 안식을 가져오고 마찰을 없애며 완전한 평화를 심어준다.

주여, 당신의 은혜에 힘입어,
기쁘고 자유로운 마음으로
내 몸과 남은 생애를
주께 드리나이다.

주께서 피값으로 사신 종을
다시 주님의 소유로 삼으소서.
이 순간부터 살든지 죽든지
나의 하나님만 섬기리이다.

9

기도와 신앙의 명확한 기준

　신앙에 있어 나약함과 무력함과 부족함은 신앙의 특성을 형성하고 그 결과를 판단하는 성경적이고 합당한 신앙의 기준을 갖지 못하여 생기는 경우가 많은데, 이것은 주로 기도를 등한시하거나 기도를 기준으로 삼지 않는 결과이다. 신앙이 뚜렷하게 진보하는 시점이 없다면 신앙에서 진보는 이룰 수 없다. 우리가 목표로 삼고 달려가는 곳에는 언제나 명확한 무엇이 있어야 한다. 본으로 삼을 모형이 없다면 형태를 가진 것과 형태가 없는 것을 서로 대조할 수 없다. 우리를 고무할 높은 목표가 없다면 영감 역시 있을 수 없다.
　마음이 흐트러지고 목표물이 없는 그리스도인들이 많다. 그것은 행동과 인격에 있어 본받을 만한 모범이 그들 앞에 없기 때문이다. 목표 없이 흐릿한 마음의 상태로, 눈에 보이는 모형과 실체도 없이, 분투하며 좇아가는 기준도 없이 계속 나아간다. 가치를 둘 기준도, 자신의 수고와 노력을 평가할 기준도 없다. 눈을 만족시키고 발걸음을 재촉하게 만들 힘이 없다. 그들을 이끌고 흔들리지 않도록 굳게 지켜줄 힘도 없다.
　이와 같이 신앙에 대한 흐릿한 생각은 모두 기도에 대한 부정확한 관념에서 생긴다. 신앙의 기준을 분명하고도 명확하게 세우도록 돕는 것은 기도이다. 그 기준을 높이 두도록 돕는 것은 기도이다. 기도하는 사람은 어떤 대상을 명확하게 보는 사람들이다. 실제로 기도는 그 자체가 매우 명확한 것이며 구체적인 것을 겨냥하고 그 겨냥하는 것을 과녁으로 삼는다. 기도는 더없이 명확하고 지극히 고귀하고 즐거운 신앙의 경험을 목표로 삼는다. 기도하는 사람은 하나님께서 자신을 위해 예비하신 것을 모두 갖기 원한다. 기도하는 사람은 무기력하고 피상적이며 희미하며 분명하지 않은 신앙생활과 같은 것에 만족하지 않는다. 그들은 "좀더 깊은 은혜의 역사"를 추구할 뿐만 아니라 약속된 가장 깊은 은혜의 역사를 원한다. 약간의 죄가 아니라 내적이고 외적인 모든 죄에서 구원받기를 추구한다. 범죄하는 것에서 구원받는 것뿐만 아니라 죄 자체로부터, 죄의 속성으로부터, 죄의 능력에서부터 그리고 죄로 인한 오염에서 구원받기를 추구한다. 그들은 마음과 삶의 거룩함을 좇는다.

기도하는 사람은 믿음을 가진다. 그리고 하나님 말씀을 통해서 우리에게 주어지는 가장 높은 신앙 생활을 찾는다. 기도가 바로 그런 삶의 상태이다. 기도는 그런 삶으로 통하는 길을 가르쳐 준다. 신앙 생활의 기준이 곧 기도의 기준이다. 기도는 너무도 중요하고 본질적이며 힘이 멀리 미치기 때문에 모든 신앙에 깊게 관여하며 눈앞에서 기준을 분명하고도 명확하게 정해 준다. 기도를 평가하는 정도만큼 신앙 생활의 기준에 대한 생각이 정착된다. 성경적인 신앙의 기준은 기도의 기준이다. 삶에서 기도에 대한 기준이 높으면 높을수록 신앙에 대한 견해는 더 명확하고 높아진다.

성경만이 삶과 경험에 대한 기준을 정한다. 우리가 스스로 기준을 정한다면 거기에는 착각과 거짓이 있기 마련이다. 그것은 우리의 욕심과 편리와 취향으로 인해 하나의 습관, 즉 항상 육적이고 낮은 수준의 습관이 생기기 때문이다. 이 습관으로 인해 그리스도를 닮는 신앙의 기초적인 원리들이 모두 외면당한다. 육체를 위한 양식을 만드는 기준은 어떤 것이든 간에 비성경적이고 유익하지 못하다.

신앙의 기준을 정하는 일을 다른 사람에게 맡기는 것도 유익하지 못할 것이다. 우리의 신앙 기준을 남에게 정하도록 한다면 일반적으로 불완전한 기준이 되고 만다. 왜냐하면 모방의 과정에서는 모방하는 사람에게 장점보다 단점이 더 쉽게 전달되기 때문이며, 또 모방을 하는 사람은 그 결점도 함께 모방하기 때문이다.

따라서 사람들이 말하는 것을 기준으로 신앙이 무엇인지를 결정하는데 있어 가장 치명적인 위험은 오늘날 우리 가운데 편만한 견해와 전염된 모형과 신앙의 기준을 바탕으로 우리의 신앙적인 견해와 특성을 형성하는 일이다. 아도니람 저드슨(Adoniram Judson)은 한때 친구에게 이렇게 썼다. "오늘날 너무나 횡행하는 진부한 신앙에 제발 안주하지 않았으면 좋겠네."

진부한 신앙은 육체를 즐겁게 한다. 거기에는 자기 부인이란 없고 십자가를 지는 것도, 스스로 십자가에 달리는 것도 없다. 주위 사람들은 다 그렇게 산다. 왜 우리는 유독 남다르게 살아야 하고 곧이곧대로 살아야 하는가? 남들은 세상 사람들처럼 평범하게, 그리고 타협하면서 산다. 왜 우리만 굳이 색다르게 살아야 하고 선한 일에 열심을 내야 하는가? 수없이 많은 사람들이 소위 "아름다운 꽃밭"에서 안주하는데 우리는 왜 천국에 다다르기 위해 분투해야 하는가? 태평스럽고 마음 편히, 그리고 한가롭게 사는 무리들은 기도없는 삶을 살면서 천국에 이르겠는가? 천국이 기도하지 않는 사람에게, 태만한 사람에게, 그리고 편안함을 좋아하는 사람에게 합당한 곳인가? 가장 근본적인 질문은 바로 이것이다.

바울은 즐거움과 쾌락을 추구하는 사람을 신앙의 동반자로 삼는 것을 경계하면서 다음과 같이 우리에게 판단 기준을 제시한다.

> 우리가 어떤 자기를 칭찬하는 자로 더불어 감히 짝하며 비교할 수 없노라. 그러나 저희가 자기로서 자기를 헤아리고 자기로서 자기를 비교하니 지혜가 없도다. 그러나 우리는 분량 밖의 자랑을 하지 않고 오직 하나님이 우리에게 분량으로 나눠주신 그 분량의 한계를 따라 하노니 곧 너희에게까지 이른 것이라.

기도를 무시하는 신앙의 기준은 잠시라도 고려할 가치가 없다. 신앙에서 기도를 주된 것으로 간주하지 않는 기준은 전혀 생각할 가치가 없다. 기도는 너무나 필수적이고 하나님의 계획에 있어 너무나 기초적이며 신앙생활을 포함한 모든 것에서 너무나 중요하기 때문에 모든 성경적인 신앙의 일부가 된다. 기도는 그 자체가 명확한 기준이요 뚜렷한 기준이며 성경적인 기준이다. 기도 생활은 하나님의 법칙이다. 우리 주님께서 그러셨듯이 이 것이 바로 기도의 사람의 모형이며 우리가 본받아야 할 모형이다. 기도는 신앙생활의 모형을 형성한다. 기도는 평가의 척도이다. 기도는 삶을 형성한다.

신앙을 모호하고 불명확하며 통속적으로 보는 관점에는 기도란 없다. 그런 관점으로 보는 신앙은 그 과정에서 기도가 완전히 누락되거나 하찮고 무의미한 것으로 간주되어 언급할 가치조차 없다. 신앙을 보는 인간적인 기준에는 기도가 없다.

우리가 겨냥하는 목표는 인간의 기준이 아닌 하나님의 기준이다. 우리의 목표는 인간의 견해가 아니며 인간이 하는 말이 아니라 성경이 말하는 것이다. 신앙에 대한 빈약한 관념은 기도에 대한 빈약한 관념에서 나온다. 기도하지 않을 때 신앙을 바라보는 관점이 빈약해지고 흐릿하며 막연해 진다. 목표가 없는 삶과 기도가 없는 삶은 서로 공존한다. 기도는 마음에 명확한 것을 심어놓는다. 기도는 구체적인 것을 추구한다. 기도의 본질과 필요에 대하여 분명한 관점을 가지면 가질수록 그리스도인의 경륜과 바른 삶에 대한 우리의 관점은 명확해지고 신앙에 대한 우리의 관점은 점점 더 뚜렷해진다. 빈약한 신앙의 기준을 가진 삶은 빈약한 기도의 기준을 가지고 냉담하게 살아간다.

신앙 생활에서 모든 것은 명확함을 갖느냐에 달려있다. 명확한 신앙의 경험을 갖고 명확한 삶을 살 수 있느냐 하는 것은 신앙이 무엇이며 신앙을 구성하는 것이 무엇인지에 대한 명확한 관점을 갖느냐에 달려 있다.

성경은 한결같이 하나님께 온전히 헌신하라는 한 가지 기준을 우리에게 제시한다. 이것은 하나님의 법이며 인간에게 주는 기준이다. 하나님께서 받으실 만한 제사는 완전하고 온전한 제사, 온전한 번제이어야 한다. 이것이 하나님의 말씀에 나타난 판단의 기준이다. 이것에 미치지 못하는 것은 그 어떤 것도 하나님을 기쁘게 할 수 없다. 내키지 않는 마음으로 드리는 제사는 하나님을 기쁘게 할 수 없다. 모든 것에서 거룩하고 온전한 "산 제사"가 우리가 하나님을 섬기는 것을 판단하는 기준이다. 자기를 완전히 부인하는 것, 우리에게 대한 하나님의 권위를 기꺼이 인정하는 것, 그리고 모든 것을 정직하게 하나님께 드리는 것, 이것이 하나님께서 요구하시는 것이다. 거기에는 막연한 것이라곤 없다. 거기에는 사람들의 생각에 지배당하는 것이나 주위 사람들이 사는 방법에 영향을 받는 것이라곤 없다.

기도의 삶은 그와 같은 온전한 헌신으로 들어간다. 그리고 동시에 기도는 하나님께 온전한 헌신을 드리는 단계로 올라간다. 헌신은 말없는 기도에 불과하다. 그리고 가장 고상한 신앙의 기준은 기도와 하나님께 대한 자기 헌신을 판단하는 척도이다. 기도의 삶과 헌신된 삶은 신앙생활에서 동반자이다. 그 둘은 너무나 긴밀하게 결합되어 있어서 따로 떼어 생각할 수 없다. 기도의 삶은 하나님께 온전히 헌신한 삶의 직접적인 열매이다. 기도는 진정으로 헌신된 삶이 자연스럽게 흘러 넘치는 것이다. 헌신을 판단하는 척도는 곧 참된 기도를 판단하는 척도이다. 유대인의 번제가 "온전한 번제"가 아니었을 때 하나님께서 결코 받지 않으신 것과 마찬가지로 모든 부분에서 온전하지 않는 헌신은 하나님을 기쁘게 하지 못한다. 그리고 이와 같은 헌신은 하나님께서 생각하시는 깊이를 지닌 기도라는 기본적인 원리를 가지고 있다. 헌신은 하나님께 드리는 것이다. 기도는 하나님과 관계한다. 헌신은 자신을 하나님께 온전히 맡기는 것이다. 그리고 하나님은 헌신된 그의 모든 백성들이 기도하는 사람이 되기를 원하시고 또 명하신다. 이것이 바로 우리가 목표로 삼아야 할 명확한 기준이다. 이 기준에 미치지 못하는 것은 좇아갈 여유가 없다.

신앙의 성경적 기준에는 명확한 신앙의 체험이 포함된다. 체험이 없다면 신앙은 아무것도 아니다. 신앙은 내적 지각력에 호소한다. 신앙은 어떻든 체험이며 신앙 생활에 더해지는 하나의 경험이다. 신앙에는 외적인 부분뿐만 아니라 내적인 부분이 있다. 우리는 "두렵고 떨림으로 구원을 이루어야" 한다. 뿐만 아니라 "우리 안에서 행하시는 이는 하나님이시니 자기의 기쁘신 뜻을 위하여 우리로 소원을 두고 행하게" 하신다. 우리가 살아야 할 외적인 삶뿐만 아니라 "우리 안에서 행하시는 선한 일"이 있다. 거듭남은 분명한 흔적으로 알 수 있는 그리스도인의 확실한 체험으로 내적인 지각력에 호소하는 것이다. 성령의 증거는 막연하고 모호한 무엇이 아니라 우리가 하나님의 자녀라는 성령께서 주시는 분명하고 명확한 내적인 확신이다. 실제로 신앙적인 체험에 속하는 모든 것은 분명하고 명확하여 내적인 기쁨과 평화와 사랑을 가져온다. 이것이 신앙에 대한 하나님의 기준, 즉 간절하고 끊임없는 기도를 통해, 그리고 생생하게 살아있는 신앙의 체험과 기도로 넓어진 신앙의 체험을 통해 얻는 기준이다.

우리가 수고를 쏟아 부어 세워야 할 목표는 그 목표에 항상 일치감과 힘과 확신을 주기 위해 중요한 것이다. 그리스도인의 삶에서 그 목표는 더 없이 중요하다. 도달할 목표, 간절히 추구하는 높은 목표를 우리 앞에 두지 않는다면 무력감으로 인해 수고할 용기를 잃을 것이며, 과거의 체험은 마음을 오염시키거나 한갓 추억거리로 전락하거나 냉정하고 무정한 원리로 굳어버릴 것이다.

우리는 계속 전진해야 한다. "그러므로 우리가 그리스도 도의 초보를 버리고 완전한데 나아갈지니라." 지금 우리가 밟고 있는 땅은 진보함으로써 계속 지켜야 하고 모든 미래까지 이르러야 하고, 또 미래를 밝혀야 한다. 신앙에서 우리는 계속 전진만 해서는 안 된다. 우리가 어디쯤 가고 있는지를 알아야 한다. 이것은 매우 중요하다. 신앙의 체험을 계속함에 있어 우리는 무엇인가를 명확하게 보고 그것을 향해 힘차게 발을 내딛는 것이 필수적이다. 마냥 전진하기만 하고 어디쯤 가고 있는지를 모르는 것은 전체적으로 볼 때 너무 막연하고 분명하지 못한 일이며 마치 여행을 떠나지만 목적지를 알지 못하는 사람과 같다. 신앙의 삶에서 출발점을 놓치지 않고 이미 내디딘 발걸음의 방향을 가름하는 것이 중요한 일이다. 그러나 마지막 목표를 보고 그 목표에 이르는데 필요한 발걸음의 방향을 항상 바라보는 것도 그에 못지 않게 중요한 일이다.

10

긍휼히 여기는 기도

여기서 우리는 특별히 거듭난 마음에서 생겨나며 거듭난 마음에서 관대함으로 나타나는 영적 동정심에 대해서 살펴본다. 이 영적 동정심은 긍휼히 여기고 불쌍히 여기는 품성을 가지고 있으며 사람들에게 온유하게 대함으로 심령을 감동시킨다. 동정심은 죄와 슬픔과 고통을 보고 마음이 움직인다. 남들의 부족함과 불행에 대하여 무관심한 것과는 정반대의 것이며 부족하고 고난받고 비참한 사람에 대하여 무감각하거나 냉정한 것과는 거리가 멀다. 동정심은 남들을 측은히 여기는 마음과 공감을 이루고 남들에게 관심을 가지며 그들을 위해 걱정한다.

부족하고 고통받는 사람들을 볼 때, 그리고 자신들을 구원할 수 없는 무력감에 빠진 사람들을 볼 때 동정심이 유발되고 발전하며 행동으로 나타나게 된다. 그 중에서도 무력감은 동정심에 호소한다. 동정심은 말이 없지만 자신의 모습을 감추지 않는다. 고통과 죄와 궁핍을 보면 그 모습을 드러낸다. 무엇보다 동정심은 그것을 느끼는 사람들을 위한 간절한 기도에서 배어 나오고 그들에 대하여 불쌍히 여기는 마음을 가진다. 남들을 위한 기도는 불쌍히 여기는 마음에서 나온다. 마음에 동정심이 생기면 기도는 거의 동시에 자연스럽게 나온다. 기도는 동정심 있는 사람에게 속한 것이다.

일반 사람들이 가진 동정심도 있다. 이런 동정심은 궁핍한 사람들에게 단순히 베푸는 형태로만 나타나는데 이것을 가치 없는 것이라 생각해서는 안 된다. 그러나 거듭난 마음에서 나오는 영적 동정심, 즉 그 본성이 그리스도께 속한 동정심은 그보다 심오하고 광대하며 기도에 가깝다. 그리스도께 속한 동정심은 항상 기도로 나아간다. 이 같은 동정심은 "평안히 가라, 더웁게 하라, 배부르게 하라"라는 말처럼 단순히 육체적 필요를 채워주는 것을 뛰어넘는다. 훨씬 더 깊은 데까지 이르며 훨씬 더 멀리 닿는다.

동정심은 눈멀지 않았다. 동정심은 무지에서 나온 것이 아니라고 해야 옳을 것이다. 동정심을 가진 사람이 다른 점은 무엇보다 동정심을 일으키는 것들을 보는 눈을 가지고 있다는 것이다. 중대한 인간의 죄와 궁핍과 불행을 보는 눈이 없는 사람은 결코 인간에 대한 동정심을 갖지 못할 것이다. "무리를 보시고 민망히 여기시니"라는 말씀은 주님에 관한 기록이다. 먼저 무리의 배고픔과 고통과 무기력한 처지를 보셨고 그 다음에 무리들을 동정하셨다. 그 다음은 무리들을 위해 기도하셨다. 무리들을 보고 그들의 비참한 처지와 불행과 위험에 감동이 없는 사람은 냉정한 사람이며 그리스도를 닮은 모습과는 전혀 거리가 먼 사람이다. 그는 사람들을 위해 기도하는 가슴이 없다.

동정심이 늘 사람들의 마음을 움직이는 것은 아닐 것이다. 그러나 동정심은 항상 사람들을 향한다. 동정심이 늘 사람들의 마음을 하나님께로 돌리지는 않을 것이다. 그러나 항상 하나님의 마음을 사람에게로 향하게 할 것이며, 또 그렇게 한다. 사람들의 필요를 채워줄 수 없는 무력감이 절정에 이를 때는 적어도 남들을 위해 하나님께 기도하는 마음이 일어날 수 있다. 동정심은 결코 남들에게 무관심하고 이기적이고 소홀하지 않다. 동정심은 오직 사람들과 관계한다. 무리들이 목자 없는 양과 같이 유리하는 모습은 우리 주님의 동정심을 자아냈다. 그들의 굶주림은 주님의 마음을 움직였고 무리들이 고통과 질병에 시달리는 모습은 주님의 마음에 연민을 불러일으켰다.

> 자비의 아버지여,
> 당신의 전능하신 은혜를
> 하늘로부터 내려주셔서
> 우리의 순종하는 영혼에

> 당신의 사랑의 형상을 만드소서.
>
> 오, 우리가 불쌍히 여기는 마음으로
> 관대함의 기쁨을 알게 하시고
> 인자하게 사람들의 기쁨을 나누며
> 그들의 고통을 위해 울게 하소서.

그러나 동정심은 육체에만, 그리고 육체의 무능력과 필요에만 관심을 보이는 것이 아니다. 영혼의 고뇌와 필요와 위험 모두가 동정심을 불러일으킨다. 가장 존귀한 은혜는 불쌍한 죄인들에게 베푸는 절대적인 동정심의 흔적을 통해 알 수 있다. 이런 동정심은 은혜에 속하며 인간의 육체만을 보지 않고 죄로 더럽혀진 죽은 영혼, 하나님이 없어 불행한 상태에 놓인 그들의 영혼을 보며 영원히 멸망할 임박한 위험에 놓인 영혼을 본다. 죽어가는 영혼이 하나님의 심판대를 향해 걸음을 재촉하는 것을 볼 때 동정심은 죄인을 위해 중보하기 시작한다. 그때 동정심은 이렇게 외친다.

> 나는 불쌍히 여기는 마음이 미약하고
> 가장 소중한 사람에게만 눈물 흘릴 수 있으니
> 만민을 구원하시는 당신의 팔을 드셔서
> 이 슬픔의 눈물을 기쁨으로 바꾸소서.

선지자 예레미야는 죄인들이 하나님의 진노로 멸망하지 않는 이유를 말하며 하나님에 대하여 이렇게 선포한다.

> 여호와의 자비와 긍휼이 무궁하시므로 우리가 진멸되지 아니함이니이다.

그리고 이 하나님의 본성이 바로 우리를 하나님 닮은 사람으로 만든다. 그래서 우리는 시편기자가 하나님께서 복되다고 선언하시는 의로운 사람에 대해 말하는 것을 본다. "그는 어질고 자비하고 의로운 자로다."

10. 긍휼히 여기는 기도

또한 시편기자는 참회하며 기도하는 죄인에게 힘을 주면서 하나님의 본성의 몇 가지 두드러진 속성을 기록한다. "여호와는 은혜로우시며 자비하시며 노하기를 더디하시며 인자하심이 크시도다."

그러므로 우리 주님께서 이 땅에 계실 때 "무리를 보시고 민망히 여기신" 기록을 여러 번 보는 것은 놀랄 만한 일이 아니다. 주님께서 길 가시던 도중에 만난 고통받고 슬픔에 빠진 사람들을 위해 민망히 여기시는 마음으로 기도하셨다는 사실을 의심할 사람이 있겠는가?

바울은 유대인 형제들의 신앙 성장에 깊은 관심을 가졌고 그들을 위해 걱정했다. 그리고 유대인들에게 학대받고 심한 핍박을 받았음에도 불구하고 바울의 마음은 이상하게도 그들의 구원을 위해 따뜻한 연민을 보였다. 로마의 성도들에게 보내는 서신에서 그에 대한 바울의 말을 본다.

> 내가 그리스도 안에서 참말을 하고 거짓말을 아니하노라. 내게 큰 근심이 있는 것과 마음에 그치지 않는 고통이 있는 것을 내 양심이 성령 안에서 나로 더불어 증거하노니 나의 형제, 곧 골육의 친척을 위하여 내 자신이 저주를 받아 그리스도에게서 끊어질지라도 원하는 바로라.

이 말을 볼 때 바울은 자기 민족에 대해 얼마나 놀라운 동정심을 가지고 있는가! 그리고 그 뒤에 기록하고 있는 그의 소원과 기도는 얼마나 놀라운 것인가!

> 형제들아, 내 마음에 원하는 바와 하나님께 구하는 바는 이스라엘을 위함이니 곧 저희로 구원을 얻게 함이라.

우리는 마태복음에 나오는 한 사건에서 무엇이 우리 주님의 동정심을 그토록 많이 일으켰는지를 설명해주는 흥미로운 말씀을 본다.

> 무리를 보시고 민망히 여기시니 이는 저희가 목자 없는 양과 같이 고생하며 유리함이라. 이에 제자들에게 이르시되 추수할 것은 많되 일군은 적으니 그러므로 추수하는 주인에게 청하여 추수할 일군들을 보내어 주

소서 하라 하시니라.

이것은 예수님과 제자들에 대한 사람들의 지나친 요구 때문에, 그리고 찾아오는 사람들을 쉴새없이 만나야 하기 때문에, 그리고 무수한 무리들을 가르치고 보살피느라 고생이 너무 심하여 주님께서 잠시 쉬기 위해 제자들을 따로 부르신 말씀처럼 들리는 것 같다. 그러나 주님께서는 무리들이 우선이기 때문에 한적하고 조용하며 평온한 곳을 찾기보다는 보고 듣고 고침을 받으려는 수많은 무리들을 만나신다. 주님의 동정심이 움직인 것이다. 익은 곡식은 농부들을 필요로 한다. 주님은 절대적인 권위를 통해 추수할 그런 농부들을 당장 부르시지 않고 제자들로 하여금 기도로 하나님께 구하라고 명하시고 하나님께 추수할 일꾼을 보내달라고 기도하신다.

여기에 우리 주님께서 동정심으로 강권하시는 기도의 절박함이 있다. 그것은 멸망하는 인류에 대한 동정심에서 나오는 기도이다. 주님의 밭에 추수할 일꾼을 보내달라고 기도하라는 명령은 교회에 떨어졌다. 일꾼들은 하나님께서 택하시고 하나님께서 보내시고 하나님께서 사명을 주셔야 하지만 일꾼들이 없다면 추수를 기다리는 곡식은 버려지고 말라죽을 것이다. 그러나 기도하지 않을 때 하나님은 그 일꾼들을 밭에 보내지 않으신다. 일꾼들이 부족한 것은 기도가 부족하기 때문이다. 일꾼들을 찾아보기 힘든 것은 교회가 주님의 말씀을 따라 일꾼들을 위해 기도하지 않기 때문이다.

이 땅에서 거둬들인 하늘의 창고에 채울 곡식은 하나님의 백성들이 얼마나 기도하느냐에 달려있다. 기도는 모든 추수에 필요한 일꾼들을 양적으로도 질적으로도 충분히 채워준다. 하나님께서 택하신 일꾼, 하나님께서 예비하신 일꾼, 그리고 하나님께서 신뢰하시는 일꾼들만이 참으로 충만한 그리스도의 열정과 그리스도의 능력을 가지고 가서 곡식을 거둬들일 것이다. 그런 사람들은 기도를 통해서 얻어진다. 마음에 그리스도의 열정을 품고 영원한 멸망에 직면한 죽어 가는 사람들과 궁핍한 영혼들을 위해 기도하는 하나님의 사람들, 이들이야말로 하나님께서 보장하신 일꾼들이며 이 땅의 궁핍함과 하늘의 뜻을 채워줄 사람들이다.

하나님은 땅과 하늘을 주재하시기 때문에 추수할 일꾼들을 아무나 택하여 보내지 않으신다. 기도하는 사람은 하나님을 주재자로 섬기며 지혜롭고 거룩한 선택을 하시도록 하나님의 마음을 감동한다. 우리는 기도를 최전선에 내어놓은 다음에 그리스도를 위해 믿지 않는 사람들의 밭을 성공적으로 경작하여야 할 것이다. 하나님은 자기 사람들을 아실 뿐 아니라 자기 일에 대해서도 완전하게 아신다. 기도는 하나님으로 하여금 가장 훌륭하고 가장 합당한 사람을 보내도록 만들며 추수하는 일에 가장 적합한 자격을 갖춘 사람들을 보내도록 한다. 선교의 명분을 힘으로 밀어붙이므로 이 하나님의 이 면이 손상을 입고 약해졌으며 실패하였다. 아담으로 인해 타락했으나 그리스도로 인해 구속받은 죄인들의 세상을 향한 동정심이 교회를 움직여 죄인들을 위해 기도하게 할 것이며 교회를 감동시켜 추수의 주님께 일꾼들을 보내달라고 기도하게 할 것이다.

   추수의 주님,
   종의 부르짖음을 들으소서.
   믿음으로 드리는 합당한 기도에 응답하시고
   우리의 모든 부족함을 채워주소서.

   주님의 교회를 변화시키셔서
   더 널리 보내시고
   교회를 하나님의 일꾼 삼아
   당신의 능력의 말씀을 전하게 하소서

"여호와의 자비와 긍휼이 무궁하시므로" 하늘에 계셔서 항상 우리를 위해 중보하시는 그분을 생각할 때 우리의 마음은 얼마나 큰 위로와 소망으로 가득 차는가! 그 무엇보다 우리에게는 동정심 많은 구주가 계신다. "저가 무식하고 미혹한 자를 능히 용납할 수 있는 것은 자기도 연약에 싸여 있음이니라." 우리 주님의 동정심은 주님께서 타락하고 잃어버린 무력한 아담의 후손의 대제사장이 되기에 합당한 자질이다.

 또한 주님께서 그와 같은 동정심으로 충만하여 아버지 하나님의 우편에서 우리를 위해 중보하신다면 우리도 역시 이 모든 것을 증거 삼아 하나님의 진노에 직면한 무식하고 미혹한 사람들을 동정하고 그들을 위해 기도해야 한다. 우리가 동정심을 갖는다면 남을 위해서 기도할 것이다. 동정심은 단지 "평안히 가라, 더웁게 하라, 배부르게 하라"라고 말하는 것만으로 만족하지 않고 그리스도와 그의 은혜를 필요로 하는 사람들을 위해 기도의 무릎을 꿇게 한다.

> 하나님의 아들이 눈물 흘리는 것을
> 천사들이 놀라 바라보도다.
> 내 영혼아, 놀랄지어다.
> 그것은 주님께서 그대를 위해 흘리신 눈물이로다.
>
> 죄는 저마다 속죄의 눈물을 요구하니
> 주님께서 눈물을 흘리심은
> 우리로 눈물을 흘리게 하시기 위함이로다.
> 죄와 눈물이 없는 곳,
> 그곳은 천국뿐이로다.

예수 그리스도는 완전한 인간이셨다. 거룩하신 하나님의 아들이신 동시에 인간의 아들이셨다. 그리스도는 분명히 인간적인 면을 가지셨고 여기서 동정심이 나왔다. 주님은 죄는 없으시되 모든 일에 우리와 같이 시험을 받으셨다. 한때 주님의 육신은 그를 누르는 무서운 긴장감으로 얼마나 나약해 보였으며 고통과 수고로 인해 내적으로 얼마나 위축되셨는가! 하늘을 우러러보시며 주님은 이렇게 기도하신다. "아버지여 나를 구원하여 이 때를 면하게 하여 주옵소서." "그러나 내가 이를 위하여 이 때에 왔나이다"라고 말씀하시는 주님의 영혼은 얼마나 의연하고 흔들리지 않는가! 고난과 암흑과 고통에서 하나님께 순종하고 "마음에는 원이로되 육신이 약하도다"라는 사실을 깨달았던 이 신비로운 사건에 대해 설명할 수 있는 사람은 오직 주님밖에 없다.

이 모든 것이 우리 주님께 동정심 많은 구주가 되는 자질을 부여하였다. 하나님께서 인도하시는 길을 가는 동안 고통을 당하고 어두움을 만나는 것은 죄가 아니다. 오직 인간만이 고통과 공포와 좌절의 시간에 울부짖을 수 있다. 그런 고통의 시간과 움츠러들고 넘어지는 동안에도 "그러나 내가 이를 위하여 이 때에 왔나이다"라고 하나님께 부르짖을 수 있는 사람은 주님이시다. 육신의 나약함으로 넘어질 것인가? 그럴 수 없다. "아버지여, 아버지의 이름을 영광스럽게 하옵소서." 하나님의 영광으로 우리를 인도하시는 지도자가 계시다는 것은 얼마나 명백한 사실이며, 우리에게 얼마나 강한 힘을 주는가!

11

연합 기도

경건한 퀘즈넬(Quesnel)은 이렇게 말한다. "하나님은 연합과 일치에 거하신다. 기도에 있어 연합과 일치보다 더 능력을 나타내는 것은 없다." 중보기도는 기도와 결합하며 간구와 결합한다. 이 말은 기도가 반드시 다른 사람들과 관계된다는 뜻이 아니다. 그것은 자유롭고 거리낌없는 교제에 있어 연합하는 것을 말하며 가장 허물없는 친구와 어울리는 것을 의미한다. 자유롭고 친근하며 담대한 기도를 의미한다.

우리 주님은 연합하여 드리는 기도의 주제를 마태복음 18장에서 다루신다. 주님은 기도 세력이 연합한 결과로 나타나는 유익과 능력을 다루신다. 기도의 원리와 기도의 약속은 우리 주님께서 하신 말씀과 결부해서 생각할 때 가장 잘 이해할 수 있을 것이다.

네 형제가 죄를 범하거든 가서 너와 그 사람과만 상대하여 권고하라. 만일 들으면 네가 네 형제를 얻은 것이요, 만일 듣지 않거든 한두 사람을 데리고 가서 두세 증인의 입으로 말마다 증참케 하라.

만일 그들의 말도 듣지 않거든 교회에 말하고 교회의 말도 듣지 않거든 이방인과 세리와 같이 여기라.

진실로 너희에게 이르노니 무엇이든지 너희가 땅에서 매면 하늘에서도 매일 것이요 무엇이든지 땅에서 풀면 하늘에서도 풀리리라. 진실로 다시 너희에게 이르노니 너희 중에 두 사람이 땅에서 합심하여 무엇이든지 구하면 하늘에 계신 내 아버지께서 저희를 위하여 이루게 하시리라. 두세 사람이 내 이름으로 모인 곳에는 나도 그들 중에 있느니라.

이것은 죄로 인해 넘어진 성도들이 훈련 과정에 쉽게 순종하도록 기강을 바로잡기 위해 기도하는 교회의 모습을 대표적으로 보여준다. 뿐만 아니라 교회를 헤치는 사람들을 내보낸 후에 일어나는 교회의 황폐와 불화에서 회복하기 위해 합심 기도로 부름을 받은 교회의 모습이다. 합심기도에 관한 위의 마지막 말씀은 모든 것을 전능하신 하나님께 맡겨 동의와 허락을 얻어야 한다는 말씀이다.

이 모든 것은 앞서 마태복음 9장 말씀에서 살펴본 것과 같이 일꾼들을 이 땅의 하나님의 밭으로 보내기 위한 도구가, 혹은 형제들의 말에 귀 기울이지 않고 자신의 잘못을 뉘우치거나 자백하지도 않으면서 교회의 하나됨과 법과 질서를 헤치는 자들을 축출하기 위한 가장 크고 결정적이며 능력 있는 힘을 발휘하는 매개체가 기도라는 것을 말한다.

이것은 현대 교회에서 찾아보기 힘든 교회의 권징은 기도와 보조를 맞춰야 함을 말한다. 그리고 악을 행하는 자들을 교회에서 제거할 의사가 없는 교회와, 교회의 법과 질서를 헤치는 방자한 사람들을 추방할 생각을 갖지 않는 교회는 하나님과 교통함이 없다는 것을 말한다. 교회의 순수성은 교회의 기도보다 우선이다. 교회의 기강이 조화를 이루는 것이 교회의 기도가 조화를 이루는 것보다 먼저이다.

특별히 강조하는 것은 교회의 권징에 관심을 두지 않는 교회는 기도에 관심이 없을 것이라는 점이다. 공동체에서 악을 행하는 자들을 관대하게 대하는 교회는 기도하기를 그칠 것이다. 그런 교회는 연합하여 기도하기를 그칠 것이며 더 이상 그리스도의 이름 아래 기도로 하나되는 교회가 아닐 것이다.

성경은 이와 같은 교회의 권징 문제를 중요하게 다룬다. 교회 구성원의 삶을 살피는 것은 하나님의 교회에 필요한 일이다. 교회는 서로에게 도움을 주는 조직이며 모든 성도들을 자세히 살필 의무를 가지고 있다. 규모 없는 행위는 그냥 넘어갈 수 없는 문제이다. 그런 경우에 일을 처리하는 과정은 앞에서 언급한 대로 마태복음 18장에 분명히 나온다. 뿐만 아니라 바울은 갈라디아서 6:1에서 교회에서 죄 가운데 빠진 사람들을 처리하는 분명한 지침을 준다.

형제들아 사람이 만일 무슨 범죄한 일이 드러나거든 신령한 너희는 온유한 심령으로 그러한 자를 바로잡고 네 자신을 돌아보아 너도 시험을 받을까 두려워하라.

교회의 일은 단지 성도의 수를 늘이는데 있는 것이 아니라 성도들이 교회에 들어온 후 그들의 삶을 자세히 살피고 지키는 것이다. 만약 범죄한 사람이 있다면 그를 찾아내어야 하며 그가 잘못을 고칠 수 없는 사람이라면 제명을 시켜야 한다. 이것이 바로 우리 주님께서 주장하시는 말씀이다.

요한계시록 2장에 따르면 에베소 교회는 안타깝게도 첫사랑을 버리고 거룩함과 영적인 삶을 세우는 일에서 멀어졌지만 그들의 좋은 모습, 즉 "악한 자들을 용납지 아니한 것"으로 인해 칭찬을 받는 것은 인상적인 일이다.

반면에 버가모 교회는 성도들 중에 남에게 걸림돌이 되는 해로운 교리를 가르치는 사람들이 있었기 때문에 책망을 받았다. 그런 사람들이 교회에 있었을 뿐 아니라 교회가 그들을 관대하게 대했기 때문에 책망을 받았다. 여기서 우리가 알 수 있는 것은 버가모 교회의 지도자들은 그와 같은 해로운 사람들이 교회에 있다는 것을 보지 못했고, 따라서 교회의 규율을 바로 세우기를 꺼렸다는 것이다. 이와 같은 책임을 회피하는 마음은 성도들 중에 기도가 없다는 확실한 표시였다. 교회를 깨끗하게 만들고 순수하게 지키기 위해 기도로 연합하는 수고를 전혀 하지 않았다.

이처럼 교회의 기강을 세우는 문제는 초대교회에 보내는 사도 바울의 서신에서 뚜렷하게 나타난다. 고린도 교회에는 악명 높은 음행 사건이 있었다. 어떤 사람이 자기의 어머니를 취했는데 교회는 그 죄에 관심을 두지 않았다. 바울은 고린도 교회를 아주 준열하게 꾸짖고 그 일에 대해 분명하게 명령하였다. "이 악한 사람은 너희 중에서 내어 쫓으라." 여기에 바로 바울이 요구한 대로 기도하는 사람들이 행하는 연합된 모습이 있었다.

데살로니가 교회도 그에 못지 않게 규모 없는 사람들을 찾아내는 문제에 대한 가르침과 훈계가 필요했다. 그래서 우리는 바울이 이렇게 말하는 것을 본다.

> 형제들아 우리 주 예수 그리스도의 이름으로 너희를 명하노니 규모 없이 행하고 우리에게 받은 유전대로 행하지 아니하는 모든 형제에게서 떠나라.

이것을 주목하라. 하나님의 진노를 사는 것은 단지 교회에 규모 없는 사람들이 있다는 것 때문이 아니다. "용납한다"는 잘못된 구실을 핑계삼아 그들을 너그럽게 대하고 악한 행위로부터 그들을 바로잡거나 교회 공동체에서 추방하기 위한 그 어떤 조치도 취하지 않았을 때 하나님은 진노하시는 것이다. 그리고 비뚤어진 사람들을 다루는데 있어 뚜렷하게 드러나는 교회의 태만한 모습은 바로 교회가 기도하지 않는다는 슬픈 사실의 증거이다. 기도하는 교회는 서로를 위해 기도에 힘쓰며 한 형제가 죄에 빠질 때 그것을 민감하게 분별해 내며 그를 바로잡거나 회복이 불가능할 경우 내보내려는 노력을 기울이기 때문이다.

오늘의 교회는 지도자들의 영적인 안목에 있어 많이 퇴보해 있다. 하나님은 선지자 이사야의 입을 통해 꼭 적절하고 암시적인 질문을 하신 적이 있다. "소경이 누구냐? 내 종이 아니냐?" 교회 지도자의 이 같은 무분별한 모습은 교회 안에서 악을 행하는 사람을 보고 주의를 기울이며 그들을 회개시키려는 노력이 실패할 때 교제를 끊고 "이방인과 세리와 같이" 되도록 하라는 말에서 가장 잘 나타난다. 현대의 교회는 교인에 대한 욕심이 너무 많아서 관계자들과 목회자들은 세례서약을 어긴 사람들과 하나님의 말씀을 공공연히 무시하며 사는 사람들을 가려내는 눈이 완전히 먼 것이 사실이다. 오늘의 교회가 생각하는 것은 교인의 **자질**이 아니라 **수**에 있다. 교회의 순수성은 교인을 확보하고 교회 교적부에 숫자상으로 인원을 늘리려는 분위기에 완전히 묻혔다. 기도는, 더 나아가 많은 기도와 연합된 기도는 교회를 성경의 기준으로 되돌려 놓을 것이며 교회에서 행악자들을 가려낼 뿐 아니라 죄로 가득한 그들의 삶을 치유할 수 있을 것이다.

기도와 교회 권징의 문제는 그리스도인의 법도에서 새로운 말씀이 아니다. 이 두 가지는 유대인 교회에서 중요한 부분을 차지한다. 그에 관한 실례는 일일이 다 들 수 없을 정도로 많다. 에스라는 대표적인 인물이다. 포로생활을 마치고 돌아왔을 때 에스라는 슬프고도 절망스러운 상황을 알게 되었다. 포로로 잡혀가지 않고 본국에 남은 하나님의 백성들은 하나님의 말씀과는 정반대로 스스로 주위의 이방 민족과 구별하지 않고 그들의 딸을 취하여 아내와 며느리를 삼았던 것이다. 게다가 교회의 지도자들과 제사장들과 레위인들이 그 일에 연루되었다.

에스라는 그 말을 듣고 너무나 슬퍼서 옷을 찢고 울면서 기도했다. 교회 안의 행악자들은 에스라의 승인을 얻지 못했을 뿐 아니라 에스라는 그들의 행위를 눈감아주지도 않았고 그들을 용서하지도 않았으며 그 상황에 타협하지도 않았다. 에스라가 백성들의 죄를 고백하며 기도를 끝내자 백성들은 그에게로 모여들었고 그들에게서 악한 행위들을 버리겠다고 언약하며 에스라와 더불어 울며 기도했다.

결과적으로 백성들은 그들의 죄악을 철저히 뉘우치고 이스라엘은 개혁을 맞았다. 무분별하지도 않고 무관심하지도 않은 선한 사람의 기도가 그 일을 이루었던 것이다.

다음은 에스라에 관한 말씀이다. "에스라가 사로잡혔던 자의 죄를 근심하여 떡도 먹지 아니하며 물도 마시지 아니하더니." 이와 같이 교회에서 범죄하는 사람들의 죄악을 보는 눈을 가진 사람은 그 죄들을 위해 애통하는 마음을 가지고 자신이 기도하는 교회에 대해 염려하는 사람뿐이다.

기도하는 지도자를 가진 교회는 복된 교회이다. 기도하는 지도자는 교회에서 규모 없는 것이 어떤 것인지를 분별할 수 있으며 그것을 위해 애통해한다. 그리고 무거운 짐이 되어 하나님의 뜻을 헤치는 죄를 손을 뻗어 바로잡는다. 선지자 아모스가 말한 "시온에서 안일한 자"를 정죄하는 말씀의 요지는 "요셉의 환난을 인하여는 근심치 아니하는 자"라는 것이다. 그리고 바로 이 죄목은 현대 교회의 지도자들에게 그대로 적용될 수 있다. 그들은 교인들이 세상적이고 육적인 풍습에 완전히 물들었는데도 슬퍼하지 않으며 교회에서 공공연하게 규모 없이 행하고 신앙에 먹칠을 하는 삶을 사는 사람들이 있어도 애곡하지 않는다. 그런 지도자들은 당연히 이 문제에 대해 기도하지 않는다. 기도한다면 교회에서 규모 없이 행하는 자들에 대해 단호한 입장을 가질 것이며, 자신들을 사로잡고 있는 무관심한 마음도 내버릴 것이기 때문이다.

기도하지 않는 교회 지도자들과 무사태평한 목회자들은 에스겔 9장의 이마에 표를 주는 사람에 관한 말씀을 읽어야 할 것이다. 하나님은 선지자에게 명령하여 성읍에 사람들을 보내어 그 도시에 만연한 중한 죄로 인해 성읍 사람들을 죽이라 명하셨다. 그러나 살아남을 운명을 가진 사람들이 있었다. 이마에 표를 받은 사람들이었다. 이 사람들은 "성읍 가운데서 행하는 모든 가증한 일로 인하여 탄식하며 우는 자"들이었다. 붓을 가진 사람은 탄식하고 우는 모든 사람의 이마에 표를 하여 그들이 임박한 멸망을 면하게 되어 있었다. 탄식하지도 않고 울지도 않는 사람을 살육하라는 하나님의 명령이 "내 성소에서 시작할지니라"는 말씀이었다는 것을 주목하라.

이것은 기도하지 않고 무사태평한 현대 교회의 지도자들에게 주는 얼마나 값진 교훈인가! 이 땅의 가증스러운 것을 인하여 "탄식하며 우는 자"는 얼마나 적으며 시온의 황폐로 인해 애곡하는 자는 얼마나 찾아보기 어려운가! 이런 상황을 놓고 "두세 사람이 내 이름으로 모여" 합심하여 기도하며 시온의 죄악을 위해 은밀한 곳에서 울며 기도하는 모습이 얼마나 절실히 요구되는 일인가!

우리 주님께서 마태복음 19장에서 가르치신 이 합심 기도와 기도를 통한 연합의 모습은 성경의 어느 곳에서도 입증되고 실례로 나타난다. 이 같은 기도는 바울이 로마서 15:30에서 로마의 형제들에게 요구한 기도이다.

형제들아, 내가 우리 주 예수 그리스도로 말미암고 성령의 사랑으로 말미암아 너희를 권하노니 너희 기도에 나와 힘을 같이하여 나를 위하여 하나님께 빌어 나로 유대에 순종치 아니하는 자들에게서 구원을 받게 하고.

여기에 기도를 통한 하나됨이 있고 일치에 의한 기도가 있으며 믿지 않는 악한 사람들에게서 즉시 구원을 가져다주는 기도가 있다. 이것은 바로 우리 주님께서 실제적으로 같은 목적으로 권면하신 기도이다. 그것은 믿지 않는 자들에게서 구원받는 것인데 그 구원은 믿지 않는 자들을 회개에 이르게 하거나 그들을 교회에서 제거함으로써 얻는 것이다.

데살로니가 후서 3:1에도 같은 말씀이 나온다.

종말로 형제들아, 너희는 우리를 위하여 기도하기를 주의 말씀이 너희 가운데서와 같이 달음질하여 영광스럽게 되고 또한 우리를 무리하고 악한 사람들에게서 건지옵소서 하라.

그 무엇보다 악한 사람에게서 구원받기 위해 한 사도가 요청하는 연합된 기도, 오늘날 하나님의 교회가 필요로 하는 기도가 여기에 있다. 형제들을 자신의 기도에 동참시킨 것은 하나님의 교회에 해를 끼치고 하나님의 말씀을 전하는데 방해가 되는 사람에게서 벗어나려는 목적이 있었기 때문이다. 우리도 한 번 자문해 보자. 하나님의 말씀이 전파되는 것을 적극적으로 방해하는 사람들이 오늘 교회에 없는가? 이 문제에 대해 연합하여 기도하고 동시에 먼저 그들을 구원하기 위해 그리스도께서 주신 교회 권징의 방법을 사용하고 그것이 불가능할 때 그들을 몸된 교회에서 제거하는 것보다 더 좋은 방법이 무엇이겠는가?

이것이 잔인한 방법처럼 보이는가? 그렇다면 우리 주님께서도 친히 무정함에 대하여 가책을 느끼셨을 것이다. 주님은 이렇게 말씀하시면서 그 명령에 결론을 주신다. "만일 그들의 말도 듣지 않거든 교회에 말하고 교회의 말도 듣지 않거든 이방인과 세리와 같이 여기라."

이것은 몸에 악성 종양이 생겨 생명이 위태롭게 된 것을 보고 몸 전체를 위해 종양을 잘라내는 정교한 수술이 잔인하지 않은 것과 같다. 요나가

탄 배의 선장과 선원들이 배에 탄 모든 사람들의 생명을 위협하는 폭풍이 일 때 하나님을 피해 도망하는 선지자를 바다에 던진 일이 잔인하지 않는 것과 같다. 잔인해 보이지만 하나님께 순종하는 것이며 교회의 평안을 위하는 것이며 지극히 지혜로운 일이다.

12

기도의 보편성

　기도는 그 영향력이 멀리까지 미치고 효력이 전세계에 이른다. 기도는 모든 곳의 모든 사람에게 그리고 사람들이 행하는 모든 일에 영향을 미친다. 사람들의 시간과 영원에 관한 관심에 작용한다. 기도는 요새를 하나님께 두고 하나님의 마음을 움직여 세상일에 간섭하시게 한다. 천사들의 마음을 움직여서 이 세상에서 인간을 섬기도록 한다. 기도는 인간을 파멸하려는 계획을 가진 마귀를 붙들어매고 물리친다. 기도는 모든 곳에 이르고 모든 것에 영향을 미친다. 기도에는 보편성이 있다. 기도와 기도가 하는 일에 대해서 논의할 때 우리는 보편적인 용어를 사용해야 한다. 기도는 적용 분야와 유익에 있어서는 개인적이지만 미치는 선한 영향에 있어서는 일반적이고 보편적이다. 기도는 삶의 모든 일에 있어 인간을 축복하고 인간의 긴급한 필요를 늘 채워주며 고난이 닥칠 때마다 위로를 준다. 인간이 경험하도록 부르심을 받은 일 중에 기도가 돕고 위로하고 안내하는 도구의 역할을 하지 않는 것은 하나도 없다.

　기도의 보편성을 이야기할 때 우리는 보편성의 여러 가지 측면을 발견한다. 우선, 모든 사람이 기도해야 한다는 것을 주목해야 할 것이다. 기도는 모든 사람들을 대상으로 한다. 그것은 모든 사람들은 하나님이 필요하기 때문이며 하나님께서 소유하신 것, 그래서 기도로만 얻을 수 있는 것을 모든 사람들이 필요로 하기 때문이다. 인간은 어느 곳에서나 기도하라는 말씀을 받았고 인간은 어느 곳에나 살기 때문에 결과적으로 모든 사람들이 기도해야 한다. 인간이 기도하라는 명령을 받았을 때 거기에는 보편적인 용어가 사용되었다. 그리고 용서와 자비와 도움을 위해 하나님의 이름을 부르는 모든 사람에게 주는 보편적인 약속이 있다.

유대인이나 헬라인이나 차별이 없음이라 한 주께서 모든 사람의 주가 되사 저를 부르는 모든 사람에게 부요하시도다. 누구든지 주의 이름을 부르는 자는 구원을 얻으리라.

인간이 빠지는 죄의 상태에는 차이가 없고 인간을 축복할 수 있는 유일한 은혜인 하나님의 구원하시는 은혜가 모든 사람들에게 필요하기 때문에, 그리고 이 구원하시는 은혜는 오직 기도 응답으로만 얻을 수 있기 때문에 모든 사람들은 기도하라는 부름을 받는 것이다.

성경을 해석하는 한 법칙이 있다. 하나님의 명령이 한계가 없이 주어질 때 그것은 항상 효력의 범위를 정하는 데 있어서 보편적이라는 것이다. 이사야에 나오는 하나님의 말씀은 아주 적절한 예다.

너희는 여호와를 만날 만한 때에 찾으라. 가까이 계실 때에 그를 부르라. 악인은 그 길을, 불의한 자는 그 생각을 버리고 여호와께로 돌아오라. 그리하면 그가 긍휼히 여기시리라. 우리 하나님께로 나아오라. 그가 널리 용서하시리라.

죄악은 두루 퍼져 있고 모든 사람에게 용서는 필요하기 때문에 모든 사람들은 하나님을 만날 만한 때에 찾아야 하며 하나님께서 가까이 계실 때에 그의 이름을 불러야 한다. 모든 사람들이 그리스도 안에서 구속받기 때문에 기도는 모든 사람에게 속하는 것이다. 기도하는 것은 각 사람에게 주어지는 특권인 만큼 하나님의 이름을 부르는 것은 그들의 의무이다. 은혜의 보좌에 나아올 수 없는 죄인은 없다. 모든 사람들이 궁핍과 불행의 모습으로, 또 모든 죄와 짐을 지고 은혜의 보좌 앞으로 나아올 때 하나님은 기꺼이 받으신다.

세상 모든 사람들아, 오라.
너희 죄인들도 오라.
이제 그리스도 안에서
모든 것이 예비되었음이라.

불쌍한 죄인이 눈을 돌려 하나님을 바라볼 때마다, 그가 어디 있든지, 또 그의 죄와 허물이 무엇이든지 하나님의 눈은 그를 향하고 하나님의 귀는 그의 기도에 열려있다.

한편, 하나님은 어느 나라 어느 환경에서도 계시기 때문에 사람들은 어디에서나 기도할 수 있다. "그러므로 각처에서 남자들이 분노와 다툼이 없이 거룩한 손을 들어 기도하기를 원하노라."

이 땅 어디에 있더라도 하늘에 이르지 못할 만큼 하나님과 멀지 않다. 하나님을 바라보고 그의 얼굴을 구하는 사람들을 하나님께서 보지 못하고 듣지 못할 만큼 먼 곳은 없다. 올리버 홀든(Oliver Holden)은 다음과 같은 찬송시를 썼다.

내 영혼이 고난 당할 때마다
아버지께 나아가고 그를 기다림은
아버지께서 모든 기도에 응답하심이니
하나님은 어디든지 계심이로다.

어디서든지 기도할 수 있다는 생각은 다음과 같은 부분에 있어서 만큼은 제한이 있다. 즉 기도에 적절하지 않는 장소가 있다는 것이다. 악한 사업을 경영하거나 그 일에 관여하는 환경으로 인해, 그리고 그 일을 경영하고 지지하는 사람들의 도덕적인 품성으로 인해 기도의 분위기와 점점 더 멀어지는 곳이 그런 경우이다. 술집, 극장, 가극장, 도박판, 무도회, 그리고 다른 세상적인 유희를 즐기는 장소를 꼽을 수 있을 것이다. 그런 곳은 기도와 전혀 어울리지 않기 때문에 거기에서 기도할 생각을 하는 사람은 아무도 없을 것이다. 그런 장소의 소유주나 그런 곳을 찾는 손님들과 지지자

12. 기도의 보편성 617

들이 볼 때 기도는 권리를 침해하는 행위일 것이다. 뿐만 아니라 그곳을 들르는 사람들은 기도하는 사람들도 아니다. 그들은 대부분 기도하지 않는 세상 사람들이다.

우리는 어디서나 기도해야 하지만 기도할 수 없는 곳에 자주 가서는 안 된다는 것은 두말할 필요도 없다. 어디서나 기도한다는 것은 합당한 곳에서 기도하는 것이며 특히 마음대로 기도할 수 있고 기도하기에 편한 곳에 가는 것이다. 어디서나 기도하는 것은 일터에서, 사람들을 만날 때, 그리고 개인적인 걱정거리로 가득 찬 사생활에서 기도하는 마음을 보존하는 것이다.

"주의 기도"로 잘 알려진 주님이 드리신 기도의 모범은 시대와 환경과 장소를 막론하고 특별히 궁핍한 모든 사람들에게 적용되기 때문에 보편적인 기도이다. 주의 기도는 모든 시대의 모든 민족에 속한 모든 사람들이 드릴 수 있는 기도이다. 주의 기도는 모든 가족과 민족과 나라에게 고칠 필요도 없고 바꿀 필요도 없는 기도의 모형이다.

더 나아가, 기도에는 모든 사람들이 기도의 주제가 되어야 한다는 적용의 보편성이 있다. 모든 곳에 있는 모든 사람들이 기도의 대상이 되어야 한다. 기도는 아담의 타락한 모든 후손을 받아들여야 한다. 모든 사람들이 아담으로 인해 타락했으며 그리스도로 인해 구속받고 자신들을 위한 기도로 인해 유익을 받기 때문이다. 이것은 디모데전서 2:1의 바울의 기도제목에서 나타나는 가르침이다.

> 그러므로 내가 첫째로 권하노니 모든 사람을 위하여 간구와 기도와 도고와 감사를 하되.

그러므로 우리는 모든 사람에게 다가가서 그들을 품으라는 성경의 확실한 근거를 가지고 있다. 그것은 우리가 모든 사람들을 위하여 기도하라는 명령을 받았을 뿐 아니라 그리스도께서 자신의 목숨을 모든 사람들을 위해 대속물로 주셨고 그래서 법적으로 모든 사람들이 예수 그리스도의 속죄의 죽음의 수혜자가 되었기 때문이다.

그러나 마지막으로 언급할 것은 우리가 생각하는 모든 것들은 기도의 대상이 되어야 하며 우리를 위한 모든 것, 즉 육체적이고 사회적이고 지적이고 영적이며 영원한 모든 것은 기도의 제목이 되어야 한다는 보편적인 측면이 기도에 들어 있다는 것이다. 그러나 기도의 이 같은 측면을 생각하기 전에 우선 모든 사람들을 위한 보편적인 기도를 살펴보자. 우리가 기도해야 할 특별한 사람들로서 교회를 이끌고 다스리는 사람들을 언급할 필요가 있다. 기도는 강력한 힘을 지니고 있다. 기도는 좋은 지도자를 만들고 좋은 지도자를 더 훌륭하게 만든다. 기도는 교회 지도자의 불법과 횡포를 억제한다. 지도자들은 기도의 대상이 되어야 한다. 그들은 기도의 세력과 지배력에 미치지 못하는 사람들이 아니다. 그것은 그들이 하나님의 다스림과 지배에 미치지 못하는 사람들이 아니기 때문이다. 바울이 디모데에게 임금들과 높은 지위에 있는 모든 사람을 위하여 기도하라고 권면하는 편지를 보냈을 때 폭군 네로가 로마제국의 제위에 있었다.

그리스도인의 입술은 의롭고 선한 통치자를 위해 기도해야 할 뿐 아니라 잔인하고 악명 높은 폭군을 위해서도 쉬지 않고 기도해야 한다. 기도는 모든 민족에게 미쳐야 한다. 우리가 기도할 때 마음에는 인류를 향한 부담이 있어야 하며 은혜에 보좌에 다가갈 때 모든 사람을 염두에 두어야 한다. 기도하는 시간에 우리는 모든 사람들을 위한 시간을 마련해야 한다. 온 민족이 당하는 궁핍과 불행을 위해 기도할 때 마음은 더욱 따뜻해지고 긍휼히 여기는 마음은 더욱 커져야 하며 기도는 불붙어야 한다. 마음이 작은 사람은 기도할 수 없다. 하나님과 인간을 구원하려는 그의 계획을 보는 시각이 좁은 사람은, 그리고 모든 사람들이 당한 총체적인 궁핍함을 보는 시각이 좁은 사람은 능력 있는 기도를 할 수 없다. 능력 있는 기도는 넓은 마음을 가지고 하나님과 하나님의 속죄의 뜻을 이해하는 사람이 드릴 수 있다. 냉소하는 사람은 기도할 수 없다. 기도는 넓고 깊은 마음일 뿐 아니라 가장 거룩한 자비의 마음이다. 기도는 모든 사람을 생각하고 모든 사람을 긍휼히 여기는 마음으로 가득 찬 넓은 마음에서 나온다.

기도는 "모든 사람이 구원을 받으며 진리를 아는데 이르기를 원하시는" 하나님의 뜻과 보조를 맞춘다.

기도는 높이 천국에까지 도달하고 천국을 이 땅으로 가져온다. 기도는 그 손에 갑절의 복을 가지고 있다. 기도하는 사람에게 복을 주고 기도를 받는 사람에게 복을 준다. 기도는 분쟁의 욕망에 평화를 가져오고 분쟁의 요소들을 잠재운다. 평온은 참된 기도가 맺는 좋은 열매이다. 기도하는 사람에게는 내적인 평화와 외적인 평화가 모두 있다. 기도는 "모든 경건과 단정한 중에 고요하고 평안한 생활"을 만든다.

합당한 기도는 삶을 평화롭고 아름답게 할 뿐 아니라 의로움으로 향기롭게 하며 영향력으로 무게 있게 만든다. 정직함, 진지함, 성실함, 그리고 책임감은 기도가 맺는 자연적이고 본질적인 열매이다.

하나님을 기쁘게 하고 하나님께서 보시기에 받으실 만한 것은 이와 같은 세계를 품는 넓은 마음과 베푸는 마음으로 드리는 기도이다. 그런 기도는 하나님의 뜻과 만나 은혜의 강으로 흘러 모든 사람에게 이르기 때문이다. 그것은 인간이셨던 그리스도 예수께서 이 땅에 계실 때 드린 기도였으며, 이제 우리의 전능하신 중보자로서 하늘에 계신 아버지 하나님의 우편에서 드리고 있는 기도이다. 예수님은 기도의 본이시다. 그는 자신의 몸을 모든 사람들을 위한, 그리고 각 사람을 위한 대속물로 주신 중재자로서 하나님과 인간 사이에 계신다.

참된 기도는 하나님의 뜻과 연결되며 모든 사람을 위해 염려와 긍휼과 중보의 강이 되어 흐른다. 예수 그리스도께서 타락에 빠진 모든 사람들을 위해 죽으셨듯이 기도는 모든 사람들의 허리를 동이고 모든 사람들의 유익을 위해 자신을 내어준다. 하나님과 인간 사이에 중재자가 되신 우리 주님처럼 기도하는 사람은 기도와 간구로, 그리고 "통곡과 눈물로" 하나님과 인간의 중간에 선다. 기도는 인류가 가고 있는 방향을 파악하고 영원을 향한 인간의 운명을 받아들인다. 왕도 거지도 모두 기도에 영향을 받는다. 기도는 하늘을 감동시키고 땅을 움직인다. 기도는 이 땅이 천국에 닿게 하며 천국을 이 땅 가까이 가져온다.

> 당신의 안내자들과 형제들을
> 영원히 마음에 품으라.

능한 기도의 팔을 뻗어서
온 인류를 붙들라.

13

기도와 선교

　선교는 그리스도와 그의 속죄의 죽음에 대하여 한 번도 들어본 적이 없는 아담의 타락한 후손들에게 복음을 전하는 것을 말한다. 사람들에게 우리 주 예수 그리스도를 통한 구원에 대하여 들을 기회를 주는 것이며, 우리가 복음화된 땅에서 복음이 주는 복을 누리듯이 사람들에게 복음의 복을 받아들일 기회를 부여하는 것이다. 이것은 곧 복음의 유익을 누리는 사람이 모든 인류에게 같은 신앙의 유익과 복음의 특권을 주는 것이다. 기도는 선교와 밀접한 관계가 있다. 기도는 선교의 종 역할을 한다. 선교의 성공은 전적으로 기도에 달려있다. 선교의 삶과 선교의 정신은 곧 기도의 삶과 기도의 정신이다. 기도와 선교는 모두 거룩한 마음에서 나온다. 기도와 선교는 단짝이다. 선교는 전적으로 기도에 의존하며 기도는 선교를 성공적으로 만든다. 장차 오실 메시야를 소개하는 시편 72편은 이렇게 말한다. "사람들이 저를 위하여 항상 기도하고 종일 찬송하리로다." 인간을 구원하기 위한 메시야의 오심을 위해 기도하는 것이며 메시야께서 오셔서 이루실 구원의 계획이 성공하도록 기도하는 것이다.
　예수 그리스도의 정신이 선교의 정신이다. 우리 주 예수 그리스도께서는 친히 최초의 선교사였다. 그리스도의 약속과 강림은 최초의 선교운동을 일으켰다. 선교정신은 단지 복음의 한 면이나 구원 계획의 일부로 국한되는 것이 아니라 선교의 정신과 선교의 삶 그 자체이다. 선교운동은 예수 그리스도의 교회가 온 인류를 그리스도께 바칠 계획을 가지고 진군하는 것이다. 성령의 감동을 받은 사람은 누구든지 선교의 정신으로 불타올랐다. 선교를 반대하는 그리스도인은 모순에 빠진 사람이다. 차라리 선교를 반대하는 그리스도인이 된다는 것은 불가능한 일이라 말해야 할 것이다. 하나님도 사람도 그리스도인들을 선교 운동에 동참하지 않게 내버려 둘 수 없기 때문이다. 선교 열정은 생명의 힘을 교회라는 온 몸에 내보내는 우리 주 예수 그리스도의 심장박동이다. 하나님 백성들의 영적인 삶은 그 심장박동의 힘에 따라 소생하기도 하고 무너지기도 한다. 이 같은 생명력이 없어질 때 죽음이 찾아온다. 선교를 반대하는 그리스도인이 죽은 그리스도인이듯이 선교를 반대하는 교회는 죽은 교회이다.

마귀의 가장 간교한 책략은 하나님의 위대한 운동을 막는 것이 불가능할 때 그 운동을 타락시키는 것이다. 마귀는 그 모습을 표면에 내세우고 운동의 정신을 안으로 숨김으로써 그 운동을 물질적인 것으로 만들고 철저히 타락시켰다. 능력있는 기도만이 그 운동이 물질적으로 흐르는 것으로부터 구하고 운동의 정신을 강하고 힘있게 지켜줄 것이다.

선교가 성공하는 모든 열쇠는 기도이다. 이 성공의 열쇠는 모교회가 쥐고 있다. 우리 주님께서 이방 나라에서 받으신 면류관을 받을 사람은 외국에서 일하는 전문 직업인들이 아니라 기도하는 선교사들일 것이다. 특별히 선교사들이 그 면류관을 받을 수 있는 것은 모교회 성도들이 드리는 기도의 힘일 것이다. 무릎꿇고 금식하고 기도하는 모교회는 이 중대한 최후 전투에서 영적인 힘을 공급하고 군수품을 지원하며 승리를 보장하는 굳건한 전초기지이다. 재정적인 물자는 이 전투에서 실제로 필요한 군수품이 아니다. 조직 자체는 이방의 벽을 허물고 문을 효과적으로 열어 이방인의 마음을 그리스도께로 돌리는데 필요한 힘을 주지 못한다. 기도만이 그 일을 할 수 있다.

예수 그리스도를 통해 기도하는 교회는 아론과 훌이 모세를 통해 이스라엘에게 가져다준 승리보다 더 확실한 승리를 이방 나라의 전투에서 가져다 줄 것이다. 모국에서의 전투가 그렇듯이 외국에서의 전투도 마찬가지다. 기도하는 교회가 전투에서 이긴다. 모교회는 선교회를 만들고 선교사들을 후원하기 위해 돈을 지원할 때 무가치한 일만 해왔다. 돈은 중요하지만 기도를 동반하지 않는 돈은 복음화되지 않은 땅에서 어두움과 황폐함과 죄를 만날 때 힘을 발휘하지 못한다. 기도가 없이 베푸는 것은 황무함과 죽음을 낳는 일이다. 모교회의 빈약한 기도는 외국에서 얻는 빈약한 결실의 해답이다. 기도 없이 베푸는 것이 오늘날 선교운동이 직면한 모든 위기의 비밀이요 선교단체의 부채가 늘어나는 이유로 작용하고 있다.

선교 운동에 있어 여러 가지 수단을 사용하기를 권하는 것은 아주 당연한 일이다. 그러나 훨씬 더 중요한 일은 선교운동을 위해 기도로 지원할 것을 권하는 것이다. 오늘날 해외선교는 돈의 힘보다 기도의 능력이 더 필요하다. 심지어 기도는 여러 가지 어려움과 방해 가운데서 선교적 사명이 약해질 때도 계속 전진하도록 힘을 줄 수 있다. 기도를 동반하지 않는 많은 돈은 외국에서 어둡고 비참하고 죄악된 현실에 직면할 때 도움이 되지 못하며 능력을 발휘하지 못한다.

특별히 지금은 선교의 시대다. 그리스도인들은 전에 없이 각성하여 이방민족에게로 나가는 대열에 참여하고 있다. 선교운동은 복음에 대해 가장 냉담하고 생명이 없는 사람들에 대한 소망을 일깨우고 열정을 불사르며 관심이 아닌 주의를 요구하는 단계에까지 왔다. 거의 모든 교회가 그 영향을 받고 있으며, 교회마다 계획한 선교운동은 돛을 넓게 펴고 순풍을 받고 있다. 그러나 바로 여기에 위험이 도사리고 있다. 선교 운동이 선교 정신보다 앞설 것이라는 점이다. 이것은 지금까지 그늘에 가려진 본질을 보지 못하고 겉으로 나타나는 정신을 보지 못하며 단지 그 운동을 과시하는 일에만 만족하고 힘을 운동 자체에만 쏟고 정신에는 기울이지 않아 늘 교회의 위험 요소가 되어왔다.

이처럼 거창한 운동은 그 정신을 보는 우리의 눈을 가릴지 모른다. 뿐만 아니라 마치 순풍에 항해하도록 만든 배가 바람이 거세져서 폭풍으로 변할 때 가라앉듯이 그 운동에 생명과 실체를 주어야 할 정신이 그 운동의 풍부함에 묻혀버릴지도 모른다.

선교를 위해 기도가 절실히 필요하다는 점은 한 번만 강조하지만 물질이 절실히 필요하다는 것은 수없이 강조하는 유창하고 열정적인 설교를 우리는 많이 듣는다. 우리의 모든 계획과 생각은 믿음을 빨리 자라게 하고 기도를 권면하기 위함이 아니라 오직 물질을 많이 모으는 한 가지 목적을 향한다. 교회 지도자들이 가진 일반적인 생각은 우리가 돈을 많이 모으면 자연히 기도도 많아질 것이라는 것이다. 사실은 그와 반대이다. 기도하는 교회를 만들어 선교의 정신을 확고히 하다면 아마도 돈은 자연히 모일 것이다.

영적인 힘과 영적인 능력은 결코 저절로 생기지 않는다. "저절로"라는 법칙에 맡겨버린 영적인 직분과 영적인 요소들은 타락하고 없어질 것이다. 강조하는 것들만이 살아남아 영적인 세계를 지배할 것이다. 주는 사람들이 반드시 기도하는 사람인 것은 아니다. 오늘날 우리의 교회에는 많이 내면서도 기도하지 않는다고 소문난 사람들이 많다. 오늘날 선교운동의 불행 중에 하나가 바로 여기에 있다. 주는 것은 기도와 완전히 구별된다. 주는 것은 확실히 드러나지만 기도는 거의 관심을 사지 못한다. 진정으로 기도하는 사람들은 주고자 하는 마음이 생길 것이다. 기도는 베푸는 마음이 생기게 한다. 기도하는 사람들은 후하게 줄 것이며 자기를 부인하는 마음으로 베풀 것이다. 골방에 들어가 하나님께 나아가는 사람은 또한 자신의 주머니를 열어 하나님께 드릴 것이다. 그러나 인색하게, 내키지 않는 마음으로, 조건을 따지고 주는 사람은 기도의 정신을 잃게 한다. 영적인 것을 게을리 하고 냉혹한 법을 이용하여 물질을 강조하는 것은 영적인 것을 물러가게 하고 영적인 것의 가치를 떨어뜨리는 일이다.

참으로 놀라운 것은 돈이 현대의 신앙 운동에 그처럼 중요한 부분을 차지하는데 반해 기도는 아주 미약한 역할을 한다는 것이다. 반대로 초대 기독교 신앙에서 돈은 복음을 전파하는데 아주 작은 부분을 차지했지만 기도는 매우 중요한 역할을 했다는 사실 또한 놀라운 일이다.

베푸는 은혜가 더 풍성하게 자라는 곳은 골방밖에 없다. 선교단체들과 직원들이 저마다 어깨에 기도의 띠를 두른다면, 그래서 마침내 멸망하는 세상을 위해 진정으로 기도하며 고난받고 그리스도와 함께 수고한다면 부동산과 주식과 미국의 국채는 그리스도의 복음을 전파하는 일을 위해 팔릴 것이다. 기도의 정신이 두루 퍼진다면 족히 백만 명의 식구를 가진 선교단체들은 부채로 인한 부담에 비틀거리지 않을 것이며 큰 교회들은 해마다 적자를 보지 않을 것이고 매년 몇 명 되지도 않는 선교사들을 후원하기 위해 인색한 물질을 지출하는 일로 불평불만이나 부담을 갖지도 않을 것이며 선교사들 중에 몇 명을 철수시키는 부끄러운 문제로 다투지 않을 것이다. 그리스도께서 친히 일하시는 그리스도의 나라가 이루어지는 곳은 골방이지 헌금함이 아니다.

선지자 이사야는 예언자의 환상을 통해 수세기 앞을 내다보았다. 그래서 쉬지 않고 기도하며 그리스도의 나라가 인간에게 이루어질 때까지 하나님으로 쉬지 못하게 하라는 그의 요지를 말한다.

  나는 시온의 공의가 빛같이, 예루살렘의 구원이 횃불같이 나타나도록 시온을 위하여 잠잠하지 아니하며 예루살렘을 위하여 쉬지 아니할 것인즉

그리고 그리스도의 교회가 마침내 이루어질 것을 예언하며 이사야는 이렇게 말한다.

  열방이 네 공의를, 열왕이 다 네 영광을 볼 것이요 너는 여호와의 입으로 정하실 새 이름으로 일컬음이 될 것이며.

또 하나님께서 친히 복음주의 선지자의 입을 통해 이렇게 선포하신다.

  예루살렘이여, 내가 너의 성벽 위에 파수꾼을 세우고 그들로 종일종야에 잠잠치 않게 하였느니라. 너희 여호와로 기억하시게 하는 자들아, 너희는 쉬지 말며 또 여호와께서 예루살렘을 세워 세상에서 찬송을 받게 하시기까지 그로 쉬지 못하시게 하라.

본문의 마지막 부분은 이렇게 말한다. "너희 여호와로 기억하시게 하는 자들아." 이것은 곧 기도하는 사람들은 하나님께서 기억하시는 자들이며 하나님께 그분이 약속하신 것을 생각나게 하는 사람들이며 이 땅에 하나님의 교회가 이루어질 때까지 하나님으로 쉬게 하지 않는 자들이라는 의미이다.

그리고 주의 기도에 나오는 중요한 기도문들 중에도 그와 같은 하나님의 나라를 이루고 복음을 전파하는 문제를 간략하면서도 명백하게 다룬다. "나라이 임하옵시며." 그리고 여기에 이렇게 덧붙인다. "뜻이 하늘에서 이룬 것같이 땅에서도 이루어지이다."

사도시대의 교회에 있어 선교운동은 금식하고 기도하는 환경에서 생겨났다. 그리스도 교회의 복을 이방인들에게 나누어주는 운동은 바로 베드로가 기도하러 지붕에 올라갔을 때 그 곳에서 일어났으며, 하나님께서는 베드로에게 복음의 특권을 이방인들에게로 확대하여 유대인과 이방인을 갈라놓은 담을 허무는 하나님의 뜻을 보여주셨다.

특별히 바울과 바나바는 안디옥 교회가 금식하고 기도했을 때 선교 현장으로 부름을 받아 따로 구별되었다. 그들이 금식하고 기도한 바로 그때 성령께서 하늘에서 응답하셨다. "내가 불러 시키는 일을 위하여 바나바와 사울을 따로 세우라."

이 일이 바울과 바나바가 주의 일에 부름을 받은 사건이 아니라는 것을 주목하라. 더 구체적으로 말하면 그것은 바울과 바나바가 이방 선교로 분명한 부름을 받은 사건이 아니었다. 바울은 이 일이 있기 전 그가 회심했을 때 주의 일에 부름을 받았다. 다시 말해 이 사건은 안디옥 교회의 구체적이고 지속적인 기도가 만들어낸 후속적인 부름이었다. 하나님은 우리를 주의 일로 부르실 뿐 아니라 선교사로 부르신다. 선교 사역은 하나님의 일이다. 그리고 선교 사역을 하는 사람은 하나님께서 부르신 사람들이다. 이것이 바로 과거에 이방 선교를 성공적으로 잘 감당했던 선교사들의 모습이었으며 또한 앞으로 해외선교를 잘 감당할 선교사들의 모습이기도 하다. 이런 모습이 아니면 선교는 이루어지지 않을 것이다.

선교 사역에 필요한 사람은 기도하는 선교사들이며 이들을 파송하는 교회는 기도하는 교회이다. 이렇게 할 때 하나님께서 약속하신 성공을 기대할 수 있다. 선교사들이 밖으로 전할 신앙의 모습은 기도하는 신앙이다. 이방 세계가 회복해야 할 신앙의 모습은 진실하신 하나님께 기도하는 신앙이다. 이방 세계는 이미 각자의 우상과 거짓 신들에게 기도한다. 그러나 그들은 기도하는 교회가 파송한 기도하는 선지자들에게 그들의 우상을 버리고 주 예수 그리스도의 이름을 부르는 일을 배워야 한다. 기도하지 않는 교회는 이방 땅을 기도하는 신앙으로 바꿀 수 없다. 기도하지 않는 선교사가 자신이 먼저 확실한 기도의 사람이 되지 않고서는 우리가 믿는 하나님을 모르는 이방의 우상숭배자들로 참된 기도의 무릎을 꿇게 할 수 없다. 하나님의 일을 하는데는 모국의 기도하는 사람이 필요하며, 마찬가지로 어두움에 빠진 사람들을 빛으로 인도하는데는 기도하는 선교사가 반드시 필요하다.

지극히 유명하고 큰 성공을 거둔 선교사들은 확실한 기도의 사람들이다. 데이비드 리빙스턴(David Livingstone), 윌리엄 테일러(William Taylor), 아도니람 저드슨(Adoniram Judson), 헨리 마틴(Henry Martyn), 그리고 허드슨 테일러(Hudson Taylor)를 비롯한 많은 선교사들이 기도하는 것으로 유명했으며 그들이 사역했던 곳에는 아직도 그들의 인상이 남아있고 영향력이 깃들어 있다. 기도하지 않는 사람은 이 일에 필요하지 않다. 기도하지 않는 사람은 무엇보다 기도의 사람이 되어야 한다. 면류관을 받을 날, 마침내 심판의 날이 되어 신앙의 기록을 모아 읽을 때면 기도하는 사람들이 냉혹한 이교도들 가운데서 얼마나 잘 일했는지가 밝혀질 것이며 그 땅에 그리스도의 기초를 놓은 일로 인해 그들이 받은 상급이 얼마나 클지 모두 드러날 것이다.

이 복음이 전세계에서 힘을 발휘하기 위해 필요한 유일한 조건은 기도이며 이 복음이 널리 퍼지는 것도 기도에 달려있다. 복음에 강력한 추진력을 실어주기 위해서는 기도의 힘이 필요하며 복음에 해를 끼치는 모든 악하고 강한 적을 다스리기 위해서도 기도의 힘이 필요하다.

예수 그리스도의 나라의 번영은 적이 약해서 이루어지지 않는다. 적은 강하고 거칠며 지금까지 늘 강했고 앞으로도 강할 것이다. 그러나 강력한 기도는 주 예수 그리스도로 하여금 그의 나라를 완전히 다스리게 하고 이방인들을 그의 유산으로, 이 땅의 끝을 그의 소유로 만들어줄 수 있는 위대한 영적 힘이다.

그리스도께서 적을 철퇴로 부수도록 할 수 있는 것은 기도이며, 힘과 자랑에 빠진, 그러나 토기장이의 손에 놓인 연약한 그릇에 지나지 않는 적이 단번에 박살날 것을 두려워 떨게 만드는 것은 기도이다. 기도할 수 있는 사람은 그리스도께서 이 땅에 두신 가장 강력한 도구이다. 기도하는 교회는 지옥의 모든 문보다 더 강력하다.

그리스도 왕국의 영광에 대한 하나님의 말씀이 이루어지는 것은 다음 말씀처럼 기도에 달려있다. "내게 구하라. 내가 열방을 유업으로 주리니 네 소유가 땅 끝까지 이르리로다." 아버지 하나님은 기도를 통하지 않고는 그 아들에게 아무것도 주지 않으신다. 그리고 교회가 관계하고 있는 선교사역에서 더 받지 못하는 이유는 기도가 부족하기 때문이다. "너희가 얻지 못함은 구하지 아니함이요."

마지막 날에 복음이 온 세상에 전파되었을 때 그리스도의 오심을 예시하는 하나님의 모든 섭리는 하나님의 명령과 하나님의 약속, 그리고 기도라는 세 가지 율법적인 규정에 기초를 둔다. 그 승리의 날이 시간과 공간상으로 아무리 멀리 있고 어렴풋해도 기도는 하나님의 섭리가 확고해지고 전형화 되고 대표화 되는 필수적인 기초를 이루는 조건이다. 이스라엘의 조상이자 하나님의 벗이었던 아브라함에서부터 이후 성령의 통치 시대에 이르기까지 이것은 진리였다.

> 열방이 소리친다!
> 바다에서 바다에 이르기까지
> 장렬한 외침이 울려 퍼진다.
> 그리스도인이여, 거기 있거든
> 와서 죽기 전에 우리를 구하여 주오.
>
> 오 주여, 우리의 가슴은 부르짖음을 느끼니
> 가슴과 손이 하나가 되게 하셔서
> 당신의 것을 베풂으로
> 세상의 외침에 응하게 하소서.

해외 선교 현장에서 일할 일꾼들을 확보하려는 우리 주님의 계획은 목사를 구하려고 착수하는 계획과 같다. 그 계획은 기도라는 과정을 통해 이루어진다. 그것은 인간이 세운 계획과 구별되는 기도 계획이다. 이 선교의 일꾼들은 "보내심을 받은 사람"이어야 한다. 하나님이 그들을 보내셔야 한다. 그들은 하나님의 부름을 받은 사람들이며 이 위대한 일에 성령의 감동을 받은 사람들이다. 그들은 마음의 감동을 받아 세상이라는 밭에 들어가 하늘의 창고에 쌓을 곡식을 거두는 사람들이다. 목사는 자기가 선택하는 것이 아니듯이 선교사 역시 자신이 선택하는 것이 아니다. 하나님은 그의 교회가 드리는 기도의 응답으로 일꾼들을 밭으로 보내신다. 여기에 우리 주님께서 보여주시는 하나님의 계획이 있다.

> 무리를 보시고 민망히 여기시니 이는 저희가 목자 없는 양과 같이 고생하며 유리함이라. 이에 제자들에게 이르시되 추수할 것은 많되 일꾼은 적으니 그러므로 추수하는 주인에게 청하여 추수할 일꾼들을 보내어 주소서 하라 하시니라.

기도하는 것은 모교회의 일이다. 일꾼들을 부르시고 보내시는 것은 주님의 일이다. 주님께서 기도하는 것이 아니며 교회가 부르는 것이 아니다. 지치고 굶주리고 흩어져 죄에 노출되어 목자 없는 양처럼 된 무리를 보셨을 때 주님은 긍휼히 여기는 마음을 가지셨듯이 교회가 이 땅 위에 사는 아담의 후손들, 영혼이 지치고 흑암 가운데 사는 불쌍하고 죄에 허덕이는 수많은 무리들을 바라볼 때 교회는 언제나 긍휼히 여기는 마음이 생기고 추수의 주님께서 일꾼들을 보내주시도록 기도하기 시작할 것이다.

목회자와 같은 선교사들은 기도하는 사람에게서 나온다. 기도하는 교회는 세상이라는 밭에서 일하는 일꾼을 만든다. 교회에서 선교사를 찾아보기 힘들다면 그것은 기도하는 교회가 아님을 입증하는 것이다. 훈련받은 사람들을 해외 선교의 현장에 보내는 것은 바람직한 일이다. 그러나 그 전에 그들은 하나님의 보내심을 받아야 한다. 파송은 기도의 열매이다. 기도하는 사람들이 일꾼들을 파송하는 근거가 되듯이 일꾼들 역시 기도하는 사람이 되어야 한다. 이 기도하는 선교사들의 첫번째 사명은 기도하지 않는 이방 사람들을 회심시켜 기도하는 사람으로 만드는 것이다. 기도는 그들의 부르심과 사명과 사역의 증거이다.

모국에서 기도하지 않는 사람이 해외에서 일하는 선교사가 되려면 한 가지 자질이 필요하다. 모국에서 죄인들을 향해 마음에 감동함이 없는 사람은 해외에서 죄인을 향해 긍휼히 여기는 마음을 거의 가질 수 없다. 선교사들은 모국에서 실패하는 사람에게서 나오지 않는다. 해외에서 기도하는 사람이 되려면 우선 모 교회에서 기도하는 사람이 되어야 한다. 죄인들을 기도하지 않는 삶의 방식에서 돌이키는 일을 모국에서 하지 않는 사람은 기도하지 않는 이방인들을 돌이키는 일에 성공하기 힘들 것이다. 다시 말하면, 해외 사역자가 되기 위해서는 모국의 사역자가 되기 위해 필요한 영적 자질을 갖추어야 한다는 것이다.

하나님은 그의 뜻 안에서, 그리고 교회가 드리는 기도의 응답으로 일꾼들을 부르셔서 밭으로 보내신다. 선교단체와 교회들이 이 기본적인 사실을 간과하고 하나님과 무관하게 그들이 직접 선택한 사람들을 파송하는 날은 슬픈 날이다.

추수할 곡식이 많은가? 일꾼들은 적은가? 그렇다면 "추수하는 주인에게 청하여 추수할 일꾼들을 보내어 주소서"라고 기도하라. 기도의 거대한 물결이 교회를 덮어 이 땅이라는 밭에 부족한 일꾼들을 많이 보내주시길 하나님께 구하는 교회가 된다면 얼마나 좋겠는가! 추수의 주님께서 너무 많은 일꾼들을 보내셔서 밭에 가득 차도 위험할 것이 없다. 부르시는 하나님은 불러 파송하는 사람들을 후원할 수단을 가장 확실하게 마련하실 것이다.

현대의 선교운동에서 절실히 필요한 한 가지가 있다면 그것은 중보하는 사람들이다. 중보자들은 이사야의 시대에도 부족했다. 이사야는 이렇게 한탄한다.

> 사람이 없음을 보시며 중재자 없음을 이상히 여기셨으므로.

그러므로 오늘날은 먼저 일꾼이 부족한 이 땅이라는 밭에 복음을 모르는 수많은 사람들을 향해 그리스도의 열정을 품는 중보자가 절실히 필요하며 그 다음으로, 하나님께서 일꾼이 부족한 이 땅의 밭에 일꾼들을 보내시도록 중보하는 사람들이 절실히 필요하다.

제7권

기도의 필요성

The Necessity of Prayer

1929년 간행

1

기도와 믿음 (1)

　기도의 원칙과 절차, 기도의 활동과 일에 대한 연구에서는 당연히 믿음을 제일 먼저 다루어야 한다. 믿음은 보지 못하는 것들에 관해 말하려고 하는 사람은 누구나 마음 속에 제일 먼저 생각하는 것이다. 사람은 철저한 무력감에 빠질 때 믿음의 손을 뻗칠 수밖에 없다. 궁극적으로 기도는 자기 본래의 놀라운 특권을 주장하는 믿음, 즉 무한한 유산을 취하는 믿음이다. 참된 경건은 기도의 영역에서처럼 믿음의 영역에서도 진실되고 확고하며 끈기 있다. 믿음이 기도하기를 그치면 믿음은 더 이상 존속하지 못한다.
　믿음은 불가능한 일을 한다. 믿음은 우리 대신 하나님이 일하시도록 하기 때문이다. 하나님께 불가능한 것은 없다. 믿음의 능력이 얼마나 큰지! 거기에는 조건도 제한도 없다. 마음에서 의심을 몰아내고 불신앙을 이상하게 여긴다면 우리가 하나님께 구하는 것은 반드시 이루어질 것이고 신자가 "그에게 말하는 것이 무엇이든지 그대로 되리라."
　기도는 믿음을 하나님께 비추고 하나님을 세상에 비춘다. 하나님만이 산을 움직이실 수 있지만 믿음과 기도는 하나님을 움직일 수 있다. 무화과나무를 저주하신 일에서 우리 주님은 당신의 능력을 증명해 보이셨다. 그 일에 이어서 주님은 죽이는 일이 아니라 살리는 일에, 시들게 하는 것이 아니라 축복하는 일을 위해 믿음과 기도에 큰 능력을 부여하였다고 밝히셨다.
　여기서 강조할 필요가 있는 주님의 말씀을 보기로 하자. 그 말씀은 믿음과 기도의 주요 요지이기 때문이다.

    그러므로 내가 너희에게 말하노니 무엇이든지 기도하고 구하는 것은 받은 줄로 믿으라 그리하면 너희에게 그대로 되리라.

우리는 "받은 줄로 믿으라 그리하면 너희에게 그대로 되리라"는 말씀을 잘 생각해 보아야 한다. 지금 여기서는 깨닫고 자기 것으로 쓰며 **취하는** 믿음을 이야기하고 있다. 그런 믿음은 신성한 친교를 경험한 믿음이며, 확실한 사실을 깨달은 믿음이다.

세월이 가면서 믿음은 자라는가 아니면 쇠퇴하는가? 불의가 가득하고 많은 사람의 사랑이 식어지는 오늘날 믿음이 강하고 견고하게 서있는가? 종교가 갈수록 형식적이 되고 세속적인 생각이 갈수록 득세하는데 믿음을 여전히 붙들고 있는가? 우리 주님의 이 질문은 우리에게 그대로 적용될 수 있다. 예수께서는 이같이 물으신다. "인자가 올 때 세상에서 믿음을 보겠느냐?" 우리는 예수께서 오실 것을 믿고, 오늘날 우리는 **오실** 이가 그 날에 오실지 모르므로 믿음의 등불을 손질하고 불을 밝혀두는 일을 해야 한다는 것을 믿는다.

믿음은 그리스도인 성품과 영혼의 안전을 형성하는 원천이다. 예수께서 베드로의 부인을 내다보시고 그 점에 대해 경고하실 때 제자에게 이렇게 말씀하셨다.

    시몬아, 시몬아, 보라 사단이 밀 까부르듯 하려고 너희를 청구하였으나 그러나 내가 너를 위하여 네 믿음이 떨어지지 않기를 기도하였노니.

이때 우리 주께서는 핵심 진리를 선포하고 계셨다. 주께서 지키려고 하셨던 것은 베드로의 믿음이었다. 믿음이 무너지면 영적 생명도 사라지고 종교적 경험의 모든 구조물이 무너진다는 것을 주님은 잘 아셨기 때문이다. 보호를 받을 필요가 있었던 것은 베드로의 믿음이었다. 여기서 자기 제자의 영혼의 행복을 염려하고 당신의 강력한 기도로써 베드로의 믿음을 견고히 하려는 주님의 결심을 엿볼 수 있다.

두번째 서신에서 베드로가 그리스도인 생활의 안전 장치로서 은혜 안에서 자라는 것과 열매 맺는 것을 언급할 때 마음에 이 점을 염두에 두고 있다.

> 이러므로 너희가 더욱 힘써 너희 믿음에 덕을, 덕에 지식을, 지식에 절제를, 절제에 인내를, 인내에 경건을 공급하라.

이 부가적인 과정에서 믿음은 출발점이었다. 곧 성령의 다른 은혜들의 기초였다. 믿음은 다른 모든 것을 그 위에 세워야 하는 기초였다. 베드로는 독자들에게 활동이나 은사, 혹은 덕에 더하라고 하지 않고 **믿음**에 더하라고 요구한다. 여기에는 베드로가 알고 있는 거룩한 순서가 있다. 그래서 베드로는 이어서 우리가 우리의 부르심과 택하심을 확실하게 하기 위해 힘쓸 것을 말하는데, 택하심은 믿음을 더하게 하고, 그 다음에 믿음을 더하는 일은 끊임없는 간절한 기도로 이루어진다. 이같이 믿음은 기도로 생생하게 유지되며, 은혜에 은혜를 더하는 과정에서 모든 단계를 밟아 가는 일이 기도로 이루어진다.

강력한 기도를 일으키는 믿음은 강한 인격에 중심을 두고 있다. 그리스도께서 **행하시되 크게** 행하실 수 있음을 믿는 믿음은 크게 기도하는 믿음이다. 그래서 문둥병자는 그리스도의 능력을 받을 수 있었다. 문둥병자는 "주여, 원하시면 저를 깨끗케 하실 수 있나이다" 하고 부르짖었다. 이 예에서 우리는 그리스도의 **행하시는** 능력에서 믿음이 어떻게 중심 위치를 차지하며 어떻게 치료하는 능력을 확보하는지 볼 수 있다.

"내 능히 이 일 할 줄을 믿느냐?" 대답하되 주여 그러하오이다 하니 이에 예수께서 저희 눈을 만지시며 가라사대 "너희 믿음대로 되라" 하신대.

예수께서 마지막에 그 위대한 진술을 남기신 것은 예수께서 **행하실 수 있는** 능력을 믿는 믿음을 고취하기 위해서였다. 예수께서는 "하늘과 땅의 모든 권세를 내게 주셨으니"라고 선포하셨다.

그 다음에 믿음은 순종한다. 예수께서 세상에 계실 때 아들이 중한 병이 들어 주님을 찾아온 귀족이 그랬듯이 명령을 받으면 믿음은 간다.

또한 믿음은 행한다. 날 때부터 소경된 사람처럼 씻으라는 말을 들었을 때 믿음은 실로암 못가에 가서 씻는다. 게네사렛 호수가의 베드로처럼 예수께서 명령하실 때 믿음은 질문도 의심도 없이 즉시 그물을 던진다. 이러한 믿음은 나사로 무덤을 막고 있는 돌을 즉시 치워버린다. 기도하는 믿음은 하나님의 계명을 지키며 하나님께서 기쁘게 보시는 일들을 행한다. 이 믿음은 "주여, 제가 무엇을 해야 하겠습니까?"하고 묻고 나서 즉시 이렇게 대답한다. "주여, 말씀하시옵소서. 주의 종이 여기 있나이다." 순종은 믿음을 돕고 믿음은 순종을 돕는다. 하나님의 뜻을 행하는 것은 참된 믿음에 필수적이며, 믿음은 절대적인 순종에 반드시 필요하다.

믿음은 하나님 앞에서 인내하며 기다려야 할 때가 많으며, 하나님께서 기도 응답을 지연하실 때는 더욱 믿음을 발휘해야 한다. 기도가 즉시 응답되지 않기 때문에 믿음이 약해지는 것이 아니다. 믿음은 하나님 말씀대로 하나님을 알고 하나님께서 당신의 목적을 이루고 당신의 일을 수행하시는데 있어 당신의 시간을 선택하시도록 한다. 참된 믿음에는 많은 지연과 오랜 시간의 기다림이 있을 수밖에 없지만, 믿음은 기도 응답에 지연이 있을 것을 알고 그런 지연을 검증의 시간, 곧 믿음의 성격을 드러내고 믿음을 이루는 요소들을 드러내는 시간으로 간주하고 그런 조건들을 받아들인다.

나사로의 경우에 그런 지연이 있었고, 그로 인해 선한 두 사람의 믿음이 단련을 받았다. 나사로가 중한 병이 들자 그의 누이가 주님을 부르러 사람을 보냈다. 그런데 우리 주님께서 아무 이유도 말씀하시지 않은 채 병든 친구의 아픔을 덜어주기 위해 가는 일을 미루셨다. 주님을 부르러 온 사람의 탄원은 절박하고 감동적이었다. "주여, 보시옵소서, 사랑하시는 자가 병들었나이다." 그러나 주님께서는 그 말을 듣고도 꼼짝하지 않으셨고, 나사로의 누이들의 간절한 요청에 전혀 아랑곳 하시지 않는 것 같았다. 참으로 큰 믿음의 시련이었다! 게다가 우리 주님의 지체 때문에 거의 절망적인 불행이 일어나는 것처럼 보였다. 예수께서 지체하시는 동안 나사로는 죽었다.
그러나 예수님의 지연은 더 큰 선을 위한 것이었다. 마침내 예수께서 베다니 나사로의 집으로 향하신다.

이에 예수께서 밝히 이르시되 나사로가 죽었느니라 내가 거기 있지 아니한 것을 너희를 위하여 기뻐하노니 이는 너희로 믿게 하려 함이라 그러나 그에게로 가자 하신대.

시험받고 시련 받는 신자여, 두려워 하지 말라. 인내를 발휘하고 믿음을 굳게 지키면 예수께서 **오실 것이다**. 예수님의 지연은 예수의 오심을 더욱 복되게 만들 것이다. 계속해서 기도하고 계속해서 기다리라. 여러분은 결코 실패하지 않을 것이다. 그리스도께서 더디 오시면 기다리라. 예수께서는 당신께서 정하신 적절한 시간에 **오실 것**이고 지체하지 않으실 것이다.
지연이 믿음을 시험하고 강하게 하는 경우가 많다. 이 같은 시험의 때가 오면 얼마나 믿음이 필요하겠는가! 그렇지만 믿음은 인내와 기도로써 힘을 얻는다. 어떤 경우에는 지연이 기도에 없어서는 안 될 요소이기도 하다. 하나님은 최종적인 응답을 주시기에 앞서 많은 일들, 곧 하나님께 은혜를 구하는 사람에게 지속적인 선이 되는 데 필요한 일들을 행하셔야 한다.
야곱은 에서에게서 구출해 주시기를 간절하게 기도하였다. 그러나 그 기도가 응답 받으려면 먼저 야곱에게, 또 야곱을 위해서 많은 일이 행해져야 했다. 에서처럼 야곱도 변해야 했다. 에서가 변하기 전에 야곱이 먼저 새 사람으로 변해야 했다. 에서가 야곱에 대해 마음이 바뀌기 전에 야곱이 하나님께 대해 마음이 바뀌어야 했다.
기도에 관한 예수님의 탁월하고 빛나는 말씀 가운데 이보다 인상적인 말씀은 없을 것이다.

내가 진실로 진실로 너희에게 이르노니 나를 믿는 자는 나의 하는 일을 저도 할 것이요 또한 이보다 큰 것도 하리니 이는 내가 아버지께로 감이니라. 너희가 내 이름으로 무엇을 구하든지 내가 시행하리니 이는 아버지로 하여금 이들을 인하여 영광을 얻으시게 하려 함이라. 내 이름으로 무엇이든지 내게 구하면 내가 시행하리라.

하나님께서 기도의 응답으로 어떻게 하실 것에 대한 이 말씀은 참으로 놀랍다! 지극히 엄숙하고 진실된 말로 시작되는 이 말씀은 참으로 중요하다! 그리스도를 믿는 믿음이 모든 활동과 기도의 기초이다. 놀라운 모든 활동은 놀라운 기도에 따라 이루어지고 모든 기도는 예수 그리스도의 이름으로 드려진다. 놀라운 교훈은 예수 그리스도의 이름으로 드려지는 이 기도가 지극히 단순하다는 것이다. 오직 예수를 제외하고는 다른 모든 조건은 가치가 없으며 다른 모든 것은 버려진다. 그리스도, 곧 우리 주요 구주이신 예수 그리스도 그분께서 기도하는 그 시간에 최고의 주권을 가지셔야 한다.

예수께서 내 생명의 원천에 거하신다면, 그리스도의 생명의 흐름이 모든 자아의 흐름을 밀어내고 대신하였다면, 그리스도께 대한 절대적인 복종이 내 생활의 모든 순간의 영감이자 힘이라면, 예수께서 기도를 내 뜻에 안심하고 맡길 수 있으시고 당신의 본성만큼이나 깊은 의무감으로 우리가 무엇을 구하든지 그대로 주시겠다고 맹세하실 수 있으시다. "하나님을 믿으라"는 그리스도의 권고와 요구만큼 분명하고 뚜렷하며 그 적용과 범위가 무한한 것은 없다.

믿음은 영적인 필요뿐 아니라 세속적인 필요도 다룬다. 믿음은 무엇을 먹을까 무엇을 마실까, 무엇을 입을까에 대한 부당하고 쓸데없는 모든 근심과 걱정을 없애버린다. 믿음은 현재를 살며, 그날의 괴로움은 그날에 겪는 것으로 충분하다고 본다. 믿음은 매일매일을 살며 내일에 대한 모든 두려움은 없애버린다.

주께서 심지가 견고한 자를 평강에 평강으로 지키시리니 이는 그가 주를 의뢰함이니이다.

우리가 "오늘날 우리에게 일용할 양식을 주옵시고"라고 기도할 때 우리는 어느 정도 기도에서 내일을 배제하고 있는 것이다. 우리는 내일에 살지 않고 오늘을 산다. 우리는 내일의 은혜나 내일의 양식을 구하지 않는다. 현재의 삶을 살고 있는 사람들은 가장 성공하며 생활에서 가장 많은 것을 얻어낸다. 내일의 필요가 아니라 오늘의 필요를 구하는 사람이 가장 잘 기도하는 사람이다. 내일 필요한 것을 위해 드리는 기도는 필요 없고 장황할 수가 있다.

 진정한 기도는 오늘의 시련과 오늘의 필요에서 나온다. 양식은 오늘을 위한 양식이 있으면 충분하다. 오늘을 위한 양식이 있다는 사실이 내일에도 양식이 있을 것을 가장 확실하게 보여 주는 보증이다. 오늘의 승리는 내일의 승리의 보증이다. 우리의 기도는 오늘에 초점이 맞추어져야 한다. 우리는 오늘 하나님을 신뢰하고 내일은 전적으로 하나님께 맡겨야 한다. 현재가 우리의 것이요 내일은 하나님께 속해 있다. 기도는 매일 되풀이되는 직무요 의무이다. 매일의 필요를 위해 매일 기도해야 한다.

 매일 일용할 양식을 구하듯이 기도에 대해서도 매일같이 구해야 한다. 오늘 드리는 기도가 내일의 기도에 충분하지 않을 것이다. 그 반면, 내일을 위한 기도가 오늘 우리에게 큰 가치를 지니지 않는다. 우리에게 필요한 것은 오늘의 만나이다. 내일은 하나님께서 우리의 필요한 것을 공급하실 것이다. 이것이 하나님께서 우리에게 고무시키려 하시는 믿음이다. 그러므로 내일의 염려와 필요와 걱정은 하나님의 손에 맡기도록 하자. 내일의 은혜나 내일의 기도가 강력할 수 없고 오늘의 은혜를 쌓아올려 내일의 필요를 해결할 수도 없다. 우리는 내일의 은혜를 가질 수 없고 내일의 양식을 먹을 수 없으며 내일의 기도를 드릴 수도 없다. 그날의 괴로움은 그날로 족하다. 우리에게 믿음이 있다면 그것으로 충분할 것이다.

2
기도와 믿음 (2)

믿을 만한 참된 신앙은 분명하고 의심이 없어야 한다. 참된 믿음은 단지 일반적인 믿음이 아니고 단순히 하나님의 존재와 선하심과 능력을 믿는 것이 아니라 "그 말하는 것이 그대로 되리라"고 믿는 믿음이다. 믿음이 구체적이면 응답도 구체적이 될 것이다. "그 말하는 것이 무엇이든지 그대로 되리라." 믿음과 기도가 어떤 일을 선택하면 하나님께서 믿음과 끈기 있는 기도가 지명하고 하나님께 이루어 주기를 호소하는 바로 그 일을 맡아 행하신다.

영어 개역 성경은 마가복음 11:24을 이렇게 번역한다. "그러므로 내가 너희에게 말하노니 너희가 기도하고 구하는 것은 무엇이든지 받은 줄로 믿으라. 그러면 너희가 받으리라." 온전한 믿음은 온전한 기도로 구하는 것을 언제나 받는다. 기도가 작용하는 범위가 얼마나 넓고 무조건적인지! "무엇이든지." 그 약속이 얼마나 명확하고 구체적인지! "너희에게 그대로 되리라!"

우리의 주요 관심사는 우리의 믿음에 있다. 믿음의 성장이나 믿음의 성숙한 활동의 문제에 관심이 있다. 믿음으로 구하는 것을 흔들림이나 의심 혹은 두려움 없이 붙잡고 받는 믿음, 그것이 바로 우리에게 필요한 믿음이다. 그런 믿음은 기도의 과정과 실행에서 지극히 값진 진주와 같다.

위에서 인용한 믿음과 기도에 관한 우리 주님의 진술은 지극히 중요한 말씀이다. 믿음은 분명하고 구체적이어야 한다. 구하는 것을 어떠한 조건

없이 확고하게 요청해야 한다. 믿음은 모호해서는 안 되고 불분명하거나 흐릿해서도 안 된다. 믿음은 하나님께서 우리를 위해 행하시려는 뜻과 행하실 수 있는 능력이 있음을 단지 관념적으로 믿는 것에 불과한 것이 아니다. 믿음은 명확하고 구체적인 태도로 바라는 것을 구해야 하고 구한 것을 기대해야 한다. 마가복음 11:23을 읽어보자.

> 그 말하는 것이 이룰 줄 믿고 마음에 의심치 아니하면 그대로 되리라. 그러므로 내가 너희에게 말하노니 무엇이든지 기도하고 구하는 것은 받은 줄로 믿으라.

믿음과 구하는 것이 명확하면 그 응답도 명확할 것이다. 하나님은 기도로 구한 것이 아닌 다른 것을 주시는 게 아니라 구하고 이름을 들어 지명한 바로 그것을 주신다. "그 말하는 것이 그대로 되리라." "그대로 되리라"는 것은 아주 단호한 말씀이다. 하나님께서 허락하심은 양과 질에 있어서 모두 무한하다.

믿음과 기도는 청원할 주제들을 선택하고 그로써 하나님께서 행하실 일을 정한다. "그 말하는 것이 그대로 되리라." 그리스도께서는 믿음과 기도가 요구하는 것은 모두 그대로 충분히 공급할 준비를 항상 하고 계신다. 하나님께 대한 주문이 명확하고 구체적이며 분명하다면, 하나님께서는 구한 그 말에 꼭 맞게 들어주실 것이다.

믿음은 단순히 하나님 말씀을 관념적으로 믿는 것이 아니며 단순한 지적 신뢰도 아니고 이해와 의지의 단순한 동의도 아니다. 또 지극히 신성하거나 절대적인 사실들을 수동적으로 수용하는 것도 아니다. 믿음은 하나님의 활동이고 신적인 조명이며, 하나님 말씀과 인간 영혼 속에 계시는 성령이 불어넣는 거룩한 활력이다. 믿음은 초자연적인 것을 시간과 의식의 능력으로써 이해할 만한 것으로 만드는 영적인 거룩한 원리이다.

믿음은 하나님을 대하고 하나님을 의식하는 것이다. 믿음은 예수 그리스도를 대하고 그리스도를 구주로 보는 것이다. 믿음은 하나님 말씀을 대하고 그 진리를 붙잡는 것이다. 믿음은 하나님의 성령을 대하고 성령의 거룩한 불길로 활력을 얻고 고무 받는 것이다. 하나님은 믿음의 중요한 대상이시다. 믿음은 하나님의 말씀을 전적으로 의지하기 때문이다. 믿음은 영혼의 목적 없는 활동이 아니라 하나님을 바라보고 하나님의 약속을 의지하는 것이다. 사랑과 희망이 항상 어떤 대상을 갖듯이 믿음도 그 대상을 갖는다. 믿음은 단지 어떤 것을 믿는 것이 아니라 하나님을 믿고 하나님 안에서 쉬며 하나님의 말씀을 신뢰하는 것이다.

믿음은 기도를 일으키며 강력한 탄원의 노력과 씨름을 하는 가운데서 기도를 더 강하게 하고 더 깊게 하며 더 높이 올라가도록 한다. 믿음은 희망하는 것들의 실체이며 성도들의 유산을 확신하고 실현하는 것이다. 믿음은 또한 겸손하고 끈기가 있다. 믿음은 기다리며 기도할 수 있다. 믿음은 무릎꿇을 수 있고 먼지 속에 앉아 있을 수 있다. 믿음은 기도의 중요한 한 가지 조건이다. 믿음이 없는 데서 빈약하고 연약하며 응답 받지 못하는 모든 기도가 생겨난다.

믿음의 본질과 의미는 믿음에 부여되는 어떤 정의에 의해서보다는 믿음이 행하는 일에서 더 잘 증명될 수 있다. 그래서 히브리서 11장에 나오는 그 위대한 우등생 명단에서 보게 되는 믿음의 기록을 살펴보면 믿음의 놀라운 결과들을 다소나마 알 수 있다. 그 명단은 참으로 영광스런 믿음의 사람들에 대한 명단이다! 참으로 놀라운 업적들이 기록되어 있으며, 믿음을 얼마나 명예롭게 하는지! 영감 받은 저자는 구약 성도들의 명단을 작성하면서 그처럼 놀라운 믿음의 예들을 일일이 다 열거하고 나서 최종적으로 이렇게 선포한다.

> 내가 무슨 말을 더 하리요. 기드온, 바락, 삼손, 입다와 다윗과 사무엘과 및 선지자들의 일을 말하려면 내게 시간이 부족하리로다.

이어서 히브리서 저자는 옛 사람들, 곧 "세상이 감당치 못하는 사람들"이 믿음으로 행한 일들 가운데 기록되지 않은 위업들을 이야기한다. 히브리서 저자는 "이 사람들이 다 믿음으로 말미암아 증거를 받았다"고 말한다.

2. 기도와 믿음(2)

　이와 같이 강력한 믿음의 사람들, 놀라운 기도의 성도들이 다시 나타날 수만 있다면 그처럼 영광스런 위업의 시대가 교회와 세상에 밝아올 것이다. 교회에 필요한 것은 지적으로 위대한 일이 아니다. 이 시대가 요구하는 것은 부유한 사람이 아니다. 오늘날 필요한 사람은 사회적으로 큰 영향력을 지닌 사람이 아니다. 교회와 온 인류가 원하는 것은 다른 누구보다 다른 무엇보다 믿음의 사람들, 강력한 기도의 사람들, 히브리서에 열거된 사람들, "믿음으로 증거를 받은" 성도와 영웅들의 모양을 따르는 사람들이다.
　오늘날 많은 헌금으로, 탁월한 지적 은사와 재능으로 증거를 받는 사람들은 많다. 그러나 하나님께 대한 큰 믿음으로, 혹은 위대한 기도로 일으키는 놀라운 일로 "증거를" 받는 사람은 거의 없다. 다른 어느 때만큼이나 오늘날도 우리에게는 위대한 믿음의 사람, 위대한 기도를 드리는 사람이 필요하다. 믿음과 기도, 이 두 가지는 하나님께서 위대하게 보시는 사람들을 만드는 주요한 미덕이고, 생활과 교회 활동에서 전정한 영적 성공을 거두게 하는 조건들이다. 우리의 주요 관심사는 그러한 질과 성격의 믿음, 곧 믿음으로 구하는 것을 의심이나 두려움 없이 굳게 붙잡는 믿음을 하나님 앞에서 중요한 것으로 간직하는 것이다.
　의심과 두려움은 믿음을 방해하는 쌍둥이 적이다. 때로 이 두 적이 실제로 믿음의 자리를 찬탈하는 경우가 있는데, 그렇게 되면 우리는 기도를 하긴 하지만 불안하고 쉬지 못하며 염려하고 투덜거리는 기도를 드린다. 베드로는 게네사렛 호수에서 파도가 자기를 덮쳐 자기 믿음의 능력을 빼앗기도록 하였기 때문에 호수 위로 걷지 못하였다. 주님에게서 눈을 돌려 자기를 온통 두르고 있는 물을 보자 베드로는 빠져 들어가며 구조를 요청하기 시작했다. "주여, 나를 구원하소서."
　의심을 품어서는 안 되며 두려움을 간직해서는 안 된다. 아무도 자기가 두려움과 의심의 희생자라는 잘못된 생각을 품어서는 안 된다. 하나님을 의심하는 것은 사람의 지적 능력에 명예가 되는 일이 아니다. 그런 의심에서는 아무런 위로도 끌어낼 수 없다. 우리 눈을 우리의 자아에서, 우리의 연약함에서 돌이키고 절대적으로 하나님의 능력을 바라보도록 해야 한다. "그러므로 너희의 담대함을 버리지 말라 이것이 큰상을 얻느니라." 매일을 살면서 매 시간 짐을 주께 맡기고 사는 단순하고 신뢰하는 믿음이 두려움을 내쫓고 불안을 몰아내며 의심에서 구해낸다.

> 아무것도 염려하지 말고 오직 모든 일에 기도와 간구로 너희 구할 것을 감사함으로 하나님께 아뢰라.

이것이 모든 두려움과 불안, 영혼의 과도한 근심에 대한 하나님의 치료책이다. 이런 것들은 모두 의심과 불신앙과 아주 가깝게 있는 것들이다. 이것이 모든 지각을 초월하고 마음과 생각을 평온하게 지키는 평강을 얻는 하나님의 처방이다.

우리 모두가 주의를 기울이고 조심할 필요가 있는 말씀이 히브리서에 나와 있다. "형제들아 너희가 삼가 혹 너희 중에 누가 믿지 아니하는 악심을 품고 살아 계신 하나님에게서 떨어질까 염려할 것이요."

우리는 적을 경계하듯이 불신앙을 또한 경계해야 한다. 믿음은 길러야 할 필요가 있다. 우리는 "주여, 우리의 믿음을 더하여 주소서" 하고 기도할 필요가 있다. 믿음은 자랄 여지가 있기 때문이다. 바울이 데살로니가 교인들에게 보냈던 칭찬은 그들의 믿음이 크게 자랐다는 것이다. 믿음은 연습을 통해서, 즉 믿음을 사용함으로써 자란다. 믿음은 혹독한 시련을 통해서 길러진다.

> 너희 믿음의 시련이 불로 연단하여도 없어질 금보다 더 귀하여 예수 그리스도의 나타나실 때에 칭찬과 영광과 존귀를 얻게 하려 함이라.

믿음은 하나님의 말씀을 읽고 묵상함으로써 자란다. 무엇보다 믿음은 기도의 분위기 속에서 번성한다.

우리 모두가 잠시 멈추고서 스스로 이 같은 질문을 한다면 잘 하는 일일 것이다. 즉 "나한테 하나님을 믿는 믿음이 있는가? 내게 참된 믿음이 있는가? 하늘의 일과 땅의 일에 관하여 온전한 평강 가운데 나를 지켜 주는 믿음이 있는가?" 이것은 사람이 제기하고 그 답변을 기대할 수 있는 것 가운데 무엇보다 중요한 질문이다. 의미와 중요성에 있어서 거의 그것과 비슷한 또 다른 질문이 있다. "나는 하나님이 내 기도를 듣고 응답하시도록 정말로 기도하는가? 내가 구하는 것을 바로 하나님에게서 받도록 진정으로 하나님께 기도하는가?"

아우구스투스 카이사르는 로마가 나무의 도시인 것을 발견하고 로마를 대리석의 도시로 남겨 놓았다고 사람들은 주장했다. 로마 시민을 기도하지 않는 사람에서 기도하는 사람들로 바꾸는데 성공하는 목사가 있다면 아우구스투스가 로마를 나무의 도시에서 대리석의 도시로 바꾼 것보다 더 큰 일을 한 것이다. 결국 이것이 설교자의 가장 큰 일이다. 무엇보다도 설교자는 기도하지 않는 사람들, 곧 "그 모든 사상에 하나님이 없다"고 하는 사람들을 대하고 있다. 목사는 이런 사람들을 언제 어디서나 만난다. 목사의 중요한 일은 사람들을 하나님을 잊고 있는 데서, 믿음이 없는 데서, 기도하지 않는 데서 돌이켜 항시 기도하는 사람으로, 하나님을 믿고 하나님을 기억하며 하나님의 뜻을 행하는 사람으로 만드는 것이다. 설교자는 단순히 사람들을 설득하여 교회에 다니도록 하거나 사람들이 더 나은 행동을 하도록 하기 위해 보냄을 받은 것이 아니다. 사람들이 기도하도록 하고 하나님을 항상 목전에 모시고 하나님께 죄를 짓지 않도록 하기 위해 보냄을 받은 것이다.

목회 사역은 믿지 않은 죄인을 믿고 기도하는 성도로 변화시키는 것이다. "주 예수를 믿으라 그리하면 구원을 얻으리라"는 부르심은 신적 권위를 띠고 선포된다. 하나님께서 믿음을 구원받는데 없어서는 안 될 단 한 가지 조건으로 삼으셨다는 점을 기억할 때 믿음이 지닌 엄청난 중요성과 하나님께서 믿음을 지극히 값지게 생각하신다는 것을 알 수 있다. "너희가 믿음으로 말미암아 은혜로 구원을 얻은 것이라." 그래서 기도의 커다란 중요성을 생각할 때, 믿음이 즉각 기도 곁에 서는 것을 본다. 믿음으로 우리가 구원을 받고, 믿음으로 우리가 구원에 서 있다. 기도는 우리를 믿음의 생활로 이끌어들인다. 바울은 자기가 그 생활을 살았음을, 자기를 사랑하여 자기 몸을 버리신 하나님의 아들을 믿는 믿음으로 살며, 믿음으로 행하고 보는 것으로 하지 않았다고 말한다.

기도는 전적으로 믿음에 의존해 있다. 사실, 기도는 믿음을 떠나서는 존재할 수 없고 기도가 믿음의 떨어질 수 없는 동반자가 되지 않고는 아무 것도 성취할 수 없다. 믿음이 기도를 효과 있게 만들고 중요한 의미에서 믿음이 기도를 앞서야 한다.

하나님께 나아가는 자는 반드시 그가 계신 것과 또한 그가 자기를 찾는 자들에게 상주시는 이심을 믿어야 할지니라.

하나님께 기도를 드리기 전에 기도의 탄원을 제출하기 전에, 기도의 요청을 아뢰기 전에 믿음이 앞서 가야 하고, 하나님이 계심을 믿는다고 주장해야 하며, "하나님께서 자기 얼굴을 부지런히 구하는 자들에게 상주시는 이시다"는 은혜로운 진리에 동의해야 한다. 이것이 기도의 첫 걸음이다. 이 점에 있어서 믿음이 복을 가져오지는 않지만 믿음으로 인해 구하는 기도를 하도록 만들고 구하는 자가 하나님께서 복을 주실 수 있고 주시려고 한다는 것을 믿도록 도움으로써 기도가 응답되도록 한 걸음 더 나아가게 만든다.

믿음은 기도를 일으킨다. 즉 속죄소로 나아가는 길을 연다. 믿음은 무엇보다 속죄소가 있고 거기에서 대제사장이 기도하는 자와 기도를 기다리신다는 확신을 준다. 믿음은 기도가 하나님께 가까이 나아가도록 길을 연다. 그러나 그것으로 그치지 않는다. 믿음은 기도가 나아가는 모든 단계마다 기도를 따른다. 믿음은 기도의 떨어질 수 없는 동무이며, 하나님께 간구할 때 구하는 것을 얻도록 만드는 것이 믿음이다. 신자가 기도로 말미암아 시작하는 영적 생활은 믿음의 생활이기 때문에 믿음은 기도를 뒤따른다. 신자가 기도를 통해 경험하는 생활의 한 가지 두드러진 특징은 행위의 생활이 아니라 믿음의 생활이라는 것이다.

믿음은 기도를 강하게 만들고 하나님을 기다릴 수 있도록 기도에 인내를 더하여 준다. 믿음은 하나님이 상주시는 자이심을 믿는다. 성경에서 이보다 분명하게 계시되는 진리도, 격려를 주는 것도 없다. 심지어 골방에서 드리는 기도도 상급이 약속되어 있다. "은밀한 중에 보시는 네 아버지께서 갚으시리라." 주님의 이름으로 제자에게 베푼 아주 하찮은 봉사라도 반드시 보상을 받는다. 믿음은 이 귀한 진리에 진심으로 동의하게 한다.

그렇지만 믿음은 구체적인 한 가지 사실로 좁혀진다. 믿음이라고 해서 하나님이 모든 사람에게 상 주신다고 믿거나 기도하는 모든 사람의 기도를 들으신다고 믿는 것이 아니라 **부지런히 자기를 찾는** 자들을 상주신다는 것을 믿는다. 믿음은 기도에 부지런하도록 만들고 하나님을 부지런히 찾는 자들에게 확신과 격려를 준다. 기도할 때 상을 풍성하게 받는 사람은 이들 뿐이기 때문이다.

응답 받는 기도에서 반드시 빼놓을 수 없는 한 가지 조건이 믿음이라는 사실을 우리는 항상 기억할 필요가 있다. 이밖에도 기도에 관해 생각할 요소들이 있지만 믿음은 참된 기도에 있어서 반드시 필요한 최종적인 조건이다. 이 사실은 우리가 익히 알고 있는 더없이 중요한 다음과 같은 선언에 적혀 있다. "믿음이 없이는 기쁘시게 못하나니."

야고보는 이 진리를 아주 명쾌하게 이렇게 적고 있다.

> 너희 중에 누구든지 지혜가 부족하거든 모든 사람에게 후히 주시고 꾸짖지 아니하시는 하나님께 구하라 그리하면 주시리라. 오직 믿음으로 구하고 조금도 의심하지 말라. 의심하는 자는 마치 바람에 밀려 요동하는 바다 물결 같으니 이런 사람은 무엇이든지 주께 얻기를 생각하지 말라.

의심하는 것은 언제든지 엄격하게 금지된다. 의심은 믿음의 적이고 효과적인 기도를 방해하기 때문이다. 디모데전서에서 바울은 응답 받는 기도의 조건에 관해 말할 수 없이 귀중한 진리를 전한다. 바울은 그 진리를 이같이 진술한다. "그러므로 각처에서 남자들이 분노와 다툼이 없이 거룩한 손을 들어 기도하기를 원하노라."

의심하는 것은 일체 경계하고 피해야 한다. 두려움과 염려는 참된 기도에 있을 자리가 없다. 믿음은 이러한 기도의 적들에게 떠나라고 말하고 명령한다.

믿음에는 아무리 권위를 많이 부여한다 해도 지나침이 있을 수 없다. 그러나 기도는 믿음이 자기의 능력을 한껏 발휘하도록 만드는 홀이다. 옛날의 거룩한 성도가 쓴 다음과 같은 조언에는 참으로 영적 지혜가 풍부히 담겨 있다.

    타락의 속박에서 벗어나고자 하는가? 일반적인 은혜를 받아 자라고 특별한 은혜를 받아 자라고자 하는가? 그대가 그러기를 원한다면 그대의 길은 분명하다. 하나님께 믿음을 더욱 주시기를 구하라. 아침에도 낮에도 밤에도 하나님께 구하라. 길을 걸을 때든지, 집에 앉았을 때든지, 누웠을 때든지, 일어날 때든지 거룩한 것을 그대 마음 속에 더욱더 깊게 새겨 주시기를 구하고, 그대가 소망하지만 그 증거를 보지 못하는 것의 실체를 더욱더 그대에게 주시기만을 구하라.

    기도를 권장하는 중요한 동기들이 성경에 나온다. 우리 주님은 기도에 관한 가르침을 하늘의 확신과 약속으로 끝맺으신다. 예수 그리스도께서 하늘에 계심과 그곳에서 성도들을 위해 준비하심, 예수께서 다시 오셔서 성도들을 받으신다는 확언, 이 모든 사실이 지친 기도에 얼마나 도움이 되며 기도의 투쟁에 얼마나 힘을 실어주고 기도의 힘든 노력을 얼마나 즐겁게 만드는지! 이 모든 사실은 기도에 있어서 희망의 별이고 기도의 눈물을 씻어주며, 기도의 쓰디쓴 부르짖음에 하늘의 향기를 채워주는 것이다. 순례자의 정신은 기도를 쉽게 만들어 준다. 세속에 얽매이고 세상으로 만족하는 정신으로는 기도할 수 없다. 그런 마음은 영적 소원의 불꽃을 꺼버리거나 연기를 피우면서 아주 미약하게 탈뿐이다. 이럴 때 믿음의 날개는 잘 려지고 믿음의 눈에는 얇은 막이 끼고 믿음의 혀는 잠잠해진다. 그러나 흔들리지 않는 믿음과 끊임없는 기도 가운데서 계속해서 하나님을 기다리는 사람은 힘을 새로 얻고 독수리처럼 날개 치며 올라가고 걸어도 피곤하지 않고 지치지 않는다.

3

기도와 신뢰

　기도는 홀로 서 있지 않다. 기도는 고립된 의무나 독립된 원칙이 아니다. 기도는 다른 기독교 의무와 함께 존속하며 다른 원칙들과 결합되어 있고 다른 은혜들과 함께 일하는 동역자이다. 무엇보다 기도는 믿음에 굳게 결속되어 있다. 믿음은 기도에 색깔과 음조를 제공하고 기도의 성격을 형성하며 기도의 결과를 확보한다.

　신뢰는 믿음이 절대적이 되고 실증되며 완성되는 것이다. 모든 말과 행동에는 일종의 모험 같은 믿음과 믿음의 발휘가 있다. 그러나 신뢰는 **굳은 신념**이고 활짝 꽃핀 믿음이다. 신뢰는 의식적인 행동이며 인식할 수 있는 사실이다. 성경의 개념에 따르면 신뢰는 새로 태어난 영혼의 눈이며, 새로워진 영혼의 귀이다. 그것은 영혼의 느낌이다. 즉 영적 눈과 귀와 미각이며 감각이다. 이것들 모두가 신뢰와 관련이 있다. 이러한 신뢰는 얼마나 빛나고 얼마나 뚜렷하며 얼마나 분명히 인식되고 얼마나 강력하며 얼마나 성경적인가! 그것은 약하고 무미건조하며 냉랭한 현대의 신념들과는 얼마나 다른가!

　이러한 새로운 신념들은 그 신념들을 발휘한 결과로 그들 존재에 대해 어떠한 의식도 가져오지 못하고 "말할 수 없는 기쁨과 충만한 영광"을 가져오지 못한다. 대부분 이 신념들은 영혼의 불안 가운데서 행하는 모험에 지나지 않는다. 거기에는 어떤 것에 대한 안전하고 확실한 신뢰가 없다. 그 전체 활동은 '아마도'나 '어쩌면'이라는 말과 같이 불확실한 영역에서 일어난다.

  생명과 같은 신뢰는 느낌 훨씬 이상의 것이지만 어떻든 느낄 수 있는 것이다. 느끼지 못하는 생명이란 모순된 말이듯이 느끼지 못하는 신뢰란 틀린 말이고 기만이며 모순이다. 신뢰는 모든 속성을 가장 잘 느낀다. 그것은 온전한 느낌이다. 신뢰는 사랑에 의해서만 작용한다. 느끼지 못하는 사랑은 느끼지 못하는 신뢰만큼이나 불가능한 일이다. 우리가 지금 말하고 있는 신뢰는 확신이다. 느끼지 못하는 확신이 있을 수 있겠는가? 어불성설이다.

  신뢰는 하나님께서 지금 여기서 행하고 계시는 일들을 본다. 하지만 그것만이 아니다. 신뢰는 아주 높은 곳까지 올라가 보이지 않고 영원한 것을 보고 하나님께서 일들을 행하셨음을 깨닫고 그 일들을 이미 끝난 것으로 본다. 신뢰는 영원을 시간의 연대기와 사건으로 끌어오고 소망의 실체를 결실의 현실로 바꾸며 약속을 현재의 소유로 변화시킨다. 우리는 만질 때 촉감을 알 듯이, 우리가 볼 때 알 듯이 신뢰할 때 안다. 신뢰는 보고 받고 붙잡는다. 신뢰는 그 자체가 증거이다.

  그런데 믿음이 지극히 약해서 하나님의 지극히 큰 선을 즉시로 얻지 못하는 때가 너무 많다. 그래서 믿음은 힘이 자라 영원한 것을 경험과 시간의 영역으로 가져올 수 있을 때까지 사랑 가운데 강력하게 기도하고 끈기 있는 순종 가운데 기다려야 한다.

  신뢰는 모든 힘을 이 점에 집결시킨다. 신뢰는 이 점에서 효력을 발휘한다. 분투 노력하는 가운데 신뢰는 더욱 굳세게 붙잡으며, 하나님께서 영원한 지혜와 풍성한 은혜로 자신을 위해 행하신 모든 것을 붙잡는다.

  기도로, 지극히 강력한 기도로 인내할 때 믿음은 지극히 높은 위치로 올라가며 실로 하나님의 선물이 된다. 믿음은 영혼이 하나님과 끊임없이 교제를 나누며 지치지 않고 하나님께 나아감으로써 얻는 복된 성향이고 표현이다.

  예수 그리스도께서는 믿음이 기도가 응답 받는 조건이라고 명백히 가르치셨다. 우리 주께서 무화과나무를 저주하셨을 때 제자들은 실제로 무화과나무가 시들어버린 것을 보고 몹시 놀랐다. 제자들의 말을 보면 그들이 잘 믿지 못했음이 드러난다. 예수께서 제자들에게 "하나님을 믿으라"고 말씀하신 것이 바로 이때였다.

　　내가 진실로 너희에게 이르노니 만일 너희가 믿음이 있고 의심치 아니하면 이 무화과나무에게 된 이런 일만 할 뿐 아니라 이 산더러 들려 바다에 던지우라 하여도 될 것이요 너희가 기도할 때에 무엇이든지 믿고 구하는 것은 다 받으리라.

　신뢰가 기도실에서 만큼 빠르고 풍성하게 자라는 데는 없다. 믿음은 정기적으로 잘 보존될 때 신뢰는 신속하고 건강하게 발전한다. 기도가 진심에서 우러나오고 충분하며 자유로울 때 신뢰가 크게 자란다. 태양의 눈과 존재가 열매가 맺고 꽃이 자라게 하듯이 하나님의 눈과 임재가 신뢰에 활기찬 생명을 주며, 모든 것을 좀더 충만한 생명으로 즐겁고 밝게 만든다. "하나님을 믿으라." "주를 신뢰하라"는 말씀이 기도의 요지이며 기초이다. 일차적으로 신뢰라고 할 때 그것은 하나님 말씀에 대한 신뢰가 아니라 하나님 자신에 대한 신뢰이다. 하나님 자신에 대한 신뢰가 하나님 말씀에 대한 신뢰보다 앞서기 때문이다. "너희가 하나님을 믿으니 또 나를 믿으라"고 하신 말씀은 우리 주께서 제자들에게 인격적인 신뢰를 요구하시는 말씀이다. 예수 그리스도 자신이 신뢰의 핵심이 되어야 하고 신뢰의 눈이 되어야 한다. 예수께서는 마르다의 오라비가 죽어 베다니 무덤에 누워 있을 때 그녀에게 가르치려고 하셨던 것이 바로 이 위대한 진리이다. 마르다는 자신의 오라비가 부활할 사실을 믿는다고 말했다.

　　마르다가 가로되 마지막 날 부활에는 다시 살 줄을 내가 아나이다.

　예수께서는 단순한 부활의 사실에 대한 마르다의 신뢰를 다음의 말씀으로써 당신 자신에 대한 신뢰로 높여 주신다.

　　나는 부활이요 생명이니 나를 믿는 자는 죽어도 살겠고 무릇 살아서 나를 믿는 자는 영원히 죽지 아니하리니 이것을 네가 믿느냐 가로되 주여 그러하외다 주는 그리스도시요 세상에 오시는 하나님의 아들이신 줄 내가 믿나이다.

역사적 사실이나 단순한 기록에 대한 신뢰는 아주 소극적인 것일 수 있다. 그러나 사람에 대한 신뢰는 그 특성에 생명을 불어 넣어주며 열매를 맺게 하고 신뢰에 사랑을 채워 넣는다. 기도를 일으키는 믿음은 인물에 초점을 맞춘다.

신뢰는 여기서 한 걸음 더 나아간다. 우리의 기도를 불러일으키는 신뢰는 하나님과 그리스도에 대한 신뢰일 뿐만 아니라 또한 하나님과 그리스도께서 우리가 구하는 것을 허락하실 능력과 뜻을 가지고 계심을 믿는 신뢰이다. 신뢰는 단지 "여호와를 신뢰하라"는 것만이 아니라 또한 "주 여호와는 영원한 반석이심이로다"는 말씀을 믿는 것이다.

우리 주께서 응답 받는 기도의 조건으로 가르치신 신뢰는 머리에서 나오는 것이 아니라 마음에서 나오는 것이다. 그것은 "마음으로 의심치 아니하는" 신뢰이다. 그러한 신뢰에는 하나님께서 크고 만족스런 응답으로 기도를 영광스럽게 할 것이라는 거룩한 확신이 따른다. 우리 주님의 확실한 약속은 믿음을 현재로 끌어내리며 현재의 응답을 의지하게 만든다.

우리는 의심 없이 믿는가? 우리는 기도할 때 우리가 구하는 것을 미래에 언젠가 받을 것이 아니라 그때 그 자리에서 받을 것이라고 믿는가? 바로 그것이 영감된 성경이 가르치는 바이다. 의심이 사라지고, 절대적인 신뢰가 약속된 복을 자기 것으로 주장할 때까지 "주여, 우리의 믿음을 더하소서" 하고 기도할 필요가 참으로 많다.

이것이 쉬운 상태는 아니다. 그것은 많이 실패를 겪은 뒤에야, 많이 기도하고 많이 기다리며, 믿음의 시련을 많이 겪은 뒤에야 도달하는 상태이다. 우리는 그처럼 많은 것을 행하겠다고 보증하는 그 이름 속에 모든 충만함이 있음을 깨닫고 받을 때까지 우리의 믿음이 계속 자라야 할 것이다.

우리 주님은 신뢰를 기도의 기초로 삼으신다. 기도의 바탕이 신뢰이다. 그리스도의 사역과 활동의 전체 결과는 아버지 하나님에 대한 그리스도의 절대적인 신뢰에 달려 있었다. 신뢰의 중심지는 곧 하나님이시다. 주께서는 산과 같은 어려움과 기도를 방해하는 모든 장애를 신뢰와 당신의 튼튼한 측근인 믿음으로 헤치고 나가셨다. 신뢰가 온전하고 의심이 없으면 기도는 손을 뻗쳐 언제든지 받을 수 있는 준비를 한다. 신뢰가 온전하면 기도가 온전해진다. 신뢰는 구하는 것을 받으리라고 기대하고 바로 그것을 얻는다. 신뢰는 하나님께서 복을 주실 수 있다. 복을 주시려고 하신다는 것을 믿는 신념이 아니라 하나님께서 지금 여기서 복을 주신다는 것을 믿는 것이다. 신뢰는 언제나 현재 시제에서 활동한다. 소망은 미래를 바라본다. 신뢰는 현재를 본다. 소망은 기대하나 신뢰는 소유한다. 신뢰는 기도가 획득하는 것을 받는다. 그래서 언제든지 기도가 필요로 하는 것은 풍성하고 지속적인 신뢰이다.

유감스럽게도 신뢰가 부족하였고 그래서 제자들이 보냄을 받아 하도록 되어 있는 일을 하지 못한 사실을 귀신 들린 아들을 고치는 사건에서 볼 수 있다. 주님께서 변화산에 계실 때 그 아버지가 아들을 남아 있는 아홉 제자들에게 데려왔었다. 애처롭게 고통을 받고 있는 아이를 병에서 고쳐 주기를 바라고 제자들에게 데려온 것이다. 제자들은 과거 권한을 위임받아 바로 그런 일을 한 적이 있었다. 병자를 고치는 이 일은 그들의 사명 가운데 한 가지였다. 제자들은 아이에게서 귀신을 내어쫓으려고 했지만 완전히 실패하였다. 그들이 다루기에는 귀신이 너무 막강하였다. 제자들은 실패하자 몹시 창피스러웠고, 그들의 원수는 의기양양하였다. 실패로 당혹스러워하고 있을 때 예수께서 가까이 오셨다. 예수께서는 그 동안의 정황을 들으셨다. 그리고 이어서 이같은 말씀을 하셨다.

믿음이 없고 패역한 세대여 내가 얼마나 너희와 함께 있으며 얼마나 너희를 참으리요 그를 이리로 데려오라 하시다. 이에 예수께서 꾸짖으시니 귀신이 나가고 아이가 그 때로부터 나으니라. 이때에 제자들이 종용히 예수께 나아와 가로되 우리는 어찌하여 쫓아내지 못하였나이까. 이르시되 기도 외에 다른 것으로는 이런 유가 나갈 수 없느니라.

어떤 점에서 이 제자들이 어려움을 겪었는가? 제자들은 기도로 믿음을 기르는 일에 느슨했고, 그 결과 제자들의 신뢰가 완전히 실패하였다. 이들은 하나님을 신뢰하지 않았고 그리스도, 그리스도 사명의 확실성도, 자기들 사명의 확실성도 신뢰하지 않았다. 하나님의 교회가 여러 번 위기에 처할 때마다 그랬다. 실패는 신뢰의 부족으로 인해 혹은 믿음의 약함으로 인해 생겨났다. 그리고 신뢰의 부족은 기도가 부족한 데서 생긴 것이다. 부흥 운동들이 많이 실패한 것도 바로 이 같은 원인에서 비롯된 것으로 추적할 수 있다. 믿음이 기도로 양육되지 않았고 강력해지지 않았던 것이다.

내적 기도실을 소홀히 한 것이 크나큰 영적 실패의 원인이다. 이 사실은 우리가 나가서 마귀를 쫓아내려고 할 때만큼이나 우리가 개인적으로 마귀와 싸울 때에도 적용된다. 무릎 꿇고 은밀히 오랜 시간 하나님과 교제하는 것만이 우리가 개인적인 싸움에서나 죄인들을 개심시키려는 노력에서나 하나님을 우리에게 모셔들이는 보증이다.

도처에서 사람들이 하나님께 가까이 나아갈 때 우리 주께서는 자기에 대한 신뢰와 그리스도의 사명에 대한 신뢰를 전면에 내세우신다. 예수께서는 신뢰에 대한 정의를 내리신 적이 없고 신뢰에 대해 신학적으로 논의하거나 분석하시지도 않았다. 사람들이 신뢰를 생각할 때 신뢰가 행한 일로써 신뢰가 무엇인지 보게 될 것을 알았기 때문이다. 또 신뢰는 믿음을 자유롭게 발휘할 때 주님 앞에서 자연스럽게 성장한다. 그것은 그리스도의 활동과 능력과 인격의 결과였다. 그리스도의 활동과 능력과 인격이 신뢰가 발휘되고 발전하기에 아주 적합한 분위기를 갖추고 만들어냈다. 신뢰는 너무 아름답고 단순해서 말로 정의할 수 없고 너무 진심어리고 자발적이어서 신학적 용어로 표현하기에는 적합하지 않다. 바로 이 같은 신뢰의 단순성 때문에 많은 사람이 거기에 걸려 넘어진다. 언제나 "말씀이 심히 가까워서 네 입에 있으며 네 마음에 있는데도" 사람들은 눈을 돌려 어떤 위대한 일이 일어나기를 바란다.

딸이 죽었다는 슬픈 소식이 야이로에게 들렸을 때 예수께서 그 일에 개입하셨다. 조용히 이같이 말씀하셨다. "두려워 말고 믿기만 하라." 예수님 앞에서 떨며 서 있는 혈루증 앓는 여인에게 예수께서 이같이 말씀하셨다.

딸아 네 믿음이 너를 구원하였으니 평안히 가라 네 병에서 놓여 건강할지어다.

두 소경이 주님을 따르며 집으로 들어오자 예수께서 이같이 말씀하셨다.

너희 믿음대로 되라 하신대 그 눈들이 밝아진지라.

중풍병자를 그 친구들이 예수께서 가르치시던 집의 지붕으로부터 달아 내리워 예수님 앞에 놓았을 때 그 장면이 이렇게 기록되어 있다.

예수께서 저희의 믿음을 보시고 중풍병자에게 이르시되 소자야, 네 죄 사함을 받았느니라.

예수께서 자기 하인이 중병이 들어 예수께 와서 예수께서 그의 집에 들어가실 것도 없이 치료하는 말씀 한 마디를 해 주기를 바랐던 백부장의 문제를 해결하실 때 이같이 하셨다.

예수께서 백부장에게 이르시되 가라 네 믿은 대로 될지어다 하시니 그 시로 하인이 나으니라.

불쌍한 문둥병자가 예수님의 발 앞에 엎드려 "주여, 원하시면 저를 깨끗케 하실 수 있나이다" 하고 고쳐 주시기를 소리쳐 구할 때 예수께서 즉시 그의 청을 허락하셨다. 그 중에 한 사람이 큰 소리로 주님께 영광을 돌렸다. 그러자 예수께서 그에게 이같이 말씀하셨다. "일어나 가라 네 믿음이 너를 구원하였느니라."

수로보니게 여인이 고통받는 자기 딸의 문제로 예수께 와서 자기 사정을 예수께 알리며 "주여 저를 도우소서" 하고 기도하며 영웅적인 대단한 노력을 기울였다. 예수께서 그녀의 믿음과 기도를 칭찬하며 이같이 말씀하셨다.

여자야, 네 믿음이 크도다 네 소원대로 되리라 하시니 그시로부터 그의 딸이 나으니라.

제자들이 간질병 걸린 아이에게서 귀신을 쫓아내지 못하자 고통받는 아이의 아버지가 예수께 와서 거의 절망적인 구슬픈 목소리로 부르짖었다. "무엇을 하실 수 있거든 우리를 불쌍히 여기사 도와주옵소서." 그러자 예수께서 이같이 대답하셨다. "할 수 있거든이 무슨 말이냐 믿는 자에게는 능치 못할 일이 없느니라."

소경 바디매오가 길가에 앉았다가 예수께서 지나가신다는 말을 듣고 애처롭게 부르짖는다. "다윗의 자손 예수여 나를 불쌍히 여기소서." 우리 주님의 예민한 귀가 즉시 그 기도 소리를 들으시고 거지에게 이같이 말씀하신다.

가라 네 믿음이 너를 구원하였느니라 하시니 저가 곧 보게 되어 예수를 길에서 좇으니라.

눈물로 예수님의 발을 적시어 닦는 참회하는 여인에게 예수께서 영혼을 위로하는 격려의 말씀을 하신다. "네 믿음이 너를 구원하였으니 평안히 가라."

어느 날 예수께서 "예수 선생님이여 우리를 긍휼히 여기소서" 하고 일치된 목소리로 드리는 기도에 대한 응답으로 열 문둥병자를 고치시고 그들에게 가서 제사장에게 가서 몸을 보이라고 말씀하셨다. 그러자 "저희가 가다가 깨끗함을 받았다."

4

기도와 소원

소원은 단순한 바람이 아니다. 그것은 마음 속 깊이 자리잡고 있는 갈망이며 이루어지기를 바라는 강한 열망이다. 영적인 영역에서 이것은 기도에 부속되어 있는 중요한 요소이다. 이것이 매우 중요해서 어떤 사람은 소원이 기도에 절대적으로 필요한 요소라고 말할 지도 모른다. 소원이 기도보다 먼저 일어나고 기도와 함께 가며 기도에 뒤따른다. 소원은 기도에 앞서 가고 기도에 의해 일어나고 강화된다. 기도는 소원을 말로 표현한 것이다. 기도가 하나님께 무언가를 구하고 있다면 기도는 표현되어야 한다. 기도는 공표되는 것이다.

소원은 소리가 없다. 기도는 그 소리가 들린다. 소원은 그 소리가 들리지 않는다. 소원이 깊으면 깊을수록 그만큼 기도는 더 강력해진다. 소원이 없으면 기도는 의미 없는 말을 웅얼거리는 것이다. 마음이 담겨 있지 않고 느낌도 없으며 실제적인 소원도 따르지 않는 마지못해 드리는 형식적인 기도는 역병처럼 피해야 한다. 그런 기도를 드리는 것은 귀한 시간을 낭비하는 것이며 그런 기도로는 실제적인 복을 전혀 얻지 못한다.

그렇지만 솔직하게 말해서 소원이 없는 것을 알지라도 우리는 어쨌든 기도해야 한다. 우리는 마땅히 기도해야 한다. "마땅히" 기도해야 하는 것은 소원과 표현을 일구기 위해서이다. 하나님의 말씀이 그렇게 하라고 명령한다. 우리 스스로 판단해서 기도하는 것이 좋든 싫든 우리는 기도해야 하고, 감정이 우리의 기도 습관을 결정하지 않도록 해야 한다. 그런 상황에서 우리는 기도할 소원이 일어나기를 기도해야 한다. 그런 소원은 하나님이 주시고 하늘에서 오는 것이기 때문이다. 우리는 소원을 주시기를 기도해야 하고, 소원이 생기고 나면 소원이 지시하는 데에 따라 기도해야 한다. 영적 소원이 없을 때 우리는 슬퍼해야 하고 애통하게 생각해야 하며, 영적 소원을 주시기를 간절히 기도하고 그래서 우리의 기도가 "영혼의 진지한 소원"을 표현하도록 해야 한다.

필요 의식이 간절한 소원을 일으키며 또 일으켜야 한다. 하나님 앞에서 필요 의식이 강하면 강할수록 소원도 그만큼 강해지며 기도도 그만큼 간절해진다. "심령이 가난한 자"야말로 누구보다 기도할 자격이 있는 사람이다.

굶주림은 신체적 필요에 대한 적극적인 인식이다. 굶주림은 먹을 것을 요구하게 만든다. 이와 같이 영적 필요에 대한 내적 의식이 소원을 일으키고 소원이 기도로 표현된다. 소원은 우리가 갖지 못하였고, 그래서 현재 궁핍한 처지에 있고, 하나님께서 약속하셨으며 하나님의 은혜의 보좌에 드리는 간절한 간구로 얻을 수 있는 것에 대한 내적 갈망이다.

영적 소원을 크게 지니고 있다는 것은 중생하였다는 증거이다. 영적 소원은 거듭난 영혼에 생기는 것이다.

> 갓난아이들같이 순전하고 신령한 젖을 사모하라 이는 이로 말미암아 너희로 구원에 이르도록 자라게 하려 함이라.

마음에 이 거룩한 소원이 없다는 것은 영적 기쁨이 식었음을 보여 주거나 아직 거듭나지 못했음을 생각나게 하는 증거이다.

> 의에 주리고 목마른 자는 복이 있나니 저희가 배부를 것임이요.

하늘이 부여한 이 같은 욕구들이 있음은 마음이 거듭났다는 증거이며 영적 생활이 활발하게 이루어지고 있다는 증거이다. 신체적 욕구는 시체가 아니라 살아있는 몸의 속성이며, 영적 소원은 하나님에 대해 살아있는 영혼에게서 볼 수 있는 것이다. 거듭난 영혼은 의에 주리고 목마르므로 이 거룩한 내적 소원이 뜨거운 간구로 표출된다.

기도할 때 우리는 우리의 대제사장이신 예수 그리스도의 이름과 공로와 중보의 덕을 의지한다. 기도에 따르는 조건과 이유들의 이면을 조사해 보면, 우리 마음 속에 자리잡고 있는 기도의 중대한 기초를 발견한다. 그것은 단지 우리의 필요 의식이 아니다. 그것은 우리가 필요로 하는 것에 대한 마음의 갈망이고 기도하지 않을 수 없게 느끼는 갈망이다. 소원은 행동하는 의지이며, 아주 좋은 어떤 것을 바라는 마음 속의 강한 열망이다. 소원은 열망하는 대상을 고귀하게 여기고 그 대상에 마음을 고정시킨다. 소원은 선택이고 마음을 확정하는 것이며 그 속에서 불타오르는 것이다. 기도가 소원에 기초를 둘 때 분명하고 구체적이 된다. 소원은 자기에게 필요한 것을 알고 자기 욕구를 채워줄 것을 느끼며 보고 그것을 얻기 위해 서두른다.

거룩한 소원은 경건한 묵상에 의해 많이 일어난다. 우리의 영적 필요에 대해서, 우리의 필요를 해결해 주실 하나님의 뜻과 능력에 대해 묵상할 때 우리의 소원이 자란다. 기도하기 전에 진지한 생각을 하면 소원이 더 커지며 소원을 더욱 강화하게 되고 개인 기도할 때 생각이 이리저리 방황하는 일을 피할 수 있다. 우리는 소원을 밖으로 표현하는 일보다 소원을 형성하는 일에 실패하는 경우가 훨씬 더 많다. 우리는 내적 생명이 시들고 거의 죽어가는데도 형식은 그대로 유지하는 경우가 많다.

하나님과 성령을 바라고 그리스도의 모든 충만하심을 바라는 우리의 소원이 약한 것은 우리가 별로 기도하지 않고, 기도한다고 해도 별로 활기가 없기 때문이 아닌가 하고 의심해 볼 수도 있다. 우리는 하늘의 보화를 추구하는 소원으로 마음이 헐떡거리는 것을 정말로 **느끼는가**? 내적 소원으로 끙끙 앓는 신음 때문에 우리 영혼이 힘겹게 씨름하는가? 참으로 안타깝게 그 불길이 너무도 약하다. 영혼의 타오르는 열기가 식어서 미지근할 뿐이다. 이것이 라오디게아 교인들의 절망적이고 슬픈 상태를 가져온 중심 원인이었다는 사실을 기억해야 한다. 라오디게아 교인들은 자기들이 "부자라 부요하여 **부족한 것이 없다**"고 하였으나 "곤고한 것과 가련한 것과 눈먼 것과 벌거벗은 것을" 알지 못한다는 두려운 비난을 들었다.

또 우리는 이렇게 물어볼 수도 있다. 우리는 하나님과 친밀한 교제를 하도록 재촉하는 그런 소원을 갖고 있는가? 말할 수 없이 뜨겁게 타오르는 열기가 가득하고 영혼을 뒤흔드는 강력한 간구로 몸부림치게 만드는 그런 소원이 있는가? 우리 마음은 손을 보아야 할 것이 많은데 마음에서 악을 몰아내기 위해서만이 아니라 마음 속에 선한 것을 끌어들이기 위해서도 그렇게 해야 한다. 선이 마음 속에 들어오도록 부추기는 것은 강력하게 추진하는 소원이다. 영혼 속에 있는 거룩하고 뜨거운 이 불길이 하늘의 관심을 일깨우고 하나님의 주목을 끌며 그 불길을 일으키는 사람들에게 다함이 없이 풍성하고 거룩한 은혜를 가져다준다.

거룩한 소원의 불길을 끄는 것은 교회 생활의 지극히 중요한 활동적인 힘을 꺾는 것이다. 하나님은 불 같은 교회에 의해 대표되실 필요가 있다. 그렇지 않으면 하나님은 어떤 의미에서 전혀 대표되지 못하신다. 하나님 자신이 타오르는 불이시므로, 하나님의 교회가 하나님을 닮으려고 한다면 밝게 타오르는 불길이 되어야 한다. 하늘로부터 왔고 하나님께서 주신 우리 종교의 중대하고 영원한 관심사는 하나님의 교회가 불타오를 수 있게 하는 것들에 관한 것이다. 그러나 거룩한 열심이 타오르기 위해 공들여 꾸밀 필요는 없다. 우리 주님은 침착하지 못한 흥분이나 편협하고 떠들썩한 장광설과는 거리가 멀다. 그러나 하나님의 전에 대한 열심이 주님을 불태웠고 세상은 지금도 맹렬히 타오르는 주님의 불길을 느끼고 있고 그 불길에 반응하며, 갈수록 더 빨리 더 크게 반응하고 있다.

기도에 열정이 없으면 소원에 깊이와 강도가 없다는 확실한 표시이다. 강렬한 소원이 없다는 것은 마음에 하나님이 계시지 않는다는 확실한 표시이다. 열정이 줄어드는 것은 하나님으로부터 물러나는 것이다. 하나님은 자기 자녀들에게서 나타나는 많은 연약과 잘못을 참으실 수 있고 또 참으신다. 또 자기 자녀가 뉘우치며 기도할 때 죄를 용서하실 수 있고 또 용서하신다. 그러나 하나님께서 참지 못하시는 두 가지가 있는데, 불성실과 미지근함이다. 진심이 없고 열정이 없는 이 두 가지를 하나님은 혐오하신다. 그래서 라오디게아 교인들에게 다음과 같이 명백히 정죄의 말씀을 하신다.

네가 차든지 더웁든지 하기를 원하노라. 네가 이같이 미지근하여 더웁지도 아니하고 차지도 아니하니 내 입에서 너를 토하여 내치리라.

이것은 하나님께서 일곱 교회 중 한 교회에 열정이 없음에 대해 판단을 내리신 것이다. 또한 거룩한 열정이 전혀 없는 그리스도인들 개인에 대해 내리시는 고발이다. 기도할 때 불은 원동력이 되는 힘이다. 불타오르지 않는 종교적 원리는 힘도 효과도 없다. 열정은 믿음이 날아오르는데 쓰는 날개이다. 열정은 기도의 영이다. 역사하는 힘이 많았던 것은 "뜨겁고 효과적인 기도"였다. 사랑은 열정으로 불타오르며, 사랑의 생명은 열렬함이다. 열정은 참된 그리스도인의 경험이 숨쉬는 공기이다. 열정은 불을 먹고 산다. 열정은 약한 불꽃말고는 어떤 것이든 견딜 수 있다. 주변의 공기가 싸늘하거나 미지근하면 열정은 시들고 냉랭해지며 뼈만 앙상하게 남고 만다.

참된 기도는 **불타올라야 한다**. 그리스도인의 생활과 성품은 모두 불타오를 필요가 있다. 영적 열기가 없으면 신앙이 부족해지는 것이 아니라 불신앙이 생긴다. 하늘의 일에 뜨거운 관심이 없으면 하늘의 일에 전혀 관심이 없어진다. 하나님 나라가 침노 당하는 전쟁의 날에 정복하고 힘으로 하나님 나라를 차지하는 사람은 뜨거운 영혼을 지닌 사람들이다. 하나님의 성은 무서운 열심으로 성을 공격하고 결코 식을 줄 모르는 뜨거운 열심으로 성을 공격하는 사람들만이 차지한다.

하나님을 향하여 뜨겁게 불타오르지 않는다면 이 냉랭한 시대에 마음 속에 천국의 불꽃을 간직할 수 없다. 초기 감리교인들은 교회에 난방기구를 설치하지 않았다. 그들은 회중석의 열기와 강단의 열기가 교회를 충분히 데울 수 있어야 한다고 공언하였다. 이 시대를 사는 우리는 하나님의 제단에서 타오르는 석탄을 가져오고 불타는 하늘에서 타오르는 불길을 가져다가 우리 마음 속에 간직할 필요가 있다. 이 불꽃은 지적인 격정이 아니고 신체적 활력도 아니다. 그것은 영혼 속에 간직하는 신성한 불로 찌꺼기를 태워버리는 강력한 불꽃이며, 이것이 바로 성령의 정수이다.

박식함도 순수한 말씨도, 폭넓은 식견도, 화려한 웅변술도, 기품 있는 인격도 불꽃이 없는 것을 벌충할 수 없다. 기도는 불이 붙을 때 하늘로 올라간다. 열정은 기도에 날개를 달아줄 뿐만 아니라 하나님을 뵙도록 해주고, 기도에 활력을 줄 뿐만 아니라 하나님이 받으시도록 한다. 불꽃이 없으면 향기가 없고, 열정이 없으면 기도도 없다.

열렬한 소원이 끊임없는 기도의 기초이다. 그것은 얕고 변덕스런 성향이 아니라 강렬한 열망이며 마음에 스며들고 빛을 내며 마음을 불태우고 사로잡는 끌 수 없는 열정이다. 열렬한 소원은 하나님에게까지 불길이 올라가는 불꽃이다. 현재 활동중인 원리의 불꽃이다. 그것은 소원으로 추진되는 열정이며, 불로써 자비의 보좌까지 길을 내고 간구하는 바를 얻는 열정이다. 힘겨운 기도의 노력으로 치르는 전투에 승리를 가져다주는 것은 불요불굴의 소원이다. 힘겨운 씨름을 이제 막 끝낸 영혼을 침착하게 만들기도 하고 들뜨게 만들기도 하며 잠잠하게 만드는 것이 소원의 중요한 책임이다. 기도에 온갖 탄원을 갖추고 불굴의 용기와 모든 것을 정복하는 능력을 옷 입히는 것이 소원의 포용하는 성격이다.

수로보니게 여인은 일관성이 있으면서 결코 강도가 줄지 않고 끈기 있는 동기가 뒷받침되는 소원을 보여 주는 실물 교수이다. 끈질긴 과부는 이겨내기 힘든 장애에도 불구하고 자신의 목적을 달성하는 소원을 나타낸다.

기도는 단순히 연기를 시행해 보이는 것이 아니고 많은 이야기를 모호하게 질러대는 아우성이 아니다. 기도가 영혼을 불태우는 일을 한다면 소원은 기도가 구한 것을 가져다주는 일을 한다. 기도가 반드시 필요한 영적 습관의 한 가지이지만 단순히 습관적으로만 이행되면 더 이상 기도가 아니다. 기도에 강도와 깊이를 주는 것은 영적 소원의 깊이와 강도이다. 중대한 소원이 영혼을 달구고 불사르면 영혼이 맥풀린 채 있을 수가 없다. 소원의 절박함은 우리가 소원하는 것을 지속적인 끈기로 우리에게 가져다준다. 절박한 소원은 복을 받기 전까지는 계속해서 머물며 탄원하고 주장하며 그냥 보내 주지 않는다.

      주여, 주를 보내드릴 수 없나이다
      내게 복을 주시기 전에는
      주의 얼굴을 돌이키지 마소서

내 절박하고 긴급한 형편에서.

　기도에 있어서 소심하고 끈기가 부족하며 용기가 없고 힘이 없는 이유는 영적 소원이 약한 데 있다. 한편 기도를 하지 않는다는 것은 마음에 소원이 사라졌다는 두려운 증표이다. 하나님을 추구하는 소원이 더 이상 그 사람을 기도실로 떠밀어가지 않는 영혼은 하나님을 떠난 것이다. 타오르는 소원이 없이 응답 받는 기도가 있을 수 없다. 물론 전혀 소원이 없으면서도 기도하는 것처럼 보이는 기도가 많이 있을 수 있다.
　많은 사실들을 열거할 수 있고, 많은 이유를 거론할 수 있다. 소원하는 바가 너무 많은가? 아니면 소원하는 바를 자세히 표시하는가? 그 답변은 우리의 간구하는 것이 수다떠는 것인지 기도하는 것인지에 대한 문제에 달려 있다. 소원은 강렬하지만 폭이 좁다. 소원은 폭넓게 펼쳐질 수 없다. 소원은 원하는 바가 몇 가지 안 되지만, 그것을 간절히, 끔찍이 바라므로 하나님께서 기꺼이 응답하시는 것 외에는 어떤 것도 그 마음을 편하게 하거나 만족시켜 줄 수 없다.
　소원은 그 목표를 한 마음으로 겨냥한다. 소원하는 바가 많을 수 있지만 그것을 구체적으로 그리고 개인적으로 느끼고 표현한다. 다윗은 모든 것을 열망하지 않았다. 자신의 소원이 사방으로 뻗쳐나가 결국은 아무것도 맞추지 못한 채 돌아오도록 하지 않았다. 다윗의 소원이 달려간 길과 드러낸 표현이 여기 있다.

　　　내가 여호와께 청하였던 한 가지 일 곧 그것을 구하리니 곧 나로 내
　　　생전에 여호와의 집에 거하여 여호와의 아름다움을 앙망하며 그 전에서
　　　사모하게 하실 것이라.

　기도에서 중요하고 기도를 곧바로 공급 창고로 몰아가는 것은 일심 어린 소원이고 명확한 갈망이다.
　팔복에서 예수께서는 거듭난 영혼이 지닌 내적 소원과 관계 있는 말씀을 하시고 그 소원을 허락하시겠다는 약속을 말씀하셨다. "의에 주리고 목

마른 자는 복이 있나니 저희가 배부를 것임이요."

그렇다면 이것, 곧 강한 내적 소원이 영적 욕구가 되어 만족시켜달라고 아우성친다는 사실이 기도의 기초이다. 그런데 우리는 얼마나 한심한가! 우리의 기도는 단순히 바람의 메마른 지역에 머물거나 잎이 없는 암송 기도의 영역에 머무는 일이 너무도 잦다. 사실 우리 기도가 판에 박은 듯이 상투적인 때가 있다. 어투나 내용이 판에 박은 듯이 똑같고 그 신선함과 생명은 사라진지 오래된 기도를 하는 때가 있다.

소원이 없으면 영혼의 짐도 없고 필요 의식도 없으며, 열정도 이상도 힘도 없고 믿음의 불꽃도 없다. 하나님을 강하게 밀어붙이는 일도 없고 하나님을 붙잡는 일, 곧 "당신이 내게 축복하지 아니하면 가게 하지 아니하겠나이다" 하고 외치며 힘을 다하여 붙잡는 일도 없다. 모세가 필사적이고 끈질기며 모든 것을 태워버리는 탄원 속에서 "이제 그들의 죄를 사하시옵소서 그렇지 않사오면 원컨대 주의 기록하신 책에서 내 이름을 지워버려 주옵소서" 하고 부르짖었을 때처럼 철저한 자기 포기도 없다.

하나님은 기도하는 영혼에 강하게 끌리신다. 하나님을 보고 알고 하나님을 위하여 사는 것, 이것이 참된 모든 기도의 목표이다. 따라서 결국 기도는 하나님을 추구하도록 고무받는 것이다. 기도의 소원이 불타오르는 것은 하나님을 보기 위한 것, 곧 하나님에 대한 더 분명하고 더 충분하며, 더 달콤하고 더 부요로운 계시를 받기 위함이다. 이렇게 기도하는 사람들에게는 내적 빛과 계시에 의해 성경이 새로운 성경이 되고 그리스도께서 새로운 구주가 되신다.

성령의 가장 강력한 최상의 선물과 은혜를 바라는 타오르는 소원, 곧 커지고 계속해서 커지는 소원이 참되고 효과적인 기도의 정당한 유산이라는 사실을 우리는 주장하고 강조한다. 자아와 봉사는 분리될 수 없고 떨어질 수도 없을 것이다. 그보다 더 중요한 점은 소원이 강력하게 개인적이 되어야 하고 하나님과 하나님의 의에 대한 만족할 줄 모르는 굶주림과 목마름으로 하나님께 집중해야 한다는 사실이다. "내 영혼이 하나님 곧 생존하시는 하나님을 갈망하나이다." 모든 참된 기도에 없어서는 안 되는 필수 사항은 하나님 자신을 추구하고 하늘에서 수여하는 최상의 선물을 부요하고 풍성하게 받기 전에는 결코 만족할 줄 모르는 마음 깊이 자리잡은 소원이다.

5

기도와 열정

열정이 없는 기도는 아무것도 문제 삼지 않는다. 문제 삼을 것이 없기 때문이다. 그 기도는 빈손으로 온다. 그 손은 비어 있을 뿐만 아니라 힘이 없고 십자가를 붙잡고 매달리는 것을 배운 적이 없는 손이다.

열정이 없는 기도는 그 속에 마음이 없다. 그런 기도는 공허하고 부적당한 그릇이다. 진정한 기도 속에는 모두 마음과 영혼과 생명이 들어 있다. 하늘은 하나님을 향한 이 부르짖음의 힘을 느끼지 않을 수 없다.

바울은 기도의 뜨거운 영을 소유한 사람으로 유명하였다. 그의 간구는 모든 것을 불태울 정도로 뜨거웠고 자기가 소원하는 목표와 그 소원을 들어주실 수 있으신 하나님께 확고부동하게 집중해 있었다.

기도는 뜨겁게 불타올라야 한다. 효과적이고 역사하는 힘이 많은 것은 뜨거운 기도이다. 영혼의 냉랭함은 기도를 방해한다. 겨울같이 추운 공기 속에서는 기도가 살 수 없다. 싸늘한 주위 환경이 우리의 간구를 얼려버리고 간구의 샘을 마르게 한다. 기도가 응답 받도록 만드는데는 불이 필요하다. 영혼의 따뜻함은 기도에 적합한 기운을 불어넣는다. 기도는 열정에 친숙하기 때문이다. 불이 붙을 때 기도는 하늘로 올라간다. 그렇지만 불이 흥분이나 열이나 시끄러움이 아니다. 열은 강렬함이다. 곧 뜨겁게 타오르는 것이다. 하늘에서는 얼음을 찾아보기 어렵다.

하나님은 마음이 따뜻한 종을 원하신다. 성령께서는 **불로** 오셔서 우리 안에 거하신다. 따라서 우리는 성령과 불로 세례 받아야 한다. 열정은 영혼의 온기이다. 냉담한 기질은 생기가 넘치는 경험을 싫어한다. 우리의 종교가 우리에게 불을 지르지 못한다면 그것은 우리 마음이 얼어있기 때문이다. 하나님은 불꽃 속에 거하신다. 성령은 불 가운데 내려오신다. 하나님의 뜻에 몰두하고 그 뜻을 행하는 데 아주 열심을 보이기 위해 우리의 전 존재가 불을 취하는 것은 응답 받는 기도를 할 사람이 갖추어야 할 조건이다.

우리 주께서는 연약한 기도를 하지 않도록 우리를 경계하신다. "사람이 항상 기도하고 낙망치 말아야 한다"고 말씀하신다. 이 말씀은 우리가 오랜 기간 진지하게 탄원하는 간구를 할 수 있을 만큼 충분한 열정을 지녀야 한다는 뜻이다. 불은 사람으로 하여금 기민하고 조심하도록 만들며 정복자 이상으로 만든다. 우리 주변의 공기는 저항하는 세력이 짙게 깔려 있어서 무기력하거나 의욕이 없는 기도로는 헤쳐나갈 수 없다. 기도는 밀치고 나아가 하나님이 빛 가운데서 성도들과 함께 거하시는 위 하늘에까지 다다르게 할 열과 열정과 대기의 불이 필요하다.

성경의 위대한 인물 가운데 많은 사람들이 하나님을 구할 때 영혼의 열정을 보였다. 시편 기자는 아주 진지하게 이같이 선언한다.

주의 규례를 항상 사모함으로 내 마음이 상하나이다.

참으로 뜨겁고 간절한 소원이 아닐 수 없다! 살아 계신 하나님의 말씀을 갈망하는 영혼의 간절함이 얼마나 지극한지!
시편 기자는 다른 곳에서 더욱더 큰 열정을 말하고 있다.

하나님이여 사슴이 시냇물을 찾기에 갈급함같이 내 영혼이 주를 찾기에 갈급하니이다. 내 영혼이 하나님 곧 생존하시는 하나님을 갈망하나니 내가 어느 때에 나아가서 하나님 앞에 뵈올꼬.

이것은 그 영혼 속에 깊고 초자연적으로 역사한 은혜를 받아 산 사람의 말이다.

하나님 앞에서 간직하는 열정은 기도 시간에 중요하고 신속하고 풍성한 보상을 그 손에 가져다준다. 시편 기자는 자신의 마음이 자신의 주님을 향했을 때 하나님께서 그 왕을 위해 행하신 일을 이같이 기술한다.

그 마음의 소원을 주셨으며 그 입술의 구함을 거절치 아니하셨나이다.

또 다른 때에 그는 자기의 소원을 아뢰면서 하나님께 자신의 마음을 그대로 알린다.

주여 나의 모든 소원이 주의 앞에 있사오며 나의 탄식이 주의 앞에 감추이지 아니하나이다.

참으로 격려가 되는 생각이다! 우리의 내적 신음과 은밀한 소원, 마음의 갈망하는 바가 우리가 기도로 상관하는 자의 눈에서 감추이지 않는다는 것이다.

하나님 앞에서 영혼의 열정을 일으키는 동기는 지속적인 간절한 기도를 일으키는데도 똑같이 작용을 한다. 열정이 기도는 아니지만 열정은 간절한 영혼에서 나오며 하나님께서 귀하게 보시는 것이다. 기도의 열정은 하나님께서 응답으로 행하실 일의 선구자이다. 하나님은 우리가 기도로 하나님의 얼굴을 구할 때 보이는 영혼의 열정에 비례하여 우리 마음의 소원을 주시겠다고 약속하고 계신다.

열정은 두뇌나 지적 능력에 자리잡지 않고 마음에 자리잡는다. 그러므로 열정은 지성의 표현이 아니다. 영혼의 열정은 시적 상상이나 감상적인 심상을 훨씬 초월한다. 열정은 단순한 편애, 곧 좋고 싫음의 것이 아니다. 열정은 맥박이며 정서적 몸짓이다.

영혼의 열정을 마음대로 일으키는 것은 우리가 할 수 있는 일이 아니다. 하지만 우리는 하나님께서 열정을 심어주시기를 기도할 수 있다. 열정을 기르고 소중히 여기며 소멸되지 않도록 주의하고 감소하거나 쇠퇴하지 않도록 예방하는 것은 우리의 할 일이다. 개인이 구원받는 과정에는 기도하고 우리의 소원을 하나님께 아뢸 뿐만 아니라 열렬한 영혼을 얻고 정당한 모든 수단을 동원해서 그 열정을 기르는 일이 포함된다. 하나님께 우리 속에 열렬한 기도의 정신을 낳고 생생하게 유지시켜 주시기를 기도하는 것이 부당한 일이 아니다.

기도가 하나님과 관계가 있듯이 열정도 하나님과 관계가 있다. 소원에는 언제나 목표가 있다. 우리가 일단 소원한다면 우리는 어떤 것을 바라는 것이다. 우리가 영적 소원을 형성하는 열정의 정도는 우리 기도의 열렬함을 결정하는 데 언제나 영향을 미칠 것이다. 이 점에 대해서 아도니람 저드슨(Adoniram Judson)은 이같이 말한다.

> 기도에는 진통하는 영혼, 무거운 짐을 진 소원의 고통이 있다. 잠을 쫓아낼 만큼, 영혼을 바치고 불태울 만큼, 세상의 모든 인연을 물리칠 만큼 강한 열정, 이 모든 것이 씨름하는 힘있는 기도에 속한다. 이런 기도에는 성령과 능력과 기도의 공기와 양식이 있다.

기도는 열정과 힘과 능력으로 옷 입어야 한다. 기도는 하나님께 중심을 두고 세상의 선을 위해 나아가기로 결정하는 힘이다. 영혼이 뜨거운 사람은 의와 진리와 은혜, 그리고 하나님 자녀의 성품을 꾸미는 장엄하고 강력한 그밖의 모든 은혜에 도달하는 일에 열심을 보인다.

하나님께서 한때는 하나님께 충성하였으나 성공과 물질적 번영을 거두자 믿음을 잃어버린 왕에게 용감한 선지자의 입을 통해 이 같은 말씀을 선포하셨다.

> 여호와의 눈은 온 땅을 두루 감찰하사 전심으로 자기에게 향하는 자를 위하여 능력을 베푸시나니 이 일은 왕이 망령되이 행하였은즉 이 후부터는 왕에게 전쟁이 있으리이다 하매.

하나님께서 아사의 젊은 시절에는 아사의 기도를 들으셨는데, 아사가 기도 생활과 순수한 믿음을 저버렸기 때문에 재난이 왔고 걱정거리가 생겼다.

로마서 15:30에서 바울은 기도에 협력할 것을 요청할 때 힘을 같이하여라는 말을 쓴다.

골로새서 4:12에도 같은 단어가 나오는데 번역은 다르게 되어 있다. "에바브라가 항상 너희를 위하여 애써 기도하여." 바울은 로마 교인들에게 "기도에 나와 힘을 같이하기를" 즉 기도의 싸움에 자기를 도우라고 명령하였다. 이 단어는 경쟁하다, 적과 싸우다는 의미를 지니고 있다. 게다가 이 단어는 뜨거운 열심을 가지고 얻기 위해 노력한다는 뜻을 갖고 있다.

믿음의 발휘와 상급에 대한 예들을 보여 주는 기록을 보면 거의 모든 예에서 믿음과 진리가 한데 섞이고, 믿음이 진리에 삼켜졌다는 것을 쉽게 알 수 있다. 믿음과 진리라는 이 두 가지 요소의 구체적인 활동을 정확하게 구별하기는 쉬운 일이 아니다. 그러나 믿음이 그 짐을 덜게 되는 지점이 있는 것은 틀림없다. 말하자면 진리가 와서 "네가 네 역할을 다 했으니 나머지는 내가 맡으마" 하고 이야기하는 지점이 있다는 것이다.

열매 없는 무화과나무의 사건에서 우리 주님은 놀라운 믿음의 능력을 제자들에게 넘겨주신다. "무화과나무가 어찌하여 곧 말랐나이까" 하고 제자들이 외치자 주께서 이같이 말씀하셨다.

만일 너희가 믿음이 있고 의심치 아니하면 이 무화과나무에게 된 이런 일만 할 뿐 아니라 이 산더러 들려 바다에 던지우라 하여도 될 것이요 너희가 기도할 때에 무엇이든지 믿고 구하는 것은 다 받으리라.

그리스도인이 이같이 놀라운 믿음에 이르면 그 사람은 절대적인 신뢰의 영역에 들어가게 된다. 그는 영적 범위가 미칠 수 있는 최정점에 흔들림 없이 서게 된다. 그는 살아계신 하나님의 능력에 대한 흔들림 없고 변함없으며 양도할 수 없는 신뢰인 믿음의 반석에 도달한 것이다.

6

기도와 끈질김 (1)

우리 주 예수께서는 "사람이 항상 기도하고 낙망치 말아야 한다"고 단언하셨다. 이 말씀이 나오는 비유는 사람들이 기도할 때 소심해지거나 연약해지지 않게 하려는 의도에서 가르치신 것이다. 우리 주님은 모호함을 경계하고 끈질김을 기르고 장려해야 할 것을 가르치려고 하셨다. 우리 기도에서 결코 빼놓을 수 없는 이 요소를 실행하는 중요성에 관해서는 이론이 있을 수 없다.

끈질긴 기도는 영혼이 하나님을 향하여 힘있게 전진하는 것이다. 그것은 영혼의 가장 깊은 힘이 움직이는 것이며 하늘에 있는 은혜의 보좌를 향하여 나아가는 것이다. 그것은 붙잡고 재촉하고 기다리는 능력이다. 여기에는 쉬임 없는 소원과 평온한 인내, 붙잡는 힘이 모두 들어 있다. 그것은 우연한 사건이나 단순한 연기가 아니고 영혼의 열정이다. 그것은 막연한 필요 의식이 아니라 철저한 필요이다.

끈질긴 기도의 씨름하는 요소는 신체적 격렬함이나 육신의 활력에서 나오지 않는다. 그것은 정력적인 충동이나 단순한 영혼의 열심이 아니다. 그것은 성령께서 일으킨 힘이고 성령께서 심으시고 일으킨 능력이다. 사실 그것은 성령께서 우리 안에서 드리는 도고이다. 그뿐 아니라 그것은 "역사하는 힘이 많은 간구이다." 자신의 분투노력하는 힘으로써 우리 속에 모든 요소를 불어넣으시는 거룩한 성령이야말로 우리로 하여금 불이 떨어지고 복이 내릴 때까지 속죄소에서 기도하도록 강권하는 끈질김의 정수이시다.

기도의 이런 씨름이 떠들썩하거나 격렬하지는 않지만 조용하면서도 집요하고 절박할 수 있다. 이런 기도의 강력한 힘이 밖으로 표출되는 것이 보이지 않을 때는 그 기도가 조용할 수도 있다.

기도만큼 하나님의 자녀임을 명백하고 강력하게 구별시키는 것은 없다. 기도는 그리스도인임을 오류 없이 시험하고 드러내는 표시이다. 그리스도의 백성들은 기도하지만 세상의 마음을 지닌 사람들은 기도하지 않는다. 그리스도인들은 하나님을 부르지만 세상은 하나님을 무시하고 그의 이름을 부르지도 않는다. 하지만 그리스도인도 **지속적인** 기도를 배울 필요가 있었다. 기도는 습관처럼 늘상 드려야 하지만 습관을 훨씬 뛰어넘어야 한다. 기도는 의무이지만 의무를 훨씬 뛰어넘고 그 용어가 함축하고 있는 바를 초월한다. 기도는 하나님과의 관계에 대한 표현이고 거룩한 친교에 대한 갈망이다. 기도는 내적 생명이 자신의 원천을 향하여 밖으로, 위로 흘러 나가는 것이다. 기도는 사람을 영원에 연결시키는 일로서 하나님께서 영혼의 아버지 되심을 주장하고 자신이 하나님의 아들됨을 외치는 것이다.

기도는 영혼을 하나님의 형상으로 빚는 것과 모두 관련이 있고 거룩한 은혜의 수단을 증강하고 확대하는 것과 모두 관계가 있다. 기도는 영혼을 하나님과의 온전한 친교로 인도하는 것과 모두 관계가 있다. 기도는 하나님에 대한 영혼의 경험을 부요하게 하고 폭넓게 하며 성숙하게 하는 것과 관계가 있다. 기도하지 않는 사람은 그리스도인이라고 부를 수 없을 것이다. 그 사람은 어떤 구실로도 그리스도인에 따르는 권한을 일체 주장할 수 없고 그리스도인이라는 말에 함축된 의미에 대해서도 주장할 수가 없다. 기도하지 않는 사람이 있다면 그 사람은 정말로 죄인이다. 기도는 사람의 영혼이 모든 그리스도인에게 영과 활력을 공급하는 원천이신 주님과 교제하고 친교할 수 있게 하는 유일한 길이기 때문이다. 그러므로 기도하지 않으면 그 사람은 믿음의 권속에 속한 사람이 아니다.

이제 우리는 기도의 한 면, 곧 끈질김의 면에 대해 생각해 보자. 끈질김은 우리의 소원을 인내를 가지고 절박하게 하나님께 조르는 것이며, 탄원하는 바가 들으심을 얻고 대의가 달성될 때까지 긴장을 풀지도 않고 쉬지도 않고 강인하고 긴박하게 기도하는 것이다.

하나님을 분명히 볼 줄 알고 거룩한 성품의 성경적 개념을 확실히 아는 사람, 하나님께 가까이 나아갈 수 있는 자신의 특권의 가치를 제대로 알고 있는 사람, 하나님께서 자기를 위해 준비하고 계신 모든 것에 대한 자신의 내적 필요를 이해하는 사람, 그 사람은 열심히 구하고 거침없이 말하며 끈질기다. 성경에서는 기도의 의무 자체가 기도의 끈질길 필요성을 진술하는 용어 못지 않게 강력한 용어로 주장된다. 하나님께 영향을 미치는 기도는 의인의 열렬하고 효과적인 기도라고 선언된다. 즉 그것은 꺼질 듯이 깜박거리는 희미한 불꽃이나 순간적인 섬광이 아니라 힘차고 지속적으로 빛을 내며 타오르는 불붙은 기도이다.

아브라함이 소돔과 고모라의 구원을 위하여 여러 번 되풀이하여 드린 도고는 끈질긴 기도의 필요성과 끈질긴 기도에서 오는 유익을 보여 주는 성경 초기의 예이다. 천사와 밤새 씨름한 야곱은 기도에 있어서 끈덕진 인내의 능력을 강조하며, 끈덕짐이 시간과 감각과 관련된 문제에서 효과적인 것과 똑같이 영적인 일에서도 어떻게 성공을 거두는지 보여 준다.

다른 데서도 보았듯이, 모세는 이스라엘에 대한 하나님의 진노를 진정시키기 위해 40일을 밤낮으로 기도하였다. 그의 본보기와 성공은 지극히 어두운 시기에 처해 있는 오늘날의 신앙에 자극제가 된다. 엘리야는 비구름이 지평선에서 나타나기 전에, 그의 기도가 응답을 얻고 그의 믿음이 승리를 거두기 전에 일곱 번 간절히 기도하였다. 한때 다니엘은 몹시 연약했지만 기도의 응답과 복이 오기 전에 삼 주에 걸쳐 자기 사정을 아뢰었다.

거룩하신 구주께서는 세상에 계실 때 많은 밤을 기도로 세우셨다. 겟세마네에서 같은 간구를 세 번에 걸쳐 조금도 줄어드는 법이 없이 간절하면서도 순종하는 태도를 지니지만 끈질기게 구하고 눈물과 피 같은 땀을 흘리며 구하였다. 주님은 공생애 기간에 여러 번의 위기를 맞았는데, 끈질긴 기도로 모두 승리를 얻으셨다. 그리고 종이 주인보다 낫지 못한 법이다.

끈질긴 과부의 비유는 끈질긴 기도의 전형적인 예이다. 이 시점에서 그 이야기에 대한 기억을 새롭게 하는 것이 좋을 것이다.

항상 기도하고 낙망치 말아야 될 것을 저희에게 비유로 하여 가라사대 어떤 도시에 하나님을 두려워 아니하고 사람을 무시하는 한 재판관이 있는데 그 도시에 한 과부가 있어 자주 그에게 가서 내 원수에 대한 나의 원한을 풀어 주소서 하되 그가 얼마 동안 듣지 아니하다가 후에 속으로 생각하되 내가 하나님을 두려워 아니하고 사람을 무시하나 이 과부가 나를 번거롭게 하니 내가 그 원한을 풀어 주리라 그렇지 않으면 늘 와서 나를 괴롭게 하리라 하였느니라. 주께서 또 가라사대 불의한 재판관의 말한 것을 들으라 하물며 하나님께서 그 밤낮 부르짖는 택하신 자들의 원한을 풀어 주지 아니하시겠느냐 저희에게 오래 참으시겠느냐 내가 너희에게 이르노니 속히 그 원한을 풀어 주시리라.

이 비유는 끈질긴 기도의 핵심 진리를 강조한다. 과부는 불의한 재판관이 굴복할 때까지 자기 사정을 들어달라고 조른다. 이 비유가 끈질길 필요성을 가르치지 않는다면, 거기에는 아무런 요점도 가르치는 바도 없다. 이 한 가지 생각을 치워버린다면 거기에는 기록될 가치가 아무것도 남지 않는다. 모든 트집을 초월해서 그리스도께서는 끈질긴 기도의 필요성을 보여주는 증거로 이 비유를 말씀하려고 하셨다.

우리는 자기 딸을 위해 예수께 왔던 수로보니게 여인의 사건에서 동일한 가르침이 강조되는 것을 본다. 여기서 끈질김이 논증되는데 완고한 무례함이 아니라 겸손과 진실함과 열정이라는 설득력 있는 특징을 지닌 것으로 설명된다. 이 이야기에서 우리는 여인이 믿음에 매달리는 것과 여인의 깊은 슬픔, 여인의 영적 통찰력을 얼핏 볼 수 있다. 주께서는 이 진리가 모든 시대에 밝게 비치도록 하기 위해 시돈 땅으로 넘어가셨다. 끈덕진 기도만큼 효력 있는 탄원이 없으며 그것만큼 하나님께서 친히 온전히 그리고 기꺼이 수락하시는 탄원은 없다.

괴로운 처지에 있는 이 어머니의 끈질김이 그녀에게 승리를 가져다주었고 그녀의 요청을 실현시켰다. 그녀의 끈질김은 구주를 불쾌하시게 만들기보다는 구주에게서 기이하고 깜짝 놀랄 만한 말씀을 끌어냈다. "여자야, 네 믿음이 크도다. 네 소원대로 되리라."

자기의 탄원하는 바를 조르지 않는 사람은 결코 기도하지 않는다. 냉랭한 기도는 하늘에 대고 어떤 주장도 하지 않고 위에 있는 궁정으로부터 어떤 들으심도 얻지 못한다. 불은 기도의 생명이며, 점점 더 올라가는 불타는 끈질김에 의해 하늘에 도달한다.

끈질긴 과부의 경우로 돌아가서 볼 때 그녀가 과부라는 사실과 친지가 없다는 점, 약하다는 사실이 불의한 재판관에는 전혀 고려할 사항이 아니었음을 알 수 있다. 끈질김이 모든 것이었다. 그 재판관은 "이 과부가 나를 **번거롭게 하니** 내가 그 원한을 풀어주리라. 그렇지 않으면 늘 와서 나를 괴롭게 하리라"고 말하였다. 순전히 과부가 그 불의한 재판관의 시간과 주의를 강압하였기 때문에 그녀의 문제가 해결된 것이다.

하나님께서는 자기의 택하신 자들이 밤낮으로 자기에게 부르짖기를 인내로 기다리신다. 하나님께서는 이 불의한 재판관이 그랬던 것보다 더 자기의 택하신 자들의 수천 번의 요청에 빨리 마음이 움직이신다. 하나님의 지체하심도 자기 백성들의 끈질긴 기도에 의해 제한을 받고 응답이 풍성하게 주어진다. 하나님께서는 기도하는 자녀의 믿음, 곧 멈추어 서서 부르짖는 믿음을 보시고, 그 믿음이 더욱 발휘되어 더욱 굳세어지고 풍성해지도록 함으로써 그 믿음을 영예롭게 하신다. 그 다음에 그 간구하는 바를 최종적으로 풍성하게 주심으로써 그 기도를 보상하신다.

앞에서 언급한 수로보니게 여인의 경우는 성공을 거둔 끈질김의 유명한 예로서, 성공적으로 기도하려고 하는 모든 사람에게 매우 격려가 되는 사실이다. 그 사건은 거의 극복하기 어려운 장애에도 불구하고 궁극적으로 승리를 거둔 고집과 인내를 보여 준 현저한 예이었다. 수로보니게 여인은 그 모든 장애를 영웅적인 믿음과 끈질긴 정신으로 극복하였다. 예수께서 그 여인이 사는 동네에 들어가셔서 "아무도 모르게 하려고 하셨다." 그러나 그녀는 자신의 목적을 관철시키고 예수님의 은밀한 여행을 방해하고 예수님의 주의를 끌며 필요와 믿음에서 나오는 가슴에 사무치는 호소를 예수께 쏟아놓는다. 그녀는 마음으로 기도하고 있었다.

처음에는 예수께서 그녀의 괴로움에 전혀 주의를 기울이지 않고 도와달라는 부르짖음을 무시하시는 것으로 보인다. 예수께서는 눈길 한 번 주지 않고 듣는 척도 안 하시며 말씀 한 마디 없으시다. 그녀의 간절한 부르짖음에 깊고 냉담한 침묵으로 대하신다. 그러나 그녀는 물러나지도 낙담하지도 않는다. 그녀는 매달린다. 그녀의 보기 딱한 부르짖음에 마음이 상한 제자들이 그녀를 위해 중재하지만 그 여인은 주님의 사명과 사역의 범위 밖에 있다는 선언으로 무안당하고 만다.

그녀를 위한 제자들의 중재의 실패에도, 그녀가 예수님의 사명의 혜택에서 제외되었다는 낙망스러운 사실에도, 그녀는 기가 꺾이지 않고 오히려 더 강렬하고 담대하게 주께 다가갈 뿐이다. 수로보니게 여인은 예수께 더 가까이 나아와 기도를 두 가지 방식으로 드린다. 한 편으로는 기도하고 한 편으로는 예수님의 발 앞에 엎드려 경배하며 아주 간결하게 딸의 형편을 주님께 아뢰고 호소한다. "주여 저를 도우소서." 이 마지막 부르짖음이 그녀의 형편이 들으심을 얻게 하였다. 그녀의 딸이 바로 그 시간에 나았던 것이다. 그녀는 소망을 가지고 지치지 않고 절박한 심정으로 예수님 가까이에 머물면서 응답을 받을 때까지 주장하고 기도하였다. 영웅적인 견실한 영혼이 아니었다면 낙심하였을 상황에서 참으로 끈질기고 간절하며 인내하는 법을 가르쳐 주는 훌륭한 교훈이 아닐 수 없다.

끈질긴 기도를 가르치는 이런 비유들에서 주님은 우리를 가르치고 격려하기 위해 기도를 방해하는 심각한 어려움들에 대해 말씀하신다. 동시에 주께서는 끈질김이 곤란한 모든 상황을 극복하고 모든 장애에도 불구하고 승리를 가져다준다는 사실을 가르치신다. 또한 기도의 응답은 탄원하는 믿음의 정도에 달려 있음도 가르치신다. 이것을 시험하기 위해 주께서는 기도 응답을 지연하신다. 피상적인 기도는 응답이 지연될 때 잠잠해지고 만다. 그러나 기도의 사람은 계속해서 매달린다. 주께서는 그 사람의 믿음을 인정하고 높이며 믿음을 보이는 끈질긴 그의 기도에 대해 부요하고 풍성한 응답을 주신다.

7

기도와 끈질김 (2)

　그리스도께서 가르치시는 취지는 사람이 간절히 기도해야 하고 그런 기도는 거절당하지 않는다는 것이다. 하늘은 성심으로 기도하는 자, 간절히 기도하는 자에게만 귀를 기울인다. 활력과 용기, 끈기 있는 인내가 뒷받침을 하는 기도는 하늘이 존중하고 하나님께서 들으신다.

　응답 받는 기도에 아주 필수적인 영혼의 이 모든 자질들이 한밤중에 친구에게 떡을 구하러 간 사람의 비유에 나온다. 이 사람은 확신을 가지고 심부름을 갔다. 우정이 있기 때문에 틀림없이 떡을 얻을 수 있을 것으로 생각했다. 그의 탄원은 집요하였다. 사실 그는 빈손으로 돌아갈 수 없다. 그런데 한 마디로 거절당하자 그 사람은 화가 나고 놀랐다. 여기서는 우정조차 쓸모 없었다! 그러나 아직 시도해 보지 않은 것이 있었다. 단호한 결심, 확고한 결의가 그것이었다. 그는 머물면서 문이 열리고 자신의 요청이 수락될 때까지 집요하게 요구하기로 하였다. 그 사람은 계속해서 그같이 구했고, 보통 하듯이 요구했다면 얻지 못했을 것을 끈질김 덕분에 얻어냈다.

　명백한 거절에도 불구하고 달성한 이 사람의 성공을 구주께서는 하늘에 있는 은혜의 보좌에 간구할 때 고집스럽게 청할 필요성을 예증하는데 사용하셨다. 응답을 즉시 받지 못할 때 기도하는 그리스도인은 응답이 지연될 때마다 용기를 모으고, 우리에게 간구를 밀고 나갈 믿음만 있다면 반드시 받게 되어 있는 응답이 올 때까지 절박한 심정으로 나아가야 한다.

모호함, 유약함, 성급함, 소심함, 이런 것들은 우리 기도에 치명적인 약점이 될 것이다. 우리가 끈기와 인내로 기도하기를 기다리는 것이 아버지 하나님의 마음이고 손이며, 무한한 능력이고, 자녀의 기도를 듣고 응답하시기를 무한히 바라시는 아버지 하나님의 뜻이다.

끈질긴 기도는 마음이 하나님을 향하여 간절하게 나아가는 것이다. 그것은 영적인 사람이 모든 힘을 기도에 쏟아 붓는 것이다. 이사야는 스스로 분발해서 하나님을 붙잡으려고 하는 사람이 아무도 없는 것을 한탄하였다. 이사야 시대에 사람들이 많이 기도하였지만 기도가 너무 안이하고 중요치 않으며 자기만족에 빠져 있었다. 영혼이 하나님께 힘있게 나아가는 기도는 없었다. 사람들이 하나님으로부터 은혜의 보물들을 끌어내기 위해 하나님께 이르러 하나님을 붙잡는 일에 신성한 정력을 쏟는 일이 없었다. 힘없는 기도는 난관을 극복할 능력이 없고 현저한 결과를 얻거나 완전한 승리를 가져올 능력이 없다. 우리는 우리의 탄원하는 바를 얻으려면 먼저 하나님을 이겨야 한다.

이사야는 신앙이 번창하는 날, 참된 기도의 시대가 될 날을 소망으로 바라보았다. 그 시대가 오면 파수꾼들이 조금도 경계를 늦추지 않고 밤낮으로 부르짖을 것이며 주님의 기억을 일깨우는 사람들이 주님을 쉬지 못하게 만들 것이다. 그들의 절박하고 끈덕진 노력으로 영적인 모든 일들이 계속 활동하게 될 것이고 하나님의 다함없는 보물을 갈수록 더 요구하게 될 것이다.

끈질긴 기도는 결코 약해지거나 지치지 않는다. 그 기도는 결코 낙담하지 않으며 겁을 먹지도 않고 오히려 절망을 모르는 소망과 그냥 가지 않는 믿음으로 힘을 얻고 지속된다. 끈질긴 기도에는 기다리는 인내와 계속하는 힘이 있다. 그 기도는 응답 받기 전에 기도를 그치거나 무릎을 털고 일어날 준비를 결코 하지 않는다.

위대한 선교사인 아도니람 저드슨의 친숙하면서도 고무적인 말은 그 자신이 기도에 끈질겼던 사람임을 보여 준다. 그는 이같이 말한다.

　　　나는 어떤 목표에 대해 깊은 관심을 갖지 않았고 그것을 위해 진지하게 또 열심히 기도하지 않았는데, 그 날이 아무리 오래 걸렸든지는 상과 없이 그것이 언젠가는 왔다. 어쨌든, 어떤 형태로든, 혹시는 내가 결코 의도하지 않은 형태로든 그것은 왔다.

"구하라 그러면 너희에게 주실 것이요 찾으라 그러면 찾을 것이요 문을 두드리라 그러면 너희에게 열릴 것이니." 이 말씀은 기도에 관한 우리 주님의 도전이며, 참된 기도는 응답되고 구한 복을 받기까지 기다리며 절박한 심정으로 애쓰며 앞으로 나아가는 것임을 보여 준다.

구하라, 찾으라, 문을 두드리라는 말씀에서, 그리고 그 단어를 배열한 순서에서 주님은 기도가 끈질겨야 할 필요성을 강조하고 계신다. 구하고, 찾고, 두드리는 것은 응답 받는 기도라는 사닥다리를 올라가는 발판이다. 힘있는 기도가 되려면 기다리고 인내하는 자질과 결코 포기하지 않는 용기, 결코 지치지 않는 인내와 결코 흔들리지 않는 결심이 있어야 한다는 것만큼 그리스도께서 명확하게 주장하신 원칙은 없다.

한밤중에 떡을 얻으러 친구를 찾아간 사람의 비유에 앞서 나오는 비유에서 이 점에 관한 지극히 중요하고 교훈적인 사실이 개괄적으로 그려져 있다. 그리스도께서 가장 고귀하고 가장 잘 응답 받는 기도로 평가하시는 주요 특성들로는 굴하지 않는 용기, 쉼 없는 끈질김, 확고부동한 목적이 있다.

끈질김은 강렬함, 불굴, 인내, 끈기로 이루어져 있다. 응답이 지연되는 것 같은 때는 끈질김을 보여야 할 이유가 되기도 하고 보여야 할 필요가 있는 때이다. 소경에게 기적을 베푸신 일에 대한 첫번째 기록에서 마태는 우리 주께서 자기를 찾는 사람들의 말을 즉시로 듣지 않으신 것처럼 보이는 태도를 그리고 있다. 주님의 그런 태도에도 두 소경은 계속 부르짖으며 주님을 따르며 계속해서 "다윗의 자손이여 우리를 불쌍히 여기소서" 하며 탄원하였다. 그러나 주님은 그 탄원을 듣지 않으시고 집으로 들어가셨다. 곤경에 처한 사람들은 주님을 따라 들어갔고 마침내 주님께서 그들을 보시고 그 탄원을 들어주셨다.

소경 바디매오의 경우는 여러 면에서 특이한 경우이다. 특별히 이 소경이 우리 주께 호소한 데서 나타난 끈기를 잘 보여 주고 있는 예이다. 예수께서 여리고에 들어가셨을 때 바디매오가 처음으로 부르짖었고 예수께서 여리고에서 나가실 때까지 계속 부르짖었다면, 그런 것으로 보이는데, 그렇다면 이 경우는 끈질긴 기도의 필요성과 그리스도께 모든 것을 걸고 그리스도께서 그 마음의 소원을 허락하실 때까지 주님을 쉬지 못하게 하는 사람들에게 오는 응답을 훨씬 더 강력하게 보여 주는 예이다.

마가는 모든 사건을 우리 앞에 생생하게 펼쳐놓는다. 처음에는 예수께서 전혀 듣지 않으시는 것 같다. 무리들이 바디매오의 시끄러운 부르짖음을 꾸짖는다. 주께서 관심이 없는 것처럼 보이고 참을성 없고 성급한 무리들이 비난하는데도 불구하고 이 소경은 계속해서 부르짖고 주께서 인상을 받고 감동을 받으실 때까지 더욱더 큰 소리로 부르짖는다. 마침내 예수님뿐 아니라 무리들도 그 거지의 탄원을 듣고 그의 호소를 편드는 말을 한다. 그의 형편이 들으심을 얻는다. 그의 끈질김이 예수님께서 무관심한 듯이 보이고 주변 사람들의 비난과 반대에도 불구하고 효력을 발휘한다. 냉담하고 무관심한 태도였다면 틀림없이 실패하였을 곳에서 그의 끈질김이 이긴 것이다.

믿음은 기도와 관련해서 자기의 직분이 있고, 물론 끈질김과도 뗄 수 없는 관계가 있다. 그러나 끈질김이라는 특성이 기도를 들으심을 얻는 데까지 몰고 간다. 믿음이 복을 붙잡고 자기 것이라고 주장하며 자기 것으로 쓰는 곳으로 사람을 데려가는 것은 끈기 있는 정신이다.

끈질긴 기도가 반드시 필요하다는 사실이 하나님 말씀에서 명백히 진술되고 이 사실은 오늘날 거듭거듭 진술될 필요가 있다. 우리는 이 중요한 진리를 간과하기가 쉽다. 편한 것을 좋아하고 영적으로 게으르며, 신앙적으로 나태한 이 모든 것이 그런 탄원에 부정적으로 작용한다. 그러나 우리의 기도는 결코 지치지 않는 활력과 거절당하지 않을 끈덕짐과 약해지지 않는 용기로 밀어붙이고 추구할 필요가 있다.

우리는 또한 기도의 신비한 사실들에 대해 생각해 볼 필요도 있다. 즉 기도를 하는 일과 관련해서 지연과 거절, 실패로 보이는 일들이 있다는 사실을 생각해 볼 필요가 있는 것이다. 우리는 이런 일에 대비하고 이런 일들을 견디며 간절한 기도를 쉬지 않아야 한다. 전투가 점점 더 치열해지면 처음 전투를 시작할 때보다 더 용기를 내는 용감한 군인처럼 기도하는 그리스도인은 기도 응답이 지연되고 거절당하는 것처럼 보이면 더욱 간절히 기도하며 기도가 응답될 때까지 쉬임 없이 기도한다.

모세는 기도의 끈덕짐을 누구보다도 잘 보여 준다. 모세는 하나님께 가까이 있고 하나님과 친밀한 관계에 있다는 사실을 빌미로 기도에 끈질겨야 할 필요성을 버리기보다는 그런 점 때문에 자신은 더욱 기도에 끈질겨야 한다고 생각한다. 이스라엘 백성이 금송아지를 세우자 하나님의 진노가 그들에 대하여 맹렬하게 타올라서 여호와께서 공의를 시행하려고 하시면서 모세에게 당신이 행하려고 목적하시는 바를 알리시며 이같이 말씀하셨다. "나대로 하게 하라." 그러나 모세는 하나님께서 하시고자 하는 대로 두려고 하지 않았다. 모세는 하나님 앞에 엎드려 범죄한 이스라엘을 위해 힘들게 도고하면서 40일 밤낮을 금식하며 기도하였다. 이때야말로 끈질긴 기도가 필요한 시기가 아니겠는가!

여호와께서는 금송아지를 숭배하는 이 일에 지도자 역할을 한 아론에게 진노하셨다. 모세는 이스라엘을 위해서만이 아니라 아론을 위해서도 기도하였다. 모세가 기도하지 않았다면 이스라엘과 아론은 하나님의 타오르는 진노 아래 모두 멸망했을 것이다.

하나님 앞에서 오랜 기간 호소한 사실이 모세에게 강렬한 인상을 남겼다. 모세는 그 전에도 하나님과 친밀하게 지냈었다. 그러나 그의 성품이 이 오랜 기간의 끈질긴 도고 이후에 뚜렷하게 나타난 위대함을 얻지는 못했었다.

끈질긴 기도 외에는 하나님을 움직이고 사람의 성품을 고귀하게 해주는 것은 없다는 사실은 의심의 여지가 없다. 우리가 이 중요한 도고로 하나님과 더욱 함께 있다면 우리의 얼굴은 더욱 빛날 것이며, 생활과 봉사가 인류에게 하나님의 선의를 가져다주고 하나님의 이름에 영광을 가져오는 이런 특성들을 더욱 풍성히 받을 것이다.

8

기도와 성품과 행동

　　기도는 행동을 결정하고 행동은 성격을 형성한다. 행동은 우리가 행하는 내용이고 성격은 우리 본래의 모습이다. 행동은 외적 생명이고 성품은 속에 감추어져 보이지 않지만 보이는 것에 의해 증명되는 생명이다. 행위는 외적인 것으로 밖으로 나타나지만 성품은 내적인 것으로 속에서 활동한다. 은혜의 섭리에서 행동은 성품의 소산이다. 성품은 마음의 상태이고 행동은 성품의 외적 표현이다. 성품은 나무의 뿌리이고 행동은 성품이 맺는 열매이다.
　　기도는 모든 은혜의 선물과 관계가 있다. 성품과 행동에 대해서 기도는 돕는 자의 관계를 맺고 있다. 기도는 성품을 형성하고 행동을 결정하도록 돕는다. 이 두 가지가 성공적으로 지속되는 것은 기도에 달려 있다. 도덕적 성품과 행동이 어느 정도는 기도와 무관할 수도 있다. 그러나 기도 없이는 종교적 성품과 기독교적 행동과 같이 독특한 것은 있을 수 없다. 다른 모든 도움이 실패하는 곳에서 기도는 돕는다. 우리는 기도하면 할수록 그만큼 더 나은 사람이 되고 우리 생활도 그만큼 더 순수하고 나아진다.
　　그리스도의 구속 활동의 목적은 종교적 성품을 형성하고 기독교적 행동을 하도록 만드는 데 있다.

　　　　그가 우리를 대신하여 자신을 주심은 모든 불법에서 우리를 구속하시고 우리를 깨끗하게 하사 선한 일에 열심하는 친백성이 되게 하려 하심이니라.

그리스도의 가르침에서 단지 그것은 예수께서 주장하시는 자선의 활동이나 자비의 행동이 아니라 내적으로 형성된 영적 성품이다. 이 만한 것이 요구되고 거기에 미치지 못하는 것은 무엇이든 충분치 못하다.

바울 서신을 연구해 보면 분명하게 나타나는 한 가지 점이 있다. 즉 바울이 마음의 거룩함과 생활의 의로움을 강조한다는 것이다. 바울은 "개인적인 일"이라고 하는 것을 증진하는데 그렇게 애쓰지도 않고 그의 서신의 주요 주제로 구제 행동을 다루지도 않는다. 바울 서신의 취지를 형성하는 것은 인간 마음의 상태와 흠 없는 개인 생활이다.

성경 다른 곳에서도 두드러지는 것은 역시 성품과 행동이다. 기독교는 영적 성품이 없고 생활이 경건하지 않은 사람들을 변화시켜 마음이 거룩하고 생활이 의로워지도록 한다. 기독교는 악인을 선인으로 변화시키는 것을 목표로 삼는다. 기독교는 내적 악함을 내적 선함으로 바꾸려고 한다. 기도가 들어가서 놀라운 능력과 결과를 보이는 부분이 바로 여기다. 기도는 이 구체적인 목적을 향해 돌진한다. 사실, 기도 없이는 도덕적 성품에 그 같은 초자연적인 변화는 결코 이루어지지 않는다. 악에서 선으로 들어가는 변화는 "우리의 행한 바 의로운 행위로" 말미암지 않고 오직 그의 긍휼하심을 좇아 "중생의 씻음"으로 된다. 이 놀라운 변화는 간절하고 끈질기고 신실한 기도를 통해서 이루어진다. 기독교 신앙이라고 주장하는 것들 가운데 사람의 마음에 이 변화를 일으키지 않는 것은 모두 기만이고 함정이다.

기도의 직무는 사람들의 성품과 행동을 변화시키는 것이며, 수없이 많은 예에서 그런 변화가 기도로 말미암아 일어났다. 이 점에서 기도는 그 증명서들로 인해 그 신성성을 증명하였다. 이러한 변화를 일으키는 것이 기도의 직무이듯이 악인들을 붙잡아 선인으로 만드는 것이 교회의 일차적인 일이다. 교회의 사명은 사람의 본성을 변화시키고 성품을 변화시키며 행동에 영향을 끼치고 행동에 변혁을 일으키는 것이다. 교회는 의로운 곳으로 인정받아야 하고 사람을 의로 돌아오게 하는 일을 해야 한다. 교회는 지상에 있는 하나님의 공장이며, 교회의 일차적인 의무는 의로운 성품을 일으키고 기르는 것이다. 이것이 바로 교회의 가장 중요한 일이다. 무엇보다도 교회의 할 일은 수를 늘리거나 돈을 모으는 일, 혹은 자선과 구제 활동에 종사하는 것이 되어서는 안 되고 의로운 성품과 순결한 외적 생활을 일으키는 것이 되어야 한다.

제품은 제품을 만드는 공장의 성격을 반영하고 그 성격을 띤다. 의로운 목적을 지닌 의로운 교회는 의인을 만든다. 기도는 마음의 깨끗함과 생활의 순결을 일으킨다. 기도는 그 외에 다른 것을 일으킬 수 없다. 불의한 행동은 기도가 없는 데서 나온다. 이 두 가지는 서로 손을 잡고 간다. 기도와 죄는 함께 다닐 수 없다. 이것 아니면 저것이 반드시 멈추어야 한다. 기도는 죄짓는 것을 싫어하기 때문에 사람을 기도하게 만들면 그 사람은 죄짓기를 그칠 것이고 기도가 마음에 작용해서 악한 행동을 싫어하게 되고 전체 성품이 고귀해져서 높고 거룩한 것들을 경건하게 묵상한다.

기도는 성품에 기초를 두고 있다. 하나님에 대한 우리의 내적 관계가 우리가 하나님께 미치는 영향력을 측정한다. 구약의 시대에 하나님께 큰 영향력을 발휘하였던 것은 곧 아브라함, 욥, 다윗, 모세, 그 밖의 사람들의 외적 태도가 아니라 내적 성품이었다. 그리고 오늘날 하나님께서 중요하게 여기시는 것은 우리의 말이라기보다는 우리의 본래 모습이다. 물론 행동이 성품에 영향을 미치며 기도에 상당히 중요하다. 동시에 성품은 행동에 훨씬 더 크게 영향을 미치며 기도에 더 큰 영향력을 행사한다. 우리의 내적 생활이 기도에 색깔을 입힐 뿐만 아니라 생활에도 색깔을 입힌다. 좋지 못한 생활은 좋지 못한 기도를 의미하는데, 그것은 결국 전혀 기도하지 않는 것을 뜻한다. 우리는 허약하게 살기 때문에 허약한 기도를 드린다. 기도의 시내가 삶의 샘보다 더 높게 흐를 수는 없다. 내적 공간의 힘은 생활의 지류들로부터 흐르는 에너지로 이루어진다. 생활이 힘이 없는 것은 성품이 천박하고 겉만 번지르르 한 데서 생긴다.

생활의 허약함은 기도 시간에 쇠약하고 활기 없는 모습으로 나타난다. 우리는 하나님을 위해 진실되고 충성되게 살고 있지 않고서는 확신을 가지고서 친밀하고 강력하게 하나님께 말씀드릴 수 없다. 생활이 하나님의 교훈과 뜻과 동떨어져 있을 때는 기도실이 거룩해질 수 없다. 의로운 성품

8. 기도와 성품과 행동

과 그리스도를 닮은 행동이 기도 시간에 하나님 앞에서 독특하고 특권적인 위치를 부여한다는 이 교훈을 우리는 잘 배워야 한다. 하나님의 거룩한 말씀을 보면 우리의 기도에 가치를 부여하는 일에서 행동이 갖는 역할이 특별히 강조되는 것을 본다. 다음의 말씀이 그 점을 선포한다.

네가 부를 때에는 나 여호와가 응답하겠고 네가 부르짖을 때에는 말하기를 내가 여기 있다 하리라 만일 네가 너희 중에서 멍에와 손가락질과 허망한 말을 제하여 버리고.

이사야는 이스라엘의 악함과 그들의 가증한 행습을 하나님께서 그들의 기도에서 귀를 돌이키실 이유로 명백히 언급하였다.

너희가 손을 펼 때에 눈을 가리우고 너희가 많이 기도할지라도 내가 듣지 아니하리니 이는 너희의 손에 피가 가득함이니라.

하나님께서는 동일한 그 슬픈 진리를 예레미야의 입을 통하여 말씀하셨다.

그런즉 너는 이 백성을 위하여 기도하지 말라 그들을 위하여 부르짖어 구하지 말라. 내게 간구하지 마라. 내가 너를 듣지 아니하리라.

기도할 때 하나님을 온전히 뵈려면 마음으로 생각하고 있고 계획하고 있는 죄를 철저히 버려야만 한다는 것이 명백히 암시되듯이 여기서도 거룩하지 못한 행동이 응답 받는 기도에 장애물이 된다고 분명하게 진술된다.
우리는 "분노와 다툼 없이 거룩한 손을 들어 기도하라"고 명령받으며, 우리가 하나님께 부탁할 수 있는 특권을 그대로 유지하려면 악을 엄히 금하는 가운데 이 세상에서 지내는 시간을 보내야 한다. 우리는 어떤 이유로도 기도와 행동을 떼어놓아서는 안 된다.

무엇이든지 구하는 바를 그에게 받나니 이는 우리가 그의 계명들을 지키고 그 앞에서 기뻐하시는 것을 행함이라.

야고보 사도는 사람들이 구하여도 받지 못하는 것은 잘못 구하고 개인적인 욕망을 만족시키려고 구하기 때문이라고 노골적으로 말한다.

"항상 기도하며 깨어 있으라"는 우리 주님의 명령은 모든 행동에 대해 주의함으로써, 우리가 우리 생활 전체에 대해 조심함으로써 얻는 힘을 가지고 기도의 방에 들어올 수 있도록 하라는 말씀이다.

너희 스스로 조심하라 그렇지 않으면 방탕함과 술취함과 생활의 염려로 마음이 둔하여지고 뜻밖에 그 날이 덫과 같이 너희에게 임하리라.

그리스도인의 경험이 행동의 암초에 걸려 넘어지는 경우가 너무도 많다. 아름다운 이론들이 추한 생활 때문에 망쳐진다. 경건에 관해서 가장 인상적이며 또한 가장 어려운 일은 경건하게 사는 것이다. 중요한 것은 생활이다. 우리의 신앙 생활의 다른 면들도 그렇듯이 우리의 기도도 악한 생활로 손상된다.

기독교 초기 시대에 설교자들은 생활로써 설교하도록 하고 그렇지 못하면 설교하지 말도록 명령을 받았다. 그처럼 오늘날도 어디에 있든지 그리스도인들은 생활로써 기도하도록 하고 그렇지 못하면 기도하지 않도록 명령을 받아야 한다. 가장 효과적인 설교는 강단에서 듣는 설교가 아니라 조용히 겸손하게 끊임없이 선포되는 것으로 가정에서 속한 사회에서 그 우수성을 드러내는 설교이다. 모범이 교훈보다 훨씬 더 효과적인 설교이다. 강단에서 하는 설교일지라도 최상의 설교는 설교자 자신의 경건한 생활로써 강화되는 설교이다. 신자들이 가장 효과적인 일을 하려면 거기에 앞서 생활의 거룩함, 세상과 분리됨, 죄에서 떠남이 선행되어야 하고 또한 수반되어야 한다. 지극히 강력한 호소들 가운데는 오히려 말이 없는 가운데 전달되는 것들이 있다. 즉 가정에서 하나님을 두려워하고 하나님의 대의를 사랑하며 자녀들과 주변 사람들에게 그리스도인의 생활과 행동의 아름다움과 우수함을 매일 같이 드러내는 경건한 아버지와 거룩한 어머니를 통해서 지극히 강력한 호소가 나가는 것이다.

더할 수 없이 잘 준비된 달변의 설교가 설교자의 미심쩍은 행습으로 인해 망쳐지고 효과를 내지 못할 수가 있다. 교회에서 매우 열심히 일하는 사람이 그 손의 수고가 세속적인 정신과 모순된 생활 때문에 전혀 쓸모 없게 될 수 있다. 사람들은 말로 설교하는 것이 아니라 생활로 설교한다. 설교는 강단에서, 강단으로부터 전해지는 것이라기보다는 성격과 행동으로, 매일의 생활을 메우고 있는 수많은 자잘한 사건으로 전해진다.

물론 회개의 기도는 하나님께서 받으실 만한 것이다. 하나님은 회개하는 죄인의 부르짖음을 즐거이 들으신다. 그러나 회개에는 죄를 슬퍼하는 것뿐만 아니라 나쁜 행실에서 돌이키고 선행을 배우는 일도 포함된다. 성품과 행동에 변화를 일으키지 않는 회개는 거짓 회개에 불과하므로 누구도 이것에 속아서는 안 된다. 옛것은 사라져야 하며, 모든 것은 새로워져야 한다.

바른 생각과 바른 생활을 가져오지 않는 기도는 익살극에 지나지 않는다. 기도가 성품을 정결케 하지 못하고 행동을 고치지 못한다면 우리는 기도의 직무를 온전히 완수하지 못한 것이다. 기도가 생활에 변화를 가져오지 못한다면 우리는 기도의 효력을 제대로 이해하지 못한 것이다. 본래 우리는 기도를 그치든가 나쁜 행실을 그치든가 해야 한다. 형식적인 냉랭한 기도는 나쁜 행실과 나란히 있을 수 있고, 하나님께서 보실 때 그런 기도는 전혀 기도가 아니다. 우리의 기도는 기도가 우리의 생활을 바로잡는 만큼 능력있게 전진한다. 더욱 순결해지고 하나님께 대한 헌신이 더욱 깊어지면 더욱 기도하는 생활을 하게 될 것이다.

내적 생명의 성격이 효과적인 기도의 조건이다. 생활이 그렇듯이 기도도 그렇다. 모순된 생활이 기도를 막고 우리가 드릴 수 있는 아무리 작은 기도도 쓸모 없게 만든다. 언제든지 "의인의 간구는 역사하는 힘이 많은" 것이다. 사실, 어떤 사람은 더 나아가서 언제든지 어떤 경우에든지 역사하는 힘이 있는 것은 의인의 기도뿐이라고 주장할 수도 있을 것이다. 하나님의 영광을 구하고, 있는 힘을 다해 하나님을 기쁘시게 하려는 소원을 갖는 것,

손을 부지런히 놀려 하나님을 섬기는 것, 하나님의 계명을 행하는데 신속히 움직이는 것, 이런 것들이 기도에 무게와 영향력과 능력을 부여하고 하나님께 들으심을 얻게 한다. 우리 생활에 들어 있는 세상 정신이 우리 기도의 힘을 무력화시키고 우리의 기도가 하나님께 들리지 못하게 만든다.

기도는 깨끗해진 마음에서 나와야 하고 "거룩한 손을 들고서" 드려야 한다. 기도는 끊임없이 하나님께 복종하고 하나님의 법에 일치하려고 하며 하나님의 뜻에 순종하는 생활로 강화되어야 한다.

생활이 기도의 조건이고, 또한 기도가 의로운 생활의 조건이라는 사실을 잊어서는 안 된다. 기도는 의로운 생활을 촉진하며, 마음과 생활의 의를 이루는데 큰 도움을 준다. 참된 기도의 열매는 의로운 생활이다. 기도는 기도하는 사람으로 하여금 "두렵고 떨림으로 구원을 이루는" 큰 일에 몰두하게 하고, 성품과 대화와 행동에 조심하게 하며, "지혜 있는 자같이 하여 세월을 아끼게" 하며, "부르심을 입은 부름에 합당하게 행할" 수 있도록 하고, "모든 악한 행실을 피하고 선을 행함으로" 계속해서 순례의 길을 행할 수 있는 고귀한 동기를 부여한다.

9

기도와 순종 (1)

　모세 법 아래에서 순종은 "순종이 제사보다 낫고 듣는 것이 수양의 기름보다 나은 것"으로 간주되었다. 신명기 5:29에서 모세는 자신이 순종을 중요하게 여긴 것만큼이나 전능하신 하나님께서도 친히 순종에 대해 조금도 의심할 수 없이 분명하게 선포하시는 것으로 묘사한다. 하나님께서 자기 백성의 완고함에 대해 이같이 말씀하신다.

　　다만 그들이 항상 이 같은 마음을 품어 나를 경외하며 나의 모든 명령을 지켜서 그들과 그 자손이 영원히 복 받기를 원하노라.

　의심할 나위 없이 순종은 고귀한 덕이며 군인의 자질이다. 순종하는 것은 무엇보다도 군인에게 속하는 특성이다. 순종은 군인으로서 배워야 할 처음이자 마지막 교훈이다. 군인은 항상, 의심 없이 불평 없이 순종하는 법을 배워야 한다. 더욱이 순종은 행동하는 믿음이며, 사랑에서 나오고 사랑을 시험하는 것이다. "나의 계명을 가지고 지키는 자라야 나를 사랑하는 자니."
　또한 순종은 사랑을 보존하는 것이며 사랑의 생명이 된다.

　　내가 아버지의 계명을 지켜 그의 사랑 안에 거하는 것같이 너희도 내 계명을 지키면 내 사랑 안에 거하리라.

순종으로 말미암아 얼마나 놀라운 관계가 일어나고 유지되는지! 하나님의 아들은 그 순종으로 인해 아버지 하나님의 사랑의 품에 보존되신다! 하나님의 아들이 언제든지 아버지 하나님의 사랑 안에 거할 수 있게 하는 요소를 예수께서 친히 이 같은 말씀으로 밝히신다. "내가 항상 그의 기뻐하시는 일을 행하므로."

성령의 은사를 충분히 받고 풍성하게 경험하는 일은 사랑으로 순종하는 것에 달려 있다.

> 너희가 나를 사랑하면 나의 계명을 지키리라. 내가 아버지께 구하겠으니 그가 또 다른 보혜사를 너희에게 주사 영원토록 너희와 함께 있게 하시리니.

하나님께 순종하는 것이 영적 성장과 내적 만족, 마음의 안정을 이루는 조건이다. "너희가 즐겨 순종하면 땅의 아름다운 소산을 먹을 것이요." 순종이 거룩한 성의 문을 열고 생명나무에 다다를 수 있게 한다.

> 그 계명을 행하는 자는 복이 있나니 이는 저희가 생명나무에 나아가며 문들을 통하여 성에 들어갈 권세를 얻으려 함이로다.

그러면 무엇이 순종인가? 순종은 하나님의 뜻을 행하는 것, 곧 하나님의 계명을 지키는 것이다. 얼마나 많은 계명을 지켜야 순종이 되는가? 계명들 중 절반은 지키고 절반은 어겨도 진정한 순종인가? 하나만 빼놓고 계명을 다 지키면, 그것이 진짜 순종인가? 이 점에 대해 사도 야고보는 아주 명확하게 선언한다. "누구든지 온 율법을 지키다가 그 하나에 거치면 모두 범한 자가 되나니."

사람으로 한 가지 계명을 어기도록 부추기는 정신은 모든 계명을 어기도록 만들 수 있는 정신이다. 하나님의 계명은 하나의 단일체이기 때문에 그 기초가 되는 한 가지 원칙을 깨트리면 전체를 어기는 것이 된다. 단 한 가지 계명이라도 어기기를 주저하지 않는 사람은 동일한 압박을 받고 동일한 상황에 처하면 모든 계명을 깨트린다.

　모든 인류에게 순종이 요구된다. 절대적인 순종에 미치지 못하는 것은 무엇이든 하나님을 만족시키지 못할 것이고 하나님의 모든 계명을 지키는 것이 하나님이 요구하시는 바이다. 그러나 우리가 하나님의 모든 계명을 지킬 수 있겠는가? 사람이 하나님의 계명 하나하나에 다 순종할 수 있는 도덕적 능력을 받을 수 있는가? 분명 받을 수 있을 것이다. 사람은 기도를 통해 바로 그 능력을 받을 수 있다.

　하나님께서는 사람이 순종할 수 없는 계명을 주시는가? 하나님은 지킬 수 없는 계명을 내리실 만큼 엄하고 독단적이고 애정이 가지 않는 그런 분이신가? 그 답은 성경 어디에도 하나님께서 사람에게 능력을 벗어나는 일을 명령하신 예가 단 한 번도 없다는 것이다. 하나님께서는 사람이 드릴 수 없는 것을 요구하실 만큼 부당하고 인정 없는 분이신가? 절대로 그렇지 않다. 그렇게 생각하는 것은 하나님의 성품을 비방하는 것이다.

　잠깐 그런 사상을 생각해 보자. 세상의 부모들이 자녀들에게 이행할 수 없는 의무를 요구하는가? 자기 자녀에게 그처럼 부당하고 폭군처럼 대하려고 생각할 아버지가 어디에 있겠는가? 하나님께서 세상의 결점이 많은 부모보다 덜 친절하고 덜 정당하시겠는가? 세상의 부모들이 완전하신 하나님보다 더 낫고 더 정당하겠는가? 이 얼마나 어리석고 이치에 맞지 않은 생각인가!

　원칙적으로 하나님께 순종하는 것은 세상의 부모에게 순종하는 것과 동일한 것이다. 일반적으로 순종은 자신의 길을 포기하고 다른 사람의 길을 따르는 것이며, 자신의 의지를 다른 사람의 의지에 복종시키는 것이고, 부모의 권위와 요구사항에 따르는 것이다. 하늘의 아버지에게서 오는 명령이나 세상의 부모에게서 오는 명령이나 모두 사랑으로 지도하는 것이며, 명령을 받는 사람의 최선을 위하는 것이다. 하나님께서는 명령을 엄하게 내리시거나 폭군처럼 마구잡이로 내리시지 않는다. 하나님의 명령은 언제나 사랑과 우리의 유익을 위하는 마음에서 나오므로 우리는 그 명령에 유의하고 순종해야 한다. 다른 말로 하자면, 하나님께서 우리의 선을 증진하시기 위해 명령을 내리셨으므로 그 명령에 순종해야 한다는 것이다. 순종에는 보상이 따른다. 하나님께서 그렇게 정하셨다. 그러므로 인간 이성으로 생각해 볼 때도 하나님께서는 우리의 능력에서 벗어나는 일을 요구하시지 않을 것을 알 수 있다.

순종은 모든 명령을 지키는 사랑이고, 명령을 지키는데서 사랑이 나타난다. 그러므로 순종은 우리에게 부과된 엄격한 요구가 아니다. 이는 남편이 아내에게 혹은 아내가 남편에게 제공하는 봉사가 엄격한 요구가 아닌 것과 같다. 사랑에는 압제가 없다. 강청하는 일은 있을 수 있으나 귀찮게 하는 일은 없다. 사랑에는 불가능한 일이 없다.

사도 요한은 지극히 단순하고 지극히 실제적으로 이같이 말한다. "무엇이든지 구하는 바를 그에게 받나니 이는 우리가 그의 계명들을 지키고 그 앞에서 기뻐하시는 것을 행함이라."

이것이 모든 계명에 앞서서 달리는 순종이다. 이것이 사랑이고 자발적으로 순종하는 것이다. 사람이 환경이나 유전, 경향 때문에 죄를 지을 수밖에 없다고 주장하는 사람은 크게 잘못하는 것이며 죄를 짓는 것이다. 하나님의 명령은 고통을 주는 것이 아니다. 하나님의 명령의 길은 즐거운 길이고 평강의 길이다. 순종하기 시작하는 일은 어려운 것이 아니다. "내 멍에는 쉽고 내 짐은 가벼움이라."

자녀에게 불가능한 일을 요구하시는 것은 우리 하늘 하버지께서 절대로 하시지 않는 일이다. 우리는 모든 일에 하나님을 기쁘시게 할 수가 있다. 하나님을 기쁘시게 하는 것이 어려운 일이 아니기 때문이다. 하나님은 "두지 않은 것을 취하고 심지 않은 것을 거두는" 엄한 주인도 까다로운 주인도 아니시다. 감사하게도 하나님의 자녀는 누구나 하늘에 계신 아버지를 기쁘시게 할 수 있다! 정말이지 하나님을 기쁘게 하는 것이 사람을 기쁘시게 하는 것보다 훨씬 더 쉽다. 게다가 우리는 하나님을 기쁘시게 하는 때가 언제인지 알 수 있다. 이것이 성령의 증거, 곧 성령께서 내적으로 하나님의 모든 자녀들에게 그들이 아버지의 뜻을 행하고 있고, 그들의 길이 하나님께서 기뻐하시는 길임을 알려 주시는 거룩한 확신이다.

하나님의 계명들은 의롭고, 정의와 지혜에 기초를 두고 있다. "이로 보건대 율법도 거룩하며 계명도 거룩하며 의로우며 선하도다." "만국의 왕이시여 주의 길이 의롭고 참되시도다." 그러므로 하나님의 계명들은 지킬 수 있는 은혜를 구하는 자들은 모두 순종할 수 있다. 이 계명들은 **지켜야 한** 다. 이것은 하나님의 통치가 걸려 있는 문제다. 하나님의 자녀는 하나님께 순종할 의무가 있다. 불순종은 허용될 수 없다. 반역의 정신이 죄의 본질이다. 하나님의 권위를 부인하는 일은 하나님께서 참을 수 없는 일이다. 하나님께서는 그런 일을 허락하신 적이 없으시다. 하나님께서는 지극히 고귀하신 아드님께서 사람들 가운데 나타나신 사실을 통해 자신의 태도를 밝히셨다.

> 율법이 육신으로 말미암아 연약하여 할 수 없는 그것을 하나님은 하시나니 곧 죄를 인하여 자기 아들을 죄 있는 육신의 모양으로 보내어 육신에 죄를 정하사 육신을 좇지 않고 그 영을 좇아 행하는 우리에게 율법의 요구를 이루어지게 하려 하심이니라.

누군가가 타락한 사람은 너무 약하고 무기력해서 하나님의 고귀한 명령을 지킬 수 없다고 불평한다면, 그 답변은 그리스도의 구속으로 말미암아 사람이 지킬 수 있게 되었다는 것이다. 그 구속은 하나님께서 사람을 능하게 하시는 행위이다. 하나님께서 중생과 성령으로 말미암아 우리 속에서 역사하신다는 사실이 우리에게 요구되는 모든 것을 충분히 행할 수 있게 하는 은혜를 부여한다. 이 은혜는 기도의 응답으로 무한히 공급된다. 그래서 하나님은 명령하면서 동시에 우리 모두에게 그 명령을 행하는데 필요한 의지의 힘과 영혼의 은혜를 주겠다고 맹세하신다. 이것이 사실이므로 사람은 불순종할 구실이 없고, 하나님을 공경과 경외함으로 섬길 수 있는 은혜를 거절하거나 얻지 못하는 것에 대해서는 비난을 면할 수 없다.

하나님의 계명을 지킬 수 없다고 단언하는 사람들이 묘하게도 간과하는 중요한 한 가지 사실이 있다. 그것은 기도와 믿음을 통해 사람의 본성이 변화되며, 신의 성품에 참여하며 하나님께 순종하기를 싫어하는 마음이 일체 제거되고, 사람의 타락하고 무기력한 상태 때문에 하나님의 계명을 지킬 수 없는 본성적 무능력이 영광스럽게 제거된다는 중요한 진리이다. 사람은 도덕적 본성에서 일어나는 이러한 근본적인 변화로 인해 모든 면에서 하나님께 순종하고 즐거이 온전한 충성을 드릴 수 있는 능력을 받는다. 그래서 그 사람은 "나의 하나님이여 내가 주의 뜻 행하기를 즐기오니" 하고 말할 수 있다. 자연적인 사람에게 따라 다니는 반역이 제거될 뿐만 아니라 하나님의 말씀에 즐거이 순종하는 마음을 복되게 받기도 한다.

거듭나지 않은 사람은 자기에게 임한 타락의 모든 무능으로 인해 하나님께 순종할 수 없다고 주장한다면 부인하지 않을 것이다. 그러나 사람이 성령으로 거듭난 새로운 성품을 받고 그리스도의 자녀가 된 후에도 하나님께 순종할 수 없다고 단언하는 것은 어리석은 태도일 뿐만 아니라 구속의 사역과 그 함축된 바에 대해 한탄스러울 정도로 무지하다는 것을 드러낼 뿐이다.

절대적이고 온전한 순종은 기도의 사람이 지녀야 하는 상태이다. "분노와 다툼 없이 거룩한 손을 들어 기도하는 것"이 순종하는 기도의 조건이다. 여기서 외적인 정결함과 함께 내적 충성과 사랑이 받으실 만한 기도의 요건들로 진술된다.

사도 요한은 앞에서 인용한 구절에서 기도가 응답 받는 이유를 말한다. "무엇이든지 구하는 바를 그에게 받나니 이는 우리가 그의 계명들을 지키고 그 앞에서 기뻐하시는 것을 행함이라."

하나님의 계명을 지키는 것이 여기서 기도를 응답 받는 이유로 진술되는 것을 보면, 우리가 하나님의 계명을 지킬 수 있고 하나님을 기쁘시게 하는 일을 할 수 있다고 생각하는 것이 타당하다. 우리가 하나님의 규례를 지킬 수 없다는 것을 하나님이 아실지라도 하나님께서 자기 계명을 지키는 것을 응답 받는 기도의 조건으로 삼으실 것이라고 생각하는가?

순종은 은혜의 보좌에서 담대히 구할 수 있으므로, 순종하는 사람들만이 그처럼 구할 수 있다. 순종하지 않는 사람은 하나님께 가까이 가기를 머뭇거리고 간구하기를 주저한다. 이들은 자신들의 악행 때문에 멈추어 선다. 순종하면서 간구하는 자녀는 확신과 담대함을 가지고 아버지 앞에 나아온다. 자기가 순종하고 있다는 바로 그 의식이 그에게 용기를 주고 불순종에서 나오는 두려움에서 해방시킨다.

9. 기도와 순종(1)

불평 없이 하나님의 뜻을 행하는 것은 응답 받는 기도를 하는 사람의 특권일 뿐 아니라 기쁨이기도 하다. 확신을 가지고 기도할 수 있는 사람은 손이 깨끗하고 마음이 정결한 사람이다. 산상수훈에서 예수께서 이같이 말씀하셨다.

> 나더러 주여 주여 하는 자마다 천국에 다 들어갈 것이 아니요 다만 하늘에 계신 내 아버지의 뜻대로 행하는 자라야 들어가리라.

이 위대한 진술에 다음과 같은 말씀을 덧붙일 수 있을 것이다.

> 내가 아버지의 계명을 지켜 그의 사랑 안에 거하는 것같이 너희도 내 계명을 지키면 내 사랑 안에 거하리라.

"그리스도의 직업은 기도이다"고 루터는 말한다. 그리스도인은 기도라는 직업의 비결을 배우기 전에 배워야 할 또 다른 일이 있다. 그는 아버지의 뜻에 온전히 순종하는 일을 배워야 한다. 순종은 사랑을 뒤따르고 기도는 순종을 뒤따른다. 하나님의 계명을 **진정으로** 지키는 일은 **진정한** 기도의 일에 반드시 따라다닌다.

순종하지 않는 사람이 기도할 수는 있다. 그 사람이 용서해 주시는 자비와 영혼의 평안을 구하는 기도를 드릴 수 있다. 눈물을 흘리며 회개하는 심정으로 고백하며 하나님의 발 앞에 올 수 있다. 그러면 하나님께서 그의 기도를 들으시고 응답해 주실 수 있다. 그러나 이러한 기도는 하나님의 자녀의 기도가 아니다. 그렇게 하지 않고는 하나님께 가까이 갈 길이 없는 회개하는 죄인의 기도이다. 그것은 구원받아 하나님과 화목된 사람의 기도가 아니라 의롭다함을 받지 못한 영혼의 기도이다.

순종하는 생활은 기도를 돕는다. 순종하는 생활은 기도가 신속하게 보좌로 나아가게 한다. 하나님께서는 순종하는 자녀의 기도를 듣지 않으실 수 없다. 하나님께서는 순종하는 자녀가 기도하였을 때는 언제든지 들으셨다. 의심하지 않는 순종은 하늘 은혜의 보좌에 계신 하나님께서 매우 중요하게 보신다. 순종은 많은 강의 지류와 같은 역할을 하여 기도실에 힘을 줄 뿐 아니라 풍부한 수량이 흐르게 한다. 순종하는 생활은 단지 개혁된 생활이 아니다. 그것은 칠만 새로 한 옛 생활이 아니며 교회 다니는 생활이나 겉만 번지르르한 행동이 아니다. 그것은 공중 도덕의 지시에 외적으로 순응하는 것이 아니다. 진정으로 순종하는 그리스도인의 하나님을 두려워하는 생활에는 이 모든 것보다 훨씬 높은 것이 결합되어 있다.

전적으로 순종하는 생활, 하나님과 지극히 친밀한 교제를 갖는 생활, 뜻이 하나님의 뜻에 전적으로 일치하는 생활, 외적 생활이 의의 열매를 보여 주는 생활, 그런 생활은 내적 방으로 가는 길을 막지 않고 오히려 아론과 훌처럼 기도의 손을 들어 받친다.

기도를 잘 드리고 싶은 간절한 마음이 있다면 잘 순종하는 법을 배워야 한다. 기도하기를 배울 소원이 있다면 하나님의 뜻 행하는 법을 배울 간절한 소원을 가져야 한다. 하나님께 기도하기를 바란다면 먼저 하나님께 순종하려는 간절한 소원이 있어야 한다. 기도 가운데 자유롭게 하나님을 뵐 수 있기를 원한다면 죄나 불순종에 해당하는 모든 장애물을 제거해야 한다. 하나님은 순종하는 자녀의 기도를 기뻐하신다. 하나님의 뜻 행하기를 기뻐하는 자들의 입술에서 나오는 요청은 하나님께서 신속히 듣고 즉시 풍성하게 응답하시려고 한다. 눈물 자체가 가치 있는 것은 아니다. 그렇지만 눈물이 기도할 때는 용도가 있다. 눈물은 간구하는 우리의 위치에 세례를 베푼다. 자기 죄에 대해 울어본 적이 없는 사람은 자기 죄에 대하여 진정으로 기도하지 못한 사람이다. 때로는 눈물이 회개하는 자의 유일한 탄원이 된다. 그러나 눈물은 과거와 죄와 잘못에 대해 흘리는 것이다. 그러나 눈물말고도 취해야 할 단계가 또 있다. 그 단계란 의심 없는 순종인데, 이 단계를 취하기 전에는 복과 지속적인 지지를 구하는 기도가 쓸모 없을 것이다.

성경 도처에서 하나님이 불순종을 옳지 않다고 하며 죄를 비난하시는 모습을 볼 수 있는데, 이 점은 죄인의 생활만이 아니라 하나님의 택함 받은 사람들의 생활에도 그대로 적용된다. 성경 어디에서도 하나님은 죄를 찬성하거나 불순종을 용납하시지 않는다. 항상 하나님은 명령에 순종할 것을 강조하신다. 명령에 대한 순종은 복을 가져오고 불순종은 재난을 초래한다. 이 사실은 하나님 말씀에서 처음부터 마지막까지 진리이다. 성경에서 기도의 사람들이 하나님께 그처럼 영향력을 가졌던 것은 바로 이 때문이다. 순종하는 사람들은 언제나 하나님께 아주 가까이 있었다. 이들은 기도를 잘 하므로 하나님께 큰 것들을 받은 사람들이고, 큰 일을 일으킨 사람들이다.

하나님께 순종하는 것이 기도의 영역에서는 지극히 중요하다. 이 사실은 아무리 많이, 아무리 자주 강조해도 지나치지 않는다. 죄짓는 것을 허용하는 종교적인 신앙을 위해 탄원하는 것은 응답 받는 기도의 발판을 제거하는 것이다. 중생하지 않은 사람에게는 하나님께 순종하는 것이 불가능하다는 구실로 죄짓는 것을 용서하는 것은 신생의 성격을 에누리하는 것이며 사람을 응답 받지 못하는 기도의 영역에 두는 것이다. 한 번은 예수께서 "너희는 나를 불러 주여 주여 하면서도 어찌하여 나의 말하는 것을 행치 아니하느냐"는 매우 적절한 질문으로 불순종의 핵심을 바로 찔러 말씀하셨다.

기도하려고 하는 사람은 순종해야 한다. 기도로 무엇을 얻고자 하는 사람은 하나님과 온전히 조화를 이루어야 한다. 기도는 진실되게 기도하는 사람에게 순종의 정신을 불어넣는다. 불순종의 정신은 하나님께 속하지 않고 하나님의 기도하는 무리들에게도 속하지 않는다.

순종하는 생활은 기도에 크게 도움이 된다. 사실, 순종하는 생활은 기도에 반드시 필요하며 일을 성취하는 방법이다. 순종하는 생활이 없으면 기도는 공허한 연기에 불과하다. 회개하는 죄인은 용서와 구원을 구하고 생활이 죄로 얼룩져 있지만 기도의 응답을 받는다. 그러나 하나님의 **고귀한 도고자**는 고귀한 생활과 함께 하나님 앞에 나온다. 거룩한 생활이 거룩한 기도를 증진시킨다. 하나님의 도고자들은 "거룩한 손을" 드는데, 이것은 순종하는 신앙 생활을 상징하는 표현이다.

10

기도와 순종 (2)

그처럼 탁월한 위치를 부여받고 그로부터 위대한 결과들을 얻을 수 있는 기도는 단순히 기도하기만 하는 것이 아니라 거룩한 기도를 드리는 것이라는 사실은 주목할 가치가 있다. 그것은 "성도의 기도" 곧 하나님의 거룩한 백성들의 기도이다. 그런 기도 이면에는 하나님께 전적으로 헌신한 사람들, 죄에서 완전히 떨어져 나와 온전히 하나님께 구별된 사람들이 기도에 불어넣는 활력과 불꽃이 있다.

우리 주 예수 그리스도께서는 기도에 뛰어나셨는데, 이는 거룩함에 뛰어나셨기 때문이다. 하나님께 대한 전적인 헌신, 즉 거룩한 헌신의 열정 가운데 전존재를 넘겨드리는 전적인 양도, 이 모든 것이 기도에 믿음과 활력의 날개를 달아 준다. 이것이 은혜의 보좌에 이르는 문을 열고 전능하신 하나님께 강력한 영향력을 행사한다.

"거룩한 손을 드는 것"이 그리스도를 닮은 기도에 필수적이다. 그러나 그것은 기도실에서 지내는 한 시간만 하나님께 바치는 거룩함이 아니라 전인(全人)을 요구하는, 즉 생활 전체를 하나님께 드리는 헌신이다.

"거룩하고 악이 없고 더러움이 없고 죄인에게서 떠나 계시는" 우리 주님 예수 그리스도는 기도 가운데서 아주 자유롭게 하나님께 가까이 가고 언제든지 하나님을 뵐 수 있으시다. 예수께서 이처럼 자유롭게 하나님을 뵐 수 있었던 것은 아버지께 대한 주저하지 않는 순종 때문이었다. 공생애 기간 내내 주님의 가장 큰 관심과 소원은 아버지의 뜻을 행하는 것이었다.

또 다른 사실, 곧 자신의 생명을 철저히 드렸다는 의식과 더불어 이 사실이 예수께 확신과 신뢰를 주며, 이 확신과 신뢰로 말미암아 예수께서 순종에서 생긴 무한한 신뢰로 은혜의 보좌로 가까이 갈 수 있었고 주님의 받아주심과 들으심과 응답을 받았다.

사랑으로 행하는 순종은 예수께서 "시행하시리라"는 확신을 갖게 하고 "그리스도의 이름으로 무엇이든지 구하는" 자리에 우리를 놓는다. 사랑으로 행하는 순종은 우리를 기도의 영역으로 데리고 가고 그리스도의 부를 받게 하며 우리와 함께 거하고 우리 안에 거하실 성령의 오심으로 말미암아 풍성한 그리스도의 은혜를 받게 한다. 즐거이 하나님께 순종함은 우리로 응답 받는 기도를 할 수 있도록 자격을 구비시킨다.

기도할 수 있는 자격을 구비시킬 뿐 아니라 기도에 앞서는 이러한 순종은 항상 끊임없이 사랑으로 아버지의 뜻을 행하고 하나님께서 명하신 길을 즐거이 따르는 것이어야 한다.

히스기야 왕의 경우에 히스기야가 죽고 살지 못하리라는 하나님의 명령을 바꾼 것은 강력한 탄원이었다. 곤경에 처한 이 왕은 하나님께 자기가 하나님 앞에서 어떻게 진실과 온전한 심정으로 행했는지를 기억해달라고 청했다. 하나님께 이것은 중요했다. 하나님께서 그 탄원을 들으셨고, 그 결과 히스기야에게 다가오던 죽음이 15년간 연기되었다.

예수께서는 고난의 학교에서 순종을 배웠고 또한 순종의 학교에서 기도를 배우셨다. 의인의 기도가 역사하는 힘이 많듯이, 하나님께 순종하는 것이 곧 의이다. 의인은 곧 순종하는 사람이다. 응답 받는 기도를 드릴 수 있는 사람, 무릎을 꿇을 때 큰 일을 이룰 수 있는 사람이 바로 이런 사람이다.

참된 기도는 단순한 감상이나 시 혹은 능변이 아니라는 사실을 기억해야 한다. 참된 기도는 "주여 주여" 하는 달콤한 말로 이루어진 것이 아니다. 기도는 단순한 말이 아니며, 이름을 부르는 것이 아니다. 기도는 순종이다. 기도는 하나님께 대한 순종이라는 금강석 같은 바위에 세워져 있다. 순종하는 사람들만 기도할 권리가 있다. 기도 뒤에는 행함이 있어야 한다. 우리 주님께서 명백히 가르치셨듯이 기도에 능력을 주는 것은 매일의 생활에서 끊임없이 하나님의 뜻을 행하는 것이다.

나더러 주여 주여 하는 자마다 천국에 다 들어갈 것이 아니요 다만 하늘에 계신 내 아버지의 뜻대로 행하는 자라야 들어가리라. 그 날에 많은 사람이 나더러 이르되 주여 주여 우리가 주의 이름으로 선지자 노릇하며 주의 이름으로 귀신을 쫓아내며 주의 이름으로 많은 권능을 행치 아니하였나이까 하리니 그 때에 내가 저희에게 밝히 말하되 내가 너희를 도무지 알지 못하니 불법을 행하는 자들아 내게서 떠나가라 하리라.

아무리 귀하고 능력 있는 이름이라도 하나님의 뜻을 행함이 따르지 않는 기도를 보호하거나 그 기도에 효력을 주지는 못한다. 기도 없는 행함은 하나님의 승인을 받지 못한다. 하나님의 뜻이 삶을 지배하지 못한다면 그 기도는 병약한 감상에 불과할 것이다. 기도가 우리의 활동을 고취하고 거룩하게 하며 지도하지 못한다면 아집이 들어와 일과 일하는 사람을 모두 망친다.

기도의 참된 요소와 직무에 대한 오해는 참으로 다양하고 크다! 기도 응답 받기를 간절히 원하지만 상을 받지 못하고 복도 받지 못하는 채 가는 사람들이 많다. 이들은 하나님의 약속을 염두에 두고 끈질긴 인내로 노력하며 인내로 하나님의 약속을 붙잡고 주장한다. 이처럼 중요한 약속을 마음에 새기는 것이 믿음을 **강화하는데는** 유익할 수가 있다. 그러나 이처럼 약속을 굳게 붙잡는 것에는 믿음이 크게 자랄 때까지 기다리고 기대하는 끈질기고 끊임없는 기도가 더해져야 한다. 언제든지, 즐거이 항상 하나님께 **순종하는** 사람말고 그런 기도를 드릴 수 있는 능력과 자격이 구비된 사람이 누가 있겠는가?

가장 고귀한 믿음은 하나님의 말씀과 성령이 그 안에 거하는 영혼이 하나님께 항복하는 행위이며 태도이다. 믿음이 기도를 촉진하기 위해 이런 저런 형태로 존재해야 한다는 것이 사실이다. 그렇지만 믿음이 가장 강력한 형태로 나타나고 가장 큰 결과로 나타나는 것은 기도의 열매이다. 믿음이 기도의 능력과 효력을 증가시킨다는 것은 맞는 말이다. 그러나 기도가 믿음의 능력과 효력을 증가시킨다는 것도 사실이다. 기도와 믿음은 서로에 대해 작용하고 반응한다.
 하나님께 순종하는 것은 다른 어떤 속성도 따라갈 수 없을 만큼 믿음을 잘 돕는다. 순종할 때, 곧 하나님 명령이 타당하고 탁월하다는 것을 절대적으로 인정할 때 믿음은 더 이상 초인적인 일이 아니다. 믿음을 발휘하는데 더 이상 긴장이 필요하지 않다. 하나님께 순종하면 하나님을 믿고 신뢰하는 일이 쉬워진다. 순종의 정신이 영혼에 온전히 스며들 때, 의지가 완전히 하나님께 굴복할 때, 하나님을 순종하려는 변치 않는 확고한 뜻이 있을 때 믿음은 거의 저절로 믿다시피 한다. 믿음이 거의 무의식적으로 되는 것이다. 순종 뒤에는 자연스럽게 믿음이 오는데 쉽고 신속하게 온다. 기도에서 어려움은 믿음에 있지 않고 믿음의 기초가 되는 순종에 있다.
 기도를 잘 하고 기도에서 최선의 것을 얻으려면 우리의 순종을 잘 살펴야 하고 행동의 은밀한 동기, 하나님께 대한 우리 마음의 충성을 잘 살펴보아야 한다. 순종은 효과적인 기도의 토대이다. 우리를 하나님께 가까이 이르게 하는 것이 바로 이 순종이다.
 생활에 순종이 없으면 기도가 실패한다. 생활이 하나님의 뜻을 따르지 않으면 사죄의 자비를 구하는 기도 외에는 거의 모든 기도가 실패하는 경우가 태반이다. 불순종하는 생활에서 힘없는 기도가 나온다. 불순종이 은밀한 내실의 문을 막고 지성소로 들어가는 길을 막는다. 순종하지 않는 사람은 아무도 기도할 수 없다. **진정한 기도는 결코 드릴 수 없다.**
 응답 받는 모든 기도의 일차적인 조건은 의지가 하나님께 굴복해야 한다는 것이다. 우리의 모든 것은 우리의 가장 깊은 마음 속의 성품에 따라 색깔이 입혀진다. 마음 속 깊은 곳의 비밀이 성품을 형성하고 행동을 결정한다. 그러므로 응답 받는 모든 기도에서 의지가 중요한 역할을 한다. 의지가 전적으로 온전히 하나님께 복종하지 않는 곳에서는 진정한 의미와 풍성하고 함축적인 의미에서 기도가 있을 수 없다. 하나님께 대한 확고부동한 충성이야말로 가장 참되고 가장 진실하며 가장 효과적인 기도의 절대적으로 필요한 조건이다. 우리는 "그저 신뢰하고 복종하기만 하면 된다. 신뢰하고 **복종하는** 것말고는 예수 안에서 행복할 수 있는 **다른 길은 없다.**"

11

기도와 경계

바울이 에베소서 6장에서 제시한 그리스도의 군사에 대한 묘사는 간결하면서도 포괄적이다. 그리스도의 군사는 늘 싸움을 하고 있는 것으로, 즉 번영과 역경, 빛과 어둠, 승리와 패배의 요동하는 시기를 겪는 것으로 묘사된다. 그는 항상 기도해야 하는데, 모든 기도에 전투하러 나갈 때 입는 갑옷을 더해야 한다. 항시 그는 기도로 완전 무장을 해야 한다. 그리스도의 군사가 이기기 위해서 싸운다면 많이 기도해야 한다. 이 수단으로써만 그는 자신의 숙적, 마귀와 그의 많은 사자들을 물리칠 수 있다.

"모든 기도와 간구로 기도하고"라는 것이 그가 받은 하나님의 지시이다. 이 지시는 모든 시기에 해당되며 모든 형태의 기도를 포함한다.

믿음의 선한 싸움을 싸우는 그리스도의 군사들은 퇴각 장소, 곧 기도를 위해서 언제나 수리하는 곳으로 갈 수 있다. "모든 기도와 간구로 기도한다"는 것은 믿음의 선한 싸움을 싸우면서 결국에는 모든 적을 물리치고 이길 그리스도의 군사가 반드시 많이 기도하고 여러 가지 기도를 해야 한다는 사실을 명백하게 진술하는 말씀이다.

영어 개역 성경은 이 부분을 이렇게 번역한다.

모든 기도와 간구로 하되 성령 안에서 항시 기도하며 깨어서 모든 성도를 위하여 모든 인내와 간구로 기도하고 나를 위해서도 기도하되 내게 말씀을 주사 나로 입을 벌려 복음의 비밀을 담대히 알릴 수 있도록 기도하라. 이 일을 위하여 내가 매인 바 되었다.

그리스도인의 생활은 전투, 곧 격렬한 전투이며 일생 지속되는 싸움이라는 사실은 아무리 자주 말해도 지나치지 않는다. 그러나 그것은 언제나 깨어서 사람들의 영혼을 올무에 걸리게 하고 속이고 파멸시키려는 보이지 않는 적과 치르는 싸움이다. 성령께서 사람들을 불러 살게 하시는 생활은 소풍이 아니고 휴일날 여흥이 아니다. 그 삶은 오락이 아니고 유람 여행이 아니다. 그 생활에는 노력과 씨름과 몸부림이 따른다. 그 삶은 적을 좌절시키고 마침내 정복하기 위해 영혼의 온 힘을 쏟아야 할 필요가 있다. 그리스도인의 삶은 화려한 길이 아니고 장미향 풍기는 유희가 아니다. 처음부터 끝까지 그 생활은 전쟁이다. 처음 칼을 뽑는 시간부터 갑옷을 벗는 시간까지 그리스도인 군사는 "좋은 군사로 고난을 받지" 않을 수 없다.

많은 사람들이 그리스도인 생활에 대해 얼마나 잘못된 생각을 갖고 있는지! 일반 교회 신자들이 그 전투의 성격과 전투에서 요구되는 것들에 대해 알고 있는 것이 얼마나 적은지! 그가 하나님을 신실하게 섬기고 하늘에 이르러 생명의 면류관을 받기 위해 맞서야 하는 적에 대해 얼마나 무지한지! 깨어서 항상 기도하지 않으면 세상과 육신과 마귀가 자기의 진군을 막으며 자기를 철저하게 패배시키려 한다는 사실을 거의 깨닫지 못하는 것 같다.

그리스도의 군사는 혈과 육과 씨름하는 것이 아니라 높은 곳에 있는 악한 영적 세력과 싸움한다. 혹은 성경 난외주에 나와 있는 대로 "높은 곳에 있는 악한 영들"과 싸움하는 것이다. 광야 같은 이 세상을 지나 하늘 도성의 문에 다다르려고 하는 자를 대항하는 세력들이 얼마나 무섭게 포진해 있는지! 그러므로 그리스도인의 생활을 아주 잘 알고 있고 주님의 제자가 만날 수밖에 없는 적들의 악의와 숫자를 철저히 알고 있는 바울이 신중하면서도 분명하게 그리스도인에게 "하나님의 전신갑주를 입고" "모든 기도와 간구로 성령 안에서 기도하라"고 권한다는 것은 놀라운 일이 아니다. 믿음을 고백하는 모든 사람들이 성공하는 그리스도인의 생활에 절대로 없어서는 안 될 지극히 중요한 이 진리를 깨닫도록 권유를 받을 수 있다면 이 시대는 지혜로울 것이며 큰 지혜를 받을 것이다.

오늘날 많은 그리스도인의 고백이 바로 이 점에서 크나큰 결점이 있을 수 있다. 그 고백에는 군사의 요소가 거의 없거나 아예 없다. 군사적인 생활에 속하는 매우 중요한 훈련과 자기 부인, 고난의 정신, 결단은 누구든지 대체로 부족하다 그러나 어떤 그리스도인의 삶은 내내 **전투**이다.

마귀를 반대하고 자기 영혼을 구원하여 살리는 일에 열중하고 있는 그리스도의 군사에 대한 바울의 모든 지시는 참으로 포괄적이고 예리하면서 인상적이다! 무엇보다 그리스도인은 자기가 시작한 생활의 성격을 분명히 알아야 한다. 그 다음에 자기의 적들, 곧 자신의 불멸의 영혼의 적들에 대해 알아야 하는데, 그들의 힘과 기술과 악의에 대해서 알아야 한다. 그러므로 원수의 성격에 대해 다소 알고 원수들을 이길 준비의 필요성을 안 사람은 바울 사도의 중대한 다음의 결론을 들을 준비가 된 셈이다.

종말로 너희가 주 안에서와 그 힘의 능력으로 강건하여지고 마귀의 궤계를 능히 대적하기 위하여 하나님의 전신갑주를 입으라 우리의 씨름은 혈과 육에 대한 것이 아니요 정사와 권세와 이 어두움의 세상 주관자들과 하늘에 있는 악의 영들에게 대함이라 그러므로 하나님의 전신 갑주를 취하라 이는 악한 날에 너희가 능히 대적하고 모든 일을 행한 후에 서기 위함이라.

이 모든 지시가 절정에서 끝나는데, 그 절정은 기도이다. 그리스도를 위하여 싸우는 용감한 군사가 어떻게 해야 더욱 용감해질 수 있는가? 강한 군사가 어떻게 하면 더욱 강해질 수 있겠는가? 승리를 거둔 전투자가 어떻게 하면 더욱 승리를 거둘 수 있겠는가? 그 점에 대한 바울의 명백한 지시가 여기 있다.

모든 기도와 간구로 하되 무시로 성령 안에서 기도하고 이를 위하여 깨어 구하기를 항상 힘쓰며 여러 성도를 위하여 구하고

11. 기도와 경계

기도하고 더 많이 기도하는 것이 하나님의 선한 싸움을 싸우는 사람들의 전투의 성격을 더해주고 승리를 더욱 확실하게 해 준다. 기도의 능력은 전투의 소음과 싸움이 치열한 전쟁터에서 가장 힘있다. 바울은 누구보다 십자가의 군사였다. 바울에게 삶은 편안하고 화려한 침실이 아니었다. 그는 할 일이라곤 정해진 때에만 제복을 입고 열병하는 정장 차림의 군인이 아니었다. 그의 삶은 격렬한 전투의 삶이었고 많은 적들에 맞서고, 자지 않고 깨어 있으며 항상 분투 노력하는 생활이었다. 그리고 인생의 마지막에, 곧 마지막을 바라보면서 바울은 "내가 선한 싸움을 싸웠다"는 마지막 승리의 노래를 부른다. 그 노래의 행간을 읽어보면 우리는 바울이 정복자 이상의 인물임을 알 수 있다.

로마서에서 바울은 군사로서 자기 생활의 성격을 이야기하면서 그런 생활에 필요한 기도를 밝힌다.

> 형제들아 내가 우리 예수 그리스도로 말미암고 성령의 사랑으로 말미암아 너희를 권하노니 너희 기도에 나와 힘을 같이 하여 나를 위하여 하나님께 빌어 나로 유대에 순종치 아니하는 자들에게서 구원을 받게 하고.

바울은 유대에 적이 있었다. 이 적들은 "순종치 아니하는 자들"로서 바울을 에워싸고 반대한 사람들이었다. 다른 중요한 이유들과 더불어 이 이유 때문에 바울은 로마의 그리스도인들에게 "기도에 나와 힘을 같이하라"고 강권하였다. 힘을 같이한다는 말은 씨름하는 것, 곧 대단한 노력을 기울이는 것을 표시한다. 이것은 그리스도의 군사는 누구나 이런 노력을 기울여야 하고 이런 정신을 가져야 한다.

여기에 자신의 파멸을 노리는 악의에 찬 적들에 맞서 큰 싸움을 벌이고 있는 위대한 군사, 곧 총사령관이 여기 있다. 이 총사령관이 의지할 수 있는 지원병은 누구겠는가? 이처럼 절박한 비상시기에 전사에게 도움을 주고 승리를 가져다 줄 수 있는 것이 무엇이겠는가? 지금은 전투에서 결정적인 순간이다. 그리스도 군사의 기도의 힘에 어떤 힘을 보탤 수 있겠는가? 그 답변은 다른 사람들의 기도, 로마에 있는 형제들의 기도에 있다. 바울은 이들이 자기에게 부가적인 도움을 줌으로 싸움에서 이기고 적들을 물리치며 궁극적으로 승리할 수 있다고 믿는다.

그리스도의 군사는 항상 기도해야 하고 어떤 상황에서도 기도해야 한다. 그는 한창 싸울 때뿐만 아니라 평화시에도 기도해야 한다. 진군하고 싸움을 벌이고 있는 중에도 기도할 수 있어야 한다. 기도가 모든 노력에 두루 미치고 모든 모험에 스며들어야 하며 모든 문제를 결정해야 한다. 그리스도의 군사는 싸울 때처럼 기도에서도 격렬해야 한다. 그의 승리는 전투보다는 기도에 훨씬 더 많이 좌우되기 때문이다. 확고한 결의에 열렬한 간구를 더해야 하고, 하나님의 전신갑주에 기도와 간구를 보충해야 한다. 성령께서 굽히지 않는 탄원으로 그 간구를 도와야 한다. 그리스도의 군사는 성령으로 기도해야 한다. 다른 전투에서와 마찬가지로 이 점에서도 항상 깨어 있어야 승리를 얻을 수 있다. 그래서 그리스도 군사의 모든 활동에는 깨어 있음과 끈덕진 인내가 특징으로 나타나야 한다.

그리스도의 군사는 기도할 때 전 군대의 성공과 안녕에 깊은 관심을 가져야 한다. 전투는 개인적인 싸움이 아니다. 자기 혼자만을 위해 승리를 거두어서는 안 된다. 어떤 의미에서는 그리스도의 전 군대가 관련되어 있는 것이다. 그리스도의 군사는 기도할 때 하나님의 대의, 하나님의 성도들, 그들의 불행과 시련, 그들의 의무와 십자가, 이 모든 것을 말하고 탄원해야 한다. 그는 자신만을 위해서 기도해서는 안 된다. 이기적인 기도만큼 영적 소산물을 아주 분명하고 확실하게 말려버리는 것은 없으며, 영적 생명의 샘을 아주 철저히 못쓰게 만드는 것은 없고, 그처럼 치명적으로 작용하는 것은 없다.

그리스도인의 갑옷은 기도가 보태지지 않으면 그리스도인에게 아무 효력이 없다는 사실을 유의해야 한다. 기도가 하나님의 갑옷의 중심점이고 연결고리이다. 기도가 갑옷을 한데 결합시키고 효과 있게 만든다. 하나님의 참된 군사는 기도로써 전투를 계획하고 전력을 정비하며 전투를 지휘한다. 모든 호흡이 탄원이 되고 모든 한숨이 간구가 될 정도로 기도가 생활에 철저히 스며들어야 하는 것이 승리에 지극히 중요하고 절대적으로 필요한 사실이다.

그리스도의 군사는 항상 경계 의무를 소홀히 할 수 없다. 그는 항상 경계를 하고 있어야 한다. 그는 자지 않고 항상 깨어서 전쟁의 행운을 이용할 준비를 항상 하고 있는 적과 맞서야 한다. 깨어 있음이 그리스도의 전사에게는 중요한 규칙이다. "깨어 기도하라"는 말씀이 언제나 그의 귀에 울리고 있다. 그는 근무지에서 감히 잘 생각을 할 수 없다. 그런 실수는 구원의 대장에게 화를 살 뿐만 아니라 스스로가 위험에 빠지게 된다. 그러므로 깨어 있는 것이 주님의 군사에게 반드시 필요한 의무이다.

신약 성경에서는 "깨어있다"는 단어가 세 가지로 번역되어 있다. 첫번째는 "잠이 없다"는 뜻인데, 활기 없는 것의 반대되는 것으로 지성의 깨어 있는 상태를 뜻한다. 따라서 그것은 항상 깨어 있고 신중하며 주의하고 끊임없이 경계하라는 명령이다. 두번째 단어는 "온전히 깨어나다"는 뜻인데, 이것은 깨우는 어떤 노력으로 발생한 상태를 말한다. 즉 신체적 기능이 각성하여 주의와 관심을 기울이고 활발해지며 신중해져서 부주의나 게으름으로 어떤 파괴적인 재난이 갑자기 발생하지 않도록 한다는 것이다. 세번째 단어는 "마음이 고요하고 침착하다"는 뜻인데, 졸리게 하거나 혼동스럽게 만드는 영향력으로 마음이 흔들리지 않고 냉정하며, 모든 위험과 속임에 넘어가지 않게 조심하는 것을 말한다.

사도 바울은 이 세 가지 정의를 모두 사용하였다. 이들 중 두 가지가 기도와 관련해서 쓰였다. 더욱 주의하는 것이 기도에 필요한 조건이다. 영적인 사람은 모두 주의해야 하고 기도할 때도 주의해야 한다. 준비 없음이나 방심 같은 것은 모두가 기도에 치명적이다.

에베소서에서 바울은 "깨어 구하기를 항상 힘쓰며"라고 말하여 항상 깨어 있어야 할 의무를 무엇보다 중요하게 생각한다. 바울은 깨어 있어라, 깨어 있어라, 깨어 있어라고 말한다. "내가 너희에게 말하는 바는 모두에게 하는 것이니, 깨어 있어라."

자지 않고 깨어 있음은 사람이 자신의 영적 적을 물리치고 승리를 거두기 위해서 치러야 할 대가이다. 마귀는 결코 자지 않는다. 마귀는 "두루 다니며 삼킬 자를 찾는다." 목자가 늑대가 양을 삼키지 못하도록 방심하거나 부주의하지 않듯이 그리스도의 군사도 언제나 눈을 크게 뜨고 잠자거나 부주의하지 않도록 마음을 붙들고 있어야 한다. 기도와 떼어놓을 수 없는 동무이자 안전 장치는 경계와 깨어 있음이다. 바울은 골로새 교인들에게 편지를 쓰면서 분리할 수 없는 이 자질들을 한데 묶는다. 그래서 바울은 "기도를 항상 힘쓰고 감사함으로 깨어 있으라"고 명한다.

그리스도인들이 이 두 가지 교훈, 즉 그들이 큰 전투에 부르심을 받았다는 사실과 승리를 얻기 위해서 자지 않고 깨어서 쉬지 않고 기도해야 한다는 사실을 어느 때 더 철저하게 배우겠는가?

>근신하라 깨어라 너희 대적 마귀가 우는 사자같이 두루 다니며 삼킬 자를 찾나니.

하나님의 교회는 전투하는 무리이다. 교회의 전투는 보이지 않는 악의 세력과 싸우는 것이다. 하나님의 백성은 지상에서 하나님 나라를 세우기 위해 싸우는 군대이다. 이들의 목표는 사탄의 권세를 무너뜨리고 파괴하며 "성령 안에서 의와 평강과 희락"인 하나님 나라를 세우는 것이다. 이 전투하는 군대는 십자가의 군인들 각각으로 구성되어 있고, 전투의 방어를 위해서는 하나님의 갑옷이 필요하다. 기도는 전투 준비를 마무리짓는 것으로서 기도를 더해야 한다.

>그의 큰 힘으로 서며
>그의 모든 힘을 입으며
>싸우기 위해서는
>하나님의 갑주를 취하라

기도는 너무나 단순하고 명백한 의무이므로 정의가 필요 없다. 필요 때문에 기도가 있고 형성된다. 기도의 중요성은 너무 절대적이어서 그리스도 군사의 생활은 곧 기도의 생활이 되어야 한다. 그리스도 군사의 전체 생활, 곧 그 생활과 목적과 함축된 바와 활동 모두 기도 생활에 따라 존망이 좌우된다. 다른 무엇을 가졌을지라도 기도가 없으면 그리스도 군사의 생활은 허약하고 효과가 없으며, 영적 적들에게 쉽게 먹힌다.

  기도가 생활에서 높은 위치를 차지하지 않으면 그리스도인의 경험은 활기가 없고 그리스도인의 영향력은 메마르고 무미건조할 것이다. 기도가 없으면 그리스도의 은혜가 시들고 사라질 것이다. 기도가 없으면 설교는 무디고 헛되며, 복음은 날지 못하고 힘을 쓰지 못할 것이다. 그리스도는 기도의 입법자이시고 바울은 그리스도께서 세우신 기도의 사도이다. 그리스도와 바울 사도 모두 기도의 수위성과 중요함을 선언하며 기도가 반드시 필요하다는 사실을 증명한다. 그리스도와 바울 사도가 도처에서 말씀하시는 기도에 대한 지시에는 모든 때를 포함하며 모든 일을 다룬다. 그렇다면 그리스도의 군사가 기도의 능력으로 튼튼해지지 않는다면 어떻게 승리를 기대하거나 꿈꿀 수 있겠는가? 그가 하나님의 갑옷을 입을 뿐만 아니라 항상 "깨어서 기도한다면" 어떻게 실패할 수 있겠는가?

12

기도와 하나님의 말씀 (1)

하나님의 말씀은 기도에 대한 기록이다. 즉 기도하는 사람들과 그들의 성취, 기도에 대한 하나님의 보증, 기도하는 사람들에게 주는 격려를 기록한 글이다. 기도에 관한 예, 명령, 본보기, 다양한 진술을 읽을 때마다 사람들은 하나님의 대의와 이 세상에서의 하나님 활동의 성공이 기도에 맡겨졌고, 기도하는 사람들은 이 세상에서 하나님의 대리자로 활동했으며, 기도하지 않는 사람들은 하나님께 쓸모 없었다는 사실을 깨닫지 않을 수 없다.

하나님의 거룩한 이름을 경외하는 것은 하나님의 말씀을 크게 존중하는 것과 밀접한 관련이 있다. 이같이 하나님의 이름을 거룩하게 하는 것, 하나님의 뜻이 하늘에서 이루어진 것 같이 땅에서도 이루어지게 하는 능력, 하나님 나라를 세우고 하나님 나라의 영광을 위하는 것 등이 예수께서 사람들에게 보편적인 기도를 가르치셨을 때처럼 기도에서 중요한 주제들이다. "사람이 항상 기도하고 낙망치 말아야 한다"는 사실은 예수께서 끈질긴 과부의 비유에서 중요한 진리로 드러내셨듯이 하나님의 대의가 성취되는 데에 근본적인 요소이다.

하나님의 전이 "기도하는 집"이라고 일컬음을 받는 것은 기도는 교회의 거룩한 직무 가운데 가장 중요한 것이기 때문이다. 그리고 같은 이유로 성경을 기도의 책이라고 부를 수 있다. 기도는 성경이 인류에게 가르치는 중요한 주제이며 내용이다.

하나님의 말씀은 믿음의 기도의 기초가 된다. 바울은 이같이 말한다. "그리스도의 말씀이 너희 속에 풍성히 거하여 모든 지혜로 피차 가르치며 권면하고 시와 찬미와 신령한 노래를 부르며 마음에 감사함으로 하나님을 찬양하라."

우리 속에 풍성히 거하는 이 그리스도의 말씀이 변화되고 동화되면 기도로 나온다. 믿음은 하나님의 말씀과 성령으로 세워지고, 믿음은 기도의 본체이자 본질이다.

여러 면에서 기도는 하나님 말씀에 좌우된다. 예수께서는 이같이 말씀하신다.

> 너희가 내 안에 거하고 내 말이 너희 안에 거하면 무엇이든지 원하는 대로 구하라 그리하면 이루리라.

하나님의 말씀은 기도의 지레가 놓여 있는 받침대이며, 그 받침대에 의지해서 일들이 힘있게 움직인다. 하나님께서 친히 기도에 대한 당신의 뜻과 약속을 말씀하셨다. 하나님의 말씀이 우리 기도의 기초이자 영감이다. 우리는 끈질긴 기도로 부가물을 얻을 수 있고 약속을 확대시킬 수 있다. 옛 성도들은 "믿음으로 약속을 받았다"고 말한다. 기도에는 하나님 말씀까지도 초월할 수 있고, 하나님의 약속을 넘어서까지 받을 수 있으며, 바로 하나님 어전에까지 나아갈 수 있는 능력이 있다.

야곱이 씨름했는데 약속과 씨름했다기보다는 약속하는 자와 씨름했다. 약속이 효력이 없지 않도록 하려면 약속하는 자를 붙들어야 한다. 기도는 바로 하나님을 붙듦으로써 하나님 말씀에 생명을 주고 활력을 주는 힘이라고 정의할 수 있다. 기도는 약속하는 자를 붙듦으로써 약속을 자기 것으로 만든다. "스스로 분발하여 주를 붙잡는 자가 없다"는 것이 하나님의 슬픈 한탄이다. "나의 힘을 의지하고 나와 화친하라"는 것이 기도에 대한 하나님의 처방이다.

성경의 근거에 의해 기도를 믿음의 간구와 복종의 기도로 나눌 수 있다. 믿음의 간구는 기록된 말씀을 기초로 한다. "믿음은 들음에서 나며 들음은 하나님의 말씀으로 말미암기" 때문이다. 믿음의 기도는 기도하는 바로 그 것을 반드시 응답으로 받는다.

복종의 기도는 명확한 약속의 말씀은 없지만 회개하는 낮은 심정으로 하나님을 붙들고 영혼의 소원하는 바를 구하고 탄원한다. 아브라함은 하나님으로부터 소돔을 구원하시겠다는 분명한 약속을 받지 못했다. 모세는 하나님으로부터 이스라엘을 구원하시겠다는 분명한 약속을 받지 못했다. 오히려 하나님께서는 진노를 공표하시고 이스라엘을 멸하시겠다는 당신의 뜻을 선언하셨다. 그러나 이 헌신적인 지도자는 쉬임 없는 기도와 많은 눈물로 이스라엘을 위해 도고함으로 하나님께 자신의 탄원한 바를 얻었다. 다니엘은 하나님께서 자기에게 왕의 꿈의 의미를 계시하시겠다는 명백한 약속을 받지 못했으나 간절히 기도하였고 하나님께서는 명확하게 응답해 주셨다.

하나님의 말씀은 기도의 과정과 실습으로 작용하고 효과를 발휘한다. "너는 가서 아합에게 보이라 내가 비를 지면에 내리리라"는 여호와의 말씀이 엘리야에게 왔다. 엘리야는 아합에게 나타났다. 그러나 그의 기도에 대한 응답은 일곱 번에 걸쳐 하나님께 불 같은 기도를 드릴 때까지 오지 않았다.

바울은 "사람들과 이방인들로부터 구원받으리라"는 것을 그리스도에게서 명확한 약속을 받았다. 그러나 바울은 로마 교인들에게 바로 그 문제에 관해 함께 기도해 줄 것을 아주 절박하고 엄중하게 요구한다.

> 형제들아 내가 우리 주 예수 그리스도로 말미암고 성령의 사랑으로 말미암아 너희를 권하노니 너희 기도에 나와 힘을 같이하여 나를 위하여 하나님께 빌어 나로 유대의 순종치 아니하는 자들에게서 구원을 받게 하고 또 예루살렘에 대한 나의 섬기는 일을 성도들이 받음직하게 하고.

하나님의 말씀은 기도에서 큰 도움이 된다. 하나님의 말씀이 우리 마음 속에 거하고 기록되어 있다면 충만하고 저항할 수 없는 기도가 넘쳐흐를 것이다. 우리 마음 속에 저장된 약속들은 땅 속에 매장되어 있는 석탄처럼 기도에 생명과 온기를 주는 연료가 되고 폭풍치는 날과 추운 밤에 우리에게 위로를 주게 되어 있다. 하나님의 말씀은 기도가 자양분을 받고 강해지는 음식이다. 사람처럼 기도도 빵만으로 살 수 없고 "하나님의 입으로 나오는 모든 말씀으로" 살게 되어 있다.

 기도의 생명력을 하나님 말씀으로부터 공급받지 못하면 기도는 시끄러운 소리로 아무리 절박하게 드릴지라도 맥빠지고 활기 없으며 공허한 목소리에 불과하다. 기도에 활력이 없는 것은 낭비를 고치고 생활을 새롭게 하는 하나님의 말씀을 끊임없이 공급받지 못한 데 원인이 있다. 기도를 잘 하는 법을 배우고 싶은 사람은 먼저 하나님 말씀을 공부하고 그 말씀을 기억하며 늘 생각해야 한다.

 하나님 말씀을 상고해 보면 기도하는 일만큼 구속력 있고 엄격한 의무는 없다는 사실을 발견한다. 다른 한편으로는 기도만큼 고귀한 특권이 없으며 기도만큼 하나님을 풍성하게 소유하는 습관도 없다. 기도에 따르는 약속만큼 빛나고 풍성하며 분명하고 자주 반복되는 약속도 없다. 기도는 "무엇이든지" 약속을 받았기 때문에 "무엇이든지" 받는다. 공급되어야 할 것들 가운데 기도의 약속에 포함되지 않는 것이 없고 그 약속에서 배제되는 것도 없다. "구하는 이마다 받는다." 우리 주님은 이처럼 모든 것을 포함하는 취지로 말씀하신다. "내 이름으로 무엇이든지 내게 구하면 내가 시행하리라."

 기도에 관한 하나님 말씀의 포괄적인 진술들, 곧 기도로 말미암아 취할 것들과 기도에 대한 응답으로 주어지는 약속들 가운데 몇 가지가 여기 있다.

> 쉬지 말고 기도하라. 항상 기도를 하며. 기도에 항상 힘쓰며. 모든 일에 기도와 간구로 너희 구할 것을 감사함으로 하나님께 아뢰라. 항상 기도하고 낙망치 말아야 될 것을. 각처에서 남자들이 기도하기를 원하노라. 모든 기도와 간구로 하되 무시로 기도하고.

 우리에게 믿음의 확실한 기초를 제공하며 우리에게 기도하도록 강권하고 격려하기 위해 거룩하게 기록된 진술들은 얼마나 분명하고 강력한가! 하나님의 계시에서 우리에게 보여 준 기도의 범위가 얼마나 넓은가! 이 성경 말씀들은 우리가 모든 궁핍과 짐을 가지고 기도의 하나님을 찾도록 얼마나 부추기는가!

우리를 격려하기 위해 기록된 이런 진술들말고도 하나님의 말씀은 기도의 중요성과 절대적인 필요성을 강조하고 기도의 강력한 능력을 강조하는 사실과 본보기, 사건, 발언들이 풍부하다.

하나님 말씀에 기록된 풍부한 약속들의 광대한 범위와 풍부한 혜택을 우리는 겸손하게 받고 시험해야 한다. 이렇게 하지 않고서는 세상이 결코 복음의 풍성한 혜택을 받지 못할 것이다. 이러한 하나님의 약속들을 기도하는 사람들이 충분히 시험하기 전에는 그리스도인의 경험도 그리스도인의 생활도 결코 마땅히 있어야 할 자리에 이르지 못할 것이다. 우리는 하나님께서 거룩하신 뜻 가운데서 내신 이 약속들을 기도로 현실 세계의 영역으로 가져올 수 있다. 기도는 약속들을 금으로 변화시키는 도구이다.

하나님의 약속이 실제로 이루어지도록 하기 위해서 해야 할 일이 무엇이냐고 묻는다면 그 답변은 약속의 말씀들이 풍성한 성취의 의복으로 옷 입혀질 때까지 우리가 **기도해야 한다**는 것이다.

하나님의 약속은 너무 커서 이랬다 저랬다 하는 일관성 없는 기도로써는 숙달할 수 없다. 우리 자신을 살펴보면, 우리의 기도가 상황이 요구하는 만큼의 수준에 이르지 못하고 세상 죄로 둘러싸인 황무지와 사막 가운데서 오아시스 정도에 지나지 않을 때가 너무 많다는 것을 깨닫게 된다. 우리 가운데 누가 기도에서 이 같은 주님의 약속을 다 헤아릴 수 있겠는가.

> 내가 진실로 진실로 너희에게 이르노니 나를 믿는 자는 나의 하는 일을 저도 할 것이요 또한 이보다 큰 것도 하리니 이는 내가 아버지께로 감이니라.

참으로 포괄적이고 참으로 광범위하며 모든 것을 총괄하는 말씀이 아닐 수 없다! 얼마나 하나님의 영광을 위하는 말씀이며, 얼마나 사람의 유익을

12. 기도와 하나님의 말씀(1)

위하는 말씀인가! 왕위에 오르신 그리스도의 능력을 얼마나 잘 보여주며, 풍성한 믿음의 보상을 얼마나 잘 보여주는 말씀인가! 믿음으로 드리는 기도로부터 얻을 수 있는 결과는 얼마나 크고 은혜로운가!

잠깐만 하나님의 또 다른 위대한 약속들을 보고 우리가 기도할 때 하나님 말씀으로 얼마나 뒷받침을 받으며, 하나님께 탄원할 때 우리가 얼마나 견고한 기초에 설 수 있는가 보자.

너희가 내 안에 거하고 내 말이 너희 안에 거하면 무엇이든지 원하는 대로 구하라 그리하면 이루리라.

이런 포괄적인 말씀으로 하나님은 자기 백성의 뜻을 숙고하신다는 것을 보여 주신다. 그리스도께서 우리의 모든 것이 되실 때 기도는 하나님의 보물을 우리 발 앞에 가져다 놓는다. 초대 기독교는 어떤 상황에 부딪혔을 때 쉽고 실제적인 해결책을 지니고 있었으므로 하나님께서 주셔야 하는 것은 다 받았다. 단순하고 간단한 그 해결책이 요한일서에 적혀 있다.

무엇이든지 구하는 바를 그에게 받나니 이는 우리가 그의 계명들을 지키고 그 앞에서 기뻐하시는 것을 행함이라.

사랑의 순종이 따르는 기도는 하나님을 시험하고 기도가 모든 목적과 일에 응답하도록 만드는 길이다. 하나님 말씀에 결합되어 있는 기도는 하나님의 모든 선물을 거룩하게 하고 신성하게 만든다. 기도는 단순히 하나님께 무엇을 얻어내는 것이 아니라 이미 하나님께로부터 받은 것을 거룩하게 만드는 것이다. 기도는 단지 복을 얻는 것이 아니라 복을 줄 수 있게 하는 것이다. 기도는 평범한 것을 거룩하게 만들고 세속적인 것을 신성하게 만든다. 기도는 구한 것을 감사함으로 하나님께 받고 감사한 심정과 헌신적인 봉사로 받은 것을 거룩하게 만든다.

디모데전서에서 바울은 이같이 이야기한다.

하나님의 지으신 모든 것이 선하매 감사함으로 받으면 버릴 것이 없나니 하나님의 말씀과 기도로 거룩하여짐이니라.

이것은 단순한 금욕주의를 부정하는 말씀이다. 하나님의 선하신 선물들은 거룩해져야 하는데, 하나님의 창조의 능력으로만이 아니라 그것들이 우리에게 거룩하게 만들어졌기 때문에 기도로도 거룩해져야 한다. 우리는 그 선물들을 기도로 받고 우리 것으로 삼으며 거룩하게 한다.

하나님의 뜻을 행함과 하나님의 말씀을 우리 안에 거하게 하는 것이 응답 받는 기도를 하는데 필수적이다. 그러나 하나님의 뜻이 무엇인지 우리가 어떻게 알 수 있느냐고 물을 수 있다. 그 답변은 하나님의 말씀을 공부하고 그 말씀을 우리 마음 속에 간직하며 그 말씀이 우리 속에서 풍성하게 거하도록 함으로써 알 수 있다는 것이다. "주의 말씀을 열므로 우둔한 자에게 비춰어 깨닫게 하나이다."

기도 중에 하나님의 뜻을 알기 위해서는 하나님의 뜻을 따라 성도를 위하여 도고하고 성도 안에서 도고하시는 성령의 충만함을 받아야 한다. 성령의 충만함을 받고 하나님 말씀으로 채움을 받으면 하나님의 뜻을 알게 된다. 그것은 그런 마음 상태 가운데 들어가는 것이다. 즉 무한하신 분의 목적을 바르게 읽고 바르게 해석할 수 있게 할 그런 심정에 들어가는 것이다. 그와 같이 마음을 하나님 말씀으로 채우면 우리는 아버지의 뜻을 알 수 있는 통찰력을 얻게 되고 하나님의 뜻을 바르게 분별할 수 있으며, 우리 속에 하나님의 뜻을 우리 생활의 지침이요 나침반으로 삼는 심정이 생긴다.

에바브라는 골로새 교인들이 "하나님의 모든 뜻 가운데서 완전하고 확신 있게 서기를" 기도하였다. 이것은 우리가 하나님의 뜻을 알 수 있을 뿐만 아니라 하나님의 모든 뜻을 알 수 있다는 명백한 증거가 되는 말씀이다. 게다가 우리는 하나님의 모든 뜻을 알되 이따금씩 혹은 일시적인 충동으로 아는 것이 아니라 확립된 행동 습관으로 알 수 있다. 더 나아가서 이 말씀은 우리가 하나님의 뜻을 외적으로 행할 수 있을 뿐만 아니라 마지못한 심정이나 은근히 싫어하는 마음 혹은 하나님의 친밀한 임재에서 물러나거나 주저하는 태도가 없이 마음으로부터 즐거이 행할 수 있다는 것을 보여준다.

13

기도와 하나님의 말씀 (2)

기도는 말씀을 성공적으로 전하는 일과 전적으로 관련이 있다. 바울은 데살로니가 교인들에게 다음과 같은 허물없는 요청을 강력히 하는 데서 이 점을 명백히 가르친다.

> 종말로 형제들아 너희는 우리를 위하여 기도하기를 주의 말씀이 너희 가운데서와 같이 달음질하여 영광스럽게 되고.

기도는 말씀이 아무런 방해 없이 달리도록 길을 열고 말씀이 그 목적을 성취하기 좋은 환경을 조성한다. 기도는 하나님 말씀에 바퀴를 달아주고 하나님의 천사들에게 날개를 달아주어 "땅에 거하는 자들, 곧 여러 나라와 족속과 방언과 백성에게 영원한 복음을" 전하게 한다. 기도는 하나님의 말씀을 크게 돕는다.

씨 뿌리는 자의 비유는 설교를 듣는 자의 다양함과 그 결과의 각기 다름을 보여 주는 주목할 만한 예이다. 길가에 해당하는 청중은 다수에 속한다. 그 땅은 미리 묵상으로든 기도로든 전혀 준비되어 있지 않은 마음을 표시한다. 그 결과 마귀가 하나님 말씀인 씨를 쉽게 가져가 버리고, 좋은 인상은 일체 없애버리며 씨 뿌리는 자의 수고를 헛되게 만든다. 오늘날 뿌려지는 많은 씨앗들이 듣는 자가 미리 기도와 묵상으로 마음의 땅을 준비하기만 한다면 열매를 맺지 못하고 그냥 헛되이 사라지지 않을 것이다.

이 점은 돌밭 같은 청중이나 가시떨기 밭 같은 청중에게도 마찬가지이다. 말씀이 그 마음 속에 머물고 싹이 나기 시작할지라도 주로 기도나 깨어 있음, 경작이 뒤따르지 않기 때문에 모든 것을 잃고 만다. 좋은 땅 같은 청중은 씨를 뿌림으로 유익을 얻는데, 그것은 순전히 그들의 마음이 씨를 받을 수 있도록 준비되었기 때문이고 들은 후에는 마음에 뿌려진 씨를 기도로써 재배하였기 때문이다. 이 모든 사실은 이 인상적인 비유의 결론을 특별히 강조한다. "너희가 무엇을 듣는가 스스로 삼가라." 우리가 무엇을 듣는지 조심하도록 하기 위해서는 항상 기도하는 것이 필요하다.

하나님 말씀의 기초를 이루고 있는 것이 기도이고, 그 말씀의 최종적인 성공이 기도에 좌우되리라는 것을 믿어야 한다. 이사야서에 이 말씀이 나온다.

내 입에서 나가는 말도 헛되이 내게로 돌아오지 아니하고 나의 뜻을 이루며 나의 명하여 보낸 일에 형통하리라.

시편 19편에서 다윗은 6절에 걸쳐서 하나님의 말씀을 찬미한다. 하나님의 말씀은 영혼으로 회개케 하고, 어리석은 자를 지혜롭게 하며, 마음을 기쁘게 하고 눈을 밝혀 주며, 영구히 지속하며 참되고 의롭다. 하나님의 말씀은 완전하고 확실하며 바르고 순결하다. 하나님의 말씀은 마음을 살피고 동시에 마음을 정결케 하는 일을 한다. 그러므로 시편 기자가 하나님 말씀의 깊은 영성과 깊은 순결, 사람의 내적 본성을 살피는 능력을 생각한 후에 이 구절로써 긴 논술을 끝맺는 것은 놀라운 일이 아니다.

자기 허물을 능히 깨달을 자 누구리요. 나를 숨은 허물에서 벗어나게 하소서. 또 주의 종으로 고범죄를 짓지 말게 하사 그 죄가 나를 주장치 못하게 하소서. 그리하시면 내가 정직하여 큰 죄과에서 벗어나겠나이다. 나의 반석이시요 나의 구속자이신 여호와여 내 입의 말과 마음의 묵상이 주의 앞에 열납되기를 원하나이다.

야고보는 다음과 같은 교훈에서 하나님 말씀의 깊은 영성과 본래부터 간직하고 있는 구원의 능력을 인정한다.

> 그러므로 모든 더러운 것과 넘치는 악을 내어버리고 능히 너희 영혼을 구원할 바 마음에 심긴 도를 온유함으로 받으라.

베드로도 하나님 말씀의 구원하는 능력을 묘사하면서 같은 노선을 따라 이야기한다.

> 너희가 거듭난 것이 썩어질 씨로 된 것이 아니요 썩지 아니할 씨로 된 것이니 하나님의 살아 있고 항상 있는 말씀으로 되었느니라.

베드로는 썩지 아니할 하나님 말씀으로 거듭나는 것을 말할 뿐만 아니라 또한 우리가 은혜 안에서 자라려면 갓 태어난 아기처럼 "신령하고 순전한 젖"을 사모하고 먹고 자라야 한다고 한다.

그렇다고 성경에 나오는 말씀의 형태 바로 그 속에 구원의 능력이 있다는 뜻은 아니다. 하나님의 말씀에 성령이 들어가야 한다는 사실을 기억해야 한다. 성경 말씀에 신성한 요소가 있듯이 하나님의 말씀을 참되게 전하는 모든 설교에도 영혼을 회개케 하고 구원할 수 있는 신성한 요소가 있다.

기도는 반드시 하나님의 말씀을 사랑하는 심정을 일으키고 사람들로 하여금 하나님 말씀을 읽게 만든다. 기도는 사람들로 하나님 말씀에 순종하게 만들고 순종하는 마음에 말할 수 없는 기쁨을 가져다준다. 기도하는 사람과 성경을 읽는 사람은 같은 부류의 사람들이다. 성경의 하나님과 기도의 하나님은 동일한 분이시다. 하나님은 성경에서 사람에게 말씀하시고, 사람은 기도를 통해 하나님께 말씀드린다. 사람은 하나님의 뜻을 찾기 위해 성경을 읽고, 그 뜻을 행할 수 있는 능력을 받기 위해 기도한다. 성경을 읽는 것과 기도하는 것은 하나님을 알고 기쁘시게 하려고 애쓰는 사람들의 구별된 특징이다. 기도가 성경을 사모하는 심정을 낳고 사람들로 하여금 성경을 읽도록 만들 듯이, 기도는 또한 사람들에게 하나님의 집을 찾아가 말씀이 설명되는 것을 듣게 한다. 교회 다니는 것이 성경과 밀접한 관련이 있는데, 그것은 성경이 "모이기를 폐하는 어떤 사람들의 습관"에 대해 경고하기 때문이라기보다는 하나님의 전에서 하나님께서 세우신 목회자가 죽어 가는 사람들에게 하나님의 말씀을 선포하고 성경을 해설하며 듣는 사람들에게 교훈을 강력히 주장하기 때문이다. 그리고 기도는 기도하는 사람들에게 하나님의 전을 떠나지 않아야겠다는 결심을 일으킨다.

기도는 교회에 다녀야겠다는 양심과 교회를 사랑하는 마음, 교회를 지지하려는 정신을 일으킨다. 하나님 말씀에 대한 설교에 주의하는 것을 양심의 문제로 생각하고 하나님 말씀 읽기를 즐거워하며 자신들의 영향력과 수단을 동원하여 하나님 말씀을 지지하는 사람들은 기도하는 사람들이다. 기도는 하나님 말씀을 높이고, 믿음을 가지고 순전하게 부르는 사람들이 하나님의 이름을 높이도록 만든다.

기도는 성경에서 자신의 생명을 이끌어내며, 성경의 보증 밖에서 어떤 근거도 찾지 않는다. 기도의 존재와 성격은 하나님이 거룩한 말씀에서 사람에게 내리신 계시에 따라 결정된다. 다음에는 이제 기도가 바로 그 계시를 높이고 사람들이 하나님의 말씀으로 돌아가도록 만든다. 기도의 본질과 필요성, 포괄적인 성격은 하나님 말씀에 기초를 두고 있다.

시편 119편은 하나님 말씀의 훈령집이다. 서너 번의 경우를 제외하고 절마다 하나님의 말씀을 밝히거나 그 위치를 정하는 말씀을 담고 있다. 시편 기자는 여러 차례 걸쳐 기도하는 가운데 "주의 율례를 내게 가르치소서" 하고 거듭거듭 탄원한다. 시편 기자는 하나님 말씀의 기이한 사실들에 깊은 인상을 받고, 하나님 말씀에 기록된 놀라운 사실들을 보고 이해하기 위해서는 신적 조명이 필요함을 깊이 느끼고서 다음과 같이 간절히 기도한다.

　　　내 눈을 열어서 주의 법의 기이한 것을 보게 하소서.

이 놀라운 시편은 처음부터 끝까지 하나님의 말씀과 기도가 한데 얽혀 있다. 이 영감 받은 저자는 하나님 말씀의 거의 모든 면을 언급하고 있다.

시편 기자는 하나님 말씀의 깊은 영적 능력을 철저히 확신하고서 이렇게 선언한다.

내가 범죄치 아니하려 하여 주의 말씀을 내 마음에 두었나이다.

여기서 시편 기자는 죄짓지 않도록 스스로를 보호하는 방책을 발견한 것이다. 하나님 말씀을 마음에 둠으로써, 하나님 말씀이 자신의 전존재에 철저히 스며들게 함으로써, 하나님 말씀의 자비롭고 은혜로운 영향력 아래에 온전히 들어감으로써 그는 악한 자의 공격을 받지 않고, 길을 잃고 헤매지 않도록 자신을 방비하면서 살 수 있었다.

또한 우리는 진정으로 성경을 사모하는 심정을 일으키고 사람 속에 하나님 말씀을 즐거워하는 성격을 심어주는 기도의 능력을 본다. 시편 기자는 거룩한 기쁨 가운데 이렇게 외친다. "내가 주의 법을 어찌 그리 사랑하는지요. 내가 그것을 종일 묵상하나이다." 또 그는 이렇게 말한다. "주의 말씀의 맛이 내게 어찌 그리 단지요 내 입에 꿀보다 더하니이다."

하나님의 말씀을 달게 느끼고 싶은가? 그렇다면 항상 기도하도록 하자. 진정으로 성경을 읽고 싶은 마음이 생기기를 바라는 사람은 기도하기를 잊지 않아야 한다. "여호와의 율법을 즐거워한다"는 말을 들을 수 있는 사람은 "내가 주의 전 찾기를 즐기오니"라고 진정으로 말할 수 있다. 기도하기를 좋아하지 않는 사람치고 성경을 사랑하는 사람 없다. 하나님의 법을 즐거워하지 않는 사람치고 기도하기를 좋아하는 사람 없다.

우리 주님은 기도의 사람이셨고, 하나님의 말씀을 찬미하고 성경을 자주 인용하셨다. 공생애 기간 내내 예수께서는 안식일을 지키시고 교회에 다니셨으며, 하나님의 말씀을 읽으셨고 또한 그 모든 과정 내내 기도하셨다.

예수께서 그 자라나신 곳 나사렛에 이르사 안식일에 자기 규례대로 회당에 들어가사 성경을 읽으려고 서시매.

이 사실을 보고서 우리는 성령으로 충만한 생활을 하는데 성경 읽기와 개인 기도만큼 필수적인 것이 없고, 은혜로 자라는 데에 그 두 가지만큼 유익한 것이 없으며, 그리스도인의 생활에서 크나큰 기쁨을 누리는 일에, 사람을 영원한 평강의 길에 세우는 일에 그 두 가지만큼 유익한 것은 없다고 말할 수 있을 것이다. 지극히 중요한 이런 의무들을 소홀히 한다는 사실은 영혼이 파리해지고, 기쁨을 상실하며, 평강이 없고 심령이 메마르며, 영적 생명에 속하는 모든 것이 쇠퇴하는 조짐이 된다. 이런 일들을 소홀히 하면 배교의 길을 열게 되고 악한 자에게 상당한 이득을 제공하는 것이 된다. 하나님의 말씀을 정기적으로 읽고 규칙적으로 은밀한 곳에서 지극히 높으신 이에게 기도하는 일은 그 사람을 영혼의 적들의 공격으로부터 절대적으로 안전한 곳에 두고 그 사람에게 어린양의 이기는 능력으로 말미암아 구원과 최종 승리를 보장하여 준다.

14

기도와 하나님의 집

기도는 장소와 시간, 때와 환경과 관계가 있다. 기도는 하나님과 관련 있고 또 하나님과 관련된 모든 것과도 관련이 있으며, 하나님의 집과 특별히 밀접한 관계가 있다. 예배당은 하나님을 예배하기 위해 거룩하지 못하고 세속적인 모든 것으로부터 구별해낸 신성한 장소이다. 기도는 언제나 하나님의 집 안에 있다. 기도가 하나님의 집에서 객으로 있다면, 그 집은 더 이상 하나님의 전이 아니다. 우리 주께서는 성전에서 사는 자들과 파는 자들을 내어쫓으시며 이사야서에서 "기록된 바 내 집은 기도하는 집이라 일컬음을 받으리라"는 말씀을 인용하여 교회가 어떤 곳인지를 특별히 강조하셨다. 예수께서는 기도가 하나님의 전에서 다른 무엇보다 뛰어난 것으로 삼으신다. 기도를 회피하거나 과소평가하려고 하는 사람들은 하나님의 교회를 잘못 가르치고 교회가 마땅히 지녀야 하는 본래 모습에서 벗어나 다른 모습을 띠도록 만든다.

기도는 하나님의 집에서 지극히 익숙한 일이다. 기도는 교회에서 나그네도 손님도 아니다. 기도는 교회의 일이다. 기도는 하나님의 전에 특별히 친근한 일이며, 또한 하나님의 임명과 승인으로 말미암아 그곳에서 신성한 권한을 갖고 있다.

내적 방은 개인적인 예배를 위한 신성한 장소이다. 하나님의 전은 연합된 예배를 위한 거룩한 장소이다. 기도실은 개인 기도를 위한 곳이다. 하나님의 전은 공동 기도, 연합 기도, 합심 기도를 위한 곳이다. 그렇지만 하나님의 전에서도 하나님의 백성들이 공중 예배에서도 개인적으로 하나님을 예배하고 하나님께 기도할 수 있기 때문에 개인 예배의 요소가 있다. 교회는 동일한 개인 신자들이 연합으로 기도드리는 곳이다.

교회의 생명과 능력과 영광은 곧 기도이다. 교인들의 생활은 기도에 달려 있고 하나님의 임재는 기도로 확보되고 유지된다. 하나님의 전은 기도의 사역으로 신성해진다. 기도가 없으면 교회는 생명이 없고 능력이 없다. 기도가 없으면 교회 건물도 다른 어떤 건물과 다를 바가 전혀 없다. 기도는 벽돌과 나무와 시멘트마저 성소, 곧 하나님의 영광이 거하는 지성소로 변화시킨다. 기도는 예배당을 그 정신과 목적에 있어서 다른 모든 건축물과 구별되게 만든다. 기도는 교회 건물에 특별히 신성함을 부여하고, 건물을 성결하게 하고 하나님을 위하여 따로 구별하며 세속적인 모든 일로부터 건물을 보존한다.

하나님의 전이 다른 모든 것이 부족할지라도 기도가 있으면 거룩한 성소가 된다. 그래서 이곳 저곳으로 옮겨 다니는 성막이 거기에 기도가 있었기 때문에 지성소가 되었다. 기도가 없으면 교회는 건물이 설비가 화려하고 완벽하며 위치가 기가 막히고 사람들 눈에 잘 띄는 곳에 있을지라도 그 속에 신성한 것이 전혀 없는 다른 모든 건물과 다를 바 없는 인간적인 위치로 내려앉는다.

기도가 없으면 교회는 영혼 없는 몸이며, 생명 없는 죽은 물체이다. 교회에 기도가 있으면 교회에 하나님이 계신다. 기도를 제쳐두면 하나님이 밖으로 밀려난다. 기도가 교회에서 익숙하지 않은 일이 되면 하나님께서 교회에 객이 되신다.

하나님의 전은 기도하는 집이므로, 백성들이 자기 집을 떠나 하나님의 집으로 가서 하나님을 만나는 것이 하나님의 뜻이다. 교회 건물은 특별히 기도를 위하여 따로 구별된 곳이며, 하나님께서 그곳에서 자기 백성을 만나겠다고 특별히 약속하셨으므로 그 목적을 위하여 그곳에 가는 것이 백성들의 의무이다. 말씀 전파가 하나님의 전에서 중요한 위치를 차지한다는 사실을 인정할지라도 기도는 교회의 구별된 주요 특징이다. 교회 이외의 모든 장소가 다 그 자체로 혹은 그 용도에서 죄악적이거나 악한 것은 아니다. 그러나 그 장소들은 그 속에 하나님에 대한 구체적인 개념이 없는 세속적이고 인간적인 곳이다. 교회는 본래 종교적이고 신성한 곳이다. 다른 곳에서 행해지는 일은 하나님과 구체적인 관련 없이 행해진다. 거기에서는 특별히 하나님을 인정하는 것도 없고 하나님을 부르는 일도 없다. 그러나 교회에서는 하나님을 인정하며 하나님 없이는 어떤 것도 행하지 않는다. 기도는 하나님의 전을 구별짓는 한 가지 특징이다. 기도가 그리스도인과 불신자를 구별하듯이 하나님의 전과 그 밖의 건물을 구별한다. 교회는 신실한 신자들이 자기 주님을 만나는 곳이다.

하나님의 전은 무엇보다 기도하는 집이므로, 기도가 그곳에서 행해지는 모든 일에 관여하고 그 기초가 되어야 한다. 기도는 하나님의 교회에 속하는 모든 일에 관련된다. 하나님의 전은 기도하는 일을 수행하는 곳이듯이, 기도하지 않는 사람들을 기도하는 사람들로 만드는 일이 행해지는 곳이다. 하나님의 전은 하나님의 작업장이고, 기도의 일이 계속되는 곳이다. 혹은 하나님의 전은 기도라는 과목을 가르치는 신성한 교사(校舍)이며, 사람들이 기도하는 법을 배우고, 기도의 학교를 졸업하는 곳이다.

스스로 하나님의 전이라고 부르면서 기도를 높이지 않는 교회, 기도를 활동의 최전방에 두지 않는 교회, 기도라는 중요한 과목을 가르치지 않는 교회는 그 가르침을 하나님의 방식에 따라 바꾸든지 아니면 건물 이름을 기도하는 집이 아닌 다른 이름으로 바꾸어야 할 것이다.

앞에서 여호와께서 모세에게 주신 율법책을 찾은 일에 대해 언급하였다. 그 책이 얼마나 오랫동안 그곳에 있었는지 우리는 모른다. 그러나 율법책을 발견했다는 소식이 요시야에게 전해졌을 때 그는 옷을 찢었고 크게 당황하였다. 그는 하나님 말씀을 소홀히 한 것을 후회하였고 자연스런 그 결과로 그 땅에 불의가 가득한 것을 보았다.

그때 요시야는 하나님을 생각하고 제사장 힐기야에게 가서 여호와께 물으라고 명령하였다. 하나님 율법의 말씀을 그처럼 소홀히 한 일이 너무 심각해서 가볍게 다룰 수 없었다. 그래서 하나님께 여쭙고 그 자신과 민족이 회개해야 했다.

너희는 가서 나와 및 이스라엘과 유다의 남은 자를 위하여 이 발견한

책의 말씀에 대하여 여호와께 물으라 우리 열조가 여호와의 말씀을 지키지 아니하고 이 책에 기록된 모든 것을 준행치 아니하였으므로 여호와께서 우리에게 쏟으신 진노가 크도다.

그러나 그것이 전부가 아니었다. 요시야는 자기 나라에 신앙의 부흥을 일으키려고 마음먹었다. 그래서 우리는 요시야가 그 목적을 위해 이스라엘과 유다에 있는 모든 장로들을 모으는 것을 본다. 장로들이 다 모이자 요시야는 여호와의 전으로 가서 그 자신이 여호와의 전에서 발견된 언약의 책에 있는 모든 말씀을 읽었다.

이 의로운 왕에게 하나님 말씀은 매우 중요하였다. 요시야는 하나님 말씀의 가치를 정당하게 평가하였고, 하나님의 말씀에 관해 기도로 하나님께 여쭙고 나라의 유명한 자들을 한데 모으는 것이 정당하고 그 자신과 더불어 그들이 하나님의 법에 관해 하나님의 책에서 배우는 것을 마땅하게 여길 만큼 그 말씀의 지식을 아주 중요하게 생각하였다.

바벨론에서 돌아온 에스라가 민족의 재건을 꾀하고 있을 때 백성들은 상황에 민감하게 반응하였다. 한 번은 제사장과 레위인들과 백성들이 수문 앞에 한 사람처럼 모였다.

모든 백성이 학사 에스라에게 여호와께서 이스라엘에게 명하신 모세의 율법책을 가지고 오기를 청하매 칠월 일일에 제사장 에스라가 율법책을 가지고 남자, 여자 무릇 알아들을 많은 회중 앞에 이르러 수문 앞 광장에서 새벽부터 오정까지 남자, 여자 무릇 알아들을 만한 자의 앞에서 읽으매 뭇 백성이 그 율법책에 귀를 기울였는데.

이 날은 유다에서 성경을 읽은 날이었다. 곧 성경 연구로 인해 진정한 신앙의 부흥이 일어난 날이었다. 지도자들이 백성들 앞에서 율법책을 읽었고, 백성들은 하나님께서 율법에서 자기들에게 말씀하시는 바를 주의깊게 들었다. 그러나 이 날은 성경만 읽은 날이 아니었다. 그때는 다음 구절에 암시되어 있듯이 참된 설교도 전해진 날이었다.

하나님의 율법책을 낭독하고 그 뜻을 해석하며 백성으로 그 낭독하는 것을 다 깨닫게 하매.

그 다음에 여기에는 설교에 대한 성경적 정의가 있다. 이보다 더 나은 정의를 내릴 수 없을 것이다. 그것은 하나님 말씀을 분명하게 읽는 것, 즉 백성들이 읽은 말씀을 듣고 이해할 수 있도록 말씀을 읽는 것을 말한다. 말씀을 분명치 않은 소리로 웅얼웅얼 거리는 것이 아니고, 작은 목소리나 분명치 않은 소리로 읽는 것이 아니라 담대하고 분명하게 읽는 것인데, 바로 이것이 이 경사스러운 날에 예루살렘에서 따른 방법이었다. 게다가 그 말씀의 의미가 수문 앞에서 모인 모임에서 분명하게 드러났고, 백성들에게 수준 높은 강해 설교가 전달된 것이다. 그것은 **참된** 설교였고, 하나님의 말씀이 사람들 마음에서 정당한 효과를 내도록 하기 위해 오늘날 절실하게 필요한 설교이다. 예루살렘에서 모인 이 모임에는 오늘날 모든 설교자가 배우고 주의해야 할 교훈이 들어 있었던 것이 분명하다.

기존 현실을 조금이라도 알고 있는 사람이라면 오늘날 강단에서 강해 설교를 전하려는 노력이 매우 부족하다는 것을 부인하지 않을 것이다. 그리고 적어도 우리는 어느 누구도 강해 설교가 부족한 것을 애석해 하지 않는다는 것을 알 것이다. 사람들은 주제 설교, 논쟁 설교, 역사 설교, 그 밖의 설교들이 바르고 적절한 용도가 있다고 생각한다. 그러나 강해 설교, 곧 기도하는 마음으로 하나님 말씀을 해설하는 것이야말로 강단에서 가장 힘써야 할 설교다운 설교이다.

그러나 강해 설교가 성공을 거두려면 설교자가 기도의 사람이 되어야 한다. 설교자가 서재에서 한 시간을 보냈다면 무릎 꿇고 두 시간을 보내야 한다. 성경의 모호한 구절을 가지고 한 시간씩 씨름할 때마다 그는 하나님과 씨름하는 데 두 시간씩 보내야 한다. 기도와 설교, 설교와 기도는 함께 간다! 이 둘은 분리될 수 없다. 옛 성도는 이같이 부르짖었다. "오, 이스라엘이여, 네 장막으로 돌아가라!" 오늘날 사람들은 이렇게 부르짖어야 한다. "오, 설교자들이여, 무릎을 꿇으시오, 무릎을 꿇으시오!"

제
8
권

기도의 무기

The Weapon of Prayer

1931년 간행

1

하나님께서는 기도가
필수적이라고 말씀하신다

　전능하신 하나님이 이 세상을 다스리신다는 사실을 결코 잊어서는 안 된다. 하나님은 이 세상에서 떠나 계시는 분이 아니다. 하나님의 손은 늘 인간사를 조절하고 있다. 하나님은 세상의 중요한 사건들이 있는 곳에 늘 계신다. 하나님의 눈은 사람의 자녀들을 바라보고 계신다. 하나님은 기도로 교회를 다스리시듯이 세상을 다스리신다. 이 교훈은 강조할 필요가 있고 현대인들의 귀에 소리쳐 들려줄 필요가 있으며 영원한 것들을 보지 못하고 하나님을 향하여 귀를 닫아버린 이 세대의 양심에 힘있게 증거할 필요가 있는 사실이다.

　사람을 대하는 일에 기도만큼 하나님께서 중요하게 여기시는 것은 없다. 기도하는 일은 마찬가지로 사람에게도 몹시 중요하다. 기도에 실패하는 것은 인생에 실패하는 것이다. 그것은 의무와 봉사와 영적 진보에 실패하는 것이다. 하나님은 기도를 통해 사람을 도우신다. 그러므로 기도하지 않는 사람은 하나님의 도움을 스스로에게서 빼앗는 것이며 하나님이 자기를 돕지 못하게 하는 것이다. 사람이 하나님에 대한 사랑이 있다면 하나님께 기도해야 한다. 믿음과 소망, 인내와 강력하고 아름답고 힘찬 모든 경건의 능력들도 기도가 없으면 시들고 죽는다. 개인 신자의 생명과 그의 개인적인 구원, 그리스도인으로서 개인적인 미덕 등 모든 것이 기도 안에 존재하고 기도로 꽃 피우고 열매 맺는다.

개인 신자가 경건을 갖고 기르는 일에 기도가 필요하다는 사실에 대해서는 이것말고도 훨씬 더 많은 이야기를 할 수 있을 것이다. 그러나 기도에는 더 큰 영역이 있고 더 많은 의무가 있으며 더 높은 영감이 있다. 기도는 하나님과 관계를 맺고 있고, 하나님은 기도를 조건으로 당신의 목적과 계획을 세우신다. 기도에는 하나님의 뜻과 영광이 깊이 들어있다. 하나님께서 빛을 발하고 유명해진 시대는 언제나 위대한 기도의 시대였다. 이 세상에서 일어난 하나님의 중요한 활동들은 기도를 조건으로 이루어지고 계속되었으며 형성되었다. 문제에 직면하여 드리는 힘있고 뚜렷한 기도는 언제나 하나님을 임재하시게 했다. 그 일이 진정으로 하나님의 일인지 알아볼 수 있는 명백하고 참된 시금석은 거기에 기도의 정신이 충만한지 보는 것이다. 운동에 지극히 강력한 기도의 힘이 있을 때 하나님의 지극히 강력한 힘이 그 운동에 스며들고 충전된다.

하나님께서 이스라엘을 애굽의 속박에서 이끌어내신 일은 기도에서부터 시작되었다. 이같이 일찍부터 하나님과 사람은 기도의 사실을 하나님께서 세계를 다스리는 활동의 기초를 이루는 화강암처럼 단단한 힘으로 보았다.

한나의 기도는 이스라엘에 하나님을 위하는 기도 운동을 일으켰다. 한나의 기도와 같은 기도로 사무엘 같은 사람에게 하나님의 대의를 심어줄 수 있는 기도하는 여인은 세상의 모든 정치가들이 하는 것보다 교회와 세상에 큰 일을 한다. 기도로 태어난 사람은 나라를 구하고 기도에 충만히 젖어 있는 사람은 교회에 생명과 힘을 준다. 하나님 아래에서 이들은 교회와 국가를 구하기도 하고 돕기도 한다.

기도와 하나님에 관한 신성한 기록을 주신 것은 우리가 끊임없이 하나님을 기억하도록 하고, 하나님이 온 세상을 위하여 교회를 붙드신다는 것과, 하나님의 목적이 성취되리라는 것을 믿음으로 언제나 새힘을 얻도록 하기 위해서이다. 교회에 관한 하나님의 뜻은 반드시 이루어질 것이다. 하나님께서 신성한 기록을 주신 것은 하나님의 일을 제때에 쉽게 진척시키는 일에 하나님의 성도들의 기도가 중요하고, 가장 중요한 요소라는 사실을 우리에게 아주 인상깊게 심어주도록 하기 위해서임이 분명하다. 교회가 기도할 때, 언제나 하나님의 대의가 강력하게 활동하고 지상에서 하나님의 나라가 언제나 승리한다. 교회가 기도하지 않을 때 하나님의 대의는 쇠퇴하고 온갖 악이 득세한다. 달리 말하자면, 하나님께서는 자기 백성들의 기도를 통해 일하시고, 그 백성들이 기도에 실패하면 쇠퇴하고 활기를 잃는다. 영적 번성이 기도라는 수로를 통해 오는 것은 하나님께서 정하신 바다. 기도하는 성도는 세상에서 하나님의 구원 섭리의 일을 수행하는 하나님의 대행자이다. 하나님의 대행자들이 하나님을 저버리고 기도를 게을리하면 하나님의 일은 실패한다. 지극히 높으신 이의 기도하는 대행자들은 영적 번영의 선구자들이다.

 하나님을 위하여 교회를 붙들어 세운 모든 시대의 성도들은 기도 사역에 부요하고 풍성했다. 성경이 계시하는 교회의 지도자들은 기도에 특출한 사람들이었다. 이들이 교양과 지성과 선천적인 혹은 인간적인 능력에서 뛰어날 수도 있고 물질적인 성취나 타고난 재능에서 뒤쳐질 수도 있지만, 어떤 경우든 기도는 교회를 지도하는 일에 지극히 큰 능력이었다. 그리고 이것은 하나님께서 그들이 한 일에 함께 하고 그 일과 함께 하셨기 때문이고, 기도는 언제나 우리를 하나님께로 데려오기 때문이다. 기도는 하나님을 인정하고 하나님을 세상으로 모셔들이어 일하고 구원하고 축복하시게 한다. 하나님의 지식을 전파하고 세상에서 하나님의 일을 수행하며, 악의 큰 물결을 막는 방파제 역할을 가장 효과적으로 한 대행자들은 기도하는 교회 지도자들이었다. 하나님은 그들을 믿고 고용하며 축복하신다.

 기도를 이 세상에서 부차적인 힘으로 밀어둘 수 없다. 그렇게 하는 것은 활동에서 하나님을 밀어내는 것이며, 하나님을 부차적인 존재로 만드는 것이다. 기도 사역은 지극히 매력 있는 힘이다. 기도는 분명 그런 힘이며 또한 그런 힘이 되어야 한다. 기도는 하나님의 필요를 인식하는 것이고 그 필요를 채우기 위해 하나님의 도움을 구하는 것이다. 기도에 대한 평가와 기도의 위치는 곧 하나님에 대한 평가와 하나님의 위치이다. 기도를 부차적인 것으로 삼으면 일상사에서 하나님을 부차적인 존재로 삼게 된다. 다른 힘으로 기도를 대체한다면 하나님을 물러나게 하는 것이고 모든 활동을 물질적으로 생각하는 것이다.

 기도는 하나님의 일을 제대로 수행하는데 절대적으로 필요하다. 하나님께서 그렇게 되도록 정하셨다. 이것이 초대 교회에서 어떤 믿는 과부들이 매일 실시되는 교회의 구제에서 빠졌다는 불평이 있을 때 열두 사도가 제자들을 불러 "성령과 지혜가 충만한" 일곱 사람을 찾아 교회의 구제하는 일에 세우라고 말하면서 "우리는 기도하는 것과 말씀 전하는 것을 전무하리라"는 중요한 말씀을 덧붙였던 주요 이유였음에 틀림없다. 사도들은 말씀의 성공과 교회의 진보가 무엇보다 자신들의 "기도하는 것을 전무하는 일"에 달려 있음을 분명하게 인식하였다. 하나님은 그들이 기도에 전념하는 만큼 그들을 통해 효과적으로 일하실 수 있으셨다.

사도들도 다른 사람들과 마찬가지로 기도에 의존하였다. 신성한 일들, 곧 교회 활동들이 기도하는 일을 방해할 수가 있는데, 그렇게 되면 항상 악한 결과들이 따른다. 기도를 소홀히 하는 것보다 차라리 일을 태만히 하는 것이 낫다. 우리 기도의 강도에 영향을 미치는 것은 무엇이든지 우리 일의 가치에 영향을 미친다. "너무 바빠서 기도할 수 없다"는 것은 영적 타락의 주요 원인이 될 뿐만 아니라 일의 수행을 망쳐 놓기도 한다. 기도 없이 하는 일은 하나님을 무시하기 때문이라는 단순한 이유 때문에 어떤 것도 제대로 될 수 없다. 선이 최상의 것을 소홀히 하도록 유혹받아 결국은 선과 최상이 다 함께 망쳐지기가 아주 쉽다. 사람들이 그리고 시온의 지도자들마저 사탄의 간교한 책략에 속아 일을 위해 기도를 그치게 되기가 얼마나 쉬운지! 우리는 교회 일을 하고 있다는 핑계로 기도를 소홀히 하거나 단축하기가 참으로 쉽다. 사탄이 우리가 일을 하느라 너무 바빠서 기도할 수 없게 만든다면 효과적으로 우리를 무장해제시킨 것이다.

"우리는 기도하는 것과 말씀 전하는 것을 전무하리라." 영어 개역 성경은 이 구절을 "우리는 기도를 계속하는 일을 확고히 하겠다"는 말로 번역하였다. 여기서 사용된 단어에 함축된 사실은 기도에 강력하고 확고하겠다, 기도에 헌신하고 끊임없이 관심을 갖고 기도에 힘쓰겠다, 기도를 일로 삼겠다는 뜻이다. 이 단어가 골로새서 4:12과 로마서 12:12에도 나오는데, "항상 애써 기도한다"는 말로 번역되었다.

사도들도 기도의 법 아래 있었는데, 기도의 법은 하나님을 하나님으로 인정하고, 하나님께서 기도 없이는 하지 않으실 일을 사도들을 위하여 하실 것을 믿는 것이다. 사도들은 모든 시대, 모든 나라의 신자들과 마찬가지로 기도의 필요성을 느꼈다. 사도들도 자신들의 말씀 사역이 효과를 내도록 하기 위해서는 기도에 전념해야 했다. 설교의 일은 기도의 일과 직접적으로 협력하지 않고는 별 가치가 없다. 사도의 일은 사도의 기도가 없이 이루어질 수 없다. 슬프게도, 이 단순한 진리를 거룩한 일에 종사하는 사람들이 너무도 쉽게 잊어버렸다. 교인들에게 효과적인 설교는 효과적인 기도를 조건으로 이루어진다. 가장 성공적인 설교는 기도가 많이 들어 있는 설교이다. 어떤 사람은 그것만이 성공적인 사역이라고 말할지도 모른다. 하나님께서는 기도하는 사역자를 힘있게 사용하실 수 있다. 그는 영원히 하나님의 택하신 사자요, 성령께서 즐거이 명예롭게 하시는 사람이며 사람들을 구원하고 성도를 교육하는 일에 효과적으로 쓰시는 하나님의 대행자이다.

사도행전 6:1-8에서 우리는 오래 전에 사도들이 기도에 더 전념하기 위해 몇 가지 의무들을 그만 두지 않음으로써 어떻게 사도의 능력을 잃었고 잃고 있었는지를 보게 된다. 사도들은 자신들이 기도하는 일에 너무 부족하였다는 것을 뒤늦게 발견하고서 그 일을 중지하였다. 분명 사도들이 기도하는 일을 했겠지만 기도의 강도와 기도에 바친 시간에 심각한 부족이 있었던 것이다. 사도들은 교회의 재정에 너무 마음이 쏠려 있었다. 오늘날에도 우리는 많은 경우에 평신도들이나 사역자나 모두 "구제하는 일"에 너무 바빠서 기도에 뚜렷한 결함이 생기는 것을 본다. 오늘날 교회 일에서 헌금을 많이 내는 사람을 신앙이 있다고 보며, 사람을 공적인 지위에 임명할 때 기도의 사람이기 때문이 아니라 교회 재정을 운영하고 교회에 헌금을 할 수 있는 재정적 능력을 갖추고 있기 때문에 세우는 것을 본다.

그래서 사도들은 이 문제를 잘 살펴보고서 교회 재정을 다루는 일에 생긴 이러한 장애들을 치우고 "기도에 전무하기로" 결심하였다. 교회의 재정을 돌보는 이러한 일을 무시하거나 옆으로 치워두지 않고, "성령과 지혜가 충만한" 평신도, 곧 경건이나 기도하는 일에 영향을 받지 않으면서 돈 관리를 쉽게 할 수 있는 진정한 신앙인을 찾아 교회의 일을 맡기고 사도들에게서 그 짐을 벗겨주면 사도들은 더욱 기도할 수 있고 영혼이 신령해져서 자신들의 소명을 더욱 효과적으로 할 수 있을 것이다.

사도들은 물질적인 것들이 그 자체로는 옳은 것이지만 거기에 너무 주의를 기울이면 너무 마음이 눌려서 그 본질상 필요한 힘과 열정과 시간을 기도에 쏟을 수 없다는 사실을 비로소 깨달았다. 그래서 때로 우리 자신을 면밀히 조사해 보면 그 자체로는 합법적이고 정당하며 칭찬할 만한 것들에 너무 주의를 기울이고 마음을 뺏기면 우리 감정이 거기에 휘둘러서 기도를 생략하거나 적어도 기도에 시간을 많이 내지 않게 된다는 것을 알 수 있다. 골방을 살짝 빠져나가기가 얼마나 쉬운지!

사도들조차도 이 점에 대해서는 스스로를 경계해야 했다. 합법적이고 바른 일들이 기도의 자리를 차지할 때 잘못될 수가 있다. 그 자체로는 옳은 일도 우리 마음을 지나치게 사로잡게 내버려둘 때 그릇된 일이 될 수가 있다. 기도를 해치는 것은 죄악된 일만이 아니다. 경계해야 할 것이 의심스러운 일들만 아니다. 그 자체로는 옳은 일이지만 기도를 따돌리고 종종 "너무 바빠서 기도할 수가 없다"는 말로 스스로를 위로하면서 골방 문을 닫게 하는 일을 경계해야 한다.

아마도 이 점은 다른 어떤 원인 못지않게 이 시대에 가정 기도를 파괴시키는 일과 크게 관계가 있을 것이다. 바로 이 점에서 가정의 신앙이 쇠퇴하였고, 기도 모임이 쇠퇴하였다. 남녀 가릴 것 없이 사람들은 합법적인 일들에 너무 바빠서 "기도에 전무할" 수가 없다. 기도말고 다른 일들이 길을 차지한 것이다. 기도는 옆으로 치워졌거나 부차적인 일이 되었다. 일이 우선이다. 이 말뜻은 기도가 언제나 부차적인 일이 아니라 기도가 완전히 밀려났다는 말이다. 사도들은 바로 이 점을 지적하였고 교회 일일지라도 기도의 습관에 그릇된 영향을 끼치게 해서는 안 되겠다고 결심한 것이다. 기도가 제일 먼저 와야 한다. 그때에야 사도들이 이 세상에서 하나님의 참된 대행자가 될 것이다. 즉 하나님께서 그들을 통해 효과적으로 일을 하실 수 있는 것은 그들이 기도하는 사람들이기 때문이고, 그들이 기도로 말미암아 하나님의 계획과 목적에 일치하기 때문이다. 그 때문에 하나님께서 기도하는 사람들을 통해 일하실 수 있는 것이다.

불평이 들렸을 때 사도들은 자신들이 그 동안 해왔던 일이 평안과 감사

1. 하나님께서는 기도가 필수적이라고 말씀하신다 *739*

와 하나됨이라는 거룩한 목적을 제대로 이루지 못했다는 것을 깨달았다. 불만과 불평과 분열이 거의 기도를 하지 못한 채 행한 그들의 일의 결과였다. 그래서 기도를 제일 앞세우게 된 것이다.

사람들을 구원하는 하나님의 계획을 실행하는 데는 기도하는 사람이 절대적으로 필요하다. 하나님께서 그렇게 정하셨기 때문이다. 기도를 신성한 법으로 정하신 분이 바로 하나님이시며, 이 사실은 사람들이 기도하는 일을 해야 한다는 것을 함축한다. 그래서 기도하는 사람은 세상에 반드시 필요한 존재다. 하나님께서 당신의 목적을 이루는데 기도의 사람들을 쓰신 일이 너무도 많다는 사실이 그 명제를 뚜렷이 증거한다. 하나님께서 당신의 은혜로운 계획들을 수행하는데 기도하는 의인을 쓰신 예들을 일일이 열거하는 것은 전혀 필요 없는 일이다. 그 명단을 작성하기에는 시간과 공간이 부족하다. 그렇지만 한두 경우를 언급할 수는 있다.

금송아지의 경우, 곧 모세가 하나님의 손에서 율법을 받는 동안 벌어진 이스라엘의 중대한 우상 숭배의 죄 때문에 하나님께서 이스라엘을 멸망시키려고 하였을 때 이스라엘의 존재 자체가 위태로웠다. 아론이 불신앙과 죄의 강한 물결에 휩쓸려 가버렸기 때문이다. 모세와 기도 외에는 모든 것이 망해버린 것으로 보였다. 기도가 아론의 싹난 지팡이보다 이스라엘을 위하여 더 효과를 발휘하고 놀라운 일을 일으키게 되었다. 하나님께서는 이스라엘과 아론을 멸하시기로 결심하셨다. 하나님의 진노는 뜨겁게 타올랐다. 두렵고 아슬아슬한 시간이었다. 그러나 기도가 하늘의 멸망시키는 진노를 막는 제방 역할을 하였다. 하나님의 손이 강력한 도고자인 모세의 도고로 굳게 붙들려 있었던 것이다.

모세는 이스라엘을 구하는 일에 전념하였다. 그는 40일을 밤낮으로 오랫동안 온 힘을 다해 씨름하듯 기도하였다. 단 한 순간도 모세는 하나님을 붙잡은 손을 놓지 않았다. 단 한 순간도 하나님 발 앞에서 떠나지 않았다. 심지어 음식을 먹기 위해서도 떠나지 않았다. 단 한 순간도 모세는 자신의 요구를 누그러뜨리거나 부르짖음을 낮추지 않았다. 이스라엘의 존재가 위태로운 지경에 있었다. 전능하신 하나님의 진노를 어떻게 해서든 그치게 해야 했다. 무슨 일이 있어도 이스라엘을 구해야 했다. 그리고 이스라엘은 구원받았다. 모세는 하나님 홀로 가시게 두지 않으려고 했다. 그래서 오늘날도 유대 민족이 존재하는 것은 수 세기 전 모세가 드린 기도 덕분이라는 것을 우리는 알 수 있다.

끈질긴 기도가 언제나 이기는 법이다. 하나님께서는 끈질김과 충성에 항복하신다. 하나님은 모세가 드렸던 것과 같은 기도에 대해 안 된다고 말씀하시지 않는다. 사실상 이스라엘을 멸망시키려는 하나님의 목적이 이 하나님의 사람의 기도 때문에 바뀐 것이다. 그러나 그것은 기도하는 한 사람이 이 세상에서 얼마나 가치 있으며 얼마나 많은 것이 기도하는 사람에게 달려 있는지를 보여 주는 한 예에 불과하다.

바벨론에서 다니엘이 30일 동안 어떤 신에게나 사람에게 기도하는 일을 하지 말라는 왕의 명령에 복종하지 않았을 때, 그는 기도실에 가지 못하게 하는 명령을 돌아보지 않고, 다가올 결과에 대한 두려움 때문에 하나님을 부르는 일을 단념하지 않았다. 다니엘은 "하루에 세 번씩 무릎을 꿇고" 전에 하던 대로 기도하였고, 이처럼 왕의 명령에 복종치 않음으로써 오는 결과에 대해 모든 것을 하나님께 맡겼다.

다니엘의 기도에는 비인격적인 것이 전혀 없었다. 다니엘의 기도에는 목표가 있었고, 모든 것을 행하실 수 있는 크신 하나님께 대한 호소가 있었다. 버릇없이 구는 태도나 주관적인 혹은 반사적인 영향력을 좇는 경향도 없었다. 자기를 지위와 권력에서 사자굴로 곤두박질치게 만들 두려운 법령 앞에서도 "다니엘은 전에 행하던 대로 하루 세 번씩 무릎 꿇고 기도하며 하나님께 감사하였다." 그 은혜로운 결과는 기도가 전능하신 이의 팔을 붙잡아 사납고 잔혹한 사자굴에 개입하여 사자들의 입을 막고 하나님께 그동안 충성하였고 이제 보호해 주시기를 부르짖는 자기 종 다니엘을 보존하시게 한 것이었다. 다니엘의 기도는 왕의 법령을 좌절시키고 다니엘을 망하게 하여 나라의 지위와 권력에서 내쫓으려고 다니엘에게 올무를 놓았던 악하고 시기하는 관원들을 부끄럽게 하는 일에 필수적인 요소였다.

2

기도는 하나님께서 일하시도록 한다

　이 장의 제목은 하나님께서 자진하여 기도의 법을 지키며 사람들의 기도에 응답하겠다고 스스로 의무를 지신다는 사실을 선포한다. 하나님께서는, 기도하지 않았다면 행하시지 않을 일들을 사람들이 기도할 때 사람을 통해 하시는 수단으로 기도를 정하셨다. 기도는 하나님께서 특별히 정하신 거룩한 약속이고, 하늘의 명령이다. 이 명령을 통해 하나님은 세상에 당신의 은혜로운 계획을 수행하고 구원 계획을 시행하며 효과 있게 하신다.
　기도가 하나님께서 일하시도록 만든다고 이야기할 때, 그것은 기도가 하나님께서 사람들 가운데서 당신의 방식대로, 곧 기도하지 않았다면 하나님께서 쓰지 않을 방식으로 일하시도록 하나님을 움직이게 하는 능력이 있다고 말하는 것일 뿐이다. 이렇게 기도는 하나님께서 일하시도록 움직이게 하지만 동시에 하나님은 기도가 일하도록 만드신다. 하나님께서 기도를 제정하셨고 기도는 사람과 떨어져서는 존재하지 않고 사람과 관계하므로, 기도는 하나님이 세상사에서 사람들과 그들의 기도를 통해 활동하시도록 만드는 힘이라고 말하는 것이 논리적이다.
　기도에 대한 언급이 있을 때마다, 성경에서 기도에 관한 사건들을 읽을 때마다 하나님과 기도에 관한 이 기본 진리들을 명심하도록 하자.
　기도가 하나님께서 세상에서 일하시도록 만든다면, 같은 이유로 기도하지 않는 것은 하나님을 세상사에서 제외시키고 하나님께서 일하시지 못하도록 막는 것이다. 또 기도가 하나님이 이 세상사에서 일하도록 만든다면,

기도하지 않는 것은 하나님을 사람에 관한 모든 것에서 몰아내는 것이며, 사람을 세상에서 맹목적인 운명에 지배되거나 하나님으로부터 어떤 도움도 받지 못한 채 환경에 지배되는 피조물로 남겨 두게 된다. 기도가 없으면 사람은 끔찍한 책임과 힘든 문제들, 세상의 온갖 슬픔과 짐과 고통을 지고서 하나님도 없이 세상에 버려지는 것이다. 사실 기도를 부인하는 것은 바로 하나님을 부인하는 것이다. 하나님과 기도는 결코 분리할 수 없기 때문이다.

기도는 존재의 세 영역에 영향을 미친다. 신적 영역과 천사의 영역, 사람들의 영역에 영향을 미친다. 기도는 하나님으로 일하시게 하고, 천사로 일하게 만들며, 사람으로 일하게 한다. 기도는 하나님과 천사와 사람을 붙잡는다. 기도가 미치는 범위는 얼마나 놀라운지! 기도는 하늘과 땅의 세력들이 활동하게 만든다. 하나님과 천사와 사람들이 이 놀라운 기도의 법칙에 복종하며 이 모든 존재들이 기도의 가능성과 결과에 관계한다. 하나님은 지금까지 스스로 기도의 법칙을 따르셨으므로, 당신이 친히 세우신 약속에 따라 사람들이 기도할 때는 기도가 없으면 행하지 않을 방식으로 사람들 사이에서 일하시도록 요구받으시는 것이다. 기도는 하나님을 붙잡고 일하시도록 영향력을 행사한다. 이것이 기도가 하나님과 관련해서 갖는 의미이다. 이것이 기도의 교리이다. 그렇지 않다면 기도 안에 무엇이 있든지 무가치하다.

기도는 구한 모든 것에서 하나님이 일하시도록 만든다. 약하고 궁핍한 사람이 기다리고 믿고 기도하면 하나님께서 그 일을 떠맡으신다. "주 외에는 자기를 앙망하는 자를 위하여 이런 일을 행한 신을 예로부터 들은 자도 없고 귀로 깨달은 자도 없고 눈으로 본 자도 없었나이다."

예수 그리스도께서는 기도의 세력에 스스로를 묶으신다. "너희가 내 이름으로 무엇을 구하든지 내가 시행하리니 이는 아버지로 하여금 아들을 인하여 영광을 얻으시게 하려 함이라." 또 이같이 말씀하신다. "너희가 내 안에 거하고 내 말이 너희 안에 거하면 무엇이든지 원하는 대로 구하라 그리하면 이루리라."

하나님의 약속이 기도에 대한 것만큼 다른 어떤 세력에 맡겨진 적이 없다. 하나님의 뜻이 기도에 대한 것만큼 다른 어떤 세력에 의존해 있는 것이 없다. 하나님의 말씀은 기도의 결과와 필요성에 대해 자세히 이야기하고 있다. 하나님의 일은 기도가 힘을 발휘하는 대로 전진하기도 하고 멈추기도 한다. 선지자와 사도들은 기도의 유용성과 힘과 필요성을 강조하였다. "예루살렘이여 내가 너의 성벽 위에 파수꾼을 세우고 그들로 종일 종야에 잠잠치 않게 하였느니라 너희 여호와로 기억하시게 하는 자들아 너희는 쉬지 말며 또 여호와께서 예루살렘을 세워 세상에서 찬송을 받게 하시기까지 그로 쉬지 못하시게 하라."

기도는 그 전례로 보나 후의 예들로 보나 복음이 최종 승리를 거두는 데 필요한 유일한 조건이다. 아버지 하나님을 영예롭게 하고 아들을 영광스럽게 하는 유일한 조건이다. 짧고 어설픈 기도가 세상에 행사되는 그리스도의 능력을 약화시켰고 그리스도의 통치의 영광스런 결과를 연기시켰으며 하나님은 통치하시는 일에서 물러나게 만들었다.

기도는 하나님께서 일에 착수하게 하고 계속해서 일하시도록 만든다. 기도는 항상 하나님을 바라보는 것이며 하나님의 대의를 진척시키기 위해 절대적으로 하나님을 의지하는 것이다. 기도는 하나님 안에서 쉬고 하나님과 함께 활동하고, 하나님을 의지하고 하나님께 복종하는 믿음이다. 바로 이 사실 때문에 하나님께서 기도를 무척 사랑하고 기도에 전권을 쥐어주며 기도하는 사람을 그처럼 높게 평가하신다.

복음을 진척시키는 모든 운동은 기도에 고무받아 일어난다. 하나님의 이 모든 운동에서 기도는 반드시 필요한 조건으로서 앞서기도 하고 뒤따르기도 한다.

이와 관련해서 하나님은 기도를 힘과 권한에 있어서 당신과 동일시하시며 세상에서 기도하는 사람들에 대해 이같이 말씀하신다. "너는 땅에서 내 뜻을 수행해야 한다. 나는 만민의 주요, 만물의 조성자요, 거룩하신 자로 하늘에 있다. 내 뜻을 위해 필요한 것은 무엇이든 내게 구하라. 내가 시행할 것이다. 기도로 네 미래를 조성하고, 현재 네게 필요한 것은 무엇이든 내게 요구하라. 내가 천지와 그 가운데 있는 만유을 지었다. 크게 구하라. 네 입을 넓게 열라 내가 채우리라. 네가 행하고 있는 것은 바로 내 일이다.

그 일은 내 뜻이다. 기도에 민첩하고 충만하라. 구하기를 그치지 말라. 그러면 네게 주기를 움츠리거나 피하지 아니하리라."

하나님 말씀 어디에서든지 하나님의 활동은 기도를 조건으로 이루어진다. 또 하나님의 활동과 태도는 기도에 의해 형성된다. 기도가 하나님에 대하여 즉각적이고 직접적이며 친밀한 관계를 가지고 있음을 증거하는 성경 구절을 모두 인용하기로 한다면 성경 전체를 끌어와야 할 것이다. 사람은 하나님과 인격적인 관계를 맺는다. 기도는 사람들이 하나님과 직접 관계할 수 있도록 하나님이 정하신 방법이다. 하나님은 자신이 세우신 법에 의해 스스로 기도를 들으실 수밖에 없는 위치에 선다. 하나님은 당신의 자녀들이 기도라는 수단을 따라 하나님의 큰 선을 구할 때 자녀들에게 그 선을 주신다.

솔로몬이 성전을 봉헌하면서 드린 위대한 기도를 끝냈을 때 하나님께서 솔로몬에게 나타나 그를 인정하시고 자신의 활동의 보편적인 원칙을 진술하셨다. 역대하 7:12-15에 그 진술이 나온다.

> 밤에 여호와께서 솔로몬에게 나타나사 이르시되 내가 이미 네 기도를 듣고 이곳을 택하여 내게 제사하는 전을 삼았으니 혹 내가 하늘을 닫고 비를 내리지 아니하거나 혹 메뚜기로 토산을 먹게 하거나 혹 염병으로 내 백성 가운데 유행하게 할 때에 내 이름으로 일컫는 내 백성이 그 악한 길에서 떠나 스스로 겸비하고 기도하여 내 얼굴을 구하면 내가 하늘에서 듣고 그 죄를 사하고 그 땅을 고칠지라 이곳에서 하는 기도에 내가 눈을 들고 귀를 기울이리니.

바벨론 포로 생활을 하는 유대인들에 관한 당신의 뜻을 밝히시면서(렘 29:10-13) 하나님은 자신의 틀림없는 원칙을 다음과 같이 말씀하신다.

> 나 여호와가 이같이 말하노라 바벨론에서 칠십 년이 차면 내가 너희를 권고하고 나의 선한 말을 너희에게 실행하여 너희를 이곳으로 돌아오게 하리라 나 여호와가 말하노라 너희를 향한 나의 생각은 내가 아나니 재앙이 아니라 곧 평안이요 너희 장래에 소망을 주려 하는 생각이라 너희

2. 기도는 하나님께서 일하시도록 한다

는 내게 부르짖으며 와서 내게 기도하면 내가 너희를 들을 것이요 너희가 전심으로 나를 찾고 찾으면 나를 만나리라.

성경 용어에서 기도는 우리가 바라는 것을 달라고 하나님을 부르며 하나님께 구하는 것이다. 그래서 우리는 이런 말씀을 읽을 수 있다. "너는 내게 부르짖으라 내가 네게 응답하겠고 네가 알지 못하는 크고 비밀한 일을 네게 보이리라"(렘 33:3). "환난 날에 나를 부르라 내가 너를 건지리니 네가 나를 영화롭게 하리로다"(시 50:15). "네가 부를 때에 응답하겠고 네가 부르짖을 때에 말하기를 내가 여기 있다 하리라"(사 58:9).

위의 말씀들을 볼 때 기도는 세상적인 선이나 영적인 선을 하나님께 직접 요청하는 것이다. 기도는 우리가 기도하는 사람들의 선을 위해 하나님께서 인생사에 개입하시도록 호소하는 것이다. 하나님이 모든 선의 원천이요 근본이심을 인정하고, 기도는 하나님께서 자기를 진정으로 부르는 자들을 위해 모든 선을 쥐고 계시다는 사실을 인정하는 것이다.

기도는 하나님께 요청하고 하나님과 대화하며 친교를 나누는 것이라는 사실이 구약 성도들의 기도에서 단순하고 뚜렷하게 나타난다. 소돔을 위한 아브라함의 도고는 하나님과 교통하는 기도의 본질을 보여주는 현저한 예로서 기도의 도고 측면을 보여준다. 소돔을 멸하시겠다는 하나님의 공공연한 뜻이 아브라함에게 전달되자, 아브라함 속에 있는 영혼이 운명이 정해진 그 도시에 대한 깊은 관심 때문에 크게 움직였다. 하나님의 뜻이 바뀌어야 했다. 이 악한 성읍의 거민들을 멸하시겠다는 하나님의 포고가 취소되어야 했다.

아브라함이 하나님께 소돔을 남겨두시기를 간청하려는 생각을 품었을 때 그것이 결코 작은 일이 아니었다. 아브라함은 하나님의 뜻을 바꾸고 그 평원에 있는 다른 성읍들과 함께 소돔을 구원하는 일에 전념한다. 아브라함이 파멸이 선고된 성읍들을 위해 하나님께 그 성읍들을 남겨주시도록 영향력을 행사하는 것은 지극히 어렵고 조심스러운 일이었다.

아브라함은 소돔에 있을 수 있는 의인의 수에 기초하여 간구하고 하나님께서 의인을 악인들과 함께 멸하시지 않을 무한한 의에 호소한다. "주께서 이같이 하사 의인을 악인과 함께 죽이심은 불가하오며 세상을 심판하시는 이가 공의를 행하실 것이 아니니이까?" 아브라함은 하나님의 고귀하고 신성한 일을 대할 때 얼마나 자신을 낮추고 공경심을 가지는지! 아브라함은 하나님 앞에서 깊은 경외심을 가지고 서서 숙고하였고, 하나님께 가까이 나가 여쭈었다. 아브라함은 요구와 집요함에 있어서 믿음으로 한 걸음 한 걸음 나아갔고, 하나님께서는 아브라함이 요청하는 바를 모두 허락하셨다. "하나님께서 허락하심을 그만 두기 전에 아브라함이 구하기를 그만 두었다"고 말하는 것이 바를 것이다.

아브라함은 소돔의 경건에 대해 낙관적으로 생각하였던 듯하다. 그는 이 문제를 다룰 때 결국 그것이 실패로 끝나리라고 거의 생각지 않았다. 아브라함은 매우 진지하였고 모든 용기를 내어 자신의 뜻을 밀고 나갔다. 분명 롯과 그의 아내, 두 딸과 사위들을 생각한 마지막 요청에서 아브라함은 하나님께서 그 성읍을 남겨 두실 이유가 될 열 명의 의인을 이야기하였다. 그러나 슬프게도, 마지막 시험이 왔을 때 그 숫자가 채워지지 않았다. 그 많은 인구 가운데 의인 열 명이 없었던 것이다.

그러나 그것은 사실이었다. 하나님의 뜻이 잠시 머물러 있는 동안 아브라함이 선한 마음씨로 그 도시에 있을 경건한 사람들의 수를 과대평가하지 않았더라면, 아브라함이 그 숫자를 계속해서 더 줄여갔더라면 하나님께서 소돔을 구원하셨을지도 모른다.

이것은 구약의 기도를 보여주고 기도를 통해 일하시는 하나님의 방식을 보여주는 대표적인 경우이다. 이 예는 또한 죄악된 사회에 관한 자신의 뜻을 바꾸는 경우일지라도 어떻게 하나님께서 이 세상에서 기도에 대한 응답으로 감동을 받아 일하게 되는지를 보여 준다. 아브라함의 이 기도는 단순한 연기가 아니고 활기 없고 무덤덤한 의식도 아니다. 그것은 바라는 목적을 확보하고 한 사람이 또 다른 사람에게 영향력을 행사하는 진지한 탄원이고 강력한 변호였다.

아브라함이 드렸던 일련의 주목할 만한 도고들은 참으로 의미가 풍성하다! 여기서 우리는 하나님을 납득시키려고 한 논증을 보며 하나님을 설득하여 하나님의 계획을 바꾸려는 탄원을 보게 된다. 깊은 겸손을 보지만 거룩한 담대함도 보며 인내도 보고 탄원마다 승리에 기초를 둔 전진도 본다. 확대된 응답에 격려를 받고서 드리는 확대된 간구를 보게 된다. 하나님은 아브라함이 멈추고서 구하는 대로 멈추시고 응답한다. 아브라함에게 하나님은 존재하시고 가까이 다가갈 수 있고 전능하신 분이시다. 그러나 또한 하나님은 사람들에게 양보하고 사람들의 바라는 바를 이루도록 행동하시고 사람들의 구하는 은총을 허락하시는 분이다. 기도하지 않는 것은 하나님을 부인하는 것이며, 하나님의 계심과 하나님의 본성, 사람에 대한 하나님의 뜻을 부인하는 것이다.

하나님은 특별히 기도의 약속들에 관여하시는데, 기도의 폭과 확실성, 제한에 대해 관여하신다. 예수 그리스도께서는 이러한 기도의 약속들을 가지고 우리를 하나님 앞으로 밀고 가시는데, 하나님께서 응답하시리라는 확신뿐만 아니라 하나님 외에 어떤 존재도 응답할 수 없다는 사실에 의해 우리를 밀고 가신다. 이 방법 외에는 우리가 하나님을 움직여 세상사에 손을 대시게 하거나 우리를 위하여 개입하도록 할 수 있는 방법이 없기 때문에 그리스도께서 우리를 그런 식으로 하나님께 밀어붙이신다.

"너희가 기도할 때에 무엇이든지 믿고 구하는 것은 다 받으리라"고 예수께서 말씀하시는데, 모든 것을 포괄하는 이 조건은 우리로 크고 작은 모든 일에 대해 기도하도록 만들 뿐만 아니라 우리로 하나님께 마음을 쓰고 붙어 있게 한다. 하나님 외에 누가 무한한 우주의 일들을 감당할 수 있고 세상과 하늘의 선한 모든 보물들 가운데 우리가 구하는 바로 그것을 확실히 받도록 보장할 수 있겠는가?

우리에게 기도하라고 요구하시는 분은 하나님의 아들, 예수 그리스도이시다. 기도의 응답으로 자신뿐만 아니라 자기에게 있는 모든 것을 온전히 주시는 분이 바로 그리스도이시다. 우리가 기도할 때 우리 봉사에 자신을 주고 우리의 요구에 응답하시는 분이 바로 그리스도이시다.

예수께서 우리가 기도할 때 우리의 지시에 따라 자신과 성부 하나님께서 우리 생활에 직접 개입하시고 우리의 선을 위해 일하시듯이 또 두세 사람이 합심하여 구하는 것에 대해 무엇이든지 응답하겠다고 보장하신다. "너희 중에 두 사람이 땅에서 합심하여 무엇이든지 구하면 하늘에 계신 내 아버지께서 저희를 위하여 이루게 하시리라." 하나님 외에 아무도 약속에 대해 그처럼 철저하게 자신을 묶을 수 없는 것은 하나님만이 그런 약속을 지킬 수 있고 그처럼 엄격하고 지배적인 요구를 이행할 수 있기 때문이다. 하나님만이 그 약속들을 보증하실 수 있다.

하나님께서 기도를 필요로 하시고 사람도 기도를 필요로 한다. 하나님께서 이 세상에서 일하시는데 기도가 반드시 필요하고 하나님을 이 세상일에 관여하여 일하시도록 만드는데도 기도가 반드시 필요하다. 그래서 하나님은 지극히 엄격한 의무로써 사람들을 기도하도록 묶으신다. 하나님은 사람들에게 기도하라고 명령하신다. 따라서 기도하지 않는 것은 전능하신 하나님의 단호한 명령에 명백히 불순종하는 것이다. 기도는 하나님이 은혜와 구원과 선한 것들을 사람들에게 주실 때, 반드시 있어야만 하는 그런 조건이다. 기도는 고귀한 특권이며 특전이다. 우리가 기도하지 않을 때 겪는 손실은 여러 가지이며 그 결과는 영원까지 미친다. 기도는 하나님의 뜻을 진척시키는 보편적인 중대한 힘이다. 기도는 하나님의 이름을 거룩하게 하는 경외심이고, 하나님의 뜻을 행하는 능력이며, 사람들의 마음에 하나님 나라를 세우는 일이다. 이런 일들과 동시 발생과 대리 행위들은 기도로 일어나고 기도의 영향을 받는다.

복음에서 강제적으로 요구하는 것들 중 한 가지가 기도이다. 기도 없이는 복음이 효과적으로 전파될 수 없고 신실하게 선포될 수 없으며 마음으로 경험할 수 없고 생활 가운데 실천될 수도 없다. 그리고 바로 그런 간단한 이유 때문에 기도를 종교적 의무 가운데서 제외시키면 우리는 하나님을 제외시키는 것이 되고 하나님이 없으면 하나님의 일은 전진할 수 없다.

이사야가 고레스가 태어나기 오래 전에 예언한 일로서 하나님께서 바사 왕 고레스 치하에서 계획하셨던 일은 기도를 조건으로 일어나게 되어 있었다. 하나님께서는 당신의 목적과 능력을 명백히 밝히고 그 목적들을 수행하는 길에 만나는 장애들을 무시한다고 선언하신다. 하나님께서는 기도를 격려하기 위해 당신의 전능하고 무한한 능력을 이야기하신다. 하나님께서 모든 일을 정하고 모든 조건을 지휘하며 만물을 창조하신 것은 기도에 응답하고 기도하는 자들에게 돌이켜 그 말을 듣기 위해서였다. 우리의 기

2. 기도는 하나님께서 일하시도록 한다

도를 수행하고 기도를 이 세상에서 가장 강력한 힘으로 만드시기 위해 하나님은 모든 결과와 능력을 아낌없이 넉넉하게 주실 것이다.

이사야 45장은 너무 길어서 전체를 인용할 수 없지만 읽어볼 만한 가치가 있다. 그 장은 기도에 관한 강력한 말씀으로 끝을 맺는데, 하나님께서 고레스와 관련한 당신의 목적에 관하여 하신 모든 말씀 가운데 절정에 해당된다.

> 이스라엘의 거룩하신 자 곧 이스라엘을 지으신 여호와께서 가라사대 장래 일을 내게 물으라 또 내 아들들의 일과 내 손으로 한 일에 대하여 내게 부탁하라. 내가 땅을 만들었고 그 위에 사람을 창조하였으며 내가 친수로 하늘을 펴고 그 만상을 명하였노라.

욥 이야기의 결론부에서 우리는 하나님께서 욥을 위하여 개입하고 욥의 친구들에게 욥 앞에 나가 욥이 그들을 위하여 기도하도록 하라고 명하신다. "내가 너와 네 두 친구에게 노하나니"라고 하나님께서 말씀하셨고, 이어서 "내 종 욥이 너희를 위하여 기도할 것인즉 내가 그를 기쁘게 받으리니"라는 말씀을 덧붙이셨다. 이 말씀은 하나님께서 욥의 기도에 대한 응답으로 개입하여 욥의 친구들을 구하셨음을 뚜렷하게 보여준다.

지금까지 하나님과 천사와 사람들에게 영향을 끼치는 기도에 대해 말했다. 그리스도께서는 공생애 동안에 아무것도 기록으로 남기지 않으셨다. 메모나 간단한 기록, 설교 작성 등의 일이 그리스도께는 맞지 않았다. 자서전은 주님께서 좋아하시는 일이 아니었다. 요한계시록은 주님의 마지막 발언이었다. 요한계시록을 보면 기도가 운동과 역사와 이 세상에서, 교회의 진행에서 갖는 중요성과 무한한 가치, 높은 위치가 묘사된다. 요한계시록 8:3에 나오는 묘사를 보면 하늘의 천사들이 성도들의 기도와 그 기도에 대한 응답을 성취하는 일에 관심이 있음을 알 수 있다.

> 또 다른 천사가 와서 제단 곁에 서서 금 향로를 가지고 많은 향을 받았으니 이는 모든 성도의 기도들과 합하여 보좌 앞 금단에 드리고자 함이라 향연이 성도의 기도와 함께 천사의 손으로부터 하나님 앞으로 올라

가는지라 천사가 향로를 가지고 단 위의 불을 담아다가 땅에 쏟으매 뇌성과 음성과 번개와 지진이 나더라.

일상적인 산문체로 번역된 이 말씀은 하늘이 그리스도 아래에서 구원사업을 수행하는데 사용하는 주식 자본이 하나님의 성도들이 지상에서 드리는 기도로 이루어진다는 것을 보여주며, 또 이 기도들이 불타는 능력으로 다시 세상에 와서 강력한 소동과 영향력과 변혁을 일으킨다는 사실을 밝힌다.

기도하는 사람들은 전능하신 하나님께서 당신의 계획과 목적을 이루는 일에 없어서는 안 될 존재들이다. 하나님의 비밀과 지혜와 대의가 기도하지 않는 사람들에게 맡겨진 적이 없다. 기도하지 않는 것은 사람을 필연적으로 하나님으로부터 떨어트리고 소원하게 만드는 유독한 원인이었다. 기도하지 않는 사람들은 하나님께서 당신의 말씀을 성취하고 세상에 당신의 뜻을 행하시는 일을 방해하였다. 이들은 하나님의 손을 붙잡고, 하나님의 은혜로운 계획을 방해한다. 기도하는 사람들이 하나님께 도움이 되듯이 기도하지 않는 사람들은 하나님께 장애가 된다.

우리는 기도의 필요성에 대한 성경적 견해를 몇 번이고 되풀이한다. 이 주제는 너무도 중요해서 아무리 반복해도 약해지거나 싫증이 나지 않고 너무도 중요해서 아무리 반복해도 진부해지거나 맥빠지지 않는다. 우리는 그 사실을 새롭게 느껴야 한다. 그 동안 기도의 불이 너무 미약하게 타올랐다. 기도의 제단에 불은 없고 재뿐이다.

성경의 어떤 주장도 기도만큼 집요하지 않다. 성경의 어떤 권고도 기도하라는 권고만큼 자주 반복되는 것이 없고, 그만큼 진심어리고 엄숙하며 감동적인 권고도 없다. 어떤 원칙도 우리에게 기도하라고 강력히 권고하는 원칙만큼 강력하고 노골적으로 선언되는 것은 없다. 기도에 대한 의무만큼 우리가 반드시 수행해야 하는 의무는 없다. 기도에 대한 명령만큼 단호하고 강제적인 명령은 없다. 여러분은 사람들 눈을 피하여 골방에서 쉬지 않고 모든 것에 대해 항상 어디에서든지 기도하고 있는가? 이것은 모든 영혼에게 해당되는 개인적이고 지극히 중요한 질문이다.

2. 기도는 하나님께서 일하시도록 한다 751

하나님께서 기도에 대한 응답으로 세상에 개입하신다는 것을 보여 주는 예가 하나님 말씀에 많이 나온다. 전능하신 하나님이 자기 백성들의 기도로 이 세상에 직접 개입하신다는 사실만큼 성경이 명백히 보이는 것은 없다. 요나는 의무를 피하여 먼 항구로 가기 위해 배를 탄다. 그러나 하나님께서 그를 좇으시며, 기이한 섭리로 불순종하는 이 선지자는 배 밖으로 던져진다. 요나를 니느웨로 보내신 하나님께서는 물고기를 준비하여 그를 삼키게 하신다. 물고기 뱃속에서 요나가 자신이 범죄한 하나님께 부르짖자 하나님께서 개입하여 물고기가 마른땅에 요나를 토해내도록 하신다. 깊은 바다 속의 물고기조차 기도의 법에 복종한다.

마찬가지로 공중의 새들도 동일한 이 법칙에 순종한다. 엘리야가 아합에게 오랜 기간 가뭄이 올 것이고 음식과 심지어 물조차 귀해질 것이라고 예언하였다. 하나님은 엘리야를 그릿 시냇가로 보내시면서 이같이 말씀하셨다. "그 시냇물을 마시라 내가 까마귀들을 명하여 거기서 너를 먹이게 하리라. 까마귀들이 아침에도 떡과 고기를 저녁에도 떡과 고기를 가져왔고 저가 시내를 마셨더니." 기도로 비구름을 닫은 후에 다시 비구름을 연 이 하나님의 사람이 아주 많은 것이 위태로운 이 시기에 관해 기도하지 않았겠는가? 하나님께서 이때 공중의 새들에게 개입하시어 기이하게 새들을 이동하여 자기 종을 돌보게 하심으로 그 종이 음식과 물이 부족하지 않도록 하셨다.

어려운 시기에 다윗은 총리인 요압의 말에 귀를 기울이기보다 사단의 제안을 받아들여 백성의 수를 세었고, 이 일이 하나님을 노하시게 했다. 그래서 하나님은 다윗에게 그의 어리석음과 죄에 대한 징벌로 세 가지 악 중에서 하나를 택하라고 하셨다. 역병이 백성들 가운데 무섭게 창궐하였고 다윗은 기도에 전념한다.

> 다윗이 하나님께 아뢰되 명하여 백성을 계수하게 한 자가 내가 아니니이까 범죄하고 악을 행한 자는 곧 내니이다. 이 양무리는 무엇을 행하였나이까 청컨대 나의 하나님 여호와여 주의 손으로 나와 내 아비의 집을 치시고 주의 백성에게 재앙을 내리지 마옵소서(대상 21:17).

하나님은 이스라엘을 계수한 사실에 대해 다윗에게 몹시 진노하셨지만 회개하며 기도하는 영혼의 이러한 호소를 물리치실 수가 없었다. 그래서 하나님께서 그 기도에 마음이 움직여 질병의 근원에 손을 대 무서운 역병을 그치게 하셨다. 하나님께서 다윗의 기도 때문에 일을 하신 것이다.

이 밖의 많은 경우를 언급할 수 있지만 이상으로도 충분하다. 하나님께서는 당신의 거룩한 계시를 통해 사람들에게 당신이 성도들의 기도에 대한 응답으로 세상사에 개입하신다는 사실을 가르치려 많은 수고를 하셨다.

그런데 여기서 기도를 굳게 믿지 않는 지나치게 비판적인 사람들의 마음 속에 소위 "자연의 법칙"과 기도의 법칙 사이에 모순이 있는 것처럼 생각하는 의문이 일어날 수도 있다. 이런 사람들은 자연을 전능하신 하나님에게서 완전히 분리된 일종의 상상의 신으로 본다. 도대체 자연이 무엇인가? 자연은 만물의 조성자이신 하나님의 피조물에 불과하지 않는가? 그리고 "자연의 법칙"은 무엇인가? 하나님께서 물질 세상을 다스릴 때 사용하시는 하나님의 법일 뿐이다. 기도의 법칙도 하나님의 법이므로 두 법칙 사이에 갈등이 있을 수 없고 오직 모든 것이 완벽하게 조화를 이루며 작용한다. 기도가 자연의 법칙을 위배하지 않는다. 하나님은 또 다른 법에 따라 더 고귀한 일을 하시기 위해 한 법을 옆으로 치우실 수가 있다.

하나님께서는 기도에 응답하실 때 이런 일을 하실 수가 있다. 혹은 전능하신 하나님께서는 자연 법칙의 과정을 통해 기도에 응답하실 수도 있다. 그러나 우리가 이해하든 못하든 하나님은 모든 자연 위에 계시며 자연을 다스리시므로 설사 우리가 이해하지 못할지라도 지혜롭고 이성적이며 정당한 방법으로 기도에 응답하실 수 있고 또 하실 것이다. 하나님께서 기도에 대한 응답으로 인간사에 개입하실 때 하나님의 여러 법칙들 사이에 어떤 부조화나 갈등이 결코 없다.

이와 관련해서 이렇게 말할 수도 있을 것이다. 우리가 기도는 어떤 일들을 행한다는 말을 했는데, 그것이 기도가 인간의 수단으로서 어떤 일을 성취한다는 의미가 아니라 기도만이 도구로서 일들을 성취한다는 뜻이다. 기도는 도구이고 하나님은 그 도구를 효과 있게 적극적으로 쓰시는 분이다. 그래서 기도 자체가 세상사에 개입하는 것이 아니라 사람들 손에 든 기도가 하나님께서 개입하시고 일을 행하시도록 움직이는 것이다. 기도가 도구로 사용되지 않는다면 하나님은 그 일을 하시지 않을 것이다.

그것은 우리가 "믿음이 너를 구원하였느니라"고 말할 때 하나님께서 죄인의 믿음을 통해 그를 구원하신다는 것을 의미하는 것과 같다. 즉 믿음은 죄인이 구원을 가져오기 위해 사용한 도구에 지나지 않는다는 것이다.

3

기도의 사람이 필요하다

우리가 매일같이 구해야 하는 한 가지는 믿음과 기도와 하나님 말씀에 대한 연구에 생기가 있는 사람, 하나님의 말씀이 그 마음에 새겨진 사람, 하나님 말씀을 영원히 살며 거하는 썩지 않는 씨로 나타낼 사람을 구하는 것이다. 하나님 말씀을 가리우는 비판적인 불신앙의 안개를 깨끗이 걷어치우기 위해서는 강단이 성경에 대해 흔들림 없는 충성을 바치고 성경의 진리를 두려움 없이 선포하는 것만큼 필요한 일은 없다. 이것이 없으면 기수가 쓰러지고, 부대 전체에 동요와 혼란이 일어난다. 강단이 하나님 말씀에 확고한 충성을 바칠 때는 가장 강력한 일을 하였다.

이와 관련해서 높고 낮은 처지에 있는 사람들 가운데 성경적인 기도를 붙들고 실천하는 기도의 사람이 있어야 한다. 강단은 하나님 말씀에 흔들림 없는 충성을 바치면서 또한 그 말씀이 예증하고 사람들에게 요구하는 기도의 교리에도 충성을 바쳐야 한다.

대학이나 다른 교육 기관이 이 세상에서 하나님 나라의 일을 진척시키는 일에 지도적인 역할을 할 수 없다. 이런 교육 기관은 하나님 나라의 일을 할 권한도 의지도 능력도 없다. 하나님 나라의 일은 하늘로부터 내려온 성령의 능력으로 전달되고 기도하는 손으로 심기웠고 기도하는 이들의 눈물로 적셔진 선포된 말씀으로 성취되게 되어 있다. 이것이 하나님의 법이고 그래서 "계약으로 지정되었다." 우리는 그 법에 매여 있고 봉인되었으므로 우리는 주님을 따를 것이다.

3. 기도의 사람이 필요하다

사람들은 영혼을 구원하는 중대한 일을 하도록 요구받으면 가야 한다. 필요한 것은 천사나 비인격적인 세력이 아니다. 기도의 영으로 세례 받은 인간의 마음이 이 메시지의 짐을 져야 하고 간절하고 끈질긴 기도에서 나오는 불타오르는 혀가 죽어 가는 사람들에게 하나님 말씀을 선포해야 한다.

오늘날 교회가 직면하고 있는 두려운 위기를 해결하는 엄숙하고 긴박한 책임을 수행하기 위해서는 기도의 사람이 필요하다. 오늘날 사람들의 수가 늘어나고 있지만 그 가운데서 하나님을 경외하는 사람, 기도하는 사람, 성령의 사람, 고난을 견딜 수 있고 자기 생명을 자신을 위해서는 소중히 여기지 않고 구주 예수 그리스도의 높은 지식을 위해서 모든 것을 찌꺼기로 여길 사람을 우리는 구해야 한다. 이 시대의 교회에 정말로 필요한 사람은 기도의 일을 배운 사람, 무릎 꿇고서 배웠고 궁핍과 마음의 깊은 고뇌 가운데 기도를 배운 사람이다.

기도하는 사람은 다른 모든 시대와 마찬가지로 오늘날도 몹시 필요한 존재이다. 기도하는 사람은 사실 의로운 사람뿐이다. 기도에는 온전한 사람이 필요하다. 기도하는 사람은 이 세상에서 하나님을 나타내거나 나타낼 수 있는 사람뿐이다. 냉담하고 신앙이 없으며 기도하지 않는 사람은 세상에 하나님을 나타낼 권리를 주장할 수 없다. 그들은 모든 활동과 계획에서 하나님을 제대로 나타내지 못한다. 기도하는 사람은 하나님께 영향을 끼치는 사람뿐이다. 곧 하나님께서 자신과 자신의 복음을 맡기는 사람뿐이다. 기도하는 사람은 성령이 그 안에 거하시는 사람뿐이다. 성령과 기도는 손을 잡고 가기 때문이다. 성령은 기도하지 않는 사람에게는 결코 임하시지 않는다. 그런 사람들은 성령께서 결코 충만하게 채우지 않고 능력을 주시지도 않는다. 하나님의 영과 기도하지 않는 사람 사이에는 전혀 공통점이 없다. 성령은 기도의 분위기에서만 거하신다.

하나님의 일을 하는데 기도를 대신할 수 있는 것은 없다. 기도의 사람을 밀치고 다른 어떤 사람이 들어설 수 없다. 재리에 밝은 사람이나 교육을 받은 사람, 세상적인 영향력이 큰 사람들, 이들 중 어느 누구도 기도의 사람을 대신할 수 없다. 하나님 일의 생명과 힘, 원동력은 기도하는 사람들에 의해 형성된다. 철저하게 병든 마음이 다가오는 죽음을 보여주는 두려운 증상이듯이 기도하지 않는 사람은 영적 쇠퇴를 보여주는 증상이다.

예수 그리스도께서 교회의 미래와 운명을 맡긴 사람들은 기도의 사람들이었다. 그 외의 다른 어떤 사람에게도 하나님은 세상에서 자신을 맡기시지 않았다. 사도들은 무엇보다 기도의 사람들이었다. 그들은 기도에 전념하였다. 사도들은 기도를 자신의 주요 임무로 삼았다. 기도는 중요도에 있어서나 결과에 있어서 제일 앞섰다. 하나님은 하나님 나라의 중대한 일들을 기도하지 않는 사람들, 곧 기도를 자기 생활에서 분명하고 지배적인 요소로 삼지 않는 사람들에게 맡기신 적이 없고 맡기지도 않을 것이다. 기도하지 않는 사람은 결코 경건에 뛰어나지 못한다. 경건한 사람은 언제나 기도의 사람이다. 기도에 뛰어나지 못한 사람은 믿음의 단순성과 힘에서 결코 뛰어나지 못하다. 경건이 골방에서만큼 신속하고 무성하게 번창하는 곳은 없다. 골방은 믿음의 정원이다.

사도들은 아무리 신성한 의무라 할지라도 자신들의 시간을 침해하여 기도를 주요한 일로 삼지 못하도록 만드는 일을 허락하지 않았다. 하나님의 말씀은 사도의 충성과 열심으로 전파되었다. 하나님의 말씀은 사도의 위임을 받고 오순절 성령의 불길로 머리에 세례를 받은 사람들이 전했다. 하나님 말씀은 쉬임 없는 강력한 기도로 새롭게 능력을 받지 못하면 무디고 힘이 없었다. 이 하나님 말씀의 씨앗은 기도로 흠뻑 적셔져서 싹을 틔우도록 해야 한다. 말씀의 씨앗이 기도로 흠뻑 적셔지면 더 빨리 자라고 더 깊게 뿌리내린다.

사도들 자신이 기도하는 사람들이었다. 그들은 기도의 선생들이었고 기도의 학교에서 제자들을 훈련하였다. 이들은 제자들이 지극히 뛰어난 믿음을 갖도록 하기 위해서 뿐만 아니라 제자들이 하나님 나라를 전진시키는 일에 지극히 강력한 요소들이 되도록 하기 위해서 기도하라고 강권하였다.

예수 그리스도는 하나님께서 하나님 백성의 지도자로 임명하신 분이었다. 예수님의 생애에서 기도의 습관만큼 예수께서 그 직무에 더할 수 없이 적합하다는 것을 보여주는 것은 없다. 그리스도의 쉬임 없는 기도만큼 그리스도를 생각나게 하는 것은 없고 기도만큼 그리스도에게서 뚜렷이 나타나는 특징도 없다. 그리스도께서 전투를 준비하고 승리를 얻으신 것은 밤을 새운 기도의 노력과 친교를 통해서였다. 그리스도의 기도는 하늘을 찢었다. 모세와 엘리야, 변화산상의 영광은 기도의 결과로 생겼다. 그리스도의 기적과 가르침도 바로 기도에서 그 힘을 얻었다. 겟세마네의 기도가 갈보리를 평온과 영광으로 붉게 물들였다. 그리스도의 기도가 교회의 역사를 일으키고 교회의 승리를 재촉한다. 그리스도의 삶은 기도에 대한 참으로 놀라운 영감이며 명령이다! 기도의 가치를 보여주는 놀라운 논평이 아닐 수 없다! 그리스도는 기도로써 우리의 삶을 얼마나 부끄럽게 하시는지!

하나님을 세상에 더 가까이 끌어들이고 세상을 하나님께 더 가까이 끌어올린 주님의 모든 제자들이 그랬듯이 예수 그리스도는 기도의 사람이셨고, 하나님으로서 자기 백성의 지도자와 사령관이 되셨다. 그리스도의 지도력은 기도에서 나온 지도력이었다. 그리스도께서 위대한 지도자이셨던 것은 기도에 위대하였기 때문이다. 하나님을 위하는 지도자들은 모두가 골방의 씨름을 통해 지도력을 키운 사람들이었다. 위대하다고 하는 사람들 가운데 기도에는 위대하지 않은 많은 사람들이 교회를 지도하고 세웠다. 그러나 이들은 계획과 견해와 조직에서 위대할 뿐이었고, 선천적인 재능과 능력과 성품에서 위대할 뿐이었다. 그러나 예수 그리스도는 하나님을 위하는 위대한 지도자이셨다. 주님의 지도력은 위대한 기도에서 나온 위대한 지도력이었다. 하나님께서 그리스도의 지도력을 크게 쓰셨는데, 그것은 그 지도력에 기도가 깊이 배어 있었기 때문이다. 우리는 그리스도께서 우리에게 기도하기를 가르치시고 더욱더 기도하기를 가르쳐 주시기를 바라야 할 것이다.

과거 교회 역사 가운데 있었던 기도의 사람들의 비결이 이 점에 있었다. 그들의 마음은 하나님을 추구하였고, 그들의 소원은 하나님을 바랐고, 그들의 기도는 하나님께 드려졌다. 이들은 하나님과 친교를 나누었고 세상으로부터는 아무것도 구하지 않고 하나님의 위대한 것들을 구하였으며, 하나님과 씨름하였고 반대하는 모든 세력을 정복하였으며 자기와 하늘 사이에 깊고 넓은 믿음의 수로를 열었다. 이 모든 일을 기도로 행하였다. 거룩한 묵상, 영적 소원, 하늘을 끌어당기는 일이 그들의 지성을 일깨우고 그들의 정서를 풍부하게 하였으며 그들의 마음을 채우고 넓어지게 만들었다. 이 모든 것이 가능한 것은 그들이 무엇보다 기도의 사람들이었기 때문이다.

이와 같이 하나님과 친교를 나누고 온 마음으로 하나님을 추구한 사람들은 언제나 높은 경건에 이르렀다. 거룩한 소원의 불길이 세상에 대해서는 완전히 죽어버리고 하나님과 하늘을 위해서 밝게 타오르지 않은 사람은 결코 그런 경건에 이르지 못했다. 기도와 기도의 영이 생활의 뚜렷하고 지배적인 요소로 있지 않는 한 이들은 좀더 고귀한 영적 경험의 고지에 이르지 못했다.

하나님의 자녀들 가운데 많은 사람들의 온전한 헌신은 우뚝 솟은 산봉우리처럼 뚜렷하게 나타난다. 왜 이렇게 되는가? 이들은 어떻게 그런 고지에 올랐는가? 어떻게 해서 그들은 하나님께 그렇게 가까이 다가갔는가? 무엇이 그들을 그처럼 그리스도답게 만들었는가? 그 대답은 간단하다. 바로 기도 때문이었다. 그들은 많이 기도했고 오래 기도했으며 그래서 더욱 더 깊은 데서 물을 마셨던 것이다. 그들은 하늘이 그 풍성한 은혜의 보고를 그들에게 열어줄 때까지 구하고 찾고 두드렸다. 기도는 그들이 거룩하고 복된 고지를 올라가게 해 준 사다리였고, 하나님의 천사들이 내려와 그들을 섬기게 해 준 길이었다.

영적인 성격과 힘을 지닌 사람들은 언제나 기도를 귀하게 여긴다. 그들은 하나님과만 있기 위해 시간을 냈다. 그들의 기도는 서둘러 끝내는 공연이 아니었다. 그들은 해결해야 할 심각한 결핍이 있었고 하나님께 호소해야 할 중대한 탄원이 많이 있었다. 이들은 확보해야 할 중대한 공급품이 많이 있었다. 이들은 하나님 앞에서 많은 시간을 조용히 기다려야 했고 인내로 오래 기다리며 하나님께 간구해야 했다. 기도는 공급품을 받을 수 있는 유일한 통로였고, 호소를 아뢸 수 있는 유일한 길이었다. 하나님 앞에서 기다리는 일 가운데 하나님께서 받으실 만한 것은 기도뿐이라고 그들은 알고 있다. 이들은 기도를 귀하게 여겼다. 이들에게 기도는 모든 보석보다 귀했고, 어떤 선보다 뛰어났으며, 세상의 가장 큰 이익보다 더 가치가 있었다. 이들은 기도를 존중하고 귀하게 여기고 높이 평가하며 실제로 기도하였다. 이들은 기도를 가장 먼 경계선까지 밀고 나갔고 기도의 지극히 큰 결과를 시험했으며 기도의 지극히 영광스런 유산을 얻었다. 그들에게 기도는 높이 평가하고 사용해야 할 중요한 것이었다.

사도들은 무엇보다 기도하는 사람들이었고, 그들의 기도에 대한 인상을 초대 교회에 본보기와 교훈으로 남겼다. 그러나 그 사도들은 죽었고 시간과 사람은 변하였다. 사도들에게는 공식적인 상속에 의한 후계자가 없다. 그리고 이 시대가 다른 사람들을 사도로 세우는 위임을 받지도 않았다. 기도는 사도로서 지도력을 발휘하는 일에나 영적인 지도력을 발휘하는 일에나 다 필요한 조건이다. 불행하게도 이 시대는 기도하는 시대가 아니다. 하나님의 뜻은 기도하는 지도자들을 몹시 필요로 한다. 다른 사람들도 필요할 수 있지만 다른 무엇보다 이 시대에 절박하게 필요하고, 교회에 가장 필요한 것은 바로 이 기도하는 사람들이다.

오늘날은 교회가 큰 부를 쌓고 물질적 자원이 놀라울 정도로 풍부한 시대이다. 그러나 불행하게도 이 물질적 자원의 풍부함이 영적 세력들에게는 큰 적이며 심각한 장애물이다. 매력적이고 힘있는 물질적 세력의 존재는 사람들로 그 세력을 믿게 만든다는 것이 변치 않는 법칙이다. 그리고 바로 그 법칙에 의해 복음의 영적 능력에 대해 불신을 일으킨다. 이들은 동시에 함께 섬길 수 없는 두 주인이다. 마음이 이 중 어느 한 주인에 매여 있는 만큼 다른 주인에게서는 멀어질 것이다. 교회가 재정적으로 번성하던 시기가 신앙적으로 번성하는 시기는 아니었다. 돈 있는 사람들과 기도하는 사람들은 동의어가 아니다.

디모데전서 2장에서 바울은 기도하는 사람의 필요성을 강조한다. 바울이 판단할 때 교회 지도자들은 기도 생활이 두드러져야 한다. 기도가 그들의 성품을 형성해야 하고 그들의 두드러진 특징 중의 한 가지가 되어야 한다. 기도가 그들의 매우 강력한 특징이어서 그 점을 감출 수 없게 되어야 한다. 교회 지도자들은 기도로 유명해야 한다. 성품이나 공식적인 직무, 명성, 생활, 이 모든 것이 기도로 형성되어야 한다. 기도의 강력한 힘이 교회의 기도하는 지도자들에게서 뚜렷이 나타나야 한다. 기도해야 하는 지속적인 의무는 특별히 교회 지도자들에게 지워진다. 지극히 이 중요한 진리를 깨닫고 그 사실을 중시하는 교회는 지혜로운 교회가 될 것이다.

하나님은 무엇보다 교회의 지도자들 가운데서 기도에서 으뜸인 지도자들, 기도가 습관이 되어 있고 특징이 되어 있는 사람, 기도의 지극히 중요함을 아는 사람을 필요로 한다. 그러나 지도자들에게는 기도가 습관에 그치지 않고 사람의 특징이 되는 것에 끝나지 않고 기도가 스며 있어야 한다. 즉 생활이 기도로 형성되고 틀이 잡혀야 하며, 마음과 생활이 기도로 형성되어야 하는 것이다. 이런 사람들, 오직 이런 사람들만을 하나님께서는 하나님 나라를 진척시키고 당신의 메시지를 사람들 마음에 심는데 사용하실 수 있다.

4

하나님은 기도하는 사람을 필요로 하신다

이제 우리는 교회가 하나님의 뜻을 붙들고 교회가 하나님께서 쓰시기에 합당하도록 만드는데 기도하는 지도자들이 필요하다고 단언한다. 기도하지 않는 지도자들이 비영적인 상태를 형성하는데 이바지하듯이 기도하는 지도자들은 교회의 영성을 보존한다. 교회는 단순히 그 존재 사실이나 그 사명만으로 영적인 기관이 되는 것이 아니다. 교회가 대를 이어서나 세습에 의해서 교회의 신성한 사명을 고수하게 되는 것이 아니다. 중생과 마찬가지로 그것은 "혈통으로나 육정으로나 사람의 뜻으로 나지 아니하고 오직 하나님께로서" 난다.

교회가 단지 영적인 가치들과 관계가 있고 그런 것을 다루기 때문에 영적인 것이 아니다. 교회는 수많은 사람들에게 견진례를 베풀고, 세례식을 점점 더 많이 거행하면서도 교회의 참된 사명을 수행하는 일에서는 아주 멀리 떨어져 있을 수 있다.

오늘날 세상의 이 같은 일반적인 태도 때문에 기도가 중요하지 않고 모호한 것이 된다. 그런 태도 때문에 구원과 영원한 생명이 뒷전으로 밀려난다. 그러므로 교회에 가장 필요한 존재는 돈 많은 사람이나 머리가 뛰어난 사람이 아니라 기도하는 사람이라는 사실은 아무리 자주 강조해도 지나치지 않는다. 종교계의 지도자들을 평가할 때는 그들의 재력이나 사회적 지위로 할 것이 아니라 그들의 기도 습관으로 평가해야 한다. 교회 활동의 전면에 나서야 하는 사람들은 무엇보다 기도할 줄 아는 사람이어야 한다.

하나님은 교육을 많이 받은 사람이나 부자나 사업 수완이 있는 사람을 데리고 일을 하시지 않는다. 지력이 뛰어난 사람이나 교양이 풍부한 사람 혹은 사회적 지위나 영향력이 큰 사람을 통해 당신의 일을 수행하시지 않는다. 이런 모든 자질들을 제일 중요한 요소로 여기지 않는다면 그런 사람들도 가치 있게 사용될 수 있다. 이들이 지닌 자질이나 조건들 자체만 가지고서 이들이 하나님의 일에 뛰어들거나 하나님의 뜻을 이룰 수 없다. 다른 어떤 이보다 기도의 사람들이 세상에서 하나님 나라를 진척시키는데는 반드시 필요한 존재이다. 다른 어떤 사람도 그 일에 적합하지 않고 그 나라의 일을 행하지 못할 것이다. 다른 일들에는 뛰어나고 영향력이 있지만 기도에는 변변찮은 사람들은 전능하신 하나님께서 이 세상, 곧 하나님의 세상에서 하나님의 교회를 위해 행하도록 정하신 일을 할 수 없다.

하나님을 나타내고 이 세상에서 하나님을 대신하며 하나님 나라를 세울 사람들은 무엇보다 기도의 사람이어야 한다. 그들이 다른 무엇을 가졌거나 다른 무엇이 부족할 수 있을지라도 그들은 기도의 사람이어야 한다. 다른 것은 다 가졌어도 기도가 없으면 실패하고 만다. 기도는 가졌으되 다른 모든 것이 없다면 성공할 수 있다. 거룩한 사명을 맡는 사람들의 성품과 행동에서는 기도가 가장 뚜렷하고 가장 유력한 요소가 되어야 한다. 하나님의 일에는 기도에 숙달된 사람이 필요하다.

그리스도의 제자들이 성경의 권위와 명령으로 요구받는 기도의 일이 많은 사람들에게는 힘든 소명이라는 사실을 늘 기억해야 한다. 하나님이 필요로 하시고 신뢰하는 사람들은 세상적인 소명에 힘쓰듯이 기도에 힘쓰는 사람들이다. 이들은 자신의 세속적 직업을 추구하듯이 이 기도의 일을 **철저히 추구해야** 한다. 기도에 성공하려면 부지런함, 인내, 진심어림, 용기가 있어야 한다.

복음의 약속으로 확보하고 복음의 척도로 정의되며, 복음의 보물로 대표되는 것은 무엇이든지 기도로 얻을 수 있다. 모든 고지(高地)는 기도로 올라가고, 모든 문은 기도로 열리며, 모든 승리는 기도를 통해 얻고, 모든 은혜는 기도에 수반된다. 하늘은 그 모든 선과 도움을 기도하는 사람들을 위

4. 하나님은 기도하는 사람을 필요로 하신다

해 간직하고 있다.

사람들을 공공연히 구제하고 기도하는 자기 과시에서 떠나 골방으로, 곧 문을 닫고 고요한 가운데 홀로 하나님께 기도드리는 곳의 은밀함으로 가라고 하시는 그리스도의 명령은 참으로 인상적이고 강력하다!

모든 시대에, 세상에서 하나님의 뜻을 수행한 사람들은 기도의 사람들이었다. 기도의 시대는 하나님께 평온한 시대이다. 하나님의 마음과 맹세, 영광이 모든 무릎이 하나님께 무릎 꿇어야 한다는 명령에 맡겨져 있다. 주의 날은 무엇보다 우주적인 기도의 날이 될 것이다.

하나님의 뜻은 하나님의 능력이 부족해서 어려움을 겪는 것이 아니라 사람에게 기도의 능력이 부족한 탓에 곤란을 겪는다. 하나님께서 아비멜렉에게 "아브라함이 너를 위하여 기도하리니 네가 살려니와"라고 말씀하셨듯이 오늘날도 하나님의 행동은 기도에 의해 상당히 좌우된다. 그것은 또한 하나님께서 욥의 친구들에게 "내 종 욥이 너희를 위하여 기도할 것인즉 내가 그를 기쁘게 받으리니"라고 말씀하셨을 때와 같은 것이다.

인류의 구속을 위한 하나님의 위대한 계획은, 그 운동을 일으키는 명령이 성부 하나님으로부터 발행될 때 "내게 구하라 내가 열방을 유업으로 주리니 네 소유가 땅 끝까지 이르리로다"는 우주적이고 영원한 필수적인 조건을 전면에 내세우셨을 때처럼, 그 운동의 번창과 성공이 주로 기도에 달려 있다.

교회에 이름이 등록되어 있는 많은 사람들이 기도하지 않는다는 놀라운 일이 많은 곳에서 발생하였다. 교회 활동에서 높은 지위를 차지하는 사람들은 기도하는 사람들이 아니다. 교회 일의 대부분을 골방에 거의 들어가지 않는 사람들이 행하고 있다는 사실은 크게 두려워해야 할 일이다. 그런 일이 성공하지 못한다는 것은 이상한 일이 아니다.

교회에서 많은 사람들이 기도를 한다는 것이 사실일 수 있지만 그들의 기도가 판에 박은 듯이 똑같다는 것도 사실이다. 그들의 기도가 감정은 충만할지 모르나 생기가 없고 소심하며 기도의 불이 없다. 이런 기도조차 기도 모임에서 간혹 볼 수 있는 애쓰는 몇몇 사람들이 드리는 형편이다. 대교회에서 중요한 인물로 이름이 거론되는 사람들은 기도 습관으로 유명한 사람들이 아니다. 그럴지라도 이들이 종사하고 있는 일의 전 구조는 필연적으로 기도에 달려 있을 수밖에 없다. 이러한 상황은 침략하는 적을 앞에 두고 나라가 싸울 능력이 없고 전쟁을 수행하는 데 사용할 무기에 대한 지식이 없다면 일어날 위기와 비슷하다.

인간 구속을 위한 모든 계획에서 하나님은 사람들에게 **기도하라**고 제안하신다. 사람들은 도처에서, 곧 교회에서, 골방에서, 가정에서, 거룩한 날이나 세속적인 날이나 모두 기도해야 한다. 모든 것이 사람들이 얼마만큼 기도하느냐에 달려 있다.

기도는 생활의 특징이고 주요 동기이다. 우리는 살아있으므로 기도하고, 기도하므로 살아있다. 생활이 골방의 모습보다 아름다울 수 없을 것이다. 생활의 수은주는 골방의 온기로만 올라갈 것이다. 계속해서 기도하지 않으면 필연적으로 생명은 영점 이하로 기온이 떨어지고 만다.

기도의 조건들을 판단하고 숙고해 보면 많은 사람들이 기도하지 않는 이유를 쉽게 발견하게 될 것이다. 기도의 조건들은 너무 완벽하고 너무 신성해서 그 조건을 충족시킬 수 있는 사람은 거의 없다. 모두가 찬사를 보내는 마음, 심지어 원수까지도 사랑으로 생각하고 기도로 관심을 갖는 마음, 신랄함이나 복수, 시기가 모두 깨끗이 씻겨진 마음, 그런 마음은 거의 없다! 그럴지라도 사람이 기도의 능력을 요구할 수 있는 마음의 상태와 심정이 있다.

믿을 만한 기도를 위해 정해진 조건들이 몇 가지 있다. 사람들은 "거룩한 팔을 들어" 기도해야 한다. 여기서 팔은 생활을 상징한다. 악행의 얼룩으로 더럽혀지지 않은 손은 죄로 더럽혀지지 않은 생활을 상징한다. 이와 같은 모습으로 사람들은 하나님의 어전에 나오고 지극히 높으신 보좌 앞에 가까이 나와야 한다. 그곳에서 사람들은 "긍휼하심을 받고 때를 따라 돕는 은혜를 얻을" 수 있다. 사람들이 기도하지 않는 이유는 이것이다. 이들은 마음이 너무 세속적이고 생활이 너무 세상적이어서 골방에 들어갈 수 없다. 골방에 들어간다고 할지라도 이들은 "역사하는 힘이 많은 의인의 간구를" 드릴 수 없다.

다시 한 번 하는 말이지만 "손"은 간구를 상징한다. 손을 뻗치는 것은 서서 도움을 바라고 호소하는 것이다. 그것은 하나님 앞에 서서 자비와 은혜를 호소하는 무력한 영혼의 소리 없는 웅변이다. 또한 "손"은 활기와 능력과 행위를 상징한다. 여기서 '거룩하다'는 말은 더럽혀지지 않다, 얼룩이 없다, 흠이 없다, 종교적으로 모든 의무를 다 지킨다는 것을 의미한다. 육신적인 정욕으로 더럽혀졌고, 세상적인 방종으로 때묻고 마음과 행실이 거룩하지 못한 사람, 죄를 사랑하고 세상적인 마음과 육신적인 경향을 지닌 사람의 성품과는 얼마나 거리가 먼지! "공평을 추구하는 자는 공평을 행해야 한다"는 것이 세상 법정의 격언이다. 그와 같이 하나님의 선한 선물을 구하는 자는 하나님의 선한 행위를 실천해야 한다. 이것이 하늘 법정의 격언이다.

기도는 감수성이 예민해서 언제나 기도하는 사람의 성품과 행실에 영향을 받는다. 물은 수면 위로 올라갈 수 없고, 흠 없는 기도가 더러워진 마음에서 흘러나올 수 없다. 곧은 기도가 구부러진 행위에서 생기지 않는다. 사람, 곧 기도 이면에 있는 그 사람의 진면목이 그의 간구에 성격을 부여한다. 소심한 마음이 담대한 기도를 드릴 수 없다. 더럽혀진 마음이 깨끗하고 순결한 간구를 드릴 수 없다.

기도를 형성하는 것은 말도 아니고 생각도 사상도 느낌도 아니다. 성품과 행실이 기도를 형성한다. 기도를 잘 할 수 있으려면 의롭게 행해야 한다. 나쁜 성품과 불의한 생활은 기도를 무너뜨려 단순한 구호에 지나지 않게 만든다. 기도는 기도하는 사람의 생활로부터 기도의 격조와 활력을 취한다. 성품과 행실이 쇠퇴하고 있으면 기도는 거의 생존할 수가 없다. 하물며 번성하는 것이야 생각도 못할 일이다.

평신도든 설교자든 기도의 사람은 하나님께서 신뢰하는 사람이다. 영적 일의 영역에서 그 사람은 조건을 갖추고 운동을 시작하며 일을 일으킨다.

모든 사람이 창조되었고 구속받아야 한다는 사실과 조건 때문에 모든 사람이 기도의 의무 아래 있다. 사람은 누구나 기도할 수 있고 기도해야 한다. 그러나 하나님 나라의 일에 대해서는 이렇게 말할 수 있을 것이다. 하나님의 교회에서 기도하지 않는 사람은 신체적으로 마비된 사람과 같다. 그는 성도의 교제 밖에 있고 하나님과 조화를 이루지 못하며, 인류를 향한 하나님의 목적에 일치하지 않는 사람이다. 기도하지 않는 사람은 사기가 꺾인 군인이 전투의 날에 자기 부대에 골칫거리가 되는 것처럼 전 체제의 활력과 생명을 방해한다. 기도가 없으면 영혼의 모든 생명력이 줄어들고, 신앙이 불구가 되며 거룩한 생활을 하지 못하고 하늘이 가려진다. 성경에는 기도하는 성도와 기도하지 않는 사람 사이에 뚜렷한 경계선이 그어져 있다. 기도하는 성도인 메들리(Madeley)의 플레처(Fletcher)에 대해 이런 기록이 있다.

    플레처는 거룩한 사역에서 그의 많은 동료들보다 훨씬 더 많은 수고를 하였다. 그러나 그 수고도 그가 은밀한 가운데 전념한 기도와 간구의 내적 수고에 비하면 하찮은 것에 불과하다. 이 기도와 간구는 거의 중단됨이 없이 계속 이어지곤 했다. 플레처는 기도의 영 가운데 살았고, 어떤 일을 하고 있든 이 기도의 영은 모든 일을 통해 항상 나타났다.
    이 기도의 영 없이는 어떤 계획도 세우지 않았고 어떤 의무도 시작하지 않았다. 기도하지 않고는 어떤 책도 읽지 않았고 아무하고도 대화하지 않았다. 기도 없이는 누구도 방문하지 않았고 누구의 방문도 받지 않았다. 보통의 경건 시간을 지나 계속 탄원을 드린 시기들이 있었다. 그때는 변화산상에 계셨던 주님처럼 온 힘을 쏟아 기도하고 있는 동안에 그의 용모가 변하였고 그의 얼굴은 천사의 얼굴처럼 보였다.

하나님이여, 존 플레처 같은 기도의 사람들을 더 많이 일으켜 주옵소서! 오늘날 하나님께서 당신의 일에 사용할 수 있는 사람들이 얼마나 필요한지!

5

기도하지 않는 그리스도인들

오늘날은 그리스도인 사업가들이 자신의 세속적인 일에 기도의 영을 주입해야 할 필요성이 너무도 절실하다. 그리스도 교회 교인들 가운데 거의 모든 분야에서 성공한 사업가들이 아주 많은데, 지금은 이들이 이 문제에 유의하기에 적합한 때이다. 이것은 달리 말하자면 "사업에 하나님을 끌어들이기"이다. 즉 모든 세상사에서 하나님의 임재를 인식하고 하나님을 두려워하는 것이다. 우리는 매장과 경리실에 기도실의 분위기를 퍼뜨릴 필요가 있다. 기도의 거룩함이 사업에 스며들게 해야 한다. 우리는 주일의 영을 월요일로 이월하고 토요일까지 계속 유지할 필요가 있다. 그러나 이것은 기도하지 않는 사람은 할 수 없고 오직 기도의 사람만 할 수 있는 일이다. 우리는 기도실에 들어갈 때 가지고 가는 경외심과 책임감을 가지고 사업에 임하는 사업가가 필요하다. 탐욕이 없고, 세상사에 온 마음으로 하나님을 모셔들이는 사람이 너무도 필요하다.

사람들은 기도가 사업적인 방법과 세상적인 책략과 경쟁하기에는 너무 무기력하다고 생각한다. 그와 같이 오도하는 교훈에 대해 바울은 하나님의 전체 명령, 예수 그리스도께 대한 충성, 경건한 성품에 대한 요구, 세상 구원에 대한 요구를 제시한다. 이것이 인생의 가장 중요한 일이며, 하나님께서 무엇보다도 사람들을 불러 하게 하신 일이다.

기도하는 사람들은 세상에서 하나님의 대리인들, 곧 세상에 특수한 임무를 행하도록 파견된 천국 정부의 대표자들이다. 성령과 하나님의 천사들이 인류의 구속을 수행하는 하나님의 대리인들이지만, 하나님의 대리인들 가운데는 반드시 기도하는 사람들도 들어 있다. 하나님께서는 그런 사람들을 크게 쓰시기 때문이다. 하나님께서는 이들을 크게 이용하실 수 있고, 과거에 이들을 통해 놀라운 일들을 하셨다. 이들은 세상에서 하나님의 목적을 수행하는 도구들이다. 이들은 하나님의 메신저요, 파수꾼이며 목자요 직공으로 부끄러워할 필요가 없는 사람들이다. 자기가 맡은 위대한 일을 위해 온전히 준비된 사람들은 하나님을 명예롭게 하고 세상을 복되게 한다.

이 모든 것 외에, 그리스도인 남녀는 첫째로 기도에서 지도자들이 되어야 한다. 그들이 다른 어떤 활동에서 두각을 나타낼지라도 기도에서 두드러지지 못하면 실패한다. 이들은 머리와 마음을 기도에 바쳐야 한다. 그리스도 교회의 프로그램을 만들고 세우는 사람들, 교회 활동의 노정을 세밀하게 계획하는 사람들은 그 자신이 기도로 형성되고 다듬어져야 한다. 교회의 재정과 생각과 활동을 관리하는 사람들은 모두가 기도의 사람들이 되어야 한다.

이 세상에서 하나님의 일의 완성을 향해 나아가는 진보에는 기본적으로 두 가지 원칙이 있다. 즉 주시는 하나님의 능력과 구하는 사람의 능력이 그것이다. 여기서 어느 것 하나라도 실패하면 세상에서 하나님의 일이 성공하는데 치명적인 원인이 된다. 하나님께서 행하거나 주실 수 없으면 인류의 구속은 끝장나고 말 것이다. 마찬가지로 사람이 기도하지 않는다면 그 계획이 제한될 것이다. 그러나 행하고 주시는 하나님의 능력은 실패한 적이 없고 실패할 수도 없다. 하지만 구하는 사람의 능력은 실패할 수가 있고 종종 실패한다. 그러므로 세상을 얻어 그리스도께 바치는 일을 실현하기 위한 진행이 더딘 것은 전적으로 사람들의 구함이 제한되어 있기 때문이다. 그래서 세상에서 하나님의 온 교회가 기도에 전념할 필요가 있다. 무릎 꿇은 교회가 천국을 세상에 가져올 것이다.

우리를 위하여 행하시는 하나님의 놀라운 능력을 바울은 지극히 포괄적인 진술로 표현한다. "하나님이 능히 모든 은혜를 너희에게 넘치게 하시나니 이는 너희로 모든 일에 항상 모든 것이 넉넉하여 모든 착한 일을 넘치게 하게 하려 하심이라."

"하나님이 능히 모든 은혜를 너희에게 넘치게 하시나니"라는 놀라운 말씀을 연구해 보기를 바란다. 즉 하나님께서는 그처럼 풍성하게 주실 수 있어서 우리가 모든 선한 일에 풍성하도록, 넘치도록 하시게 한다는 말씀이다. 왜 우리는 넘쳐흐르는 이 명령대로 좀더 충분하게 얻지 못하는가? 그 답은 기도의 능력이 부족하다는 것이다. "우리가 얻지 못함은 구하지 아니하기" 때문이다. 우리는 기도에 실패하기 때문에 허약하고 연약하며 가난하다. 하나님은 우리가 기도하지 않음으로 제한을 받기 때문에 행하시는 일에 제한을 받으신다. 천국을 얻는 일에 실패하는 것은 모두가 기도하지 않거나 잘못 구한 것에 원인이 있다.

기도는 그 범위가 넓어야 한다. 기도는 다른 사람들을 위해 탄원해야 한다. 다른 사람들을 위한 도고는 모든 참된 기도의 보증이다. 기도가 순전히 자신과 자신의 개인적인 필요만을 위해서 드려질 때 그 기도는 하찮음과 편협함과 이기주의 때문에 시들고 만다. 기도는 넓고 이기적이지 않아야 한다. 그렇지 않으면 기도는 소멸하고 말 것이다. 기도는 사람의 영혼이 다른 사람을 위해 탄원할 마음이 생긴 것이다. 기도는 자기 영혼의 영원한 유익에 관심이 있을 뿐만 아니라 본래 다른 사람들의 영원한 영적 복지를 위해서도 관심을 가져야 한다. 자신을 위해 기도하는 능력은 기도 가운데서 다른 사람들을 위해 표현하는 동정심에서 그 절정을 이룬다.

디모데전서 2장에서 사도 바울은 영향력 있는 지위와 권세 있는 위치를 차지하고 있는 사람들은 기도에 전념해야 한다고 특별히 강조한다. "그러므로 각처에서 남자들이 기도하기를 원하노라." 이것은 교회의 남자들에게 주시는 고귀한 소명이다. 우리가 그리스도인 남자들을 은밀한 기도라는 지극히 중요한 소명에서 면제시켜 줄 수 있을 만큼 매력적이고 마음을 끌 다른 귀중한 소명은 없다. 그 어떤 것도 기도의 위치를 차지할 수 없다. 기도는 중요성의 면에서나 시간의 면에서 최우선이고 제일 먼저이다. 기도의 의무에서 면제받을 만큼 지위나 은혜에서 높이 있는 사람은 없다. 어떤 사람이든, 혹은 어떤 직무를 맡고 있든 기도하지 않아도 될 만큼 대단한 사람은 없다. 이 세상에서 기도를 하지 않아도 될 만큼 높고 존귀한 사람도 없고 비천하고 낮은 사람도 없다. 하나님의 일을 수행하는 데는 모든 사람의 도움이 필요하다. 기도하는 각 사람의 기도가 전체를 증가시키는데 도움이 된다. 지위나 재능, 권세에서 지도자인 사람들은 기도에서 우두머리가 되어야 한다.

시민의 지도자들과 교회의 지도자들이 이 세상사의 진로를 결정한다. 그래서 시민 지도자들과 교회 지도자들은 영과 마음과 행실이 하나님 백성들의 기도로 진리와 의로 형성될 필요가 있다. 이것은 바울의 다음 말씀과 직접적으로 맥락을 같이 한다.

> 그러므로 내가 첫째로 권하노니 모든 사람을 위하여 간구와 기도와 도고와 감사를 하되 임금들과 높은 지위에 있는 모든 사람을 위하여 하라.

교회 정치가 거룩한 기도를 대신하고 하나님 나라의 통치를 대신하며 사람을 지위에 올리기도 하고 권세도 쥐어주는 오늘날은 의인에게 슬픈 날이다. 왜 모든 사람을 위하여 기도하는가? 하나님께서 모든 사람을 구원하시기 원하기 때문이다. 세상에 있는 하나님의 자녀들은 하나님의 뜻에 맞게 기도해야 한다. 기도는 하나님의 뜻을 수행하는 것이다. 하나님은 모든 사람이 구원받기를 바라신다. 하나님의 마음은 이 한 가지 일에 쏠려 있으시다. 우리의 기도는 하나님의 뜻을 일으키고 나타내는 것이 되어야 한다. 하나님께서 사람을 사랑과 관심과 인류를 구속하시려는 계획으로 붙잡으시듯이 우리는 기도로 인류를 붙잡아야 한다. 우리의 동정심과 기도와 노력과 간절한 소원은 넓고 관대하며 세계적이고 존엄한 하나님의 뜻과 나란히 달려야 한다.

그리스도인 남자는 모든 일에서 무엇보다 하나님의 뜻을 따라야 한다. 이 고귀한 헌신이 인류를 구원하는 일에서만큼 명백히 드러나는 곳은 없다. 세상에서 하나님의 대리인으로서 하나님과 함께 일하는 이 고귀한 협력은 모든 사람을 위한 기도에서 가장 온전하고 풍성하고 효과 있게 발휘된다.

사람들은 모든 사람을 위해 기도하되 특별히 교회와 국가의 통치자들을 위해 기도해야 한다. 그래서 "우리가 모든 경건과 단정한 중에 고요하고 평안한 생활을 할 수 있도록" 해야 한다. 밖에도 평강이요 안에도 평강이 있기를 바라는 것이다. 기도는 소동하는 세력을 잔잔하게 만들고 고통스러운 두려움을 누그러뜨리며 갈등을 끝낸다. 기도는 혼란을 없애는 경향이 있다. 외적인 갈등이 있을지라도 영혼의 성채 속에 깊은 평안을 갖는 것이 잘하는 일이다. "우리가 고요하고 평안한 생활을 하려 함이니라." 기도는 내적 평온함을 가져오고 외적 안정을 이끌어낸다. 기도하는 통치자들과 기도하는 국민들이 있다면 그들은 온 세상에 걸쳐 난폭한 세력들을 진정시키고 전쟁을 그치게 하며 평화가 넘치도록 만들 것이다.

우리는 모든 사람을 위하여 기도하여 우리가 "모든 경건과 단정한 중에" 생활할 수 있도록 해야 한다. 즉 경건과 진중함을 가지고 살 수 있도록 해야 한다. 경건이란 하나님을 닮는 것이다. 경건하다, 하나님을 닮는다는 것은 내적 본성에 하나님의 형상을 각인시키고 행실과 기질에서 하나님을 닮은 모습을 보이는 것이다. 전능하신 하나님은 최고의 모범이며, 하나님을 닮는다는 것은 가장 고상한 성품을 갖는 것이다. 기도는 우리를 하나님의 형상으로 빚으면서 동시에 우리가 다른 사람들을 위하여 기도하는 만큼 다른 사람들도 하나님의 형상으로 빚는 경향이 있다. 기도는 하나님을 닮는 것을 뜻하며, 하나님을 닮는 것은 그리스도를 사랑하고 하나님을 사랑하는 것이며, 영과 성품과 행실에서 성부와 성자와 하나가 되는 것이다. 기도는 여러분이 하나님을 닮을 때까지 하나님과 함께 머무는 것이다. 기도는 경건한 사람을 만들며, 사람 속에 "그리스도의 마음" 곧 겸손과 자기 포기, 봉사, 동정, 기도의 마음을 집어넣는 것이다. 우리가 진정으로 기도한다면 우리는 더욱 하나님을 닮게 되고 그렇지 않으면 기도하기를 그칠 것이다.

"각처에서 남자들은 기도해야 한다." 즉 골방에서, 기도 모임에서 가정 예배에서 "분노와 다툼이 없이 거룩한 손을 들어" 기도해야 한다. 여기에는 사람이 기도해야 한다는 의무만이 아니라 기도해야 하는 방법에 대한 지시까지도 규정되어 있다. "사람이 분노 없이 기도해야 한다." 즉 이웃이나 형제를 빈정대는 일이 없이, 완고하거나 무례히 행하는 일 혹은 악감정이 없이, 육체적 본성의 불길로 일어난 악의나 악한 감정 없이 기도해야 한다는 것이다. 기도는 이같이 미심쩍은 것들을 가지고 해서는 안 되며, 그런 악한 감정들이 들어 있어서도 안 되고, 그런 것들 "없이", 그런 것들과는 완전히 떨어져서 기도해야 한다. 이것이 사람들이 요청 받는 기도이며, 하나님께서 들으시고 하나님을 설득시키며 일을 이루는 기도이다. 그리스도인 남자들 손에 맡겨진 이런 기도는 하나님의 은혜로운 목적을 수행하고 하나님의 구속 계획을 실행하기 위한 하나님의 손에 맡겨진 하나님의 대리인이 된다.

기도는 사람의 본성보다 태생이 고귀하다. 천사의 본성과 구별된 인간의 본성을 의미하든 혹은 거듭나지 않고 변화되지 않은 인간 육신의 본성을 의미하든 이것은 사실이다. 기도는 육신적인 마음의 영역에서는 생기지 않는다. 그러한 본성은 기도에 전혀 맞지 않는데 이는 순전히 "육신의 생각은 하나님과 원수가 되기" 때문이다. 우리가 기도하는 것은 새 영을 통해서이다. 이 새 영은 위 세계의 향기가 스며들어 있고 하늘의 설탕으로 달콤해지고 수정 바다의 바람으로 활기를 얻은 영이다. 이 "새 영"은 하늘로부터 타고나서 하늘의 것들을 사모하며 하나님의 숨결로 영감을 얻는다. 육신의 모든 옛 본질들, 곧 거듭나지 않은 본성이 기도하는 기질에서 쫓겨나고, 하나님의 불이 세상 정욕을 불사르는 불길을 일으키고, 성령의 본질이 영혼에 주입될 때 그 기도는 분노를 모른다.

남자들은 또한 "의심 없이" 기도해야 한다. 영어 개역 성경은 이 구절을 "논쟁 없이"라고 번역하고 있다. 하나님을 믿는 신앙이나 하나님 말씀에 대한 신앙에는 "의심이 없어야" 한다. 마음에 의심이나 논쟁이 있어서는 안 된다. 이견이나 망설임이 있어서는 안 되며, 캐묻고 따지는 일이 있어서는 안 되며 지적 핑계나 반역이 있어서는 안 된다. 영으로 하나님께 엄격하고 확고한 충성을 바쳐야 하고 하나님 말씀에 대해 마음으로나 지적으로 충성된 생활을 해야 한다.

하나님은 믿는 사람, 곧 예수 그리스도께 대해 살아있고 변화시키는 믿음을 간직하고 있는 사람과 깊은 관계를 맺는다. 이들이 하나님의 자녀이다. 아버지는 자녀들을 사랑하고 자녀들의 필요한 것을 공급하며 자녀들의 부르짖음을 듣고 요청에 응답한다. 자녀는 아버지를 믿고 사랑하며 신뢰하

5. 기도하지 않는 그리스도인들

고 아버지가 자기의 요청을 들어 줄 것을 의심 없이 믿고 필요한 것을 아버지께 구한다. 하나님은 자녀의 기도에 응답하는데 필요한 모든 것을 갖추고 계신다. 자녀들의 고난에 하나님은 관심을 보이며 자녀들의 기도에 하나님은 깨어 들으신다. 자녀들의 목소리를 하나님은 즐거이 들으신다. 하나님은 자녀들이 기도하는 것을 즐거이 들으며, 자녀들의 기도에 응답하는 것만큼 행복한 것이 없다.

  기도는 하나님께서 들어주시기를 바라고 구하는 것이다. 기도를 듣고 응답하시는 것은 사람이 아니라 하나님이시다. 기도는 인간이 필요로 하는 모든 범위를 다룬다. 그래서 "모든 일에 기도와 간구로 너희 구할 것을 하나님께 아뢰라"고 말씀하신다. 기도는 하나님 능력의 전 범위를 포함한다. 너무 힘들어서 하나님이 하시지 못할 일이 있겠는가? 기도는 인간이 호감을 갖는 특정 범위에만 국한되지 않고 인간이 필요를 느끼는 전 범위에 미치고 전 범위를 포함한다. 그 이유는 하나님께서 전 인류의 하나님이시기 때문이다. 하나님께서는 모든 인간의 신체적·지적·영적 필요를 모두 공급하겠다고 맹세하셨다. "나의 하나님이 그리스도 예수 안에서 영광 가운데 그 풍성한 대로 너희 모든 쓸 것을 채우시리라." 기도는 은혜의 소산이고 은혜는 모든 사람을 위한 것이며, 또한 각 사람을 위한 것이다.

6

기도하는 사람들이 귀하다

성경에서 기도에 대한 규정만큼 긴박한 요구는 없다. 성경에 들어 있는 권고 가운데 기도에 대한 것만큼 정성어리고 엄숙하며 감동적인 권고는 없다. "사람이 항상 기도하고 낙망치 말아야 한다"는 말씀만큼 강력하게 가르쳐진 원칙은 없다. 이 명령을 고려해서 그리스도인들이 어떤 일에 기도하는 사람들인가를 묻는 것이 적절한 일이다. 기도가 교회 학교에서 고정된 교과 과정인가? 주일학교나 가정, 대학에 기도 학교를 졸업한 사람들이 있는가? 교회가 기도라는 위대한 대학에서 학위를 받은 사람들을 배출해내고 있는가? 기도는 하나님이 필요로 하는 것이며 하나님이 명령하시는 일이다. 이들은 하나님께서 당신의 목적을 수행하고 세상에서 하나님 나라의 일을 실행하시기 위해 있어야 하는 그런 자격을 가진 사람들이다.

사람들이 행해야 할 필요가 있는 것은 간절한 기도이다. 마음도 담겨 있지 않고 힘도 없는 기도, 불도 끈기도 없는 기도는 스스로 인정한 자신의 목적을 이루지 못한다. 구약의 선지자는 굽힐 줄 모르는 기도가 필요한 시기에 스스로 분발하여 하나님을 붙잡는 사람이 없음을 한탄하였다. 그리스도께서는 우리에게 기도할 때 "낙망치 말라"고 명령하신다. 부주의하고 냉담한 태도는 기도에 큰 장애가 되는데, 기도를 실행하는 일에나 응답을 받는 과정에 모두 방해가 된다. 응답 받는 기도를 드리려면 담대하고 강력하고 두려움을 모르는 끈질긴 영이 필요하다. 산만함은 또한 효과를 떨어뜨린다. 지나치게 많은 간구는 긴장과 통일성을 깨트리며 태만을 키운다. 기도는 구체적이고 절박해야 한다. 전 존재를 빨아들이고 사람 전체를 불태우는 단일 목표는 적절하게 강제성을 띤 힘이 된다.

기도가 예수께서 오시기 전 시대에는 명령의 요소였다는 것과 그 시대의 지도자들은 기도의 사람이었다는 것, 하나님께서 자신에 대해 보이신 가장 강력한 계시는 기도를 통해서 온 계시였으며, 끝으로 예수 그리스도께서 개인의 사역에 있어서나 하나님과의 관계에 있어서나 항상 위대한 기도를 드리신 분이라는 사실을 아는 것은 쉽다. 주님의 수고와 통치는 기도하시는 것에 비례해서 충만히 넘쳐흘렀다. 주님의 기도의 가능성은 제한이 없었고 주님의 사역의 가능성도 마찬가지였다. 주님께도 기도가 필요했다는 사실은 주께서 공생애 기간에 늘상 기도하신 사실에서 알 수 있다.

성령의 시대는 무엇보다 기도의 시대이다. 따라서 기도는 반드시 필요하고 지극히 중대한 관계를 갖는다. 이 기도의 의무와 요구가 가장 큰 권위를 부여받고 기도의 가능성이 무한해졌으며, 기도의 필요성이 더할 수 없이 커진 것이 바로 이 후기 시대이지만 그렇다고 이전의 하나님의 모든 시대에서는 기도의 가능성과 필요성이 그만큼 적었던 것은 아니다.

오늘날 우리 시대는 기도하는 세대, 곧 하나님께서 당신의 크고, 가장 큰 운동을 좀더 충분히 세상에 일으키는데 쓰실 남녀를 절실히 필요로 한다. 주 우리 하나님께서는 스스로에게서는 제한을 받지 않으신다. 다만 우리의 믿음 없음과 기도의 연약함으로 인해 우리 속에서 제한을 받으신다. 지칠 줄 모르고 하나님을 구하는 그리스도인, 하나님께서 그 부르짖음을 들으시기까지 밤낮으로 하나님을 쉬시지 못하게 만드는 사람이 절실히 필요하다. 이 시대는 기도하는 사람, 곧 하나님의 영광을 갈망하는 사람, 하나님을 향하여 넓고 비이기적인 소원을 도무지 끌 수 없이 간직한 사람, 밤늦게 아침 일찍 하나님을 구하는 사람, 온 세상이 하나님의 영광으로 가득 찰 때까지 도무지 쉬지 않는 기도의 사람을 요구한다.

기도로 세상에 하나님의 최대 능력을 끌어오는 사람, 하나님의 약속이 풍성하고 충만한 결과로 꽃피게 만드는 사람이 필요하다. 하나님께서는 우리의 기도를 듣기를 기다리고 계시며 우리에게 기도로 하나님을 불러 일을 하시도록 하라고 명령하신다. 하나님께서는 고대 이스라엘에게 하셨듯이 오늘날 우리에게도 "이로써 자기를 시험하라"고 요구하고 계신다. 그것은 마치 하나님께서 기도하는 자기 백성들이 마음대로 하도록 그들 손에 자신을 맡기시는 것 같다. 정말로 그렇게 하시는 것 같다.

모든 기도의 지배적인 요소는 믿음인데, 뚜렷하고 기본적이며 강조되는 요소이다. 이러한 믿음이 없이는 하나님을 기쁘시게 할 수 없고 마찬가지로 기도할 수도 없다.

오늘날 영적 의무의 개념에 대해서는 마치 강단이 영적인 모든 짐을 다 지고 일반 교인은 좀더 낮은 영역에 속한 세속적이고 세상적인 일과 관련된 의무에만 관심이 있는 것처럼 강단과 회중석을 분리시키는 경향이 있다. 그러한 견해는 철저히 바로잡을 필요가 있다. 하나님의 뜻과 그 뜻에 따른 의무, 노력, 성공은 강단이나 회중석에나 똑같이 요구되는 바이다.

그러나 교회에 새로운 능력이 임하기 전에는 교인들이 마땅히 해야 하는 대로 기도의 짐을 지지 않는다. 교인들이 기도로 충만해지기 전에는 교회가 전적으로 하나님을 위하지 못할 것이다. 사업이나 정치, 법률, 사회에서 지도자 노릇을 하는 교인들이 기도에서도 지도자가 되기 전에는 교회가 하나님이 원하시는 모습을 갖출 수 없다.

하나님께서는 세상의 초기 운동들을 기도의 사람들과 함께 시작하셨다. 하나님은 자신의 신탁을 맡기고 약속된 메시야를 낳게 할 하나님의 택한 민족의 조상으로 그런 사람을 택하셨다. 하나님의 뜻을 수행하는 지도자 아브라함은 무엇보다 기도하는 사람이었다. 그의 행실과 성품을 생각해 보면 기도가 광야에서 이 위대한 하나님 백성의 지도자를 어떻게 지배하고 좌우하였는지 금방 알 수 있다. "아브라함은 브엘세바에 에셀 나무를 심고 거기서 영생하시는 하나님 여호와의 이름을 불렀으며." 아브라함이 장막을 치고 식구들과 한 동안 지낼 때마다 그곳에 희생과 기도의 제단을 쌓았다. 그의 신앙은 기도가 두드러지고 영구적인 요소로 있는 인격적인 신앙이자 가정 종교였다.

기도는 하나님 계시의 매개체이다. 하나님께서 구약 시대에 기도하는 사람들에게 자신을 계시하셨듯이 오늘날도 영적인 사람에게 자신을 나타내실 때 기도를 사용하신다. 하나님께서는 기도하는 사람에게 자신을 나타내신다. "네가 무슨 일을 하든지 하나님이 너와 함께 계시도다." 이것은 기꺼이 아브라함과 계약을 맺으려고 한 사람들의 명백한 확신이었다. 이 족장에 대해 일반적으로 갖고 있는 확신에서 이런 찬사가 나온 것이다. 즉 아브라함은 기도의 사람일 뿐만 아니라 하나님께서 응답하시는 기도를 드리는 사람이었다는 것이다. 이것은 교회 안에서 이루어지는 신적 통치의 개요이자 비결이다.

모든 시대에 걸쳐 하나님은 기도의 사람들을 써서 교회를 다스리셨다. 기도가 실패하면 하나님의 통치도 실패한다. 이미 보았듯이 믿는 자의 조상인 아브라함은 기도의 군주이자 제사장이었다. 아브라함은 하나님께 현저한 영향력을 갖고 있었다. 하나님은 아브라함이 기도하는 동안 복수를 미루고 계신다. 하나님의 자비가 중지되었다가 아브라함의 기도를 조건으로 허락된다. 하나님의 진노의 징벌이 이 이스라엘 지도자의 기도로 물러간다. 하나님의 행동이 하나님의 벗인 아브라함의 기도에 영향을 받는다. 아브라함은 의로운 기도로 말미암아 하나님의 지혜의 비밀을 들을 수 있도록 허락 받았고, 또 한편으로는 이 비밀에 대한 지식이 아브라함의 기도를 이끌어내고 강화한다. 아브라함에게 희생의 제단은 기도의 제단으로 견고하다. 그에게 기도의 제단은 희생의 제단을 거룩하게 한다. 아비멜렉에게 하나님께서 이렇게 말씀하셨다. "그는 선지자라 그가 너를 위하여 기도하리니 네가 살려니와."

그리스도인들은 사람들을 위하여 기도해야 한다. 한 번은 사무엘이 백성들에게 이같이 말했다. "나는 너희를 위하여 기도하기를 쉬는 죄를 여호와 앞에 결단코 범치 아니할 것이라." 하나님을 거절하고 사람 왕을 구한 이 범죄한 백성들로서는 이스라엘이 기도의 사람을 가졌다는 것은 다행한 일이다. 개인적인 은혜를 확대하는 왕도는 다른 사람들을 위하여 기도하는 것이다. 도고는 그 기도를 드리는 사람에게 은혜의 수단이 된다. 우리는 도고를 통해서 지극히 풍부한 영적 성장의 들판에 들어가고 영적 성장의 지극히 귀중한 부를 모은다. 사람들을 위하여 기도하는 것은 하나님께서 정하신 바이고 가장 고상한 기독교 봉사이다.

사람은 기도해야 하고 사람들을 위해 기도해야 한다. 물론 그리스도인은 모든 것을 위해 기도해야 하지만 사람이 사물보다 무한히 더 중요하듯이 사람들을 위해 기도하는 것이 무한히 더 중요하다. 그래서 사람들을 위한 기도가 사물들을 위한 기도보다 훨씬 더 중요하다. 이는 사람이 사물보다 하나님의 뜻과 예수 그리스도의 사역에 훨씬 더 깊은 관심을 갖고 있기 때문이다. 사람들에게 관심을 갖고 사람들을 동정하며 사람들을 위하여 기도해야 하는데, 이는 사람들을 위한 기도에는 동정, 긍휼, 관심이 앞서고 또 뒤따르기 때문이다.

이런 모든 사실들 때문에 기도가 아이들 장난이 아니라 정말로 큰 일이 되고, 부차적이고 하찮은 일이 아니라 중요한 일이 되는 것이다. 기도에 성공한 사람들은 기도를 업으로 삼은 사람들이다. 기도는 사람에게 시간과 생각과 정력과 마음을 요구하는 과정이다. 기도는 이 세상의 일이며 또한 영원을 위한 일이다. 기도하는 것은 다른 모든 일을 초월하는 일이고 다른 모든 소명과 직업과 업무에 앞서는 중요한 과업이다. 우리의 기도는 우리 자신과 모든 사람들, 사람들의 지극히 중요한 유익, 심지어 불멸의 영혼의 구원에도 관여한다. 기도는 영원에까지 영향을 미치는 과업이고 무덤을 초월하는 일이다. 기도는 하늘과 땅을 다 포함하는 일이다. 온 세상이 기도에 접촉되며 영향을 받는다. 기도는 하나님과 사람과 관계하고, 천사와 마귀와도 관계한다.

예수께서는 걸출한 기도의 지도자이셨고, 주님의 기도는 사람들의 기도를 일으켰다. 기도가 주님의 생애에서 얼마나 뚜렷한 위치를 차지하고 있는지! 주님의 지상 생애에서 주요 사건들은 기도가 특징적으로 뚜렷이 나타난다. 변화산상의 놀라운 경험과 영광은 기도에 뒤이어 일어났고 우리 주님께서 기도하신 결과였다. 우리는 주께서 기도하실 때 무슨 말씀을 하셨고 무엇을 기도했는지 모른다. 그러나 주께서 밤에 기도하셨고 오랜 시간 기도하셨다는 것은 분명한 사실이다. 어둠이 물러가고 주님의 형체가 초자연적인 광휘로 빛난 것은 주께서 기도하실 때였다. 모세와 엘리야가 주님께 복종하였는데, 율법과 예언에 복종한 것만이 아니라 기도에도 복종한 것이다. 어떤 누구도 주님처럼 기도하지 못했고, 주님 외에 그 누구에게도 하나님의 임재가 그처럼 영광스럽게 나타난 적이 없으며, 어느 누구에게도 "이는 내 사랑하는 아들이니 너희는 저의 말을 들으라"는 아버지 하나님의 계시의 음성이 그처럼 뚜렷하게 선포된 적은 없다. 기도의 학교에서 그리스도와 함께 있는 제자들은 복되다!

우리 가운데 얼마나 많은 사람들이 기도의 변화시키는 능력을 잘 알지 못한 탓으로 영광스런 변화산에 오르지 못하였는지! 얼굴을 빛나게 만들고 성품을 변화시키며 우중충한 세상의 옷마저도 하늘의 광채로 빛나게 만드는 것은 우리가 따로 가서 오랜 시간 간절히 드리는 기도이다. 그러나 그 이상으로 중요한 것은, 영원한 것을 현실적이고 가깝고 만질 수 있는 것으로 만들며, 영화롭게 된 방문자와 하늘의 이상을 가져오는 것은 참된 기도라는 사실이다. 이처럼 변화된 기도를 좀더 많이 드린다면 변화된 생활이 그처럼 희소하지 않을 것이다. 이같이 변화된 기도가 좀더 드려진다면 이러한 하늘의 방문자들이 찾아오는 일이 드물지 않을 것이다.

구속의 전 계획이 기도의 사람들에게 달려 있다는 사실을 교회는 잘 모르는 것 같다! 여기 세상에 있는 동안에 사도 바울의 사역과 마찬가지로 주님의 사역은 기도의 사람들, 곧 교회의 미래가 맡겨져 있는 사람들을 교훈과 모범으로써 교육하는 것이었다. 현대 교회가 이처럼 간단하면서도 지극히 중요한 교훈을 배우지 않고 대체로 간과해버렸다는 것은 참으로 이상한 일이 아닐 수 없다! 이제 우리는 영적 이스라엘의 그 놀라운 지도자, 곧 모범과 교훈으로써 우리에게 기도하라고 명령하시는 주 예수 그리스도에게로 다시 돌이키며, 기도의 습관과 기도의 교훈으로써 모든 시대 모든 나라의 하나님 백성들에게 전형과 모범이 된 위대한 이방인의 사도에게 다시 돌아가야 한다.

7

사역과 기도

설교자는 하나님의 지도자이다. 설교자는 거룩한 직무와 고귀한 목적을 맡도록 하나님께 부름 받은 사람으로서 무엇보다 교회의 상태에 책임을 진다. 모세가 이스라엘을 이끌고 애굽을 나와 광야를 지나서 약속의 땅에 들어가도록 부름을 받았듯이 하나님께서는 자기 사역자들이 영적 이스라엘을 이끌고 이 세상을 지나 천국에 이르도록 부르신다. 이들은 지도자가 되도록 하나님으로부터 위임을 받고 교훈과 모범으로 하나님 백성들에게 하나님께서 그들을 어떤 존재로 만드시려고 하는가를 가르쳐야 한다. 젊은 설교자 디모데에게 바울이 권한 지혜는 적절한 것이다. 바울은 이같이 말한다. "누구든지 네 연소함을 업신여기지 못하게 하고 오직 말과 행실과 사랑과 믿음과 정절에 대하여 믿는 자에게 본이 되라."

하나님의 사역자들이 교회의 성격을 결정하고 교회 활동에 색깔을 입히고 방향을 제시한다. 아시아에 있는 일곱 교회 각각에 보낸 편지 서문에 "교회의 사자에게"라는 말이 나오는데, 이는 사자 곧 사역자가 교인들과 같은 마음 상태와 생활 상태에 있었다는 사실과 이 천사들 혹은 사역자들이 각 교회에 나타나고 있는 현재 영적 상태에 대해 크게 책임이 있었다는 것을 가리키는 말로 보인다. 각각의 경우에 이 "사자"는 설교자, 교사, 혹은 지도자였다. 초대 그리스도인들은 이 책임을 아주 잘 알고 느꼈다. 이들은 엄청난 책임이 마음과 머리를 짓누르자 자신의 무력함을 뚜렷하게 느끼고서 "누가 이것을 감당하리요" 하고 외쳤다. 이러한 물음에 대한 유일한 답변은 "하나님만이 하신다"는 것이었다. 그래서 이들은 자신을 넘어 도움을 구하며 하나님을 확보하기 위해 기도에 전념하였다. 이들은 더욱 더 기도할수록 자신의 책임을 느꼈으며, 더욱더 기도로 하나님의 도움을 얻었다. 이들은 자신들의 충족함이 하나님께 있다는 것을 깨달았다.

기도는 매우 고귀하고 중요한 의미에서 사역에 속한다. 기도의 직무를 수행하려면 성품의 활력과 고결함이 필요하다. 기도하는 선지자는 하나님 백성의 역사에서 많은 경우에 드물었다. 모든 시대에 이스라엘에는 기도하는 지도자가 필요하였다. 하나님의 파수꾼은 언제 어디서나 기도의 사람이어야 한다.

사역자들이 소명의 책임을 느끼고서 하나님의 도움을 구하느라 자주 무릎 꿇는 모습을 보는 것은 놀랄 일이 아니다. 이들이야말로 진정한 하나님의 선지자들이며, 악하고 세상적인 마음을 가진 세대에게 하나님의 대변자로 서 있는 사람들이다. 기도하는 설교자들은 지극히 담대하고 지극히 진실되며 지극히 민첩한 하나님의 사역자들이다. 이들은 지극히 높은 곳에 오르며 자기를 부르신 이에게 지극히 가까이 있는 사람들이다. 이들은 더 빨리 나아가고 그리스도인의 생활에서 하나님을 가장 많이 닮은 사람들이다.

4복음서를 읽어보면, 우리 주님께서 성부 하나님의 품으로 돌아가신 후에는 제자들이 지게 될 엄청난 임무를 감당할 수 있도록 열두 제자들을 적절하게 구비시킬 일을 마땅히 가르치기 위해 쏟으신 엄청난 노력에 깊은 인상을 받지 않을 수 없다. 주님의 열망은, 생활과 마음이 거룩하고 자기가 맡은 사역에서 자신들의 힘과 능력이 어디로부터 오는 지를 잘 아는 사람이 교회에 생기기를 바라는 것이었다. 그리스도의 가르침의 많은 부분은 택한 이 사도들을 위한 것이었고 열두 제자를 훈련하는 일이 주님의 생각과 시간의 많은 부분을 차지하였다. 이 모든 훈련에서 기도가 기본 원리로 규정되었다.

우리는 동일한 이 사실이 바울 사도의 생활과 활동에도 그대로 적용되는 것을 본다. 바울 사도는 편지를 써보낸 교회의 덕을 세우는 일에 착수하면서 하나님 백성의 일을 맡을 사역자들을 바르게 가르치고 준비시키는 일을 염두에 두었다. 디모데전후서는 젊은 설교자에게 써보낸 편지이고, 디도서는 젊은 목회자에게 보낸 편지였다. 바울의 목적은 각각의 사역자에게 그들이 하나님의 성령으로 부름을 받아 맡은 사역의 일을 수행하는데 마땅히 필요한 가르침을 주려는 것이었다. 이런 교훈들 밑에는 기도라는 기초석이 있는데, 이것은 이들이 기도의 사람이 아니고서는 "진리의 말씀을 옳게 분변하여 부끄러울 것이 없는 일꾼으로 인정된 자로 자신을 하나님 앞에 드릴" 수가 없기 때문이다.

세상에서 이루어지는 하나님의 교회의 가장 고귀한 복지는 주로 사역자에게 달려 있다. 그래서 전능하신 하나님께서는 언제나 당신의 파수꾼들, 곧 설교자들을 지키기 위해 몹시 경계하셨다. 하나님은 제단에서 거룩한 일을 섬기는 사람들의 성품에 언제나 관심을 보였다. 이들은 하나님을 의지하고 바라보며, 사역을 효과적으로 감당하기 위해 끊임없이 하나님께 지혜와 도움과 능력을 구하는 사람들이어야 한다. 그래서 하나님은 기도의 사람들에게 거룩한 직무를 맡기셨고 이들이 맡은 일을 성공적으로 수행할 것으로 믿으셨다.

하나님의 크신 일은 그리스도께서 하셨듯이 수행해야 한다. 또한 하늘에 오르시고 높아지신 그리스도로부터 더욱더 능력을 받아 수행해야 한다. 하나님의 일은 기도로 행해야 한다. 사람은 하나님의 방식으로 하나님의 영광을 위해 하나님의 일을 해야 한다. 하나님의 일을 성공적으로 성취하는데 기도는 필수적이다.

설교자를 준비시키는 일에서 다른 무엇보다 중요한 것은 기도이다. 다른 무엇보다 설교자는 기도를 전문으로 하는 사람이어야 한다. 기도하지 않는 설교자는 설교자가 아니다. 그 사람은 자신의 소명을 잘못 알았거나 자기를 목회로 부르신 하나님을 몹시 실망시킨 사람이다. 하나님은 무식하지 않은 사람, 곧 "일꾼으로 인정된 자로 하나님 앞에 나타나려고" 하는 사람을 원하신다. 하나님의 말씀을 설교하는 것은 지극히 중요한 일이다. 사회적인 자질을 과소평가해서는 안 되고, 교육도 중요하다. 그러나 다른 무엇보다 나가서 이루 헤아릴 수 없는 그리스도의 부요를 방황하고 굶주린 세상에 전할 사람의 강단에서는 기도가 주요 강령이다. 우리 교회의 약점은 바로 이 점에 있다. 기도를 교회 생활과 활동에서 가장 중요한 요소로 보지 않고 다른 것들을 중시하는 것이다. 가장 중요한 것을 가장 앞에 놓아야 하는데, 사역자를 준비시키는 일에서 가장 중요한 것은 바로 기도이다.

우리 주님은 모든 설교자의 전형이시다. 그런 주님께 기도는 생활의 법칙이었다. 주님은 기도로 사셨다. 기도는 주님의 노고의 영감이었고, 힘의 원천이며 기쁨의 근원이었다. 우리 주님께 기도는 감상적인 대화가 아니었고 추가적인 표현도 아니었으며 즐겁고 재미있는 전주곡이나 막간극도 아니고 과시나 형식이 아니었다. 예수께 기도는 엄격하고 전력을 다하는 지극히 중요한 일이었다. 기도는 주님께 즐거운 의무를 지게 하는 부름이었고, 쉼 없는 갈망을 만족시키며 무거운 책임을 감당하도록 준비시키는 일이며 긴박한 필요를 채우는 일이었다. 주님께 기도가 이러하므로 제자들도 주님처럼 기도를 그렇게 여겨야 한다. 주님 자신이 그러하셨으므로, 주께서 제자로 부르신 이들도 그러해야 한다. 우리 주 예수 그리스도께서는 온 밤을 기도로 지샌 후에야 열두 사도를 택하셨다. 그래서 우리는 주님께서 목회로 부르시는 이들을 오늘날도 똑같이 고귀하게 여기신다고 확신할 수 있다.

예수님의 사역에서는 기도가 허약하거나 부차적인 위치를 차지하지 않았다. 기도가 제일 앞에 나온다. 즉 기도가 두드러지고 뚜렷하며 지배적이다. 홀로 하나님과 오랜 시간 친교를 갖는 기도의 습관과 기도의 영으로 볼 때 주님은 무엇보다 기도의 사람이셨다. 신약 용어에서 볼 때 주님의 지상 생애의 요점은 히브리서 5:7에서 한 문장으로 요약된다.

> 그는 육체에 계실 때에 자기를 죽음에서 능히 구원하실 이에게 심한 통곡과 눈물로 간구와 소원을 올렸고 그의 경외하심을 인하여 들으심을 얻었느니라.

사역자들의 주님이시요 선생이시고 사역자들이 섬기는 주께서 그러셨듯이 주님의 사역자들도 그래야 한다. 주님을 자신의 전형이요 모범이며 지도자요 선생으로 모셔야 한다. 많은 곳에서 "그리스도를 따라"라는 말을 하지만, 그 말이 마치 구원이 어떤 일을 행하는 특정한 방식으로 쌓여 있는 것처럼 방식과 의식에서 그리스도를 따르는 것으로 제한되는 경우가 많다. "주께서 친히 가신 기도의 길"은 우리가 그리스도를 따라가야 할 길이고 다른 어떤 길로 가서는 안 된다. 예수님은 하나님 백성들에게 지도자로 세움을 입으셨다. 다른 어떤 지도자도 주님만큼 기도의 가치와 필요성을 예증한 사람은 없다. 성부와 영광이 동등하시고, 성령으로 기름 부음을 받고 특별한 사명을 띠고 보내심을 받았고, 성육신 하셨으며 고귀한 사명을 맡고 왕으로서 기름 부음을 받으셨지만, 이 모든 사실에도 불구하고 주님은 기도해야 하는 엄격한 요구에서 면제되지 않으셨다. 도리어 이 모든 사실이 더 큰 권위로 주님께 기도하라는 요구를 부과하는 경향이 있었다. 주님은 기도의 짐에서 면제받기를 구하지 않으셨고 오히려 그 짐을 기꺼이 받아들이셨으며 그 요구를 인정하시고 자발적으로 그 요구에 순복하셨다.

주님의 지도력은 뛰어났고 주님의 기도도 뛰어났다. 기도가 없었더라면 주님의 지도력은 뛰어나지도 거룩하지도 않았다. 참된 지도력을 발휘하는 데 기도가 없어도 되었다면 틀림없이 주님은 기도 없이 지도력을 수행하셨을 것이다. 그러나 예수께서는 그렇게 하지 않으셨고, 기독교 활동에서 효과를 내기를 바라는 주님의 제자들이라면 누구도 자기 주님을 따르는 것말고 다른 일을 행할 수 없을 것이다.

예수 그리스도께서 친히 기도의 법을 지키어 기도를 실행하셨고, 주님의 비유와 기적이 기도를 설명하는 것에 지나지 않았지만 예수께서는 제자들에게 기도라는 특수한 기술을 직접 가르치려고 애쓰셨다. 주님은 설교하는 방법과 내용에 대해서는 별로 혹은 전혀 말씀하시지 않았다. 그러나 하나님께 말씀드리는 법과 하나님과 교제하는 법, 하나님과 함께 있는 법을 사람들에게 가르치는 일에는 힘을 쏟고 많은 시간을 내셨다. 하나님께 이야기하는 기술을 배운 사람들은 사람들에게 이야기하는데도 아주 숙달되리라는 것을 주님은 아주 잘 아셨다. 우리는 잠시 비켜서, 바로 이 점이 전혀 배움이 없었던 초기 감리교 설교자들이 놀라운 성공을 거둔 비결이었다고 말할 수 있을 것이다. 그러나 많은 한계점을 지니고 있었지만 그들은 기도의 사람이었으므로 하나님을 위해 놀라운 일을 행했다.

사람들에게 이야기할 수 있는 능력은 설교자가 사람들을 위해 하나님께 이야기할 수 있는 능력에 의해 평가된다. "골방에서 경작하지 않는 사람은 강단에서 수확을 거두지 못할 것이다."

예수 그리스도께서 제자들에게 기도의 훈련을 시키셨다는 사실을 제일 먼저 생각하고 강조해야 한다. 이것이 "열 둘을 훈련하였다"는 말의 참된 의미이다. 그리스도께서 세상의 설교자들에게 설교에 관해서보다 기도에 관해서 더 많이 가르치셨다는 점을 마음에 간직해야 한다. 기도는 복음을 전하는 일에서 중대한 요소였다. 기도는 다른 모든 요소를 보존하고 효과적으로 만들었다. 그리스도께서 기도를 강조하실 때 설교의 가치를 낮게 평가하시지 않았지만 설교가 전적으로 기도에 의존한다고 가르치셨다.

"그리스도의 직업은 기도이다"라고 마틴 루터는 단언하였다. 유대의 소년은 누구나 직업을 한 가지 배워야 했다. 예수 그리스도는 두 가지 직업을 배우셨는데, 목수의 직업과 기도의 직업이 그것이다. 목수의 직업은 세상 용도에 쓰였고, 기도의 직업은 더 고귀하고 거룩한 주님의 목적에 쓰였다. 유대인의 관습에 따라 소년 시절 예수님은 목수의 직업을 배우셨다. 그리고 하나님의 법은 아주 어린 시절부터 예수님께 기도의 의무를 지웠고 마지막까지 그 의무를 지게 하셨다.

그리스도는 그리스도인들의 모범이시다. 그러므로 그리스도인은 누구나 그리스도를 본받아야 한다. 설교자는 누구나 자기 주님이요 선생이신 예수님을 닮아 기도의 직업을 배워야 한다. 기도의 직업을 잘 배우는 사람은 그리스도인 기술의 비결을 숙달하고 하나님의 작업장에서 능숙한 직공이 되며 부끄러워 할 것이 없는 사람, 곧 자기 주님이시요 선생이신 그리스도와 함께 일하는 일꾼이 된다.

"쉬지 말고 기도하라"는 말씀은 우리 시대 설교자들에게 울려퍼지는 비상 나팔이다. 설교자들이 기도의 분위기 가운데서 생각하고 무릎을 꿇고 설교를 준비한다면 하나님의 영이 세상에 은혜롭게 넘칠 것이다.

설교에서 없어서는 안 될 한 가지 조건은 성령의 선물이다. 제자들이 예루살렘에 머무르라고 명령을 받은 것은 반드시 필요한 선물을 받기 위함이었다. 목회의 노력이 성공을 거두려면 이 선물을 받는 것이 절대적으로 필요하다는 사실은 최초의 제자들이 이 선물을 받을 때까지 예루살렘에 머물라는 명령을 받은 데서, 그리고 제자들이 간절한 기도로써 그 선물을 받았다는 사실에서 볼 수 있다. 제자들은 위로부터 능력을 받을 때까지 예루살렘에 머무르라는 주님의 명령에 순종하여 주께서 그들을 떠나 하늘로 올라가신 후에 곧바로 쉬지 않고 간절히 기도함으로써 그 선물을 받는 일에 착수하였다. "제자들이 여자들과 예수의 모친 마리아와 예수의 아우들로 더불어 마음을 같이 하여 전혀 기도에 힘쓰니라." 요한은 첫번째 편지에서 바로 이 일에 대해 언급한다. "너희는 거룩하신 자에게서 기름 부음을 받고"라고 요한은 말한다. 오늘날의 설교자들이 진지하게 바라고 기도하며, 그 거룩한 선물을 풍성히 받을 때까지는 만족하지 않아야 하는 것이 바로 이 거룩한 기름 부음이다.

바로 이 중요한 절차에 대해 우리 주님께서 부활 후에 제자들에게 다음과 같이 말씀하실 때 또 한 번 언급하셨다. "성령이 너희에게 임하시면 너희가 권능을 받으리라." 또한 예수께서는 세례 요한이 성령에 관해 말한 진술, 즉 예수께서 제자들에게 예루살렘에 머물라고 명령하셨을 때 목적하셨던 바로 그 일, 곧 "위로부터 오는 능력"에 제자들이 주의를 기울이도록 하셨다. 세례 요한의 말을 언급하시면서 예수께서 이같이 말씀하셨다. "요한은 물로 세례를 베풀었으나 너희는 몇 날이 못 되어 성령으로 세례를 받으리라." 베드로는 후에 우리 주님에 대해 이같이 말하였다. "하나님이 저를 성령과 능력으로 기름 붓듯 하셨다."

이런 말씀들은 그 시대의 설교자들에 대한 성령의 사명과 사역을 보여주는 거룩한 진술이며, 이 거룩한 진술은 이 시대의 설교자들에게도 그대로 적용된다. 하나님의 이상적인 사역자는 하나님의 부르심을 받고 거룩하게 기름부음을 받으며, 성령의 감동을 받은 사람이다. 곧 세속적인 일이나 의심스런 일에서 떨어져 나와 하나님의 일을 위하여 구별되고 위로부터 세례를 받으며 성령의 특징을 지니고 성령으로 인쳐지고 소유된 사람, 자신의 주와 주님의 사역에 헌신한 사람이다. 이런 점들이 말씀의 사역자들을 위해 하나님께서 정하신 필수 요건들이다. 이런 요건들이 없으면 그는 부적절한 사람이며, 결국 열매를 맺지 못할 것이다.

오늘날 부흥운동의 필요와 성격에 대해 달변의 설교를 하고 하나님 나라를 확장시키기 위한 정교한 계획을 제출하는 설교자들은 부족하지 않다. 그러나 기도하는 설교자는 너무도 희소하다. 따라서 이 시대가 가질 수 있는 최고의 은인은 설교자와 교회와 교인들이 다시 참된 기도의 습관으로 돌아가도록 만들 사람이다. 바로 지금 필요한 개혁자는 기도하는 개혁자이다. 이스라엘이 필요로 하는 지도자는 낭랑한 목소리로 사역자들에게 다시 무릎을 꿇으라고 외칠 사람이다.

장차 올 부흥 운동에 대한 이야기가 상당히 퍼져 있으나 우리는 우리에게 필요하고 가질 만한 가치가 있는 부흥 운동은 성령으로 일어나서 하나님의 얼굴을 구하는 자들에게 죄에 대한 깊은 각성과 중생을 가져올 부흥 운동이라는 것을 알 필요가 있다. 그러한 부흥 운동은 참된 기도의 시간을 보낸 끝에 온다. 따라서 오랜 시간 간절한 기도를 드림으로 성령께서 특정한 직무 가운데서 일하시게 하는 일이 없이 부흥 운동에 대해 이야기하거나 기대하는 것은 어리석기 짝이 없는 일이다. 그런 부흥 운동은 강단과 회중석에서 다같이 시작될 것이고, 하나님의 뜻에 일치하여 일하는 설교자와 평신도로 말미암아 촉진될 것이다.

마음은 기도의 어휘집이고 생활은 기도에 대한 최고의 주석이며 기도가 밖으로 가장 충만하게 표현되는 것이다. 성품은 기도로 형성되고 생활은 기도로 온전해진다. 평신도와 마찬가지로 사역자들이 철저히 배워야 할 것이 바로 이 점이다. 사역자에게나 평신도에게나 해당되는 규칙은 하나뿐이다.

그리스도의 제자들 전체는 기도를 싫어하고 기도에 별 취미가 없으며 기도의 깊은 일들과 기도의 강력한 싸움에서 주님께 별로 공감하지 못했기 때문에 주께서는 좀더 잘 배우는 경향이 있는 세 사람, 곧 이 거룩한 일에 좀더 공감하고 관심이 있는 베드로, 야고보, 요한을 택하여 그들을 따로 불러 기도의 교훈을 배우도록 하실 수밖에 없었다. 이들은 좀더 기도를 많이 하는 사람들이었기 때문에 예수께 더 가까이 있었고 예수님께 더 충분히 공감하고 더 도움을 드릴 수 있었다.

오늘날 예수 그리스도께서 자기와 좀더 친밀한 교제를 나누도록 부르시고, 그 부르심에 즉각 반응하여 그리스도 앞에 많이 무릎 꿇는 제자들은 정말로 복되다. 마음으로 기도의 사역을 싫어하는 예수의 종들의 상태는 참으로 비참한 것이다.

역사적인 측면에서나 영적인 측면에서 우리 주님의 위대한 시기는 모두 주님의 기도로 형성되거나 결정되었다. 마찬가지로 주님의 계획과 위대한 성취도 기도로 일어났고 기도의 정신이 거기에 스며들어 있었다. 주인이 그러하였으므로 당연히 주님의 종도 그러해야 한다. 주께서 인생의 중대한 시기에 그러셨듯이 제자들도 중대한 위기를 만날 때는 그렇게 해야 한다. "오, 이스라엘이여 무릎을 꿇을지어다!"라는 말씀이 이 세대의 사역자들에게 울려 퍼지는 나팔 소리가 되어야 한다.

가장 고상한 신앙 생활에는 기도가 따른다. 하나님, 곧 성부, 성자, 성령에 대한 가장 풍부한 계시는 세상의 학식 있는 자나 지위가 높은 자 혹은 "귀한 자"들에게 내리지 않았고 기도의 사람들에게 주어졌다. "형제들아 너희를 부르심을 보라 육체를 따라 지혜 있는 자가 많지 아니하며 능한 자가 많지 아니하며 문벌 좋은 자가 많지 아니하도다." 하나님께서는 이들에게 하나님의 깊은 것들을 알게 하시지 않고 하나님 성품의 좀더 고귀한 사실들을 계시하시지 않고 비천한 신분이지만 묻고 기도하는 자들에게 계시하신다. 이 사실은 평신도에게 뿐 아니라 설교자에게도 해당된다고 다시 한 번 이야기하지 않을 수 없다. 기도하는 자는 영적인 사람이다. 하나님께서는 기도하는 사람들에게 성령을 통하여 당신의 계시를 보이신다.

기도하는 설교자들은 언제나 하나님께 더 큰 영광을 돌렸고 하나님의 복음을 지극히 힘있고 빠르고 능력 있게 전진시켰다. 기도하지 않는 설교자와 기도하지 않는 교회는 외형적으로 번성하고 생활의 여러 면에서 진보를 보일 수 있다. 그러나 그런 설교자나 교회가 성공했다고 볼 수는 없을 것이다. 기도를 기초로 하고 있지 않는 한 어떤 성공이든 결국 무감각한 생활로 떨어지고 궁극적으로 쇠퇴하고 말 것이다.

"너희가 얻지 못함은 구하지 아니함이요"라는 말씀은 개인 생활이나 강단에서 나타나는 모든 영적 쇠퇴를 설명해 주는 해답이다. 그렇지 않으면

"구하여도 받지 못함은 정욕으로 쓰려고 잘못 구함이다." 하나님의 일에 있어서 진정으로 성공을 거둔 모든 사역의 기초에는 참된 기도가 있다. 하나님 나라가 이 세상에서 안정되고 힘있고 쉽게 세워지는 것은 기도에 달려 있다. 하나님께서 그렇게 정하셨으므로 하나님은 사람들이 기도하기를 몹시 바라신다. 하나님께서는 특별히 당신의 택하신 사역자들이 기도의 사람이 되기를 바라시므로 당신의 사역자들에게 기도하도록 격려하기 위해 마태복음 7:7에서 놀라운 말씀을 하신다.

구하라 그러면 너희에게 주실 것이요 찾으라 그러면 찾을 것이요 문을 두드리라 그러면 너희에게 열릴 것이니 구하는 이마다 얻을 것이요 찾는 이가 찾을 것이요 두드리는 이에게 열릴 것이니라.

이처럼 명령이자 직접적인 약속인 이 말씀은 사람들이 기도하기를 바라는 하나님의 관심을 뚜렷하게 보여준다. 잠시 멈추고서 익숙하게 알고 있는 이 구절에 대해 생각해 보자. "구하라 그러면 너희에게 주실 것이요." 이 말씀만 놓고 보아도 평신도나 설교자나 모두 기도하도록 만들기에 충분한 직접적이고 단순하며 무한한 약속으로 보일 것이다. 이 말씀은 단지 구하기만 함으로써 하늘의 모든 보화를 우리 것으로 삼도록 만든다.

무엇보다 이방인을 위한 설교자였던 바울의 기도를 연구하지 않으면 기도의 필요성에 대해서, 기도가 복음 사역의 생활과 활동에서 얼마나 가치있는지를 미약하게 밖에 알 수 없을 것이다. 더군다나 우리는 사역자들을 그 고귀하고 거룩한 직무에 맞도록 준비시킬 뿐만 아니라 그리스도인의 성품을 풍성하게 하고 강하고 온전하게 하는 복음의 가능성에 대해 아주 제한된 견해만을 갖게 될 것이다. 설교자의 개인 생활에서 설교자를 돕고 설교자의 영혼이 늘 하나님께 살아있게 하며, 설교자가 전하는 하나님 말씀에 능력을 부여하기 위해 설교자의 생활에서 절실히 필요한 것은 끊임없이 드리는 참된 기도라는 단순하면서도 지극히 중요한 이 교훈을 우리가 배울 수만 있다면!

바울은 먼저 마음 속으로 기도하면서 골로새 교인들에게 이같이 확언한다. "에바브라가 항상 너희를 위하여 애써 기도하여 너희로 하나님의 모든 뜻 가운데서 완전하고 확신 있게 서기를 구한다." 바울은 골로새 교인들이 이같이 높은 은혜의 상태, 곧 "하나님의 모든 뜻 가운데서 완전하게" 서기를 기도한다. 이와 같이 기도는 골로새 교인들을 고결하고 활기차며 안정된 마음 상태에 이르게 할 수 있는 힘이었다. 이 점은 에베소 교인들에 대한 바울의 가르침과도 일치한다. "그가 혹은 사도로 혹은 선지자로 혹은 복음 전하는 자로 혹은 목사와 교사로 주셨으니 이는 성도를 온전케 하며 봉사의 일을 하게 하며 그리스도의 몸을 세우려 하심이라." 이 말씀에서 사역의 전체 목적은 단순히 죄인을 회개시키는 것만이 아니라 또한 "성도를 온전케" 하는 것이라는 사실이 분명하게 확언된다. 그래서 에바브라는 바로 이 일을 위해 기도로 간절히 애를 쓴 것이다. 확실히 에바브라는 초대 그리스도인들을 위해 그처럼 열심히 기도한 기도의 사람이었다.

사도들은 그리스도인들이 외적 생활의 순결과 일관성으로 하나님을 영광스럽게 해야 한다는 명령에서 자신들의 요점을 드러냈다. 그리스도인들은 예수 그리스도의 성품을 재현해야 했다. 그리스도인들은 그리스도의 형상을 자신들 속에서 온전케 하고 그리스도의 기질을 흡수하고 자신의 모든 행실에서 그리스도의 행동을 반영해야 했다. 그리스도인들은 사랑받는 자녀로서 하나님을 닮아야 했고 하나님이 거룩하시므로 거룩해야 했다. 이렇게 평신도들도 설교자들이 입으로 설교하듯이 행실과 성품으로 설교해야 했다.

그리스도의 제자들을 이같이 고상한 그리스도인의 경험으로 끌어올리기 위해 사도들은 모든 면에서, 곧 하나님 말씀의 사역이나 기도 사역, 타오르는 거룩한 열심에서, 강렬한 권고에서 비난이나 책망에서 진실하였다. 이 모든 것 외에도, 이 모든 것을 거룩하게 하고 이 모든 것을 힘있게 하며, 이 모든 것을 건전하게 만들기 위해 사도들은 지극히 강력한 기도의 힘에 관심을 기울이고 그 힘을 사용하였다. "주야로 심히 간구하였다." 즉 정도에 넘치게, 간절한 열심으로 넘치도록 풍성하게 기도하였다는 말이다.

주야로 심히 간구함은 너희 얼굴을 보고 너희 믿음의 부족함을 온전케

함이라 하나님 우리 아버지와 우리 주 예수는 우리 길을 너희에게로 직행하게 하옵시며

또 주께서 우리가 너희를 사랑함과 같이 너희도 피차간과 모든 사람에 대한 사랑이 더욱 많아 넘치게 하사 너희 마음을 굳게 하시고 우리 주 예수께서 그의 모든 성도와 함께 강림하실 때에 하나님 우리 아버지 앞에서 거룩함에 흠이 없게 하시기를 원하노라.

이 사도들, 곧 초대 교회의 설교자들은 이 방식을 따라서 기도에 힘썼다. 그리고 이 방식을 본받아 애쓰는 사람들만이 이 사도들의 진정한 후계자들이다. 이것이 참된 성경적 "사도 계승"으로서 단순한 신앙과 마음과 생활의 거룩함을 바라는 간절한 소원, 열렬한 기도를 계승하는 것이다. 오늘날 이런 점들이 사역자들을 강하고 신실하며 효과적이 되게 만들며, "진리의 말씀을 옳게 분변하며 부끄러울 것이 없는 일꾼"으로 만든다.

하나님이 세우신 지도자요 백성들의 사령관이신 예수 그리스도께서는 기도의 법 아래에서 살며 그 법을 지키셨다. 예수께서 공생애 기간에 친히 거두신 모든 정복은 이 법칙에 순종함으로써 이루었으며, 예수께서 하늘에 오르신 이후로 예수님의 대리인들이 거둔 정복은 이 기도의 조건을 진정으로 온전히 채웠을 때에만 이루어졌다. 그리스도께서는 오직 이 한 가지, 기도의 조건 아래에서 사셨다. 그리스도의 사도들도 바로 이 기도의 조건 아래에서 살았다. 주님의 성도들도, 심지어 주님의 천사들까지도 이 법 아래에 있었다. 이들은 단 한 순간도 이 기도의 법을 순종해야 하는데서 풀려나거나 면제되지 않는다. 이것이 바로 사도들의 생활이요 그들의 능력의 원천이며, 그들의 종교적 경험과 하나님과의 친교의 비결이다.

그리스도께서는 기도 없이는 아무것도 하실 수 없으셨다. 그리스도는 모든 일을 기도로 하실 수 있었다. 사도들은 기도가 없으면 무력하였고, 자신들의 영적 적을 물리치는 일에 절대적으로 기도에 의지하였다. 이들은 모든 것을 기도로 할 수 있었다.

8

강단에 기도가 없다

하나님의 모든 성도들은 기도의 길을 통해 성인이 되었다. 이 성도들은 기도 없이는 아무것도 할 수 없었다. 더 나아가서 우리는 하늘에 있는 천사들도 기도 없이는 아무것도 할 수 없고 기도로 모든 일을 할 수 있다고 말할 수 있다. 이 지극히 높으신 이의 사자들은 그들이 유용하게 쓰이는 영역과 능력에 있어서 주로 성도들의 기도에 좌우된다. 성도들의 기도가 천사들이 유용하게 쓰일 수 있는 길을 열고 세상에서 행해야 할 그들의 사명을 일으킨다. 이 사실이 모든 사도와 성도, 하늘에 있는 천사들에게 적용되듯이 설교자들에게도 적용된다. "교회의 사자들"은 그들의 말이 유용하게 쓰이도록 하고 말에 능력과 예리함을 주는 기도 없이는 아무것도 할 수 없다.

설교자가 먼저 자신이 하나님으로부터 메시지를 받지 않고서 어떻게 설교를 효과적으로 전하고 사람들의 마음과 머리에 깊은 인상을 심어주며 사역의 열매를 거둘 수 있겠는가? 설교자가 하나님과 밀담을 나눔으로써 믿음에 활기를 불러일으키고 안목을 분명하게 하며 마음을 따뜻하게 하지 않고서 어떻게 메시지를 바르게 전달할 수 있겠는가?

이와 관련해서 이사야가 하나님의 보좌 앞에서 기다리며 고백하고 기도하자 천사가 하나님의 제단에서 취한 핀 숯을 그의 입술에 대었을 때 이사야가 본 이상에 대한 기록을 읽어보는 것이 좋을 것이다.

때에 그 스랍의 하나가 화저로 단에서 취한 바 핀 숯을 손에 가지고 내게로 날아와서 그것을 내 입에 대며 가로되 보라 이것이 네 입에 닿았으니 네 악이 제하여졌고 네 죄가 사하여졌느니라 하더라.

이 시대의 설교자들이 그 입술에 하나님의 단에서 취한 핀 숯을 댈 필요가 얼마나 절실한지! 이 불은 기도하는 영을 지닌 선지자들의 입에 닿았고, 은밀한 곳에서 임명받은 천사가 타오르는 불길을 가져오기를 기다리는 선지자들의 입에 닿았다. 이사야와 같은 성정을 지닌 설교자들은 그 입술에 대기 위해 핀 숯을 가져오는 천사들의 방문을 받았다. 기도는 혀가 풀리게 하고 말문을 열며 선을 행하는, 크고 공효가 있는 문을 여는 타오르는 불길을 언제나 가져온다.

신앙의 영구적인 일에 관한 한, 골방이 없는 강단은 언제나 열매를 맺지 못할 것이다. 강단과 골방이 서로에 의해 견고해지고, 한 쪽을 통해 다른 쪽으로 가는 설교자는 복이 있다. 기도를 위해 아무 곳도 성별해 두지 않는 사람은 기도에서 뿐만 아니라 거룩한 생활에서도 초라해진다. 은밀한 기도와 거룩한 생활은 아주 밀접하게 연결되어 있어 서로 떼어놓을 수 없기 때문이다. 설교자나 그리스도인이나 모두 은밀한 기도를 하지 않고도 고결한 신앙 생활을 할 수 있다. 그러나 고결함과 거룩함은 전혀 별개의 것이다. 거룩함은 은밀한 기도에 의해서만 따라온다.

설교자가 기도하지 않고도 당당하고 재미있으며 지적으로 설교할 수 있다. 그러나 이와 같이 설교하는 일과 하나님의 귀한 씨앗을 뿌리는 일 사이에는 쉽게 메울 수 없는 간격이 있다.

기도가 그 모든 요소를 포함하여, 하나님 나라가 성공하는데 가장 중요한 조건이고 다른 모든 것은 부차적이고 부수적이라는 사실은 아무리 자주 아무리 강력하게 선언해도 부족하다. 기도하는 설교자, 기도하는 남자, 기도하는 여자들만이 이 복음을 적극적으로 밀고 나갈 수가 있다. 이들만이 복음에 정복하는 힘을 불어넣을 수 있다. 수많은 설교자들이 보냄을 받고 그들의 준비가 완벽할 수 있다. 그러나 그들이 기도라는 직업에 숙달되어 있지 않고 온 힘을 소진시키는 전투적인 기도의 훈련을 받지 않았다면 그들은 능력 없이 효과 없이 가게 될 것이다. 더욱이 이들 설교자 뒤에 있으면서 그들을 준비시키는 사람들이 진지하게 기도에 힘쓰는 사람들이 아니라면 그들을 내보내는 것은 헛되고 효과 없는 노력이 될 것이다.

기도는 선교상의 모든 노력에 결코 빼놓을 수 없는 부속물이 되어야 하고, 선교사들이 선교 현장으로 나가 까다롭고 책임이 무거운 임무를 시작할 때 반드시 갖추어야 하는 조건이 되어야 한다. 기도와 선교는 함께 손을 잡고 간다. 기도하지 않는 선교사는 선교지로 가기 전에 실패하고 나가 있는 동안에도, 고국으로 돌아와서도 실패한다. 기도하지 않는 선교 위원회도 기도의 필요성에 대한 교훈을 배워야 한다.

기도는 하나님을 주권자로 보좌 위에 오르시게 하고 예수 그리스도께서 하나님과 함께 앉으시도록 한다. 기독교 설교자들이 기도의 능력을 온전히 사용했더라면 오래 전에 "이 세상 나라가 우리 주와 그 리스도의 나라가 되었을" 것이다. 모든 선교 연설과 선교에 필요한 기금 조성, 필요한 현장에 많은 선교사를 파송하는 일에 기도가 더해져야 한다. 선교는 기도에 뿌리를 두고 있으므로 모든 선교 계획에 기도가 들어 있어야 하고, 기도가 모든 선교사와 그 일꾼들 앞서 가고 함께 가며 뒤따라야 한다.

교회가 세상에서 선교라는 중대한 일을 수행하는 가운데 직면하는 모든 어려움과, 세상을 복음화하는 길을 막고 있는 사람의 능력을 벗어나는 복잡한 장애물에 부닥칠 때 하나님께서는 다음과 같이 지극히 군건한 약속으로 우리를 격려하신다. "너는 내게 부르짖으라 내가 네게 응답하겠고 네가 알지 못하는 크고 비밀한 일을 네게 보이리라." 하나님께서 기도의 영이 충만한 사람에게 보이시는 계시는 기도의 한계를 훨씬 초월한다. 하나님께서는 구체적인 기도에 응답하시는데 열심을 내실 뿐만 아니라 거기서 멈추지 않으신다. 하나님께서는 이같이 말씀하신다. "장래 일을 내게 물으라 또 내 아들들의 일과 내 손으로 한 일에 대하여 내게 부탁하라."

하나님께서 기도하는 사람들에게 얼마나 깊이 관여하는지 생각해 보라. "내게 부탁하라." 실제로 하나님께서는 기도하는 설교자와 기도하는 교회의 부탁을 들으신다. 그리고 이 사실이 모든 의심과 두려움과 불신앙에 대해 충분한 답변이 되고, 하나님의 일을 하나님의 방식으로 하도록 만드는 놀라운 영감이 된다. 여기서 하나님의 방식으로 한다는 것은 기도의 방식으로 한다는 뜻이다.

마치 하나님은 하나님의 사역과 하나님의 교회에 대한 신앙을 더욱 강화하려고, 즉 의심하게 하거나 낙망시키는 어떤 시험을 막기 위해 울타리를 치고 요새를 강화하려는 것처럼 위대한 이방인의 사도의 입을 빌어 "하나님은 우리의 온갖 구하는 것이나 생각하는 것에 더 넘치도록 능히 하신다"고 선포한다.

설교자들은 하나님께서 맡기신 일을 받아 나아갈 때 기도로 하나님께 하나님의 능력과 임재와 힘을 부탁할 수 있다고 주께서 명백히 가르쳤다. 진지하게 하나님께 묻는 모든 사역자에 대한 답은 "반드시 내가 너와 함께 있으리라"는 것이다. 하나님께서 목회로 부르신 모든 사람들은 말과 생각이 미칠 수 없는 영역까지 기도를 뻗칠 수 있고 자신들의 기도에 넘치게 하나님께 기대하고, 기도로 하나님 자신과 그 다음에는 "네가 알지 못하는 크고 비밀한 일"까지 기대할 수 있는 특권을 받은 사람들이다.

참 마음으로 드리는 기도, 살아 있는 기도, 성령의 능력으로 드리는 직접적이고 구체적이며 뜨겁고 단순한 기도, 바로 이런 기도가 강단에 적합한 기도이다. 이것이 바로 오늘날 강단에 서는 사람들에게 요구되는 기도이다. 골방만큼 기도를 공공연히 배울 수 있는 학교는 없다. 골방에서 기도를 배운 설교자는 강단 기도의 비결을 터득한 사람이다. 은밀한 기도에서 효과적이고 살아 있는 강단 기도로 나아가는 것은 한 걸음에 불과하다. 문이 닫혀진 골방은 설교자가 강단에서 냉랭하고 생기가 없는 형식적인 기도를 드리도록 하는데 이바지한다. 설교자들이여 기도하는 법을 배우라. 그러나 기도의 형식을 연구함으로써가 아니라 하나님 앞에서 무릎을 꿇고 기도학교에 출석함으로써 배우라. 이렇게 할 때 우리는 하나님 앞에서 기도하는 법을 배울 뿐만 아니라 사람들 앞에서 기도하는 법도 배우게 된다. 골방으로 가는 길을 배운 사람은 강단에 설 때 기도하는 법을 깨달은 사람이다.

우리는 지극히 신성한 일에 얼마나 쉽게 직업적이 되고 기계적이 되는지! 헨리 마틴(Henry Martyn)은 개인의 의를 세우고 온전케 하는 것이 설교자의 진정한 성공에서 가장 중요한 요소라는 배우기 힘든 교훈을 배웠다. 마찬가지로 살아 있고 영적이며 효과적인 강단 기도는 규칙적인 개인 기도에서 나온다는 배우기 힘든 교훈을 배우는 사람은 헨리의 교훈도 배운 사람이다. 더욱이 설교자로서 그의 사역은 그의 기도에 좌우되리라는 교훈도 배운 것이다.

이 시대에 무엇보다 필요한 존재는 훌륭한 설교자만이 아니라 강단에서 훌륭한 기도를 드리는 사람이다. 살아 있는 영적인 설교가 사람들에게 깊은 인상을 주고 움직이게 만들 듯이 살아 있고 영적인 강단 기도도 하나님을 감동시키고 움직이게 만든다. 설교자는 설교를 잘 하도록 부르심을 받았을 뿐만 아니라 기도도 잘 하도록 부름을 받은 것이다. 설교자는 바리새인들을 따라 공중 앞에 서서 사람들이 보고들을 수 있게 기도하라고 부름 받지 않았다. 올바른 강단 기도는 빛과 어둠이 멀 듯이, 열과 냉기가 멀 듯이 생명과 죽음이 멀 듯이 바리새인의 기도와는 한참 멀다.

우리는 지금 어디에 있는가? 우리는 지금 무엇을 하고 있는가? 설교는 사람이 할 수 있는 일 중에 지극히 고귀한 일이다. 그리고 기도는 설교와 함께 손잡고 간다. 기도는 힘있고 고귀한 일이다. 설교는 생명을 주는 일이며 영원한 생명의 씨앗을 뿌리는 일이다. 우리가 하나님의 명령대로 그 일을 잘 하여 성공을 거둘 수 있으면 얼마나 좋겠는가! 우리가 그 일을 거룩하게 잘 해내서 세상 끝이 올 때, 곧 세상의 엄숙한 검증 기간이 끝날 때 온 세상의 재판장으로부터 "잘 하였도다 착하고 충성된 종아 네 주인의 즐거움에 참예할지어다"라는 말씀을 들을 수 있으면 얼마나 좋겠는가!

이 중대한 설교의 문제를 생각할 때 우리는 "참으로 경외심을 가지고 참으로 단순하고 참으로 진지하게 그 일을 해야 한다"고 외치게 된다. 그 일을 하나님께서 받으실 만하고 사람들에게 유익이 되도록 행하기 위해서는 마음 속에 얼마나 깊은 진리를 간직해야 하는지! 설교를 하는 사람들이 얼마나 진실되고 충성스러워야 하는지! 그리스도께서 기도하실 때 심한 통곡과 눈물과 경외하심으로 기도할 필요가 얼마나 절실했는지! 우리 설교자들이 참된 설교의 일을 속임이 없이 단순한 말의 형식으로 하지 않고 지루하고 냉랭하며 직업적인 말투로 하지 않고, 기도하는 설교와 설교하는 기도에 전념할 수 있다면! 생명을 주는 설교는 생명을 주는 기도에서 나온다. 기도와 설교는 샴 쌍둥이처럼 언제나 함께 다니므로 어느 한 쪽이 죽지 않으면 혹은 둘 다 죽지 않고서는 결코 떼어놓을 수 없다.

오늘날은 너무나 점잖은 방식이 통하는 시대가 아니고 그렇다고 겉만 번지르르한 설교가 통하는 시대도 아니다. 우리가 모든 민족으로 제자를 삼고 우상 숭배를 타파하며 난폭하고 도전적인 이슬람 세력을 무너뜨리고 이 세상에서 하나님 나라를 반대하고 있는 무서운 악의 세력을 정복하고 멸망시키려고 생각한다면 오늘날은 신사가 설교자 역할을 할 시대가 아니고 강단에서 학자의 의복을 입을 시대도 아니다. 용감한 사람, 진실된 사람, 기도의 사람, 곧 하나님 외에 아무것도 두려워하지 않는 사람, 바로 그런 사람이 지금 우리에게 필요하다. 기도하는 사람들말고는 지금 세상을 속박하고 있는 악의 세력을 치는 일도 없을 것이고, 타락한 이교의 무리들을 빛과 영원한 생명으로 끌어올리는 일도 없을 것이다.

그 밖의 모든 것은 단지 종교 놀음에 불과하고 무기도 없고 탄약도 없는 거짓 군사, 반대하는 악한 세상 앞에서 철저히 무기력한 거짓 군사일 뿐이다. 그리스도의 군사와 종 외에는 아무도 이 엄청난 일을 할 수 없다. 대사도는 "그리스도 예수의 좋은 군사로 나와 함께 고난을 받을지니라"고 외친다. 지금은 자기를 생각할 때가 아니고 점잔을 빼며 상담하거나 혈과 육과 의논할 때가 아니며 편안함을 생각하거나 고난과 슬픔과 상실을 피할 때가 아니다. 지금은 수고하고 고난을 받고 자기를 부인할 때이다. 우리는 그리스도를 위해 모든 것을 얻기 위해 그리스도를 위해 모든 것을 잃어야 한다. "거룩한 십자가를 용감하게 집어들고 굳게 붙잡고 있는" 사람들이 회중석에 뿐만 아니라 강단에도 필요하다. 이런 설교자를 하나님은 원하신다. 이런 사람은 많은 기도에서 생겨나는 법이다. 기도하지 않는 설교자는 누구든지 이런 일에 충분한 자격이 없다. 기도하는 설교자만이 그런 요구를 채울 수 있고 이런 비상시기를 감당할 수 있다.

주님의 복음은 기도하지 않는 입으로 읽거나 기도하지 않는 손으로 다룰 때는 아무런 재미도 생명도 없다. 기도가 없으면 그리스도의 교리는 죽은 정통 신앙으로 전락한다. 오직 기도를 통해서만 설교자의 메시지에 임하는 성령의 도움 없이 그리스도의 교리를 설교하는 것은 단순한 강의에 불과한 것으로 그 설교에는 생명도 깨달음도 힘도 없다. 그것은 활기찬 합리주의이거나 아니면 병적인 감상주의나 매한가지이다. "우리는 기도하는 것과 말씀 전하는 것을 전무하리라"는 말씀은 사도적 사역의 목적을 확고하고 명백하게 선언한 것이다. 하나님 나라는 기도를 기다리고, 기도는 복음에 날개를 달아주고 능력을 불어넣는다. 하나님 나라는 기도로 말미암아 정복하는 힘과 빠른 속도로 전진한다.

기도를 무시한다면 그 설교자는 강연자나 정치가 혹은 세상 교사의 수준을 넘지 못한다. 설교자와 세상의 다른 공적 강연자를 구별지어 주는 것은 바로 기도의 사실이다. 그리고 기도는 하나님과 관계한다고 할 때 그것이 의미하는 바는 다른 세상 강연자는 자신의 공적 메시지를 효과 있게 하기 위해서 하나님을 모실 필요가 없지만 설교자는 하나님을 모신다는 것이다. 다른 무엇보다 설교자는 영적인 사람, 곧 영적인 일을 다루는 성령의 사람이다. 이 사실이 암시하는 바는 설교자가 고귀하고 거룩한 의미에서 자신의 강단 사역에 하나님을 모셔들여야 한다는 것이다. 세상의 다른 공적 강연자에 대해서는 이런 말을 할 수 없다. 그래서 설교자와 설교에는 반드시 기도가 따라가야 한다. 다른 세상 강연자에게 필요한 자격은 순수한 지력뿐이다. 기도에서 생겨나는 영성은 설교자에게 속한 것이다.

산상수훈에서 예수 그리스도는 자주 기도에 대해 말씀하신다. 예수께서 산상수훈에서 하신 말씀에는 기도가 뚜렷이 나타난다. 예수께서 가르치신 기도의 교훈은 하나님의 이름을 거룩하게 하고 하나님 나라를 진척시키는 교훈이었다. 우리는 하나님 나라가 임하기를 갈망해야 한다. 하나님과의 대화에서 하나님 나라를 갈망하고 제일 먼저 와야 한다. 하나님의 뜻이 기도하는 사람의 마음과 의지에서 왕도를 차지해야 한다. 우리 주님께서는 사람들이 하나님의 이름을 거룩되게 하고 하나님의 뜻이 이루어지게 하며 하나님의 나라가 사람들 가운데서 진척되도록 간절히 구하고 찾고 두드려야 한다는 절박한 요점을 말씀하셨다.

이 기도의 교훈이 모든 사람에게 관계되는 것이지만 특별히 사역자들에게 더 해당된다는 사실을 유념해야 한다. 왜냐하면 우리 주 예수 그리스도께 "주여 요한이 자기 제자들에게 기도를 가르친 것과 같이 우리에게도 가르쳐 주옵소서" 하고 요청한 열두 제자는 설교자들이 될 것이었기 때문이다. 그래서 우선 주기도문을 목회자로서 이제 막 사역을 시작한 열 두 제자에게 제일 먼저 말씀하셨던 것이다. 예수께서는 누가가 기록하고 있는 대로 설교자들에게 말씀하고 계셨다. 그래서 예수께서는 오늘날 설교자들에게도 말씀하시는 것이다. 예수께서 이 열두 제자에게 얼마나 기도의 사역을 강조하셨는지! 오늘날 사역자들은 제자들에게 가르쳐진 바로 그 교훈이 필요하고, 기도를 제자들에게 생활 습관으로 삼으라고 강력하게 요구했던 바로 그 절박함이 필요하다.

　기도하지 않는 설교자는 모든 것을 다 갖추었다고 주장할 수 있을지라도 혹은 자신의 이름으로 아무리 좋은 것들을 사용할 수 있을지라도 모든 충성과 분명한 언어로 선포하도록 부름을 받은 하나님의 진리는 결코 잘 배울 수 없을 것이다. 설교자가 기도하지 않는 생활을 한다면 현재 소경이고 앞으로도 소경일 것이다. 기도하지 않는 사역자는 하나님의 진리를 알 수 없고 그 사실을 알지도 못하며 무지한 자에게 그 진리를 가르칠 수도 없다. 우리에게 기도의 길을 가르치는 사람은 무엇보다 바로 그 길로 행해야 한다. 설교자는 자기가 알지 못하는 것을 가르칠 수 없다. 기도를 모르는 설교자는 소경을 인도하는 소경이다. 기도는 설교자의 눈을 뜨게 하고, 설교자로 계속해서 죄의 악과, 죄의 위험과 죄가 일으키는 형벌을 볼 수 있게 한다. 소경을 인도하는 소경된 지도자는 기도하지 않는 자가 하는 일이다.

　교회와 사역자가 하나님께 드릴 수 있는 최고, 최상의 제물은 기도의 제물이다. 20세기의 설교자들이 기도의 교훈을 잘 배우고 그 교훈을 지칠 줄 모르고 효과적으로 충분히 사용한다면 이 세기가 끝나기 전에 천년왕국이 완성될 것이다.

　성경의 설교자들은 기도한다. 그 사람은 성령으로 충만하고 하나님 말씀으로 충만하며 믿음으로 충만하다. 그는 하나님을 믿고 하나님의 독생자를 믿으며, 그가 자신의 구주 되심을 믿는다. 그는 하나님의 말씀을 절대적으로 믿는다. 그는 기도말고 다른 것을 할 수 없으며, 기도의 사람말고 다른 사람이 될 수 없다. 그의 생명의 호흡과 심장의 맥박은 기도이다. 성경적인 설교자는 기도로 살고 기도로 사랑하며 기도로 설교한다. 은밀한 기도의 처소에서 꿇은 그의 무릎이 그가 어떤 설교자인지를 말해 준다.

설교자들이 하나님께 대한 신앙을 잃고 자신의 구주이신 예수 그리스도에 대한 믿음을 잃고 그래서 하나님의 평강이 없어지고 구원의 기쁨이 마음에서 사라져도 그 사실을 모를 수가 있다. 설교자가 끊임없이 자신을 검토하고 자신과 하나님의 관계를 조사하고 자신의 신앙 상태를 검토할 필요가 얼마나 절실한지! 옛날 철학자들 같은 설교자들은 체제의 위대한 사실들에 대한 믿음을 모두 잃고 난 후에는 체제에 경의를 표하고 체제를 위해 열렬히 투쟁한다. 많은 사람들이 불신앙의 마음으로 강단에서 말하고 복음의 지극히 신성하고 중요한 원리들에 대해서는 잘 모르면서 교회의 제단에서 봉사하는 일을 할 수가 있다.

설교자가 교회의 물질적이고 외형적인 일에 너무 몰두하게 되면 자신의 영혼을 보지 못하고 자신의 영혼이 하나님께 대해 계속 살아 있기 위해 그처럼 필요한 기도의 필요성을 잊어버리고 그리스도인 경험의 내적 달콤함을 잃어버릴 수가 있다.

우리의 설교를 중요하게 만드는 기도 자체를 중요하게 여겨야 한다. 우리 기도의 성격이 우리 설교의 성격을 결정할 것이다. 진지한 기도는 설교를 진지하게 만들 것이다. 기도가 설교를 강하게 만들고 설교에 열정을 부여하며 설교를 예리하게 만든다. 훌륭한 모든 사역에서 기도는 언제나 유익을 가져오는 진지한 예언자적 역할을 하였다.

설교자가 무엇보다 기도의 사람이 되어야 한다는 사실은 아무리 강조해도 모자란다. 설교자는 기도하는 법을 배워야 하고 기도를 존중해야 하며 기도의 중요한 가치를 절실하게 느껴서 자신의 개인적인 의무에서 결코 기도를 생략할 수 없게 되어야 한다. 설교자의 마음은 기도의 가장 높은 음을 건드리는 동안 기도에 맞추어져 있어야 한다. 설교자의 마음은 기도의 학교에서만 설교를 배울 수 있다. 어떤 재능이나 학식, 지력도 기도의 실패를 벌충할 수 없다. 어떤 열심과 근면함, 연구, 많은 사회 봉사도 기도의 부족을 채울 수 없다. 사람들에게 하나님을 이야기하는 것은 큰 일이고 매우 칭찬할 만한 일이 될 수 있다. 그러나 하나님께 사람들을 이야기하는 것은 훨씬 더 가치 있고 칭찬할 만한 일이다.

　성경적 설교의 능력은 단지 하나님 말씀에 대한 비할 바 없는 헌신과 하나님의 진리를 위하는 뜨거운 열정에 있지 않다. 이 모든 것이 필요하고 가치 있고 유익하다. 그러나 이 모든 것보다 하나님의 임재 의식이 있어야 하고, 설교자에 대한 그리고 설교자 안에 있는 성령의 거룩한 능력에 대한 의식이 있어야 한다. 설교라는 중대한 일과 설교자로 하나님의 음성을 가까이에서 듣게 하고 설교자에게 하나님 우편의 능력을 주는 일을 위해서는 설교자에게 성령의 기름 부음과 능력 주심, 인치심이 있어야 한다. 그래서 성경적인 설교자는 이렇게 말할 수 있다. "만군의 하나님 여호와시여 나는 주의 이름으로 일컬음을 받는 자라 내가 주의 말씀을 얻어 먹었사오니 주의 말씀은 내게 기쁨과 내 마음의 즐거움이니이다."

9

설교자를 위한 기도 준비

우리 주님께서 승천하시기 전에 하신 마지막 말씀들은 거의가 열한 제자에게 하신 것으로서 실제로 설교자들에게 하시고 설교자들과 직접적으로 관련이 있는 말씀이다. 그 말씀은 이들이 예루살렘에서 시작하여 복음을 전하기 위해 갖추어야 하는 필요한 자격을 아주 명백히 나타낸다. 예수께서는 이같이 말씀하셨다. "예루살렘을 떠나지 말고 너희가 위로부터 능력을 입히울 때까지 이 성에 유하라."

이 긴급한 지시들에서 두 가지 사실이 명확하게 나타난다. 첫째는 그들이 기다려서 받아야 하는 성령의 능력이다. 성령의 능력은 그들이 개심한 후 받게 되어 있었던 것으로 그들 앞에 놓여진 중대한 임무를 수행할 수 있도록 그들을 준비시키는데 없어서는 안 될 요건이었다. 두번째는 그들이 기다리며 계속해서 간절히 기도하면 "아버지의 약속하신 것", 곧 "위로부터 능력"이 그들에게 임하리라는 것이다. 사도행전 1:14의 언급을 보면 이 사람들이 여자들과 함께 "마음을 같이 하여 전혀 기도에 힘썼고" 오순절 날까지 계속하다가 오순절 날에 위로부터 능력이 그들에게 임한 것이다.

오늘날의 설교자들에게만큼 초대 교회 설교자들에게도 중요하였던 이 "위로부터 오는 능력"은 중요한 진리를 파악하고 진리에 빛을 가득 비추며 그 진리를 맵시 있고 아름다운 언어로 빛은 강력한 지적 세력이 아니었다. 그 능력은 많은 학식으로 얻는 것이 아니었으며, 수사학의 규칙을 따른 나무랄 데 없는 완벽한 연설의 결과도 아니었다. 이런 것들 중 어느 것도 아니었다. 이 영적 능력은 세상의 어떤 힘있는 원천으로써 받은 것이 아니었고 그런 것으로는 지금도 그 능력을 받을 수 없다. 그 능력의 전달은 하나님으로부터 직접 이루어지는 것인데, 오직 하나님께만 있는 세력과 힘이 풍성하게 수여되는 것이다. 그 능력은 하나님의 설교자가 자신의 무능력을 깨닫고 받은 말씀을 좀더 온전히 이해하고 그 말씀을 사람들에게 전파하기 위해 자기가 섬기는 주님의 전능하심을 구하며 자기의 주님 앞에서 오랜 시간 씨름하는 것에 대한 응답으로만 주어지는 것이다.

이 "위로부터 오는 능력"이 모든 인간적인 능력의 원천과 결합되는 것을 볼 수 있지만 그 능력을 인간적인 원천과 혼동해서는 안 된다. 그 능력은 인간적인 원천에 의존하지도 않고 인간적인 원천으로 대신할 수도 없다. 설교자가 어떤 인간적인 은사나 재능, 힘을 가지고 있을지라도 그것이 가장 중요한 것이거나 두드러진 것이 될 수 없다. 그것은 이 "위로부터 오는 능력"으로 인해 숨겨지고 잊혀지며 가려져야 한다. 지력과 교양이 있을 수 있지만 하늘이 주신 이 내적 능력이 없으면 모든 영적 노력은 헛되고 성공을 거두지 못한다. 다른 준비는 부족할지라도 이 "위로부터 오는 능력"만 있으면 설교자는 성공할 수밖에 없다. 이것은 하나님의 사자가 자신의 메시지에 날개를 달기 위해 가져야 하고, 자신의 설교에 생명력을 불어넣으며 하나님의 말씀을 사람들이 받아들이도록 전할 수 있기 위해서는 반드시 갖추어야 하는 지극히 중요한 생명력이다.

여기서 한 마디 할 필요가 있다. 마음에 몇 가지 구별되는 점을 간직할 필요가 있다. 우리는 이 문제에 대해 명확하게 생각해야 한다. "위로부터 오는 능력"은 설교자 속에 거하고 설교자에게 임하는 "성령의 열정"이다. 이것은 사람이 하나님의 자녀라는 것을 증거하는 능력이라기보다는 말씀을 다른 사람에게 전달하도록 준비시키는 것이다. 열정과 정념은 구별해야 한다. 설교에 열정은 전혀 없으면서도 정념은 있을 수 있다. 또한 열정은 있으면서 정념이 없을 수 있다. 이 두 가지가 함께 있을 수도 있지만 두 가지를 혼동해서는 안 되며 동일한 것으로 보아서도 안 된다. 정념은 감정을 고무시키고 느낌을 일으키며 때로 눈물을 흘리게 한다. 흔히 정념은 감동적인 사건과 관련해서 혹은 동정적인 측면이 특별히 호소받을 때 그 결과로 생긴다. 그러나 정념은 설교자가 설교할 때 성령께서 설교자에게 임하시는 직접적인 결과도 간접적인 결과도 아니다.

거룩한 열정이 있다. 설교자 속에는 정의하기 힘든 어떤 힘이 작용한다는 사실을 보여 주는 증거가 있다. 그 어떤 힘은 생명을 주고 전하는 말씀에 능력과 예리함을 주는 깊고 뚜렷한 이 "위로부터 오는 능력"이 임재하는 데서 직접적으로 오는 것이다. 이것은 설교에서 죄인과 성도의 영혼을 자극하고 감동시키며 죄를 깨닫게 하고 움직이게 만드는 요소이다. 바로 이것이 설교자에게 필요한 것이며, 설교자가 받기를 기다리며 기도해야 하는 중요한 준비이다. 이 "성령의 열정"은 무미건조한 데서 구출하고 피상적인 데서 구원하며 설교에 권위를 입혀 준다. 이것은 복음의 설교자와 공적으로 연설하는 사람들을 구별시켜 주는 자질이며, 설교를 다른 공적 연사의 연설과는 다른 독특한 것으로 만들어 주는 요소이다.

기도는 필요를 느끼고 있는 사람의 언어이다. 기도는 자신의 궁핍을 느끼고 필요한 것을 다른 사람에게 구하는 걸인의 목소리이다. 기도는 부족함에서 나오는 언어만이 아니라 **부족을 느끼는**, 즉 부족을 뚜렷하게 인식하는데서 나오는 언어이기도 하다. "심령이 가난한 자는 복이 있나니"라는 말씀은 심령이 가난하다는 사실이 복을 가져온다는 것을 의미할 뿐만 아니라 심령의 가난함을 인식하고 알고 인정한다는 것을 의미하기도 한다. 기도는 무언가, 곧 자기 스스로는 공급할 수 없지만 하나님께서 약속하셨으므로 하나님께 구하는 무언가를 필요로 하는 사람들의 언어이다. 시원치 않은 기도나 기도하지 않는 것이나 결국은 같은 것이다. 시원치 않은 기도는 필요 의식이 부족한 데서 나오며, 기도하지 않는 것도 같은 토양에서 생기기 때문이다. 기도하지 않는 것은 필요한 것이 없다는 것을 선언하는 것일 뿐만 아니라 그 필요를 채우려고도 하지 않는 것이다. 이것은 기도하지 않는 죄를 더욱 악화시키는 것이다. 그것은 하나님을 떠나 독립하겠다는 시도, 곧 생활에서 하나님을 떠나 자급자족하겠다는 시도를 의미한다. 그것은 하나님께 우리는 하나님이 필요 없고 그러므로 하나님께 기도하지 않는다고 선포하는 것이다.

이것은 아시아의 일곱 교회에 보낸 편지에서 성령께서 라오디게아 교회에 대해 지적하신 상태이다. "라오디게아 교회의 상태"는 하나님을 자기 가운데서 제외시키고 그 생활에서 추방하며 강단에서 몰아낸 교회를 대표하게 되었다. 이 교회에 대한 전체 비난은 다음 한 말씀으로 요약된다. "네가 말하기를 나는 부족한 것이 없다." 이것은 사람이, 교회가, 혹은 설교자가 빠져들어갈 수 있는 상태 가운데 가장 놀라운 상태이다. 라오디게아 교회는 자신의 부와 사회적 지위, 외형적이고 물질적인 것들을 신뢰하여 하나님을 교회의 계획과 활동에서 빼버렸고, 행동을 통해 기도하지 않음을 통해 "나는 부족한 것이 없다"고 선언하였다.

이 자기 만족의 선언이 다음과 같은 형벌의 선고를 초래한 것은 놀라운 일이 아니다. "네가 이같이 미지근하여 덥지도 아니하고 차지도 아니하니 내 입에서 너를 토하여 내치리라." 이 말씀이 전달하고 있는 사상은, 이처럼 타락한 마음의 상태는 사람의 위에 메스꺼운 것처럼 하나님께 불쾌한 것이고, 위가 속에 든 불쾌한 것을 토해내듯이 전능하신 하나님께서는 그처럼 신앙 상태가 혐오감을 일으키는 이 사람들을 "입에서 토하여 내치리라"고 위협하신다는 것이다. 이 모든 것은 기도하지 않는 마음의 상태에서 그 원인을 찾아볼 수 있다. 아무도 이 라오디게아 교회에 보내는 성령의 말씀을 읽지 못하고 그들의 죄의 핵심이 기도하지 않는 것이었음을 볼 줄 모르기 때문이다.

기도에 전념하는 교회라면 "네 곤고한 것과 가련한 것과 가난한 것과 눈먼 것과 벌거벗은 것을 알지 못하도다"고 하면 교회에 모든 것이 부족하다는 성령의 주장을 듣고서도 어떻게 공개적으로 자랑스러운 듯이 "나는 부족한 것이 없다"고 말할 수 있겠는가? 라오디게아 교인들은 하나님을 떠나 자급자족하려는 죄를 지은 것 외에도 영적으로 눈멀어 있었다. 참으로 시력이 흐릿하고 영혼이 눈멀어 있었다! 이들은 기도하지 않았고 그처럼 기도하지 않는 것이 어떤 의미를 지니는지 몰랐다. 이들은 영적 생활을 하는데 필요한 모든 것과 자기 부인의 경건이 없었다. 자신들은 물질적인 부 외에는 아무것도 부족한 것이 없다고 잘못 생각하며 이처럼 일시적인 소유물을 영적 부를 대신하는 것으로 삼았고 활동에서 하나님을 완전히 몰아내고, 오직 기도로만 얻을 수 있는 초자연적이고 거룩한 힘으로만 할 수 있는 일을 인간적이고 물질적인 자원을 의지해서 하려고 하였다.

다른 여섯 교회의 편지와 마찬가지로 이 편지는 무엇보다 교회를 맡고 있는 설교자에 써 보낸 것이라는 사실을 잊어서는 안 된다. 이 모든 사실은 교회의 사자 자신이 미지근한 상태에 있었다는 사실을 더욱 인상 깊게 만든다. 교회의 사자 자신이 기도하지 않는 생활을 하고 있었고 하나님보다 물질을 의지하면서 실제로 "나는 부족한 것이 없다"고 말하였다. 왜냐하면 이 말은 기도하지 않는 사람, 하나님께 관심이 없는 사람, 생활과 일과 설교에서 하나님을 필요로 하지 않는 사람의 정신에서 자연스럽게 나올 수 있는 표현이기 때문이다. 게다가 성령의 말씀은 라오디게아 "교회의 사자"가 라오디게아 교회가 떨어진 이 슬픈 상태에 대해 간접적으로 책임이 있는 것으로 암시하고 있다.

오늘날은 이런 교회를 찾아볼 수 없을까? 이 시대에는 라오디게아 "교회의 사자"에게 내려진 것과 같은 정죄를 받는 설교를 볼 수 없을 것 같은가?

오늘날의 설교자들은 많은 면에서 어쩌면 모든 면에서 인간적인 성공의 요소에서 과거 설교자들보다 나을지 모른다. 이들은 학식이나 연구, 지적 활동력에서 시대에 뒤떨어지지 않는다. 그러나 이런 것들이 "위로부터 오는 능력"을 보증하지 못하고 생생하고 풍성한 종교적 경험이나 의로운 생활을 보장하지 못한다. 순전히 인간적인 이런 재능들은 하나님의 깊은 일들을 보는 통찰력이나 성경 말씀에 대한 굳건한 신앙 혹은 하나님의 거룩한 계시에 대한 강한 충성을 설교자에게 가져다주지 못한다.

이런 세상적인 재능들을 아무리 풍성하고 특출하게 지니고 있을지라도 거기에 보태어 성령을 받아야 할 필요성이 줄어드는 것은 아니다. 여기에 오늘날 강단을 위협하는 중요한 위험 요소가 있다. 우리 주변에는 인간적인 재능과 세상적인 학식이 간절한 기도의 응답으로 위로부터 오는 영적이고 내적인 능력을 대신하려는 경향이 도처에 퍼져 있다.

많은 경우에 현대의 설교는 참된 설교를 일으키고 구별짓는 바로 그 일에서 실패하는 것 같다. 바로 그 점은 참된 설교에 반드시 필요한 요소이고 그것만이 설교를 강력하게 공격하는 거룩한 힘으로 만들 수 있다. 간단히 말해서 현대 설교는 설교를 살아있게 만들 수 있는 "위로부터 오는 능력"이 없다. 현대 설교는 하나님의 구원하는 능력이 사람들의 의식과 마음에 호소할 수 있도록 흘러가게 하는 통로가 되지 못한다.

혼히 현대 설교가 지극히 중요한 이 점에서 실패하는 것은, 안전이라는 잠에 빠져 있는 사람들을 일으키고 그들에게 필요와 위험 의식을 일깨우는 강력한 영향력을 발휘하지 못하기 때문이다. 사람들의 양심을 수치스런 마비 상태에서 일깨우고 잘못 행하고 있다는 의식과 거기에 상응하는 회개 의식이 일어나도록 더욱더 호소할 필요가 있다. 사람들 속을 은밀히 조사하고, 말하자면 관절과 골수를 나누고 깊은 비밀들을 자신과 하나님 앞에 벌거벗은 듯이 드러내는 메시지가 필요하다. 오늘날의 설교는 대부분이 믿음의 심장과 동맥에 새 피를 주입하고 믿음에 어둠의 세력과 싸울 수 있는 용기와 재주를 갖추어 주며 이 세상의 적들에 대해 승리를 거두게 하는 자질이 부족하다.

그처럼 고귀하고 고상한 목적은 인간적인 자질로 달성할 수 없으며, 인간적으로 능력 있는 요소들이 아무리 은혜롭고 편안하며 유익하다고 할지라도 그 요소들로만 포장한 강단으로서는 이런 위대한 결과들을 얻을 수 없다. 성령이 필요하다. 성령께서만 사역자들이 강단에서나 강단 밖에서나 어렵고 책임이 중한 임무를 감당할 수 있도록 준비시킬 수 있다. 오늘날 사역자들이 자기들에게 꼭 필요한 일은 "위로부터 오는 능력"을 받는 것이며, 하나님께서 정하신 은혜의 수단, 곧 기도의 사역을 사용함으로써만 그 능력을 받을 수 있다는 것을 아는 것이다.

기도는 하나님과 함께 하는 설교자의 개인적인 관계를 유지하기 위해 설교자에게 필요하고, 설교자 개인의 구원에 관한 한 설교자나 다른 사람이나 아무런 차이가 없기 때문에 기도가 필요한 것이다. 설교자는 다른 사람들과 마찬가지로 "두렵고 떨림으로" 이 일을 행해야 한다. 이렇게 기도는 설교자에게 지극히 중요한데, 이는 설교자가 갈수록 종교적인 경험을 더욱 풍성히 누리고 그의 성품과 행실이 그의 설교를 뒷받침하고 메시지에 힘을 주는 그런 생활을 할 수 있도록 하기 위함이다.

사람은 강단의 사역을 할 때 반드시 기도를 해야 하는데, 이는 사역자치고 기도 없이 효과적으로 설교할 수 있는 사람은 없기 때문이다. 사역자는 다른 사람들을 위해서도 기도한다. 바울은 자기가 섬기는 사람들을 위해서도 항상 기도한 설교자의 본보기였다.

그런데 이제 우리는 기도의 또 다른 영역, 곧 교인들이 설교자를 위해 기도하는 부분에 이르게 되었다. "형제들아 우리를 위하여 기도하라." 이러한 외침은 교인들이 교회의 사역자들을 동정하고 일치할 필요를 느끼기를 바라는 설교자의 마음을 드러낸다. 이것은 엄청난 강단의 책임을 감당하기에 자신의 부족을 느끼고, 자신의 연약함과 거룩한 열정을 지녀야 할 필요를 인정하며 회중의 기도에 의지하고서 회중에게 "모든 기도와 간구로 하되 무시로 성령 안에서 기도하고 내게 말씀을 주시도록 하라"고 외치는 설교자의 내적 심정을 표현하는 말이다. 이것은 설교자가 자신이 하나님의 일을 하나님의 방식대로 행할 수 있도록 특별히 자기를 위해 이런 기도가 드려져야 할 것을 깊이 느끼는 데서 나오는 부르짖음이다.

설교자를 위하여 기도하라고 교인들에게 구하는 이 요청이 냉담하고 형식적이며 공식적이 될 때 그 요청은 꽃을 피우기보다는 얼어버리고 만다. 이렇게 부르짖어야 할 필요성을 모른다는 것은 영적 성공의 원천을 모른다는 말이다. 이 요청을 강조하지 못하고 그 요청에 대한 응답을 받지 못하는 것은 영적 생명의 원천을 무너뜨리는 것이다. 설교자들은 하나님의 교회에 이런 요구를 큰 소리로 알려야 한다. 각처에 있는 믿음 있는 모든 성도는 그 외침에 즉각 반응하여 설교자를 위하여 기도하도록 해야 한다. 사역의 엄숙한 필요 때문에 그런 요구를 하는 것이다. "우리를 위하여 기도하라"는 것은 하나님께서 부르신 사람들, 곧 하나님 말씀을 전하는 신실한 설교자들의 마음에서 자연스럽게 나오는 외침이다.

초대 교회에서 성도들의 기도는 사도들이 힘있게 설교하도록 도왔고 무서운 곤경에서 여러 번 사도들을 구출하였다. 성도들의 기도는 오늘날도 같은 일을 할 수 있다. 성도들의 기도는 사도들이 수고할 수 있도록 문을 열고 사도들의 입술이 복음의 메시지를 담대하고 진실되게 전하도록 문을 열 수 있다. 사도들은 일을 하면서 기도로부터 처방을 기다렸고, 오랫동안

9. 설교자를 위한 기도 준비

닫혔던 길이 기도의 능력에 의해 열려 들어갈 수 있었다. 설교자가 메시지를 받고 나서 그 메시지를 기도로 전달하는 방법에 관해 훈련받는다. 복음의 선구자, 복음의 길을 준비하는 것은 기도이다. 설교자 자신뿐만 아니라 하나님의 교회도 기도로 그 길을 준비해야 한다.

데살로니가후서에서 바울은 이런 정신을 따라서 먼저 전반적으로 "형제들아 우리를 위하여 기도하라"고 요청한다. 그리고 나서 좀더 자세하고 구체적으로 이야기한다.

> 종말로 형제들아 너희는 우리를 위하여 기도하기를 주의 말씀이 너희 가운데서와 같이 달음질하여 영광스럽게 되고 또한 우리를 무리하고 악한 사람들에게서 건지옵소서 하라 믿음은 모든 사람의 것이 아님이라.

여기서 "말씀"이란 교리를 의미한다. 따라서 여기서 전달하고 있는 사상은 이 복음의 교리가 신속하게 전파된다는 것이며, 경주의 달리기에서 취한 은유로 그것은 힘을 쓰고 노력하며 분발하라는 교훈이다. 이렇게 온 힘을 발휘하는 것이 경주하는 사람에게 성공을 가져다주듯이 복음 전파를 위한 기도는 주님의 말씀에 그와 같은 힘을 실어 준다. 회중이 드리는 기도는 전파되는 말씀에 힘과 재주와 성공을 가져다준다. 강력한 기도의 지원이 없는 설교는 말할 수 없이 연약하고 무가치한 노력에 지나지 않는다. 회중이 기도하지 않는 것은 주의 말씀이 달음질하는데 심각한 장애가 된다.

주의 말씀을 전파하는 일이 많은 이유로 달리지 못하고 영광스럽게 되지 못한다. 그 어려움은 설교자 자신에게 있을 수 있는데, 설교자의 외적 행실이 성경의 원칙과 자신의 고백에 일치하지 않기 때문이다. **생활로 나타나는 말씀은 전파되는 말씀**과 일치해야 하고, **생활**이 **설교**와 조화를 이루어야 한다. 강단 밖에서 보이는 설교자의 마음과 행동은 강단에서 전하는 주의 말씀과 일치해야 한다. 그렇지 않으면 설교자 자신이 자기가 전하는 메시지가 성공하는데 장애가 된다.

다시 한 번 하는 이야기지만, 주의 말씀이 달리지 못할 수가 있는데, 말씀을 듣는 사람들의 생활이 일치하지 않음으로써 주의 말씀이 심각하게 장애를 받고 무능하게 될 수가 있다. 회중의 나쁜 생활은 주의 말씀이 정해진 길로 달려가려고 할 때 심각한 장애를 일으킨다. 평신도들 가운데 있는 불의한 생활은 하나님의 말씀을 심각하게 훼손하며 목회 사역을 방해한다. 그러나 전파되는 말씀에 심각한 장애를 일으키는 짐을 기도가 벗겨줄 것이다. 기도는 이 일을 직접, 간접적으로 행한다. 여러분이 평신도들에게 설교자를 위하여 혹은 자기 자신을 위하여 기도하도록 시킬 때와 같이 기도는 양심을 일깨우고 마음을 자극하고 악한 행실을 고치고 선한 삶을 촉진하는 경향이 있기 때문이다.

오랫동안 계속해서 기도하면서 죄를 지을 사람은 아무도 없을 것이다. 악한 생활이 기도를 분쇄하는 반면 기도는 악한 생활을 분쇄한다. 사람이 계속해서 죄를 지으면 기도가 파산한다. "형제들아 우리를 위하여 기도하라"는 설교자의 부르짖음에 순종하는 것은 자기들 속에 옳은 행실을 일으키게 하고 자신을 죄에서 멀리 떼어놓는 일에 도움이 될 것이다. 따라서 평신도들이 사역자를 위하여 기도하는 것은 전혀 가치 없는 일이 아니다. 기도는 설교자를 돕고 설교를 도우며 듣는 사람을 돕고 회중들 가운데 의로운 생활을 촉진시킨다.

기도는 설교자와 주의 말씀을 위하여 기도하는 사람을 감동시키고 주의 말씀에 장애되는 것들을 모든 영향력을 발휘하여 제거한다.

그러나 기도는 설교자에게 직접 영향을 미친다. 하나님은 자기 사역자를 위한 교회의 기도를 들으신다. 전파되는 말씀을 위한 기도는 말씀에 직접적으로 도움이 된다. 설교자를 위한 기도는 복음에 발뿐 아니라 날개도 달아준다. 기도는 주의 말씀이 힘있고 신속하게 전진하도록 만든다. 기도는 메시지를 붙잡고 있는 족쇄를 풀고 메시지가 죄인과 성도의 마음에 다같이 곧바로 달려가도록 기회를 마련해 준다. 기도는 길을 열고 경주로를 깨끗이 청소하여 마음껏 달릴 수 있게 한다. 많은 설교자들이 바로 이 점에서 실패할 수가 있다. 설교자가 기도하지 않는 교회로 인해 방해를 받고 무력하게 된다. 기도하지 않는 교인들이 말씀이 전파되는 길을 막고 말씀이 달려가는 길에 현저한 장애가 되어 말씀이 구원받지 못한 자의 마음에 도달하지 못하도록 막는다.

  불신앙과 기도하지 않는 것은 함께 간다. 마태복음에는 주께서 자기 고향에 들어가셨을 때 "저희의 믿지 않음을 인하여 거기서 많은 능력을 행치 아니하시니라"는 말씀이 기록되어 있다. 마가는 그 사실을 조금 다르게 기술하지만 그 사상은 동일하다. "거기서는 아무 권능도 행하실 수 없어 다만 소수의 병인에게 안수하여 고치실 뿐이었고 저희의 믿지 않음을 이상히 여기셨더라." 그곳 사람들의 불신이 주님의 은혜로운 활동을 방해하였고 주님의 손을 묶었다는 것은 의심의 여지가 없다. 그것이 사실이라면, 교회의 불신앙과 기도하지 않음이 설교자의 손을 묶고 영혼을 구원하고 성도를 가르치는 막중한 사역을 행하지 못하도록 방해할 수 있다고 얼마든지 말할 수 있을 것이다. 그러므로 설교자를 위해 기도하지 않는 것은 심각한 문제이다.

  설교자 자신이 기도하지 않는다면 그는 스스로 자신의 손을 묶고 자신이 전파하는 말씀이 효과 없고 헛되도록 만드는 것이다. 회중이 기도하지 않는다면 그것은 설교자를 해치고 설교자에게서 지극히 귀중한 도움을 빼앗고 목회 사역의 성공을 심각하게 훼방하는 것이다. 주의 말씀을 전파하는 일을 돕기 위해 기도하는 교회가 얼마나 필요한지! 회중석이나 강단이나 다같이 주의 말씀을 전파하는 일에 깊은 관련이 있다. 그것은 협력자의 관계이다. 이 둘은 함께 손잡고 간다. 한 쪽이 다른 쪽을 도와야 한다. 그렇지 않으면 이쪽이 저쪽을 방해할 수 있다. 둘 다 일치하여 일해야 한다. 그렇지 않으면 심각한 손해가 생겨 설교자와 전파되는 말씀에 대한 하나님의 계획이 실패하고 말 것이다.

10

"우리를 위하여 기도하라"는 설교자의 외침

설교자를 위하여 기도하는 것이 설교자를 어디까지 돕는가? 설교자를 개인적으로 또 공식적으로 돕는다. 설교자를 위한 기도는 설교자가 의로운 생활을 계속하도록 돕고 메시지를 준비하는 일을 도우며, 그가 전파하는 말씀이 정한 목표에 이르기까지 방해받지 않고 달려가도록 돕는다.

기도하는 교회는 설교자에게 지극히 호의적인 영적 분위기를 일으킨다. 설교라는 일을 정말로 조금이라도 알고 있는 설교자라면 누가 이 말이 옳다는 것을 의심하겠는가? 회중 가운데 있는 기도의 영은 지극히 높으신 이의 영으로 충만한 분위기를 낳고 장애를 제거하며 하나님 말씀이 달려가도록 만든다. 바로 그런 회중의 태도가 설교에 호의적이고 힘을 북돋아 주는 환경을 형성한다. 그 태도는 설교를 쉽게 만들며, 말씀이 기도하는 영혼들의 온기로 도움을 받아 마찰 없이 속히 달려갈 수 있게 한다.

설교자를 위한 기도에 힘쓰는 사람들은 전류가 흐르는 전선을 받쳐 세우고 있는 막대와 같다. 이들은 하나님의 말씀을 효과 있게 만드는 능력도 아니고 그 일을 수행하는 대리인도 아니다. 그러나 이들이 전선을 받쳐 세우고 있으면 그 전선을 따라 거룩한 능력이 사람들의 마음으로 흘러간다. 이들은 설교자에게 자유를 주고 제한을 받지 않게 한다. 이들은 조건을 복음 설교에 유리하게 만든다. 하나님을 아는 설교자들 가운데 많은 경험을 한 적지 않은 설교자들이 이 진술이 맞다는 것을 알고 있다. 이들은 어떤 곳에서는 설교하기가 참으로 어렵다는 것을 경험하였다! 이것은 그들이

"말문"을 열지 못하고 복음을 전하는데 방해를 받았으며, 그들의 호소에 아무런 반응이 나타나지 않았기 때문이다. 반면에 또 어떤 때는 생각이 쉽게 전개되고 말도 거침없이 나오며 말하는 데 아무 어려움을 겪지 않았다. 그 설교자는 옛 사람들이 말하는 대로 "자유를 얻은" 것이었다.

기도하지 않는 회중에게 말씀을 전하면 말씀이 설교자 바로 앞에 떨어진다. 그 말씀에는 움직일 수 있는 힘이 없다. 분위기가 차갑고 공감하지 못하며 말씀이 사람들 마음으로 달려가는데 바람직하지 않기 때문에 말씀이 멈추는 것이다. 그런 분위기에서는 말씀을 도와 달려가도록 할 방법이 없다. 어떤 기도는 기도하는 사람의 머리 위를 결코 넘어가지 못하듯이 어떤 설교는 설교를 전하는 강단 앞을 결코 벗어나지 못한다. 설교가 사람의 이목을 끌고 생명을 주며 영혼을 구원하도록 만들기 위해서는 강단이나 회중석에서 모두 기도가 필요하다.

하나님 말씀은 기도와 떼어놓을 수 없게 연결되어 있다. 이 둘은 태어날 때부터 쌍둥이로 연결되어 있고 생명으로 연결되어 있다. 사도들은 교회의 구호품을 나누는 신성하고 긴급한 의무에 너무 몰두하느라 기도할 시간조차 가질 수 없게 되었다. 사도들은 기도하고 말씀을 전하는 일에 더욱 전념할 수 있도록 다른 사람들이 이 임무를 맡도록 하라고 지시를 내렸다.

그래서 교회가 설교자를 위해 기도하는 일은 설교와도 떼어놓을 수 없게 긴밀히 연결되어 있다고 말할 수 있다. 기도하는 교회는 신실한 설교자에게 말할 수 없이 귀중한 도움이 된다. 주의 말씀은 그런 교회에서 달음질하며 죄인을 구원하고 타락한 자를 바로잡고 신자를 거룩하게 함으로 "영광스럽게 된다." 바울은 디모데에게 편지를 쓰면서 하나님의 말씀을 기도에 밀접하게 연결시킨다.

하나님의 지으신 모든 것이 선하매 감사함으로 받으면 버릴 것이 없나니 하나님의 말씀과 기도로 거룩하여짐이니라.

그래서 주의 말씀이 신속히 전파되고 충만하고 영광스런 성공을 거두는 일이 기도에 달려 있다.

바울은 기도가 설교자에게 임하는 불행을 변화시킨다고 암시한다. "이것이 너희 간구와 예수 그리스도의 성령의 도우심으로 내 구원에 이르게 할 줄 아는 고로." 이것들이 자기에게 유익이 되는 것은 "너희 간구로" 된다고 바울은 선언한다. 그와 같이 목사가 영적인 큰 일들을 받게 되는 것은 "교회의 기도를 통해서"이다.

히브리서 후반부에서 바울이 히브리 교인들에게 자기를 위해 기도해 줄 것을 요청하는데 설교자의 직무라는 무겁고 영구한 책임을 근거로 그런 요청을 한다.

너희를 인도하는 자들에게 순종하고 복종하라 저희는 너희 영혼을 위하여 경성하기를 자기가 회계할 자인 것같이 하느니라 저희로 하여금 즐거움으로 이것을 하게 하고 근심으로 하게 말라 그렇지 않으면 너희에게 유익이 없느니라. 우리를 위하여 기도하라 우리가 모든 일에 선하게 행하려 하므로 우리에게 선한 양심이 있는 줄 확신하노니.

교회가 목회의 직무와 사역에 따르는 두려운 책임을 얼마나 빈약하게 알고 있는지! "저희는 너희 영혼을 위하여 경성하기를 자기가 회계할 자인 것같이 하느니라." 목회자는 위험이 가까이 올 때 경고하도록 하나님이 세우신 파수꾼이며, 비난하고 책망하며 일절 오래 참음으로 권고하도록 보내심을 받은 하나님의 사자이고, 탐욕스런 늑대로부터 양을 보호하기 위해 목자로 세움을 받은 자이다. 이들의 직무가 얼마나 책임이 막중한지! 이들은 자신의 일에 대해 하나님께 책임을 져야 하고 마지막 날에 하나님 앞에 회계해야 한다. 이들은 자기가 섬기는 사람들의 기도를 절실히 필요로 한다! 하나님의 백성들, 목회자의 교회, 하늘로부터 부름을 받은 목회자와 그의 중대한 일을 마음으로 공감하는 사람들보다 이 기도에 더 잘 준비된 사람들이 어디 있겠는가!

예수께서 제자들에게 마지막으로 하신 말씀들이 요한복음 14, 15, 16장에 나온다. 다른 장에서와 같이 14장에서도 기도에 관한 구체적인 가르침이 몇 가지 나오는데, 이는 장차 제자들이 일하는데 도움과 격려를 주기 위해 말씀하신 것이다. 예수 그리스도의 이 마지막 강화는 복잡한 군중을 떠나 제자들한테만 말씀하신 것으로, 우선 제자들이 장차 공적 사역을 감당할 수 있도록 준비시키기 위한 말씀으로 보인다. 사실 이것은 설교자에게 말씀하신 것이다. 이 열한 제자는 새 시대의 최초 설교자들이 되게 되어 있었기 때문이다.

이 점을 생각한다면, 우리는 우리 주께서 기도를 엄청나게 중요하게 여기셨고 그때나 오늘날이나 설교자의 일생 사업에서 기도에 높은 위치를 부여하셨다는 것을 알 수 있을 것이다.

먼저 우리 주님은 자기가 이 제자들을 위해 기도하겠다고, 성부 하나님께서 이들에게 또 다른 보혜사, 곧 세상은 받을 수 없는 진리의 영을 보내시도록 기도하겠다고 말씀하신다. 예수께서는 이 진술에 앞서 그들에게 기도하라고, 구하는 것은 무엇이든지 받을 것을 확신하고 무엇이든 구하라고 직접적인 명령을 하셨다.

그러므로 제자들 자신의 기도가 가치 있고, 우리 주님께서 그들을 위하여 기도하는 것이 매우 가치가 있다면, 당연히 제자들이 섬길 사람들이 제자들을 위해 기도하는 것도 보람있는 일이 될 것이다. 그렇다면 사도 바울이 우리 주님으로부터 그 어조를 물려받아 여러 차례에 걸쳐 "우리를 위하여 기도하라"고 절박하게 권고하는 것이 놀라운 일이 아니다.

평신도들이 드리는 진실된 기도는 한 가지 특정한 면에서만이 아니라 여러 면에서 도움이 된다. 성도들의 기도는 설교자가 담대해지고 진실해지는데 실질적으로 큰 도움을 준다. 바울이 에베소 교인들에게 요청하는 말을 읽어 보라.

모든 기도와 간구로 하되 무시로 성령 안에서 기도하고 이를 위하여 깨어 구하기를 항상 힘쓰며 여러 성도를 위하여 구하고 또 나를 위하여 구할 것은 내게 말씀을 주사 나로 입을 벌려 복음의 비밀을 담대히 알리게 하옵소서 할 것이니 이 일을 위하여 내가 쇠사슬에 매인 사신이 된 것은 나로 이 일에 당연히 할 말을 담대히 하게 하려 하심이니라.

바울의 담대함과 충성됨이 얼마만큼 교회의 기도에 의존해 있었는지 혹은 바울이 이 두 가지 점에서 얼마만큼 도움을 받았는지 우리는 알 수 없다. 그러나 말씀을 전하는 일에 있어서 많은 도움이 에베소, 골로새, 데살로니가에 있는 그리스도인들의 기도를 통해 바울에게 임하였다는 것은 틀림없는 사실이다. 이 교회들이 바울을 위해 기도하지 않았더라면 바울은 그 도움을 받지 못했을 것이다. 오늘날도 마찬가지로 설교자가 즉각적이고 효과적으로 말씀을 전하는 은사가 기도하는 교회의 기도를 통해 설교자에게 주어졌다.

사도 바울은 복음 전파자에게 있어서 가장 중요한 자질, 곧 담대함이 부족하지 않기를 바랐다. 바울은 겁쟁이도 기회주의자도 아니었고 사람을 기쁘게 하는 사람도 아니었다. 그런데도 바울은 자기가 소심함 때문에 하나님의 온전한 진리를 선포하지 못하거나 사람들에 대한 두려움 때문에 변명하는 태도로 머뭇거리며 진리를 전하게 되지 않기 위해서 기도가 필요했다. 그는 할 수 있는 대로 자신에게서 이런 태도를 물리치려고 하였다. 바울이 끊임없이 바라고 노력한 것은 복음을 담대하고 거리낌없이 선포하는 것이었다. "나로 입을 벌려 복음의 비밀을 담대히 알리고 당연히 할 말을 담대히 하게 함이니라"는 것이 바울의 큰 소망이었다. 때로 바울은 자기가 겁을 내거나 사람들의 얼굴을 보고 두려워하게 될까봐 실제로 염려했던 것 같다.

지금은 이 위대한 사도의 방식을 따르는 사람들이 절실히 필요한 시대이다. 곧 용기 있고 담대하며 진실된 사람들, 사람들에 대한 두려움으로 흔들리지 않고 결과를 두려워하여 침묵을 지키거나 변명하지 않는 사람들이 필요하다. 이런 사람들을 얻는 한 가지 방법은 회중들이 설교자들을 위하여 간절히 기도하는 것이다.

바울은 예루살렘으로 가는 길에 에베소 교회 장로들에게 전한 말에서 자기는 피흘린 죄에서 깨끗하다고, 즉 그들에게 하나님의 모든 지혜를 전하는 일을 게을리 하지 않았다고 밝힌다. 또 빌립보 교회 형제들에게는 그들의 기도로 자기가 부끄럽지도 않고 두려워하지도 않게 될 것이라고 말한다.

계시된 진리를 소심하게 혹은 의심을 품고서 전하는 것만큼 사람들 가운데서 하나님 나라를 진척시키는 일에 해로운 것은 없을 것이다. 자기가 믿는 바를 절반만 전하는 사람이나 절반밖에 믿지 않는 것을 온전히 전하는 사람이나 다 똑같다. 겁쟁이는 복음을 전파할 수 없고 하나님의 온전한 지혜를 선포할 수 없다. 온전히 전하려면 사람이 전투하는 자세를 취해야 하는데 열정으로 할 것이 아니라 깊은 확신과 굳건한 양심, 충만한 용기로 해야 한다. 믿음은 씩씩한 마음에 간직되고, 소심함은 언제나 용기 있는 정신에 굴복한다. 바울은 기도하였고, 다른 사람들에게 자기가 굳은 용기를 가진 사람이 되도록, 죄말고는 무엇이든지 할 수 있는 용기를 가질 수 있도록 기도해달라고 설득하였다. 이 상호 기도의 결과로 우리는 역사상에서 사도 바울의 생애에서 나타난 용기만큼 예수 그리스도의 사역자를 훌륭하게 보여 준 예는 없었다. 바울은 주의 복음을 전파하는 일에 두려움을 모르고 타협할 줄 모르며 하나님을 경외하는 설교자로서 단연코 앞자리를 차지한다.

하나님께서는 구약의 선지자들이 사람들에게 당신의 메시지를 전하는 동안 두려움에 빠지지 않도록 하기 위해 많이 애쓰셨던 것 같다. 하나님께서는 당신의 대변자들을 사람들에 대한 두려움에서 보호하기 위해 온갖 방법을 동원하셨다. 명령하기도 하고 따지기도 하며 격려하기도 하면서 그들이 두려워하지 않고 자신이 받은 고귀한 소명을 충실히 이행하도록 하셨다. 설교자에게 끊임없이 붙어 다니는 시험 가운데 한 가지는 사람들의 얼굴을 "두려워하는" 것이다. 불행하게도 이 두려움에 굴복하는 자가 적지 않다. 그래서 담대하게 전해야 할 때 침묵을 지키거나 부드럽게 말을 해야 할 때 엄격하게 명령하고 만다. "사람을 두려워하면 올무에 걸리게 되거니와." 종종 사탄은 이 혹독한 시험거리를 가지고 말씀의 사역자들을 괴롭히는데, 이 시험의 힘을 느끼지 못한 사람은 거의 없다.

사람의 얼굴을 두려워하는 이 시험을 굳은 용기를 가지고 맞서고 거기에 대해 마음을 단단히 먹고 필요하면 그 두려움을 발로 밟는 것이 복음 사역자의 의무이다. 이 중요한 목적을 위해 교회는 자기 사역자를 위해 기도해야 한다. 설교자는 두려움에서 구출 받을 필요가 있고, 기도는 그 두려움을 내쫓고 설교자의 영혼을 사로잡는 두려움의 속박에서 벗어날 수 있게 하는 매개체이다.

출애굽기 17장에는 설교자가 기도해야 할 필요성을 보여 주고 또 백성들의 기도가 설교자에게 어떤 일을 할 수 있는지를 뚜렷하게 보여 주는 장면이 나온다. 이스라엘과 아말렉이 전투를 벌이고 있었는데, 싸움은 치열했고 백중지세였다. 모세가 산꼭대기에서 힘과 승리의 상징인 막대기를 높이 쳐들고 있었다. 모세가 막대기를 들고 있는 동안은 이스라엘이 우세하였고 막대기를 내리면 아말렉이 우세하였다. 싸움이 결판나지 않자 아론과 훌이 도우려고 왔다. 모세가 팔이 무겁게 느껴지자 이 두 사람이 "모세의 손을 붙들어 올렸더니 그 손이 해가 지도록 내려오지 아니한지라 여호수아가 칼날로 아말렉과 그 백성을 쳐서 파하였더."

고대 이스라엘 역사에 나오는 이 사건을 사람들이 기도로 자기 설교자를 지지할 수 있고 사람들이 자기 설교자를 위해 기도할 때 승리가 온다는 것을 보여 주는 뚜렷한 예로 보는데 전혀 이의가 없었을 것이다.

구약 시대에 여호와의 지극히 충성스런 종들 가운데 전능하신 하나님을 힘입어 두려움에 맞서야 했던 사람들이 있었다. 모세 자신도 지도자를 괴롭히고 체면을 손상시키는 두려움에서 자유롭지 못했다. 하나님께서는 모세에게 이같이 말씀하시면서 바로에게 가라고 명령하셨다. "이제 내가 너를 바로에게 보내어 너로 내 백성 이스라엘 자손을 애굽에서 인도하여 내게 하리라." 그러나 모세는 주로 두려움 때문에 반론을 제기하면서 가지 않으려고 핑계를 대기 시작하였고 마지막으로 모세가 "나는 입이 뻣뻣하고 둔한 자니이다" 하고 말하자 마침내 하나님께서 그에게 화를 내시며 아론도 함께 보내겠다고 말씀하셨다.

그러나 사실 모세는 바로의 얼굴을 두려워하였다. 그래서 하나님은 모세의 두려움을 무마시키고 모세가 애굽의 군주에 맞서 하나님의 메시지를 전하도록 용기를 불어넣는데 상당한 시간이 걸렸다.

모세의 후계자이며 용기 있게 보이는 사람인 여호수아도 의무를 회피하지 않고 낙망하거나 소심해지지 않도록 하나님으로부터 힘을 얻어 두려움에 맞서야 했다. 하나님께서는 여호수아에게 "마음을 강하게 하고 담대히 하라"고 명령하셨다. "내가 네게 명한 것이 아니냐 마음을 강하게 하고 담대히 하라 두려워 말며 놀라지 말라 네가 어디로 가든지 네 하나님 여호와가 너와 함께 하느니라 하시니라."

예레미야 같이 선하고 진실된 사람도 두려워하게 되는 시험을 크게 받아 그가 자기 의무에 불성실하지 않도록 경고 받고 힘을 얻어야 했다. 하나님께서 그를 민족들에게 보내는 선지자로 세우셨을 때 예레미야는 자기가 말할 줄 모르고 그런 일에는 어린아이에 지나지 않다는 이유로 핑계를 대기 시작하였다. 그래서 하나님은 예레미야가 불성실해지지 않도록 하기 위해 그를 두려움의 시험에서 보호하셔야 했다. 하나님은 자기 종에게 이렇게 말씀하셨다. "그러므로 너는 네 허리를 동이고 일어나 내가 네게 명한 바를 다 그들에게 고하라 그들을 인하여 두려워 말라 두렵건대 내가 너로 그들 앞에서 두려움을 당하게 할까 하노라."

이 위대한 구약의 인물들이 이 시험에 크게 공격을 받고서 의무를 회피하려고 마음먹었으므로, 우리도 오늘날 우리 시대 설교자들이 그와 비슷한 처지에 있는 것을 보고서 놀랄 필요가 없다. 마귀는 어느 시대나 똑같고 인간 본성도 결코 변하지 않았다. 그렇다면 우리가 우리 이스라엘의 지도자들이 담대함을 선물로 받고 하나님의 말씀을 용기 있게 전하도록 하기 위해 그들을 위해 기도할 필요가 얼마나 절실한가!

바로 이것이 바울이 형제들에게 전도할 문이 열리도록, 사람을 두려워하는 데서 건짐을 받고 거룩한 담대함을 얻어 말씀을 전할 수 있도록 자기를 위하여 기도해달라고 그처럼 강력하게 요청한 한 가지 이유였다.

우리 시대에 세상의 도전과 요구는 기독교가 실제적이 되어야 한다는 것이다. 기독교의 교훈이 실천되어야 하고, 이상적인 영역에서 매일의 생활 수준으로 내려와야 한다는 것이다. 이 일은 기도하는 사람만이 해낼 수 있다. 자기 사역자들을 깊이 공감하고 하나님 앞에서 기도할 때 그들을 거론하기를 그치지 않는 사람들이 할 수 있다.

포도나무가 가지 없이 포도를 맺을 수 없는 것처럼 복음 설교자는 자기에게 부과되는 요구를 홀로 감당할 수 없다. 회중석에 앉아 있는 사람들이 열매를 맺는 사람들이 되어야 한다. 이들은 강단의 "이상"을 매일의 생활과 행동의 "현실"로 바꾸어야 한다. 그러나 이들이 하나님께 헌신하지 않고 기도에 힘쓰지 않는다면 그 일을 할 수 없을 것이다. 하나님께 대한 헌신과 기도에 대한 전념은 한 가지이며 같은 것이다.

11

기도에 대한 현대의 모범들 (1)

하나님께서는 기도를 통해서 어떤 일이 일어날 수 있는지를 성경 시대에만 국한해서 보시지 않는다. 오늘날도 하나님은 이전과 마찬가지로 기도를 들으시는 동일한 하나님으로 계신다. 이 말세의 시대에도 하나님에 대한 증거자가 없는 것이 아니다. 종교적인 전기나 교회의 역사를 보면 기도와 기도의 필요성, 기도의 가치, 기도의 열매, 하나님의 성도들의 믿음을 격려하는데 이바지하는 모든 것, 그들에게 더 많이 더 잘 기도하도록 강권하는 모든 것을 뚜렷하게 보여주는 현저한 예들과 고귀한 모범들이 수두룩하다. 하나님께서는 구약 시대나 신약 시대에만 국한해서 세상에서 당신의 뜻을 진척시키는 일에 기도하는 사람들을 자신의 대리인으로 삼으신 것이 아니다. 하나님은 옛 성도들에게 하셨던 것과 꼭같이 지금도 성도들의 기도에 응답하는 의무를 짊어지셨다. 현대의 기도하는 성도들 가운데 아무나 선택해서 보면 그들이 얼마나 기도를 귀하게 여겼고 기도가 그들에게 어떤 의미를 지녔고 하나님께는 어떤 의미를 지녔는지 알 수 있을 것이다.

스코틀랜드의 설교자 새뮤얼 러더퍼드(Samuel Rutherford)의 예를 들어보자. 그는 자기 고향과 교구로부터 추방당하고 설교를 금지 당한 채 스코틀랜드 북쪽으로 쫓겨났다. 러더퍼드는 1600년에서 1661년까지 살았다. 그는 웨스트민스터 회의의 일원이었고 뉴 칼리지의 학장이며 세인트 앤드루스 대학의 총장이었다. 그는 그의 시대에 어쩌면 모든 교회 시대에서 가장 감동적이고 애정이 깊은 설교자였다고들 말한다. 사람들은 그를 두고 "그는 항상 기도하고 있었다"고 말하였다. 그의 기도와 그의 아내의 기도를 두고 한 사람은 이렇게 썼다. "기도하거나 말하는 것을 들어본 사람은 자신의 무지를 한탄하게 되었을 것이다. 나는 그들을 지켜보면서 하나님 앞에서 내가 불성실의 악을 행하고 있고 나의 대화가 고약한 냄새가 난다는 사실을 얼마나 자주 느꼈었는지!" 러더퍼드는 "내가 천사와 씨름해서 이겼어" 하고 말할 정도로 자기 교인들을 위해 간절히 기도하였다.

러더퍼드는 학자적 업적이 많고 재능이 뛰어난 사람이었지만 반역에 대한 고소에 답변하도록 의회에 출두하도록 명령받았다. 때로 그는 낙심하고 우울해 하였다. 처음으로 추방당하고 설교하지 못하도록 금지당했을 때 그랬다. 자기에 대해 많은 사람들이 수군거리고 비난하였기 때문이다. 그러나 그의 손실과 수난은 거룩하게 되어 그리스도께서 그에게 더욱더 소중하신 분이 되었다. 그리스도에 대한 그의 진술은 기이하다. 이 경건한 기도의 사람은 추방당해 있는 동안에 설교자들과 국가 공무원들, 세상적으로나 종교적으로 중요한 인물들, 존경할 만한 거룩한 남녀들에게 많은 편지를 써보냈다. 그 모든 편지에는 그리스도께 대한 강렬한 헌신이 숨쉬고 있었고 모두 경건한 기도 생활에서 나온 편지였다.

하나님을 향한 열정과 갈망이 모든 교회 시대에서 위대한 영혼들의 특징이었다. 새뮤얼 러더퍼드는 이 점에서 현저한 본보기였다. 항상 기도하는 사람은 그리스도께 대한 경건으로 둘러싸여 있고 거룩한 연합으로 그리스도께 연합되어 있다는 진리를 생생하게 보여 주는 살아 있는 모범이었다.

그 다음에 학자요 성도이며 선교사이고 인도의 사도인 헨리 마틴(Henry Martyn)이 있다. 마틴은 1781년 2월 18일에 태어났고 1805년 8월 1일에 인도로 출항하였다. 그는 1812년 10월 16일 페르시아 토카이에서 죽었다. 그가 선교사로 있는 동안 자신에 관하여 말한 내용 중 일부분을 싣는다.

인간에 대한 지식과 성경에 대한 지식, 하나님과의 친교와 내 마음에

11. 기도에 대한 현대의 모범들(1) 823

대한 연구로써 나는 영혼을 다루는 일을 하도록 하나님으로부터 부름 받은 설교자의 두려운 일을 감당하도록 준비해야 한다.

한 사람은 이 헌신적인 선교사에 대해 이같이 말하였다.

> 그의 우수함과 높은 경건, 부지런함, 세상보다 뛰어남, 영혼에 대한 그의 사랑, 기회 있는 대로 영혼에 선을 행하려는 그의 열심, 그리스도의 신비에 대한 그의 통찰, 그의 거룩한 기질을 흉내낼 수 있다면! 이런 것들이 그가 인도에 놀라운 인상을 심을 수 있었던 비결들이다.

마틴이 일기에 기록하고 있는 것 가운데 몇 군데를 보는 것은 흥미있고 유익하기도 한 일이다. 여기 한 가지 예가 있다.

> 그는 이렇게 말한다. "지혜의 길이 어느 때보다 즐겁고 타당하게 보인다. 세상은 재미 없고 성가시다. 내가 가장 한탄하는 것은 능력이 부족하고 개인 기도의 열정이 부족하다는 점이다. 특별히 이교도들을 위해 호소하려고 할 때 그렇다. 내가 가지고 있는 빛만큼 내 속에 따뜻함이 증가하지 않는다."

그처럼 경건하고 열정적이며 기도를 잘 하는 헨리 마틴이 능력이 부족하고 기도의 열정이 부족하다고 한탄하였다면 냉담하고 연약한 우리의 기도를 생각할 때 우리는 얼마나 부끄러워해야 하겠는가? 오늘날 우리 시대의 교회에는 러더퍼드처럼 기도하는 사람들이 참으로 드물다!

그의 일기에서 또 한 군데를 인용해 보자. 러더퍼드는 심하게 병들었다가 건강을 회복하고 나서 감사하는 마음이 가득하였는데, 이는 그가 하나님께 다시 생명과 건강을 회복시켜 주시기를 기도했었기 때문이다.

> 전만큼 힘을 완전히 회복한 것은 아니지만 여행을 계속하기에 충분할 만큼은 회복된 것 같다. 나는 뒤늦게 겪는 내 징벌이 본래 의도된 결과를 내고 나머지 여생 동안 나를 더욱 겸손하고 덜 자만하게 만들어 줄 수

있게 해달라고 매일 기도드린다.
　종종 자만으로 나는 두려운 시기를 보냈다. 하나님의 은혜로운 간섭이 없다면 끝없는 파멸에 떨어지고 말 것이다. 다른 어느 때보다 이 시기에 내 마음의 이 악을 더욱 느끼는 것 같다. 기도할 때나 글을 쓸 때 혹은 그 주제에 대해 이야기할 때 그리스도께서 내 생명과 힘으로 나타나신다. 그러나 또 어떤 때는 마치 내 스스로 생명과 힘을 모두 가지고 있는 것처럼 경솔해지고 뻔뻔스러워진다. 우리 인간의 그런 태만이 우리 기쁨을 감소시킨다.

이 헌신적인 선교사의 일기 마지막 부분에 가면 이런 글을 볼 수 있다.

　나는 과수원에 홀로 앉아서 편안하고 평온한 가운데 내 동무요 친구이시며 내 위로자이신 내 하나님을 생각하였다. 오, 이 시간이 영원히 지속되었으면!

여기서 "홀로"라는 단어에 유의하라. 그는 우리 주님처럼 명상하고 기도하기 위해 사람이 자주 드나드는 곳에서 떠나 한적한 곳으로 나갔다.
이 글은 짧지만 헨리 마틴이 자신의 기도 사역을 얼마나 충분하고 신실하게 실행하였는지 보여주기에 충분하다. 다음 글은 그에 대한 묘사를 끝내는 데 적절할 것이다.

　그는 매일 기도하면서 성경을 숙고함으로 점점 더 사역이 원숙해져갔다. 기도와 성경은 그가 매일 같이 그의 목마른 불멸의 영혼들에게 생명수를 길어다 준 구원의 샘이었다. 진실로 그에 대해서는 모든 기도와 간구로 하되 무시로 성령 안에서 기도하고 이를 위하여 깨어 구하기를 항상 힘썼다고 말할 수 있을 것이다.

인디언을 위한 선교사인 데이비드 브레이너드(David Brainerd)는 기도하는 하나님의 사람의 뚜렷한 모범이었다. 로버트 헤일(Robert Hale)은 그에 대해 이같이 말한다.

11. 기도에 대한 현대의 모범들(1) 825

그와 같은 불굴의 인내와 자기 부인, 그와 같이 깊은 겸손, 사려 깊음, 지칠 줄 모르는 부지런함, 하나님께 대한 대단한 헌신, 온 영혼이 하나님의 영광과 사람의 구원을 위하여 몰두함은 사도 시대 이래로 비교될 만한 사람이 별로 없다. 그의 마음의 열정도 그와 같아서 그의 생활에 일상적인 일들에도 순교자의 정신이 스며들어 있는 것 같았다.

고든(A. J. Gordon) 박사는 브레이너드에 대해 이같이 말한다.

　매사추세츠 주 노샘프턴을 지나는 길에 나는 묘지에 들어갔고 거기서 다음과 같은 간단한 글을 읽게 되었다.
　'미국 델라웨어의 서스쿼하나와 스톡브리지의 인디언들을 위해 수고하다가 1717년 10월 8일에 이 마을에서 죽은 신실하고 경건한 선교사 데이비드 브레이너드를 기념하여 바친다.'
　석판에 쓰여진 글이라곤 그것이 전부였다. 그 위대한 인물은 지극히 위대한 일을 기도로 행하였다. 그는 인디언 말을 할 줄도 모르면서 숲속 깊은 곳에 혼자 들어갔다. 그는 하루 종일을 기도하며 보냈다. 그는 무엇을 위하여 기도하였을까? 그는 이 야만인들의 말을 몰랐기 때문에 그들에게 전도할 수가 없었다. 그가 말하기를 원한다면 자신의 생각을 막연하게라도 통역해 줄 수 있는 사람을 찾아야 했다. 그래서 그는 자기가 할 수 있는 일은 무엇이든 절대적으로 하나님께 달렸다는 것을 알았다. 그래서 그는 하루 종일 기도하면서 지냈다. 그저 성령의 능력이 그에게 확실히 임하여 이 사람들이 자기 앞에서 거꾸러지기를 바라고서.
　그가 받은 응답은 무엇이었는가? 한 번은 그가 술취한 통역사를 두고 설교했는데, 그 사람은 너무 술에 취해서 거의 서 있을 수가 없었다. 고작 이것이 그가 할 수 있는 최선이었다. 하지만 많은 사람들이 그 설교를 듣고서 회개하였다. 우리는 그것이 순전히 그 뒤에 계시는 하나님의 놀라운 능력 때문에 이루어진 일이었다고 말할 수 있다.
　그런데 이 사람이 숲속에서 혼자 기도하였다. 얼마 후에 윌리엄 케리(William Carey)가 그의 생애를 읽고 감동을 받아 인도로 갔다. 페이슨(Payson)은 젊었을 때 그의 전기를 읽었는데, 20여년이 지난 뒤에 브레이너드의 이야기만큼 자기 생애에서 감동적인 것은 없었다고 말했다. 머리 맥체인(Murray McCheyne)도 그 전기를 읽고 마찬가지로 감동을 받았다.

그러나 내가 관심을 갖는 것은 단지 이 숨겨진 삶, 능력의 원천에 닿으려고 하나님과 친교하는 가운데 하루 종일을 보낸 삶이야말로 이 세상을 움직이는 삶이라는 이 생각이다. 그런 삶을 사는 사람들이 금방 잊혀질 수도 있다. 그들이 죽었을 때 그들을 칭송하는 사람이 아무도 없을 수 있다. 세상이 그들을 무시할 수도 있다. 그러나 서른 살 무렵에 죽은 이 젊은이의 경우에서처럼 머지 않아 그들의 삶의 감동적인 위대한 흐름이 이야기를 시작할 것이다. 19세기의 선교 정신은 다른 누구보다 이 한 사람의 기도와 헌신에서 비롯되었다고 볼 수 있다.

그래서 나는 말한다. 조나단 에드워즈(Jonathan Edwards)가 폐병으로 서서히 죽어 가는 그를 몇 달 동안 간호하고서 이렇게 말하는 것은 참으로 주목할 만한 사실이다. "하나님께서 내가 그의 기도를 들을 수 있도록 하시고, 내가 그의 헌신을 증거하고 그의 모범에 영감을 얻도록 하시기 위해 그가 우리 집에서 죽도록 섭리하신 것에 대해 하나님을 찬송한다."

조나단 에드워즈가 기독교계에 세상의 개심을 위해 합심하여 기도하자고 강력히 호소하는 글을 썼을 때 그것은 이 죽어 가는 선교사에게서 영감을 받았던 것이 분명하다. 그의 글은 현대 선교를 일으키는 비상나팔이 되었다.

존 웨슬리는 데이비드 브레이너드의 영혼에 대해 이같이 증거하였다.

나는 설교하고 나서 미국에 있는 인디언 학교를 위해 기부금을 모집하였다. 이제 많은 돈이 모였다. 그러나 돈이 이교도들을 개종시킬 수 있을까? 데이비드 브레이너드의 정신을 지닌 설교자들을 찾아라. 그러면 아무 것도 그들을 막지 못할 것이다. 그러나 이런 사람이 없다면 금과 은이 무슨 소용이 있을까? 철과 납에 불과할 것이다.

브레이너드의 일기에서 몇 부분을 발췌해서 읽는 것은 그가 어떤 사람이었는지를 아는데 유익할 것이다.

내 영혼은 내가 어떤 순간을 하나님 없이 보내지 않을까 하는 즐거우면서도 고통스런 걱정을 느꼈다. 오, 내가 항상 하나님을 위하여 살 수 있다면! 저녁에 몇몇 친구의 방문을 받아 기도하며 덕을 세우는 대화를 하면서 시간을 보냈다. 내 영혼에게 즐거운 시간이었다. 매 순간을 하나님과 함께 보내려는 간절한 소원을 느꼈다. 언제나 하나님은 말할 수 없이 은혜롭게 나를 대하신다. 시간이 감에 따라 하나님은 의무를 수행하는 일에 이루 다 표현할 수 없는 즐거움을 내게 주셨다. 종종 내 영혼은 하나님을 많이 즐겼지만 즐거운 느낌으로 사는 동안에는 "주여 여기 있는 것이 내게 좋사오니"라고 말하게 되었고 그래서 게으름에 빠지게 되었다. 그러나 최근에 하나님께서는 내 영혼을 거의 끊임없이 굶주리게 하시기를 기뻐하셨고, 그래서 나는 즐거운 고통 같은 것을 가득 느끼게 되었다. 내가 진정으로 하나님을 즐길 때는 하나님에 대한 내 욕구가 만족할 줄을 모르고 거룩함을 향한 내 갈망이 더욱더 끌 수 없이 타오르는 것을 느낀다.

오, 이 굶주림이 계속되고 그치지 않으며, 오히려 가나안에서 가져온 포도송이로 더욱 활력을 얻어 하늘의 유업을 충만히 즐기고 소유할 수 있도록 좁은 길을 따라 앞으로 나아갔으면! 오, 하늘을 향해 가는 여행에서 내가 결코 늑장을 부리지 않을 수 있다면!

마치 내가 신앙심이 없는 가련한 인간처럼, 하나님이 거룩하니 거룩해야 하는 그 복에 결코 이를 수 없는 것처럼 보인다. 정오에 나는 성화와 하나님께 일치하기를 애타게 바랐다. 오, 그것이 나의 유일한 것이며 전부이다!

밤이 가까워지면서 은밀한 기도를 하는 가운데 많은 즐거움을 맛보았다. 그래서 내 영혼이 천상의 나라, 곧 하나님의 복된 낙원에 다다르기를 열망하였다.

데이비드 브레이너드가 지닌 천상의 영혼과 그의 깊은 헌신, 고귀한 영적 상태의 비결에 대해 묻는다면 그 답변은 위에 인용한 글 가운데 마지막 문장에서 찾을 수 있을 것이다. 그는 **은밀한 기도에 힘썼고** 생활과 영혼이 하나님과 아주 가까웠기 때문에 기도는 그의 깊은 영혼에 많은 즐거움을 가져다주었다.

우리는 하나님의 위대한 종들은 기도 사역에 헌신한 사람들이며, 그들은 지상에서 이런 방식으로 하나님을 섬기며 이 거룩한 수단을 활용하여 하나님의 일을 수행하는 하나님의 대리인들이라는 이 중대한 기본 사실을 보여 주는 예로서 앞의 경우들을 언급하였다.

루이스 함스(Louis Harms)는 1890년 하노버에서 태어났고 자기 죄를 심각하게 느끼는 때에 이르렀다. 그는 이같이 말했다. "전에는 두려움이 무엇인지 몰랐다. 그러나 내 죄를 깨닫게 되자 하나님의 진노 앞에 떨었고, 사지가 떨렸다." 그는 성경을 읽고서 철저히 하나님께 회개하였다. 합리주의, 죽은 정통 신앙, 세속적인 정신이 그의 고향 마을인 허만스부르크 일대의 사람들을 사로잡고 있었다. 루터교 목사인 아버지가 죽자 루이스가 아버지의 뒤를 이었다.

그는 온 영혼의 힘을 쏟아 그리스도를 위해 일하고 교회를 순결하고 강하게 발전시키기 시작하였다. 그 열매가 곧 뚜렷이 나타났다. 공적 예배에 참석하는 사람들이 늘어났고 성경에 대한 공경심이 자랐으며 거룩한 일들에 대한 대화가 되살아났으며, 한편 불신앙과 세속적인 태도와 죽은 정통 신앙이 지나가는 구름처럼 사라졌다. 함스는 온 힘을 기울여 그리스도께서 위로자로 계심과 사도적 경건과 능력의 부활을 선포하였다. 온 이웃 사람들이 꼬박꼬박 교회에 출석하였고, 안식일이 엄격한 신앙과 함께 거룩한 날로 되살아났으며, 가정 제단이 집집마다 세워졌다. 정오 종소리가 울리면 모든 사람이 머리를 굽혀 기도하였다. 아주 짧은 시간에 그 지역의 전체 모습이 전혀 딴판으로 변하였다. 허만스부르크의 부흥 운동은 본질적으로 기도로 일어났고 기도의 열매를 풍성히 거둔 기도의 부흥이었다.

옛날 감리교도의 지도자인 윌리엄 카르보소(William Carvosso)는 현대인으로서 사도 시대의 그리스도인들의 종교 생활이 어떠했을까를 보여 준 가장 모범적인 인물 중 한 사람이었다. 그는 기도의 지도자였고 청지기이며 수탁자이면서도 결코 설교자가 되기를 열망하지 않은 사람이었다. 그렇지만 그는 최고의 설교자였고 영혼을 구원하는 기술과 과학에서 탁월한 장인이었다. 그는 늦은 나이에 지극히 단순한 기초 원리를 배운 사람이었다. 그는 65세가 될 때까지 한 문장도 쓸 수 없었지만, 책 몇 권 분량의 편지를 썼고 전 세계 감리교 교회에서 영적 고전으로 간주되는 책도 한 권 썼다.

그는 한 페이지도, 단 한 장의 편지에서도 신앙 외에 어떤 주제에 대해서도 글을 쓰지 않았다고 한다. 그의 종교적 성품을 통찰케 하는 그의 간단한 한 마디가 있다. "더욱 예수 닮기를 원하나이다." "하나님이여, 내 영혼이 주를 갈망하나이다." "하나님이여, 내가 항상 주의 임재와 영광으로 충만해지는 것말고는 아무것도 쓸모가 없나이다."

이것은 끊임없이 그의 깊은 영혼이 부르짖는 외침이었고, 그의 겉사람을 움직이게 한 강력한 내적 충동이었다. 한 번은 그가 이렇게 외치는 소리를 듣는다. "하나님께 영광을! 오늘은 구름 한 점 없는 아침이다." 구름 없는 날은 그의 밝은 신앙과 즐거운 마음에 잘 맞는 날이었다. 계속해서 기도하고, 어떤 친구를 만나나 어떤 가정을 가거나 모든 대화를 그리스도에 관한 것으로 돌리는 것이 그가 집에 돌아올 때까지 지킨 굽힐 줄 모르는 법칙이었다.

그는 자신이 중생한 영적 생일에 말할 수 없는 기쁨 가운데 그 사실을 생각하면서 이렇게 외친다. "오, 하나님이여 주의 이름을 찬미하나이다. 나중 된 자가 첫째가 되었도다. 나는 번연처럼 '내가 해가 밤낮으로 비치는 그 나라에 들어갔다'고 말할 수 있다. 오, 하나님이여 내 영혼이 지금 살고 있는 사랑과 기쁨의 나라인 이 천국을 인해서 주께 감사하나이다."

카르보소가 겪은 많은 영적 경험 가운데 한 가지 예를 여기 든다.

강렬한 주의 임재를 만나는 때가 몇 번 있었다. 자고 있는데도 하나님의 영광이 너무 충만하고 압도해서 수많은 태양이 대낮 같이 빛을 비추고 그 거룩한 영광의 빛에 모든 것이 빛을 잃은 것 같은 어느 날 밤이 지금도 기억에 생생하다. 나는 기쁨에 겨워 크게 소리치지 않을 수 없었다. 그것은 구원의 은혜의 압도적인 능력이었다. 그때 나는 내 마음에 성령의 인치심과 보증을 다시 한 번 받았다. 유리를 통해 보는 것처럼 분명하게 주의 영광을 보고 있는 동안 나는 주의 성령으로 말미암아 변하여 영광에서 영광으로 변하였다. 그때 내가 경험한 것은 이루 말로 다할 수 없다. 그때 일을 지금도 또한 영원히 잊을 수 없다.

수년 전에 나는 다소 비슷한 방식으로 성령의 인치심을 받았다. 어느 날 밖에서 걷고 있다가 나는 큰길을 벗어나 옆으로 이끌려 나가 무릎을 꿇고 기도하게 되었다. 나는 전에 없이 오랫동안 하나님께 기도하고 나서 하나님의 영광에 압도되어 멀리서도 내 소리를 들을 수 있을 만큼 큰 소리로 외쳤다. 그것은 내 몸으로 견딜 수 없을 것 같은 영광의 무게였고, 그래서 나는 지혜롭지 못하게 "주님, 손을 멈추세요" 하고 외쳤다. 이 영광스런 세례를 받는 동안 이 말들이 형언할 수 없는 능력으로 내 마음에 이르렀다. "내가 너를 구속의 날까지 인쳤다."

오, 내가 하나님으로 더욱 충만하기를 갈망하나이다! 주여, 저를 더욱 진지하게 감동시키소서. 내가 더욱 예수를 닮기 원하나이다. 하나님이여, 내가 항상 주의 임재와 영광으로 충만해지는 것말고는 아무것도 쓸모가 없나이다. 주께 있는 모든 것이 제것인 줄 아오나 더 친밀한 연합을 느끼기 바라나이다. 주여 내 믿음을 더하소서.

카르보소는 이런 사람이었다. 생활에 기도의 영이 스며들어 있고 무릎 꿇고 산 사람, 말하자면 이 세상을 복되게 한 기도하는 성도들의 무리에 속한 사람이었다.

조나단 에드워즈도 기도하는 성도들의 무리 가운데 두어야 할 것이다. 그는 하나님께서 기도를 도구로 하여 강력하게 사용하신 사람이었다. 위대한 뉴잉글랜드 사람의 경우에서처럼, 동료들의 참된 지도자이고 그리스도 복음의 사역자이며 기도의 거룩한 직무를 항상 실행하는 사람에게는 마음의 순결이 스며들어 있다. 이 강력한 하나님의 사람은 다음과 같이 기도의 결심을 적고 있다.

내 모든 생애 동안 이 일에 전념하기로 결심하였다. 즉 지극히 공개적으로 하나님을 위한 내 길을 선포하는 것과 하나님께 내 영혼을 열어 보이는 것, 즉 내 죄와 시험과 어려움, 슬픔, 두려움, 소망, 소원, 모든 것과 모든 상황을 아뢰기로 결심하였다.

그러므로 그처럼 인상적이고 정직한 기도의 결과로 그가 일기에서 다음과 같이 적었다는 사실에 놀라지 않는다.

내가 어떻게 하면 좀더 거룩하고 좀더 경건하게 살 수 있는가 하는 것이 밤낮으로 씨름하는 문제이고 항상 묻는 질문이었다. 내가 소망하는 천국은 거룩한 천국이었다. 나는 계속해서 더욱 거룩하고 더욱 그리스도께 순종하기를 열심히 추구하였다.

조나단 에드워즈의 성품과 사역은 기도의 사역이 하나님께서 명하신 참된 모든 사역과 생활에서 효과 있는 힘이라는 위대한 진리를 보여 주는 모범이었다. 그는 스스로 자신의 소년 시절에 관해 구체적인 이야기를 몇 가지 전하고 있다. 그는 "기독교 시대의 이사야"로 불리는 것이 마땅할 것이다. 그에게는 지적 능력과 열렬한 경건, 연구에 대한 헌신이 하나로 결합되었으나 하나님께 대한 그의 경건은 더욱 특출하였다. 그가 자신에 대해 한 말이 여기 있다.

소년 시절에 나는 하루에 다섯 번씩 개인 기도를 하고 많은 시간을 다른 아이들과 종교적인 문제로 대화를 나누곤 하였다. 그 아이들을 만나 함께 기도하곤 하였다. 하나님의 성도들의 기도가 이 세상에 그리스도의 나라의 목적을 수행하는 일에 위대하고 중요한 수단이 되게 하는 것이 그의 놀라운 은혜로 말미암은 하나님의 뜻이다. 사역자들과 하나님의 교회를 위해 많이 기도해야 한다.

에드워드의 지성과 마음의 뛰어난 능력은 도처에서 하나님의 백성들이 합심하여 비상한 기도를 드리도록 하는데 사용되었다. 그이 생애와 노력과 성품은 그의 다음과 같은 진술을 보여 주는 본보기였다.

내가 소망하는 천국은 하나님과 함께 지내는 천국이며, 하나님의 사랑이 있고 그리스도와 거룩한 교제를 나누며 지내는 영원이다.

또 다른 때에 그는 이렇게 말했다.

참된 그리스도인의 영혼은 일년 중 봄에 피어나는 희고 작은 꽃과 같다. 땅에 낮고 겸손하게 피고, 태양의 유쾌한 영광의 빛을 받기 위해 꽃봉오리를 열고 조용한 가운데 뛸듯이 기뻐하고 주위에 달콤한 향기를 퍼트리고 다른 꽃들 가운데서 평화롭고 사랑스럽게 서 있는 꽃과 같다.

그는 또 이렇게 쓴다.

한 번은 건강을 위해 숲속에서 말을 타고 다니다가 늘상 하던 대로 거룩한 묵상과 기도를 위해 산책하려고 한적한 곳에서 말에서 내렸을 때 나는 하나님과 사람 사이의 중보자이신 성자 하나님의 영광을 보았고 그의 놀랍고 위대하고 충만하며 순수하고 달콤한 은혜와 사랑을 보았고 그의 온유하고 너그러우신 겸양을 보았다. 나로서는 특이한 경험이었다. 너무도 평온하고 달콤해 보인 이 은혜는 또한 낙원 이상으로 위대한 것 같았다. 그리스도께서 이루 말로 다 표현할 수 없을 만큼 너무도 빼어나신 모습으로 나타나 도무지 아무 생각도 할 수 없었는데, 내 생각으로는 한 시간쯤 그 모습을 보았던 것 같다. 그 광경을 보면서 나는 거의 내내 눈물을 펑펑 쏟으며 큰 소리로 울었다. 내 영혼의 열심이라고 밖에 말할 수 없는 것이 티끌같이 깨끗이 사라지고 오직 그리스도로만 충만해지며 온 마음으로 그리스도를 사랑하는 것을 느꼈다.

조나단 에드워즈가 이런 경험을 하였듯이 이 사실은 위대한 모든 도고자들에게도 적용될 것이다. 그들은 하나님께 대한 철저한 자기 헌신을 통해서, 하나님께서 그들에게 계시하시는 동안 그 거룩하고 빼어난 마음과 지성의 상태에 들어갔다. 이는 그들의 영적 역사에서 아주 뚜렷한 시기, 결코 잊을 수 없는 시간이 되었다. 이때 믿음은 독수리처럼 날개를 달고 올라가고 이로 인해 하나님을 새롭고 좀더 충만하게 보았으며, 믿음을 더욱 굳게 붙잡았고 거룩하고 영구한 모든 것들을 좀더 즐겁고 명료하게 보았으며, 하나님을 친밀하게 느끼고 하나님을 뵙는 복을 누렸다.

12

기도에 대한 현대의 모범들 (2)

레이디 맥스웰(Lady Maxwell)은 존 웨슬리와 동시대 인물로서 감리교 초기 시절의 열매였다. 맥스웰은 세련되고 교양 있고 깊은 경건을 지닌 여성이었다. 그녀는 세상에서 철저히 떨어져 나와 지극히 깊은 종교적 경험을 추구하여 맛보았고 하나님을 위하여 온전히 구별된 사람이었다. 그녀는 규칙적인 생활 습관으로 유명하였는데, 이 생활이 신앙에 그대로 연결되고 신앙을 지배하였다. 그녀는 하나님을 위하여 시간을 절약하고 정해놓았다. 맥스웰은 새벽 4시에 일어났고 5시에 새벽 예배에 참석하였다. 아침 식사 후에 가정 예배를 드렸다. 그리고 나서 11시부터 12시까지 도고의 시간을 가졌다. 나머지 시간은 책을 읽고 심방하고 구제하는 일을 하였다. 저녁 시간은 독서로 보냈다. 밤에 잠자리에 들기 전에 가정 예배를 드렸으며 때로 하나님의 자비하심을 인하여 찬송하는 시간을 가졌다.

그녀만큼 탁월한 지성을 가지고 혹은 그녀만큼 풍부한 경험과 고귀한 열정, 영혼의 고귀함으로 하나님을 섬긴 사람이 많지 않았다. 웨슬리의 전적 헌신의 교리를 영적으로 강하고 열렬하게 따른 그녀는 끝까지 그 교리를 추구했으며 결코 열심이 식지 않았다. 맥스웰은 믿음과 기도로 그 교리를 얻었고, 죽을 수밖에 없는 인간이 도달할 수 있는 한 거룩하고 온전한 생활로써 그 교리를 예증하였다. 오늘날 이 위대한 웨슬리의 교훈이 메들리의 플레처와 에딘버러의 레이디 맥스웰이 가졌던 것과 같은 심오한 영적 이해와 경험을 지닌 교사와 모범을 가진다면 그 교리가 그처럼 잘못 이해되지 않았을 것이고 오히려 말로써가 아니라 거룩한 생활로써 도처에 있는 선하고 순결한 사람들에게 좋은 인상을 남겼을 것이다.

레이디 맥스웰의 일기를 보면 은밀한 기도와 거룩한 경험, 헌신적인 생활에 대한 풍성한 지혜를 알 수 있다. 그녀는 한 일기에서 다음과 같이 적고 있다.

> 최근에 나는 충분한 기도를 드리지 않는다는 사실을 고통스럽게 확실히 느꼈다. 주님, 제게 기도와 간구의 영을 주소서. 우리에게 언제나 나아가 뵐 수 있는 은혜로운 하나님이 계시다는 사실이 얼마나 감사해야 할 일인지! 이 특권을 사용하고 즐기라. 그러면 너는 결코 비참해지지 않을 것이다. 이 놀라운 특권에 대해 누가 감사를 드리는가? 이 특권은 모든 일에 하나님을 모셔들인다. 곧 하나님의 지혜와 능력과 통치와 안전을 가져온다. 아, 기도가 얼마나 말할 수 없이 큰 특권인지! 그 특권에 대해 감사하자. 나는 기도의 모든 능력을 내가 원하는 만큼 증명하지 못한다.

이와 같이 기도하지 않는 것에 대한 치료책은 **기도하는 것**임을 본다. 조금밖에 기도하지 않는 것에 대한 치료법은 더 많이 기도하는 것이다. 기도는 우리의 유익에 필요한 모든 것을 얻어 줄 것이다.

이 탁월한 여성에게 기도는 모든 것을 받아들이고 어떤 것이든 포함하였다. 맥스웰은 매우 친한 친구에게 다음과 같이 쓰고 있다.

> 네게 적당한 가정부를 한 사람 보내줄 수 있으면 좋겠는데 문제가 어렵구나. 그 일을 위해서 기도할게. 적당한 사람을 알게 되면 네게 알려줄게.

친구에게 가정부를 구해주는 일처럼 사소한 일도 그녀는 기도로 하나님께 가져가지 못할 만큼 하찮게 여기지 않았다.

같은 편지에서 맥스웰은 친구에게 그녀가 "믿음이 부족하니 그 일을 위해 열심히 구하고 네 속에 있는 하나님의 은사를 불일 듯 하게 하라"고 쓰고 있다.

그 필요가 하인을 구하는 것처럼 작은 일이든 중요한 영적 은혜를 구하는 일이든, 기도는 목적을 달성하고 필요한 것을 공급하는 수단이었다. 그녀는 사랑하는 친구에게 이렇게 말한다. "걱정만큼 신경계에 해로운 것은 없어. 걱정은 인체의 중요한 기관을 해치고 온 몸을 쇠약하게 하며 무엇보다 나쁜 것은 성령을 근심하게 하는 것이야." 여기서도 일상적인 악에 대한 그녀의 처방은 기도였다.

기도가 하나님을 모셔들이어 구제하고 소유하며 붙드시도록 함으로써 우리의 근심을 얼마나 덜어주는지! 사도 바울은 이같이 말한다.

아무것도 염려하지 말고 오직 모든 일에 기도와 간구로 너희 구할 것을 감사함으로 하나님께 아뢰라 그리하면 모든 지각에 뛰어난 하나님의 평강이 그리스도 예수 안에서 너희 마음과 생각을 지키시리라.

이 말씀은 적에 포위당한 채 공격을 받고 있으며 공격하는 적으로부터 요새를 지킬 수 없는 수비대에게 강한 지원 부대가 쏟아져 들어오고 있는 것과 같은 말씀이다. 참된 기도는 눌리고 고통을 받고 낙심해 있는 마음에 온전한 평강과 완벽한 안전으로 붙들어 주시는 하나님을 모셔들인다. 이것은 맥스웰을 이론적으로 충분히 이해한 것이지만 더 나은 것은 경험으로 이해하는 것이었다.

그리스도 예수만이 과도한 근심과 지나친 영혼의 걱정을 해결하는 유일한 치료책이시다. 우리는 기도로 하나님을 얻고 하나님의 임재와 평강을 얻는다. 걱정은 너무도 자연스럽고 너무도 강해서 하나님 외에는 아무도 그것을 물리칠 수 없다. 걱정을 내쫓고 고요와 평온을 얻으려면 하나님이 필요하다. 곧 하나님의 임재와 하나님의 존재 자체가 필요하다. 그리스도께서 당신의 평강을 가지고 들어오시면 괴롭히는 모든 두려움은 사라지고, 떨림과 시달리게 하는 걱정이 평강의 지배에 항복하고, 동요하게 하는 모든 요소는 사라진다. 걱정하는 생각과 근심이 영혼을 공격하면 그 속에 연약함과 무기력과 겁이 생긴다. 기도는 하나님의 평안으로 보강하고 그 마음을 하나님이 지키시게 한다. "주께서 저를 온전한 평강으로 지키시리니 저의 마음이 주를 붙들리라." 이제 모든 것이 안전하고 평온하며 확실하다.

"의의 공효는 화평이요 의의 결과는 영원한 평안과 안전이라."
 그런데 이 위대한 평안을 확보하기 위해서는 기도가 끈기 있고 굽힐 줄 모르는 간구가 되어야 하고 감사가 활짝 꽃피워야 한다. 기도와 간구와 감사로써 우리의 마음을 하나님께 다 열어 보여드려야 한다. 그러면 하나님의 평안이 마음과 생각을 두려움이 없이 굳건하게 지킬 것이다. 강물처럼 흐르는 깊고 넓고 지칠 줄 모르는 평안이 찾아올 것이다.
 레이디 맥스웰의 이야기를 다시 한 번 들어보자.

> 매일 같이 하나님은 내게 영혼의 단순성을 가르치고 계시며, 모든 것을 하나님의 과분한 선물로 받도록 만드시고, 필요한 모든 것을 필요할 때 하나님께 구하게 하시고 하나님은 현재의 필요에 따라 내 부족을 채우신다. 그런데 나는 지난 18개월 동안 그 어느 때보다 이 사실을 더욱더 확실하게 느꼈다. 쉬지 않고 기도하고 싶다. 항상 기도하고 낙망치 말아야 될 것을 본다.

 또 그녀의 이런 선언을 듣는다. "많이 기도하고 싶다. 정말로 그렇게 할 필요를 느낀다. 믿음의 기도는 하늘을 닫기도 하고 열기도 한다. 주여, 오셔서 나의 속박을 풀어 주소서." 우리가 이 거룩한 여성이 느꼈던 것처럼 기도의 필요성을 느낀다면 그녀처럼 더욱더 거룩해질 수 있을 것이다. 진실로 기도는 "하늘을 닫기도 하고 열기도 한다." 오, 기도의 능력을 최대한으로 시험할 그런 믿음을 가질 수 있다면!
 레이디 맥스웰은 다음과 같은 이야기로 위대한 진리를 말한다.

> 하나님께서 사람들 가운데서 일하시거나 개인의 마음 속에서 일하실 때 영혼의 적도 독특하게 일한다. 전자의 사실을 믿고서 우리는 낙망치 말아야 하고, 후자의 사실을 두려워하여 더욱더 기도해야 한다. 오, 믿음 있는 기도의 능력은 얼마나 큰지! 나는 기도로 말미암아 산다! 여러분이 어려운 일을 만날 때마다 기도의 최고의 효력을 시험해 보기를 바란다.

 레이디 맥스웰의 글 가운데 그녀가 기도와 묵상하는 가운데 하나님의 온전한 구원을 폭넓게 생각하게 되었고, 이와 같이 발견한 사실을 따라서 믿음이 나가고 그에 대해 믿음이 힘을 얻었음을 보여 주는 기록이 있다.

나는 매일 그 보배로운 피가 뿌려지고 계속해서 영향력을 발휘할 필요를 느끼면 그 피의 놀라운 효력을 뚜렷하게 느낀다. 나는 시시각각으로 이 보배로운 피를 믿음으로써만 죄에서 구원을 받는 것이다. 기도가 나의 중요한 할 일이다.

"기도가 나의 중요한 할 일"이라는 이 마지막 진술이 하나님 백성에게 언제나 적용되었더라면 이 세상은 지금쯤 전혀 딴판이 되었을 것이고, 하나님의 영광이 흐릿하게, 그것도 이따금씩만 나타나지 않고 지금은 비할 바 없는 광채와 능력으로 온 세상에 밝게 빛나고 있을 것이다.

맥스웰의 신실하고 열정적인 기도를 보여 주는 또 한 가지 기록이 있다. "최근에 나는 과거 어느 때보다 뜨거운 기도의 영을 은혜로 받았다."

우리는 "뜨거운 기도의 영을 은혜로 받았다"는 말을 연구해볼 필요가 있다. 의미심장한 말이기 때문이다. 기도의 영, 뜨거운 기도의 영, 기도의 영이 더욱 깊어지고 뜨거운 기도의 영이 더욱 뜨거워지는 이 모든 것이 하나님께 속해 있다. 이런 것은 기도의 응답으로 받는 것들이다. 기도의 영과 더욱 뜨거운 기도의 영은 뜨겁고 끈질긴 은밀한 기도의 결과들이다.

또 다른 때 맥스웰은 은밀한 기도가 지극히 큰 영적 유익을 받는 수단이었다고 밝혔다.

나는 정말로 기도가 각별한 특권이라고 증거한다. 내가 언제나 기도에서 위로를 발견하지는 못한다 할지라도 기도가 없으면 나는 살지 못할 것이다. 나는 지금도 유용한 영역이 더욱 확대되기를 간절히 바란다. 내게 주어지는 기회들을 받아들이는 것이 나로서는 편하다.

여기서 "유용한 영역이 확대되기를 바란다"는 것은 강렬한 기도를 가리키는 적절한 제목이 틀림없다. 그러나 그 기도에는 현재 주어진 기회들을 개선하는 일이 항상 따라야 한다.
 맥스웰의 일기에서 기도 사역의 중요성과 본질에 관한 말을 발췌하자면 많은 페이지가 필요하겠지만 참아야 될 것이다. 수년 동안 맥스웰은 자신의 유용한 영역이 확대되도록 간절히 기도하였다. 그녀가 뜨거운 기도를 드린 모든 세월은 다음 문장으로 압축될 수 있을 것이다.

> 내 온 영혼은 신실하신 하나님의 약속에 동의하는 행동 영역이 확대되기를 갈망해 왔다. 최근 몇 주 동안 나는 좀더 거룩해지기를 간절히 기도하게 되었다. 주여, 제가 주를 찬미할 수 있도록 이 두 가지를 주옵소서.

 이 경건한 여성이 기도한 두 가지는 함께 가야 한다. 그 둘은 하나이므로 떼어놓을 수 없다. 더욱 거룩해지기를 바라는 마음이 없이 일하는 분야가 더 넓어지기를 바라는 것은 위험한 일이고 무엇보다 이기적이며 영적 자만에서 생기는 마음 상태이다.

 존 웨슬리와 동시대 인물이었던 존 플레처는 감리교 창시자와 아주 가깝게 교제하였다. 그는 예의바르고 세련된 학자였고 신념이 굳건하고 단순하고 진실 되게 말하는 독창적인 사상가였다. 그를 영적 지도자로 자격 있게 만든 것은 하나님께 대한 뛰어난 믿음과 하나님과의 친밀함, 주님과의 명백한 관계에 대한 완전한 확신이었다. 플레처는 하나님의 진리에 대해, 자신의 주님이요 구주이신 하나님과의 영속적인 친교에 대해 깊은 확신이 있었고, 하나님에 대한 지식과 그리스도인의 경험에 조예가 깊으면서도 겸손하였다. 그는 하나님의 일들을 꿰뚫어 보는 깊은 통찰력이 있었고, 이 점 때문에 그는 이스라엘의 지도자가 되기 위한 모든 것을 잘 갖춘 하나님의 사람으로 돋보였다.
 쉬지 않는 기도가 플레처의 성도다움을 보여 주고, 그 능력과 영향력을 보여 주는 표시이자 비결이었다. 그의 전 생애는 기도의 삶이었다. 그의 마음은 오로지 하나님께 골똘해 있어서 때로 그는 이렇게 말했다. "나는 내 마음을 하나님께 바쳐 드리지 않고는 자리에서 일어나지 않으려 했다." 한 친구가 말하기를 그 두 사람이 만날 때마다 플레처의 첫 인사는 "우리 만났으니 기도할까?"라는 것이었다고 한다. 그들이 신학에 대해서 말하고 있다면 한참 이야기하는 중에 그는 불쑥 "우리 마음이 지금 어디에 가있지?" 하고 묻곤 했다. 그 자리에 없는 어떤 사람의 잘못을 이야기할 때는 "그 사람을 위해서 기도하자"고 말하곤 하였다.

그의 방벽은 그의 기도의 숨결로 "얼룩져" 있었다고들 말한다. 매들리는 플레처가 그곳에 살기 위해서 갔을 때 영적으로 황량하고 황폐한 사막이었다. 그러나 그곳이 플레처의 기도로 변화되어 여호와의 동산처럼 꽃이 피고 발전하였다. 한 친구는 플레처에 대해 이같이 쓰고 있다.

> 때로 우리 가운데 많은 사람들이 그와 함께 한쪽 곁으로 갔다. 거기서 우리는 복을 구하는 야곱처럼 서로를 위해 기도하면서 두세 시간을 보내곤 하였다. 이럴 때면 그가 더 이상 담을 수 없을 만큼 하나님의 사랑으로 충만해져서 "오, 하나님이여 당신의 손을 거두소서 그릇이 깨어지겠나이다" 하고 외치곤 하였다. 그의 온 생애는 기도의 삶이었다.

고귀한 경건을 지녔고 하나님께 깊이 헌신한 사람인 존 포스터는 임종의 자리에서 세상을 떠날 때쯤 기도에 관해 이렇게 말했다.

> 쉬지 않고 기도하라는 말씀을 나는 말없이 조용히 생각하는 가운데 끊임없이 반복하였다. 내 생애의 마지막 시간까지 그것은 내 습관일 것이고 습관이 되어야 한다고 확신한다. 오, 지난 반 세기 동안 왜 나는 그토록 오래 게으르고 활기 없이 지냈던가! 그것이 내 습관이었다면 참으로 크게 달라졌을 것을 생각하고 종종 한탄한다. 이제 좀더 진실되고 효과적인 영적 생활을 하기에 시간이 너무 조금밖에 남지 않았구나.

15세기 종교개혁도 기도에서 시작되었다. 마틴 루터는 필생의 사업을 시작할 때와 그 중간과 끝날 때 항상 기도하였다. 루터의 탁월한 활동의 비결은 이 같은 말에서 찾을 수 있다. "할 일이 너무도 많으니 나는 매일 가장 귀한 세 시간을 기도에 쏟지 않고는 잘 지낼 수 없다." 또 한 번은 이렇게 말했다.

"목사가 되려면 묵상과 기도가 필요하다." 한편 그의 매일 생활의 모토는 "기도를 잘 한 사람은 연구를 잘 한 사람이다"는 것이었다.

또 한 번은 자신의 부족을 이같이 고백하였다. "오늘 아침 기도는 짧고 피상적이었다." 이 말이 우리에게 해당되는 때가 얼마나 많은지! 신앙이 쇠퇴하는 원인과 그리스도인으로서의 생활이 퇴보한 증거는 바로 이 점, 곧 "짧고 피상적인 기도"에서 찾을 수 있다는 사실을 기억하도록 하자. 그런 기도는 하나님이 낯설게 되는 전조이며 또한 결국 하나님을 낯설게 만든다.

윌리엄 윌버포스(William Wilberforce)는 언젠가 자신에 대해 이렇게 말했다. "나는 그 동안 너무 늦은 시간까지 일하였고 겨우 30분간 황급히 내 자신을 돌아보았을 뿐이다. 나는 야위었고 냉담하며 무정하다. 좀더 시간을 내서, 그러니까 매일같이 두 시간이나 아니면 한 시간 반쯤 영적 활동에 시간을 내야겠다."

짧은 기도가 피상적이지 않은 사람은 반드시 긴 기도에 아주 능숙하고 익숙한 사람이다. 짧은 기도는 피상적인 생활을 만든다. 좀더 긴 기도는 영적으로 쇠퇴한 많은 사람의 생활에서 마술과 같은 힘을 발휘할 것이다. 우리의 기도가 간단하지 않고 냉담하거나 피상적이지 않다면 거룩한 생활이 그처럼 어려운 것도 드문 일도 아닐 것이다.

조지 뮐러는 하나님께 대한 단순하면서도 굳센 믿음을 가진 사람으로, 성경 읽기와 기도의 사람으로 유명하며, 영국에 있는 유명한 고아원의 창립자요 후원자로 유명하다. 그 고아원은 수백 명의 고아들을 돌보았고 순전히 믿음과 기도로만 시설을 운영했다. 뮐러는 어떤 것이든 사람에게 구하지 않았고 단지 하나님의 섭리만을 믿었다.

그렇지만 고아원에 있는 사람들이 어떤 좋은 것이든 부족하지 않았다는 것은 유명한 사실이다. 그는 서류에서 돈 문제는 항상 뺐지만 고아원이 재정적인 어려움을 겪지 않았다. 뮐러는 기부 받은 총액을 한 번도 언급한

적이 없고 기부한 사람의 명단을 밝힌 적도 없다. 그는 자기에게 필요한 것을 다른 사람들에게 이야기하지도 않았고 기부금을 요청하지도 않았다. 그의 생애에 대한 이야기와 그 고아원의 역사를 읽으면 마치 성경을 읽는 것 같다.

그의 성공의 비결은 그가 말한 이 간단한 진술에서 찾을 수 있다. "나는 하나님께 가서 열심히 기도하였고 필요한 것을 받았다." 이것이 그가 추구한 단순한 방침이었다. 기부금이 갑작스럽게 많아져 자기가 아무것도 구할 필요가 없게 되는 일이 일어나지 않도록 기도할 때만큼 그가 간절히 구한 일은 없었다.

그는 자신의 중요한 일을 하면서 자기에게 필요한 것이 생길 때마다 기도하여 받았다는 사실을 말할 때만큼 기뻐하고 열심을 보이는 때가 없었다. 그가 하는 일은 계속해서 아주 끈질기게 기도하는 것이었다. 그는 언제나 하나님께서 그 모든 일을 통해 자기를 인도하셨다고 확신 있게 주장하였다. 교회 역사나 기독교 전기 가운데서 하나님의 섭리와 단순한 믿음의 능력, 기도의 응답에 대해 이보다 더 강력하게 증거하는 것은 찾아볼 수 없을 것이다.

존 웨슬리는 언젠가 친구에게 편지를 쓰면서 다음과 같이 강권하고 기도한다. "자네는 위로부터 오는 빛의 번뜩임, 곧 믿음의 불꽃을 받았는가? 받았다면 그 불꽃이 사라지지 않도록 하게! 자네 유업의 보증인 하나님의 은혜로 그것을 굳게 붙들게. 지금의 자네 모습 그대로 담대하게 은혜의 보좌 앞에 나오게. 미룰 필요가 없네. 지금 이 시간도 예수께서 자네를 불쌍히 여기신다네. 내일을 가지고 무엇을 하겠는가?. 나는 오늘 자네를 사랑하네. 하물며 예수께서는 얼마나 자네를 사랑하시겠는가?"

  주는 방황하는 당신의 양을 여전히 불쌍히 여기시며
  당신을 자기 양우리로 불러들이시기를 간절히 바라시네
  오늘 주의 음성을 들으라
  주는 결코

사람들처럼 말씀하시지 않네.

마담 귀용(Madame Guyon)의 하나님에 대한 추구는 진지했고 그녀의 열망은 강하고 뜨거웠다. 그녀는 조언과 위로를 얻기 위해 한 경건한 프란체스코 탁발 수도사에게 문의하였다. 그녀는 그 수도사에게 자신의 신념들을 말하고 오랫동안 하나님을 추구했지만 열매가 없다고 말하였다. 그 수도사는 속으로 묵상하고 기도하면서 한동안 말없이 있었다. 그리고 나서 이렇게 말하였다.

당신의 노력이 성공하지 못한 것은 오직 당신 속에서 찾을 수 있는 것을 밖에서 찾아왔기 때문이오. 마음 속에서 하나님을 찾도록 하시오. 그러면 하나님을 찾는데 실패하지 않을 것이오.

찰스 피니는 이렇게 말했다. "하나님께서 특별히 어떤 것을 약속하셨을 때는 우리는 기도하면 그것을 받으리라는 것을 믿어야 한다. 여러분은 '만약에' 라는 말을 넣거나 '주여, 주님의 뜻이면 내게 당신의 성령을 주시옵소서' 라는 말을 할 권리가 없다. 이것은 하나님께 대한 모욕이다. 하나님은 전혀 그런 말을 넣지 않으셨는데 하나님의 약속에 '만약에' 라는 말을 집어넣는 것은 하나님을 불성실하다고 비난하는 것과 같다. 그것은 마치 이렇게 말하는 것과 같다. '오, 하나님이여, 만약 하나님께서 진심으로 이런 약속들을 하신 것이라면 우리가 구하는 복을 주시옵소서."

미얀마의 유명한 선교사였던 아도니람 저드슨의 말을 인용함으로써 이 장을 끝마치는 것이 적절하다고 생각한다. 저드슨은 기도의 효력에 대해 말하면서 이 같은 이야기를 하였다.

희랍의 일곱 현자들 가운데 한 사람이 "근면함에는 불가능이 없다"고 말했다. 근면함이라는 단어를 끈기 있는 기도라는 말로 바꾸어 보자. 그러면 그 표어는 좀더 기독교적이고 모든 교회에서 더욱더 받아들일 만한 말이 될 것이다. 하나님은 끈질긴 기도를 너무도 사랑하셔서 그런 기도가 없으면 복을 많이 주시지 않을 정도이다. 하나님은 이렇게 말씀하신다.

"보라 내가 새 일을 행하리니 이제 나타낼 것이라 너희가 그것을 알지 못하겠느냐 정녕히 내가 광야에 길과 사막에 강을 내리니 이 백성은 내가 나를 위하여 지었나니 나의 찬송을 부르게 하려 함이니라."

● **독자 여러분들께 알립니다!**
'**CH북스**'는 기존 '**크리스천다이제스트**'의 영문명 앞 2글자와
도서를 의미하는 '**북스**'를 결합한 출판사의 새로운 이름입니다.

이 엠 바운즈 기도전집

1판 1쇄 발행 2005년 10월 30일
2판 1쇄 발행 2019년 12월 2일
2판 3쇄 발행 2025년 6월 1일

지은이 E. M. 바운즈
옮긴이 김원주
발행인 박명곤 **CEO** 박지성 **CFO** 김영은
기획편집1팀 채대광, 백환희, 이상지
기획편집2팀 박일귀, 이은빈, 강민형, 박고은
기획편집3팀 이승미, 김윤아, 이지은
디자인팀 구경표, 유채민, 윤신혜, 임지선
마케팅팀 임우열, 김은지, 전상미, 이호, 최고은

펴낸곳 CH북스
출판등록 제406-1999-000038호
전화 070-4917-2074 **팩스** 0303-3444-2136
주소 서울시 강서구 마곡중앙6로 40, 장흥빌딩 10층
홈페이지 www.hdjisung.com **이메일** support@hdjisung.com
제작처 영신사

ⓒ CH북스 2019

※ 이 책은 저작권법에 따라 보호받는 저작물이므로 무단 전재와 복제를 금합니다.
※ 잘못 만들어진 책은 구입하신 서점에서 교환해드립니다.
※ CH북스는 (주)현대지성의 기독교 출판 브랜드입니다.

"크리스천의 영적 성장을 돕는 고전"
세계기독교고전 목록

1. 데이비드 브레이너드 생애와 일기 | 조나단 에드워즈 편집
2. 그리스도를 본받아 | 토마스 아 켐피스
3. 존 웨슬리의 일기 | 존 웨슬리
4. 존 뉴턴 서한집 - 영적 도움을 위하여 | 존 뉴턴
5. 성 프란체스코의 작은 꽃들
6. 경건한 삶을 위한 부르심 | 윌리엄 로
7. 기도의 삶 | 성 테레사
8. 고백록 | 성 아우구스티누스
9. 하나님의 사랑 | 성 버나드
10. 회개하지 않은 자에게 보내는 경고 | 조셉 얼라인
11. 하이델베르크 요리문답 해설 | 우르시누스
12. 죄인의 괴수에게 넘치는 은혜 | 존 번연
13. 하나님께 가까이 | 아브라함 카이퍼
14. 기독교 강요(초판) | 존 칼빈
15. 천로역정 | 존 번연
16. 거룩한 전쟁 | 존 번연
17. 하나님의 임재 연습 | 로렌스 형제
18. 악인 씨의 삶과 죽음 | 존 번연
19. 참된 목자(참 목자상) | 리처드 백스터
20. 예수님이라면 어떻게 하실까 | 찰스 쉘던
21. 거룩한 죽음 | 제레미 테일러
22. 웨이크필드의 목사 | 올리버 골드스미스
23. 그리스도인의 완전 | 프랑소아 페넬롱
24. 경건한 열망 | 필립 슈페너
25. 그리스도인의 행복한 삶의 비결 | 한나 스미스
26. 하나님의 도성(신국론) | 성 아우구스티누스
27. 겸손 | 앤드류 머레이
28. 예수님처럼 | 앤드류 머레이
29. 예수의 보혈의 능력 | 앤드류 머레이
30. 그리스도의 영 | 앤드류 머레이
31. 신학의 정수 | 윌리엄 에임스
32. 실낙원 | 존 밀턴
33. 기독교 교양 | 성 아우구스티누스
34. 삼위일체론 | 성 아우구스티누스
35. 루터 선집 | 마르틴 루터
36. 성령, 위로부터 오는 능력 | 앨버트 심프슨
37. 성도의 영원한 안식 | 리처드 백스터
38. 웨스트민스터 소요리문답 해설 | 토마스 왓슨
39. 신학총론(최종판) | 필립 멜란히톤
40. 믿음의 확신 | 헤르만 바빙크
41. 루터의 로마서 주석 | 마르틴 루터
42. 놀라운 회심의 이야기 | 조나단 에드워즈
43. 새뮤얼 러더퍼드의 편지 | 새뮤얼 러더퍼드
44-46. 기독교 강요(최종판) 상·중·하 | 존 칼빈
47. 인간의 영혼 안에 있는 하나님의 생명 | 헨리 스쿠걸
48. 완전의 계단 | 월터 힐턴
49. 루터의 탁상담화 | 마르틴 루터
50-51. 그리스도인의 전신갑주 I, II | 윌리엄 거널
52. 섭리의 신비 | 존 플라벨
53. 회심으로의 초대 | 리처드 백스터
54. 무릎으로 사는 그리스도인 | 무명의 그리스도인
55. 할레스비의 기도 | 오 할레스비
56. 스펄전의 전도 | 찰스 H. 스펄전
57. 개혁교의학 개요(하나님의 큰 일) | 헤르만 바빙크
58. 순종의 학교 | 앤드류 머레이
59. 완전한 순종 | 앤드류 머레이
60. 그리스도의 기도학교 | 앤드류 머레이
61. 기도의 능력 | E. M. 바운즈
62. 스펄전 구약설교노트 | 찰스 스펄전
63. 스펄전 신약설교노트 | 찰스 스펄전
64. 죄 죽이기 | 존 오웬